Alexander Demandt

Der Fall Roms

ALEXANDER DEMANDT

Der Fall Roms

Die Auflösung
des römischen Reiches
im Urteil der Nachwelt

VERLAG C.H.BECK MÜNCHEN
1984

CIP-Kurztitelaufnahme der Deutschen Bibliothek

Demandt, Alexander:
Der Fall Roms : d. Auflösung d. röm. Reiches im
Urteil d. Nachwelt / Alexander Demandt. – München :
Beck, 1984.
ISBN 3 406 09598 4

ISBN 3 406 09598 4

Umschlagentwurf von Bruno Schachtner, Dachau
Umschlagbild Jan Gossaert, gen. Mabuse, 1508/09, mit freundlicher Genehmigung
des Kupferstichkabinetts der Staatlichen Museen, Berlin-Dahlem

Satz und Druck: Georg Appl, Wemding
Printed in Germany

INHALT

Vorwort 7

I. Der Fall Roms als Ereignis 13

1. Die Ausbreitung der römischen Herrschaft 14
2. Reform und Zerfall des spätrömischen Reiches 23
3. Staat und Gesellschaft in der Spätantike 30

II. Die Epochen der Deutung 43

1. Das historische Selbstverständnis der Spätantike 44
   a. Das heidnische Zeitbild 45
   b. Das Zeitbild der Christen 56
   c. Zusammenfassung der spätantiken Stimmen 67
2. Dauer und Ende des Imperiums im Bewußtsein des Mittelalters 71
   a. Der Glaube an den Fortbestand des Römerreiches 71
   b. Zeugnisse für das Bewußtsein vom Ende Roms 83
   c. Zusammenfassung der mittelalterlichen Stimmen 89
3. Verfall und Erneuerung Roms im Denken der Humanisten 91
   a. Italienische Humanisten 91
   b. Humanisten nördlich der Alpen 104
   c. Zusammenfassung der humanistischen Stimmen 118
4. Der Niedergang Roms im Urteil der Aufklärung 122
   a. Englische Aufklärer 122
   b. Französische Aufklärer 134
   c. Aufklärung und Idealismus in Deutschland 147
   d. Zusammenfassung der Stimmen der Aufklärer 165
5. Der Fall Roms und das Ende der Antike in der neueren Geschichtswissenschaft 170
   a. Das Wesensproblem 172
   b. Das Dekadenzproblem 198
   c. Das Periodisierungsproblem 216
   d. Das Kontinuitätsproblem 233

III. Die Typen der Deutung 243

1. Religionsgeschichtliche Deutung: Der Aufstieg des Christentums 246
   a. Bis zum Ersten Weltkrieg 247
   b. Seit dem Ersten Weltkrieg 262
   c. Zusammenfassung der religionsgeschichtlichen Deutungen 271

2. Sozialökonomische Erklärungen: Gegensätze zwischen Arm und Reich 274
a. Von der Französischen zur Russischen Revolution 275
b. Westliche Autoren seit dem Ersten Weltkrieg 297
c. Zusammenfassung der sozialökonomischen Erklärungen westlicher Autoren . 314
d. Autoren des Ostblocks 316
e. Zusammenfassung der Stimmen aus dem Ostblock 340

3. Naturwissenschaftliche Erklärungen: Erschöpfte Lebensgrundlagen . . 347
a. Bodenerschöpfung und Klimasturz 348
b. Menschenmangel und Massenerkrankung 352
c. Rassenentartung 368
d. Zusammenfassung der naturwissenschaftlichen Erklärungen 394

4. Innenpolitische Erklärungen: Versagen des Staates 397
a. Von der Aufklärung zum Ersten Weltkrieg 397
b. Zwischenkriegspositionen 411
c. Im Zeichen des Kalten Krieges 419
d. Zusammenfassung der innenpolitischen Erklärungen 427

5. Kulturmorphologische Deutungen: Zyklische Dekadenz 431
a. Kulturkreislehren des 19. Jahrhunderts 432
b. Spengler und seine Verbesserer 446
c. Zusammenfassung der kulturmorphologischen Deutungen 464

6. Außenpolitische Erklärung: Ausbreitung der Germanen 467
a. Außenpolitische Erklärungen im 19. Jahrhundert 468
b. Positionen des 20. Jahrhunderts 476
c. Zusammenfassung der außenpolitischen Erklärungen 489

IV. Der Fall Roms als Problem 493

1. Das Interesse am Fall Roms 494
2. Deutung und Erklärung als Theorieprobleme 519
3. Methoden der Faktorengewichtung 541
4. Die Klassifizierung von Niedergangstheorien 558
5. Die Gründe für den Fall Roms 571
6. Die Struktur der Deutungsgeschichte 601

Nachwort 619
Abkürzungen 626
Literaturverzeichnis 629
Register 669

VORWORT

opportunos magnis conatibus transitus rerum
Tac. Hist. I 21

In dreifachem Sinne wird Geschichte zum Gegenstand historischen Bemühens: bei der Feststellung, bei der Wiedergabe und bei der Deutung dessen, was geschehen ist. Im ersten Fall geht es um die Wahrheit, im zweiten um die angemessene Form der Darstellung, im dritten um ein treffendes Urteil über Grund und Wesen des Vorgefallenen. Gerade Zeiten, in denen die Verhältnisse sich rasch ändern, stellen jene, die sie miterleben, wie jene, die sie nacherleben, vor Verständnisprobleme. Je größer die damit verbundenen Schwierigkeiten sind, desto größer erscheint der Gegenstand selbst und umgekehrt: *maxima quaeque ambigua sunt* (Tac. Ann. III 19).

Im Hinblick auf die Vielzahl und die Vielfalt der über ihn geäußerten Urteile gilt der Fall Roms mit all seinen Begleiterscheinungen als ein großes Thema. Zwar lesen wir bei Fritz Heichelheim[1] der „sogenannte Untergang der Antike" sei eine „relativ harmlose Umschwungperiode", doch ist die Mehrzahl der Autoren anderer Ansicht. Schwerlich ist sonst ein historisches Thema derartig üppig mit Superlativen ausgezeichnet worden. Sie erscheinen in mehreren Spielarten. Edward Gibbon erklärte zwar im Vorwort seiner ›History‹, den Leser nicht mit dem Hinweis auf die Wichtigkeit seines Gegenstandes belästigen zu wollen, nannte aber später (ch. 71) dann doch das Ende des Imperiums *the greatest perhaps and most awful scene in the history of mankind.* Diese ästhetische Wertung gewann historisches Gewicht, wo im Hinblick auf Ausmaß und Geschwindigkeit der Veränderungen von der „tiefsten Krise" der bisherigen Entwicklung gesprochen wird, so bei Sartorius von Waltershausen (*1810*, 546) und Sismondi (*1835* I S. I), ähnlich wieder Jacob Burckhardt (*1868/1955*, 167) und Ortega y Gasset (*1942/55*, 50).

Wenn das Geschehen bewertet wird, gilt es als das „schlimmste Unglück", das die Welt betroffen habe, so bei Du Bois-Reymond (*1877/86*, 255), Karl Wilhelm

[1] *1938*, 863. Im allgemeinen werden die benutzten Werke nur mit Erscheinungsjahr (*kursiv* gesetzt) und Seitenzahl zitiert. Die Titel sind im Literaturverzeichnis, gelegentlich verwendete Kürzeln im Abkürzungsverzeichnis zu finden. Werden zwei Daten genannt (z. B. *1969/81*), bezeichnet das erste die Entstehung des zitierten Textes, das zweite die Publikation des benutzten Buches. Zuweilen war das Datum der Abfassung nicht mehr auszumachen, dann erscheint das mit einem Kreuz bezeichnete Todesdatum als erstes (z. B. †*1880/83*) vor dem Erscheinungsjahr der zitierten Ausgabe.

Nitzsch (*1883*, 126 f.) und Lord Balfour (*1908*, 14) – oder als der „glänzendste Triumph" der Menschheit, so nach Luden (*1824*, 102 f.) bei Gregorovius (*1859/1910* I 244). Aus solchen Werturteilen über den Fall Roms ergibt sich dessen Bedeutung: er wird zum „interessantesten Problem" der Geschichtswissenschaft bei Sheppard (*1861*, 1), Eduard Meyer (*1895/1924*, 160), Beloch (*1900/70*, 107), Riegl (*1902*; Billeter *1911*, 431), Kornemann (*1922/70*, 202) und Spranger (*1926/69*, 18). Ich zitiere diese Stimmen angesichts der Kritik, die Carl Friedrich v. Weizsäcker (*1969/81*, 35) an der Themenwahl der jüngsten Geschichtswissenschaft geübt hat: Die „Forschung in Trivialbereichen" habe neuerdings „ein ungebührliches Gewicht bekommen". Als Motiv vermutet Weizsäcker die Anlehnung an den Fortschrittsbegriff der Naturwissenschaft, der Trivialforschung eher zu legitimieren vermag. Die Historie erweckt mit der Hinwendung zu kleinen Problemen den Eindruck, als ob die großen gelöst seien. Dies täuscht.

Der Fall Roms beschäftigt mich seit meiner Schulzeit auf dem Büdinger Wolfgang-Ernst-Gymnasium. Ein Ausflug auf die Saalburg in der Quinta am 31. VIII. 1949 hat mein Interesse geweckt, der Unterricht bei Dr. Rudolf Nehrbaß in Latein und Griechisch, bei Lic. theol. Heinrich Eidenmüller in Religion und bei Dr. Lothar Döring in Deutsch und Geschichte hat die Grundlagen gelegt. Die Lektüre von Felix Dahns Werken poetischen Inhalts und zahlreiche Besuche bei Prof. Heinrich Richter auf dem Glauberg (angeblich das alamannische Solicinium, Amm. XXVII 10) haben mir die Spätantike nähergebracht. Eine Dissertation über Ammian, zu der mich Fritz Taeger ermuntert hat, eine von Herbert Nesselhauf unterstützte Habilitationsschrift über die spätrömischen Heermeister (RE Suppl. XII 553 ff.) und mehrere kleinere Arbeiten führten mich an das Deutungsproblem heran.

Nach einem Vortrag, den ich darüber 1973 in Augsburg gehalten (und 1974 in Stuttgart und Rom wiederholt) habe, hat mich Hermann Bengtson für die Behandlung dieser Zeit in Iwan von Müllers ›Handbuch der Altertumswissenschaft‹ (III 6) vorgeschlagen, und ich habe die Aufgabe übernommen. Bei der Arbeit daran drohte der Blick auf das Ganze hinter den Einzelheiten zu verschwinden. Darum empfahl es sich, zunächst einmal die schier unübersehbare Menge der vorliegenden Gesamturteile über die Spätantike als Epoche aufzuarbeiten und abzuwägen. Man vermißt das Gelände, um es zu bebauen.

Daß dieses Buch zustandekam, danke ich dem Verständnis im Hause Beck. E. P. Wieckenberg und K. Zeller haben mein Vorhaben gefördert. Daß letzterer im Sommer 1981 in den Bergen Korsikas verschollen ist, bleibt auch für die Wissenschaft ein Verlust.

Was ich nunmehr vorlege, ist keine Forschungsgeschichte. Wer sich für die Mehrung unseres Wissensstandes interessiert, der greife zu Literaturberichten wie denen von Enßlin (*1923–1944*), Momigliano (*1936*) und Stroheker (*1952*), von Heuß (*1960/76*, 507 ff.) oder Spigno (*1961*). Ich liefere auch keine Wissenschaftsgeschichte. Wer etwas über Leistung und Leben der beteiligten Forscher sucht, dem ist mit den Schriften von K. J. Neumann (*1910*) und Christ (*1972*; *1982*) geholfen. Schließlich geht es mir nicht um Rezeptionsgeschichte. Wer die literarische Verarbeitung der späteren Kaiserzeit studieren will, der lese Walther Rehm (*1960*) oder Salvatore D'Elia (*1967*). Auch die Gestaltung des Untergangsthemas durch die bildende Kunst wird nur gestreift.

Das vorliegende Buch will etwas anderes. Es gilt einem bestimmten wissenschaftlichen Problem: den Antworten auf die grundsätzlichen Fragen, die sich angesichts der Auflösung des römischen Reiches im 5. Jh. n. Chr. erheben. Es geht um die Vorstellungen, die sich die Menschen vom Fall Roms als ganzem gemacht haben: wie, wann und weshalb er ins historische Bewußtsein getreten oder aus diesem verdrängt worden ist, wie er bewertet und erklärt, gewichtet und gerichtet wurde. Irgendwie hat man sich immer mit diesem Ereignis auseinandergesetzt; und die Resultate allein, die Urteile der Nachwelt über den Fall Roms, sind mein Thema.

Wenn damit die historische Intelligenz von anderthalb Jahrtausenden auf einen einzigen Punkt konzentriert wird, so verspricht dies doppelten Gewinn: Klarheit über den Fall Roms als Ereignis der Geschichte und Einsicht in das Urteilsvermögen der Historie. Die Auflösung des römischen Reiches dient als historischer Schlüsselfall. Er öffnet einen Zugang, den man nach zwei Seiten durchschreiten kann, zur Geschichte und zur Historie.

Die zahlreichen Urteile über den Fall Roms sind bisher weder zusammengestellt noch geistesgeschichtlich oder kritisch erörtert worden. Das treffliche Büchlein von Walther REHM ›Der Untergang Roms im abendländischen Denken‹ (*1930*) zeigt Umrisse der Problematik, die ich im Kapitel II 1–4 behandle. Der Verfasser bearbeitet jedoch nur eine kleine Auswahl der einschlägigen Schriften und Autoren. Die neuere wissenschaftliche Literatur läßt er ganz beiseite. Rehms Interesse war rein geistesgeschichtlich, es galt weder dem Fall selbst noch dem Urteil überhaupt. Ähnlich wie Rehm in der Fragestellung, aber essayistisch behandelte Santo MAZZARINO ›Das Ende der antiken Welt‹ (*1959/61*). Auch ihm verdanke ich wesentliche Hinweise, doch erschwert das Fehlen aller Quellenangaben die Weiterarbeit. Nützliche Vorarbeiten lieferten Spigno (*1961*), Saunders (*1963*), Karl Christ (*1970, 1971/83*), Arnaldo Momigliano (*1978, bis*) und Evelyne Patlagean (*1979*). Die drei von Paul Egon Hübinger herausgegebenen Bändchen zum Periodisierungs- und Kontinuitätsproblem gelten nur einer Facette des Fragenkomplexes, und das Buch von N. Orui ›Romateikoku Botsura-Kushi-kan‹ (*1944*) behandelt die Untergangsfrage in der europäisch-amerikanischen Literatur auf japanisch.

Damit sind die systematischen Vorarbeiten bereits erschöpft. Im übrigen verlangt es der Brauch, daß jeder, der eine eigene Ansicht äußert, zuvor auf dem Altare des wissenschaftlichen Fortschritts an älteren Theorien opfere, was ihm just zur Hand ist. Der geduldige Leser findet das gewöhnlich im Schlußkapitel des jeweils neuesten Buches über die Spätantike. Er legt es gesättigt aus der Hand und meint, nun wisse er, woran Rom gescheitert ist.

Dieser Glaube trügt. Es ist ein Irrtum zu meinen, man könne eine den älteren überlegene Erklärung liefern, indem man das Problem „aus moderner Sicht" erneut durchdenkt. Wer das leisten will, muß zwei Erfordernisse erfüllen. Zum ersten muß er eine Quellenkenntnis besitzen, die den Standard von Otto Seeck, Ernst Stein und A.H.M. Jones erreicht. Werke, die dahinter zurückbleiben, sind zum alsbaldigen Verbrauch bestimmt. Zum zweiten muß das eigene Urteil sich an den bereits abgegebenen messen. Eine Historie, die sich in der Auseinandersetzung mit der Geschichte erschöpft, ist naiv, sofern die Technik der (gegenwärtigen) Auseinandersetzung nicht durch ein Studium der (vergangenen) Auseinandersetzungen geschult ist. Eine neue Erklärung überwindet die alten erst dann, wenn sie diese begriffen hat. Vorweg aber müssen sie einmal gesammelt und gesichtet sein, und das ist bisher niemals geschehen. Diesem Mangel soll mein Katalog (III. 1.–6.!)[2] begegnen. Er soll dazu dienen, das Verhältnis zwischen geschichtlichem Ereignis, historischem Betrachter und zeitgenössischem Umfeld zu bestimmen. Um Geschichte zu verstehen, müssen wir uns selbst verstehen, und dazu wäre es erforderlich, daß wir wenigstens die erweisbaren Selbstmißverständnisse vermeiden. Zu diesen gehört der Glaube an die Fortschrittlichkeit der jeweils jüngsten Geschichtsdeutung.

Ein Zweifel daran wird spätestens dann lebendig, wenn die letzten Erklärungen weniger plausibel erscheinen als die vorletzten. In der Geschichte der Historie bildet hier der Nationalsozialismus eine Epoche. Die ihm nahestehenden Autoren haben die „junge Wissenschaft" der Rassenlehre als der Weisheit letzten Schluß betrachtet, und indem diese Annahme auch unabhängig vom politischen Versagen jenes Systems unhaltbar geworden ist, kann das progressivistische Selbstverständnis für sich genommen kein Kriterium sein. Wer nichtsdestotrotz weiterhin das Licht der Sonne von heute für das hellste aller Zeiten hält, liefert abermals einen Beleg dafür, daß die menschliche Psyche hochentwickelte Verfahren ausgebildet hat, solche Erfahrungen zu verdrängen, die eine Änderung ihrer Denkwege erforderten.

Der Aufbau meines Buches beginnt in Kapitel I mit einer Zusammenfassung jener Vorgänge, die dann Gegenstand der Deutung geworden sind. In chronologischer Folge werden Aufstieg (I. 1!) und Zerfall (I. 2!) des Imperiums erzählt, in systematischer Ordnung kommt das Verhältnis der wichtigsten sozialen Gruppen zum spätrömischen Staat zur Sprache (I. 3!). Damit soll nur historisch längst Bekanntes zum besseren Verständnis des folgenden in Erinnerung gebracht werden.

Kapitel II behandelt die Epochen der Deutung in zeitlicher Folge, ausgehend von den zeitgenössischen Stimmen (II. 1!) über Mittelalter (II. 2!) und Humanismus (II. 3!) zur Aufklärung (II. 4!). Abschließend werden jene Aspekte der Interpretation aus dem 19. und 20. Jh. erörtert, die neben den eigentlichen Erklärungen von Bedeutung sind (II. 5!).

---

[2] In dieser Form wird innerhalb dieses Buches verwiesen, die arabischen Zahlen bedeuten hier Unterabschnitte, nicht Seiten.

Die modernen Erklärungsversuche, in Kapitel III nach sechs Typen geordnet, bilden das Kernstück des Buches. Ich habe alle einschlägigen Stellungnahmen, die mir während meines dreijährigen Sammelns bekannt geworden sind, aufgenommen. Ihre Zahl beträgt etwa 400, doch liegt die der behandelten Urteile höher, weil mehrere Autoren ihre Ansicht gewechselt haben. Ich schätze zwei Drittel aller und fünf Sechstel aller *wesentlichen* Äußerungen zum Thema beisammen zu haben. Die fehlenden stellen vermutlich bloß Varianten der bekannten Ansichten dar. Das ergibt sich daraus, daß ich das Schema bereits aus dem zehnten Teil der gefundenen Theorien bilden konnte und hernach nur zu verfeinern brauchte.

Bei meinen Fachkollegen muß ich mich dafür entschuldigen, daß ich auch Urteile von Außenseitern aufgenommen und deren bestreitbare Kompetenz nicht durch Kleindruck kenntlich gemacht habe. Dem standen nicht nur technische Schwierigkeiten im Wege (III. 1. Vw!). Meine übrigen Leser bitte ich dafür um Nachsicht, überhaupt so viele Stimmen wiedergegeben zu haben. Dies geschah mit Rücksicht auf die Zunft. Ihr liegt mehr an neuem Material als an neuen Gedanken. Stoff beschaffen ist mühsam, Ideen hat man selber – besser ein voller Keller als ein gesprächiger Wirt. Im übrigen unterstützt mich Goethe (MR. 1263): „Alle Männer vom Fach sind darin sehr übel daran, daß ihnen nicht erlaubt ist, das Unnütze zu ignorieren."

Im Kapitel IV geht es um eine methodische Auswertung. Aspekte der Aktualisierung, namentlich die Eignung der Spätantike als Krisenspiegel, sollen das Interesse am Fall Roms verständlich machen (IV. 1!). Die Diskussion über das Problem der historischen Erklärung liefert ein wenig wissenschaftstheoretischen Hintergrund (IV. 2!). Die in den behandelten Erklärungen praktizierten Weisen der Faktorengewichtung (IV. 3!) und die Schwierigkeiten bei der Einordnung von Urteilen in die sechs Typen (IV. 4!) kommen anschließend zur Sprache. Es folgt meine eigene Antwort auf die Untergangsfrage, das Fazit über den Fall, verbunden mit einer historischen Sachkritik der beschriebenen Deutungstypen (IV. 5!). Daß trotz der Zeitenbindung ein Fortschritt in den Erklärungsversuchen möglich sei, wird im Anschluß begründet (IV. 6!). Das Nachwort thematisiert den Fall Europas.

Die größte Schwierigkeit bei der Abfassung dieses Buches lag darin, daß mir keine Problemgeschichte zu irgendeiner anderen historischen Frage zur Verfügung stand. Gibt es so etwas überhaupt? Ich jedenfalls hatte kein Vorbild, das ich hätte nachahmen oder gar übertreffen können. Letzteres wünsche ich mir von Späteren. Möge das vorliegende Buch eine historisch-methodische Hilfestellung für künftige Erklärungsversuche dieses und anderer Fälle liefern! Ein verlängerter Anlauf zu einem weiteren Sprung.

Für Langmut und Verständnis danke ich meiner Frau. Hilfe und Kritik fand ich bei meinem Bruder Ecke Demandt, Oberstleutnant am Verteidigungsministerium in Bonn, meinem Freunde Dr. Rüdiger Söhnen, Richter am Landgericht in Konstanz, im Kollegenkreise vor allem bei Dr. Helmuth Schneider, weiterhin bei den Herrn Prof. Dr. Dr. Manfred Clauss, Werner Portmann und Egon Flaig, den studentischen Hilfskräften Ulrich Wanke, Sitta v. Reden und Clemens Berger, den Sekretärinnen Anna Zimmer und Alice Fischer. Die ausgezeichneten Forschungsbedingungen an der Freien Universität Berlin haben mir die Arbeit erleichtert. Neben den Bibliotheken und Instituten muß ich unserer Dahlemer Mittagsrunde gedenken, deren nimmermüde Gespräche manches Problem klären halfen. Studien in der Fürstlich Ysenburg'schen Bibliothek im Krummen Saal des Büdinger Schlosses, in der Herzog August-Bibliothek zu Wolfenbüttel und im Deutschen Archäologischen Institut zu Rom brachten wertvolle Ergänzungen. Die besten der auf den folgenden Seiten entwickelten Gedanken sind in Rom geboren. Diese Stadt hat in den letzten hundert Jahren wieder ein Leben gewonnen, das der großen Vergangenheit würdig ist und, im Einklang damit, jene für den historischen Sinn so einzigartige Sphärenharmonie der Zeitenfolge erzeugt. Wenn doch Montesquieu und Gibbon das noch erlebt hätten! Sie hätten abermals mit Konrad Celtes (epigr. V 92) gesagt: *O quae mutatio Romae!*

Und nun fahre wohl, mein Buch! Grüß mir die Leser und erzähl ihnen etwas vom Glück des Historikers. Denn der Reichtum der Menschheit liegt in ihrer Geschichte.

Lindheim 17. August 1983 *Alexander Demandt*

I. DER FALL ROMS ALS EREIGNIS

Leopold von Ranke (*1854/1917*, 21) hat das Imperium Romanum einmal mit einem Gewässer verglichen, in das die älteren Überlieferungen eingeströmt und aus dem die jüngeren Völkergeschichten hervorgetreten sind. Dieses Bild trifft. Tatsächlich sind im römischen Reich die älteren Kulturtraditionen der italischen und keltischen, griechischen und orientalischen Völker zusammengeflossen; und die jüngeren, christlichen Nationen Europas sind aus ihm hervorgegangen. Selbst die von Byzanz geprägten Slawen bezeugen ihre Verbindung zum Imperium durch die Idee vom Dritten Rom (II. 2. a!). Zwischen der vielgestaltigen Kulturlandschaft der vorrömischen Zeit und dem vielgliedrigen Staatensystem der nachrömischen Zeit steht das römische Reich als großräumige und langwährende Ordnungsmacht.

Die Leistung Roms für die europäische Tradition beschränkt sich jedoch nicht auf ein bloßes Zusammenfügen und Weiterreichen griechischer und orientalischer Kulturelemente. Vielmehr haben die Römer auch selbst Wesentliches beigesteuert. Das römische Recht und der römische Staatsgedanke, das Städtewesen und das Straßennetz und nicht zuletzt die katholisch-orthodoxe Kirche sind Schöpfungen des antiken Rom, auf denen die spätere europäische Geschichte aufbaut. Sie hat zu allen Zeiten vom römischen Erbe gezehrt. Das, was in der Renaisance das Denken beherrschte, hat vorher und nachher, stärker oder schwächer ebenfalls stattgefunden.

Im 5. Jh. n. Chr. ist das Imperium auseinandergebrochen. Immer wieder hat man sich gefragt, wie dies geschehen konnte. Bevor wir uns der Geschichte der Urteile über diesen Vorgang zuwenden, soll der Sachverhalt selbst kurz umrissen werden. Gewiß ist es schwierig, vielleicht sogar unmöglich, den von seiner anderthalb Jahrtausende alten Deutungsgeschichte überwucherten Gegenstand zu befreien und gleichsam deutungsfrei als reines Faktum herauszuschälen. Was dem einen schon Urtext erscheint, mag dem anderen noch als Interpretation gelten. Trotzdem muß es versucht werden: für den Fachgenossen, um ihn daran zu erinnern, daß von Deutung nur gesprochen werden kann, wenn es einen Gegenstand gibt; für den Liebhaber, um ihm einige Vorgänge ins Gedächtnis zurückzurufen, die er zum Verständnis benötigt.

I. 1. Die Ausbreitung der römischen Herrschaft

Es hörte aber Judas von den Römern, daß sie sehr mächtig wären und fremde Völker gern in Schutz nähmen und daß sie Treue und Glauben hielten ... 1. Makk. 8, 1

Der Aufstieg Roms zur Weltmacht unterscheidet sich von den übrigen Großreichsbildungen des Altertums nach Genese und Struktur. Während jene in kurzer Zeit durch die Tatkraft einzelner Eroberer an der Spitze kleiner, entschlossener Volksheere zustandekamen und zumeist auch bald wieder zerfielen, ist das *Imperium Romanum* in einem langsamen, aber stetigen Prozeß gewachsen, bis es unter dem Kaiser Trajan (98–117) seine größte Ausdehnung erreicht hatte. Dieser Wachstumsprozeß wurde getragen durch eine Gruppe indogermanischer Italiker, die in aneignender Auseinandersetzung mit den kulturell überlegenen Etruskern und Großgriechen den römischen Stadtstaat aufgebaut und bis in die frühe Kaiserzeit den Kern der Bürgerschaft gebildet haben.

Läßt sich Rom in seiner ersten Zeit durchaus dem gemeinantiken Polis-Typus zurechnen, so hat es diesen doch bald hinter sich gelassen. Dies zeigt sich außenpolitisch im Aufbau der italischen Wehrgemeinschaft während des vierten vorchristlichen Jahrhunderts. Dieses Bündnissystem resultiert aus dem Bestreben Roms, die übrigen Mächte Italiens durch Staatsverträge konzentrisch an sich zu binden. Die Bündnisse waren in der Regel unbefristet, nach Rechten und Pflichten auf das Kräfteverhältnis zum Zeitpunkt des Vertragsabschlusses abgestimmt, doch so, daß Rom das Übergewicht besaß. Gewöhnlich waren sie das Ergebnis von Kriegen, die Rom in einem eigentümlichen Stil führte. Kämpften die Juden im Auftrage Jahwes, die Griechen mit agonalem Ehrgeiz und die Germanen aus Lust am Ruhm und Beute, so treten in Rom derartige Motive zurück. Die Kriege der Römer waren Polizei-Aktionen in eigener Sache, getragen durch ein bestimmtes Rechtsbewußtsein. Für die Eröffnung des Krieges galt das Prinzip des *bellum iustum.* Man machte den Verteidigungsfall geltend und ließ eine religionsgesetzlich geregelte Kriegserklärung ausgehen. Diese Regel wurde desto sorgsamer beachtet, je höher der Kulturstand des Gegners war. Barbaren gegenüber wurde die Kriegsschuldfrage so leicht genommen, daß kritische Zeitgenossen ganz ungeschminkt von Feldzügen zu Übungszwecken sprechen. Der Abschluß eines Krieges stand unter der Norm, daß weder die Ausgangslage wiederherzustellen noch der Feind zu vernichten sei. Stattdessen strebten die Römer jeweils ein Bündnis an, das dem Gegner zwar die außenpolitische Selbständigkeit nahm, ihm aber den Schutz der römischen Waffen versprach. Mit der Ausdehnung des Bündnissystems mehrten sich einerseits die Anlässe, Kriege zu eröffnen, und andererseits die Mittel, sie zu gewinnen. So wurden die Kriegsziele immer anspruchsvoller. Der kaiserzeitliche Historiker Florus (I 3/9, 6) bemerkte: zuerst kämpften die Römer um ihre Freiheit *(pro libertate)*, dann für ihre Grenzen *(pro finibus)*, anschließend für ihre Bundesgenossen *(pro sociis)* und schließlich für ihr Reich *(pro imperio)*. Gekämpft wurde immer. Bis zur Zeit des Augustus war der Janus-Tempel, der in Kriegszeiten offen stand, nur zwei Sommer geschlossen, wobei der erste Fall der Sage angehört. Mit Ausnahme eines einzigen Jahres (235 v. Chr.) befand sich Rom immer im Kriegszustand.

Mit dem Abschluß der Samnitenkriege und der Abwehr des Pyrrhus 275 besaß Rom die Vorherrschaft in Italien. Es folgte der Kampf mit Karthago um die Hegemonie im westlichen Mittelmeerraum. Aus dem Ersten Punischen Krieg (264–241) ging Rom als führende Land- und Seemacht des Westmediterraneums hervor. Sie wurde im Zweiten Punischen Krieg (218–201) einer harten Probe unterworfen. Die Gefährlichkeit Hannibals lag weniger in seinen Kriegselefanten als in den Freiheitsparolen, mit denen er die von Rom abhängigen italischen Bündner auf seine Seite lockte (Liv. XXI 30, 3). In der Schlacht bei Cannae 216 verlor Rom zwar über die Hälfte seiner Streitmacht, da aber der Kern der Wehrgemeinschaft dennoch fest blieb, erwies sich Rom Hannibal gewachsen.

Mit der Überwindung Karthagos hatte Rom im Westen keinen ernsthaften Gegner mehr, und im 2. Jh. bezwang es den Osten. Dies war insofern leichter, als Rom nun größere Reserven zur Verfügung standen als im Kampf gegen Karthago. Zudem rivalisierten die hellenistischen Staaten untereinander, so daß Rom dort stets Bundesgenossen fand und die Rolle der selbsternannten Schiedsmacht spielen konnte. An Eroberern, gegen die man vorgehen konnte, war kein Mangel. Daß Rom dabei auf den Dank der Kleinmächte zählen durfte, lehrt das 1. Makkabäer-Buch (8, 1–16). Es stellt der römischen Außenpolitik ein schmeichelhaftes Zeugnis aus, wie der im Motto dieses Kapitels angeführte Satz beweist. 188 war die Seleukidenmacht, 168 der Makedonenstaat niedergezwungen, 146 wurde der letzte Widerstand in Nordafrika und Griechenland gebrochen.

Die An- und Eingliederung ins römische Reich wurde durch zwei politische Maßnahmen erleichtert. Zum ersten wurde der Einführung des Provinzialstatus gewöhnlich eine Übergangsphase vorgeschaltet, während welcher der betreffende Staat mit Rom verbündet, befreundet oder durch Klientel verknüpft war. Zum zweiten pflegten die Römer die soziale und kulturelle Verfassung der annektierten Länder zu schonen: Gesellschaftsordnung, Besitzverhältnisse und Kommunalverwaltung blieben bestehen, religiöse und kulturelle Traditionen wurden nicht angetastet. Rom öffnete sich sogar selbst einem Hellenisierungs- und Orientalisierungsprozeß, den altrömisch Gesonnene wie der ältere Cato mit Argwohn beobachteten.

Die damit bereits angesprochenen Gründe für den Aufstieg Roms sind beinahe ebenso umstritten wie die für den Niedergang, doch besitzen wir für Roms Expansion in Polybios einen verläßlicheren Gewährsmann als in seinem Nachahmer Zosimos für Roms Zerfall. Polybios, der 168 als Geisel nach Rom gekommen war und dort so etwas wie eine politische Bekehrung erlebte, leitet die Erfolge der Römer aus ihrer politischen und moralischen Verfassung her, die er im

6. Buch seines Geschichtswerkes eingehend beschreibt. Er teilt damit die römische Selbstauffassung, wie sie am prägnantesten Ennius in einem berühmten Annalenfragment (500 Vahlen) formuliert: *moribus antiquis res stat Romana virisque.* Cicero und Livius haben diese moralische Sicht ihren Schriften über den römischen Staat zugrundegelegt, in der Neuzeit wurde sie von Machiavelli und Montesquieu aufgegriffen, und in unserem Jahrhundert vertrat sie namentlich Richard Heinze in seiner Rektoratsrede ›Von den Ursachen der Größe Roms‹ (*1921/25*). Der Vorrang der politischen vor allen sonstigen Interessen, die Strenge gegen sich selbst und die Klugheit gegenüber anderen sind die Ausformung der *virtus Romana,* der *maiestas populi Romani,* die in Erziehung und Recht, Innen- und Außenpolitik das staatliche Bewußtsein bestimmte.

Wie nötig ein solches Regulativ war, zeigt ein Blick auf die soziale Struktur des frühen Roms. Im Unterschied zu den übrigen frühantiken Gesellschaften zeigt Rom von Anfang an eine scharfe Teilung in zwei durch Abstammung definierte Stände, in Patrizier und Plebejer. Der patrizische Adel bestand aus wenigen, teilweise allerdings sehr großen Familien, deren Bedeutung auf ihrem Grundbesitz und ihrer politischen Gefolgschaft, der „Klientel", beruhte. Die Plebejer waren großenteils, aber sicher nicht vollständig auf die patrizischen Klientelen verteilt. Die Familienstruktur war streng patriarchalisch, die Wirtschaft bäuerlich, das Leben durch religiöse und traditionelle Bindungen, den *mos maiorum,* geprägt.

Roms außenpolitischer Aufstieg steht im engsten Zusammenhang mit seinem inneren Zustand und dessen Entwicklung. Im Grundtenor zeigen Gesellschafts- und Verfassungsgeschichte Roms dieselbe Demokratisierungstendenz, die in den meisten großen antiken Stadtstaaten zu beobachten ist, unterscheidet sich von diesen jedoch durch ihren hohen Grad an Stetigkeit. Am Anfang steht ein Königtum, das um 500 vom Adel entmachtet und durch Beamte ersetzt wurde. Anders als in den meisten antiken Städten hat der alte Adelsrat in Rom seine Stellung behaupten können. Der Senat war die wichtigste Institution der römischen Republik. Darin liegt eine Einschränkung der antiken Ansicht, daß Rom eine „gemischte Verfassung" besitze, in der das demokratische Element (die Volksversammlung), das aristokratische Element (der Senat) und das monarchische Element (der Magistrat, insbesondere die Konsuln) im Gleichgewicht stünden.

Die Zeit bis zur *lex Hortensia* 287 steht innenpolitisch im Zeichen der Ständekämpfe. Durch ihren wirtschaftlichen und militärischen Beitrag zum Aufstieg der römischen Macht erzwangen die Plebejer Schritt um Schritt ihre Mitsprache in dem von den Patriziern beherrschten Staat. Beide Gruppen bewiesen in diesem Kampf die seltene Kunst des Maßhaltens. Die Forderungen der *plebs* und der Widerstand der *patres* gingen niemals bis zum Bürgerkrieg, wie er in den antiken Städten sonst gewöhnlich war. Die führenden Familien der Plebejer erreichten über die Ämterlaufbahn das Konsulat, traten in den Senat ein und verschmolzen mit den Patriziern zur Nobilität, einer neuen Führungsschicht. Zwar hat auch sie sich nach unten abzuschließen versucht, doch blieb der Aufstieg für besonders fähige *homines novi* möglich. Das lehrt die Laufbahn von Cato, Marius und Cicero. Dieses Prinzip der permanenten Selbstergänzung ist eine Sonderheit: kein antiker Staat hat ebenso konsequent immer neue Schichten an der Macht beteiligt wie Rom. Parallel zur Expansion des Staates vollzieht sich eine Öffnung des Regiments für immer weitere Kreise.

Niemand konnte erwarten, daß diese Entwicklung reibungslos ablief. Aber die Konflikte haben sich soweit bändigen lassen, daß Rom sich keine Blößen nach außen gab. Man kann sogar erkennen, wie das Aufstreben der Plebejer als expansive Kraft gewirkt hat, indem durch eine Mehrung der Kommandos der Druck auf diejenigen Familien gemindert wurde, die von alters darauf Anspruch erhoben. Insofern hat nicht nur die Stabilität die Expansion ermöglicht, sondern zugleich die Expansion die Stabilität gehoben.

Die positive Folge dieser Wechselwirkung ist jedoch in der Zeit der Gracchen umgekippt. Zwei Gründe sind dafür verantwortlich. Außenpolitisch hatte die römische Macht ihre verkehrstechnisch möglichen Grenzen erreicht. Die Mittelmeerküsten samt ihrem erschlossenen, urbanisierten Hinterland standen fest unter römischem Einfluß. Eine weitere Eroberung hätte sich dem europäischen Barbaricum zuwenden müssen, aber das schien zunächst wirtschaftlich unergiebig und militärisch schwierig. Von kleineren Flurbereinigungen abgesehen war Rom saturiert. Das zeigt die Veränderung eines Staatsgebetes, das der jüngere Scipio Africanus als Pontifex Maximus im Jahre 141 v. Chr. vorgenommen hat: anstelle der Bitte um weitere Vergrößerung setzte er die um Bewahrung des Reiches im bestehenden Umfang (Val. Max. IV, 1, 10).

Die veränderte äußere Lage hatte Einfluß auf die innere Situation. Wie die moralisierende Historiographie bemerkte, kehrten sich die Waffen, die außen nicht mehr genug zu tun fanden, nach innen. Hier hatte sich ein Wandel vollzogen. Der Kriegsdienst hatte einen Großteil römischer Landbürger ökonomisch ruiniert, ihr Boden wurde zunehmend von senatorischen und ritterlichen Grundherren aufgekauft und mit Hilfe der zu Tausenden eingebrachten Kriegssklaven bewirtschaftet (Appian BC. I 7). Gegenüber den aufstrebenden Grundbesitzern und Geschäftsleuten ging der freie Bauernstand zurück. Der Versuch der Gracchen 133 und 123, diese Entwicklung rückgängig zu machen, ist gescheitert. Daran waren nicht allein ihre Gegner, die konservativen Senatoren, schuld. Das altrömische Ideal der kleinbäuerlichen Existenz hatte für viele römische Bürger an Reiz verloren. Es gab inzwischen attraktivere Lebensformen: man konnte an den Rändern der römischen Machtsphäre zu Geld kommen, wie die in Asien und Afrika, in Noricum, Gallien und Spanien aufblühenden italischen Händlerkolonien beweisen; man konnte in der Stadt Rom ein abwechslungsreiches Dasein führen, wobei die staatliche Subventionierung den wachsenden Zuzug erklärt; man konnte seit Marius auch ohne eigene Ausrüstung ins Heer eintreten und dort über Sold, Beute und Abfindung bei der Entlassung in den Veteranenstatus reich werden, denn die Kriege gingen weiter.

Die Eroberung von Numantia 133 und die Niederwerfung Jugurthas 105 vollendeten die Herrschaft über Spanien und Nordafrika. Der vorübergehend bedrohliche Angriff der Kimbern und Teutonen lieferte den Hintergrund für die Eroberung Galliens durch Caesar, die Kämpfe mit Mithridates VI. von Pontos und den Parthern führten zur Besitznahme des Ostens durch Pompeius und Augustus. Er hat mit der Eroberung der Donauländer dann die Landverbindung zwischen dem Westen und dem Osten des Reiches geschaffen.

Der Strukturwandel des Imperiums in der späten Republik bescherte dem Staat zum ersten Male innere Kriege. Sie wurden getragen durch Gruppen, die sich nicht ins System fügten: den Sklaven, deren Erhebungen zumal unter Spartacus († 71 v. Chr.) gefährlich wurden; den Italikern, die für das volle Bürgerrecht stritten; den Catilinariern, die wohl doch nicht nur in die Kriminalgeschichte gehören. Rom ist mit diesen Unruhen fertig geworden, doch vollzog sich das in einem Prozeß, der seit Mommsen als die „römische Revolution" bezeichnet wird. Er brachte eine tiefgreifende Verschiebung des inneren Machtgefüges mit sich.

Seit der marianischen Heeresreform erwarteten die Legionäre eine Altersversorgung durch ihren Imperator und liehen ihm dafür ihre Stimme im innenpolitischen Wettbewerb. Daraus entstand die sogenannte *Heeresklientel,* eine Hausmacht einzelner Senatoren, deren Einfluß die alte aristokratische Gleichheit aufhob. Die Kriege gegen äußere und innere Gegner erforderten zunehmend Ausnahmekommandos, ihre Träger waren praktisch Monarchen auf Zeit. Je nachdem, ob sie mit dem Senat oder mit der Volksversammlung zusammenarbeiteten, wurden sie (wie Sulla und Pompeius) den Optimaten oder (wie Marius und Caesar) den Popularen zugerechnet. Die Auseinandersetzung zwischen diesen Männern nahm immer gewaltsamere Formen an, ob und wann sie ihr Amt abgaben, wurde immer stärker eine Sache ihrer privaten Entscheidung. Mit den Gracchen, ja den Scipionen kündigt sich in den objektiven Machtkonzentrationen jene Entwicklung zur Monarchie an, der schließlich auch Brutus nicht entgangen wäre: er prägte Goldmünzen mit seinem Bilde geradeso wie Caesar.

Caesars Leistung war es, die Tendenz zur monarchischen Verfassung erkannt und zum politischen Konzept erhoben zu haben. Die Aufgaben, die ein solcher Flächenstaat stellte, konnten durch ein vielhundertköpfiges Gremium argwöhnischer und zunehmend aufs Geldmachen ausgerichteter Edelleute nicht dauerhaft bewältigt werden. Der Senat war in den letzten Jahrzehnten der Republik nicht einmal mehr in der Lage, die Veteranenversorgung zu sichern, weil er die daraus erwachsende Gefolgschaft der Feldherren fürchtete. Das Heer fügte sich einer solchen Körperschaft nicht länger und weigerte sich im Konfliktfalle, einen bewährten Feldherrn zu verlassen, wenn der Senat das gebot. Das lehrte bereits Sullas Marsch auf Rom im Jahre 88.

Der Übergang von der republikanischen zur monarchischen Staatsform bedeutete für Senat und Volk von Rom den Verlust der politischen Entscheidungsgewalt. Sie lag fortan in der Hand das Kaisers. Wenn dieser Machtwechsel von den Zeitgenossen weniger laut beklagt wurde als von den späteren Gesinnungsrepublikanern, so ist dies ein Anzeichen dafür, daß die Monarchie für die überwältigende Mehrheit einen Fortschritt darstellte. Kaum jemand wünschte die Herrschaft einer korrupten Aristokratie und die Turbulenzen der späten Republik zurück. Die sittenstrenge, einfache Lebensart der alten Zeit dürfte ebensowenig vermißt worden sein. Der Krieg war seitdem ein Ausnahmefall. Augustus verringerte das Heer, und die Zahl der Wehrdienst leistenden Männer sank auf einen Prozentsatz an der Gesamtbevölkerung, der in jüngeren Staatswesen kaum jemals unterboten worden ist (0,3–0,6%).

Die Monarchie bedeutet für das Imperium eine Normalisierung. Denn das Kaisertum lieferte dem Römerreich jene Verfassung, die alle Flächenstaaten nicht nur der Antike, sondern der vorindustriellen Zeit überhaupt besessen haben und aufgrund ihrer schwerfälligen Kommunikationsstrukturen besitzen mußten. In den Bürgerkriegen nach Caesars Ermordung ging es nicht mehr um die Entscheidung zwischen Republik oder Monarchie, sondern bloß um die Person des Monarchen und um den Stil seiner Herrschaft. Dieser pendelte zwischen einer italisch-westlichen und einer hellenistisch-östlichen Variante. Ersterer ist gekennzeichnet durch eine bürgerliche, senatsfreundliche Haltung, letzterer durch Gottkönigtum und Popularität bei den Unterschichten. Seit Caesar haben die römischen Imperatoren bald dem westlichen, bald dem östlichen Ideal den Vorzug gegeben, doch läßt sich eine Tendenz zu letzterem hin feststellen. In Diocletian und Constantin fand der absolutistisch-orientalische Typus seine Vollendung.

Die Organisation der Monarchie war das Werk des Augustus. Er hat die zeitweilig drohende Auflösung der Reichseinheit verhindert und jene Strukturen geschaffen, die das Imperium fortan trugen. Seit Augustus war der Kaiser der reichste Mann im Staat, er befehligte das Heer, ergänzte den Senat, vergab die entscheidenden Verwaltungsposten und regelte alle reichspolitischen Fragen. Die Volksversammlung verschwand, der Senat verlor die meisten seiner Befugnisse, die Selbstverwaltung der Städte blieb jedoch erhalten. Neben der wachsenden Bedeutung des Hofes gliederte sich die Reichsverwaltung in senatorische und ritterliche Beamte, die jeweils eine abwechslungsreiche und praxisnahe Laufbahn durchmachten. Dabei wechselten provinziale und stadtrömische, überwiegend zivile mit vornehmlich militärischen Funktionen ab. Das gesamte Staatsleben wurde durch das römische Recht geregelt, ein auf dem Gedanken der Billigkeit beruhendes Ordnungsgefüge, wie es vorher niemals bestanden hat und das nachher das Vorbild des europäischen Rechtswesens abgab.

Mit Augustus hatte das Imperium seinen äußeren Umfang im wesentlichen erreicht. Jede weitere Ausdehnung belastete die Finanzen und schuf Kommunikations- und Integrationsprobleme. An Gegnern blieben Perser und Germanen übrig. Erstere wollte Caesar, letztere Augustus unterwerfen. Beides mißlang, doch entwickelten sich daraus angesichts der Überlegenheit des Imperiums und infolge der inneren Schwierigkeiten jener Mächte zunächst noch keine erheblichen Bedrohungen für Rom. Die kulturelle, ethnische und wirtschaftliche Vielfalt der Mittelmeerländer führte im Schutz des Reiches zu einer nie dagewesenen

Prosperität. Verglichen mit anderen vorindustriellen Systemen bot das Imperium Romanum, zumal des 1. und 2. Jahrhunderts, ein glänzendes Bild. In bestimmten Regionen Nordafrikas, Anatoliens und der Balkanländer ist das römische Kulturniveau auch heute noch nicht wieder erreicht. Das Hohe Lied sang ihm der jüngere Plinius im Jahre 100 in dem Panegyricus auf Kaiser Trajan. Sichtbares Zeugnis der zivilisatorischen Blüte ist die Stadtkultur, die im Osten griechische, im Westen lateinische Züge trug. Lieferte die römische Herrschaft für den Osten nur einen schützenden Rahmen, war sie im Westen zugleich eine treibende Kraft der Zivilisierung, der Urbanisierung und der Romanisierung.

Die Zeit ungestörter Entwicklung erlebte eine erste Unterbrechung mit den Marcomannenkriegen unter Marc Aurel, eine zweite in den Thronwirren nach dem Tode des Commodus und eine dritte nach dem Ende der Severerdynastie. Das führte in die Reichskrise der Soldatenkaiser (235–284). In Persien war die Herrschaft der Parther unter den Arsakiden 226 durch die Sassaniden gestürzt worden. Mit großer Wucht wandten sie sich gegen den Westen und fügten hier dem römischen Reich schwere Schäden zu. 260 fiel ihnen Kaiser Valerian in die Hände. Noch bedrohlicher entwickelte sich der Krieg gegen die Germanen. Im Zuge einer allmählichen Ausbreitung hatten ostgermanische Stämme Südrußland in Besitz genommen und griffen über See Kleinasien und über Land die Balkanländer an. Im Jahre 251 wurde Kaiser Decius von den Goten geschlagen und getötet. Dakien ging verloren, aber die Donaugrenze hielt stand.

Im Rhein-Donau-Dreieck hatten sich aus den zahlreichen Kleinstämmen der älteren Zeit drei Stammesverbände gebildet: die Alamannen, die seit 213 angriffen, 233 den obergermanisch-rätischen Limes überrannten und seitdem regelmäßig die grenznahen Provinzen plünderten. Am Niederrhein war es zum Zusammenschluß der 257 zuerst erwähnten Franken gekommen. Sie nahmen das römische Territorium links des Niederrheins in Besitz, zogen plündernd durch Gallien und Spanien und erreichten sogar Nordafrika. Ab 286 hören wir zusätzlich von den Seefahrten der Sachsen, die von den Küsten her Gallien, Britannien und Spanien unsicher machten.

Die Bedrohung des Reiches forderte die Präsenz des Kaisers an mehreren Orten zugleich. Es kam zu Usurpationen siegreicher Generale, die dann im zweiten Zuge gegen den legitimen Kaiser vorgingen. So hatte die bedrängte Verteidigungslage unter den Voraussetzungen eines Einzelkaisertums den Bürgerkrieg zur Folge. Um die Soldaten zufriedenzustellen, haben die Kaiser die Plünderung römischer Städte, die den Gegner unterstützt hatten, zugelassen. Ob sich darin soziale Spannungen zwischen den aus ärmeren, ländlichen Gegenden stammenden Soldaten und dem städtischen Besitzbürgertum entluden, ist deswegen fraglich, weil das Heer die Bauern ebenso plünderte. Jedenfalls zeigte sich, daß die gesellschaftlichen Schichten unzureichend verzahnt waren. Das Ausmaß der Wirren spiegelt sich in der Zahl von 70 Kaisern und Prätendenten innerhalb von fünfzig Jahren (Hartmann *1982,* 63 f.). Den Tiefpunkt erreichte das Imperium unter der Herrschaft von Gallienus (260–268). Äußere Überlastung und innere

Spannungen schienen das Reich zu zerreißen. Im Hinterland der persischen und der germanischen Front bildeten sich Teilreiche, die bereits ankündigten, wo die dauernde Anwesenheit von Kaisern am dringendsten war. Ansätze zu einer Eigenstaatlichkeit zeigten sich jedoch nicht. Jeder Usurpator wollte Kaiser des ganzen Reiches sein.

Als Folge der seelischen Anspannung jener Kriegsnöte läßt sich die gesteigerte religiöse Inbrunst breiter Bevölkerungskreise verstehen. Die orientalischen Erlösungsreligionen erhielten großen Zulauf, allen voran das Christentum. Auch die gereizte Reaktion des Staates, der sich dadurch grundsätzlich in Frage gestellt fühlte, ist ohne die Notsituation nicht verständlich. Die Fürbitte bei den Staatsgöttern und die Loyalitätsbeweise gegenüber dem Kaiser erschienen unabdingbar für den Fortbestand des Reiches. Indem die Christen beides verweigerten, kam es zu den Verfolgungen unter Decius bezw. Valerian (250–259) und Diocletian bezw. Galerius (303–311).

Für die Wirtschaft bedeutete der dauernde Kriegszustand eine erhebliche Belastung. Dies zeigte sich in einer zum Schluß galoppierenden Inflation. Um die wachsenden Staatsausgaben zu bestreiten, vervielfachten die Kaiser die Geldmenge; der Markt reagierte durch Preissteigerungen, die zusätzlich durch den verminderten Gehalt an Edelmetall in den Münzen gefördert wurden. Als Gegenmaßnahme des Staates ist die Forderung von Naturalabgaben für die Heeresversorgung *(annona)* zu verstehen.

Auf dem Lande vollzog sich eine Verschiebung von der Sklaverei zum Kolonat, der freien Kleinpacht. Die noch unter Augustus zu Zehntausenden eingebrachten Kriegssklaven blieben in der folgenden, friedlicheren Zeit aus, und der Altbestand an Sklaven verringerte sich durch die zahlreichen Freilassungen. Einen Einfluß auf die Produktivität im ganzen dürfte dieser Umschichtungsprozeß schwerlich gehabt haben. Konnte man einen Sklaven zu höheren Leistungen zwingen, so motivierte den Pächter das eigene Interesse am Gewinn.

Das dritte Jahrhundert hat ebenfalls den Prozeß der Romanisierung weiter vorangetrieben. Mit der *Constitutio Antoniniana* von 212 wurden alle freien Reichsbewohner römische Bürger im rechtlichen Sinne. Die schon seit dem ersten Jahrhundert zu beobachtende Verlagerung der Rekrutierungsräume aus Italien in die Gallia Cisalpina, in die Gallia Transalpina und nach Spanien setzte sich fort: vor allem die Donauländer stellten nun die Soldaten. Hand in Hand damit verschob sich der Herkunftsbereich der Kaiser aus Rom und Italien im ersten Jahrhundert, nach Gallien und Spanien im zweiten und während des dritten in die Donauprovinzen. Die julisch-claudischen Kaiser waren Patrizier, die Flavier und ihre Nachfolger Senatoren, mit Macrinus und den Soldatenkaisern kommen Ritter auf den Thron, und Diocletian war Sklave oder Sohn eines solchen.

Positiv gesehen beweist die regionale und soziale Ausweitung des Staatspersonals die anhaltende Integrationskraft des römischen Systems. Keiner dieser Männer kam jemals auf den Gedanken, seine gesellschaftliche oder regionale Herkunft zur Basis eines politischen Programms zu machen. Sie alle waren Römer und wollten Rom groß machen oder wenigstens groß erhalten. Wie stark das Einheitsbewußtsein im 3. Jahrhundert war, lehren gerade die kurzlebigen Sonderreiche an der Euphrat- und an der Rheinfront. Sie verstanden sich jeweils als Vertreter des gesamten Imperiums. Als Anzeichen für interne zentrifugale Kräfte, die das Reich dann im 5. Jahrhundert gesprengt hätten, kommen sie nicht in Betracht.

I. 2. Reform und Zerfall des spätrömischen Reiches

Wehe dir, Land, dessen König ein Kind ist und dessen Fürsten schon in der Frühe tafeln! Durch Faulheit senkt sich das Gebälk; und legt man die Hände in den Schoß, dann tropft es durch die Decke.
Pred. Salom. 10, 16

So wie die Republik und die hohe Kaiserzeit, so beginnt auch die Spätantike mit einer Aufbauphase. Die Stabilisierung des in der Reichskrise der Soldatenkaiser erschütterten Imperiums setzt ein mit AURELIAN (270–275). Er schlug die Barbaren in Pannonien und Italien, besiegte Zenobia und gliederte erst deren palmyrenisches, dann auch das gallische Sonderreich dem Reichsganzen wieder ein. Eine Münzreform und die Einführung eines Reichskultes für *Sol Invictus,* den unbesiegten Sonnengott, weisen in die Zukunft. Die entscheidende Festigung war jedoch erst das Verdienst von DIOCLETIAN (284–305) und Constantin (306–337). Äußere Voraussetzung ihres Erfolges war die Regierungsdauer. Zusammen haben diese beiden Kaiser länger regiert als alle Soldatenkaiser miteinander. Innere Voraussetzung war die Tatkraft der Reformkaiser. Diocletian hatte sich aus einfachsten Verhältnissen bis zum Gardekommandanten emporgedient und entfaltete nach seiner Machtübernahme eine Aktivität, für die allein die 1 200 bezeugten Gesetzeserlasse sprechen.

Das erste Problem, das er anging, war die Eindämmung der Kaisermacherei. Das durch die Wirren des 3. Jahrhunderts geschwächte Kaisertum erhielt durch zeremonielle Überhöhung nach östlichem Vorbild neuen Glanz. Die Rede von einem spätantiken Absolutismus ist indessen irreführend, denn neue Rechte erhielt der Kaiser damals nicht, und an wirklichem Durchsetzungsvermögen stand er hinter den früheren Kaisern vielleicht sogar zurück. Weil der fortwährende Kriegszustand entlang der gesamten Nordgrenze die kaiserliche Präsenz an mehreren Stellen zugleich erforderte, konnte man auf das Mehrkaisertum nicht verzichten, aber man konnte es legalisieren. Auf ältere Vorbilder gestützt, hat Diocletian ein legales Doppelkaisertum, später eine Viererherrschaft, die Tetrarchie, eingeführt. Zwei Oberkaiser *(Augusti)* mit je einem Unterkaiser *(Caesares)* regierten die Reichsteile. Die Kandidaten wurden aus den Reihen bewährter Offiziere gewählt und nach dem Beispiel der hohen Kaiserzeit adoptiert. Diocletians Versuch, das dynastische Erbkaisertum wieder durch ein Adoptivkaisertum zu ersetzen, wie es im 2. Jahrhundert bestand, schlug allerdings fehl.

CONSTANTIN, selbst Sohn eines regulären Tetrarchen, usurpierte nach dem Tode seines Vaters 306 den Purpur und stützte sich dabei auf das dynastische Empfinden der germanischen Hilfstruppen. Im Zuge der Ausschaltung seiner Mitkaiser Maxentius (312) und Licinius (324) erhob er seine Söhne zu *Caesares* und füllte so den von Diocletian übernommenen Rahmen mit Familienangehörigen, denen, soweit sie zum Regieren zu jung waren, tüchtige Beamte zur Seite gestellt wurden. Die Vermehrung der Kaiser erforderte die Errichtung neuer Residenzen: unter Diocletian erhielten Nikomedeia, Thessalonike, Mailand und Trier Kaiserpaläste. Constantin verließ Nikomedeia zugunsten von Byzanz. Rom war fortan nur Ehrenhauptstadt, die veränderte Verkehrslage machte ein Regieren von hier aus unmöglich. Die Erneuerung des Kaisertums durch Diocletian und Constantin war so erfolgreich, daß es keinem dynastiefremden Usurpatoren mehr gelungen ist, sich zu behaupten.

Zum anderen wurde von den Reformkaisern die Verwaltung den Zeiterfordernissen angepaßt. Die Sonderstellung von Italien, Ägypten und den alten senatorischen Provinzen verschwand. Die somit gleichgeschalteten Provinzen wurden aufgeteilt und dann in Vicariate und Reichspräfekturen zusammengefaßt. Die *Praefecti praetorio* erhielten kaiserliche Kompetenz in Rechtsfragen. Seit Constantin sind sie nicht mehr Kommandanten der Leibwache, sondern die höchsten Zivilbeamten des Reiches. Ihre Bedeutung war so groß, daß geradezu von einer spätrömischen Präfekturenverfassung gesprochen werden kann. Militärische und zivile Befugnisse waren fortan getrennt, die gesamte Bürokratie wurde streng hierarchisch geordnet. Gegen die mit der Vermehrung der Stellen zunehmende Korruption ergingen zahlreiche Gesetze.

Diocletian reorganisierte das gesamte Steuerwesen; dessen Grundlage war die Größe des bebauten Landes und die Zahl der Arbeitskräfte (daher *capitatio-iugatio*); alle fünf, später alle fünfzehn Jahre wurde neu veranlagt *(indictio)*. Die verschiedenen Provinzialprägungen verschwanden zugunsten einer einheitlichen Reichsmünze. Diocletians Versuch, die durch staatliche Geldvermehrung geförderte Inflation aufzuhalten, scheiterte; sein Höchstpreisedikt von 301 ist für uns aber eine wertvolle Quelle für das große Warenangebot und das Gefüge von Preisen und Dienstleistungen. Eine erfolgreiche Münzreform gelang erst Constantin, der die erschöpften Edelmetallreserven durch Beschlagnahme der heidnischen Tempelschätze aufbesserte.

Gegen die bedrohliche Fluktuation in lebenswichtigen Produktionszweigen (Landwirtschaft, Transportwesen, Stadtbäckereien etc.) erschienen gesetzliche Bestimmungen. Die freie Berufswahl war damit eingeschränkt. Die Tendenz der Gesetzgebung Diocletians ist durch Klassizismus, die Constantins durch Volksrecht gekennzeichnet. Hatte Diocletian die Senatoren noch stärker zurückgesetzt als seine Vorgänger, so begann Constantin mit dem Aufbau eines neuen Senatorenstandes, der im Verlaufe des 4. Jahrhunderts an Bedeutung gewann, sich aber ganz auf den Zivilsektor beschränkte.

Das ungeklärte Verhältnis der Religionen im Reich untereinander und des Staates zu ihnen wurde neu geregelt. Mit gleichartigem Interesse haben Diocletian und Constantin hier jedoch entgegengesetzte Wege eingeschlagen. Der Grund für ihre Maßnahmen ist in zwei Eigentümlichkeiten der antiken Religion zu suchen. Zum ersten war das Kultwesen im Altertum weniger Sache des Einzelnen als Sache der Gemeinschaft. Die Götter wurden um Sieg und Schutz angegangen, und darum hatte die Religion politische Bedeutung. Die Vielzahl der Religionen wiederum schloß den Anspruch auf Alleingeltung einzelner von ihnen aus. Seit dem Hellenismus verbreitete sich ein neuer Religionstypus, die orientalischen Erlösungsreligionen. Sie genossen im Imperium grundsätzlich Duldung, soweit sie nicht als sittenwidrig (Bacchanalien!) und politisch gefährlich (Druiden!) galten. Diese beiden Vorwürfe liegen den Christenverfolgungen zugrunde. Diocletian versuchte ein letztes Mal, die altrömische, capitolinische Religion zu Ansehen zu bringen, und ist damit gescheitert. Constantin hat sich nach kurzem Experimentieren mit dem Sonnenkult dem Christentum geöffnet und es zur führenden Religion erhoben. In Eusebios von Caesarea fand er einen christlichen Hofideologen, der seine politische Theologie unter das Motto stellte: ein Gott, ein Reich, ein Kaiser. Hatte Diocletian das Christentum für unvereinbar mit dem Einstehen für den römischen Staat gehalten, so betrachtete Constantin es als geeignete Stütze für die Macht des Reiches.

Der vierte Reformpunkt nach Kaisertum, Verwaltung und Religion betraf das Heerwesen. Bereits unter Gallienus wurden die Senatoren, die ja bloß noch Salonoffiziere waren, vom Heereskommando ausgeschlossen. Die Rekrutierungszonen schoben sich über die Reichsgrenzen hinaus, in zunehmendem Maße wurden Barbaren, allen voran Germanen ins Heer eingestellt. Unter den Reichsinsassen aller Schichten wuchs die Abneigung gegen den Wehrdienst, während Barbaren gegen Gold und Nahrung leicht zu haben waren. Unter Diocletian erreichte der erste Germane Generalsrang; in der Zeit nach Constantin war vielleicht der größere, sicher der bessere Teil des Heeres germanischer Abkunft. Constantin hat in den neugeschaffenen Heermeistern *(magistri militum)* für Reiterei und Fußvolk dann jene Positionen geschaffen, deren Inhaber in den Zeiten der Kinder- und Kammerkaiser Armee und Reich regieren konnten. So gewiß die Germanen tüchtige Streiter waren und der Landbevölkerung die Wehrpflicht abnahmen, so bedenklich waren auf längere Sicht jedoch die dabei kaum vermeidbaren Zwiste zwischen Römern und Barbaren. Sie haben im fünften Jahrhundert zu schweren inneren Konflikten geführt. Für die Provinzialen machte sich die Vermehrung der Soldaten in den erhöhten Steuerquoten fühlbar. Das Heer im Dominat war doppelt so stark wie das im Principat und forderte entsprechenden Unterhalt.

Neben den inneren Reformen und den Thronkämpfen bleibt die äußere Geschichte unter Diocletian und Constantin ereignisarm. Die Unruhen an den Grenzen dauerten allenthalben fort, doch kam es nicht zu nennenswerten Siegen oder Niederlagen. Einige Aufstände und Usurpationen waren rasch bewältigt. Erst mit dem Tode Constantins 337 gab es wieder größere Bewegungen. Die von ihm testamentarisch vorgesehene gemeinsame Herrschaft seiner Söhne mißlang ebenso wie das tetrarchische Nachfolge-System Diocletians zuvor. Die Teilherrscher strebten jeweils nach dem Ganzen. Es folgten Bruderkriege, Usurpationen und Germaneneinbrüche, bis CONSTANTIUS II. im Jahre 353 schließlich das gesamte Reich wieder in seiner Hand vereinigt hatte. Die fortwährenden Angriffe an Euphrat, Donau und Rhein sowie die daraus erwachsende Usurpationsgefahr nötigten jedoch auch Constantius, zum Mehrkaisertum constantinischen Typs zurückzukehren. Die drei Grenzpräfekturen *Oriens, Illyricum* und *Galliae* wurden mit regionalen Heermeistern ausgerüstet; der Osten erhielt 351 in Constantius' Vetter Gallus einen Caesar, und nach zwei Pronunciamentos in Gallien erklärte Constantius Gallus' Bruder JULIAN zum Caesar für Gallien. Julians Erfolge gegen die Westgermanen führten zu seiner Ausrufung zum Augustus, der Tod von Constantius II. 361 verhinderte den Bürgerkrieg. Julian versuchte, die heidnische Religion wieder zum Staatskult zu erheben, jedoch erfolglos. 363 fiel er auf einem Zuge gegen die Perser.

Nach dem Zwischenspiel des Winterkaisers Jovianus erhob das Heer 364 den tüchtigen pannonischen Offizier VALENTINIAN I. Er übernahm die Herrschaft des Westens und übergab den Osten seinem Bruder Valens. Der Kriegszustand dauerte an allen Fronten unvermindert an. Valentinians Nachfolger im Westen 375 wurde sein sechzehnjähriger Sohn Gratian. 376 überschritten Westgoten, die ihrerseits unter dem Druck der Hunnen standen, zu vielen Zehntausenden die untere Donau. Valens hatte ihrer Aufnahme ins Reich in der Hoffnung zugestimmt, die bevölkerungsschwachen Grenzprovinzen mit kriegstüchtigen Siedlern zu verstärken, doch verloren die römischen Behörden die Kontrolle über die Einwanderung. Valens erschien mit dem Orientheer, 378 kam es bei Adrianopel zu einer vernichtenden Niederlage der Römer, der Kaiser selbst kam um. Seitdem waren die Balkanländer einschließlich Griechenlands den germanischen und hunnischen Kriegszügen ausgesetzt. Zwischen den Ost- und den Westteil des Reiches schob sich ein Keil barbarischer Vorherrschaft, der nicht mehr zu beseitigen war.

Gratian ernannte 379 zum Nachfolger des Valens in der Osthälfte des Reiches den Spanier THEODOSIUS I., einen fähigen Kaiser, der für seine energische Christianisierung des Reiches den Beinamen des Großen erhielt. Theodosius vermochte 382 die Goten durch einen Siedlungsvertrag vorübergehend zu beruhigen, doch erlag Gratian bereits 383 der von Britannien ausgehenden Usurpation des Maximus. Theodosius hat sich zunächst mit diesem illegitimen Westkaiser abgefunden, erst 388 warf er ihn nieder. Als legitimer Nachfolger regierte dort fortan der junge Valentinian II., der Sohn seines gleichnamigen Vaters. Mit Gratian und Valentinian II. beginnt die Reihe der Kinderkaiser, die sich gegenüber ihren Militärs nicht zu behaupten wußten. Auch Valentinian II. konnte sich nicht durchsetzen. 392 erhob der fränkische Heermeister Arbogast in Eugenius einen Gegenkaiser, unter dem es zum letzten Aufleben des Heidentums in Rom kam. 394 stürzte Theodosius auch diesen Prätendenten, starb selbst jedoch bereits Anfang 395.

Die Herrschaft im Osten erhielt sein älterer Sohn Arcadius († 408), die im Westen dessen jüngerer Bruder Honorius († 423). Eine länger dauernde Vereinigung des Imperiums unter einem einzigen Szepter ist danach nicht mehr vorgekommen, darum wird 395 als das Jahr der Reichsteilung betrachtet. Das ist insofern unrichtig, als das Mehrkaisertum unter wechselnden Formen schon seit Diocletian die Regel, die Alleinherrschaft einzelner Kaiser dagegen die Ausnahme war. Als Staat blieb das Imperium vorher wie nachher eine Einheit: man datierte nach denselben Consuln, es galten die gleichen Gesetze und dieselben Münzen, es wurden Beamte und Truppen ausgetauscht, und im Falle des Interregnums in einem Teilreich ernannte der Kaiser des anderen Teils den Nachfolger.

Die Söhne des Theodosius waren jung und unfähig. Die Regentschaft lag im Osten bei wechselnden Hofbeamten, im Westen bei dem germanischen Heermeister STILICHO. Als die Goten von Pannonien her Italien bedrohten, mußten Truppen aus Britannien und vom Rhein über die Alpen geholt und die Residenz Ende 402 von Mailand in das besser geschützte Ravenna verlegt werden. Die nach Italien eindringenden Germanen vermochte Stilicho in mehreren Schlachten zu besiegen, doch konnte er nicht verhindern, daß 406 Vandalen, Alanen und Sweben in großer Zahl über den Rhein nach Gallien einwanderten. Fortan waren die Germanen auch hier nicht mehr zu verdrängen. Diese Pattsituation führte zu neuen Usurpationen in Gallien, unter denen diejenige von Constantin III. bemerkenswerte Anfangserfolge zeitigte. Spannungen zwischen den römischen und den germanischen Truppen in Italien bewirkten 408 den Sturz Stilichos. Zwei Jahre später, 410, eroberte Alarich, der Westgotenkönig, die Stadt Rom.

Im Osten war 408 THEODOSIUS II. seinem Vater gefolgt, auch er ein persönlich schwacher Kaiser, der aber dank tüchtiger Beamter seinem Reichsteil eine vergleichsweise ruhige Zeit schenken konnte. Die Abwehr der Perser im Osten gelang, gegen die Hunnen auf dem Balkan jedoch war man wehrlos. Immerhin blieb Kleinasien geschützt, nicht zuletzt wegen der zur Festung ausgebauten Stadt Konstantinopel. In die Rechtsgeschichte ist der Kaiser eingegangen wegen seiner Gesetzessammlung: 438 erschien der *Codex Theodosianus*, eine nach Sachgruppen geordnete Zusammenstellung von über 2500 kaiserlichen Erlassen seit dem Jahre 312. Er wurde 439 auch im Westen förmlich in Kraft gesetzt.

Das durch den Tod Stilichos ledige Heereskommando im Westen erhielt nach langer Vorherrschaft germanischer Heermeister wieder ein Römer aus dem Donauraum, FLAVIUS CONSTANTIUS. Er vermochte die Verhältnisse in Gallien einigermaßen zu ordnen. Constantin III. wurde besiegt, die Westgoten bekamen Land in Aquitanien, in Spanien hatten sich inzwischen Sweben und Vandalen angesiedelt. Constantius erhielt die Nichte und Haustochter des großen Theodosius Galla Placidia zur Frau und wurde 421 bis zu seinem Tode noch im gleichen Jahr sogar zweiter Augustus im Westen. 423 starb auch Honorius. Während Konstantinopel zögerte, erhob der Hof in Ravenna Johannes Primicerius zum neuen Westkaiser. Galla Placidia floh in den Osten und betrieb die Beseitigung des Johannes. Eine byzantinische Armee unter dem Heermeister Ardabur eroberte 425 Ravenna, wo hinfort Galla Placidia für ihr Söhnchen Valentinian III. regierte.

Der starke Mann im Westen war der Pannonier AETIUS. Gegen den Willen der Kaiserin erzwang er seine Ernennung zum Patricius und ersten Heermeister. Nachdem 429 die Vandalen von Spanien aus Nordafrika besetzt und die Seeherrschaft im westlichen Mittelmeer übernommen hatten, suchte Aetius wenigstens Gallien zu sichern. Er siedelte die von den Hunnen am Rhein geschlagenen Burgunder in Savoyen an und zwang 451 mit der Schlacht auf den Katalaunischen Gefilden Attila zum Rückzug aus Gallien. Britannien ging jedoch verloren, es geriet nach 449 in die Gewalt der einwandernden Angeln und Sachsen, die mit der vorgefundenen Kultur so gründlich brachen, daß selbst das Christentum wieder verschwand. 454 wurde Aetius von seinem eifersüchtigen Kaiser erstochen, dieser selbst fiel ein Jahr später der Rache zweier Gefolgsleute des Heermeisters zum Opfer.

Die Lage im Osten hatte sich durch Attilas Abzug nach Gallien entspannt. Bereits 450 war in MARCIAN wieder ein tatkräftiger Kaiser zur Macht gekommen. Er verstand es, die Grenzen an allen bedrohten Stellen zu sichern, und erneuerte auf dem Konzil von Chalkedon 451 den Kirchenfrieden zwischen Rom, Alexandria und Konstantinopel, das nun kirchenpolitisch in den zweiten Rang hinter Rom aufstieg. Nach Marcians Tod 457 ließ der oströmische Heermeister Aspar, ein Sohn des oben genannten Ardabur, den Offizier LEON zum Kaiser erheben. Erben der 454 zerfallenen Hunnenherrschaft über den Balkan wurden die Ostgoten, deren einzeln operierende Gruppen bald mit dem Kaiser, bald gegen ihn arbeiteten. Eine Expedition gegen die Vandalen 468 scheiterte; Aspar, der sich gegen das Unternehmen ausgesprochen hatte, fiel 472 einem Anschlag des Kaisers zum Opfer. Damit war auch im Osten die germanische Regentschaft beseitigt. Der Preis dafür war freilich eine Anlehnung an die Isaurier, reichsangehörige Barbaren aus Kleinasien, die nun die Kerntruppe stellten. Ihr Anführer Zenon stieg zum wichtigsten Mann empor und wurde 474 Leos Nachfolger. Als Kaiser vermochte sich Zenon nur mit Unterbrechungen zu behaupten, der Aufstand des Basiliskos vertrieb ihn 475/476 aus Konstantinopel, und auch die folgende Regierungszeit bis 491 wurde durch schwere Bürgerkriege erschüttert. Immerhin blieben dem Osten größere Angriffe von außen erspart, so daß territoriale Einbußen zunächst nicht eintraten.

Inzwischen hatten sich die Ereignisse im Westen überstürzt. Noch 455, im Jahre des Todes Valentinians III., erschien Geiserich mit seiner Flotte und plünderte Rom. In der Folgezeit löste ein Kaiserkandidat den anderen ab. Von den letzten zehn Westkaisern starb nur einer natürlichen Todes. Als bestimmende Mächte erscheinen einerseits Byzanz und andererseits die germanischen Heermeister, vor allem der Swebe RICIMER (457–472). Beide Seiten versuchten jeweils ihren Kandidaten auf den Thron zu heben, bis schließlich ODOAKAR mit diesem ganzen System brach, sich selbst 476 zum König ausrufen ließ, Romulus Augustulus, den letzten Westkaiser, absetzte, und die Insignien mit der Bemerkung nach Konstantinopel schickte, man brauche keinen Kaiser im Westen mehr. Die Soldzahlungen an die Grenztruppen wurden eingestellt, die römische Militärmacht erlosch. Nur im zentralen Gallien behauptete sich unter dem Heermeister Aegidius und seinem Sohne Syagrius noch ein Rest römischer Autorität, bis diese 486 durch den Sieg Chlodwigs bei Soissons endgültig beseitigt wurde. In der Folge baute Chlodwig seine salfränkische Monarchie systematisch aus. Sie wurde die wichtigste Folgemacht des römischen Reiches im Westen.

Die politische Einheit des Imperium Romanum hatte sich damit aufgelöst.

Wenn Zenon 488 die Ostgoten unter Theoderich gegen Odoakar schickte, so änderte dies an der Barbarenherrschaft über Italien nichts, und selbst die Kriegszüge Justinians brachten keine Wiedervereinigung. Nach dem Sieg über die Vandalen 534 gab es in Nordafrika nochmals römische Statthalter bis zum Einmarsch der Araber um 650. Italien fiel nach der Überwindung der Ostgoten 552 schon 568 bis auf wenige Enklaven an die Langobarden unter Alboin, und die byzantinische Präsenz in Spanien schrumpfte auf einige Hafenstädte im Süden zusammen. Mit dem Beginn der slavischen Einwanderung unter Justinian wurde der byzantinische Einfluß auch in Griechenland auf wenige Städte und Klöster zurückgedrängt.

Die Aufsplitterung des Imperium Romanum hat sich schrittweise vollzogen und schließt kurzfristig gegenläufige Bewegungen ein. Mit der Einheit des Reiches ist es in der zweiten Hälfte des 5. Jahrhunderts für immer vorbei. Im Westen hatten sich auf dem Boden des Imperiums selbständige germanische Königreiche gebildet, der Osten wurde durch die Ausdehnung der Slawen, Araber und Türken zunehmend eingeengt. Nachdem im frühen 7. Jahrhundert dort das Griechische zur Amtssprache erhoben wurde, verlor die römische Tradition an Stringenz, auch das byzantinische Reich war einer der vielen Nachfolgestaaten des Imperium Romanum. Dieses Geschehen ist der Inhalt des im folgenden „Fall Roms" bezeichneten Vorgangs.

I. 3. Staat und Gesellschaft in der Spätantike

Wenn ein Reich mit sich selbst uneins wird, vermag es nicht zu bestehen, und wenn ein Haus in Zwist gerät, zerfällt es.

Ev. Marci 3,24

Augustinus (CD. II 21) zitiert die Definition, die Cicero in seinem Dialog ›De re publica‹ (I 39) vom römischen Gemeinwesen gegeben hat: *res publica res populi; populus autem non omnis hominum coetus, quoquo modo congregatus, sed coetus multitudinis iuris consensu et utilitatis communione sociatus.* Bis in die Spätantike wird der Staat mithin als Sache des Volkes und das Volk als Gemeinschaft zum allgemeinen Nutzen verstanden. Hat das spätrömische Imperium dieser Norm noch genügt? Der *consensus iuris* und die *communio utilitatis* oder was davon übrig ist, spiegelt sich im Verhältnis zwischen den einzelnen gesellschaftlichen Gruppen und dem Reich. Neben der Ereignisfolge muß dieses Spannungsverhältnis erkannt sein, wenn der Zerfall des Systems verstanden werden soll.

In der Forschung finden sich dazu gelegentlich sehr weitgehende Urteile: Karl Rodbertus (*1867*, 451 ff.) hat von einem grundsätzlichen „Widerspruch zwischen Staat und Gesellschaft“ im späten Imperium gesprochen, Wenger (*1922*, 5), Ortega y Gasset (*1930/57*, 184 f.), West (*1933*, 104) und Géza Alföldy (*1979*, 166) schlossen sich dem an. Streng genommen scheint diese These unsinnig, denn wer verkörpert den Staat, wenn die Gesellschaft ihn ablehnt? Dennoch gibt es zahlreiche Quellenbefunde, die für jene Ansicht angeführt werden können. Um sie zu prüfen, muß die spätantike Gesellschaft nach Gruppen gegliedert und jede einzelne von ihnen nach ihrem Verhältnis zum Staat befragt werden.

Sozialordnungen lassen sich nach verschiedenen Gesichtspunkten gliedern. Die beiden Grundformen sind die horizontale Schichtung nach Klassen und die vertikale Gliederung nach Ständen. Für die spätantike Gesellschaftsordnung wird überwiegend ein Klassenmodell verwendet, nicht nur im historischen Materialismus. Die dort kanonisierte Zweiteilung in Herrschende und Unterdrückte könnte man durch Dichotomien der Quellen bestätigt glauben. In der Historia Augusta (Marc Aurel 12, 7) wird die Menschheit eingeteilt in *senatores atque homines.* Sozial gewichtiger als diese Spiegelung senatorischen Standesstolzes ist die Zweiteilung in *honestiores* und *humiliores.* Eine genauere Prüfung zeigt jedoch, daß sich nur ein Bruchteil der *honestiores* als Oberschicht ansprechen läßt. Die juristische Bedeutung dieser Zweiteilung liegt im Strafrecht (Cardascia *1950*). Andere Quellen unterscheiden mehr als zwei Schichten. Häufig ist eine Dreiteilung in Senatoren, Ratsherren und Volk (CTh. IX 31, 1; XIII 5, 5; Amm. XIV 7,1). Aber auch weitgehende Unterteilungen kommen vor. Das Maximum bietet ein Gesetz vom Jahre 412, das insgesamt zwölf Rangstufen erkennen läßt (CTh. XVI 5, 52): Über allem schwebt unausgesprochen der Kaiser mit seiner Familie, den *nobilissimi.* Dann kommen die beiden höchsten, mit bestimmten Reichsämtern verbundenen Rangklassen der *illustres* und der *spectabiles.* Ihnen folgen die wirklichen und die nominellen Senatoren *(senatores et clarissimi).* Darunter stehen drei städtische Honoratiorenschichten: *sacerdotales, principales* und *decuriones.* Weiter ab geht es mit *negotiatores* (Händlern) und *plebei* (freie Stadtbewohner), am Schluß stehen *coloni* und *servi.* Wenn aus den abgestuften Geldstrafen dieses Gesetzes auf die Vermögensverhältnisse geschlossen werden darf, so besaßen die ärmsten unter den Besitzenden ein Zehntel von dem, was die Reichsten hatten, doch werden Colonen und Sklaven als bargeldlos betrachtet: ihnen werden keine Geldstrafen, sondern Prügel angedroht.

Zur Beschreibung des Verhältnisses zwischen Staat und Gesellschaft scheint ein derartiges Schichtenmodell ungeeignet. Drei Dinge stehen im Wege. Zum ersten: wieviele Schichten sollen wir annehmen? Zwischen zwei und zwölf ist ziemlich jede Zahl legitimierbar. Zum zweiten gibt es keine Klassensolidarität. Niemals haben die *honestiores,* die *curiales,* die *coloni* oder wen man will, in nennenswertem Ausmaß gemeinsame Sache gemacht. Rangklassen treten nirgends als Handlungseinheiten auf. Zum dritten werden die wichtigsten unter den agierenden Gruppierungen durch ein Klassenschema nicht erfaßt. Wo soll man beispielshalber das Militär unterbringen? Ein Foederatenheer, das flüchtige Sklaven und Colonen aufnimmt (Zos. V 42, 3), steht auf Seiten der Unterdrückten; unterwirft es Bagauden (v. Germ. Aut. 28), steht es auf Seiten der Unterdrücker. Entsprechend sind auch so wichtige Gruppen wie Kleriker, Beamte und Städter nicht in ein Klassenschema zu bringen.

Aus diesen Gründen empfiehlt es sich, die spätantike Gesellschaft nach denjenigen Gruppierungen zu unterteilen, die handelnd in Erscheinung getreten sind. Bei einem Höchstmaß an verantwortbarer Vereinfachung bleiben deren sieben zu unterscheiden. Zuerst sei die Landbevölkerung besprochen, es folgt die Stadtbevölkerung, dann kommt der Senatorenstand, anschließend die Kirche, danach soll das Nationalitätenproblem angerissen werden, zum Schluß folgen die eigentlich staatstragenden Schichten, die Beamten und das Militär. Ein solches Gliederungsschema verzichtet auf ein einheitliches Prinzip. Der Senatorenstand bildet eine Rangklasse im Schichtenmodell, alle anderen sechs Gruppierungen durchschneiden es. Die Kategorien ordnen nur teilweise Trennbares, so Stadt und Land; Militär, Zivilbeamte und Klerus. Im übrigen überlappen sie sich vielfältig, aber dies spiegelt die soziale Realität: es ist die Mehrdimensionalität der Gesellschaft. Derselbe Mann kann eben Bauer, Ketzer, Isaurier und Soldat zugleich sein, und es hängt von den Umständen ab, als was er agiert.

1. Zunächst zum Land. Zeugnisse für Unzufriedenheit auf dem *Lande* begegnen im Principat sporadisch, scheinen sich aber gegen Ende zu mehren. Rostovtzeff (*1925/29,* 163 ff.) hat die Krise des 3. Jahrhunderts erklärt aus dem Gegensatz zwischen der oppositionellen Landbevölkerung und dem Stadtbürgertum, das allein in den Genuß der Wirtschaftsblüte der hohen Kaiserzeit im 1. und 2. Jahrhundert gekommen sei. Die These hat überwiegend Ablehnung gefunden;

bei bürgerlichen Historikern, weil sie nicht an einen Klassenkampf glauben, bei marxistischen Forschern, weil Rostovtzeff selbst ein Bürgerlicher war. Immerhin gibt es im spätrömischen Reich eine Gruppe, deren Widerstand nicht zu bestreiten ist: die Bagauden. Mit diesem keltischen Wort werden die Räuberhorden bezeichnet, die vom späten dritten bis ins fünfte Jahrhundert – wenn auch mit großen Unterbrechungen – in Gallien und Spanien aktiv gewesen sind. Zu ihrer Bekämpfung mußte Militär eingesetzt werden. Die Bagauden bestanden aus verarmten Bauern und ehemaligen Soldaten; daraus erklärt sich, daß sie mindestens einen ihrer Anführer, Amandus, zum Gegenkaiser ausgerufen haben.

Eine schleichende Form des Widerstandes der Bauern gegen die Staatsgewalt ist die Patrociniumsbewegung. Einzelne, Gruppen oder ganze Dörfer unterstellten sich dem Schutz eines mächtigen Grundherrn, eines hohen Offiziers oder gar eines angesehenen Asketen, um sich dem Zugriff der Steuereintreiber zu entziehen. Die zahlreichen Gesetze der Kaiser dagegen beweisen deren Ohnmacht (Tinnefeld *1977*, 36 ff.).

Als Ausdruck einer politischen Passivität wird immer wieder das Verhalten der Landbewohner gegenüber den Barbaren angeführt. In der Tat hat gegen deren Einmarsch keine *levée en masse* stattgefunden, und es gibt eine Reihe von Fällen, in denen große Mengen von Reichsangehörigen zu den Germanen übergelaufen sind. Das erste spektakuläre Beispiel betrifft die Arbeiter der thrakischen Goldbergwerke nach dem Einmarsch der Westgoten 376 (Amm. XXXI 6, 6; 7, 7), das zweite ereignete sich beim Anmarsch Alarichs auf Rom 409; damals sollen 40 000 Sklaven zu ihm übergelaufen sein (Zos. V 42, 3). In beiden Fällen müssen wir indessen damit rechnen, daß es zu erheblichen Teilen kriegsgefangene Germanen waren, die sich ihren Landsleuten anschlossen. Immerhin hören wir, daß auch die Angst vor den Steuereintreibern manche Römer den Germanen zugeführt hat (Oros. hist. VII 41, 7).

Es gibt jedoch Gegenbeispiele. In Thessalien (Socr. HE VII 10) und Tegea (Schmidt *1941*, 430) ist Alarich auf Widerstand bei der Bevölkerung gestoßen. In derselben Zeit haben einzelne Grundbesitzer mit ihren Bauern gegen die eingedrungenen Barbaren gekämpft: in Kleinasien (Zos. V 15), in der Kyrenaika (Synesios ep. 108 nach 405) und in Spanien (Oros. VII 40, 5). Aus derselben Zeit sind private Aktionen aus Britannien (v. Germ. Aut. 17) und Gallien (Sidon. ep. III 3, 7) gegen die Germanen, aus Mösien gegen die Hunnen (FHG IV 75) bekannt, und im 6. Jahrhundert hören wir von Italikern, die gegen die Ostgoten (Proc. BG VII 18, 20), von Africanern, die gegen die Vandalen gekämpft haben (Proc. BV III 10, 22). In diesen Fällen war die Solidarität der Bauern und Sklaven mit ihren Grundherren größer als ihre Sympathie zu den Barbaren. Diese wurden keineswegs auf dem Lande überall als Befreier begrüßt. Die Furcht vor den Barbaren war stärker als die Abneigung gegen das römische System, das als einzige Alternative zur Auswahl stand (v. patr. Jur. 157). Eindeutig sind in diesem Zusammenhang zwei Gesetze: 391 wurde den Provinzialen das Waffentragen und die militärische Selbsthilfe gegen Barbaren, Räuber und Deserteure zugestanden (CTh. IX

14, 2), 420 wurde den Grundherren gestattet, ihre Güter zu befestigen (CJ. VIII 10, 10). Dies beweist, daß der Gesetzgeber auf die überwiegende Loyalität der Landbevölkerung bauen konnte.

2. Anders als die Landbevölkerung gehörten die *Stadtbewohner* zu den sozial begünstigten Reichsangehörigen. Unter dem Principat waren die Städte tragende Säulen der Reichsgewalt. Noch in der Spätantike sind sie Zentren des Reichtums und der Bildung gewesen. Die städtische Oberschicht lebte vom Ertrag ihrer Güter, die städtische Unterschicht, zumindest der Großstädte, erhielt staatliche Getreidespenden und andere Zuwendungen. Insofern zeigt das Stadtleben, ökonomisch betrachtet, parasitäre Züge. Daher wäre hier Treue zum Staat zu erwarten. Im ganzen trifft das auch zu, keine römische Stadt hat ihre Tore den Reichsfeinden geöffnet, wenn es auch zuweilen mit ihnen sympathisierende und konspirierende Gruppen gegeben hat (Paulin. Pell. Euchar. 328 ff.) In allen Provinzen haben sich die Städte, wenn der Kaiser keine Hilfe schickte, auf eigene Faust gegen die Feinde verteidigt, und in einem berühmten Fall, bei der Abtretung von Nisibis an die Perser im Jahre 363, haben es die Stadtbewohner sogar gegen den Willen des Kaisers versucht (Amm. XXV 9, 2).

Trotz derartiger Loyalitätsbeweise hören wir mehrfach von Konflikten zwischen Städten und der Staatsgewalt. Ein dauerhafter Krisenherd war das Versorgungsproblem (Kohns *1961*), um dessentwillen die Kaiser die erbliche Berufsbindung der Bäcker, Getreideschiffer und ähnlicher Berufe angestrebt haben. Dennoch führte die Versorgungslage oft zu Unruhen und Aufständen der städtischen Massen. Bei Brot- oder Weinknappheit, bei Preissteigerungen oder wenn die Zirkus-Spiele nicht so ausfielen, wie es gewünscht wurde, kam es zu Revolten, namentlich in den Großstädten. Wir kennen das aus Rom, aus Konstantinopel, Antiocheia und Thessalonike. Zuweilen nahmen sie auch politischen Charakter an, indem die Kaiserbilder umgestürzt wurden und ein Usurpator Zuruf erhielt, so Maximus 387 in Antiocheia (Petit *1955*, 238 ff.). Ausgangsort aller städtischen Massenaktionen war der Zirkus (Kneppe *1979*). Die Akklamationen der Sprech-Chöre dort waren ein offiziell anerkanntes Mittel der Meinungsäußerung (CTh. I 16, 6).

Manchmal wird behauptet, daß die großstädtischen Versorgungskrisen durch die Plusmacherei der Oberschicht manipuliert gewesen seien. Dieser Ansicht sind jedenfalls die Kaiser selbst gewesen, wenn sie (so 387) bei derartigen Unruhen zuerst die Ratsherren verhaften ließen. Es empfahl sich daher für die Decurionen nicht, dem Volk den Brotkorb höher zu hängen, denn dann hat ihnen erst der Pöbel die Häuser angezündet und anschließend der Staat den Prozeß gemacht.

Die städtische Führungsschicht genoß auch in der Spätantike noch einen gewissen Wohlstand. Dieser unterlag jedoch in empfindlichem Ausmaß dem Zugriff des Fiskus. Der *ordo decurionum* war für die Steuereintreibung verantwortlich, seine Mitglieder hafteten mit ihrem Privatvermögen, und daraus ergab sich ein dauernder Konflikt zwischen der kaiserlichen Finanzverwaltung und dem städtischen Bürgertum (Langhammer *1973*). Die Quellen sind voll der Klagen über die finanzielle Bedrückung der Bourgeoisie. Der Codex Theodosianus (XII 1) überliefert aus den Jahren von 313 bis 436 insgesamt 192 Gesetze allein über das Decurionen-Problem, wobei es überwiegend darum ging, die Ratsherren in der Pflicht zu halten. Seit Liebenam *(1900)* ist in der Forschung unbestritten, daß die Städte auf diese Weise vom Gesetzgeber schwer geschädigt worden sind. Das Resultat war, daß die Mauern verfielen, die Wohnviertel schrumpften und die Reichen in ihre Villen aufs Land zogen. Darum ist das Verhältnis zwischen dem Staat und den Städten ebenfalls ambivalent.

3. Die angesehenste und reichste Schicht auch noch der spätrömischen Gesellschaft bildeten die *Senatoren.* Augustus hatte den Senat sozial gehoben, aber politisch entmachtet. Letzteres führte zu einer Widerstandshaltung, die manchen Senator das Leben gekostet hat. Darin, daß Gallienus (260–268) die Senatoren von der Offizierslaufbahn ausschloß, sah Mommsen (*1893/1974*, 276) den Wechsel vom Principat zum Dominat gegeben. Trotz dieser Maßnahme empfanden sich die Senatoren weiterhin als Hort römischer Tradition, und in der neueren Literatur werden sie zuweilen als die Oberschicht schlechthin oder gar als die eigentlich herrschende Klasse bezeichnet (Hartmann *1913*, 8; Günther *1979*, 318). Beides trifft nicht zu. Innerhalb der Oberschicht bilden sie nur eine bestimmte Gruppe, die durch ihre Exklusivität kaum Verbindungen zu den übrigen Führungskreisen einging. Weder mit den Angehörigen der kaiserlichen Familien noch mit den führenden Militärs kommt es zu Verschwägerungen; der Senatsadel kapselt sich ab. In der Zivilverwaltung spielen Männer senatorischer Herkunft noch eine bedeutende Rolle, doch unterlagen sie der Konkurrenz von ehrgeizigen Aufsteigern. Die hohe soziale Mobilität in der spätantiken Zivilkarriere war den Senatoren stets ein Dorn im Auge[1]. Die Kaiser rekrutierten sich aus dem Heere und zeigten dem Senat gegenüber eine kühle, zuweilen feindliche Haltung. Diocletian heißt in der Literatur der „Hammer der Aristokratie" (Arnheim *1972*, 39). Valentinian I. hat eine blutige Prozeßwelle über die römischen Senatoren verhängt, allerdings weniger aus politischen Gründen als deswegen, weil Eheskandale, Giftmischerei, Magie und dergleichen öffentliches Ärgernis erregten (Amm. XXVIII 1). Gegen Valens kam es 371 zu einer senatorischen Verschwörung in Konstantinopel (Amm. XXIX 1). Im späten 4. Jahrhundert stand der Senat durch sein überwiegend heidnisches Bekenntnis im Gegensatz zu den christlichen Kaisern. Brisant wurde das, sobald Männer aus dem Umkreis des Senates selbst Kaiser werden wollten. Acht derartige Versuche (Eugenius, Attalus, Johannes, Petronius, Avitus, Livius Severus, Olybrius, Glycerius) sind gescheitert. Noch Justinian galt als Feind der Grundbesitzer (Proc. An. 12).

Dauerkonflikte mit dem Hof lieferte der Streit um Steuern und Rekruten. Die

---

[1] Ein Symptom hierfür ist das zweifellos aus Senatskreisen stammende Prodigium für den Aufstieg von Männern aus einfachen sozialen Verhältnissen zu hohen Ämtern unter Valentinian: damals hätten die Besen, mit denen die Curie des Senats gefegt wurde, zu blühen begonnen (Amm. XXVIII 1, 42 zu 368 n. Chr.).

Kaiser versuchten, die Senatoren zu schröpfen, diese leisteten Widerstand. Im Falle Stilichos führte das zum Zusammenstoß (Zos. V 29 f.). Auch die Gesetze gegen das Patrocinienwesen (CTh. I 29, 8; XI 23 f.) trafen überwiegend senatorische Grundherren, die präfeudale Grundherrschaften aufbauten, wo der Kaiser nichts mehr zu sagen hatte. Der „Kampf zwischen dem Grundbesitzeradel der Provinzen und der Zentralregierung" wird sogar von marxistischer Seite als Niedergangsfaktor angeführt (Schtajerman *1964*, 462). In der zeitgenössischen Gesellschaftskritik wird den Senatoren ihre Gleichgültigkeit gegenüber der *res publica* immer wieder vorgeworfen (Demandt *1965*, 14 ff.), und es gibt Aufsehen erregende Beispiele dafür, daß Angehörige dieser Schicht mit den Reichsfeinden gemeinsame Sache gemacht haben.[2]

4. Wenden wir uns dem Verhältnis zwischen dem Staat und den religiösen Gruppen, insbesondere dem *Christentum* zu, müssen wir einen Blick auf seine Geschichte werfen. Mit dem Übergang von der Stadtstaatlichkeit zum Flächenstaat bei den Griechen im 4., bei den Römern im 2. Jahrhundert v. Chr. hat sich die Übereinstimmung von politischer und kultischer Gemeinde aufgelöst. An die Stelle der Polisreligion traten Lehren, die sich an das private Heilsverlangen des Einzelnen richteten, darüber hinaus aber international, gewissermaßen katholisch waren. Diese Verbindung von Individualismus und Universalismus findet sich sowohl bei den orientalischen Erlösungsreligionen, die den Menschen versprachen, was sie zu erwarten hatten, als auch bei den hellenistischen Philosophenschulen, die ihnen vorschrieben, wie sie sich zu verhalten hätten. Isis- und Mithrasanhänger einerseits und Stoiker und Epikureer andererseits bildeten jeweils ortsübergreifende Gemeinschaften. Das Christentum war die erfolgreichste Religion dieses seelsorgerischen Typs.

Die Gründe für die Ausbreitung des Christentums wurzeln in der Anziehungskraft seines Stifters Jesus, in der Verheißung der himmlischen Herrlichkeit und im Gebot der irdischen Nächstenliebe. Die entstehende Gemeinde hielt fest zusammen, kapselte sich aber nach außen ab, und dies zog ihr den Vorwurf des Hasses gegen die Menschheit (*odium generis humani*, Tac. ann. XV 44, 4) und die Verfolgung durch den Staat zu. Die Anerkennung des Christentums durch Constantin und die nachfolgende Christianisierung von Staat und Gesellschaft setzt dann einen beiderseitigen Wandel in der Einstellung voraus, der auf Seiten des Staates tiefer ging als auf Seiten der Christen. Auch wenn sich der Eindruck aufdrängt, daß in nachconstantinischer Zeit der Staat immer kirchlicher und die Kirche immer politischer wurde, haben sich einzelne christliche Gruppen gegen die Einbeziehung ins Staatsleben gesträubt. Bereits Constantin hatte seine Not mit den konkurrierenden Lehrmeinungen und Spaltungen; Augustin behandelt in seiner Schrift ›De haeresibus‹ (aus dem Jahre 428) insgesamt 88 Splitterkir-

---

[2] Craugasius 359, Proba 410, Lucius 456, Arvandus 468, Seronatus 469 n. Chr. Die Quellen zu diesen wie zu den übrigen Angehörigen der spätrömischen Oberschicht liefert A. H. M. Jones u. a., ›Prosopography of the Later Roman Empire‹ I *(1974)*, II *(1980)*.

chen. Um der Einheit willen haben die Kaiser seit Constantin nicht nur gegen Heiden, sondern auch gegen Schismatiker Truppen in Marsch gesetzt. Fortan bilden Donatisten und Circumcellionen in Nordafrika einen Unruheherd, der vielfach als Ausdruck sozialen und politischen Protestes verstanden wird. Diese Deutung, von Jones *(1959)* bestritten, wird zumal von marxistischer Seite vertreten, die hier neben den Bagaudenkriegen den gesuchten Klassenkampf entdeckt. Sie stützt sich auf Zeugnisse der Kirchenväter und übersieht, daß die Kriminalisierung der Häretiker als Räuber ein Topos der Invektive ist. Sobald ein Grundherr sich zum Donatismus bekannte, war er vor den Circumcellionen sicher.

In der Jahrhundertmitte beruhten die Konflikte zwischen Kirche und Kaiser auf den arianischen Tendenzen der letzteren. Aber auch orthodoxen Kaisern war der religionspolitische Friede nicht sicher, sobald sie gegen die militanten Mönchshorden und gegen die Judenverfolgungen der Christen einschritten (Ambr. ep. 40 f.). Ein ehrgeiziger Kirchenfürst wie Athanasius vertrug sich mit keinem Kaiser, mochte dieser rechtgläubig, arianisch oder heidnisch sein. Der Grund lag in der Popularität des Bischofs. Wenn Athanasius befahl, daß die Getreideflotte für Konstantinopel im Hafen von Alexandria liegen bleiben sollte, dann war der Präfekt machtlos. Wie die Kirche seit dem 4. Jahrhundert gegen den Staat auftreten konnte, lehrt die Politik des Ambrosius von Mailand. Gegen den heidnischen Senat hat sich Ambrosius in der Victoria-Frage beim Kaiser verhältnismäßig mühelos durchgesetzt. Schwieriger, aber ebenfalls erfolgreich war sein Kampf mit der Kaiserin Justina, die für den arianischen Gottesdienst die Basilica Porciana beanspruchte; und 390 nach dem Massaker von Thessalonike hat Ambrosius den frommen Theodosius zu einer öffentlichen Kirchenbuße gezwungen, die oft mit Canossa verglichen wurde (Lippold *1980*, 41).

Ein dauerhafter Streit ging um die weltliche Macht der Kirche. Sie hat zwar niemals staatliche Eigenständigkeit angestrebt wie im Mittelalter, hat aber doch im Rahmen der feudalen Zwischengewalten eine erhebliche Einschränkung der Staatsautorität durchgesetzt. Auch die Kirche hat *patrocinium* gewährt, Schutzbedürftige aufgenommen und dadurch dem Staat Untertanen entzogen. Flüchtige Sklaven, Soldaten, Bauern und Ratsherren fanden in der Kirche Asyl; wer die niederen Weihen nahm oder ins Kloster eintrat, der entging der Steuerpflicht und dem Wehrdienst. Einzelne Bischöfe forderten öffentlich zur Wehrdienstverweigerung auf (IV. 5!), die Kirche gewährte allen von der Polizei Verfolgten Schutz vor den weltlichen Gerichten. Die Kaiser haben immer wieder Gesetze dagegen erlassen, doch konnten diese nicht durchgesetzt werden. Die lateinische Kirche überlebte schließlich den Staat und baute einen eigenen Machtapparat auf. Niemand hat vom Zerfall der Reichsgewalt so profitiert wie das Papsttum.

5. Wenden wir unsere Frage nach dem Verhältnis zwischen Staat und Gesellschaft auf die einzelnen *Nationen* im Reich an, so zeigt sich gegenüber den Zuständen im Principat keine auffallende Neuerung. Das römische System hat zögernd, aber konsequent immer neue Gruppen an der Herrschaft beteiligt, und diese Tendenz setzte sich in der Spätantike fort. Keine Nation war grundsätzlich

begünstigt, keine vollkommen ausgeschlossen: Angehörige der weitgehend romanisierten Provinzen finden sich vorwiegend in der Zivilverwaltung. Männer aus den weniger erschlossenen Landstrichen begegnen im Heer. Am Hofe bevorzugten die Kaiser ihre jeweiligen Landsleute. Valentinian umgab sich mit Pannoniern, sein in Gallien aufgewachsener Sohn Gratian förderte vornehme Gallier, der Spanier Theodosius nahm Leute aus seiner Heimat mit nach Konstantinopel. Bastionen römischen Denkens waren – trotz der fortlebenden Volkssprachen – Illyrien und Gallien. Britannien forderte noch 446 von Aetius Truppenschutz an (Gildas, PL. 69, 342). Im griechischen Osten empfand man römisch wie zuvor. Dies bezeugen Literaten wie Ammianus Marcellinus und Claudian, die das Griechische zugunsten des Lateinischen aufgaben, aber auch Autoren wie Libanios und Themistios.

Der allezeit internationale Charakter des römischen Imperiums war in der Spätantike noch ausgeprägter als zuvor. Das zeigt sich darin, daß immer mehr Leute barbarischer Herkunft in den Genuß dieses Systems kommen konnten. Die Germanisierung des Heeres, die Öffnung der Offizierslaufbahn seit Diocletian (Ianuarius 303), der Zugang zum Konsulat seit Constantin (Amm. XXI 10, 8) sind bekannt. Daneben finden wir in gehobenen Positionen Perser, Armenier, Alanen, Hunnen und Berber, von denen lediglich erwartet wurde, daß sie lateinisch oder griechisch sprachen und dem Reich zu dienen bereit waren. Das Kaiserhaus hat sich wie nie zuvor mit barbarischen Fürstenhäusern verschwägert. Im Stammbaum der Dynastie begegnen Franken, Vandalen, Goten und Alanen, Berber, Isaurier, Sweben und andere (Demandt, Militäradel *1980*, 617 ff.).

Wer hier die Tendenz erkennt, wird nicht zögern, wie die Frage zu beantworten ist, ob ein Barbar auf dem Kaiserthron denkbar war oder nicht. Dies war nur eine Sache der Zeit. Im vierten Jahrhundert gibt es in Magnentius und Silvanus zwei Usurpatoren germanischer Abkunft, die sich bloß nicht durchgesetzt haben. Germanische Heermeister haben sich vielfach mit dem Kaiserhaus verschwägert; Stilicho, Aspar und Odoakar wurde vorgeworfen, sie hätten ihre Söhne auf den Thron bringen wollen. War dies vielleicht erfunden, so ist es doch für möglich gehalten worden. Daß schließlich mit Zenon ein isaurischer Barbar im Osten Kaiser wurde, während die Germanen sich mit Heermeister- und Patricius-Rängen begnügten, daneben aber Heerkönige blieben, ist das Resultat einer abgebrochenen Entwicklung. In ihrer logischen Fortsetzung lag die Einbürgerung der Randvölker, so wie optimistische Zeitgenossen, etwa Symmachus (or. II 12) und Themistios (or. XVI), das erwartet hatten.

Trotz der fortschreitenden Gleichberechtigung und der kulturellen Autonomie der Völker hat deren Nebeneinander im Reiche Schwierigkeiten gemacht. Nationale Widerstände gab es zu Beginn des Principats in Gallien und Africa, bis ins 2. Jahrhundert in Alexandria und bei den Juden. Dann scheint dieses Problem gelöst. Mit dem späten vierten Jahrhundert beginnt die Reaktion der „Römer" auf die reichsangehörigen Barbaren. Zumal in der römischen Oberschicht heidnischen wie christlichen Glaubens finden wir Zeugnisse für eine tiefsitzende Verachtung der Barbaren (Vogt 1967). Pelzmäntel und lange Hosen, wie die Germanen sie trugen, waren in Rom verboten (CTh. XIV 10). Zuweilen wurden die Barbaren geradezu mit Tieren verglichen (Prudentius c. Symm. II 817). Ammian (XVI 11, 4) rechnete die alamannischen Laeten ohne weiteres unter die Reichsfeinde, obschon es sich eigentlich um Siedler handelt (XX 8, 13).

Abgesehen von den Germanen ist es mit zwei Völkerschaften im römischen Reich zu Zusammenstößen gekommen: mit den Juden und den Isauriern. Jedesmal wurden die Gewaltsamkeiten von den Völkern eröffnet, und zwar dann, wenn der Kaiser weit entfernt im Felde stand. Die Juden, stets anfällig für Messias-Erwartungen, riefen 352 einen gewissen Patricius zu ihrem König aus, beseitigten die römische Besatzung in Diocaesarea und fanden Anhang in mehreren Gemeinden Palästinas. Die Revolte wurde unterdrückt, und die Juden kehrten in den Zustand einer ungeliebten Toleranz zurück, wie es in einem Imperium Christianum zu erwarten war. Mehrfach wurde in Gesetzen darauf hingewiesen, daß die jüdische Religion keineswegs verboten sei (CTh. XVI 8 f.).

Die Isaurier waren räuberische Bergbewohner im unzugänglichen Anatolien. Als Piraten und Wegelagerer gefürchtet, haben sie zuweilen ganze Städte eingenommen. Nach langen Kämpfen konnten sie beschwichtigt werden, als Zenon, einer ihrer Räuberhauptleute, 474 selbst Kaiser wurde. Die Ambivalenz der römischen Herrschaft in den bedrohten Provinzen lehrt am besten das Verhalten der Aremoricani 408: sie vertrieben die germanischen Angreifer und die römischen Beamten zugleich (Zos. VI 5), kämpften aber 451 unter Aetius gemeinsam mit den Westgoten auf den Katalaunischen Feldern wieder für Rom und Reich (Jordanes, Getica 191).

Einen reichsfeindlichen Nationalismus hat es in den spätrömischen Provinzen nicht gegeben. Die Vorstellung, das Imperium habe politisch und geistig selbständige Völkerschaften unter einer dünnen zivilisatorischen Decke zusammengezwungen, modernisiert. Unser durch die Romantik geprägter Volksbegriff verkennt, daß Nationalitäten im Bewußtsein der Menschen ungleichen Ranges sind und sich einander nicht unbedingt ausschließen. Schon das Griechentum war eine übergeordnete Nationalität, neben der man außerdem Dorier und Spartaner sein konnte. In der Kaiserzeit schob sich das Römertum über alle politisch zum Reich gehörigen Stämme, um seinerseits vom Gedanken des christlichen Gottesvolkes überlagert zu werden. Sowohl die byzantinischen Griechen als auch die siegreichen Germanen haben der *Romanitas* politisch einen höheren, stammübergreifenden Rang zuerkannt und sie mit ihrer griechischen oder germanischen Volkszugehörigkeit als vereinbar erachtet. Die programmatischen Äußerungen eines Athaulf oder Theoderich zeigen das beispielhaft. Die Mehrschichtigkeit des Volksbegriffs erklärt, daß wir nirgends eine ethnisch motivierte Alternative zum Reichsverband vorfinden. Er wurde als übergeordnete Größe empfunden, als Rechts- und Friedensmacht, auf deren schützenden Rahmen kaum jemand grundsätzlich verzichten mochte, so lange barbarische Feinde rundum drohten. Die provinzialen Sonderkirchen sind weniger Vehikel eines vorgegebenen Nationalismus als Produkte der politischen Auflösung und damit Voraussetzung einer Eigenentwicklung (Ivanka *1952,* 245).

6. Indem nun abschließend das Verhältnis zwischen dem Staat auf der einen Seite, *Beamtenschaft* und Militär auf der anderen Seite besprochen werden soll, stellen sich zuerst zwei grundsätzliche Fragen. Die erste gilt dem Charakter dieser Gruppen. Beide rekrutierten sich aus den unterschiedlichsten Kreisen und ergänzten sich nur zum geringeren Teil aus sich selbst. Im Sinne der Zeit kann man sie wohl als Stände bezeichnen, doch waren diese nicht geschlossen. Als soziale Schichten sind sie deswegen nicht anzusprechen, weil sie nach Einkommen und Einfluß durch alle Ränge laufen. Die zweite Frage betrifft die Möglichkeit, sie dem „Staat" gegenüberzustellen. Gewiß repräsentieren sie diesen in hohem Maße selbst, dennoch zeigen die Konflikte mit den Kaisern, daß hier Einschränkungen nötig sind.

Es scheint, daß im Dominat stärker als im Prinzipat die Loyalität der Beamten zu wünschen übrig ließ. Wie uns die Zeitgenossen überliefern und wie die Gesetze bestätigen, haben Bestechung und Beziehung das Verhalten der Beamten bestimmt. Willkür, Eigenmächtigkeit und Egoismus schädigten die Provinzialen und zwangen die Kaiser zu Strafandrohungen, zuweilen zu drastischen Maßnahmen gegen die eigenen Diener (Demandt *1972,* 104 f.). Daß ein Kaiser die Mißwirtschaft seiner Bürokratie begünstigt hätte, wird man keinem Herrscher nachsagen können. Wohl aber haben sich viele von ihnen, insbesondere die *principes pueri* und *principes clausi* zu wenig um ihren Apparat gekümmert. Das war auch nicht immer einfach, denn wenn die Höflinge geschickt taktierten, ließen sich manche Verstöße lange oder immer verbergen. Die Gesetze gegen die Korruption waren stets nur so weit wirksam, als es Beamte gab, die sie durchzuführen bereit waren (Schuller *1975*). Ein Drittel der im Codex Theodosianus gesammelten Gesetze bekämpft Mißstände in der Verwaltung (Noethlichs *1980,* 228). Diese Dinge zeigen, daß auch das Verhältnis zwischen dem Staat und den Beamten zwiegesichtig war. Im Prinzip vertraten beide dasselbe Interesse, in der Praxis jedoch schlug bei den Beamten oft genug das private durch, so daß wir hier den Konflikt zwischen dem Staat und seinen Trägern im Inneren des Apparates aufweisen können.

7. Dasselbe gilt für das *Militär.* Seit Erasmus von Rotterdam (II. 3.b!) wird dem römischen Kaisertum vorgehalten, eine Militärdespotie gewesen zu sein (II. 4.c!). Daher wäre zwischen dem Staat und dem Heer eine tiefgreifende Übereinstimmung zu vermuten. Wer sich für ein System totschlagen ließ, hat sich wohl doch mit ihm identifiziert. Aber auch hier sind Einschränkungen nötig. Zunächst läßt sich beobachten, daß der Kriegsdienst unpopulär wurde. Romanisierung, Urbanisierung und Zivilisierung minderten die Wehrbereitschaft, die Rekrutierungsräume verlagerten sich an die Peripherie, ja ins Barbaricum hinein. So wurde die Armee von Barbaren unterwandert. Diese Truppen waren überwiegend reichstreu, doch gibt es zahlreiche Fälle von Landesverrat (Amm. XIV 10, 7 f.; XVIII 10, 1; XXXI 10, 3 u. 20). Gewichtiger war das Problem der Usurpationen.

Zwar haben sie im Vergleich zum 3. Jahrhundert an Bedrohlichkeit verloren, dennoch traten sie immer wieder auf. Die Opfer der spätrömischen Bürgerkriege stehen hinter den Verlusten gegen äußere Feinde nicht weit zurück.

Usurpationen bezeugen keine Ablehnung des Systems, sondern beweisen lediglich die Unzufriedenheit mit dem jeweils herrschenden Kaiser. Indem dieser durch einen besseren Kandidaten ersetzt werden soll, bezweckt eine Aufstellung von Gegenkaisern die Stabilisierung des Systems. Diocletian und Constantin sind als Usurpatoren an die Macht gekommen und haben das System auch objektiv stabilisiert. In den Usurpationsgelüsten der Armee manifestiert sich deutlicher als anderswo die Tatsache, daß die Armee den Kaiser trägt. Hier liegt die wichtigste Grenze des sogenannten Absolutismus.

Wenn wir die Armee als handelndes Subjekt einführen, so dürfen wir nicht vergessen, daß zum einen die Heeresverbände selten spontan gehandelt haben, sondern in der Regel ihren Offizieren folgten, und daß zum anderen erhebliche Spannungen zwischen den nationalrömischen und den germanischen Truppen zu beobachten sind. Das Offizierskorps, an seiner Spitze die meist germanischen Heermeister, ist gegenüber dem Kaiserhause loyal gewesen. Darin liegt ein Grund für den Mißerfolg aller spätantiken Usurpatoren nach Diocletian, die nicht dem Kaiserhause angehörten. Die Heermeister haben eingesehen, daß Usurpationen zu riskanten Bürgerkriegen führen, und als lohnenderes Ziel die Position eines Generalissimus erachtet, wie sie seit dem Ende Valentinians im Westen und seit dem Tode des Theodosius 395 auch im Osten bestand: der Heermeister paktiert mit den Barbaren (Aetius, Ricimer, Agrippinus), der Kaiser wird zur Marionette.

Der Konflikt wurde dadurch indessen nicht verhindert. So wie die Heermeister die Kaiser zu dirigieren versuchten, so bemühten sich diese, ihre unbequemen Militärs loszuwerden. Die Folgen sind jene blutigen Zusammenstöße, bei denen schließlich Arbogast, Stilicho und Aetius im Westen; im Osten Gainas, Fravitta und Aspar gestürzt wurden. Dies gelang den Kaisern, weil sie über nationalrömische Verbände verfügten, die wenigstens momentan hinreichend stark waren, die germanischen Hilfstruppen zu massakrieren, so nach der Schlacht bei Adrianopel 378 (Amm. XXXI 16, 8) und bei der Revolte von Ticinum 408 (Zos. V 34 f.). Dennoch war die Germanisierung des Westens nicht aufzuhalten, selbst der Osten hat auf germanische Söldner nicht verzichten können.

Der von Rodbertus behauptete „Widerspruch zwischen Staat und Gesellschaft" läßt sich in gewissem Sinne mithin für jede der sieben betrachteten Gruppen nachweisen. Jede von ihnen hat irgendwo gegen das Imperium opponiert, sich jedoch auch irgendwo mit ihm identifiziert. Das Bild ist scheckig. Gegen die Monarchie als Staatsform und gegen die Einheit des Reichsverbandes erhebt sich kein grundsätzlicher Widerspruch. Die gesellschaftlichen Gruppen haben bloß nicht das für den Staat geleistet, was zu dessen Fortbestand nötig gewesen wäre.

Nichtsdestoweniger unterblieb eine Auswanderung größeren Stils, die bekannten Fälle werden von den Zeitgenossen als schockierende Ausnahmen gekennzeichnet, während das Hereindrängen der Barbaren ins Reich als Regel erscheint. Überall finden sich somit Gegensätze zwischen dem Staat und den gesellschaftlichen Gruppen, doch sind diese nirgendwo unversöhnlich. Die Bilanz zwischen Opposition und Identifikation, zwischen Konflikt und Konsens ist von Gruppe zu Gruppe verschieden, grundsätzlich aber gemischt. Dieses Ergebnis zeigt, daß der spätantike Staat nicht als Werkzeug einer herrschenden Klasse verstanden werden kann. Wer sollte eine solche darstellen? Die senatorischen Grundherren, die keinen Zugang zum Militär besaßen? Die germanischen Heermeister, die niemals einen Kaiser durchgebracht haben? Die hohe Geistlichkeit, die allenfalls munizipale Funktionen ausübte? Das Stadtbürgertum, das finanziell bankrott war? Von keiner dieser Gruppen kann man sagen, daß der Kaiser sie repräsentiere, obschon dies nicht nur für Grundherren und Heer, sondern sogar für den römischen „Mob" behauptet wurde (Jordan *1907*, 25). Die überwiegend von marxistischer Seite unternommenen Versuche, die Kaiser als Vertreter oder gar als Werkzeuge sozialer Klassen zu deuten, sind mißlungen (vgl. Kolb *1977*, 288–291). Weiter käme man mit der Bonapartismus-Theorie Lenins, wonach das labile Gleichgewicht der Gruppen dem Cäsar erlaubt habe, den Ausschlag zu geben. Doch auch damit ist dessen Funktion nicht wirklich verstanden.

„Staat" läßt sich schwerlich irgendwo auf die Formel eines Instruments mit von ihm gedanklich lösbaren Werkmeistern bringen, gewiß nicht im spätantiken Rom. Wie ist er zu begreifen? Das Imperium Romanum hat eine ideelle und eine pragmatische Seite. Als geistige Größe ist es geprägt durch politische Leistung und ideologische Verklärung, es ist eine Bewußtseinsform für kollektive Subjektivität, ein Identitätssymbol handelnder Menschen. Pragmatisch betrachtet war das römische Reich ein System von Regeln des Zusammenlebens, ein Konfliktregelungsmechanismus, der mal diese, mal jene Gruppe unterstützte, ein Verteilersystem von Lasten und Gütern, das wohl den einen mehr, den anderen weniger, aber letztlich doch allen etwas nahm und allen etwas gab. Das einzige übergeordnete Interesse war eine Bewahrung des Bestehenden, eine konservative Absicht gegenüber den untereinander rivalisierenden Gruppierungen und gegen die bedrohlich andringenden Barbaren.

Wie notwendig eine solche Schutz- und Schiedsgewalt war, würde sofort klar, wenn wir einerseits die außenpolitische Situation, andererseits die Reibereien innerhalb der sieben Gruppierungen ins Auge faßten. Größer als die Spannung aller Gruppierungen gegenüber dem Staat war der Zwist der Gruppen untereinander. *Plebs urbana* gegen Ratsherren (Paul. Pell. Euch. 328 ff.), *plebs rustica* gegen Grundbesitzer (Joh. Chrys. PG 58, 591), „Grüne" gegen „Blaue", Arianer gegen Orthodoxe, römische Truppen gegen germanische Föderaten, Mönche gegen Heiden und Juden, Gebildete unterschiedlichster Ausrichtung gegen Barbaren beliebiger Herkunft, Alexandria gegen Konstantinopel, Konstantinopel gegen Ravenna. In diesem Gewirre von Konflikten rief die jeweils schwächere Partei den Kaiser an: Schismatiker, Juden und Heiden suchten beim Kaiser Schutz vor der katholischen Kirche, die Grundherren appellierten an den Hof gegen die Militärs, die Fellachen beschwerten sich über die Steuereinnehmer, die Städte forderten Hilfe gegen die Föderaten. Man kam ohne Kaiser, ohne den Staat nicht aus. So lange er in Anspruch genommen wurde, erfüllte er das Postulat Ciceros der *utilitatis communio* wenigstens prinzipiell. Erst als Hilfsgesuche hoffnungslos wurden, schritt man zunehmend zur Selbsthilfe, und dies bedeutet das Ende der Reichsgewalt. Weshalb sie im 5. Jahrhundert versagte, ist das Problem, dessen Lösungsversuche im folgenden vorzuführen sind.

II. DIE EPOCHEN DER DEUTUNG

Der Fall Roms ist als vorweggenommene Möglichkeit seit der Republik, als unmittelbares Erlebnis bei den spätantiken Zeitgenossen und als historischer Vorgang in der Nachantike Gegenstand der Deutung gewesen. Aus allen Epochen des europäischen Geschichtsdenkens besitzen wir Urteile über ihn. Sie sind jeweils in den Wissensstand und in die Anschauungsformen der Autoren eingefügt und aus dieser doppelten Bindung zu begreifen. Während die faktologischen Kenntnisse des Zerfallsvorgangs immer genauer und immer sicherer wurden, gehorchen die Kategorien der Interpretation zumeist wechselnden Denkströmungen.

Die Einteilung der folgenden fünf Abschnitte ist nicht aus der vorliegenden Thematik entwickelt, sondern wurzelt in der allgemeinen Geistesgeschichte. Dies war nicht zu vermeiden, schon um der geistesgeschichtlichen Orientierung willen. Seitdem es die Begriffe Spätantike, Mittelalter, Humanismus, Aufklärung und Historismus gibt, besteht ein Interesse daran, sie zu charakterisieren, auch wenn jeder neugewonnene Einzelzug – so das je epochenspezifische Bild des Falles Roms – das Schema als solches verfestigt und ein Urteil über seine grundsätzliche Berechtigung erschwert. Indem ich es nicht als meine Aufgabe empfand, den Sinn dieser Epochenfolge zu prüfen, habe ich diese rein instrumental verwendet und die unausbleiblichen Konsequenzen für den Inhalt des dadurch entstehenden Bildes meiner Deutungsgeschichte in Kauf genommen. Sie scheinen tragbar.

Im großen ganzen zeigen die fünf Geistesepochen auch im Hinblick auf unser Thema ein eigenes Gesicht, zeitfremde Eigentümlichkeiten kommen freilich vor und sind dann als solche angemerkt. In den selteneren Fällen handelt es sich um Urteile, die ihrer Zeit voraus sind, häufiger sind Rückgriffe auf ältere Positionen, deren sich die Autoren nicht bewußt waren. Dem Entdecker eines solchen Zusammenhangs kommt das Wort aus dem ›Prediger Salomonis‹ (1, 10) in den Sinn, daß es nichts Neues unter der Sonne gebe. Salomon kann sich selbst allerdings hier nicht ganz ernst genommen haben, denn hätte er an den Inhalt seines Spruches geglaubt, so hätte er ihn nicht aussprechen dürfen. Die Wahrheit ist kein hinreichender Grund, sie anderen mitzuteilen.

II.1. Das historische Selbstverständnis der Spätantike

Innerhalb einer Epoche gibt es keinen Standpunkt, eine Epoche zu betrachten.
Goethe MR 1023

Wenn Goethe mit seiner als Motto zitierten Maxime uneingeschränkt Recht hätte, dann könnten Zeitgenossen sich niemals ein Bild von ihrer Gegenwart machen, und wir könnten nicht vom historischen Selbstverständnis einer Epoche reden. Dies ist aber sehr wohl möglich, darum müssen wir jenen Satz einschränken. Natürlich kann man die eigene Epoche auch aus der Innensicht sehen, nur ist es dann nicht die ganze, sondern die um die Bedingungen der eigenen Sicht *verminderte* Epoche. Der Teil des Raumes, den wir mit unseren Füßen bedecken, bleibt unsichtbar. Erst nachdem wir ihn verlassen haben, sehen wir ihn ganz.

Indem wir uns von einer Zeit entfernen, wandelt sich das Bild von ihr. Die Perspektiven vermehren sich, andere Beleuchtung, anderer Hintergrund verleihen dem Gegenstand neue Züge. Bevor wir diesen Wandel durch die Jahrhunderte verfolgen, empfiehlt sich ein Blick auf das Urteil der spätrömischen Zeitgenossen über ihre Gegenwart aus mehreren Gründen. Ein erster liegt darin, daß mit wachsendem Abstand nicht nur eine Vermehrung der Sichtweisen, sondern zugleich eine Verminderung der erkennbaren Einzelheiten eintritt. Kein Späterer besitzt jene Fülle, jene Vielfalt an Information, die den Zeitgenossen zu ihrer Urteilsbildung zur Verfügung stand. Dadurch, daß wir sie befragen, benutzen wir gleichsam ihre Augen für unseren Blick.

Zum andern ist das Zeitbild ein wesentlicher Faktor im Gefüge der Motive. Das politische Handeln bleibt unverständlich, wenn wir die Hoffnungen und Befürchtungen nicht kennen, die das Tun und Lassen der Damaligen bestimmt haben. Auch wenn uns nur die Meinungen einiger Weniger und nicht einmal der Entscheidenden überliefert sind, ist das doch atmosphärisch bedeutsam. Übereinstimmungen in den Zeitvorstellungen beweisen, daß wir tatsächlich Strömungen fassen, die breitere Schichten getragen haben.

Im Falle der Spätantike ist die Selbsteinschätzung der Betroffenen deswegen von zusätzlichem Reiz, weil wir dadurch die Auflösung des Imperiums im Gegenlicht, nicht nur *post festum,* sondern auch *ante festum* erkennen. Was haben die Zeitgenossen von dem, was kam, gesehen? Ahnten sie das Ende? Spürten sie die Gründe? Wenn nein, weshalb nicht? Indem wir unser Bild der Situation mit dem der Zeitgenossen vergleichen, werden uns die jenen unbekannt gebliebenen Bedingungen ihres Verständnisses deutlich und machen uns auf mögliche Sichtfehler aufmerksam, die uns die Vorstellung unserer eigenen Zukunft trüben können.

Die Spätantike gehört zu jenen Geschichtsepochen, die uns nicht allein das Geschehen ihrer Zeit, sondern zugleich Kategorien seiner Deutung überliefern. Wir werden sehen, wie sich alle späteren Konzepte aus Gedanken entwickelt haben, die in der Zeit selbst wurzeln. Weil der Ausgang unklar war, konnten die erkennbaren Mißstände sowohl aufrütteln als auch entmutigen. Dieselben Erfahrungen konnten Furcht oder Zuversicht wecken, und so war zunächst strittig, was überhaupt zu erwarten sei, ehe man sich darüber Gedanken machte, wie das, was eintrat, eintreten konnte. Im ganzen genommen war das Zeitbild damals beinahe schon ebenso kontrovers wie heute, nur daß sich inzwischen die Fragestellungen verschoben und die Lösungsvorschläge vermehrt haben.

In den Stellungnahmen der spätrömischen Autoren zum Charakter ihrer Gegenwart (Vittinghoff *1964*; Heinzberger *1976*; Rosen *1982*) lassen sich alt- und neugläubige Positionen unterscheiden. Das beruht auf der grundsätzlichen Geisteshaltung jener Zeit. Wenig ist bezeichnender für eine Periode als das, worüber man sich streitet. Die Spätantike diskutierte nicht über die beste Staatsform (zur Monarchie sah man keine Alternativen), nicht über die Verteilung des Eigentums (Armut und Reichtum wurden im Prinzip hingenommen), nicht über Kriegsschuld und Friedenssicherung (eine grundsätzliche Lösung schien niemandem in Aussicht), sondern man diskutierte vor allem über die Religion. Soweit nicht das jenseitige, sondern das diesseitige Heil zur Debatte stand, stritt man auch über die historisch-politische Situation, und dies mündete in die Auseinandersetzung darüber, ob der politische Niedergang des Reiches eine Folge des Glaubenswechsels sei oder nicht.

II.1.a. Das heidnische Zeitbild

In den Augen aller altgläubigen Literaten der Spätantike galt der Fortbestand des Imperium Romanum als wünschenswert. Darum können wir, je nach den Aussichten dafür, optimistische und pessimistische Stimmen einander gegenüberstellen. Beide Denkrichtungen haben eine lange Vorgeschichte. Die pessimistische Strömung ist die ältere. Ihr berühmtestes Zeugnis sind die Tränen, die der jüngere Scipio Africanus 146 v.Chr. angesichts des von ihm selbst zerstörten Karthago vergossen hat (Polybios XXXVIII 22 bei Appian, Punica 132).

Der Gedanke eines unabwendbaren Niederganges Roms wird aus mehreren Quellen gespeist. Scipio verglich das Schicksal der Staaten mit dem seiner Schöpfer. Die Vergänglichkeit des Menschen liefert das Muster für ein allgemeines Gesetz, dem selbst die Welt als ganze unterworfen sei. Schon Hesiod hat die Vorstellung von einem lebensgesetzlichen Altern der Welt angedeutet, Lukrez und Seneca haben sie ausgeführt. Der Topos von der *senectus mundi* und der einer *Roma senescens* hat dann seinen langen Weg durch die Gehirne angetreten (Demandt *1978*, 37 ff.). Verwandt und verwunden damit ist die kosmologische Weltuntergangsspekulation, die aus der orientalischen Tradition stammt, bei den Pythagoreern und in der etruskischen Disziplin auftaucht und ihren populären Ausdruck in den sibyllinischen Orakeln gefunden hat (ed. Geffcken *1902*, GCS). Soweit diese Texte in den ›geistigen Widerstand gegen Rom‹ gehören (Fuchs *1938*), eröffnen sie einen Ausblick, der nur für das Imperium, nicht schlechterdings finster ist. Denn dessen Untergang wird als Sieg eines Endzeit-Königs aus Asien beschrieben.[1]

Als Bestätigung dieser naturgesetzlichen Verfallstendenz standen Beispiele zur Verfügung. Scipio nannte deren mehrere und folgerte aus ihnen die Regel einer Vergänglichkeit alles Gewordenen, die vor und nach ihm mehrfach formuliert und speziell auf Staatswesen angewandt worden ist. Thukydides (II 64, 3) legte sie Perikles in den Mund im Hinblick auf Athen; Platon (rep. 546 A) ließ sie Sokrates für den Idealstaat aussprechen; Sallust (Jug. 2, 3) brachte sie in die vielzitierten Worte: *omnia orta occidunt et aucta senescunt* und schloß wiederum Rom ein (ep. I 5, 2). Die Form, in der dieses Verfallsgesetz im Staatsleben wirkt, ist der Regelkreis des klassischen Dekadenzmodells (Demandt *1972*, 18 ff.). Er besagt, daß ein bedrohtes und karges Leben die Anspannung aller Kräfte fördert, die einen Aufstieg zu Macht und Reichtum ermöglichen. Ein Dasein in Wohlstand und Sicherheit begünstigte jedoch ein sorgloses und träges Verhalten, so daß dem inneren der äußere Verfall folge. Wir finden diesen Gedanken bei Platon (Gesetze 641 c) und Aristoteles (Pol. 1334 a) auf Staaten angewandt und begegnen ihm immer wieder. Musterfall ist das Schicksal der Stadt Sybaris in Unteritalien (Suda Σ 1271 vgl. 756; M 818; E 2461). Für die römische Geschichte ergab sich aus diesem Kreisschema ein zweiphasiger Prozeß, der bis zu einem Gipfel äußerer Macht hinauf- und von dort wieder herunterführt.[2]

---

[1] Dies ist meines Wissens die einzige überzeugt vorgetragene Alternative zur politischen Zukunft einer *Roma aeterna,* die aus dem Altertum erhalten ist. Sie hat zumal bei Lactanz nachgewirkt (II. 1. b!)

[2] Die von Werner (*1939*) und Cogny (*1976*) behandelte Thematik, sei wenigstens anmerkungsweise referiert und ergänzt: Für das Jahr und den Grund der Wende bieten die Autoren unterschiedliche Ansichten. Möglicherweise aus Fabius Pictor stammt die bei Polybios (II 21, 8) überlieferte Meinung, daß die Wende zum Schlechteren im Jahre 232 liege, als C. Flaminius das erste Mal gegen den Willen des Senates ein Ackergesetz durchbrachte (Val. Max. V 4, 5; Cic. Cato 11). Valerius Maximus (IX 1, 3) verband den Beginn des Luxuslebens mit den Siegen über Hannibal 202 und Philipp V. 197 v. Chr. Nepos (Cato 2, 2) nannte Catos Censur 184, Livius (XXXIX 7) machte die Rückkehr des Heeres aus Asien 187 dafür verantwortlich, und dieser Ansicht war anscheinend auch der ältere Plinius (NH. XXXIII 53): *Asia primum devicta luxuriam misit in Italiam.* Polybios (XXXI 25) setzte den Anfang des Abstiegs auf den Sieg über Perseus 168 v. Chr., Piso Frugi (HRR I 136) nannte die Censur des Cassius 154 v. Chr., Poseidonios (?, Diodor XXXIV 33, 5 f.), Sallust (Cat. 10, 1) und Augustinus (CD. I 30) betrachteten die Zerstörung Karthagos 146 v. Chr. als Beginn des Sittenverfalls. Aus der späteren Republik kennen wir die Niedergangsprognosen eines Sallust (Cat. 5 f.; ep. I 5; II 6; 10; 13), eines Livius (praef. 9), eines Varro: aus dem zweiten Buch seiner Schrift ›De vita populi Romani‹ überliefert Nonius Marcellus (287, 15) den Satz: *distractione civium elanguescit bonum proprium civitatis atque aegrotare incipit et consenescit.* Das Gemeinwohl des römischen Staates sei durch den Bürgerzwist erkrankt und ins Greisenalter getreten. Hinzu kommen die verzweifelten Äußerungen aus der augusteischen Zeit von Horaz (epod. 16), Vergil (Georg. II 498) und Properz (III 13, 59 f.). In der frühen Kaiserzeit wurde diese Tradition fortgeführt durch den Autor der ›Octavia‹ (391 ff.) und durch Seneca, der angesichts des Brandes von Lugdunum auf die Ruinenstädte Griechenlands verwies und schloß: *hoc unum scio: omnium mortalium opera mortalitate damnata sunt, inter peritura vivimus* (ep. 91, 12). Noch krasser ist seine Bemerkung *aetas*

Während der constantinischen Restaurationsphase traten die pessimistischen Stimmen zurück und begegnen erst wieder gegen deren Ende. In den letzten Jahren Constantins verfaßte der sizilische Senator FIRMICUS MATERNUS sein ›Mathesis‹ tituliertes Handbuch der Astrologie. Darin führt er aus, daß Gott den Menschen als ein Abbild des Weltalls geschaffen habe (III pr.), und daher könne man auch der Welt das Horoskop stellen, sofern man ihren Geburtstag kenne. Trotz der damit verbundenen Schwierigkeiten referiert der Autor das *Thema Mundi.* Er verfolgt die Menschengeschichte unter dem Aspekt der Konjunktion des Mondes mit den Planeten und ordnet deren jedem eine Weltgeschichtsphase zu: von der primitiven Urzeit unter dem Zeichen Saturns über die Anfänge der Kultur unter dem Zeichen Juppiters zur Entwicklung der Techniken unter dem Zeichen des Mars weiter zur Entfaltung von Wissenschaften und Sitten unter dem Zeichen der Venus bis zum letzten Zeitalter unter dem Zeichen Merkurs. Die bisher aufwärts gerichtete Bahn führt nun hinab: aus den guten Anfängen entstehen Bosheit und Verbrechen, die die Menschheit beherrschen. Das ist der *cursus humani generis,* der im Einklang steht mit der Natur. Am Ende kommt es bei ihr wie beim Einzelnen zum Tode, durch Weltenbrand oder Weltenflut, doch folgt die Wiedergeburt *(renasci)* des Ganzen (III 1, 8–16). Firmicus Maternus ist später Christ geworden. Zu den Vorstellungen, die er beibehalten konnte, gehört die des nahenden Weltendes.

Bald nach 360 n.Chr. erschien der ›Liber de Caesaribus‹ des späteren Stadtpräfekten von Rom AURELIUS VICTOR. Auch er war vom unaufhaltsamen Verfall überzeugt, begründete ihn aber nicht kosmologisch, sondern moralisch mit Hilfe des Dekadenzmodells. Beim Übergang von der Severerzeit zu den Soldatenkaisern im Jahre 235 bemerkt er, von Romulus bis auf Septimius sei es mit der *res publica* aufwärts gegangen. Unter den folgenden Severern hätte sie ihre Höhe *(summum)* gehalten, dann aber sei der *Romanus status* von seinem Gipfel herabgestürzt, weil die Herrschsucht den Bürgerkrieg entfacht habe und die auswärtigen Kriege vernachlässigt worden seien. Hinfort sei das Kaisertum Guten und Schlechten, Vornehmen und Geringen, ja sogar Barbaren erreichbar gewesen. Virtus, die Rom gegen die Launen Fortunas bis dahin geschützt habe, sei entschwunden, der Sittenverfall habe beinahe alle erfaßt (LdC. 24, 8–11). Im Zusammenhang mit der Tausendjahrfeier Roms unter Philippus Arabs nennt Victor für

---

nostra non descendit sed cadit (ep. 83, 4) und sein Vergleich der römischen Geschichte mit den menschlichen Lebensaltern (Lact. Div. Inst. VII 15). Ähnliche Äußerungen haben wir von Tacitus (Ann. I 1–4; Germ. 33). Die Wende wurde im 2. Jahrhundert n.Chr. von Florus (II 19; III 12) verbunden mit den Ereignissen zwischen 146 und 133 v.Chr. Im 3. Jahrhundert äußerte sich Herodian (I 1; Alföldy *1971*) pessimistisch zur Lage des Reiches, Censorinus notierte in seinem 238 vollendeten Büchlein ›De die natali‹ (17, 14), das Geierprodigium des Romulus werde so verstanden, daß Rom zwölf Jahrhunderte bestehen werde; und Pseudo-Apuleius flocht in seinen, dem Corpus Hermeticum zugehörigen Dialog ›Asclepius‹ eine Weltuntergangslehre ein: die Religion werde vernachlässigt, Barbaren stünden vor dem Einmarsch, die Naturkräfte versiegten, *senectus veniet mundi, inreligio, inordinatio, inrationabilitas* (c. 24 ff.; Nock-Festugière II 326 ff.; Kroll *1928,* 166 ff.).

Rom unheilvolle Vorzeichen und beklagt, daß die 1100 Jahrfeier Roms übergangen worden sei: *adeo in dies cura minima Romanae urbis* (28, 2 ff.).

Eine nächste Epoche auf dem Wege bergab war für Victor der Übergang der Herrschaft von Probus auf Carus, den Vorgänger Diocletians, im Jahre 282 (37, 5–7). Victor schreibt, von diesem Zeitpunkt an habe die Macht der Militärs zugenommen, und der Senat habe das Imperium und das Recht, den Kaiser zu wählen, verloren, und zwar bis auf den heutigen Tag. Victor zweifelte, ob der Senat bewußt darauf verzichtet oder aus Furcht oder Nachlässigkeit zurückgetreten sei. Er glaubte, daß damals der Ausschluß der Senatoren vom Heeresdienst durch Gallienus hätte rückgängig gemacht werden können. Aber die Senatoren hätten sich dem Luxusleben ergeben und dem Militär, ja den Barbaren den Weg zur Herrschaft über sich und die Späteren geebnet. So gewiß Victor damit eine wesentliche Wandlung anspricht, so unklar ist, weshalb er sie just mit den Ereignissen von 282 verbindet. In den Lebensbeschreibungen der Kaiser Tacitus und Probus durch die ›Historia Augusta‹ heißt es, unter den genannten Kaisern habe der Senat noch einmal das Recht zurückerhalten, Legaten, ja die Kaiser selbst zu ernennen (Tac. 18 f.; Prob. 13, 1), und eine derartige Überlieferung muß auch Victor vorgelegen haben. Die religiöse Wende Constantins verzeichnet unser Autor nicht; wie er über sie gedacht hat, läßt ein Satz über Diocletian erkennen: *veterrimae religiones castissime curatae* (LdC. 39, 45). Das offene Lob Diocletians enthält einen versteckten Tadel Constantins.

Wird dem Gesamtgeschehen der römischen Entwicklung bei Aurelius Victor somit eine zweiphasige Linearität von Aufstieg und Niedergang zugeschrieben, so gibt es für ihn in der Abfolge des Einzelgeschehens eine Wiederholung des Dagewesenen. Victor (35, 13) gebraucht dafür das Bild des Kreislaufs, doch ist damit nicht die Periodizität von Ereigniszyklen, sondern lediglich die unregelmäßige Wiederkehr derselben Ereignistypen gemeint. Eben dies bezeugt das Rad der Fortuna, und diese letztere spielt im Geschichtsdenken Victors eine nennenswerte Rolle, ähnlich wie in der senatorischen Historiographie überhaupt. Von einem Glauben an die Ewigkeit Roms ist nichts zu erkennen, Victor äußert sich dazu nicht, doch liegt der Untergang des Reiches auf der Linie seiner Konzeption.

Unter rein pragmatischem Aspekt werden die Mißstände im Reich diskutiert in der Denkschrift, die der ANONYMUS DE REBUS BELLICIS um 370 an Valentinian und Valens gerichtet hat (Thompson *1952*; Wirth *1982*). Ohne Ausblick auf das fernere Schicksal Roms nennt der Autor die Habgier der Richter (4, 1), die Konfusion der Gesetze (21, 1), die Betrügereien der Münzmeister (3, 1 f.) und vor allem die hohen Heereskosten (5, 1–4) als Übel, deren schlimmstes ihm der Zwiespalt zwischen Arm und Reich zu sein scheint. Die ruinierten Armen gingen unter die Räuber und unterstützten Usurpatoren (2, 3). Den Anfang der Misere habe Constantin verschuldet, als er das konfiszierte Tempelgut ausgemünzt und damit den Reichtum jener Schicht begründet habe, die am Elend der Massen schuld sei (2, 1). Ähnlich wie Ammian (XXXI 5, 14) sucht der Anonymus das Vorbild des sozialen Friedens in der Vergangenheit: das wahrhaft Goldene Zeitalter war jenes, das noch kein Gold kannte (2, 5). Als weiterführenden eigenen Beitrag präsentiert der Verfasser kriegstechnische Erfindungen.

Eine ähnliche Verbindung von Dekadenzbewußtsein und Pragmatik zeigt die von VEGETIUS an Kaiser Theodosius gerichtete militärische Denkschrift ›De re militari‹. Rom verdanke seine Größe der militärischen Stärke, die bedrohlich zurückgefallen sei (I 1). Die Theorie, daß eine erschöpfte Erde keine kriegerischen Menschen mehr hervorbrächte, sei falsch, vielmehr beruhe der Niedergang auf der Verzärtelung durch den Frieden: *longae securitas pacis homines partim ad delectationem otii, partim ad civilia transduxit officia.* Die Niederlagen gegen Hannibal seien auf den über zwanzigjährigen Frieden der Zeit davor zurückzuführen (I 28). Den Sieg habe dann eine richtige Rekrutierung gebracht, und auf sie legt der Autor größten Wert: die ländlichen Gegenden der Nordprovinzen lieferten die besten Krieger (I 2 f.); sie seien gut auszubilden, wieder mit den – seit kurzem von den Soldaten verweigerten – schweren Panzern zu schützen und moralisch aufzurüsten (I 7; 20). Es sei wirksamer und billiger, die eigenen Leute in den Waffen zu schulen als Fremde mit Geld anzuheuern (I 28). *Qui desiderat pacem, praeparet bellum* (III pr.).

Das dominante Thema der theodosianischen Geschichtskontroverse war allerdings die Religionsfrage. Bereits Porphyrios hatte um 270 den Christen vorgeworfen, die Vernachlässigung der alten Götter beraube Rom des Schutzes (fr. 80). Dieses Argument wurde von Symmachus aufgegriffen und fortan vielfältig wiederholt. LIBANIOS, der Redner aus Antiochia, hielt Theodosius und seiner gewaltsamen Christianisierung entgegen, die alten Götter seien es gewesen, die Rom groß gemacht hätten und aufrecht hielten, solange es stehe (or. 30, 4; 31; 34). Ob Libanius an Roms Ewigkeit geglaubt hat, ist zweifelhaft. Nach Julians Tod jedenfalls rechnete er damit, daß dem römischen Reich vom Schicksal ein ebensolches Ende beschieden sei wie dem alten Ägypten, weswegen Versuche, dies abzuwenden, so wie bei Julian, erfolglos blieben (or. 18, 298).

Eine ebenso finstere Perspektive zeigt der unbekannte Verfasser der ›HISTORIA AUGUSTA‹. Auch er sah (v. Cari 2 f.) das Auf und Ab in der römischen Geschichte nicht unter dem Aspekt der periodischen Erneuerung, sondern im Hinblick auf die unübertroffenen Extreme: kein Staat habe solche Höhen und solche Tiefen erlebt wie der römische. Dieser zyklische Gedanke wird um eine lineare Komponente erweitert, indem auf das Lebensaltergleichnis angespielt wird. Wie Ammian betrachtet der Autor Roms Frühzeit als Wachstumsphase *(adolevit)* und die späte Republik als Eintritt ins Greisenalter *(consenuit).* Im Unterschied zu Ammian wird diese letzte, gegenwärtige Phase mit einem pessimistischen Ton versehen, denn unter Augustus sei die Freiheit verloren gegangen *(libertas deposita),* und das Glück erscheint nicht durch seine Gunst gegen Rom, sondern durch seine Launenhaftigkeit, ja durch seinen Neid gekennzeichnet.

Die Einnahme Roms durch Alarich 410 hat die heidnischen Zeithistoriker zu neuen Kassandra-Rufen bewogen und in dem Glauben bestärkt, daß der Übertritt der Kaiser zum Christentum den Ruin des Reiches besiegelt habe. Die Stimmen der Heiden selbst vernehmen wir nicht mehr, wohl aber einerseits Christen, die ihnen widersprochen haben, so Prudentius, Augustinus und Orosius, und andrerseits altgläubige Autoren, die sie später benutzt haben, darunter Eunapios, Olympiodorus, und Zosimos. Paschoud (*1975*, 147–183) hat nachzuweisen versucht, daß jene heidnischen Anklagen gegen die Christen Gestalt gewonnen hätten in der verlorenen ›Historia adversus Christianos‹ eines unbekannten Verfassers. Paschoud meint darüber hinaus nachweisen zu können, daß in jenem Werk die Zeit von 305 bis 410 behandelt worden sei. Das ist möglich, doch bleibt die Frage offen, weswegen der große Unbekannte totgeschwiegen wurde.

Im Osten des römischen Reiches wurden, wie THEODORETOS von Kyrrhos bezeugt, die von Augustin bekämpften heidnischen Stimmen teilweise sogar von Christen übernommen: Wenn Gott Abraham irdischen Lohn versprach, warum genossen dann solchen auch die Heiden? Ist das Heidentum nicht doch gottgefälliger, denn so lange es vorherrschte, gediehen Städte und Länder! Seit der Verbreitung des Christentums fallen die Häuser ein, verschwinden die Bewohner, sinkt der Wohlstand. Ist daran nicht doch der Religionswechsel schuld? (Quaestiones 136; Kaegi *1968*, 75).

Die Schriften altgläubiger Autoren aus der Zeit der Heidenverfolgung zeigen eine begreiflich düstere Stimmung. Das gilt wieder für EUNAPIOS von Sardeis († um 420). Die äußeren Voraussetzungen, meinte er, hätten es wohl erlaubt, das Imperium zu erhalten. Wären die Römer moralisch auf der Höhe geblieben, so hätte ihnen kein Feind widerstanden. Den Beginn des Niedergangs verband Eunap mit der Hinrichtung des Neuplatonikers Sopater durch Constantin. Schon der Abstieg Athens habe mit der Verurteilung des Sokrates begonnen (Vitae Soph. 462). Eunap ließ die heidnischen Autoritäten den Verfall prophezeien und gewann auch daraus noch die Bestätigung für den alten Glauben (Kaegi *1968*, 76 ff.). Wenn es im ›CHRONICON PASCHALE‹ (CSHB 4, 517) aus dem 7. Jahrhundert heißt, Constantin habe Byzantion erbaut und das Christentum angenommen, nachdem er ein Orakel erhalten hatte, das Reich Roms werde untergehen, so dürfte dies tatsächlich aus heidnischen Überlieferungen stammen. In der Renaissance wurde umgekehrt argumentiert: Roms Reich ging unter, als Constantin an den Bosporus zog (II. 3. a!).

In seiner Erklärung der Korruption folgt Eunap dem klassischen Dekadenzmodell. Die Anfälligkeit der menschlichen Seele gegenüber den Versuchungen der Macht betrachtete er als gottgegebenes Naturphänomen, entsprechend dem Gift des Skorpion (Astakos) und den Dornen der Rose (fr. 58). So verstehen wir seine durch die Wiederholung von Jacob Burckhardt berühmt gewordenen Behauptungen, Macht sei an sich böse (ἐστὶ κακὸν ἐξουσία, fr. 48). Durch die Geldgier, die Wurzel allen Übels, verursachte Tiefpunkte sah Eunap in den Zeiten von Valens (fr. 38) und Theodosius: bei einer Gelegenheit, wo der Kaiser einmal nicht fahren konnte, weil die Esel kein Futter hatten, bemerkt der Autor: dahin ist unsere Zeit gekommen, daß wir vom Wohlbefinden der Esel abhängen (fr. 56).

Im engen Anschluß an Eunap verfaßte ZOSIMOS als *ex advocato fisci* um 500 seine ›Historia Nova‹. Er lieferte die letzte Deutung der Spätantike aus heidnischer Sicht. So wie Polybios den Aufstieg Roms dargestellt habe, so wolle er den Niedergang beschreiben, den die Römer durch ihre eigene Unbesonnenheit verschuldet hätten (I 57, 1; IV 21). Die römische Weltherrschaft schließt er an die Reiche der Perser und Griechen an, Tyche habe die Macht den Römern gegeben, bis diese sich in den spätrepublikanischen Bürgerkriegen gegenseitig schwächten und die Herrschaft einem einzigen, Octavian, übertrugen. Von da an lag das Schicksal in der Hand der Kaiser, die in der Regel ihre Stellung mißbraucht, die Bürger wie Sklaven gehalten und nur Schmeichler gefördert hätten. Die Beamten seien allzeit untauglich und korrupt gewesen, das habe zu Unruhen in den Städten geführt, und so sei das Leben im Frieden unerfreulich, die Leistung im Kriege miserabel (I 5, 1–4). Die Tirade des Zosimos gegen die römische Monarchie steht vereinzelt. Im griechischen Sprachraum findet sich ein Vorbild bei Pseudo-Longinus, der resignierend bemerkte, Redekunst gedeihe nur, wo Freiheit und Demokratie herrsche, deren die geldgierige Gesellschaft nicht mehr fähig sei, so daß sie eines Monarchen bedürfe (›Über das Erhabene‹ 44). Ähnlich äußerte sich gleichzeitig Tacitus im ›Dialogus‹, und diese Tradition reicht bis in die lateinische Spätantike. Darauf bezieht sich Augustinus mit der Bemerkung, Caesar Augustus habe den Römern ihre ohnedies völlig erschlaffte Freiheit entrissen und ein monarchisches Willkürregiment errichtet (CD. III 21). Aus der gleichen Zeit finden wir in der ›Historia Augusta‹ (v. Aurel. 43) Äußerungen, die ein aristokratisches Senatsregiment dem Kaisertum überordnen.

Als einen der Gründe für den Niedergang Roms bestimmt Zosimos den Sittenverfall (I 57 f.), namentlich die Schlechtigkeit der Beamten und Kaiser (IV 21), doch ist die wichtigste Ursache für ihn die Abkehr von den alten Göttern. Ähnlich wie Julian scheint er nicht an der bloßen Existenz der Christen als vielmehr daran Anstoß genommen zu haben, daß diese die alten Rituale unterbrochen und die Gunst jener Mächte verscherzt hätten, die bis auf Constantin Roms Größe bewirkten. Besondere Bedeutung besitzen für Zosimos die Säkularfeiern, und als Constantin das 313 fällige Fest unterließ, da habe der Niedergang eingesetzt (II 7; 34, 2). Die nächsten Etappen des Verfalls waren für ihn der Verzichtfrieden Jovians 363 (III 31; IV 4, 3), die Niederlage bei Adrianopel 378 (IV 21), die Weigerung Gratians 383, den Titel *Pontifex Maximus* weiterzuführen (IV 36) und die Regierung des ersten Theodosius (IV 28), namentlich die Streichung der Kultgelder (IV 59). Zur endgültigen Alternative Ewigkeit oder Untergang nahm Zosimos nicht Stellung. Er glaubte, daß Athena ihre Stadt, in der die alten Riten noch vollzogen wurden, 395 vor den Goten gerettet hätte (IV 18; V 6), und setzte die Hoffnung für den Fortbestand Konstantinopels auf die Statuen von Juppiter und Athena vor dem Senatsgebäude (V 24, 8). Eine solche Betonung der heidnischen Reste in Konstantinopel verschob die Gewichte zu stark, um glaubhaft zu bleiben, und im gleichen Maße, in dem sich das christliche Ostreich in den Völkerbewegungen behaupten konnte, kam der Vorwurf, das Christentum bedeute das politische Verderben, zum Schweigen.

Die optimistische Geschichtsauffassung der heidnischen Tradition verkörperte sich in der *Romideologie.* Sie hat sich in der späten Republik entwickelt, als die äußere Macht Roms auf ihrem Gipfel, der innere Zustand indessen auf seinem Tiefpunkt angelangt war. Im allgemeinen Wanken entstand unter orientalisch-hellenistischem Einfluß jenes eschatologische Geschichtsbild, das klassisch bei VERGIL formuliert ist (Klingner *1956,* 275–293), und das seit der augusteischen Zeit so etwas wie kanonische Geltung erlangt hat. Es besagt, daß Rom, ja der *orbis Romanus* und damit der *orbis terrarum,* seit Augustus in ein neues Weltzeitalter getreten sei, jenen letzten Aion der Geschichte, auf den insbesondere die Völker des Ostens Jahrhunderte lang gewartet haben. Der Anbruch dieser Endzeit entspricht dem Gebot des Schicksals und ist gekennzeichnet durch die Erneuerung des Goldenen Zeitalters mit seinem Frieden, seinem Wohlstand, seiner Gerechtigkeit.[3] Das poetische Bild dieser Welt ist Arkadien. Vorausgegangen ist der Endkampf mit den Mächten des Bösen, repräsentiert durch Kleopatra. Der Sieg des (späteren) Augustus entspricht einer alten Weissagung Juppiters, der den Römern ein *imperium sine fine* verheißt und ihnen gerechtes Regiment aufträgt. Da Vergil Schulautor war, dürfen wir mit einer Verbreitung dieser Vorstellungen rechnen, und zuweilen wird dies durch Zufallsfunde bestätigt, so etwa durch eine phrygische Inschrift, die von der Ewigkeit des Imperium Romanum spricht (REA 3, *1901* 273 f.). Nehmen wir hinzu, daß die Stadt Rom als *caput mundi* das sichtbare Symbol dieses Reiches ist, so haben wir die Grundvorstellungen vor uns, die noch die spätantiken Autoren beherrschten. Gewiß erschöpft sich das historische Selbstverständnis nicht in der Weitergabe und Abwandlung der genannten Ideen. Dennoch bilden sie den Hintergrund zumindest für die heidnische Geschichtsdeutung bis zum Fall Roms.[4]

Während aus der ersten Hälfte des 4. Jahrhunderts keine einschlägigen Stimmen erhalten sind, mehren sie sich in der zweiten. Kaiser JULIAN hat in seiner Streitschrift gegen die Christen das Argument gebraucht, Roms Größe beweise den Segen seiner Götter; die Herrschaft des Imperiums über den größten Teil der Erde sei Wille des Schicksals, Juppiter und Mars hielten auf ewig ihren Schild über die Stadt (Galil. 194 c; 209 d). Julian sah die von den Göttern begünstigte Mission der Griechen darin, der Menschheit die Philosophie und die Zivilisation zu schenken; der Auftrag an die Römer, die selbst ja griechischer Herkunft seien, bestünde darin, aufgrund ihrer überlegenen Staatsverfassung die seit Augustus vereinten Völker zu regieren, wobei die Völker durch ihre Teilhabe selbst im Sinne einer Doppelbürgerschaft zu Römern würden. Sein eigenes Amt als Kaiser sei es, diesen Zustand zu halten und gegen zersetzende Neuerungen, wie die des

---

[3] Die wichtigste Quelle ist für uns Vergils 4. Ecloge, die von Eduard Norden (*1924*) in den Kontext der zeitgenössischen Heilserwartung gestellt worden ist. Daneben die vielzitierten Stellen aus der Aeneis I 276–296; VI 847–853; VIII 626–731.

[4] Die antike Romidee ist in der Forschung gut aufgearbeitet. Das Material bietet Gernentz (*1918*), neuere Interpretationen liefern Paschoud (*1967*) und Fuhrmann (*1968*), weitere Literatur Suerbaum (*1977*, 330–338).

Christentums, zu schützen. Er verglich den neuen Glauben mit einer Krankheit am Staatskörper (229 d; 327 b; 401 c), eine Metapher, die im 19. Jahrhundert wieder auf das Christentum angewandt wurde. Julian betete zur Göttermutter, daß die Römer würdig blieben, ihr Reich noch viele Jahrtausende zu erhalten (or. V 180 b). Den christlichen Endzeitspekulationen trat er entgegen, indem er die Indizien, die den Christen das Ende anzukündigen schienen, für Ereignisse erklärte, die oft geschehen seien und immer wieder geschehen würden (fr. 1; Kaegi *1964*). Julian macht deutlich, daß eine optimistische Gegenwartsdeutung im Interesse der Machthaber liegt, während die Dekadenztheorie eine Waffe des Widerstandes ist. Als sich die Machtpositionen verkehrten, haben die unterlegenen Heiden den Niedergang, die siegreichen Christen den Fortschritt behauptet.

Für die späteren altgläubigen Stellungnahmen sind die Schriften des SYMMACHUS, des Stadtpräfekten von 384 und führenden Vertreters der heidnischen Senatoren, wichtig. Symmachus lebte aus dem Stolz auf die römische Vergangenheit, er war von der Ewigkeit der römischen Weltherrschaft durchdrungen, obschon er Roma als ehrfurchtgebietende *alte* Dame personifizierte. Roms Aufstieg war für ihn allerdings nicht nur ein Werk der *virtus Romana,* sondern zugleich eine Folge der göttlichen Gunst, die mittels einer Fortführung der alten Staatskulte erhalten werden müsse. 384 hat er sich daher gegen die Aufhebung des Vestakultes und für die Wiederaufstellung der Victoria im Senatsgebäude ausgesprochen. Sie allein garantiere, daß Rom auch künftige Krisen meistern werde (rel. III).

In den weiteren „Symmachuskreis" gehört der in Rom lebende „letzte freie Geschichtsschreiber" der Antike (Gundolf *1924,* 48) AMMIANUS MARCELLINUS. Dieser Offizier aus dem griechischen Osten hatte für die Mißstände seiner Zeit ein ungemein scharfes Auge, und er kritisierte sie in schonungsloser Schärfe. Senat und Volk von Rom werden in ihrem parasitären Großstadtleben geradezu karikiert. Die Kaiser unterzieht er einzeln einer sorgfältigen Prüfung im Hinblick auf ihre Leistungen und Fehler, im Heer werden Disziplinlosigkeit und Feigheit gegen die glänzende Vergangenheit abgehoben, in der Beamtenschaft Korruption und Unvermögen, im Rechtswesen Willkür und Grausamkeit angeprangert, die wirtschaftliche Lage erscheint ohne Beschönigung (Demandt *1965,* 14 ff.). Trotzdem war Ammian kein Pessimist. Der Glaube an die Überwindbarkeit der gegenwärtigen wie aller vorangegangenen Belastungen ist unerschüttert, die Ewigkeit Roms steht für Ammian außer Zweifel. Wenn er immer wieder den Vergleich mit der Vergangenheit zuungunsten der Gegenwart zog, bezeugt dies kein Dekadenzbewußtsein, sondern diente einem moralischen Appell (a.O. 99 ff.). Man könnte dem Zweckoptimismus der Kaiserpropaganda, die der jeweiligen Dynastie dient, den Zweckpessimismus der Geschichtsschreibung gegenüberstellen, die eine moralische Besserung bewirken will. Vom Fortleben des römischen Staates waren beide Seiten durchdrungen. Den über die äußere Bedrohung Besorgten stellt Ammian das Pathos des Geschichtskenners entgegen: wer meine, Rom sei niemals in einer solch üblen Lage gewesen, der habe eben keine

Ahnung. Ammian erinnert an die überwundenen Krisen der Vergangenheit, vorab an Hannibal, er zählt die lange Reihe von Siegen über die Germanen auf und schöpft daraus den Trost: auch die gegenwärtige Schwäche sei zu überwinden (XXXI 5, 10–17; 13, 19).

Wie Ammian war auch CLAUDIUS CLAUDIANUS Grieche von Herkunft. Als Hofsänger Stilichos hat er indessen keine privaten, sondern offizielle Ansichten geäußert (Steinbeiß *1936;* Cameron *1970,* 349 ff.). Sein Zeitbild ist von der Romideologie geprägt. Gewiß sei Roma gealtert (XV 115; XXVI 52 f.; XXVIII 410), Juppiter werde sie aber mit neuer Jugend beschenken (XV 208) und Stilicho ihr wieder aufhelfen (XXIV 123 ff.). Roma sei das Höchste auf Erden, Mutter der Waffen und der Gesetze, alle Welt gehorche ihr und habe von ihr die Prinzipien des Rechts gelernt. Aus kleinen Anfängen habe sie sich hochgearbeitet, zahllose Schlachten gewonnen und jeden Schicksalsschlag überstanden. Nachdem sie selbst den Ozean überquert habe, seien alle Besiegten in ihren Schoß aufgenommen. Ein gemeinsamer Name verbinde die Menschheit, die im Reich Wohlfahrt und Frieden finde. Jeder könne seinen Wohnsitz wechseln, denn alle seien ein einziges Volk geworden. Während die früheren Weltreiche durch Luxus und Laster zu Fall gekommen seien, werde es für Rom keine Grenzen in Raum und Zeit geben. Die Gewähr böten die Sprüche der Sibylle und die Gunstbeweise der Götter (130–173). Ganz ohne Besorgnis bleibt Claudian jedoch nicht: Juppiter möge die Barbaren von Rom, dem *arcanum regni,* fernhalten (XXVI 100 ff.). Die Eroberung durch Alarich hat Claudian wohl nicht mehr erlebt.

Dieses Ereignis, so schockierend es war, hat die optimistische Zeitstimmung in der römischen Tradition nicht brechen können. Dies lehrt das Gedicht des Galliers RUTILIUS NAMATIANUS ›De reditu suo‹. Rutilius war 414 Stadtpräfekt in Rom und verband wie Ammian Zeitkritik und Romglauben. Gegenstände seiner Angriffe boten die Steuerbeamten: er verglich sie mit Harpyien, deren Klauen die ganze Welt zerreißen (I 609). Zum andern wandte sich Rutilius gegen den bereits gestürzten Stilicho, er sei ein *proditor arcani imperii,* indem er die Barbaren nach Italien hereingelassen habe, so daß Rom erobert wurde (II 42 ff.). Auch sonst sah Rutilius in den Goten die größte Gefahr für das Reich. Außerdem warf er Stilicho vor, die alten sakralen Unterpfänder der römischen Herrschaft vernichtet zu haben. Hier spricht der Heide, der sich gleicherweise zu erkennen gibt in seinen Angriffen auf die Mönche und die Juden, eine „ansteckende Krankheit des Reiches“ (I 397). Trotz dieser Übel zweifelte Rutilius nicht an Roms Ewigkeit. In einem inbrünstigen Hymnus an die Stadt pries er sie als Herrin der Welt, gleich der Sonne verbreitete sie Leben, aus den streitenden Völkern hätte sie eine friedliche Stadt gemacht, die nach gerechten Gesetzen lebe. Die augenblicklichen Mißstände würden überwunden wie alle bisherigen auch (I 125–136): *ordo renascendi est crescere posse malis* (I 140).

Die Miseren des 5. Jahrhunderts haben die Hoffnung auf Roms Fortbestand zugunsten des Bewußtseins der Schwächen des Reiches zurückgedrängt. SIDONIUS APOLLINARIS, dessen Geschichtsbild trotz seines christlichen Bekenntnisses durchweg heidnisch geprägt ist (außer ep. VII 6, 4), verband in seinen brieflichen Äußerungen ein Gefühl für die alt und schwach gewordene Welt (ep. IV 14, 1; VIII 6, 3) mit einem krampfhaften Stolz auf seine Zeit (ep. III 8) und einem überzeugenden Ja zum Imperium: Rom erschien ihm Hort der Gesetze, Schule der Bildung, Wipfel der Welt und Heimat der Freiheit, in der allein Barbaren und Sklaven Fremde blieben (ep. I 6, 2). Den Germanen gegenüber zeigt er die abschätzige Neugier des bildungsstolzen Römers, er verglich sie in der traditionellen Manier mit wilden Tieren, meinte aber, durch Beschäftigung mit der Literatur, namentlich Vergil, ließen sie sich zivilisieren (ep. IV 1; carm. VII 497 f.). Ihre Funktion im römischen Reich seiner Zeit beurteilte er skeptisch (ep. III 8, 2). Mit dem Grundtenor dieser Äußerungen stimmt die Stellungnahme zur Gegenwart überein, die Sidonius in seinen an Claudian orientierten Kaiserpanegyriken ablegte. Das Gedicht von 456 auf Avitus enthält eine Klage Romas vor Juppiter: *Roma fui*, kleine Bauten seien zu beneiden, sie müßten kein schweres Dach tragen und Blitze nicht fürchten. Hat sich das Vogelzeichen des Romulus, dessen zwölf Geier zwölf Jahrhunderte verhießen, am Ende erfüllt? (carm. VII 52 ff. vgl. 357 f.). Die Ruhmestaten der Republik schufen das Weltreich, aber als Senat und Volk ihre Freiheit an die Kaiser abtreten mußten, ging es bergab (100). Eine derart kritische Äußerung zur Monarchie in einem Panegyricus überrascht und wird nur teilweise aufgewogen durch das Lob Trajans und den Wunsch, im neuen Kaiser dessen Ebenbild zu besitzen (116). Sidonius nennt die alten Götter die Urheber von Roms Größe (120 f.) und läßt Juppiter trösten: alle bisherigen Übel wurden bestanden, auch die jetzigen: ein junger Kaiser, Valentinian III. habe Roms Altersschwäche verursacht, ein älterer Kaiser werde die Jugendkraft erneuern und ein goldenes Zeitalter eröffnen (597 ff.). Dieselben Hoffnungen auf eine Überwindung der Misere drücken die Panegyriken von 458 auf Maiorian (carm. V 63 f.) und von 468 auf Anthemius aus (carm. II 104; 288 ff., 452). Und wenn auch das Zugeständnis an den Panegyricus als Gattung abgezogen werden muß, so scheint es doch so, als ob Sidonius zu einem Fortbestehen des Imperiums keine Alternative gesehen habe.

Die optimistische Zukunftsperspektive für das Imperium Romanum ist durch die Germanenherrschaft zunächst nicht gebrochen worden. Das bezeugt für Africa DRACONTIUS mit seinen ›Romulea‹. Den Trojanern sei durch Juppiters Willen die Herrschaft der Erde für endlose Zeiten übergeben, das *Imperium sine fine* wird unangefochten behauptet (bei Kytzler *1972*, 298). Daß Dracontius Christ war, steht dem folgenlos entgegen. Zumindest in späteren Jahren war auch NONNOS aus Panopolis in Ägypten Christ. In seine zu Beginn des 5. Jahrhunderts verfaßten ›Dionysiaka‹, flocht er in der Manier Vergils eine Prophezeiung auf Roms ewige Weltherrschaft ein (III 195 ff; 425 ff.), die mit dem Siege des Augustus über Kleopatra beginnt (XLI 389 ff.). Das Geschichtsbild ist noch dasjenige Vergils: Roms Reich füllt die letzte, glückliche Phase der Geschichte. Die heidnische Romideologie ist in christianisierter Form dann in die Romtheologie übergegangen und bestimmt das Bild der idealisierten Roma bis in die Neuzeit.

II. 1.b. Das Zeitbild der Christen

So wie die Heiden haben die Christen der Spätantike ihr historisches Selbstverständnis in überlieferten Kategorien ausgesprochen, und so wie jene sind sie sich nicht einig darüber gewesen, wie die eigene Zeit zu beurteilen sei. Wieder lassen sich zwei Strömungen unterscheiden: Die erste wird geprägt durch die Erwartung des nahen Weltendes, das schon seit Tertullian eher gefürchtet als erhofft wurde. Daher läßt sich hier von einer – bezogen auf das diesseitige Dasein – pessimistischen Haltung sprechen. Ihr steht eine andere Position gegenüber, die getragen wird vom Stolz auf das Imperium Romanum Christianum und insoweit optimistische Züge trägt. Einzelne Kirchenväter, so Lactanz und Ambrosius, haben zwischen beiden Auffassungen geschwankt; die Mehrzahl jedoch neigt der einen oder der anderen Stimmung zu (Schwarte *1978*).

Die biblische Grundlage der pessimistischen Zeitauffassung sind die Aussagen Jesu über das nahe Weltende und die ihm vorausgehenden Schrecknisse (Markus 1, 15; Matth. 24, 7 ff.). Sie sind in der Johannes-Apokalypse ausgemalt. Jesus (Matth. 21, 44) selbst hat die Geschichte nach dem Schema der vier Weltreiche aus dem Buch Daniel (Kap. 2) gedeutet, und das ist in der christlichen Tradition lebendig geblieben, indem jeweils die Gegenwart als das letzte, aus Eisen und Ton gemischte Reich angesehen wurde. Daß bereits Porphyrios (fr. 43) um 270 die Lehre Daniels als *vaticinium ex eventu* aus der Zeit von Antiochos IV. erwiesen und alles Spätere als hineingedeutet erkannt hatte, konnte die Christen nicht erschüttern. Die Erwartung des bevorstehenden Endes ist in der Urkirche stets zu Zeiten der äußeren Bedrängnis erwacht. Aus den Jahren nach der Christenverfolgung unter Marc Aurel stammen die romfeindlichen Verse im VIII. Buch der SIBYLLINISCHEN ORAKEL (Fuchs *1938*, 79 ff.). In glühenden Farben wird der Untergang Roms ausgemalt, er geht in die Katastrophe des Kosmos über: Wölfe und Füchse werden in den Mauern Roms hausen, die Stadt wird so verlassen sein, als hätte sie nie bestanden (Verse 37 ff.). Als Zeitpunkt der Vernichtung Roms wird das Jahr 195 n. Chr. vorausgesagt. Aus derselben Zeit dürfte die Untergangsprophezeiung am Schluß des 4. BUCHES ESRA stammen, dessen lateinische Fassung in der Vulgata überliefert ist. Unter Commodus (180–192) verfaßte IRENAEUS von Lyon seine Schrift gegen die Häresien, in der das vierte und letzte Weltreich Daniels auf die eigene Zeit bezogen und der wiederkehrende Christus in Kürze erwartet wurde (V 26, 1; PG 7, 1192 ff.).

In die Verfolgungszeit unter Septimius Severus fiel die von Euseb (HE. VI 7) bezeugte apokalyptische Bewegung des Judas. Die eingetretenen Endzeitübel zählte TERTULLIAN (Apol. 20, 2 f.) auf, er glaubte an den nahen Untergang (Res. 22,2; Pud. 1, 2). HIPPOLYTOS spekulierte über den Antichrist und die Danielweissagung (GCS. Hippol. I 3 ff.). Seine Prophezeiung, das Reich werde sich dereinst in zehn Teile auflösen, ist dem Bilde bei Daniel von den zehn Zehen des Kolosses auf tönernen Füßen entnommen (S. 69 Bonwetsch). Es ist von Lactanz im gleichen apokalyptischen Sinne verwendet worden und begegnet noch bei Martin

Luther (II. 3.b!) und Isaak Newton (II. 4.a!), die es historisch auf die Völkerwanderung bezogen.

Während der Verfolgung des Decius verkündete CYPRIAN das nahe Ende: die Zeit des Antichrist sei bereits angebrochen (Fort. 1), die Kirchenspaltung bestätige dies (Cath. eccl. un. 16). Schuld daran sei aber nicht das Christentum, sondern das unaufhaltsame Altern der Welt (Demetr. 3 ff.). Die Welt gleiche einem einstürzenden Haus und einem untergehenden Schiff (mort. 25; ep. 58, 1 f.). Die Vorstellung vom Altern der Welt vertrat ebenfalls ORIGENES in seiner lateinisch erhaltenen Matthäus-Erklärung: *sicut enim aegrotant corpora ante mortem eorum ... sic talis et tanta creatura mundi, cum corrumpi coeperit, quasi initium habens et finem.* Auf allen natürlichen und menschlichen Gebieten ließen die Kräfte nach, und die Menschheit zerriebe sich in Bürgerkriegen (GCS. 38, 68 f.). Origenes spielte auf die Usurpationen und Kriege seiner Zeit an.

Die Verfolgungen Diocletians haben dann die apokalyptischen Erwartungen des VICTORINUS VON PETTAU ausgelöst, der in seinem Kommentar zur Offenbarung Johannis die *ruina Babylonis, id est civitatis Romanae* (VIII 2) mit dem nahenden Antichrist verband und diesen selbst unter die Kaiser einordnete (XI 4). Die gleichen Zeitumstände prägten die Zukunftsvorstellungen von LACTANZ. Im 7. Buch seiner ›Divinae institutiones‹ sind die Endzeitprognosen der gesamten antiken Tradition zu einem *Finale tenebroso* vereinigt. Das Imperium und die Welt stünden im Greisenalter, die in den Plagen Ägyptens vorausgedeuteten Endzeitschrecken kündigten sich an, Roma werde sich in ῥύμη, „Sturz", verwandeln und vom Erdboden verschwinden. Fremde Völker würden das Reich zerreißen, ein König aus Asien die Welt unterjochen. Christus kehre zurück, beende die Wirren und stifte das tausendjährige Reich des irdischen Glücks. Es folge die Rebellion der Bösen und das endgültige Weltgericht. Lactanz betrachtete Rom als den Staat, der das grausige Ende noch aufhalte (Div. Inst. VII 15 und 25) und schöpfte unter Constantin wieder Hoffnung (s. u.).

Aus der constantinischen Zeit sind keine christlichen Untergangsprophezeiungen zu erwarten. Sie erwachten wieder mit dem Ende der Euphorie, als die innerkirchlichen Zwiste erneut aufbrachen. Die arianischen Tendenzen der Kaiser Constantius II. und Valens bedeuteten für die Vorkämpfer der Orthodoxie abermals eine Verfolgungssituation, aus der heraus das Bekenntnis des HILARIUS VON POITIERS aus dem Jahre 364 verständlich wird: *necesse est in ipsam nos aetatem Antichristi incidisse* (c. Aux. 5; PL. 10, 611).

In der Folgezeit lösten die Barbareneinfälle derartige Bemerkungen aus. Insbesondere der Einbruch der Goten und die Niederlage von Adrianopel 378 erschien den Späteren als der Anfang vom Ende: *quae pugna initium mali Romano imperio tunc et deinceps fuit,* schrieb RUFINUS (HE. XI 13). Dieses Erlebnis steht sodann hinter den pessimistischen Bekenntnissen des AMBROSIUS. 379 tröstete er sich über den Tod seines Bruders: *raptus est, ne totius orbis excidia, mundi finem ... videret* (PL. 16, 1356). Rom stehe im hohen Alter (ep. XVIII 7), das Weltende nahe (CCL. 14, 350), soziale Krankheiten gehen ihm voraus: *in occasu saeculi su-*

mus, praecedunt quaedam aegritudines mundi. Die Stämme der Völkerwandung stiften die im Neuen Testament angekündigten Endzeitwirren (CSEL. 32, 4 S. 458 f.), die Goten werden mit dem Volk Gog aus der Offenbarung Johannis gleichgesetzt (Fid. II 16, 137 f.).

In den Zwisten nach dem Tode des Theodosius 395 und den großen Germaneneinbrüchen nach Gallien und Italien verstärkten sich die apokalyptischen Stimmen in allen Reichsteilen. Aus Palästina ließ sich HIERONYMUS vernehmen: In seinem 396 verfaßten Brief an Heliodor beklagt er den Zusammenbruch der römischen Macht vor den Heeren der Barbaren: *Romanus orbis ruit et tamen cervix nostra erecta non flectitur.* Die Sünden der Römer stärkten die Barbaren (ep. 60, 15 ff.). Im Jahre 407 schrieb er, das vierte Reich der Prophezeiung Daniels sei das Imperium Romanum, wie an der fortschreitenden Schwächung zu sehen sei, jetzt brauche man schon die Hilfe der Barbaren, die in den aus Eisen und Ton gemischten Füßen des Kolosses vorgebildet seien. Der alles zerschmetternde Stein sei im Anrollen (Comm. Dan. II 40). Die Nachricht vom Fall Roms 410 erschütterte den Kirchenvater: *clarissimum terrarum omnium lumen exstinctum est, immo Romani imperii truncatum caput et ... in una urbe totus orbis interiit* (Comm. Ez. I pr.; VII pr.; ep. 126, 2; Zwierlein *1978*). Die Lage sei schlimmer als in den Tagen eines Brennus, Pyrrhus oder Hannibal. Seitdem Rom erobert wurde, sei nichts mehr sicher auf dieser Welt. Schuld daran sei nicht mangelnde Frömmigkeit der Kaiser, sondern die verräterische Politik des Halbbarbaren Stilicho, der die Feinde gegen Rom ausgerüstet habe (ep. 123, 16). Hieronymus machte seiner Trauer Luft durch die Verse, in denen Vergil (Aen. II 361 ff.) den Untergang Trojas beschrieb (ep. 127, 12). Rom, dessen Friedensherrschaft von den Propheten vorhergesagt, von Gott zur Erleichterung der Mission gestiftet wurde (Comm. Mich. I 4; PL. 25, 1188), sei zum Grabe der Römer geworden und mahne zur Abkehr von dieser Welt (ep. 130, 5), der Erdkreis breche zusammen, aber wir sündigten weiter (ep. 128, 5). Roms Unglück bezeichne das Ende aller Dinge (Coleiro *1957*).

Unter den Endzeitstimmungen aus Afrika ist die 397 verfaßte Schrift ›De cursu temporum‹ des HILARIANUS zu nennen (Frick *1892*, 153 ff.); der Autor glaubte, das tausendjährige Reich des Antichrist werde im Jahre 498 beginnen. Solcherlei Befürchtungen erhielten Auftrieb durch die Einnahme Roms durch Alarich, und mit ihnen setzte sich AUGUSTINUS, damals Bischof von Hippo, auseinander. Die Predigten 81, 105, 296, der ›*Sermo de Urbis excidio*‹ und Augustins Hauptwerk ›De Civitate Dei‹ befassen sich mit diesem Problem. Ganz im Sinne des Neuen Testaments verstand Augustin das irdische Leben der Christen als eine Pilgerschaft in der Fremde, als eine Prüfung für den Eingang ins himmlische Vaterland. Augustins Verhältnis zum Imperium Romanum läßt sich durch die Begriffe Zustimmung und Ablehnung nicht kennzeichnen, charakteristisch ist eine wohlwollende Distanz zu ihm (Fischer *1948*, 32–101; Maier *1955*, 43–68). Die Plünderung Roms sei eine Folge des Sittenverfalls (CD. I 33), eine Strafe für die Sünder und eine Mahnung für die Gerechten. Die Übel, die das Reich heimsuchten, seien angesichts seiner übermäßigen Größe kein Wunder (CD. III 10; IV 3). Wieviel glücklicher wäre die Welt, wenn von Anfang an die Völker in einer Vielzahl von Staaten friedlich nebeneinander gelebt hätten! (CD. IV 15). Augustin war Realist genug, um zu wissen, daß dies ein frommer Wunsch blieb. Er wußte, daß eben, weil die Nachbarn das Reich immer wieder bedroht hatten, sie allmählich unterworfen worden waren, und das war selbst für den Kirchenvater eine nicht unerfreuliche Notwendigkeit.

Zur Dekadenzfrage äußerte Augustin sich unterschiedlich. Da, wo er in apologetischer Absicht gegen die Heiden anging, bestritt er, daß die eigene Zeit größere Übel als frühere Jahrhunderte durchzumachen hätte. Aus der älteren Geschichtsliteratur, besonders aus Sallust, sammelte er Unglücksfälle, aus denen er beweisen wollte, daß derartiges einfach Menschenlos sei und kein Charakteristikum der christlichen Zeiten (CD. III 29). Da wo sich Augustin jedoch in seelsorgender Absicht an die Christen wandte, gab er die Vermehrung der Übel zu, bestritt jedoch, daß dies ein Grund zur Verzweiflung sei: Einerseits könne Gott dem Reich in seiner gegenwärtigen Bedrängnis ebenso aufhelfen, wie er dies früher mehrfach getan habe (CD. IV 7), andererseits sei im Greisenalter der Welt nichts anderes zu erwarten. Der Untergang im Feuer stehe ohnedies bevor, und vor dem Tode kämen die Krankheiten. Dem Christen könne dies jedoch nichts anhaben, denn er werde durch Christus zu neuem, ewigem Leben verjüngt (Sermo 81, 8 f.). Eine prägnante Zusammenfassung liefert die von Morin (*1930*, 401 ff.) publizierte Predigt Augustins vom 29. Juni 411. *Ecce temporibus christianis Roma affligitur* (S. 407): vor dem Weltende erscheinen die in der Bibel angekündigten Schrekken. Sie sind nicht neu, seit Adam leidet der Mensch (vgl. S. 273), aber wenn sie sich nun steigern, könne das den Christen nicht anfechten, sein Schatz liege im Himmel. *Quod custodit Christus, numquid tollit Gothus?* (S. 409).

Konkreter wird die eigene Zeit durch Augustins Periodenschemata bestimmt. Unter Berufung auf den Daniel-Kommentar des Hieronymus übernahm er (CD. XX 23) die Lehre der vier Weltreiche, deren letztes das römische sei. Das Imperium Romanum erschien auch ihm als jene im 2. Thessalonicher-Brief (2, 7) angedeutete Macht, die den Antichrist noch fernhalte (CD. XX 19). Daneben steht ein zweites Periodenmodell. Analog zur Schöpfungswoche gliederte Augustin die Geschichte in sieben Abschnitte, wobei er die Gegenwart in den sechsten verlegte. Der siebente Tag, der Weltensabbat, bezeichne das Reich Gottes, das nun keinen weiteren Abend mehr kenne. Augustins Rede von einem *regnum sine fine* (vgl. CD. II 29) ist eine polemische Anspielung auf Vergils *imperium sine fine* (II. 1. a!) und überträgt die Merkmale des irdischen Römerreiches auf das himmlische Gottesreich. Im Gegensatz zu früheren Konzeptionen gab Augustin die starre Gleichsetzung der einzelnen Weltentage mit einem Jahrtausend auf und entzog damit den Kalkulationen über das Ende die Berechnungsgrundlage (CD. XXII 30). Die Gründe für Augustins Zurückhaltung sind zum einen die biblischen Zeugnisse dafür, daß niemand von dem Tage und der Stunde wisse, auch die Engel nicht im Himmel (Matth. 24, 36 u. 42 ff; 1. Thess. 5, 1 f.), und zum anderen die eingetretenen Fehlprognosen (ep. 199; CCL. *38*, 27 ff.; *39*, 1290 ff.). Mit einer solchen Abwehr von Zukunftsspekulationen wandte sich Augustinus zugleich gegen eine Voraussage, die zwar Petrus zugeschrieben, aber von heidnischer Seite verbreitet wurde. Es handelt sich um griechische Versorakel in der Art der Sibyllinen, in denen dem Christentum eine begrenzte Dauer, nämlich die von 365 Jahren zuerkannt wurde. Sie zu widerlegen, fiel dem Kirchenvater nicht schwer, denn die Frist war damals, gleichgültig wie man sie beginnen ließ, bereits verstrichen (CD. 18, 53). Immerhin stellte Augustin die Ansicht, das Weltende sei nahe, nicht grundsätzlich in Abrede. Die Übel der Zeit waren auch ihm Endzeitsignale: *signa ergo evangelica et prophetica, quae in nobis completa sunt, adventum domini manifestant* (ep. 198). Von daher könnte das ihm zugeschriebene Epigramm *Roma labore vigil fregit Carthaginis arces: / desidia interiit Roma subinde cito* (bei Kytzler 276) durchaus von ihm stammen.

Im Jahre 429 erschienen die arianischen Vandalen in Afrika und bedrohten die Einwohner als Römer und als Katholiken. Deren Stimmung spiegelt der dem Bischof von Karthago QUODVULTDEUS zugeschriebene Traktat ›De tempore barbarico‹.[5] Der Jammer der Zeit wird als Strafe Gottes den Sünden der Bedrängten angelastet: *neminem persequitur deus, si ipse se non persequatur homo.* Die Römer vernachlässigten ihre Pflichten gegen Gott wie gegen das Reich: *nec fortiter pugnare pro patria, nec disciplinas ac regulas magistri servare contendimus* (7). Gegen die Forderung der Heiden, man müsse eben opfern, wird das Unglück der vorchristlichen Zeit geltend gemacht (3). Der Autor teilt die Auffassung Augustins, daß die irdischen Geschicke allezeit ungewiß seien: *amaram potionem mundus suis dilectoribus propinavit.* Das Gesetz der Politik heiße: Die großen Fische fressen die kleinen: *in isto mari positum piscis te grandior devoravit. expecta paululum: venit amplior, qui devorantem devoret* (Polyb. XV 20, 3). Auch die Peitsche nutze sich beim Peitschen ab: *flagellum flagellando conteritur* (8). Quodvultdeus sah sich inmitten der *ruina mundi,* vernahm die siebente Posaune der Offenbarung, *omnia perierunt* (9 f.). Die Wirkung des Vandaleneinbruchs auf das Zeitgefühl der Nordafrikaner spiegelt sich in der Vorstellung, Geiserich sei der Antichrist (Courcelle *1964*, 188).

Ebenfalls aus Afrika stammt der ungenannte Verfasser des ›Liber de promissionibus‹, das früh PROSPER VON AQUITANIEN zugeschrieben wurde (PL. 51, 733 ff.). Der Autor schrieb um 450 und suchte zu beweisen, daß, so wie alle Voraussagen der Bibel bisher eingetroffen seien, nun auch das Weltende nahe. Gog und Magog seien Goten und Mauren, als Antichrist wird nicht Geiserich, sondern ein neuer Nero genannt, Vergils *imperium sine fine* sei das Gottesreich (845; 848; 855). Zur Unterstützung seiner Ansicht wird der auf Hermes Trismegistus

[5] Morin *1917*, 200 ff. Der Titel steht so in der Weißenburger Handschrift in Wolfenbüttel. *Tempus barbaricum* ist, anders als *tempus Christianum* (bei den Kirchenvätern für die Zeit seit Christi Geburt üblich), keine Epochenbezeichnung für die nachrömische Zeit, sondern bedeutet einfach die „Zeit unter barbarischer Herrschaft" oder gar nur „Kriegszeit", ohne daß eine Annahme über Dauer und Wesen der Zeit damit gemeint sein müßte, vgl. Tjäder *1955*, 444.

zurückgeführte ›Asclepius‹ (c. 24) zitiert (II. 1.a!), der den Untergang ankündigt (PL 51, 835; vgl. Kroll *1928*).

So wie Afrika wurde auch Gallien durch die Germanenkriege in besonderem Maße heimgesucht. Die dortigen Untergangsstimmen beginnen mit Martin von Tours (†397) und seinem Biographen SULPICIUS SEVERUS (†um 420). Beide glaubten, der Antichrist sei schon geboren (VM. 24, 3; dial. II 14, 3 f.; van Andel *1976*, 139 f.). Die Gegenwart erscheint rettungslos verdorben: *ut est nostrorum aetas temporum, quibus iam depravata omnia adque corrupta sunt* (VM. 20, 1). Sulpicius wandte das klassische Dekadenzmodell auf die Christen an, indem er meinte, während der Verfolgungen seien sie stark im Glauben gewesen, seit ihrer Begünstigung durch Constantin jedoch zunehmend verweltlicht und dem Laster verfallen. Die Kirchenkämpfe bewiesen ihm die unchristliche Streitsucht des Klerus, dessen moralisches Versagen hart angeprangert und dem Bekennermut von Hilarius und Martin, den letzten Mahnern, gegenübergestellt wird. Analog zu den zehn ägyptischen Plagen erwartete der Autor eine zehnte Christenverfolgung unter einem neuen Nero und danach das Ende. In seiner Weltchronik (II 3) interpretierte er die Vision Daniels vom Koloß auf tönernen Füßen auf eindrucksvolle Weise: das unvereinbare Eisen-Ton-Gemisch beweise, daß das Imperium geteilt werden müsse, so wie die Kaiser tatsächlich immer zu mehreren aufträten und sich wechselseitig überzögen. So würde das Reich von fremden Völkern oder einheimischen Rebellen besetzt, bis der alles zertrümmernde Stein, nämlich Christus, dem ein Ende setze (CSEL. I 58 f.).

Mit der Einwanderung der Germanen 406/407 verstärkte sich die Niedergangsstimmung in Gallien. *Uno fumavit Gallia tota rogo* schrieb ORIENTIUS in seinem ›Commonitorium‹ (II 184; CSEL. 16, 191 ff.). Die Nöte werden ausführlich beschrieben (v. 163–185) und als *labentis funera mundi* gedeutet (v. 185; 211). Alles Menschenwerk sei vergänglich, die letzte Stunde der altersgrauen Welt habe geschlagen (v. 163 f.; 207). Gleichartig im Tenor ist das ›Epigramma‹ des PAULINUS von Beziers aus dem Jahre 408 (CSEL. 16, 499 ff.). Die Barbaren bringen das *excidium orbis* (v. 9; 38). Christen und Römer finden ihre Strafe für die im einzelnen geschilderten Laster, sie selbst sind schuld am Unglück: *nos causa sumus* (v. 39; 47 ff.; 80). Zehn Jahre nach dem großen Germanen-Einbruch von 407 ist das zu Unrecht PROSPER zugeschriebene ›Carmen de Providentia Divina‹ (PL. 51, 617–638) verfaßt. Einleitend gibt es eine grausige Schilderung der Zeitnöte, die Hoch und Niedrig, Heiden und Christen, Gute und Böse getroffen haben. Dieser Zustand habe die Frage nach Gottes Gerechtigkeit aufgeworfen. Der Verfasser beantworte sie mit der Vergänglichkeit alles Gewordenen und einem Preis auf Gottes Allmacht. Gott als Arzt respektiere den Schmerz des Kranken nicht, wenn er das Geschwür kuriert (v. 884 f.). Das Weltende sei nah (479 ff.), aber die Heiligen werden im Gericht trimphieren (824).

Aus der Jahrhundertmitte stammen die Endzeiterwartungen des VINCENTIUS von Lerinum (Commonitorium I pr.) und des SALVIANUS von Massilia (De Gubernatione Dei), mit dem die pessimistische Zeitströmung ihren Tiefpunkt erreichte. Salvian griff die Mißstände im Reich und die Sittenlosigkeit der römischen Christen rücksichtslos an und stellte ihnen die rohen, aber unverdorbenen Germanen gegenüber. Die Willkür der Beamten und der Eigennutz der Reichen richteten die Bevölkerung zugrunde (IV 21; 31). Das gegenwärtige Unglück sei Gottes Strafe an den Römern, die nur noch ihren Lebensgenuß im Auge hätten. Das Volk amüsiere sich im Theater, während die Feinde die Provinzen verheerten. Rom stirbt und lacht, wie vom sardonischen Kraut vergiftet (VII 6). Wenn es den Römern in der heidnischen Zeit besser ergangen sei als jetzt – erstaunlich, daß ein Kirchenvater dies zugibt – so deswegen, weil angesichts der Kenntnis von Gottes Gebot Roms Sünde nun doppelt schwer wiege und desto strengere Strafe verdiene (VII 1, 1 f.). Es gehe mit Rom zuende: *Romana res publica vel iam mortua vel certe extremum spiritum agens* (IV 30). Im gleichen Maß wie die Römer sänken, stiegen die Germanen (VII 49). Ob Salvian damit eine nachrömisch-germanische Zukunft gemeint hat, ist nicht klar. Vermutlich sind die Germanen nicht als Erben Roms, sondern als apokalyptische Reiter gedacht.

So jedenfalls sah sie COMMODIAN, dessen ›Carmen apologeticum‹ von Courcelle (*1964,* 319 ff.) überzeugend in die Zeit nach Salvian datiert wird. Commodian steht unter dem Eindruck einer Naherwartung. Die Goten unter ihrem König Apollyon brechen ins Reich ein, erobern Rom und schicken den heidnischen Senat unters Joch, während sie die Christen als Freunde begrüßen (810 ff.). Das erinnert sehr an Alarich. Nun aber erscheine aus dem Osten der Antichrist in der Gestalt des neuen Nero, wie ihn die Sibyllinen weissagten. Der Senat verehre Nero als Gott (827 ff.), dabei denken wir an die senatorischen Nero-Kontorniaten.[6] Nach dreieinhalb Jahren machen die drei Reiter ein Ende (910), Rom brennt auf, *luget in aeternum, quae se iactabat aeterna* (923).

Nachdem Odoakar 476 Romulus Augustulus abgesetzt hatte, ließ sich das in den Zusammenhang der eschatologischen Vorzeichen einordnen. Vor diesem Hintergrund ist die früheste Notiz des epochalen Ereignisses zu verstehen. Sie steht in der ›Vita Sancti Severini‹ des EUGIPPIUS (c. 20; Lotter *1968,* 314 ff.; 1971, 274), der damit das Ende des *Imperium Romanum* (ohne die später im Osten übliche Einschränkung auf das *Imperium Romanum occidentale*) ansetzt. Entsprechend drastisch ist in der Chronik des PROSPER von Aquitanien zu 476 von *inopinata rei publicae naufragia* die Rede (Chron. min. I 309). Der Glossator der Kopenhagener Fortsetzung Prospers hat diese Notiz ausgeführt: *interque mala et inopinata rei publicae naufragia, dum sese interius Romanae vires perimunt, externae gentes, quae simulata amicitia Romano iuri suberant, adversum eum consurgunt* (a.O.). Damit ist zugleich eine in der Neuzeit vielfach übernommene Erklärung gegeben: die feindseligen Gegensätze innerhalb des Reiches boten den Barbaren die Möglichkeit, sich gegen Rom zu erheben. Der „Untergang" des Römischen Reichs erscheint bereits in der zeitgenössischen Literatur in der später so verbreiteten Metaphorik (II. 5. a!).

---

[6] Geffcken *1899; 1901; 1920;* A. Alföldi, Die Kontorniat-Medaillons, *1976,* 36 ff.

Der Naherwartung des Weltgerichts mit seinen Schrecken steht ein anderes Zeitverständnis gegenüber: die christianisierte Romideologie, deren Zeugnisse Ernst von Lasaulx (*1860/1925*, 226 ff.) zusammengestellt und Adolf von Harnack (*1902/24*, 274 ff.) neu interpretiert hat. Erik Peterson (*1951*, 104 f.) nennt sie, in Anlehnung an Carl Schmitt, „politische Theologie". Diese Romtheologie hat ihrerseits biblische Wurzeln in der romfreundlichen Haltung des Paulus (Röm. 13; 1. Timotheus 2, 1 f.) und insbesondere in der Weihnachtsgeschichte, wo als Anlaß für die legendäre Wanderung von Joseph und Maria nach Bethlehem der angebliche Reichszensus unter Augustus, die Quirinius-Schätzung genannt wird (Ev. Luc. 2, 1 f.). Auf dieser Grundlage konnte sich eine Auffassung entwickeln, die Christentum und Reich nicht als unversöhnliche Gegner, sondern als Elemente einer und derselben göttlichen Weltordnung ansah (Instinsky *1963*). Melito von Sardeis schrieb an Marc Aurel, daß die Erscheinung Christi unter Augustus nicht zufällig sei. Gott habe vielmehr dadurch dem Reich die seitdem genossene Wohlfahrt beschert (Eus. HE. IV 33). Die Annahme einer providentiellen Gleichzeitigkeit zwischen Augustus, der den irdischen Frieden gebracht hat, und Jesus, dem Stifter des himmlischen Friedens, ist das Kernstück der sogenannten Augustustheologie, die das christliche Geschichtsdenken zunehmend beherrschte. Die Zweckrichtung wechselte: den Christen gegenüber konnte man auf die *Pax Romana* verweisen, um sie mit dem Staat zu versöhnen; den Kaisern gegenüber konnte man einen Zusammenhang herstellen zwischen dem Wohlergehen des Reiches und der Ausbreitung des Christentums. Die Interessengemeinschaft zwischen dem Reich und dem Christentum wurde im mittleren 3. Jahrhundert namentlich von Origenes propagiert, der alttestamentarische Prophezeiungen zum Messiasreich (Ps. 72, 7) auf den Kaiserfrieden bezog und die zunehmende Befriedung der Welt als Vorbereitung der Erscheinung Christi begriff. Die Vereinigung der Welt unter eine einzige Herrschaft habe die Ausbreitung des Evangeliums ermöglicht (c. Cels. II 30; Comm. ser. 37, GCS. 38, 69). Zugleich unterstrich Origenes, daß die monotheistische Lehre Christi dem monokratischen Imperium angemessener sei als der überkommene Polytheismus und daß die Kaiser erst recht unbezwinglich seien, wenn, durch ihre Gebete bewogen, Gott selbst für sie streite (c. Cels. VIII 70 ff.).

Diese romfreundliche Theologie besaß einen Anhaltspunkt in der apokalyptischen Tradition, jenes schon mehrfach erwähnte Wort des Paulus (2. Thess. 2, 7) über eine Macht, die das Weltende noch „aufhalte". Mit dieser Macht wurde früh das römische Reich gleichgesetzt (Kötting *1958*, 133). Indem somit das Imperium die Schrecken der Endzeit hinauszuzögern schien, beteten gemäß Tertullian (Apol. 32, 1; Scap. II 6) die Christen für Kaiser und Reich. In der apologetischen Literatur bemühten sich die Kirchenväter darum, zu zeigen, daß ein christliches Bekenntnis mit den Pflichten eines loyalen Reichsangehörigen vereinbar und mit der Verbreitung des neuen Glaubens keineswegs ein Niedergang des Reiches verbunden sei. Unglücksfälle und Barbarenkriege habe es immer schon, nicht erst in christlicher Zeit gegeben, so um 300 Arnobius (Adv. Nat. I 3–6). In solchen Bestrebungen um Anerkennung liegen Voraussetzungen für die constantinische Wende.

Constantins Religionswechsel läßt sich begreifen, wenn wir außer seinen fraglos wirksamen persönlichen Sympathien gegenüber dem Christentum sein politisches Kalkül in Rechnung stellen: Der Alleingeltungsanspruch der Orthodoxie, der Monotheismus und die Verbreitung der Christen boten die Chance einer religiösen Vereinheitlichung unter der kaiserlichen Gewalt. Die Verpflichtung der Christen zum Kriegsdienst durch die Synode von Arles 306 und die Erfahrung an der Milvischen Brücke 312 vollendeten den Umschwung: das Christogramm auf den Schilden einer heidnischen Armee hatte bewiesen, wer der stärkere Gott war. Später wurde das Labarum mit dem Christogramm das Feldzeichen des Kaisers, sein Sieg über Licinius bestätigte den neuen Schlachtengott. Usurpatoren wie Magnentius und Vetranio haben daraus gelernt und sich dieser magischen Hilfe versichern wollen; die Kaiser Constantius und Theodosius erfochten ihre Siege im Gebetszelt.

Constantins Sieg bedeutete für das Zeitverständnis der Christen einen Aufschwung der Zuversicht. Selbst LACTANZ bekannte, die göttliche Gnade offenbare sich im Triumph des Kaisers (mort. pers. 52), mit ihm sei das goldene Zeitalter wiedergekehrt (Div. Inst. V 6, 13; 7, 1). CONSTANTIN hat seine Geschichtsvorstellung in seiner vermutlich 323 gehaltenen Karfreitagsrede ›An die Versammlung der Heiligen‹ formuliert (Benko *1980*, 671 f.). Euseb überliefert sie im Anschluß an seine Lebensbeschreibung des Kaisers (c. 18–20). Constantin erklärte damals, bereits die erythräische Sibylle habe Jesus vorausgesagt und Vergil in der 4. Ecloge die Geburt des Erlösers prophezeit. Der Kaiser war sich darüber klar, daß die zitierte Form des Sibyllenspruches von den gebildeten Heiden – mit Recht übrigens – für eine christliche Fälschung gehalten wurde, und polemisierte dagegen. Und auch der Vergiltext wurde in einer frisierten Fassung vorgetragen. Constantin wollte das christliche mit dem römischen Geschichtsbild versöhnen, indem er heidnische Zeugnisse als Voraussagen auf Jesus deutete und das Christentum in der römischen Tradition verankerte.

Ihre kanonische Fassung hat die Romtheologie durch Constantins Hofideologen EUSEBIOS VON CAESAREA erhalten. In seiner Festrede zum dreißigjährigen Regierungsjubiläum Constantins im Jahre 335 und in der *Vita* des Kaisers lieferte er seine Deutung der Gegenwart. So wie in der Romideologie das Imperium als Erfüllung der bei Vergil formulierten Prophezeiung aus der Aeneas-Zeit legitimiert wurde, so rechtfertigte Euseb es, ähnlich wie sein Lehrer Origenes, durch die Behauptung, die alttestamentarischen Prophezeiungen des Messiasreiches, die ja teilweise stark politische Züge trugen, seien im Römerreich erfüllt worden. Die Unterwerfung der Völker unter Rom deutete er als Überwindung der Volksgötter, so daß das Imperium bereits unter Augustus dem Monotheismus vorgearbeitet habe und Constantin mit seiner Bekehrung keinen Bruch mit der Vergangenheit, sondern eine logische Konsequenz aus ihr vollzog (Demonstr. III 2, 37; 7, 30–35; VII 2, 22; 3, 14).

Eusebios war überzeugt, daß mit dem Religionswechsel Constantins eine neue, glückliche Zeit für das Imperium Romanum angebrochen sei. Constantin erschien ihm ein zweiter Moses, der das Gottesvolk aus dem Lande der Bedrükkung herausgeführt habe. Der gottgeliebte Kaiser, der an Tugend, Macht und Frömmigkeit alle seine Vorgänger übertreffe, regiere den Erdkreis im Auftrage Gottes und verbreite den wahren Glauben unter den Völkern.[7] In der Ostkirche wurde Constantin zum Heiligen erhoben, sein Ansehen in der frühmittelalterlichen Welt spricht aus den Akklamationen *novus Constantinus* für Marcian, Chlodwig, Karl den Großen und andere (Ewig *1956/76*). In der späteren griechischen Theologie blieb diese Auffassung lebendig. GREGOR VON NAZIANZ betonte in seiner Auseinandersetzung mit Julian, ein Versuch, das Heidentum wiederherzustellen, untergrabe das Imperium Romanum, das im christlichen Glauben seine stärkste Stütze finde und mit ihm eine neue, wunderbare Philosophie gewonnen habe, so daß die glückliche Gegenwart in ein goldenes Zeitalter getreten sei (contra Jul. I 74; PG. 35, 600).

Die eusebianische Konzeption des Imperium Romanum Christianum hat nicht nur das Selbstverständnis der christlichen Kaiser geprägt, sondern bestimmte auch die Geschichtsauffassung der hofnahen Theologie. Bei AMBROSIUS läßt sich zeigen, daß dann, wenn es ihm um die Zustimmung des Kaisers geht, die apokalyptischen Töne in den Hintergrund treten und die positivere Stimmung dominiert. So wie Constantin war Ambrosius davon überzeugt, daß die Wohlfahrt und das Kriegsglück des Reiches vom rechten Glauben abhingen: *fides servat imperium* (ep. XVIII 33; de fide II 139 ff.). Die Bekämpfung der Irrlehren wird dem Reich zur Pflicht gemacht (Palanque *1933*, 355 ff.). Ambrosius übernahm die Augustus-Theologie (334), er sah im römischen Reich die bis zum Weltende gültige Ordnung auf Erden (335), akzeptierte die Monarchie als Staatsform und die bestehende Gesellschaftsordnung (336 ff., 344 ff.) und erwies sich gegenüber den Barbaren als Patriot: östliche wie nördliche Barbaren schienen ihm unfähig zur Humanität, sie verdienten Mißtrauen, ja Haß. Vor Mischehen zwischen Römern und Barbaren warnte der Kirchenvater; den Krieg gegen sie, wie den Verteidigungs- oder Rachekrieg überhaupt, legitimierte er durch Hinweis auf das Alte Testament: die Kriege des auserwählten Volkes, damals die Juden, heute die Römer, schienen ihm gottgefällig (331 ff.). Rechtfertigte er damit den bestehenden Zustand, so ging er in der Auseinandersetzung mit Symmachus noch einen Schritt weiter, indem er die Ausbreitung des Christentums in einen universalhistorischen Fortschrittsprozeß einbettete. In Anlehnung an die griechischen Kulturentstehungslehren beschrieb Ambrosius die Geschichte als *profectus in melius* auf allen Gebieten und sah darin einen Beweis für die Überlegenheit des neuen Glaubens über den alten (ep. XVIII 23–30). Zwar räumte der Kirchenvater den unberechenbaren Wechsel des Glücks auf der Ebene der Tagespolitik ein,

[7] Vita Constantini I 1–12; Tric. pass.; Farina *1966;* Straub *1939*, 113–129; Peterson *1951*, 87–94.

aber das änderte für ihn nichts an der großen aufsteigenden Linie (Demandt *1972*, 48 f.).

Zu den entschiedenen Vorkämpfern der Romtheologie gehört sodann der spanische Dichter PRUDENTIUS aus der Zeit um 400. In seinem Gedicht gegen Symmachus (I 312–334) übernahm er den Fortschrittsgedanken des Ambrosius. Analog zu den Lebensaltern des Einzelmenschen bewies Prudentius die Progressivität der jeweils jüngsten Religion und damit die des Christentums (I 362–369). Er beschrieb die politische Einigung der Kulturvölker durch Augustus als Werk Gottes, der damit die christliche Mission habe ermöglichen wollen (I 287–290; II 587–634). Rom habe die Aufgabe, die Völker für Christus zu einigen, Widerstand von ihrer Seite sei Aufruhr gegen Gottes Willen. In warmen Worten wird die *pax Romana* gepriesen (II 634–640; Peristeph. II 425 ff.), trotz ihres Alters erklärt sich Roma in Christus wiedergeboren: *senium omne renascens deposui* (c. Symm. II 656 f.), eine zweite Lebenszeit sei ihr beschieden, und an das Ende sei gar nicht zu denken (II 660). Prudentius glaubte, die Liebe Christi werde Rom schützen, er griff die Weissagung Juppiters aus Vergils Aeneis (I 278 f.) auf und sah, anders als nach ihm Augustinus, das *imperium sine fine* im christlichen Reich des Theodosius erfüllt (I 541–543). Der Kaiser regiere im Auftrage Christi die Welt (II 759 f.), mithin auch die Barbaren, die Prudentius als kulturstolzer Römer mit den Vierfüßlern auf eine Stufe stellte, auf der außerdem die Nichtkatholiken stünden (II 816–819). Sogar der Himmel wird romanisiert, indem Prudentius den römischen Märtyrer Laurentius, zum himmlischen Consul erwählt, im edelsteinblitzenden Ornat thronen sieht, um als Träger einer göttlichen Amtsgewalt die Bitten der Quiriten zu erfüllen (Peristeph. II 557 ff.). *Romanitas* und *Christianitas* sind nirgends so eng verbunden wie bei Prudentius.

Die von den genannten Autoren entwickelte Romtheologie ist von dem spanischen Schüler Augustins OROSIUS zur Grundlage einer Welthistorie gemacht worden (Schöndorf *1952;* Lippold *1969*). In den Jahren 416–418 entwickelte er ein universales Geschichtsbild, das schon im Titel seine polemische Absicht verrät: ›Historiarum adversum paganos libri septem‹. Orosius bekämpfte die Ansicht, daß das Christentum am Niedergang des Reiches schuld sei, indem er behauptete, eine Dekadenz liege überhaupt nicht vor. Was seinen apokalyptisch gestimmten Glaubensgenossen als Zeichen des bevorstehenden Endes erschien, das erachtete er als harmlos, gemessen an den früheren Zeiten. Mit Sorgfalt sammelte er aus den alten Schriften alle Unglücksgeschichten und kam so wie vor ihm Ambrosius (s. o.) zu dem Ergebnis, daß kein Abstieg, sondern ein Aufstieg zu beobachten sei. Die erste Stufe fand er im Friedensreich des Augustus, in das nicht zufällig die Geburt Jesu falle. Gott habe um einer Ausbreitung des Glaubens willen der Welt damals die *pax Augusta* geschenkt (VI 22). Die damit einsetzenden *tempora Christiana* seien durch ein höheres irdisches Glück gekennzeichnet. Die zweite Stufe ist für ihn die Christianisierung des Reiches durch Constantin und Theodosius, unter denen auch die Barbaren mit dem wahren Glauben bekannt geworden seien. Dadurch, daß die Hunnen, Sweben, Vandalen und Burgunder ins Reich einströmten, lernten sie den katholischen Glauben kennen, und das allein beweise schon Gottes Milde (VII 41, 8). Als ein Zeichen göttlicher Gnade sei weiter zu verstehen, daß Rom 410 durch den Christen Alarich und nicht etwa durch einen heidnischen Germanen eingenommen worden sei (VII 37 ff.). Soweit die christliche Überlieferung nicht apologetisch gefärbt ist, hat sie das Ausmaß des Unglücks sehr wohl betont (Socrates HE. VII 10; Proc. BV. I 2). Die Einwände der Heiden gegen die Segnungen des christlichen Zeitalters werden mit akrobatischer Dialektik wegdisputiert (Herzog *1980*). Orosius hielt die Barbaren für zivilisierbar, glaubte aber nicht, daß sie die römische Herrschaft auf- und ablösen würden (III 20). Wie alle Zeitgenossen war er außerstande, eine prinzipelle Alternative zum römischen Reich als Ordnung auf Erden zu denken, und begründete das mit dem kanonischen Schema der vier Weltreiche. Dies gewann bei Orosius einen theoretischen Abschluß durch den Gedanken, die Reiche den vier Himmelsrichtungen zuzuordnen. Orosius verlegte das babylonische Reich in den Osten, das karthagische in den Süden, das makedonische in den Norden und das römische in den Westen, so daß ein weiteres gar keinen Platz mehr hatte (II 1, 5). Das römische Reich sei das letzte (II 1, 6; VII 2, 2), nach ihm komme das Weltgericht. Orosius scheint es so bald noch nicht erwartet zu haben.

Diese hoffnungsvolle Perspektive ist in der christlichen Literatur fortgesetzt worden. Hierfür sei der Brief des Nilus von Ancyra (um 430) an den Rhetor Apollodorus (I 75) genannt, in dem die Barbareneinfälle auf die Verstockung der Heiden zurückgeführt werden (PG. 79, 116), die Bemerkung des Sozomenos aus der Zeit kurz vor 450, daß die sicherste Stütze des Reiches die Frömmigkeit der Kaiser sei (HE. IX 1, 2) oder die 84. Predigt Leos d. Gr. aus der Mitte des 5. Jahrhunderts, in der das Volk dafür getadelt wird, am Jahrestag der Befreiung Roms von Alarich im Zirkus zu sitzen, anstatt Petrus für seine Hilfe gegen die Barbaren zu danken. Die Heiligen, nicht die Dämonen oder die Sterne, wie die Unfrommen meinten, hätten Rom errettet (PL. 54, 434; Morin *1933*). Wenn sich alle zum wahren Glauben bekennen, dann muß das Imperium wohl halten. Auf dem Türsturz zum Eingang der Manastirine-Kirche in Salona (5. Jahrhundert) liest der Besucher die Inschrift:

DEUS NOSTER	PROPITIUS ESTO
REI PUBLICAE	ROMANAE

II. 1.c. Zusammenfassung der spätantiken Stimmen

Das historische Selbstverständnis der Spätantike ist geprägt durch zwei sich kreuzende Widersprüche. Zum ersten stehen sich heidnische und christliche Stimmen gegenüber, zum zweiten können wir pessimistische und optimistische Urteile unterscheiden. Die Äußerungen altgläubiger Autoren setzen in größerer Zahl erst mit der Zeit Julians ein und lassen sich durch das ganze 5. Jahrhundert verfolgen. Ihre Denkformen sind einerseits durch die klassische Historiographie, andererseits durch eine neuplatonische Weltsicht beeinflußt. Die Stimmen der Christen erheben sich bereits in constantinischer Zeit. Sie fußen auf der biblischen Tradition und betrachten die heidnische Literatur als eine fremde Sache. Man eignet sich an, was man braucht, so wie die ausziehenden Israeliten die Tempelschätze der Ägypter haben mitgehen lassen. In beiden Gruppen überwiegen die lateinischen Texte die griechischen.

Obschon die Zeitvorstellungen nicht durch unmittelbare Erfahrungen, sondern durch religiöse Bekenntnisse geformt sind, lassen diese dem Einzelnen doch jeweils einen beträchtlichen Spielraum. Die Differenzen innerhalb der gleichen Tradition sind größer als jene zwischen gleichgestimmten Autoren verschiedener Glaubensrichtung. Je nach Temperament und Situation bedient man sich der Deutungsmuster, die aus der Vergangenheit fertig überliefert werden und bloß noch mit Erfahrung angereichert werden müssen.

Vier Schemata sind von besonderer Bedeutung. In der altgläubigen Literatur spielt das klassische *Dekadenzmodell* eine wichtige Rolle. Der Gedanke, daß Erfolge korrumpieren, ist früh aus der griechischen in die lateinische Historiographie übernommen worden und dient der moralisierenden Geschichtsbetrachtung bis in die ausgehende Spätantike als Erklärungshilfe. Im Kontrast hierzu verkündet die seit der augusteischen Zeit bekannte *Romideologie* Hoffnung auf die Ewigkeit des Imperiums als der unersetzlichen Schutzmacht der menschlichen Gesittung überhaupt. Diese Ansicht scheint zu überwiegen. Alle altgläubigen Autoren sind vom Stolz auf Roms historische Größe durchdrungen, keiner zeigt auch nur Ansätze zu jenen grundsätzlichen Zweifeln, die uns bei Augustinus begegnet sind. Die optimistischen Stimmen verdichten sich in der stabileren Frühphase und im Umkreis offizieller Verlautbarungen. Im Verlaufe der Auflösung des Reiches verdüstert sich die Aussicht, sofern sie ihr Licht nicht durch die Kaisernähe empfängt. Eine völlige Verzweiflung begegnet indessen nirgends, kein altgläubiger Autor hat das Imperium endgültig verabschiedet, so wie das Salvian dann tat. Die kaiserlichen Münzlegenden verkünden weiterhin Ruhm und Sieg, Glück und Ewigkeit Roms, und diese Propagandaformeln scheinen Ausdruck einer verbreiteten Hoffnung gewesen zu sein. Die Gründe für sie liegen gewiß überwiegend in einem quasireligiösen Glauben an Roms Schicksalsmacht. Daneben sind jedoch auch die rationalen Motive nicht zu unterschätzen. Eine tausendjährige Institution gibt sich so leicht nicht auf. Je zahlreicher ihre Existenzkrisen werden, desto glaubhafter wird die Annahme ihrer Überlebensfähigkeit. Schließlich hatte Rom niemals eine solche Kette von Siegen über die Germanen aufzuweisen wie in der Zeit zwischen Diocletian und Aetius.

Bei den Christen drückt sich Pessimismus in Vorstellungen eschatologischer *Apokalyptik* aus. Zumal in Zeiten der Verfolgung verbreitet, treten sie mit Constantin zurück, um mit beginnender Völkerwanderung wieder die Gemüter zu bewegen. Die Erwartung des nahen Weltendes ist seit Adrianopel die Grundstimmung des christlichen Zeitgefühls. Es fand Ausdruck in der auch bei Heiden beliebten Metapher der *Roma senescens,* der *senectus mundi.* Die zuversichtlichen Christen hingegen huldigten der *Romtheologie,* die im Anschluß an Origenes von Euseb entwickelt wurde und bis ins frühe 5. Jahrhundert vielfach nachzuweisen ist. Das Imperium erscheint als gottgewollte Friedensordnung, der Kaiser als Vertreter Gottes und die Christianisierung als Beweis eines irdischen Fortschritts. Die entgegenstehenden Kalamitäten wurden weginterpretiert: die Niederlage bei Adrianopel wurde als Strafe für den Arianismus des Valens ausgelegt, der Sturz Stilichos erschien als Befreiung von einer barbarischen Fremdherrschaft, die Eroberung Roms durch Alarich war eine milde Mahnung Gottes an die Römer zur Besserung. Der Einbruch der Barbaren nützt diesen, da sie bekehrt werden können, und hilft den Römern, indem sie den Unwert alles Irdischen einsehen (Hanson *1972,* 275 f.).

Das heidnische Argument, die Abkehr von den alten Göttern sei schuld am Niedergang, wurde einfach umgedreht. Kaiser Theodosius II. begründete den erneuten Ausschluß aller Nichtkatholiken aus dem Staatsdienst 438 damit, daß der Himmel grolle: Frühling, Sommer und Winter seien gestört und plagten die Menschen, weil der falsche Gottesdienst die Natur aus dem Gleichgewicht bringe (CTh, Nov. Theod. III 8). Die Kunst der Interpretation bestand schon damals darin, die historische Erfahrung nach vorgegebenen Denkmustern zurechtzuschneiden und dadurch als deren Bestätigung hinzustellen. Dies konnte im einzelnen nicht mißlingen, da es im großen geglückt ist: die ausgebliebene Wiederkehr Christi hat kaum jemanden am Glauben irre gemacht. Porphyrios hat in seiner Schrift gegen die Christen (fr. 13; 34) vergeblich damit argumentiert.

Heidnische und christliche Vorstellungen über den Gang der Geschichte erwecken in ihrer festgefügten Struktur den Eindruck von tradiertem Schulgut, das auch losgelöst von seinem religiösen Hintergrund zu brauchen war, wenn die Situation es erforderte. Die Verwendung von altgläubigen Stoffen ist vielfach als reines Kulturerbe ohne jeden Bekenntnisgehalt zu verstehen. Das gilt für die Kunst, wo mythologische Motive nichts über religiöses Bekenntnis verraten, und ebenso für die Rhetorik. Claudian und Rutilius können trotz ihrer traditionellen Topoi Christen gewesen sein, Sidonius und Dracontius waren es sicher. Umgekehrt ist eine unbefangene Verwendung christlichen Gedankengutes bei Heiden nicht bezeugt; wo dies der Fall scheint, wäre zuvor zu prüfen, ob das, was christlich wirkt, nicht stoischen oder neuplatonischen Ursprungs ist.

Abgesehen von der individuellen Grundstimmung und der Verhaftung in tradierten Schemata sind die beiden religiösen Bekenntnisse indifferent im Verhältnis zwischen Pragmatik und Fatalismus. Beides mischt sich im Zeitverständnis der alt- und neugläubigen Autoren in oft schwer entwirrbarer Form. Wie in der heidnischen Tradition Aufstieg und Verfall auf die *virtus* und die *mores* gegründet und der Göttersegen von der *pietas* als der vornehmsten *virtus* hergeleitet wurde, so herrschte in der jüdisch-christlichen Überlieferung ein Vergeltungsglaube, der gleichfalls davon ausging, daß Gott den Menschen ihr Los entsprechend ihrem Verhalten zuordne. Unter diesen Voraussetzungen liegt das Schicksal in der Hand des Menschen, und die wertenden Aussagen über Geschichte dienen dazu, aus begangenen Fehlern zu lernen. Bei allem was Aurelius Victor und Ammian auf der einen und Augustin und Salvian auf der anderen Seite trennt, verbindet sie alle doch der Wunsch, mit ihrer Zeitkritik die Menschen zu bessern. Die Hoffnung darauf hat keiner der behandelten Literaten völlig aufgegeben.

Weder den heidnischen noch den christlichen Beobachtern läßt sich nachsagen, sie hätten sich geweigert, ihrer Zeit ins Gesicht zu sehen. Die Faktoren, die zur Auflösung des Reiches geführt haben, sind im einzelnen durchaus erkannt worden. Dennoch hat das Resultat offenbar niemand geahnt. Die beiden christlichen Richtungen und die beiden optimistischen Prognosen haben getrogen: das Imperium hat sich weder im Sinne der heidnischen Romideologie als ewiges Weltreich noch gemäß der christlichen Romtheologie als dem heidnischen Zustand überlegen erwiesen, und das Ende aller Dinge, wie es die christlichen Apokalyptiker erwarteten, ist ebenfalls ausgeblieben. Die Auflösung des Imperiums haben nur die heidnischen Pessimisten gefürchtet, aber auch sie hatten keine Ahnung, daß die künftige Weltordnung aus einer Mehrzahl nebeneinander lebender Völker und Staaten bestehen, daß nach einer Zwischenzeit des zivilisatorischen Rückgangs die Kultur wieder aufblühen könnte.

II. 2. Dauer und Ende des Imperiums im Bewußtsein des Mittelalters

Deus ipse dat regna terrena ... pro rerum ordine ac temporum occulto nobis, notissimo sibi. Augustin. CD. IV 33

Die Vorstellungen, in denen sich die Spätantike historisch zu begreifen suchte, waren haltbarer als die Zustände, unter denen sie entstanden sind. Das ist kein Wunder: die Wirklichkeit ist allemal wechselhafter als die Begriffe, die wir uns von ihr machen. Ja, es hätte gar keinen Sinn, dies zu tun, wenn nicht damit der Wust der Dinge in eine bleibende Ordnung gefügt würde, die uns die Vielfalt und die Veränderung erfaßbar machte. Die Zählebigkeit von Gedanken über den Wandel der mit ihnen gemeinten Gegenstände hinaus wird in unserem Falle durch Zusatzmotive verstärkt. Die Auflösung des Imperiums ist von niemandem gefordert, von niemandem begrüßt worden. Die sie erlebt oder gar herbeigeführt haben, wollten sie nicht wahr haben. Sie haben das Ende des Reichsverbandes verschleiert und verharmlost. Wenige Beobachter nur haben das Phänomen gesehen, nur allmählich hat sich seine Erkenntnis durchgesetzt. Vollzog sich der Zerfall des Reiches in Jahrzehnten, so benötigte sein Eindringen ins historische Bewußtsein Jahrhunderte. Das altüberlieferte wie das neuentstehende Selbstverständnis aller Beteiligten setzte den Fortbestand des Reiches voraus. Der Reichsgedanke war stärker als der Reichsverband.

Der nächstfolgende Abschnitt (II. 2. a!) soll zeigen, wie und weshalb die Vorstellung vom Weiterleben des Imperiums lange die herrschende Ansicht geblieben ist, der übernächste Teil (II. 2. b!) gilt den immer vorhandenen, aber nur langsam durchdringenden Stimmen, die Roms Reich der Vergangenheit zurechnen. Seit dem Humanismus geben sie den Ton an.

II. 2. a. Der Glaube an den Fortbestand des Römerreiches

In der Vorstellung vom nachantiken Schicksal des Imperiums lassen sich eine byzantinische, eine katholische und eine germanische Sicht unterscheiden. Die Trennung dieser drei Aspekte wird zwar dadurch erschwert, daß einerseits die Vertreter der byzantinischen und der katholischen Perspektive durch die geographische und politische Kontinuität mit dem Reich untereinander verbunden sind, während andererseits katholische Geistlichkeit und germanische Machthaber derselben Kirche angehören. Dennoch läßt unsere Dreiteilung bestimmte Eigenarten der Ansichten hervortreten, die trotz ihrer Mischung im Einzelfall aufs ganze gesehen unterschiedliche Grundhaltungen aufweisen.

Für den byzantinischen Standpunkt war der Glaube an den Fortbestand des Imperiums eine Selbstverständlichkeit (Podskalsky *1972;* Cracco Ruggini *1978*).

Sie ergab sich aus dem wachsenden Selbstbewußtsein am Goldenen Horn. Als Constantin seine Residenz dort aufschlug, beabsichtigte er ebensowenig wie Diocletian mit seinem Palastbau in Nikomedien, den Vorrang Roms anzutasten. Erst als die Kaiser häufiger in Konstantinopel weilten, stieg die Stadt im Rang. Themistios (or. III 42c) nannte sie 357 das Neue Rom, 381 wurde dieser Name in den Konzilsakten (can. III) kanonisiert. Die Auseinandersetzungen nach dem Tode des Theodosius 395 und die innere Zerrüttung im Westen nach dem Sturze Stilichos 408 förderten die Selbständigkeit des Ostens. Dessen Aufwertung hatte zur Folge, daß die Vorstellung von *partes* eines einzigen, von Rom als *caput mundi* überragten Imperiums verdrängt wurde durch den Gedanken zweier Teilreiche. Aber auch dabei blieb die Entwicklung nicht stehen. Aus der Gleichberechtigung wurde der Vorrang Konstantinopels, den im 6. Jahrhundert JOHANNES PHILOPONOS aus Alexandrien behauptete. Er verstand das Verhältnis zwischen den beiden Hauptstädten als Filiation, die Stadt am Bosporus wurde rückwirkend bereits seit Constantin als Erbin der Stadt am Tiber betrachtet und damit zur Trägerin der Tradition erhoben (Dölger *1937*, 28 ff.). Eine derartige Rückdatierung der Rolle Konstantinopels als gleichberechtigte Konkurrentin oder gar als bevorrechtete Nachfolgerin Roms beherrschte die Historiographie bis in jüngste Zeit (Tsunoda *1955/69*, 250).

Die Selbstaufwertung Konstantinopels hatte Folgen für die Deutung des politischen Geschehens. Während im Bewußtsein westlicher Autoren wie Eugippius und Prosper (II. 1. b!) das Imperium Romanum schlechthin, die *res publica* als solche zerfallen war, vertrat man im Osten die Auffassung, nur das „Westreich" habe sein Ende gefunden. Daß ein solches erst durch seinen Fall konstituiert wurde, das sah man nicht. Ein wichtiges Zeugnis für die sich wandelnde Reichsideologie liefert die um 519 in Konstantinopel geschriebene, 534 überarbeitete Chronik des MARCELLINUS COMES (MG AA. XI 60–104). Zum Jahre 454 notiert der Chronist: *Aetius magna occidentalis rei publicae salus et regi Attilae terror a Valentiniano imperatore cum Boethio amico in palatio trucidatur, atque cum ipso Hesperium cecidit regnum, nec hactenus valuit relevari* (S. 86). Die Begriffe *occidentalis res publica* und *Hesperium regnum* sowie die Nennung Attilas bezeugen die östliche Sicht, die Hoffnung auf eine Wiederherstellung des Kaisertums im Westen ist sicher von den römischen Senatskreisen geteilt worden, ohne daß die zitierte Nachricht von dort stammen müßte (Wes *1967*, 126; dazu ByzZ 62, *1969*, 96 ff.). Dieselbe Zweiteilung des Imperiums behauptet Marcellinus Comes im Zusammenhang mit der Absetzung des Romulus Augustulus durch Odoakar (MG AA XI 91). Die zweimalige Erwähnung des Endes im Westen erweckt den Eindruck einer ungeschickten Zusammenfügung von Vorlagen, und wenn wir solche postulieren dürfen, so beschränkt sich das Bewußtsein vom Erlöschen des *Hesperium imperium* nicht auf die erhaltenen Zeugen.[1]

[1] Várady (*1976*, 478) vermutet als Quelle der letztgenannten Passage die verlorene Chronik des Eustathios (II. 5. c!).

JORDANES übernahm den Passus des Marcellinus Comes in seine ›Getica‹ (242 f.) und in seine ›Romana‹ (345), räumte indessen ein, daß die Weltherrschaft Roms nur noch *imaginarie* fortbestände (pr. 2). Die „Tragödie" des römischen Staates erblickte er darin, daß er die Weltherrschaft *ab ignaris rectoribus* verloren habe (388). JUSTINIAN, der Kaiser, teilte diese Auffassung freilich nicht, ihm stellte sich das Geschehen des 5. Jahrhunderts nur als ein Verlust von Randbezirken dar, deren „Rück"-Eroberung er in Angriff nahm. Nach dem Sieg über die Vandalen äußerte er 536 n. Chr. die Hoffnung, daß ihm Gott die Herrschaft wiedergäbe, welche die frühen Römer bis zu den Grenzen der Weltmeere besessen, aber – und dies entspricht der Ansicht des Jordanes – durch ihre Nachlässigkeit verloren hätten (CIC. III Novelle 30, 11, 2). Justinian verstand sich als der von Gott auserkorene Herrscher des Reiches, das der König Aeneas aus Troja zum ersten, Romulus und Numa zum zweiten und Caesar der Große und Augustus der Fromme zum dritten Male gegründet hätten und dem der Kaiser ewige Dauer wünschte (CIC. III Novelle 47, Vw., von 537).

In wörtlichem Anklang an das Gesetz von 536 berichtet Johannes LYDOS in seinem Werk ›De Magistratibus‹ (verfaßt um 560), Justinian habe die durch die Nachlässigkeit (ῥᾳθυμία, ῥᾳστώνη) seiner Vorgänger verlorenen Reichsteile zurückerobern wollen (III 55, 1). So wie Zosimos bezichtigte Lydos Constantin, den Niedergang verschuldet zu haben, mit ihm habe Tyche Rom verlassen und die Entblößung der Donaugrenze habe die Barbaren ins Reich gelockt (III 40, 1). Nach der fehlgeschlagenen Vandalenexpedition des Basiliskos unter Leo im Jahre 468 sei der „totale Schiffbruch (ναυάγιον) des gesamten Staates" erfolgt (III 44, 1), das „Reich fiel" (III 44, 3). Lydos zitiert aus Fonteius ein Orakel, Tyche werde die Römer verlassen, wenn diese ihre väterliche Sprache aufgäben und erwähnt den Übergang vom Lateinischen zum Griechischen, den der Präfekt Kyros eröffnet habe (III 42, 2).

Ein gänzlich anderes Bild von Justinian zeigt PROKOP in seiner nachgelassenen Geheimgeschichte (An. 18, 37). Hier erscheint der Kaiser nicht als Erneuerer des Imperiums, sondern als dessen Verderber. Zuvor hatte Prokop jedoch bereits Aetius und Bonifatius als die „letzten Römer" bezeichnet (BV. I 3, 15). Trotzdem hielt so wie Lydos auch Prokop an der Annahme einer Fortexistenz des Imperiums fest: mochten schlechte Kaiser das Reich herabwirtschaften, so konnten es gute Kaiser wieder emporbringen.

In der Literatur des Ostens ist die Auflösung des Reichsverbandes nicht als historisches Problem empfunden worden (Irmscher *1978*, 399). Dies bezeugt eine Notiz zu 476 bei EUAGRIOS SCHOLASTIKOS aus dem späten 6. Jahrhundert. Er schreibt in seiner Kirchengeschichte, Romulus, mit dem Beinamen Augustulus, der letzte Kaiser Roms (ἔσχατος τῆς Ῥώμης αὐτοκράτωρ), sei 1303 Jahre nach dem Beginn der Herrschaft des Romulus (τῆς Ῥωμύλου βασιλείας) abgesetzt worden, fortan habe Odoaker als König (ῥῆξ) regiert (HE II 16, ed. Bidez-Parmentier *1898*, 66 f.). Möglicherweise hat auch Euagrius diese Nachricht von Eustathios, dessen Chronik er bis 502 für profangeschichtliche Ereignisse benutzt hat. In erkennbarem Zusammenhang hiermit steht die Überlieferung bei THEOPHANES CONFESSOR. Seine 810–814 verfaßte Chronographie berichtet, Romulus Augustulus habe als Kaiser des italischen Reiches (αὐτοκράτωρ τῆς ἐν Ἰταλίᾳ βασιλείας) bis zum 1303. Jahre nach der Stadtgründung regiert. König Romulus wird im gleichen Zusammenhang als Stifter des Westreiches bezeichnet (ἡ τῆς ἑσπέρας βασιλεία), so daß die Zweiteilung als von Anfang angelegt scheint.[2]

In derselben Zeit nahm Michael I. (811–813) den Titel βασιλεὺς τῶν Ῥωμαίων an, um den Anspruch auf das Gesamtreich gegenüber Karl d. Gr. zu unterstreichen. Als LIUTPRAND VON CREMONA 968 zur Brautwerbung für Otto II. nach Konstantinopel kam, hielt man ihm dort entgegen, daß Constantin die Kaiserherrschaft samt Senat und Ritterstand in den Osten verpflanzt, „in Rom aber nur gemeine Knechte, nämlich Fischer, Trödler, Vogelsteller, Hurenkinder, Pöbel und Sklaven zurückgelassen" habe (Treitinger *1938*, 161; 187).

Eine verächtliche Haltung gegenüber den Barbaren zeigt auch KONSTANTINOS MANASSES († 1187?) in seiner Vers-Chronik (CSHB. 27, 1, *1837*). Alarich und Geiserich sind Wilde für ihn, dennoch wird die Schuld am Untergang des Westreiches der schlechten Regierung nach dem Tode Valentinians III. zugeschrieben (v. 2523 ff.). Romulus ist der letzte, mit dem ersten namensgleiche Herrscher Roms, danach wird die Stadt von den Barbaren zertreten, ihrer Konsuln, Imperatoren, Diktatoren, Senatoren und Patrizier beraubt. Einst frei vom Joch, ackern nun unglückliche Kühe für ungebildete Bauernkönige (2532 ff.). Der Autor singt eine große Nänie, doch tröstet ihn die Filiation. Bereits Constantin habe angesichts der alt und schwach gewordenen Roma eine ewig junge, runzelfreie Tochterstadt gebaut (2349 ff.), der nun Manuel Komnenos eine weitere Blüte beschere (2546 ff.).

In der Weltchronik des ZONARAS ist vom Ende des Westreiches nicht die Rede, die Kontinuität läuft im Osten durch. Daniels Weltreichsschema wird in der posthistorischen Manier des Tychonius (s. u.) verstanden (CSHB. 34, 1 S. 214), es ist bereits mit Christus erschöpft (II. 2. b!). Eine Generation vor der Eroberung Konstantinopels durch die Franken im Jahre 1204 ist das Vertrauen auf die Ewigkeit (Neu-)Roms ungebrochen. Noch im 14. Jahrhundert beklagte NIKEPHOROS GREGORAS nur den Verlust einiger Provinzen im Westen durch die einfallenden Germanen, deren militärische Überlegenheit er aus ihrer einfachen Lebensweise erklärte (Hist. Rhom. 2, 4). Die überkommene Rom-Ideologie und die Vier-Reiche-Lehre aus dem Buch Daniel ließen ein Ende nur im kulturellen Bereich erkennbar werden: Ein bewußter Humanist wie MICHAEL PSELLOS hat schon im 11. Jahrhundert die „tiefe Nacht" über den Trümmern Athens beklagt (Gregorovius *1889/1980*, 131) und damit einen Gedanken der Renaissance vorweggenommen.

---

[2] Anno mundi 5965, ed. de Boor *1883*, 119. Dieselbe Nachricht findet sich in der Weltgeschichte des Georgios Kedrenos (um 1100) CSHB. 3, 1 S. 614, und etwas vereinfacht bei Leo Grammaticus CSHB. 34, S. 115, sowie bei Theodoros Skutarios (Irmscher *1978*, 401), während die Notiz des Euagrios wieder bei Nikephoros Kallistos (14. Jahrhundert) auftaucht (HE. XV 11 = PG. 147, 37).

Einen Reflex der römischen Selbstauffassung der Byzantiner bietet die arabische Literatur. Äußerungen über den Fall Roms sind dort deswegen nicht zu erwarten, weil Byzanz mit „Rum" bezeichnet, mit Rom gleichgesetzt wurde. Die römisch-germanischen Auseinandersetzungen lagen jenseits des historischen Horizonts der Araber. Nicht einmal im Maghreb entsann man sich Roms. Das Märchen von der Messingstadt benutzt römische Ruinen, ohne es zu wissen. IBN KHALDUN (*1377/1958* Kap. III 12–15) hat sich ein schönes Beweisstück für seine Niedergangslehre entgehen lassen: Ziemlich alle von ihm angeführten Verfallsmomente hätte er seinen arabischen Lesern auch am Niedergang Roms veranschaulichen können: das Steigen der Bedürfnisse des Staates und seiner Organe, das zur Erhöhung der Steuern und zum Ruin der Wirtschaft führt (Bd. II S. 91 f.); das Anwachsen des Luxus und der Lebenserwartungen mit der folgenden sittlichen Korruption (S. 292 f.); die schädigende Wirkung der Spaltung von Dynastien und der Verlagerung von Residenzen (S. 114; 299); das naturähnliche Altern und Erschlaffen einer Kultur (S. 291; 296), bis Gott einem noch unverdorbenen, naturnäheren Volk deren Zerstörung gestattet (S. 129 f.; 294; 298).

Die byzantinische Nachfolgetheorie ist nach dem Fall Konstantinopels in Rußland weitergeführt worden. Nachdem der Zarentitel zuvor schon von Bulgaren wie Moskowitern beansprucht worden war, sah der Metropolit ZOSIMA 1492 in Ivan III. den „neuen Kaiser Konstantin in der neuen Konstantinstadt Moskau" (Lettenbauer *1961*, 48). Moskau wurde zum „dritten Rom" erhoben, das im Gegensatz zu den beiden ersten unvergänglich sei, so Philotheos 1524 (51). Als wichtigster Wegbereiter dieser Idee gilt JOSIF SANIN von Volokolamsk. Er erinnerte Ivan III. 1504 an seinen göttlichen Herrschaftsauftrag: „So viele unvergleichlich mächtige Reiche sind durch Ketzerei und Abfall untergegangen; so habe jeder Fromme acht, daß wir nicht auch untergehen wie das armenische, äthiopische, römische Reich. Sie verdarben durch die Sorglosigkeit ihrer rechtgläubigen Kaiser und Bischöfe" (Schaeder *1929*, 45). „Das Alte Rom ist infolge der apollinarischen Häresie gefallen", heißt es in der Einsetzungsurkunde des Metropoliten Hiob von 1589 (Lettenbauer *1961*, 64), Moskau dauere bis ans Ende der Tage. Ivan IV. beglaubigte den Erbanspruch mit der Legende, das Moskauer Fürstentum sei von einem Bruder des Kaisers Augustus, nämlich Prus von Preußen, gegründet worden (57; 69).

Die römische Reichsideologie hat in ihrer christianisierten Fassung das Sendungsbewußtsein des russischen Volkes geprägt (Danilewsky *1871*) und damit dem Führungswillen der Sowjetunion gegenüber den Proletatiern aller Länder vorgearbeitet. Den Zusammenhang verdeutlicht das „De Profundis der russischen Revolution", das Gedicht ›Die Zwölf‹ von Alexander BLOCK *(1917/21)*, der Jesus an der Spitze der Proletarier marschieren läßt.

Wie das byzantinische Geschichtsbild so ist auch das der lateinischen Kirche durch den Gedanken der Kontinuität geprägt. Der Fall Roms trat ihr als Epoche nicht ins Bewußtsein. Die schon während der Kaiserzeit dominierende Vorstellung einer eschatologischen Dekadenz hielt unvermindert an, namentlich bei den gallischen Klerikern: Avitus von Vienne sprach im Jahre 501 vom *mundus labens* (MG AA VI 2 S. 64), Gregor von Tours deutete die fränkischen Bruderkriege als Zeichen des nahenden Weltendes (HF I Vw; V Vw; IX 39; 42) und der sogenannte Fredegar glaubte weiter ans Altern der Welt: *mundus iam seniscit* (MG Scr. rer. Merov. II 128). Dieser Topos wurde in der christlichen Literatur gepflegt bis ins 17. Jahrhundert (Demandt *1978*, 43 ff.). Er fand seine systematische Begründung in der Annahme, man lebe im letzten Weltreich, am letzten Weltentag. Die „Spätantike" wurde gestreckt bis zum Jüngsten Gericht.

Ein solches Endzeitbewußtsein begegnet auch bei frühmittelalterlichen Päpsten. Im Jahre 593 predigte Gregor d. Gr. über das Gleichnis vom Kochtopf bei Hesekiel (24, 3 ff.). Was der Prophet gegen Samaria (so Gregor) gesagt habe, sei eigentlich auf Rom gemünzt. Die Knochen bedeuteten die Mächtigen, das Fleisch die Völker, alles sei gleichermaßen zerkocht (PL. 76, 1009 D ff.). Im Jahre 600 tröstete Gregor den Bischof von Salona angesichts der Slaveneinfälle *quia, qui post nos vixerint, deteriora tempora videbunt* (MG Epp. II 249 ff.).

Das zweite Motiv für die Vorstellung einer fortbestehenden imperialen Kontinuität neben dem heilsgeschichtlichen Endzeitbewußtsein lag in dem politischen Erbe, das die Kirche vom Reich übernahm. Von Anfang an lehnte sich die Kirchenorganisation an die Reichsorganisation an. So wie das Imperium verwaltungsrechtlich in *civitates* zerfiel, gliederte sich die Kirche in Bistümer. Als deren Sitz waren Städte vorgeschrieben, auf dem Lande war die Einsetzung von Bischöfen unstatthaft (Sägmüller *1898*, 58). Mit dem Niedergang der städtischen Kurien geriet die weltliche Herrschaft über die Städte allmählich in die Hand der Bischöfe. Sie gewannen die rechtliche, finanzielle, teilweise sogar militärische Hoheit. Dieser Prozeß beginnt mit Constantin; die Kaiser haben ihn vielfach gefördert, bis hin zur *Sanctio pragmatica* (CIC III *1895*, 800), mit der Justinian 554 Italien reorganisierte: die Provinzialstatthalter seien auf Vorschlag der Bischöfe und der Großen auszusuchen.

Der staatliche Rang einer Stadt bestimmte den geistlichen Rang ihres Bischofs: in den Provinzhauptstädten (μητροπόλεις) residierten die Metropoliten, in den Diözesanhauptstädten die Exarchen oder Patriarchen. Der Begriff Diözese selbst wurde aus dem profanen in den kirchlichen Sprachgebrauch übernommen. Was die politische Bedeutung einer Stadt für das Ansehen des Bischofs erbrachte, lehrt der Aufstieg Konstantinopels, wo eine kirchengeschichtliche Legitimation kein Vorrecht begründen konnte, während Jerusalem trotz seiner geistlichen Priorität unerheblich blieb. In beiden Reichsteilen entsprachen die Kirchenprovinzen den Reichsprovinzen.

Der Vorrang Roms erklärt sich historisch aus der politischen Geschichte dieser Stadt, wenngleich die Kirche stärker den ideologischen Grund herausstrich: Leo d. Gr. behauptete in seiner 82. Predigt auf die Apostelfürsten (PL. 54, 422 ff.), die eigentlichen Gründer Roms seien nicht Romulus und Remus, sondern Petrus und Paulus. Die *Pax Augusta* sei von Gott zur bequemeren Mission gestiftet worden, mit Grund habe der *princeps apostolorum* sich als Stätte seiner Wirksamkeit Rom ausgesucht. So sollte sich das Licht der göttlichen Wahrheit vom *caput mundi* auf das *corpus mundi* verbreiten. Die wahre Weltherrschaft Roms sei nicht die politische, sondern die geistliche.

Mit dem Rückgang der kaiserlichen Präsenz in Italien und dem ins Riesenhafte anwachsenden Eigengut der römischen Kirche gewann der Bischof Roms an Bedeutung. Im Verlaufe des 4. Jahrhunderts bereits hatte sich der geistliche Primat des römischen Bischofs herausgebildet, er war fortan der „Papst". Dessen weltliche Macht wuchs parallel zum Grundbesitz der römischen Kirche in Italien und entsprechend dem Rückgang der alten Mächte: des Senates und der kaiserlichen Verwaltung. Papst Gelasius hat in seinem Brief an Anastasios (Mirbt *1901* Nr. 135) die päpstliche *auctoritas* der kaiserlichen *potestas* übergeordnet und beide als die die Welt regierenden Mächte betrachtet (Jäntere *1936,* 99 ff.).

Die Päpste haben sich planmäßig in die Rolle von Nachfolgern der Kaiser im Westen hineingearbeitet. Dies spiegelt sich im Zeremoniell. Ebenso wie die Germanenkönige kopierten sie das kaiserliche Kanzlei- und Urkundenwesen (Classen *1977*). Schon im 5. Jahrhundert übernahmen die Päpste (Leo I.) den seit 379 vakanten heidnisch-kaiserlichen Titel eines *Pontifex maximus,* umgaben sich nach kaiserlichem Vorbild mit einem *consistorium,* erließen *decreta* und *rescripta,* unterschrieben mit roter Tinte wie die Kaiser und ließen sich nach deren Vorbild mit dem Fußkuß, der Proskynese, begrüßen (Löwe *1952,* 362). Der Klerus wurde wie die spätrömische Beamtenschaft „ordiniert" und respektierte das von den Kaisern für Rom erlassene Hosen-Verbot. Römische Staatsfeste wurden in Kirchenfeste umgewidmet: statt der Lupercalien am 15. Februar feierte man nun Mariae Reinigung, statt des Triumphes über Kleopatra am 1. August Petri Kettenfeier usw. Die bischöflichen Insignien lehnten sich an die monarchische Repräsentation an (Klauser *1948*), die kaiserliche Gerichtshalle prägte die kirchliche Basilika (Langlotz *1972*), zahlreiche Elemente der Liturgie wurden aus dem Kaiserzeremoniell übernommen (Weihrauch, Orgel, Nimbus). Christus selber wurde als Imperator abgebildet (Peterson *1937*), der Dienst an ihm war *militia Christi;* wer sich ihm weihte, der leistete den „Fahneneid", denn das bedeutet ursprünglich das Wort *sacramentum.* Bildprogramme der frühchristlichen Kunst zeigen den Papst als Vertreter der Weltherrschaft Christi (Schubert *1979*). So stellte die Kirche im kanonischen Recht das fortlebende Imperium Romanum dar (Sägmüller *1898*), und es wundert dann nicht mehr, wenn sie im 8. Jahrhundert dann auch den Anspruch auf Fortsetzung der Reichsgewalt erhob. Nachdem bereits die Silvester-Legende den Papst als gleichen, ja höheren Ranges gegenüber dem Kaiser dargestellt hatte, hieß es in der Ende des 8. Jahrhunderts durch die Kurie ersonnenen CONSTANTINISCHEN SCHENKUNG, Constantin habe sich aus Achtung vor den Apostelfürsten in den Osten zurückgezogen und den römischen Bischöfen *usque in finem mundi* die Herrschaft über das Westreich abgetreten (bei Mirbt *1901,* 35 ff.). Innocenz IV. ging darüber noch hinaus, als er

1245 behauptete, bereits Christus habe das Imperium an Petrus übergeben und Constantin habe darum lediglich seine unrechtmäßige Herrschaft der Kirche zurückerstattet (Sägmüller *1898*, 77). Prosper von Aquitanien (PL. 51, 96 f.) hatte gedichtet: *sedes Roma Petri, quae pastoralis honoris / facta caput mundo, quidquid non possidet armis / religione tenet.*

Wie diese Auffassung ins mittelalterliche Staatsrecht eingegangen ist, lernen wir aus Marsilius von Padua. Dessen um 1325 entstandene Schrift ›De translatione imperii‹ nahm von Caesar, genauer: Augustus, bis Constantin eine erste Periode des Kaisertums an. Mit der *sedis mutatio* habe Constantin die Kaisergewalt in den Osten überführt und *Romam cum quibusdam Italiae provinciis* (c. 2) dem Papst Silvester und seinen Nachfolgern geschenkt. Leo III. habe das Kaisertum dann von den Griechen auf die Franken übertragen (c. 8). Man sieht: die Kontinuität der päpstlichen Staatsgewalt von Constantin bis auf Karl d. Gr. verdeckt den Auflösungsprozeß des 5. Jahrhunderts. Während Marsilius den späteren Verlust der asiatischen und afrikanischen Provinzen an die Moslems beklagt (c. 4), mißt er der vorhergehenden destruktiven Wirkung der Germanen vermutlich deswegen keine Bedeutung bei, weil es sich um Christen handelt. Angesichts der Verkirchlichung der Romidee konnte ein Bewußtsein vom Ende des Imperiums in der katholischen Tradition nicht aufkommen.

Am ehesten wäre eine Wahrnehmung von der Auflösung des Reiches bei den Germanen zu erwarten. Dem stand jedoch die geistige Armut der Eroberer im Wege. Der allgemeinen Dürftigkeit an Beweisen für eine intellektuelle Kultur der Germanen entspricht deren Bereitschaft, das religiöse, politische und literarische Formengut Roms zu übernehmen.[3] Weniges ist bezeichnender als jener Ausspruch des Westgotenkönigs Athaulf aus dem Jahre 414: ursprünglich habe er aus dem römischen ein gotisches Imperium machen und seinen Landsleuten das sein wollen, was den Römern einst Augustus war. Dann habe er eingesehen, daß die Goten *propter effrenatam barbariem* keine Gesetze anerkennen würden, und so wolle er lieber bei der Nachwelt als Erneuerer des römischen Reiches gerühmt werden (Oros. hist. VII 43, 5 f.). Der Germanenkönig zog überhaupt nur zweierlei in Betracht: eine Imitation des Imperiums oder dessen Wiederherstellung.

Bezeichnend für das ambivalente Selbstverständnis der Germanen ist eine Szene aus der ›Vita Lupicini‹ (c. 10). In der Zeit um 475 prozessierte der Abt Lupicinus vor dem Burgunderkönig Chilperich, der zugleich *magister militum per Gallias* war, gegen einen römischen Grundherren. Dieser warf dem Christen vor, er suche die Macht der römischen Herrschaft zu beseitigen und das Vaterland in den Untergang zu stürzen. Der Abt erwiderte, die Macht sei doch längst von den

---

[3] In welchem Ausmaß die germanische Bildkunst von antiken Vorbildern zehrt, hat Karl Hauck in den letzten Jahren an einer Fülle von Beispielen vorgeführt; zuletzt Ders. *1980*.

purpurtragenden Beamten auf die fellbekleideten Richter übergegangen. Chilperichs eigene Meinung dazu erfahren wir nicht. Möglicherweise hatte er keine. Nachdem Odoakar 476 den letzten Westkaiser abgesetzt und Italien in seine Hand gebracht hatte, prägte er Münzen mit der Umschrift *Invicta Roma* (Kraus *1928,* 57 f.). Man hat den Eindruck, daß Roma fiel, als sich die Germanen ihr allzu heftig an den Hals warfen. Die Begegnung Odoakars mit „Romulus dem Großen" bei Dürrenmatt (*1964,* 72 ff.) ist gar nicht so absurd, wie dem historisch gebildeten Publikum dies vorkommen mag.

Das politische Denken der frühen Germanenreiche ist durch nichts stärker geprägt als durch den Anschluß an die imperiale Herrschaft. Während diese in der Realität ausgelöscht war, wurde sie in der Ideologie weitergeführt. Die Burgunder heißen schon bei Ammian (XXVIII 5, 11) „Nachkommen der Römer", und die Burgunderkönige betrachteten sich als *milites* des Kaisers (Schmidt *1941,* 176 ff.). Theoderich stellte seine ganze Kraft in den Dienst der Reichsidee (Enßlin *1950*) und ließ durch seinen Lobredner Ennodius die Verjüngung der alt und schlaff gewordenen Roma verkünden: *illa ipsa mater civitatum Roma iuveniscit marcida senectutis membra resecando* (MG AA. VII 210). Die lateinischen Historiographen Italiens im 6. Jahrhundert, Cassiodor (Chron. min. II 158 f.) und der Anonymus Valesianus posterior (37; 45), maßen der Absetzung des Romulus 476 keine epochale Bedeutung zu, denn die Goten traten ja in die Fußstapfen der Kaiser. Die Westgoten entlehnten wesentliche Elemente ihres politischen Zeremoniells von den Byzantinern. Selbst die angelsächsischen Könige übernahmen römische Staatssymbole (Palgrave, Works I 9; V 48 f.).

CHLODWIG wurde durch Gregor von Tours (HF. II 31) als *novus Constantinus* angesprochen, er präsentierte sich seinen Untertanen mit den Herrschaftszeichen, die ihm Anastasios zugesandt hatte, und spielte mit dem Augustus-Titel (Courcelle *1964,* 242 ff.). Avitus von Vienne (MG AA VI 2, 75 f.) gratulierte ihm nach der Taufe: so wie die *Graecia* besitze nun auch das Westreich wieder das strahlende Licht eines *Princeps.* Chlodwigs Enkel THEUDEBERT schrieb an Justinian, wie dieser wolle er mit seiner Herrschaft den katholischen Glauben verbreiten (CCL. 117, 438 f.), und er nahm auf seinen Goldmünzen später den Augustus-Titel an (Zöllner *1970,* 69; 94). Schon vor 800 wurde in den fränkischen Kirchen für das *Romanorum sive Francorum imperium* gebetet (Goez *1958,* 86), und die „vorbehaltlos positive Einstellung" zum Imperium Romanum in der Liturgie des Frankenreiches (Tellenbach *1934,* 11) ist ein wichtiges Zeichen für die Verbreitung der Ansicht, das römische Reich bestünde in der Macht seiner christlichen Erben weiter. Nachdem Karl Martell von Papst Gregor III. die Würde eines Konsuln, Pippin von Stephan II. den Titel eines *patricius Romanorum* erhalten hatte (Schneider *1926,* 47 f.), kam die Kaisererhebung KARLS D. GR. nicht ganz unvorbereitet. Was geschieht in der Geschichte auch plötzlich? Man muß nur genau hinsehen, dann verschleifen sich die Brüche.

Karls Kaisertum enthält eine bestimmte Interpretation der Spätantike. Voraussetzung für den Akt war die Tatsache, daß der byzantinische Thron mit einer

Frau, mit Irene, besetzt war und daher nach römischer wie germanischer Auffassung als vakant gelten konnte. In einer solchen Situation bedeutete die Ausrufung Karls zum Imperator Augustus durch den *populus Romanus* die Wiederbesetzung des gesamtrömischen Kaisertums. Nachdem die Eheverhandlung mit der Kaiserin Irene und so die Vereinigung des Reiches gescheitert war, verzichtete Karl auf das Attribut „römisch" für sein Kaisertum (Tellenbach *1934*, 34) und begnügte sich mit dem *Imperium occidentale.* Er erschien dadurch nicht mehr als Nachfolger des 797 gestürzten byzantinischen Kaisers Konstantin VI., sondern eher als Nachfolger des 476 abgesetzten Westkaisers Romulus Augustulus. Angesichts der Bedeutungslosigkeit dieses Kaiserleins ist es verständlich, wenn Karl trotzdem nicht an ihn anknüpfte, sondern einerseits an Constantin I., wie es in seiner Akklamation und seiner Münzprägung zum Ausdruck kommt, und andererseits an Theoderich, dessen Reiterbild er von Ravenna nach Aachen bringen ließ (MG Scr. rer. Langob. I 338) und nach welchem er einen seiner Söhne benannte (Einhard, Vita Karoli 18). Die Herrschaftselemente Karls vereinigen sich bildhaft in der Tatsache, daß er während seines Romaufenthaltes den von Theoderich erneuerten römischen Kaiserpalast auf dem Palatin bewohnte. Durch die auf Karls Kaiserbulle verkündete *renovatio Romani imperii* wurde die Fortdauer des römischen Reiches auch im Westen, ja sogar in Gebieten behauptet, die niemals zu Rom gehört hatten.

Obschon das Kaisertum Karls zunächst vielleicht persönlich gedacht war, hat es sich aus der Logik der Machtverhältnisse bald mit den Franken als Volk verbunden, so daß die Krönung des Jahres 800 als eine *translatio imperii ad Francos* erscheinen konnte (Goez *1958*, 62 ff.). Der Gedanke eines Übergangs der Vorherrschaft in der Welt von einem Volk zum anderen entstammt der orientalischen Vorstellung einer Abfolge der Weltreiche, hat jedoch die alte Form verändert, weil nach der herrschenden Auffassung das römische Reich bis zum Erscheinen des Antichrist andauern sollte, mithin Gegenstand der Übertragung nicht die Herrschaft allgemein, sondern das *imperium Romanum* war. Im Unterschied zu den früheren *translationes* vollzog sich die letzte von ihnen innerhalb des in der Fiktion fortbestehenden Römerreiches, dessen Kontinuität dadurch gerade gewahrt bleibt. Nach demselben Muster ist der Übergang der Kaiserwürde von den Franken auf die Deutschen verstanden worden, nachdem Otto d. Gr. 962 gekrönt worden war.

Der Gedanke der Einheit des Imperiums und die konfessionelle Trennung von der Ostkirche haben dazu geführt, daß die ältere Interpretation, wonach Karl d. Gr. das einzige legitime Kaisertum, das Constantins, fortgesetzt habe, wieder durchschlug, und ein Übergang der Kaiserherrschaft von den Griechen an die Franken angenommen wurde. Zur Blüte gelangte diese Vorstellung in der Stauferzeit, als mit der Rezeption des römischen Rechts der Gedanke der Kaisernachfolge an Stringenz gewann. Daß Rom bis ans Ende der Welt bestehen werde, wie es im ›Sachsenspiegel‹ (III 44) heißt, war auch politisch deutbar. Barbarossa wird vom ARCHIPOETA als Erneuerer der *res Romana* (IX 8, 4) nicht nur in der

Nachfolge Karls d. Gr. (16, 4), sondern auch des Augustus eingeordnet: *Iterum describitur orbis ab Augusto / redditur res publica statui vetusto; / pax terras ingreditur habitu venusto, / et iam non opprimitur iustus ab iniusto* (30). Damit wird auf den Reichszensus bei der Geburt Jesu (Ev. Luc. 2) angespielt. Auf die Kaiserkrönung Barbarossas bezieht sich die Passage aus dem GUNTHER VON PAIRIS zugeschriebenen ›Ligurinus‹: *Romanum nostra virtute redemptum / hostibus expulsis, ad nos iustissimus ordo / transtulit imperium; Romani gloria regni / nos penes est,* so sei der deutsche König stets rechtens auch römischer Kaiser (bei Kytzler 406).

BARBAROSSAS eigene Auffassung überliefert Otto von Freising in seinen ›Gesta Friderici‹ (II 29 f.). Als der Staufer 1155 nach Rom zog, kam ihm eine römische Gesandtschaft entgegen, die ihm im Namen von *Senatus populusque Romanus* für fünftausend Pfund den Kaisertitel anbot. Das Recht dazu leiteten die Gesandten aus Roms Weltherrschaft ab, die als Strafe für begangene Sünden und aus Nachlässigkeit der Vorfahren allerdings ein wenig geschmälert *(minui)* worden sei. (So konnte man das ausdrücken). Barbarossa entgegnete, Rom habe das göttliche Gesetz der Vergänglichkeit spüren müssen: Der römische Adel sei längst nach Konstantinopel abgewandert, alle Kraft und mit ihr das Imperium sei zu den Franken und den Deutschen gekommen. Sie hätten die Herrschaft durch ihre *virtus* erkämpft, und darum sei auch Rom rechtmäßiger Besitz der deutschen Fürsten, denen keine Bedingungen zu stellen seien. Auf ihren Höhepunkt wurde die staufische Romidee durch Friedrich II. geführt, der sich auf seinem Triumphbogen in Capua in römischer Imperatorentracht abbilden ließ und so auch auf seinen Münzen erschien (M. Bloch *1929*).

Die Bekenntnisse zur Fortdauer der römischen Herrschaft halten das ganze Mittelalter hindurch an. In der Zeit um 1300 vertrat dies ENGELBERT VON ADMONT in seinem Büchlein ›De ortu et fine Romani imperii‹. Mit dem „Ende Roms" meinte Engelbert nicht jenes historische Ereignis, das wir darunter verstehen, sondern das bevorstehende Ende des *Imperium Romanum Christianum,* dem der Antichrist folge. Engelbert sah wiederum Rom als letztes der vier Weltreiche, die er wie Orosius den Himmelsrichtungen zuordnete, doch verteilte er sie anders: in den *Oriens* setzte er die Assyrer; in den *Meridies* Babylon und Ägypten; in den *Septentrio* die Makedonen und Perser; in den *Occidens* die Römer (S. 83). An der providentiellen Gleichzeitigkeit zwischen Augustus und Christus hielt er fest, damals sei jene Monarchie eingerichtet worden, die bis heute dauere. Engelbert verteidigte die monarchische Staatsform als die nach dem Willen Gottes und dem Gesetz der Natur beste Weltordnung. Dennoch glaubte auch er an eine permanente Dekadenz. Zu Recht lasse Sallust Cato sagen, der Erfolg und der Reichtum ruiniere die Menschen. Rom sei durch Gewalt entstanden und werde durch Gewalt vergehen. Daß das Reich nicht unauflösbar sei, bewiesen Engelbert die Gebietsaufgaben Hadrians und Jovians (S. 84; 90 f.), und eben dies bedeute die Mischung aus Eisen und Ton in den Füßen des Danielkolosses, wie Hieronymus erkannt habe. Engelbert empfand das römisch-germanische Reich als unteilbare

Einheit, er erklärte, wenn es zerstört werde, widerfahre ihm zwar nur, was es verdiene, aber zugleich warnte er davor, daß sich die Zeitgenossen zum Vollstrekker dieser Gerechtigkeit aufwürfen. Sobald die Gläubigen vom Christentum, die Gemeinden vom Papst, die Untertanen vom Kaiser abfielen, erscheine der Antichrist. Hier verbanden sich apokalyptische Enderwartung und ghibellinische Einstellung. Gaspar Bruschius, der das Werk 1553 herausgab, pflichtete dem Autor bei, er erklärte, die Welt liege in den letzten Zügen und berechnete das Ende für das Jahr 1588 (S. 7).

Der bedeutendste mittelalterliche Vertreter der Reichskontinuität ist Dante († 1321). Er verfocht den Gedanken der providentiellen Einheit des Imperium Romanum von Aeneas bis auf Heinrich VII., ja bis ans Ende dieser Welt. Gott habe seine schützende Hand über das aufstrebende Rom gehalten, habe dem Erdkreis den irdischen und den himmlischen Frieden in Augustus und Jesus zugleich geschenkt (Convivio IV 5; Inf. II 16 ff.). Karl d. Gr. galt Dante als *advocatus ecclesiae* und legitimer Erneuerer des Reiches (Par. VI; Miller *1912,* 94 ff.). Dementsprechend brachte Dante wieder den Vergleich mit dem Koloß auf tönernen Füßen in Bezug auf seine Gegenwart (Inf. XIV 103–120) und teilte somit die Ansicht, das Ende des Reiches liege in der Zukunft. Dantes politisches Weltbild ist im wesentlichen dasjenige von Eusebius und Orosius, welch letzteren er ins Paradies versetzte (Par. X 119). Dante übernahm die spätantike Augustus-Theologie, er erwählte sich deren heidnischen Propheten Vergil zum Seelenführer, akzeptierte das Anchises-Wort *excudent alii ...* (Aen. VI 847 ff.) und ließ die Caesarmörder Brutus und Cassius gemeinsam mit Judas in der Hölle von Lucifer persönlich zermalmt werden (Inf. XXXIV 61 ff.). Kaisertum und Christenglaube gehören zusammen.

Dantes kaisertreuer Haltung entspricht die Annahme, daß die Dekadenz nicht bereits mit Caesar und Augustus eingesetzt habe, sondern erst mit Constantin beginne. Durch die Gründung des Kirchenstaates habe er die Geistlichkeit verdorben (Inf. XIX 115; Purg. XXXII 124–138). Dante rechnete Constantin das nicht als persönliche Schuld an, er sei vielmehr aus Respekt vor der geistlichen Würde von Rom nach Byzanz ausgewichen und erhält dafür einen Platz im Paradies (Par. XX 55–60). Dennoch widersprach Dante der Lehre, daß durch die constantinische Schenkung die weltliche Macht des Papstes legitimiert sei. Dante erklärte, so wie die Kirche sich auf das Fundament Christus, so gründe sich das Imperium auf das *ius humanum* und könne der Idee nach nicht geteilt werden. Sein biblisches Vorbild sei die *tunica inconsutilis* des Herrn (Mon. III 10).

Dante trat für den Fortbestand des Imperiums ein, als diese Auffassung nicht mehr selbstverständlich war. Das bestätigt Lupold von Bebenburg († 1363). Gott habe die Römer wegen ihrer Tugenden zur Herrschaft über die Welt berufen, bis Constantin aus Achtung vor dem Papst die Macht den Griechen übertragen habe. Dann sei das Imperium von den Griechen auf Karl d. Gr. gekommen, der dem Reich die Nordvölker hinzufügte. Wenn diese aber das Imperium nicht zu erhalten vermöchten, werde es weiterwandern, darum sollten sich die Deutschen das Schicksal der Griechen zur Lehre dienen lassen. *Germanos reddant damna Graecorum cautiores et nunc ad servitia mea ferventiores* – so spricht das personifizierte *Sacrum Imperium Romanum* (bei Kytzler 410 ff.). Ein solcher pragmatischer Umgang mit der historischen Erfahrung weist bereits in den Humanismus.

Die Vorstellung vom Fortbestand des Imperium Romanum war ebenso politisch wie religiös verankert und hat sich vor allem in den Schul- und Lehrbüchern lange gehalten. Der ›Fascicolus temporum‹ des Kölner Karthäusers Werner ROLEVINCK (1474) rechnet die *sexta aetas* von der Geburt Christi bis zum Weltende, die Völkerwanderung ist darin nur eine der zahlreichen Prüfungen, die Gott über die Menschen verhängt hat. Dieselbe Auffassung begegnet in Hartmann SCHEDELS Weltchronik *(1493)*, sie findet sich bis ins 19. Jahrhundert (Palgrave *1851*). Nur langsam ist das alte, biblisch begründete Weltreichschema der humanistischen Dreiteilung in Altertum, Mittelalter und Neuzeit gewichen, und insofern behob die Niederlegung der Krone des Heiligen Römischen Reiches Deutscher Nation durch Franz II. im Gefolge des Reichsdeputationshauptschlusses am 6. August 1806 keinen gar so krassen Anachronismus, wie es für uns den Anschein hat.

II. 2. b. Zeugnisse für das Bewußtsein vom Ende Roms

Trotz der im Mittelalter überwiegenden Annahme einer imperialen Kontinuität ist die Erkenntnis, daß sich das römische Reich im 5. Jahrhundert aufgelöst hat, nicht erst im Humanismus aufgekommen. Vielmehr lief diese Ansicht als Nebenströmung immer irgendwie neben der Kontinuitätslehre her. Zwei Gründe lassen sich dafür nennen. Zum ersten war der Fall Roms doppelt dokumentiert; die imposanten Ruinen Roms standen jedem Pilger vor Augen, und die Chroniken berichten zum Jahre 476 n. Chr. das *naufragium rei publicae* (MG AA. IX 309). Zum anderen war der erwachende Nationalstolz in den Nachfolgestaaten des Imperiums auf die Dauer nicht mit jener dienenden Rolle zufrieden, die noch Cassiodor und Jordanes den Germanen gegenüber dem römischen Staatsgedanken zugemutet hatten.

Wir haben gesehen, daß die Kontinuitätslehre sich der Theorie der vier Weltreiche bediente, deren letztes, das römische, bis zur Wiederkehr Christi währen sollte. Da diese Lehre aus der Bibel stammt, aus dem Buch Daniel, konnte man ihr im Mittelalter schwer widersprechen. Wohl aber konnte man sie umdeuten. In den Apokalypsenkommentaren des Donatisten TYCHONIUS (um 380) und des Katholiken PRIMASIUS von Hadrumetum († um 555) war die Ansicht vertreten worden, daß die Abfolge der vier Weltreiche bereits mit der Menschwerdung Jesu beendet sei, daß der Stein, der den Koloß auf tönernen Füßen zerdeppern sollte, in Christus erschienen wäre (PL. 68, 841 f.). Die eigentliche römische Geschichte geht danach schon mit der Republik zuende, die nachfolgenden *tempora christiana* werden als neue Periode gewertet, deren politische Wechselfälle im

Vergleich zur Kirchengeschichte unerheblich bleiben. Im Gegensatz zur orosianischen Tradition, die das vierte Weltreich mit dem gegenwärtigen gleichsetzte, können wir bei Tychonius und Primasius von einer posthistorischen Daniel-Exegese sprechen.

Diese Auslegung machte es möglich, ohne theologische Bedenken den Zerfall des Imperiums im 5. Jahrhundert als Tatsache anzuerkennen. Sie kam den nachrömischen Völkern mehr und mehr zum Bewußtsein; die imperiale Sicht wurde durch eine gentile Perspektive verdrängt, in der auch die Römer nur eines unter vielen Völkern waren (Löwe *1952*, 374). In Spanien ist diese Vorstellung zuerst bei Isidor von Sevilla († 636) erkennbar. Er deutete den Stein, der den Koloß bei Daniel zerschlug, auf die Erscheinung Christi unter Augustus (Etym. VI 2, 25). Anstelle der Weltreichsfolge benutzte er die beiden augustinischen Schemata der Weltenwoche und der Dreiteilung *ante legem, sub lege, sub gratia,* die jeweils mit der Menschwerdung das letzte Zeitalter beginnen lassen. Es ist nicht das römische, sondern das christliche. Christus ist der wahre Herr *usque ad consummationem saeculi* (PL. 83, 496). Unter heilsgeschichtlichen Prämissen war die Gründung des augusteischen Kaiserreiches bedeutsam, weil seine Friedensordnung die Ausbreitung des Glaubens ermöglichte. Der Niedergang Roms blieb theologisch unerheblich. Orosius hatte gezeigt, daß der Mission auch die Schwäche des Reiches nützte, indem er die heidnischen Germanen in die Falle Roms lockte. Hier wurden sie Christen, der Machtwechsel war bloß politisch relevant. In seiner Chronik überging Isidor die Auflösung des Reiches mit Stillschweigen (MG AA. XI 473), doch erachtete er die westgotischen Könige als ranggleich mit dem Basileus in Byzanz: *apud nos Augusti appellantur reges* (Etym. VII 6, 43). „Warum und seit wann es in Rom keinen Kaiser mehr gibt, das ist dem Spanier gleichgültig" (Borst *1966*, 46). Isidors Daniel-Exegese begegnet wieder bei Julianus von Toledo († um 700). Unter Octavian habe Christi ewiges Reich begonnen (PL. 96, 554).

Das schwindende Bewußtsein einer römischen Kontinuität kam der Christianisierung des Geschichtsbildes wie in Spanien so in England zugute. Beda Venerabilis († 735) übernahm die Nachrichten aus Marcellinus Comes über das Ende des Reiches im Westen 454 und 476 in seine Chronik (MG AA. XIII 304 f.) und notierte in seiner ›Historia Anglorum‹ (ed. Plummer *1896/1946* S. 41): *anno imperii Marciani VI (455) cum quo simul Hesperium concidit regnum.* Beda benutzte die von Dionysius Exiguus im 6. Jahrhundert aufgestellte christliche Zeitrechnung. Die Völker erschienen ihm gleichberechtigte Glieder des *corpus Christi,* die Oströmer waren eines unter vielen (Löwe *1952*, 371). Das von ihm überlieferte Wort *quando cadet Roma, cadet et mundus* (PL. 94, 543) ist nicht auf das Imperium Romanum als politische Institution zu beziehen. Grundsätzlich gleichartig dachte Paulus Diaconus, der Geschichtsschreiber der Langobarden (†um 799). Er notierte gleichfalls die Epoche 476 (HR. XV 10) und zählte nach Christi Geburt. Justinian erschien ihm als Halbrömer; mit der Gräzisierung verlor Byzanz seinen Anspruch, das römische Imperium fortzusetzen.

Auch im Frankenreich regte sich die Ahnung, daß es mit dem Imperium Romanum vorbei war. Die im Codex Sangallensis 732 p. 154 überlieferte ›GENERATIO REGUM ET GENTIUM‹ ist nach Müllenhoff um 700 in Gallien entstanden, der Codex selbst stammt aus der Zeit um 846. Der für uns wichtige Text (in Müllenhoffs ›Germania antiqua‹ p. 163) lautet: *primus rex Romanorum Alaneus dictus est. Alaneus genuit Papulo. Papulus genuit Egetium. Egetius genuit Egegium. Egegius genuit Siagrium, per quem Romani regnum perdiderunt.* Syagrius, der letzte Vertreter der römischen Macht in Gallien, erlag um 486 bei Soissons Chlodwig. Fredegar nennt Syagrius *rex Romanorum* und Sohn des Aegidius, des Heermeisters. Unsere Quelle belegt die Kenntnis vom Erlöschen der römischen Herrschaft mit der Machtübernahme der Merowinger.

Nationale Motive, wie sie für die Goten schon Jordanes bezeugt (Get. 68), haben sich auch im Frankenreich entwickelt. Tellenbach (*1934*, 21; 31) hat gezeigt wie in der Liturgie Reichsidee und Frankenstolz miteinander rangen. Am deutlichsten wird das Selbstgefühl vermutlich im längeren Prolog zur LEX SALICA von 763/764 aus der Kanzlei Pippins. Dort sind die Franken das wackere, rechtgläubige und gottgeliebte Volk, das im Kampfe das harte Joch der römischen Herrschaft von seinem Nacken geworfen und zerbrochen hat, das sich hat taufen lassen und dann die Gebeine der Märtyrer mit Gold und Edelsteinen geziert hat, nachdem die Römer die Frommen mit Feuer verbrannt, mit Eisen verstümmelt und wilden Tieren vorgeworfen hatten (MG. Leges I, IV 2 S. 7 ff.). Dieser Text liefert nicht nur ein klares Bewußtsein vom Ende des Imperiums, sondern zugleich eine Deutung: die Franken haben als Christen über die heidnischen Römer triumphiert! Gerade in der Verkehrung des historisch Gewesenen zeigt sich die Absicht der Interpreten: der neue Glaube wird als Waffe des Selbstbewußtseins gegen jene gekehrt, denen man ihn verdankt.

Mit der Übernahme der Kaiserwürde durch Karl d. Gr. bot die erneuerte imperiale Tradition dem fränkischen Geltungsbedürfnis Stoff. Das Bewußtsein vom Ende des Imperiums trat zurück. Dennoch standen beide Konzeptionen, Fortdauer und Ende des Imperiums, einander nie völlig unversöhnbar gegenüber. Die *Translatio Imperii* behauptete zwar den Fortbestand des Imperium Romanum als Rechtsgröße, setzte aber in der Geschichte von dessen Trägern Zäsuren auf den jeweiligen Zeitpunkt der Übertragung. Daß diese Einschnitte nicht immer sichtbar wurden, lag daran, daß der Institution mehr Interesse entgegengebracht wurde als den Völkern. Weshalb die Römer das Imperium verloren haben, blieb letztlich im Ratschluß Gottes verborgen und wurde für ein theologisches Denken nicht zum historischen Problem. Seine Lösung war auf biblischem Boden allenfalls über den Vergeltungsgedanken möglich. Im Apokalypsenkommentar des BERENGAUDUS (um 800) heißt es: *illorum (sc. Romanorum) potestas ab iis gentibus destructa est, quia impia dominatione genus humanum premebant* (PL. 17, 1000 f.). Berengaudus deutete die Daniel-Vision wieder im nachrömischen Sinne: die zehn Hörner des Tieres aus dem Abgrund werden mit den Völkern gleichgesetzt, die das Reich „geschlachtet und verzehrt“ haben: Sarazenen, Vandalen, Goten, Langobarden, Burgunder, Franken, Hunnen, Alanen und Sueben. Das fehlende zehnte Volk könnten die Griechen abgeben.

Aus der Umgebung Karls d. Gr. gibt es ein poetisches Zeugnis für das vollzogene Ende Roms: *Roma caput mundi, mundi decus, aurea Roma, / nunc remanet tantum saeva ruina tibi* heißt es bei ALKUIN (bei Kytzler 316). Die poetische Ruinenromantik angesichts der Überreste berühmter Städte war zuvor namentlich in der griechischen Epigrammdichtung verbreitet. Die ›Anthologia Graeca‹ enthält derartige Elegien aus der Kaiserzeit auf die Trümmer von Mykene (IX 28; 101–104), von Korinth (151) und Troja (62; 152–156), und an diese Tradition anknüpfend eröffnete Alkuin die humanistische Ruinenpoesie. Gleichgestimmt ist das altenglische Gedichtfragment ›The Ruin‹, vermutlich auf die römischen Trümmer von Bath bezogen. Ohne Spur einer christlichen Deutung wird hier die schicksalhafte Vergänglichkeit der Riesen-Reiche beklagt (Raffel *1964*, 27 f.). Daß die Trümmer römischer Gebäude die Vergänglichkeit des römischen Staates ankündigen, befürchtete der römische Senat bereits unter Nero (FIRA. I 290; Demandt, Symbolfunktionen 1982).

Alkuins Schüler FRECHULF, Abt von Fulda und später Bischof von Lisieux (†852), stellt im zweiten Band seiner Chronik die römische Geschichte dar von der Geburt Christi unter Augustus bis zur Übernahme der Herrschaft durch Franken und Langobarden. Den Abgesang auf das Westreich 476 übernahm er von Jordanes (Rom. 345) und erweiterte ihn: *Hinc iam res publica Romanorum partibus Hesperiarum, quae hactenus gentibus imperaverat, regibus gentium gemens succubuit* (PL. 106, 1249). Die Ablösung der Römer durch die Germanen ist im Mittelalter wohl niemals prägnanter vertreten worden (Landsberg *1934*, 54).

Das Eingeständnis der Diskontinuität liegt immer dann vor, wenn von „Erneuerung" die Rede ist. In der Zeit der päpstlichen „Pornokratie" (Schneider *1926*, 179) richtete EUGENIUS VULGARIUS an Sergius III. (904–911) die Aufforderung, er möge das goldene Zeitalter der Scipionen und Fabier, die Herrschaft der Toga und der Fasces wiederherstellen (bei Kytzler 330). Hier ist der Untergang des eigentlichen Rom bereits vor die Zeit des Augustus gelegt. Ein kühner Gedanke, das Ideal jenseits des Übergangs zur Monarchie und zum Christentum zu suchen. Derartiges ist dann erst wieder von Petrarca bekannt.

Eine durchaus andere Vorstellung von Erneuerung präsentiert uns NOTKER BALBULUS von Sankt Gallen († 912). Er schrieb, nachdem das aus Eisen und Ton gemischte Römerreich vergangen sei, habe Gott eine neue Statue mit goldenem Haupt durch Karl d. Gr. errichten lassen (MG SS. II 731). Der Zyklus Daniels wird abermals eröffnet, Notker selbst übernimmt die Stellung des Propheten, konnte sich damit aber natürlich nicht gegen die Tradition der Daniel-Exegese durchsetzen. Sein Namensvetter NOTKER TEUTONICUS († 1022) teilte die Ansicht, daß es mit dem römischen Reich vorbei sei. Im Prolog seiner Übersetzung der ›Consolatio Philosophiae‹ des Boethius (Sehrt und Starck 3 f.) datierte er die *defectio* des Reiches auf die Machtübernahme Odoakars 476. Notker sah eine Fortführung der Herrschaft mit Theoderich, des Kaisernamens durch Franken und Sachsen gegeben, aber die *Romana res publica* sei verschwunden (Goez *1958*, 75; 92).

In der Chronographie vertrat eine ähnliche Position wieder SIGEBERT VON GEMBLOUX († 1112). Er identifizierte das Imperium Romanum gleichfalls mit dem vierten Reich Daniels und war anscheinend auch der Meinung, dies gehöre bereits der Vergangenheit an (MG SS. VI 300). Nach der Unterwerfung beinahe der ganzen Welt, hätte das Imperium auf seinen tönernen Füßen zu wanken begonnen, und mit dem Perserkrieg Julians setzte der Niedergang ein. Dieser Wendepunkt ist ebenso originell wie die Begründung für den Abstieg: Gott habe den Römern doppelt heimgezahlt, was diese den Völkern angetan hatten. Hier wird ein romfeindliches Vergeltungsmotiv greifbar, das wir von Berengaudus (s. o.) kennen und das bei Otto von Freising (s. u.) und Engelbert von Admont (s. o.) wieder auftaucht. Dennoch identifiziert sich Sigebert keinesfalls mit den Barbaren: nicht nur Landhunger, sondern auch Wildheit und Beutegier hätten sie getrieben, aus dem Riesenkörper des Reiches ihre Anteile herauszuschneiden. Die Germanen sind von den Römern zivilisiert worden und waren trotzdem Werkzeuge der göttlichen Rache (S. 300 ff.). Die Auflösung des alten Reiches folgt auf die Übertragung der Herrschaft nach Konstantinopel (S. 336), ist aber nicht durch diese hervorgerufen. Karl d. Gr. habe dann das fränkische mit dem römischen Reich vereinigt und neben das byzantinische gestellt (Landsberg *1934*, 57 ff.).

Von einer ausgesprochen romfreundlichen Position aus sah HILDEBERT VON LAVARDIN (†1133) das Ende der Stadt und des Reiches. Ähnlich wie Alkuin beklagte er in seinen Elegien die Ruinen Roms: *Par tibi, Roma, nihil, cum sis prope tota ruina.* Was man von der Stadt sagen könne, sei nur: *Roma fuit.* Und dennoch reiche nichts an die noch stehenden Trümmer heran. Solange der alte Götterkult noch währte, stand die Herrschaft aufrecht; mit den Göttern fiel das Volk und fielen die Mauern. Hildebert näherte sich damit der Meinung von Symmachus und Zosimos so weit, daß Lessing (Schriften XV *1900*, 270) ihm das Gedicht absprach und es in die heidnische Spätantike zurückdatierte. Hildebert zeigt seine christliche Haltung aber dann doch, indem er schrieb: Roms Fall sei erfreulicher als die einstige Größe: *plus aquilis vexilla crucis, plus Caesare Petrus*, die Bekehrung wiege mehr als die Herrschaft. Der Ansatz zu einer progressiven Deutung wird ergänzt durch die Mahnung des Seelsorgers: wenn jetzt der Senat vergangen ist, die Theater darniederliegen, das Volk seine Rechte, der Bauer seine Äcker verloren hat, dann soll dies eine Warnung sein: niemand hänge sein Herz an irdische Güter, das Kreuz Christi allein bringe Hoffnung (Schramm *1957*, 296 ff.).

Wohl die bedeutendsten historiographischen Äußerungen des Mittelalters zum Fall Roms verdanken wir OTTO VON FREISING. Er verfaßte seine 1146 abgeschlossene Weltchronik in Anlehnung an die Kirchenväter, vor allem Augustin. Die Geschichte gliederte er nach den vier Weltreichen Daniels, deren letztes, das römische, von Romulus und Remus bis zu seiner Gegenwart reiche. Der Fall Roms im 5. Jahrhundert hat in diesem Schema kein Gewicht, doch benutzt Otto auch andere Gliederungssysteme. Gemäß dem Denkbild der Weltenwoche beginnt der sechste Tag mit der Fleischwerdung Christi und dem Friedensreich des Augustus, das im Gefolge von Origenes und Orosius als Wegbereiter der Mission verstanden wird (III pr.). Von diesem Zeitpunkt an setzte der Aufstieg der *Civitas Dei* und der Abstieg der *Civitas terrena* ein, die auch als *Civitas Diaboli* oder *Civitas perversa* bezeichnet wird. Hier fällt eine Zäsur in die römische Geschichte. Mit der Zeitenwende öffnet sich eine Schere. In seiner Gegenwart, meint Otto, habe zwar das Wissen seinen Hochstand, die Welt aber ihren Tiefpunkt erreicht. Das *senium mundi* sei fortgeschritten und das Ende stehe bevor (II 13; IV 36). Die Spätantike fällt somit in den letzten Weltentag. Ihr widmet Otto das vierte der acht Bücher seiner Chronik. Es setzt ein mit dem Herrschaftsantritt Constantins und dem Sieg des Christentums, es endet mit der Absetzung des Romulus Augustulus und der Taufe Chlodwigs.

Die epochalen Ereignisse deutete Otto gemäß der Tradition, in der er stand. Den Tod des Valens bei Adrianopel begriff er als Strafe für dessen arianische Ketzerei. Alarich in Rom 410 war Otto ein Zeichen der göttlichen Vorsehung, das den Untergang des Imperiums ankündigen sollte. Otto erwähnt, daß die Heiden die Unglücksfälle den Christen zugerechnet hätten, durch Augustin und Orosius aber widerlegt worden wären. Auch die Eroberung Roms 455 durch Geiserich ist für Otto ein Niedergangssymptom. Die Absetzung des Romulus 476 war dann das Ende des römischen Imperiums im engeren Sinne. Dessen Ursache fand er wie Berengaudus und Sigebert zuvor in der göttlichen Vergeltung: was die Römer den Völkern angetan, hätten diese jenen nun mit gleichem Maße zurückgegeben. Dennoch benutzte Otto die Gelegenheit zu einer melancholischen Betrachtung über die Vergänglichkeit. Für seine Kontinuitätsthese wichtig war der Anschluß an den Aufstieg und die Christianisierung der Franken. Beides sei in jenem Augenblick erfolgt, in dem das eigentliche Römerreich endete: Als Rom fiel, übernahm Francia die Krone (Chron. IV 33). Die Herrscher werden durchgezählt: Konrad III. sei der 93. Kaiser seit Augustus (Chron. VII 34). So schreite die Macht und die Weisheit von Osten nach Westen fort – ein Gedanke den Hegel aufgriff.

Die Auflösung des Imperiums im 5. Jahrhundert war Otto von Freising somit bewußt. Daß er ihr keine epochale Bedeutung zumaß, beruht auf dem heilsgeschichtlichen Schema, an dem er festhielt. Historische Einsicht und christliches Dogma stehen unvermittelt nebeneinander, und letzterem gebührt der Vorrang. Otto (Chron. III pr.) erklärt das Suchen nach *fortuitis casibus* für eitel, man müsse es dem Belieben des Töpfers überlassen, Gefäße der Ehre und Gefäße der Schande zu töpfern (vgl. Röm. 9, 21). Gott allein hat zu erniedrigen und zu erhöhen (vgl. Ps. 75, 8 f.), er ändert Zeit und Stunde, setzt Könige ab und setzt Könige ein (vgl. Dan. 2, 21). Damit befindet sich Otto im Einklang mit den einschlägigen Stellen des Alten wie des Neuen Testaments und mit dem als Motto dieses Kapitels gewählten Wort Augustins. Insofern dürfen wir Ottos Haltung als *die* christliche bezeichnen.

II. 2. c. Zusammenfassung der mittelalterlichen Stimmen

In der Literatur des Mittelalters ist der Fall Roms kaum als Ereignis wahrgenommen, nirgends als Rätsel empfunden worden. Als Gründe dafür lassen sich einerseits das geringe historische Interesse allgemein und andrerseits die christliche Lehre anführen. Dem Gläubigen gab die Bibel die Antwort: „Gott macht's, wie er will, beide, mit den Kräften im Himmel und mit denen, so auf Erden wohnen" (Dan. 4, 32). Darüber kommt menschliches Grübeln nicht hinaus. Menschliches Wissen, meinte der Apostel Paulus (1. Kor. 8, 1 f.) bläht auf; und so sich jemand dünken läßt, er wisse etwas, der weiß doch nichts, wie er wissen soll.

Wer sich mit der Bibel nicht zufriedengab, konnte sich an die Kirchenväter um Auskunft wenden. Sie haben die historische Selbsteinordnung auf exegetischem Wege versucht. Die Schöpfungswoche und das Gleichnis der Arbeiter im Weinberg wurden allegorisch auf die Geschichte übertragen und der Traum Nebukadnezars vom Koloß auf tönernen Füßen im Buch Daniel galt als Bild der Weltgeschichte. Sowohl in den beiden erstgenannten Gliederungsschemata als auch in den beiden Auslegungen Daniels (gleichgültig, ob man den herabrollenden Stein romtheologisch mit der erwarteten Wiederkehr des Herrn oder posthistorisch mit Jesus verband), in allen mittelalterlichen Periodisierungssystemen der Geschichte erschienen die *tempora Christiana* als Einheit, war das römische als letztes der vier Weltreiche in irgendeiner Form als fortexistierend angenommen. Allemal war die Zeit seit Jesus und Augustus die bis in die jeweilige Gegenwart andauernde Geschichtsperiode. Für die Auflösung des römischen Reiches oder gar für das Ende der Antike war in diesen Schemata kein systematischer Ort vorgesehen.

Die herrschenden Mächte des Mittelalters legitimierten sich historisch durch ihre Kontinuität aus der Römerzeit und trugen dadurch dazu bei, die Völkerwanderung als Zäsur zu verdecken. Am begreiflichsten ist dies für die *byzantinische Perspektive.* Sie sah nur den durchlaufenden Strang und räumte allenfalls den Verlust von Randprovinzen ein. Konstantinopel verstand sich als die Erbin Roms, und dieser Anspruch wurde in der arabischen und russischen Literatur anerkannt. Für die *katholische Sicht* der Päpste indessen war Rom das *caput mundi* geblieben. Das Imperium hatte sich mit Constantin in ein geistliches Gebilde verwandelt, die Päpste betrachteten sich als Nachfolger der Kaiser und dokumentierten dies durch die Ende des 8. Jahrhunderts gefälschte constantinische Schenkung. Die Dekadenz von Staat und Kultur in der Spätantike konnte unter solchen ideologischen Voraussetzungen nicht zum Problem werden.

Eine Andeutung dessen zeigt sich jedoch in der *germanischen Tradition.* Mit der Kaiserkrönung Karls d. Gr. war sowohl der byzantinische als auch der päpstliche Herrschaftsanspruch in Frage gestellt. Die Lehre von der Übertragung der Reichsgewalt, der *Translatio Imperii* schuf Raum für das Bewußtsein der abgebrochenen Kaiserfolge, sobald die Frage auftauchte, wessen Nachfolger Karl denn eigentlich sei. Schon im Prolog zur *Lex Salica* waren die Franken als Überwinder der Römer gefeiert worden. Die spätantiken Chroniken und die Ruinen Roms erinnerten an ein Reich der Vergangenheit. So keimte neben dem herrschenden Glauben an den Fortbestand des Imperiums die Einsicht auf, daß zwischen dem karolingischen und dem constantinischen Reich ein Bruch liege.

Einzelne mittelalterliche Autoren haben darum, wie Otto von Freising, in der Kontinuitätsfrage eine Zwitterhaltung bezogen oder gar humanistische Gedanken um Jahrhunderte vorweggenommen, so Eugenius Vulgarius im Westen und Michael Psellos im Osten. Dennoch trafen sie auf eine festgefügte Gedankenwelt, auf unbefragte Mächte wie Kaiser und Kirche, die sich in eine institutionelle und ideelle Kontinuität mit dem römischen Imperium stellten. Die *Translatio Imperii,* unterstützt durch Latinität, Katholizismus und die Erwartung des nahen Weltendes im Anschluß an die gegenwärtige Reichszeit haben nur den personellen und ethnischen Wechsel im Träger des Kaisertums ins Bewußtsein gerückt, das Imperium jedoch als historische Einheit gezeigt.

Das Bestreben, die Antike fortzuführen, kommt wie im politischen und kirchlichen Bereich in jenen Geschichtsfiktionen zutage, die zwischen den eigenen Vorfahren und den Alten Verbindungen hergestellt haben, so in der Annahme, von Völkern der klassischen Welt abzustammen (die Burgunder von den Römern, die Franken von den Trojanern, die Sachsen von den Makedonen), oder in der Behauptung, Persönlichkeiten der römischen Geschichte hervorgebracht zu haben (Trajan als Spanier, Pius als Gallier, Constantin als Britannier) oder solchen mannhaft beigestanden zu haben (Annolied).

Dem Mittelalter ist in der Geistesgeschichte eine undankbare Aufgabe zugefallen. Es sollte die Keime, die sich aus dem Altertum erhalten haben, pflegen und bewahren und ihrem erneuten Aufblühen in der Renaissance den Boden bereiten. Die mittelalterliche Literatur ist von Humanisten und Aufklärern verhältnismäßig wenig gelesen worden, sie stand ihrem Bewußtsein fern,[4] und dennoch verdanken sie dem Mittelalter das soziale, ökonomische und politische Gehäuse für eine Gedankenwelt, die aus anderen Sphären kommt und in andere Sphären führt. Wie die Völkerwanderung für die Zivilisationsentwicklung, so bildet das Mittelalter für die Geistesentwicklung eine Art Wespentaille.

Im Vergleich zu den beiden angrenzenden Zeiten ist das mittelalterliche Denken, und das gilt auch für seine Ansichten über das Ende des Römerreiches, durch seine Geschlossenheit bemerkenswert. Der Rahmen der *ex cathedra* interpretierten Bibel wird respektiert. Erst nachdem die antiken Schriftsteller ihrerseits autoritären Rang gewonnen hatten und das katholische Interpretationsmonopol der Heiligen Schrift aufgebrochen war, weitete sich der Spielraum für die Diskussion.

---

[4] Nach Schalk (*1972,* 15) verzeichnet der 1685 erschienene ›Dictionnaire‹ von Bayle 571 Artikel über die Antike, 240 über das Mittelalter und 927 über das 16. und 17. Jahrhundert.

II. 3. Verfall und Erneuerung Roms im Denken der Humanisten

Scientiae ipsae obrutae sunt librorum multitudine. Cardanus op. X 436

Wenn die Humanisten die Neuzeit eröffnet haben, so diente ihnen das Altertum als Schlüssel dazu. Gleichzeitig setzen sie sich gegen das Mittelalter ab, und daraus erwuchs jenes Schwellengefühl, das die Denker der Renaissance auszeichnet. Klarster Ausdruck dessen ist der bekannte Ausruf Ulrich von Huttens vom 25. X. 1518: *O seculum! o literae! Juvat vivere ... vigent studia, florent ingenia.* Dergleichen ist aus dem Munde eines mittelalterlichen Menschen kaum vorstellbar. Die aufblühenden Studien führten dann zwei Generationen später zur Klage des Cardanus, daß die Wissenschaft durch einen Berg von Büchern verschüttet worden sei.

Die humanistischen Stimmen zu unserem Problem lassen sich im Hinblick auf ihre Herkunft nach italienischen und transalpinen Autoren unterscheiden. Die Italiener beginnen früher und enden später, in Deutschland und Frankreich konzentrieren sich die Äußerungen auf das 16. Jahrhundert. Ein gemeinsames Motiv beider Gruppen ist einerseits die Hinwendung zur Antike und andrerseits die Abkehr vom mittelalterlichen Universalismus zugunsten eines nationalen Selbstbewußtseins. Dieses beruft sich in Italien auf die republikanische Zeit Roms, in Deutschland auf die alten Germanen, während in Frankreich das keltisch-gallische, das römische und das germanisch-fränkische Erbteil um den Vorrang streiten. Insofern sich das Altertum nationalen Besitzansprüchen entzog, liefert es nur das Material, nicht die Idee zum aufkeimenden Patriotismus. Die Antike diente als Arsenal für verschiedenste Zwecke und bot gegenläufigen Richtungen die geistigen Waffen: das lehren die Auseinandersetzungen zwischen den Humanisten und den mittelalterlichen Mächten ebenso wie die zwischen italienischen und transalpinen, oder französischen und deutschen Humanisten.

II. 3. a. Italienische Humanisten

Die Erinnerung an Roms große Vergangenheit ist zumal in der Ewigen Stadt selbst lebendig geblieben und hat dazu geführt, daß bereits im hohen Mittelalter Versuche unternommen wurden, die republikanische Ordnung zu erneuern. 1143 warf das revoltierende Stadtvolk Roms die päpstliche Herrschaft ab, setzte einen Senat ein und berief in ARNOLD VON BRESCIA den „Volkstribunen im Priestergewande" (Gregorovius, Rom IV 453). Gegen ihn rückten Kaiser und Papst zusammen, 1155 endete Arnold auf dem Scheiterhaufen. Ganz aus dem Geiste des Humanismus stammt dann der Plan des COLA DI RIENZO, die römische Republik zu erneuern. 1347 ergriff er als Volkstribun und Dictator die Macht in Rom, sein

Ideal verband die republikanische und die constantinische Tradition (Burdach *1913*, 213 ff.). Auch ihm blieb die Unterstützung des Kaisers versagt, nach sieben Monaten erlag er der Macht des Papstes (Piur 1931). Einen dritten, weniger glanzvollen Versuch unternahm 1453 Stefano PORCARO, auch er scheiterte (Gregorovius, Rom VII 127 ff.). Gegen derartige Pläne haben Kaiser und Papst zusammengestanden, ihre inneren Differenzen traten zurück, sobald gegen die traditionelle Machtbasis beider die Antike beschworen wurde.

Die genannten Reformversuche entsprangen der Begeisterung der italienischen Humanisten für das klassische Rom in der Hoffnung auf eine Renaissance der römischen Kultur. Voraussetzung war die Erkenntnis, daß das antike Erbe in den Jahrhunderten seit dem Fall Roms verschüttet worden war, daß über die unmittelbare Vergangenheit zurückgegriffen werden müsse. Aus diesem Gefühl heraus entstand eine neue Geschichtskonzeption, die an die Stelle der vier Weltreiche Daniels eine andere Gliederung setzte: die Gegenwart erschien als neuer Sonnenaufgang, der entschwundene Tag war das lichte Altertum, und dazwischen lag ein Mittelalter, das je nach bevorzugter Metaphorik als „finstere Nacht" (Varga *1932*; Arnold *1981*), als Wüste oder als Winter verstanden wurde (II. 5. a!). Daraus ergab sich eine Zweiteilung der Geschichte in eine alte und eine neue Zeit, nach Belieben um eine dritte, mittlere zu erweitern.

Der geistige Vater des Humanismus und zugleich der „Entdecker der Alten Geschichte" (Gundolf *1924*, 105) war der Freund Rienzos Francesco PETRARCA. Die ältere heilsgeschichtliche Ansicht, daß mit Christus die Sonne der Gerechtigkeit über der heidnischen Finsternis aufgegangen sei, wird bei ihm überschattet von der Trauer darüber, daß mit dem Ende der römischen Freiheit die Sonne der Kultur in barbarische Nacht versunken sei (Mommsen *1942*, 227; 234). Wie später Poggio und Gibbon auf dem Kapitol, so saß er auf den Gewölben der Diocletiansthermen und bedauerte Roms Fall (Fam. II S. 58). Die Majestät Roms, so heißt es im Briefgedicht an Clemens VI. (v. 187 ff.), spreche unbesiegt noch aus dem letzten Stein durch die Jahrhunderte. 1342 besang Petrarca in seinem Epos ›Africa‹ den älteren Scipio Africanus, den Besieger Hannibals; das Gedicht von 1344 ›An die Großen Italiens‹ feiert Marius und Caesar als die Bezwinger eben jener Germanen, die als Söldner auch das gleichzeitige Italien verwüsteten (Mazzarino *1959/61*, 81). Obschon auch Karl d. Gr. Petrarca als Barbar erschien (Fam. I S. 25), kann man doch nicht von einem deutschfeindlichen Antigermanismus bei ihm sprechen. Dies lehren seine wiederholten schwärmerisch-beschwörenden Versuche, Karl IV. dazu zu bewegen, nach Rom zu kommen und den Glanz des Imperium Romanum zu erneuern, dessen unverrückbares Zentrum die Ewige Stadt sei (Ferguson *1939*, 7). In diesen Briefen vertritt Petrarca durchaus die mittelalterliche Position Dantes, wonach das Reich zwar darniederliege, aber im Prinzip noch bestehe. Immer wieder ertönt die Klage über den kulturellen und politischen Tiefstand der *moderni* gegenüber den *antiqui*. Nach dem Niedergang der Republik wird noch einigen Kaisern Achtung gezollt, aber mit der Herrlichkeit ist es vorbei: Petrarca verankert die *Imperii Romani ruina* im Alten Testament, indem er die Weissagung Bileams (4. Mose 24, 24) über den Sieg und Untergang der Völker aus *Chittim* mit der ›Vulgata‹ auf *Italia* deutet (Fam. II S. 339) und den Sturz des Daniel-Kolosses mit Isidor (II. 2. b!) als geschehen betrachtet: die Tonbeimischung sei gar nicht erforderlich gewesen, der Rost allein genügte (Fam. III S. 242 f.). Was Rom zerstörte, das war die Verdrängung der *virtus* durch die *segnities* (Fam. II S. 282). Rom richtete sich durch innere und äußere Kriege selbst zugrunde (III S. 101 f.), der Niedergang hat moralische Ursachen. Damit erfüllte Rom das Naturgesetz der Vergänglichkeit, das Petrarca zu betonen nicht müde wird (Fam. I S. 34; II S. 27 f.; III S. 239 f.; IV S. 17): *cuius enim gentis immortalis erit virtus, cum fuerit Romana mortalis? et urbibus et orbi senectus est sua, suum declivium, sua mors.* Das römische Reich habe nicht nur ein Ende, sondern einen Zustand erreicht, der schlimmer sei als das Ende (Fam. III S. 242). Rom liefert das Muster für den Wandel des Glücks: *si de magne fortune casibus dubitas, ante omnia respice ad Imperium Romanum* (Fam. III S. 101). Dennoch war Petrarca nicht ohne Hoffnung. Er rechnete auf die belebende Wirkung der historischen Selbsterkenntnis: *quis enim dubitare potest, quin illico surrectura sit si ceperit se Roma cognoscere?* (Fam. II S. 58). Im Prinzip fassen wir bereits bei Petrarca das dreiteilige Geschichtsschema Altertum–Mittelalter–Neuzeit.

Gleichgestimmte Töne vernehmen wir bei Petrarcas Gesinnungsfreund, Giovanni Boccaccio. In seiner Schrift ›De casibus illustrium virorum‹ (*1358/1962*) wird im Anschluß an Odoakar eine große Romklage ausgebracht: *infoelix nimium Roma! quas in tenebras luctusque avaritia, discordia et vesana tuorum ambitio te deduxit?* Einst gewann Rom die Welt, nun ist Rom deren Beute, ein Beispiel menschlicher Vergänglichkeit, wie die zerfressenen Monumente alter Größe bezeugen (202 ff.). Boccaccio rechnet die Spätantike (bis 476) in die große Zeit, deren Ende als Schuld der Römer selbst aufgefaßt wird.

Eine germanenfeindliche Tendenz zeigt die Chronik des Florentiners Giovanni Villani († 1348). Insbesondere die Goten werden als kultur- und menschenverachtende Barbaren hingestellt; mit Vandalen und Hunnen fließen sie in eine einzige Gruselbande zusammen (II c. 1 ff.). Nachdem Constantin das Römerreich auf die Griechen übertragen hätte und Rom von den Kaisern verlassen worden wäre, hätten die Goten das Imperium böswillig zerschlagen (I c. 61). Die welthistorische Bedeutung der Völkerwanderung begründete Villani nach arabischem Vorbild astrologisch. Anläßlich der 1345 eingetretenen Konjunktion von Juppiter und Saturn im Zeichen des Wassermannes erklärte er, diese Konstellation verkündete große Ereignisse. Achtundvierzig Konjunktionen zusammen bilden die „mächtigste Epoche von 960 (953) Jahren" (Bezold *1892*, 46 f.). Wer zurückrechne, finde: *il cominciamento del calo della potenzia del romano imperio alla venuta de' Goti e de' Vandali in Italia e molte turbazioni a santa chiesa et caetera* (XII c. 41).

Die Einsicht in den Kontinuitätsbruch erwuchs aus dem Gegensatz gegen die Machtansprüche der weltlichen und geistlichen Erben des Altertums. 1440 bewies Laurentius Valla in seiner Schrift ›De falso credita et ementita Constantini donatione Declamatio‹, daß die Urkunde der constantinischen Schenkung eine curiale Fälschung ist.[1] Valla fragt, ob Silvester etwa nur nachts oder im Walde (!) regiert habe, da nicht einmal die päpstlichen Quellen, geschweige denn die übrigen spätantiken Autoren von diesem *Silvestrianum imperium* berichten (Op. I 771). Valla verweist darauf, daß es keine Papstmünzen gibt, daß die in der Urkunde verwendeten Begriffe *rex* und *satrapa* dem römischen Staatsrecht fremd sind (772–779), daß die Nachfolger Silvesters Bischöfe und keine weltlichen Herren waren, wie namentlich Gregor d. Gr. zeige. Die Kaiser hätten vielmehr die Herrschaft über das Westreich auch noch nach Constantin besessen (771).

Über das Ende des Westreiches macht Valla nur Andeutungen, doch zeigen diese, daß ihm der Bruch bewußt war. *Populus Romanus ob nimias opes veram illam Romanitatem perdidit* (795), hier hören wir Sallust oder Livius. Deren populare Grundhaltung teilt auch Valla, sein Herz schlägt für die heroische Zeit der Republik. Dem Kaisertum haftet das Odium an, sich nicht auf Senat und Volk, sondern nur auf das Heer zu stützen (D'Elia *1967*, 42), und sogar militärisch hätten die spätantiken Kaiser versagt, als die Goten auf dem Territorium des Imperiums ihre Reiche gründeten (792). Valla setzt dem Erbrecht das Prinzip der Volkssouveränität entgegen: die Erhebung von Volkskönigen scheint ihm ein gültiger Rechtsakt, und damit ist die imperiale Sukzession unterbrochen. Die Päpste hätten die Kaiser gekrönt, um diese von sich abhängig zu machen, in Wahrheit liege das Recht zur Kaisererhebung allein beim *populus Romanus* (789 f.). Das hat politischen Tageswert. *Et si licet aliis nationibus, quae sub Roma fuerunt, aut regem sibi creare aut rem publicam tenere: multo magis id licere populo Romano, praecipue adversus novam papae tyrannidem* (vgl. Gregorovius, Rom VII 542 f.). Valla stützt seinen Protest gegen die Herrschaft Eugens IV. auf die These, daß der Geistlichkeit keinerlei weltliche Herrschaft zustehe (Op. I 762; 793), daß diese vielmehr mit dem Erlöschen des Westreiches zu Recht an die Nachfolgemächte übergegangen sei.[2]

Deutlicher noch als bei Valla wird das Bewußtsein vom Fall Roms bei Leonardo Bruni aus Arezzo († 1444). Im ersten Buch seiner ›Historiarum Florentini populi libri XII‹, verfaßt 1429 und 1473 in italienischer Übersetzung gedruckt, wird der Niedergang Roms mit dem Verlust der Freiheit unter den Kaisern eröffnet: *declinationem autem Romani imperii ab eo fere tempore ponendam reor, quo amissa libertate imperatoribus servire Roma incepit.* Hierin knüpft Bruni an die senatorische Historiographie der Kaiserzeit an. Mit der Freiheit sei auch die Tugend verschwunden: *cessit enim libertas imperatorio nomini, et post libertatem*

---

[1] Von mir benutzte Ausgabe: Valla, Opera I *1540*, 761–795. Im allgemeinen leichter zugänglich ist die von W. Setz 1976 für die Monumenta Germaniae besorgte Edition.

[2] Vallas Beweisführung ist nur sehr langsam zur Kenntnis genommen worden. In seiner Ende des 15. Jahrhunderts erschienenen Türkengeschichte hat Laonikos Chalkokondylas noch die Ansicht vertreten, Constantin habe, als er nach Thrakien übersiedelte, dem Papst die Herrschaft des Westens überlassen. Francesco Penni dekorierte eine Wand der Raffael-Stanzen des Vatikan für Papst Clemens VII. (1523–34) mit der *donazione di Constantino.*

virtus abivit. In der Republik stieg man durch *virtus* zu Ansehen und Macht empor, den Kaisern jedoch war sie verdächtig, sie förderten nur Schleicher und Schmeichler: *ita pro fortibus ignavos, pro industriis adulatores imperatoria suscepit aula, et rerum gubernacula ad peiores delata ruinam paulatim dedere.* Die entscheidende Wende wird mit Caesar verbunden (14), die Kaiserherrschaft sei eine verdeckte Tyrannei gewesen (*vera dominatio*, 22). Trotz äußerer Erfolge sei die moralische Substanz immer weiter verschlechtert worden. Die nächste Etappe eröffnete Domitian: *paulatim evanescere vires et prolapsa maiestas interire caepit ac deficientibus civibus ad externos deferri:* so wurden die Barbaren hereingezogen. Die dritte Stufe bildet die Übersiedlung Constantins nach Byzanz: *postquam vero Constantinus amplificata Bizantio ad orientem subsedit, Italia et caeterae occidentalis imperii partes quasi pro derelictis habitae negligi coeperunt ac tyrannorum barbarorumque invasionibus exponi.* Wie Sturzfluten *(diluvia)* hätten diese das ausgedünnte Westreich überschwemmt (15). Die vierte und letzte Etappe ist schließlich die Absetzung des Romulus durch Odoakar, damit habe der Westen über dreihundert Jahre keinen Kaiser mehr besessen (19; 23). Zwar habe Justinian Italien noch einmal „befreit" (20 f.), aber mit den Langobarden sei das wieder vorbei gewesen. Die Kaiserkrönung Karls d. Gr. wird von Bruni als Erneuerung des Westkaisertums begriffen. Wie Valla betonte er, daß die Päpste kein Recht auf die Kaisererhebung hätten, dies sei vielmehr Sache des *populus Romanus.* Karl d. Gr. wird mit Sympathie dargestellt, die folgende Entzweiung zwischen papst- und kaiserfreundlichen Italienern bedauert und die Rückkehr der italienischen Städte zur Freiheit nach der Abwanderung des Kaisertums zu den Deutschen begrüßt (23). Bruni eröffnet die republikanische Deutung des Falles Roms. Sie ist in der Aufklärung weitergeführt worden und reicht in deren liberalistischen Nachfolgern bis in die Gegenwart (III. 4. c!).

Daneben hat Bruni auch dem „Kampf um Rom" ein eigenes Werk gewidmet: ›De bello Italico adversus Gothos‹ von 1441. Darin wird der Gotenkrieg Prokops in einer barbarenfeindlichen Haltung bearbeitet. Bruni stimmt im Prooemium eine große Klage über den Einbruch der Goten nach Italien an und sucht in der Beschreibung der Niederlage Athens 404 durch Xenophon und der des Galliersturms 387 auf Rom durch Livius eine Entschuldigung dafür, eine solch traurige Episode überhaupt darzustellen. Trost fand Bruni darin, daß Italien die Eindringlinge schließlich überwunden habe und zu neuer Blüte gelangt sei (Goez *1958*, 238 ff.). Der Gedanke der Renaissance, des Wiederaufblühens wird sogar auf die italischen Gemeinwesen nach dem Erlöschen der Herrschaft Roms angewandt (D'Elia *1967*, 32).

Eine verbreitete Form der Antikensehnsucht der Humanisten war die Melancholie angesichts der Ruinen Roms. In seinen ›Historiae de varietate fortunae libri VI‹ *(1450/1723)* klagte Gian Francesco Poggio-Bracciolini über die Vergänglichkeit irdischer Größe, wie sie die Trümmer Roms bezeugten. Auf dem Capitol sitzend, wie später Gibbon, verglich Poggio den gegenwärtigen Zustand mit dem der Zeit Vergils (S. 5 f.). Die Ruinen erschienen ihm gleichsam die Knochen eines Giganten (S. 5 f.). Daß den Autor weniger die Eitelkeit alles Menschenwerkes als die Bewunderung einer besseren Vergangenheit bewegt, zeigt, wie die christliche durch die humanistische Ruinendeutung abgelöst worden ist. Dies gilt selbst für Aeneas Silvius Piccolomini, seit 1458 Papst Pius II., der in einem Epigramm auf die Ruinen Roms darüber klagt, wie das Volk den antiken Marmor in die Kalköfen steckt (bei Kytzler 464). In seiner Haltung zu Rom verkörpert Enea Silvio den Humanisten. Seine ›Historia Gothorum‹, ein Auszug aus Jordanes, übernimmt die Nachricht vom Ende des Westreiches 476 und tendiert zu einer innenpolitischen Erklärung: *nullum est imperium, quod civilis discordia non evertat.* Im 82. Brief wird auch dem erneuerten, gegenwärtigen Reich das Ende vorausgesagt: *est omnium potestatum finis, nec Romanum imperium, ut Vergilius credidit, sine fine datum est, quod sic tam videtur aegrotum, ut de sepultura magis quam de medico sit cogitandum.* Der Glaube an die Ewigkeit von Staaten sei ohnedies dumm: *insulsi est animi, manentem in terris exquirere civitatem* (ep. 111).

Am eingehendsten unter den italienischen Humanisten hat sich wohl Flavius Blondus († 1463) mit dem antiken Rom befaßt. Sein Interesse spricht aus den drei großen Werken, den 32 Büchern ›Historiarum ab inclinatione Romanorum Imperii‹ (HI), einer Geschichte Roms vom Gotensturm Alarichs an; aus der ›Roma instaurata‹ (RI), einer römischen Topographie im Dienste der Denkmalpflege; aus der ›Roma triumphans‹ (RT), einer systematischen Beschreibung des römischen Reiches (Religion, Verwaltung, Armee, Kultur, Recht) und schließlich den ›Scritti inediti‹ (SI).

Das Imperium, so meinte Blondus, sei die größte Wohltat Gottes am Menschen, Rom habe Europa zivilisiert (RT 2). Rom sei *omnium quae universus orbis ubique habet bonarum rerum seminarium* (RI 222), und daraus erklärt sich die Begeisterung des Autors: *Romano nomini ita affecti sumus, ut nihil post religionem maiori colamus veneratione* (271). Roms Aufstieg gründete Blondus auf Moral, Recht und Staat (RT 115), doch hätten die schlechten Vorbilder des Adels die Sitten des Volkes in der späten Republik ruiniert (119). *Viri triumphales, qui orbem vicerunt, a luxu sunt victi,* heißt es im Anschluß an Macrobius und Sallust (184). *Simul cum ipsis sancte vivendi artibus labi ac ruere ac penitus inaniri Romana res coepit* (116). Dennoch beginne die *inclinatio* nicht, wie viele meinten, bereits mit der Diktatur Caesars und dem Verlust der Freiheit (HI 4), denn die Kaiser hätten das Reich sogar noch vergrößert. Im Gegensatz zur republikanischen Haltung Brunis bekennt sich Blondus zur Monarchie, zum Kaisertum. Nicht dieses als solches, sondern äußere Gründe werden für den Zerfall herangezogen, in letzter Instanz sind die Germanen die Schuldigen. Gewiß nennt Blondus auch innere Schwächegründe: die Verlagerung der Hauptstadt nach Byzanz, die Christenverfolgung und der Wechsel des Glücks, doch wird dies nicht hoch bewertet, denn noch unter Theodosius habe das Reich in seiner ganzen Größe bestanden (HI 3).

Den Beginn der *inclinatio* verbindet Blondus mit der Einnahme Roms durch

Alarich, angeblich am 1. April 412. Diese Zäsur wird er nicht müde zu betonen[3]. Im Gefolge von Orosius bezichtigt er Stilicho, die Goten als eine *ferox et inquietissima gens* ins Reich hereingelassen zu haben (HI 5; 8; 11). Ausführlich werden die Germanenkriege geschildert, die dann 476 von der *inclinatio* in den *occasus imperii* geführt hätten. Fortan habe es keine Kaiser aus dem römischen Volke mehr gegeben (30). Obwohl Blondus die von ihm „beweinte" *inclinatio* bis auf seine Gegenwart dauern läßt (10; RT 68), zeigt er den Goten gegenüber keine grundsätzliche Ablehnung. Theoderich habe sich um die Erneuerung der Stadt bemüht, die Abtragung der antiken Bauten sei erst Schuld ihrer späteren Benutzer (RT 255 f.). Schließlich sei Rom nicht spurlos untergegangen: neue Städte hätten das Erbe der alten angetreten (HI 30), die Kirche setze das Imperium im Reiche der Geister fort (RI 271; RT 217), und seine weltliche Form sei durch die Franken wiederhergestellt worden: *Romanam rem collapsam omnem primus in Italia restituit Carolus rex Francorum,* der zu Recht der Große heiße (SI 62). Damit sei das Imperium auf die Germanen übergegangen (109). Nicht sie werden von Blondus als die Gegner betrachtet, sondern die Türken. Gegen sie möge sich die lateinische Christenschaft zusammenschließen (109 f.; RT 1; 117) und dabei Rom als verpflichtendes Vorbild anerkennen. Seine Größe zeige sich darin, daß die Vergänglichkeit als solche, *barbarorum quoque furor et gentium vel invidia vel superbia* es nicht habe auslöschen können (SI 162; 219).

Als Versuch, Blondus zu verbessern, verstand Johannes Baptista Cipelli, genannt Egnatius, aus Venedig seine 1518 mit anderem Schriftgut von Erasmus publizierten ›Romanorum Principum libri tres‹. Die Einnahme Roms durch Alarich wird durch eine große Lamentation herausgestrichen, der darauf folgende Sturz der römischen Staatsordnung *(funditus eversa)* erscheint als Rache der einst von Rom bedrängten Völker. Unser damaliger Staat, heißt es, war so gealtert, daß wir, um Rom zu halten, fremder Hilfe bedurften. *Italica virtus simul cum imperii lapsu consenuerat.* Über eine kausale Priorität verlautet nichts. Der Autor beklagt, daß die deutschen Herrscher sich römischer Titel bedienten, doch bezeugt die Verbeugung vor Maximilian, daß auch dessen Anspruch auf das Romerbe nicht völlig bestritten wurde (839 f.). Beide Positionen stehen nebeneinander. Bedeutsamer ist die der Diskontinuität, die in demselben Sammelband Pomponius Laetus († 1497) vertrat. In dessen ›Romanae Historiae Compendium‹ heißt es, Odoakar habe das etruskische Zwölfgeierorakel erfüllt (812) und Roms Herrschaft beendet.

Neben die ethische Auswertung des Falles Roms durch Blondus setzte Niccolo Machiavelli die pragmatische (Rehm *1930*, 53 ff.). Er hat sich mit dem Ende des Imperiums nicht so ausführlich befaßt, wie mit dessen Anfang, und doch fügen sich seine verstreuten Äußerungen zu einem geschlossenen Ganzen zusammen. Als Humanist setzt Machiavelli diskussionslos voraus, daß es mit der Herrschaft Roms vorbei ist. Die *declinazione di Roma* ist für ihn ein Ereignis. Dem-

[3] RI 223; RT 68; 152; HI 3; 10; SI 32; 162; 180.

entsprechend benutzte er das Schema der Weltreichsfolge nicht mehr wie bisher in eschatologischer Absicht, sondern rein historisch. Die erste Machtkonzentration fand er in Assyrien, es folgen Medien und Persien und schließlich Italien und Rom. Dessen Reich war auch für Machiavelli das letzte Weltreich, aber nicht, weil es noch andauerte, sondern weil es sich in Einzelstaaten aufgelöst hatte und kein neues *Weltreich* seither entstanden war. Aufstieg und Niedergang, die sich ursprünglich sukzessiv vollzogen, sind nun in mehreren parallelen Völkergeschichten zu beobachten. Erben Roms sind die Nationen, Machiavelli empfindet sich nicht als Florentiner, nicht als Katholik, sondern als Italiener (Disc. II pr.).

Den Vollzug der inneren Auflösung gliederte Machiavelli wie Bruni in Etappen. Als erste nennt er den Tod des Theodosius 395 und die Reichsteilung in, wie er meint, drei Regionen: den Osten unter Arcadius, den Westen unter Honorius und den Süden unter Gildo. In dieser Situation sei es Stilicho gelungen, die Macht an sich zu reißen. Machiavelli steht hier in der orosianischen Tradition. Stilicho habe, um seine eigene Stellung zu festigen, die Germanen ins Reich gelassen, so daß eigentlich ihn die Schuld am Fanal des Niedergangs trifft, an der Eroberung Roms durch Alarich 410, die Machiavelli mit Blondus ins Jahr 412 datiert. Die Absetzung des Romulus Augustulus besiegelt für Machiavelli den Prozeß, denn Odoakar habe sich als erster Barbarenfürst damals in Italien niedergelassen (Flor. I 3).

In dieser Epochenfolge ist zugleich dem äußeren Faktor, dem Barbaren-Einbruch, das nötige Gewicht zugemessen. Machiavelli stellte den Vorgang in eine doppelte Perspektive. Zum ersten fragte er nach den Gründen jener Wanderungen. Er fand sie in den harten Lebensbedingungen Nordeuropas. Diese hätten zum einen die Vermehrung der Bevölkerung begünstigt und zum andern eine wiederholte Auswanderung erzwungen. Seit dem Ansturm der Kimbern unter Marius hätten Germanen Land im Reich gesucht (Disc. II 8; Flor. I 1–9). Zum anderen überlegte Machiavelli, weshalb die Römer der „Skythen" früher Herr geworden seien, in der Spätzeit aber nicht mehr. Er sah, daß sich der Druck seitens der Germanen verstärkte, indem am Ende nicht mehr ein Volk allein, sondern mehrere zugleich angriffen. Das aber schien ihm nicht der Hauptgrund. Diesen suchte er vielmehr in der innerrömischen Entwicklung.

Machiavellis Geschichtsdenken ist durch Sallust und Polybios geprägt, denen er die Kenntnis des Verfassungskreislaufs und des Dekadenzmodells verdankt. In deren Anwendung ist Machiavelli selbständig: Zwei Dinge seien am Untergang der Republik schuld gewesen: die Auseinandersetzungen um das Ackergesetz und die zunehmend häufige Verlängerung des Oberbefehls. Beides wurzele in der Expansion. Die Feldherren hätten dabei allmählich das Heer für sich gewonnen und damit die Freiheit untergraben, das beginne mit Marius und ende mit Caesar (Disc. III 24). Mit ihm beginne der Niedergang, die Römer seien satt und faul geworden (II 30). Ähnlich hatte Bruni das gesehen.

Der zunächst nur allmähliche Verfall sei durch drei Faktoren in bedrohliche Beschleunigung geraten. Der erste ist die Verlegung der Hauptstadt von Rom nach Byzanz, die schon bei Otto von Freising epochale Bedeutung hatte. Es folgen zweitens die Glaubenskämpfe zwischen Christen und Heiden, Katholiken und Sonderkirchen, ein Argument, das verstehen hilft, weswegen das Tridentiner Konzil den Bann über Machiavelli verhängte, obschon in der altchristlichen Literatur, etwa bei Sulpicius Severus (II. 1. b!), ganz ähnliche Gedanken stehen. Das dritte und wichtigste Moment war für Machiavelli die militärische Lage. Er machte sich jenen Gesichtspunkt zu eigen, den schon Synesios von Kyrene 399 vor Arcadius vertreten hatte, daß die Einstellung von Germanen ins Heer die römische Wehrkraft zersetzt habe. *E se si considerasse la prima rovina dell'imperio romano, si troverà essere stato solo il cominciare a soldare Goti; perchè da quel principio cominciarono ad enervare le forze dell'imperio romano; e tutta quella virtù che si levava da lui, si dava a loro.* Es folgt die Lehre für die Politik: *Conchiudo adunque, che senza avere armi proprie, nessun principato è securo* (Princ. 13). In der römischen Führung beklagt Machiavelli die Korruption. Unter Theoderich sei nochmals eine gewisse Stabilisierung eingetreten, aber danach seien die Verhältnisse turbulent geworden. Hauptschuld daran trage der Nutznießer: das Papsttum und die Kirche.

In seiner Haltung zur Geistlichkeit erinnert Machiavelli an die Ghibellinen, und in dieselbe Richtung wies sein schmeichelhaftes Deutschlandbild. Während er in Florenz wieder Parteikämpfe in der Art der späten Republik wüten sah (Ritter *1919*, 137ff.) und in den romanischen Ländern insgemein sittliche Verderbnis bemerkte, herrschten seiner Ansicht nach in Deutschland noch Anstand und Fleiß. Machiavelli dachte vorab an Städte wie Nürnberg. Der zivilisatorische Aufschwung in Deutschland lieferte ihm die Gewähr dafür, daß sich die Völkerwanderung nicht wiederholte, und die militärische Tüchtigkeit der Deutschen und Ungarn nahm ihm die Befürchtung, daß die immer wieder aus dem Osten hervorbrechenden Tataren eines Tages die Kulturwelt zerschlügen. Machiavelli sah in den Deutschen ein Bollwerk gegen die Barbarei des Ostens, ähnlich wie das Edward Gibbon, Friedrich Engels (MEW 35, 279; 282) und Adolf Hitler später getan haben. Trotz seiner distanzierten Haltung gegenüber dem Papsttum und seiner Achtung vor den Deutschen war Machiavelli weit entfernt davon, noch irgendwelche politischen Hoffnungen auf den Kaiser zu setzen. Aus eigener Kraft müsse Italien sich erneuern. Den Glauben daran gewann Machiavelli aus einer zyklischen Geschichtsauffassung, die in der periodischen „Erneuerung" ihr Prinzip findet. Aufstieg und Niedergang sind ihm das Gesetz der Geschichte: Von Natur aus sei es den menschlichen Dingen nicht erlaubt, still zu stehen. Wie sie daher die höchste Vollendung erreichten und dann nicht mehr steigen könnten, so müßten sie wiederum sinken. Und wenn sie soweit gesunken seien, daß sie nicht tiefer sinken könnten, so müßten sie abermals steigen. Das klassische Dekadenzmodell war für Machiavelli ein Weltgesetz (Flor. V 1) und der Fall Roms dessen Musterbeispiel.[4]

[4] Nur einen einzigen, aber prägnanten Satz über den Fall Roms finde ich in der ›Storia

Das Germanenbild der italienischen Humanisten scheint im allgemeinen abgewogen. Unerwartet finster ist es bei dem Dichter Giangiorgio TRISSINO, der in seiner ›Italia liberata da' Goti‹ *(1547/1729)* ein Epos auf Belisar schrieb, weil dieser Italien vor den wilden Goten befreit hätte. An Respekt gegenüber den deutschen Potentaten der Zeit ließ auch Trissino es nicht fehlen, und dasselbe gilt für den Augustiner-Eremiten aus Verona Onuphrius PANVINIUS. Er näherte sich in seinen ›Rei publicae Romanae commentariorum libri tres‹ *(1558)* unserem Gegenstand von der antiquarischen Seite und kam zu dem Resultat: *praecipuam imperii casus causam fuisse novam illam quam Constantinus fecit imperii constitutionem.* Panvinius rehabilitierte, Le Roy und Löwenklau vorwegnehmend, Zosimos, freilich so wie jene unter Absehung von der heidnischen Haltung des Zosimos. Constantins Fehler sei gewesen, die Flußgrenzen zu schwächen und das Reich zu teilen, das dann wegen schlechter Verfassung durch schlechte Regenten ruiniert worden sei (921). Die Germanen aus dem allezeit menschenreichen Norden hätten die seit Augustus wohlbewachten Grenzen offen gefunden. Adrianopel wird als Wende gewürdigt (925). 476 erlosch dann das Westreich, es folgte das Interregnum von 325 Jahren bis auf Karl d. Gr. (945). Panvinius läßt keinen Zweifel daran, daß damit das römische Reich dahin war (936), der Verlust der westlichen und östlichen Provinzen wird in geographischer Ordnung nacherzählt. Die Verknüpfung zwischen dem Römischen Reich, das der Autor behandelt, und dem Römischen Kaiser Ferdinand I., dem er sein Werk widmet, ist bloße Courtoisie.

Im gleichen Jahre 1558 dedizierte Panvinius seine vier Bücher über die ›Romanorum principes‹ Philipp II. und erweiterte in der *epistola nuncupatoria* die skizzierte Erklärung um den Gedanken, daß Constantin mit der Preisgabe des Westens schließlich auch das Schicksal des Ostens besiegelt habe, der nur darum noch eine Weile hielt, weil er den Germanenangriffen weniger ausgesetzt war. Dieses Argument ist im 19. Jahrhundert in die außenpolitischen Erklärungen (III. 6. b!) eingegangen, namentlich A. H. M. Jones hat von ihm Gebrauch gemacht.

Stärker spekulativ sind die Gedanken, die Hieronymus CARDANUS († 1576), Arzt, Mathematiker und Wundermann aus Pavia, dem Fall Roms gewidmet hat. In seinem ›Encomium Neronis‹ (Opera I 201) heißt es, Gott stürze die Weltreiche zur Strafe ihrer Sünden; die der Römer sei ihre Grausamkeit gewesen. Der Kreislauf, wie ihn auch Machiavelli hinter aller Geschichte erblickte, wird noch deutlicher in dem für uns wichtigsten Werk des Cardanus ›Die Arcanis Aeternitatis‹ (Opera X 13 f.). An der Tatsache des Falles Roms gab es für Cardanus keinen Zweifel. Wie Blondus zuvor verband er ihn mit Alarichs Einnahme der Hauptstadt. Das Geierprodigium des Romulus, das Rom 1200 Jahre Dauer verkündete,

d'Italia‹ (*1561/1929*, 2) von Francesco GUICCIARDINI († 1540). Dort heißt es: *lo impero romano, indebilito principalmente per la mutazione degli antichi costumi,* habe vor über tausend Jahren niederzugehen *(declinare)* begonnen. Es sind also auch hier nicht die Barbaren, sondern innere, sittengeschichtliche Momente, die Rom zerstörten.

habe sich in der Plünderung Roms durch Geiserich erfüllt (18). Cardanus versuchte zu beweisen, daß alle Staaten und sonstigen Menschendinge einer strengen mathematischen Gesetzlichkeit unterliegen. Ähnlich wie Firmicus Maternus (II. 1.a!) stellte er die Geschichte unter eine astrologische Gesetzmäßigkeit; entsprechend dem Wechsel der Planetenkonstellationen entstehe und vergehe alles Geschaffene (17 f.). Hierfür wird insbesondere Platons Spätwerk herangezogen.

Unterhalb dieser astrologischen Ebene vollzieht sich die Geschichte indessen nach säkularen Gesetzen. *Imperia destruuntur ob calamitates, quae exterius adveniunt, aut interius aut in ipsa stirpe.* Äußere Gründe waren für ihn Naturkatastrophen und Kriege, die inneren Ursachen werden getrennt in illegale wie Aufstände *(interius)* und legale wie Teilungen und sonstige politische Dummheiten *(in ipsa stirpe).* Das Ende Roms sei dieser dritten Gruppe von Übeln zuzuschreiben. Cardanus greift im Widerspruch zu Blondus wieder auf den Hauptstadtwechsel Constantins zurück: *mutatio sedis Imperii orbis destruit Imperium* (26 f.). Weil Großreiche, obschon sie die Kultur fördern (45), auf der Knechtschaft der Untertanen beruhen, brauchten sie ein Zentrum. Cardanus leitete aus dem Fall Roms eine Reihe von politischen Regeln ab: Reiche bedürften einer starken Hauptstadt, man könne sie nicht ungestraft teilen, die regierenden Kaiser müßten wenigstens 25 Jahre alt sein, der Luxus sei zu unterbinden, die Bürger müßten arm, der Staat aber reich sein, die Sorge um hinreichenden Nachwuchs dürfe nicht vernachlässigt werden (29 f.).

Cardanus hat daneben auch ein Stück mittelalterlicher Geschichtsanschauung mitgeschleppt. Er wertete wiederum die Danielprophezeiung aus und behauptete ihr Eintreffen: *Romanorum autem gens tum potens maximo Dei miraculo concidit tota.* Das Eisen-Ton-Gemisch der Füße weise auf die Reichsteilung: das Westreich sei eisern, das Ostreich tönern. Der alles zerschmetternde Stein wird auf Christus bezogen (41), wie wir dies von Tychonius, Primasius und Isidor her kennen (II. 2.b!). Trotz seinem Glauben an die Wahrheit von Vorhersagen meinte der Autor, man könne durch rechtzeitiges Erkennen das Verhängnis vermeiden (46). So wird ihm Rom wieder ein Exemplum, freilich eines unter anderen: die historische Bedeutung eines Ereignisses beruhe auf der Bedeutung des Historikers, der es beschreibe – das hat er von Sallust (Cat. 8) –, darum seien die Kriege der Völkerwanderung weniger berühmt als die von den historiographischen Größen des Altertums behandelten (16).

Eine historische Darstellung der Spätantike in den durch Machiavelli gesetzten Kategorien lieferte der in Modena lehrende Jurist SIGONIUS in seinen ›Historiae de occidentali imperio‹ *(1579).* Sie behandeln die Zeit vom Ende Diocletians bis zum Ende Justinians und begründen damit zwei für die spätere Forschung folgenreiche Epochendaten, 284 und 565 (II. 5.c!). Sigonius verstand diese Zeit als den Niedergang des Reiches (4). Unter den destruktiven Faktoren nennt er an erster Stelle das mit Diocletian beginnende Teilungsprinzip, Constantins Verlagerung der Residenz in den Osten, die geradezu als Reichsteilung angesehen wird, weiterhin die persönliche Schwäche der Kaiser und Befehlshaber (*duces,* 3), sowie zwei tieferliegende Ursachen: die inneren Auseinandersetzungen unter den Christen und die Vernachlässigung des Heerwesens (3 f.; 367). Gerade aus letzterem müsse man lernen, meinte Sigonius, der hier wie Cardanus das pragmatische Geschichtsinteresse der Humanisten zu erkennen gibt. Das Ende des von Augustus begründeten Reiches durch die Absetzung des Romulus 476 schien ihm ein Werk des unbeständigen Glücks (368), dem aber der nicht ausgeliefert sei, der die Lehren der Vergangenheit beherzige.[5]

1599 erschien die erste Schrift, welche die Gründe für den Fall Roms nicht nur nebenher behandelte, sondern zum Thema nahm. Es handelt sich um den elften ›Discorso politico‹ aus dem ersten Buch der Discorsi des 1598 verstorbenen Historikers und Staatsmannes Paolo PARUTA aus Venedig. Paruta geht aus von der Vergänglichkeit allen Menschenwerks, doch erkläre sie nur die Tatsache, nicht die Umstände eines Zusammenbruchs, wie er das Imperium nach Constantin betroffen habe (*1599/1827*, 165). Das römische Schicksal wird nach dem Lebensaltervergleich beschrieben, unter Gallienus habe die Altersschwäche eingesetzt (166 f.). Soll man nach den Ursachen des raschen Verfalls oder denen der langen Dauer Roms fragen? Angesichts der Despotie der Kaiser, der Schwäche des Senates und der Verderbtheit von Volk und Heer verdanke das Imperium seine Haltbarkeit jenen guten Herrschern, die den wankenden Bau immer noch einmal stützten (168 ff.). Für den schließlichen Zusammenbruch nennt Paruta drei Gründe. Der erste ist die Übergröße des Reiches. Sie habe die Kontrolle von korrupten Verwaltern und unruhigen Provinzialen erschwert, Mehrkaisertum und Bürgerkriege befördert. Paruta zitiert jene Anekdote, wie der indische Gymnosophist Alexander dem Großen die Schwierigkeiten seines Riesenreiches klarmachte. Er ließ eine trockene Rindshaut bringen, trat auf das eine Ende, so daß sich das Andere aufwölbte, und so überall. *Onde ben si verifica quel detto, esser Roma caduta oppressa dal peso della sua propria grandezza* (175 ff.). Als zweiter, nur beschleunigender Verfallsgrund werden die eigensüchtigen und hartherzigen Statthalter aufgeführt, als dritter die Sittenlosigkeit der Bevölkerung allgemein (177 f.). Nicht die Stärke der Goten, wie wohl italienische und deutsche Nationalisten meinten, sondern Roms moralische Schwäche war *la vera origine della sua declinazione* (182 f.). Seit Adrianopel war es mit Roms Macht vorbei und das Erbe übernahm Venedig (188). Im 13. Discorso bestritt Paruta, daß die Kaiserherrschaft das Reich ruiniert habe. Nicht die politische, sondern die moralische Verfassung, insbesondere die Wehrbereitschaft bestimme die Widerstandskraft eines Gemeinwesens. Auch die Goten standen ja unter Königen.

Die Übergröße nannte auch Thomas CAMPANELLA († 1639) in seinen ›Aforismi

---

[5] Lediglich um der Epochenscheide 476 willen seien die als katholisches Gegenstück zu den Magdeburger Centurien konzipierten Jahrbücher der Kirchengeschichte *(1588/1617)* des Caesar BARONIUS zitiert. Auch er betont die Machtübernahme durch die Germanen in Italien, von der nur die Kirche verschont geblieben sei (V 1060 f.). Karl d. Gr. sei dann, weil die „Griechen" den Westen an die Barbaren ausgeliefert hätten, zum neuen Kaiser des Gesamtreichs erhoben worden (VIII 1728 f.).

politici‹ den tieferen Grund für Roms Fall. Denn die daraus folgende Teilung führe zu Streit (113). Rom ist wieder Musterfall: *moritur aut labascit monarchia omnis ... divisione discordiaque successorum multorum ut Romana in Constantio, Constantino et Constante ac denique in Arcadio et Honorio* (203 f.). Die nördlichen Völker seien fruchtbar und kriegerisch, und darum hätten sie das Imperium in Besitz genommen. Die südlichen Völker jedoch hätten ihnen die religiösen und geistigen Gesetze gegeben, darin läge deren Stärke.

Die Gleichartigkeit des Anliegens empfiehlt es, auch Gian Battista VICO noch unter den italienischen Humanisten zu behandeln. In seiner 1708 erschienenen Schrift ›De nostri temporis studiorum ratione‹ forderte er dazu auf, Roms Niedergang zum Nutzen der Gegenwart zu studieren (S. 124). Voraussetzung dafür war Vicos Geschichtsbild, das ebenso wie dasjenige Machiavellis durch Zyklik bestimmt ist, genauer: durch ein vorwaltendes Interesse an den sich wiederholenden Ereignisfolgen und damit an der Vorhersehbarkeit und der Lenkbarkeit des Geschehens. Vicos Aufmerksamkeit galt dem Rechtswesen Roms, der *iurisprudentia*. Ihr wies er für den Aufstieg wie für den Niedergang eine entscheidende Funktion zu. Das Recht, so meint er, sei in Roms Frühzeit streng, in der Spätzeit lasch gewesen. Anfangs war es ein Mittel, Roms Herrschaft zu stärken, dann wurde es eine Stütze gegen seine Anfälligkeit und entartete schließlich zum Übel, woran Rom zerbrochen ist. Dies erinnert an Machiavellis Ansicht, aber von dessen demokratischer Haltung unterscheidet sich Vico durch eine eher aristokratische Einstellung. Vico glaubte, daß durch die fortschreitende Gleichberechtigung der Provinzialen und durch die großzügige Freilassung von Sklaven die alten Bürgerschichten ihr Interesse am Staat verloren hätten. Durch den Aufschwung des Privatrechts sei der Egoismus gefördert worden, die partikularen Interessen der Individuen und der Provinzen hätten das Staatsbewußtsein aufgelöst, so daß die *laxior iurisprudentia* der Hauptgrund für Roms Machtverfall ist (S. 128 ff.). So gewiß Vico mit dieser These hinter dem komplexeren Faktorengeflecht Machiavellis zurückblieb, so deutlich ist hier sein praktisches Interesse zu erkennen.

In Vicos 1725 zuerst erschienenem Hauptwerk, der ›Scienza Nuova‹ hat sich das Anliegen des Autors nach der theoretischen Seite hin verschoben. Hier geht es um die Erkenntnis der Gesetzmäßigkeit in der Entwicklung der Völker. Vico nahm wieder die Römer zum Musterbeispiel und versuchte, an ihnen den Kreislauf der politischen Systeme zu entwickeln, der überall gelte. Am Anfang stehe die „erste" Barbarei. In ihr bilde sich eine aristokratische Regierungsform, die sich fortgehend demokratisiere, bis sie in die Monarchie umschlage, weil das Privatinteresse der Bürger ihr Staatsbewußtsein verdränge und eines Herrschers bedürfe. Die Römer erhielten diesen mit Augustus, und damit setze der zwangsläufige Sittenverfall ein, weil der Luxus die Menschen korrumpiere. „Die römische Welt war schon voll von Gemeinheit und schmutzig von allen betrügerischen Lastern, als sie von den Barbaren zerrissen und zerstört wurde; diese waren unvergleichlich großherziger, weil sie mehr Reinheit und Wahrheit besaßen" (*1725/1924*, 58). Ähnlich wie Cardanus (Opera X 17) schloß Vico an den *corso* den *ricor-*

so an, der in die „zweite" Barbarei führt. Er teilte den Durchgang der Völkergeschichte in drei Phasen ein, in eine göttliche, eine heroische und eine menschliche Periode und glaubte an die Wiederholbarkeit des Kreislaufs beim gleichen Volke. So benutzte auch er wie Machiavelli das Prinzip der periodischen Renaissance. Vico parallelisierte das frühe Mittelalter mit der frühen Antike und rechnete so mit einer Wiederholung der antiken Entwicklung. Die mythisch-religiöse Welt der frühen Antike kehre wieder mit dem Sieg des Christentums, abermals folge eine Aufklärung und eine Humanisierung. Vicos Kreislaufschema erweckt den Anschein eines fatalistischen Konzepts, jedoch zu Unrecht. Denn er bindet das Verhalten der Menschen niemals direkt an den jeweiligen Entwicklungsstand oder gar an ein ewiges Schicksal. Vielmehr schaltet er hier die „Prinzipien" dazwischen, sie sind der eigentliche Ursprung des jeweiligen Verhaltens. Die Prinzipien sind zwar ihrerseits durch die vorausgegangene Geschichte bestimmt, aber in ihrer Handhabung besteht jene Freiheit, mit der Vico die vielfältigen Abwandlungen seines Systems erklärt. Er hielt es für möglich, auch im ungünstigen Spätstadium noch eine optimale Politik zu machen, und eben diese fand er bei den Römern verwirklicht.

II. 3.b. Humanisten nördlich der Alpen

Auf dem Regensburger Türkentag 1471 hielt der päpstliche Abgesandte Johannes Antonius CAMPANUS eine ›Oratio ad exhortandos principes contra Turcos‹. Darin wird in den Deutschen als den Vorkämpfern gegen den barbarischen Osten der Stolz auf sich und ihre Ahnen geweckt: Kyros, Darius und Alexander hätten die (mit den Skythen gleichgesetzten) alten Germanen nicht anzugreifen gewagt, die Römer seien mit ihnen nicht fertig geworden; ununterbrochene Kämpfe hätten sie den Römern als ebenbürtig und schließlich als überlegen erwiesen, bis schließlich selbst so kleine germanische Völker wie die Goten das riesige Imperium überwinden konnten. Das kaiserzeitliche Rom verdanke seine großen Männer den Provinzen, schließlich auch den Germanen, diese aber hätten ihre großen Taten allein vollbracht, so daß sie mit vollem Recht Nachfolger im Kaisertum geworden seien. Heute betrachte der gesamte europäische Adel Germanien als *seminarium nobilitatis,* rühme sich seiner Herkunft aus ihm, und einer *concordia Germanorum* sei kein Feind der Welt gewachsen, schon gar nicht der Türke.

Campanus wandelte in Inhalt und Absicht seiner Rede auf den Spuren von PIUS II. Dieser hatte bereits 1458 mit seiner ›Germania‹ ins Büffelhorn des Teutonenlobs gestoßen, um zu zeigen, daß die Deutschen ihre Abgaben an die Curie durchaus aufbringen könnten. Es sind durchsichtige Interessen, derenthalben italienische Humanisten in Deutschland die Aufmerksamkeit gegenüber den Germanen weckten, die hier noch immer den Schlaf der Vergessenheit schliefen. 1455 hatte Henoch von Ascoli (?) das letzte, aus dem Kloster Fulda stammende Exemplar der ›Germania‹ des Tacitus nach Italien gebracht; um 1470 wurde sie von einem deutschen Drucker in Venedig veröffentlicht (Stackelberg *1960,* 45). Damit besaßen die germanischen Völker die Magna Charta ihres nationalen Selbstbewußtseins, ohne welche die Deutungsgeschichte des römisch-germanischen Verhältnisses nicht zu verstehen ist.

Trotz unterschiedlicher Motivation sind sich die Humanisten beiderseits der Alpen im Interesse an den Germanen begegnet. Der Süden lieferte dem Norden den Wetzstein für die objektive, den Spiegel für die subjektive Individualität. Letztere entfaltete sich in der Erinnerung an die römisch-germanischen Kämpfe während des Altertums. Anders als manchen italienischen Humanisten erschienen die Germanen ihren Nachkommen nördlich der Alpen nicht als die barbarischen Zerstörer einer hohen Kultur, sondern als die mannhaften Überwinder einer dekadenten und korrupten Zivilisation. Der italienische wie der deutsche Humanismus sah im Ende des altrömischen Reiches eine tiefgreifende Zäsur, die durch den Sieg der Nordvölker herbeigeführt wurde. Das Interesse an einer solchen Epochenscheide war beiderseits der Alpen vorhanden, aber unterschiedlich begründet. Im Süden suchte man damit von der politischen Tradition des neurömischen Kaisertums deutscher Nation loszukommen, im Norden wollte man sich aus der kulturellen Abhängigkeit von den Römern befreien und ein begreifliches Minderwertigkeitsgefühl bewältigen, das mit jedem neuen Laokoon, jedem neuen Vitruv weitere Nahrung erhielt. Der Ehrgeiz der deutschen Humanisten war, jene zu überholen, von denen man das Laufen erst noch lernen mußte, und dabei kam man ins Stolpern. Das lehren die ungelösten Deutungsaufgaben zum Fall Roms. Schauen wir sie uns an!

Ganz im Stile seiner italienischen Gesinnungsfreunde begrüßte Conrad CELTES, das Haupt der deutschen Humanisten, die Ewige Stadt mit einem Epigramm auf die Vergänglichkeit: *Quid superest, o Roma, tuae nisi fama ruinae,/ de tot consulibus Caesaribusque simul?/Tempus edax sic cuncta vorat, nilque exstat in orbe/ perpetuum. Virtus scriptaque sola manent* (II 46). 1492 hielt Celtes seine programmatische Antrittsrede in Ingolstadt, in der er die deutsche Jugend aufrief, sich des römischen Erbes würdig zu erweisen. Das Imperium Romanum sei zuletzt erschlafft und gealtert, darum hätten die Germanen die Römer überwunden und deren Nachfolge verdientermaßen angetreten. Celtes appellierte (auf lateinisch) an den germanischen Geist, forderte Einheit in Freiheit und protestierte gegen die fremden Mächte in Deutschland. Als Vorbild stellte er der Jugend einerseits ihre germanischen Vorfahren hin – diesem Zweck diente seine Neuausgabe der taciteischen ›Germania‹ 1500 – andererseits aber auch die Griechen und Römer in deren Frühzeit: sie besaßen das, was man dann im 18. Jahrhundert als „Nationalkultur" bezeichnete. Darum ging es.

Trotz seiner persönlichen Frömmigkeit zog Celtes zuweilen antiklerikale Saiten auf. Gegen Aeneas Silvius Piccolomini, der den Deutschen erklärt hatte, sie verdankten den Übergang von der Barbarei zur Kultur den Römern und der Kirche, grenzte sich Celtes mit der Bemerkung ab: nachdem die römischen Kaiser die alten Deutschen nicht hätten unterjochen können, sei es den römischen Päpsten desto besser gelungen. Die geldgierigen Kurtisanen des Papstes seien die Geier des

Romulus (epigr. III 12), sie erscheinen als zählebige Wappentiere Roms (epigr. I 52). Rom galt Celtes als imperialistische Bedrohung von Caesar bis heute, dagegen müsse man sich rüsten (Sponagel *1939*, 35; 49; 55). Am deutlichsten wird Celtes' Programm in seinem unausgeführten Epos ›Theodoriceis‹ (Klüpfelius II *1827*, 162). Es steht in der Tradition Homers und Vergils und zeigt nicht nur in der Form, sondern auch im Gegenstand die Absicht einer germanisch-römischen Synthese. Die Empfehlung der lateinischen Sprache und die exemplarische Funktion der antiken Kultur sind weniger Ausdruck einer universalen Humanität als Brücken zur völkischen Selbstfindung. Fortan bezeichnet die nationale Eigenliebe eine Grenze in der Hochachtung der Antike und ein Motiv in der Deutung ihres Endes.

Einen ähnlichen Stolz auf die germanischen Vorfahren bezeugt die postum erschienene ›Wandalia‹ des Rostocker Rektors und späteren Hamburger Syndikus Albert KRANTZ († 1517). Die Ruhmestaten der Vandalen, denen auch Donaugermanen, Slawen und Skythen zugerechnet werden, gipfeln in der Überwindung Roms. Allen Reichsgründern zolle man Ehre: *cur non laudi ducimus Wandalorum Romanis insolentiis finem dedisse?* (*1575*, 24). Beim Erscheinen des Buches war dies bereits geschehen, denn die höchsten Töne des germanischen Selbstlobes hatte schon Jacob WIMPFELING gefunden. Seine Herkunft aus dem Grenzland Elsaß ist wohl daran nicht unbeteiligt, eine Abwehr der welschen Welt klingt allenthalben durch. Seine 1505 erschienene ›Epitoma Germanorum‹ ist ein Prosahymnus. Darius und Alexander fürchteten bereits die Germanen (fol. 5, das hatte er von Campanus). Die Römer verdankten ihnen seit Claudius die besseren Kaiser: Decius, Probus, Iovianus und Valentinian waren als Illyrier für Wimpfeling ebenso Germanen wie der heilige Martin und der Kirchenvater Lactanz. Lange vor Karl d. Gr. war das Kaisertum deutsches Erbgut (fol. 7). Wimpfeling rief wieder zum Kreuzzug auf: *sit finis Germanicae discordiae!* (fol. 38). Es folgt ein Katalog von Errungenschaften, darin die Germanen die Römer und Griechen übertroffen hätten: Die Erfindung der Kanone und des Buchdrucks stehen voran. Diese Argumente hat dann Bodin (*1566/1650*, 322 f.) übernommen, um die Überlegenheit der *Moderne* über die Antike zu beweisen. Wimpfeling fand denselben Vorsprung in der Kunst: in Malerei und Plastik seien die Deutschen führend, der „teutonische" Turm des Straßburger Münsters stelle den ephesischen Dianatempel, die Pyramiden und übrigen antiken Weltwunder in den Schatten (fol. 39 s). In allen Kriegen bewiesen die Germanen den Römern ihre überlegene *virtus* und *libertas* und „überschwemmten" Europa mit adligem Menschentum. *Non dubitamus in toto orbe Germaniam ceteris praestare nationibus* (fol. 41). Deutschland habe die meisten Männer, sittsamsten Frauen, herrlichsten Wälder, das beste Wetter und zahle dem Papst den Zehnten so pünktlich wie niemand (fol. 42). Letzteres hatte Celtes weniger löblich gefunden.[6]

---

6 1515 nahm Wimpfeling in der Geldfrage nochmals, nun in dem zu erwartenden Sinne Stellung. In seiner ›Germania‹ hatte Enea Silvio Piccolomini die Geldforderungen der Curie unter

Durchaus andere Akzente setzte ERASMUS von Rotterdam. Zwar hat auch er sich zuweilen zur germanischen Nation gerechnet (an Wimpfeling 21.IX. 1514), doch hat dies vielleicht sein abfälliges Urteil über Rom bestimmt, ein Grund zum Germanenlob war es nicht. Im seinerzeit vielzitierten Vorwort[7] zur 1518 erschienenen Sueton-Ausgabe charakterisiert Erasmus das römische Kaiserreich zum ersten Male, wie es dann bis in die Gegenwart so oft geschah, als Militärdespotie. Die Macht des Augustus sei durch Verbrechen gestiftet, durch Verbrechen vermehrt worden. Senat und Volk von Rom hätten hinfort nichts mehr zu melden gehabt, eine barbarische Soldateska habe die Kaiser so wie diese die Untertanen tyrannisiert. *Nec aliter imperare licuit, neque diutius imperare licuit, quam illis beluis collibuisset, qui nec bonos, nec malos principes diu ferre poterant.* Gute wie schlechte Kaiser waren ihnen gleicherweise unangenehm. *Summa rerum orbis ab armata paucorum temeritate pendebat. O magnificam et exoptandam omnibus monarchiam!* Der Autor wird ironisch, er zieht die damals wie später so verbreitete Romlobhudelei der Potentaten hoch. Zwar sei die Monarchie gewiß die beste Staatsform, sofern sie nämlich dem Vorbild der göttlichen Weltregierung folge, aber die christlichen Fürsten blieben sogar noch hinter den guten heidnischen Kaisern zurück, hinter Trajan, den beiden Antoninen und Severus Alexander. Dieses Urteil zeigt, wie Erasmus weniger als Geistlicher denn als Humanist denkt. Erzübel sei der Krieg, und er sei im Römerreich aus der Übergröße erwachsen: allzulange Schiffe ließen sich eben nicht steuern, oder, wie Vergil (Georg. I 514) es formuliere: *fertur equis auriga nec audit currus habenas.* Mit der Inkriminierung von Imperialismus und Militarismus im Kaisertum hat Erasmus Positionen der Aufklärung vorweggenommen, und mit dieser teilt er sein praktisches Anliegen: Die Fürsten von Sachsen, Friedrich und Georg, denen Erasmus sein Werk widmete, sollten dies zur Lehre nehmen und der Eintracht pflegen. Über das Ende des Imperiums läßt sich Erasmus hier nicht hören, die Kontinuitätsfrage beantwortet er mit Jein: was heute sich so nenne, sei allenfalls ein Schatten des einstigen Reiches.

Die Diskontinuität zwischen römischer und deutscher Monarchie betonte gleichfalls der Berater Kaiser Maximilians, Johannes TRITHEMIUS, Abt von Sponheim. Seine 1519 erschienene ›Chronologia mystica‹ gliedert die Weltgeschichte nach Einflußzeiten der sieben Planeten in mehrere Durchgänge. Die 16. Periode stehe unter der Herrschaft des Anael *spiritus Veneris,* sie beginne im Jahre 109 n.Chr. und dauere, wie alle anderen Perioden gleichfalls, 354 Jahre, bis 463 n.Chr. Ihren Inhalt bilden Leid und Sieg der Kirche, am Ende zerfällt das

---

anderem mit der Dankesschuld der Deutschen begründet: aus dem bei Caesar und Tacitus geschilderten Zustande tierischer Wildheit seien sie durch ihre Zugehörigkeit zum Imperium seit Hadrian (!) zu zivilisierten Wesen (II 5), durch die Mission Roms zu Christen erhoben worden und hätten schließlich vom Papst sogar das Kaisertum erhalten (III 6 f.). Wimpfeling räumte dem Argument der Christianisierung ein gewisses Recht ein, pochte in der Frage der „Zivilisierung" jedoch auf die moralische Überlegenheit der Germanen.

[7] Als Brief vom 5. VI. 1517 an Friedrich und Georg von Sachsen bei Allen Nr. 586.

Reich aufgrund der Verlegung der Hauptstadt nach Konstantinopel: *Item anno gubernationis huius Anaelis 280. Romanum inclinari coepit imperium, cum urbs capta fuit a Gottis et incensa, sede prius imperiali sub Constantino in Graeciam translata, quod initium fuit et causa totius inclinationis Monarchiae.* Die Folge sei die Zerfleischung des Imperiums durch die Barbaren gewesen. Weder für 463 noch für 389 lassen sich Ereignisse ausmachen, die Trithemius im Sinn hätte haben können. Seine Konstruktion ist wie bei Villani zuvor und bei Cardanus hernach (II. 3.a!) astrologisch motiviert (Bezold *1892*, 70).

Als Diplomat Maximilians betätigte sich ebenfalls Johannes CUSPINIANUS, seit 1508 Nachfolger von Celtes in Wien. Sein Werk ›De Caesaribus atque Imperatoribus Romanis‹ galt dem Lob der Monarchie. Die Könige hätten Rom stark gemacht, die Aristokratie brachte den Zwist, und aus dem Chaos der Demokratie führte Caesar Rom wieder empor (*1561*, 2). Auf Odoakar folgt eine 300jährige Vakanz, die Karl d. Gr. (zu Unrecht von den Franzosen beansprucht! 216) abschloß (165). In seiner Nachfolge stehe Maximilian (615).

Der Germanenstolz der deutschen Humanisten, wie wir ihn bei Celtes und Wimpfeling gefunden haben, barg eine romfeindliche Tendenz, die sich der reformatorischen Strömung einfügte. Bezeichnend hierfür ist Ulrich von HUTTEN († 1523). Er argumentierte mit einem römisch-deutschen Gegensatz seit Caesar und Augustus. Während man sich damals aber der Tyrannei der Kaiser tapfer erwehrt habe, füge man sich heute ins Joch der Päpste (Strauß *1871/1927*, 288). Hutten gab 1518 und 1519 die Schrift Vallas gegen die Constantinische Schenkung nochmals heraus, versehen mit einer zynischen Widmung an Papst Leo X., und hinterließ einen Dialog ›Arminius‹. Darin erwies Hutten den Cherusker als den größten Kriegshelden des Altertums, größer als Caesar und Alexander, weil er die Römer besiegt habe, die ihrerseits die Griechen überwunden hätten. Hutten hat den Dialog selbst nicht veröffentlicht, vielleicht weil er lateinisch abgefaßt war und dies vom Autor seit seinem Entschluß, deutsch zu schreiben, als Widerspruch zur Beweisabsicht empfunden wurde.

Der Übergang von der lateinischen zur deutschen Sprache macht die längst angebahnte Lösung aus der römischen Tradition sinnfällig. Den Wendepunkt bildet Luthers Bibelübersetzung. LUTHER hat das Römische Reich bereits 1520 verabschiedet, in der zweiten Auflage seiner Schrift ›An den christlichen Adel deutscher Nation‹. Dort (§ 26, Clemen I 422 ff.) erklärte er, das rechte römische Reich sei den Goten und Türken zum Opfer gefallen und habe sich längst aufgelöst. So wäre „nichts mehr zu Rom blieben von der vorigen Gewalt". Als der Papst das Kaisertum von den Griechen auf die Deutschen übertrug, wollte er bloß diese listigerweise von sich lehnsabhängig machen. Das hatte schon Valla behauptet (II. 3.a!). Karls des Großen Reich aber „ist nu ein ander Romisch Reich, ... das erst ist langis, wie gesagt, untergangen" (vgl. Rehm *1930*, 78 f.). In der Vorrede zur Übersetzung des Buches Daniel von 1544 hielt Luther (Hl. Schr. II S. 1499) an der Fortdauer des Imperiums in einer vergeistigten Form fest: das vierte, bis zum Weltende währende Reich sei zwar das römische, aber die Zehen der tönernen Füße bezeugten, wie das schon im Danielkommentar des Hippolytos (um 204 n. Chr.) zu lesen war (II. 1. b!), die folgende Aufteilung: „Also ist das Römisch Reich zertrennet, da Hispania, Franckreich, Engelland und andere stükke mehr davon komen sind". Den politischen Aspekt stellte Luther 1545 nochmals heraus in seiner Streitschrift ›Wider das Papsttum zu Rom, vom Teufel gestiftet‹. „Da Constantinus der grosse den Keiserlichen sitz von Rom gen Constantinopel wand (welchs ein zeichen war, das Rom solte an sein ende komen) ist darnach Rom von tag zu tag geringer worden, bis die Gotten kamen und unter dem Keiser Honorio Rom gewonnen mit dem Welschenlande" (WA 54, 296). Die Gründe für den Fall Roms bewegten den Reformator nicht weiter, er sah in ihm eine Strafe Gottes an den Römern (WA 41, 115). Ausgemacht aber ist das Ende als solches: mit dem Einbruch der Vandalen, Goten und Langobarden, welch letztere Deutsche gewesen seien, war Rom alle wie ein ausgelaufenes Faß (WA 54, 296). Der Papst habe schließlich aus purem Eigennutz Karl mit dem Kaisertum gelockt, doch habe er zu dessen Übertragung weder Reich noch Recht besessen. Seine Salbung (Luther: „Schmiere") sei unerheblich. Über das staatsrechtliche Argument Vallas, daß nur das römische Volk die Kaiserwürde vergeben kann, verfügte Luther nicht, das Prinzip der Volkssouveränität lag außer seiner Betrachtung; zutreffend aber bemerkte er, daß die Zustimmung aus Konstantinopel verbindliche Wirkung hatte. Karl habe 800 das Westkaisertum erneuert, das Doppelprinzipat sei eine in Rom gewöhnliche Sache: von Honorius und Arcadius über Diocletian und Maximian bis zu Augustus und Antonius, ja Caesar und Pompeius sei das immer wieder vorgekommen.[8]

Gegen den Fortbestand des eigentlichen Römerreiches entschied sich ebenfalls Johannes AVENTINUS († 1534). In seiner 1566 veröffentlichten Bayerischen Chronik heißt es: „Und was darffs vil wort, das große mechtige gewaltige alte Römische Reich mit sampt den alten Christen ist zergangen", und der Westen ist „in die hend der groben unsinnigen Teutschen kommen" (276 r). In Anlehnung an Blondus wird dieses Urteil mit der Einnahme Roms durch „Adelreich" verbunden. Endgültig erloschen sei die alte Römerkraft mit dem Tode von Aetius und Valentinian III., 476 sei das Reich im Westen „gar in brunn gefallen und von den Teutschen abgethan" worden (285 r). Die neurömische Herrschaft wurde von den Griechen fortgesetzt (283 v.) Das Germanenbild Aventins zeigt nicht dieselben heroischen Farben wie wir sie von seinen Mithumanisten her kennen, dennoch steht der Autor auch nicht auf römischer Seite, denn er betrachtete den Fall Roms als Folge der römischen Sünden.

Wo nicht in der Tendenz, so doch in der Sache war damit Sebastian FRANCK einig. Er verband in seiner ›Geschichtsbibel‹ von 1531 die Fortdauer des vierten Danielreiches mit dem „Fal des Römischen reichs im nidergang", d. h. im Westen, nach dem Tode des Aetius 454, als die deutschen Wandervölker vom Imperium

---

[8] Diese These hat Kornemann 1930 ohne Kenntnis seines Vorgängers wiederholt und wissenschaftlich zu stützen versucht.

Besitz ergriffen (156). Die constantinische Schenkung sei erlogen, Nachfolger der Kaiser seien nicht die Päpste, sondern die Deutschen.

Wie dies den katholischen Habsburgern nahegebracht wurde, lehrt der ebenfalls 1531 verfaßte Widmungsbrief des Beatus RHENANUS zu seinen ›Res Germanicae‹ an König Ferdinand: die Habsburger seien nicht nur Nachfolger der römischen Kaiser, sondern vor allem solche der tapferen Germanenkönige, die in der Völkerwanderungszeit die Herrschaft übernommen hätten. Für diese These konnte der Humanist auf offene Ohren rechnen, schon 1513 hatte Peter Vischer d. Ä. mit seinen Bronzebildern in der Innsbrucker Hofkirche die Ahnenreihe der Habsburger mit Theoderich eröffnet. Beatus Rhenanus beklagte zugleich die Unkenntnis der gebildeten Welt über die germanische Vorzeit (*1531*, 3), die nun mit der gleichen Ahnenlust entrollt wird, die zuvor Flavius Blondus in seiner ›Roma triumphans‹ für die Römer entfaltet hatte. Die Germanen, die in der höchsten Freiheit lebten (7), verdienten die Erbschaft, als Roms Macht sich neigte: *habent regna suos periodos* (111). Dieselbe Zyklik, die Rom niederzwang, hob die Germanen. Die von Wimpfeling und Hutten umrissene teutonische Anti-Antike erhält ihre volle Form. Im gleichen Jahre 1531 schrieb Rhenanus an Amerbach: *Nostri enim sunt Gotthorum, Vandalorum, Francorumque triumphi. Nobis gloriae sunt illorum imperia in clarissimis Romanorum provinciis* (402). Der deutsche Nationalstolz beansprucht wieder die Helden der Völkerwanderungszeit.

Teutonischen Geist atmet ebenfalls die 1539 erschienene ›Auserlesene Chronik‹ des Straßburger Reformators Caspar HEDIO. Der Niedergangsprozeß wird mit dem Tode von Theodosius 395 eröffnet. Dessen Kinder hätten begonnen, das orientalische wie das okzidentalische Reich durch üppiges Leben zu verderben. Sie hätten die Germanen so schlecht behandelt, daß diese Rom eroberten (192). Nächste Stufe des Abstiegs war der Mord an Aetius (226). Mit der Absetzung des Romulus Augustulus durch Odoakar endete das „Römisch Reich, das in aller welt erwirdig gewesen, sampt der keyserlichen hoheyt“, die mit Caesar und Augustus angefangen habe (231). Nicht das Westreich, sondern das Gesamtreich erlosch, den Osten erbten die Griechen, von denen Karl d. Gr. die Kaiserwürde übernommen habe (331). In deutlichem Widerspruch gegen die italienischen Humanisten erklärte Hedio in seiner Vorrede, die tapferen Germanen seien von Gott gewürdigt worden, die Herrlichkeit und Pracht des römischen Namens auszulöschen. Während die übrigen Nachbarvölker nur Randbezirke unterwarfen, hätten die alten Deutschen das Herz des Imperiums bezwungen und dabei beinahe alle Freiheit Europas errettet und vor aller Unbilligkeit beschirmt. (Man glaubt, Hegel zu lesen.) Wie Celtes appellierte Hedio an die Deutschen: was könnten sie wohl leisten, wenn sie einig wären!

Eine ebensolche germanenfreundliche Tendenz kennzeichnet begreiflicherweise den nordischen Humanismus. Johannes MAGNUS, der Erzbischof von Upsala, schloß sich in seiner ›Gothorum Sueonumque historia‹ (*1554/1617*) dem abträglichen Urteil des Erasmus über das Kaiserreich an (Vw.) und erachtete die Verweichlichung und Verweiblichung des Gallienus für bezeichnend (242). Mit

Blondus (150) setzte er den Anfang vom Ende auf Alarichs Einnahme Roms: *destinata hactenus Romani imperii inclinatio inchoavit* (570). Diese Tat erscheint als Ruhmesblatt der edlen Germanen gegenüber den verderbten Römern (569). Das größte aber leistete Theoderich: Nachdem die Cäsaren den Römern die Freiheit genommen hatten, gaben die Goten sie ihnen wieder zurück (380). Hedio wird hier noch überboten.

Der Glaube an die Auserwähltheit der Deutschen stützte sich im 16. Jahrhundert auf drei Gründe: auf die ihnen gelungene Wiederherstellung des seit Constantin verderbten Christentums, auf ihre Überwindung des alten Römerreiches durch mannigfaltige Tugenden und auf ihre politische Erbschaft: die Deutschen sind doch Träger des letzten Weltreichs! Dieser Ansicht huldigte Johannes SLEIDAN in seiner Schrift ›De quatuor summis imperiis‹ *(1556/1614)*. Seit der Gründung Konstantinopels sei das Westreich zerstückelt worden, bis Karl d. Gr. es wieder aufgerichtet habe (422). Das Imperium bleibe bei den Deutschen bis zum jüngsten Tag, ein fünftes Reich sei – das erinnert an Orosius – unmöglich (436). Bedenken gegen die Annahme einer Fortführung des Imperiums durch die Deutschen suchte Sleidan durch den Hinweis darauf zu zerstreuen, daß schon seit dem 2. Jahrhundert Fremde in Rom Kaiser werden konnten (Rehm *1930*, 53; Goez *1958*, 279 f.). Das Reich sei ganz allmählich an die Fremden geraten, schuld seien daran die Soldaten, die das Imperium zum Spielball ihrer Launen erniedrigten, so daß sie, wie Erasmus bemerkt habe, weder gute noch böse Kaiser ertragen mochten (*1556/95*, 117).

Die bedeutendste historiographische Leistung des frühen Protestantismus ist die seit 1559 erschienene ›Ecclesiastica historia‹ des Matthias FLACIUS Illyricus und der andern Magdeburger Centuriatoren. Ihr Grundschema folgt Daniel. Die vierte Monarchie wird durch Caesar eröffnet, wichtigstes politisches Ereignis unter Augustus ist der Sieg des Arminius, genannt Hermannus (Bd. I, *1564*, 382). Dies spiegelt den Geist Wimpfelings. Die Quinta Centuria über das fünfte Jahrhundert (von 1562) liefert die wichtigsten Deutungsaussagen. Sie stehen in der *Epistola dedicatoria* an Erich, König der Schweden, Goten und Vandalen. Die Autoren begründen die Wichtigkeit der Völkerwanderungszeit dreifach. Den ersten Grund finden sie darin, daß sich damals ein universales Geschichtsgesetz *(typus rerum)* erfülle: die Abfolge der drei Stadien von der Wohltat Gottes (gemeint ist die Verkündung des Evangeliums) über die Undankbarkeit der Menschen (Laster und Sorglosigkeit der *veluti in naufragio dormitantes*, Irrglaube, Reliquienkult, Werkgerechtigkeit in sinnloser Askese) zur Strafe Gottes an den Menschen (*spiritualibus poenis calamitates politicae respondebant. nam vix ullo umquam tempore imperium Romanum tantopere est fractum, debilitatum et propemodum destructum* – in der Völkerwanderung). Odoakar bringe *summam imperii Romani ruinam*. Der zweite Grund für die Relevanz der Spätantike liegt darin, daß man damals begonnen habe, was nun vollendet sei: damals habe sich der Glaube verdunkelt, der jetzt durch Luther in neuem Glanze erstrahle; damals habe der Antichrist seine Herrschaft in Rom begonnen, die nun dank Luthers

Lehre erlösche. Ein kühnes Bild verdeutlicht den Bogen: *concessum est, ut vere in hoc seculo Antichristus quasi intra viscera receptus videatur, qui in posteriori seculo veluti maturus foetus est editus* (S. 2). Das Mittelalter ging schwanger mit dem Widerchrist. Der dritte Grund für die Bedeutung der spätrömischen Phase ergibt sich aus dem Gesagten. Es ist die Analogie zur Gegenwart, nicht struktural, sondern material: der Rahmen ist jeweils andersartig, aber die Gehalte entsprechen einander. Die heutigen Sünden herrschten auch damals, insbesondere die Machtgier des katholischen Klerus und die Irrlehren verschiedenster Herkunft. Die zur Völkerwanderung parallele Strafe Gottes wird im Vordringen der Türken nach Österreich und der Russen an die Ostsee erblickt – wieder wanke die staatliche Ordnung. Trotz der heilsgeschichtlich motivierten Kontinuität treten die gewaltigen politischen Verwandlungen der Völkerwanderungszeit (S. 1517), das *naufragium* des Imperiums 476 in den Blick (S. 1524). 476 sei die Macht an die Germanen gekommen, an Odoakar, dann an Theoderich und Chlodwig, woher Karl d. Gr. sie durch Erbgang erhalten habe. Mit biblischen und historischen Argumenten hat Flacius 1566 das deutsche Kaisertum von der römischen Tradition abgekoppelt und an die germanische Herrschaftsfolge angebunden (Goez *1958*, 292–304).

Die Magdeburger Centuriatoren wiesen der Historie zwei Zwecke zu: die Bildung des Menschen zur Humanität *(beluina hominum vita foret, si prorsus esset ignara omnium ante actorum)* und die Vorbereitung auf Christus *(absque historia nec articulus de Messia potuisset retineri).* Gerade in unserem Zusammenhang betonen die Autoren die Anwendbarkeit der Historie: *necesse fuit nobis usum et applicationem historiarum veluti digito demonstrare.* Die Lehre lautet: *mundus ad occasum ruinamque inclinat.* Wie damals das Imperium, so stürze nun die Welt zusammen. Der Fall Roms wird zum Schlüsselerlebnis der Geschichte. Er ist es geblieben.

Der voluminöse Umfang der Magdeburger Centurien begrenzte deren Verbreitung. Dem Wunsch nach handlicher Information kam ein Werk entgegen, das im 16. Jahrhundert sehr geschätzt wurde: das ›Chronicon Carionis‹. Seit 1532 gab Philipp Melanchthon dieses ursprünglich von seinem Lehrer Johann Carion, dem Mathematikprofessor aus Frankfurt an der Oder, verfaßte Buch unter dessen Namen heraus. Zugrunde liegt das Danielschema; die vierte, römische Monarchie wurde von und seit Augustus aufgebaut, mit dem Tode des Theodosius 395 beginnt ihre Zerstörung (*1532/46*, 132 f.), die in der Gegenwart noch nicht vollendet ist; das Weltende stehe bevor (240). Die zwölf Geier des Romulus seien auf die Einnahme Roms durch Totila 546 zu beziehen (134), obschon das Westreich eigentlich bereits 476 erloschen sei (142).

Der deutschen Ausgabe des Chronicon Carionis folge eine lateinische *(1559/60).* Darin zeigte Melanchthon, wie Rom durch seine *virtus* zur Weltmonarchie emporgestiegen sei, *ac deinde quomodo luxu, bellis civilibus et fatali orbis mutatione rursus amiserit et virtutem et imperium.* Der Bezug auf das Schicksal wird sofort christianisiert: *Deus tranfert et stabilit imperia* (Dan. 2, 21). Wenn Gott das Imperium trotz der Sünden in der späten Republik erhalten habe, so deswegen, weil er der Verkündung des Evangeliums die Wege bahnen wollte. Das alte Argument der Romtheologie taucht hier wieder auf. Der Niedergang des spätrömischen Reiches wird mit Sittenverfall und Bürgerkrieg motiviert. Originell ist der Hinweis auf Homer: Vielherrschaft ist nicht gut, einer soll Herr sein (Ilias II 204). Zur Absetzung des Romulus durch Odoakar heißt es: *hic finis fuit imperatorum Italicorum;* als Nachfolgemächte erscheinen Germanen und Oströmer (CR. XII 776 f.; 1008; 1033 f.). Die Völker haben das Imperium zerrissen, die Folge waren Anarchie und Barbarei (CR. IX 533; 1075). Melanchthon demonstrierte am Fall Roms, wie wichtig es sei, Gott um gute Regenten zu bitten, und erachtete den Sittenverfall und die Wirren als typische Begleiterscheinungen zum Niedergang von Reichen überhaupt (CR. XII 1008; 1034). Damit erhält das Ende des Imperiums wieder einmal paradigmatischen Wert. Für Melanchthon war die Geschichte überhaupt nichts anderes als ein Kommentar zum Dekalog: Gott zeige, was den Menschen geschehe, die seine Gebote übertreten; so lesen wir es in der *Epistola dedicatoria* zum Teil I von 1559. Im Einklang mit dem gewöhnlichen Zeitgefühl der Reformatoren glaubte sich der *praeceptor Germaniae* in der *senecta mundi,* die nach der Auflösung des Reiches mit Mohammed und dem Kirchenstaat begonnen habe (7 r).

Die von Melanchthon nicht abgeschlossene Neuausgabe des *Chronicon Carionis* vollendete dann sein Schwiegersohn Caspar Peucer 1563. Auch er ging auf den Fall Roms ein, dessen epochale Bedeutung jedoch in der Schwebe bleibt. Humanistischen Ansprüchen genügt die These, daß die Ost-West-Teilung und die Binnenkriege Rom solange schwächten, bis „unsere germanischen Vorfahren", die *Germani quasi Hermenner (viri militares)* darüber Herr wurden (1, 21). In der christlichen Tradition steht dagegen die Ansicht, die *fatales migrationes gentium* seien als Strafe Gottes und Beweis für das Elend alles Irdischen zu betrachten (21; 27). In dieser These gipfelt auch die endzeitbewußte Rede von Peucers Wittenberger Kollegen Henricus Mollerus über die Völkerwanderung *(1563).* Peucer erschienen die Wirren zwischen Constantin und Karl als ein Plusquamdiluvium (88), dessen Kontinuitätsproblem originell gelöst wird: aus dem Schiffbruch des Imperium Romanum habe Karl d. Gr. die treibenden Planken gerettet und aus ihnen ein neues Reich gezimmert (Vw.). Auch Peucer ordnete sich in die letzte Weltzeit ein, identifizierte diese jedoch nicht durch das römische Reich, sondern durch die christliche Kirche, die auch künftige Reichsfälle überdauern werde (164). Das wird uns bei Macaulay und Toynbee wieder begegnen. Peucer deutete die Völkerwanderung als Epocheneinschnitt der Kirchengeschichte, da die Germanen mit der Zerschlagung der Kaisermacht die weltliche Herrschaft der Päpste ermöglicht hätten. Letztere habe sich seit Kaiser Heinrich IV. durchgesetzt, sei aber nun von Luther überwunden worden (181 ff.). In der ›Commonefactio de periculis horum temporum‹ *(1565)* wird ein trostloses Zeitbild entrollt, neben den inneren Zwisten drohen Türken und Russen. *Vires Occidentis consumptae sunt* (Curcio *1958,* 226).

Die posthistorische Danielexegese des Tychonius (II. 2. b!) wurde von Johannes Calvin wieder aufgegriffen. Er setzte in seinen ›Praelectiones in Danielem‹ von 1561 (CR.LXVIII 517 ff.; Goez *1958*, 370–377) den Stein, der das Standbild Nebukadnezars zerschlug, Christus gleich. Das vierte Weltreich war auch für Calvin das römische, aber nicht ein solches, das von Romulus bis zum Antichrist bestand, sondern ein solches, das mit Christus selbst sein Ende gefunden habe. Das kleine, elfte Horn des vierten Tieres, das sei Caesar. Es fiel Calvin nicht schwer, den Mischcharakter und die fehlende Stabilität des letzten Weltreichs Daniels mit den Turbulenzen der späten Republik zu verbinden, deren Zusammenbruch somit aus inneren Gründen vorgezeichnet sei (*1561*, 591, 599 f.). Entscheidend war für ihn die Verfassung: die älteren Reiche waren vergleichsweise stabil, weil sie Monarchien waren, Rom hingegen sei eine Demokratie gewesen, in der jeder König sein wollte (604). Diffiziler war es, das Imperium Romanum im ersten nachchristlichen Jahrhundert verschwinden zu lassen. Hier machte der Reformator einerseits moralische Gründe geltend, indem er auf solche *monstra* wie Caligula, Nero und Domitian verwies, andererseits benutzte er den Gedanken Sleidans, daß seit Trajan Nichtrömer auf dem Kaiserthron gesessen hätten, auch Constantin war für Calvin ein Ausländer (S. 606 f.). Er löste somit die *tempora Christiana* aus dem Weltreichsschema heraus, plazierte sie gleichsam in die Nachgeschichte, in der nur noch Glaubensfragen Gewicht besitzen. Die Kontinuität innerhalb der Kaisergeschichte ist damit zwar betont, doch liefert nicht die römische Imperatorenwürde, sondern der christliche Glaube das durchgehende Element.

Bleiben wir zunächst im französisch-sprachigen Bereich, so ist die Stellung von Jean Bodin zu unserem Problem von Interesse. Sie ist weniger religiös als politisch motiviert. Bodin wandte sich 1566 in seiner ›Methodus ad facilem historiarum cognitionem‹ gegen eine Legitimierung des Heiligen Römischen Reiches Deutscher Nation mit Hilfe der Weissagung Daniels: Das Deutsche Reich verhalte sich zum Imperium Romanum „wie die Mücke zum Elefanten“ und überlappe sich nur an den Grenzen mit jenem. Im Daniel-Orakel seien überdies die Reiche der Türken, Araber und Mongolen vergessen, daher sei es unbrauchbar. Gegen die Ansprüche der Deutschen, wie sie Beatus Rhenanus (*1531*, 106) unterstützt hatte, behauptete Bodin, Karl d. Gr. sei kein Germane, sondern Gallier gewesen (*1566/1967*, 310 ff.), die Geschichte Frankreichs begann für Bodin mit den alten Kelten (263). Das nahm später der Abbé Dubos auf (II. 4. b!).

Auch für Bodin ist das Römerreich in der Völkerwanderung zerbrochen. Unter den Deutungsversuchen kritisierte er die astrologischen Spekulationen von Cardanus, griff aber wie dieser auf die Unterscheidung zwischen inneren und äußeren Verfallsgründen bei Polybios (VI 57) zurück. Erstere erblickte er in der Verlagerung der Hauptstadt nach Byzanz, letztere im Aufstieg der Nachfolgemächte: der Goten, Griechen, Gallier, Germanen, Spanier und Päpste (248). Mit Romulus Augustulus sei der letzte *Imperator Romanorum* abgesetzt worden, da die Ostkaiser nur als Griechen gelten könnten. Als die Italien überflutenden

„Skythen" die Bibliotheken anzündeten, sanken die *disciplinae* in tausendjährige Nacht (238; 231).

In seinen ›Six livres de la république‹ von 1576 kam Bodin nochmals auf das Ende Roms zu sprechen. Den inneren Höhepunkt der römischen Geschichte bilde Papirius Cursor, den äußeren Gipfel Trajan, doch seien die Römer durch die zermürbende Wirkung des Luxus nur noch Schatten ihrer tugendhaften Ahnen gewesen (510). Bodin beschäftigte sich ausführlich mit den astrologischen Deutungen zum Fall Roms und zur Völkerwanderung und scheint hier trotz aller Polemik bei Cardanus gelernt zu haben, der allerdings seine Berechnungen nicht auf das Jahr 476 abgestellt hatte, wie Bodin (569) es tat. Wie Cardanus warnte er vor den fatalen Folgen eines *dénombrement* der Bevölkerung und empfahl die Erneuerung des römischen Zensorenamtes (835 ff.).

Wenn Bodin den Fall Roms aus der Innenperspektive betrachtete, so hängt dies mittelbar zusammen mit seinem Katholizismus, unmittelbar mit seiner Bejahung des Absolutismus. Dies erweist sich an seinem Gegner François HOTMAN, dem neben Bodin größten Juristen seiner Zeit (Hölzle *1925*, 47 ff.). Hotman hatte als Hugenotte nach der Bartholomäusnacht ins Exil gehen müssen und veröffentlichte 1573 in Genf seine ›Francogallia‹. Gegen die Entrechtung der Generalstände durch Ludwig XI. und den Absolutismus der Krone forderte Hotman die Wiederherstellung der alten und gleichsam natürlichen Verfassung (*1573/1972*, 142). Diese fand er in der Frühzeit: schon die Gallier seien ein freiheitsliebendes Volk gewesen, gegen das Joch der römischen Tyrannei hätten sie die stammverwandten rechtsrheinischen Germanen zu Hilfe gerufen (208), und im gemeinsamen Freiheitskampf sei die römische Fremdherrschaft abgeschüttelt worden (180). Hotman machte sich das Römerbild Salvians zu eigen (192). Die germanischen Franken seien die eigentlichen Vorfahren der Franzosen; weil sie „Freie" sein wollten, hätten sie sich „Franken" genannt. „Frank" bedeute „frei", wie Krantz und Aventinus bezeugten (200 ff.). Die altfränkische Staatsform wird nach dem Ideal der antiken Mischverfassung für die beste Ordnung erklärt, Träger der letzten Entscheidung sei das Volk, das sich bei den Franken jeweils am Maifeiertag versammelt hätte und nun in den Generalständen repräsentiert werde. War für Bodin der Fall Roms eine Katastrophe, so bedeutete er für Hotman einen Sprung nach vorne. Freilich seien die damals errungenen Freiheiten wieder verloren gegangen und mußten erst wieder erneuert werden.

Eher philosophisch als politisch ausgerichtet sind die folgenden Autoren. Zweimal hat Michel de MONTAIGNE († 1592) zum Niedergang Roms Stellung genommen. Beidemale wird der politisch-militärische Rückgang mit dem Fortschritt der Bildung verbunden. Im Krieg wie im Frieden habe das alte Rom mehr geleistet als das gebildete Rom, das sich selbst zerstörte: *cette Rome sçavante, qui se ruyna soy-mesme* (OC II 29; III 370). Ob Montaigne es mit diesem Argument ganz ernst gemeint hat, das bestreitet Armaingaud (a. O.).

Während Montaigne die literarische und die politische Entwicklung gegenläufig sah, wurde sie von Loys LE ROY, genannt Regius, parallel geschaltet. Dessen Werk ›De la vicissitude ou variété des choses en l'univers‹ *(1575/84)* behandelt nach italienischem Vorbild *décadence de la puissance, savoir et loquence des Romains* (158 ff.). Innere Spaltung habe die Römer aus der Freiheit in die *servitude soubs la domination d'un monarque* getrieben. Trotz einzelner guter Kaiser führte dies bergab. Wie bei Erasmus wird das Militär bezichtigt, durch seine Kaisermacherei den Staat geschwächt zu haben, bis er durch Söldner von innen und durch Barbaren von außen erdrückt wurde. Constantin erhält – trotz seiner Verdienste um das Christentum (162) – die Hauptschuld: *il semble, que la principale cause de la ruine de l'Empire Romain doive estre attribuée à Constantin:* außer dem Hauptstadtwechsel werden ihm seine Verwaltungsreformen angekreidet (159). Nicht ganz durchdacht scheint, wenn Le Roy einerseits die Übergröße des Imperiums, andrerseits dessen Teilung beanstandet und meint, ungeteilt hätte es den Barbaren ewig widerstehen können (158). Diese werden mit den von Hesekiel (c. 38) angekündigten Völkern aus dem baum- und menschenreichen Norden gleichgesetzt, der immer wieder den Süden überzogen habe. Neben der Barbarei wird der Arianismus der Germanen inkriminiert, die Ketzerei hätte schließlich auch Byzanz unterhöhlt (163). 476 sei das Reich aufgelöst worden, Karl d.Gr. habe nur dessen Schatten erneuert. Le Roy setzt sein Resultat in Einklang mit dem Lebensaltergleichnis Ammians (XIV 6, 3 ff.), es wird fortgeführt bis zum Tode des Reiches unter Romulus 476 (167). Das Zwölfgeierzeichen und die Danielvision werden bestätigt: Die zehn Hörner des vierten Tieres seien die Nachfolgestaaten Roms, das elfte Horn das arabische Reich (235 ff.). Dem Fall Roms folgen *ténèbres d'ignorance* von tausend Jahren (158).

Auf dem Werk von Le Roy fußt der ›Discours de la vérité des causes et effects des décadences‹ von Claude Duret *(1595)*. Das Heinrich IV. gewidmete und mit dem Imprimatur versehene Buch eröffnet einen Einblick in den Wust an astrologischen, mathematischen und kabbalistischen Theorien, die damals in Umlauf waren. Duret zitiert unter anderen einen Schüler des Kopernikus, Joachim Recticus, der den Fall Roms aus der Ekzentrik der Sonne ableitete: *cum Solis esset maxima eccentricitas, Romanum Imperium ad Monarchiam declinavit et quemadmodum illa decrevit, ita hoc tamquam consenescens defecit* (533). Duret bekämpft derartige Ansichten, ebenso die These, daß der Untergang von Völkern dann erfolge, wenn deren Schutzengel sie verlassen (397 ff.). Das römische Kaisertum wird, wie bei einem streng katholischen Autor zu erwarten, origenistisch bewertet, Jesus selbst habe jene *si belle et excellente monarchie* gestiftet (53). Nach dem Tode Valentinians (des I. oder III.?) sei sie in Stücke gerissen worden (55). Das Deutsche Reich beanspruche – so wie das schon Bodin bestritten hatte – die Nachfolge zu Unrecht (470). Das Facit des Autors ist der Hinweis auf Gottes weises Weltregiment (417 ff.): *regnum a gente in gentem transfertur propter iniustitias et iniurias et contumelias et diversos dolos.*[9]

[9] So das Motto des Werks. Die Quelle ist nicht, wie angegeben der Ecclesiastes, sondern Jesus Sirach 10.

Panvinius und Le Roy hatten der positiven Wertung Constantins durch die Historiographie eusebianischer Prägung ein negatives Urteil entgegengesetzt und damit unausgesprochen den antiken Gewährsmann dieses Bildes, Zosimos, rehabilitiert. Er wurde 1576 auch offen in Schutz genommen durch Johannes Löwenklaus' ›Apologia pro Zosimo‹. Der Autor bestätigt die These des Zosimos (II. 1. a!), daß die Gleichzeitigkeit zwischen dem Aufstieg des Christentums und dem Abstieg des Römerstaates etwas zu besagen habe. Der Verdüsterung des Constantinbildes entspricht eine Aufhellung des Julianbildes. Natürlich schwört Löwenklau jeglicher Sympathie für das Heidentum von Julian und Zosimos ab. Zwischen den Zeilen wird wie bei Flacius Illyricus das spätrömische Heidentum mit dem zeitgenössischen Katholizismus, die Christianisierung mit der Reformation gleichgesetzt. Das Gewand des Pontifex Maximus, von Gratian abgelegt, sei im Klerus wieder aufgenommen worden. Die Ausmünzung des Tempelgutes hätte ein ähnliches Lamento wachgerufen, wie derartige Enteignungen heute. Und der wachsende Grundbesitz der Mönche sei ein Zeugnis für deren staatsschädigende Rolle, das hätte Zosimos wohl erkannt. Der Teufel zeige im Kampf gegen die Gläubigen stets dasselbe Gesicht. Die Spätantike als Spiegel der gegenwärtigen Mißstände ist ein, wenn nicht überhaupt das beherrschende Deutungsmotiv geblieben.

Ciceros Wort *historia magistra vitae* ist von den Humanisten hundertmal wiederholt und abgewandelt worden (Landfester *1972*). Das lehrt auch die Antrittsrede des Leidener Geschichtsprofessors Daniel Heinsius ›De praestantia ac dignitate historiae‹ *(1614)*. Hier wird der Historie der Rang einer göttlichen Macht, dem Historiker die Würde eines Priesters zuerkannt: er sei ein *flamen Musarum,* ja ein *aeternitatis sacerdos.* Innerhalb der Geschichte erscheint Rom als Muster für alles, für höchste Leistung und tiefsten Verfall. Der Untergang erfolgte, als die Laster so groß wurden wie das Reich: *vitiorum magnitudo imperium aequavit pariter et perdidit.* Die Historie rette die Taten Roms aus dem Schiffbruch des Untergangs, aus den Klauen des Schicksals, aus den Fäusten der Goten und Vandalen.

Heinsius gehört zu jener Gruppe von calvinistischen Späthumanisten, denen auch die beiden folgenden Gelehrten zuzurechnen sind: Hugo Grotius († 1645) und Jacobus Gothofredus († 1652). Grotius hat in seiner 1655 erschienenen ›Historia Gothorum Vandalorum et Langobardorum‹ den moralisch verkommenen Römern die tapferen Germanen gegenübergestellt (D'Elia *1967,* 84 f.). In seinen ›Observata‹ zu den Aphorismen Campanellas (dort S. 244) schreibt Grotius: *Romanis imperii ruina ab externis hostibus fuit, non ab interna divisione, nisi quod illa occasionem saepe externis praebuit.* Gegenüber dieser außenbedingten Erklärung nannte Gothofredus als Untergangsgründe die Korruption in der Beamtenschaft, die Barbarisierung und unter den politischen Einzelentscheidungen namentlich Julians Perserzug (D'Elia *1967,* 142 f.).

II. 3.c. Zusammenfassung der humanistischen Stimmen

Während des Mittelalters hatte, trotz der unübersehbaren Ruinen Roms und der wohlbekannten Überlieferung davon, was das Reich einmal war, die Überzeugung vorgeherrscht, das Imperium Romanum währe im Grunde noch immer. Dessen politischer Zerfall war durch die Gedanken der *translatio* und der *renovatio imperii* überbrückt worden. Die Kirche stand allerdings in einer unbestreitbaren Kontinuität und lehrte, das vierte und letzte Weltreich der Danielprophezeiung, eben das römische, dauere bis zum Erscheinen des Antichrist. Der römische Papst, der byzantinische Basileus und der deutsche Kaiser, sie alle erhoben Anspruch auf das römische Erbe, so daß die drei großen Gewalten des Mittelalters ihre Herrschaftstitel auf die Theorie vom Fortbestand des Imperium Romanum gründeten.

Gegen Ende des Mittelalters gerieten die drei Mächte ins Wanken. Byzanz vermochte sich nicht gegen die Osmanen zu behaupten. Die Eroberung Konstantinopels 1453 widerlegte die Lehre, daß das römische Reich im Osten bis zum Anbruch des Weltendes währe. Die nach Italien geflohenen byzantinischen Gelehrten förderten den Aufschwung der humanistischen Studien im lateinischen Westen. Das Papsttum verlor an Macht und Ansehen durch Verweltlichung und Spaltungen. In der Reformation wurde die Macht des Katholizismus gebrochen. Die konziliare und evangelische Bewegung griff über das Mittelalter auf die Urkirche zurück. Das römisch-deutsche Kaisertum versagte gegenüber den Landesfürsten und den mit ihnen paktierenden Päpsten. Es ist geradezu tragisch zu sehen, welche Hoffnungen noch Dante, Petrarca und Rienzo auf das Kaisertum gesetzt haben.

Als neue Mächte treten einerseits die Landesherren, andererseits die bürgerliche Intelligenz der Städte in Erscheinung. So wie die Reformatoren (auch die des Tridentiner Konzils) gegen die mittelalterliche Tradition das christliche Altertum ausspielten, orientierte sich der aufkommende Absolutismus nicht am mittelalterlichen Herkommen, sondern am römischen Kaiserrecht und an der antiken Staatstheorie, während die Humanisten die Zuständigkeit der Kirche auf Glaubensdinge einzugrenzen suchten. Damit wuchs der Freiraum für die Musen, der Blick öffnete sich den Resten der antiken Herrlichkeit. Allenthalben Abkehr vom Mittelalter, Hinwendung zum Altertum.

Das neue Verhältnis zur Antike zeigt sich am sinnfälligsten in der Kunst, namentlich in der Auffassung der römischen Ruinen. Nachdem im 15. Jahrhundert die italienischen Architekten die römischen Bauwerke studiert und sie zum Muster für ihre eigenen Werke gewählt hatten, stiegen im 16. Jahrhundert die römischen Ruinen zum eigenwertigen Gegenstand der italienischen Malerei empor. Sie dienten nicht mehr als bloße Staffage für Themen der biblischen Geschichte, sie verkörperten nicht mehr den Gegensatz zwischen dem *Memento mori* alles Irdischen und der *Salus aeterna* in Christus – so in den bildlichen Darstellungen der Weihnachtsgeschichte –, sondern sie gewannen nun eigenen Sinn als Zeugen einer vergangenen, einer besseren Welt, deren verfallener Zustand Melancholie und Bewunderung zugleich weckte (Heckscher *1936*, 27). Die antike Ruine an sich war für die mittelalterliche Kunst so wenig darstellenswert wie die mittelalterliche Ruine für die Zeichner der Renaissance.

Das hierin zum Ausdruck kommende neue Verhältnis zur römischen Vergangenheit ist bezeichnend für die humanistische Bewegung insgesamt. Sie erblickte in der heidnischen Antike nicht eine bloße Vorschule für das Evangelium (so Paulus im Galaterbrief) oder gar eine Gegenmacht zu diesem (so die Offenbarung des Johannes), sondern eine Größe, die in politischer, philosophischer und kultureller Hinsicht die christliche Tradition überragte. Die Folge ist ein in der Grundstruktur verändertes Geschichtsbild. Dem Menschen des Mittelalters erschien die Gegenwart als Jammertal, eingerahmt durch die kommenden Schrekken des Antichrist und durch die Finsternis des vergangenen Heidentums. Die Humanisten hingegen sahen vor sich eine Neugeburt der Künste und Wissenschaften und hinter sich das Altertum als Zeit eigenen Ranges, als bessere und schönere Welt, die, wenn auch gemindert, so doch grundsätzlich bis zum Zerfall des Imperiums gerechnet wurde. Auf diesen sei die mittlere, die finstere Zeit gefolgt (Schalk *1972*, 19), die man jetzt hinter sich glaubte.

Durch die Einschiebung eines soeben überwundenen dunklen Zwischenalters haben die Humanisten die notwendige innere Distanz gewonnen, der den Fall Roms in seiner ganzen Tiefe erst sichtbar gemacht hat. Besaß der mittelalterliche Glaube an den *Fortbestand* des Imperium Romanum ideologische Gründe, so ist nicht zu übersehen, daß ebensolche hinter der humanistischen Konzeption vom *Fall* Roms liegen. Dem Interesse an der legitimierenden Funktion der Kontinuität dort steht hier ein Interesse an der Legitimationskritik durch den Nachweis der Diskontinuität gegenüber. Beides ist motiviert durch die unterschiedliche Einstellung gegenüber dem Reich und der Kirche. Die ideologische Einbindung beider Konzeptionen erübrigt nun aber ebensowenig die Wahrheitsfrage, wie deren Entscheidung eine Abwägung der tragenden Ideologien erfordert. Wir können es offen lassen, ob der christliche Universalismus des Mittelalters oder der rationale Individualismus der Humanisten, ob die lineare Heilsgeschichte oder die zyklische Periodizität mehr für sich haben. In jedem Falle hat der Humanismus die Augen gegenüber einem historischen Phänomen geöffnet, dem gegenüber das Mittelalter sie geschlossen hielt. Wer den Humanismus historisch betrachtet, wird in dessen Erkenntnis, daß das Spätmittelalter die Spätantike eben nicht bruchlos fortsetzt, eines jener Momente entdecken, die der neuen Bewegung zum Durchbruch verholfen haben. Die Einsicht in den Fall Roms ist eine wesentliche Voraussetzung für die historische Selbsteinordnung des Humanismus und alle von ihm abhängige Geistesgeschichte – uns eingeschlossen.

Das Bewußtsein von der Eigenständigkeit der Antike gegenüber der Folgezeit mußte die Frage nach den Gründen für das Ende der antiken Kultur aufwerfen. Dies geschah indessen nicht sogleich. Denn in erster Linie waren die Humanisten an der Blütezeit Roms interessiert, befaßten sich in zweiter Linie mit dem Aufstieg Roms und setzten sich erst in dritter Linie mit dem Ende Roms auseinander. Das Interesse an letzterem ist mithin nicht ursprünglich, sondern abgeleitet: erst als man fragen lernte, warum diese Kultur überhaupt entdeckt werden mußte, warum sie nicht gedauert hat, wandte sich die Aufmerksamkeit dem Niedergang zu.

Hat der Fall Roms für die Humanisten somit nur sekundäres Interesse, so ist dieses für unsere Problemgeschichte jedoch von primärer Bedeutung. Der Humanismus bezeichnet hier einen Bewußtseinswandel, der tiefer geht als der folgende zur Aufklärung, ja als der anschließende zum Historismus. Beidemale wird nur ausgeführt, was im Humanismus angelegt ist: die Einsicht in die epochale Bedeutung des Falles, seine historisch-kritische Erforschung, die Versuche seiner Deutung und das Bemühen, für die eigene Zeit daraus Aufschluß und Anweisungen zu gewinnen.

Das erste überzeugende und überragende Beispiel einer quellenkritischen Traditionskorrektur leistete 1440 Laurentius Valla mit seiner Kritik am ›Constitutum Constantini‹, eine glänzende historische Beweisführung, die der Auffassung vom Übergang des Westreiches unter die weltliche Herrschaft der Päpste den Boden entzog. Daß diese für die gesamte Geschichtswissenschaft methodisch grundlegende Leistung sich ausgerechnet an einem Dokument vollzog, das für die Interpretation des Falles Roms bedeutsam ist, wird niemand als zufällig erachten: die Fähigkeit zur Kritik am Überlieferten entwickelt sich gewöhnlich aus einer Bewußtseinshaltung, die deren Ergebnisse vorwegnimmt. Der analytischen folgte die synthetische Leistung: Flavius Blondus unternahm in seiner ›Roma triumphans‹ eine komplette Beschreibung der Struktur des Imperiums, wie sie niemals zuvor und auch nur selten hernach wieder versucht worden ist. Damit wird die im Mittelalter weitergeführte chronistische Historiographie um die kritische und systematische Dimension erweitert, die seitdem feste Bestandteile der Geschichtswissenschaft sind.

Hinsichtlich der Erklärung für den Fall Roms sind die mittelalterlich-christlichen Ansätze nicht sofort aufgegeben worden. Ihnen blieben die Reformatoren enger verhaftet als katholische Humanisten wie Blondus, Erasmus, Machiavelli und Cardanus. Dies bestätigt Caspar CRUCIGER in Melanchthons ›Quaestiones Academicae‹ am 3. August 1546 (CR. X 764 f.): Es gebe kein trostloseres Schauspiel als den Zusammenbruch blühender Staatswesen, aber in deren Erklärung hätten alle Philosophen versagt. Nur die Lehre der Kirche könne hier weiterhelfen: *mutationes imperiorum poenas esse scelerum, quae populi et reges perpetrarunt ... hanc moralem causam praecipuam esse sciamus.* Gott strafe aus Liebe und warne aus Güte durch den Sturz der Reiche. Für die Humanisten war das römische Exempel dagegen mehr als Predigtstoff. In rationaler Argumentation wurde die Dekadenzfrage erörtert, wurden die Verfallsgründe diskutiert. Als *peccatum originale* erscheinen die Verlegung der Hauptstadt, die Hereinnahme der Barbaren, die religiösen Streitigkeiten, der kaiserliche Despotismus, die zügellose Soldateska und dergleichen.

Wie seitdem gewöhnlich, ist schon bei den Humanisten die Hervorhebung bestimmter Verfallsmomente beeinflußt durch Erfahrungen in der eigenen Zeit, und dies war möglich, seitdem man über das andersartige Mittelalter hinweg eine Seelenverwandtschaft zwischen der Moderne und der Antike verspürte. Zunächst empfanden die Bürgerhumanisten die republikanische Frühphase Roms als gleichgestimmt; zumal in Italien zeigen Petrarca und Valla, Bruni und Machiavelli tiefere Sympathien zur Republik, während ihre Anerkennung des Kaisertums eher den Eindruck einer ungeliebten Notwendigkeit macht, ähnlich wie bei Tacitus. In Deutschland sah dies etwas anders aus, weil die Nachfolge im Kaisertum dem teutonischen Nationalstolz schmeichelte. Weswegen hier keine grundsätzlichen Einwände gegen die Monarchie zu erwarten sind.

Die Wahlverwandtschaft mit der römischen Republik wich aber auch in Italien der Einsicht in eine Realverwandtschaft mit der Kaiserzeit. Der aufkommende Absolutismus entsprach dem römischen Cäsarentum, dies wurde von barokken Fürsten vielfach als Vorbild empfunden. Die spätrömische Bürokratie mit ihrer Erfassung aller Lebensbereiche wiederholte sich in der landesherrlichen Verwaltung; Urbanisation und Zivilisation mehrten die Anklänge im Guten wie im Bösen. Seneca und Tacitus, die den Menschen der Kaiserzeit beschrieben hatten, erlebten ungeahnte Auflagenhöhen. Die Spätantike wurde zum Spiegel der Gegenwart und ist dies seitdem geblieben (IV.1!). Wie bei den antiken Autoren selbst, gewann die Historie pragmatische, lehrhafte Funktion. Gemäß dem Ausspruch Ciceros (de or. II 36) *historia magistra vitae* erhob sich die Historie aus der moraltheologisch unbestimmten Mahnung zur Besonnenheit zur konkreten politischen Empfehlung. Geschichte als Argument wurde wieder entdeckt.

Die Lösung vom Mittelalter hatte die genetische Kontinuität verdünnt. Sie zerriß aber nicht, gewann vielmehr neue Bindungen durch den im Humanismus aufkeimenden Nationalismus (Bieder I *1921*). In Italien wurde die republikanische Frühzeit Roms gefeiert, dabei treten germanenfeindliche Affekte auf, die gleichwohl die Argumentation nicht beherrschen. Denn gefährlicher als die barbarischen Deutschen erschienen die ungläubigen Türken. In Frankreich wurden die Kelten, in Deutschland die Germanen entdeckt, und deren Sieg über die Römer bot dem transalpinen Teutonenstolz vor und nach Hegel einen Anhalt dafür, die germanische Zeit *attacca* als Fortschritt über die römische zu erklären. Die darin angelegte negative Sicht Roms beginnt mit Erasmus. Er hat damit einen Gedanken der Aufklärung vorweggenommen.

Dem Humanismus erschien die Spätantike als die Periode, in der die ideale Welt, die man verehrte, umgeschlagen war in die reale Welt, die es nun zu überwinden galt; oder als die Phase, in der die gegenwärtigen Mißstände schon einmal aufgetreten sind und gezeigt haben, was folgt, wenn man sie nicht abstellt. Fortan bildet die offene oder heimliche Identifizierung einerseits typologisch-zyklisch mit der damaligen Situation, andererseits genetisch-linear mit den jeweiligen, in der Spätantike aktiven Vorfahren das ideologische Koordinatenkreuz, in das die Urteile über den Fall Roms einzuordnen, aus dem sie zu verstehen sind.

II. 4. Der Niedergang Roms im Urteil der Aufklärung

Cette monarchie est tombée, et nous faisons tous les jours de belles dissertations pour trouver les causes de sa décadence et de sa chute. Voltaire 1764

Der Übergang vom Humanismus zur Aufklärung ist flacher als jener vom Mittelalter zum Humanismus zuvor. Hatten die Humanisten sich von den herrschenden Traditionen des Mittelalters langsam aber gründlich abgekehrt, so setzten die Aufklärer die Absichten der Humanisten eher fort. Geisteskultur und Menschenbildung im Dienst einer neuen Geschichtsepoche wurde von beiden Bewegungen als Aufgabe empfunden, hinsichtlich der Zielsetzung ist kaum eine Grenze zwischen Humanismus und Aufklärung zu ziehen. Am ehesten ist eine Trennung der beiden Geistesepochen in Deutschland möglich, wo die Zeit des Dreißigjährigen Krieges eine literaturarme Zwischenzone ausmacht. Die erste Hälfte des 17. Jahrhunderts hat hier zu unsrer Frage anscheinend gar nichts beigesteuert.

Wenn im folgenden die englischen Aufklärer an erster Stelle behandelt werden, so geschieht dies mit Rücksicht auf Francis Bacon. Im frühen 17. Jahrhundert gewinnt die französische Literatur besonderes Gewicht, sie strahlt nach England wie nach Deutschland aus, Friedrich d. Gr. hat ausschließlich, Edward Gibbon anfangs französisch geschrieben. Merkwürdigerweise treten kaum italienische Autoren in Erscheinung. Vico steht noch in humanistischer Tradition (II. 3.a!), ebenso Pietro GIANNONE († 1748). Seine politisch-moralische Erklärung betont den Verfall des Rechtswesens, so wie dies Vico getan hatte (D'Elia *1967*, 207 f.). Vielleicht hängt das Zurücktreten der Italiener damit zusammen, daß die beiden Grundzüge in der Deutung des Falles Roms, die Abwertung der constantinischen Kirche und der Stolz auf die Germanen südlich der Alpen keinen günstigen Boden fanden.

II. 4.a. Englische Aufklärer

Das programmatische Kompendium der Aufklärung, die von Diderot herausgegebene ›Encyclopédie‹ (II *1751* S. 8) zollt Francis BACON († 1626) hohe Achtung: *Le Chancelier Bacon est un de ceux, qui ont la plus contribué à l'avancement des sciences.* Bacons Hauptinteresse galt einer Neubegründung der empirischen Naturforschung im Geiste einer strengen Rationalität. Daneben behandelte er jedoch auch politisch-historische Fragen, die ähnlich wie bei Cardanus zuvor, als Teil eines umfassenden Naturkonzeptes verstanden wurden. Bacons ›Essays‹ von 1625, die nach 1641 in lateinischer Übersetzung als ›Sermones fideles‹ europäische Verbreitung fanden, enthalten im 56. Kapitel mit dem Untertitel ›De vicissitudine rerum‹ eine Kreislauftheorie der Geschichte, die im Anschluß an Platons ›Timaios‹ in periodischer Folge größere oder kleinere Katastrophen annimmt. Was den Menschen neu erscheine, sei ein Werk des Vergessens; das Muster des Geschichtsverlaufes der einzelnen Perioden biete der Mythos von Phaëton. Der Kreislauf der Völker wird nach dem Bilde der Lebensalter gezeichnet. *In rei publicae alicuius adolescentia arma florent; aetate media litterae, ac deinceps ad moram aliquam duo illa simul florere solent; devexa autem aetate artes mechanicae et mercaturae.* In der Frühphase, wenn das Waffenwerk blühe, komme es zur Eroberung von Imperien (vgl. p. 1191). Im Frieden erschlaffe das Militär, man brauche Söldner (vgl. p. 240). Mit dem Kriegswesen breche die Macht zusammen und werde zur Beute fremder Völker. *Hoc evenit in declinatione imperii Romani* – dies ist wieder das Denkmuster, nach der die allgemeine Verfallstheorie konstruiert ist.

Bleibt diese Erklärung nach dem klassischen Dekadenzmodell noch durchaus im Vorstellungsrahmen der Humanisten, so geht Bacon über ihn hinaus, wo er eine gesamtgeschichtliche Entwicklung andeutet. Er rechnete mit einer Kultivierung der Völker, die allenthalben, *exceptis Tartaris,* zu beobachten sei. Damit verringere sich zugleich der Bevölkerungszuwachs und die daraus erwachsene Gefahr neuer Völkerwanderungen. Die dem britischen Inselkomplex entstammende Furcht vor Übervölkerung, die auch bei Lord Bolingbroke auftritt und ihre klassische Form bei Malthus gefunden hat, wird von Bacon durch einen altbekannten Trost beschwichtigt: *mundus, cum adhuc iuvenis esset, plures progenuit liberos; nunc senex factus pauciores* (p. 1196). Der Vergleich der Gesamtentwicklung mit den Lebensaltern ist von Bacon schon im ›Novum Organon‹ (*1620* I 84) zum Beweis dafür herangezogen worden, daß nicht „die Alten“, sondern „die Neueren“ die höhere Weisheit besitzen, weil diese, d. h. wir, nicht die Griechen und Römer, das *senium mundi* ausmachen.

Diese optimistische Ausrichtung der Lebensmetapher steht in einem ungeklärten Gegensatz zur Gegenwartsdeutung mit Hilfe des genannten Kreislaufschemas. Bacon benutzte letzteres auch in seiner Schrift ›De Dignitate et Augmentis Scientiarum‹ (*1605/23*) und schloß an die Beschreibung der dekadenten Spätphase im Völkerleben die Bemerkung: *Haec vero aetas nostra, vereor ne tamquam in decasu felicitatis in artes voluptarias inclinet* (IV 2 p. 114). Damit stehen wir wieder vor einer Analogie zwischen der Spätantike und der Gegenwart, wie sie durch die humanistische Zyklentheorie möglich geworden und trotz des zunehmend linearen Verständnisses der Menschheitsgeschichte beliebt geblieben ist.

Im weiteren 17. Jahrhundert gewann diese Parallelisierung an politischem Gehalt. Der Kampf zwischen Krone und Unterhaus wurde den Auseinandersetzungen der Völkerwanderungszeit gleichgesetzt. Hatte Bacon als Vertreter der Königsmacht die innerrömische Sicht gewählt, so legten sich die Whigs auf die außerrömische Perspektive fest. Nicht mit den Römern, sondern mit deren Gegnern identifizierte man sich, und damit erschien der Fall Roms nicht mehr betrüblich, sondern begrüßenswert. Am Beginn der englischen Germanen-Romantik, von Kliger 1952 *Gothicism* genannt, steht Richard VERSTEGAN alias Rowlands, dessen ›Restitution of Decayed Intelligence in Antiquities‹ *(1605)*, bemüht war, zu zeigen, *what a highly renowmed and moste honorable nation the Germans have alwayes bin, that thereby it may consequently appeer, how honorable it is for Englishmen, to bee from them descended* (42). Auch Franzosen, Spanier und Italiener stammten von den Germanen ab, deren deutsche Nachfahren mit Recht die Kaiserwürde besäßen (15; 44 f; 53). Wir kennen diesen Gedanken aus italienischer Feder von Campanus 1471, aus deutscher von Wimpfeling 1505, aus französischer von Hotman 1573 (II. 3. b!). Verstegan fährt fort: nachdem die wakkeren Nordmannen das dekadente Imperium zerschlagen hatten, widerstanden Angeln und Sachsen den Verlockungen des Südens, sie entzogen sich seinem korrumpierenden Einfluß und brachten den Hort der Freiheit nach Britannien.

Die politischen Forderungen aus diesem Geschichtsbild zog John MILTON. 1651 erschien dessen Streitschrift gegen Salmasius ›Pro Populo Anglicano Defensio‹. In Anlehnung an Hotman werden nun die Sachsen als seit alters freiheitliebendes Volk gepriesen: *Saxones Germanis oriundos memineris, qui nec infinitam aut liberam potestatem regibus dedere et de rebus maioribus consultare omnes solebant* (*1651/1932*, 436 vgl. 265; 415). In der ›Pro Populo Anglicano Defensio Secunda‹ wird dieses Argument wiederholt (*1654/1933*, 12). Während die parlamentarische Bewegung der frühen Neuzeit im allgemeinen auf die Germanen zurückgriff, besann sich Milton später in seiner ›History of Britain‹ *(1671/1971)* auf die alten Britannier. Er konstatierte den Germaneneinbruch und stellte fest: *thus expir'd this great Empire of the Romans* (127). Die Verhältnisse bei den Britanniern nach dem Abzug der Römer werden sodann in dem postum veröffentlichten Exkurs Punkt für Punkt mit der Gegenwart verglichen: *god after 12 ages and more had drawne so neare a parallel betweene their state and ours in the late commotions* (441). Das Grundproblem ist die Freiheit und deren Bedrohung durch die zu ihrer Erhaltung ergriffenen Mittel: bei den Britanniern waren dies die zurückgerufenen Römer und die um Hilfe gebetenen Sachsen, bei den Briten König Karl I. und die Stuarts. Milton fürchtete, die moralische Kraft seiner Landsleute reiche ebensowenig aus wie die ihrer Vorfahren, setzte aber seine Mühe darein, sie zu stärken (129 ff.; 419).

Republikanisch-demokratische Ideale verfocht ebenfalls der letzte Kammerjunker Karls I., James HARRINGTON (Hölzle *1925*, 77 ff.) Er behandelte den Niedergang Roms in seiner Staatsutopie ›Oceana‹ *(1656)*, sowie in seinen an Machiavelli orientierten politischen Schriften. *Rome was never ruin'd, till her balance being broken* (298). Dieses für jeden Staat fundamentale Gleichgewicht suchte Harrington im Besitz, namentlich im Landbesitz. Ausgehend von einer urtümlichen Egalität (vgl. Tac. ann. III 26) leitete Harrington die Entstehung von Herrschaft aus der Besitzungleichheit ab: *all government is founded upon over-balance in propriety* (587). Während der römischen Expansion wurde die Nobilität immer reicher, bis der Streit um den Boden den Bürgerzwist und schließlich die Monarchie zur Folge hatte (57). Sie bedeute indes keine wirkliche Gesundung, denn die Provinzen hätten nun ehrgeizigen Usurpatoren das Trittbrett zu einer Machtposition geboten, die es in der Republik noch nicht gab (427). Das römische Kaisertum war für Harrington so wie schon für Erasmus (II. 3. b!) eine Militärdespotie und ein Janitscharenregiment, obwohl der Osmanenstaat stabiler sei (58). Die Kaiser entlohnten ihre Veteranen mit Land, das diese in zunehmendem Maße in der Familie vererbten, so daß die Kaiser schließlich nichts mehr zu vergeben hatten und land- und geldlose Barbaren anheuern mußten, die sich bald selbständig machten. Harrington ging mithin aus von der Landfrage, sie habe über einen feudalen Militarismus das Imperium zerstört. Gemäß dem angelsächsischen *Gothicism* war er auf die Musterverfassung seiner germanischen Vorfahren stolz, es ist die *Gothic balance*, deren wichtigstes Element die Volksversammlung gewesen sei (59 ff.). Dennoch solle man auf die Römer nicht herabsehen, *by whose means we are, as it were, of beasts becom men* (60). Der Fall Roms ist ein Paradigma: *the whole truth of the Roman exampel* sei die Lehre, daß ein Staat die Besitzverhältnisse kontrollieren müsse; und wenn dies die Briten in ihren Kolonien nicht täten, dann führe am Schicksal Roms kein Weg vorbei (99; 427). Der Idealstaat ›Oceana‹ solle nicht, wie Griechenland und Rom im Parteienzwist enden (pr. XXXV). Harrington hat eine Reihe marxistischer Gedanken vorweggenommen, insbesondere das Modell von Basis und Überbau: *when the foundation of a government coms to be chang'd, and the governors change not the superstructures accordingly, the people becom miserable* (483). Schaubild für das Verhältnis zwischen *foundation and superstructure* und das Resultat ihres Gegensatzes ist Rom (51).

Wie stark in der Aufklärung die theologische Denkweise weiterwirkte, lehrt Sir Isaac Newton mit seinen ›Observations upon the Prophecies of the Holy Writ‹ (Opera V *1785*, 293 ff.). Nachdem diese Schrift eine Weile als Produkt angeblichen Altersschwachsinns gegolten hat, ist sie durch Brewster (*1831/33*, 230 ff.) als Werk der Zeit vor 1691 erwiesen worden. Newton ging aus von der Ansicht, daß die biblischen Prophezeiungen, die sich auf die Zeit bis zu seiner Gegenwart bezögen, eingetreten seien, und folgerte daraus, daß auch die für die weitere Zukunft verheißenen Voraussagen Vertrauen verdienten – eine durchaus rationale Logik, die uns schon im ›Liber de promissionibus‹ von Pseudo-Prosper (PL. 51, 733 ff.) begegnet ist (II. 1. b!). Newton behandelte die Visionen des Daniel-Buches und der Johannes-Apokalypse und ordnete in deren Schemata den Fall Roms ein. Die vier Weltreiche des vierteiligen Kolosses (Daniel 2) und der vier Tiere aus dem Abgrund (Daniel 7) waren für ihn Babylon, Persien, Griechenland und Rom. So wie Hieronymus deutete Newton das Eisen-Tongemisch auf die Barbarisierung Roms nach 376 (316 ff.). Als Wendejahr wird Alarichs Einnahme Roms 410 gewertet (322 ff.). Die Aufteilung des Imperiums, wie er meinte in zehn Staaten, sah Newton (324) in den zehn Hörnern des vierten Tieres vorgebildet, nachdem Luther (II. 3. b!) dafür die zehn Zehen des Kolosses herangezogen hatte. Die Zehnzahl ist natürlich *eventum post vaticinium.* Als das elfte, das kleine freche Horn deutete Newton nicht mit Calvin Caesar oder mit Le Roy den Islam, sondern die *Church of Rome* (341; 350), denn sie „ändere Zeit und Gesetz" und „lästere den Höchsten" (Daniel 7, 25). Karl d.Gr. habe das Imperium von den Griechen wieder in den Westen geholt, *the Western Empire continues to this day* (346f.; 411). Die Ende des 8. Jahrhunderts ausgebildete Papstherrschaft werde 1260 Jahre währen, dann beginne die Endzeit (364). Bald nach 2000 wäre demnach mit ihr zu rechnen.

Aus der Offenbarung Johannis holte sich Newton eine Bestätigung seiner Geschichtskonstruktion, wieder fand er die Einzelheiten der Spätantike dort figural angelegt (439ff.). Mögen diese Überlegungen zum Verständnis des Physikers nichts beisteuern, sind sie doch für seine Auffassung von der Wissenschaftsgeschichte aufschlußreich: sowenig wie Bacon folgerte Newton aus seinen eigenen Leistungen den Glauben an eine große Zukunft. Ein altes, tatsächlich überholtes Interpretationsmuster wird durch eine beträchtliche Gelehrsamkeit nochmals zu stützen versucht, so daß die eigentlich unversöhnlichen Periodisierungen zur Deckung gebracht werden. Das Ende des vierten, des römischen Weltreichs Daniels wird weder, wie im Calvinismus, mit dem ersten Erscheinen Christi unter Augustus gleichgesetzt, noch, wie im Luthertum, für die Wiederkehr des Herrn am Ende der Tage aufgespart, sondern dort angesiedelt, wo die Humanisten es entdeckt haben: in der Völkerwanderung. Hierin war Le Roy (*1575*, 235ff.) vorausgegangen.

Durch Machiavelli und Harrington ist der ›Essay upon the Constitution of the Roman Government‹ (ca. 1699) des Walter MOYLE inspiriert. Ausgehend von der Parallelität römischer und gegenwärtiger Niedergangserscheinungen (31; 54ff.) wird der Verfall Roms untersucht. An erster Stelle scheint der Machtzuwachs und Machtmißbrauch seit der Eroberung Karthagos schuld (253ff.), daneben werden auch im Volkstribunat und im Censorenamt Strukturfehler gesucht. Die Gesetze gegen Staatsfeinde seien zu milde gewesen, der *torrent of corruption* endete in der Monarchie der Cäsaren, die das Ende des Gemeinwohles besiegelt habe.

Das positive Germanenbild der englischen Aufklärung war nicht parteigebunden. Dies beweist abermals Henry St. John Viscount BOLINGBROKE († 1751), der als Tory Außenminister der Königin Anna war und 1713 den Frieden von Utrecht zustandebrachte. In seinen ›Fragments or Minutes of Essays‹ (Works V 1754) interpretierte er den Fall Roms unter dem Aspekt des Bevölkerungsausgleichs. So wie Phöniker, Griechen und Kelten (139f.) seien auch die Germanen durch Übervölkerung zur Wanderung gezwungen worden. Die Römer werden als Räuber betrachtet, selbst ihre berühmtesten Männer waren *instruments of ambition, of avarice, of injustice and cruelty* (152; 397). Ihr Staat verfiel bereits seit 146 v.Chr.: *The Romans destroyed Carthage and by her destruction prepared the way to their own.* Zwischen dem Verlust der Freiheit und dem Verlust des Reichs liege bloß eine Folge von Tyrannen (413f.). Das Imperium, *divided by Constantine and weakened by his christian successors*, stand den Germanen wehrlos gegenüber, die als Volk ohne Raum auf den Ruinen siedelten (139f.). Goten und Langobarden haben zwar das Imperium zerschlagen, jedoch: *how much less barbarous did they appear even than the Greeks and Romans? what prudence in their government? what wisdom in their laws?* (110 f.). Insbesondere lobt Bolingbroke, daß die Germanen nicht, wie die Israeliten in Kanaan, die Vorbewohner einfach ausgerottet hätten, – selbst die Hunnen waren humaner als die Juden! – sondern unter gleichen Gesetzen mit ihnen zusammenlebten und schließlich verschmolzen seien (147 ff.).[1]

Die englische *Historiographie* der Neuzeit scheint den Fall Roms erst ein halbes Jahrhundert nach den geschichteschreibenden Franzosen entdeckt zu haben. Das früheste, mir bekannte Werk, das von Laurent ECHARD liegt mir nur in der französischen Übersetzung von 1730 vor. Diese ›Histoire romaine‹ ist ein ziemlich dürres Gewächs. Es schließt – wie das bis zur ›Cambridge Ancient History‹ in England üblich geblieben ist – mit Constantin, der gemäß der mittelalterlichen Legende noch als Britannier betrachtet wird (VII 220). Seine Beurteilung schillert: einerseits wird er zum Werkzeug Gottes bei der Christianisierung erhöht (230), andrerseits erniedrigt zum Zerstörer des Imperiums. Fatal sei die Verlegung der Hauptstadt gewesen: *ce changement a été le plus funeste, qui pût arriver à l'Empire, et la principale cause de sa destruction* (249). Das war die These Brunis von 1429 (II. 3.a!).

Wesentlich ergiebiger für unser Thema ist die durch ihre Ausführlichkeit und ihr quellenkritisches Niveau bemerkenswerte anonyme ›Allgemeine Welthistorie, die in Engeland durch eine Gesellschaft von Gelehrten ausgefertigt worden‹. Auch sie liegt mir in der Original-Ausgabe nicht vor, englische Literatur wurde auf dem Kontinent eben erst gegen Ende des 18. Jahrhunderts gelesen und erworben. Die deutsche Ausgabe wurde bearbeitet durch den Hallenser Theologen und Wolff-Schüler Siegmund Jacob BAUMGARTEN, von Voltaire die „Krone der deutschen Gelehrten" genannt (ADB 2, 161). Der 14. Band dieses gewöhnlich als ›Hallische allgemeine Weltgeschichte‹ zitierten Werkes erschien 1754, er gilt dem Zeitraum von 305 bis 802. Den eigentlichen Niedergang Roms eröffnet – wie bei Villani – die Verlegung der Residenz nach Konstantinopel 330 (88), die Absetzung des Romulus durch Odoakar 476 schließt ihn ab. Der Zusammenbruch des Systems wird im Geiste der Zeit erklärt: „Der Verfal und Untergang des grösten Reichs, welches die Welt jemals gesehen, ist ohne Zweifel von dem Verderben der Leute überhaupt, und von der Faulheit, Schwelgerey und Ehrsucht ihrer Fürsten herzuleiten, noch unmittelbarer aber davon, daß sie einer solchen Menge von Barbarn verstattet, sich in dem Reich niederzulassen und unter den römischen Kriegsheren unter ihren eigenen Befehlshabern in besondern und unabhängigen Haufen zu dienen" (593 f.). So hätten sich diese bald der Kaiser überhoben. Der

---

[1] Ein poetisches Zeugnis für den angelsächsischen Germanenstolz bietet das 1731 verfaßte patriotische Gedicht ›Liberty‹ von James THOMSON. Rom sei in seiner Verderbnis durch *imperial monsters* gestraft worden und habe seinerseits als *scourge of human-kind* gedient. Die Freiheit sei aus der *bankrupt world* (III 484 ff.) zu den Nordvölkern gewandert (I 539 ff.), die in der Völkerwanderung Rache an Rom genommen hätten (IV 109).

für Rom bedrohliche Zusammenhang zwischen Sittenverfall und Söldnertum ist nur angedeutet.

Die Erfolge der ›Hallischen Weltgeschichte‹ haben W. GUTHRIE und J. GRAY dazu bewogen, sie durch eine Kompilation noch größerer Ausführlichkeit zu übertreffen. Die alsbald unter dem Titel ›Allgemeine Weltgeschichte‹ erschienene deutsche Bearbeitung behandelt im Band V 1 (1768) die byzantinische Geschichte seit Constantin. Naheliegend, daß als entscheidender Grund für den Zusammenbruch des Westens die Verlegung der Hauptstadt an den Bosporus genannt wird. Der Bearbeiter J. D. RITTER kritisierte dies in einer Fußnote: „Die wahre Ursache von dem Verfalle des Reichs ist in der Schwäche der Regenten und in ihren schlechten Staats- und Kriegsbedienten zu suchen" (S. 1, Anm.).

Unter einem systematischen Aspekt stehen die ›Reflections on the Rise and Fall of the Ancient Republicks adapted to the Present State of Great Britain‹ *(1759/78)* von Edward Wortley MONTAGU. Er deutete den Niedergang der römischen Republik im Anschluß an Montesquieu als Folge des Schlemmerlebens und des Sittenverfalls, aus dezidiert *inneren* Gründen (278 ff.; 363). Der Despotismus der Kaiser *war* für Montagu bereits der Untergang. Seine Lehre: eine eigensüchtige, geldgierige Politik führe überall in die Katastrophe, die ursprünglich militärische Staatsordnung *by our Gothick ancestors* sei durch die Geschäftemacherei verloren gegangen. Die moralistische Position des Autors, der 1754 bis 1762 Abgeordneter im britischen Parlament war, steht quer zu seinem Ruf als Sittenstrolch.

Mit nur wenigen, aber wohlüberdachten Sätzen ging David HUME auf den Romfall ein. Seine ›History of England‹ (*1761, I 1818*) stellt die Ablösung der römischen durch die germanische Herrschaft als Fortschritt in der Freiheit dar. Wir kennen das von Hedio und Magnus (II. 3. b!). An die Stelle der *enervated race* der Römer traten die unbesiegbaren Germanen mit ihrer gesunden Staatsverfassung (10–18, App. I.). In den ›Essays‹ wird dieser Gedanke nochmals unterstrichen; Sklaverei, Klassengegensätze und Großstadtleben werden als belastende Faktoren genannt (XXXIII, S. 255 ff.). Hume zeigt keine persönliche Antipathie gegen die Römer, er betrachtet das Imperium durchaus als progressive Macht und bestreitet die Entvölkerung und die Verarmung der Provinzen im Laufe der Kaiserzeit (III, S. 17). Erst Constantins *universal poll tax* habe die Provinzialen den Barbaren in die Arme getrieben (XXX S. 205). Schon zuvor freilich sei die militärische Schlagkraft gesunken (III S. 17), und dies leitet der Autor aus der Größe des Reiches ab. Mit wachsender Reichsgröße habe sich der Kriegsdienst in immer ferneren, barbarischeren Gegenden abgespielt. Die Oberschicht verlor zunehmend Lust daran, blieb im Zentrum und vertraute auf Söldner, die sich schließlich gegen ihre Herren kehrten. Hume leitete daraus eine Prognose für das Habsburgerreich und alle künftigen Imperien ab: *the melancholy fate of the Roman emperors, from the same cause, is renewed over and over again, till the final dissolution of the monarchy.* Seine Lehre: *enormous monarchies are, probable, destructive to human nature,* ebenso verderblich wie vergänglich (XXIX S. 203).

In die Reihe der philosophischen Deuter des Falles Roms gehört der Schotte Adam Ferguson. In seinem ›Essay on the History of Civil Society‹ *(1766)* liefert er eine gedankenreiche Erörterung des Dekadenzproblems, die in mancher Hinsicht von Montesquieu angeregt scheint (II. 4. b!). Über dessen Ausführungen zum Ende des Imperiums ging Ferguson jedoch hinaus, indem er neben dem klassischen Dekadenzmodell auch Bodenerschöpfung in Betracht zog (389). Die entscheidende Wende nach unten erschien ihm der Übergang von der Republik zur Monarchie. Ein solcher Schritt beweise grundsätzlich bereits eine Geisteswandlung von ideellen zu materiellen Interessen (344 f.; 364; 402; 419): *The spirit, ... the civil and military force ... were now no more* (348). Nachdem der Wohlstand die Leistungsbereitschaft untergraben habe (408 ff.), mußte selbst ein Trajan, ein Marc Aurel mit Peitsche und Schwert regieren (403). Die Größe des Staates habe zur politischen Gleichgültigkeit geführt (367), besonders verhängnisvoll sei die Trennung von ziviler und militärischer Aktivität, und allmählich seien die Römer selbst der Maschinerie erlegen, die sie zur Herrschaft über andere aufgebaut hatten (386 f.). Am Ende standen sich reiche, friedliche Römer und arme, kriegerische Barbaren gegenüber (462), so daß die Niederlage unausweichlich war. Ferguson wandte sich gegen eine Flucht in die Lebensaltermetaphorik vom Wachsen und Welken der Kulturen (349). Zyklik und Linearität verband er, indem er bemerkte, Rückschläge pflegten nicht alle Errungenschaften zu vernichten (357). Die antike und die moderne Geschichte parallelisierte er hinsichtlich des Aufstiegs von primitiven Zuständen zu höherer Kultur (184), meinte jedoch, eine Wiederholung des römischen Debakels sei angesichts der heute andersartigen Militärordnung nicht zu befürchten (387).

1783 erschien Fergusons umfangreiche ›History of the Progress and Termination of the Roman Republic‹, deren Abschluß nochmals unserem Thema gewidmet ist. Der Zusammenbruch des Reiches in der Völkerwanderung erscheint wiederum nur als Appendix zum Ende der Republik. Zwar habe Augustus selbst vorbildlich regiert, doch habe sein System der Tyrannei vorgearbeitet (V *1805*, 404). Seit Caligula sei die hoffnungslose Verderbnis der römischen Gesellschaft offenkundig (398 f.), die persönliche Haltung einzelner guter Kaiser könne daran nichts ändern (406). Besonders gravierend erschien Ferguson die Korruption des Heeres und damit seiner Kreaturen im Purpur: *the imperial establishment suffered not an occasional and temporary abuse, but a radical and irrecoverable decline of its character and even of its force* (412). Der Niedergang endet mit einem Rückschlag der Menschheitsgeschichte, dem Einbruch der Barbaren, der Ausbreitung von Aberglaube und Unwissenheit und einer tiefen Kluft in der kulturellen Überlieferung (419). Im Hinblick auf die Moralität der Gegenwart hoffte Ferguson auf die stabilisierende Wirkung der Ideale eines Christen und Gentleman. Ohne die innere Festigkeit sei auch das äußere Glück der Antoninenzeit wertlos (417), eine Bemerkung, die gegen die zwei Jahre zuvor erschienene Behandlung unseres Themas durch Gibbon gerichtet war (s. u.).

Noch stärker wurde der militärische Aspekt durch Adam Smith herausgehoben. Im ersten Report seiner ›Lectures on Jurisprudence‹ schrieb er am 1.III. 1763: das Imperium sei trotz der Erhebung der Kaiser durch die Soldaten ein Rechtsstaat gewesen: *right and wrong were as equitably determin'd as they ever had before* (*1978*, 237). Der lange Friede habe die Römer jedoch kriegsunwillig gemacht, ähnlich wie die Holländer jüngst hätten sie daher Söldner eingestellt. Mit dieser Praxis machten alle Beteiligten ein Geschäft: die Römer brauchten ihrer Wirtschaft keine Produzenten entziehen, und die Germanen fanden im Heeresdienst eine Erwerbsquelle (238). Adam Smith wußte, wie innerhalb des Reiches Bauern, Grundherren und Regierung gleicherweise an diesem Verfahren verdienten: für den Bauern war die Geldabgabe erträglicher als der Wehrdienst, der Grundherr behielt den Pächter, wenn er seine Wehrpflicht auch durch Zahlung des *aurum tironicum* einlösen mußte, und die Regierung verwandte nur einen Teil davon auf den Sold. Ammian (XXXI 4, 4) hat diesen Mechanismus exakt beschrieben. Vom ökonomischen Standpunkt war diese Politik vernünftig, man könnte sie geradezu als Resultat einer fortgeschrittenen Arbeitsteilung ansprechen. Daß aber eine vernünftige Ökonomie noch keine vernünftige Politik ist, zeigte Smith an den Konsequenzen, die sich einstellten, als die Kaiser schließlich einfachheitshalber geschlossene Verbände unter einzelnen germanischen Heerführern anwarben. Die machten sich nämlich auf Reichsboden bald selbständig, ähnlich wie die Heerführer der späten Republik (239). Diese Ereignisfolge beschrieb Smith nochmals in seinem Report von 1766 (*1978*, 414 ff.).

Seine abschließende Stellungnahme lieferte Smith in seinem Hauptwerk ›An Inquiry into the Nature and the Causes of the Wealth of Nations‹ *(1776/1976)*. Während in archaischen Gesellschaften jeder Mann zugleich Krieger sei, fordere zunehmende Arbeitsteilung vollen Einsatz in der Produktion. Eine fortschreitende Zivilisation schwäche die Wehrbereitschaft innen und verstärke den Anreiz zum Angriff von außen. *The civil came to predominate over the military character; and the standing armies of Rome gradually degenerated into a corrupt, neglected and undisciplined militia.* Söldner wurden immer unentbehrlicher und immer unzuverlässiger, bis gegen die urtümliche Gewalt der nomadisierenden Germanen kein Widerstand mehr möglich war. *The fall of the western empire ... was brought about by the irresistible superiority, which the militia of a barbarous has over that of a civilized nation* (V 1 a 36). Smith verallgemeinerte das: *When a civilized nation depends for its defence upon a militia, it is at all times exposed to be conquered by any barbarous nation* (a 39). Der Effekt war eine allseitige Zerstörung, *so great a revolution lasted for several centuries* (III 2, 1). Dennoch bedauerte Smith den Fall Roms nicht, er war das Werk *(of) our German and Scythian ancestors* (V 1 b 16).

Das klassische Dekadenzmodell steht sodann wieder hinter der Argumentation der ›Roman History‹ *(1769/93)* von Oliver GOLDSMITH, dem Verfasser des ›Vicar of Wakefield‹. In der Einleitung zum I. Band entschuldigt sich der Autor (wie es mancher spätere hätte tun müssen), weil er Dinge wiederhole, die schon hundertmal gesagt worden sind, und fordert dazu auf, die Römer nicht den

Standards einer christlichen Moral zu unterwerfen. Im Schlußabschnitt des II. Bandes geht er mit Constantin von einer Gliederung nach Kaisern zu einer summarischen Behandlung über, denn fortan seien die Charaktere der Kaiser unerheblich im Vergleich zur Gewalt der Umstände. Die Römer seien *corrupted by vice and enervated by luxury* (492 f.), und in dieser Situation hätten sie den durch Hunnen und Alanen gewachsenen Barbarenmassen nicht mehr standgehalten (494). *The empire ... sunk gradually under the weight of different attacks made upon it on every side* (496). Rom benötigte die barbarischen Söldner, die dem Reichsganzen 476 ein Ende bereiteten.

Es kennzeichnet die geistige Situation der Aufklärung, daß die großen Probleme der Wissenschaften nicht bloß in den Zirkeln der Berufsdenker erörtert wurden. Unter den Staatsmännern, die sich mit der römischen Geschichte befaßt haben, verdient nach Bacon und Bolingbroke noch John ADAMS, der zweite Präsident der Vereinigten Staaten, Erwähnung. Am 12. X. 1755 schrieb er an Webb: Alles wandelt sich, alles vergeht. Ist der kritische Punkt erst erreicht, genügt ein Anstoß für den Umschwung. *Immortal Rome was at first but an insignificant village ... by degrees it rose to a stupendous hight ... But the demolition of Carthage (what one should think would have established it in supreme dominion) by removing all danger, suffered it to sink into a debauchery and made it at length an easy prey to barbarians* (Works I 23). Damit wollte Adams erklären, weshalb nun England absteige und Amerikas Zukunft begänne. Entsprechend der humanistischen Tradition war für Adams das eigentliche Rom das republikanische. Ihn faszinierten die demokratischen Gemeinwesen des Altertums. Sie waren gemeint, wenn er schrieb: *contemplate the great examples of Greece and Rome!* (*1765*, III 462). Aus ihnen müsse man politisch lernen, denn *ignorance and inconsideration are the two great causes of the ruin of mankind* (448). Das zentrale Problem war für Adams der Niedergang der Republik. Dafür zog er zunächst die im republikanischen Rom wie im zeitgenössischen England angelegte, aber unzureichend durchgeführte Gewaltenteilung und Gewaltenbalance heran (*1787*, IV 541). Eine derart ausgerichtete Verfassung sei die einzige menschenwürdige Stabilitätsgarantie. Zu ihr böte nur ein Monarch mit einem stehenden Heer eine – wenig verlockende – Alternative (588). Hier dachte Adams zweifellos an das römische Kaisertum, aber dies war für ihn bloß noch ein lebloses Gehäuse, das beim ersten Anstoß zusammenfallen mußte. Die Germanen seien den Römern gerade wegen ihrer besseren Verfassung überlegen gewesen: *the Teutonic institutions, described by Caesar and Tacitus, are the most memorable experiment, merely political, ever yet made in human affairs. They have spread all over Europe and have lasted eighteen hundred years.* Sie lieferten das beste Argument für die Qualität einer ausgewichteten Staatsordnung (297 f.). Später freilich kehrte Adams von der institutionellen zur moralischen Erklärung zurück: Fleiß und Mäßigkeit schüfen Reichtum, dieser fördere Luxus und Laster. Sie setzten sich auf Rom wie ein Inkubus. Darum hätten selbst Brutus und Cassius Tugend und Freiheit nicht wiederherstellen können. *Have you ever found in history one single example of a nation thoroughly corrupted, that was afterwards restored to virtue?* So schrieb er am 18. XII. 1819 an Jefferson.

Thomas JEFFERSON, 1801–1809 seinerseits Präsident der USA, hat sich in seinem ›Commonplace Book‹ *(1926)* zum Ende Roms geäußert. Er beschreibt es folgendermaßen: die Schwäche Roms auf der einen und der Druck der Hunnen auf der anderen Seite habe die Germanen ins Reich getrieben. Diese Aktionen werden im einzelnen ausgeführt (§ 763), doch wird das Kräfteverhältnis nicht weiter erläutert. Trotzdem läßt sich dessen Begründung erahnen. Ebenso wie Adams rühmte Jefferson seine *Saxon ancestors* (S. 57 ff.). Die Germanen erhoben durch ihren Föderalismus die Verfassungsgeschichte auf eine neue Stufe: *all Europe was beholden to the Northern nations for introducing or restoring a constitution of government far excelling all others, that we know in the world* (§ 754).

Denselben fortblühenden Germanenstolz zeigt John PINKERTON's ›Dissertation on the Origin and Progress of the Scythians or Goths‹ *(1787): The Goths transcended, even when barbarians, all nations in wisdom and war.* Den Römern seien sie in jeder Hinsicht überlegen gewesen. Sie verachteten die dekadente römische Kultur mit Recht, *delivered the world from the tyrannic dotage of Rome,* und ihre Nachkommen bewohnten fast ganz Europa. Pinkerton vertrat bereits eine Art Indogermanentheorie, denn auch Griechen und Römer glaubte er von germanischer Herkunft (VII–X). Als Quelle ihrer Kraft betrachtete der Autor die ursprüngliche Demokratie der Germanen, deren Könige nur gewählte Heerführer gewesen seien. Leider sei diese Ordnung später in eine Aristokratie degeneriert (136–140). Hier gewinnt Pinkerton politische Argumente aus der Geschichte.

1776 begann Edward GIBBONS vielbändige ›History of the Decline and Fall of the Roman Empire‹ zu erscheinen. Sie ist nicht nur das bedeutendste einschlägige Werk der englischen Aufklärung, sondern vermutlich die bekannteste Darstellung des römischen Kaiserreiches überhaupt. Niebuhr (RG I *1826/73,* XXVII) nannte sie ein „herrliches Meisterwerk", und für Mommsen (*1886,* 3) war sie „das bedeutendste Werk, das je über römische Geschichte geschrieben wurde" (vgl. Hartmann *1908,* 148). Über seine Entstehung berichtet Gibbon in seinen Memoiren (*1796/1935,* 160): *It was at Rome on the 15th of October 1764, as I sat musing amidst the ruins of the Capitol, while the barefooted fryars were singing vespers in the Temple of Jupiter* (gemeint ist die Kirche Santa Maria in Aracoeli auf der Arx, an der Stelle des Tempels der Juno Moneta), *that the idea of writing the decline and fall of the city first started to my mind.* Es handelt sich um einen Fall jener Ruinenromantik, wie sie Alkuin, Hildebert von Lavardin und Poggio Bracciolini beseelte. Den Titel zu seinem Werk entlehnte Gibbon dem Eingang des Vorworts zur Zonaras-Ausgabe von Du Cange: *Romani imperii universo paene orbi olim dominantis causas inclinationis atque ruinae ob oculos proponit* (Bernays *1871/85,* 216), das Material für seine Darstellung fand Gibbon in den Werken von Tillemont und Lebeau, in der Beurteilung ist er von Montesquieu und Voltaire beeinflußt. Schon aus der melancholischen Ausgangsstimmung ergibt sich die Bewunderung, die Gibbon für die Höhe des Imperiums unter dem aufgeklärten Absolutismus der Antonine hegte. *If a man were called to fix the period in the history of the world during which the condition of the human race was most happy and prosperous, he would, without hesitation, name that which elapsed from the death of Domitian to the accession of Commodus* (ch. 3; I 136). Freilich war diese Zeit für Gibbon nur eine Sumpfblüte: die Kaiser regierten ein Volk, das den Willen zur Freiheit den Freuden des Wohlstands geopfert hatte und die Vorzüge eines Weltreichs mit den Launen der zu seiner Erhaltung erforderlichen Monarchen und Soldaten bezahlte.

The principal author of the decline of the Roman empire wurde Septimius Severus (ch. 5, I 215), das Ende des Gesamtreichs brachte der Staatsstreich Odoakars. Mit diesem Ereignis wollte er seine Darstellung ursprünglich abschließen, doch bewog ihn der Publikumserfolg, die Zeit bis zur Eroberung Konstantinopels 1453 hinzuzufügen. Die Zäsur 476 gewinnt bei ihm Gewicht durch die an Kapitel 38 angehängten ›General Observations on the Fall of the Roman Empire in the West‹. Im Geiste seiner Zeit legte Gibbon das größte Gewicht auf die Wirkungen des klassischen Dekadenzmodells: *The decline of Rome was the natural and inevitable effect of immoderate greateness. Prosperity ripened the principle of decay* (VI 385). Hier folgt Gibbon Paruta und Hume. Durch ihr Leben in Kälte, Armut und Strapazen hätten die Germanen demgegenüber ihre moralische Kraft bewahrt. Wenn Gibbon glaubte, die Kaiser hätten die Disziplin im Heere lockern müssen, um selbst am Ruder zu bleiben, wandte er sich gegen Montesquieu (II. 4. b!) und Friedrich d. Gr. (II. 4. c!), die einen solchen Zusammenhang nicht angenommen hatten. Einig war Gibbon mit ihnen darin, die Monarchie als notwendige Regierungsform des Weltreichs zu betrachten.

Gibbons Anlehnung an Sigonius und Voltaire zeigt sich in seiner rückblickenden Bemerkung: *I have described the triumph of barbarism and religion* (ch. 71, XII 392), sowie zuvor in der Einschätzung Constantins und des Christentums (VI 387 f.). Die pazifistische Moral, die Vermehrung der Kirchengüter, die Mönchsbewegung und die theologischen Auseinandersetzungen hätten die Widerstandskraft untergraben. Gibbon ist wegen seiner „antichristlichen" These oft angegriffen worden (Momigliano *1963*, 3; Christ *1970*, 11), doch hat dem schon Herder (Ideen II 341) mit Grund widersprochen. Denn für Gibbon war das Christentum ein sekundärer Faktor. Erst als die Entartung der Römer manifest war, konnte ein überdies – wie Gibbon meint – mißbrauchtes Christentum die Wirkung haben, Weltflucht und Kleinmut zu erzeugen. Bei den Germanen hingegen habe das Christentum heilsam gewirkt, weil sie noch unverdorben waren. Gibbon schrieb dem Christentum lediglich beschleunigende Kraft zu, verwies aber wiederum auf die Staatstreue der constantinisch-theodosianischen Reichskirche, deren Bischöfe von 1800 Kanzeln die Gehorsamspflicht gegenüber einem gesetzmäßigen und rechtgläubigen Herrscher verkündet hätten (VI 388). Ebenso wie das Christentum hatten auch die Barbaren für Gibbon nur die Bedeutung einer verstärkenden Verfallsursache: wären alle äußeren Gegner zur selben Stunde vernichtet worden, so hätte dies das Reich nicht mehr gerettet (ch. 35, VI 137), sein Niedergang ist letzten Endes ein Produkt des Dekadenzprinzips. Ganz ohne äußeren Anlaß kommt Gibbon freilich nicht aus. Denn er tadelt die *enervated soldiers: their pusillanimous indolence may be considered as the immediate cause of the downfall of the empire* (ch. 27, V 86), und bemerkt im Anschluß an die Schlacht bei Adrianopel 378: *the principal and immediate cause of the fall of the Western Empire of Rome* sei der Germaneneinbruch gewesen (ch. 26 n. 136, IV 422).

So wie die Autoren seit Machiavelli verfolgte Gibbon mit seiner Darstellung der *awful revolution* (VI 389) erklärtermaßen ein praktisches Ziel. Wie jene ging er aus von der Vergleichbarkeit des Imperium Romanum mit der *great republic of Europe* (389 ff.), doch fragte er nicht in pragmatischer Absicht, wie eine Wiederholung jener Katastrophe zu vermeiden sei, sondern untersuchte in prognostischem Interesse, ob eine solche zu erwarten wäre. Auf der Umschau nach möglichen Barbaren, die in Analogie zu den spätantiken Germanen der Zivilisation Europas den Garaus machen könnten, blickte er nach Osten. Dort aber fand er nun zivilisierte Völker. Allein Kalmücken und Usbeken seien noch Barbaren, und sie hätten gegen die vereinte Militärmacht Europas keine Chance. Mit der Logik des Aufklärers folgerte Gibbon, daß Barbaren der Kulturwelt nichts anhaben könnten, es sei denn, sie zivilisierten sich zuvor und verlören darum ihre Gefährlichkeit. Dies beweise Rußland (390). Die europäischen Kriege stärkten die Abwehrkraft im Fall eines äußeren Angriffs. Sollte diesem dennoch nicht zu widerstehen sein, brächten zehntausend Schiffe die Europäer nach Amerika, wo die Zivilisation der Zukunft reife (392). Was immer geschehe, ein Fortschrittsprozeß von viertausend Jahren sei nicht rückgängig zu machen. Die Keime der Zivilisation überstünden jeden Sturm und wüchsen einem unausdenklichen Menschenglück entgegen (397). Gibbon war vom Fortschritt durchdrungen. Die Germanen hatten der Welt die Freiheit gebracht (ch. 2, I 101 f.) und sie durch die Auflösung des Imperiums in einer Mehrzahl zivilisierter Staaten befestigt: konnte der römische Untertan vor dem Zugriff seines Despoten nirgendwohin entfliehen, weil Rom überall gebot, wo nicht feindliche Barbaren herrschten, so stünden den Verfolgten eines europäischen Staates die Nachbarländer offen. Dies begrenze den Druck, den die Staaten auf ihre Bürger ausüben könnten und gewähre diesen eine Freiheit, wie sie im römischen Reiche niemals bestanden habe (ch. 3; I 141 ff.). Als Toynbee 1955 Gibbons Optimismus kritisierte (bei Christ *1970*, 296 ff.), gab es den stacheldrahtumzäunten sozialistischen Lagerstaat nocht nicht. Er hat die Verfügungsgewalt des spätrömischen Staates über seine Untertanen in verbesserter Form erneuert.

II. 4.b. Französische Aufklärer

Die Stellungnahmen der französischen Aufklärer zum Ende Roms beginnen in England. Charles de Saint-Denis Seigneur de Saint-Évremond († 1703) hatte ein Pamphlet gegen die Politik Ludwigs XIV. verfaßt und mußte daraufhin nach

England fliehen. Dort vollendete er 1663 seine ›Réflexions sur les divers Génies du Peuple Romain‹. Sie befassen sich zwar überwiegend mit der römischen Republik, bieten aber zugleich einen Ausblick auf die Kaiserzeit, die für Saint-Évremond eine reine Verfallsphase darstellt. Augustus wird noch geschätzt, aber mit Tiberius, der unter dem Einfluß des Tacitus als Musterbild eines absolutistischen Willkürherrschers erscheint, habe die Dekadenz begonnen. Fortan führten die Kaiser ein despotisches Regiment, während die Untertanen zwischen Servilität und Furor hin- und herschwankten. Trotz einiger guter Zwischenkaiser sei dies der herrschende Zug der späteren römischen Geschichte gewesen. *Si on veut remonter jusqu' à la première cause, on trouvera que ce méchant naturel étoit autorisé par l'exemple de Tibère* (317 ff.). Saint-Évremond suchte den Verfallsgrund mithin im Bereich der politischen Psychologie und benutzte die Entartung des römischen Kaisertums, um zeitgenössische Fürsten als Despoten zu brandmarken.

Dem Geiste der Fronde entstammt ebenfalls die gleichzeitige Stellungnahme zum Fall Roms durch den Kardinal von Retz. In seinen 1670 bis 1676 entstandenen Memoiren zog er die Parallele zwischen dem Niedergang der französischen und der römischen Monarchie im Hinblick auf die Auseinanderentwicklung von Militär und Gesetz. Nur wo beides übereinstimme, könne ein Staat bestehen; aber Gesetze ohne Waffen blieben wirkungslos, und Waffen ohne Gesetze führten ins Chaos. Dies übernahm er von Machiavelli (Principe c. 12). Nachdem Caesar die Republik zerstört habe, sei das Imperium durch den Respekt der Kaiser vor dem Recht aufrechterhalten worden. Als aber das Militär nur noch den eigenen Interessen folgte und die Kaiserwürde an Meistbietende feilbot, stürzte das Staatswesen zusammen (*1913*, I 114 f.).

Die Anwälte des Absolutismus vertraten demgegenüber eine andere Haltung. Die rationale Argumentation, wie sie von Humanisten und Aufklärern vorgezogen wurde, hat sich gegen die ältere heilsgeschichtliche Deutung des Falles Roms nicht ohne weiteres durchgesetzt. Letztere begegnet im Interesse von Thron und Altar mindestens noch zweimal: bei Bossuet und Tillemont. Jacques-Bénigne Bossuet, Jesuitenschüler und später Bischof, wurde als Bewunderer Ludwigs XIV. von diesem 1670 zum Prinzenerzieher bestellt. Als solcher hat Bossuet, der „letzte Kirchenvater", in seinem für den Dauphin bestimmten ›Discours sur l'histoire universelle‹ (*1681*, IV *1805*) eine doppelbödige Interpretation vom Ende Roms geliefert. Bossuet legte als Einteilungsschema die Abfolge der Weltreiche zugrunde, nahm jedoch an, daß das Imperium Romanum im 5. Jahrhundert erloschen sei. Darin befand er sich im Einklang mit Newton (II. 4. a!), konnte zugleich wohl auch auf den Beifall seines Brotherrn rechnen: dieser, und nicht der römisch-deutsche Kaiser, war für Bossuet der von Gott berufene Schutzherr der Christenheit (Ritter *1919*, 104). Bossuet argumentierte am Eingang und am Schluß seines Bandes über Rom im Stil Augustins: *les révolutions des empires sont réglés par la Providence et servent à humilier les princes.* Gott hebe und stürze die Völker nach Verdienst (16), und weil der spätrömische Senat in seinem

Heidentum verstockt gewesen sei, habe Gott Rom den Barbaren überlassen – so wie die Johannes-Apokalypse dies vorausgesagt hätte (10). Rom mußte, wie alle Reiche zuvor, fallen, um dem wahren Glauben und dem geistigen Reich des Gottesvolkes Platz zu machen, ein Reich, das sich künftig auf den Ruinen erhebe und dem allein Ewigkeit bestimmt sei: Der Fall Roms beweise aber nicht nur die Herrlichkeit und die Gerechtigkeit, sondern zugleich die Gnade Gottes, denn Rom wurde zum Haupt der Christenheit erhöht (5–14).

Neben diesen allgemeinen theologischen Gründen besitze jeder geschichtliche Umschlag jedoch auch besondere Ursachen, die aus praktischen Rücksichten studiert werden müßten (15). So füllte Bossuet den Rahmen seiner religiösen Deutung mit einer durchaus säkularen und rationalen Erklärung. Den Aufstieg Roms zur Weltmacht deutete er als Folge der Freiheits- und Vaterlandsliebe der Römer. So wie schon Ennius glaubte er, die moralische Haltung habe Rom groß gemacht (99 f.). Das Imperium bezeichnete er als das beste und größte Staatswesen aller Zeiten (140). Die Wendung zum Verfall deutete er gemäß dem antiken Dekadenzmodell: die Macht und der Luxus hätten Rom innerlich zersetzt (69; 138; 166). Dieses generelle Niedergangsmotiv sei für die römische Republik bedrohlich geworden, weil in ihrem Schoß ein weiteres Übel schlummerte: die Zwietracht zwischen Volk und Senat (144; 166; 168). Sie habe verhindert, daß zwischen anarchischem Freiheitsdrang und tyrannischer Autorität die Mitte gefunden wurde (147). Seit den Gracchen habe der Bürgerkrieg den Staat zerrissen (156), bis als letzter Ausweg das Kaisertum übrig geblieben sei (161; 168).

Die Monarchie der Cäsaren freilich schien Bossuet eine bedenkliche Lösung. Zwar konnte sie Frieden und Wohlstand sichern, forderte aber als Preis die Freiheit. Die Kaiser regierten mit dem Heer, bis sich dieses seiner Macht bewußt wurde und nun seinerseits die Politik bestimmte. Bossuet folgte hier Tacitus, Bruni und Erasmus. Das Reich sei zur Beute der Soldateska geworden. Bereits Marc Aurel habe einen zweiten Kaiser erheben müssen; die zunächst vorübergehenden Bürgerkriege seien Dauerzustand geworden; die Reichsteilungen mehrten sich, bis schließlich niemand mehr den Einbruch der Barbaren habe aufhalten können (161 ff.).

Rückblickend teilt Bossuet die römische Geschichte in zwei Phasen, die erste bestimmt durch die Abwehr der äußeren Feinde, die zweite durch die Ohnmacht gegen den inneren Feind, *l'intérêt et la force* regierten im Reich – *enfin la ruine de la milice, avec celle de l'empire* (167 f.). Bossuet räumt noch zahlreiche Zusatzgründe ein: Verarmung und Verschuldung der Unterschichten, Sklaven- und Gladiatorenwesen, Barbarisierung und Blutmischung, doch war ihm all dieses zweitrangig (170 f.). Ihm schien klar, daß der Niedergang zwar schuldhaft, aber doch unbewußt herbeigeführt wurde und darin erkannte er die göttliche Vorsehung: *il n'y a point de puissance humaine, qui ne serve malgré elle à d'autres desseins que les siens* (176). Mit diesem Gedanken übersprang Bossuet die Aufklärung und nahm Hegel (*1831/1961*, 72) vorweg, wofern man nicht vorzieht, Hegel als den allerletzten Kirchenvater einzustufen.

Im Gegensatz zu dem Jesuitenzögling Bossuet war Louis Sébastien Lenain de TILLEMONT ein Schüler der Jansenisten von Port Royal. Auch er wurde Geistlicher. Seine ›Histoire des Empereurs‹, erst nach dem Tode des Autors († 1698) vollständig erschienen *(1732/39)*, behandelt in sechs Bänden die Zeit von Augustus bis Anastasius. Darin erwies sich Tillemont als Kompilator und Philologe. An gedanklicher Durcharbeitung steht er hinter Bossuet zurück. Nur gelegentlich erscheinen Ansätze zur Deutung des Beschriebenen. Das Werk beginnt mit der Augustus-Theologie des Origines, die Kommentare zu den spätantiken Kalamitäten sind sämtlich erborgt: die Einnahme Roms durch Alarich schmückt eine erbauliche Predigt nach Augustinus (V 592 ff.), die Ermordung des Aetius und die Absetzung des Romulus Augustulus werden nur um die Bemerkungen von Marcellinus Comes und Jordanes bereichert (VI 252; 437). Über das *Was* und *Wann* ist Tillemont zu einem *Warum* nicht vorgestoßen. Wegen ihrer theologischen Bindung sind Bossuet und Tillemont nicht als Aufklärer zu bezeichnen, sondern nur als Hintergrund und Zulieferer bedeutsam. Bossuet hat wenigstens alternativ rational argumentiert und Tillemont immerhin emsig gesammelt.

Bleiben wir zunächst bei der Geschichte schreibenden Geistlichkeit, so wäre nun die ›Histoire Romaine‹ (*1725* ff.) der beiden Jesuiten François CATROU und Julien ROUILLÉ zu nennen. Obwohl mir die der Spätantike gewidmeten Teile nicht vorliegen, zeigen der Widmungsbrief an Ludwig XV., und die Vorworte zum ersten und siebzehnten Band die Einstellung der Autoren. Wie bei Bodin werden die Franzosen auf die Gallier und die Franken zurückgeführt: jene hätten das heidnische Rom zerstört, diese das christliche Rom geschützt. Chlodwig hätte sein Reich aus den römischen Trümmern errichtet, wie Karl d. Gr. war er Franzose. Hier wird die in der romanisch-katholischen Literatur betonte Kontinuität herausgestellt. Sie gilt auch für die Staatsform. Bürgerzwist zwischen Senat und Volk bei wachsender Reichsgröße erforderten die Monarchie für die Römer: *par un faux amour de la liberté ils s'opposent longtemps à leur propre bonheur* (XVII p. V). Diese Logik entspricht der inneren Nähe zwischen Katholizität und Absolutismus. Caesar war ein Gesandter der Vorsehung. Augustus verdiente, unter die Götter erhoben zu werden. Die späteren Kaiser seien teils nachahmenswerte, teils zu verabscheuende Exempel, die Gesellschaft ähnele der gegenwärtigen, namentlich im Intrigenwesen. Die „Dekadenz“ Roms sei ein Lehrstück für die Welt.

Eine bemerkenswerte Variante innerhalb der theologischen Historie hat der Abbé Jean Baptiste DUBOS beigesteuert. Seine ›Histoire critique de l'établissement de la monarchie françoise dans les Gaules‹, 1735 in Amsterdam erschienen, trägt ihren Titel zu Recht: härter als in Frankreich zuvor üblich werden sowohl die Römer als auch die Germanen kritisiert. Rom wird als Despotie, wie es nie in Asien eine schlimmere gegeben habe, hingestellt (I 258 f.), die Germanen erscheinen als Wilde, die wie branntweinsüchtige Neger und Indianer ins Reich eingedrungen sind, wo es Wein zu trinken gab (262). Dieses Germanenbild steht dem von Boulainvilliers und Montesquieu entgegen, erscheint aber in Ansätzen bei Bodin und bei einzelnen Italienern. *La première cause de tous les malheurs* sei der

Verrat Stilichos gewesen (259) – hier folgt der Abbé dem Kirchenvater Orosius – der Barbareneinbruch 406 war *la journée funeste* (266). Die Helden des Autors sind die Aremoricaner, die Kelten also, die (so wie die Generalstaaten 1581) ihre Volksfreiheit gegen Römer und Germanen geltend gemacht hätten (297 ff.) Natürlich kam Dubos auch ohne die letzteren nicht aus. Seine Sympathie gehört den romtreuen Franken: „unsere Nation" habe dem Imperium stets die besten Dienste geleistet (2; 4) und sei von den Ostkaisern anerkannt worden (II 2). Trotz der Klage über die Literaturverluste in der Völkerwanderung (I 15) ist die Tonart des Buches auf Kontinuität gestimmt. Dies und die Idee eines keltisch-römisch-germanischen Ausgleiches nehmen Positionen vorweg, die sich im späten 19. Jahrhundert in Frankreich durchgesetzt haben.

Wenden wir uns sodann den Stimmen aus dem Adel zu, so zeigt sich ein anderer Denkstil: die Distanz zum Absolutismus in Praxis und Theorie beseelt hier die historische Deutung. Auf der Schwelle steht allerdings noch ein Geistlicher: Charles-Irenée Castel de Saint-Pierre. Er hat den Fall Roms in erklärtermaßen praktischer Absicht ausgewertet. In seinem ›Projet pour rendre la paix perpetuelle en Europe‹ (I/II *1713*) heißt es, Roms Stärke sei durch äußere Bedrohung erhalten worden. Nachdem jedoch Pyrrhos, Antiochos III. und schließlich auch die Karthager ausgeschaltet gewesen wären, hätten Parteienhaß und Bürgerkrieg Rom selbst zerrissen. Die ungeheure Größe erscheint als notwendige Ursache des Zerfalls, und dagegen hätte allein geholfen, wenn die Römer, statt ihre Nachbarn zu vernichten, sie in einen Völkerbund vereinigt, also genau das getan hätten, was Saint-Pierre den europäischen Staaten seiner Zeit empfiehlt (*1713/1922,* 84). Der Friede konnte durch die Republik nicht, und erst recht nicht durch die Kaiser gewährleistet werden, beide Systeme trugen *les causes de division et d'anéantissement* in sich selbst. Das Imperium hätte sich in 20 bis 30 Teile auflösen und dann als Staatenbund zusammenschließen sollen, so daß statt ewiger Kämpfe um die Macht im Reich das gemeinsame Interesse an Wohlstand und Friede gewaltet hätte. Innere Wirren eines Teilstaates wären durch Hilfe der übrigen behoben worden (II *1713,* 112 ff.). Der Autor transponiert die erträumte Verfassung Europas in den verpaßten Zustand Roms, beschreibt diesen indessen ganz so, wie der jüngere Plinius in seinem Panegyricus den wirklichen beschrieben hat.

Mit Saint-Pierre beginnt die Deutung des Falles Roms unter speziellen politischen Absichten. Ein allgemeineres Motiv, der Kampf gegen den Absolutismus, hatte in England die Bereitschaft begünstigt, in der römisch-germanischen Auseinandersetzung der Völkerwanderung die Partei der Sieger zu ergreifen. Derartiges findet sich nach Hotman auch bei katholischen Autoren Frankreichs (Barzun *1966*). 1705 betonte Vertot, 1714 Fréret die Abstammung der Franzosen von den germanischen Franken, deren Freiheitsbewußtsein die Macht Roms niederzwang (a.O. 148 ff.). Comte Henri de Boulainvilliers († 1722) erklärte in seinen ›Essais sur la noblesse de France‹ *(1732)* den Fall Roms aus dem Niedergang seines Adels. In der Blütezeit der Republik sei die soziale Schichtung Roms im Prinzip stabil gewesen, die Entartung der Führungsklasse haben den Ruin der Republik bedeutet (4). Die Kaiserzeit zeige eine Tendenz zur Egalisierung; die alten Familien starben aus und verloren ihre Vorrechte; Caracalla beseitigte das Privileg der *cives Romani*, Gallienus schaltete den Senat aus dem Heere aus. Freigelassene und Landfremde besetzten die Schaltstellen (5) und waren bloß noch am Gewinn interessiert: *il se répandit en general un esprit d'indifference sur les évenemens publics.* Damit standen den Barbaren die Tore offen, und Rom ging kaputt (6). Der Autor bekannte sich zur Gleichheit aller Menschen hinsichtlich ihrer Teilhabe an Vernunft und Humanität (1), sah aber die Anteile unterschiedlich bemessen und gründete darauf die Stellung des Adels (7). Der Fall Roms wird zur Warnung für die französische Krone, da sich eine parallele Entwicklung anbahne. Der freiheitlich-fränkische Adel (17 f.) habe das Königtum getragen (11 f.), doch seien die Rechte des Märzfeldes verloren gegangen, und sie müßten in Gestalt der Generalstände wiederhergestellt werden (Barzun *1966*, 137 ff.).

Ganz ähnliches Gedankengut vertrat sodann Charles de Secondat Baron de la Brède et de Montesquieu († 1755). Seiner politischen Einstellung nach gehört er wieder auf die Seite der aristokratischen Gesinnungsrepublikaner. Das zeigt sich bereits in seinem Erstlingswerk, den 1721 anonym erschienenen ›Lettres persanes‹. Entsprechend dem Germanenstolz im gleichzeitigen England wird die *décadence du formidable empire romain* abgeschlossen durch die einwandernden Germanen, die aber keine Barbaren, sondern freie Männer waren und erst durch die Unterwerfung unter absolute Gewalten zu Barbaren wurden. Unausgesprochen wird damit den Germanen das freiheitliche, den Römern das despotische Prinzip zugewiesen (Brief 136). 1734 veröffentlichte Montesquieu das berühmteste einschlägige Werk der Aufklärungsliteratur, die ›Considérations sur les causes de la grandeur des Romains et de leur décadence‹. Es lehnt sich an Paruta (*1599/1827* p. XIV), Grotius und Pufendorf (Boillin *1976*). Der Aufstieg Roms wird ganz im Sinne der römischen Selbstauffassung als Resultat von moralischen und politischen Verhaltensweisen gedeutet. Durch Grundsätze und Gesinnung seien die Römer allen Gegnern überlegen gewesen und hätten sich damit die Mittelmeerwelt unterworfen. Montesquieu verstand Aufstieg und Verfall nach dem Prinzip des klassischen Dekadenzmodells: Roms Ausdehnung hatte die innere Stärke zur Voraussetzung und die äußere Schwäche zur Folge. Die Herrschaft brachte den Luxus und dieser den Niedergang der alten Normen. Das Kaisertum, als organisatorische Notwendigkeit aus der Größe des Reiches erwachsen, habe den Rückgang der politischen Verantwortung befördert. Den Germanen, die ihrerseits aufgrund ihrer kärglichen und soliden Lebensweise sozial gesund waren, hatte das Imperium auf die Dauer nichts entgegenzusetzen, und der Ruin war unter den gegebenen Umständen unausweichlich.

In seinem späteren Werk ›De l'esprit des lois‹ *(1748)* ergänzte Montesquieu die Innen- um die Außenperspektive. Er bekannte sich zu seinen fränkischen Vorfahren und rechnete ihnen das Verdienst zu, Tyrannei und Sklaverei der Römerwelt durch Gleichheit und Freiheit, die Tugenden des germanischen Nordens, ersetzt zu haben. *Les Goths conquérant l'empire romain, fondèrent partout la monarchie et la liberté* (XVII c. 5). Das damals entstandene *gouvernement gothique*, gekennzeichnet durch die Freiheiten des Volkes, die Privilegien von Adel und Klerus und die Macht des Königs, wird nach dem Kriterium der aristotelischen Mischverfassung für die beste aller möglichen Staatsformen erklärt (XI c. 8). Damit gewinnt der Fall Roms über seinen Lehrwert hinaus Fortschrittscharakter. Zugleich teilte Montesquieu freilich die Auffassung, daß letztlich alles Menschenwerk und so auch die bestregierten Staaten wie Sparta, Karthago, Rom und England ein Ende nehmen würden (XI c. 6). Diese Ereignisfolge wird bei Rom mit der Expansion verbunden: *Les Romains, en détruisant tous les peuples, se détruisaient eux-mêmes* (XXIII c. 20). Durch ihre Eroberung hätten die Römer die Mittelmeerwelt entvölkert, und alle Maßnahmen zur Vermehrung des Nachwuchses seien von dem Augenblick an wirkungslos gewesen, wo die asketische Lehre des Christentums und das süße Leben im Luxus dieselbe Folge, nämlich Kinderlosigkeit, gezeitigt hätten (c. 21 f.). Gegen den Sittenverfall sei die Zensur eingerichtet worden, bis sie selbst dessen Opfer wurde (c. 18 f.; 21). Hier vernehmen wir Bodin. Die besten Gesetze könnten nicht wettmachen, *ce qu'une république mourante, ce qu'une anarchie générale, ce qu'un gouvernement militaire, ce qu'un empire dur, ce qu'un despotisme superbe, ce qu'une monarchie faible, ce qu'une cour stupide, idiote et superstitieuse avaient successivement abattu.* Rom zerstörte die Widerstandskraft der Provinzen und lieferte sie damit den Barbaren aus (c. 23). Montesquieu versuchte den Dekadenzmechanismus durch Einsicht in seine Wirkung aufzuheben. Er forderte Gesetze zur Bevölkerungsmehrung und warnte vor Eroberungen.

Im Hinblick auf dies praktische Anliegen meinte D'ALEMBERT († 1783/*1967*, 448 f.) in seiner ›Éloge‹ auf Montesquieu, dieser hätte seine ›Considérations‹ auch nennen können: *histoire romaine à l'usage des hommes d'état et des philosophes.* D'Alembert selbst entnahm dem Werk die organologische Gesetzmäßigkeit im Auf- und Untergang von Staaten und erachtete in seinen Überlegungen zum Dekadenzbegriff Rom für das Musterbeispiel: *la décadence de l'empire romain depuis Théodose annonçoit sa ruine totale* (*1805*, 279).

Schon im Zusammenhang mit Gibbon (II 4 a!) war VOLTAIRE zu nennen. In seinem ›Essai sur les moeurs et l'esprit des nations‹ *(1756/1835)* fragte er, wie zuvor Machiavelli, weshalb die Römer am Ende denselben Barbaren unterlegen seien, die sie zuvor stets bezwingen konnten (68). Voltaire fand die Antwort in einer Veränderung der römischen Sitten (110), deren Ursache er allerdings nicht nannte. Mit Constantin, meinte Voltaire, habe die „Nacht" begonnen (107). Constantin selbst wird als brutaler Gewaltpolitiker gezeichnet, ähnlich wie Burckhardt das später tat. Um dem verdienten Haß der Römer auszuweichen, habe Constantin seine neue Hauptstadt am Bosporus gebaut, damit zwar Asien den Barbaren verschlossen, Europa ihnen jedoch geöffnet und so dem Orient den Okzident geopfert (69; 108). Das war die These von Panvinius (II. 3. a!) Mit Constantin habe sich alles im Reich geändert, mit dieser *révolution* beginne die *décadence*

(108): die Schwäche der Kaiser, der Zwist unter den Ministern und Eunuchen, die Verweichlichung der Bevölkerung (68).

Das stärkste Gewicht legte Voltaire auf die Rolle der Kirche. Noch entschiedener als Machiavelli und Sigonius strich er ihre zersetzende Wirkung heraus. Die altrömische Religion sei zwar auch ein Aberglaube gewesen, aber immerhin habe sie hinreichende Disziplin geweckt, um das Weltreich aufzubauen (110). Mit dem Christentum sei der Streit zwischen Alt- und Neugläubigen ausgebrochen und dann, noch ärger, der Kampf der Orthodoxie gegen ihre zahlreichen Gegner. Voltaire sammelte aus den Quellen Material zu diesem Konflikt und schloß, statt der Waffenübungen hätte das Volk sich um Glaubensformeln gezankt, Bauern und Soldaten hätten sich in Mönche verwandelt (68), es sei überhaupt erstaunlich, daß unter solchen Umständen das Reich so lange bestehen konnte (110). Julian Apostata habe es noch ein letztes Mal vergeblich zu retten versucht, aber Theodosius brachte es an den Rand des Ruins, denn in dem Glaubenskrieg gegen Eugenius seien die eigentlichen Sieger die Goten gewesen, denen nach der Ermordung Stilichos niemand mehr widerstand (68; 109). Voltaires Resultat lautet: *deux fléaux destruisirent enfin ce grande colosse: les barbares et les disputes de religion* (109). Indem Voltaire zwar nicht dem Christentum, aber der Kirche die Hauptschuld zumaß, folgte er seiner Devise: *écrasez l'infâme.*

Unter dem Stichwort ›États‹ seines ›Dictionnaire philosophique‹ (*1764/1954*, 184 ff.) berührte Voltaire unser Thema nochmals. In dem dort wiedergegebenen Gespräch zwischen einem Franzosen und einem Inder bemerkt jener, daß die römische Republik immerhin fünfhundert Jahre gehalten habe, worauf dieser entgegnet, daß Rom dann aber doch Monarchie geworden sei. Die Replik des Europäers, daß diese Monarchie zerfallen sei, mündet in das zum Motto des vorliegenden Abschnitts gewählte Wort: täglich verfassen wir Abhandlungen darüber, warum Rom gestürzt ist. Der Inder gibt die Antwort: *Cet empire est tombé, parce qu'il existait. Il faut bien, que tout tombe.* Als Entlastung der Monarchie nicht unbedingt zwingend.

Als kulturphilosophisches Exempel erscheint der Niedergang Roms bei Jean-Jacques Rousseau. Sein ›Discours sur les sciences et les arts‹ von 1750 suchte nachzuweisen, daß Wissenschaft und Kunst die Menschheit jetzt und immer korrumpierten. Nach Ägypten und Griechenland sei auch Rom an der Zivilisationskrankheit verendet. Mit Ennius und Terenz, d.h. seit dem frühen 2. Jahrhundert v.Chr. habe die Dekadenz eingesetzt (*1954*, 7). Mit der Ausbreitung der Kultur sei die moralisch-militärische Leistung gesunken, wie die Römer sehr wohl selbst bemerkt hätten (16 f.), und dem Angriff der unverdorbenen Barbaren war das Reich nicht mehr gewachsen: *l'empire romain ... après avoir englouti toutes les richesses de l'univers, fut la proie des gens, qui ne savoient pas même ce que c'étoit que richesse* (15). Rousseau läßt den alten Fabricius auferstehen und den Spätrömern ihre Entartung predigen, die eben dieselbe sei, die jetzt, 1750, wieder eingerissen sei (10 f.). Die ganze Kultur wird zum Teufel gewünscht inklusive der Buchdruckerkunst, *l'art d'éterniser les extravagances de l'esprit humain* (21). In seinem ›Contrat social‹ von 1762 bekannte sich Rousseau zum Glauben an die Vergänglichkeit aller, selbst der besteingerichteten Staaten: *si Sparte et Rome ont péri, quel État peut espérer de durer toujours?* (III ch. *11*). Im Falle Roms wird, ähnlich wie bei Voltaire, dem Christentum eine Rolle zugewiesen: *quand la croix eut chassé l'aigle, toute la valeur romaine disparut* (IV ch. 8).

So wie Rousseau läßt sich auch Gabriel Bonnot de MABLY nur mit Einschränkungen der Aufklärung zurechnen, denn wie jener kritisierte er zugleich deren Verfechter (Schleich *1980*, 371). Die 1751 erschienenen ›Observations sur les Romains‹ folgen dem bekannten Schema: Roms Reichtum verdarb die Sitten; seit den Gracchen zur Freiheit unfähig, gerieten die Römer nach Pharsalos, Philippi und Actium unter den Despotismus Caesars und der Cäsaren (IV 356 ff.). Gute Kaiser brachten nur vorübergehende Besserung (416 ff.), *les maux domestiques devoient perdre l'empire* (393). Die Bevölkerungsrevolution im germanischen Norden (543), verstärkt durch die Hunnen (559), verschärfte den äußeren Druck; Constantins Bevorzugung des Ostens und die deplorable religiöse Lage mit der Sittenverderbnis der Christen und ihrem Sektenhader (552 ff.) schwächten die innere Kraft, so daß es 476 zum Zusammenbruch kam (568). Mably wunderte sich mit Voltaire, weshalb das Reich so lange hielt, und beantwortete das mit dem Hinweis auf die solide Substanz (391 f.). Der Fehler Roms lag in der Eroberungspolitik: damit habe sich das Gift eines jeden Landes auf alle anderen verteilen können (393; 535 ff.). Die germanische Seite würdigte Mably in seinen ›Observations sur l'histoire de France‹ *(1765)*. Den durch Demokratie und Freiheit geprägten Germanen wird Überlegenheit zuerkannt. Nur weil sie sich zunächst mit Beute begnügten, hielt das Imperium noch eine Weile. Als die Provinzen leergeplündert waren und die Kaiser sich nicht mehr freikaufen konnten, da begannen die Germanen zu siedeln (I 133 ff.). Die „Revolution" Odoakars besiegelte das Ende (139 f.).

Die Lehren aus dem Fall Roms zog Mably in seiner wahrscheinlich ebenfalls 1765 verfaßten Schrift ›De l'étude de l'histoire‹. Der außenpolitische Ehrgeiz erscheint als Wurzel des Übels, und daran kranke die eigene wie die römische Zeit (XII 123 ff.). Für die frühen Phasen scheint Mably ihn auszuschließen: *aucun état florissant n'est déchu qu' après avoir abandonné les institutions, qui l'avoient fait fleurir,* und darum trifft ihn die Vergeltung: *chaque nation a eu le sort, qu'elle devait avoir: et quoique chaque état meure, chaque état peut et doit aspirer à l'immortalité* (17). Diese Meinung haben auch Adolf Hitler (III. 3. c!) und Henry Kissinger (Der Spiegel 1974, 43, 120) vertreten. Mably rühmte den Lehrgehalt Roms: *Rome vous dira: Monsieur, apprenez par mon exemple ...* Inhalt der Lehre war: das durch *vertu* gewonnene Weltreich ging verloren durch Ungerechtigkeit, Verweichlichung, Habsucht und Ehrgeiz (19). 1777 unterstrich Mably die Analogie zwischen Gegenwart und Kaiserzeit nochmals: (Pseudo) Longinus (c. 44) beschreibe die mor(ali)sche Situation beider Perioden zugleich. Es geht wieder weiter bergab (XV 74 ff.).

In den Jahren nach 1757 veröffentlichte Charles LEBEAU seine vielbändige

›Histoire du Bas-Empire‹. Sie hat dem schon von Crévier (*1749/63* I p. IX) verwendeten Begriff *Bas-Empire* für die Zeit von der Gründung bis zum Fall Konstantinopels zur Verbreitung verholfen. Gleichbedeutend brauchte der Autor das Bild der gealterten Roma *(l'histoire de sa vieillesse)* in der Folge der regelhaft durchschrittenen Lebensalter und die Metapher des Palastes, der nicht mehr repariert, sondern nur noch von Fremden als Steinbruch mißbraucht wird (I p. I f.). War das Werk Tillemonts eher eine Materialsammlung, so liefert Lebeau nun eine wirkliche Darstellung, die zugleich verstehen will. Der Niedergang begann für ihn unter Constantins Nachfolgern und beschleunigte sich unter denen des Theodosius (*1757/1819* III 99; IV 53). Lebeau machte dafür vier Gründe verantwortlich: *la foiblesse des empereurs en fut l-* ... *pale; elle en produisit trois autres: la corruption d-* ... *énérale des moeurs et l'ascendant* ... waren im Gegensatz ... ger, Alarich war ein ... Vestreiches, *il tomba* ... n lebten die Römer ... (IV 53). Damit be- ... pragmatisch ver-

... el über das Impe- ... llsmomente wer- ... lere Schuld trifft ... geschwächt und ... Disziplin unter- ... norius erhalten ... *que toutes les* ... tor bringt die ... us generellen ... zu erklären, ... Angedeutet ... widerfuhr,

... TIUS an. Er ... Menschen‹ (... rmaischema benutzte er das L ... durch Tugend zur Republik des Mannesal ... ken durch Habgier zur Despotie des Greisenalters ab (G. 55; M. 300; 323). Das klassische Dekadenzmodell wird organologisch hinterlegt (M. 325). Trotzdem war Helvétius kein Fatalist. Rom hätte nach der Zerstörung Karthagos Maßnahmen gegen den Ehrgeiz (G. 187), den Luxus (M. 325 f.) und die Ungleichheit gebraucht (M. 322), um in einer permanenten Reform eine *virtus* zu wahren. Nachdem aber die Bürgerkriege in den grundsätzlich ruinösen Despotismus (G. 348) geführt hatten, seien die Bürger erschlafft. Die Religion half nichts

Errata

S. 64, *Zeile 8 muß es heißen:* Arles 314 nach der Erfahrung *statt* Arles 306 und die Erfahrung

S. 206, 2. *Abschnitt, Zeile 4 von oben* Künste *statt* Küste

S. 540, *letzte Zeile fehlt ganz und heißt:* folgen-den die Rede sein.

S. 558, 2. *Abschnitt, Zeile 8 von oben* einer von ihnen *statt* einer ihnen

S. 627, *zwischen Zeile 11 und 12 von unten fehlt* MEGA = Marx und Engels, Gesamtausgabe Berlin 1975 ff.

S. 670, *Zeile 5 (rechte Spalte) muß heißen:* Arles (Synode 314) 64

Im Literaturverzeichnis fehlen die im Text abgekürzt zitierten Werke:

F. Dölger, Rom in der Gedankenwelt der Byzantiner. Zeitschrift für Kirchengeschichte 56, 1937 S. 1–42

J. Fischer, Die Völkerwanderung im Urteil der zeitgenössischen kirchlichen Schriftsteller Galliens unter Einbeziehung des heiligen Augustinus. 1948

F. G. Maier, Augustin und das antike Rom. 1955

mehr, das Christentum habe Byzanz in eine Laster-Kloake verwandelt, Ignoranz und Intoleranz zur Macht befördert (M. 331 ff.). Die Kaiser mußten die Kriegszucht lockern (M. 275) und sind dem Druck der freien, gesunden Germanen erlegen (G. 373 f.). Verdummt ein zivilisiertes Volk, so hilft nur Eroberung (M. 203). Im allgemeinen Kampf der Völker sinke, wer nicht steige – hier könne erst der Völkerbund von Saint–Pierre Änderung schaffen (G. 276).

Lediglich als Variante des zeitüblichen Ansatzes ist die Erklärung zu werten, die Simon Nicolas Henri LINGUET dem Fall Roms gab. Die ›Histoire des révolutions de l'Empire romain‹ (I/II *1766*) behandelt die Zeit von Augustus bis Alexander Severus: *le sujet ... est un des plux beaux, que puisse traiter l'histoire* (I S. XII). Das ist Ironie, denn gemeint ist übelste Dekadenz. Nachdem die Römer, *une race de voleurs,* die Herrschaft ihrer von Räubern gegründeten Stadt über die Welt ausgeweitet hatten, versanken sie im Luxus. Die Freiheit erstarb in den republikanischen Bürgerkriegen, auch der Mord an Caesar änderte nichts mehr. Augustus, *tyran lâche et cruel* (1 f.), begründete die Monarchie, die sich in der Zeit bis zu Domitian in eine Militärdespotie verwandelt habe (XII f.). Das 2. Jahrhundert brachte dem todkranken Patienten einige süße Palliative (XIV; Bd. II, 437), mit dem Tode von Severus Alexander 235 n. Chr. bricht die Militärherrschaft, das Krebsgeschwür des Imperiums, auf, dauernder Bürgerkrieg machte Rom gegen die Barbaren wehrlos. Diocletians Reformen werden als Leistung anerkannt (II 440 f.), mit Constantin beginne sogar eine ganz neue Epoche, ein neuer Staat. Dennoch war das Staatsgebäude längst unterminiert, Glaubenszwang raubte ihm den letzten Atem, und unter dem Druck der arianischen Goten brach es zusammen. Diese und ihresgleichen teilten das Territorium in jene Stücke, die noch heute bestünden (I S. XVI ff.) Roms Ende sei *une leçon terrible pour les Puissances de tous les siècles* (II, 442). Linguet, der im Ancien Régime in der Bastille gesessen hatte, wurde 1794 guillotiniert.

Eine ebenfalls didaktische Absicht verfolgte der Abbé Jean Claude Izouard, genannt DELISLE DE SALES. Seine 1779 ff. anonym erschienene Weltgeschichte liegt mir in der deutschen Bearbeitung durch Michael Hißmann (1781 ff.) vor, der den wirklichen Autor nur mutmaßte. Die Weltgeschichte wird in zwei Teile, in die Alte und Neue Geschichte gegliedert, den Grenzpunkt bildet das Jahr 476 (AG XI *1790* p. V). Die Polemik gegen Augustus (XIV *1793,* 636 ff.) entspricht dem Zeitstil. Aus der Größe des Reiches resultieren Despotismus, Demoralisierung und Dekadenz. Diocletian singt den Schwanengesang (XV *1794,* 682), die byzantinische Geschichte sei ein Trauerspiel. Die Rubrik „Ursachen von dem Untergang des Reiches" wird angeführt durch den „Geist der Verwirrung und Zerrüttung", es habe ein Zentrum, eine Armee, eine Thronfolge-Regel und Moral überhaupt gefehlt (NG I *1781,* 6 ff.; 31 ff.). Die wenig „polizierten" Barbaren seien bessere Krieger gewesen (38 ff.) und bestätigten eine schon von Panvinius (*1558,* 923) und Le Roy (*1575/84,* 160) vertretene, nun von Delisle beispielreich vorgeführte Lehre: die Überlegenheit des Nordens über den Süden. Dieser sei bedroht, sobald er schlecht regiert werde und die Verteidigung vernachlässige, „die Geschichte des Verfalls des römischen Reiches giebt davon einen auf immer fürchterlichen Beweis" (57 ff.). So diene der Fall Roms „zur Lehre und Warnung" (67). Was folgte, war die „lange Schlafsucht" des Mittelalters, die als Teil der Neuen Geschichte betrachtet wird (AG XI *1790*, VII).

Auf Montesquieu und Gibbon fußte die der Zeit zwischen Constantin und Odoakar gewidmete ›Histoire des révolutions‹ *(1783)* von Carlo PILATI DE TASSULO. Konsequent wie keiner zuvor beschuldigte der Autor die constantinische Kirche: *ce ne fut point la fortune, qui renversa l'Empire ... ce furent les nouveaux réglemens de Constantin.* Alle älteren Übel, die Pilati weder bestritt noch beschönigte, seien doch mit dem Fortbestand des Reiches vereinbar gewesen, die Staatskirche aber nicht (2 f.). *Raisons de la chûte de l'empire ... ce furent uniquement les nouvelles manières de penser, les nouvelles maximes et les nouvelles moeurs, qu'introduisit le clergé corrompu* (562 f.). Weltverachtung und Endzeiterwartung, Aberglaube und Fanatismus, Glaubenszwist und Glaubenszwang hätten die Bevölkerung dem Reich entfremdet und schließlich ebenso Byzanz den Türken ausgeliefert (49; 650). Der Autor unterscheidet: *ce ne fut pas le christianisme, qui ruina l'empire, mais ce furent les chrétiens* (575). Die Gründe für die Verderbnis bleiben offen: die Formel *corruptio optimi pessima* ist kein Ersatz (654), und daß der neue Glaube durch die Welt, in die er eintrat, verunstaltet worden wäre (637), hätte Auswirkungen auf die eigene These haben müssen, denn damit hätte sich die Schuld auf die korrumpierenden Umstände verlagert. Pilatis Angriff galt dem katholischen Klerus. Er verblende die Laien, so wie nach Herodot (IV 2) die Skythen ihren Sklaven die Augen ausgestochen hätten, damit sie ihren Herren desto geduldiger die Milch rührten (664). Man versteht, weshalb Pilati sein Werk anonym in Amsterdam drucken ließ.

Ihre Eigenschaft als Ideen-Arsenal hat die Antike wie im Humanismus und in der Aufklärung so auch in der Französischen Revolution bewahrt. Sparta, das perikleische Athen, die römische Republik und zuweilen auch die alten Franken lieferten die Muster des Denkens und Handelns (Parker *1937*). Die Spätantike gab auf der Suche nach Idealen weniger her, sie konnte als *éclat final* jener Musterzeit sogar einen Einwand gegen sie bieten.

Um ihn zu entkräften, boten sich zwei Möglichkeiten. Die erste bestand darin, die andauernden Auswirkungen der Völkerwanderung abzustellen. Hatte sich die Fronde im Kampf gegen die absolutistische Königsmacht auf die fränkischen Adelsprivilegien berufen, so bot sich den Gegnern der Aristokratie als Identitätsträger die gallorömische Unterschicht an. Bereits Dubos hatte die These verfochten, daß die barbarischen Franken den römischen Absolutismus nicht gestürzt, sondern fortgesetzt hätten. Er behauptete eine Kontinuität der aristokratischen Herrschaft (Barzun *1966*, 167 ff.), gegen die der Abbé Emmanuel Joseph SIEYÈS zur Erhebung rief. Sein Pamphlet ›Qu'est-ce que le tiers-état‹ von 1789 erklärte den von gallorömischen Vorfahren abstammenden Dritten Stand zum eigentlichen Staatsvolk und forderte dazu auf, den Adel in die fränkischen Wälder zurückzujagen, aus dem seine barbarischen Ahnherren herstammten (ch. II, *1789*/

1970, 127 ff.). Napoleon hat dann den Exrevolutionär Sieyès seinerseits zum Grafen erhoben und als Grundherren in den Ruhestand versetzt.

Das Programm des Abbé lief darauf hinaus, die Völkerwanderung rückgängig zu machen. Einfacher war, sie umzudeuten. Dies versuchte Antoine Caritat Marquis de CONDORCET (†1794), Mathematiker, Enzyklopädist, Präsident der Gesetzgebenden Nationalversammlung und Opfer der Revolution. Er schrieb seine ›Esquisse d'un tableau historique des progrès de l'esprit humain‹ *(1793/1971)* auf der Flucht vor den Jakobinern. Mit Voltaire teilte Condorcet die Einschätzung des spätrömischen Christentums, das ihm ein Dekadenzprodukt und eine Geißel des Reiches erschien, von der Julian es vergeblich zu befreien versuchte (148 f.). Der Koloß des Imperiums habe nicht genügend stützende Arme gefunden, sein Tod brachte die Herrschaft von Aberglauben und Barbarei. Hier hören wir Voltaire und Gibbon. Condorcet wandte sich gegen die Ansicht, das Altertum sei der Gegenwart generell überlegen gewesen, die Römer stufte er, ähnlich wie Herder, als unkultivierte Militaristen ein (151). Er betrachtete das Ende der Haussklaverei bei den Barbaren als Fortschritt; die Sklaverei war ihm das Schandmal des Griechentums, und ihre Überwindung schrieb er dem Geist der christlichen Brüderlichkeit zugute. Bemerkenswert ist die Beobachtung, daß der Niedergang im Osten zwar weniger spürbar gewesen sei als im Westen, hier dafür einen stärkeren Aufschwung zur Folge hatte. Wenn Condorcet im Zusammenhang mit dem Ende des Imperiums von einer Revolution zur Freiheit sprach (153 f.), so schlägt er mit Hume und Montesquieu die Brücke vom Humanismus (Hedio, Magnus) zum Idealismus (Hegel *1831/1961*, 468).

Die Herausforderung, die der Fall Roms für den Optimismus der Französischen Revolution bedeutet, wird noch deutlicher bei Constantin François de Chasseboeuf, Graf VOLNEY. Sein in viele Sprachen übersetztes Hauptwerk ›Les ruines, ou méditation sur les révolutions des empires‹ *(1791/1824)* ist ausgelöst worden durch einen Besuch von Palmyra. Der Autor entwickelt im Dialog mit einem Genius eine regelrechte Ruinenphilosophie, bei der die Trümmer des Altertums den Sinn der Weltgeschichte offenbaren. Denn die doppelte Quelle alles Elends, *l'ignorance et la cupidité* (42) wird an den zerborstenen Säulen faßbar: sie erlösen den Betrachter von der Unwissenheit um die Hinfälligkeit und von der Begierde nach Erwerb. Ohne Nennung von Namen und Zahlen werden Aufstieg und Untergang der Kulturen beschrieben. Ihre Blüte verdankten die antiken Staaten dem Einklang von Natur, Moral und Politik; als *causes générales des révolutions et de la ruine des anciens États* (58 ff.) werden die wachsenden Widersprüche zwischen jenen drei Elementen betrachtet. Volney sah den Zusammenbruch des Imperiums vor den Barbaren als schuldhaftes Versagen von Gesellschaft und Staat; Sitte und Gesetz zerbrachen am ausgeuferten Egoismus. Das wird als Geschichtsgesetz formuliert: *Si un empire tombe en ruines ou se dissout, c'est que les lois sont vicieuses ou imparfaites, ou que le gouvernement corrompu les enfreint* (50). Die mittelalterlichen Reiche erscheinen als Überschichtungsprodukte, das Christentum als Flucht aus der unbewältigten Gegenwart in den

Phantasiehimmel. Aus der salomonischen Haltung der *vanitas vanitatum* zeigt Volney einen einzigen Ausweg: von der Geschichte lernen und die Botschaft der Ruinen beherzigen! Der Autor glaubte an eine glückliche Zukunft in einem Weltstaat. 1794 schrieb er ›Leçons d'histoire‹, worin der Fortschritt einzig und allein davon abhängig gemacht wird, daß die Geschichte Gehör findet, eben weil sie bisher einen bloßen Kreislauf von Unglück und Irrtum darstelle (*1794/99*, 246 f.).

Diese Position Volneys teilte trotz seiner Abwendung von der Revolution Charles Athanase Baron WALCKENAER in seinem ›Essai sur l'Histoire de l'espèce humaine‹ von 1798 mit einer ausführlichen Behandlung des Dekadenzproblems (369 ff.). In der Historiographie finden wir dieselbe Linie bei Jacques-Corentin ROYOU, ›Histoire du Bas-Empire‹ (*1803/14*). Innere Gründe hätten das Reich zugrunde gerichtet: *la corruption, la lâcheté des Romains, leur mauvais gouvernement.* Seinen Tribut gegenüber dem Fortschrittsglauben leistete Royou durch die Bemerkung, unter Odoakar hätten die Römer glücklicher gelebt als unter den vielen Kaisern. Die pragmatische Seite der Histoire kommt in der Aufforderung zum Ausdruck, aus dem Untergang müsse man lernen (p. VI; 541).

II. 4. c. Aufklärung und Idealismus in Deutschland

Gegenreformation und Dreißigjähriger Krieg waren in Deutschland literaturarme Zeiten. Lange hören wir nichts zum Fall Roms. Die Beschäftigung mit unserem Thema hebt wieder an mit den Staatsrechtlern des 17. Jahrhunderts, die zunächst lateinisch, dann deutsch schreibend zwischen Humanismus und Aufklärung stehen. Der „Begründer der deutschen Rechtsgeschichte" (Stobbe *1870*) Hermann CONRING, Philosoph, Mediziner und Historiker zu Helmstedt, publizierte 1654 sein Werk ›De imperii Germanici republica Acroamata sex historico-politica‹ mit dem angebundenen ›Tractatus de Imperatore Romano-Germanico‹. Die Frage, ob das römische Reich noch bestehe, verneinte er (275). Unter Honorius und Valentinian III. hätten die Germanen mit dem Recht des Siegers über den Erbfeind *(hostis perpetuus)* die Westprovinzen besetzt und 476 die Kaisergewalt aufgehoben (282; 285). Als Gründe für den Fall erwog Conring im Tractatus die Verlagerung der Hauptstadt nach Byzanz, Schwäche der Nachfolger des Theodosius und göttliche Rache an Rom (282). Augustin (CD. IV 15) folgend und Herder (s. u.) vorwegnehmend erklärte er Kleinstaaten für überhaupt sinnvoller als Riesenreiche (279), die einen allemal bedenklichen Militärapparat benötigten. Im „Ohrenschmaus" der ›Acroamata‹ wird denn auch der Soldateska und ihrer Kaisermacherei die Hauptschuld am Niedergang zugemessen, das habe Erasmus richtig gesehen (98 f.). Die *Translatio imperii* auf Karl d. Gr. betreffe lediglich die Würde; die heilsgeschichtliche Vorstellung, das Imperium Romanum dauere bis zum Weltende, mißverstehe die Bibel (101; 305).

1655 veröffentlichte Cyriacus LENTULUS, damals Professor der Politik, der Poesie und der griechischen Literatur in Herborn, später in Marburg, seine ›Arcana Regnorum‹, einen exkursreichen Tacituskommentar. Auch dort heißt es, die Germanen hätten in der Völkerwanderung das Imperium an sich genommen, denn sie seien den Römern im Felde überlegen gewesen. Auch heute noch hätten sie nur ihresgleichen zu fürchten, müßten dies aber tun wegen ihrer übertriebenen Bereitschaft, für fremde Mächte zu kämpfen. *Germania Germanorum manibus maxime vastatur* (192 f.). Die *revolutiones imperiorum* gehorchten dem Schicksal, das den Menschen nach Verdienst zugemessen werde (565 f.). Lentulus beobachtete einen 700-Jahresrhythmus von der Gründung Roms zur Errichtung des Kaisertums, zur Machtübernahme der Germanen, zu Luther (569).

1668 kam Lentulus auf unser Thema zurück in seinem ›Apex gloriae Romanae‹, einem umfassenden Handbuch zum römischen Staatsrecht. Den Niedergang Roms ließ er mit dem Ende Karthagos beginnen (Vw). Augustus wird als schlauer Despot charakterisiert (524 ff.). Die entscheidende Schwächung Roms habe Constantin verschuldet, als er sich nach Thrakien, einem Winkel des Reiches, zurückzog und den Westen schutzlos den Barbaren überließ: *illud negari non potest, abducto a finibus imperii Romani milite, Romanis in desuetudinem militiae adductis, barbaris in militiam aut societatem assumtis, vires et auctoritatem Romani imperii corruisse* (847; 1173; 1386). Dieses Resultat wird einerseits mit dem organischen Altern und Sterben Roms (1173), andererseits mit dem Koloß Daniels erläutert. Lentulus übernahm die Meinung Isidors, daß der Sturzstein in die Vergangenheit gehöre, doch beende nicht Christus, sondern Constantins *sedis mutatio* die Geschichte Roms (844; 1174). Die letzten Reste beseitigten die Germanen des 5. Jahrhunderts: *ubi tunc splendor imperii Romani; ubi bestia, quae omnia prosternere, dentibus comminuere solebat?* Hier zeigt sich, wie bei Conring zuvor, die für die deutsche Aufklärung kennzeichnende Ablehnung des römischen Systems. Lentulus wurde als Anhänger der Translationslehre angegriffen (Wirth *1977*, 53), doch betonte er im ›Apex‹, daß die Völkerwanderung das Imperium völlig beseitigt habe: *undique rebus ruentibus, et vix cadavere nominis Romani reliquo nihil iam versus occasum solis, quod esset Romani imperii, superfuit ... quis non nisi aut vulgati iudicii aut sui sensus homo imperium Romanum exspiravisse fateatur?* (1175). Das Reich Karls d. Gr. sei ein germanisches, kein römisches: *Germanorum imperium, non Romanorum dicatur* (1181). Die panegyrische und ideologische Verwendung des Namens Roms wird aufgezeigt: so wie Byzanz und Aachen seien auch Arles, Karthago, Capua, Bibracte (Haedui), Aquileia, Venedig und Toledo als *altera Roma* bezeichnet worden (1181 ff.; 846). Das habe nichts zu bedeuten.

Gleichfalls vom Staatsrecht her näherte sich Samuel von Pufendorf der Frage nach dem Ende Roms. Ebenso wie Lentulus, Conring, Sleidan und Erasmus zuvor setzte Pufendorf in seiner, nun deutsch abgefaßten ›Einleitung zu der Historie der vornehmsten Reiche und Staaten, so itziger Zeit in Europa sich befinden‹ von 1682 den Akzent auf das Kriegswesen und dessen gesellschaftliche Funktion. Der Staat der Römer „war eigentlich zum Kriegswesen eingerichtet, daraus sie auch ihren Wachsthum und nachgehends auch ihren Untergang genommen" (26). Pufendorf geht vom römischen Nationalcharakter aus, der schon „von Natur wild und kriegerisch" war (39), sich aber im sozialen Gegensatz zwischen dem reichen Adel und dem armen Volk noch entfaltete. Gleich nach Vertreibung der Könige hätte das Volk sich „Zunftmeister" (gemeint sind die Volkstribunen) ertrotzt, die hinfort als Unruhestifter gewirkt, ja sogar die Wählbarkeit eines der beiden „Bürgermeister" durchgesetzt hätten (40–44). Damit das Volk „zu Hause Händel anzufangen vergessen möchte", hätte der Senat einen Krieg nach dem anderen angezettelt. So erwuchs das Weltreich aus einem nach außen verlagerten Bürgerzwist. Das ist ein Gedanke, der historischen Blick beweist. Die Taktik des Adels führte aber nach Pufendorf deswegen nicht zum inneren Frieden, weil das Volk an der Landverteilung nicht beteiligt wurde. Der Zorn wuchs, und das benutzten einzelne Adlige, um sich als Volksführer nach oben zu bringen. Als der Senat dann noch den Fehler machte, einzelnen Ehrgeizlingen Provinzialkommandos zu übertragen, ohne für eine Kontrolle der Befugnisse zu sorgen, sei es zu den Bürgerkriegen zwischen Marius und Sulla, Pompeius und Caesar gekommen (45 f.). Am Ende stand eine krasse Militärmonarchie. Seit Augustus wurden die unterworfenen Völker planmäßig „höflich" und „weibisch" gemacht (325) und die opponierenden Senatoren nach und nach durch fügsamere Provinzialen ersetzt. Der „Kriegspöbel" spielte bei jedem Herrscherwechsel seine Macht aus, nachdem das *arcanum imperii* (Tac. hist. I 4) einmal bekannt war. So sicherte sich das Heer den entscheidenden Einfluß auf Politik und Finanzen, bis das Reich „durch innerliche Kranckheiten ganz ausgemattet" nur noch ein „Leib ohne Nerven" war (39; 48). Constantins Residenzwechsel, der Abzug der Westarmeen von den Grenzen und die Teilung nach Theodosius schwächten das Imperium vollends. „Und zwar so ward der Occident denen Teutschen und Gothischen Nationen zur Beute, welche umb diese Zeit häuffig herzu lieffen, ihr armes Vaterland mit den reichen und lustigen Römischen Provintzien zu vertauschen" (49). Im byzantinischen Reich setzte sich dieser Vorgang fort, die Nachbarn entrissen ihm eine Provinz nach der andern, zumal die Kaiser „theils in Wollüsten ersoffen, gantz weibisch waren, theils einer den andern übern hauffen warf" (50). Pufendorf betrachtete die Geschichte Roms unter dem Gesichtspunkt des politischen Zerfalls, der die Voraussetzungen schuf für den Aufbau der europäischen Nationalstaaten.

Ein Interesse an den Gründen für den Fall Roms zeigt sich zunächst nur bei den Philosophen im weiteren Sinne. Die rein historische Literatur begnügte sich mit Fakten. Das materialreiche Geschichtswerk des Merseburger Gymnasialrektors Johann HÜBNER ›Kurtze Fragen aus der Politischen Historia‹ (I *1697/99*) konzedierte dem Imperium der Kaiserzeit – im Gegensatz zu Pufendorf – eine Blüte, führte das Ende aber auf „innerliche Krankheiten" zurück, die schlicht mit „unartigen Kaisern" erläutert werden (471 f.). Weitergehende Überlegungen zur Begründung bleiben Hübners Schülern erspart. Noch dürftiger sind die einschlägigen Bemerkungen von Johann Georg ESSICH in seiner ›Kurtzen Einleitung zur allgemeinen weltlichen Historie etc.‹ *(1707/28),* der zu unserem Thema nur Plagiate Hübners lieferte.

Seit der Mitte des 18. Jahrhunderts geriet die deutsche Aufklärung zunehmend unter den Einfluß französischer Autoren. Musterfall ist Friedrich d. Gr. Seine Beschäftigung mit den ›Considérations‹ Montesquieus hat ihren Niederschlag in den berühmten Randbemerkungen gefunden und spiegelt sich möglicherweise auch in der Schrift Friedrichs aus der Kronprinzenzeit ›Considérations sur l'état présent du corps politique de l'Europe‹ von 1738 (Oeuvres VIII *1848,* 6), wo er bemerkte, der Grund für den Zusammenbruch der größten Reiche sei allzeit derselbe gewesen, die Schwäche der Verfassung. Die Dekadenz des römischen Reiches sei am spürbarsten geworden in jener Zeit, als keine Ordnung mehr im Heere herrschte, die Disziplin sich auflöste und die Staatsklugheit die notwendigen Sicherungen vernachlässigte. Friedrich greift aus dem Faktorenbündel Montesquieus jenen heraus, den schon Synesios betont hatte, als er die Mißstände des Reiches 399 dem Kaiser Arcadius erläuterte. Die militärische und innenpolitische Seite mußte einem Staatsmann zuerst auffallen, denn dies war der Punkt, wo er Nutzanwendungen ziehen konnte, wie es Friedrichs erklärtes Ziel in seiner Beschäftigung mit der Geschichte war (18 f.). 1740 vollendete er seinen ›Antimachiavell‹ und begründete dort die Pflicht eines Monarchen, die Industrie zu fördern, mit dem Fall Roms. Geringe Produktivität bei üppigem Nachwuchs habe Goten und Vandalen ins Imperium getrieben, erst als Söldner, dann als Eroberer. Indem der Norden seine Menschen und der Süden seine Kultur dabei einbüßte, nahmen beide Schaden, und darum gelte es, das Gewerbe zu heben (Werke III 12). Die von Friedrich 1740/41 verfaßten ›Reflexions sur la cause de la décadence des Romains‹ sind leider verloren (Posner *1882,* 202).

Während Friedrichs Ethik durch die Stoa geprägt ist, stand die übrige deutsche Aufklärung stärker unter dem Einfluß des evangelischen Christentums. Anders als in Frankreich wurde in Deutschland dem Christentum der Fall Roms nicht zum Vorwurf gemacht. Wo ein Einfluß des Christentums auf den Ruin des Imperiums angenommen wurde, da wurde entweder bestritten, daß dies zu bedauern sei, so bei Lessing in seinen ›Collectanea‹ (Schriften XV *1900,* 270), oder aber unterschieden zwischen Glaube und Kirche, zwischen „innerem" und „äußerem" Christentum. Dies geschah im 2. Band des 1764 erschienenen Werkes ›Über die Geschichte der Menschheit‹ von Isaak Iselin, dem Schweizer Aufklärer. Er betrachtete das Christentum nicht als Ursache, sondern als Opfer der allgemeinen Verderbnis, indem die höhere Geistlichkeit zunächst die kaiserliche Tyrannei unterstützte und schließlich diese selbst zu tyrannisieren verstand. Damit überwucherte das äußere Christentum das innere (158 ff.). Analog dazu unterschied Iselin „zwo Arten von Policierung", eine äußere, die dem engeren Sinn von Zivilisation entspricht, und eine innere, die Sittlichkeit betreffende (150). An dieser letzteren habe es im gesamten Altertum gehapert: es fehle an einer „aufgeklärten Vernunft und einer allgemeinen Liebe gegen das ganze menschliche Geschlecht". Die Tugenden der Römer seien bloß Reste ihrer barbarischen Frühzeit gewesen, mit dem politischen Aufstieg kamen die „Lockspeisen der Wollust" und der Sittenverfall (145 ff.). „Wie größer und blühender ein Volk wird, desto weniger Menschen sind fähig, dasselbe zu beherrschen"; die Selbstzucht vermochte die Verführung nicht mehr zu bändigen, der Hang zur Sklaverei stieg (148 f.), und auf den Trümmern des Freistaates erwuchs der abscheulichste Despotismus (155). Die Stadt Rom und die Provinzen „verfielen in die äußerste Waichlichkeit und Ausgelassenheit" (156), das Heer verlotterte und das Rechtswesen vermochte die verlorenen Sitten nicht zu ersetzen. So wurde der „Staatskörper durch die innere Fäulung verzehret" und schließlich der „Raub der Barbaren ... So hatte Rom bey der Barbarey angefangen, und so verfiel es wieder darein, nachdem es die glänzendste Bahn vollendet hatte, die irgendein Staat durchloffen hat" (157 f.). Der Fall ist ein Exempel.

Wiederum im Geiste der deutschen Aufklärung stehen die Bemerkungen, die Johann Joachim WINCKELMANN zu unserem Thema hinterlassen hat. Zwar scheint er sich zu den politischen Vorgängen der Spätantike nicht eigens geäußert zu haben, doch stellt er seine Betrachtungen zur ›Geschichte der Kunst des Altertums‹ *(1763/1815)* unter allgemeine kulturgeschichtliche Prinzipien. Als Hauptursache für das Aufblühen der Kunst in Griechenland nannte er die Freiheit (IX 1, 2), mithin einen politischen Faktor. Eher aus dem Konzept eines eigentümlichen Volksgeistes dürfte es zu verstehen sein, wenn Winckelmann in den Römern nur Nachahmer der Griechen erblickte. Politische Motive aber scheinen wiederum wirksam, wenn der Niedergang des guten Geschmacks mit Augustus eröffnet wird (XI 2, 15), wenn Hadrians Erneuerungsversuche deswegen erfolglos blieben, weil „der Geist der Freiheit aus der Welt gewichen war", „aufgeklärter Aberglaube" und Christentum die Gemüter erfaßten. Winckelmann bedient sich organischer Metaphern vom Erkranken und Sterben der Kultur (XII 1, 22; 2, 2). Mit Gallienus kommt es zum „gänzlichen Fall der Kunst" (XII 2, 26) und mit dem Ende der Antike verabschiedet Winckelmann die Kunst „wie eine Liebste an den Ufern des Meeres ihren abfahrenden Liebhaber, ohne Hoffnung, ihn wiederzusehen, mit bethränten Augen verfolgt" (XII 3, 13).

Die reichhaltigsten Gedanken zum Fall Roms innerhalb der deutschen Aufklärungsliteratur verdanken wir Johann Gottfried HERDER. Seine Bedeutung hat Momigliano (*1936/55*, 143) herausgestellt: *per lo schema della storia dell'impero non col il Gibbon, ma con il Herder viene il nuovo.* Bereits Herders Reisejournal von 1769 nimmt Bezug auf Roms Fall. In einem Ausblick auf die Zukunft heißt es: „seinem Untergang indessen wird der feine politische Geist Europens nicht entgehen", doch glaubte Herder, das Ende werde wie bei „Rom und den Barbaren" sich vorher ankündigen und nicht unvorhergesehen hereinbrechen wie über Griechenland, Persien, Medien, Assyrien und Ägypten (*1769/1911*, 66).

Die hier unterstellte Zyklik wurde in Herders späteren Arbeiten durch eine gesamthistorische Linearität überwölbt. Seine Schrift ›Auch eine Philosophie der Geschichte zur Bildung der Menschheit‹ *(1774/1967)* läßt im Kreislauf aller Einzelphänomene die Menschheit der Humanität näherkommen. So gesehen unterlag auch das Imperium Romanum dem Gesetz des Niedergangs (38), der römische Staatsbau sank in Trümmer, der Staatskörper verendete in seinem Blute, aber die Überschwemmung durch die Nordvölker brachte neues Leben (50 f.). Das Reich war eine tote, tötende Maschine geworden (52). Herder hielt trotz jener Katastrophe an der Einheit der Menschengeschichte fest. Die römische Zeit wird als das Mannesalter der Menschheit gedeutet und mit einem Stamm verglichen, der sich während der Völkerwanderung in die vielästige Krone der Nationen aufteilte (32; 66 ff.). Schön ist auch ein zweites Bild: „Italien war die Brücke", auf der die Kultur der Griechen nach Europa gelangte (109).

Der Kreislauf, den Herder jedem menschlichen Unternehmen zuschrieb (Werke V 588), hat für ihn dennoch jeweils eigene Gründe. In seiner 1775 vorgelegten Preisschrift ›Ursachen des gesunkenen Geschmacks bei den verschiedenen Völkern, da er geblühet‹ bestimmte er als Grund für den Niedergang der griechischen und der römischen Kultur den Verlust der Freiheit, dort seit den Makedonen, hier seit den Cäsaren (619 f.; 625). Letztere hätten den Barbaren und Orientalen die Grenzen geöffnet, auch die christliche Religion habe viel zum Niedergang beigetragen. Der Verfall Roms sei eine „simple Geschichte": Parteiengeist, Üppigkeit und Sklaverei hätten die Kultur verdorben, deren schlimmstes Übel der Despotismus war. „Über das Alles läßt sich nichts sagen als: Fluch auf die Tyrannen!" (632 f.). Trotz redlichen Bemühens, den Leistungen Roms gerecht zu werden, überkam Herder immer wieder der Zorn auf diese Stadt. Als er sie 1788 besuchte, schrieb er am 27. Dezember an Goethe: „Wenn ich könnte, würde ich eine neue Irruption germanischer Völker in dies Land, zumal nach Rom, veranlassen".

Die ausführlichste Behandlung unseres Problems lieferte Herder im 14. Buch seiner ›Ideen zur Philosophie der Geschichte der Menschheit‹ von 1791. Herder unterschied, ähnlich wie Hegel später, zwei Ebenen, indem er den „sinnlichen" und den „philosophischen" Betrachter einander gegenüberstellte. Der sinnlich-empirischen Sicht lassen sich jene destruktiven Faktoren zurechnen, die Herder im Sturz des Reiches wirksam sah. An die französischen Theorien erinnert es, wenn er dem verweichlichenden Luxus und dem Despotismus der Kaiser eine zerstörende Wirkung zumaß (I 369 f.). An Pufendorf schloß er sich an mit der Betonung der ungelösten sozialen Spannungen zu allen Zeiten des Imperiums, zwischen Patriziern und Plebejern und zwischen Freien und Sklaven, sowie mit der Verurteilung des römischen Kriegsgeistes, der „sich zuletzt selbst verderben und das Schwert in seine Eingeweide kehren mußte" (II 195). Diese Wertung wendet sich gegen die Tradition von Synesios und Machiavelli, die ja umgekehrt dem Pazifismus und nicht dem Militarismus die Schuld am Niedergang gegeben hatten. Herder kommt somit zu dem Resultat, „daß es keine äußere, sondern eine innere Ursache war, die vom Anfange an am Keim des Staats nagte" (II 189). Das war gegen eine prorömisch-humanistische Sicht gesagt, bis zu einem gewissen Grade auch gegen Gibbon. Gewiß verkannte Herder die Rolle der Germanen nicht. Er sah ihre Überlegenheit, brachte sie in Zusammenhang mit ihrer urtümlichen Lebensweise und meinte, daß die Römer sich die germanischen Feinde regelrecht großgezogen hätten, indem sie diese als Söldner militärisch geschult und ihnen das Leben im Wohlstand des Reiches schmackhaft gemacht hätten. So hätten die Römer den Deutschen „das Heft selbst in die Hände gegeben" (II 282).

Die genannten Gründe liefern eine hinreichende Erklärung des Falles Roms für den sinnlichen, empirischen Betrachter, nicht aber für den philosophischen. Herder war vom Fortschritt der Menschheit zur Humanität durchdrungen. Er sah, daß der Untergang Roms das Menschengeschlecht um mehr als ein Jahrtausend zurückgeworfen habe, und ein solcher Zwischen-Fall verlangte eine Erklärung. Bevor Herder seine eigene lieferte, zerriß er jene, die er vorfand. Daß die Römer der christlichen Mission den Boden bereitet hätten, wie die Romtheologie meinte, bestritt er ebenso wie die ihm zuvor selbst sympathische Ansicht von Humanisten, die das Imperium als die „Brücke" betrachteten, über welche die griechische Kultur an das Abendland vermittelt wurde. „Die Brücke wäre die schlechteste, die gewählt werden konnte", meinte er; „es wäre Gottes unwürdig, sich einzubilden, daß die Vorsehung für ihr schönstes Werk, die Fortpflanzung der Wahrheit und Tugend, keine andern Werkzeuge gewußt habe als die tyrannischen, blutigen Hände der Römer" (II 213 ff.). Herder wandte sich gegen die Philosophie der Endzwecke und forderte, die Geschichte ohne untergeschobenen Plan zu betrachten.

Dieses Postulat nun hat er selbst nicht erfüllt. Denn für ihn war die Geschichte die Erziehung des Menschengeschlechts zur Humanität. Dieser Gedanke stammt aus dem Alten Testament, wo die Geschichte Israels als παιδαγογία θεοῦ, als Erziehung des auserwählten Volkes zum wahren Glauben gedeutet wurde. Herder hat unter christlichem Einfluß den Zögling universalisiert, das Lernfach moralisiert und das Ziel säkularisiert, vom transzendenten Gottesreich in eine friedliche Völkergemeinschaft. Dem entspricht, daß Herder im Christentum, anders als Gibbon, Voltaire und Machiavelli keinen Niedergangsfaktor erblickte, sondern im Gegenteil in ihm den entscheidenden Fortschritt sah, indem er die Nächstenliebe zur Norm politischen Verhaltens erhob. Herders Kritik am römischen System basiert auf einem Humanitätsgedanken, den er der Bergpredigt verdankt, und sie lieferte ihm auch die Maßstäbe für die Kritik an der frühen Kirche. „Christus war kein Mönch, Maria keine Nonne" (II 314); Constantin seien wir das „zweiköpfige Ungeheuer" schuldig, das sich im Mittelalter als christliche Kirche gebärdete (335), und wohin ein Staatschristentum führe, das lehre Byzanz (340).

Die Verstöße gegen die Humanität, so glaubte Herder, würden nach dem Naturgesetz der irdischen Vergeltung geahndet, und dies ist das Zuchtmittel Gottes an der Menschheit. Das zu erkennen, schien ihm das Gebot einer historischen Vernunft. Die vergangenen Verbrechen mit den nachfolgenden Kalamitäten sollten die Menschen belehren und bessern. Ähnlich wie bei Bossuet vor und bei Hegel nach ihm heißt es: „Der Wille der Vorsehung wird also durch gute und böse Triebfedern befördert werden". Und es „geht ... durch einen notwendigen Antagonismus das Werk der Zeiten zum Besten des Menschengeschlechtes fort und erhält dessen dauernde Gesundheit" (II 247).

An Pufendorf und Iselin schließen die Bemerkungen an, die sich in der von Johann Matthias SCHROECKH, dem Wittenberger Historiker und Pädagogen, überarbeiteten und als ›Lehrbuch der allgemeinen Weltgeschichte‹ publizierten ›Einleitung zur Universalhistorie zum Gebrauche bei dem ersten Unterrichte der Jugend‹ *(1774/77)* von Hilmar CURAS zum Fall Roms finden. Die Macht der Geistlichkeit wird als fortschrittsfeindlich eingestuft (268), doch erscheint als Hauptgrund des Niedergangs der Militarismus: „Nichts ist schrecklicher in der römischen Geschichte dieses Zeitraums (gemeint ist die Zeit zwischen 1 und 400 n.Chr.), als die übermäßige Gewalt der Kriegsvölker, welche würklich über das römische Reich mit allem ersinnlichen Übermuthe und Habsucht regierten" (256). Diese Söldner waren für die Kaiser nötig, seitdem sie Senat und Volk entrechtet und unterjocht hatten. Curas zieht die Lehre, daß ein Staat nur gedeihe, wenn Fürst und Volk einander in Liebe zugetan seien.

Wenig später hat SCHROECKH auch im eigenen Namen zum Untergang Roms Stellung genommen, in seiner ›Allgemeinen Weltgeschichte für Kinder‹ (II *1780/88*). Der Titel macht begreiflich, daß der Autor besonders die Zerstörung der Büchersammlungen und Schulen beklagte, woraus die „Barbarey und Unwissenheit der mittleren Zeiten" erwachsen sei. Schuld waren die Unsittlichkeiten der Oberschicht und die „Faulheit des gemeinen Volkes"; gegen die abgehärteten Deutschen waren die Römer machtlos (300 f.). Immerhin erwähnt Schroeckh auch die für den Westen schädliche Reichsteilung und die für den Osten glückliche Lage von Konstantinopel, das den Germanen den Zutritt nach Kleinasien verwehrte (296; 305).

Ein ausgesprochenes Schulwerk war auch das ›Handbuch der älteren Geschichte von Schöpfung der Welt bis auf die große Völkerwanderung‹ *(1775/94)* von Julius August REMER, Professor der Geschichte und Statistik in Helmstedt. Er ließ den Verfall des Reiches mit 192, den Thronwirren nach dem Tode des Commodus beginnen, eröffnete mit Constantin die letzte römische Periode und schloß sie mit der „Katastrophe" von 476 (661; 670; 679). Zum bequemeren Gebrauch seines Schulbuches sind die Ursachen für den Verfall des Imperiums durchnumeriert: 1) „die völlige Ausartung seiner Bürger zur Weichlichkeit und Sclaverey", 2) der „gesetzlose Despotismus", 3) der Zustand des Heeres allgemein, 4) dessen Kaisermacherei, 5) die daraus folgenden Bürgerkriege, 6) die „beispiellosen Ungeheuer" unter den Kaisern, 7) die Mietvölker im Heer und der Pazifismus im Lande, 8) die Barbaren im Kommando, 9) die Kosten der vermehrten Hofhaltungen, 10) Constantins Fehler, 11) die Intrigen der Geistlichkeit am Hofe und die Intoleranz der Christen überhaupt, 12) die Teilung des Reiches, 13) die Angriffe der Perser und Germanen, 14) die Völkerwanderung (580 ff.). Andernortes werden außerdem Üppigkeit der Großen und Armut der Kleinen genannt, der seit Augustus herrschende Despotismus und der Verfall des Geistes (579; 584 f.; 622 ff.). „Die sämtlichen hier angeführten Gründe bereiten den Umsturz des römischen Reichs, und er mußte gewiß erfolgen. Aber eben so gewiß wäre er noch nicht zu Honorius und seiner Nachfolger Zeiten eingetreten, wenn anstatt dieser Hühnerwärter und Weiberschänder Aureliane oder auch nur Theodosiusse auf dem Thron gesessen hätten" (582). Mit dem Fall Roms nahm ein „höchst unglücklicher Zeitpunkt" seinen Anfang. Wissen und Kultur versandeten, es herrschten „entweder orientalische Schwelgerey und Luxus oder Barbarey" (580).

Denselben Tenor zeigt die 1782 erschienene ›Geschichte des Verfalls der Sitten und der Staatsverfassung der Römer‹ von Christoph MEINERS, ordentlichem Lehrer der Weltweisheit in Göttingen. Sein Buch gilt vor allem der Zeit Ciceros. Diese „traurigste Epoche der Menschheit" (282) wird in so schwarzen Farben geschildert, daß es erstaunlich ist, weswegen „die Einbrüche der Barbaren in das entkräftete Römische Reich nicht noch viel früher erfolgt sind". Die Bevölkerung habe seitdem ab- und der Luxus zugenommen (284). Der schließliche Zusammenbruch scheint bloß ein Appendix zum Niedergang der Republik.

Der Fall Roms gehört zu den wenigen historischen Ereignissen, auf die Immanuel KANT in seiner ›Idee zu einer allgemeinen Geschichte in weltbürgerlicher Absicht‹ *(1784/1964)* Bezug nahm. In dieser Schrift bekannte er sich zum Glauben an einen „regelmäßigen Gang der Verbesserung der Staatsverfassung in unserem Weltteile" (19). Ihn fand er wirksam bereits im wohltätigen Einfluß der Griechen auf die römische Verfassung und in dem der Römer auf die Barbaren, die ihrerseits Rom überwanden (18 f.). Die Germanen waren für Kant nicht die eigentliche Zerfallsursache des Imperiums. Dessen Entstehung erklärte er, ähnlich wie schon Polybios, aus den Vorzügen des politischen Systems, dessen Auflösung verstand er aus dem „Fehlerhaften", das ihm anhing (19). Entscheidend sind wieder die inneren Gründe. Kant glaubte, daß jede Revolution in der Absicht der Natur den Fortschritt der Menschheit befördere, und machte sich den Optimismus Gibbons zu eigen, daß selbst eine Verbesserung der Kriegstechnik der Zivilisation und der Freiheit notwendig zugute käme und daß durch alle Rückschläge der „Keim der Aufklärung" erhalten bliebe.

Aus demselben Geiste wie Kant, aber reicher an Gedanken hat SCHILLER seine Deutung vom Ende Roms vorgetragen. Nach einer Anspielung in seiner Antrittsvorlesung von 1789 auf die Differenz zwischen römischer Sklaverei und moderner Freiheit (IX 233) behandelte er 1790 das Thema ausführlicher in der Schrift ›Über Völkerwanderung, Kreuzzüge und Mittelalter‹. Die Frage, ob die Blütezeiten des Altertums wieder erreicht seien, wehrte er mit der Bemerkung ab, daß Griechenland und Rom nur Griechen und Römer, nicht aber Menschen erzogen hätten (320 f.). Schiller stellte die These auf, die antiken Nationen hätten die Blüte ihrer Kultur sämtlich mit ihrer Freiheit erkauft, indem sie die dafür erforderliche Ruhe im Despotismus suchten. „Und eben darum gereichte ihre Kultur ihnen zum Verderben, weil sie aus dem Verderben entstanden war" (326). Nachdem es im Imperium nur noch römische Bürger und römische Sklaven, d.h. nur noch Unterdrücker und Unterdrückte gegeben habe, sei eine ausweglose Lage eingetreten, die nur durch Gewalt zu lösen war: „für despotisch beherrschte Staaten ist keine Rettung als in dem Untergang" (322). Die Schwerter der Vandalen und

Hunnen, die „Schöpfer unsers jetzigen Glücks", mußten darum kräftig wüten, „sollte das verpestete Land nicht den gesunden Sieger vergiften" (322; 326). Schiller war wie Kant davon durchdrungen, daß die Zerstörungen den Fortschritt zur Folge hätten: „Leben geht nur unter, damit besseres Leben an seiner Stelle keime" (322). Schillers Schwierigkeit lag darin, daß die Befreiung vom Despotismus Roms keineswegs sogleich als Fortschritt wirkte, sondern vielmehr eine „tausendjährige Nacht" über Europa hereinbrach. So wie die Denker der Renaissance huldigte Schiller der Idee vom „finsteren Mittelalter", das der Krücke des Christentums bedurfte (323 f.). Erst im 16. Jahrhundert sei die alte Höhe wieder erreicht worden, durch Humanismus und Reformation sei in Europa die Verbindung von Freiheit und Kultur gelungen, die sich sonst ausschlossen. Und dazu war sowohl das römische Reich als auch dessen Zerschlagung eine historische Vorbedingung.

Die Niedergangserklärungen der deutschen Aufklärer haben ihren Weg in die Lehrbücher gefunden, die in der Zeit um 1800 in rascher Folge und großer Zahl auf den Markt kamen. Dieselbe Klaviatur von Ideen wird mal so, mal anders heruntergeklimpert, im einzelnen temperamentvoll, aufs ganze ermüdend. Fortschrittshoffnung und Romkritik finden wir verbunden in Christian Daniel Becks ›Kurzgefaßter Anleitung zur Kenntniß der allgemeinen Welt- und Völkergeschichte‹ (I *1789*). Abgesehen davon, daß die Römer für ihn grundsätzlich Räuber waren (421), würdigte er die Neuordnung des Augustus und die Friedensperiode zwischen Vespasian und Marc Aurel (266 ff.; 295). Danach aber habe die schon von den späteren Kaisern der julisch-claudischen Dynastie angekündigte Gewaltmonarchie abermals eingesetzt. Mit den Severern ging es bergab, „alle bürgerliche und militärische Disciplin, aller Patriotismus, aller Nationalgeist, alles edle Gefühl hörte auf" (279; 304). Diocletian begründete eine „völlig unumschränkte Herrschaft", die „Revolution" Constantins trug die Kirchenzwiste in die Reichspolitik herein (310; 325 ff.). Den Zusammenbruch des Imperiums deutete Beck wie Herder aus dem Vergeltungsprinzip. Die Rache der Besiegten war die Korruption der Sieger durch den Luxus und den Despotismus. „Durch kein auswärtiges Volk konnte Rom bezwungen werden, aber durch seine eigenen Bürger fiel es. Die Freyheit sinkt mit den Sitten und Gesetzen" (421). Auf die Schilderung der Ereignisse von 476 folgt ein Exkurs wider die Tyrannei, der in einen Trost mündet: „Nichts aber, was noch so verderblich scheint, hat nur traurige Folgen; selbst der Despotismus im römischen Reiche, der Katholicismus in der christlichen Kirche und die Einwanderungen barbarischer Völker haben wichtige gute Folgen gehabt, und bey allem Anschein des Zurückschreitens hat die Welt doch Fortschritte gemacht, und bey allen Leiden einzelner Personen ist doch die Summe der allgemeinen Glückseligkeit vermehrt worden" (357 f.). Becks Fazit ist der Fortschritt „im langsamen Kreislauf der einzelnen Teile" (425), wie Herder und Lessing sah er die Erde als Erziehungshaus (419).

Die überwiegend ablehnende Haltung der deutschen Aufklärer gegenüber dem Imperium Romanum teilte auch August Ludwig Schlözer in seinem Kompendium ›Weltgeschichte nach ihren Haupttheilen im Auszug und Zusammenhange‹ *(1789/92)*. Das römische Reich sei ein „Räuberstaat“ (317) gewesen, seit Augustus’ „meuchelmörderischer Emporkunft“ habe Rom die Welt tyrannisiert „durch Kaiser oder Despoten: meist tolle wütende Kaiser, Sklaven ihrer Heere, Tyrannen ihrer Völker“, denen nur die Laster Roms eingeflößt worden seien (102; 315). Constantin, „ein Bösewicht wie August“, habe mit dem Christentum ein weiteres schwächendes Element eingeführt (316). „Religionshaß zwischen Heiden und Christen, Religionswut zwischen Nicäern und Kätzern“ hätten die sowieso korrupte Gesellschaft so weit heruntergebracht, daß man auf die Dienste der tapferen Germanen angewiesen war (102; 317 f.). Die Römer ruinierten sich durch den aus Kleinasien importierten Luxus, wie die zeitgenössischen Briten durch ihre Einfuhrgüter vom Ganges, und opferten ihre Herrschaft fremden Mietsoldaten (9 f.). Theodosius teilte das „ungeheure menschenfeindliche Reich“ (102). 476 befreite Odoakar die Römer von ihren Despoten und öffnete den europäischen Nationen ihre Zukunft (319 f.). Schlözer glaubte trotz der römischen Verirrung an eine unbegrenzte Perfektibilität des Menschen (34; 58) und erblickte in der Geschichte der letzten drei Jahrhunderte die „Morgenröte eines weit schöneren Tages“ (Wirth *1977*, 94 ff.).

An Schlözer schloß sich Michael Conrad Curtius mit seinem ›Grundriß der Universal-Historie‹ von 1790 an, wo es heißt: Roms „Regierungsverfassung artete in den fürchterlichsten Despotismus aus“ (64), bis die wackeren „Teutschen“ damit aufräumten; und demselben Geist entstammt das Urteil über den Fall Roms in Johann Christoph Krauses zweibändiger ›Geschichte der wichtigsten Begebenheiten des heutigen Europa‹ *(1789/90)*. Der Autor wollte nach Gutem und Bösem als dem „Allgemeininteressanten“ forschen, fand im römischen Reich dagegen überwiegend Übel (I pr; 131–368). Seit alters nagten „tödliche Krankheiten am Lebenskeim“ Roms (I 131; II 90; 153). Nach dem Niederbruch der Republik habe die „Revolution“ des Augustus das Imperium nochmals bewahrt (I 217), aber langfristig war der Verfall nicht aufzuhalten: „Rom war so in den Grund verdorben, daß die an sich heilsamsten Mittel ihm endlich Gift wurden und seinen Tod beschleunigten“ (I 244). Die Größe des Staates habe eine „Einheit des Interesses“ (I 70), jeden „public spirit“ (132 f.) unmöglich und den „militärischen Despotismus“ (293) nötig gemacht. Rom habe die Völker „eingekerkert“ und mißhandelt wie die Briten die Bewohner von Guinea (70; 125). Als schlimmsten Mißstand wertete Krause die Sklaverei, sie „mußte Roms Untergang endlich nach sich ziehen“ (41; 44; 72). Weiterhin monierte er die erschlaffende Wirkung des Friedens (72), die vernachlässigte Erziehung, die am ehesten Abhilfe hätte schaffen können (253 ff.), die Benachteiligung der Landbewohner gegenüber den Städtern (II 66), die Entvölkerung durch die „Ehelosigkeit, die Möncherey, die Üppigkeit, die Ausgelassenheit der Sitten“ (205), sowie die finanzielle Bedrükkung durch Fiskus, „Juden und andere Blutigel“ (205). Auch die Kunst sei verfallen, Fortschritte hätten nur auf militärischem Sektor stattgefunden, bei der Reiterei, den Kriegsmaschinen und im Befestigungswesen (211, I 319). Mit dem Blick auf die Französische Revolution verglich Krause die Zustände in der Oberschicht Frankreichs und Roms (I 366, vom Okt. 1789). Die „Umwandlung des Staates" Diocletians habe das Imperium militarisiert, Krause nannte den Reichspräfekten einen „Großwesir", den Senat einen „Divan" und zog die Parallele zum osmanischen Reich (I 136; 188; 222; 229; 287). Wichtigste Etappe im Endgeschehen war das Jahr 395, denn „Honorius war der ödeste Kopf, das dummträgste Geschöpf und die aufgeblähteste kraftlose Menschenpflanze, so jemals auf einem Throne vegetiert hat" (II 119; 121). Darin liege die „Hauptursache des unvermeidlichen Untergangs des Reiches im Westen" (I 360), der mit der Besetzung Italiens durch die Goten vollendet war (II 200 f.).

Den Grund für die Überlegenheit der Germanen fand Krause in deren gesünderer Lebensweise, die ihrerseits mit Land und Luft zusammenhinge (I 72 ff.). Die Germanen hätten sich dabei langsam zivilisiert (11), fortdauernd vermehrt (II 4 ff.) und seien den Römern moralisch überlegen gewesen. Krause berief sich auf Salvian (213: „ich mag die so oft abgeschriebenen Stellen nicht noch einmahl abschreiben"). Wie die Fortexistenz von Byzanz erweise, hätte sich der Westen ohne die Angriffe von außen ebenfalls halten können (I 131 f.; 137). Durch sie sei die „Westwelt um ein volles Jahrtausend zurückgekommen" (II 202), aber das sei kein Schade gewesen. Krause empfand es als „Glück, ein Deutscher zu sein" (I pr.), denn die Germanen hätten an die Stelle des Universaldespotismus die naturgemäßere Vielstaatlichkeit gesetzt, hätten die wohltätige Verbreitung des Christentums und der Freiheit gefördert und damit langfristig zur „Veredlung Europens" beigetragen (I 354 f.; II 203; 213). Krause glaubte an den Fortschritt und fragte wie zuvor Machiavelli und Gibbon, ob eine Wiederholung des Barbarensturms aus dem Osten bevorstehe. Dagegen aber helfe, meinte er, das „Feuergewehr allein" (7).

Weniger des historischen Inhalts als der pädagogischen Absicht wegen verdient der Königsberger Geschichtsprofessor Karl Ehregott Mangelsdorff genannt zu werden. Sein Werk heißt: ›Hausbedarf aus der allgemeinen Geschichte der alten Welt für seine Kinder und für Andere von zwölf bis funfzehn Jahren, allenfalls auch etwas darüber‹ (IV/V *1797*). Die Periode zwischen dem Anfang des Christentums und dem Ende Roms erschien dem Autor der „allerwichtigste Zeitraum der Weltgeschichte alter Zeit" wegen der Ausbreitung des neuen Glaubens und der Entstehung der europäischen Völker (IV 3). Im Stile der Zeit kann Mangelsdorff sich nicht genug tun, die Schreckensherrschaft der kaiserlichen „Blutsäufer", des „diademätisierten Viehs" zu verunglimpfen (29; 112). Die Abscheu des Autors trifft die „Blutmenschen" auf dem Thron ebenso wie deren Kreaturen, die seinen erst 8, dann 12, dann 16 Kindlein als warnende Beispiele vor Augen geführt werden. Nach der Teilung von 395 fällt das Westreich wegen seiner stärkeren Belastung durch die Germanenangriffe (V 3 f.), dies kennen wir seit Panvinius (II. 3. a!). Mit den „Teutschen" seit Stilicho und Odoakar kommen bessere Menschen an die Macht, insbesondere aber das Christentum erscheint als jene humanisierende Größe, der die sittliche Reife der Gegenwart zu danken sei

(16; 187 f.). Methodisch bemerkenswert ist, daß der Verfasser die faktorenanalytische Erklärung ausdrücklich zugunsten der Erzählung verwirft (63).

Aus demselben Jahre 1797 stammt die Stellungnahme Johannes von MÜLLERS (SW. I *1810*) zum Untergangsproblem. Für ihn war die „ungerechte römische Eroberungssucht Ursache alles Übels" (320). Nur die äußere und innere Vielfalt beflügele das Staatsleben. „Stagnation ist der Tod, und eben daß der colossalische Körper des römischen Reiches keine Seele mehr hatte, war der Grund seiner Auflösung" (351). Caesars Tod eröffnete die „lange Nacht der Barbarei" (320), bzw. die kaiserzeitliche „Treibhaus"-Kultur, die nach der Scheinblüte des 2. Jahrhunderts (353) notwendig zum Ende von 476 führte (537). Die Kraft der Germanen lag in ihrer Freiheit (384 f.).

Im Jahre 1799 erschienen gleich drei historische Lehrbücher zu unserem Thema. G. G. BREDOW brachte in seinem ›Handbuch der Alten Geschichte‹ die Gründe für das „Hinsinken" der römischen Macht auf die Formel: „Schlechte Regenten, innere Kriege und Einfälle äußerer Völkerhorden" (*1799/1816*, 662). Johann Gottfried EICHHORN klassifizierte in seiner ›Geschichte der alten Welt‹ die Monarchie des „feigen Schleichers" Augustus als Despotie (500 ff.), an der sich das unterworfene Griechenland durch demoralisierenden Luxus gerächt habe (498). Die Armee habe das Reich noch eine Weile aufrecht erhalten (516), während die „Germanier" sich allmählich zu größeren Verbänden formierten (524 ff.), dann unter dem Druck der an der Chinesischen Mauer abgewiesenen Hunnen ins Reich einbrachen (539) und seit Odoakar und Chlodwig die Herrschaft übernahmen. Diese Ereignisse waren für Eichhorn die Mitte der Weltgeschichte, die in zwei Perioden, eine vorgermanische und eine germanische eingeteilt wird (2 f.; 552).

Das dritte Werk ist das ›Handbuch der Geschichte der Staaten des Alterthums‹ von A. H. L. HEEREN. Die „allgemeine Ausartung" wird in erster Linie an den Kaisern demonstriert: Diocletian habe mit den neuen Residenzen die Abgaben ins Unerträgliche gesteigert (*1799/1810*, 577; 585), mit ihm sei ein vom Orient beeinflußter „vollendeter militärischer Despotismus" eingekehrt (571 ff.). Dieser wird zurückgeführt auf die Trennung zwischen der Berufsarmee und der Bürgerschaft, die ihrerseits unter der „Rute des Despotismus" sittlich herabgesunken sei (a. O.). Die Schuld an den Barbareneinfällen liege vorwiegend bei den unfähigen Kaisern (595 ff.). Den Hunnen weist Heeren für die Völkerwanderung und damit für die Auflösung des Reiches nur den Rang eines Anlasses zu (590). Das Christentum habe zwar die Römer nicht gebessert, aber die Germanen zivilisiert und den Kaisern eine Stütze geboten (573 f.), bis der „Deutsche" Odoakar 476 mit Westrom Schluß machte. Byzanz habe dank seiner festen Hauptstadt und seinem Despotismus noch ein Jahrtausend weiter laboriert (600).

Eher wegen ihrer zahlreichen Auflagen als wegen ihres Gedankengehalts ist die seit 1801 erschienene ›Weltgeschichte für Kinder und Kinderlehrer‹ von Karl Friedrich BECKER zu nennen (III 7. Aufl. 1836). Er sah den Sittenpegel sinken seit der späten Republik (269). „Wie die Entartung den Despotismus erzeugt hatte, so wuchs jene wiederum durch diesen" (272). Die schlechten Kaiser waren verdient, die guten konnten nicht mehr viel retten, der 476 perfekte Verfall war die „in Folge eines langen, alle Kräfte auflösenden Siechthums eintretende allmählige Auflösung von innen heraus" (365). Sinnentsprechend äußerte sich der Marburger Konsistorialrat Ludwig WACHLER in seinem ›Grundriß der Geschichte der älteren, mittleren und neueren Zeit‹ von 1806. Der seit der späteren Republik manifeste Niedergang war nicht zu verhindern: „Die in physischer und moralischer Verdorbenheit unaufhaltbar fortschreitenden Großen und Reichen überließen sich einer alles verschlingenden Sinnlichkeit" (85). Der zugleich um sich greifende „militärische Terrorismus" einer zunehmend barbarisierten und verwilderten Armee gab Rom den Rest. Dennoch schien Wachler Roms Ende kein Verlust. „Eine perfectibelere Menschenart tritt an die Stelle der verdorbenen Römer" (106 f.), nämlich Wachlers teutonische Ahnen.

Bei den Urteilen über den Fall Roms aus der Zeit um 1800 haben die Maßstäbe der Aufklärung politisch Farbe gewonnen. Mit der Kritik an der verrotteten spätrömischen Oberschicht traf man zugleich die Gesellschaft des Ancien Régime, mit dem Abscheu vor der Militärdespotie tadelte man unausgesprochen Napoleon. Johann Gottfried SEUME bemerkte auf seinem ›Spaziergang nach Syrakus‹ 1802: „Wo die Regierung militärisch wird, ist es um Freiheit und Gerechtigkeit getan. Rom fiel, sobald sie es ward." In Napoleon wiederhole sich der Cäsarismus (141 ff.), und damit wird der neue Untergang denkbar: „Wir saßen in dem Knopfe der Kuppel (des Petersdomes) unser Drei und übersahen die gefallene Roma. Diese Kirche wird einst mit ihrer Kolonnade die größte Ruine von Rom, so wie Rom vielleicht die größte Ruine der Welt ist" (89).

Der Lehrwert der Ruine begegnet uns wieder im ›Geist der Zeit‹ von Ernst Moritz ARNDT (I *1807/77*). Dieser patriotische Aufruf beginnt mit einem Abriß der Geschichte, worin der Wandel grundsätzlich begrüßt wird: „Weise Vorsehung, welche das Alte vernichtet, damit das Neue werde, welche bloß einzelne Ruinen übrig läßt, deren Anblick die Nachwelt erinnere, daß sie mehr thun soll, als gedankenlos auf ihnen grasen" (16 f.). Die Alte Geschichte wird der neuen Zeit als Spiegel vorgehalten, dabei seien die Griechen „den jetzigen Deutschen zu vergleichen", während die Franzosen mit den Römern parallelisiert werden (100; 117; 286). Arndt war von den frühen Römern angetan, wandte sich aber mit Abscheu von der spätrepublikanischen Sittenlosigkeit. Rom verdarb die Völker durch Gewalt, die Völker korrumpierten Rom durch den Luxus, bis „August, der schlaue und feige Despot", die Reihe der „scheußlichen Cäsaren" eröffnete (117 ff.). Das 3. Jahrhundert war das „Jahrhundert der Schande der römischen Monarchie", der Herrschaft der Janitscharen (lies: Prätorianer). Entvölkerung, Sklavenelend und Unterdrückung seien durch Diocletians und Constantins orientalische Tendenzen nur verstärkt worden (121 f.). Das Christentum habe den Verfall nicht verschuldet, sondern sei aus ihm entstanden und wäre nach Constantin selbst entartet (122 ff.). So waren die Römer zuletzt „ein Volk, das keines Edelmuthes und keiner Begeisterung mehr fähig war, durch feige Schande der

Knechtschaft lange entseelt ... Unabwendbar nahte das große Verhängnis" (123 f.) ingestalt der Hunnen und Germanen, welch letztere Arndt übrigens nicht einfach mit den Deutschen gleichsetzte. Seine Lehre ist eine doppelte. Zum einen wird Napoleon als neuer Caesar gebrandmarkt (118 f. 283), zum anderen heißt es: „was alten Völkern begegnet ist, kann neuen begegnen" (126), die Folge des Römersturzes war eine barbarische Nacht vom 3. bis 15. Jahrhundert (17).

In den späteren Teilen desselben Werkes kam Arndt mehrfach auf die Völkerwanderung zurück. In Anlehnung an Luther parallelisierte er den Kampf gegen die römischen Kaiser mit dem Kampf gegen die römischen Päpste und rief seinen Landsleuten zu: „Zweimal habt ihr die Welt vom Joche Roms befreit, befreiet sie zum drittenmal in euch selbst" (II, Werke 7, 104). Den dritten Unterwerfungsversuch unternahm Napoleon, dessen Sturz Arndt gewiß war: gegen ihn werden „Hermann" und Luther beschworen (39 f.). Arndts Glauben, daß in der Geschichte nur solche Völker und Staaten vernichtet werden, die sowieso nichts mehr taugen, galt auch für das Imperium Romanum. Waren die Germanen auch scheinbar Barbaren, so waren sie doch zugleich „ein lebendiges, geistiges, freies und bildendes Volk; an ihnen gewahrte Rom zuerst seine Veraltung und Absterbung und zerflog durch ihre Kraft zuletzt in Trümmer" (III, Werke 8, 106). Arndt rief dazu auf, die alten Germanen zum Vorbild zu nehmen (111; 115) und Deutschland zum „Bollwerk" zwischen Ost und West auszubauen, damit nicht Russen und Franzosen sich über der Elbe die Hand reichen (114 ff.).

In seinen ›Phantasien zur Berichtigung der Urteile über künftige deutsche Verfassungen‹ von 1815/16 kam Arndt auf unser Thema zurück. Jedes Volk durchlaufe die Lebensalter eines Einzelwesens. Das Greisentum zeige sich in der Intellektualisierung und der Vermischung der Völker. Beides sah Arndt wie im Frankreich der Gegenwart so schon im späten Rom verwirklicht. „Rom, die Herrscherin ... mit welchen Schanden und Nichtigkeiten hat sie geendigt! Und wodurch am meisten? Durch Verbastardung" (*1934*, 82). Die Verbastardung wird aus dem Imperialismus und der Sklaverei hergeleitet. Arndt argumentierte bereits rassenbiologisch, indem er auf die versiegende Lebenskraft hochgezüchteter Arten hinwies und Kreuzungen für schädlich erklärte (III. 3. c!).

Eine substanziellere Deutung finden wir dann wieder bei Karl Wenzeslaus Rodecker von ROTTECK, dem Freiburger Staatslehrer und Vorkämpfer des Liberalismus in Baden. Zunächst durch die Ideen der Französischen Revolution beflügelt, dann von ihren Folgen enttäuscht, hat er seine ›Allgemeine Geschichte‹ *(1812/24)* „gegen Weltmonarchie und auswärtiges Joch" (IV p. IV) gerichtet. Damit traf er wie Arndt zuvor Napoleon in der Spätantike. Das Imperium Romanum sei eine geisttötende Universaldespotie gewesen, der die Kulturleistung des kleinen Athen gegenübergestellt wird (III 29). Hier greifen wir den romfeindlichen Philhellenismus, der in der deutschen Geisteswelt des 18. und frühen 19. Jahrhunderts dominiert. „In dem Fortgang und in der Ausbildung dieser Despotie und in der Abspannung, welche von einem Weltreich unzertrennlich ist, haben wir die Hauptursache von dem Verfall und der Auflösung eines Staates zu suchen", der auf ewig gegründet schien: Rotteck schloß sich an Montesquieu an (30 f.) und nannte unter den Nebengründen: den Einfluß des Militärs, das Fehlen einer Nachfolgeregelung im Kaiseramt, die Entwöhnung der Provinzialen vom Kriegsdienst, die Hereinnahme von Barbaren bis in die höchsten Stellen, die Ausbreitung des Christentums, die Gründung von Konstantinopel und die Reichsteilung. So bewirkten die Germanen ihre „große Revolution" (31 f.): durch ihre naturnahe Lebensweise begünstigt, sollten sie das „morsche Gebäude der Weltherrschaft zertrümmern, ein neues Geschlecht pflanzen und den Boden zu einer neuen Ordnung der Dinge bereiten" (33). Obschon Rotteck erst nach dem Ende des abendländischen Kaisertums 476 die „Geschichte der Teutschen" berichtete (127), setzte er die Grenze zwischen Altertum und Mittelalter doch 395 n.Chr.

Der Übergang von der Aufklärung zum Idealismus ist weniger durch die veränderten Inhalte der Lehrmeinungen als durch eine Verschiebung von der kausalen zur finalen Deutung, vom praktischen zum theoretischen Anliegen gekennzeichnet. Nicht das Gestalten, sondern das Verstehen der Geschichte tritt in den Vordergrund, und dies zeigt sich an der Interpretation, die SCHELLING dem Untergang Roms gab. In seinem ›System des transcendentalen Idealismus‹ von 1800 (439 ff.) teilte er die Weltgeschichte in die drei Perioden des Schicksals, der Natur und der Vorsehung. Er selbst stellte sich ans Ende der zweiten, in welcher der Naturplan auf einen allgemeinen Völkerbund, einen universellen Staat hinziele. Dies erinnert an Kant. Die Römer haben diesem Zweck gemäß in ihrer „Eroberungs- und Unterjochungssucht" ihr Reich zusammengebracht, der Untergang des römischen Reiches habe weder eine tragische noch eine moralische Seite, sondern sei „nur ein an die Natur entrichteter Tribut", d.h. notwendig, vermutlich wegen des Kontrastes zwischen dem Ziel und den Mitteln.

Eine ähnlich teleologische Interpretation zum Fall Roms lieferte Johann Gottlob FICHTE. In seinen Vorlesungen über die ›Grundzüge des gegenwärtigen Zeitalters‹ von 1804/05 (in: SW. VII *1846*) wird bereits Alexander mit seiner Hellenisierung des Ostens als Wegbereiter des Christentums gedeutet, und demselben Zweck wird in der origenistischen Tradition das Imperium Romanum unterstellt: „als blindes und bewußtloses Werkzeug in den Händen des höheren Weltplanes" boten die Römer der Mission den notwendigen Schutz (182 f.). Als subjektiven Grund für die Ausbreitung der römischen Macht vermutet Fichte wie vor ihm Pufendorf die Absicht, innere Konflikte durch äußere Kriege zu verarbeiten. Und als letztere gewonnen waren, schlugen die Bürgerzwiste wieder durch, und es bedurfte eines Monarchen, Frieden zu stiften. Die zivilisatorischen Leistungen Roms stellte Fichte sehr hoch: bürgerliche Freiheit, Recht, Sittlichkeit und Wohlstand hätten sich verbreitet. Das Christentum als das Prinzip der neueren, höheren Weltkultur aber sei dem Römerstaat immer wesensfremd geblieben, „darum mußte der alte (Staat), unfähig der Umschaffung, zu Grunde gehen" (185). Noch deutlicher wird Fichte in den ›Politischen Fragmenten‹ (SW. VII 603): „wie die Kirche den alten Staat notwendig zerstören mußte, ist klar. Sie war absoluter Unglaube an die heidnischen Offenbarungen, auf denen der Staat beruhte". Fichte erachtet das Christentum als die große progressive Kraft, die Germanen sind ihm bloß dessen Träger.

Der Zweck dieser Interpretation ist die Theodizee. Dem dient ebenso das Urteil, das Friedrich SCHLEGEL in seinen Kölner ›Vorlesungen über Universalgeschichte‹ *(1805–1806/1960)* über das Ende der Antike gefällt hat. Mit Marius und Sulla habe die Entwicklung des Despotismus begonnen, mit Tiberius sei er vollendet gewesen. „Die Zeit der Cäsarenherrschaft, die sich aus der republikanischen Anarchie gebildet hatte, ist die Epoche der größten Erniedrigung, welche das Menschengeschlecht je erlebt" (95). Schlegels Konzession an die Antoninen, die „höchste Blüte des ganzen römischen Kaisertums" darzustellen, bleibt ein wenig relativ, denn seit Trajan sei das Römervolk durchaus verdorben gewesen (102) und mit dem Tode Marc Aurels sei der Niedergang offenkundig, er führte in den „orientalischen Despotismus" (96). „Innere Zerrüttung", nicht zum wenigsten durch Barbarisierung und sittliche Überlegenheit der Germanen hätten den „Kreislauf der Bildung" vollendet und mit Odoakar das Ende des Imperiums besiegelt (102 f.). Das Mittelalter ließ Schlegel zwischen Mohammed und Karl d. Gr. beginnen (136). Schlegel erblickte im Mittelalter einen Fortschritt zur Freiheit, das „natürliche Prinzip der alten Geschichte", nämlich der „Kampf aller gegen alle" sei damals überwunden worden (250; 255). Wenn Schlegel das Mittelalter nicht als finstere Zwischenzeit ansah, sondern die damalige heroisch-theokratische Ständegesellschaft „einerseits wiederherzustellen, andererseits zu vollenden" empfahl (256), zeigt das den Umschlag der Aufklärung in die Romantik. In seiner ›Philosophie der Geschichte‹ (II *1829*, 55) präsentierte Schlegel die spätantiken Germaneneinfälle nochmals als „freiwerdende deutsche Naturkraft", als „Befruchtungsepoche". Diese Wertung beherrschte das protestantische wie das katholische Denken der Zeit.

Das bestätigt Joseph GÖRRES in seiner Schrift ›Wachstum der Historie‹ von 1808. „Die Klippe, an der die Griechen gescheitert waren, bereitete auch den Römern ihren Untergang", es war die ausufernde Herrschsucht, der „beyspiellose Despotism" der Kaiser über die versklavten Römer und der Römer über die versklavten Völker. Der Fall Roms stellt die gestörte Weltordnung wieder her: „Die Römer fielen, ein Opfer des beleidigten Weltgeists, im Weltgericht". Germanentum und Christentum bringen bei Görres den Fortschritt. „Kreuzigung der Sinnenlust für das Heil des Irdischen", Gott benutzt das „neue Blut" der nordischen Völker, um die Welt zu christianisieren und sie damit auf eine höhere Stufe zu heben. Zwischendurch war freilich eine Art kulturellen Heilschlafs nötig (Schriften III *1926* S. 379–390).

Meister der consolatorischen Geschichtsbewältigung war Georg Wilhelm Friedrich HEGEL. Seine früheren Äußerungen über das späte Rom zeigen kulturzyklische Vorstellungen. Am Ende seiner Vorlesung über Religionsphilosophie (Jub. Ausg. XVI 354 f.) parallelisierte er seine Gegenwart mit der Kaiserzeit: „Wie in der Zeit des römischen Kaiserthums, weil die allgemeine Einheit in der Religion verschwunden war und das Göttliche profaniert wurde" und die Privatinteressen das Gemeinwohl hintansetzten, „so ist auch jetzt ... die Sucht des Privatrechts und des Genusses an der Tagesordnung". Die beidmalige Folge sei der „Verfall", dem Volk wäre nicht zu helfen und die Denkenden sollten sich ins „abgesonderte Heiligtum" der Weisheit zurückziehen. Mit dieser Empfehlung zog Hegel den Schlußstrich unter die Aufklärung. Seine Hoffnung lag im Osten. Am 28. XI. 1821 schrieb er an Boris von Uexküll, nachdem die anderen modernen Staaten am Ziel ihrer Entwicklung stünden oder dieses gar hinter sich hätten und statisch geworden seien, trage Rußland „in seinem Schoß eine ungeheure Möglichkeit von Entwickelung seiner intensiven Natur". Dieser Gedanke ist bei Lasaulx, Hebbel, Bauer, Danilewsky und Spengler auf fruchtbaren Boden gefallen.

Wichtiger als diese zyklische ist die lineare Deutung, die Hegel in den Wintersemestern von 1822 bis 1831 mit seinen Vorlesungen über die Geschichtsphilosophie geliefert hat. Auch darin kommt dem Ende des römischen Reiches eine Schlüsselrolle für das Verständnis der Weltgeschichte insgesamt zu. Hegel betrachtete hier seine Gegenwart als Teil jener Großperiode, die mit dem Fall Roms beginnt. Das Mittelalter hat nur untergeordnete Bedeutung gegenüber der Einheit der christlich-germanischen Welt. Hegel benutzt ein abgestuftes Fortschrittsmodell, dessen Kriterium der Freiheitsgedanke ist. Dieser nun ist vor Hegel auf keinen Epochenwechsel so nachdrücklich angewandt worden wie auf das Ende der Antike. Für die Freiheitsbotschaft des Christentums genüge es, auf den Brief des Paulus an die Galater (5, 1–6) zu verweisen; die Germanen als Freiheitsbringer sind uns bei Kirchenvätern wie Orosius und Salvian begegnet, bei Humanisten wie Hedio und Magnus, bei Aufklärern wie Hume und Montesquieu, in der Französischen Revolution bei Condorcet, in der Romantik bei Schlegel. Christentum und Germanentum fand Hegel somit als Bannerträger der Freiheit vor, als Trägermächte der gegenwärtigen Weltzeit verliehen sie dieser dann progressiven Charakter, und ihn übertrug Hegel auf die Geschichte schlechthin. Dies geschah, indem er erklärte, im Orient sei nur einer allein frei gewesen, der Despot, in der Antike seien einige frei gewesen, die Bürger, und in der christlich-germanischen Welt seien alle frei. Die Einbettung Roms in diesen Prozeß wird noch deutlicher in Hegels Lebensaltervergleich, der den Orient als Kindesalter der Menschheit, die Griechen als die Jugend, die Römer als das Mannesalter und die christlich-germanische Zeit als ein ewiges, vollendetes Greisenalter bestimmt (170 ff.). In seiner Zeit fand Hegel alle Probleme gelöst, das Ziel der Geschichte sei erreicht (588).

Nachdem die Griechen, wie Hegel meinte, das Prinzip der Individualität erfunden hätten, sei in Rom das Prinzip des Staates entwickelt worden. Diese neue Staatsidee hätte die Individuen unterjocht, und so sei die römische Herrschaft allezeit durch Gewalt und Faktionen gekennzeichnet (173; 390). Auch Hegel empfand für die Römer keine Sympathie, erachtete ihre welthistorische Leistung indes für unersetzbar. Trotz seines Gewaltcharakters hatte Rom „das große Recht der Weltgeschichte" auf seiner Seite (342; 422; 430). Und dieses höhere Recht haben bei Hegel alle siegreichen Mächte, und ebenso jene, die das Imperium Romanum überwanden.

Der Fall Roms wurde nach Hegel realdialektisch vorbereitet durch den aus der Gewalt resultierenden inneren Gegensatz (441 f.). „Gewaltsamen Todes kann ein Volk nur sterben, wenn es natürlich tot in sich geworden" (132). Durch die Entwicklung des Privatrechts und des Eigentums habe sich die römische Staatsgesinnung aufgelöst, der Organismus sei gleichsam von Würmern zerfressen worden (437). Die Germanen hätten die morschen und ausgehöhlten Staaten der gebildeten Völker unterworfen im Einklang mit der Notwendigkeit, das Bewußtsein von der Freiheit einiger zum Bewußtsein von der Freiheit aller zu erheben. „Der germanische Geist ist der Geist der neuen Welt, deren Zweck die Realisierung der absoluten Wahrheit als der unendlichen Selbstbestimmung der Freiheit ist" (468 ff.). Die Bestimmung der germanischen Völker sei es gewesen, Träger des christlichen Prinzips abzugeben. Was Hegel hier vornimmt, ist eher eine Deutung als eine Erklärung. Er beantwortet nicht, weshalb der römische Staat so morsch, warum die germanischen Heere so schlagkräftig waren. Für seine systematische Konstruktion ist das auch unerheblich, ihm kommt es darauf an, in dem Sieg der Germanen den Triumph des Weltgeistes zu erkennen, welcher kausaler Mechanismen dieser sich auch bedienen mag.

Wo Hegel auf den Untergang Roms zu sprechen kommt, benutzt er die Gelegenheit, um sich gegen jede moralisierende und sentimentale Geschichtsbetrachtung zu verwahren. Damit setzte er sich gegen Gibbon und gegen Herder ab, die ja beide ihr Gefühl hatten sprechen lassen: Gibbon bedauerte Roms Untergang durch die Germanen, Herder den Untergang der von Rom unterworfenen Völker. Die Geschichte als „Schlachtbank" zu betrachten, auf welcher das Glück der Völker, die Weisheit der Staaten und die Tugend der Menschen geopfert wird, das ist für Hegel selbstgefällige Trübsal (63 f.). Der Untergang der blühendsten Reiche, die der Menschengeist hervorgebracht hat, die Ruinen von Karthago, Palmyra und Rom weckten unsere subjektive Trauer, aber die Veränderung, welche Untergang ist, sei zugleich Hervorgehen eines neuen Lebens (129 f.). Damit verliert das Ende des Altertums seinen Charakter als Menetekel, ja die Historie selbst wird pragmatisch nutzlos, nichts ist durch sie zu lernen (45) als die Weisheit der Vorsehung, die in den Ereignissen die Mittel zu höheren Zwecken wählt (55). Das Anliegen der Aufklärung ist hier zugunsten eines universalhistorischen Eigentrostes aufgegeben. Die Geschichte degeneriert zu einem beschaulich-erbaulichen Welttheater, die Geschichtsphilosophie zur Claque.

II. 4. d. Zusammenfassung der Stimmen der Aufklärer

Nachdem die Humanisten den Fall Roms als historisches Ereignis erkannt, in seinen Grundzügen erforscht und als politisches Lehrbeispiel herausgestellt hatten, sind die Aufklärer in allen Richtungen über sie hinausgelangt. Zunächst formal: Montesquieu's ›Considérations‹, Gibbon's ›History‹ und Herder's ›Ideen‹ sind

Texte, deren literarischer Rang bleibenden Lesewert für alle an unserem Thema Interessierten besitzt. Sodann inhaltlich: Der Fall Roms ist von den Aufklärern einerseits aus allgemeinen politischen und ökonomischen Strukturmodellen abgeleitet, und andererseits in weltgeschichtliche Zusammenhänge eingeordnet worden. Beispielhaft für ersteres ist Adam Smith, der die Grundgedanken für die bisher tragfähigste Erklärung geliefert hat, mustergültig für letzteres bleibt Herder, dessen Deutung sowohl das humanistische Zyklusmodell (das noch bei Bacon und Montesquieu nachwirkt) als auch das heilsgeschichtliche Vier-Reiche-Schema (wie es noch Bossuet und Newton vertraten) überwunden hat. Die von den humanistischen Literaten auf die Geschichte von Städten, Dynastien und Völkern eingeengte Historiographie öffnet sich wieder zu einem weiten Panorama, doch kehrt man nicht zur universalen Heilsgeschichte mittelalterlicher Manier zurück, sondern stößt vor zu einer säkularen Universalgeschichte „in weltbürgerlicher Absicht".

Die Renaissance hatte die Antike zum Vorbild erkoren, und so lag es in der Logik dieses Wettlaufs, irgendwann zu fragen, ob denn die antiken Muster inzwischen erreicht oder gar übertroffen seien. Letzteres hatte bereits Wimpfeling 1505 für die Leistungen in der Technik, im Kriegswesen und in der Baukunst behauptet, doch dauerte es lange, bis sich diese Ansicht durchsetzte. Das zeigt PERRAULTS ›Parallèle des Anciens et des Modernes‹ von 1688.

Das agonale Verhältnis zur Antike hatte Konsequenzen für das historische Selbstverständnis. Das zyklische Geschichtsdenken der Humanisten, theoretisch hergeleitet aus den antiken Autoren, praktisch begründet durch den Erneuerungsversuch der Renaissance, trat zurück zugunsten einer linearen Vorstellung, die das Altertum als überwundene Stufe verstand. Perrault genoß die Ironie, sich mit dieser Meinung auf Horaz und Martial stützen zu können, die ja ihrerseits über die *laudatores temporis acti* (Ars poetica 173) gespottet hatten. Wie immer das Altertum gedeutet wird, die Form dafür ist ihm selbst entlehnt.

Im Fortschrittsdenken der Aufklärer bedeutet das Ende der antiken Welt nicht bloß ein abermaliges Exempel für die Nichtswürdigkeit alles Menschenwerks, sondern vornehmlich das Ergebnis nachweisbarer Verhaltensfehler (dies ist der pragmatische Aspekt) und eine Stufe für die weitere Entwicklung (dies ist der geschichtsphilosophische Aspekt). Die pragmatische Seite zeigt viele Gesichter. Was man im einzelnen lernen wollte, das hing von der jeweils eigenen Leitidee ab. Immer ging es irgendwie darum, die Fehler Roms zu vermeiden und die germanischen Tugenden zu wahren, also keine Weltreiche erobern (Hume, Herder), nicht die Volksrechte beschneiden (Milton, John Adams), das Kriegswesen in Ordnung halten (Adam Smith, Friedrich d.Gr.), die Besitzunterschiede nicht ausufern lassen (Harrington) usw. Die Absicht der Nutzanwendung motiviert einen Großteil der Deutungen.

Aufs ganze gesehen wird die Pragmatik in den früheren Phasen der Aufklärung und zwar vornehmlich in Frankreich und England betont. Dort wirkt das humanistische Erbe nach. Bei den deutschen Aufklärern dominiert der Fortschrittsglaube. So vollzog sich allmählich eine Hinwendung vom pragmatischen zum providentiellen Denken, bis schließlich Hegel jede pragmatische Absicht als Bekrittelung des Weltgeistes abkanzelte. Die Antike hat sich für ihn in ihren Errungenschaften amortisiert. Indem symmetrisch zum Weg hinauf in die Zukunft ein Weg herauf aus der Vergangenheit konstruiert wurde, entstand das Problem, wie sich damit der Niederbruch der antiken Kultur vereinbaren ließ. Der Fall Roms störte nicht nur die Linearität der bisherigen Entwicklung, sondern beeinträchtigte auch die Hoffnungen auf den Fortgang, denn wer wollte ausschließen, daß sich so etwas wiederholt? Dieses Dilemma hat verschiedene Lösungen gefunden, wenn auch das Interesse (einen neuen Fall zu verhindern) dasselbe blieb. Es scheint, wie wenn die früheren Autoren den Ausweg eher in einer Praxis suchten, die Rücksicht auf die Erfahrung mit Rom nahm, während die späteren diese Erfahrung lieber so interpretierten, daß sie den Fortschrittsoptimismus nicht beeinträchtigte. Die christliche Dekadenzlehre (Niedergänge sind gottverhängte Sündenstrafen) wandelte sich über eine rationale Dekadenzlehre (Niedergänge folgen vermeidbaren Verhaltensfehlern aufgrund empirischer Gesetze) in eine teleologische Dekadenzlehre (Niedergänge sind vorübergehende Begleiterscheinungen in der unaufhaltsamen Höherentwicklung).

Die radikalste Weise, Historie als Aufklärung zu betreiben, war indessen die bewußte Ausblendung aller Untergänge, die Lösung von den Wechselfällen der Politik zugunsten einer Beschränkung auf die Lichtbringer. *Les empires élevés ou renversés, l'énorme puissance de quelques peuples et la chute de quelques autres, ne sont que les caprices et les jeux de la nature. Ses efforts, et, si on l'ose dire, ses chefs-d'oeuvre, sont ce petit nombre de génies qui, de loin en loin, montrés à la terre pour l'éclairer.* So schrieb Vauvenargues (II *1929*, 210), und ähnlich äußerte sich Gibbon (*1761/64*, 1): *The history of empires is that of the miseries of humankind, the history of the sciences is that of their splendour and happiness.* Freilich hat er es dann doch vorgezogen, statt des *splendour* die *misery* zu beschreiben. Der historiographische Reiz lag nie in dem vermeintlichen Glück der Menschen, sondern stets in der Dramatik ihrer Handlungen.

Der im 18. Jahrhundert sich durchsetzende umfassende Geschichtsbegriff ließ eine Beschränkung auf die erfreulichen Teile der Vergangenheit nicht zu und forderte eine Interpretation des gesamten Geschehens. Die Humanisten hatten den Übergang vom Altertum ins Mittelalter als Dekadenzprozeß verstanden. Um dagegen seinen progressiven Charakter zu beweisen, wurde einerseits die Katastrophe zur Kontinuität geglättet – Gibbon betonte das Weiterleben der technischen Errungenschaften, Kant das Überdauern des Keims der Aufklärung – andrerseits eine fortschrittsgünstige Wertung der einander ablösenden Mächte vorgenommen. Das römische System wurde verteufelt, die siegreichen Potenzen, Germanen und Christentum erschienen in freundlichem Licht. Insofern es sich bei den letzteren um die bis in die Gegenwart herrschenden Faktoren handelt, gewann die Spätantike eine zentrale Stellung, sie wurde zum Äquator der europäisch gesehenen Weltgeschichte, denn sie teilte diese in zwei Hälften, in das griechisch-römische Altertum und die christlich-germanische Moderne.[2] Der Tiefpunkt, den die Humanisten ins Mittelalter verlegt hatten, wanderte rückwärts in die Spätantike (II. 5. b!), die Völkerwanderung erschien bereits wieder als Neuaufstieg.

Die Kriterien des Fortschritts der Moderne gegenüber der Antike waren dreierlei: im moralischen Bereich die Verbreitung der christlichen Nächstenliebe im Bewußtsein einer Einheit des Menschengeschlechtes, im politischen Bereich die Entfaltung der Völker Europas zu kulturellen Individuen, im sozialen Bereich die Verdrängung der Sklaverei zugunsten milderer Formen der Abhängigkeit. Diese drei Motive sind in die Weltanschauung der Aufklärer fest eingebettet. In ihrer politischen Einstellung waren sie überwiegend Freiheitsfreunde und Gesinnungsrepublikaner, ähnlich wie die meisten Humanisten. Daß die meisten von ihnen trotzdem von Fürsten bezahlt wurden, steht dazu in einem ebenso auffallenden Gegensatz wie die Umdeutung des Christentums durch Aufklärer, die selbst geistlichen Standes waren. Diese Umwertung bestand darin, daß die gelebte christliche Nächstenliebe als bereits spürbarer Fortschritt gegenüber anderen Formen des Zusammenlebens erschien[3] und der Glaube an das kommende Reich Gottes als mythischer Ausdruck dessen verstanden wurde, was in der Sprache der Vernunft „Verwirklichung der Humanität auf Erden" heißt. Die Inbrunst des Vertrauens darauf und der Inhalt der Zukunftsvision selbst lassen sich als Säkularisierungsprodukte christlicher Heilshistorie verstehen. Der damit verbundene innere Umschwung des Christentums ist ranggleich dem in der constantinischen Wende: dem damaligen Ja der Christen zum Staat folgt nun ihr Ja zur Welt, zur Geschichte. Die Lehre von der Erbsünde, von der Eitelkeit alles Irdischen, von der Gewalt Satans und von Gottes unerforschlichem Ratschluß verschwindet aus dem Bewußtsein, die Verworfenheit der Welt und die Erlösungsbedürftigkeit des Menschen treten hinter den Traum eines Fortschritts auf ein irdisches Paradies zurück.

Im Urteil über die historische Rolle des Christentums zeigt sich in der deutschen Literatur eine andere Tendenz als in der französischen. Gegenüber der dort eher ablehnenden Haltung zur christlichen Tradition unterscheiden die deutschen Autoren gewöhnlich zwischen der faulen Schale und dem guten Kern und sehen den neuen Glauben darum positiver. Er habe das Imperium nicht zerstört, sondern überwunden. Der Grund für die andersartige Einstellung dürfte darin liegen, daß man sich in Frankreich mit dem Römertum leichter identifizierte und dem Christentum all das anlastete, was die Reformation in Deutschland abgestreift hatte. Die Französische Revolution erscheint geradezu als eine verspätete und deshalb um so radikalere Loslösung aus der christlich-mittelalterlichen Überlieferung.

---

[2] Die Zweiteilung in antike und mittelalterlich-neuzeitliche Geschichte hat bis in die Zeit nach dem Zweiten Weltkrieg bei der Definition von Lehrstühlen und Prüfungsgebieten deutscher Universitäten Bedeutung besessen.

[3] *La religion chrétienne, qui ne semble avoir d'objet que la félicité de l'autre vie, fait encore notre bonheur dans celle-ci* (Montesquieu, Esprit XXIV 3).

In Deutschland und England identifizierte man sich vorwiegend mit den Germanen. Die Idee einer germanischen Kontinuität schloß diejenige eines fortwährenden Gegensatzes zu Rom ein. Er bestätigte sich in der Spannung zwischen protestantischer Deutschheit und katholischem Romanentum, in der politischen und kulturellen Abwehrhaltung gegenüber dem napoleonischen Frankreich und in der Ablehnung von Despotismus, Militarismus und Intoleranz, wie man das im spätrömischen Reiche wahrnahm. Kulturell waren die Römer nun bloße Nachbeter des Griechentums, das mit der Antike schlechthin gleichgesetzt wurde. Wir haben wieder das bekannte Zangenmodell: gegen die letzte, diesmal römische Phase, bedient man sich der vorletzten, hier der griechischen.[4] Da Rom die griechische Welt unterworfen hatte, schien sein eigener Zusammenbruch gerechtfertigt, weder rätselhaft noch bedauerlich, vorausgesetzt, man war bereit, aus Roms Fehlern zu lernen. Und diese Mahnung steht, ausgesprochen oder nicht, hinter allen Untergangstheorien der Aufklärung.

---

[4] Die Bewunderung für das Griechentum hat Miss E. M. Butler unter den Titel ›The Tyranny of Greece over Germany‹ *(1935)* gestellt. Gutes Material zu dieser Thematik liefern Gisela Wirth (*1977*) und Hans J. Herrmann (*1978*).

II. 5. Der Fall Roms und das Ende der Antike in der neueren Geschichtswissenschaft

Nachdem Napoleon am 2. XII. 1804 sich in Notre Dame zum Kaiser aufgeworfen hatte, wiederholte sich das spätantike Problem des eigenmächtigen Mehrkaisertums. Das Ergebnis war, daß Franz II. am 6. VIII. 1806 auf die Krone des Heiligen Römischen Reiches Verzicht leistete. Napoleon hat die imperiale Erbschaft offiziell angetreten, als er am 17. II. 1810 Rom zur zweiten Stadt seines Reiches erhob und erklärte: *les aigles impériales reprirent possession de leur antique territoire, le domaine de Charlemagne rentra dans les mains d'un plus digne héritier: Rome appartint à l'Empereur.* Das *empire d'Occident* wurde erneuert, der Augustus-Titel wieder aufgegriffen und eine zweite Krönung des Korsen mit der Karlskrone in Rom angekündigt. Zum nachträglichen Wegbereiter dieses Systems avancierte Bossuet (II. 4. b!), der bereits erkannt habe, daß der Herrscher von Frankreich der gottgewollte Beschützer der Christenheit sei (Correspondance de Napoléon I., XX *1866,* 261 ff.). Bei Waterloo führte Napoleon eine Biographie Rienzos mit sich (Piur *1931,* VII), doch gelang ihm die Erneuerung der römischen Kaiserherrlichkeit ebensowenig wie jenem Tribunus Augustus. Am 18. VI. 1815 war es mit diesem After-Imperium vorbei, und der Kaisertitel stand wieder zur Verfügung.

Dennoch hat der Wiener Kongreß 1815 das Imperium Romanum nicht wiederhergestellt. Der von Pius VII. bevollmächtigte Kardinalstaatssekretär Ercole Consalvi klagte am 17. XI. 1814 förmlich und vergebens: *Le St. Empire romain, centre de l'unité politique, ouvrage vénérable de l'antiquité, consacré par l'auguste caractère de la religion et dont la déstruction a été un des renversements les plus funestes de la révolution, n'est pas resuscité de ses ruines* (Klüber VI *1816,* 440). Das altkirchliche Argument, daß mit dem Ende des Reiches das Ende der Welt einträte (II. 1. b!), nahm niemand mehr ernst.

Das Imperium war beseitigt, und seine Verabschiedung deutet einen Wandel im politischen Bewußtsein an, der für unsere Thematik Gewicht hat: der längst vorbereitete Übergang vom heilsgeschichtlichen Periodenschema, das die christliche Zeit als Einheit auffaßte, zur humanistischen Dreiteilung in Altertum, Mittelalter und Neuzeit erhielt den Segen der Politiker. Die Auffassung, daß sich das eigentliche römische Reich bereits in der Völkerwanderung aufgelöst habe, setzte sich durch und gewann dadurch an Gewicht, daß mit ihm der Abschluß der antiken Weltperiode ineins gesetzt wurde. Nur gelegentlich ist der Gleichschaltung zwischen dem Fall Roms und dem Ende des Altertums noch widersprochen worden.[1]

---

[1] So von Autoren, die das Mittelalter bereits mit Constantin oder erst mit Justinian bzw. Mohammed eröffnen, Rosenberg *1915;* Pirenne *1935/41;* Hübinger *1952/59,* vgl. II 5. c!

Der Beginn des 19. Jahrhunderts brachte nicht nur das Ende des Römischen Reiches nichtrömischer Nation, sondern bedeutet zugleich einen allgemeinen Wandel im historisch-politischen Denken, der dem Übergang vom mittelalterlichen zum humanistischen Bewußtsein an Tiefe gleichkommt. Die Aufklärung hatte sich in der Französischen Revolution und deren Folgekriegen überschlagen. Gegenbewegungen waren die Romantik, der Nationalismus und ein gesteigertes Interesse an der Geschichte. Hatte die Aufklärung sie um der Zukunft willen erforscht, so wurde sie nun um der Vergangenheit selbst willen ergründet. Professionalisierung und Institutionalisierung der Historie an Universitäten und Akademien vervielfachten den Ausstoß an historischer Literatur. Sie fügte sich zunehmend dem neuen Denkstil, dem Historismus.

„Historismus" bezeichnet eine bestimmte Form, mit Geschichte umzugehen, eine Weise ihrer Behandlung. Meinecke *(1936)* hat drei auf Herder und Hegel basierende Prinzipien für ihn herausgearbeitet: Individualisierung der geschichtlichen Phänomene, Bemühen um einfühlendes Verständnis und Aufweis der Entwicklung im kleinen wie im großen. Je nachdem ob im Verhalten oder in den Verhältnissen der Menschen der wichtigere Faktor zu sehen sei, lassen sich idealistischer und materialistischer Historismus unterscheiden.[2]

Unzutreffend ist die Meinung, daß die Zeit um 1800 für die Historie deswegen epochal gewesen sei, weil damals die moralische Wertung aufgehört und die historische Kritik begonnen habe. Rankes Verzicht auf die Sittenrichterei und sein Genügen damit, zu „zeigen, wie es eigentlich gewesen" (*1824* Vw.) wird seitdem in Dissertationen und sonstiger Laufbahn-Literatur respektiert, hat aber den Widerspruch des hegelianisch veredelten Subjektivismus von Sybel (*1856/80*, 355), Droysen (Historik 287) und Ottokar Lorenz (*1891*, 127) gefunden, und seitdem wird in beiden Zweighistorismen munter moralisiert. Der ethische Relativismus, wie ihn ein historistischer Ansatz vermuten ließe, hat den Willen zur Wertung kaum gezügelt; die in den Stoßzeiten der Werturteilsdebatte erhobenen methodischen Bedenken gegenüber einer wissenschaftlichen Verbindlichkeit von Wertungen scheinen an der Historiographie vorbeigegangen. Der Fall Roms ist ein moralisches Exempel geblieben und dient pädagogischen Zwecken wie eh und je.

Als Begründer der historischen Kritik „im eigentlichen Sinne" wird, spätestens seit der Rede Mommsens von 1879 (RA 199), Barthold Georg NIEBUHR genannt.[3] Nach Ottokar Lorenz (*1891*, 291 ff.) haben auch jüngere wissenschaftsgeschichtliche Untersuchungen dagegen begründet Widerspruch erhoben (Asendorf *1974*, 15; Wirth *1977*, 3). Niebuhr (RG I *1826/73* XXVI) selbst hat sich in eine bis ins

---

[2] Der Begriff des „marxistisch-leninistischen Historismus" begegnet auch als Selbstbezeichnung (Engelberg *1972*, 137).

[3] So Bernheim (*1903*, 211 f.); Ritter (*1919*, 314; 331); Heuß (*1960/76*, 513), Maier (*1961*, 14), Schieder (*1965/68*, 201) und Christ (*1972*, 26). Vor Mommsen jedoch schon von Sybel 1856 (*1880* I 354) und Nitzsch 1871 (*1885* III 457).

17. Jahrhundert reichende Tradition kritischer Romforschung gestellt und an die Arbeiten von Perizonius, Bayle und Beaufort angeknüpft. (Die Quellenkritik zur Spätantike beginnt mit Laurentius Valla 1440.) Bedeutet Niebuhr so etwas wie eine Traditionsschwelle, so liegt das daran, daß gewöhnlich keine älteren Autoren mehr gelesen werden. Für die meisten Historiker bedeutet die Zeit Niebuhrs den Übergang von der Wissenschaftsgeschichte zur Geschichtswissenschaft. Eine solche Grenzziehung ist nie gebührlich, weil die Einstufung eines Autors als Gegenstand oder als Teilnehmer der wissenschaftlichen Bemühung nicht von dessen Lebenszeit, sondern von seiner Leistung abhängen sollte. Immerhin hat sie im Falle der Niebuhrzeit ein praktisches Plus: man begrenzt damit die Pflichtlektüre.

Für die Deutungsgeschichte zum Fall Roms bringt die Zeit um 1800 eine Auffächerung der Urteile einerseits hinsichtlich der Blickpunkte am Gegenstand, andererseits hinsichtlich der Standorte der Autoren. Fünf Aspekte beherrschen die Diskussion. Der erste Aspekt ist die *Wesensbestimmung* des Vorgangs. Sie erfolgt durch eine Kennzeichnung mit Hilfe von Begriffen, Metaphern und Analogien (II. 5. a!). Als zweiter Aspekt ist das *Dekadenzproblem* anzuschließen. In der Grundsatzfrage hat sich die Ansicht durchgesetzt, daß der Zusammenbruch des Imperiums eher aus einer Dekadenz als aus einem Fortschrittsprozeß zu verstehen sei, doch blieb strittig, wann und worin der Niedergang zu erkennen sei (II. 5. b!). Der dritte Aspekt ist die Festlegung des Wendepunktes, die *Periodisierung* zwischen der römischen und der germanischen Zeit, zwischen Altertum und Mittelalter (II. 5. c!). Viertens geht es um das *Kontinuitätsproblem.* Nachdem der Wandel im Prinzip eingesehen ist, gilt es festzustellen, wie tief er gegangen ist, welche Bereiche er verschont hat, ob sich irgendwo dennoch Kontinuitäten halten konnten (II. 5. d!). Fünftens erhebt sich die Frage, weshalb das römische Reich auseinandergefallen ist. Das *Erklärungsproblem* hat mit Abstand am meisten Literatur provoziert und ist daher in einem eigenen Hauptteil (III!) abgehandelt. Gliederungsprinzip sind die Standpunkte der Urteilenden.

II. 5. a. Das Wesensproblem

> *Die „Essenz", die „Wesenheit" ist etwas Perspektivisches und setzt eine Vielheit schon voraus. Zugrunde liegt immer „was ist das für mich?"*
>
> Nietzsche III 487

Die Wesensbestimmung eines historischen Phänomens ist der Versuch, auszumachen, worum es sich im betroffenen Fall *eigentlich* handelt. Wir fragen: was liegt hier vor? und unterstellen, daß zwischen Sein und Wesen, zwischen dem Geschehen und seiner Bedeutung zu unterscheiden sei. Vorgegeben ist ein Satz von Tatsachen: die Schlacht bei Adrianopel 378, die Einnahme Roms durch Alarich 410, das Erlöschen des Kaisertums im Westen 476 usw., und all dies soll auf den Begriff gebracht werden. Das Wesen des Wesens ist das Dauerhafte, Eigentümliche,

Bestimmte – alles Dinge, die sich, wie Nietzsche oben in seinem nachgelassenen Aphorismus bemerkt, in der historischen Betrachtung auflösen in Produkte einer Subjekt-Objekt-Beziehung. Nietzsche versteht das Interpretieren selbst als eine Form des Willens zur Macht, und dies gilt im doppelten Sinne: in der Auseinandersetzung mit dem Gegenstand und in der Auseinandersetzung mit den konkurrierenden Deutungen.

Das Wesen, der Sinn, die Bedeutung eines Gegenstandes entspringt seiner Beziehung zum Betrachter. Als Interpunktionsdilemma: Der Sinn liegt in den Dingen nicht wir legen ihn hinein. Wo immer man in diesem Satz das Komma setzt, da sitzt es falsch. Die Alternative führt irre. Der Sinn liegt weder innerhalb der Grenzen des Objektes (wo er bloß aufzusuchen und herauszuinterpretieren wäre) noch innerhalb der Grenzen des Subjektes (aus dem er bloß in ein seinerseits sinnloses Objekt hinübergespiegelt wäre), sondern im angrenzenden Zwischenraum. Der Funke entsteht aus dem Zusammenstoß.

Das dem „Sinn" verwandte „Wesen" erfordert einen *idealen* Betrachter, der auf keinen bestimmten Standpunkt festzulegen ist und dessen Betrachtung sich nicht in einem Moment der Wahrnehmung erschöpft. Nietzsche ersetzt den „Akt" durch den „Prozeß" des Interpretierens. Als Ort des Wesens ist somit anstelle des Zwischenraums der zeitpunktlose Umraum des Objekts zu denken. *Retour à l'histoire:* das Besondere an einem bestimmten geschichtlichen Phänomen ist sein Verhältnis zum Allgemeinen: die jeweils eigentümliche Weise des Über-sich-Hinausweisens. Dies erfolgt durch drei Mittel: durch den Begriff, durch die Metapher und durch die Analogie. Jeweils entstehen Beziehungen zu anderen Phänomenen, die im einzelnen zu erkennen das Geschäft der Wesensbestimmung ist, Folge und Voraussetzung von Deutungen zugleich.

Die Wesensbestimmung des historischen Phänomens, das ich den „Fall Roms" nenne, pendelt zwischen einer minimalen und einer maximalen Interpretation. Als Extreme ließen sich bezeichnen: die Unterbrechung der Kaiserfolge im Westen des römischen Reiches im Jahre 476 (das wäre die minimale Interpretation) und die Wende einer zweigeteilten Weltgeschichte von der antik-heidnischen zur christlich-modernen Großperiode (das wäre die maximale Interpretation). Die minimale Interpretation ist jene Ansicht, die jeder teilen muß, der ernst genommen werden will. Die maximale Interpretation, die in der Spätantike die Mitte der Weltgeschichte erblickt, ist in der Aufklärung öfter und dann wieder von Riegl vertreten worden. Zwischen den beiden extremen Deutungen liegt eine Reihe von Mischpositionen, die vom kleineren zum größeren fortschreitend unter anderen die folgenden Meinungen enthält: den Untergang des sog. Weströmischen Reiches (dies läßt sich eng mit den Ereignissen zwischen 455 und 476 verbinden); die Auflösung des gesamten Reichsverbandes (dies erfolgte in der Zeit zwischen 378 und 568), das Erlöschen einer Hochkultur, (was um so bedeutsamer wird, je kleiner die veranschlagte Zahl derartiger Einheiten bleibt; bei Toynbee sind es 21, bei Gobineau 10, bei Spengler 8); den Übergang von der Antike zum Mittelalter, der teils als Ereignis der europäischen Geschichte, teils als universalhistorischer Einschnitt gewertet wird (dafür gibt es zahlreiche Periodisierungsansätze, II. 5. c!).

Worum es sich in unserem Falle „wirklich" handelt, welche der genannten Wesensbestimmungen zutrifft, ließe sich nur im Rahmen einer geschichtsphilosophischen Grundsatzerörterung ermitteln, die eher der Suche nach dem eigenen Standort als der Erfassung des historischen Phänomens diente. Letzteres erfordert ein Abschreiten aller aussichtsreichen Blickpunkte, die jeweils Unterschiedliches zeigen und verdecken. Eine engere Interpretation hat den Vorzug größerer Präzisierbarkeit, muß sich aber vorhalten lassen, ein Teilphänomen aus seinem Gesamtzusammenhang zu lösen, der jenes allererst verständlich macht. Eine weitere Interpretation hat dafür den Nachteil größerer Unschärfe. Sie belastet sich mit der Begründungspflicht für Zusammenhänge, die denkbar unterschiedlich konstruiert werden und möglicherweise überhaupt nicht exakt aufzuweisen sind. Meine eigene Position habe ich darum näher bei der minimalen als bei der maximalen Auslegung angesiedelt: Ich verstehe den „Fall Roms" als Kürzel für die politische Auflösung des Reichsverbandes im 5. Jahrhundert und den damit verbundenen Niedergang der antiken Kultur.

Wenden wir uns von den Positionen den Instrumenten der Wesensbestimmung zu, vorab der begrifflichen Erfassung! Wenn ich selbst den *Fall* Roms in den Titel gesetzt habe, so steht dies in einer Tradition, die über Gregorovius (*1851/84*, 271) zurückführt bis auf Sebastian Franck (*1531*, 156) und Martin Luther 1520 (ed. Clemen I 423). Luther hat meines Wissens vom „Fall" des römischen Reiches zum ersten Male gesprochen. Der Bildgedanke des Begriffs ist natürlich älter. Aus der Zeit um 500 stammt die Bemerkung von Damaskios (bei Photios, PG 103, 1265), Anthemius habe der „gefallenen Roma" (Ῥώμη πεσοῦσα) wieder aufhelfen sollen. Johannes Lydos (de mag. III 44,3) spricht vom gefallenen Staatswesen (πεσούσης τῆς πολιτείας). Die lateinische Sprachtradition reicht bis Sallust (Catil. 51), er legt Caesar das Wort *casus rei publicae* in den Mund. Im Humanistenlatein begegnen ähnliche Formulierungen: *occasus imperii* bei Blondus (HI 30), *lapsus imperii Romani* bei Hugo Grotius (*1610*, XXV). Montesquieu brauchte in seiner 136. ›lettre persane‹ den Begriff *la chute* in unserem Zusammenhang. Durch das James Ralph zugeschriebene Gedicht ›The Loss of Liberty or Fall of Rome‹ von 1729, durch David Hume (Essays 201), Adam Smith (*1766/1978*, 416) und Gibbon wurde die Wendung *fall of the Roman Empire* im Englischen üblich. Gibbon bezeichnete so das Ende des Imperiums in seinen zwei Abschnitten: dem 5. Jahrhundert für den Westen, dem 15. Jahrhundert für den Osten. Wenn im vorliegenden Buch nur ersteres gemeint ist, so deswegen, weil als Kernbereich Rom und Italien gelten darf, während Byzanz eher unter die Nachfolgemächte des Gesamtimperiums zu rechnen ist (s. u.). Dieselbe Einschränkung hat Paton Isaac gemacht, *the fall of the Roman Empire* meint bei ihm die Auflösung im 5. Jahrhundert (*1971*, XVIII).

Ebenso wie *la chute* im Französischen und *fall* im Englischen weckt „Fall" im Deutschen die Vorstellung von Sturz oder Zerfall; im politischen Kontext wird dabei auf das Bild des Staatsgebäudes angespielt. Den Bildgehalt des Begriffes kritisierte der Abbé Galiani in einem Brief vom 1.I. 1774 an Madame d'Epinay: *Vous parlez des chutes des empires. Qu'est-ce que cela veut dire? Les empires ne sont ni en haut ni en bas et ne tombent pas. Ils changent de physiognomie.* In irgendeinem Sinne ist auch ein Trümmerhaufen noch die Zustandsform eines Bauwerkes. Lebeau (*1757* ff. IV 53) bemerkte zum Bas-Empire: *il tomba sans bruit*; Hellwald (*1874/83*, 520) nahm das auf, und Momigliano (*1973*) machte daraus seinen Titel *caduta senza rumore.*

Der Begriff „Fall" hat den Vorzug, daß er einen Neuaufstieg nicht ausschließt. Und ein solcher hat ja stattgefunden. So wie das Imperium einst in Etappen zerbrochen ist, so ist zwar nicht dieses, aber doch die Stadt Rom in Stufen wieder emporgekommen und sucht seit dem *risorgimento* in der für sie kennzeichnenden Verbindung von Geschichte und Leben, von Kunst und Kultur ihresgleichen unter den Metropolen der Menschheit. Im Hinblick auf die Stadt spricht die Literatur vom „Fall Roms" zuweilen, wenn sie deren Einnahme durch Alarich 410 meint, ein im Zusammenhang mit der Auflösung des Reiches markantes Ereignis (II. 5. b!). Das Wort „Fall" hat im Deutschen zusätzlich die Bedeutung dessen, was englisch *case*, von lateinisch *casus*, heißt: Beispiel, Muster. Und auch diese Nuance ist beabsichtigt, sie zielt ab auf die Funktion des Phänomens, denn der Zerfall des Imperiums ist in der Tat immer wieder als Musterfall verstanden worden.

Vertretbar sind auch die Begriffe „Zerfall" und „Auflösung" für das römische Imperium. Sie enthalten einen schwachen metaphorischen Beigeschmack durch den Nebengedanken an ein sich auflösendes Geflecht oder an ein zerfallendes Bauwerk, unterstellen damit allerdings eine erst zu beweisende innere Bedingtheit des Vorgangs, der Begriff „Zerfall" noch stärker als der Begriff „Auflösung", der ja ebenso für einen von außen bewirkten Vorgang stehen kann. Der Begriff „Aufteilung" hingegen setzt den planenden Agenten voraus, der schwerlich nachzuweisen sein dürfte. Insofern scheint der Begriff „Auflösung" der Deutung wenig vorwegzunehmen und damit den reinen Vorgang zustimmungsfähig und treffend auszudrücken.

Seine Schwachstelle liegt in der Vorentscheidung gegen die byzantinische Perspektive, die den Osten nicht bloß als einen unter mehreren Teilen des ehemaligen Gesamtreiches betrachtet. So gewiß bei einer Abstufung der Erbansprüche auf das Imperium Byzanz den ersten Platz erhalten müßte, so einseitig wäre die Anerkennung des Alleinerbes von Byzanz. Die Truppen, mit denen Justinian Italien eroberte, waren ebensowenig Römer, wie jene, denen er es abnahm. Nicht zu Unrecht hat daher Solari (II *1943*, 80 f.) den Begriff *reconquista* abgelehnt: *l'azione di Giustiniano in Occidente fu una conquista.* Somit ist es im ersten Schritt der Bestandsaufnahme richtiger, die Auflösung des Imperiums während des 5. Jahrhunderts in mehrere Staaten zu behaupten.

Die scheinbar neutrale Rede vom *Ende* des Imperiums geht in dieser Richtung jedoch zu weit. Sie bestreitet den Kontinuitätsanspruch des Ostens, der nicht völlig unbegründet ist. Aus der Sicht des byzantinischen Staatsrechts ist ein „Ende" erst 1453 mit der Eroberung Konstantinopels oder gar 1461 mit dem Fall von Trapezunt gegeben. Die Rede vom Ende allein des „weströmischen" Reiches besagt demgegenüber zu wenig. Im rechtlichen Sinne hat es ein solches niemals gegeben (Bury *1923/58* I 408; Tsunoda *1955/69*, 244; 250), und im politischen Sinne ist das „oströmische" Reich erst durch den Verlust des Westens entstanden.

Bedenken treffen auch den vielzitierten *Untergang* Roms. Dieser Begriff hat eine lange Vorgeschichte. Von *interitus, occasus* und *exitus rei publicae* ist seit Cicero die Rede. Die dominante Metaphorik verweist uns in den Bereich des Seewesens, was untergeht, ist das Staatsschiff (s.u.). In der neueren Literatur ist die Rede vom „Untergang" durch die Titel der Werke von Seeck, Hartmann und Christ verbreitet worden. Der Grund für die Beliebtheit des Ausdrucks ist seine dramatische Bildkraft. Wo das „römische Reich" versinkt, mag der Begriff angehen, aber wo die antike Kultur oder die Stadt Rom untergeht, da sträuben sich die Tatsachen. Polisautonomie und Polytheismus sind bereits vor dem Zerfall des Imperiums erloschen; Sprache, Recht und Staatsidee, Kirche und die Stadt Rom selbst haben überlebt, Kunst und Literatur sind wieder aufgeblüht. Der theatralische Effekt der Rede vom „Untergang" ist der Grund, weshalb diesem Begriff mehrfach widersprochen worden ist.[4]

Weniger gefühlsstark ist der Begriff *Ausgang*, den Johannes Geffcken mehrfach verwendet (*1929* im Titel; *1921*, 20; 39) und begründet hat. Er versucht damit, zwischen Untergang und Übergang zu vermitteln. Die Vorlage liefert lateinisch *exitus*, ebenfalls übertragen gebräuchlich. Für die kulturelle Sphäre verwendete Geffcken den Terminus „Ausleben" (*1921*, 39).

Die behandelten Kennzeichnungen des mit dem „Fall Roms" gemeinten Geschehens betonen den abschließenden Aspekt. Ausgangspunkt der Nomenklatur ist jeweils das römische Reich oder die antike Kultur, jedenfalls die Vorgeschichte. Die im folgenden betrachteten Bezeichnungen fassen auch die Nachgeschichte mit in den Blick. Dies gilt zunächst für den Begriff *Übergangszeit.* Er weckt die Vorstellung einer Grenz- oder Flußüberquerung.[5]

Eng benachbart ist der Terminus *Krise,* den Jacob Burckhardt für die Völkerwanderungszeit brauchte: sie sei „die wahre Krisis gewesen. Sie hat im höchsten Grade den Charakter einer solchen: Verschmelzung einer neuen materiellen Kraft mit einer alten, welche aber in einer geistigen Metamorphose, aus einem Staat zu einer Kirche geworden, weiterlebt. Und diese Krisis gleicht keiner andern uns näher bekannten und ist einzig in ihrer Art" (*1868/1955*, 167). Hier ist über den politischen und sozialen Umschwung hinaus der Kulturwandel insgesamt angesprochen. Der Begriff „Krise" gelangt über die Metaphorik des Staatsorganismus aus der Medizin in die Historie (Demandt *1978*, 27; 80). Er verlangt nach einem Patienten, und als solcher ist bei Burckhardt das Kollektivsubjekt der

---

4 1951 tat dies S. Guyer in seinem Aufsatz ›Untergang der Antike?‹.

5 Wir finden den Begriff für die spätrömische Periode bei Görres (*1819*, 101), Lasaulx (*1854/1965*, 30), Hirschfeld (*1913*, 903), Otto (*1925*, 151), Enßlin (*1950*, 22), Vittinghoff (*1958/69*, 315) und anderen.

Menschheit zu denken. Auch bei Max Weber ist dieses unsichtbar gegenwärtig, wenn er von einer „Gesundung" durch den Periodenwechsel spricht (*1896/1968*, 25).

Gleichbedeutend mit „Krise" ist bei Burckhardt das Wort *Metamorphose* das schon Gregorovius (*1859*, 244) auf diesen Ereigniskomplex angewandt hatte. 1926 brauchte ihn Gelzer (397), 1943 Kornemann (339), 1950/69 Stroheker (206), 1965 Vogt dafür. Die Übersetzung ins Englische bevorzugte Lynn White 1966 in seiner ›Transformation of the Roman World‹, die ins Deutsche 1968 Franz Maier in seiner ›Verwandlung der Mittelmeerwelt‹, ins Italienische Pietro de Francisci (*1936*, 12) und Mazza (1970/73) mit der *trasformazione verso un' altra cultura.* Im Unterschied zum Begriff „Krise", der an Schmerz und Krankheit gemahnt, verharmlost der Terminus „Metamorphose" die Gewaltsamkeit der Wandlung und spiegelt das Walten der Götter Ovids oder Goethes Pflanzentheorie in die Turbulenzen der Völkerwanderung.

Die Gewaltsamkeit im Herrschaftswechsel von den Römern zu den Germanen betont der Begriff *Revolution.* Einen frühen Beleg liefert Paolo Paruta (*1599/1827*, 165): Nach Constantin brach das Imperium zusammen *e con la sua ruina si tirò dietro grandissime rivoluzioni di cose.* Das 18. Jh. sprach gern in unserem Zusammenhang von „Revolution".[6] Gibbons Rede von der *awful revolution* (ch. 38, VI 389) war für englische Ohren eine Umkehrung der *glorious revolution* von 1688. Seine Begriffsverwendung ist durchaus weitherzig, die Christianisierung nannte Gibbon (ch. 15, II 259) *a revolution of thirteen or fourteen centuries.* Eine ähnliche Dauer erreichen Revolutionen erst wieder in der marxistischen Historiographie (III. 2. c!).

Einen Anklang an die Französische Revolution gewann der Revolutionsbegriff, seitdem Condorcet (*1793/1971*, 154) in unserem Zusammenhang von einer „Revolution zur Freiheit" gesprochen hatte. Bei Rotteck (*1812/24* III 32), Guizot (*1824/33*, 45), bei Thierry (*1860*, XII) und de Broglie (III 2 *1868*, 432) schwingt diese Saite des Revolutionsbegriffes mit, während bei Sismondi (*1835* I p. V *révolution terrible* vgl. p. I; 248 ff.) und in der englischen Tradition, bei Hodgkin (*1879* II 507), Bury (*1923*, 19), Greene (*1933*, 180 Faltblatt), Walbank (*1969* im Titel), Momigliano (*1969*, 646) und Brown (*1971*, 9) das zitierte Wort Gibbons weiterwirkt.

In der neueren Literatur ist zudem mit Anspielungen auf Marxens Revolutionstheorie von 1859 (MEW 13,8 f.) zu rechnen, obschon die „Klassiker" den Revolutionsbegriff durchaus unbefangen verwendet haben.[7] Einschlägig sind Martroye (*1905*, 410), der den Donatismus als *mouvement de révolution sociale* ansprach und Julius Jung (WS *1879*, 197), der eine „Revolution der exoterischen

---

[6] So der Plagiator Johann Hübners Johann Georg Essich (*1707/28*, 62), Montesquieu (*1734* c. 19), der Berliner Hugenotte Jean Henri Samuel Formey (*1754/63*, 168), danach vor allem Voltaire (*1756/1835*, III 108), Hume (*1761/1818*, I 27), Mably (*1765*, I 136 ff.), Adam Smith (*1776* III 2, 1) und Pilati (*1783*, 2), die damit nur den Umsturz zum Ausdruck bringen wollten.

[7] Zu Engels vgl. Ds. *1884*, 145; zu Marx bietet viel Material Erckenbrecht *1973*, 325 ff.

Schichten über die esoterischen" konstatierte. Eine Revolution von außen behauptete vorher Macaulay *(1828)*, nachher Engels *(1884)*. Stärkere oder schwächere, beabsichtigte oder unfreiwillige Assoziationen an Marx werden in der westlichen Literatur durch den Revolutionsbegriff immer geweckt,[8] sofern sie nicht so eindeutig idealistisch ausfallen wie bei Guido Kaschnitz-Weinberg (*1926*, 36), der von der „größten Revolution des Geistes" sprach, nämlich jener vom Irdisch-Antiken zum Christlich-Transzendentalen, oder bei Alfred Weber (*1935/63*, 198), der die Orientalisierung als „Revolution" ansah.

Von besonderem Gewicht ist der Revolutions-Begriff naturgemäß im Herrschaftsbereich des proletarischen Historismus (III. 2. c!), doch besteht dort weder Einmütigkeit über die grundsätzliche Berechtigung noch über den Inhalt des Begriffes, denken wir an so unterschiedliche Positionen wie Günther 1978 (236) und Várady 1978 (93 ff.; 124). Von westlicher Seite haben Vittinghoff (*1958/69*, 307 ff.; *1961/69*, 358 ff.), Prachner (*1973*, 732 ff.) und Alföldy (*1975/79*, 188) mit der revolutionären Deutung des Falles Roms abgerechnet, und auch ein Westmarxist wie Ribeiro *(1968/71)* sah in der Auflösung des Imperiums keinerlei Revolution. Dennoch meint Mazzarino *(1962)* aus bürgerlicher Sicht eine *rivoluzione* festzustellen, in der das Land über die Stadt gesiegt habe. Dies beschränkt sich jedoch auf den Okzident, das ganze Reich erfaßte allein die *rivoluzione cristiana* (422 f.; 425). Eine christliche Revolution hatten bereits Montesquieu (OC II 1072), Chateaubriand (*1831* I 19; II 19), Milman (*1840* I 44) und Proudhon (*1854/83* II 163) festgestellt. Weitere Spezifikationen des Revolutionsbegriffes sind die „germanische" Revolution bei Rotteck (*1812/24*, 31 f.) und Macaulay (*1828/60*, 416), die „agrarische" Revolution bei Poehlmann (*1910*, 601 f.; 627) und Abbruzzese (*1921*, 223), die *economic revolution* bei Heitland (*1922*, 65), die *révolution démographique* bei Landry (*1934*, 130), die „moralische" Revolution bei Lecky (*1869/1921* I 266) und Loyen (*1946/63*, 443), die Revolution „nach unten", die „destruktive" Revolution bei Gigli (*1947*, 212) oder die *rivoluzione contra vetustatem* bei Mazzarino (*1960*, 35; 40). Hinzukommen die Spielarten der marxistischen Autoren: „soziale", „politische", „archaische", „feudale" Revolution, „Revolution von außen", Revolution der Sklaven, der Kolonen, der Germanen und sonstigen Kleingärtner.[9] Eine „germanische Revolution" gibt es auch 1938 bei Stier, inspiriert durch Goebbels?

Der gemeinsame Nenner all dieser Verwendungen liegt jedenfalls im Interesse am Pathos des Revolutionsbegriffes. Er verleiht einem Vorgang Gewicht. Freilich

---

[8] So bei Salvioli (*1906/12*, 246; 253), Sorel (*1906/19*, 129), Poehlmann (*1910*, 627), Geffcken (*1921*, 7), Ferrero (*1922*, 40), Nilsson (*1926*, 365), Rostovtzeff (*1929*, 205; 214), Ciccotti (*1935*, 329), Bertolini (*1938*, 44), Kornemann (*1940*, 27; *1943/69*, 56), Loyen (*1942*, 14), E. Stein (*1949*, 571); Bark (*1958*, 78; 87; 108), Dannenbauer (*1959*, 257), Heuß (*1963*, 25), Malcus (*1970*, 7) und Mazza (*1970/73*, 467).

[9] Wie die verschiedenen Revolutionsbegriffe in die neueren Revolutionstheorien hineinpassen, möge ein anderer untersuchen, er findet den Einstieg in den Literaturangaben bei Gehrke (*1980*, 196 ff.). Weitere „Revolutionen" bietet das Register, s. u.!

nicht, ohne ihn zu verfälschen: Verglichen mit den neuzeitlichen Analogien war der Fall Roms teils mehr, teils weniger als eine Revolution. *Weniger* in sozialer Hinsicht, weil keine Unterschicht nach oben kam. *Mehr* in politischer Beziehung, da die Staatseinheit zerfiel. Die Französische, Russische und Chinesische Revolution haben nur das *Gefüge* ihrere Staaten verändert und ähneln insofern eher den Vorgängen des 1. Jahrhunderts vor, als denen des 5. Jahrhunderts nach Christus.

Einen ähnlich starken Gefühlston wie der Begriff „Revolution" tragen die Ausdrücke *Liquidation* (Alfred Weber *1935/63*, 172; 999) und *Kalamität* (Melanchthon nannte das Ende Roms *ingentem calamitatem generis humani*, CR IX 1074). Dem nahe steht das Wort *Katastrophe*[10]. Dieser Begriff lieferte Riegl und Dopsch den Angriffspunkt gegen die „Katastrophentheorie". Dagegen wird die „Kontinuitätstheorie" gestellt, gewiß eine irreführende Alternative, die aber aus dem Anliegen der Wesensforscher verstanden werden muß (II. 5. d!). Der Beliebtheit des Ausdrucks „Katastrophe" in unserem Zusammenhang hat das nichts geschadet.[11] Pirenne (*1922*, 84) und Demougeot (*1951*, XII) sprachen von *cataclysme*, Loyen (*1942*, 16) von *débacle général*, ähnlich schon Cochrane (*1940/59*, 157). Worte drücken die Empfindung des Betrachters aus; je nachdem, wie sensibel er ist, und je nachdem, welchen Aspekt er ins Auge faßt, wandelt sich die Sprache. Die verschiedenen Ausdrücke werden gewöhnlich nicht als erschöpfende oder als allein mögliche Bezeichnungen gewertet, das zeigt sich in der Freiheit der Wortwahl desselben Autors.[12]

So wie die begriffliche Fassung des Vorgangs schillert die des Gegenstandes: neben dem „Fall" findet auch „Rom" in der gemeinten Zeit unterschiedliche Bezeichnungen. Sie sind in der Regel durch die Vorstellung geprägt, daß wir es im Vergleich zur Zeit eines Augustus, eines Trajan nur noch mit einer Schwundstufe des Reiches zu tun haben. Seit Crévier (*1749/63* I p. IX) und Lebeau (*1757*) ist in der französischen Literatur die Trennung von *Haut-Empire* und *Bas-Empire* gebräuchlich. Letzteres zählte bei Lebeau von der Gründung bis zum Fall Konstantinopels. 1761 brauchte David Hume die Bezeichnung *lower empire* (I *1818*, 473), in der italienischen Literatur ist von *basso impero* die Rede. Diese Ausdrucksweise spielt mit den Prädikaten „hoch" und „niedrig" auf die Metaphorik des Verfalls an und erleichtert mit der terminologisch verringerten Fallhöhe des „gesunkenen" Spätreichs ein Verständnis des schließlichen Sturzes, ganz gleich, wo man ihn ansetzt.

---

[10] Es ist für den Fall Roms verwendet worden durch Remer (*1775/94*, 679), Sismondi (*1835* I p. IV), Dureau de la Malle (*1840*, II 496), Lasaulx (*1854/1965*, 6), Dill (*1898/1921*, 246), Balfour (*1908*, 14) und andere.

[11] Das zeigen Ferrero und Barbagallo (*1922*, 266 ff.), Spangenberg (*1922*, 17), Alfred Weber (*1935/63*, 199), Alföldi (*1938*, 15), Loyen (*1942*, 14), Aubin (*1948/68*, 249), Böhner (*1959/68*, 319) und Wieacker (*1964*, 30 ff.).

[12] Sheppard (*1861*, IV; 59; 103) brauchte *revolution, catastrophe* und *transition* nebeneinander, Heuß (*1960/76*, 500 ff.): „Untergang, Gestaltwandel, Umwandlung, Zusammenbruch, Erdrutsch."

In den Bereich der metaphorischen Charakteristiken gehört auch die Vokabel *Spätantike.* Nachdem bereits Roscher (*1854/71,* 557) von „spätem Altertum" und Seeley (*1870,* 59 ff.) über das *Later Empire* geschrieben hatte, hat Alois Riegl (*1889; 1891; 1927*) die Begriffe „spätrömisch" und „spätantik" verwendet, um bestimmte künstlerische Traditionen zu kennzeichnen, die noch nach dem Ende des Imperiums weitergewirkt haben. In der Folgezeit haben diese Termini, insbesondere das Substantiv „Spätantike", sich wachsender Beliebtheit erfreut, im Englischen erscheinen sie als *Late Antiquity* oder *Later Roman Empire,* im Französischen als *antiquité tardive,* im Italienischen als *Tardo Impero.* Das Wörtchen „spät" weckt die Vorstellung eines zur Neige gehenden Tageslaufes und verleiht dem schließlichen Untergang der Sonne Roms den Charakter einer Naturnotwendigkeit. Zugleich erhebt sich freilich das Licht der neuen Weltzeit. Was der Althistoriker als „spätantik" bezeichnet, ist für den Kollegen „frühmittelalterlich" oder „frühbyzantinisch". Die Terminologie hat Konsequenzen. Der Althistoriker sucht in dieser Zeit vornehmlich die römischen Traditionen und Institutionen, dabei drängen sich Dekadenzphänomene in den Vordergrund: der Niedergang des Städtewesens, der alten Religionen, der Sklavenwirtschaft, des Geldverkehrs und des Mittelmeerhandels. Der Mediävist hebt stärker den Aufstieg der Germanen heraus, die Entwicklung der Grundherrschaft und die Verbreitung des Christentums. Während hier die neuen Erscheinungen das Interesse beherrschen, sind es dort die alten, und je länger wir uns an die Spätzeitsymptome gewöhnen, desto weniger wundern wir uns über das schließlich völlige Verdämmern.

Unter den bildfreien Charakteristiken der letzten Periode Roms ist noch die Gegenüberstellung von Principat und *Dominat* durch Mommsen (Staatsrecht II[3] 760 ff.) zu nennen.[13] „Principat" bezeichnet bei Mommsen das Kaisertum seit Augustus, „Dominat" das seit Diocletian. Mommsen meinte, daß mit diesem Epochenschritt der Senat seine staatsrechtliche Bedeutung verloren habe, so daß aus der konstitutionellen Dyarchie ein monarchischer Absolutismus geworden sei. Beide Begriffe, „Principat" und „Dominat" leiten sich von Benennungen für den Kaiser her. *Princeps* betont die senatorische Komponente, *dominus* bezeichnet den Inhaber der Hausgewalt und wurde vom Sklaven für den Herrn gebraucht. Mommsens Aufteilung verliert dadurch an Schönheit, daß der Begriff *princeps* noch im Dominat und die Anrede *domine* schon im Principat für den Kaiser verwendet wurde (Wickert *1954,* 2127 ff.).

Der historische Materialismus hat zur Kennzeichnung des späten Imperiums und des frühen Mittelalters keine eigenen Begriffe entwickelt und beschränkt sich auf die Wesensbestimmung der beiden Großperioden als „Sklavenhalter- oder Sklavereigesellschaft" einerseits und „Feudalsystem oder -formation" andererseits. Als Problem wird die Tatsache empfunden, daß die Sklaverei in der Spät-

---

[13] Mommsen, Kornemann, Bleicken und Christ schreiben „der", Bengtson, Stier und Korsunskij „das" Dominat.

antike nicht mehr als dominante Produktionsweise gelten kann und dies überhaupt nur zu bestimmten Zeiten und an bestimmten Orten der Alten Welt war. Darum wird das Wesenskriterium vom Faktenbefund gelöst und als die höhere Eigentlichkeit der platten Wirklichkeit übergeordnet. So heißt es, daß die Sklaverei als prägende Kraft des Systems auch dann noch wesenbestimmend war, als sie ihre wirtschaftliche Bedeutung längst eingebüßt hatte (Schtajerman *1957/64; 1971*; Shukov *1960/74*). Damit bleibt der soziale Gegensatz bis zu dem Zeitpunkt erhalten, zu dem die Revolution ihn benötigt, um eine solche zu sein. Jede Wesensbestimmung des Imperiums vor seinem Ende greift auf eine zugehörige Untergangstheorie voraus.

Zur Wesensbestimmung für den Fall Roms werden außer begrifflichen Kennzeichnungen vielfach *Metaphern* verwendet. Dabei handelt es sich um Aussagen, die aus anderen Lebensbereichen hergenommen und auf unser Phänomen übertragen werden.[14] Unterscheiden wir die Bilder nach ihren Herkunftsbereichen, so ist als älteste Gruppe die Metaphorik aus der *organischen Natur* zu nennen. Der Vergleich des Imperium Romanum mit einem lebendigen Organismus liegt dem Wort zugrunde, das nach Polybios (38, 22) der jüngere Scipio angesichts des brennenden Karthago 146 v. Chr. gesagt hat: Reiche seien sterblich *wie Menschen.* Der Gedanke einer alternden Roma verschmolz nach der Ausbildung des römischen Weltreichs mit dem Gedanken einer alternden Welt. Die griechischen Weltuntergangslehren wurden auf Rom übertragen (II. 1. a!) und begegnen seitdem häufig in dem Bilde der *Roma senescens,* der *senectus mundi.* Auch die Christen haben diese Vorstellung anerkannt und als Bestätigung ihrer Endzeiterwartung gewertet (II. 1. b!). Eng verbunden mit dem Glauben an das Altern ist die Vorstellung von Krankheiten des Staatskörpers. Zuweilen werden bestimmte Gruppen als solche bezeichnet: bei Julian (229 d; 327 b; 401 c) die Christen, bei Rutilius (I 397 f.) die Juden. Diese (subjektiven) Aussagen wertete Rehm (*1930,* 19) als Zeichen eines (objektiven) Alterns.

Die Vorstellung der *senectus Romae* findet sich in der von den Kirchenvätern abhängigen mittelalterlichen Tradition ebenso wie unter den Humanisten, so bei Blondus (SI 201; RI 222) und Melanchthon (CR IX 1075; XII 720). 1659 brauchte sie Tzschimmer (Wirth *1977,* 73). Innerhalb der Aufklärungsliteratur haben Gibbon und Herder Lebensaltervergleiche verwendet, Hegel lieferte die theoretische Rechtfertigung für eine ganz allgemeine, bis in die allerjüngste Zeit vertretene

---

[14] Über die Bedeutung derartiger Denkbilder für die historisch-politische Sprache überhaupt ist andernorts einiges nachzulesen (Demandt *1978*), hier sei nur auf einer früheren Behandlung der Untergangsmetaphorik (Demandt, Deutung *1980,* 178 ff.) aufbauend nachgetragen, wieweit metaphorische Vorstellungen das Bild vom Ende Roms und von dessen Ursachen geprägt haben. Schon einmal nachgewiesene Stellen werden nicht noch einmal angeführt. Zur Begriffsgeschichte des Wortfeldes *décadence* vgl. Chaunu *1981,* 69 ff.

Auffassung vom natürlichen Völker- und Staatstod. Gleichlautende Bilder für das späte Rom brauchten Burckhardt, Mommsen, Max Weber. In verdünnter Form präsentiert sich derselbe Gedanke, wenn das spätrömische System als „überlebt", „altersschwach" oder ähnlich beschrieben wird.

Unter der Voraussetzung, das Imperium sei ein Mensch, erhob sich die Frage nach der Todesart, und dabei wurde wohl kaum eine Möglichkeit vergessen. Lord Bolingbroke (V 413 f.) schrieb, das Imperium habe einen qualvollen Tod auf der Streckfolter erlitten. Mably (*1751*, IV 380) plädierte für langsam wirkendes Gift. Herder, Heine und Heuß haben das wiederholt. Naturgemäß und altersbedingt starb Rom bei Lebeau (*1757/1819*, IV 53): *c'étoit la mort d'un vieillard.* Kingsley (*1853* pr.) meinte, das westliche Reich habe einem sterbenden Blödsinnigen geglichen. Normaler ging es zu bei Ampère (*1864/81*, 263): *l'empire ... était la proie de cette maladie, dont meurent les vieillards, qui n'en ont point d'autres, l'impossibilité de vivre.* Liebenam (*1900* XI) stellte „die Unheilbarkeit des Patienten und sein nach langem Siechtum in senilem Marasmus erfolgtes Hinscheiden" fest. William Davis (*1910/33*, 335) schrieb: *Rome died a slow, lingering, painful death.* Sundwall (*1915*, 19) und Dopsch (*1926/68*, 79) glaubten, das römische Reich sei „allmählich ohne Erschütterung eingeschlafen". Bei Chapot (*1927/51*, 473) heißt es: *L'empire s'est tué lui même, lentement.* Also schleichender Selbstmord. Schuldlose Krankheit diagnostizierte Lot (*1927/51*, 275): *l'empire est mort de maladie interne.* Ähnlich romantisierte Gautier (*1932/35*, 38): *Rome est morte de sa belle mort, par impuissance à continuer à vivre, et pour ainsi dire, dans son lit. Elle n'a pas été assassinée.* Piganiol (*1947*, 422) kehrte die Sache um und erkannte auf blutigen Mord: *la civilisation romaine n'est pas morte de sa belle mort. Elle a été assassinée.* Dutzende von Malen ist dieser Satz zitiert worden; eine Metapher wird eben memoriert, egal ob man ihren Inhalt richtig oder falsch findet. Letzteres taten nach Cochrane (*1940/59*, 159: *suicide*) Toynbee (*1959*, 225): der Fall Roms *was not the slaughter of a victim,* sondern Selbstmord (*1946/50*, 259; 269), und Levi (*1976*, 354): *l'impero romano non fu assassinato, ma mori della piu naturale delle morti.*

Die Autoren, die darüber einig sind, daß Rom einer Krankheit erlegen ist, streiten darüber, an welcher. Unter den medi-zynischen Diagnosen finden wir *ulcere malin* (Linguet *1766* II 437), *gangrène* (Chateaubriand *1831* III 41), *marasmus senilis* (Lasaulx, Gobineau, Jung, Strehl, Liebenam), „galoppierende Völkerschwindsucht" (Oppenheimer *1929*, 395), soziale Arterienverkalkung (Vollgraff, Kornemann, Salin, Mazzarino), *facies hippocratica* (Liebenam), Krebs (Linguet; Hodgkin), Fieber (Delbrück; Kolb *1977*, 291), Atrophie (Knaul) oder unspezifizierte innere Krankheiten.[15]

Unmetaphorische Krankheiten sind Langes (*1866/73*, 206) den Römern bescheinigtes „überreiztes Nervensystem", Hellwalds (*1874/83*, 466) „Blutzerset-

[15] Mommsen, Dill, Hartmann, Pöhlmann, Ferrero, Dawson, Lot, Walbank, Katz, Maier, Wieacker, Seyfarth, Anderson.

zung", Kaphahns (*1935*, 29ff.) „Verkrankung", Pepes (*1958/59*, 264ff.) *accidia*, Hartkes (*1951*, 403) „Massenpsychopathologie" und natürlich die Bleivergiftung (III. 3.b!). So dauert die Diskussion unter den Thanatologen an, die schon Cicero (rep. III 24) meinte beenden zu können, als er bemerkte: *nullus interitus est rei publicae naturalis ut hominis.*

Je nach angenommener Todesart werden dann auch die *Germanen* in unterschiedlichen Funktionen ins Bild gebracht; als Erben (Chateaubriand *1831*, I 15; Kuczynski *1949*, 104), als Meuchelmörder (Piganiol), als Testamentsvollstrecker (Gautier), als Totengräber (Liebenam, Bark), als Aasgeier, die „sich ansammeln, ehe der Körper die letzten Züge ausgehaucht hat" (H.Grimm *1877*, 50), als Leichenschänder (Marx, MEW 7, 201), als Scharfrichter, die das Urteil der Geschichte an Rom vollstreckten (Mommsen *1886*, 223ff.) oder ihm den Gnadenstoß gaben (Ciccotti *1935*, 307; Toynbee *1946/50*, 259), während es „ohnehin in den letzten Zügen lag" (Rostovtzeff *1929* II 240; Walbank *1969*, 38), und das Szepter einem Toten aus den Fingern nahmen (Sheppard *1861*, 103f.).

Wo nicht Rom, sondern die Menschheit oder die Kultur oder die Gesellschaft als Patient betrachtet wird, erscheint das römische System seinerseits als Krankheit (Chaunu *1981*, 255), und dann werden die Germanen zu Ärzten, so bei Macaulay (1828), Max Weber (1896) und Kuczynski (1949). Beliebt ist die Frischblut-Metapher, die dem ausgelaugten Organismus gesunde germanische Lebenssäfte zuführt, so bei Mommsen (*1886*, 229), Schnürer (*1932*, 50) und wieder Aubin (*1944/49*, 162): den Germanen verdanke das Abendland die Kräfte, „an denen es genesen sollte". Hier wird das bekannte Geibel-Zitat auf die Vergangenheit angewandt. Das frühe Mittelalter wird nach Chateaubriand (*1831* II 255) und Aubin (*1944/49*, 171) zur „Inkubationsperiode" einer neuen Gesundheit, die Germanen waren eine Schicksalsmedizin (Knaul *1977*, 185). So erscheint die Völkerwanderung als Sanierungsmaßnahme des Weltgeists.

Nicht ebenso bedeutsam, aber gleichfalls beliebt sind *Pflanzenmetaphern* für das Ende Roms. Gewöhnlich verbildlicht das anthropomorphe Lebensaltergleichnis die Folge von Wachsen und Sterben, während die Pflanzenmetaphorik den gegenläufigen Rhythmus von Welken und Aussaat veranschaulicht. Jenes vermittelt eher pessimistische, dieses eher optimistische Aussichten. Das Imperium vertrocknet wie ein Baum, aber seine Samen gehen andernorts auf; die Kultur verdorrt wie ein Kraut und sprießt im nächsten Frühjahr wieder. Das ist der Grundsinn von *renasci.* Er wurde schon von Krinagoras, Livius und Horaz, von Rutilius und Prudentius auf die stets sich erneuernde Lebenskraft Roms angewandt und lieferte das namengebende Denkbild der „Renaissance". Die Aufklärungshistoriker haben wieder seit Gibbon ihre Auffassung vom Fall Roms in Pflanzenvergleichen ausgesprochen. Gibbon (ch. 38, VI 396) demonstrierte an ihnen das Überleben der zivilisatorischen Errungenschaften: *hardy plants survive the tempest.* Dieses Bild hat Böhner (*1951*, 106) ausgemalt. Herder (Ideen II 188), sprach vom „Keim der Verwesung", der Rom zerstörte, Kant (Idee § 9) vom „Keim der Aufklärung", der dennoch erhalten blieb. In der neueren Literatur ist viel vom „Keim des Verfalls" die Rede, der zwar kaum erkennbar ist, weil er klein und im Innern verborgen ist, aber unaufhaltsam die Fäulnis befördert (Liebenam *1900* X; Manitius I *1911*, 3). Für Rostovtzeff (*1925/29* II 230) war der Fall Roms „die Folge des Systems, das der Verfall erzeugt hatte und das den Keim zu weiterem Verfall in sich trug". Solche organischen Metaphern für das Ende Roms verleihen dem historischen Geschehen eine tiefere Notwendigkeit und einen höheren Sinn, indem sie es in das allgemeine Naturgesetz der Vergänglichkeit einordnen. Weil die Absicht und nicht die Erfahrung die Sprache bestimmt, wird sie kritisierbar: Schon Ferguson (*1766/1969*, 349) hat betont, daß Staaten sich mit jeder Generation erneuern und daher kein vorgeschriebenes Lebensalter haben. Dieselbe Kritik erhoben Sorley (*1908*, 324), Lord Balfour (*1908*, 7) und zuletzt Weizsäcker (*1977*, 89). Die Vorstellung ist weiterhin verbreitet.

Mit den Pflanzenbildern verwandt sind die *Jahreszeiten-Metaphern*, die an den spätrömischen „Nachsommer" (Toynbee *1946/50*, 259) oder „Altweibersommer" (Walbank; Wieacker; Meier; Stahl) einen „Winterschlaf" (Engels) oder eine „Brache" (Rodenwaldt) anschließen. William Davis (*1910/33*, 319) verglich das Kaiserreich mit einem Garten im Herbst, die Kaiser-Gärtner konnten den Winter auch nicht verhindern. Die Völkerwanderung wird von Görres 1830 (Ges. Schr. XV 286) und Biese (*1907/16*, 18 f.) als Frühlingssturm besungen.

Einen ähnlichen Rhythmus verdeutlichen die *Tageszeiten-Metaphern*. Seitdem die Humanisten ihre Gegenwart als den Anbruch eines neuen Weltentages gefeiert haben, gewann das vorangegangene „finstere Mittelalter" (Varga *1932*; Mommsen *1942*; Arnold *1981*) den Charakter einer Nacht, das Altertum zuvor den eines Tageslaufes, der sich in der Spätantike zur Neige rüstete. Diese Bildelemente finden wir im Humanismus seit Petrarca (Mommsen *1942*, 234 ff.), in der Aufklärung bei Voltaire (*1756/1835*, 107), Herder und Schiller und später vielemale.[16] Die Vorstellung vom „finsteren Mittelalter" ist keineswegs mit der Romantik erloschen.[17] Wo die Kultur keine Sonne, sondern ein Feuer ist, da verbildlicht der unter der Asche glimmende Funke die Kontinuität über die dunkle Zeit hinweg, so Gelzer (*1958*, 128).

Die Metaphorik des Tageslaufes besitzt eine weiterreichende Bedeutung, da sie zugleich als Medium einer historischen Analogie dient. Man spricht von *Spätzeiten*, die einander ähneln wie ein Abend dem anderen. Insbesondere wird eine Verwandtschaft zwischen dem ausgehenden Römerreich und dem zeitgenössi-

[16] So bei Chateaubriand (*1831* II 255), Sismondi (*1835* II 394), Heine und Burckhardt, bei Engels und Nietzsche, Du Bois-Reymond, Mommsen, Max Weber (*1896/1968*, 25 „lange Nacht") und Lord Balfour.

[17] Wir lesen in der 11. Ausgabe der ›Encyclopaedia Britannica‹ 1911 (XVIII 411 f.): *the dark Age was a reality*, und dieser Ansicht folgten Gini (*1929*, 61: *Dark Ages*), Landry (*1936*, 20: *une nuit intellectuelle*), Alföldi (*1938*, 14: *les sombres siècles du haut Moyen Age*), Ortega y Gasset (*1955*, 114: „tiefste Dämmerung"), Dannenbauer (II *1962*, 73 eine „Nacht ohne Sterne"). 1968 (10 ff.) hat Franz Maier die „Legende der Dark Ages" ein wenig aufgehellt, doch beginnt die Verdunkelung wieder mit Ribeiro (*1971*, 87 „dunkles Zeitalter"), während Heuß (*1963*, 21) und Pelikan (*1977/78*, 263) ein „Dämmern", Schieffer (*1976*, 33) ein „Halbdunkel" konstatierten.

schen Europa gesehen. Entsprechend dem Bewußtseinskontinuum eines Tageslaufes findet man dessen Teile in der antiken wie in der europäischen Geschichte wieder, wobei freilich Mittelalter und Neuzeit als einziger Tageslauf erscheinen, weil auf das „Spätmittelalter" keine Nacht, auf den „Herbst des Mittelalters" kein Winter folgt. Huizinga wurde sich in der Vorrede zur ersten Auflage seines gleichnamigen Buches von 1923 nachträglich „der Gefahr bewußt, die darin liegen kann, historische Abschnitte mit Jahreszeiten zu vergleichen". Sie besteht in der Übertragung der Zwangsläufigkeit vom Jahres- und Tageslauf auf die historische Entwicklung und verdient daher dieselbe Kritik wie die Lebensmetaphern.

Winter und Nacht sind regelmäßige Naturerscheinungen, unregelmäßig dagegen treten *Sturm und Hochwasser* auf, mit denen die Völkerwanderung verglichen worden ist. Wie schon im Altertum wird wieder seit der Aufklärung die als unbezwinglich und unberechenbar empfundene Gewalt der Wandervölker in derartige Bilder gekleidet. *(Les) vices minèrent les digues du torrent, que rien ne put ensuite arrêter,* heißt es bei Sismondi (*1835* II 423), und in ähnlicher Weise haben A. v. Humboldt, Schopenhauer und Marx die Germanen als naturgesetzlich wirkende Partikel behandelt.

Mit den Flutmetaphern ist das Bild vom Strom der Geschichte verwandt. „Man kann sagen", so Ranke (*1854/1917,* 21 f.), „daß alle alte Geschichte in die römische sich hinein ergießt, gleichsam in einem Strom, der in einen See mündet, und daß die ganze neuere Geschichte wieder von der römischen ausgeht". Dieser Eindruck eines stagnierenden Gewässers ist für die Kaiserzeit von Mommsen formuliert worden: er fand dort nur „einen Sumpf, keinen Fluß" (Wucher *1968,* 131). Engels sprach von der „Versumpfung einer untergehenden Zivilisation" (MEW 21, 149 f.).

In den Bereich der Schiffahrt gehört die gewöhnliche Assoziation zum Begriff *Untergang.* Schiffbruch ist ein im Altertum beliebtes Bild für das „Scheitern" eines Staatswesens (Cic. Pis. 9), da der Staat vielfach mit einem Schiff verglichen wurde (Quaritsch *1979*). Cyprian (De mortalitate 25) sah die Welt als sinkendes Schiff; Claudian (VIII 62) lobte Theodosius, das *naufragium commune* abgewehrt zu haben, Hieronymus (ep. 123, 15) hielt es jedoch bereits für eingetreten: *fracta nave de mercibus disputo* schrieb er und wandte damit ein Sprichwort aus der Kaufmannssprache auf Rom an. Das Wort vom „Schiffbruch des Staates" taucht wieder auf in der ›Historia Augusta‹ (vita Cari 2), bei Sidonius (ep. VIII 2, 1) und bei Prosper von Aquitanien (Chron. min. I 309; 311), erst für das bevorstehende, dann für das zurückliegende Scheitern des Staates. In origineller Weise kam Johannes Lydos (de mag. III 44,1) vom Untergang der 468 gegen die Vandalen entsandten Flotte auf den „Untergang" der Politeia danach.

Auch in der Folgezeit blieb der „Untergang" eine Lieblingsmetapher für das Schicksal Roms. Cola di Rienzo schmückte den Kapitolspalast mit einem Bilde, das Rom als zur Hälfte gesunkenes Schiff über den Wracks von Babylon, Troja, Karthago und Jerusalem darstellte (Piur *1931,* 32 f.). In der humanistischen Literatur wird diese Untergangsmetapher gebraucht bei Flacius Illyricus (*1562,* 1524), in der Aufklärung bei Ferguson (*1783/1805*, 419), unter den neueren Autoren dann von Chateaubriand (*1831* I Vw) bis Quigley (*1961*, 210), doch verhöhnte Spengler Leute, die „den Untergang der Antike" mit dem Untergang eines Ozeandampfers verwechseln (*1921/38*, 63). Der Einschnitt, den die Untergangsmetapher in die Entwicklung bringt, wurde ausgefüllt durch Caspar Peucer (*1563*, Vw): die aus dem Schiffbruch des Imperium Romanum geretteten Planken habe Karl d.Gr. zu einem neuen Reich zusammengebaut.

Die Metaphorik der Landreise verstand den Weg vom Altertum ins Mittelalter als den Eintritt in eine *Wüste*, so Bacon, Schiller und Goethe. Delisle (AG. XI *1790* p. VI) sprach von einer „öden Heide" des Mittelalters. Friedrich Engels und Herman Aubin erklärten die Entwicklung der antiken Kultur zur „Sackgasse", aus der nur die Germanen den Durchbruch bringen konnten. Bei Frazer (*1906/55*, 301) ist von einem *long halt in the march of civilization* die Rede. Dopsch (*1923*, VIII) verbildlichte das Weghindernis mit einem Berge, durch welchen der Althistoriker den Stollen katachronisch, der Mediävist anachronisch treibe. Das Bild stammt von Mommsen (Ges. Schr. III *1907*, 177 f.). Er bemerkte 1893, „daß die dunkle Scheidezeit zwischen Altertum und Neuzeit von beiden Seiten zu beleuchten ist und daß die Wissenschaft davor steht wie die Ingenieure vor dem Tunnelbau: man setzt an beiden Seiten an und nimmt sich beiderseitig vor, Unzulänglichkeiten einander zu verzeihen und etwanigen Begegnens sich zu erfreuen."

Häufig ist das Bild des *Abgrundes*, (*chasm* bei Ferguson *1783/1805*, 419), der zwischen der antiken und der neueren europäischen Kultur liege und dann von einzelnen Traditionsträgern „überbrückt" wurde. Solche Brücken bilden die völkerwanderungszeitlichen Germanenstaaten (Stroheker *1965*, 131 ff.), das „rhetorisch-literarische Bildungsideal" (Schieffer *1976*, 33; 56) oder natürlich das Christentum: *religion alone made a bridge across the chaos and has linked the two periods of ancient and modern civilization* (Hallam *1820/57*, 461; Rückert *1857* II 3). Der Weg in den Abgrund erfolgte auf abschüssiger Bahn, deren Anfangspunkt die umstrittene Wende zum Schlechteren darstellt. Nach antikem Vorbild wurde dieser Gedanke durch die *declinatio* oder *inclinatio* der Humanisten, dann durch die *décadence* der Aufklärer zum Ausdruck gebracht (Starn *1975*). Der Wechsel von Auf und Nieder hat der Kulturzyklik (III 5!) das Modell ihrer Geschichtsauffassung geliefert.

Anders als in den Naturmetaphern, die den Menschen nur als Objekt des Geschehens betrachten, erscheint er in den Bewegungsbildern als Handelnder. Als historisches Subjekt wird er in den Metaphern aus der *Technik* gewürdigt. Unter ihnen ist der Vergleich zwischen dem Fall Roms und dem Zusammenbruch eines Gebäudes von Bedeutung. Auch dieses Analogon ist in der römischen Literatur verbreitet gewesen, es steht hinter dem Begriff *ruina*. Cyprian (De mortalitate 25) betrachtete die Welt als einen einstürzenden Bau, Claudian (XXVI 571 f.) spricht von der *moles labantis imperii*, Sidonius (carm. VII 52 ff.) legt Roma die Klage in den Mund, kleine Bauten hätten kein so schweres Dach zu tragen und seien durch Blitze weniger bedroht als das riesige Imperium. Herder, Gibbon und Sismondi (*1835* I 249) nahmen das auf: das Imperium brach unter der Last seines eigenen Gewichtes, und aus seinen Trümmern erbauten die Germanen die mittelalterliche Welt. Aubin verteidigte die Germanen gegen den Vorwurf, das antike Kulturgebäude zum Einsturz gebracht zu haben (*1944/49*, 150) und erblickte ihre Leistung vielmehr darin, daß sie „überhaupt erst den Boden für einen Wiederaufbau bereiteten, und sei es auch nichts anderes, als daß sie das Ruinenfeld einebneten“ (171). Varianten dieses Bildes liefern Lebeau (*1757* I S. I f.), bei dem die Barbaren den Palast als Steinbruch benutzen, Pirenne und Hollister (*1966*, 179), welche den alten Palazzo des Imperiums aufteilen lassen. Dahinter mögen archäologische Reminiszenzen stehen, denn derartige Fälle gibt es. Am eindrucksvollsten sind wohl die Lehmhütten der Gepiden im zerstörten Palast von Sirmium, dessen Mosaikfußböden die Eroberer durchstoßen haben, um ihre Toten zu bestatten (Popović *1979/82*). Kornemann (*1940*, 29) brauchte die Metapher, daß Diocletian den wankenden Staatsbau noch einmal mit eisernen Klammern zusammengehalten habe. Die Erfolglosigkeit derartiger Maßnahmen erklärte Greene (*1933*, 263) mit der Bemerkung, ein großes Staatswesen lasse sich nicht, wenn es zu wanken beginne, nachträglich auf neue Grundlagen setzen.

Gewöhnlich wird wie an der Lebensaltermetaphorik so an der Gebäudemetaphorik die Frage nach dem Verhältnis zwischen inneren und äußeren Verfallsgründen erörtert. Der Todesursache dort entspricht die Schuld am Einsturz hier. Man fragt sich, ob der Zusammenbruch auf die mangelhafte Statik oder auf äußeren Druck zurückzuführen sei. Rein physikalisch ist die Alternative sinnlos, denn ein Zusammenbruch erfolgt nicht, weil die innere Struktur „ziemlich schwach“ oder weil die äußere Belastung „außerordentlich stark“ ist, sondern entspringt einfach der Differenz zwischen innerer und äußerer Kraft, gleichgültig, wie deren absolute Größen aussehen. Das Imperium kann ungemein stark gewesen sein, wenn die Germanen noch ein wenig stärker waren; die Germanen können durchaus schwach gewesen sein, wenn das Reich noch schwächer war. Nur unter moralischem Aspekt hat die Frage Sinn, wenn wir nämlich überlegen, ob die Konstrukteure schuldhaft Stützmaßnahmen gegen vorhersehbare Bedrohungen unterlassen haben. Dazu müßten wir aber wissen, was man in Rom sah und was man vermochte. Kromayer, Kornemann und Huizinga, die den Staatsarchitekten die Schuld zuschoben, wußten das offenbar. Im Gegensatz zur organischen Metaphorik unterstellt der Architekturvergleich, daß ein Staatsbau grundsätzlich ewig bestehen könne, sofern er auf solidem Untergrund errichtet ist und stets den erforderlichen Reformen unterzogen wird. Welche dies aber seien, darüber gehen die Ansichten auseinander.

Neben dem „Staatsgebäude“ spielt dann noch die *Staatsmaschine* eine gewisse Rolle; das ist insofern aufschlußreich, als darin eine zusätzliche, historische Analogie zur maschinenbeherrschten Gegenwart angedeutet wird. Herder, Schiller, Sismondi (*1835* I 251) und Engels benutzten das Bild im umgekehrten Ursinn, indem die Menschen nicht als Nutznießer, sondern als Opfer der Maschine erscheinen und darum Verständnis dafür verdienen, wenn sie diese zerschlagen.

Die Schuld am Untergang betont wie die technische Metaphorik so das Bild vom *Bankrott* des römischen Staates bei Thomson 1731 (III 484 ff.), Rückert (*1857* II 14 f.), Paterson (*1907*, 332), Westermann (*1915/70*, 110), Greene (*1933*, 274) und Boak (*1950*, 292), die damit die politische Mißwirtschaft kennzeichnen wollten.

Aus dem Bereich des *Theaterwesens* stammt schließlich die Rede von der „großartigsten Welttragödie der römischen Geschichte" bei Lasaulx (*1860/1925*, 217). Sie geht zurück auf Jordanes (Rom. 388), der den Niedergang des Imperiums bereits als einer Tragödie würdig bezeichnet hatte. Gildas (PL. 69, 340) nannte das Ende des römischen Britannien eine Tragödie. Mommsen (*1886*, 227) sprach vom „großen Drama der Auflösung des römischen Reiches", Nilsson (*1926* p. V) von *the greatest tragedy in the history of the world*, ähnliches lesen wir bei Hodgkin, Dill, M. Weber (*1896/1968*, 25), Meinecke, Toynbee, Alföldy (*1975/79*, 193) und anderen. Diese Metapher verleiht dem Fall Roms eine theatralische Würde, sie bezeugt das Mitgefühl des Betrachters und seine Bereitschaft zur inneren Reinigung im Angesicht des Dichters, Gottes. Ein Autor, der letzteren aus dem Spiele ließ, wie Pelikan (*1977/78*, 251), zog den Abschluß einer „Komödie" im Jahre 476 vor. Die Spätantike sei „Epilog des Altertums und Prolog des Mittelalters" zugleich. Dürrenmatt hat das Ende des Imperiums als Komödie auf die Bühne gebracht.

Neben der begrifflichen und der metaphorischen Erfassung des Falles Roms ist dessen Wesen durch *Analogien* zu bestimmen versucht worden. Als Scipio vor den Ruinen Karthagos das Ende Roms vorausahnte, zitierte er das Wort Hektors, das Troja den Untergang prophezeite: einst wird kommen der Tag, da die heilige Ilios hinsinkt (Il. VI 448). Scipio habe dabei an den Sturz der Assyrer, Meder, Perser und Makedonen gedacht (Polyb. 38, 22). Rom wird damit nebst Karthago und Troja dem Schema der Weltreichsfolge eingefügt, das seit Aemilius Sura (Vell. I 6,6) im Westen bekannt ist. Der Vergleich zwischen Rom und den übrigen antiken Weltreichen hat in der Tradition der Daniel-Auslegung das christliche Verständnis des römischen Reiches geprägt, wobei unter dem Eindruck der Offenbarung Johannis (14, 8 u. a.) und des ersten Petrus-Briefes (5,13) insbesondere die Analogie zwischen Rom und Babylon geschätzt wurde, etwa bei Victorinus von Pettau. Hieronymus verglich Roms drohenden Untergang wieder mit dem Schicksal von Troja (II. 1. b!).

In der Neuzeit erweitert sich die Zahl der Analogien, einerseits durch die verlängerte Reihe an verfügbaren Beispielen (Le Roy *1575/84*, 168 ff.), andererseits durch die vermehrten Beweisabsichten. Sie gelten sowohl der Erfassung des durch Roms Spätstadium verkörperten Staatstypus als auch der Erkenntnis von Macht- und Periodenwechseln. Strukturale und prozessuale Analogie hängen zwar insofern zusammen, als das zentrale Wesensmerkmal des Systems als entscheidende Ursache für dessen Auflösung betrachtet zu werden pflegt, doch lassen sich, je nach vorwaltendem Erkenntnisziel die beiden Parallelisierungen unterscheiden.[18]

Wo der Vergleichsgegenstand ein gegenwärtig bestehendes System ist, da ist das Motiv des Vergleichs vielfach politischer Natur. Angesichts des normalerweise bedauerten Zerfalls des Imperiums werden die daran Schuldigen auch im gegenwärtigen Vergleichsobjekt wiedergefunden und zugleich mit der Verantwortung für die dem Fall vorausgehenden Sünden beladen. Seht nur, was die Ketzer, die Juden, die Kapitalisten, der Pöbel, die Bürokraten (oder wen man just treffen will) in Rom angerichtet haben! So machen sie es immer.

Josif Sanin von Volokolamsk führte 1504 den Untergang Roms auf die Ketzerei der Kaiser zurück und nannte als Parallelbeispiel das *armenische* und das *äthiopische Reich* (Lettenbauer *1961*, 44). Das Motiv des Vergleichs war die Sorge um die Zukunft des eigenen religiösen und politischen Systems, das *tertium comparationis* „Ketzerei" ergab sich aus dem angenommenen Zusammenhang zwischen religiöser Schuld und politischer Strafe. Spätere Analogien sind zwar überwiegend auf politische und soziale Vergleichspunkte eingeengt, doch vielfach durch ähnliche Besorgnisse getragen.

Politische Entsprechungen stehen hinter der Analogie zum *osmanischen Reich,* die nach Paruta (*1599/1827*, 226) wieder von Harrington *(1656),* Jonathan Swift (*1715*, V 476), Krause (*1789*), Schlosser *(1844),* Seeley *(1870)* und Robertson (*1912*) gezogen wurde. Bereits die spätantiken Autoren haben Diocletian die Einführung persischer Hofsitten vorgeworfen (II. 5. c!), und seit Petrus Erasmus Muller (*1798*, 161) wird die damals vollzogene Orientalisierung des Reiches in der Literatur betont. Hartmann (*1903/10*, 36 f.) sprach vom „orientalischen Sultanat" Diocletians. Insofern stützt sich die Analogie zum Osmanenreich zusätzlich auf eine Tradition: beides waren „orientalische" Reiche mit den dafür charakteristisch erachteten Fehlern: einer übersteigerten Distanz zwischen Herrscher und Volk, einer allgemeinen Lethargie in Unfreiheit und der sprichwörtlichen *Turkish helplessness* (Mac Mullen *1976*, 203 f.). William Davis (*1910/33*, 316) fand hingegen eine *strange similitude to China in the helpless passiveness of the masses of their population.* Dies hatte er vermutlich von Macaulay (*1828/60*, 416).

Frei von polemischen Akzenten ist der breit ausgeführte Vergleich, den Francis Palgrave (Works V 6 f.) 1831 zwischen dem römischen Imperium und dem *russischen Zarenreich* gezogen hat. Der Autor unterstrich die Verbindung von Autokratie und Selbstverwaltung in beiden Systemen, sowie das Nebeneinander zahlreicher Völker auf unterschiedlichen Kulturstufen, beherrscht von einer ethnischen Minderheit, den Römern, bezw. Russen, und von diesen oberflächlich romanisiert bezw. russifiziert. Die Analogie im politischen Sendungsbewußtsein ließ Palgrave sich entgehen. Dagegen stellte er Überlegungen zum Ende an; er meinte, daß der Zarenstaat ebenso in seine Bestandteile zerfalle wie das römische

[18] Die Analogien zwischen der Spätantike und der jeweiligen Gegenwart sind im Zusammenhang mit dem Interesse am Fall Roms behandelt (IV 1!).

Reich, die zivilisatorische Wirkung jedoch erhalten bliebe. Überschwemmten einst die Mongolen Rußland, so übernähmen sie die dortige Kultur, wie die Germanen das in der Völkerwanderung getan haben.

Im Unterschied zur Außenperspektive der genannten Analogien erfolgten die zum *spanischen Imperium* aus der Innensicht. Im 17. und 18. Jahrhundert ist in der spanischen Historiographie die Parallele zur Dekadenz Roms verbreitet gewesen, wobei anfangs die Übertragung römischer Erscheinungen auf die spanische Geschichte, später das umgekehrte vorzuherrschen scheint (Burke *1976*, 147 f.).

Beide Blickweisen finden sich im Vergleich zwischen dem Imperium Romanum und dem *British Empire.* Obschon der Begriff „Empire" selbst seine römische Herkunft nicht verleugnet, dominierte im britischen Selbstverständnis die germanische Tradition. 1771 schrieb die ›Encyclopedia Britannica‹ s. v. „Government": nachdem die Germanen das Imperium Romanum zerstört hätten, sei von ihnen allenthalben eine exzellente Mischverfassung von Königtum, Adel und Volk errichtet worden. Später hätten die Monarchen wieder die Alleinherrschaft usurpiert, mit einer Ausnahme: *we in great Britain have still happily preserved this noble and ancient Gothic constitution* (II 726 f.). Dieses damals verbreitete Urteil akzeptierte auch John Adams, als er den Begriff eines „British Empire" bestritt: *it was introduced in allusion to the Roman Empire and intended to insinuate, that the prerogative of the imperial crown of England was like that of the Roman emperor* (*1774*, IV 37 f.). Bereits 1755 hatte Adams einmal die Ablösung der römischen durch die germanische Macht mit dem Abstieg Englands und dem Aufstieg Amerikas verglichen (I 23).

Die Analogie zwischen Britannien und Rom diente polemischen wie apologetischen Zwecken. Die von Montagu (*1759/78*, 377 ff.) durchgeführte Analogie zwischen der römischen und der britischen Verfassung suchte praktische Lehren zu ziehen. Montagu warnte namentlich vor der Vernachlässigung militärischer Interessen zugunsten bloßer Geschäftemacherei. Die Wirkungen der Kolonien aufs Mutterland wurden im Hinblick auf die römischen Erfahrungen auch für England als schädlich erachtet: Harrington (*1656/1771*, 427) tadelte die Bereicherungssucht, Krause (*1789*, 70; 125) spielte auf den Sklavenhandel mit Guinea an, Schlözer (*1789/92*, 9 f.) auf die Importe von Luxuswaren aus Indien. 1779, drei Jahre nach der amerikanischen Unabhängigkeitserklärung, zog Gibbon die Parallele zwischen dem zerfallenden britischen und dem zerfallenen römischen Reich (Momigliano *1978*, 11).

Im 19. Jahrhundert wurde Rom in England als Vorbild empfunden, etwa bei Congreve und Rhodes, aber auch leidenschaftlich abgelehnt, so in der phantastischen Parodie von Sheppard (*1861*, 104 ff.), der beschrieb, wie es in England aussähe, wenn hier Verhältnisse des kaiserzeitlichen Rom entstünden. In der Zeit danach sind die Motive für den Vergleich einesteils Sorge, es könne mit diesem Reich ebenso und aus denselben Gründen zu Ende gehen wie mit Rom, so Hodgkin *(1898)*, Domaszewski *(1900)*, Sorel (*1901/25*, 248 ff.) und Robertson *(1912)* und anderenteils Stolz, daß eine Wiederholung des Falles nicht bevorstehe, weil man aus den Fehlern Roms gelernt habe, so Lord Cromer vier Jahre vor 1914. Dabei verließ man sich auf unterschiedliche Trostgründe: auf die Technik, die Abschaffung der Sklaverei, das englische Rechtsgefühl und anderes.

Von deutscher Seite wurden Vergleiche zwischen beiden Imperien überwiegend in der Zeit der Weltkriege gezogen. Voller Respekt nannte Walther Rathenau in einem Brief an Stefan Zweig vom 22. VII. 1909 die Engländer in Indien die „Römer unserer Zeit"; überwiegend dienten solche Vergleiche indes der englandfeindlichen Propaganda, so bei Wilcken 1915 und Eduard Schwartz 1916. Die englische Publizistik kehrte den Spieß um und betrachtete das wilhelminische Deutschland als das neue Römerreich (Meinecke 25. IX. 1914 an Dove), dem nach seiner Expansion der Untergang gewiß wäre. Die englisch-römischen Parallelen von Hatschek (1921), Darré (*1928/35,* 97; 324), Geffcken *(1929),* und Taeger *(1940)* sind zurückhaltender, aber gleichgerichtet. Altheim hat dann 1959/60 den Zusammenhang mit dem Lebensrecht der Kolonialvölker hergestellt.

Ebenfalls im 18. Jahrhundert beginnen die Analogien zwischen dem römischen Reich und den *Vereinigten Staaten von Amerika.* Deren politisches Selbstbewußtsein stützte sich auf die Bibel, auf die germanische Abstammung und auf das antike Vorbild. Das ließe sich an den drei Interpretationen des Mayflower-Unternehmens exemplifizieren, das bald als erneuter Auszug der Kinder Israel ins gelobte Land (Brumm *1963,* 40 ff.), bald als Fortsetzung der germanischen Völkerwanderung (Kliger *1952,* 106 ff.), bald als Wiederholung der Flucht des Aeneas vor Dido (Mather) verstanden wurde. Je nachdem erschienen die USA als neues Israel, neue Gothia oder neues Rom. Ähnlich wie im gleichzeitigen Frankreich galt die klassische römische Republik als Musterstaat, dem die Gesellschaft der *Cincinnati* um George Washington, die Namen *Capitol* oder *Senat* und der amerikanische Klassizismus huldigten. *We are the Romans of the modern world, the great assimilating people,* heißt es 1858 bei Oliver Wendell Holmes (Urzidil *1964,* 91).

Gegenüber dem Niedergang Roms zeichnen sich in den USA zwei Haltungen ab. Einerseits findet sich der Stolz darauf, daß die amerikanische Verfassung die Lehre aus den untergegangenen Staaten gezogen hätte und darum, anders als England, dem römischen Schicksal entgehen werde (W. Adams *1973,* 34; 227; 234). Andererseits wird aber auch immer wieder die Befürchtung laut, daß Amerika denselben Weg nehmen könne. 1778 hatte Diderot den Amerikanern ein romgleiches Ende vorausgesagt, allenfalls um einige Jahrhunderte verzögert (Momigliano *1978,* 12), und solche Befürchtungen werden auch drüben spürbar, so bei Jefferson (Urzidil *1964,* 17). Als analoge Übel nannte Mommsen (RG. III 532 f.) Kapitalismus und Sklaverei, diese „Drachensaat" werde in Amerika wie einst in Rom aufgehen. Le Bon (*1894/1902,* 122 f.) verwies auf die Einwanderung minderwertiger Subjekte: *la destinée des États-Unis sera probablement alors celle d'Empire romain.* Eine erste Überfremdung würde wohl zurückgeschlagen, so wie Marius die Kimbern abwehren konnte, allmählich aber gewännen die Einwanderer die Oberhand, und der Staat bräche auseinander. 1914 führe Ferrero diesen Vergleich aus in seinem Buch ›Ancient Rome and Modern America‹. Darin wird den Amerikanern der römische Spiegel vorgehalten, namentlich das Unwesen der Großstädte. Wenn deren soziale Auswirkungen nicht gebändigt würden, stünde ein abermaliger Kulturtod bevor. Auch in Amerika selbst wurde diese Analogie weitergeführt. Der Harvard-Historiker Greene (*1933*, 517 ff.) parallelisierte *Home Rule America* mit Rom: *Imperial Rome ... provides the classic instance of the cult of prosperity.* Die Folge sei in beiden Fällen eine Verweichlichung, die für benachbarte Barbaren verlockend wäre. 1939 führte der Herausgeber des ›Kansas City Star‹ Haskell die Parallele unter dem sozial-politischen Aspekt des *New Deal* durch und zog die Lehre, Amerika müsse Roms Weg vermeiden. Ob dies gelänge, haben Henry Kissinger und Richard Nixon zeitweilig bezweifelt (III. 5. b!)

Zwiegesichtig ist ebenso die Analogie zwischen dem kaiserzeitlichen Rom und dem *französischen Cäsarismus* der Napoleone. Während diese selbst die Analogie zur glänzenderen Frühzeit des römischen Kaiserreiches bevorzugten, haben ihre Gegner die Spätphase herangezogen, um einen ebensolch kläglichen Ausgang auch dem modernen Abklatsch der *Gloria Romanorum* voraussagen zu können. Das einfachste war, so wie es Napoleon III. im Vorwort seiner ›Histoire de Jules César‹ (I *1865*) gemacht hat, die progressiv-providentielle Rolle der großen Lichtbringer hervorzukehren, Caesar, Karl d. Gr. und Napoleon als die Beglücker ihrer Völker vorzuführen und die Gründe für das Scheitern den Gegnern und Nachfolgern als Schuld anzukreiden. Die Erinnerung an die *liberté*, die Rom groß gemacht, und deren Verlust Rom wieder hinabgestürzt hätte, wird entschärft, indem dies aus der Servilität des Volkes verstanden wird, woran die großen Führer natürlich unschuldig sind. Napoleon III. blieb mit seiner Analogie nicht ohne Echo. Littré erklärte, der Cäsarismus seines Herrn lasse sein römisches Vorbild weit hinter sich, während umgekehrt Mommsen (RG. III 478) wie Marx (MEW 16, 359) den ganzen neueren Cäsarismus für einen Etikettenschwindel hielt. Die jüngste Gleichschaltung zwischen Dominat und Bonapartismus stammt von V. I. Kuzischtschin *(1974)* und beruft sich auf Lenins Bonapartismus-Theorie (s. u. S. 325).

Der Vergleich zwischen dem römischen Kaisertum und den *faschistischen Systemen* hat in Form und Absicht Wandlungen erlebt. Mussolini hat seine Idee vom *stato totalitario* in der Maske des imperialen Rom präsentiert. Jäntere (*1936*, 99 f.) nahm diese Analogie auf, meinte aber, daß sie für die Spätantike nicht mehr zuträfe, weil seitdem die Kirche jedem staatlichen Totalitätsanspruch Grenzen ziehe, „auch heutzutage". Wer die theodosianische Kirche als Teil des Systems betrachtet, könnte freilich gerade in der Religionspolitik Totalitätskriterien finden. 1939 warnte der von seiner Europareise zurückgekehrte Haskell die Cäsaren Europas davor, die in ihren totalitären Staaten angelegten Fehler der diocletianisch-constantinischen Autokratie zu wiederholen, insbesondere verwies er auf die *final catastrophe of war* (232). Der Zweite Weltkrieg wird *avant la lett-*

re als neue Völkerwanderung betrachtet. Dies tat 1944 auch Walbank (76 ff.), er ironisierte Mussolinis Romfimmel mit dem Hinweis auf den Fall.

Für den deutschen *Nationalsozialismus* kam ein Anschluß an das imperiale Rom insofern nicht in Frage, als dessen Völkervielfalt mit dem Rassengedanken unvereinbar war. Dennoch hat Hitler sich, wie vor ihm Napoleon (Piur *1931*, VII), durch Cola di Rienzo inspirieren lassen und in seiner Baupolitik kaiserzeitliche Vorbilder kopiert (Speer *1975*, 136; 166). Nach 1945 wurde der Vergleich zwischen dem Dritten Reich und dem Imperium Romanum dann gezogen durch Kurt v. Fritz *(1948)* unter dem gemeinsamen Nenner des Totalitarismus, und durch Gerold Walser (*1960*) unter dem des Militarismus.

Wie das italienische und das deutsche Reich haben sich zuvor auch das britische, französische und osmanische Reich in mancher Hinsicht in die römische Tradition gestellt, so daß diese Analogien gewisse genetische Anhaltspunkte besaßen. Solche fehlen indessen bei den im folgenden betrachteten Vergleichen.

In der marxistischen Literatur ist die Analogie zwischen der Sklavenhalterformation und dem *Kapitalismus* üblich. Die letzterem angelasteten Mißstände entdeckte man bereits im späten Imperium: verschärften Klassenkampf, gesteigerte Ausbeutung, expropriierte Arbeiterklasse und ähnliches. Dementsprechend konnte man den Zusammenbruch der römischen Welt dem Kapitalismus als Menetekel vorhalten, so Salvioli und Kautsky (*1906/12* p. X s; 269 ff.), Stalin (*1934/51*, 524), Kuczynski (*1949*), Parain (*1953*), Schrot (*1958/59*) und Oliva (*1960*, 312). In ihrem Aufsatz über Lenin schrieb Frau Schtajerman (*1971*, 34), der mächtige Staat des Dominats sei „dem Staat der Epoche des monopolistischen Staatskapitalismus vergleichbar", wandte sich freilich zugleich gegen die verfälschende Modernisierung der Spätantike seitens der Westforschung. Das Verdikt gegen die Modernisierung gilt immer nur der *falschen* Modernisierung.

Von der bürgerlichen Literatur wurde die Entsprechung umgekehrt: das spätrömische Imperium wurde als sozialistisch hingestellt. Hodgkin verstand 1898 die staatliche Kornversorgung der Stadtbevölkerung als Beweis für einen *crowned socialism*, bestehend aus dem Bunde zwischen dem Autokraten und den Massen. Balfour (*1908*, 31) fand im spätrömischen System ein *crude experiment in socialism*. Auftrieb erhielt diese Parallelisierung mit der Russischen Revolution. Seitdem stellen die Sowjets ein modernes Analogon zur Verfügung, das nach Belieben auf antike Schreckmächte angewendet wurde. So wie Newman 1871 die Proletarier von Paris mit den kulturzerstörenden Germanen verglichen hatte, illustrierte Delbrück 1918 den *furor teutonicus* an den Maßnahmen der Bolschewiken. Umgekehrt benutzten deren Exempel Kornemann *(1922)*, Kahrstedt *(1924)*, Rostovtzeff *(1925)* und Oertel *(1939)* unter dem Aspekt der Allmacht eines zentralistischen Staates, der Reglementierung aller Lebensbereiche und der intoleranten Staatsideologie: so etwas gab es im Sowjetstaat wie im Dominat. Constantin geriet in die Nähe zu Lenin. Der Begriff „Staatssozialismus", seit Pfaff 1897 (Liebenam *1900*, 524) in unserem Zusammenhang üblich und von Ruhland (*1903/41*, 396) ausdrücklich gerechtfertigt, wurde von Dopsch auf das germanische Wirtschaftssystem der Zeit Caesars, von Kornemann (*1940*, 29) auf den Staat Diocletians angewandt, der bei Oertel (*1939*, 256) auf derselben Seite als „Staatssozialismus" und als „Staatskapitalismus" firmiert. Die Analogie zwischen Spätrom und Sowjetsystem lebte im Kalten Krieg wieder auf, so bei Gigli 1947.

Alle genannten Parallelen beruhen darauf, daß die in irgendeinem Punkte bestehende Gemeinsamkeit dazu benutzt wird, andere unausgesprochen hereinzumogeln. Angesichts der technisch zivilisatorischen Unterschiede zwischen den neuzeitlichen Vergleichsstaaten und dem römischen Imperium schrumpft mit den Konnotationen der Erkenntnisgewinn zusammen. Mit größerem Recht lassen sich die Systemwechsel der vorindustriellen Zeit untereinander vergleichen. Aubin (*1944/49*, 164) zog das Schicksal der Mayas und Inkas, der Kambodscha- und Gobi-Kultur als Illustration dafür heran, was aus Rom geworden wäre, wenn nicht die Germanen als jugendfrische Erneuerer erschienen wären. Zur Erklärung des Niedergangs trägt das allerdings nichts bei, weil jeweils Eroberer aufgetreten sind, die das beim Römersturz zu lösende Problem auch dort aufwerfen.

Einen systematischen Vergleich unter dem Gesichtspunkt des Zerfalls lieferte Samuel Eisenstadt, ›Les causes de la désintégration et de la chute des empires‹ *(1961)*. Er ordnete das Imperium Romanum dem Typus der bürokratisch-zentralistischen Reiche zu und stellte es neben das altägyptische, babylonische, chinesische, persische, arabische und türkische Reich, auch das spanische und englische Kolonialreich gehören nach Eisenstadts Ansicht hierher. Alle diese Staaten hätten an einem wachsenden Antagonismus unter den sie tragenden Kräften gelitten (105 f.). Namentlich die Bürokratie erscheint als Belastungsfaktor, weil sie für den Zusammenhalt unentbehrlich sei und diese Stellung im eigenen Interesse zu mißbrauchen pflege. Neben diesem generellen Schwächemoment zieht Eisenstadt indessen auch akzidentielle, äußere Bedrohungen in Betracht. Im Falle Roms werden darunter Christen und Germanen gerechnet. Der Autor scheint darin Gibbon verpflichtet (110).

Die genannten Systemparallelen lassen jeweils die Position des spätrömischen Reiches am Ende einer welthistorischen Phase außer Betracht. Sie wird in den folgenden *Prozeßparallelen* berücksichtigt. Mit der Einführung des Schemas Altertum-Mittelalter-Neuzeit wurde wie den drei Perioden selbst so auch den beiden Übergängen zwischen ihnen eine gewisse Gleichwertigkeit unterstellt und eine Analogie zwischen dem ersten und jedem der beiden folgenden Phasenwechseln behauptet.

Der Vergleich zwischen der *Reformation* und der Völkerwanderung beruht auf dem Gedanken, daß beidemale germanische Völker die Welt von römischer Tyrannei befreit hätten: das erstemal von den Kaisern, das zweitemal von den

Päpsten. Diese Analogie steht hinter dem gleichzeitigen Toast auf Hermann den Cherusker und Martin Luther beim Göttinger Hainbundfest 1773 und kehrt im protestantischen Bereich mehrfach wieder, sowohl in der englischen Literatur (Kliger *1952*, 34) als auch in der deutschen (E. M. Arndt, II. 4. c!).

Innerhalb der sozialökonomischen Erklärungen für das Ende Roms liegt der Vergleich zwischen den Circumcellionen- und Bagaudenunruhen und dem Bauernkrieg nahe. Julius Jung (HZ 42, *1879*, 57 ff.) bezeichnete die „agrarisch-socialistischen Erhebungen" der Spätantike in ihrer theologisch-ökonomischen Doppelnatur geradezu als eine Art „Bundschuh". Diese nationalen und sozialen Vergleichspunkte wären aber überschätzt, wenn sie eine wesentliche Gleichartigkeit der beiden durch Spätantike und Spätmittelalter eingeleiteten Epochen erweisen sollten. Daß im zweiten Falle eine erheblich stärkere Kontinuität vorliegt, ist bereits von Spangenberg (*1922*, 48 f.) herausgestellt worden, aber dieses Faktum tritt deswegen kaum ins Bewußtsein, weil es keinen Terminus gibt, der die mittelalterliche und neuzeitliche Geschichte Europas umklammert. Es gibt – abgesehen von Fichtes Prägung „Neueuropa" – keinen positiven Begriff für die europäische Nachantike. „Abendland", „Okzident" und „Europa" schließen Antike und Christentum ein, es sei denn, daß Antike „und" Abendland durch die trennende Kopula „und" einander gegenübergestellt werden, so wie diese wiederum Antike „und" Christentum in ein schiefes Pärchen verwandelt. Auch Spengler, der die Völkerwanderung als eine Art Reformation innerhalb der „magischen Kultur" ansprach, deckt mit seiner „faustischen" Kultur das Manko nicht ab, denn er schließt das frühe Mittelalter aus; und dieses steht genauso dem Begriff „Alteuropa" entgegen, den Gerhard (*1961*, 25) für die Zeit vom 11. bis 18. Jh. vorschlägt. Müßten wir die vorangehende Periode dann nicht „Uralteuropa" nennen?

Mit der *Französischen Revolution* ist der Sturz Roms in Zusammenhang gebracht worden, seit in Napoleon ein neuer Caesar entstanden war. Das 19. Jahrhundert hat gewöhnlich die Revolution in Rom mit dem Beginn des Kaisertums enden lassen, doch wurde zuweilen auch dessen Ruin als Revolution verstanden. Das ist durchgängig der Fall in der marxistisch-leninistischen Literatur (s. o.). Als Menger (*1886/99*, 112 f.) die Spätantike mit der aus sozialistischer Perspektive interpretierten Gegenwart verglich und beidemale die Akkumulation der Produktionsmittel, die Sozialisierung der Arbeit und die Kritik an den bestehenden Verhältnissen feststellte, traf ihn der Protest von Engels (MEW 21, 496). Menger meinte, wenn die objektiven Kriterien ausreichten, eine Situation zu bestimmen, dann hätte der spätantike Klassenkampf direkt in den Sozialismus münden müssen, und daß dies nicht geschehen sei, das habe an den teils juristisch-beschränkten, teils christlich-überzogenen Zukunftserwartungen gelegen. Für Engels waren solche nur subjektiver Ausdruck einer objektiv nicht für den Sozialismus reifen revolutionären Situation. Für ihn wie für den Normalmarxismus lag die grundsätzliche Analogie zwischen der feudalen und der bürgerlichen Revolution vor, doch suchte er die verbleibenden Unterschiede natürlich in der Basis, während der Privatmarxismus eines Sorel (*1901/25*, 45) die wesentliche Übereinstimmung in der destruktiven Wirkung der beiden „idealistischen" Revolutionen erblickte.

Die durch Lenin herausgestellten Strukturmerkmale des Übergangs vom Feudalismus zum Kapitalismus sind durch Elena Schtajerman (*1971*, 32 f.) programmatisch auf den Übergang vom Sklavenhaltersystem zum Feudalismus rückübertragen worden. Weil es im Kapitalismus zu „neuen Formen des Eigentums und der Wirtschaft" gekommen ist (38), werden die Ansätze zu solchen Veränderungen zugleich für das Wesen der Völkerwanderungszeit erklärt. Daß es sich beidemale um Formationswechsel handelt, ist vorausgesetzt; daß jeder von ihnen ein Fall eigener Art sei, wird zugestanden (39). So kann man die Unterschiede einräumen, ohne den Parallelismus aufgeben zu müssen. Zuweilen führt die Gleichschaltung mit der Französischen Revolution dazu, aus dem Sturm auf die Bastille 1789 einen Sturm auf den Palast von Ravenna 476 zu erschließen (R. Günther *1978*, 246).

Solche Resultate ergeben sich aus einem Schlangenpfad der Wissenschaftsgeschichte, der etwa folgendermaßen zu rekonstruieren ist: Marx interpretierte die Französische Revolution als Ablösung des reaktionären Feudaladels durch die progressive Bourgeoisie und konzipierte nach diesem Modell einerseits die proletarische Weltrevolution (die in einer Parallelverschiebung die nächste und letzte Unterschicht nach oben bringen sollte) und andererseits die zwischen antiker und feudaler Produktionsweise angenommene „Epoche sozialer Revolution" (die den gesetzmäßigen Typus-Charakter dieser Übergänge zu beglaubigen hatte). Die Schematik der Parallelität brachte es mit sich, daß die Übergänge zwischen Großformationen samt und sonders zu Revolutionen stilisiert wurden, ganz gleich, was sie von ihrem Pariser Urbild unterscheiden mochte. Am augenfälligsten ist die Dauer. Mit der Übernahme des humanistischen Dreiperiodenschemas durch den Historischen Materialismus lag die Französische Revolution für die Wende von der Mittleren zur Neueren Geschichte ein wenig spät, darum dehnte Engels, gefolgt von Herrmann (*1974*, 13), die revolutionäre Zwischenzeit bis zum Bauernkrieg 1525, Shukov (*1960/74*, 112) gar bis ins 13. Jahrhundert aus. Diese mehr als fünfhundertjährige Revolution zum Kapitalismus rechtfertigt beliebige Zeiträume für die Revolution zum Feudalismus, deren frühester Beginn auf die Sklavenkriege im 2. Jahrhundert v. Chr., deren spätester Abschluß ins 10. Jahrhundert gesetzt wird. Shukov (110) spricht auch von einem revolutionären Übergang von der Urgesellschaft zur Sklaverei, der nach Jahrtausenden zählt. Damit werden die nicht-revolutionären Zeiten numerisch die Ausnahme, und man fragt sich, was noch gegen Trotzkis Lehre von der „permanenten Revolution" einzuwenden bleibt. Die Dehnung vergangener Revolutionen hat auch einen aktuellen Aspekt: Angesichts solcher Zögerzeiten verlieren die langsamen Fortschritte des Kommunismus auf dem Globus ihr argumentatives Gewicht als Einwand gegen den proletarischen Optimismus. Er verlangt Zeit.

Die aus dem Dreiperiodenschema stammenden Parallelisierungen der Epochenübergänge wecken nicht weniger Bedenken als die Analogien zwischen dem spätrömischen Reich und anderen Systemen. Sehen wir einmal ab von der manifesten Untauglichkeit jenes Schemas für die außereuropäische Geschichte, die nicht nur der historische Materialismus noch immer da hinein quälen will, so ist doch klar, daß realgeschichtlich zwischen Altertum und Mittelalter ein weit tieferer Bruch liegt als zwischen Mittelalter und Neuzeit, und daß Humanismus und Reformation eine weniger tiefgreifende Zäsur darstellen als die Französische Revolution und die Industrialisierung, die in jenem Dreierschema nur als Untergliederung auftauchen. Reformation und Revolution sind bodenständige Erneuerungsbewegungen, die Völkerwanderung dagegen war weder autochthon noch programmbewußt, sondern primär der Ausgleich eines veränderten Machtgefälles. Jeder Vergleich hat das Recht zu hinken. Aber er muß wenigstens gehen.

Guillaume Guizot (*1824/33*, 1) nannte den Fall Roms *un phénomène singulier*, und Alfred Heuß schrieb in seiner Einleitung zum IV. Band der Propyläen-Weltgeschichte (*1963*, 21) darüber: „Dieser Untergang ist im übrigen ein einmaliges Phänomen der Weltgeschichte, das nirgendwo sonst noch einmal begegnet". Hätten diese Autoren damit in jedem Sinne recht, so wären alle Versuche, unseren Fall durch Begriffe, Metaphern oder Analogien zu erfassen, verfehlt. Zugleich wäre damit jede Möglichkeit eines Verständnisses abgeschnitten, denn das besteht eben darin, das jeweils unbegreifliche aus seiner Fremdheit zu erlösen (IV. 2.!). Die zum Zwecke des Erklärens unumgängliche Typisierung eines historischen Phänomens ändert natürlich nichts daran, daß es als Individualität ebenso einmalig ist wie jeder andere empirische Gegenstand. Das Problem, ob Geschichte sich wiederhole, was manche Denker entschieden behaupten, andere ebenso entschieden bestreiten, ist ein historisches Scheinproblem.[19] Wenn jedes Ereignis etwas völlig Neues darstellte, könnten wir es gar nicht benennen, da ja die Sprache sich nicht auf singuläre Anwendungsmöglichkeiten einschränken läßt; und wenn alle Ereignisse bloß Wiederholungen anderer, altbekannter wären, könnten wir unsere Geschichtslektüre, wie Schopenhauer (II 1219) empfahl, auf Herodot beschränken. Anstelle der Ja-Nein-Entscheidung wäre zu fragen, *inwiefern* ein bestimmter Vorgang mit anderen übereinstimmt oder sich von anderen unterscheidet. Und dabei kommt man gewöhnlich zu einer Mehrzahl von Analogien, je nach dem gewählten Gesichtspunkt.

Auch wenn wir uns Spenglers Typenlehre nicht anschließen, können wir doch seiner Maxime kaum grundsätzlich widersprechen, wenn er schreibt: „Das Mit-

---

[19] Unterschwellig zugestanden wird dies von den Wiederholung Verneinenden, indem sie erklären, daß sich Geschichte nie *genau so* wiederhole, was von den Wiederholung Bejahenden natürlich niemals behauptet wird. Sie beschränken sich auf die These, daß sich Geschichte *im Prinzip* wiederhole, wozu jene wiederum nicht Stellung nehmen. Auch im Naturgeschehen wiederholen sich zwei Vorgänge niemals *genau so*.

tel, lebendige Formen zu verstehen, ist die Analogie" (UA. I 4). Sie ist die Voraussetzung dafür, daß wir Metaphern und Begriffe verwenden, Erklärungen und Deutungen suchen und Urteile fällen. Wir wollen wissen, *wovon* der Fall Roms ein *Fall* ist.

II. 5.b. Das Dekadenzproblem

> *Die décadence gehört zu allen Epochen der Menschheit: überall gibt es Auswurf- und Verfallsstoffe, es ist ein Lebensprozeß selbst, das Ausscheiden der Niedergangs- und Abfalls-Gebilde.*
>
> Nietzsche III 662

Die Dekadenz der Menschheit beginnt mit dem Sündenfall und ist durch die Vertreibung aus dem Paradies besiegelt. Der Mensch selbst ist ein Dekadenzprodukt, eine mißlungene Mischung aus Tier und Gott, deren einziger Vorzug darin besteht: dies einsehen zu können. Böse war der Mensch, schon bevor er die Erkenntnis des Guten und Bösen gewann.

Ein solches Gefühl steht am Anfang des Geschichtsdenkens, bei den Juden wie bei den Griechen: Homer (Ilias V 304) glaubte an eine physische Degeneration, Hesiod (WT. 109 ff.) an eine sittliche Dekadenz der Menschheit. Seitdem ist der Niedergang ein Modell historischer Selbstauffassung geblieben, bald einstufig, bald mehrstufig; mal zyklisch, mal linear; hier private Marotte einzelner Nökkergreise, dort herrschendes Zeitgefühl größerer Gruppen. Wir haben gesehen, daß sich derartige Dekadenzvorstellungen in der römischen Geschichtsschreibung so weit zurückverfolgen lassen, wie die erhaltenen Texte überhaupt so etwas wie ein historisches Selbstverständnis bezeugen (II. 1!). Die Römer haben sich seit dem 2. Jahrhundert v. Chr. den Sittenkrebs zugeschrieben, in der Kaiserzeit stellen namentlich Tacitus und (Pseudo-) Longinus tiefsinnige Beobachtungen dazu an. Gerade letzterer verknüpfte die verschiedenen Aspekte – künstlerische, moralische und politische Dekadenz – auf eine Weise, die der späteren Deutung der Kaiserzeit die Wege gebahnt hat.

Die spätantike Dekadenzvorstellung benutzte zwei Modelle. Das erste ist ein Stufenschema, das die eigene Gegenwart im Vergleich zu verschiedenen Zeiten der älteren römischen Geschichte, und zwar keineswegs allein gegenüber der heroisierten Republik, als auf tieferem Niveau stehend betrachtete. Dies ist der Hintergrund der mahnenden Beispiele, der *exempla,* mit denen ein Ammian sein Geschichtswerk gespickt hat. Das zweite Modell hat eine lineare Gestalt. Wir begegnen ihm in der Diskussion über den Beginn des Niedergangs und in den organologischen Metaphern, die bei den Heiden im periodischen Phasenwechsel von Abwelken und Aufblühen, bei den Christen hingegen linear auf den Tod des sterbenden Aion bezogen gedacht wurden. Der Gedanke vom fortschreitenden Altern der Welt begleitet noch das ganze mittelalterliche Geschichtsbewußtsein, doch wird dieses stärker vom Gefühl der gleichbleibenden Sündhaftigkeit der

Menschen geprägt, der gegenüber politische, moralische und kulturelle Entwicklungen vergleichsweise unerheblich bleiben.

Erst das Interesse der Humanisten an säkularer Geschichte hat diese wieder in Verlaufsfiguren geknetet. Das Älter- und Älter-Werden wird in ein Auf-und Nieder umgedacht; der Glanz des klassischen Altertums forderte einen dunklen Rahmen. Die spätrömische Geschichte erscheint im Bild einer fallenden Linie, einer sinkenden Sonne, einer welkenden Blüte (II. 5.a!). Je nach dem betrachteten Gegenstand bildet sie das Ende des spätantiken Dominats, des römischen Kaiserreiches, der Geschichte Roms insgesamt, der Antike oder auch mehreres oder alles davon zugleich. Dadurch wurde die Dekadenz potenzierbar. Im Anschluß an die unterschiedlichen Positionen der römischen Historiographie stritten die Humanisten über den Beginn des Abstiegs. Der These, daß der Niedergang bereits in der späteren Republik einsetzte (Bruni *1429,* 14), stand die Gegenthese gegenüber, erst unmittelbar vor dem Ende, etwa mit Alarichs Plünderung Roms, habe der Abstieg begonnen (Blondus RI 223). Unter den Aufklärern blieb die Annahme einer Dekadenz Roms dominant, Beispiele bieten Montesquieus 136. persischer Brief von 1721 und seine ›Considérations‹ von 1734, der Geschichtsabriß von La Croze und Formey (*1754/63,* 168) und natürlich Edward Gibbons ›Decline and Fall‹.

Auch der Historismus hat die Spätantike ganz überwiegend unter dem Gesichtspunkt der Dekadenz gesehen. *La décadence romaine a rempli des kilomètres de rayons de bibliothèque* (Chaunu *1981,* 166). Umstritten sind im wesentlichen drei Fragen: wann der Niedergang anhebe, auf welchen Gebieten er zu beobachten und wodurch er verursacht gewesen sei. Während die Erklärungsproblematik einem späteren Abschnitt vorbehalten bleiben soll (III. 1–6!), seien hier die Ansichten zu den beiden ersten Punkten behandelt. Zunächst zum Problem des Dekadenzbeginns!

Soweit die Autoren mit einer Auflösung des Reichsverbandes im Jahre 476 oder später rechnen (II. 5.c!), wird diesem Endpunkt gern eine Zeit des beschleunigten Zerfalls vorgeschaltet. Vor dem Schlußakkord (der sich bis 1453 strecken kann) steht ein schneller Satz, ein *Finale furioso,* das je nach Temperament erst mit dem Tode von Valentinian III. 455 oder dem von Aetius 454 anhebt oder schon mit der Einnahme Roms durch Alarich 410, der Beseitigung Stilichos 408, mit dem Rheinübergang der Germanen 406, mit der Verlegung der Kaiserresidenz nach Ravenna 402, der sogenannten Reichsteilung von 395, der Ansiedlung der Westgoten 382, der Schlacht bei Adrianopel 378, dem Donau-Übergang der Westgoten 376 oder dem auf 375 angesetzten Hunnensturm. Diesem Schlußteil voraus geht als langsamer Satz die durch Diocletian und Constantin eingeleitete stabile Phase des spätrömischen Reiches, die innerhalb des Dekadenzkonzepts aber nur als Verzögerung eines unvermeidlichen Zusammenbruchs gewertet zu werden pflegt.

Eine solche langwährende Dekadenz erfordert die Annahme von früheren, teilweise sehr viel früheren Wendejahren, die nun in anachronischer Reihung vorgeführt werden sollen. Die Autoren sind jeweils der Meinung, daß in dem betreffenden Jahre ein entscheidender Niederbruch, mindestens ein erkennbarer Knick in der Entwicklung Roms zu sehen sei, mag diese zuvor aufwärts geführt haben, konstant gewesen oder nur leicht abschüssig verlaufen sein, mag sie hernach erheblich steiler abfallen oder überhaupt schon einen Tiefstand erreicht haben, auf dem ein zufälliger Anlaß von außen den Lebensfaden brechen konnte.[20]

Die Regierungszeit *Constantins* wurde in der altgläubigen Historiographie als Eröffnung des Abstiegs gesehen, so bei Eunap und Zosimos (II. 1.a!). Diese Vorstellung war indessen so eng an die religionsbedingte Erklärung für den Niedergang gebunden, daß sie keine Nachfolger in der neueren Literatur gefunden hat, obschon das Christentum immer wieder für den Staatsverfall in Anspruch genommen worden ist (III. 1!). Als Beginn des Niedergangs wurde seit Otto von Freising (Chron. IV 31) oft die Verlegung der Residenz nach Byzanz angesprochen. Im allgemeinen stehen die epochalen Einschätzungen Constantins unter einem positiven, progressiven Stern (II. 5.c!).

In die *diocletianische Zeit* verlegte Wilamowitz (*1897*, 7), den Beginn des Sterbens: „um 300 kam der Tod". Der Regierungsantritt Diocletians 284 spielt eine große Rolle in der Schwellensuche. Überwiegend wird damals der Beginn der Spätantike angesetzt, der als Stabilisierung gewertet zu werden pflegt. Dennoch gibt es auch eine weit zurückreichende negative Einschätzung. Eutrop (9, 26), Aurelius Victor (39, 2–4), Hieronymus (Chron. 308 Foth.) und Ammian (XV 5, 18) hatten Diocletian vorgeworfen, die Hofetikette nach persischem Vorbild barbarisiert zu haben,[21] und diese Überlieferung hat, trotz ihrer sachlichen Anfechtbarkeit (Alföldi *1970*, 6 f.), die moderne Auffassung bestimmt oder bestätigt, daß mit Diocletian die „orientalische Zwingherrschaft" (Rostovtzeff *1925/29*, 210) begonnen habe, die in der Tradition der liberalen Historiographie den „Keim des Verfalls" darstellt. Beispiele für eine solche Einschätzung Diocletians liefern die ›Historiae de occidentali imperio‹ des C. Sigonius aus Modena von 1679, der den Niedergang des Westreiches von Diocletian bis Justinian beschrieb, und Johann Gottfried Eichhorn (*1799*, 530), der als Neuerungen Diocletians dessen unumschränkte Herrschaft und die asiatische Etikette beklagte. Barthold Georg Niebuhr (*1829/48* III 289) setzte einen gleichartigen Akzent.[22]

---

[20] Solche Unterschiede werde ich im folgenden vernachlässigen; sie erklären, weswegen manche Forscher mehrfach genannt werden. Diese müssen darum nicht ihre Meinung geändert haben. Unberücksichtigt bleiben gleichfalls jene Zäsuren, die Antike und Mittelalter trennen (II. 5.c!).

[21] Möglicherweise gehen diese Nachrichten auf eine gemeinsame verlorene Quelle zurück, vgl. Enmann *1884*, 447 f.

[22] Eine chronologiegeschichtliche Episode blieb die am 29. VIII. 284 beginnende *Aera Diocletiani* oder *Aera Martyrum*, nach der, wie Theophanes Confessor zeigt, nicht nur im byzantinischen Ägypten die Jahre gezählt wurden. Für Christen war die Zählung nach einem Verfolger und „Tyrannen" ein Ärgernis (PL 67, 487), darum hat der römische Mönch Dionysius Exiguus bei der Fortführung der Ostertafeln des Kyrill von Alexandria Kyrills *anni Diocletiani*

Die über Diocletian in die Reichskrise zurückreichenden, als epochal erachteten Ereignisse bezeichnen überwiegend den Beginn des beschleunigten Verfalls. Pelikan (*1977/78,* 256) erblickte in der Ummantelung Roms durch *Aurelian* den Beginn der Baisse. Als solcher erscheint ebenfalls: die Zeit des *Gallienus* 260–268, so Paruta (*1599/1827,* 166) und Mommsen (*1886,* 58 ff.); die Mitte des 3. Jahrhunderts, so Sismondi *(1855),* weiterhin das Siebenkaiserjahr 238, so Pomponius Laetus († 1497/*1518*) und Alföldy (*1976/81,* 378); und der Beginn der Soldatenkaiserzeit 235, so Zumpt (*1841,* 85), Rohrbach (*1914,* 139), Rostovtzeff (*1924/42,* 459), Rémondon (*1964,* 97) und Bengtson (*1967,* 378). Andere Gelehrte verschieben Roms Klimakterium in den Principat zurück und finden es in der Constitutio Antoniniana Caracallas 212 (A. Weber *1935/63,* 172; Salmon *1974,* 76 f.), beim Tode des Septimius Severus 211 (Boysen *1770,* Vw.; Hallam *1820/57,* 452), um 200 (Quigley *1961,* 203; Martin *1976,* 302) oder bei dessen Machtübernahme 192 n. Chr. (Remer *1775/94;* Bianchi-Bandinelli *1970/76,* 1).

Auch in der guten, hohen Kaiserzeit wird der Wendepunkt gefunden: unbestimmt in der zweiten Hälfte des 2. Jahrhunderts (Schtajerman *1953/57,* 158; Härtel *1965,* 263 und Diesner *1976/81,* 10), beim Herrschaftsantritt des Commodus 180 (Gibbon ch. 3; Schlegel *1805/1960,* 96; Domaszewski *1909,* 233; Ferguson *1922,* 23; 96 ff.; Gelzer *1926,* 390 f.; Taeger *1939/58,* 814; Mazzarino *1960,* 36), unter Marc Aurel (Nissen *1883,* 412 f.; Nilsson *1927,* 476 f.; Kovalev *1955/59,* 152; Ste. Croix *1981,* 468), unter den Antoninen allgemein (Kornemann *1939/53,* 286; *1946/48,* 157), speziell unter Antoninus Pius (Yorck v. Wartenburg *1897/1931,* 109; Raskolnikoff *1975,* 192), Hadrian (Schlosser *1846,* 364) oder Trajan (Gibbon *1776* Vw.). Ausnahmsweise beginnt die schiefe Bahn auch einmal Ende des 1. Jahrhunderts n. Chr. (Schrot *1965,* 126) oder mit Kaiser Tiberius (Saint-Evremond *1663/1706,* 317 ff.), öfter mit Augustus. Dies meinte schon Petrarca (Mommsen *1942,* 235), und später wurde es häufig wiederholt, im 18. Jahrhundert von Ferguson (*1766,* 344) und Meiners (*1782,* 282 ff.) und sonst (de Broglie *1857/67* I 2, 228; 260; Ampère *1864/81,* 262 f.; Ed. Meyer DLZ *1924,* 1779; Pfister *1941,* 153). Max Weber (*1896/1968,* 12) und Pierre Chaunu (*1981,* 235, anders 201) vernahmen den ersten Schlag der Totenglocke im Teutoburger Walde.

Als Appendix zum Verfall der Republik erscheint die Dekadenz der Kaiserzeit bei Humanisten wie Bruni *(1429/73)* und Aufklärern wie Wachler (*1806,* 77) und fortan bei einzelnen liberalen Historikern. Mommsen (RG III 477) zufolge hielt das römische Wesen nach Caesar nur noch äußerlich zusammen, innerlich starb es mit ihm ab und vertrocknete. Ähnlich Hirschfeld (*1876/1905,* 466 ff.), Westermann (*1915/70,* 131 ff.), Ortega y Gasset (*1942/52,* 153), Christian Meier (*1970,* 150), Schieffer (*1976,* 64) und Stahl (*1977,* 187), welch letztere präzis mit Caesars Gang über den Rubicon den Abstieg eröffnen, während andere den Anfang des

auf Jahre nach Christi Geburt umgeschaltet. Er hat das 247. Jahr Diocletians mit dem 531. Jahr nach Christi Geburt gleichgesetzt, somit Diocletians Herrschaftsübernahme auf 284 n. Chr. datiert und die christliche Zeitrechnung geschaffen (Grotefend *1971,* 10).

Niedergangs bereits weit in die Republik zurückverlagern. Die Stufenfolge der Sklavenrevolution begann für Mischulin 1936 mit Spartacus (Raskolnikoff *1975*, 137). Friedrich Christoph Schlosser (*1846*, 3 ff.) betrachtete als Tendenzwende die Politik Sullas, Danilewsky (*1871/1920*, 97) und Westermann (*1915/70*, 131) die der Gracchen und ihrer Gegner. Als Beginn der Dekadenz nannte Sheppard (*1861*, 65) das 2. Jahrhundert v. Chr. allgemein, Merivale (*1862* VIII 340) die Scipionenzeit, Dureau de la Malle (*1840* II 491) die Eroberung Karthagos 146 (Sall. Jug. 42), Altheim (WaG 2, *1936*, 314) die Schlacht bei Pydna 168, Montesquieu (*1734* ch. V) und Alfred Weber (*1935/63*, 176) den Antiochos-Krieg, Carl Peter (*1853/67*, XVII), Beloch (*1900*, 108) und Kornemann (*1922*, 204) den zweiten Punischen Krieg und Greene (*1933*, 270) die Einrichtung der ersten Provinz: Sizilien 241 v. Chr. Dawson (*1957/59*, 80 f.) fand die Kippstelle im 4. Jahrhundert v. Chr., bei Ruhland (*1903/41*, 342) geht es seit der sogenannten servianischen Verfassung bergab, Isaac (*1971*, XIX) bezeichnete *Roman history as all anticlimatic.*

Weiter zurück in die griechische Geschichte ging Hammacher (*1914*, 351), der den Abstieg der antiken Kultur mit Platon verband, während Seeck (*1898*, 103), Krauß (*1903*, 203), Toynbee (IV *1939*, 58 ff.; *1955/70*, 299 ff.) und Walbank (*1944*, 67) den Ausbruch des Peloponnesischen Krieges 431 v. Chr. als Wende zum Ende auffaßten. Alfred Rosenberg (*1930/34*, 56) erkannte den „ersten Schritt dem Chaos entgegen" in der Heiratserlaubnis zwischen Patriziern und Plebejern 445 v. Chr. Bei Walter F. Otto (*1923*, 47) erfolgt „der Abfall von der Höhe bald nach Homer." So nähern wir uns der Vertreibung aus dem Paradiese. Gibt es noch ein Ereignis, das bisher noch nicht für den Beginn der Dekadenz in Anspruch genommen worden ist, so wird es vermutlich nicht mehr lange dauern, bis es geschieht. (Zu den von antiken Autoren angenommenen Wendejahren s. o. S. 46 f.)

Natürlich versteht und begründet jeder dieser Autoren die Dekadenz Roms ein wenig anders. Aber sie alle sind der Ansicht, daß wir einen im wesentlichen oder gar im ganzen einheitlichen Verfallsprozeß vor uns haben, als dessen Konsequenz der Fall Roms zu verstehen sei. Angesichts seiner langen Ankündigung stellt sich die Frage, weshalb er nicht früher eingetreten sei, und dafür wird eine kurze Aufwärtsbewegung unmittelbar vor dem Ende angeführt. Typisch ist Pekary (*1979*, 124): „Von der schweren Krise des 3. Jahrhunderts erholte sich das römische Reich noch einmal, aber es war keine echte Gesundheit mehr, nur ein drastischer medizinischer Eingriff des immer allmächtiger werdenden Staates, der den Tod etwas verzögerte". Das Denkmuster liefert Wilhelm Busch: „Um acht Uhr kommt die Medizin, wonach es etwas besser schien, Punkt zwölf erscheint der Knochenmann und hält das Perpendikel an."

Wann Roms Staatsuhr Acht zeigte, das hängt davon ab, wo wir den Beginn der Erkrankung annehmen. Als Ärzte am Totenbett stehen zur Verfügung die letzten Verfassungsväter Caesar und Augustus, die letzten Friedenskaiser Hadrian und Pius, die letzten erfolgreichen Reformer Diocletian und Constantin. Auch Theodosius und Justinian haben das Reich noch ein jeweils letztes Mal stabilisiert. Sie alle sollen den unausweichlichen Tod nochmals aufgeschoben und eine Gnadenfrist erwirkt haben.

Die Dekadenzlehre zeigt einen Abstieg seit der griechischen Hochklassik, unterbrochen nur durch Verzögerungen, die über die Auflösung des Imperiums noch hinausreichen. Auch die Geschichte von Byzanz wird unter dem Aspekt Stürzen-Halten-Stürzen-Halten gesehen, und dieses Abbröckeln antiker Traditionen setzt sich fort bis zum dermaleinstigen Ende des Papsttums. In Bewegungsmetaphorik übersetzt, entsteht ein Rutschbahnschema: es geht mit wachsender Geschwindigkeit bergab, kurz vor dem Ende aber gibt es nochmals einen kurzen Aufschwung und dann kommt der Plumps.

Neben Anfang und Geschwindigkeit der Dekadenz Roms ist umstritten in und auf welchen Gebieten sie zu beobachten ist. Das eindrucksvollste Bild entsteht, wenn Einschränkungen unterbleiben, indem man annimmt, es sei mit Rom als solchem bergabgegangen. Diese Ansicht überwiegt nach wie vor (Schuller *1975,* 1), auch wenn die Gegenstimmen immer wieder aufklingen. Mommsen (*1886,* 1) hatte dem diocletianischen Zeitalter schlechthin Dekadenz bescheinigt, Andreas Alföldi (*1938,* 15) sprach von einem *déclin général,* von einer „allgemeinen Reprimitivierung" (Ds., Chiron 9, *1979,* 605), Dannenbauer (*1959,* 233) erblickte einen „allgemeinen Niedergang des Reiches", Wieacker (*1964,* 41; 109) notierte eine „weltgeschichtliche Kulturregression." Wohl am weitesten geht Pierre Chaunu (*1981,* 165; 252) mit seiner Formel *la décadence, c'est Rome,* Rom biete den absoluten Tiefstand, dem sich die Dekadenz anderer Völker und Zeiten unterschiedlich weit annähere, ohne ihn je zu erreichen (259). Eine geschlossene Dekadenztheorie bietet die Kulturkreislehre (III. 5!). Ihre Anhänger rechnen mit einem Niedergang auf allen Sektoren, indem sie als Gegenstand der Dekadenz die Energie, die Vitalität, die Schöpferkraft schlechthin unterstellen. Alle Phänomene sind bloß Zeichen.

Der totalisierende Kulturbegriff ist weit über den Kreis der Morphologen hinaus verbreitet. Dies zeigt sich nirgends deutlicher als in jener Zweighistorie, die der Spätantike den Stempel der Dekadenz am nachhaltigsten aufgedrückt hat: in der *Kunsthistorie.* Wenn Emil Cioran (*1949/79,* 150) bemerkte: „in den Künsten macht sich die Dekadenz zu allererst bemerkbar", so bringt er damit eine oft vertretene Ansicht zum Ausdruck. Schon Plinius maior (NH. 35, 2 u. 11), Tacitus (Dial.) und Pseudo-Longinus erörterten am Verfall der künstlerischen und literarischen Leistungen ihrer Gegenwart das Problem eines allgemeinen Niederganges, und seitdem im 16. Jahrhundert Vasari, im 18. Jahrhundert Winckelmann der nachconstantinischen Kunst fortdauernde Dekadenz bescheinigt hatten (D'Elia *1967,* 51), findet sich eine solche Annahme immer wieder in der Literatur. Niebuhr (III. 3.a!) schloß vom Verfall der Kunst auf den des Gemeinwesens überhaupt, und als Beloch im Jahre 1900 (bei Christ *1970,* 74) schrieb: „Es genügt, eine Münze Konstantins neben eine Münze Hadrians zu halten, um der ganzen Größe des geistigen Verfalls inne zu werden", so befand er sich zwar nicht inhaltlich, wohl aber methodisch auf der Höhe seiner Zeit. Auch Alois Riegl (*1901/27*, 401) erklärte die Kunst wieder zum Ausdruck ihrer Zeit, das „Kunstwollen" für „schlechtweg identisch" mit dem Zeitwollen, und noch Bianchi-Bandinelli (*1970/76*, 3) meinte: *la forma artistica è infatti sempre segno e, in certo modo, simbolo di una particolare situazione umana* (vgl. 377).

Wäre der Glaube an den Spiegelwert der Kunst begründet, so wäre die Frage nach der künstlerischen Dekadenz für die Beurteilung der Zeit als ganzer von höchstem methodischen Interesse. Gegen die Verleihung einer solchen Schlüsselrolle an die Kunstproduktion sind jedoch grundsätzliche Bedenken zu erheben. Worauf gründet sich die Annahme von ihrem historischen Symbolcharakter? Bereits der universale Geltungsanspruch erweckt den Verdacht, daß wir es nicht mit einem empirisch gewonnenen Ergebnis bestimmter Interpretationen zu tun haben, sondern mit einem normativen Prinzip des Interpretierens überhaupt, mit dem apodiktischen Postulat, das im Spiegel der Kunst Gespiegelte müsse auch im ungespiegelten Zustand aufzufinden sein. Die Kunst wird dabei ihres schöpferischen Vermögens beraubt und als bloß mechanischer und passiver Reflex zu ihrer Zeit in ein dienendes Verhältnis herabgestuft.

Die Beliebtheit dieses Interpretationsprinzips gerade bei Kunstwissenschaftlern bezeugt nicht bloß Wichtigtuerei: Es ist als ästhetisches Prägnanzbedürfnis zu verstehen. Man fordert zum jeweiligen Bilde der Kunst den passenden sozialen Rahmen. Man will, es soll ein einheitlicher Eindruck entstehen, die Geschichte wird als Museum begriffen. Tatsächlich subjektive Kompositionsprinzipien der Historie avancieren zu angeblich objektiven Formkräften der Geschichte. Antike Autoren konnten sich darauf berufen, daß die Historie eine Kunst, Klio eine Muse sei. Die modernen Autoren müßten sich damit verteidigen, daß Gott ein Künstler, die Geschichte sein Kunstwerk sei. Eine solche Auffassung „christlich" zu nennen, fällt deswegen schwer, weil der Glaube eines Hiob, eines Paulus an die Gerechtigkeit Gottes den Glauben an die Einsehbarkeit dieser Gerechtigkeit *ausschließt* und eben darum ein „Glaube" ist, was Anhänger einer Theodizee, Hegel vorneweg, zu vergessen pflegen. Es ist nicht zufällig in allen Zweigen der Hegelnachfolge üblich, die Kunst als „Ausdruck" einer Zeit zu werten, in ihr die „Offenbarung" verborgener Wesenszüge einer geheimnisvollen Totalität zu erblicken. Diese erscheint als Welt-, als Zeit- und Volksgeist, als gesellschaftliche, politische, geistige Gesamtsituation, deren Gestaltqualität unterstellt wird. Die von ihrem künstlerischen „Ausdruck" apart gedachte „Gesellschaft" oder „Zeit" ist eine metahistorische, hinter den Fakten und Akten wesende Wesenheit, eine letztlich platonische Idee, deren stufenweise Säkularisation in Ordnungsbegriffe wohl zu zeigen wäre. Jede dieser Stufen hatte ihren wissenschaftsgeschichtlichen Sinn, nur sollten wir auf der letzten nicht stehenbleiben, sondern erkennen, daß der in den Erscheinungsformen einer Zeit (ich rede einmal bewußt platonisch) enthaltene Grad an Ordnung und Einheit ungleichmäßig verteilt ist.

Für die Spätantike heißt dies, daß wir den künstlerischen Manifestationen nicht zugestehen können, allein schon über den (dekadenten?) Charakter der Zeit zu befinden.

Die, neben ihrem anfechtbaren Symptomwert, zweite Voraussetzung dafür wäre, daß die spätantike Kunst selbst überhaupt als dekadent bezeichnet werden kann. Daran wird neuerdings gezweifelt (Marrou *1957; 1977*). Solange die Klassik als klassisch galt, erschien die spätantike Kunst natürlich als Verfallsprodukt. Insofern ist Mazza *(1970)* beizupflichten, wenn er den Klassizismus als Voraussetzung dafür ansprach, die spätantike Kunst als dekadent einzustufen. Aber eine solche genetische Kritik verliert an Wert, wenn sie auf halbem Wege ermüdet und die Frage ausklammert, wie die Klassizisten zu ihrem Klassizismus gekommen sind. Er erscheint dann als bloße Mode, als Vorurteil, als Ideologie wesensanderer Interessen, und dies läuft auf eine ästhetische Entmündigung seiner Vertreter hinaus. Hüten wir uns davor, so bleibt der Klassizismus, bei allen möglichen Nebeneinflüssen, das Resultat einer unmittelbaren Empfindung angesichts der zu Recht klassischen Werke. Mit Grund setzt schon die antike Kunsttheorie, etwa die des Pseudo-Longinus (c. 35) die Fähigkeit voraus, das Große und Schöne zu erkennen, oder wenigstens, den Geschmack dafür zu entwickeln. Freilich kann man die eigene Urteilskraft nicht nur ausbilden, sondern (durch Beschränkung auf minderwertiges Kunstgut oder durch außerästhetische Scheingründe) ebensogut abbauen, so wie man sich andere natürliche Fähigkeiten *aberziehen* kann. In der Regel entspringt die Weigerung, Minderwertiges minderwertig zu nennen, erkennbar sachfremden Regungen, unter welchen allein das Mitleid mit Halbkünstlern und Stiefzeiten Respekt verdient. Gewiß sollten wir jeder Leistung gerecht werden, aber dies gelingt nicht, wenn wir der Justitia statt der Waage ein Bügeleisen in die Hand drücken.

Das beachtlichste Plädoyer gegen den Dekadenzcharakter der spätantiken Kunst stammt von Riegl, eben jenem Mann, der den Begriff „spätantik" 1889 eingeführt hat (II. 5.a!). Riegl baut seine Argumentation auf den von ihm (›Stilfragen‹ *1893* p. VII) eingeführten Begriff des „Kunstwollens".[23] In seinem Buch ›Spätrömische Kunstindustrie‹ *(1901/27)* polemisiert er nach zwei Richtungen: gegen den ästhetischen Klassizismus (der die spätantike Kunst als barbarisiert abwertet) und gegen die materialistische Kunst- und Geschichtslehre (die nur nach Zweck, Material und Technik fragt). Riegl (re)konstruiert für die Spätantike „positive Kunstwollensziele" (20), an denen die Produkte zu messen seien. Dieses nennt er die „teleologische Auffassung vom Wesen des Kunstwerkes", wie sie vor ihm niemand vertreten habe (9). Tatsächlich hat vor Riegl niemand den Begriff „Teleologie" in dieser Weise mißverstanden. Indem Riegl nach Absichten fragte, hat er sich einen psychologischen Weg zum Verständnis eröffnet, den Weg zur

[23] Angesichts der Menge dessen, was darüber bereits geschrieben worden ist, wird man das „Kunstwollen" zu den sog. „fruchtbaren Begriffen" rechnen dürfen. Doch verwechsle man nicht Fruchtbarkeit mit Nährwert.

ästhetischen Beurteilung jedoch versperrt. Denn jedes (Kunst-) Werk ist das Produkt aus mindestens zwei Faktoren, aus dem, was der Künstler gewollt und dem, was er gekonnt hat. Diese beiden Faktoren gegeneinander abzugrenzen, dafür hat Riegl keine Methode entwickelt; er unterstellt ganz einfach, daß der Wille im Werk verwirklicht sei. Wir können aber nicht aus dem Produkt schließen, der Produzent habe es genauso gewollt, wie er es gemacht habe; und müssen, wenn es dennoch so wäre, das Werk deswegen noch lange nicht als Kunst akzeptieren. In der deutschen Sprache setzt der Begriff „Kunst" ein überragendes *Können* voraus, und darüber entscheidet einzig und allein der ästhetische, d. h. unhistorische Vergleich mit anderen Werken einschließlich solcher anderer Zeiten. Ein vergleichendes Verfahren wird durch Riegls Beschränkung auf die Perspektive individueller Selbstverwirklichung ausgeschlossen, seine Sicht löst das Werk aus seinem zeitenübergreifenden Zusammenhang und verbietet jedes Werturteil, das naturgemäß Relationen herstellt.

Trotzdem verzichtet Riegl nicht auf einen Maßstab. Er entnimmt ihn einer hegelhörigen Fortschrittsidee, über deren systematische Begründung der Autor nirgendwo Rechenschaft ablegt – auch nicht in seiner nachgelassenen ›Historischen Grammatik der bildenden Küste‹. Das Vorkommen von Rückschlägen und Stillständen in der Geschichte wird global bestritten,[24] die Gegenwart marschiert an der Spitze des Fortschritts und dankt dies den Zeiten, die hinter ihr liegen (12). Dadurch wird für Riegl die Spätantike ebenso ein Fortschrittsprodukt wie die Zeit davor oder die danach, zuweilen steigt sie auf in den Rang einer Antithese zur antiken These, woraus die Gegenwart die Synthese bildet (403 f.). Diocletian, so lernen wir, habe der „modernen Emanzipation des Individuums innerhalb der Gesamtmenschheit entscheidend vorgearbeitet" (12 ff.).

Diese unbegründete, und wohl auch kaum zu begründende Annahme stimmt nicht so recht zu der 1902 in Riegls Aufsatz ›Römisch oder orientalisch?‹ getroffenen Feststellung, der „freie Vollbürger" Roms habe sich freiwillig „einer Art Sultanregiments mit seinem servilen Beamtenstaat" unterworfen. Das Urteil über den „Kultus des Schwachen, Niedrigen, Schmachvollen, Häßlichen" moniert Riegl als „einseitig vom Standpunkte der materialistischen Vernunftkritik" getroffen. Tatsächlich habe die spätrömische „Fortschrittskunst" der modernen subjektivistischen Gefühls-Emanzipation die „Bahn gebrochen". Gegen Strzygowski behauptete Riegl, die antike Kultur habe keinen Kreis, sondern eine Schraubenumdrehung vollzogen. Ihr Spätstadium ist eine Art Moderne. Beifall fand diese Interpretation bei Bianchi-Bandinelli (*1970/71,* 377). Er sah in der spätantiken Kunst den Durchbruch der „plebeischen" Richtung und hielt deren Einstufung als Dekadenz für veraltet.

---

[24] S. 7; 11, 18. Nichtsdestoweniger ist S. 22 von „stetigen Rückschlägen" im 4. Jahrhundert die Rede, S. 4 von einer Zeit des „Absterbens und der Verwesung". Wie dies zusammengeht, bleibt dem Leser verschlossen, ebenso Riegls Anerkennung des Urteils von Jacob Burckhardt über die spätantike Kunst (a. o.), der doch wie kein anderer deren Dekadenz herausgestrichen hat!

Dieselbe Analogie zur Gegenwart, nun aber nicht unter dem Aspekt ihrer Fortschrittlichkeit, sondern unter dem ihrer Dekadenz hat Bernard Berenson 1954 gezogen. In seinem Essay ›The Arch of Constantine or The Decline of Form‹ heißt es: *I am describing, what in my view has been happening to our arts in the last thirty years or so* (21; 62). Berenson greift Wickhoffs und Riegls Versuch an, den Dekadenzbegriff aus der Kunstgeschichte zu tilgen, und zeigt, wie die handwerkliche Qualität der constantinischen Skulptur hinter ihren Vorbildern zurückbleibt. Ein Vergleich etwa der Victoria aus dem Boboli-Garten in Florenz (von 294 n.Chr.?) mit deren Nachbildung am Constantins-Bogen ist so schlagend, daß man sich den Konsequenzen Berensons nur entziehen kann, wenn man eben mit Riegl Vergleiche in ästhetisch wertender Absicht prinzipiell ablehnt und streng egalitär jedwede Kunstübung als unmittelbar zum Weltgeist begreift. Dies wäre eine außerordentlich zeitgemäße Position, eine ästhetische Relativitätstheorie, eine Demokratisierung der Kunst durch die Kunsthistorie.

Trotz aller methodischen Schwachstellen ist Riegls Protest gegen die *globale* Behauptung eines Dekadenzcharakters der spätantiken Kunst begründet. Er ist nur dabei ins Gegenextrem gefallen, und wir müssen differenzieren. Das zitierte Beispiel Belochs ist in begrenztem Sinne treffend: die Münzen der Spätantike werden, künstlerisch betrachtet, ohne Frage gröber und häßlicher. Dasselbe gilt für die Reliefs: Constantin hat zum Schmuck seines römischen Triumphbogens ältere Bauten plündern lassen; und wer die älteren, eingebauten Platten mit den constantinischen Stücken vergleicht, der weiß warum. Die spätantiken Porträts lassen sich als Zeugnisse eines veränderten Menschenbildes deuten, dennoch verlieren sie an Naturalität und Individualität, wie man es von einem „Porträt" im Unterschied zu einem „Kopf" verlangen muß, und insofern geht die Kunst des Porträtierens unbestreitbar zurück. Die Rundplastik verschwindet nahezu völlig. Trotzdem stehen den absteigenden Kunstzweigen niveauhaltende, ja aufsteigende gegenüber, denken wir nur an die Baukunst, an Mosaik und Toreutik, an Buchmalerei und den großen Bereich der kirchlichen Kunst.

Auch die Literatur hat in der späteren Kaiserzeit noch erhebliche Leistungen aufzuweisen: Die ›Consolatio Philosophiae‹ des Boethius nimmt es mit jedem Cicero-Dialog auf. Wo in der Spätantike künstlerischer Verfall nachweisbar ist, da sind politisch-soziale Wandlungen nicht unbeteiligt: wenn die heidnische Religion als Sinnträger, wenn die städtische oder senatorische Führungsschicht als Auftraggeber ausfällt, wenn Werkstätten oder Schulen eingehen, dann hat das Folgen für die Spitzenleistungen, die stets eine entsprechende Basis verlangen. Die von Rodenwaldt (*1921/22*, 88; ähnlich *1940*) gelobte „derbe, aber lebensvolle Volkskunst der Spätantike" ist weder durch national- oder christlich-soziale noch durch sozial-demokratische Tendenzen hervorgerufen. Ob das „Volkstümliche" zur Zeitkunst aufsteigt oder ob die Zeitkunst zum „Volkstümlichen" absinkt, ist eine Frage der Perspektive. Die von Mazzarino *(1968)* und Mazza (*1970/73*, 465) behauptete „Demokratisierung" der Kunst in der Spätantike, läßt sich nicht als Ziel irgendeines „Kunstwollens" begreifen, sondern ist schlicht das

Produkt einer Regression. Hugo BRANDENBURG hat jüngst gezeigt, daß die *ars humilis* eine bis in die frühe Kaiserzeit zurückzuverfolgende Tradition fortsetzt und das klassizistische Ideal keineswegs verdrängt oder gar abgelöst hat. Sobald christlich gewordene Angehörige der stadtrömischen Oberschicht sich Sarkophage meißeln ließen, und dies beginnt um die Mitte des 4. Jahrunderts, zeigt sich wieder ein „fast lupenrein zu nennender Klassizismus" (Brandenburg *1981*, 82). Dies erlaubt den Schluß, daß nicht der Geschmack und das Stilempfinden sich gewandelt hat, sondern der Klassizismus als Ideal fortdauernde Gültigkeit behielt. Wie nahe man ihm kam, das war jeweils eine Frage des künstlerischen und finanziellen Vermögens. Das *genus nobile* wich dem *genus humile* nur, wo die traditionelle Elite und eine elitäre Tradition zurückgedrängt wurden, wie dies im Zuge der sozialen Umwälzungen periodisch geschah.

Durch derartige Wandlungen wurde jeweils der gesamte Bildungsbereich berührt. Parallelen zeigen sich in der Vulgarisierung der Sprache und des Rechtswesens. Beidemale geht das diffizile Unterscheidungsvermögen zurück, komplizierte Regelsysteme werden durch hausbackene, volksnahe Ausdrucks- und Umgangsformen ersetzt. Wieacker (*1963*, 15) konstatierte eine „wirkliche Primitivierung und Dekadenz des juristischen Denkens", doch geht damit ein Gewinn an Lebensnähe einher.

Lassen sich mithin in der Spätantike im Bereich von Kunst, Sprache und Recht Dekadenzphänomene nachweisen, so wäre es doch übereilt, diesen Befund zu verallgemeinern. Angesichts der kulturell so viel tiefer stehenden Barbaren verliert das Verlorene ohnedies an Gewicht. Für das politische Kräfteverhältnis und die staatliche Einheit des Reiches waren ganz andere Sektoren bedeutsam, vor allem jene Leistungen, die von den Kaisern und ihren Rednern selbst immer wieder herausgestellt worden sind: Frieden, Freiheit und Wohlstand. Diese drei Dinge werden vielfach als Opfer des Niedergangs angesprochen, wobei sowohl der Grad, in dem sie irgendwann vorhanden waren, als auch das Maß, in dem sie dann verloren gegangen sind, unterschiedlich eingestuft werden.

Der *Friedensgedanke* (Fuchs *1926*) ist seit der Einweihung der Ara Pacis auf dem Marsfeld am 30. Januar 9 v. Chr. durch Augustus die tragende Staatsparole des Imperiums gewesen. Die christliche Romtheologie hat den Wert und die Leistung der Friedenspolitik anerkannt, aber als Folge der Geburt Jesu, des himmlischen Friedensbringers verstanden, dessen Verkündigung eine irdische Friedensordnung erforderte (Peterson *1932/33*). Trotz gelegentlichen Widerspruches blieb die Friedenswahrung des Imperium Romanum bis in die Aufklärung ein Ruhmesblatt Roms. Erst der Fortschrittsgedanke, der vergangene Zustände als überwundene Niederungen einstuft, hat dem römischen Reich seinen Anspruch auf Friedensgarantie bestritten. Pufendorf, Herder und Schlözer etwa haben die römische Herrschaft abgeschminkt und als organisiertes Raubsystem gebrandmarkt. Diese Auffassung von einem aggressiven Militarismus der Römer hat bis in die jüngste Zeit Verfechter gefunden, darunter Beloch *(1900)* und Walser *(1960)*. Der Friedenszustand wird als Friedhofs- und Grabesruhe gedeutet. Eine freundlichere Haltung vertreten Mommsen (RG. V *1885,* 5), Max Weber (*1909,* 181) und Rostovtzeff (*1925/29,* 70 ff.).

Beide Thesen sind als Erklärung für den Zusammenbruch herangezogen worden, indem entweder ein unersättlicher Eroberungsdrang irgendwo scheitern muß, oder indem eine illusionäre Friedenspolitik die Abwehr der Barbaren vernachlässigt. Welche der beiden Haltungen eher zutrifft, ist deswegen schwer zu sagen, weil der Kaiserfrieden von den Legionen getragen wurde. Diese lassen sich aus dem System nicht ohne Folgen herausdenken. Wo Starke und Schwache beieinanderwohnen, ist der Frieden niemals der Naturzustand, sondern Kunstprodukt, das eine Signatur verdient, weswegen man von Pax Romana oder Pax Gothica, von Pax Sovietica und Pax Americana spricht. Im Vergleich zu den vorangegangenen und nachfolgenden Kriegszeiten ist der Anspruch des Imperiums auf Gewährung des Friedens nicht gar so schlecht begründet. Der Verlust dieser Fähigkeit, vorübergehend im 3. Jahrhundert und endgültig seit Beginn der Völkerwanderung ist offenkundig. Über die Gründe ist später zu handeln (IV. 5!).

Im engen Kontext mit dem Militarismusproblem steht die Frage nach der Freiheit. Wie *Pax,* so ist auch *Libertas* eine viel strapazierte Staatsparole gewesen (Wirszubski *1950;* Wickert *1954,* 2080 ff.). Augustus behauptet im ersten Satz seines Tatenberichtes, die Freiheit des römischen Volkes wiederhergestellt zu haben. Dennoch haben die kaiserzeitlichen Intellektuellen, an ihrer Spitze Tacitus (Agr. 3; Hist. I 16) und Pseudo-Longinus (c. 44) daran Zweifel angemeldet. Schon die Bezeichnung der *res publica sub consulibus* als *res publica „libera"* durch die Juristen seit Gaius ist eine Ohrfeige für die *„res publica" sub imperatoribus.* Der Brutus auf den Münzen Trajans wird nicht viele überzeugt haben. Noch spätantike Schulbücher lehren, daß seit Caesar die Freiheit gewaltsam unterdrückt werde und stattdessen die *Caesarum dictatura* herrsche (Ampelius c. 29). Immerhin ist kritisch anzumerken, daß diese Freiheitssehnsucht vom Heimweh der Senatoren in die Republik begleitet war, mithin nicht „der", sondern „ihrer" Freiheit galt.

In der mittelalterlichen Bewertung des Reiches trat der Freiheitsgedanke zurück, weil er damals kein zentrales Thema des Selbstverständnisses war. Erst die Aufklärung änderte das Bild. Mit der Kritik am christlichen Glaubenszwang fand der vorconstantinische, heidnische Pluralismus- und Toleranzgedanke wieder Anerkennung. Das zeigt sich namentlich in der positiven Einschätzung der Philosophenkaiser Julian (Bletterie *1735*) und Marc Aurel (Montesquieu 1734 ch. 16). Daneben blieb freilich die Verurteilung des politisch-militärischen Despotismus der Imperatoren und der Sklaverei als Form gesellschaftlicher Abhängigkeit unvermindert bestehen. Diese Tradition wurde fortgeführt durch Hegel, der den Fortschritt der Freiheit verkündete, und durch den Liberalismus, der ihn verlangte. Die liberale Historiographie hat das römische Kaisertum als System überwiegend abgelehnt, zuweilen emphatisch dagegen polemisiert. Insbesondere der spätrömische Staat wurde als Zwangsanstalt gebrandmarkt. Das belegen Kennzeichnungen wie „Militärdespotismus" (Hirschfeld *1876/1905,* 467; Ferrero

1919/22, 10 f.), „orientalisches Sultanat" (Hartmann *1903/10,* 36 f.), „orientalische Zwingherrschaft" (Rostovtzeff *1925/29,* 210), „Zwangsstaat" (Aubin *1925,* 430; Heuß *1963,* 25), „Autokratie" (Enßlin *1954,* 468), „Militärdiktatur" (Schneider *1977*) usw. Damit wird ein Bild zunehmenden Staatszwangs erzeugt. Dessen Stufen bilden die Regierungen von Augustus (der Senat und Volksversammlung aus der Politik ausschloß), Septimius Severus und Caracalla (die den Einfluß von Soldaten und Provinzialen förderten), Diocletian und Constantin (die Berufsbindungen anordneten) und Theodosius (der das katholische Bekenntnis vorschrieb). Der Sturz Roms erschien unter dieser Perspektive geradezu als eine Befreiung der Völker (Rückert *1857* I 484 f.).

Übersehen wird dabei, daß die freiheitsbeschränkenden Maßnahmen teilweise wirkliche Mißstände ausräumen sollten (so die Cliquenwirtschaft in der Curie, die Demagogie auf dem Forum, die Hintanstellung der Provinzialen, die hapernde Versorgung), teilweise die beabsichtigten Bindungen nicht bewirken konnten (so die Erblichkeit der Berufe und die Einheitlichkeit des Glaubens). Der spätrömische Staat war auch nach innen schwächer als er sich gab (Schuller *1975*). Außer Betracht bleibt im Schema eines wachsenden Zwangs der Rückgang der Sklaverei und die gleichbleibende Freiheit in Kultur und Lebensführung, die noch in den Augen der Kirchenväter das Maß des Zuträglichen überschritt.

Die undifferenzierte Freiheit als Bewertungsmaßstab des römischen Kaiserreiches hat im Gefolge der Französischen Revolution und ihren Blutbädern an Fürsprechern verloren, aber dies hat sich zugunsten einer freundlicheren Beurteilung des römischen Kaiserstaates darum nicht ausgewirkt, weil auch dieser als Produkt einer Revolution erscheinen und bonapartistische Züge annehmen konnte. Schon Schlözer (*1789/92,* 101) sprach von einer „militärischen Demokratie", um die Willkürherrschaft der Soldateska zu kennzeichnen; Gobineau (*1855/1935,* 572) offenbarte in der Formel „entnervte Demokratie" sein Bekenntnis zum monarchischen Staatsideal. Hellwald (*1874/83,* 541) monierte ein „Übermaß an Freiheit" und das „demokratische Caesarenthum", und ähnliche Wertungen vertraten Hodgkin (*1898,* 64) mit seiner Kritik am *crowned socialism* der Cäsaren und wieder Jordan (*1907,* 25): *we read in Roman history the rise of the mob and of the emperor, who is the mob's exponent.* Dumont (*1890,* 186) spielte mit der Wendung *démocratie césarienne* auf den Bonapartismus an, der vermutlich auch hinter der Rede vom „demokratischen Kaiserreich" bei Hans Günther (*1929,* 102) steckt. Erfolglos hat Mommsen (RG III *1857/82,* 476 ff.) gegen die Nachäffung Caesars durch den Cäsarismus protestiert. Am weitesten ging Santo Mazzarino mit der Annahme einer „Demokratisierung" des spätrömischen Reiches. Auf dem Stockholmer Historikertag 1960 entdeckte er *democratizzazione* auf fast allen Lebensgebieten der Spätantike seit Commodus, dem angeblichen Volks- und Friedenskaiser. „Demokratisiert" wurde damals die Stellung der Völker im Reich, die Religion, die Sprache, das Geldwesen, das Eherecht, die kirchliche wie die staatliche Wirtschaft und die Kunst. Als besonders demokratische Kaiser werden Aurelian (41), Diocletian (46) und Constantin (48) herausgestellt, das ganze ergibt *la democratizzazione dello stato ufficiale romano* (50). Kornemann (*1933*, 63) hatte bemerkt, daß Caesar sein System mit einem „Tropfen demokratischen Öls gesalbt" habe. Man sieht, wie weit man kommt, wenn man mit diesem Tropfen sparsam umgeht und alles „demokratisch" findet, was irgendwie volksnah aussieht.

In anderem Sinne wird der Begriff „demokratisch" von marxistischen Historikern verwendet. Für sie ist Demokratie außerhalb der kommunistischen Gesellschaft allemal gleichbeteudend mit Solidarität unter den Ausbeutern gegenüber den Unterdrückten. In ihrem Lenin-Aufsatz entdeckte Frau Schtajerman (*1971*, 47) in diesem Sinne einen durchgehenden demokratischen Zug in der Antike bis in die Kaiserzeit. Der Staat als Regulator der Produktionsverhältnisse setzte ihrer Ansicht nach „einen demokratischen Staatsaufbau voraus, der auch mit der Errichtung des Kaisertums nicht verschwand." Nach marxistischer Logik widerspricht dies Lenins Einsicht in das „Wesen des antiken Staates als einer Diktatur der Sklavenhalter" keineswegs (6). Demokratie und Diktatur bestehen als Einheit von Gegensätzen dauernd dialektisch nebeneinander.

Im Hinblick auf die Erklärbarkeit des Zusammenbruchs ist die Einschätzung der Freiheit ambivalent: Das Ende läßt sich in demokratischer Perspektive aus einem Zuwenig, in monarchistischer Sicht aus einem Zuviel an Freiheit verstehen. Dort wird an die Freiheit der Bürger, hier an die der Soldaten gedacht, und beidemale ist das Problem übersehen, das in der Aufspaltung in Bürger und Soldaten liegt. Die Unterdrückung motiviert die Verweigerung und den Widerstand, und diese beweisen die Freiheit jener Römer, die sich gegen das Reich gestellt und ihre privaten Ziele verfolgt haben.

Neben Frieden und Freiheit ist umstritten, was das Reich seinen Bürgern an Wohlstand beschert habe. Das Glück der Untertanen wurde in der imperialen Ideologie wieder und wieder propagiert und fand unter den Zeitgenossen kaum prinzipiellen Widerspruch. Im Anschluß an Ferguson und Gibbon versuchte Hermann Hegewisch (*1800*), die Zeit zwischen Nerva und Marc Aurel als „die für die Menschheit glücklichste Epoche" zu erweisen, während im Gefolge von Herder ein Autor wie Zumpt (*1841*, 83) die ersten vier Jahrunderte unserer Zeit „die verderblichsten, von denen die Geschichte Kunde gibt", nannte. Beide Haltungen haben Anhänger gefunden. Eine positive Beurteilung des kaiserzeitlichen Wohlstandes haben Mommsen (RG. V *1885/1909*, 5), W. Davis (*1910/33*, 314) und West (*1932/33*) geliefert, Jacques Heurgon (*1969*, 383) schreibt: *le IVe (siècle) a été à nouveau un grande siècle d'or.* Eine negative Einschätzung gaben Taine (*1856*), Beloch (*1900*), Mitteis (*1900*), Paterson (*1907*), Wenger (*1922*) und Rostovtzeff (*1925/29*). Der Unterschied erklärt sich aus dem jeweils gewählten Kontext. Mommsen kam zu seinem Urteil durch den Vergleich des Zustandes unter der Kaiserherrschaft mit dem unter anderen Systemen. Rostovtzeff suchte den Grund für das spätere Unglück im früheren „Glück" und schloß vom Fall auf den Stand.

Die Symptome des Wohlstandes im kaiserzeitlichen Imperium sind nicht zu bezweifeln, werden indes im Hinblick auf dessen Ende unterschiedlich interpretiert. So wie Frieden und Freiheit auch, wird das materielle Wohlleben teils als Grund der Schwäche, teils als Kriterium der Stärke angesehen. Nach antiker Logik ist der Reichtum eine Ursache für die Sorglosigkeit der Römer und ein Anreiz für die Angriffslust der Germanen; gemäß moderner Anschauung ist der schließliche Zusammenbruch ein Beweis gegen ein vorheriges Wohlergehen (Stahl *1977*, 179). Man schreibt den Glanz der Fassade, der Struktur jedoch Labilität zu, man rechnet mit einer Verarmung des Ganzen oder doch der Mehrheit. Unbestreitbar ist ein sozialökonomischer Niedergang der Kernländer. Griechenland hat nach Alexander, Italien nach Augustus an Wohlstand und Bevölkerung verloren. Beidemale ist jedoch ein Aufschwung der Randzonen dagegenzuhalten, der nicht zuletzt durch die Einwanderung in diese, nun attraktiveren Gebiete zu erklären ist.

Die Tendenz, den Niedergang des römischen Reiches als fallende Linie auf niedrigem Niveau zu sehen und damit die Fallhöhe zu mindern, entspringt der Absicht, die Erklärung des Sturzes zu erleichtern, führt aber dazu, das Erklärungsproblem zu bagatellisieren. Wir müssen uns nicht Hegewisch *(1800)*, Nietzsche *(1888)*, Barbagallo *(1933)*, Huizinga *(1938)* und jenen andern anschließen, die das Imperium für den perfektesten aller Staaten erklärt haben. Aber im Rahmen der vorindustriellen Systeme ist es eine politische Ordnung allerersten Ranges. *Decline and fall* lassen sich nicht wegdisputieren, indem man meint, das Reich habe eben immer schon gekränkelt, und darum brauche man sich nicht über sein Ableben zu wundern. Eine solche durch den Ausgang bestimmte Blickrichtung ist gleichwohl dem Historiker facheigen: Lehrst du wen historisch sehen, mußt du ihm den Hals umdrehen.

Einen Niedergang an militärischer Widerstandskraft hat das Imperium unbestritten erlebt.[25] Wie weit wir diese absteigende Linie zurückverfolgen können, ist auch dann schwer zu bestimmen, wenn wir uns von der Rücksicht auf das Ende freimachen. Die methodische Schwierigkeit wurzelt nicht allein in den unbefriedigenden Quellenangaben über die relevanten Lebensbereiche, sondern ebenfalls in dem scholastischen Charakter ihrer Interpretation. Das Alter einer beliebigen historischen Erscheinung hängt davon ab, ob sie eng oder weit definiert wird. Öffnen wir den Begriff, indem wir nur einige wenige Merkmale für ihn verlangen, so erhöht sich die Zahl subsumierbarer Phänomene, bzw. die Geschichte der Erscheinung verlängert sich in die Vergangenheit hinein. Schließen wir den Begriff, indem wir eine Vielzahl von Charakteristiken für seine Verwendbarkeit fordern, so verringert sich die Zahl der abgedeckten Fälle, bzw. die Vorgeschichte des Phänomens wird kürzer. Dieser Mechanismus zeigt sich, wenn wir nach dem Alter oder nach der Verbreitung beliebiger historischer Erscheinungen fragen, und so auch im Falle der „Dekadenz" des römischen Staates bzw. der antiken Kultur.

---

[25] Über Ausmaß und Ursachen ist unten zu handeln (IV. 5!).

Soweit die Auflösung des Imperium Romanum aus dessen vorausgegangenem Verfall erklärt werden soll, empfiehlt sich eine enge Definition der „Dekadenz", d. h. Beschränkung auf die politisch relevanten Bereiche und einen kurzen Anlauf zum Ende. Stringenz liegt in der Abfolge der Zerfallserscheinungen erst nach dem Tode von Theodosius I. 395, allenfalls seit dem Goteneinbruch 376. Die Voraussetzungen des dann folgenden Auflösungsprozesses sind natürlich älter, und mit den Voraussetzungen dieser Voraussetzungen kommen wir noch weiter zurück, und je mehr wir darunter begreifen, desto länger wird der Abstieg. Dabei werden jedoch alle Reformen herausgebügelt, und weshalb der Reichsverband bis ins 5. Jahrhundert gehalten hat, bleibt rätselhaft.

Sowohl die diachrone Einebnung der Zwischenaufstiege als auch die synchrone Übertragung einzelner Verfallserscheinungen auf das gesamte Kulturgetriebe sind Prägnanzverformungen. Autoren, die sich zur ungeteilten Dekadenz Roms bekennen, scheren die Leistungen auf den verschiedenen Lebensgebieten über einen Kamm. Treffend wandte Greene (*1933*, 512) dagegen ein, daß die Hochform auf den einzelnen Sektoren in verschiedene Zeiten fallen: Als Periode der stabilsten Staatsmoral ließe sich das 3. Jahrhundert v. Chr. in Rom bezeichnen; Roms militärische Leistungskraft stand unter Caesar auf ihrem Höhepunkt; die Kunst kulminierte unter Augustus; Wohlstand und Sicherheit waren niemals größer als im frühen 2. Jahrhundert n. Chr., die bedeutendsten Leistungen im Rechtswesen liegen noch später. Von einer einheitlichen Kulturentwicklung kann somit kaum die Rede sein. Das Wort Nietzsches, das als Motto diesem Kapitel voransteht, empfiehlt sich darum als methodisches Prinzip. Das Phänomen „Dekadenz" ist ebensowenig generell zu behaupten wie global zu bestreiten; der Begriff „Dekadenz" liefert Möglichkeiten, in das Gewirr historischer Entwicklungslinien eine gewisse Ordnung zu bringen, wenn wir ihn nicht überfordern.

Der Dekadenzgedanke wird nun nicht nur zur Beschreibung dessen gebraucht, was dem Fall Roms vorausging, sondern findet ebenso Anwendung auf das, was ihm gefolgt ist. Das Normalschema der Dekadenztheorie läßt die Entwicklungslinie bis zu einem bestimmten Tiefstand fallen und von dort wieder aufsteigen. Als Knickpunkt erscheint gewöhnlich die Wende vom Altertum zum Mittelalter.[26] Da die dafür angenommenen Punkte über mehrere Jahrhunderte verteilt sind, stellt sich die Frage, ob es in dieser Zwischenzeit immer noch bergab oder schon wieder bergauf gegangen sei. Beispielshalber sahen Pirenne und Aubin in den völkerwanderungszeitlichen Germanen die Zerstörer der antiken Kultur, während Dopsch und Wilhelm Weber (*1929*, 66) sie als die neuen Kulturbringer begrüßten. So kann der Niedergang nahtlos in Fortschritt umschlagen. Kosminskij (*1946*, 13) erblickte im Ende Roms einen „bedeutenden", Tsunoda (*1955/69*, 260) einen „umwälzenden Fortschritt".

Ein Kompromißmodell verzichtet auf die Identität von End- und Anfangs-

---

[26] Die unterschiedlichen Epochenansätze sind im Zusammenhang mit dem Periodisierungsproblem vorgeführt (II. 5.c!).

punkt der beiden Linien und nimmt zwischen ihnen einen mehr oder weniger gleichbleibenden Tiefstand von kontroverser Dauer an. Die Verbreitung der Vorstellung vom „finsteren" Mittelalter und die gleichbedeutenden Metaphern haben wir oben behandelt (II. 5.a!), hier seien die unterschiedlichen Dauerangaben zugefügt. Die Kluft bleibt verhältnismäßig schmal, wo bereits im hohen Mittelalter das Niveau wieder als erreicht betrachtet wird, so bei Aubin (*1925*, 427). Sorel (*1906/19*, 129) bezifferte das Intermezzo der Barbarei auf 400, Hallam (*1820/57*, 451) auf 500 Jahre, sie waren *almost absolutely barren.* Auch Nitzsch (*1883* I 129) und Kuczynski (*1949*, 100) rechneten mit 500, Hodgkin (*1879/92*, II 532ff.) hingegen mit 600 Jahren. Meist wird die tote Spanne jedoch länger angegeben. Beliebt wegen seiner Rundung ist das Jahrtausend: *mille circiter annos sine ullo pretio* hätten die *disciplinae* darniedergelegen, schrieb Bodin (*1566/1650*, 321). Dieselbe Zeitlänge nannten Schiller (*1790*; IX 327), Krause (*1790*, II 202), Macaulay (*1828/60*, 417), Renan (*1882*, 603), Boissier (*1891/1913*, 438), Frazer (*1906/55*, 301), West (*1932/33*, 96), Hitler (*1942/63*, 497) und Isaac (*1971*, XI). Die ›American Cyclopedia‹ von 1883 rechnete die *Dark Ages* (s.v.) vom 5. bis 15. Jahrhundert. Bei H.F.K.Günther (*1957*, 307) währte die Nacht von 300 bis 1400 n.Chr., bei Ernst Moritz Arndt (*1807/77*, 17) und William Lecky (*1869/1921*, II 15) zwölfhundert Jahre. Engels (MEW 19, 442) erweiterte sie auf „fast anderthalb Jahrtausende". Darüber hinaus ging Philipp Melanchthon, als er fragte: *post Augustum praeter initia Ecclesiae Christi, quid in caeteris est, quod delectare legentem possit?* (CR IX 1074). Kahrstedt (*1924*, 31) berechnet den „Umweg" auf zweitausend Jahre, das sinnstiftende Ziel ist für ihn wie für die Vorgenannten die eigene Kulturperiode – wann immer man die beginnen läßt. Noch längere Zwischentiefs sind erst bei Historikern des dritten Jahrtausends zu erwarten.

Die Autoren, die darüber streiten, wie lange das finstere Mittelalter gedauert habe, sind sich doch darin einig, daß es hinter uns liegt, ja daß das Licht der Gegenwart die Antike überstrahle. Nachdem der Kulturstand des Altertums wieder erreicht schien, wurde er Stufe um Stufe überboten, so daß die Dekadenzphase der späten Antike gesamthistorisch nur einen vorübergehenden Abfall der aufs ganze gesehen aufsteigenden Entwicklung darstellt. Als die wichtigsten Gründe für den neuerlichen Fortschritt über das Altertum hinaus werden durch die ganze Neuzeit hindurch der Eintritt der Germanen in die Geschichte und die Verbreitung des Christentums über die Welt angegeben. Die Akzente fluktuieren dabei; die Germanen haben in der romanischen, namentlich französischen Literatur Abstriche hinnehmen müssen, während das Christentum in der marxistischen Forschung nur begrenzt und vermittelt als Progressivkraft anerkannt ist.

Fluktuation zeigen auch die Kriterien des nachantiken Fortschritts. Entscheidend waren für Humanisten wie Wimpfeling (*1505*) die Hebung der Sitten, für Bodin (*1566*) die technischen Erfindungen, für Hotman (*1573*) die Sicherung der

Volksfreiheit. Die Aufklärer führten das aus. Adam Smith *(1763)* betonte das verbesserte Heerwesen, Schiller *(1789)* die Zurückdrängung der Sklaverei, Herder *(1791)* die Beförderung der Humanität. Der Historismus hat dann die Segnungen des 19. Jahrhunderts den Punkten hinzugefügt, in welchen man das Altertum übertrumpft habe: das Selbstbestimmungsrecht der Völker, den Aufbau der Maschinen-Industrie, die Wissenschaft von den Gesetzen der Natur und der Geschichte. Daß der Fall Roms für den Fortschritt zu den genannten Zielen nützlich oder nötig gewesen sei, verfechten vorwiegend die Anwälte der nachantiken Weltmächte, d. h. Hegel und seine Mündel: Nationalismus und Liberalismus, Kapitalismus und Kommunismus.

Mit dem Ersten Weltkrieg ist der Stolz auf die Überlegenheit der Moderne über die Antike spürbar abgekühlt. Einzelne Autoren, wie Walter F. Otto *(1923)* haben sogar einen Rückfall unter das antike Niveau behauptet. Auch hier aber sollten wir differenzieren: was Nietzsche über die Dekadenz gesagt hat, gilt ja ebenso für den Progreß. Wir wollen und können nicht bestreiten, daß die Nachantike Fortschritte aufweist. Wir sollen und dürfen aber auch nicht vergessen, daß deren Voraussetzungen im Altertum wurzeln: Freiheitsgedanke, Staatsrecht und Wissenschaft, Christentum und Germanentum sind Elemente der antiken Kultur. Der Fortschritt erfolgte nicht wegen, sondern trotz jenes Systembruchs. Wir haben keine Zeugnisse, daß ihn irgendjemand gewünscht oder geplant hätte, sondern müssen annehmen, daß er bloß das unbeabsichtigte Begleitprodukt von militärischen, politischen und ethnischen Aktionen war. Anders als in späteren Epochen-Ereignissen wurde in der Völkerwanderung ein System zerstört, dessen Reste anschließend mühsam zwecks weiterer Verwendung zusammengesucht werden mußten. Seit dem Ende Roms liegt Europa auf den Knien vor der Antike, wühlt jedes Fitzelchen aus dem Boden und zahlt dafür enorme Preise.

Geschieht dies heute aus romantischer Nostalgie, so war das bis ins 18. Jahrhundert anders: bis in den Klassizismus ist Europa bei den Alten in die Schule gegangen, und ausgelernt hat es noch immer nicht. Die Behauptung, daß dem Fortschritt zulieb die Zerstörung des Imperium Romanum notwendig war, ist reine Hegelei. *Logificatio post festum* heißt das bei Theodor Lessing.

Eine Bilanz zog Jacob Burckhardt in seinen ›Weltgeschichtlichen Betrachtungen‹: „Ein Unglück, daß in der Völkerwanderung so unendlich vieles von den höchsten Errungenschaften des menschlichen Geistes unterging. – Ein Glück aber, daß die Welt dabei erfrischt wurde durch neuen gesunden Völkerstoff" (*1868/1955*, 252). Was hinter der „Lehre von der Wünschbarkeit" (267) steht, hat sich seit Burckhardt nicht geändert: es ist „unsere tiefe und höchst lächerliche Selbstsucht" (259).

II. 5. c. Das Periodisierungsproblem

Genau besehen, kann und soll man von jedem Tag eine neue Epoche datieren.
Goethe MR. 1166

Es gibt Fragen, die uns nicht loslassen, obwohl uns klar ist, daß sie nicht zu beantworten sind. Meine Tochter Naia wollte einmal wissen, um wieviel Uhr das Mittelalter angefangen habe. Stimmt es nicht bedenklich, mit welcher Selbstverständlichkeit wir eine solche Frage abweisen? Genügt die offenkundige Unlösbarkeit, um ein Problem für abwegig zu erklären? Gehen wir einmal von der methodischen Fiktion der Beantwortbarkeit aus, so lautet unsere Aufgabe: die oben erzielte Wesensbestimmung des imperialen Zerfalls (II. 5. a!) und des zerfallenden Imperiums (II. 5. b!) in Chronologie umzusetzen.[27]

Die frühesten Periodenansätze der Spätantike, die nicht bloß das Altertum, sondern die Gesamtgeschichte gliedern, haften an der Regierung Constantins d. Gr. Sein Herrschaftsantritt im Jahre 306 ist oft und aus mancherlei Gründen als zeitenwendend empfunden worden. Otto von Freising verlieh diesem Ereignis dadurch Bedeutung, daß er das vierte Buch seiner Weltchronik mit Constantin eröffnete. Einen noch stärkeren Akzent erhielt Constantin bei Christoph Cellarius, er ließ mit Constantin 306 die *historia antiqua* enden und die *historia medii aevi* beginnen, die er bis 1453, zum Fall Konstantinopels rechnete. Cellarius hat erheblich dazu beigetragen, das Mittelalter als Periode zu popularisieren und überhaupt an die Stelle einer Geschichtseinteilung nach Weltreichen diejenige nach Zeitaltern zu setzen. Seine ›Historia Antiqua‹ von 1685 faßt die vorrömischen Imperien seit Nimrod mit dem römischen Reich bis auf Diocletian zusammen und konstituiert damit die Alte Geschichte im heutigen Sinne als Einheit. Den Abschluß der antik-römischen Geschichte bildet Constantin bei Echard *(1730)* und Crévier (*1756* XII 240). Chateaubriand (*1831* I 24; II 9) schrieb die Eröffnung des Mittelalters Constantin zu, weil dieser Christentum und Barbaren zu tragenden Mächten der Zukunft erhoben habe. Dem schlossen sich Stauffenberg (*1940/48*, 107) und Hübinger (*1952/59*, 42 ff.) an, doch ist der Urheber des Gedankens in Vergessenheit geraten. Ernst Kornemann (*1946/48*, 274) motivierte den Anfang des „metaphysischen Weltzeitalters" mit Constantin; nach Ernst Meyer (*1948/61*, 439) gehört der Staat Diocletians und Constantins „mehr der mittelalterlichen als der antiken Welt an".

Die angegebenen Gründe für Constantins epochale Bedeutung sind unterschiedlich tragfähig. Die Wichtigkeit seines Religions-Wechsels ist unbestreitbar, aber eine Wende in der römischen Germanenpolitik läßt sich unter ihm kaum beobachten, und vollends unmöglich ist es, mit Constantin das Ende der Sklaven-

[27] Wer zuvor die Geschichte der historischen Periodisierungen überhaupt studieren möchte, dem seien O. Lorenz (*1886*, 228 ff.) und van der Pot *(1951)* nebst der dort genannten Literatur empfohlen.

halterformation zu verbinden, wie Schtajerman (*1953/57*, 155) dies getan hat. Die Sklaverei ist so langsam zurückgegangen, daß sich mit ihr eine Periodisierung überhaupt nicht verbinden läßt.

Neben der Herrschaftsübernahme Constantins sind auch andere, spätere Ereignisse aus seiner Zeit zu Epochen erhoben worden. Euseb beendete die Erstfassung seiner Kirchengeschichte mit dem Sieg an der Milvischen Brücke 312. Kaiser Theodosius II. verlieh diesem Jahr rechtserhebliche Bedeutung, indem er die Kaisererlasse seit 312 in seinen ›Codex Theodosianus‹ von 438 aufnehmen ließ. Unter den neueren Autoren hat sich Grimal (*1961*, 90) für diese Zeitengrenze entschieden. Nur für einen Strang mittelalterlichen Denkens ist das Jahr 317 von epochaler Bedeutung gewesen: Gemäß dem *Constitutum Constantini* trat Constantin 317 dem Papst Silvester und seinen Nachfolgern *usque in finem mundi* die Herrschaft über das weströmische Reich ab, gestattete ihm die Führung der kaiserlichen Herrschaftszeichen und zog sich selbst in den Osten zurück, um sich in *Byzantiae provincia* eine neue Hauptstadt zu bauen (Mirbt *1901* Nr. 86). Die nächste Grenzmarke ist Constantins Sieg über Licinius 324 und das Konzil von Nicaea 325, damit endete die Chronik des Eusebios. Die ›Cambridge Medieval History‹ setzt hier ein, die ›Cambridge Ancient History‹ hört hier auf.

Als weiteres Epochendatum kam in Frage die Gründung Konstantinopels, speziell die Einweihung 330. Sie wurde verständlicherweise von byzantinischen Autoren betont, so vom Verfasser des ›Chronicon Paschale‹, der die Beziehung zur Gründung des ersten Rom herstellte (Chron. min. I, 234; CSHB 4, 559 f.). Westliche Autoren ließen mit der *sedis mutatio* Constantins den Niedergang beginnen (s. o.). Später wurde die Erhebung von Konstantinopel gemeinsam mit dem Fall Roms von Friedrich Engels als Abschluß des Altertums angesehen (MEW 20, 463).

Das nächstfolgende als einschneidend erachtete Ereignis ist der durch den Hunnenangriff ausgelöste Einbruch der Westgoten ins Reich im Jahre 376. Vielfach ist 375 gewählt worden, weil der Zusammenstoß der Hunnen mit den Goten in dieses Jahr verlegt wurde (Wachsmuth *1895*, 315 f.; Ploetz *1956*, 352; *1980*, 321). Der zeitliche Abstand zwischen dem undatierten Auftauchen der Hunnen und dem Donauübergang der Westgoten ist jedoch nicht überliefert und dürfte angesichts der Menge des inzwischen Geschehenen mehrere Jahre zuvor anzusetzen sein. 378 vernichteten die Westgoten bei Adrianopel das oströmische Heer, und diese Schlacht wurde von Ammian und Hieronymus zum Endpunkt ihrer Geschichtswerke gewählt. Rufinus (HE XI 13) und Orosius (hist. VII 33, 9) führten auf jene Ereignisse alle späteren Übelstände zurück. Die Vorgänge um Adrianopel sind auch in der neueren Literatur mehrfach als ausschlaggebend angesehen worden. „Mit dem Verlust der Donaugrenze (378) ist der Würfel über das Römerreich geworfen, und das weitere Verfolgen der Agonie ist unerfreulich und zwecklos" heißt es bei Mommsen (*1886*, 221). Straub (*1943/72*, 219) nannte Adrianopel den „entscheidenden Wendepunkt" zwischen dem „Untergang der antiken Welt" und der „Geburt des Abendlandes", Kornemann (*1946/48*, 353) und Parain (*1953*, 108) folgten ihm darin. Cartellieri (*1927*, 3 f.) hingegen entschied sich für den Siedlungsvertrag, den Theodosius 382 mit den eingedrungenen Westgoten schloß, weil damit die Resignation des Imperiums offenbar geworden sei.

Das nächstspätere von manchen Autoren als epochemachend angesehene Ereignis ist der Tod des Theodosius 395 und die Aufteilung des Imperiums unter seine Söhne Arcadius und Honorius. Diese Maßnahme wurde von den Zeitgenossen vermerkt, wir finden den Ausdruck *utraque res publica*, der die Trennung betont, in der ›Epitome de Caesaribus‹ (48, 19), und die Bezeichnung *commune imperium, divisis tantum sedibus*, die die Einheit akzentuiert, bei Orosius (hist. VII 36, 1). Keine Quelle indessen besagt, daß mit 395 ein neuer Geschichtsabschnitt einsetzte, dies wurde erst von Johann Hübner getan (I *1697/99*). Er erhob das Jahr 395 zur Epoche, weil anschließend die *Migratio gentium* dem Reich „eine Provintze nach der andern abzwackte" (471 f.). Ein bloßes Plagiat Hübners liefert Johann Georg Essich (*1707/28*, 73); eigenständig gleichlautend ist die Zäsur 395 bei Hilmar Curas und Johann Mathias Schröckh in der ›Einleitung zur Universalgeschichte‹ (*1774/77*, 258), danach bei Rotteck *(1812/24)*. 1838 wurde in Frankreich das Jahr 395 für den Schulunterricht die Scheide zwischen Altertum und Mittelalter (Stroheker, *1950/69*, 213). Auch später behielt das Jahr in Frankreich seinen epochalen Charakter, so bei Duruy (VII *1885*, 545), Lot *(1928)* und Piganiol *(1947)*. In der deutschen Literatur wird 395 als Epoche behandelt bei Wachsmuth (*1895*, 315 f.) und Lauffer (*1956/64*, 137). Die These von der Reichsteilung begegnet bei Schulz-Falkenthal (*1977*, 402), und 1978 hat Várady nachzuweisen versucht, daß 395 eine scharfe, ja vollständige staatsrechtliche Spaltung des Reiches erfolgt sei. Aber dem steht gegenüber, daß Mehrkaisertum und Ost-West-Teilung auch vorher schon begegnen, zuletzt 364, und daß in einzelnen Fällen auch nach 395 noch der Gedanke einer Gesamtregierung Wirklichkeit geworden ist.[28] Mit gutem Grund ist die These einer erstmaligen und endgültigen Reichsteilung 395 von Seeck, Stein, Palanque, Demougeot und Hoffmann abgelehnt worden (Várady *1978*, 115).

Zuweilen wird der germanische Rheinübergang von 406 als epochemachendes Ereignis gewertet (Delisle NG I *1781*, 48), wichtiger aber ist Alarichs Einnahme Roms 410. Sie hat bereits die Zeitgenossen bewegt, und zwar noch stärker als die

---

[28] So 410 bei der Entsendung eines Hilfskorps der Ostregierung an Honorius; 424 f. beim Zuge Placidias gegen Johannes Primicerius; 431 f. bei der Expedition Aspars gegen die Vandalen; 437 in der Hochzeit des Westkaisers Valentinian III. mit der Ostprinzessin Eudoxia; 438/439 bei der Publikation des Codex Theodosianus; 441 bei der neuerlichen Expedition gegen Geiserich; 455 bei der Gesandtschaft Marcians nach Karthago; 457 bei der Ernennung Rikimers und Maiorians durch Leo; 462 f. bei der Gesandtschaft des Phylarchos; 467 bei der Einsetzung des Anthemius; 468 beim Zug gegen Karthago; 474 beim Vertrag mit Geiserich; 476 bei der Übersendung der Insignien nach Konstantinopel, 488 beim Zuge Theoderichs nach Italien.

Niederlage bei Adrianopel. Für altrömisches Denken war Rom das Herz des Imperiums; auch nachdem die Kaiser dort nicht mehr residierten, saß der Senat weiterhin in Rom, befanden sich dort die sakralen Unterpfänder der römischen Herrschaft sowohl für die heidnische als auch für die christliche Auffassung.[29] Insgesamt scheint es, als ob die Einnahme Roms 410 eher als Signal denn als Epoche empfunden worden wäre. Einen Gliederungswert erhielt sie erst durch Flavius Blondus, der mit ihr die *declinazione di Roma* beginnen ließ. Er datiert sie indessen irrig auf 412 (Scritti 162). Nachdem Mommsen 1886 seine Vorlesung über das von ihm so genannte „diocletianische" Zeitalter mit Stilicho, Alarich und Athaulf beendet hatte, erklärte N. J. Golubzova 1949 die Einnahme Roms zum entscheidenden Einschnitt zwischen Antike und Mittelalter (Heinen *1980*, 287).

Als weiteres Epochenjahr wurde 454 wegen der Ermordung von Aetius, dem „letzten Römer" angesehen (Prokop. BV I 3, 15), namentlich bei Marcellinus Comes (II 2 a!). Bisweilen begegnet diese Epoche im Anschluß an Marcellinus bei mittelalterlichen Autoren, etwa Beda (MG AA XIII 304). In der Neuzeit wurde sie von Franck (*1531*, 156) und Cellarius (*1688*, 48) unterstrichen. Mit Aetius, so meinte auch er, sei das Westreich zusammengesunken und erst 345 Jahre später durch die *virtus Francorum* wieder errichtet worden. Die neun Kaiser nach Valentinian III. seien faktisch nur *reges Italiae* gewesen.

Das für die Deutungen der Folgezeit wichtigste Ereignis war die Absetzung des Romulus Augustulus 476 und das dadurch eingetretene Ende des Kaisertums im Westen des Imperiums. Das Echo auf diesen Vorgang wurde behandelt von Wes *(1967; 1976)*, Momigliano *(1973)*, Castritius *(1975)*, Todeschini *(1976)* und Várady (*1978*, 110 ff.). Es war deswegen schwach, weil zum einen die Vorherrschaft der germanischen Heere in Italien auch zuvor schon bestand, so daß sich wenig änderte, und weil zum andern die Zeit überhaupt arm an Literatur war. Die erste Stimme für die epochale Einschätzung jenes Vorgangs ist die ›Vita Sancti Severini‹ des Eugippius (c. 20), die damals das Ende des Imperium Romanum ansetzt (Lotter *1968*, 314 ff.; *1971*, 274). Die Machtergreifung Odoakars hatte zur Folge, daß den Grenzgarnisonen kein Sold mehr gezahlt wurde, und dies vermutlich nicht nur in Noricum. Im frühen 6. Jahrhundert äußerte sich im gleichen Sinne Marcellinus Comes: „Das westliche Reich des römischen Volkes *(Hesperium Romanae gentis imperium)*, das im 709. Jahre nach der Stadtgründung unter die Herrschaft von Augustus gekommen war, ging im 522. Jahre mit diesem Augustulus unter, und fortan beherrschten die Goten Italien" (MG AA XI, 91). Es ist denkbar, daß auch diese Formulierung des Gedankens aus römischen Senatskreisen stammt, die auf eine Erneuerung des Westkaisertums hoffen. Daß er aus dem Geschichtswerk des jüngeren Symmachus stammt, wie Wes

[29] Die wichtigeren Äußerungen der Zeitgenossen zu 410 sind oben im Zusammenhang mit dem historischen Selbstverständnis angesprochen worden (II 1 b!). Eine Sammlung alter und neuer Stimmen bieten Piganiol *1964*, Zwierlein *1978* und Cracco Ruggini *1978*, 79.

(*1967*, 74 ff.; *1976*, 227) glaubt, ist trotz der Zustimmung von Brown (*1972*, 227) und Momigliano (*1973*, 400 f.) unbeweisbar (ByzZ. 62, *1969*, 96–101). Daß man auch im Osten so denken konnte, lehrt Prokop (BG I 12, 20). Er meinte, der römische Staat sei nicht mehr derselbe, seitdem Odoakar die Tyrannis errichtet und die Barbaren Teile des Westreichs unterworfen hätten. Die Periodisierung des Marcellinus wurde wörtlich übernommen in die Geschichtswerke des Jordanes (Rom. 344; Get. 242), offenbar empfahl sich die suggestive Symmetrie des doppelten Bogens von Romulus und von Augustus zu Romulus Augustulus. Aus Marcellinus Comes gelangte die Notiz in kürzerer Form in den ›Laterculus Imperatorum ad Iustinum I.‹ und in die Chronik des Beda (MG AA XIII 305; 423), aus Jordanes in die 775 erschienene ›Historia Romana‹ des Paulus Diaconus (XV 10). Dieser deutete den Vorgang als das Ende des *Romanorum apud Romam imperium,* und der *Augustalis sublimitas.* Paulus unterstrich das Gewicht der Zäsur dadurch, daß er danach nicht mehr *ab Urbe condita,* sondern *ab dominica incarnatione* zählte, d. h. die römische durch die christliche Jahresbezeichnung ersetzte (XVI 1). Über Paulus Diaconus kam die Epoche in die westliche Geschichtstradition. In der byzantinischen Literatur taucht sie auf Ende des 6. Jahrhunderts bei dem Kirchenhistoriker Euagrius Scholastikos (II 16, Bidez-Parmentier *1898*, 66 f.). Er hat für sein profangeschichtliches Material die verlorene Chronik des Eusthatios von Epiphaneia benutzt, die bis 502 reichte, daher könnte auch unsere Notiz daher stammen. Von Euagrios abhängig ist die zwischen 810 und 814 verfaßte Chronographie des Theophanes (ed. de Boor 1883), die ebenfalls mit der Absetzung des Romulus das Westreich enden läßt (a. m. 5965, a. O. S. 119). Wegen ihrer metaphorischen Prägnanz ist die Bemerkung zu 476 in der Fortsetzung der Chronik des Prosper von Aquitanien (Chron. min. I, 309) bemerkenswert: damals habe das Reich unerwartet Schiffbruch erlitten: *inopinata rei publicae naufragia.*

In der Literatur des lateinischen Mittelalters erscheint die Zäsur 476 bei Frechulf von Lisieux im 9. Jahrhundert (II 5, 17; PL 106, 1249), der damals die Herrschaft von den Kaisern auf die *reges gentium* kommen ließ, bei Notker Teutonicus († 1022) in der Vorrede zu seiner Boethius-Übersetzung und bei Otto von Freising (Chron. IV 31), der im Anschluß ein Lamento über die irdische Vergänglichkeit anstimmte. Für die Gesamtgliederung blieb dieser Einschnitt bei ihm von untergeordneter Bedeutung, weil das letzte der vier Weltreiche, das Imperium Romanum, für ihn trotzdem eine Einheit ausmachte.

Im Humanismus, der dem Gedanken der *Translatio Imperii* skeptisch gegenüberstand, gewann die Zäsur 476 wieder systematisches Gewicht, zuerst bei Bernardo Giustinian († 1489, Calderone *1978*, 30), dann bei Machiavelli (Flor. I 3), Hedio (*1539*, 231), Melanchthon (CR XII 1034), Panvinius (*1558*, 945), Bodin (*1566/1967*, 238), Le Roy (*1575/84*, 160), Sigonius (*1579*, 368) und Baronius (*1588/1617* V 1060). Dieselbe Etappe wählten dann Conring (*1654*, 99; 282 f.), der 1670 verstorbene Georg Horn (*1699*, 50 f.) und 1688 Cellarius. Letzterer hat drei Anfangstermine für das Mittelalter *(medium aevum)* genannt: die Gründung Konstantinopels 330, den Tod des Aetius 454 und die Absetzung des Romulus 476

(S. 51 f.). 1726 beendete J. J. Mascov den ersten Band seiner ›Geschichte der Teutschen‹ mit Odoakar und Chlodwig, und fortan blieb diese Periodisierung üblich. 1734 benutzte sie Montesquieu (c. 19), 1751 Mably (I 140; IV 568), 1754 die ›Hallische allgemeine Weltgeschichte‹ (XIV S. 593 f.), 1761 und 1765 Gatterer (*1761*, 65; 876; *1765*, 598), 1769 Goldsmith (*1769/93*, 501), 1770 Boysen (VII 712). Folgenreich war, daß sich auch Gibbon zu ihr bekannte. Er schloß mit 476 den dritten Band seiner ›History of the Decline and Fall of the Roman Empire‹ (*1781*), schob hier seine Betrachtungen über den Zusammenbruch des Westens ein (ch. 38; Christ *1970*, 32 ff.) und hatte ursprünglich vor, das Werk damit zu beenden (Gibbon *1796/1966*, 164). In der Hißmannschen Bearbeitung der Weltgeschichte von Delisle (AG XI *1790* p. V) heißt es: „Dieser Fall des Abendländischen Kaiserthums ist die wahre Gränzlinie, welche die Welt der Alten von der Welt der Neuern scheidet". So wird es verständlich, daß die Epoche 476 in Geltung blieb. 1789 akzeptierte sie Christian Daniel Beck (S. 336 f.; 423), 1790 M. C. Curtius (3; 63; 88), dann Eichhorn (*1799*, 552), Heeren (*1799/1810*, 600), Bredow (*1799/1816*, 687), Royou (*1803/14*, 541), Wachler (*1806*, 3), Luden (*1814/19*, 600) und Vollgraff (*1828*, 166 f.).

In die moderne Historiographie wurde das Jahr 476 als Zeitenwende eingeführt durch Niebuhr (*1829/48*, 346 f.). Als Seeck 1919 seine ›Regesten‹ und 1920 seine ›Geschichte des Untergangs‹ mit 476 beschloß, berief er sich auf das „mit Recht Hergebrachte" (VI *1920*, 380). Tatsächlich rangiert das Jahr 476 in der Beliebtheitsskala des 19. und 20. Jahrhunderts deutlich an der Spitze.[30] Mehrere Autoren äußerten Unwohlsein gegenüber diesem Einschnitt, respektierten ihn aber trotzdem.[31] Anerkennung fand er in der ›Enciclopedia Italiana‹ (XXIX *1936*, 649 durch Momigliano), in der ›Encyclopaedia Britannica‹ (XIX *1971*, 541) und der Brockhaus Enzyklopädie (XVI *1973*, 95 f.). Unter den östlichen Gelehrten haben sich Kosminskij (*1948*, 12), Schulz-Falkenthal (*1977*, 408), Várady (*1978*, 93 ff.; 124) sowie Dieter und Günther (*1979*, 373) für den Epochencharakter von 476 ausgesprochen. Der Vertiefung des Epochenbewußtseins dienten die Jubiläums-

---

[30] Die Epoche 476 wurde übernommen von Chateaubriand (*1831* II 328 ff.), der das Ende Roms 476 bereits ins Mittelalter datierte, von Sismondi (*1835* I 251; II 394), Kortüm (*1843*, 499), Proudhon (*1854/83*, II 306), Ranke (*1854*, 38), Lasaulx (*1856*, 140), Jacob Burckhardt (*1859//1929*, 21), Gregorovius (*1859/1910*, 239–244), Thierry (*1860*, XXI; 268), Rodbertus (*1865* ff. T. 3, 135), Littré (*1867*, IV), Peter (*1875*, 565), Hodgkin (*1879* II 528), Hertzberg (*1880*, 881), Stieve (*1893* XIII), Dove (*1893/1916*, 222) und Niese (*1896/1906*). Sie findet sich in unserem Jahrhundert bei Bernheim (*1903*, 70 f.), Hartmann (*1903/10*, 116), Ruhland (*1903/41*, 409), v. Poehlmann (*1910*, 630 f.) und Rohrbach (*1914*, 159). Nach Seeck wurde die Epoche respektiert von Ferrero (*1922*, 266 ff.), Homo (*1925*, 392; *1951/71*, 598), Nilsson (*1926*, 149), Stein (*1928* Ende), Barbagallo (*1933*, 518), Solari (*1937*, Ende), Bertolini (*1938*, 44), Piganiol (*1939*, Ende), Aubin (*1940*, 77), Paribeni (*1941*, 293), Palanque (*1944*, 297 f.), Latouche (*1946*, 124) und Perowne (*1966*, 88). Auch Heuß (*1960/76*, 497) endet mit Odoakar.

[31] So Aubin (*1944/49*, 147; *1948/68*, 205; *1951/69*, 113), Manni (*1952*, 19–30), Stroheker (*1954*, 72; 75), Vittinghoff (*1958/69*, 305), Chambers (*1963*, 2), Starr (*1965*, 695; 702), Bernardi (*1965/70*, 25) und Alföldy (*1975/79*, 168).

kongresse zum 1500 Jahrestag von 476, die in Leipzig, Rom[32] und Spello abgehalten worden sind. Die Zahl und das Gewicht der Belege sichern dem Jahr 476 bis auf weiteres den Vorrang unter den konkurrierenden Schnitten. Gewiß wird auch die Polemik dagegen nicht versanden, die am temperamentvollsten vielleicht von Ottokar Lorenz 1886 vorgetragen worden ist. Seine Einwendungen gegen diese in der „Lotterie" gezogene Zäsur und überhaupt gegen „die Phrase vom Untergang des römischen Reiches" (252 f.), hat aber wenig Wirkung gezeigt. Gewiß verdient Lorenz Zustimmung, daß es nicht angeht, einen „Homunculus zu dem Grenzgott zu erheben", aber die Grenze ist ja nicht dem Romulus Augustulus zuliebe dort angesetzt worden (vgl. Veh *1977*).

In der Folge der Absetzung des Romulus sind als Epochenereignisse gesehen worden der Tod des letzten legitimen Westkaisers Nepos 480 in der dalmatinischen Verbannung; ein Ereignis, das von den Zeitgenossen ohne Akzent überliefert wird, aber von dem Numismatiker Kent (*1966*, 147) deswegen zum Endpunkt gewählt wurde, weil damals die Münzprägung für Weltkaiser erlosch (ähnlich Heuß *1975*, 497). Im Osten vermochte sich damals Zenon der Isaurier zu behaupten; er ist der Kaiser, der Byzanz von der Bedrohung durch die Germanen befreit hat, indem er Theoderich und die Goten 488 nach Italien in Marsch setzte. Das Jahr 488 wählte Emilienne Demougeot *(1978)* statt 476 zum Schlußpunkt Westroms. Chlodwigs Alamannensieg 497 und seine Bekehrung zum katholischen Glauben bilden die nächstspätere Epoche. Diese Ereignisse sind durch Otto von Freising und öfter mit der Absetzung des Romulus verbunden worden, weil so der Zwischenraum zwischen der römischen und der germanischen Herrschaft, die Bogenweite der *translatio* verkürzt werden konnte. In der neueren Literatur hat Franz Miltner (*1955/69*, 283 ff.) diese Grenzmarke verteidigt.

Die später ansetzenden Epochenvorschläge sind zunehmend moderne Interpretationen. Das beruht darauf, daß die ereignisnahe Literatur seit dem 6. Jahrhundert an Bedeutung verliert, doch wäre das noch kein Einwand gegen die Berechtigung einer Periodisierung, sofern sie sich auf Sachgründe stützen kann. Eine Ausnahme macht das Epochenurteil des syrischen Chronisten Gregor Barhebraeus (13. Jahrhundert), der Justin II. als letzten Kaiser der Römer bezeichnete und mit dessen Nachfolger Tiberius II. 578 das Reich der Griechen einsetzen ließ (Gutschmid *1863/1969*, 14). Um diese Zeit vollzogen sich tatsächlich tiefgreifende Wandlungen. Die Schließung der platonischen Akademie in Athen 529 wurde von De Sanctis (*1932*, 33) zum Wendejahr erhoben, Diesner (*1969*, 497 f.) plädierte für 530, Schlosser *(1846)* für das Ende der Ostgotenherrschaft 554. Die Stabilisierung des Papsttums durch Gregor d. Gr. um 600 und das Wirken Mohammeds eröffneten für Georg Horns, ›Historia ecclesiastica et politica‹ (*1655*, 130) die bis zur Reformation reichende Periode des Antichrist. Durch den zusätzlichen Hin-

---

[32] ›La fine dell'impero romano d'occidente‹, Istituto di Studi Romani, Roma, 1978. Aus dem Band ergibt sich, daß die dort abgedruckten Vorträge zum Jubiläum gehalten wurden, doch ob es in Rom stattfand, bleibt eine Vermutung.

weis auf den Langobardeneinmarsch nach Italien 568 wurde dieser Einschnitt vertreten durch Gutschmid (*1863/1969*, 6), Neumann (*1917*, 379), Kornemann (*1943/69*, 79), Rodenwaldt (*1944/69*, 86), Franz Maier (*1961*, 250) und Kashdan (*1967*, 111 f.). Zuletzt hat René Martin *(1976)* diese Zäsur eloquent vertreten. J. Bleicken ließ 1978 hier seine ›Verfassungs- und Sozialgeschichte des Römischen Kaiserreichs‹ enden. M. A. Wes (*1976*, 232) verlieh den Rang der Zeitenscheide an die (problematische) letzte Nennung des Senats 605.

Die Stiftung des Islam wurde zum epochemachenden Ereignis erhoben nach Melanchthon 1559 (II. 3. b!) und Friedrich Schlegel 1805 (II. 4. c!) wieder von Sismondi (*1835* I S. III). In unserem Jahrhundert bezog dies auf den Osten K. J. Neumann (*1912/14*, 463) und auf das Gesamtreich Ernst Herzfeld (*1920*, 142). Für ihn war es „der Sieg des Islam, der die Welt des Altertums vernichtete", „müde und sterbensreif" endete sie in Westrom, Ostrom und Iran zugleich (143; VII). Nach Herzfeld, aber ohne ihn zu kennen, haben Pirenne (*1922*, 77 ff.; *1923*, 223 ff.; *1935/41*, 158) und Fueter (*1923/69*, 51) diese Epoche betont.[33] Den Tod des Kaisers Heraclius 641 erachtete Ernst Stein als Beginn des mittelalterlichen Byzanz, während er im Westen bereits die Merowinger dem Mittelalter zuwies. Auch Kornemann (*1933*, 55) wählte die Periodisierung 640. Eine Epoche um 800 wurde von Johannes Clericus (*1697*, Wirth *1977*, 74), Friedrich Schlegel *(1805/06)*, Proudhon (*1854* II 308), von Sheppard (*1861*, VIII), Eduard Meyer (*1884/1910*, 249) und neuerdings von H. Böhme (*1977*, 28 ff.) vertreten.

Unter politisch-religiösem Aspekt hat die Epoche *Mahomet et Charlemagne* einiges für sich. Ihre verkehrswirtschaftliche Bedeutung ist hingegen ein bloßes Postulat Pirennes geblieben, das begründeten Widerspruch erfahren hat.[34] Tatsächlich beruht es nicht auf statistischen Untersuchungen über die Kommunikationsdichte zwischen dem Nordwesten und dem Südosten Europas vor und nach der Islamisierung, sondern begnügt sich mit der politischen Logik der Blockbildung und war darum durch den Nachweis der fortdauernden Kontakte unschwer zu widerlegen. Gegen die Annahme einer epochalen Bedeutung des Islam für den von ihm beherrschten Raum hat bereits C. H. Becker (*1909/24*, 201 ff.) mit Nachdruck die These vertreten, daß die islamische Zivilisation nichts Neues darstelle, sondern zum einen die allmähliche Orientalisierung der Kaiserzeit fortsetze und zum andern das hellenistisch-römische Erbe weiterführe. Der von marxistischer Warte (Kashdan *1959/62*, 146) gegen Pirenne erhobene Protest beruht darauf, daß für den historischen Materialismus die Einheit von Verkehrsräumen als Periodisierungskriterium ebensowenig in Betracht kommt wie das Auftreten neuer Religionen und Völker, es sei denn, man mache aus dem Vordringen der Araber mit Pigulewskaja (*1953*, 898) eine „mohammedanische Revolution".

---

[33] Der Originalitätsanspruch der letzteren verrät dürftige Literaturkenntnis, desgleichen die Rede von der „neuen Theorie" Pirennes bei Patzelt (*1932* Vw.).

[34] Kritisch zu Pirenne: Patzelt *1932;* Lombard *1948;* Cipolla *1949;* Riising *1951/68*, 219 ff.; Vercauteren *1955*, 81 f.; Havighurst *1958*. Zugunsten von Pirenne äußerte sich P. Lambrechts *1939*.

Eine spätere „Grenzscheide der alten und der neuen Welt Europas“ bietet Ernst Kornemann (*1946,* 517) mit dem „Wendekaiser“ Friedrich II. von Hohenstaufen, der für Gundolf (*1924,* 57) die Renaissance eröffnet. Das Mittelalter wird dabei von Altertum und Neuzeit wie von den beiden Symplegadischen Felsen erdrückt. Eine noch spätere Zäsur setzte Herman Grimm (*1877,* 220), als er das Ende der „Römischen Welt“ ins späte 18. Jahrhundert verlegte.[35] An möglichen Endjahren bieten sich danach an 1806, als das römische Kaisertum deutscher Nation erlosch, 1870, als der Kirchenstaat verschwand, 1917, als der letzte Zar den Anspruch auf das Dritte Rom aufgab, sowie 1918 oder 1945, denn von Caesar bis zu Wilhelm II. hat es stets einen „Kaiser“, bis zu Hitler stets ein „Reich“ in Europa gegeben. Das Herabrutschen der Epochengrenzen folgt der Zeitverschiebung des Betrachters. Kann sein, daß in tausend Jahren das Mittelalter und die vorindustrielle Neuzeit, vielleicht auch noch unsere eigene Gegenwart als Anhängsel des Altertums, als ein Stück Spätantike erscheint. Das hängt von der Tiefe und der Dauer künftiger Umwälzungen ab. In jedem Falle dürfen wir angesichts der Meinungsfülle zum Periodenproblem jetzt schon Cyriacus Lentulus (*1668,* 391) bestätigen, wenn er feststellte: *de imperiorum periodis variae sunt variorum sententiae.*

Forschungsgeschichtlich gesehen erweckt die Periodisierungsdebatte einen darwinistischen Eindruck. Die Wissenschaft produziert immer neue Meinungsmutanten, in der Erwartung, daß die beste zugleich die lebenskräftigste sei und sich durchsetzen werde. Es scheint so, als ob die Epoche 476 das Feld behauptet, während sich die Varianten in ihre jeweiligen historiologischen Nischen zurückzögen, aus denen sie unter Umständen wieder auftauchen. Weder die Vermehrung der Epochenvorschläge noch der Raumgewinn einzelner unter ihnen bedeutet aber *eo ipso* einen Fortschritt in der Periodisierungsproblematik. Ein solcher wäre nur über eine vertiefte Begründung zu gewinnen. Gegenüber der bloß quantitativen Produktion von (Hypo-)Thesen bleibt deren qualitative Absicherung durch Gründe deutlich zurück. Erst seit den Ausführungen von Alfred von Gutschmid über ›Die Grenze zwischen Altertum und Mittelalter‹ *(1863/1969)* werden überhaupt Gründe für oder gegen bestimmte Periodisierungen geboten und gefordert.[36]

Bezüglich der Rechtfertigung von Epochensetzungen lassen sich zwei Positionen einander gegenüberstellen. Sie unterscheiden sich im Hinblick auf die Begründbarkeit, die Aufgabe und den Wert von Periodisierungen und korrespondieren in groben Zügen bestimmten politisch-ideologischen Grundeinstellungen der Autoren. Die erste Position (R. M. Meyer *1901,* 41) sieht in der Annahme von

---

[35] Die Liste der Epochenvorschläge ist damit keinesfalls komplett. Einige weitere diskutiert Martin (*1976,* 266 ff.).

[36] Eine repräsentative Bilanz der Diskussion ziehen die drei in der Reihe ›Wege der Forschung‹ herausgegebenen Bände von Paul Egon Hübinger (51 *1969;* 201 und 202 *1968*).

Grenzjahren vornehmlich praktische Orientierungsmittel seitens der Historie. Zäsuren seien im Fluß des Geschehens nirgendwo sachlich vorgegeben. Die Geschichte bilde ein Kontinuum, ihre Unterteilung sei eine subjektive, ästhetische Angelegenheit und diene lediglich pädagogisch-mnemotechnischen Zwecken einer Ordnung des Materials. Im günstigsten Falle bildeten sich Konventionen, eine wissenschaftliche Begründung für sie sei weder möglich noch nötig.

Eine solche Skepsis wird auch von Autoren vertreten, die selbst Epochenvorschläge vorgelegt und historisch zu untermauern versucht haben. Zu ihnen zählt Henri Pirenne (*1922*, 80). Er sprach Periodisierungen wissenschaftliche Exaktheit ab, sie seien nicht mit Realitäten zu begründen: *ce sont des étiquettes commodes, des manières de parler.* Periodisierung schmilzt hier auf ein praktisches Problem zusammen, weil man beim Erzählen der Geschichte halt irgendwann einsetzen, irgendwann abbrechen müsse. Wo dies geschehe, bleibe ziemlich beliebig, und es lohne darum nicht, darüber zu streiten. Daß Einteilung zur Bewältigung des Stoffes erforderlich sei, wird daneben mit unterschiedlichem Nachdruck vertreten. „Jede Periodisierung ist künstlich; aber sie ist ein unentbehrlicher Behelf" lesen wir bei Spangenberg (*1922*, 3). Ähnlich äußerten sich Dietrich Gerhard (*1961*, 21) und Franz Maier (*1961*, 246). Extremster Vertreter einer bloß subjektiven Bedeutung von Zäsuren ist Ernesto Sestan (*1962/69*, 357), der nicht nur die Gliederung, sondern zugleich den Stoff zur Phantasmagorie erklärte: „jegliche Periodisierung ist, wie übrigens alle Geschichten, die Projektion von Ansichten, Ideen und wechselnden Wertungen von uns heutigen Menschen in die Vergangenheit". Ähnlich M. Gelzer (Kl. Schr. II 330): „Jede Vergegenwärtigung von Vergangenheit ist subjektiv bedingte Konstruktion." Hier wird die liberale Ideologie *chacun à son goût* in die Wissenschaft eingeschleppt. Das Periodisierungsproblem erscheint in jenem Halbernst, in dem wir den Begriff „akademisch" gebrauchen. Wir ironisieren uns selbst damit und genießen diese Ironie, da wir unterstellen, man nehme uns auch dann noch ernst, wenn wir es selbst nicht mehr tun.[37]

Die Gegenposition in der Bewertung von Epochenfragen besagt: die Geschichte wird durch exakte Demarkationslinien in Abschnitte aufgeteilt, die durch unüberbrückbare Wesensunterschiede naturgemäß und objektiv von einander getrennt sind. Eine solche Haltung finden wir namentlich bei marxistisch-leninistischen Historikern. „Die richtige Periodisierung der Entwicklung krönt die gesamte Analyse der Entwicklung", schrieb Elisabeth Charlotte Welskopf (*1957*, 424). E. M. Shukov behandelte auf dem Historikerkongreß in Stockholm 1960 die Periodisierung als Hauptproblem der Weltgeschichte. Ernst Engelberg (*1972*, 121) distanzierte sich „von jeglichem bürgerlichen Subjektivismus, der in der Periodisierung eine Konvention sieht, auf die man sich je nach Gutdünken einigen kann". Dem „Gutdünken" sind im Osten ja auch sonst mancherlei Riegel vorgeschoben, wo der Begriff „Grenze" überhaupt höher geschätzt wird als im We-

[37] Die Subjektivität von Einteilungen vertreten auch Bernheim (*1903*, 73), Hampl (*1967/75*, 305 ff.) und Schieder (*1968*, 83 ff.).

sten. Es scheint, als ob der „marxistisch-leninistische Historismus" (137) seine Glaubwürdigkeit von der Richtigkeit seines Epochenschemas abhängig mache, so wie das Christentum bis in die Reformationszeit die Lehre der vier Weltreiche Daniels als Dogma gepflegt hat. Zu einer kompletten Lebenslehre gehört ein fest gerahmtes Geschichtsbild. Die Epochensetzung erscheint, wie jede Namengebung, als ein Machtakt, eine Besitzergreifung nicht nur gegenüber der Geschichte. Der Griff nach der Vergangenheit ist immer zugleich ein Griff nach der Zukunft.

Das Methodenproblem der Periodisierung liegt darin, den historischen Bedürfnissen und den geschichtlichen Gegebenheiten zugleich Genüge zu tun. Zwischen diesen beiden Klippen müssen wir hindurch, versuchen wir, uns ihnen zu nähern!

Die erste Schwierigkeit, die dabei auftaucht, ist die genaue Bestimmung der Aufgabe: was soll denn gegeneinander abgegrenzt werden? Zwei Zeitabschnitte! Gewiß, aber die Zeit ist eine formale Größe, die erst durch ihre Füllung mit geschichtlichem Inhalt faßbar wird. Wie sie gefüllt wird, genauer: welche ihrer Füllsel für erheblich betrachtet werden, dies ist der Gegenstand des Wesensproblems (II. 5. a!). Erst die erfolgte begriffliche Bestimmung der abzugrenzenden Perioden ermöglicht eine Suche nach der Schwelle, und wenn die Begriffsbestimmung so vage bleibt, wie dies den Zeitnamen „Altertum" und „Mittelalter" eigen ist, muß festgelegt sein, was denn die Besonderheit der beiden Phasen ausmache. Damit treten wir ein in die Diskussion der Periodisierungskriterien.

Antike und Mittelalter haben sich sehr unterschiedliche Einschätzungen gefallen lassen müssen. Die Kontroverse beginnt mit der humanistischen Interpretation der Sprachgeschichte durch Blondus (Schalk *1972*, 19): die Antike sprach sauberes Latein, im Mittelalter war es verderbt. Um die Sprache kristallisierte sich die Kultur: all das, was die Humanisten in der Renaissance erneuern wollten. Das 18. Jahrhundert betonte den Wandel vom heidnischen zum christlichen Staatswesen, und seit dem 19. Jahrhundert vervielfacht sich das Angebot von Charakteristiken. Nationalisten suchten den entscheidenden Umschwung in der Ablösung der römischen Weltreichsordnung durch die germanisch-romanische Völkerpalette. Marxisten wählen den Fortschritt von der Sklaverei zur Feudalität. Sozialökonomen bevorzugten den Übergang von der mediterranen Küstenkultur zur nordeuropäischen Binnenkultur, so Pirenne (*1922* u. *1923*) nach Max Weber (*1896/1968*, 4 nach Mommsen RG I 1 f.), oder die Ablösung der Munizipalbourgeoisie durch den Landadel (Oertel *1939*, 281). Theologen entschieden sich für den Wechsel vom Polytheismus zum Eingottglauben (Martin *1976*, 275), ihnen nahestehende Geisteshistoriker nannten den Wechsel von antiker Sinnenfreude zu mittelalterlichem Jenseitsglauben (Kornemann *1943*, 373), den Umschlag von Autonomie in Theonomie (Taeger *1949*, 134), die Wende von einem „rationalen, anthropozentrischen" zu einem „irrationalen, theozentrischen" Zeitalter (Pelikan *1977/78*, 251). Ein Archäologe wie Bianchi-Bandinelli (*1970/76*, X) definierte das Ende der Antike als Abschluß einer Kunstperiode, ein Philologe wie Wilamowitz (*1897*, 7) akzentuierte die Verdrängung der Tonlänge durch die Tonstärke und die Verschlechterung des Papiers (*1921/26*, 131).

Jede dieser genannten und einige weitere Facetten sind als Wesensmerkmale des Umbruchs bezeichnet worden, so daß dieser zugleich jedesmal anders in die Zeit fiel. Er erfolgte mal früher, mal später; bald rascher, bald langsamer, aber stets geht man davon aus, daß das beobachtete Mark-Mal Symptomcharakter für die Metakosmesis auf allen Lebensgebieten habe. Die innere Einheit aller gleichzeitigen Erscheinungen eines Verkehrsraumes[38] ist ein Axiom des universalhistorischen Denkens seit dem 18. Jahrhundert, das aus der Totalität der Menschheitsgeschichte die innere Homogenität ihrer Teile folgerte. Daß sich hier ein historisches Prägnanzbedürfnis auswirkt, haben wir im Zusammenhang mit den totalisierenden Dekadenztheorien angesprochen (II. 5. b!). Hinsichtlich der methodischen Konsequenz, mit der die Geschlossenheit der Perioden behauptet wird, übertrifft Oswald Spengler alle konkurrierenden Lehren, sogar den historischen Materialismus. Dieser argumentiert mit der prägenden Abhängigkeit aller Kulturprodukte von der Basis (Engelberg *1972*, 129: „es gibt keine Periodisierung der einzelnen Bereiche in Basis und Überbau für sich und an sich"), jener gründet die behauptete Stileinheit aller zusammengehörigen Phänomene auf die zugrundeliegende Lebensphase der jeweiligen Kulturseele (Spengler UA I 63: „Ausdrükke eines und desselben seelischen Prinzips"). Die von den Geschichtsdenkern ausgesprochenen Wesensbestimmungen der Perioden werden von den Geschichtsforschern „empirisch" bestätigt; im gesamten Herrschaftsbereich des geteilten Historismus ist das ähnlich. In unserem Problemzusammenhang wird von Gutschmid *(1863)* bis Martin *(1976)* nach dieser Methode tranchiert. Gewöhnlich findet sich bei hinreichender Geduld, daß der im Hauptsektor gelegte Schnitt auch für die Nebensektoren brauchbar ist. Dieser Erfolg wurzelt in der Psychologie des Einteilens. Sobald man einmal ein Fächersystem aufgebaut hat, stopft man alles mögliche hinein, und es ist immer bequemer, einen neuen Befund auch noch unterzubringen, als die alte Einteilung zu ändern. Schubladen haben die Angewohnheit, sich zu füllen.

Die unterschiedlichen Periodisierungen beruhen auf jeweils anders gewählten Periodenkriterien. Was aber sind die Kriterien für die Kriterien? Gewöhnlich wird angenommen, der jeweils gewählte Leitsektor sei für alle übrigen Lebensbereiche von grundlegender Bedeutung und bestimme damals wie heute den Gang der Dinge. Diese Annahmen beschränken sich gegenseitig. Das historische Ereignisgeflecht ist ein funktionales Gefüge, in dem alle Sektoren unabdingbar sind: die Politik so gut wie die Religion, Gesellschaftsordnung und Verkehrswesen nicht minder als Wirtschaftsform und Militärsystem. Wer da Prioritäten setzt, sagt mehr über seine Interessen als über die Geschichte aus.[39]

---

[38] Über welchen? Darüber ist unten zu handeln. S. u. S. 229 f.

[39] Der Rangstreit der Lebensbereiche wiederholt sich in der Gewichtung der Niedergangsfaktoren und ist daher unten nochmals aufgegriffen (IV. 3.!).

In der Periodisierungsdebatte wird, sehen wir vom Sonderfall der Kulturkreisdenker ab, überwiegend zwischen politischen und sozialökonomischen Ansätzen gestritten. Eine wuchtige Lanze für die Politik hat Eduard Meyer (*1910*, 198) gebrochen. Er meinte, daß „jede Periodisierung nicht nur der politischen, sondern auch der Kulturgeschichte und aller Geschichte überhaupt von den politischen Momenten abhängig" sei, „selbst dann, wenn sie in einer großen kulturellen Wendung das Wesentliche sieht, wie bei dem Untergang des Altertums". Die Gegenmeinung wird am nachdrücklichsten vom historischen Materialismus verfochten. Er „geht davon aus, daß die materielle Produktion der bestimmende Hauptfaktor" jeglicher Geschichte sei (Shukov *1960/74*, 108), dem darum allein die Ehre zukommt, die Geschichte zu periodisieren. Versuche einer Epochenbildung auf der Grundlage wirtschaftlicher und gesellschaftlicher Wandlungen (Kovalev *1955/59*) haben aber aus naheliegenden Gründen keinen Erfolg gehabt. Zum ersten läßt sich die epochenspezifische, aber raumübergreifende Verwendung der Begriffe „Sklaverei" und „Feudalismus" schwer rechtfertigen. Für Italien mag eine solche Redeweise angehen, vielleicht gar für das gesamte westliche Imperium. Aber der Feudalismus im alten Ägypten und im frühen Mesopotamien stört das Bild, ebenso wie das Fehlen einer Sklaverei in der Frühgeschichte Japans und deren Vorhandensein im neuzeitlichen Amerika. Zum zweiten vollziehen sich die Veränderungen in der Basis so langsam, daß jede Setzung von bestimmten Grenzpunkten willkürlich wird. Aus diesem Grund pflegt man im marxistischen Lager an den *politischen* Wendejahren festzuhalten (Tarkow *1956/59*, 164 ff.), interpretiert diese jedoch als Ausdruck *sozialer* Prozesse. Damit ist sowohl dem Prioritätsanspruch der Basis als auch dem Bedürfnis nach revolutionärer Dramatik Genüge geleistet.[40]

Tatsächlich sind allein in der Politik scharfe Zäsuren zu gewinnen. Auf allen anderen Lebensgebieten verlaufen die Wandlungen langsamer. Ein Herrschaftswechsel aber kann von einem Tag auf den andern eine Gegenströmung an die Macht bringen und damit weitreichende Veränderungen anzeigen oder einleiten. Die Ausrufung Odoakars zum König am 23. VIII. und die Absetzung des Romulus am 4. IX. 476 bezeichnen eine solche Wende. Kein Ereignis symbolisiert so drastisch wie dieses den Wechsel von der römischen zur germanischen Vorherrschaft, der seit dem großen Rheinübergang von 406 zur schrittweisen Auflösung des Imperiums geführt hat. Hätte Odoakar sich selbst den Kaisertitel zugelegt, so wäre vermutlich im Jahre 455 oder 493 die Epoche angesetzt worden. In jedem Falle verbietet die politische Kontinuität des Gesamtreiches die Datierung des

[40] Ein verbleibender Rest von Unbehagen gegenüber dieser Methode mag die Tendenz begünstigen, anstelle der ›Kritik‹ *(1859)* die ›Grundrisse‹ *(1857)* Marxens auszuwerten und die Gemeinsamkeiten von Sklaverei und Feudalismus hervorzuheben. Diese von Töpfer *(1967)*, Kuczynski *(1973)* und Eifler *(1973)* vertretene Position schwächt den Bruch zwischen Altertum und Mittelalter so weit ab, daß selbst der Revolutionsbegriff ins Wanken gerät. Die herrschende Ansicht im marxistisch-leninistischen Historismus hält jedoch an ihm fest, und dazu werden die Vorgänge auf dem politischen Felde benötigt.

Übergangs von der Antike zum Mittelalter auf die Zeit von Constantin oder Theodosius, während die Mißerfolge der (Rück)eroberungspolitik Justinians nur bestätigen, was im 5. Jahrhundert geschah. So wird es verständlich, wenn die Zäsur 476 vom 6. Jahrhundert bis heute in Ost und West den meisten Anklang gefunden hat.

Der dritte Streitpunkt der Periodisierungsdebatte neben dem zeitlichen Ansatz und dem epochalen Sektor liegt in der geographischen Festlegung. Für welchen Raum soll der Epochenwechsel gelten? Verfolgen wir wiederum die Deutungsgeschichte, so zeigt sich eine ähnliche Ausweitungstendenz wie für den sachlichen so auch für den räumlichen Geltungsbereich. Sie ließe sich an jedem der vorgeschlagenen Epochenereignisse demonstrieren, nirgend schöner aber als an der Absetzung des Romulus 476. Dieses Ereignis hat sich auf Ravenna umgehend ausgewirkt, auf Italien innerhalb weniger Tage. Nach einigen Wochen wußte man überall im Reich, daß dessen Westhälfte keine Zentralgewalt mehr besaß. Mit wachsendem räumlichen Abstand schrumpfte die politische Bedeutung des Vorgangs. Nicht so mit zunehmender zeitlicher Distanz. Die Fixierung des Geschichtsinteresses auf die Kaiserfolge verlieh deren Unterbrechung epochale Funktion. So wurde das Ende des Kaisertums im westlichen Teil des römischen Reiches zu einem Wendepunkt der Geschichte schlechthin, zu einem Knoten der Menschheitsentwicklung überhaupt.

Die vom Humanismus zum Historismus zu beobachtende Ausweitung dieses Epochenschnitts wurde vollendet durch die marxistische These von der „Epoche sozialer Revolution" zwischen einer angeblich universalen Sklavenhaltergesellschaft und einem angeblich weltweiten Feudalsystem. Völlig zu Recht bezichtigt Bun-ei Tsunoda (*1955/69*, 272) dieses Schema des „Westeuropäismus". Es handelt sich um eine reine Hilfskonstruktion zur Aufrechterhaltung der humanistisch-hegelianischen Periodenlehre, die Marx 1859 (MEW 13, 8 f.) umfrisiert und kanonisiert hat. Trotz gewisser Verlegenheiten hinsichtlich der „asiatischen Produktionsweise", die bei Marx (a.O.) wie deren Vorbild bei Hegel (*1831/1961*, 168 ff.) der Antike vorausgeht, später jedoch daneben gestellt und schließlich aus dem Stufenschema ausgegliedert worden ist (Shukov *1960/74*, III), wurde die Brauchbarkeit unserer Periodisierung auch für Asien behauptet. Es ist rührend zu lesen, wie Frau Pigulewskaja 1953 unter den systemüblichen Bücklingen vor Stalin diese These von den ihr sehr wohl bekannten Quellenbefunden abkoppelt (*1953*, 886) und die empirische Forschung auf die Gefolgschaft gegenüber den genialen Intuitionen des roten Zaren verpflichtet. Das Resultat ist auch durch Stalins Tod nicht in Frage gestellt worden. Kashdan behauptete 1959/62 den revolutionären Übergang von der Sklavenhalterordnung zum Feudalwesen zeitgleich mit dem Westen auch für Byzanz und bestritt ein Fortleben (spät)antiker Gesellschaftsklassen. Danach entwarf Shukov 1960 das Bild einer gewaltigen Umwälzung vom Atlantik bis zum Gelben Meer, und dies übernahmen im Osten Schtajerman (III. 2. c!), im Westen Ernst Werner in den ›Annales‹, beide 1962. Die universalhistorische Dreiteilung in Alte, Mittlere und Neue Geschichte wird materialistisch rektifiziert (Shukov *1960/74*, 116). Die Figur bleibt in der Umkehrung dieselbe. Nachdem Engels den Abschluß des Altertums für Byzanz mit den Türken, Marx das Ende des alten Orients in Indien mit den Engländern verknüpft hatte (Welskopf *1957*, 209; 456), pendeln die Epochen für die asiatische Geschichte durch die Jahrtausende. Der Beginn des „Mittelalters" schwankt für Indien und China zwischen 500 v.Chr. und 1200 n.Chr. (Tsunoda *1955/69*, 274 ff.). Dagegen proklamierte Shukov die Gleichzeitigkeit der Großperioden für die „Gesamtentwicklung der Menschheit" (109), genauer: für „alle Völker in allen Kontinenten" (119).

Die Vorstellung eines für die ganze Welt gültigen Periodenwechsels ist ebenso überspannt wie ein solcher, der alle Lebensgebiete erfaßt haben soll. Ebensowenig wie alle Lebensbereiche haben alle Lebensräume zugleich *den* bzw. *einen* Wechsel erlebt. Selbst das vergleichsweise schärfste Kriterium, der politische Herrschaftswechsel, dünnt nach den Rändern hin aus. Die formale Beseitigung der römischen Kaiserwürde im Westen 476 vollendet nur die schleichende Aushöhlung der kaiserlichen Autorität in der Zeit zuvor. Was 476 in Italien geschah, hatte sich in andern Teilen des Reiches schon hundert und mehr Jahre zuvor abgespielt, während es in Byzanz tausend Jahre später stattfand. Der Ausweg, daß eben tatsächlich das „Mittelalter" an verschiedenen Orten zu verschiedenen Zeiten begonnen habe, führt ins Absurde, indem dann etwa das Mittelalter im schwäbischen Dekumatland bereits mit dem Alamannen-Einbruch 233, in Westfalen schon mit Arminius eingesetzt hätte und das Altertum jeweils nur so lange zu rechnen wäre, als Legionen im Lande standen. Der „Übergang von der Antike zum Mittelalter" gibt dort einen Sinn, wo die Herrschaft von Römern und Griechen durch Germanen, Slawen und Araber abgelöst wird, außerhalb des dadurch begrenzten Gebietes gilt anderes.

Kehren wir mit diesen Gedanken über die sachliche und räumliche Geltung der Zeitenwende zu deren chronologischer Festsetzung zurück, so sind die damit verbundenen Schwierigkeiten wohl klarer, kaum aber geringer geworden. Sie bestehen weniger darin, die geschichtliche Realität zu erfassen, als darin, diese Realität in einer vertretbaren Weise zu vereinfachen, in eine handliche Form zu bringen. Die Wurzel des Periodisierungsproblems liegt in der Namengebung für Zeitabschnitte. Sobald das Kontinuum der Geschichte durch Bezeichnungen für einzelne Teile wie „Antike" und „Mittelalter" gegliedert werden soll, erhebt sich die Frage der Geltungsgrenze dieser Begriffe. Denn zwischen Gattungsnamen, die ja Gliederungsfunktion besitzen, gibt es keine Übergänge: οὐκ ἔστιν εἰς ἄλλο γένος μετάβασις heißt es bei Aristoteles (De caelo 268 b). Auf der Ebene der Sprache müssen die Geltungsbereiche der Begriffe, wenn anders sie verstanden werden sollen, sauber definiert sein. Im Idealfall wären die historischen Perioden durch Glockenschlag getrennt, und man könnte die Frage, von wann an das Mittelalter zu rechnen sei, in der Tat mit einer Uhrzeit beantworten.

Um einer solchen Konsequenz zu entgehen und dem fließenden Charakter geschichtlichen Wandels eher gerecht zu werden, ist die Einführung von Zwischenstufen empfohlen worden. Die Kernzeiten werden durch Pufferzonen getrennt, deren Geschichte nicht mehr einfach ***dargestellt*** wird, wie das Sigonius *(1679)* mit der Zeit von Diocletian bis Justinian oder Gatterer *(1792)* mit der von 226 bis 622 getan hat, sondern deren Abgrenzung, Wesen und nähere Zugehörigkeit man kritisch erörtert. Die Kontroverse um den Anfang der Zwischenzeit ist ein Teil der Debatte über den Beginn des Niedergangs (II. 5. b!); der Streit um das Ende ist identisch mit dem Periodisierungsproblem (s. o.). Die jeweils angenommene Zugehörigkeit drückt sich in der verwendeten Bezeichnung (Spätantike, Frühmittelalter oder frühbyzantinische Zeit) aus (II. 5. a!).

Der angenommene Grad an Eigenständigkeit gegenüber der zugehörigen Hauptzeit ist besonders in der Konzeption der Spätantike umkämpft: Mommsen (*1893/1974*, 279) bemerkte über den Dominat seit Diocletian: „Neu ist darin so zu sagen alles", Eduard Meyer (*1910/65*, 248 f.), K. J. Neumann (*1912/14*, 461 ff.), W. Weber (*1929*, 60), Rostovtzeff (*1942*, 434) und Ernst Meyer (*1948/61*, 439) schlossen sich an. Alfred Heuß (*1963*, 23) meinte gar, der Spätantike gegenüber rücke das gesamte griechisch-römische Altertum zusammen, sie wirke geradezu „unantik"[41]; doch Jochen Bleicken *(1978)* widersprach, ihm erschienen die staatsrechtlichen Bindelinien zwischen Principat und Dominat stärker als alles, was diese beiden Phasen trennen mag.[42]

Der größere Teil der Forschung hat die Einführung einer zwischen Antike und Mittelalter liegenden, Elemente aus beiden Zeiten enthaltenden Übergangsphase begrüßt. Sie wird, je nach der Perspektive, als „spätrömisch" oder als „frühbyzantinisch" bzw. „frühmittelalterlich" bezeichnet (Ostrogorsky *1941*, 232; 238). Aubins Wort von den „breiten Streifen allmählicher Veränderungen" ist beifällig aufgenommen worden.[43] René Martin (*1976*, 275) hat sich um eine theoretische Rechtfertigung bemüht.

Das Methodenproblem ist damit eher verschoben als behoben, denn an der Stelle einer einzigen müssen nun zwei, wenn auch weniger tiefe Grenzfurchen gezogen werden, die die Pufferzone zur Vor- und Nachzeit abgrenzen. Um auch diese Übergänge noch abzumildern, konstatiert man analog zu den Zwischenzeiten zwischen den Hauptzeiten nun auch noch Zwischenzeiten zweiten Grades zwischen den Haupt- und den Zwischenzeiten, die entweder als Übergang zum Übergang oder aber als Vorspiel zum Vorspiel bzw. als Nachspiel zum Nachspiel

---

[41] Im Hinblick auf die Rechtsgeschichte erachtet Wieacker (*1963*, 33; *1964*, 17; 24) die durch die Soldatenkaiserzeit des 3. Jahrhunderts gebildete Zäsur für ebensotief wie die der Völkerwanderung. Der These von Heuß schließt sich Pelikan (*1977/78*, 253) an.

[42] In einem nicht näher bestimmten Sinne läßt Bleicken die Zäsur 284 trotzdem gelten. Unter den Darstellungen der Spätantike setzten die von Otto Seeck *(1895)*, Ernst Stein *(1928)*, Heinrich Dannenbauer *(1959)*, A. H. M. Jones *(1964)*, Franz Georg Maier *(1968)* und Wolfgang Seyfarth *(1974)* mit Diocletian ein, so daß diese Periodisierung für den Anfang der Endphase als herrschend angesprochen werden darf.

[43] Aubin (*1948/68*, 204; *1951/69*, 96). Zustimmend Stroheker (*1950/69*, 234), Miltner (*1955/69*, 286), Seyfarth (*1966*, 177), Kashdan (*1967*, 108), Maier (*1968*, 13) und Alföldy (*1975/79*, 165).

firmieren. Salvatore D'Elia (*1967,* 15) betrachtete die Zeit von Commodus zu Diocletian als Übergang zur – ihrerseits als Übergang betrachteten – Spätantike, und die Zeit vom Tode des Theodosius bis Justinian als Übergang von der Spätantike zum Mittelalter. Begrifflich entstehen dabei neuartige Zwitterwesen, etwa eine „praefrühmittelalterliche" Phase (Miltner *1955/69,* 285) oder eine „Subspätantike" (Stroheker *1950/69,* 236). Durch eine derartige Addition von Präfixen verlieren die Begriffe jedoch ihre Konturen. Mit fortschreitender Differenzierung nähert sich die Sprache zwar der gemeinten Wirklichkeit, entfernt sich jedoch zugleich von ihrer Funktion, die komplizierten Realitäten in eine faßliche Form zu bringen. Unser Wortschatz ist ärmer an Begriffen als die Welt an Erscheinungen und muß das sein, denn darauf beruht seine Prägnanz. Wir dürfen sie aber nicht überfordern. Wenn die Verwendbarkeit von Periodenbegriffen davon abhängen sollte, daß wir sie scharf auseinanderhalten können, müßten wir auch die Begriffe „Jugend" und „Alter" aus unserem Sprachschatz streichen, denn auch zwischen ihnen liegt kein Bruch.

Bestimmte Unterscheidungen schreiben eine Distanz vor. Es gibt Verschiedenheiten, die, aus der Nähe betrachtet, nicht zu erkennen sind und erst aus einem größeren Abstand sichtbar werden. Dieser kann gedanklich so weit gewählt werden, daß ein beliebig breiter Grenzstreifen zu einer Haarlinie zusammenschrumpft. Jürgen Kuczynski (*1973,* 14 ff.) verulkte die historische Maulwurfperspektive einmal, indem er prophezeite, daß in einer Million Jahre das, was wir heute „die Geschichte" nennen, die „winzig kleine Übergangsperiode" von „ein paar Tausend Jahren" aus dem langen Urkommunismus in den längeren Endkommunismus sein werde.

Heussi (*1921,* 39 ff.) hat die historischen Periodengrenzen mit dem Gradnetz des Globus verglichen. Dennoch erinnert dieses in seiner Schematik eher an das Jahrhundertraster, mit dem wir die Geschichte in Kästchen teilen. Will der Historiker empirisch vorgehen, so sucht er stattdessen nach historischen Kontinenten mit natürlichen Grenzen und streitet nicht um Hoheitsrechte. Das aber geschieht. Die moderne Periodenbildung entstammt derselben Zeit, in der die europäischen Kolonialmächte die Erde aufteilten, und dieses Modell scheint die Aufgliederung der Geschichte zu beherrschen. Den Periodiseuren schwebt eine historische Landkarte vor, in die nun die „politischen" Grenzen der Zuständigkeit eingetragen werden sollen. Ausgangspunkt sind jeweils Interessezentren. Im Altertum ist das die Periode zwischen den Perserkriegen und Augustus, im Mittelalter die Zeit von Karl d.Gr. bis zum Ende der Stauferherrlichkeit. Von diesen beiden Bereichen ausgehend wird die dazwischenliegende Niemandszeit in die Zange genommen, bis man sich bei den Arae Philaenorum (Val. Max. V 6 ext. 4) begegnet. Daß es hier um eine Absteckung von Kompetenzbereichen zwischen den Herrschaftsansprüchen von Althistorikern und Mediaevisten geht, ergibt sich nicht nur daraus, daß jene den Schnitt meist lieber spät, diese ihn lieber früh ansetzen, sondern das zeigt auch die Sprache der Diskutierenden zuweilen ganz unverhüllt (Sestan *1962/69,* 336; Martin *1976,* 275). Die Epochengrenzen sind nicht gegeben, sondern geschaffen. Wird die forschungsgeschichtliche Genese ihrer Festsetzung vergessen und die innere Einheit der beiden Perioden Altertum und Mittelalter einfach vorausgesetzt, so hat das zur Folge, daß bei einer Zäsur 476 Agamemnon und Aetius mehr miteinander gemein haben als Aetius und Theoderich, während zwischen diesen beiden eine tiefere Kluft liegt als zwischen Theoderich und Maximilian.

Das Periodisierungsproblem läuft auf Fragen der Praxis und der Perspektive hinaus. Die Sicht gehorcht der Absicht. Je nach gewähltem Standpunkt, je nach bemessenem Abstand, je nach bevorzugter Schauseite verändert die Geschichte ihre Binnenstruktur. Eine „richtige" Perspektive gibt es nur dort, wo die Macht besteht, eine solche zu dekretieren. Der Gegenstand selbst ist daran gewöhnlich unschuldig.

II. 5. d. Das Kontinuitätsproblem

In mundo non datur hiatus, non datur saltus, non datur casus, non datur fatum.
Kant KrV. B 282

Auf die Schreckensnachricht des Reiterpräfekten Spurius Titus Mamma: „Das römische Weltreich kracht zusammen!" antwortet Achilles, einer der beiden letzten Kammerdiener von Romulus dem Großen: „Ein so großes Unternehmen wie das römische Imperium kann gar nicht vollständig zusammenkrachen." Ganz recht: irgendwas blieb stehen. Was und wieviel, das allein ist die Frage. Darum gelten die Bemühungen der Historiker um die Erkenntnis, wann und weswegen der Fall Roms stattgefunden hat, nebenher stets zugleich dem Problem, wie tief Rom denn gestürzt sei. Immer war klar, daß durch die Völkerwanderung nicht alle Traditionen abgerissen sind, daß vielmehr manche weiterliefen und andere wieder angeknüpft wurden. Welche waren das? Dies ist das Kontinuitätsproblem.

Die Forschung ist geneigt, die Kontinuitätsfrage für ein empirisches, durch Quellenbelege lösbares Problem zu halten. Dabei wird jedoch leicht übersehen, daß es sich mindestens im gleichen Maße um Interpretation handelt, die ideologische Nebengebote beachtet. Deren Inhalt sowie der Grad ihrer Wirksamkeit wechselt, doch ist sie, wenn wir sie suchen, immer zu finden: Die führenden Mächte des Mittelalters waren daran interessiert, die Verbindungen zum Imperium Romanum zu betonen. Kaiser und Papst, Byzanz und Abendland beanspruchten jeweils auf ihre Weise, die legitimen Fortsetzer der imperialen Vergangenheit zu sein. Die Behauptung der Kontinuität diente der Legitimierung von Machtansprüchen. Hinzu kam die heilsgeschichtliche Vorstellung, das vierte und letzte Weltreich der Danielprophezeiung sei das Imperium Romanum, und darum mußte um der Glaubwürdigkeit der biblischen Verkündung willen die Fiktion eines weiterbestehenden Römerreiches aufrechterhalten werden. Erst als der Humanismus und die Reformation sich von den herrschenden kulturellen, politischen und religiösen Traditionen lösten, wurde die mittelalterliche Kontinuitätstheorie angefochten und von der Erkenntnis verdrängt, daß seit der Spätantike wesentliche Wandlungen eingetreten waren. Der Epochenstolz, selbst am Anfang einer neuen Zeit zu stehen, vermittelte die Einsicht, daß auch die vorausgegangene (mittelalterliche) Periode einmal begonnen hat, dann nämlich, als die vorvergangene (antike) Zeit auslief. Dieser Gedanke konnte geradezu eine am römischen Modell ablesbare Zyklustheorie für alle Geschiche inspirieren, wie sie die Rom-Epigramme von Landino, Celtes und Benzio andeuten (Kytzler *1972*, 464; 470; 486).

Die Aufklärung, jedenfalls in Deutschland, begriff den Verlauf der Gesamtgeschichte nicht mehr zyklisch nach dem Muster von Verfall und Erneuerung, sondern linear nach dem Prinzip des Fortschritts. Der Zusammenbruch des Imperium Romanum wurde dabei als störend empfunden. Um die progressive Linie zu retten, mußte man entweder das römische System möglichst finster malen oder aber sein Ende glätten, so wie Gibbon das hinsichtlich der technischen Traditionen, Kant bezüglich des „Keims der Aufklärung" getan hatte. Im Gegensatz zum Geschichtsbild der Humanisten forderte das der Aufklärer wieder die Kontinuität, und sie wurde durch das Bild der Lebensalter der Menschheit oder durch ein Stufenschema beglaubigt. Das Geschichtssystem Hegels verwendete beides.

Im 19. Jahrhundert wurde das Interesse an der Kontinuität zwischen Altertum und Mittelalter durch drei unterschiedliche Motive begründet. Das erste findet sich bei den Nachzüglern der heilsgeschichtlichen Denktradition, die ja über Bossuet hinaus spürbar bleibt: beim Abbé Dubos *(1735)*, bei Sheppard *(1861)* und ganz besonders bei Sir Francis Palgrave *(1851)*. Jüdische Herkunft und christliches Bekenntnis helfen erklären, weswegen er am Weltreichsschema festhielt und die europäische Geschichte in die *Fourth Monarchy* einordnete (Works I 4). Die Germanen hätten in Ehrfurcht mit dem christlichen Glauben die politische und kulturelle Tradition Roms übernommen (5 f.). Rom sei in Wahrheit niemals gefallen, *Rome was Rome and is Rome still* (10). Das christlich-römische Erbe sei der Wurzelgrund Europas: *we, therefore, all live in the Roman world* (17). Palgraves Werk liest sich streckenweise wie ein Hymnus auf Europas römische Amme.

Das zweite Motiv für die Betonung der Kontinuität liefert die säkularisierte Tochter der Heilsgeschichte, die universale Geschichtsauffassung der Hegelnachfolge, die vornehmlich im Bereich der Sozial- und Wirtschaftshistorie wirkt. Rodbertus (III. 2.a!), Riegl (II. 5.b!), Dopsch (s.u.) und Heichelheim (*1938*, 852) haben in solchen Kategorien gedacht. In den ›Annales‹ ist es weithin der Brauch.

Der historische Materialismus löst das Kontinuitätsproblem dialektisch. Der Zusammenhang der neuen mit der alten Ordnung ergibt sich daraus, daß jene sich im Schoße dieser entwickelt (MEW 13, 8); die Eigenständigkeit der neuen gegenüber der alten Formation liegt im qualitativen Sprung, im revolutionären

Charakter des Umschlags (III. 2.c!). Somit sind einerseits die kontinuierlichen und andererseits die diskontinuierlichen Elemente mit der Theorie vereinbar. Frau Schtajerman *(1971)* forderte in ihrem Aufsatz über Lenin, seinem Vorbild gemäß dürfe die Epochenscheidung nicht „pedantisch" vorgenommen werden (31). Fortlebende antike Traditionen seien im Hinblick auf den „grundlegenden Umsturz in den Eigentumsverhältnissen" kein „Argument für die Theorie einer Kontinuität" (40). Uneingestanden Max Weber benutzend empfiehlt sie, die Formationen „ideal und typisch" zu betrachten (43). Herrmann *(1974)* vertritt Kontinuität und Katastrophe nebeneinander. Ebensogut könnte ein marxistisch-leninistischer Autor sich sowohl gegen die Kontinuitätslehre als auch gegen die Katastrophentheorie wenden[44], denn beides sind Varianten der „Abendland-Ideologie", die entweder die Antike kontinuierlich eingemeindet oder kulturzyklisch ausbürgert, in keinem Fall aber in ein dialektisches Verhältnis zur Folgezeit stellt.

Neben dem christlichen Glauben, dem evolutionären Prinzip und dem marxistischen Historismus motiviert auch die nationale Kulturtradition das Kontinuitätsdenken. Zuvörderst haben die Franzosen den Anspruch auf das Erbe der römischen Überlieferung erhoben und die Kontinuität mit dem Imperium betont. Damit Hand in Hand ging eine Abwehr gegen die Deutschen, die als Nachfahren der Germanen in der Barbarentradition standen. Derartige Beweggründe lassen sich im späteren 19. Jahrhundert bei Albert de Broglie, Gaston Boissier, bei Fustel de Coulanges und, auf ihn gestützt, bei Gustave Le Bon (*1894/1902,* 119 ff.) aufspüren.

Die erste wissenschaftliche Auseinandersetzung in der Kontinuitätsfrage galt dem Fortwirken des antiken Städtelebens ins Mittelalter und damit in die Neuzeit. Nachdem diese Ansicht in Frankreich von Guizot *(1820),* in Deutschland von Savigny vertreten worden war, erhielt sie in abgewandelter Form Zustimmung bei Dönniges, Flegler, Carl Hegel, Waitz und Kuntze, während Leo, Bethmann-Hollweg und Rietschel sich gegen eine Kontinuität im Städtewesen aussprachen (Liebenam *1900,* V f.). Hier bereits wurde deutlich, daß eine Ja-Nein-Entscheidung nicht möglich ist, wenn auch einzelne Forscher, wie Georg Wolff 1883 mit dem Kontinuitätsbegriff sehr großzügig umgingen (Böhner *1951,* 82).

Nach dem Ersten Weltkrieg fand die Kontinuitätsthese einen Vorkämpfer im deutschsprachigen Raum bei Alfons Dopsch. Sein monumentales Werk ›Wirtschaftliche und soziale Grundlagen der europäischen Kulturentwicklung aus der Zeit von Cäser bis auf Karl den Großen‹ (*1918/19* I; *1923/24* I², II) ist schon von der Ausgangsfrage her auf Kontinuität angelegt. Dopsch versuchte zweierlei: zum ersten beabsichtige er, den Schock des Weltkriegserlebnisses durch die Widerlegung der „Katastrophentheorie" zu bewältigen.[45] Damit werde die „bedrük-

[44] Kashdan *1959/62;* Kac *1967/69;* Kuczynski *1977.*

[45] Der Begriff der „Katastrophentheorie" ist ein terminologischer Pappkamerad, ähnlich wie der Begriff „Monokausalität", eigens zu dem Zweck erschaffen, um auf ihn zu schießen. Die erste Attacke gegen ihn findet sich bei Riegl (*1901/27,* 10), schon genau im Sinne von

kende Auffassung der älteren Kulturhistorie von der Labilität der menschlichen Kultur überwunden" (I^2p. X f.). Zum zweiten wollte Dopsch die Germanen von dem nach 1914 erneuerten Vorwurf der Barbarei entlasten. „Die Germanen haben nicht als Kulturfeinde die römische Kultur zerstört oder gar vernichtet, sondern sie erhalten und weitergeführt". Sie waren „keine blinden Zerstörer, sondern alte Kenner und Wertschätzer der römischen Zivilisation". Dopsch übernahm das Wort Sundwalls (*1915*, 19): „Das weströmische Reich ist ohne Erschütterung eingeschlafen (I^2 331; 412 f.). Er meinte, zu allen Zeiten habe sich Kultur durch Anknüpfen weiterentwickelt, und diese Erkenntnis lasse „an Stelle trostlosen Verzweifelns an dem Kulturvermögen der einzelnen Völker frohe Zuversicht ins Ganze und gesicherten Zukunftsglauben an die Fortentwicklung reifen" (p. XI). Im Gegensatz zum verbreiteten Kulturpessimismus im Umkreis Spenglers wird hier die Geschichte als Trösterin beschworen, so wie auch im eingangs angeführten Dürrenmatt-Zitat (*1964*, 12) das Vertrauen auf Fortbestehendes die Betroffenen trösten soll. Programmatisch lautet der Titel von Dopschens Inaugurationsrede von 1920: ›Der Wiederaufbau Europas nach dem Untergang der alten Welt‹. Darin führte er aus, daß die durch römische Mißwirtschaft heruntergekommenen Völker unter den Germanen aufgeblüht seien, da diese die produktiven Kräfte geschützt und weniger Geld verbraucht hätten. Dopsch hat seine Generalthese später noch mehrfach verteidigt (*1926/68; 1928/68*) und damit zugleich dem Germanenhunger seines Publikums Nahrung geliefert.

Die Kritik an Dopsch eröffnete Hermann Aubin. Sein Aufsatz ›Maß und Bedeutung der römisch-germanischen Kulturzusammenhänge im Rheinland‹ *(1921/68)* korrigiert bereits im Titel die Fragestellung. Es könne nicht darum gehen, zwischen Katastrophe und Konstanz eine Entscheidung zu fällen, sondern nur darum, die unterbrochenen und die weiterführenden Traditionen einander gegenüberzustellen. Aubin kam zu dem schon von Kromayer (*1910/23*, 358 ff.) erkannten und nach ihm vielfach erhärteten Ergebnis, daß die elementaren Fertigkeiten in der Völkerwanderung zwar erhalten blieben, der „ganze Oberbau des römischen Lebens" hingegen vernichtet wurde. Eine Ausnahme macht allein die Kirche (59). Im Hinblick auf die Kulturgeschichte insgemein war Aubin der einleuchtenden Ansicht, daß das Licht aus dem Osten, nicht aus dem Norden komme. Während Dopsch die Germanen als „Kulturbringer" (*1926/68*, 80) feierte, bescheinigte ihnen Aubin in seinem Magdeburger Vortrag von 1942 allenfalls eine „erstaunliche Lernfähigkeit" (*1943/68*, 186). Damit stand er damals ideolo-

---

Dopsch. Danach bezeichnete Eduard Fueter (*1911/25*, 344 ff. u. a.) mit ihm die angeblich für die Aufklärung kennzeichnende Auffassung, daß die geschichtlichen Veränderungen hauptsächlich durch einzelne Ereignisse und Taten herbeigeführt würden, anstatt durch langfristige, breitangelegte Entwicklungen. Seit Dopsch wird der Begriff wieder zunehmend auf die Ansicht eingeengt, daß sich die Ablösung der antiken Kultur durch die mittelalterlichen Mächte in der Form einer Katastrophe abgespielt hätte. Kein Vertreter der sog. Katastrophentheorie bestreitet die Existenz von Kontinuitäten. Manche Gegner der „Katastrophentheorie" verwenden den Begriff „Katastrophe" trotzdem (s. u.).

gisch in der Defensive. Die Anhänger einer kulturgeschichtlichen Urzeugung der Germanen, Kossinna, Höfler und ihresgleichen, bat Aubin um Verständis: die Erforschung des römischen Erbes in der deutschen Kultur „möchte von dem schweren Makel der Entartung des Volksverrates" befreit werden. Kulturübernahme bedeute „noch lange nicht Überfremdung" und „Unterwerfung unter fremdes Wesen" (201). Die Kultur sei trotz allem aus Vorderasien über Griechen und Römer zu uns gelangt (199), und dabei hätten die Germanen allerdings einen solchen Beitrag geleistet, daß die romanischen Völker keinen Anspruch darauf hätten, alleinige Erben und Hüter der Kultur zu sein (200). Noch stärker betonte Aubin den germanischen Anteil in seiner Brüsseler Abhandlung von 1944, die jetzt Schulter an Schulter mit Dopsch gegen das romanische Barbarenklischee argumentierte und den germanischen Beitrag zur nachantiken Romanitas heraushob. Diese These hatten zuvor Steinbach und Petri (*1939*, dort ältere Lit.) mit großem Nachdruck verfochten, eine „Ausdehnung der fränkischen Volkssiedlung bis zur Loire" (22) erschien den Autoren die Grundlage für die Bedeutung der Germanen in der Entstehung der französischen Kultur.

Eine abermalige Wende brachte Aubins Aufsatz ›Vom Absterben antiken Lebens im Frühmittelalter‹ (*1948/68*). Nun wurde gegen die Dopsch'sche Vorstellung vom „Weiterleben" der antiken Kultur das „Weitersterben" gesetzt, und an zahlreichen auslaufenden Traditionen belegt. Zwar bilde die „Kirche die breite Brücke", aber damit ist der Abgrund vorausgesetzt (211). Rechtswesen, Geldwirtschaft, Verwaltung, Stadtleben, Verkehr, Steuererhebung, Katasterführung, Straßennetz, Post, Sprachbeherrschung, Literatur und Schulbildung – all das läßt ja bis zum hohen Mittelalter erhebliche Rückschritte erkennen. Aubins Liste ließe sich verlängern, grundsätzlich bestätigt sie, was er bereits 1921 vertreten hat.

Widerspruch erfuhr Dopsch erwartungsgemäß in der französischen Literatur. In den Zwanziger Jahren erneuerte der Belgier Henri PIRENNE die „Katastrophentheorie". Er bestritt, daß die Germanen der Völkerwanderung Neues geschaffen hätten, doch sei die antike Kultur endgültig erst von den Arabern beendet worden (II. 5. c!). Es ist gewiß kein Zufall, daß Pirenne diese Sicht auf dem Historiker-Kongreß 1923 in Brüssel vortrug, wo die deutschen Historiker nicht vertreten waren (Patzelt *1932, 2*). Erst später pendelte er sich auf eine mittlere Position ein, und eine solche vertrat ebenfalls Marc BLOCH. Er hat die ideologischen Motive in der Kontinuitätsdebatte seit dem 18. Jahrhundert bloßgelegt (*1945/63*, 94 ff.). Die Alternative *romanisme ou germanisme?* will sagen: ob die Romanen (so Fustel) oder die Germanen (so Dopsch) die Kultur erfunden haben (*1926/63*, 62 ff.), wies er zurück. Die mittelalterliche Zivilisation sei aus dem schmerzvollen und dennoch fruchtbaren Gegen- und Miteinander von römischen und germanischen Kräften entstanden; trotz ihrer zunächst destruktiven Wirkungen hätte die Völkerwanderung das westliche Europa geschaffen (*1945/63*, 103 ff.).

Der bei Marc Bloch spürbare Optimismus hat in der Nachkriegszeit einen Niedergang erlebt. Gegen Dopschens gesamtgeschichtliche Kontinuitätshoffnung bemerkt Joachim WERNER (*1979*, 12): „Dieser Zukunftsglaube ist uns allen wohl gründlich verlorengegangen". Die Spatenforschung wendet sich jüngst zunehmend wieder „Kleinsträumen und Einzelobjekten" zu (22), in denen eher zu vertretbaren Aussagen zu kommen ist als im Grundsatzstreit zwischen historischen Vulkanisten und Neptunisten. Nicht über die ganze Palette der Lebensbereiche, sondern nur für präzise gestellte Fragen lassen sich vertretbare Antworten geben, über das Fortbestehen von Rechtsordnungen (Wieacker *1963*; *1964*), über die genealogische Kontinuität in der Oberschicht (Demandt, Militäradel *1980*) oder über das Schicksal von Siedlungen, bei deren pauschaler Interpretation nach dem Schema „Bruch oder Dauer" sich freilich sofort das alte Dilemma wieder auftut. Wenn Max Martin (bei Werner *1979*, 446) für die Nordschweiz 350 *villae* zählt, von denen in der Spätantike noch 150 bewohnt waren, und dann feststellt, daß von diesen ganze 30 von den Germanen weiterbenutzt oder übergründet wurden, dann ist das wissenschaftlich Erweisbare gesagt, und es bleibt dem Einzelnen überlassen, ob er im Hinblick auf die Zerstörung von „Katastrophe" oder im Hinblick auf die Fortführung von „Kontinuität" spricht. Autoren wie Böhner (*1951*) und Vetters (*1969*) haben kühne Generalisierungen vermieden. Neue Bodenfunde dürften in diesem Forschungsstadium die Belege für aufgelassene und fortgeführte Siedlungen proportional vermehren, so daß sich an dem Verhältnis wenig mehr verschieben wird. Eine Bemerkung wie die von René Martin (*1976*, 276): *la ruine – en effet quasi totale – de la culture gréco-romaine en Occident au VIIe siècle* bestätigt, was Vladimir Milojcic (bei Werner *1979*, 490) feststellt: daß die Kontroverse weitergeht. Dies beweist jedenfalls eines: die Kontinuität von Interpretationsmustern.

In der Grundsatzfrage ist nur weiterzukommen, wenn unabhängig von der Mehrung der Befunde die Begrifflichkeit geklärt ist. Was soll „Kontinuität" besagen? Wie breit muß die Brücke, wie tief darf der Abgrund sein? Dopsch konstatierte Kontinuität, wo die Siedlungen von den Germanen übernommen wurden. Aubin bestritt Kontinuität, wenn trotz erhaltener Bauten die romanischen Siedler zuvor verschwunden waren. Die leeren Häuser reichten ihm nicht, wie viele aber hätten denn bewohnt bleiben müssen, um den Begriff „Kontinuität" zu rechtfertigen? Man kann die Kontinuität verdünnen wie Himbeersirup, und es kommt auf die Zunge an, ob man noch was spürt. Insofern ist das Kontinuitätsproblem eine Geschmacksfrage. Kenner bekränzen den Begriff „Kontinuität" gegenüber dem der „Katastrophe" mit dem Nimbus der Überlegenheit,[46] was sie zuweilen nicht daran hindert, nach dem theoretischen Verzicht auf den Katastrophenbegriff ihn praktisch wieder einzuführen (Schieffer *1976*, 26 gegen 35; 188). Streng genommen ist die Geschichte natürlich überhaupt, ja die Welt insgesamt ein Kontinuum, in der die Wissenschaft, wie der zum Motto gewählte Spruch Kants(?) bestätigt, keine Hiate zulassen kann. Das ist sie der Verstehbarkeit der Dinge, beziehungsweise ihrer eigenen Selbstachtung schuldig.

---

[46] So Moss (*1936*, 209), Aubin (*1951/69*, 105), Miltner (*1955/69*, 284), Bianchi-Bandinelli (*1970/76*, X), Folz (*1972*, 85).

Die Frage, ob Veränderung plötzlich oder langsam erfolge, ist nicht nur im Falle Roms, nicht allein in der Geschichte umstritten. Es handelt sich um einen klassischen Streitfall unter den Philosophen. Platon hat erklärt, die Veränderung zwischen zwei zeitfüllenden Zuständen liege in dem zeitlosen Grenzpunkt zwischen ihnen. Aristoteles behauptete dagegen, die Veränderung fülle ihrerseits eine Übergangszeit zwischen den beiden Phasen. Wer den ›Parmenides‹ (156 d) und die ›Physik‹ (IV 1–8) nicht zur Hand hat, kann den Gedankengang bei Schopenhauer (III 117) nachlesen, sollte jedoch letzterem nicht vorschnell gegen Platon Recht geben. Wenn Köpfe wie Platon und Aristoteles verschiedener Ansicht über dasselbe Problem sind, ist der Verdacht begründet, daß sie, jeder in seiner Weise, Recht haben, mithin über Verschiedenes reden. Und dies scheint mir hier der Fall. Platon geht aus von der Idee, vom Begriff. Zwischen Benennungen gibt es keine Übergänge. Das wußte, wie wir sahen, auch Aristoteles (Über den Himmel 268 b). Er sprach von der Beobachtung, von der Empirie; und Veränderungen sind oft phasenlos beobachtbar. Die erkennbaren Zwischenstufen lassen sich jedoch nicht sämtlich benennen, denn die Sprache ist ärmer an Worten als die Welt an Erscheinungen.

Platon und Aristoteles sind deswegen für uns hier bedeutsam, weil sie Archetypen des Denkens anbieten, Verständnishilfen für Verständnisweisen. Man kann einen Großteil der Intellektuellen und unter ihnen auch die Kontrahenten der Kontinuitätsdebatte einteilen in heimliche Platoniker und heimliche Aristoteliker. Die Auseinandersetzung unter ihnen ähnelt einem im Elysium geführten Dialog zwischen Platon und Aristoteles. Platon: „Zwischen zwei angrenzenden Zeiten gibt es keine Übergangszeit." Aristoteles: „Gewiß doch, nämlich zwischen Antike und Mittelalter, da haben die Historiker eine solche entdeckt." Platon: „Und welche soll das sein?" Aristoteles: „Sie nennen sie ‚Spätantike' und ‚Frühmittelalter'" Platon: „Also gleich zwei Zwischenzeiten?" Aristoteles: „Mitnichten! Beide Begriffe bezeichnen dieselbe Zwischenzeit." Platon: „Wie ist das möglich? Ist nicht die Spätantike ein Teil der Antike und das Frühmittelalter ein Teil des Mittelalters?" Aristoteles: „Gewiß doch!" Platon: „Dann sage mir, mein Bester, was liegt denn zwischen Spätantike und Frühmittelalter?" Aristoteles: „Nichts, o Platon, aber glaube jetzt nicht, du hättest gewonnen. Denn die beiden Zeiten stoßen nicht aneinander, sondern überlappen sich." Platon: „Das ist wunderbar! Da legen also deine Historiker zwei Zeiten wie Lappen übereinander, nähen sie zusammen und sagen, es wäre eine einzige Zeit." Aristoteles: „Das tun sie, und mich dünkt das gar nicht schlecht."Platon: „Aber was man zusammengenäht hat, das kann man doch auch wieder auftrennen, oder?" Aristoteles: „Durchaus, und ich ahne auch warum du das tun willst. Du nimmst die Lappen voneinander und sagst: schau her, es ist also doch nichts dazwischen! Aber so einfach ist das nicht, Platon. Denn in Wirklichkeit haben ja nicht die Historiker, sondern die Parzen die Zeiten vernäht." Platon: „Ich weiß, und darum mögen sie auch ungetrennt bleiben, ich habe allerdings den Eindruck, daß die Parzen das Garn dazu aus der Kontinuitätsdebatte der Historiker herausgesponnen haben." Aristoteles: „Das kann sein." Platon: „Dann sind die Historiker jedenfalls größere Spinn- als Rechenkünstler." Aristoteles: „Wieso?" Platon: „Hast du nicht ihren Salto mathematico bemerkt? Aus nichts mach eins, aus eins mach zwei, aus zwei mach weniger als nichts." Aristoteles: „Das verstehe ich nicht." Platon: „Das hast Du selbst doch eben bewiesen! Solange Antike und Mittelalter noch aneinandergrenzten, lag nichts dazwischen. Dann entdeckte man die Übergangszeit, nun lag etwas dazwischen. Darauf benannte man diese Zeit als Spätantike und als Frühmittelalter zugleich, da waren es zwei. Da aber die betroffenen Jahre zu jeder der beiden Hauptepochen gerechnet werden müssen, entsteht ein Loch in der Zeit." Aristoteles: „Das ist unglaublich." Platon: „Also rechne mit. Zwischen Christi Geburt und Karls Kaiser-Krönung liegen 800 Jahre. Die ersten 600 gehören der Antike, die letzten 500 dem Mittelalter, das ergibt 1100. Also haben die Historiker 300 Jahre unterschlagen. Sage mir, wo sind die geblieben, was ist in ihnen passiert?" Aristoteles: „Du scherzest, o Platon. Das sind doch genau die Jahre der doppelt zu zählenden Übergangszeit!" Platon: „Also gewissermaßen zweimal begrifflich halbierte Jahre?" Aristoteles: „So ist es. Aber wir können sie terminologisch sogar dritteln, denn sie werden ja zugleich als ‚frühbyzantinisch' bezeichnet." Platon: „Dann sind, du Wunderbarer, drei Lappen übereinandergenäht! Kein Wunder, daß wir sie mit der Epochenschere nicht mehr auseinanderkriegen. Wir müssen also einmal anderswo ansetzen!" Aristoteles: „Wo meinst du?" Platon: „Zwischen der mehrschichtigen Übergangszeit und den beiden angrenzenden einschichtigen Hauptzeiten. Laß uns darum nach den Zeiten suchen, welche einerseits die Spätantike zur vorausgehenden und andererseits das Frühmittelalter zur nachfolgenden Zeit begrenzen. Wie nennen die Historiker diese Phasen?" Aristoteles: „Im letzten Falle sprechen sie von ‚Hochmittelalter', aber für den ersten Fall haben sie keinen Begriff. Vielleicht sollten wir dafür einfach ‚Hochantike' sagen." Platon: „Gut so. Dann grenzen also Hoch- und Spätantike sowie Früh- und Hochmittelalter aneinander. Nun sage mir, o Aristoteles, welche Zeiten liegen denn zwischen Hoch- und Spätantike beziehungsweise zwischen Früh- und Hochmittelalter?"

Auf diesem Stande der Spitzfindigkeit, lieber Leser, brauchen wir eine Klio *ex machina*, und schau: da steht sie und spricht: „Mein bester Aristoteles, laß dich doch nicht mit einem Dialektiker ein! Sonst müßtest du noch Namen für Zwischen-Zwischen-Zeiten erfinden." Aristoteles: „Diese Sorge, liebe Klio, haben mir die Historiker schon abgenommen. Wie die von ‚subspätantiker' und ‚präfrühmittelalterlicher' Zeit reden, das kannst du beim Demandt auf Seite 232 nachlesen!" Klio: „Dann soll unser Platon mal mit denen diskutieren!" Aristoteles: „Gewiß doch, bloß fürchte ich, daß die Diskussion dann wieder genau da aufhört, wo die soeben geführte angefangen hat. Und weil jene Historiker das anscheinend fürchteten, haben sie ihre mehrköpfigen Begriffe wieder verschwinden lassen." Klio: „Und daran haben sie wohlgetan, denn unser Platon leistet mit seiner Zunge noch mehr als Herakles mit der Keule im Kampf gegen die Wasserschlange von Lerna mit ihren vielen Köpfen".

Zeit kann man nach Belieben spalten, Teilbarkeit ist etymologisch die Wurzel des Wortes „Zeit". Begriffe hingegen sind nur gemäß dem jeweiligen Unterscheidungsbedürfnis und Unterscheidungsvermögen ihrer Benutzer zu teilen und zu vervielfältigen und bleiben doch immer nur für begrenzte Fälle gültig. Durch die Vermehrung der Begriffe ist ein Kontinuum ebensowenig auszuschöpfen, wie durch ein Bewußtwerden von dessen unbenannten Stadien das Recht der benannten auf Benennung anzugreifen ist. Wo Diskontinuität behauptet wird, da lassen sich durch verschärfte Beobachtung meist trotzdem irgendwelche Kontinuitäten aufzeigen; und wo Kontinuität behauptet wird, kann man durch schärfere Begrifflichkeit doch immer weiter voneinander absetzbare Stadien unterscheiden. Darum wird der Streit zwischen platonischen Begriffsanbetern und aristotelischen Sachfetischisten weitergehen, freilich nur den Kontrahenten als ein Streit erscheinen. Dem Zuschauer stellt er sich dar als ein Spiel, das von beiden Seiten nach verschiedenen Regeln gespielt wird, so daß sich jede als Sieger betrachten kann.

Kontinuität und Diskontinuität sind im Übergang von der Antike zum Mittelalter grundsätzlich sinnvoll nur zu diskutieren im Vergleich zu dem Umfang und dem Tempo des Wandels zu Zeiten zuvor oder hernach. Der Grad an Beschleunigung muß festgestellt sein und verglichen werden. Die Rede von Kontinuität setzt das Eingeständnis von Diskontinuität im gleichen Zusammenhang voraus. Niemand früge danach, welche Traditionen in der Völkerwanderung erhalten geblieben sind, wenn nicht klar wäre, daß mindestens *eine* wesentliche von ihnen verloren gegangen ist: die überkommene politische Ordnung. Die Kontinuitätsforschung ist bloß die Kehr-Seite des Epochenbewußtseins. Sie kehrt die Reste zusammen, nachdem die Germanen politisch reinen Tisch gemacht haben. Wieso ihnen dies gelang darüber gibt es mehr Meinungen als über das Kontinuitätsproblem. Sie sollen uns im folgenden beschäftigen.

III. DIE TYPEN DER DEUTUNG

Bis zum Ende der Aufklärung bleibt die Spannbreite innerhalb der jeweils gleichzeitigen Deutungen zum Fall Roms gering. Gewiß fanden sich unterschiedliche Haltungen im einzelnen: in der Spätantike über die Frage, ob es mit dem Reich und der Welt zu Ende gehe oder nicht, wenn ja, ob der Religionswechsel daran schuld sei oder nicht; im Mittelalter darüber, ob das Imperium Romanum eigentlich fortbestehe oder eigentlich untergegangen sei; im Humanismus über die Einschätzung der Germanen, ob sie die antike Kultur barbarisch zertrümmert oder das korrupte Imperium siegreich überwunden hätten; in der Aufklärung über den Charakter der Zäsur, ob sie den Fortschritt der Menschheit aufgehalten oder beschleunigt habe.

Der Historismus bringt einerseits eine Verengung, andrerseits eine Ausweitung des Problemkreises. Die *Verengung* besteht darin, daß in zwei Grundfragen zunehmend Einigkeit aufkommt: die politische Auflösung des Imperiums im 5. Jahrhundert wird auch von Vertretern der Kontinuitätsthese kaum noch bestritten; der zivilisatorische Niedergang seit der Machtübernahme durch die Germanen wird nahezu einmütig eingeräumt. In diesen Deutungsfragen bieten nur einige Anhänger einer heilsgeschichtlichen oder einer kulturmorphologischen Ansicht abweichende Auffassungen.

Die *Ausweitung* der Problematik liegt in einer enormen Vermehrung der Antworten auf die seitdem beherrschende Deutungsfrage: warum ist das Imperium zerfallen? Der Fall Roms wird durch alle *casus* dekliniert. Die Erklärungsversuche gabeln sich nach Schulen; die Autoren sind durch unterschiedliche Traditionen geprägt, die nebeneinander herlaufen und miteinander konkurrieren. Aus diesem Grunde ist seit dem 19. Jahrhundert eine chronologische Reihung aller Deutungen nicht mehr möglich. Stattdessen kann und muß mehrgleisig verfahren und jeder Deutungstypus separat erörtert werden. Die Chronologie bleibt indessen als Binnengliederung erhalten. Meine Systematisierung der Urteile rückt die Warumfrage zuweilen stärker ins Blickfeld, als die Autoren dies selber getan haben. Ich habe die Antworten auch dann aufgenommen, wenn sie eher beiläufig gefallen sind.

Die Interpretationen zum Fall Roms lassen sich nach verschiedenen Gesichtspunkten und fortschreitender Verästelung klassifizieren. Die einfachste Einteilung ist die nach dominant inneren oder dominant äußeren Niedergangsfaktoren. Es gibt Positionen, die sich der ersteren Gruppe zuweisen, aber nicht weiter spezifizieren lassen. Max Manitius eröffnete 1911 seine ›Geschichte der lateinischen Literatur des Mittelalters‹ mit dem lapidaren Satz: „Das Römerreich trug in seiner eigenen Größe dem Keim des Verfalls in sich, auch ohne die Einfälle der Barbaren wäre es der Zersetzung anheimgefallen; diese wurde durch die Völkerwanderung nur beschleunigt" (I 3). Ernst Hohl (*1931*, 472) sprach von einem „Selbstauflösungsprozeß der antiken Kultur" und Johannes Straub (*1943/72*, 219) verteilte das Gewicht der Niedergangsfaktoren durch die Formel „innere Ursache und äußerer Anlaß". Derart unspezifische Erklärungen des Falles Roms als *result of a general debility* begegnen uns außerdem bei Monks (*1957*), Perowne (*1966*, 156), Coudy (*1967*, 15) und Thompson (*1982*, 217), bleiben aber selten. Normalerweise werden zahlreiche Momente aufgeführt und abgewogen.

Wenn wir das jeweils erzielte Fazit zum Gliederungsprinzip der Erklärungsansätze erheben, so ergeben sich in groben Umrissen sechs Grundtypen: die religionsgeschichtliche Deutung, die den Untergang Roms aus dem Aufstieg des Christentums herleitet (III. 1!); die sozialökonomische Erklärung, die Besitzunterschiede, Klassengegensätze und Produktionsverhältnisse verantwortlich macht (III. 2!); naturwissenschaftliche Erklärungen, die mit nachlassenden Bodenerträgen, numerischer Verminderung oder rassischer Verschlechterung der Bevölkerung argumentieren (III. 3!); innenpolitische Erklärungen, die dem Versagen des Staates und der Führungsschicht die Hauptschuld geben (III. 4!); die kulturmorphologische Deutung, die mit handlungsunabhängigen Wachstumsgesetzen rechnet (III. 5!); und die außenpolitische Erklärung, die in der Ausbreitung der Germanen die entscheidende Ursache für den Zerfall des Reiches sucht (III. 6!).

Zweifellos wären auch andere Unterteilungen denkbar. Zudem ist die Zuweisbarkeit eines Textes zu einem Typus zuweilen unsicher, aber dieses Problem ist wohl niemals restlos zu lösen. Im allgemeinen werden die Autoren nur – je nach ihrer Hauptmeinung – in einem einzigen Abschnitt behandelt. Prägnante Äußerungen zum Christentum habe ich jedoch auch als Nebenmeinung in III 1 aufgenommen, so daß hier genannte Verfasser zweimal erscheinen können. Die Methodenfrage der Klassifizierung von Interpretationen ist im IV. Abschnitt aufgeworfen (IV. 4!). Wohlmeinende Leser mögen diese Gliederung damit entschuldigen, daß bisher noch kein Vorschlag für eine Typologie der Niedergangstheorien vorliegt. Die Faktorenschemata von Paton Isaac (*1971*) und Michael Grant (*1977*) sind ohne Rücksicht auf die Deutungsgeschichte entworfen und eignen sich daher nicht zur Übertragung auf diese. Im Eingang zu jedem der folgenden Abschnitte werden die Ursprünge der jeweiligen Erklärung angedeutet, als Abschluß wird eine geistesgeschichtliche Einordnung versucht. Eine Beurteilung der historischen Haltbarkeit habe ich im Abschnitt III normalerweise vermieden, sie folgt (IV. 5!) im Zusammenhang mit meinem eigenen Erklärungsvorschlag.

Innerhalb der Typen-Kapitel (III. 1–6!) erwartet den Leser ein denkbar heterogenes Meinungs-Material. Man hätte den Rang der Autoren durch Schriftgrade ausdrücken sollen, doch wäre das nicht nur technisch schwierig, sondern vielfach auch nicht ganz einfach festzustellen gewesen. Aus diesem Grunde verbot sich auch eine exemplarische Auswahl, so richtig es sein mag, daß, wer die Glucke fängt, die Küken dazubekommt. Neben dem steigenden Anteil von Fachlehrten melden sich auch weiterhin Politiker, Dichter, Philosophen und Liebhaber der Geschichte zu Wort. Urteile über den Untergang Roms finden sich auf Pamphleten und Flugblättern, in Predigten und Zeitungsartikeln.

Das Interesse, das die einzelnen Stellungnahmen verdienen, ist unterschiedlicher Art. Die Ansicht der Historiker von Profession ist wichtig dem, der wissen will, wie es eigentlich gewesen. Sie dient als Brille. Die Meinung der Herren aus der Politik ist lehrreich für den, der studiert, wie Geschichte als Argument und Motiv in Programme eingeht. Sie dient als Spiegel. Im Munde von Denkern und Dichtern wandelt die Historie abermals ihren Zweck. Sie dient als Tablett für die eigenen Gedanken. Auf diese verschiedenartigen Funktionen der Historie wird künftig nicht weiter eingegangen. Ich beschränke mich auf die Doxographie der Inhalte.

Trotz dieser breitgefächerten Zugehörigkeit der behandelten Autoren werden diese gewöhnlich im chronologischen Gänsemarsch vorgeführt. Drei Gründe mögen diese Anordnung rechtfertigen. Zum ersten läßt sich nur durch sie die Abhängigkeit der Autoren darstellen. Zum zweiten entspricht die historische Urteilsfähigkeit keinesfalls immer dem Umfang des Fachwissens. Und drittens macht eine Scheidung nach literarischer Gattung oder beruflicher Ausrichtung in vielen Grenzfällen Schwierigkeiten. Erst im 20. Jahrhundert wäre eine Fachzuordnung durchführbar, doch selbst hier käme es noch zu Überschneidungen. Darum verzeihe man die bunte Kette, sie zeigt die Historie im Leben. Daß sie so lang geworden ist, darüber tröstet mich Ambrosius (PL. 16, 880): *qui multa legit et intelligit, impletur, qui fuerit impletus, alios rigat.*

III. 1. Religionsgeschichtliche Deutung: Der Aufstieg des Christentums

Non potestis duobus dominis servire, scilicet uni Deo et Mammonae, Christo videlicet et Caesari.

Paulinus Nolanus ep. 25,3

Die früheste Deutung, die der Niedergang Roms als erlebte Geschichte erfahren hat, ist seine Herleitung aus dem Übergang vom altrömischen Kultus zum Christentum. Der Glaube an einen Heiland, dessen Reich nicht von dieser Welt ist (Ev. Joh. 18, 36), der vielmehr den „Fürsten dieser Welt", den Satan (a. O. 12, 31), überwinden soll, erschien bereits Kelsos im 2. Jahrhundert als politische Gefahr und wurde seit dem 4. Jahrhundert in der heidnischen Öffentlichkeit als der eigentliche Grund für die Nöte des Reiches betrachtet. Mit der Abwendung von den alten Göttern glaubte man den himmlischen Segen vom Reich genommen und den Niedergang besiegelt (II. 1. a!).

Von christlicher Seite wurde dagegen auf zwei Ebenen argumentiert (II. 1. b!). Einerseits wurde die politische Misere zugegeben, aber als Bestätigung der in der Bibel angekündigten Endzeit-Wirren aufgefaßt und als Mahnung an die Gläubigen gedeutet, ihren Schatz nicht auf Erden, sondern im Himmel zu suchen. Diese Linie verfolgte gewöhnlich Augustinus. Andererseits wurde der Niedergang Roms aber auch bestritten, indem die Christianisierung als Zeichen oder Grund einer irdischen Besserung gewertet wurde. Dies war die Lehre von Euseb, Ambrosius und Orosius. Sie scheint weit verbreitet gewesen zu sein: Die Siege von Constantin über Maxentius 312 und von Licinius über Daia 313, von Constantin über Licinius 324, von Theodosius über Maximus 388 und Eugenius 394, von Chlodwig über Alamannen 496 und Westgoten 507, sie alle wurden im antiken Sinn als Beweis für den irdischen Lohn des rechten Glaubens verstanden.

Während des Mittelalters schloß die allgemeine Verhaftung des Denkens im Christentum eine religionsgeschichtliche Diskussion über den Fall Rom aus. Sie wurde erst möglich, als die europäische Intelligenz, an den antiken Autoren geschult, wieder einen dem Christentum gegenüber innerlich selbständigen Halt gewann und die Vernunft für ein größeres Gottesgeschenk erachtete, als die biblische Offenbarung oder die christliche Kirche war und tat.

Dabei wurde die Kausalität säkularisiert. Das religiöse Verhalten erschien jetzt nicht mehr auf dem Umweg über den Segen oder den Fluch höherer Mächte, sondern vermittelt durch die sozialpolitischen Konsequenzen für das Staatsleben bedeutsam. Ob positiv, ob negativ, das hing von Wertungen ab. Wer in spätantik-mittelalterlicher Weise Kirche und Reich zugleich bejahte, konnte dem Christentum keinen staatsschädigenden Einfluß zutrauen. Dazu mußte man entweder das Christentum oder das Reich oder beides ablehnen. Im ersten Fall erschien die

Verursachung als Schuld, im zweiten als Verdienst des neuen Glaubens, im dritten blieb sie wertneutral.

Wie langsam sich diese Urteilsfreiheit herausgeschält hat, zeigt sich daran, daß der kritikfähige Teil des Christentums ganz allmählich gewachsen ist. Zunächst monierte man das Verhalten einzelner Personen oder Gruppen, vorwiegend der Päpste, Mönche oder Eremiten. Mit der Reformation geriet die katholische Kirche ins Zentrum der Kritik. Die protestantische Tradition unterschied zwischen verderbter Schale und gesundem Kern (Iseler, Herder), das Christentum als solches sei nicht destruktiv, sondern konstruktiv für die Kultur, so Lessing und Petrus Erasmus Muller (*1798*, 167). Weiter ging die französisch-katholisch geprägte Literatur, etwa Pilati, Voltaire und auch Gibbon. Sie akzeptierte allenfalls den Monotheismus und die Ethik der Evangelien. Damit brachen erst Marx und Nietzsche.

Wer dem Christentum ein Verdienst an der Überwindung des Imperiums gutschreibt, hat die Weltreichsfolge verabschiedet, wie sie in der christlichen Tradition gelehrt wurde. Das Römerreich konnte und sollte nicht die letzte irdische Ordnung bilden, der Fortschritt ging darüber hinaus. Diese Ansicht wurde seit dem späten 18. Jahrhundert von der Mehrzahl der Literaten vertreten.

Der umgekehrte Gedanke, daß nicht der neue, sondern der alte Glaube am Fall Roms schuld sei, begegnet in der Forschung in der Form, daß die religiösen und moralischen Prinzipien des vorchristlichen Altertums grundsätzlich unzureichend gewesen seien, um eine dauerhafte und menschenwürdige Gemeinschaft zu tragen. Ein Vorwurf gegen die alten Götter selbst findet sich als rhetorische Floskel bei Daniel Heinsius 1614 und als poetisches Kolorit in der Ballade, die August v. PLATEN auf den Tod des Kaisers Carus (283 n.Chr.) gedichtet hat:

> Götter haben uns gerichtet, Untergang ist unser Teil,
> Denn des Kapitols Gebieter sandte seinen Donnerkeil.
> Untergang und Schande wälzen ihren uferlosen Strom,
> Stirb und neige dich, o neige dich zu Grabe, hohes Rom!

III. 1.a. Bis zum Ersten Weltkrieg

Der Beitrag des Christentums zum Niedergang Roms ist von Autoren unterschiedlichster Ausrichtung erörtert worden. In der Zeit zwischen der Französischen Revolution und dem Ersten Weltkrieg lassen sich drei Gruppen von Stimmen unterscheiden. Die erste umfaßt die Denker und Dichter, die zweite Historiker mit konservativer, die dritte solche mit liberaler Grundeinstellung. Innerhalb dieser Gruppen und zwischen ihnen gibt es zahlreiche Verbindungen. Nicht nur haben die Philosophen die Historiker beeinflußt, sondern auch umgekehrt: ein Autor wie Renan hat seine Spuren bei Engels (MEW 21, 9) wie bei Nietzsche (II 613; 1190) hinterlassen.

Zunächst zur ersten Gruppe, den Denkern! Am 18. VI. 1800 notierte NOVALIS: „Sonderbares Zusammentreffen der Gründung des Christentums und der römischen Monarchie ... Sieg des Übersinnlichen, die Verwandlung des Himmels, die römische Republik als Weltopfer" (Schriften III *1907*, 285). Die Passage steht in einer Auseinandersetzung mit Gibbon, dessen Annahme von dem Zusammenhang zwischen politischem Niedergang und wachsender Christianisierung übernommen, aber umgewertet wird. Novalis bedauerte das Ende Roms nicht, er begrüßt es, und befindet sich im Einklang mit dem historischen Idealismus von Fichte, Görres und Hegel (II. 4. c!).

Germanentum und Christentum waren für Hegel jene beiden Mächte, in denen der Weltgeist zum Bewußtsein seiner Freiheit gelangte. Zwar geschah dies erst nach der Überwindung des finsteren Mittelalters, welches „das Vernunftwidrigste, Roheste, Schmutzigste durch das Religiöse begründet und bekräftigt" (*1831/1961*, 519), aber der Philosoph erkennt, daß dieser dialektische Pendelschlag erforderlich war, um mit der Reformation und dem Preußentum das Ziel der Geschichte zu erreichen (588).

Die Antithese von Christentum und Römertum begegnet wieder bei zwei Dichtern: Jean Paul und Heinrich Heine. Wie der deutsche Klassizismus um Wilhelm von Humboldt, so war auch Jean Paul für die Griechen, gegen die Römer eingenommen: „Wie viel mehr hat das kleine friedlichere Athen für die Welt gethan als das würgende Riesen-Rom?" (60). Nach dem Prinzip der Vergeltung habe das Schicksal Rom am selbstverfertigten Gift verenden lassen, das konnte man schon im voraus dem „römischen Reiche auf Jahrhunderte aus der Hand oder Faust lesen, welche die Adlerklaue oder Wolftatze der alten Welt geworden" (84). Roms völkerverderbende Herrschaft wurde von innen heraus durch das Christentum überwunden. „Als Rom entseelt ohne Freiheit und Sittlichkeit dalag und als nun an dem fortfaulenden Riesenkadaver eine ganze daran gekettete Welt vermodern hätte müssen, da selber durch die gesunden Nordheere die ansteckende Sargpest nur weiter gedrungen wäre: wer obsiegte der ungeheuern Gift-Roma? Das Dörfchen Bethlehem" (85). Ganz im Sinne der Aufklärung lehnte Jean Paul eine zyklische Übertragung des römischen Schicksals auf die Gegenwart ab: „Kein Volk, kein Zeitalter kommt wieder" (212). Völker können, aber müssen nicht sterben, ein Lebensaltergesetz gebe es für sie nicht: „die Römer, bei denen keine Sprosse, sondern die ganze Leiter brach, mußten nicht notwendig durch eine Kultur sinken, die nicht einmal an unsere reicht" (213).

Ähnlich in Sache und Form verband Heinrich Heine in seiner ›Romantischen Schule‹ (*1836/1972*) das Christentum und den Fall Roms. Heine spricht von dem „grauenhaft kolossalen Materialismus, der sich im römischen Reich entfaltet hatte", und verglich das Imperium mit einem Menschen, der alt und schlaff geworden sei. Das was Rom dann endgültig zugrunde gerichtet habe, war das Gift des „judäischen Spiritualismus", das Christentum (10). Heine verstand dies als Rache der von Rom „gemeuchelten Judäa", so daß Roms „imperatorische Schlachtstimme herabsiechte zu betendem Pfaffengewimmer und Kastratengetriller" (11). Heine maß dem Christentum aber, ähnlich wie Gibbon (VI 388) und Klemm (*1827*, 98) nur eine abgeleitete, von der anthropologischen Befindlichkeit seiner Gläubigen abhängige Bedeutung zu. Denn bei den Germanen habe das Christentum heilsam und vergeistigend gewirkt: „Was den Greis entkräftet, das stärkt den Jüngling" (11). Christliche Askese und barbarische Übergesundheit hätten die europäische Zivilisation ermöglicht. Wir greifen dieselben Faktoren wie bei Hegel, allerdings in anderer Bewertung.

Eine eigenwillige Position bezog ein anderer Hegelschüler: Max STIRNER. Sein Katechismus des anarchischen Individualismus ›Der Einzige und sein Eigentum‹ von 1845 unterscheidet zwei Geschichtsperioden: Altertum und Christentum. Nachdem die Antike das Verhältnis zwischen Individuum und Welt äußerlich im Römischen Reich, innerlich im Ideal der Ataraxia vollendet hatte, wurde es durch Christus umgewandelt. Die Welt wird zum Instrument der Erlösung, stirnerisch: zum Eigentum des Einzelnen. „In der That schließt die alte Geschichte damit, daß Ich an der Welt mein Eigentum errungen habe" (*1845/92,* 112). Der Autor findet seinesgleichen unter den Lemuren des Altertums: „Wer aber hat die Völker, deren Untergang die Geschichte erzählt, zu Fall gebracht? Wer anders als der Egoist, der seine Befriedigung suchte!" Für das Römertum heißt dies, frei nach Hegel: Privatrecht und Christenglaube (246 f.). Letzterer trägt das größere Verdienst am Fall Roms. Er war es, der „die Lebensquellen der ganzen heidnischen Welt abgrub, mit welchen der bestehende Staat ohnedies verwelken mußte" (372). Die „Empörung", d. h. Empor-Richtung, Jesu liefert Stirner das Vorbild für seine eigene Rolle. Wie Christus das Altertum, will er das Christentum überwinden, indem er die Menschen vom Wunsch nach Erlösung erlöst. Wieder steht er an der „Grenzscheide einer Periode" (374): das dritte Zeitalter setzt an die Stelle der Hoffnung auf ein Leben im Jenseits den Genuß des Lebens im Diesseits. Nach der Zeit des Realismus im Altertum kam die Zeit des Idealismus mit dem Christentum, um nun der Zeit des Egoismus zu weichen (Engert *1911,* 36). Max Stirner hat in mancher Hinsicht Nietzsche vorweggenommen.

Trotz aller Polemik gegen „Sankt Max" haben auch Marx und Engels die Rolle des Christentums in der Auflösung der antiken Zivilisation in gewisser Weise zum Modell ihres Selbstverständnisses gewählt. 1847 sah MARX zunächst nur die konformistischen Züge des Christentums. Zu allen Zeiten hätte es mit seinen sozialen Prinzipien die bestehenden Verhältnisse verfestigt: erst die Sklaverei, dann die Leibeigenschaft und schließlich die Lohnarbeit (MEW 4, 200). In der Auseinandersetzung mit G. F. Daumer, der dem Christentum eine Erneuerung der Welt zugute gehalten hatte, betonten Marx und Engels 1850, „daß dem Christentum das vollständige Zusammenbrechen der antiken 'Weltzustände' vorherging, dessen bloßer Ausdruck das Christentum war; daß 'ganz neue Weltzustände' nicht durch das Christentum von innen heraus entstanden, sondern erst dann, als die Hunnen und Germanen 'äußerlich' über die Leiche des römischen Reiches herfielen" (MEW 7, 201). Ihrer eigenen Lehre gemäß ist auch der Kommunismus „bloßer Ausdruck" der Weltzustände, allerdings mit dem Unterschied eines nun ideologisch unverfälschten Selbstbewußtseins. Im Gegensatz zur christlichen Spätantike vollziehe sich die gegenwärtige „Umwälzung" im vollen Lichte der Selbstbestimmung. ENGELS hat die Analogie 1883 dann noch enger gezogen: „Das Christentum ergriff die Massen genauso, wie es der moderne Sozialismus tut", das habe Renan richtig gesehen (MEW 21, 9). Das Kommunistische Manifest des Urchristentums war für Engels die Offenbarung Johannis. 1894 bestimmte er in der Auseinandersetzung mit Anton Menger das Verhältnis zwischen Christentum und Kommunismus noch genauer. Neben die typologische Parallele trat der genetische Zusammenhang der beiden Bewegungen. Das Christentum als römischer Sozialismus habe die Erlösung im Himmel gesucht, und dies hätten die christlich-sozialen Bewegungen des Mittelalters und der Neuzeit zunehmend korrigiert, bis nunmehr der Marxismus mit der irdischen Erlösung das wahre Ziel der Mühseligen und Beladenen erkannt und erreichbar gemacht habe (MEW 22, 449).

Eine neutrale Stellung zum Christentum im Niedergang Roms bezogen die folgenden Autoren. PROUDHON ließ in seinem Werk ›Césarisme et Christianisme‹ (*1854/1883*) das Reich am Katholizismus verscheiden (II 306). Das Christentum sei ursprünglich eine soziale Widerstandsbewegung gegen den Cäsarismus gewesen (I 2 f.; 48; II 162). Mit Constantin habe es die Humanität verraten und das Imperium zersetzt. Dies wird von Proudhon bedauert. Dennoch betrachtete er das Christentum als das bedeutendste Phänomen der bisherigen Geschichte. Denn es habe jenen Menschheitsbegriff geschaffen, den der Sozialismus nun zu verwirklichen beginne. Die christliche Revolution führe in die soziale Revolution herüber (I 3 f.).

Aus der heidnischen Religionsgeschichte erklärte J. J. BACHOFEN das Ende der Antiken Welt. In seinem ›Mutterrecht‹ (1861 § 112) beschrieb er den Sieg der phallischen Paternität des Dionysos über die metaphysische Paternität des Apollon. Der antike Irrtum, das Übersinnliche müsse sich auf das Sinnliche begründen, „hat mehr als irgendeine andere Ursache zu dem Untergang der alten Zivilisation und dem unrettbaren Verfall der Völker beigetragen." Erst das Christentum überwand die Sinnlichkeit.

Ernst HAECKEL entwarf in seiner ›Natürlichen Schöpfungs-Geschichte‹ *(1879/98)* ein Fortschrittsmodell auf darwinistischer Basis (III. 3. c!). Wie allen progressiven Theorien stand der seinen der Fall Roms im Wege, und Haeckel akzeptierte den „mächtigen Rückschritt", den das „dunkle Mittelalter gegenüber dem strahlenden Glanze des classischen Alterthums darbietet" (278). Er erklärte ihn aus ungenannten „inneren und äußeren Ursachen", unter denen ihm die „Naturverachtung, welche das Christentum predigte" und die „Gewaltherrschaft über alles freie Geistesleben, welche dessen allmächtige Hierarchie ausübte" (279), die wichtigsten schienen. 1899 hat Haeckel in seinem populären Büchlein ›Die Welträtsel‹ diese Deutung vertieft. „Die bewunderungswürdige Kultur des klassischen Alterthums ist zu Grunde gegangen, weil das Christentum dem ringenden Menschengeiste damals durch den Glauben an einen liebenden Gott und die Hoffnung auf ein besseres jenseitiges Leben einen gewaltigen neuen Aufschwung verlieh" (109). Für Haeckel war die katholische Kirche damals wie heute eine Gefahr (176). Der durch sie verschuldete knapp tausendjährige Rückschlag komme innerhalb der naturgeschichtlichen Dimensionen kaum in Betracht, am Fortschritt im ganzen ändere das nichts. Haeckel dachte in geologischen Zeiträumen, den Absturz vom klassischen Altertum zum finsteren Mittelalter verglich er mit der Schrumpfung der Echsen: von Sauriern zu Zauneidechsen (Winau *1981*, 274).

Wohl der radikalste Vertreter des Gedankens, der Fall Roms sei die Schuld des Christentums war Friedrich NIETZSCHE. Im vierten Teil des ›Zarathustra‹ *(1885)* lesen wir: „Einstmals – ich glaub, im Jahr des Heils Eins-/ sprach die Sibylle, trunken sonder Weins:/ „Weh, nun geht's schief!/ Verfall! Verfall! Nie sank die Welt so tief!/ Rom sank zur Hure und zur Huren-Bude,/ Roms Cäsar sank zum Vieh, Gott selbst – ward Jude!" In seinem ›Antichrist‹, der 1888 abgeschlossen wurde, aber erst 1894 erschien (II 1161 ff.), nannte Nietzsche das Imperium Romanum die „großartigste Organisationsform unter schwierigsten Bedingungen, die bisher erreicht worden ist, im Vergleich zu der alles Vorher, alles Nachher Stückwerk, Stümperei, Dilettantismus ist" (II 1229). Nietzsches Werturteil stützte sich nicht auf die Funktion Roms in einem universalhistorischen Prozeß, sondern auf einen Vergleich mit anderen Staaten, die in Nietzsches Augen keine vergleichbare organisatorische Leistung vollbracht haben. Ursache für den Untergang dieses Systems waren für ihn die Christen. „Jene heiligen Anarchisten haben sich eine 'Frömmigkeit' daraus gemacht, 'die Welt', das heißt, das Imperium Romanum zu zerstören, bis kein Stein auf dem anderen blieb, – bis selbst Germanen und andere Rüpel darüber Herr werden konnten" (a.O.). Nietzsche stand hier im Gegensatz zu Burckhardt (III. 5. a!), noch krasser indes gegen Hegel. Auch dieser hatte dem Christentum und den Germanen den entscheidenden Einfluß eingeräumt, aber während Hegel der Verbindung beider die Realisierung der Freiheit zuwies, betrachtete Nietzsche das Christentum als die Ideologie der Schlechtweggekommenen und die Germanen als die „blonden Bestien", die „Alkoholvergiftung Europas" (II 786; 884). Vehement wandte sich Nietzsche gegen die deutsche Geschichtsschreibung, die meinte, „daß Rom der Despotismus war, daß die Germanen den Geist der Freiheit in die Welt gebracht haben" (II 1222). Er teilte indessen die Auffassung Burckhardts, daß ein Ende wie das Roms auch der europäischen, ja der Kultur als ganzes drohe, sofern die Menschen nichts dazulernten (I 598). Die Kennzeichnung der Gegenwart durch den „Egoismus der Erwerbenden und die militärischen Gewaltherrscher" (I 313; 100; 261; 380) zeigt die Analogie der Spätphasen von Antike und Abendland.

Die Nietzsche polar entgegenstehende Auffassung vertrat der christliche russische Philosoph Wladimir SOLOWJEW. Im ersten seiner ›Sonntags- und Osterbriefe‹ vom 19. 1. 1897 beschrieb er das Imperium Romanum als Völkerfamilie, deren staatliche Verfassung auf unzureichender moralischer Grundlage geruht habe. „Der verhängnisvolle Mangel, der dieses ewige Imperium zerstört hat, bestand nicht darin, daß es eine Familie vieler Völker war (sonst hätte es das Imperium selbst gar nicht gegeben), sondern darin, daß es eine heidnische Familie war". Nur auf unbedingter Wahrhaftigkeit und Gerechtigkeit lasse sich ein dauerhafter Vielvölkerstaat errichten, und ein solches ethisches Fundament biete allein das Christentum. Selbst Byzanz sei politisch im Heidentum hängen geblieben, und darum scheine erst Rußland imstande, die Keimzelle einer universalen Völkerfamilie zu werden (DG VIII 9 f.).

Nietzsches Ansicht über die Unvereinbarkeit von Christentum und Römerreich kehrt wieder in der Auseinandersetzung von George SOREL mit Boissier (s. u.). Sorels Buch ›La ruine du monde antique‹ *(1901/25)* nennt sich im Untertitel ›Conception matérialiste de l'histoire‹. Sorel berief sich auf Marx und Engels (44; 211; 312) und propagierte eine marxistische Arbeiterrevolution, die im Unterschied zu den bisherigen „idealistischen" Revolutionen unblutig verlaufen werde (315). Der Fall Roms war für Sorel in diesem Zusammenhang aus drei Gründen bedeutsam. Zum ersten sah er eine Analogie zur Französischen Revolution und deren Folgen. Inspiriert durch Vico (316: *ricorso*), parallelisierte er Honorius mit Ludwig XVI., die Barbarenvölker mit den Revolutionsmassen (45). Terreur und Napoleon, *le dieu de cette période,* hätten die Menschheit abermals an den Rand der Barbarei gebracht, in gewissem Sinne wieder ein Mittelalter herbeigeführt. Auf dem Wege zur Moderne befinde sich, seit 1870, allein Deutschland (313 ff.). Den Fortschritt der technischen Entwicklung seit der Antike sah Sorel wohl (216), bagatellisierte ihn aber angesichts der Fortdauer der herrschenden Mächte. Als Sieger der Revolution wird die Bourgeoisie betrachtet, die ebenso wie die Aristokratie, die Intelligenz und der utopische Sozialismus der Saint-Simonisten (44; 318) nur eine Spielform des Weltfeinds „Idealismus" darstelle. Er habe bisher alle Revolutionen gewonnen. Sorels Attacke gegen die *aristocratie des talents,* gegen die *corruption inéluctable des hommes de plume* (88 ff.) versetzt jene Leser in Verlegenheit, die sich selbst oder den Autor zu den talentierten Federmenschen zählen.

Sorels zweites Interesse am Fall Roms liegt darin, daß er ihn als Werk der Kirche deutete, die für ihn *le modèle de tous les gouvernements idéalistes* darstellt (315). Über das Imperium Romanum wie über das Ancien Régime triumphiert mithin im Grunde derselbe Sieger. *La ruine du monde païen est une véritable culbute idéologique,* ein ideologischer „Purzelbaum" (312). Seine Erklärung sei wesentlich einfacher als die der Französischen Revolution und eben darum lehrreich für die Rolle des „Idealismus" (314): *l'idéologie chrétienne ... a brisé la structure du monde antique à la manière d'une force mécanique agissant de l'extérieur* (44; 316). Sorel berücksichtigte die ökonomische Leistungsgrenze der römischen Expansion (41), betonte die Verarmung (314) und die *évolution pacifique et bourgeoise de l'Empire* (132). Aber erst das Christentum hätte die Moral der *Cité héroique* untergraben, den *esprit anti-militaire* zum Siege geführt (44; 133 ff.) und darüber hinaus Intoleranz, Glaubenszwang und gemeinschädlichen Individualismus gebracht (142 ff.). Auch die römische Wirtschaft wird als *économie idéaliste* bezeichnet, weil die Überschüsse unproduktiv angelegt wurden, beispielsweise in Kunstwerken, die der Herrschaftssicherung dienten (92 ff.). Immerhin gab es gemeinnützige Spenden, und diesen *caractère civique de la propriété* habe das Christentum zugunsten schrankenloser Freiheit aufgegeben (99).

Kunstfleiß und Wohltätigkeit der reichen Christen dienten bloß der Kirche als Institution, die theoretisch staatlichen Problemen den letzten Ernst bestreite, praktisch aber damit in ihrer Scheinheiligkeit selbst regiere (98–107).

Daraus ergibt sich der dritte Reizpunkt unseres Themas für Sorel: *le socialisme revient vers la pensée antique* (311). Nachdem der christlich-bürgerliche Individualismus die Moral verdorben habe, müsse der antike Staatsgeist wiederhergestellt werden (p. XII). Das Buch, das Sorel berühmt gemacht hat, seine ›Réflexions sur la violence› *(1906/19),* nahm die skizzierten Thesen auf (126 f.). Der Name Vico fällt, der *ricorso* zwischen antiker und moderner Entwicklung wird auf 400 Jahre festgesetzt (129). Die Proletarier von heute sind nicht mehr die Barbaren von gestern, im Gegenteil: *la violence prolétarienne ... peut sauver le monde de la barbarie* (130).

Gänzlich andere Voraussetzungen liegen der Stellungnahme Albert SCHWEITZERS zu unserem Thema zugrunde. Der erste Teil seiner ›Kulturphilosophie‹, 1917 in Afrika abgeschlossen, 1923 erschienen, trägt den programmatischen Titel ›Verfall und Wiederaufbau der Kultur‹. „Wir stehen im Zeichen des Niedergangs der Kultur“ (*1923/48,* 1): entsprechend zum Ende der Antike droht „ein neues Mittelalter“ (16), freilich mit dem Unterschied, daß inzwischen keine „unverbrauchten und begabten Völker in Reserve“ stünden, die Europa ablösen könnten (2–5). Die Kongo-Neger kommen offenbar nicht in Betracht. Verschlechtert dies die Lage im Vergleich zur Spätantike, so verbessert sie ein Hoffnungsschimmer, nämlich Schweitzers Lehre einer „Ehrfurcht vor dem Leben“. Nur eine ethische, optimistische Weltanschauung (58) könnte noch Hilfe bringen, wie die Analogie zeigt: „Daß das Römische Reich, trotz der vielen hervorragenden Herrscher, die es besaß, zugrunde ging, lag letzten Endes daran, daß die antike Philosophie keine Weltanschauung mit reichserhaltenden Gedanken hervorbrachte. Mit dem Auftreten des Stoizismus ... war das Schicksal der Völker um das Mittelmeer entschieden“ (51). Wenn Schweitzer Stoa und Resignation gleichsetzte, mag man das damit entschuldigen, daß er im Urwald den Marc Aurel nicht zur Hand hatte. Erstaunlicher ist, wenn Schweitzer als Theologe dem Christentum keine staatserhaltende Leistung zutraute. Die Gegenwartsprobleme will er mittels einer „Totalweltanschauung“, nicht mit dem Evangelium lösen. Jüdische Transzendenz und griechische Metaphysik hielt er für schädlich (43), desgleichen das „Pöbeldenken“ der modernen Zeitungsmacher. Das Heil liege in einer biologistisch lebensbejahenden Mystik, die „die einzig unmittelbare und einzig tiefe Weltanschauung ist“ (vgl. Sorokin *1951/53,* 205 ff.).

Die skizzierten Meinungen stimmen darin überein, daß dem Christentum im Übergang von der römischen zur germanischen Periode eine Bedeutung zukomme. Art und Gewicht derselben wird unterschiedlich beurteilt. In Hegels Augen war das Christentum die noch in seiner Gegenwart wirkende progressive Macht. In ihrem Zeichen steht das momentane, letzte Weltzeitalter. Für Max Stirner, Marx und Engels beschränkt sich die positive Seite auf die Vergangenheit, doch wird die eigene Rolle in einer säkularisierten Analogie zu derjenigen der Christen im Römerreich verstanden. Haeckel, Nietzsche, Sorel und Klages (s. u.) sahen das Christentum negativ und demonstrierten dies am Fall Roms. Schweitzer schließlich bescheinigte dem neuen Glauben zwar nicht gerade destruktive, aber eben auch keine konstruktive Leistung für den römischen Staat, der wieder einmal als Muster für Staat schlechthin steht.

Das Motiv für die positive oder negative Einschätzung des religionsgeschichtlichen Faktors erwächst bei den genannten Philosophen gewiß nicht aus einem intensiven Studium der Spätantike. Daß ein solches aber ebensowenig eine Konvergenz der Urteile erbringt, zeigt sich, wenn wir die Historiker betrachten. Wir können unter ihnen eine eher (konservativ-)christenfreundliche von einer eher (liberal-)christenfeindlichen Richtung unterscheiden. Dem Gedanken des Fortschritts huldigten beide, nur daß erstere ihn mit der Bekehrung im wesentlichen realisiert glauben, während letztere ihn für verwirklichungsbedürftig erachten.

Aus der prochristlichen Richtung ist zuerst François René Vicomte de CHATEAUBRIAND zu nennen. Er schrieb seine ›Études ou discours historiques sur la chute de l'Empire romain etc.‹ (*1831* I–IV) im Geiste Hegels. Die Fäulnis der alten Religion, der alten Gesetze, der alten Moral wird aus dem Zusammenströmen der Übel erklärt: Ägypten stiftete den Aberglauben, Asien die Verweichlichung, West- und Nordeuropa die Verachtung der Humanität, Griechenland verdarb das gesunde Römertum durch seine intellektuelle Überkultur. Die in Lukian gipfelnde philosophische Zersetzung und die *institutions contraires à la vérité humaine* brachten Rom den Untergang (III 41 ff.; 80). In dieser Situation offerierte die göttliche Providenz die beiden progressiven Faktoren: den neuen Glauben und die germanischen Barbaren, *soldats du Dieu* (I 17), *nos ancêtres* (30). So wurde das Christentum die *force intellectuelle*, das Germanentum die *force matérielle pour la destruction du monde paien* (26). Die alte Welt sei innerlich schon zu korrupt gewesen, um durch das Christentum regeneriert zu werden: *une religion nouvelle avoit besoin de peuples nouveaux*, nur freiheitsstolze unschuldige Wilde konnten die Welt auf eine neue Stufe heben (14 f.; III 206). Dieses Argument brauchte 1828 auch Macaulay (III. 4. a!). Das Christentum, das die größte Revolution der Weltgeschichte bewirkte, habe alle Schichten, alle Völker erfaßt und der Humanität den Weg bereitet: Abschaffung der Sklaverei, Achtung gegen Frauen und Kinder, *égalité, liberté*, Demokratie und Aufklärung seien die Folge gewesen (I 21; 25; 27). Chateaubriand wandte sich ebenso gegen Bossuet wie gegen Voltaire (19; 28 f.), beide hätten von Christentum und Barbarei falsche Vorstellungen besessen. Der Held heißt Constantin: *en embrassant le christianisme et fondant l'Église, en fixant les Barbares dans l'empire, en établissant une noblesse titrée et hierarchique, Constantin a véritablement engendré ce moyen-âge* (II 9 vgl. I 24). Im Gegensatz zur Aufklärungshistorie wird nun Julian Apostata wieder zum

„Reaktionär" (I 23). Das Imperium endet mit Romulus 476 (II 328 ff.), mithin in der Nachantike (III 207), es folgt die „finstere" Zeit, die „Inkubation" der modernen, auf Christentum, Antike und Germanentum beruhenden Gesellschaft (I 27; II 255). Trotz seiner fortschrittsbewußten Grundhaltung bestritt Chateaubriand, daß die Geschichte eine (gerade oder kreisförmige) Linie beschreibe, die Zivilisation tanze wie ein Schiff auf dem Meere, und das Ende der Antike sei ein Schiffbruch gewesen: *il s'agit bien du naufrage de l'ancien monde, lorsque nous nous trouvons engagès dans le naufrage du monde moderne?* (I Vw. 3 und S. 2). Chateaubriand fürchtete eine Wiederholung nicht ernsthaft: das heidnische Rom ging unter, China und Indien dauern im mumifizierten Zustand, aber einem christlichen Europa werde Gott weitere Fortschritte bescheren (II 260).

Unter den deutschen Romhistorikern betrachtete Friedrich KORTÜM in seiner 1843 erschienenen ›Römischen Geschichte‹ die staatsgefährdende asketische Form als Entstellung des wahren Christentums (426 f.). Dessen Rolle beim Ende des Imperiums wird als Sieg einer überlegenen Macht verstanden (401); Germanen und Christentum bilden die verjüngenden Kräfte, nachdem das Reich durch seinen Despotismus, durch „steigende Überfeinerung und Lasterhaftigkeit unfähig der Wiedergeburt" gewesen sei (1; 3).

Eine ähnliche Stimme in Italien erhob A. BIANCHI-GIOVINI mit seinen ›Idee sulle cause della decadenza dell' impero romano in occidente‹ *(1844)*. Die inneren Verfallsgründe werden kapitelweise systematisiert (141 ff.), aber nicht gegeneinander abgewogen. Als Resultat der römischen Herrschaft bestimmt der Autor die *servitù universale* (214 ff.). Das Christentum habe die 476 perfekte Auflösung eines menschenunwürdigen Systems begünstigt (232) und eine Regeneration der Menschheit herbeigeführt (13; 117).

In Frankreich verknüpfte dann wie Chateaubriand wieder Albert de BROGLIE in aristokratisch-katholischer Gesinnung historische Schriftstellerei und politische Praxis. Für die Dritte Republik waltete er mehrfach als Minister klerikaler Ausrichtung. In seinem großen Werk ›L'Eglise et l'Empire romain au IVe siècle‹ ging er davon aus, daß die spätrömische Gesellschaft nicht mehr lebensfähig war und darum ihr Vermächtnis der Kirche und den Germanen überlassen mußte (I 1, *1856/67* p. III). Die Schwäche des irdischen Staates habe den Römern die Augen für die himmlische Gnade geöffnet und den Triumph der Kirche vorbereitet (III 2, *1868*, 432). Der Aufstieg des Christentums liefert nicht den tieferen Grund, sondern den höheren Sinn für den Niedergang des Imperiums.

Eine ganz ähnliche Deutung finden wir in den ›Récits de l'histoire romaine au Ve siècle. Derniers temps de l'Empire d'Occident‹ *(1860)* vom Amédée THIERRY. Auch er gehört zu den gelehrten Staatsmännern Frankreichs. Gegen die französische Aufklärung und ihre negative Wertung des römischen Christentums (V) erblickte der Autor im neuen Glauben jene Macht, die aus dem Schoß der schrecklichsten Unterdrückung, dem römischen Gewaltstaate, hervorgegangen sei und den germanischen Wilden die *raison ècrite,* das Evangelium, und die Zivilisation gebracht hätte (V; XVI f.). Aus diesem Grunde problematisierte Thierry auch den

Begriff *Bas-Empire* (II f.). Die säkularen Niedergangsgründe sah er wohl (X f.). Aber Prioritäten und Zusammenhang dieser Faktoren waren ihm weniger wichtig als der Triumph des Christentums im Fall Roms.

In der Substanz gleichlautend ist die aus anglikanischer Sicht vorgetragene Argumentation von John G. SHEPPARD in seinem Buch ›The Fall of Rome and the Rise of the New Nationalities‹ *(1861)*. Mit der Expansion habe Rom seine alten Bindungen verloren: Die angestammte Religion wich orientalischen Kulten, den gesunden Familiensinn löste private Raffgier ab, der römische Geist verflüchtigte sich in pantheistischen Kosmopolitismus (58 ff.). Augustus konnte nichts mehr retten, die Bürgerrechtsverleihung Caracallas brach den Römerstolz. *Moral causes ... sapped the ancient civilization to its base* (60); *with the fall of that faith fell ... the Empire* (74). Sheppard zeichnet ein finsteres Bild der römischen Verkommenheit, die sich in den Christenverfolgungen am deutlichsten offenbarte (72). Zu jener verderbten Welt habe der neue Glaube in unversöhnbarem Gegensatz gestanden und schließlich mit Gottes Hilfe über Heidentum und Imperialismus triumphiert (72; 619). Gibbon wird ein Verständnis für das Christentum abgesprochen (620 u.a.). Die Zeit von Augustus bis zu Karl d. Gr. erscheint als Einheit: in ihr vollzog sich die Ablösung der alten durch die neue Welt.

Ebenso kirchenfreundlich urteilte Gaston BOISSIER. Sein Buch ›La fin du paganisme‹ (II *1891/1913*) suchte zu zeigen, daß alle staatsgefährdenden Übel Roms bereits in die vorchristliche, die spätrepublikanische Zeit zurückreichten (354 ff.). Seit Augustus wüchse die Dekadenz unaufhaltsam, ihr eigentlicher Grund sei nicht erkennbar, ihr Resultat, die Auflösung des Imperiums, hingegen unausweichlich gewesen (383 f.). Zerstört wurde das Reich dann allerdings in einem noch lebensfähigen Zustand durch den Zufall der Germanen: *c'est un accident, qui l'a perdue.* Ein tausendjähriges Kulturtief sei gefolgt (430 f.). Abermals gegen Gibbon gewandt, bot Boissier seine beträchtliche Gelehrsamkeit auf (339 ff.). Die Kirche habe Rom nicht verraten (426), vielmehr habe sie ihre weltfeindliche Haltung allmählich überwunden, sei den Bedürfnissen von Staat und Gesellschaft entgegengekommen (348) und habe sich damit als progressives Element erwiesen (342). Der Autor griff auf die Position des Ambrosius (ep. 18) zurück (II. 1. b!) und feierte die Symbiose von Staat und Kirche im 4. Jahrhundert (349). Als das Reich mit der Unfähigkeit, die Provinzen zu schützen, seine Daseinsberechtigung verlor, da habe sich die allzeit kulturfreundliche Kirche zum Heile der Menschheit dem Desaster entziehen und der Nachwelt die erhaltenswerten Kulturgüter der Antike retten können (425 ff; 431). So hätten die beiden Säulen unserer Zivilisation, Antike und Christentum, überdauert. Die dritte Säule Chateaubriands, das Germanentum, wird von Boissier in einer Fußnote erledigt (425; 431). Dazwischen liegt der Deutsch-Französische Krieg. Möglicherweise endet die Zivilisation wieder am Rhein.

Von deutscher Seite äußerte sich ähnlich der Socius Jesu Hartmann GRISAR ›Rom beim Ausgang der antiken Welt‹ *(1901)*. Die heidnische Welt habe in „Schwelgerei und Luxus versunken" ihre Widerstandskraft eingebüßt und sei

„ein hinfälliger Greis" geworden (54). Gegen Gibbon und Gregorovius meinte Grisar, die Beschuldigung des Christentums sei bereits von den Kirchenvätern „glänzend widerlegt" worden (57). Der neue Glaube, der die Prinzipien „Autorität und Freiheit" gebracht und damit „unnennbares Verdienst" erworben habe (36), sei ein „Ferment der Regeneration" (58), er habe dem „wunden sozialen Körper" neue „Gesundung" verschafft (36; 38) und den „Befreiungskampf" mit „himmlischen Mitteln" gewonnen. Wenn das „staatserhaltende Programm" der Kirche (58) nicht erfolgreich war, so lag das daran, daß die heidnischen Relikte im römischen Staatswesen die völlige Entfaltung der Heilsbotschaft hemmten (39) und das im Heidentum erschlaffte Corpus Romae eine Bluttransfusion „frischer reiner Säfte" benötigte. Dies leisteten die Germanen (56). Langfristig bescheinigte Grisar der Verbindung von Staat und Kirche für beide Teile „unberechenbaren Nutzen" (27).

Daß die Grundgedanken dieser Deutung nicht katholisches Sondergut sind, lernen wir bei Adolf (1914: von) HARNACK. In seinem Beitrag zur ›Kultur der Gegenwart‹ (I 4,1 *1906/09*) ist zwar einmal von der „Zerstörungsarbeit" der Kirche am Imperium die Rede (132), doch ist damit bloß der nationale Aspekt angesprochen. „Entnationalisierung, Proletarisierung und Orientalisierung" im Reich (159) und wachsendes irdisches Verantwortungsbewußtsein der Kirche kennzeichnen den Konvergenzprozeß, der Harnacks Ansicht nach die beiden Mächte zueinanderführte (136; 148 ff.). „Wie eine Braut mit reicher Mitgift wartete die Kirche halb unbewußt, aber sehnsüchtig auf den kaiserlichen Freier ... Konstantin hat sie erschaut und ihr die Hand zum Bunde gereicht" (156). Die Mitgift war ein „Machtzuwachs wie nie zuvor", und er habe Byzanz noch eine tausendjährige Widerstandskraft beschert (161). „Der Bund zwischen christlicher Kirche und Staat hat die zivilisierte Menschheit auf eine höhere Stufe gehoben" (135). Die Kirche habe stets monarchistisch gedacht und „nie republikanischen Neigungen gehuldigt" (151); wenn man noch von einer Einheit der Christen reden könne, so sei das den Monarchen Europas, einschließlich der Zaren, zu danken (151; 161). Der Fall Roms wird für Grisar wie für Harnack demgegenüber bedeutungslos. Natürlich blieb eine solche Auffassung nicht ohne Widerspruch. PATERSON (III. 2.a!) betonte 1907, wenn Gibbons These sich nachweisen ließe, dann wäre der Sturz Roms dem Christentum als Verdienst anzurechnen, doch habe tatsächlich nicht die Kirche das Reich, sondern dieses jene ruiniert (320 ff.).

In der Christenfrage scheiden sich die Geister an Gibbon. So wie er von konservativ-klerikaler Seite bekämpft wurde, so fand er auf progressiv-liberaler Seite Anhänger und Fortsetzer. Zu diesen dürfte ein namentlich unbekannter Historiker gehören, über den Alessandro MANZONI am 7.IV.1820 aus Paris einem Freunde nach Mailand berichtete. Ein Mann, der als Verteidiger der katholischen Religion gelte, habe einen Vortrag darüber gehalten, wie Rom gefallen sei, nachdem *l'innocence des moeurs et le respect pour les Dieux* am Ende waren.[1] Manzoni empörte sich darüber, daß der Vortragende den Aposteln und Märtyrern die Zerstörung der römischen Gesellschaftsordnung vorwarf und den Wert einer Religion auf deren Nutzen für den Staat baute, statt auf ihre innere Wahrheit (Opere III *1950*, 497). Die Haltung dieses Unbekannten wird uns bei Renan wieder begegnen (s. u.). Manzoni selbst hat eine allgemeinere, allerdings ebenfalls ethisch-ideologische Ursache für die Unterlegenheit der Römer gegenüber den moralisch gesünderen Germanen gegeben: ihr Behauptungswille sei erschlafft. *La mancanza nei Romani della coscienza unitaria e della volontà di sopravvivere come nazione, non solo sta all'origine della loro debolezza, ma è incentivo alla usurpazione barbarica* (bei Pavan *1958*, 175).

Innerhalb einer wissenschaftlichen Argumentation betonte dann der Berliner Latinist Carl Gottlob Zumpt den negativen Einfluß des Christentums auf den Staat Rom. Zumpt erklärte 1841 in seiner Abhandlung ›Über den Stand der Bevölkerung und die Völkervermehrung im Altertum‹: das Christentum „trug ... zum Untergang der alten Welt wesentlich bei" (88). Er hatte dabei die apokalyptisch-asketischen Strömungen im Auge, welche die Entvölkerung beschleunigt hätten. Sie war für Zumpt das Hauptübel der Alten Welt (III. 3. b!). Immerhin bemerkte der Autor, daß die weltfeindliche Grundhaltung damals für die Philosophie allgemein bezeichnend gewesen sei: auch in der stoischen und neuplatonischen Bewegung sei eine Abneigung gegen Ehe und Familie feststellbar (89).

Die Tradition der deutschen Aufklärung bestimmt die Äußerungen Friedrich Christoph Schlossers in seiner vielgedruckten ›Weltgeschichte‹ zu unserem Thema. Seit Constantin das Christentum zur Staatsreligion erhoben hatte, wurde es „seinem eigentlichen Wesen und Zwecke völlig entfremdet" (4. Bd. *1846*, XV 2). Rechthaberei und Machtgier beschäftigten den Klerus, das Volk wurde durch Spenden geködert und mit dogmatischem Gezänk und Wagenrennen unterhalten. Wie der Glaube, so litt der Staat: die christliche Erziehung lehrte die Enthaltung von Staatsdienst und Ehe; „Vaterlandsliebe, Erfüllung der Bürgerpflichten und Anwendung der Kräfte zu einer nützlichen Tätigkeit" galten nicht länger als erstrebenswert (a. O.). „Die Entstellungen, welche die christliche Lehre früher erfahren hatte, das Aufkommen eines Priesterstandes und der dogmatischen Wissenschaft mit ihrem Schulgezänke, die Entstehung einer Hierarchie im römischen Reich und der Mißbrauch, den die Priester, der Hof und die erschlaffte vornehme Welt mit dem göttlichen Worte Christi trieben, wirkten auf Staat, Sitten und Bildung sehr verderblich ein" (XVI 1). Die Glaubenszwiste hätten mehr Schaden gestiftet als die Barbareneinfälle; was die Vandalen in Africa den Katholiken angetan hätten, sei ihnen von ihren arianischen Priestern eingeblasen worden. Die Kirche unterstützte den Militärdespotismus der Kaiser und brachte

[1] Ortega (*1942/52*, 119) legt die Vermutung nahe, daß es sich um die Vorlesung von Guizot ›Histoire générale de la civilisation en Europe‹ von 1820 handelt, doch wird dort das Christentum ausgewogen, ja mit Sympathie dargestellt.

schließlich den Staat in ihre Gewalt. Alle Energie, die dem Staatsleben abging, entfaltete sich in der Kirche, und so erhielt das Christentum jene verweltlichte Form, in der es sich ausbreiten konnte.

Wiederum negativ wurde die Rolle des Christentums in dem ›Lehrbuch der Weltgeschichte‹ gesehen, das der Heidelberger Gymnasialprofessor Georg WEBER *(1847/63)* vorlegte. Nachdem bereits die Expansion Rom in die Krise geführt habe, wurde durch die Verlagerung der Residenz und die Christianisierung „dem Römerthum die Axt an die Wurzel gelegt, der Geschichtstempel des Altertums geschlossen" (I 480). Denselben liberalen Geist atmet die Argumentation von Reinhold PALLMANN 1863. Er meinte, „nachdem schon das Imperatorenthum den antiken Gedanken und Formen den Todesstoß gegeben hatte", habe die Machtgier der nachconstantinischen Kirche das Reich endgültig zersetzt (15).

Einen gleichgerichteten Beitrag aus englischer Feder lieferte William LECKY in seiner ›History of European Morals‹ *(1869/1921)*. Als Ursprung der Dekadenz wird das Universalreich betrachtet. Dieses forderte oder förderte den Despotismus, die Sklaverei und das Gladiatorenwesen, drei für die Moralität der Römer verderbliche Kräfte (I 256 ff.). Der durch die kosmopolitische Zivilisation zermürbte *public spirit* (264) wurde durch zwei Einflüsse zersetzt: durch den politischen Internationalismus und durch die intellektuelle Orientalisierung (II 139 f.). Das Christentum erscheint als jener Faktor, der dem Verfall die folgenschwere Beschleunigung verlieh. Bei aller Anerkennung seiner ethischen Ideale wird ihm der Polytheismus doch insoweit vorgezogen, als er die Poesie, die Toleranz und den Patriotismus begünstigt habe (190). Der Sieg des Katholizismus über das Heidentum, über den Staat und schließlich über die Barbaren sei damit erkauft worden, daß die unterlegenen Mächte ihre Mitgift einbrachten: den Aberglauben, den Despotismus und die Dummheit (181; 187; 194). Die Folge: *a deadly torpor sank upon the human mind:* zwölfhundert Jahre *dark ages* (14 f.). Erst die Araber hätten Europa jenes Mittel übermacht, das den neuen Aufstieg erlaubte: die antiken Geisteswerke (17). Einen wiederholten Kultursturz glaubte Lecky nicht fürchten zu müssen, das Nebeneinander mehrerer zivilisierter Staaten in Europa sichere der Freiheit und dem Patriotismus die Zukunft (I 265).

An Schlosser und Lecky orientierte sich der Marburger Sozialphilosoph Friedrich Albert LANGE in seinen Äußerungen zum Fall Roms. Seine ›Geschichte des Materialismus‹ *(1866/73)* verband eine sozialhistorische und eine geistesgeschichtliche Erklärung, indem er beklagte, daß die Fortschritte in der Aufklärung bei den Römern nicht die „Volksmassen" erfaßt hätten. Eine damals wie heute verbreitete „Halbbildung" habe mystische und egoistische Neigungen gefördert und eine allgemeine Charakterlosigkeit zur Folge gehabt (I 144 f.). Der „Materialismus des Gedeihens", d.h. praktische Arbeit und kritische Vernunft, habe die antike Kultur emporgebracht, der „Materialismus des Faulens" hingegen habe den Zusammenbruch bewirkt (146). Lange hält es für „gewiß, daß eben aus den unteren und mittleren Schichten der Weltbevölkerung allein jene große Umwälzung zu erklären ist" (143). „Indem das Christentum den Armen das

Evangelium verkündete, hob es die antike Welt aus den Angeln" (148). Schwer vereinbar mit dieser Theorie wäre Langes Zustimmung zur Theorie Liebigs (III. 3. a!) und sein Hinweis auf das „ökonomische Übel, welchem das Reich schließlich erliegen mußte" (204 f.), wenn wir die Armut nicht vor allem als Grund für die zurückgebliebene Geistesentwicklung deuten dürften. Dazu berechtigt uns Langes Glaube, daß der Riß zwischen den Reichen und den Armen in der Gegenwart dadurch geheilt werden könne, daß – neben der Verstaatlichung des Grundbesitzes – die Volksbildung gehoben würde. Lange sah sich vor einer neuen Weltperiode, in die es die Kulturschätze hinüberzuretten gelte (II 538; 560 ff.).

Überraschend ist, daß wir unter den Vertretern dieser dem Christentum abträglichen Auffassung einen katholischen Geistlichen finden, der dieses blieb, obschon seine Bücher auf den päpstlichen ›Index librorum prohibitorum‹ wanderten: Ernest Renan. Nach dem Deutsch-Französischen Krieg publizierte er sein Buch ›La reforme intellectuelle et morale de la France‹ *(1871/1968)*, das als angebliche Vorwegnahme der Gedanken von Charles de Gaulle unter diesem eine Neuauflage erlebte. Der Katholizismus wird zunächst ganz generell als Hirnschaden bestimmt: *le catholicisme ... n'a pas d'efficacité morale, il exerce des effets funestes sur le développement du cerveau* (147). Im übrigen benutzt der Autor andere Deutungskriterien. Die Franzosen seien eigentlich Kelten, die im Römerfrieden geschwächt, den Germanen nicht standhielten (59). Das mittelalterliche Frankreich sei eine germanische Konstruktion gewesen, die sich gallo-römischer Materialien bedient habe (54). Die spätere Geschichte Frankreichs bestünde in einer fortgesetzten Ausscheidung des germanischen Elementes, gipfelnd in der Revolution, deren sozialistischer Idee die Idee des Germanismus gegenübergestellt wird. Letzterem wird Überlegenheit bescheinigt (59). Die Deutschen verdankten ihre Kraft, vom Liberalismus unangekränkelt, ihrem Militäradel und ihrem Königtum, die Frankreich ebenso benötige, falls es keine abermalige Völkerwanderung herausfordern wollte (110; 127). Renan empfahl wieder einen *Césarisme de Basse époque* (21; 117) und eine koloniale Expansion: nachdem die Völkerwanderung gelehrt habe, daß gemäß dem *ordre providentiel de l'humanité* die höheren Rassen die niederen zu deren eigenem Vorteil beherrschten, müsse die Bewegung in die Dritte Welt gelenkt werden (142). Einen dauerhaften Erfolg scheint der Autor auch davon nicht zu erhoffen, die Lepra des Egoismis und der Anarchie werde die Staaten des Okzidents vernichten und der Barbarei die abermalige Heilung der Welt überlassen (Bloch *1963*, 99).

Stärker auf die Rolle des Christentums ging Renan ein in seinem Buch ›Marc Aurèle et la fin du monde antique‹ *(1882)*. Dort heißt der neue Glaube der „Vampyr der antiken Gesellschaft" (589). Als unter Constantin der Orient in der Gestalt des Christentums vom Imperium Besitz ergriffen habe, hätte sich die allgemeine Sittlichkeit wohl gehoben, aber das politische Verantwortungsbewußtsein verflüchtigt. Dies hätte den Sieg der Germanen ermöglicht, welchselbige eine tausendjährige Unterbrechung der Kultur bewirkt (603) und das Christentum von seinem jüdischen Charakter befreit, europäisiert und liberalisiert hätten (622–635). Die anthropologische Dimension von Renans Erklärungsansatz liegt darin, daß er glaubte, die Weltreligionen ruinierten den Patriotismus überhaupt (590 f.), so daß in unserem Fall ein Prinzipienkonflikt vorliege, der auch sonst zu beobachten sei.

Geringer im Grade, aber in der Richtung gleichartig schätzte Victor DURUY 1885 die Auswirkungen des Christentums im römischen Reich ein: *Pour l'empire païen les chrétiens avaient été un élément de dissolution; quand ils furent les maîtres, ils ne surent pas le défendre* (540 f.). Dem Christentum wird eine Schwächung der Wehrkraft und eine Minderung des Nachwuchses zugerechnet (542), doch war für Duruy der kaiserliche Zentralismus ein größeres Übel für den römischen Staat (III. 4. a!).

1890 wurde das Christentum im Rahmen der Entvölkerungstheorie von Arsène DUMONT herangezogen, um den Fall Roms zu erklären (III. 3. b!). *La substitution du monothéisme au polythéisme peut être regardée comme la cause maîtresse à laquelle doivent être ramenées toutes les causes secondaires qui amenèrent la ruine de la civilisation antique. Le relâchement des liens de la famille et de la patrie, l'oubli ou la haine des devoirs civiques et militaires, trois siècles des dissensions le plus profondes ... énervèrent l'empire romain au point de rendre possible l'invasion des barbares* (260). In der Sorge um das Seelenheil habe das Christentum den Gemeingeist zersplittert: jedem sei es nur um seine eigene Erlösung gegangen. Dumont argumentierte mit Matthäus 10, 35 ff.: „Denn ich bin gekommen, den Menschen zu erregen wider seinen Vater" (273; 326). Der neue Glaube untergrub Familie und Staat, lehrte Zölibat und Weltflucht und sanktionierte *l'idéalisme individuel* (335 f.). Im Kielwasser Voltaires beschuldigte Dumont die Kirche zu allen Zeiten der Völkerverdummung und der Tyrannei und beglaubigte sein Plädoyer für den Atheismus mit den destruktiven Wirkungen der Kirche im Falle Roms (188).

Das schon durch Paulinus von Nola gegen den christlichen Kaiser gewandte Bibelwort – ich habe es als Motto über dieses Kapitel gesetzt – niemand könne zwei Herren dienen (Ev. Matth. 6, 24), hat nach Dumont (*1890*, 325 f.) wieder MOMMSEN herangezogen. Er meinte, das Christentum habe den Konflikt zwischen Bürgerpflicht und Gewissen provoziert (*1893/1974*, 280 f.). Mommsen betrachtete die Christianisierung des spätrömischen Reiches als „Abdication des Staates" zugunsten der Kirche. Die Forderung nach christlichem Bekenntnis als Vorbedingung für das Bürgerrecht, die seit Theodosius galt, erschien Mommsen gemeinschädlich. Er nannte das Christentum einen „Staat im Staate" (*1886*, 107), sah in der Auseinandersetzung der Religionen einen „Kampf der alten Bildung und des neuen Glaubens" (104), räumte aber ein, daß dem Christentum ein großes Bedürfnis entgegenkam, daß es sogar eine „Regeneration" bewirkte (62). Besiegelte mithin für ihn der Übergang zum Christentum das Ende des Imperiums, so suchte er dessen tiefere Verfallsgründe doch in anderen Bereichen, in Roms politischer Struktur (III. 4. a!).

Als Religionsforscher und Ethnologe hat sich sodann James Frazer einschlägig geäußert. Er schloß sich der Argumentation Dumonts an. In Frazers Werk ›The Golden Bough‹ (IV 1, *1906/55*) sind es die ekstatisch-orgiastischen Orientreligionen im allgemeinen, die den staatsverderbenden Gesinnungswandel brachten: *the Oriental faiths ... gradually undermined the whole fabric of ancient civilization* (299 f.). Nachdem die antike Gesellschaft stets den Vorrang der Gemeinschaft vor den Privatinteressen gefordert und der Einsatz des Einzelnen für Volk und Vaterland die Stärke der Staaten ausgemacht habe, sei mit den Mysterien und den Erlösungsreligionen das individuelle Seelenheil zum obersten Gebot erhoben worden. *The inevitable result of this selfish and immoral doctrine was to withdraw the devotee more and more from the public service.* Der weltverachtende Asket ersetzt den Heros und Patrioten als Menschenideal. Die Hoffnung auf die *City of God coming in the clouds of heaven* entfremdete den Bürger von Staat, Familie und Gesellschaft, *a general disintegration of the body politic set in* (300). Die Folge war eine neue Barbarei. *This obsession lasted for a thousand years.* Erst mit der Renaissance kehrten gesündere, vorchristliche Lebensansichten zurück, die orientalische Woge verebbte (301). In einer Fußnote schränkt Frazer den Anteil der religiösen Umstimmung auf einen unter mehreren Verfallsgründen ein und erwägt sogar, daß es sich um eine bloße Folge des allgemeinen Sittenverfalls gehandelt habe.

Deutliche Spuren des Ersten Weltkrieges (p. V.) zeigt das Buch ›Christianity and Nationalism in the Later Roman Empire‹ von E. L. Woodward (*1916*). *The heresies were disruptive of the Empire* (101), weil sie den Nationalismus entfachten. Der Katholizismus war das einzig Neue in der *bancruptcy in ideas,* aber zu schwach um das Reich zu halten (97).

III. 1.b. Seit dem Ersten Weltkrieg

Die Einschätzung des Christentums im Verfallsprozeß des Imperium Romanum knüpft nach dem Ersten Weltkrieg zwar allenthalben an vorangegangene Positionen an, doch zeigen sich Unterschiede. Der Einfluß Hegels läßt nach, die Philosophen schweigen zum Thema. Stattdessen melden sich Politiker wie Mussolini und Hitler zu Wort. Unter den Historikern verliert die Opposition gegen Gibbon an Boden, seine Ansicht setzt sich durch, obschon im Sinne der Abendland-Idee auch die positive Einschätzung des constantinischen Christentums als Mindermeinung lebendig bleibt.

An die Argumentationen Voltaires schloß sich Gustave Bloch an. Sein Buch ›L'empire romain‹ *(1921/24)* führt den Untertitel ›Évolution et décadence‹. Im Geflecht der Niedergangsfaktoren wird die Entvölkerung aus der Überkultur erklärt, besiegelt durch die christliche Askese (254). Soziale Gegensätze, Verarmung und Mißwirtschaft erhalten ihr Gewicht, ebenso innere wie äußere Militärprobleme. Den stärksten Akzent trägt die Christianisierung, die den Glauben an den Unwert alles Irdischen verbreitet habe. Blochs Quintessenz lautet: *L'Empire était condamné. Avec ou sans le christianisme, il devait succomber. Mais le christianisme a été, lui aussi, un ferment de dissolution. Il a sa place dans l'énumération des causes, qui ont amené la ruine inévitable* (310).

Als „schleichendes Gift" bezeichnete Antonio ABBRUZZESE das Christentum (*1921*, 229 ff.). Es habe die Bürger dem Staat entfremdet und damit den sozialen Verfall unabwendbar gemacht. Eine gemäßigtere Position vertrat in Deutschland zur selben Zeit Johannes GEFFCKEN. Er verlieh in seinem Artikel ›Der Ausgang der Antike‹ von 1921 der moralischen Erschlaffung des Nationalgefühls dieselbe Bedeutung wie den gesellschaftlichen und institutionellen Mißständen (11). Trotz seiner grundsätzlich positiven Einstellung zum Christentum maß Geffcken der Weltflucht und der Endzeithoffnung in der spätantiken Christenheit einen bedeutsamen Anteil am allgemeinen Niedergang zu. Die Freude der Christen „über den Ausgang des Heiden Julian ... ist schon ein Stück Landesverrat" (12). Über den Untergang der griechisch-römischen Kultur trauerte Geffcken nicht, was sie „der Welt zu sagen hatte, das war ausgesprochen, als das Christentum die Regierung antrat (*1929*, 3).

Im Tenor ähnlich argumentierte FERRERO (III. 4. b!), er monierte namentlich die „gleichmacherische" Tendenz des Christentums (*1922*, 22 f.). Ferrero erblickte die tragende Säule des Reiches in der Aristokratie, die durch die Lehre einer allgemeinen Gleichheit bedroht worden sei, so daß dem neuen Glauben eine beschleunigende Wirkung auf den sozialen Verfall der Führungsschicht zukomme (38 f.). „Die zerstörende Kraft des Christentums äußerte sich durch die passive Widersetzlichkeit, mit der es dem Staatsgedanken gegenübertrat" (78). Nach der Legitimation der Kirche durch Constantin schwächten die Glaubenskämpfe das Imperium weiter (151), sie begleiten den Todeskampf des Reiches (165). Dieselbe Einschätzung des Christentums zeigt KORNEMANN (III. 4. b!), dessen Ansatz auf Mommsen zurückgreift. Die „illusionäre" Friedenspolitik, der die Hauptlast der Erklärung zufällt, wird in Zusammenhang gebracht mit dem Einströmen „romantisch-mystischer Ideen von einem ewigen Weltfrieden" aus dem Orient. Das „religiöse Massenbewußtsein wird zur alles beherrschenden Macht", die den Willen zur militärischen Selbstbehauptung unterspült habe (*1922*, 227).

Gelehrte sind oft Sonderlinge. Das weiß, das verzeiht man. Dennoch gibt es solche, die auch in diesem Rahmen noch auffallen. Zu ihnen zählt der auf den Spuren Nietzsches wandelnde klassische Philologe WALTER F. OTTO. Sein neuheidnisches Manifest ›Der Geist der Antike und die christliche Welt‹ (*1923*) beschränkte sich zur Erklärung der „bald nach Homer" einsetzenden Dekadenz auf organische Metaphern. Die „leer und müde gewordene Antike" verfiel im Zustand der „überalterten Geistigkeit" und der „Entkräftung" dem „Fieber" des Christentums, jener asiatischen Zerknirschungslehre, deren reinste Ausprägung in Indien liege (12 f.; 47 ff., ähnlich Ottos Namensvetter *1905*, 782). „Die Selbstzerstörung und Zersetzung des Menschen, die das christliche Zeitalter kennzeichnet, war die Folge einer schweren moralischen Erkrankung" (74). Die innere Orientalisierung Roms, vorbereitet durch den 204 v. Chr. zugelassenen Kybelekult (106), vollendete sich im Ende Roms, dessen Erbe „in die Hände der Schwarzkünstler fiel" (84). Zum eigentlichen „Verhängnis" wurde das Christentum, als es den Germanen aufgedrängt wurde (52). „Für Gifte ist die gealterte Kultur und die junge Barbarei gleich sehr empfänglich" (91). Das „Siechtum" der neuen Religion, durch „Freiheit und Adel" selbst von „primitiven Pygmäenvölkern" übertroffen (123), erfaßte die Völker: „So ist der Triumph des Christentums das traurigste Ereignis in der europäischen Geistesgeschichte" (79). Vollendet wurde das Verhängnis in der Reformation, als die letzten antiken Reste aus dem Katholizismus herausgekehrt und die „finsteren Grundsätze" des Christentums in ihrer jüdischen Urform erneuert wurden (53). Die Geschichte erweist sich seit dem Untergang des antiken Heidentums als Irrweg, der, wenn auch spät, unsern Autor immerhin auf den Punkt geführt hat, dies zu erkennen.

Sah Otto das Christentum im Rahmen einer heimlichen Kulturzyklik, so stellte Léon HOMO es in den einer innenpolitischen Verfallslehre (III. 4. b!). Er nannte den neuen Glauben wieder *au sein de l'État romain un puissant et actif ferment de dissolution* (*1925*, 370 f.). Im Niedergang komme ihm eine wichtige Rolle zu. Stärker noch wird diese akzentuiert im Buch von Edward Lucas WHITE ›Why Rome fell‹ *(1927)*. White berief sich auf Gibbon, von dem er meinte, er habe seine wahre Meinung verbergen müssen (p. V.). Dies hatte schon Bernays (*1871/85*, 229) vermutet. „Gibbon theilt mit den antiken Classikern das Schicksal, daß er sich, wenn auch nicht *in usum Delphini*, so doch *in usum piorum* hat kastriren lassen müssen". White vertrat die Ansicht, daß auf die Dauer das Imperium in keinem Fall den Germanen widerstanden hätte, die antike Kultur indessen erhalten geblieben wäre (327 f.), so wie die chinesische Kultur trotz des Mongoleneinbruchs, hätte nicht das Christentum als *corrosive poison* gewirkt (343). Dessen *cancerous effect* auf die politische und kulturelle Haltung wird in aller Breite vorgeführt (296–339; 342) und in den Zusammenhang mit dem negativen Darwinismus Seecks gebracht (III. 3. c!). Unter den Lebensbedingungen des Kaiserfriedens hätten sich die am wenigsten Tüchtigen durchgesetzt, so daß Rom äußerlich wie innerlich der asiatischen Mentalität unterlag (340 ff.).

Dieselbe These in anderer Beleuchtung vertrat im gleichen Jahr der Theologe Hans LIETZMANN in seinem Aufsatz ›Das Problem der Spätantike‹ *(1927)*. „Der große Orientalisierungsprozeß, dem die gesamte antike Kultur schließlich erlegen ist" (18), wird keineswegs negativ gewertet. Der Orient erscheint zwar als „grobschlächtig", aber doch auch als kraftvoll, während die westlich-klassizistischen „Lebensformen durch innere Zersetzung morsch" gewesen seien (8). Mit der Annahme des „Bodenständigen und Eigenen" im Westen verweist Lietzmann auf die kulturelle Eigenständigkeit des Okzidents. Unter den östlichen Einflüssen sei die Religion die „stärkste der wirkenden Mächte". Für Lietzmann „erscheint der Sieg des Christentums in der antiken Kulturwelt als der innerlich notwendige Abschluß des weltgeschichtlichen Dramas" (24).

Der bei Lietzmann mit Sympathie geschilderte Vorgang ist in der Folgezeit wieder mit Abneigung kommentiert worden durch die Verbindung zwischen

Christentum und Judenrasse. Schon Madison GRANT (*1916/19*, 221) hatte die Christianisierung als Mauerbrecher der Rassenschranken verurteilt (III. 3. c!), und diese Ansicht ist in der deutschen Literatur um Hitler beliebt gewesen. Wir finden sie bei Hans F. K. GÜNTHER (*1929*, 128), doch bleibt die Funktion des neuen Glaubens im Niedergang Roms bloß verstärkend, denn dessen tiefere Gründe werden im Blutbereich gewittert (III. 3. c!).

Ein negatives Urteil über das Christentum fällte gleichfalls Ludwig KLAGES. Sein vielfach an Nietzsche angelehntes Werk ›Der Geist als Widersacher der Seele‹ (*1929/66*) faßt die europäische Geschichte unter dem Begriff eines „herakleischen Zeitalters" zusammen. Es wird gekennzeichnet durch einen fortschreitend erfolgreichen Machtwillen des Geistes, der mit der Seele das Leben zerstöre, was „mit dem Untergang der Menschheit enden muß", mit einer „Selbstvernichtung der Menschheit". Rom habe im Cäsarismus seine „Lebensessenz" nochmals zu retten versucht, allein zu spät. Denn der „Sklavenaufstand der Moral" durch die Christianisierung war bereits im Gang. Rom wurde „heimlich der Machtwille Judas aufgepfropft, und dieser bestimmte hinfort das Wachstumsgebilde: der Papalismus ist judaisierter Cäsarismus". Wie Heinrich Heine (s. o. S. 248 f.) sieht Klages das Christentum als wesenhaften „Judaismus", dessen letzter, apokalyptischer Triumph der Amerikanismus und die zersetzende „Geistigkeit der Hochfinanz" sei (1240 ff.).

Seltsame Unbestimmtheit zeigen die Äußerungen von Benito MUSSOLINI über den Fall Roms. Das Thema mußte für jemanden, der des römischen Reiches Herrlichkeit erneuern wollte, allemal peinlich sein, und so bedurfte es der Fragen Emil Ludwigs 1932, ehe sich der Duce kundtat. Sein Ausgangspunkt war, wie auch sonst, Nietzsches Meinung: Rom sank, als das Christentum stieg (Colloqui 172). Trotz seinem Bekenntnis zu Caesar erklärte Mussolini Jesus für den Größeren der beiden (Colloqui 65; 175), die Christianisierung sei *tutto quanto* als Fortschritt anzusehen. Die Universalidee stamme, wie Goethe und Mommsen erkannt hätten, aus Rom, ihm verdanke das Christentum seine Verbreitung, die Zentren der Welt hießen Jerusalem und Rom (173 f.). Das Verhältnis zwischen Imperium und Kirche interpretierte er providentiell im Sinne der eusebianischen Romtheologie (173), die symbolisch auf den Briefmarken zum 2000. Geburtstag des Augustus 1937 erscheint. Es wäre besser für die Germanen gewesen, meinte der Duce, wenn Arminius im Teutoburger Walde unterlegen wäre, denn Roms Herrschaft sei die Schule der Völker gewesen (174). Die Entlastung der Christen wie die Schonung der Germanen in der Schuldfrage entspringt wohl äußeren politischen Rücksichten. Mussolini half sich mit der These, daß alle Reiche zerfielen, früher oder später, und zwar stets aus inneren Gründen (61). Er verglich den Staatsstolz der republikanischen Römer mit dem Individualismus unter den Kaisern, und in seinem Gefolge sei die Dekadenz eingetreten (123). Abermals peinlich, denn Mussolini verachtete den republikanischen Staat und schätzte die Diktatur.

Er mußte Ludwig zugeben, daß die zivilisatorischen Leistungen Roms in die dekadente Kaiserzeit fallen (124). Indem das Exempel Rom bei näherer Betrachtung an Anziehungskraft verlor, griff der Duce zu Platos ›Staat‹, hier fand er das Ideal der „organischen" Gemeinschaft, das ihm vorschwebte (128). Zur Rassenfrage äußerte sich Mussolini ablehnend: reinrassige Völker gebe es nicht, zu 95% sei Rasse *sentimento,* zu 5% *realità.* Der Antisemitismus sei eine deutsche Krankheit: wann immer es den Deutschen schlecht ginge, schöben sie es den Juden in die Schuhe (73 f.). Vielleicht war dies eine Courtoisie gegenüber seinem Gesprächspartner, einem geborenen Cohn.

Während R.W. MOORE in seinem Artikel ›Decline and Fall‹ (*1936*, 70) bemerkte: *Christianity was becoming chief of the forces of disintegration,* begrüßte Joseph BERNHART das Christentum in seinem Buch ›Die Kirche in der Auflösung der antiken Kultur‹ (*1938/64*). Die „fieberhafte Selbstvergottung" der „zerfahrenen Kultur", durch „Selbstzersetzung" geschwächt, stand vor dem Ende, „und die Ekklesia Christi hat es auch geschichtlich in mehrhundertjährigem Ringen herbeigeführt" (7; 15; 18). Das in der Antike herrschende „Zerwürfnis des Menschen mit sich selbst" (9) war damit überwunden.

Positive und negative Wirkungen des Christentums verband der Warschauer Historiker Kazimierz ZAKRZEWSKI in seiner Rede auf dem Zürcher Historikertag 1938 über ›Le rôle du christianisme dans la ruine du monde ancien‹. Der Autor unterschied im Christentum, jenem *mouvement révolutionnaire et pacifiste,* eine staatsfeindliche und eine loyalistische Richtung, welch letztere sich allmählich durchsetzte. Dennoch habe sie als Basis einer Staatserneuerung versagt. Das Christentum hätte die Massen in Stadt und Land nicht für das Imperium Romanum Christianum zu organisieren verstanden, und das habe schließlich zu dessen Auflösung geführt, zumal Mönche und Eremiten ihre subversiven Aktionen fortgesetzt hätten. Zakrzewski stellte diesem politischen Versagen die kulturelle Leistung des Christentums gegenüber, das die antiken Kulturgüter auf breiterer sozialer Basis ans Mittelalter weitergereicht habe.

Nicht der neue, sondern der alte Glaube wird von Charles Norris COCHRANE für das Ende des Imperiums haftbar gemacht. *The fall of Rome was the fall of an idea* heißt es in seinem Buch ›Christianity and Classical Culture‹ (*1940/59*, 355). Diese Idee war der *Classicism,* dessen *logos of power* niemals verstanden habe, das Verhältnis zwischen *virtus* und *fortuna* zu klären. Dies sei ein radikaler Defekt antiken Denkens, ein fundamentales Selbstmißverständnis gewesen: *in this defect we may find the ultimate explanation of the nemesis, which was operating to bring about the decline and fall of ancient civilization* (157). Als Folge dieses geistigen Fehlers und als Voraussetzung des politischen Versagens bestimmt Cochrane den kaiserzeitlichen Aberglauben, der jedes Verantwortungsgefühl verdrängt hätte (158 f.). Die „moralisch-intellektuelle Krise" des 3. Jahrhunderts (161) habe mit dem *totalitarianism* Diocletians dann den Bankrott gebracht (177 ff.). Constantins *revolution* wird als Befreiung gefeiert (Vw.; 179), dennoch glaubt der Autor, das Christentum sei von den Kaisern politisch mißbraucht worden, so daß der Untergang nur beschleunigt wurde. Roms Fall bestätige die

Regel: *societies die at the top* (162). Er war nötig, um Europas neue Ordnung zu ermöglichen (356).

Cochrane begrüßt somit den Triumph des Christentums über das Reich, und ebenso dachte der Kunsthistoriker, Publizist, Dramatiker, Komponist etc. Kurt Pfister. Sein Buch ›Der Untergang der antiken Welt‹ von 1941 behandelt die Kaiserzeit bis zu Constantin und geht nur in Ausblicken darüber hinaus. Mit dem Toleranzerlaß von 313 ist für ihn der Triumph des Christentums und somit der Beginn des neuen Zeitalters gegeben (307; 328). Die Voraussetzungen für diese Wende werden in einem Verfallsprozeß gesucht, der mit Augustus begann und nach dem Tode Marc Aurels in sein akutes Stadium trat (153). Die Dekadenz wird auf allen Gebieten gesucht: Die Diktatur der Caesaren habe die „hungrigen und enterbten Massen" nur mühsam in Schach halten können (282), Mißwirtschaft habe ein Massenelend und wirtschaftliches Chaos verschuldet (234; 282; 287). Ein „schwindendes Ethos der charakterlichen Substanz und der militärischen Virtus" in einem „unorganischen Gemenge der Völkerschaften und Rassen" bezeuge eine „überalterte Kultur" und einen „verfallenden Staatsbau". Als tieferliegende Ursache dieses Prozesses übernimmt Pfister die Position Cyprians: in dieser Welt ist alles vergänglich (153 f.).

Vor diesem kulturphilosophischen Hintergrund spielt sich nun der Kampf zwischen den alten und den neuen Mächten ab. Zu den letzten rechnet Pfister Germanen und Christen. Indem jene aber nur als Träger des Christentums Bedeutung für die Kulturentwicklung besaßen (241), verliert die „Invasion des unverbrauchten nordischen Blutes" (317) Eigenwert im Erklärungsgefüge. Diocletian habe den letzten Versuch unternommen, durch seinen „Staatssozialismus" (234) und seine „Aufrüstungspolitik" (230) sein „Weltreich, das das Fundament von Volk und Rasse längst aufgegeben hatte", durch eine Wiederherstellung des alten Weltbildes zu restaurieren (237). Dabei kam es zum Entscheidungskampf mit dem Christentum, das in unüberbrückbarem Gegensatz zum antiken Lebens- und Weltgefühl gestanden habe (319). So stießen „zwei Totalitätsansprüche" aufeinander (290 ff.). Diocletian eröffnete den „Kampf gegen das Christentum, der mit einer Niederlage des Staates und darüber hinaus mit einer tödlichen Wunde im lebendigen Organismus der antiken Welt endete" (282). In diesem Konflikt erfüllt sich ein unaufhaltbares Naturgesetz (289). Über die „Allgewalt und Totalität des Militärstaates" siegte die „heroische Blutzeugenschaft" (293; 298). So war das Christentum berufen, die antike Welt zu vernichten (8) und eine „neue Welt des Geistes und der Gestalt" aufzubauen (318). Dem Ende der antiken Ordnung trauerte Pfister nicht nach, er identifizierte sich mit der christlichen Position (309). Forschungsgeschichtlich ist bemerkenswert, daß noch im dritten Kriegsjahr des Dritten Reiches historische Publikationen möglich waren, die den Geist des kirchlichen Widerstandes wachrufen (vgl. 326).

Die heimliche Identifizierung zwischen Diocletian und Hitler findet sich im selben Jahre bei Frank Thiess *(1941/46)*. In seiner kulturzyklischen Verfallslehre (III. 5. b!) wird Diocletian als Schuldiger am Ende der römischen Welt erkannt, da er das Recht und damit die tragende Idee Roms zerstört habe. Constantin habe die Rettung der antiken Kultur vor den barbarischen Germanen der Kirche anvertraut (348–353), der die Zukunft gehörte.

Die Auffassung Hitlers vom Untergang Roms ist natürlich in erster Linie durch seine Rassentheorie geprägt (III. 3. c!), doch spielt in ihr auch das Christentum eine bedeutsame Rolle. Seit den Zwanziger Jahren zeigte er gegenüber Rom Bewunderung (*1925/33*, 468 ff.), gegenüber dem Christentum Haß. Seine Antwort auf die Kirchenfrage habe, so berichtet er in den ›Tischgesprächen‹ (13. XII. 1941), ursprünglich einfach „Dynamit" gelautet. Das Christentum erschien ihm als kosmopolitisch-semitisches Zersetzungsferment der spätrömischen Gesellschaft: „Durch das Christentum ist Rom gebrochen worden, nicht durch Germanen und Hunnen" (a. O. 27. I. 1942). „Wäre das Christentum nicht gekommen, wer weiß, wie sich die Geschichte Europas gestaltet hätte. Rom würde Europa ganz erobert haben, und der Hunnensturm wäre an den Legionen zerschellt" (a. O.). „Der Untergang der antiken Welt war die Mobilisierung des Mobs unter dem Motto Christentum, wobei dieser Begriff (damals) mit Religion so wenig zu tun hatte wie der marxistische Sozialismus (heute) mit der Lösung der sozialen Frage" (17. II. 1942). Immer wieder unterstrich Hitler, daß Christentum und Bolschewismus nur zwei Ausdrucksformen des Judentums seien, die damals die Kultur vernichteten und heute bedrohten. „Wenn die Menschheit Geschichte studieren würde, was für Konsequenzen würden sich ergeben! Europa vor der Wiederholung einer derartigen Krise bewahrt zu haben, wird einmal als das Verdienst des Faschismus und des Nationalsozialismus gefeiert werden" (27. I. 1942).

Das Jahr 1945 verhalf der positiven Wertung des Christentums wieder zu Anhängern. Hans Erich Stier, der sich in anderer Weise 1938 und 1942 hatte hören lassen (III. 6. b!), lieferte in seinem Büchlein ›Die geistigen Grundlagen der abendländischen Kultur‹ von 1947 eine Verfallstheorie aus christ-demokratischem Geiste. Die Selbstfindung Europas wird mit der Ablösung vom Orient durch die klassische Antike verbunden. Dennoch sei letztere grundsätzlich nicht lebensfähig gewesen, weil ihr die „Barmherzigkeit" gefehlt habe (43). „Von innen heraus ist die blühende antike Kultur abgestorben" (33), nachdem die „Dämonien heidnischen Wesens" (35) zum „Erlahmen der alten Ideale in dem Fortschreiten der allgemeinen Orientalisierung und Barbarisierung" geführt, und „anarchischer Individualismus und egoistische Gewaltmoral" Platz gegriffen hätten (41). Also nicht das Christentum, sondern das Heidentum ist schuld am Fall Roms. Die „Rettung des Abendlandes aus der morgenländischen Umstrickung", der es im Laufe der Kaiserzeit verfallen war, brachte der Sieg des „von morgenländischen Verbiegungen frei gehaltenen Christentums" mit der Taufe Chlodwigs (47; 53 f.). „Gott als dem Herrn der Geschichte" (69 f.) habe das so gefallen, man hadere nicht mit ihm und hüte sich vor den erneuten Versuchungen des „Orientalismus", dem jetzt Nationalsozialismus und Kommunismus zugleich zugerechnet werden (91). 1962 wiederholte Stier in dem Artikel ›Untergang und Wiedergeburt Europas in der Spätantike‹ diese Ost-West-Dialektik. Der Orientalismus in der Gestalt des östlichen Christentums und der absoluten Monarchie werden als Ursache für den ersten „Untergang Europas“ angeführt (288 ff.); dessen Wiederaufstieg sei nicht das Werk der Germanen (295), sondern das Verdienst des westlichen, des wahren Christentums (308 f.).

Stiers Umkehrung der Thesen von Gibbon fand bei Arnaldo MOMIGLIANO keine Zustimmung. Er insistierte auf dem Zusammenhang zwischen dem Aufstieg des Christentums und dem Niedergang Roms. 1960 wertete er den neuen Glauben in seiner destruktiv-konstruktiven Doppelrolle, die das Ende des Imperiums beschleunigte. Im Artikel von 1963 ›Christianity and the Decline of the Roman Empire‹ wird dies ausgeführt: Klerus und Klöster entzogen dem Staatsdienst Personal und Geld, die Bischöfe gewannen Machtpositionen in den Städten, und die Kirchenväter stellten den Sinn der römischen Staatsidee in Frage. Die Kirche arrangierte sich sowohl mit dem römischen Nationalstolz als auch mit den barbarischen Machthabern und förderte durch die Bekehrung deren Romanisierung. Momigliano (*1963/70*, 423) bekannte sich zu Jacob Burckhardt, der aus der Rolle des Christentums keinen Einwand gegen die Lehre ableitete: zwar habe sie das Ende der alten Lebensordnung befördert, zugleich aber auch einen Ersatz für diese geliefert, der vielen Zeitgenossen die verlockendere Alternative bot.[2]

Ebenfalls auf Gibbon berief sich der amerikanische Soziologe Talcott PARSONS in seiner Deutung des römischen Niedergangs. Sein Buch ›Societies‹ von 1966 wehrt sich gegen den allerdings naheliegenden Eindruck, ein *neo-evolutionary essay* zu sein (109). Die römische Gesellschaft wird als *advanced intermediate society* in ein Stufensystem zwischen primitiven und modernen Gesellschaften eingeordnet. Der Zivilisation der Antoninenzeit zollt der Autor seine Bewunderung: als kosmopolitische, tolerante, säkulare Friedensordnung sei sie das modernste unter den vormodernen Systemen gewesen (88 ff.). Parsons entscheidender Verfallsgrund: Rom war zu fortgeschritten für den Bewußtseinsstand der Zeit. Daraus erwuchs ein ideologisches Defizit. Durch Expansion und Organisation löste Rom die ethnische Geschlossenheit und religiöse Bindung der eingegliederten Völker, ja der Römer selbst auf, ohne eine neue Identifizierung an deren Stelle zu setzen. Kaiserkult, Hellenismus und Stoa hätten das fehlende Reichsbewußtsein nicht ausfüllen können. Das Manko an kultureller Legitimation und ideologischer Integration konnte nicht einmal durch das Christentum ausgeglichen werden. Constantins diesbezügliche Absicht scheiterte an der noch allzu lebendigen Jenseitsorientierung. Wie Gibbon erkannt habe, sei das Christentum für Rom verderblich geworden (93). Die Verhältnisse mußten sich so weit zurückentwickeln, bis sie den durch das Christentum bestimmten Pegel erreichten.

---

[2] An dieser Stelle wäre einzuordnen A. MANDOUZE, ›The Church and the Collapse of Roman Civilization‹. In: ›History's Lessons for To-morror's Missions‹ 1960, doch beschränkt sich der Artikel auf die Missionstätigkeit während der Spätantike.

Aus demselben Jahre besitzen wir eine Stellungnahme aus marxistischer Sicht. Der tschechische Historiker Josef ČEŠKA publizierte 1966/67 eine Untersuchung über ›Das Christentum und die Sklavenhalterordnung im IV. Jahrhundert u. Z.‹. Im Vorgriff auf den Freiheitsgewinn des Prager Frühlings setzte sich Češka mit der These von Engels (*1884*, 144) auseinander, das Christentum sei „am allmäligen Aussterben der antiken Sklaverei vollständig unschuldig". Im strengen Sinne focht Češka diesen Satz nicht an, versuchte aber zu zeigen, daß zwischen dem Christentum und der antiken Stadtkultur eine Spannung bestanden habe. Diese Ansicht war zuvor durch den Leningrader Historiker G. L. KURBATOW in dessen Buch ›Eine frühbyzantinische Stadt. Antiochia im 4. Jahrhundert‹ (*1962*, 242), vertreten und dadurch im Ostblock legitimiert worden. Češka erinnerte an die egalitären Tendenzen der christlichen Ethik gegenüber der munizipalen Klassenschichtung, an die zunehmende politische Bedeutung der Bischöfe als Stadtherren auf Kosten der Kurien, an die Ablehnung der städtischen Spiele durch die Christen, er verwies auf die Konflikte zwischen der Kirche und einzelnen Kaisern und sprach geradezu von einem Kampf der Kirche gegen die Antike (*1966*, 110). Češka unterstrich die Gleichzeitigkeit der aufstrebenden Kirche mit dem verfallenden Staatswesen, das mit der Stadtkultur aufs engste verflochten war, verband die Blüte der Kirche mit der Feudalzeit und rechnete sie zu jenen Kräften, die für die neue Epoche eintraten. Durch den ideologischen und politischen Widerstand habe die Kirche „großen Einfluß auf das Ende der Sklavenhalterordnung" gewonnen (111 f.). Zwar sieht Češka als Marxist im Christentum selbst nur ein „Produkt des Verfalls der Sklavenhalterordnung" (105), aber dies läßt sich deuten als einer jener Faktoren, die sich auf dem Boden der alten Ordnung zu deren eigenem Verderben entwickelt haben. So wirkt das Christentum progressiv.

In der jüngsten ostmarxistischen Verlautbarung zum Thema, der ›Römischen Geschichte bis 476‹ von Dieter und GÜNTHER (*1979*) erscheint die Rolle des Christentums schillernd. Nicht in der Krise, sondern auf dem Höhepunkt der Sklavereigesellschaft entstanden (283), war das Christentum ein Ausdruck des „sozialen Protestes" (285), wenn auch nicht ganz so „gesellschaftlich progressiv" wie die Gnosis (287). Unter Constantin wurde die Kirche zum „Unterdrückungsorgan" (318), das Christentum zur ideologischen Stütze der Militärdiktatur (321), befriedigte freilich zugleich weiterhin die „Erwartungen der ausgebeuteten Klassen". Diese doppelte Rolle beruhte darauf, daß es „durch und durch widersprüchlich" war, „weil es selbst aus den Widersprüchen der hochentwickelten Sklavereigesellschaft hervorgegangen war" (335). Dem Leser fällt ein, daß ja auch der Marxismus aus den Widersprüchen des Kapitalismus hervorgegangen ist und daher eine wesenseigene Vorliebe für Widersprüche besitzt. War das Christentum im 4. Jahrhundert die „Ideologie der niedergehenden Sklavereigesellschaft" (339), so entwickelte es sich im Anschluß daran „zum bedeutendsten Träger der feudalen Ideologie im Mittelalter" (370). So war es mal wieder eine Weile „Faktor des gesellschaftlichen Fortschritts"

(372). Eine eigene Rolle kommt dem Christentum nicht zu, es ist bloß Widerspiegelung „realer" Kräfte (Raskolnikoff *1975*, 142 ff.).

Die letzten Stellungnahmen der westlichen Literatur zum Thema zeigen, daß diese weiterhin in zwei Richtungen gespalten ist. Eine grundsätzlich positive Beurteilung findet das Christentum wieder in dem Erklärungsansatz des amerikanischen Augustinforschers Peter Brown. Er sprach in seinem Buch ›The World of Late Antiquity‹ *(1971)* von einer *superficial relationship of 'cause and effect'* im Erklärungsproblem (9), nannte aber dann doch die üblichen Niedergangsfaktoren. Die *basic economic and social weaknesses of western society* schienen ihm ein wichtiger Grund; *perhaps the most basic reason for the failure of the imperial government ... was, that the two main groups in the Latin world – the senatorial aristocracy and the Catholic Church – dissociated themselves from the fate of the Roman army, that defended them* (118 f.). Das Christentum schien Brown weniger „pazifistisch" als „militärfeindlich" eingestellt (124). Es gibt ja auch einen militanten „Pazifismus". Schwer verständlich ist Browns Behauptung: *The disappearance of the western empire was the price for the survival of the Senate and the Catholic Church* (119). Denn dem Senat war bloß noch eine Gnadenfrist gegönnt, und die Kirche überlebte nicht wegen, sondern trotz des politischen Zusammenbruchs. Förderlich war dieser allenfalls für die Entwicklung des Papsttums.

Die Sympathie, die das Christentum sowohl in der katholischen als auch in der marxistischen Historiographie genießt, macht es liberalen Autoren verdächtig. In der belletristischen Verarbeitung spätantiker Themen nach dem Zweiten Weltkrieg wird vielfach das spätrömische Christentum mit dem gegenwärtigen Totalitarismus unterschwellig identifiziert. Reinhart Herzog (*1977*, 22 ff.) zeigte dies an Romanen von Alfred Döblin, Arno Schmidt, Hans Erich Nossack und Stefan Andres. Derartige Gleichschaltungen gibt es auch in der wissenschaftlichen Literatur. 1974 rechnete Franz Wieacker in seinem insgesamt innenpolitisch ausgerichteten Erklärungsansatz (III. 4. c!) den neuen Glauben unter die belastenden Faktoren: „die metaphysische Indoktrination alles öffentlichen Handelns in jener Zeit hat die distanzierte Einsicht beeinträchtigt, welche die Krise vielleicht gemeistert oder abgeschwächt hätte" (31). Wieacker läßt keinen Zweifel daran, daß er vergleichbare Gefahren in der Gegenwart sah, deren Blick insbesondere durch rote Brillen getrübt würde. Die zitierte Stelle steht unter dem Stichwort „Nutzanwendung" (29).

III. 1.c. Zusammenfassung der religionsgeschichtlichen Deutungen

„Daß die Heilige Schrift sei eine wächsene Nas, daß man sie biegen, ziehen, lenken und wenden mag, wohin man will", diese 1557 auf dem Wormser Religionsgespräch von den katholischen *doctores* vertretene Ansicht traf der Spott aus Johann Fischarts ›Bienenkorb‹ (*1579/88*, 70 v). Indes: *kann* man alles, was man tut? oder nur, was man versteht? Und wer entscheidet das? So knetbar wie die Botschaft der Bibel durch die Dogmatik ist die Auffassung des Neuen Testaments vom Staat, ist die Rolle des Christentums in der Geschichte, ist sein Beitrag zum Untergang Roms.

Es gibt kaum einen denkbaren Standpunkt, der seinen Vertreter nicht gefunden hätte. Die Rolle des Glaubenswechsels im Wandel von Staatsgeist und Staatswesen wird hier bejaht, dort verneint, bald für grundlegend, bald für nebensächlich, mal für bedauerlich, mal für begrüßenswert erachtet. Die einen glauben, die Mission sei die (oder eine) Ursache für die Dekadenz der antiken Kultur; die anderen meinen, deren Dekadenz sei die (oder eine) Voraussetzung für den Aufstieg der christlichen Kultur (so auch Marrou *1938,* 159). Einerseits wird erklärt, der neue Glaube habe die antiken Kulturgüter zerstört, andrerseits wird behauptet, er habe sie gerettet (so auch Schieffer *1976,* 85). Strittig ist, ob die Erlösungssehnsucht den Individualismus gefördert, oder ob das Liebesgebot die Menschheitsidee begünstigt habe, ob die Menschen egoistischer oder altruistischer geworden seien, ob der – als solcher unbestrittene – Mentalitätswandel Grund oder Folge der Christianisierung gewesen sei.

Die Verbindung zwischen Staat und Kirche seit Constantin hat jede mögliche Bewertung erfahren: heilsam für beide, schädlich für beide; vorteilhaft nur für den Staat oder allein für die Kirche. Die Positionen zeigen seit dem 5. Jahrhundert keine Annäherung, die Diskussion dient eher der Abgrenzung der jeweils eigenen These als der Gewinnung einer allgemeinen verbindlichen Einsicht. Die Bedeutung des Christentums im Zeitenwechsel wird überwiegend zugestanden, doch ist seit der Aufklärung umstritten, ob dies als Schuld oder als Verdienst zu werten ist. Das hängt davon ab, ob man den neuen Glauben mit Voltaire oder Gibbon für das finstere Mittelalter verantwortlich macht oder ob man ihm mit Herder und Hegel den Fortschritt zur Humanität in der modernen Welt zugute hält. Bis in die jüngste Zeit finden sich Vertreter für beides. Eine negative Wirkung des Christentums wird verfochten von Autoren jüdischer Herkunft wie Heine, Marx, Rathenau und Momigliano, aber auch von Adolf Hitler. Ein katholischer Geistlicher wie Renan stimmt überein mit dem „gekreuzigten Dionysos“ Nietzsche. Aus liberalem Geiste haben Schlosser und Mommsen, Talcott Parsons und A.H.M. Jones der fehlenden Staatsgesinnung Gewicht verliehen und damit das Christentum zur *crux* des Imperiums erhoben. Schweitzer und Stier belasten hingegen nicht den neuen, sondern den alten Glauben mit der Verantwortung für den Fall, auch Solowjew (*1897*), Grisar *(1901),* Harnack *(1906/09)* und Loyen *(1946/63)* bescheinigten dem Christentum konstruktive Leistung, bei Theologen begreiflich. Die Konfession spielt keine Rolle.

Die politische Interpretation des Christentums zeigt vielfältige Schattierungen. Für einen Whig wie Macaulay (*1828/60,* 416) war das Christentum eine *stormy democracy.* Daß die Kirche das Kaisertum stützte, wird von liberaler Seite (Schlosser) getadelt, von konservativer Warte (Harnack) gelobt. Als sozialistische Bewegung wurde das Christentum von Autoren verschiedenster Couleur bezeichnet. Nach der Vereinnahmung durch Proudhon und Engels (MEW 22, 449) erscheint eine urchristlich-sozialistische Harmonie wieder bei Sorel (*1901/25*, 287 ff.) und Paterson (*1907*). Otto Hirschfeld (*1913*, 916) erklärte, das antike Christentum sei im „innersten Kern sozialistisch" gewesen, und Andreas Alföldi sprach noch 1979 (Chiron 9, 590) von der „sozialistischen Organisation der Kirche". Westliche Sozialisten wie Anderson (*1978*, 109; 115; 158) und östliche wie Češka sahen in den Christen eine progressive Unterschichtenbewegung, bürgerliche Demokraten wie White und Wieacker verstanden sie als Verfechter einer totalitären Dogmatik.

Die Christianisierung liefert Wasser auf alle Mühlen. Autoren, die es nicht zum Hauptverfallsgrund erheben, finden in ihm stützende Nebenargumente. Wer den finanziellen Ruin des Reichs in den Vordergrund stellt, betont die hohen Kosten, die Kirchenbau und Klerus verschlungen haben. Wer auf die Entvölkerung abhebt, der betont Askese und „Möncherey". Wer an rassische Entartung glaubt, erblickt im Christenglauben ein Vehikel des Semitentums. Wer die innenpolitische Misere betont, beklagt die Abwanderung der Intelligenz in die geistliche Laufbahn. Wer die außenpolitische Schwäche für entscheidend hält, kann auf den christlichen Wehrunwillen verweisen. Sinkender Staatsgeist bei steigender Glaubensinbrunst ist für Kulturmorphologen ein Merkmal organischen Alterns. Die einzige Erklärung, für die das Christentum nicht koalitionsfähig ist, das ist die Ansicht einer nachlassenden Fruchtbarkeit in der Landwirtschaft. Den spätantiken Heiden freilich war just *das* eine Folge des Glaubenswechsels. Inwieweit diese Behauptungen stichhalten, ist unten behandelt (IV. 5.!).

Ein genuin ideologisches Dilemma ist schließlich die Einordnung des Christentums in die Ost-West-Antithese (Ivanka *1952*). Die Ansicht von Ludwig Wachler (*1806*, 84): „Das Christentum vereinigte abermals den Orient und Occident" fand wenig Beifall. Für Humanisten wie Walter F. Otto (*1923*) und für Rassisten wie Chamberlain (*1899*), Frank (*1927*, 507) und Hitler war das Christentum ein Prinzip der Orientalisierung. Christliche Abendländer dagegen reklamierten es für den Westen: Ferrabino (*1934*, 552) meinte, es sei *totalmente diverso dal clima asiatico* und habe dem Westen die schärfste Waffe gegen den Mithraskult geboten, die *vera quintessenza d'asianesimo*. Auch ein Christdemokrat wie Stier beanspruchte das Christentum für den Westen, nachdem er seinerseits den Nationalsozialismus in den ideologischen Osten verpflanzt hatte. Die politische Windrose hat ihre eigenen Himmelsrichtungen.

III. 2. Sozialökonomische Erklärungen: Gegensätze zwischen Arm und Reich

Da Staaten aus zwei Parteien bestehen, den Armen und den Reichen, kommt es darauf an, daß beide ihre Existenz der Regierung verdanken lernen und einander kein Unrecht zufügen.
Aristoteles, Politik 1315 a

Im Gegensatz zur „idealistischen“ Erklärung des Falls Roms aus der spätrömisch-frühchristlichen Mentalität steht die „materialistische“ Erklärung aus den Verhältnissen der spätantiken Gesellschaft. Die im folgenden Abschnitt behandelten Autoren meinen, das römische Imperium sei gescheitert an seiner gesellschaftlichen und wirtschaftlichen Ordnung, an den Gegensätzen zwischen Sklaven und Freien, Armen und Reichen, zwischen Stadtbürgern und Landadel, Gesellschaft und Staat. Das System wird charakterisiert durch mangelhafte Produktivität, ungleichen Besitz und wachsende gesellschaftliche Spannungen. Die Mängel in der Arbeitsorganisation erscheinen als Schlüssel zum Versagen des Staatswesens; vielfach wird die Ansicht geäußert, daß diese Fehler so tief saßen, daß ein Bessern im einzelnen unergiebig und ein Bewahren des Ganzen unmöglich gewesen sei. Der Fortschritt habe die Zertrümmerung jenes Systems erfordert.

Anders als die religiöse Erklärung läßt sich die sozialökonomische als Denktypus nicht auf spätantike Vorbilder zurückführen. Das Altertum hat die Verhältnisse der Produktion stets als Produkte des Verhaltens aufgefaßt und ihnen daher wenig Eigenwert zugeschrieben. Immerhin steht den sozialökonomischen Deutern das selten übergangene Zitat des älteren Plinius (NH XVIII 7, 3) zur Verfügung: *latifundia perdidere Italiam, iam vero et provincias.* Es wäre mehr wert, wenn es statt aus dem 1. aus dem 4. Jahrhundert stammte, aber auch aus der Spätzeit mangelt es nicht an Klagen über die Spannungen zwischen den Klassen, so beim Anonymus de rebus bellicis (II. 1.a!), Ammianus Marcellinus (XXXI 5, 14) und Salvian (GD. III 50 ff.; IV 31; 60).

In der Aufklärung wurde solchen Zeugnissen großes Gewicht zugemessen. Bedenken wir nur, welche Bedeutung Herder der demoralisierenden Wirkung der Sklaverei zugewiesen hat! Im 19. Jahrhundert hat vornehmlich Karl Marx mit seiner Schule diesen Ansatz verfolgt, doch ist dieser weder einheitlich noch unbestritten geblieben. Ebenso wie die Aufklärungshistoriker verfechten Marx und die namhaftesten Vertreter einer sozialökonomischen Niedergangsursache eine universale Fortschrittskonzeption. Verfallsvorgänge werden als vorübergehend erachtet und auf bestimmte Bereiche eingeschränkt. Die Dekadenz betrifft jeweils nur die veralteten, lebensuntüchtig gewordenen und daher zu Hemmnissen einer weiteren Aufwärtsentwicklung entarteten Erscheinungen. Während der Ablösung kämpfen die neuen gegen die alten Mächte, erstere gewöhnlich vertreten durch die guten Unterschichtler, letztere repräsentiert in den bösen Oberschichtlern.

Innerhalb der sozialökonomischen Niedergangstheorien lassen sich drei Abschnitte unterscheiden: der erste (III. 2. a!) umfaßt die Zeit zwischen der Französischen und der Russischen Revolution, wobei Stellungnahmen von Autoren, die sich später noch einmal zum Thema geäußert haben, anhangsweise mitbehandelt sind. Der zweite Teil (III. 2. b!) gilt den westlichen Autoren aus der Zeit nach dem Ersten Weltkrieg und der dritte (III. 2. c!) den Wissenschaftlern aus dem Ostblock. Die beiden letzten Textgruppen stehen in derselben, im ersten Abschnitt behandelten Tradition und laufen zeitlich nebeneinander her. Sie unterscheiden sich in den Bedingungen des Forschens und Druckens und im Verhältnis zu Marx. Im Westen spiegelt dies die Einstellung des Autors, im Ostblock ist der Marxismus Staatsdoktrin und die Auslegung der „Klassiker" an einen begrenzten Interpretationsspielraum gebunden. Die Bedingungen, unter denen Marx selbst wissenschaftlich gearbeitet hat, sind in den Staaten, die sich auf ihn berufen, abgeschafft.

III. 2. a. Von der Französischen zur Russischen Revolution

Die sozialökonomischen Deutungen des Falls Roms durch die liberale Historiographie des 19. Jahrhunderts werden eröffnet durch Jean Charles Léonard Simonde de SISMONDI, den Genfer Frühsozialisten. Bereits in seiner Besprechung von Guizot (III. 4. a!) macht er gegen diesen geltend, daß die soziale Situation, durch den Despotismus verfestigt, die entscheidende Ursache für die Dekadenz des Imperiums sei (*1829*, 8). Sismondi führte dies aus in seiner ›Histoire de la chute de l'Empire romain et du déclin de la civilisation de l'an 250 à l'an 1000‹ (I/II *1835*). Einleitend bestimmt der Autor seinen Gegenstand als die größte Konvulsion der Menschheit (I p. I). *La révolution, qui renversa l'empire ... est peut-être la plus importante de toutes celles, qui ont ébranlé la race humaine* (I 248 f.). Roms Niedergang begann mit dem Verlust der Freiheit am Ausgang der Republik und setzte sich in den drei folgenden Jahrhunderten fort (I 247; II 393). Despotie und Größe des Reiches zerstörten den Patriotismus und eröffneten jene Bereicherungsmöglichkeiten, die zur Zweiteilung der Gesellschaft führten (I 26). *c'est surtout dans l'état des personnes, qu'il faut chercher les causes de l'extrême foiblesse de l'empire romain* (I 30). Die Reichen verlotterten moralisch im Luxus, die Armen verkamen im wirtschaftlichen Elend, die Mittelschicht, auf der allezeit der Staat beruhen müsse, war zerrieben (I 31 ff.; 50; 176 ff.). Schließlich wollte niemand mehr kämpfen (I 37; 51 f.; 60). Sismondi suchte diesen Prozeß durch eine Analogie zu den erschlaffenden Lebenskräften beim Einzelmenschen zu begreifen (I 247 ff.). Dennoch glaubte er nicht an eine höhere Notwendigkeit. Denn die Germanen hätten aus dem römischen Niedergang gelernt und darum ihre Besitzgleichheit und ihre *démocratie armée* bewußt gewahrt (I 97 ff.; II 418). Sismondi entnahm der selbstkritisch motivierten Beurteilung der Germanen durch Caesar (BG VI 21 ff.) und Tacitus Prinzipien germanischer Sozialpolitik. Er sah, wie das Imperium 476 in die Hand der Germanen geraten war (II 394; 255 f.), betonte aber: *la violence n'étoit qu'une cause secondaire de tant de ruines; les vices de la prospérité en furent la cause première* (II 422 f.). Nicht ganz damit übereinzubringen ist die Bemerkung, das Unglück korrumpiere die Sitten noch mehr als der Wohlstand (I 176), und schon gar nicht die These, daß noch Valentinian III., hätte er nur Aetius machen lassen, das Reich hätte halten können. Diese These steht unter der Überschrift: *L' empire d'Occident pouvoit durer autant que celui d' Orient; il périt par faute de ses chefs* (I 434 zu 250 f.). Daß die Germanen inzwischen friedlich geworden seien (I 251), wird man kaum bestätigen können. Die Katastrophe Roms führte ins Chaos, in die Nacht, in den Abgrund (I p. V; II 394; 421). Die große kulturelle Wandlung verband Sismondi mit *Mahomet et Charlemagne*, sie eröffneten die neue Zivilisation (I p. III). Sismondi kalkulierte indessen eine Wiederholung des Kultursturzes ein. Das Leben ähnele wieder den Zeiten von Constantin und Theodosius, sie seien *riche en leçons* (I 17). Eine Lektion lautet: *le pouvoir absolu est fatal à celui, qui l'exerce et à celui, qui lui est soumis* (I 175). Eine andere ist die Wirkung des Reichtums. *Il est difficile, que le spectacle d'une si grande ruine ne nous fasse pas faire aussi un retour sur nous-mêmes ... tout peut être détruit encore* (II 422).

In Deutschland wurde diese Argumentation verbreitet durch die vielgelesenen Werke des Heidelberger Historikers Friedrich Christoph SCHLOSSER. In seiner ›Universalhistorischen Übersicht der Geschichte der alten Welt und ihrer Kultur‹ (III 3, *1832*) lesen wir zu Paulinus von Pella: er „ahndet nicht, daß er die Hauptursache vom Untergange des Römischen Reiches anführt, wenn er berichtet, wie selbstsüchtig die Reichen und Angesehenen ihre Genüsse und ihre Behaglichkeit unter jeder Bedingung und auf Unkosten ihrer Mitbürger zu retten suchten, und wie die Erbitterung der niederen Klassen während der allen gemeinschaftlich drohenden Gefahr sichtbar wurde" (332). Schlossers Schlüssel zum Untergang ist die Episode aus Bazas, wo die *factio servilis* mit den Alanen sympathisierte (Paulin. Pell. Euchar. 328 ff.). Luxus und Bigotterie der Reichen werden betont (334 ff.), daneben erhält der staatliche Finanzdruck einen Akzent. Die Moral bleibt nicht aus: „Es war dahin gekommen, wohin es in Europa in unseren Tagen gekommen zu sein scheint, daß entweder eine allgemeine Erleichterung oder eine Auflösung der bisherigen Verhältnisse erfolgen mußte" (350). Odoakar erkannte, daß Rom untergegangen sei (260).

In seiner bekannten ›Weltgeschichte für das deutsche Volk‹ (IV *1846*) verlegte Schlosser die Wende zum Niedergang bereits in die Zeit nach Sullas Tod (X 1, S. 3 ff.). Sie sei „eine der interessantesten und belehrendsten der ganzen Weltgeschichte". Grund dafür ist das gesetzmäßige Zusammenfallen von äußerer Blüte und innerer Entartung, „beides ist, wie die Geschichte aller Staaten lehrt, immer miteinander verbunden". Dies gelte auch für die Gegenwart, nur wisse diese schlau zu verhindern, daß die Sittenlosigkeit „und das innerste Wesen der herrschenden Klassen enthüllt werden". Die günstigere Quellenlage im alten Rom macht dies zu einem Spiegel für die Entartung der *modernen* Oberschicht und den Historiker zum Zeitkritiker.

Trotz des Ruins der italischen Bauernschaft durch die senatorischen Bodenspekulanten mit ihren Sklavenherden habe sich das Imperium unter den ersten Kaisern wieder festigen können. Seit Hadrian indessen sei der Abstieg unaufhaltsam weitergegangen (XIV 1 S. 364 ff.). Im Anschluß an den Tod Hadrians nimmt Schlosser zum Untergangsproblem Stellung: „Die Hauptursache des Untergangs der römischen Welt lag in dem Umstande, daß ohne ein gewisses Maß von physischer Kraft in der Nation, die ihn bildet, sich kein Staat erhalten kann und daß diese Kraft hauptsächlich durch den Einfluß der Sklaverei bei den alten Völkern viel leichter und früher verschwinden mußte als bei den neueren". Heute halte die körperliche Arbeit die unteren Klassen gesund, „um die erschlafften höheren Stände wieder zu kräftigen und die Nation zu neuen Anstrengungen zu befähigen ... Jede mechanische Beschäftigung ward als etwas des freien Mannes Unwürdiges angesehen", daher blieb die Bevölkerung nur in den Randgebieten intakt. Drei Klassen bildeten sich heraus: ein Heer aus Barbaren, eine Sklavenschaft, die bereit war, sich mit den Barbaren zu verbünden, und die „entnervten freien Bürger". Die Kosten der Höfe, der Großstädte und der Heere, die Lethargie in allen politischen und geistigen Dingen machten die Lage so hoffnungslos, daß „durch eine bloße Revolution" nichts zu helfen war und nur eine „vollständige Erneuerung" durch die „Vorsehung" Besserung bringen konnte. Die neuen Mächte sind dann Germanentum und christliche Religion, letztere indessen nicht in ihrer entstellten spätantiken Art. Das Ende des Altertums verband Schlosser mit dem Untergang der Ostgoten (XV 1).

In dieselbe Richtung zielte die ›Economie politique des Romains‹ (I/II *1840*) von Adolphe Jules César Auguste Dureau de la Malle. Der Autor schließt an Montesquieu und die Aufklärung an, der er eine Vernachlässigung der ökonomischen Seite der Geschichte vorwarf (II 255). Roms Aufstieg wird mit der gesunden Eigentumsverteilung, der Sittenstrenge und dem Arbeitsethos der bäuerlichen Latiner erklärt (492); seit der Eroberung Karthagos hätte die Enteignung die Unterschichten und das Luxusleben die Oberschichten ruiniert. Die Reformen der Gracchen, die Neuordnung des Augustus und die letzte Stabilisierung unter Diocletian und Constantin habe nichts retten können: *Tel est l'enchaînement des causes fatales, qui minèrent insensiblement la puissance romaine et finirent par l'anéantir:* Besitzhunger führt zur Machtgier, diese hat Bürgerkrieg und Anarchie zur Folge, dagegen erhebt sich der Despotismus, dessen Militärbasis teueren Unterhalt fordert, bis die Steuer das Land zugrundegerichtet hat. Produktions- und Bevölkerungsrückgang machten die *mémorable catastrophe* des 5. Jahrhunderts unabwendbar (494 ff.; 245 ff.; I 408 ff.)

Die langfristig einflußreichste Stimme unter den sozialökonomischen Erklärungen zum Fall Roms gehört Karl Marx. Seine Schriften hatten einen bis in die jüngste Zeit wachsenden Einfluß auf das sozialökonomische Geschichtsdenken und damit auf die zugehörigen Erklärungsansätze zum Fall Roms. Anders als Engels hat sich Marx allerdings mit der älteren Geschichte nur am Rande befaßt, doch lassen seine Äußerungen immerhin in Umrissen erkennen, wie er sich die Vorgänge zurechtgelegt hat. In der ›Deutschen Ideologie‹ von 1845/46 vermißte Marx bei der kaiserzeitlichen Wirtschaft den Fortschritt. Die Entwicklung von Eigentum und Recht blieb unter den Römern „ohne weitere industrielle und kommerzielle Folgen, weil ihre ganze Produktionsweise dieselbe blieb" (410). Die ökonomische Leistung des Imperiums habe nicht auf einer Verbesserung, sondern nur auf einer Vereinigung der Produktivkräfte beruht, und zwar durch Eroberungskriege nach außen und durch Besitzansammlung im inneren (403). Das aber habe die Gesellschaft ruiniert: Sklaven waren schwer zu beschaffen, die Kleinbauern hatte man expropriiert, die Plebejer „brachten es nie über ein Lumpenproletariat hinaus", und die großen Herren selber wurden liederlich und starben dahin (403). In der Auseinandersetzung mit Max Stirner heißt es: die „kolossale Konzentration des Besitzes, namentlich des Grundbesitzes in Rom" habe Italien entvölkert, die Bürgerkriege der Cäsaren hätten das Reich erschüttert, bis eine „gänzliche Haltlosigkeit und Unsicherheit" den angreifenden Germanen nichts mehr entgegenzustellen erlaubten (MEW 3, 170 f.). Diese werden recht minächtig als „Halbwilde" gekennzeichnet, das von ihnen eingerichtete Lehnswesen ist „roh" (Frühschriften 469). Die an Gibbon und Chateaubriand anknüpfende Ansicht, daß „endlich Griechentum und Römertum idealistisch im Christentum, materialistisch in der Völkerwanderung zugrunde gingen" (MEW 3, 126) hat Marx im Manuskript wieder gestrichen.

Seine Revolutionstheorie, die eine periodische Sprengung veralteter Gesellschaftsordnungen durch naturwüchsig sich entfaltende Produktivkräfte annimmt (Frühschriften 401; 423) hat Marx auf den Fall Roms damals noch nicht angewandt. Rom wird nicht als Beweis für, sondern als möglicher Einwand gegen diese Gesetzlichkeit abgehandelt. Das „Faktum der Eroberung", ja das „frappante Beispiel, die Zerstörung einer alten Zivilisation durch ein barbarisches Volk und die sich daran anknüpfende, von vorn anfangende Bildung einer neuen Gliederung der Gesellschaft (Rom und Barbaren ...)" scheinen dem Fortschritt zu widersprechen (402). Marx suchte das Problem zu lösen, indem er darauf hinwies, wie die Eroberer von den Eroberten sich die Kultur aneignen. Die Feudalität sei von den Germanen nicht fertig mitgebracht, sondern im Zuge der Eroberung entwickelt worden (403). Der Fortschritt ließ jedoch auf sich warten. „Die letzten Jahrhunderte des verfallenden römischen Reichs und die Eroberung durch die Barbaren selbst zerstörten eine Masse von Produktivkräften; der Akkerbau war gesunken, die Industrie aus Mangel an Absatz verfallen, der Handel eingeschlafen oder gewaltsam unterbrochen, die ländliche und städtische Bevölkerung hatte abgenommen" (415). Marx sah den allgemeinen ökonomischen Rückgang im frühen Mittelalter, der den nachfolgenden Fortschritt jedoch nicht hinderte. Denn: „einem unabänderlichen Gesetz der Geschichte zufolge werden barbarische Eroberer selbst stets durch die höhere Zivilisation der Völker erobert, die sie sich unterwarfen" (*1853*, MEW 9, 221).

In den ›Grundrissen der Kritik der politischen Ökonomie‹ (*1857/1970*) arbeitete Marx den Unterschied in der Funktion des Geldes zwischen der kapitalistischen und der vorkapitalistischen Wirtschaft heraus. In der Neuzeit bedeute Geldansammlung Kapital, und dieses erlaube über den freien Arbeitsmarkt eine Steigerung der Produktion. Im Altertum sei Reichtum hingegen als Eigenwert geschätzt worden, habe dann aber die Sklavenpreise und die Luxusbedürfnisse in die Höhe getrieben und daher destruktiv gewirkt. „Die Geldgier und Bereicherungssucht ist notwendig der Untergang der alten Gemeinwesen" (134 ff.). Marx zitiert die vielfältigen Anklagen gegen den Mammon in der antiken Literatur, doch ist ihm der beste Zeuge für seine These dabei entgangen, der ›Anonymus de rebus bellicis‹ aus der Zeit Valentinians (Thompson *1952*). Er bestätigt Marxens Annahme, daß der römische Staat nicht etwa an zu wenig, sondern an zu viel Geld gelitten hat. Marx betont, daß Geld noch nicht Kapital sei, „sonst hätte das alte Rom, Byzanz etc. mit freier Arbeit und Kapital seine Geschichte geendet oder vielmehr eine neue Geschichte begonnen" (405). Indem er letzteres für möglich erachtete, erhob er unausgesprochen die Sklavenwirtschaft zum entscheidenden Entwicklungshemmnis und damit zum eigentlichen Verfallsgrund des Imperiums. Die Gegenüberstellung von industrieller und vorindustrieller Zeit in den ›Grundrissen‹ verminderte die Unterschiede zwischen antiker Sklaverei und mittelalterlicher Leibeigenschaft. Beides waren für Marx Varianten grundsätzlich gleichartiger Eigentumsverhältnisse, da die Herren die von den organischen Bedingungen ihrer Arbeit noch nicht, wie im Kapitalismus, getrennten Abhängigen als Mittel ihrer Reproduktion, ihres Herrendaseins, behandelten (Koch *1968*).

Aus dem Jahre 1859 stammt der für Marxens Geschichtsdenken am häufigsten zitierte Text. Er steht im Vorwort zur ›Kritik der politischen Ökonomie‹ (MEW 13, 8 ff.). Dort wird die Weltgeschichte in Anlehnung an Hegel gevierteilt in die „asiatische, antike, feudale und modern bürgerliche Produktionsweisen als progressive Epochen der ökonomischen Gesellschaftsformation". Der Fortschritt bezieht sich auf den Stand der Produktivkräfte, die sich eigengesetzlich weiterentwickeln. Sie kommen auf einer bestimmten Stufe in Konflikt mit dem bestehenden sozialen, politischen und juristischen Ordnungsgefüge und sprengen dieses durch einen revolutionären Akt. Er wird im „Schoß der alten Gesellschaft" ausgebrütet und hat nur Chancen, wenn deren eigene Entwicklungsfähigkeit erschöpft ist. Zwischen der alten und der neuen Ordnung liege eine „Epoche sozialer Revolution". Es ist deutlich, daß Marx hier seine Auffassung von der Französischen Revolution zum Muster früherer Formationswechsel gewählt hat, und dies hat die marxistische Historiographie dann zum Dogma erhoben. Marx scheint derartiges geahnt zu haben. 1877 hat er sich ausdrücklich dagegen gewehrt, daß seine Lehre von der Entstehung des Kapitalismus zu einer „geschichtsphilosophischen Theorie des allgemeinen Entwicklungsganges" befördert und als „Universalschlüssel einer allgemeinen geschichtsphilosophischen Theorie" gebraucht würde, „deren größter Vorzug darin besteht, übergeschichtlich zu sein". Hinsichtlich der Frage, ob Rußland auf dem Wege zu einer optimalen Gesellschaft erst einmal kapitalistisch werden müsse, verwies er auf die parallele Entwicklung im späteren Rom und im neueren Europa: „Ereignisse von einer schlagenden Analogie", die aber wegen anderer Umstände nicht zu gleichartigen Ergebnissen geführt hätten. In Westeuropa sei eine revolutionäre Garde entstanden, in Rom dagegen bloß „ein faulenzender Mob" (MEW 19, 111 f.). Von progressiven, revolutionären Kräften und einem sich verschärfenden Klassenkampf im Übergang von der römischen zur germanischen Welt wußte Marx noch nichts. Er hat nicht nur gesagt, daß er kein Marxist sei (MEW *35*, 388; *37*, 436 u. 450), er hat es auch bewiesen.

Der Einfluß von Marx auf die historische Literatur ist sehr langsam gewachsen; zunächst ist davon wenig zu spüren. Wo ähnliche Tendenzen vorliegen, da stammen sie aus jenen Quellen, die auch Marxens Denken gespeist haben. Dies gilt im deutschen Literaturbereich für den Rechtslehrer Rudolph v. Ihering. Sein ›Geist des römischen Rechts‹ *(1852/80)* zollt dem Imperium zunächst hohe Achtung. Die Römer gaben „der Jurisprudenz aller Zeiten das mustergültige Vorbild", ihr welthistorisches Verdienst ist die „Entdeckung des Privatrechts", das der „Idee der Persönlichkeit" entspringt (II 293). Die Staatsgesinnung der römischen Frühzeit lobt Ihering: „wie kalt, wie fremd, wie liebeleer ist im allgemeinen das heutige Verhältnis des Bürgers zum Staat; wie warm, wie innig, wie von wirklicher Liebe beseelt in Rom!" (236). Die römische Ordnung war liberal: „Die Staatsgewalt mischte sich nicht weiter ein, als es nötig schien", und das unterscheidet sie vom „modernen Polizei-Staat" (259). Die Folge war eine wachsende Ungleichheit: „für einen schwachen Charakter war die römische Welt nicht gemacht" (303). Krieg, Wucher und Sklaverei ruinierten den Mittelstand, d.h. die allein mögliche Basis eines gesunden Staates, und schufen den „Pauperismus" und die „soziale Frage". Die freie Arbeit hätte zu Ansehen gebracht und die Sklaverei aufgehoben werden müssen (238 ff.), die sozialen Maßnahmen des Staates seien unzureichend gewesen (253 ff.). Der „Todeskeim, an dem die römische Gesellschaft zu Grunde gegangen ist", war die „schadhafte Gestaltung des Systems der Güterteilung und Vermögenszirkulation" (237). Hier denkt Ihering aus einer Analogie zur Eigenzeit.

Eine sozialistisch gemeinte Erklärung für den Fall Roms liefert Pierre-Joseph Proudhon in seinem Werk ›Césarisme et Christianisme‹ *(1854/83). De quoi périt donc l'empire, et d'où vient la dissolution? De la destruction de la société même* (I 49). Als wichtigster Faktor dieser Zerstörung erscheint die Ablösung des Bürgerstandes vom Proletariat, dessen Produkt die Cäsaren gewesen seien: *la plèbe triomphante créait un tryran; la bourgeoisie, un sénat* (II 309). Der Cäsarismus wird in den finstersten Farben geschildert. Von Caesar bis Romulus herrschten Misanthropen oder Komödianten über das Reich. *Le Césarisme n'est pas la réforme, c'est le pillage* (I 51). Die einzige Rechtfertigung wäre die Reichsverteidigung gewesen, aber gerade darin haben die Kaiser versagt; ja sie waren es sogar, die nach Jahrhunderten der Unterdrückung die Reichsinsassen den Barbaren opferten (I 40 ff.). Widerstand gegen das imperatorische Säbelregiment habe im christlichen Messianismus die neue Idee einer freien und gleichen Menschheit, und damit eine soziale Bewegung ausgelöst, deren Anwachsen das Imperium ideologisch aushöhlte. Constantin und Theodosius hätten die Kirche schließlich als Bundesgenossin gesucht, ihr aber damit das Reich ausgeliefert (III. 1. a!). Zugleich sei freilich der reine Christensinn zerstört worden: *l'histoire du Christanisme sera la condamnation de l'église et de la papauté, comme l'histoire de l'empire est la condamnation des Césars* (I 42). Proudhons Äußerungen gegen Roms Cäsaren stammen aus der Zeit, als deren Imitator Napoleon III. ihm das Publizieren verbot, so daß die Schrift erst postum erscheinen konnte.

Aus einer entgegengesetzten, monarchistisch-klerikalen Position heraus hat Herzog Albert de BROGLIE in seinem Buch ›L'Eglise et l'Empire Romain au IVe siècle‹ (I 2 *1857/67*) den Niedergang Roms auf die Produktivkraft Arbeitsmoral zurückgeführt. De Broglies Kurzformel lautet: *véritable source des maux de l'Empire: ruine matérielle – sa cause principale: défaut de travail* (451). Rom habe nur von Unterworfenen und Untergebenen gelebt, die freie Arbeit sei allgemein verachtet gewesen (231 ff.). Die notwendig folgende Verarmung wurde in drei Jahrhunderten der Korruption und des Despotismus dem Reich verderblich. Die diocletianisch-constantinischen Reformen hätten statt einer Besserung nur neue Kosten verursacht: *la décomposition de toutes ses forces vitales* verwandelte das Reich in eine bequeme Beute der Barbaren (228 f.; 235). Die Geschichte von Byzanz, im Alter der Welt gezeugt, konnte dann nur noch *une longue décrépitude* sein, die bereits mit Augustus begonnen habe (228; 260).

Von de Broglie zehrt Charles MERIVALE aus Cambridge. Seine umfangreiche ›History of the Romans under the Empire‹ behandelt im VII. Band von 1862 die Verfallsgründe. Im Anschluß an den Tod Marc Aurels 180, der den – freilich unbeabsichtigten – Endpunkt des Werkes setzt, werden Abfluß der Edelmetalle, technische Stagnation, Abnahme der Bevölkerung und der Lebenskräfte allgemein beklagt, als wichtigster Niedergangsfaktor erscheint indes die Sklaverei: *the curse of slavery ... demanded the destined catastrophe* (608). Merivale schrieb der Sklavenhaltung eine Demoralisierung auf allen Lebensgebieten zu, insbesondere eine Zerstörung des Arbeitsethos, des Familienlebens und des Freiheitsbewußtseins (602 ff.). Nachdem Merivale 1852 (Bd. I p. VI ff.) auf den Niedergang Roms in der späten Republik – der finstersten Tyrannei der Weltgeschichte – mit Caesar und Augustus einen neuen Aufstieg hatte folgen lassen, zog er 1862 (Bd. VII S. 340) die Linie des Verfalls durch: *the progress of such a decline had been inevitable at least from the age of the Scipios.* Mazzarino (*1956*, 14) rechnet Merivale der Tory-Historie zu.

Erste Wirkungen der Schriften von Marx auf unsre Thematik zeigen die Ausführungen von Karl RODBERTUS, dem Begründer des Kathedersozialismus. Die 1865 bis 1867 erschienenen ›Untersuchungen auf dem Gebiete der Nationalökonomie des klassischen Altertums‹ zum kaiserzeitlichen Steuersystem unterstreichen den „Widerspruch zwischen Staat und Gesellschaft" (Teil 4, 451 f.) in der Spätantike. Dieser Zustand wurde als Resultat einer Entwicklung verstanden, deren wichtigstes Vehikel und Indiz die Steuer sei. Denn sie verbinde die Produktion mit dem Staat. Rodbertus ging zurück auf die republikanische Phase Roms, als das Herrschaftsgebiet noch mit dem Stadtbezirk übereinstimmte. Damals sei der Staat billig gewesen; das Gemeinwesen forderte nicht mehr, als die Einzelnen leisten konnten (448). Ein solcher Zustand innerer Ausgeglichenheit habe in der griechischen Welt zu einer Auseinanderentwicklung von Armen und Reichen geführt, während dieselbe Tendenz in Rom durch Expansion aufgefangen werden konnte: Kriegsdienst und Kolonisierung boten den Unterschichten Existenzmöglichkeiten (453). Mit dem Weltreich indessen sei ein politisch fortgeschrittenes Machtgebilde entstanden, dem die veralteten sozialökonomischen Grundlagen nicht mehr entsprachen (450 ff.). Hier benutzte Rodbertus Marxens Modell von Basis und Überbau im umgekehrten Sinne, ähnlich wie später Parsons (III. 1. b!).

Drei Merkmale des Steuersystems schienen Rodbertus verderbliche Folgen gehabt zu haben: die Leistung in Naturalien statt in Geld, das eine flexiblere Verwendung gestattet; die willkürliche Erhöhung durch einen allmächtigen Staat; und die körperschaftliche Haftung, die das Privatvermögen nicht respektiert (446; 452). So habe der Steuerdruck einer als fremd empfundenen Zentralmacht seit Diocletian die „Auflösung des sozialen Körpers" bewirkt (446; 452). Rodbertus machte nicht die Höhe, sondern die Form der Steuereintreibung verantwortlich: geringere Abgaben wären nicht der Gesellschaft als ganzer, sondern nur den Possessoren als den Siegern im Steuerkrieg zugutegekommen (469; 475). Gegen ein liberales Manchestertum erklärte Rodbertus: sich selbst überlassen, führe die Wirtschaft zu steigenden Klassengegensätzen, und wachsender Reichtum verbürge noch längst kein blühendes Geistesleben. Als Regulativ sei der Staat unersetzlich, sofern ein Staatssozialismus herrsche (472 ff.). Somit wurde der Fall Roms in ein Programm eingebaut, das gegenwärtigen Problemen galt.

Das mit Odoakar 476 angenommene Ende des Imperiums (Teil 3, 135) wird trotz der mehrfach unterstrichenen Kontinuität jener „Umbildungsperiode" (Teil 1, 353) als Knotenpunkt im „stetigen Fortschritt" (341) der Menschheitsentwicklung verstanden. Daß ein Staat „geboren wird, altert und stirbt", sei ein notwendiger Schritt im „Vereinigungsprocess" der Geschichte, die, wie die Evolution von der Zelle zum Menschen, so vom Individuum zum Kommunismus führe (Teil 3, 271 ff.). Die Rhythmik dieses Vorgangs beruhe darauf, daß der natürliche Individualismus durch Freihandel und Konkurrenz den Krieg zur Folge habe und daher periodisch gebändigt werden müsse, bis er sich aufs neue durchsetze. Der Cäsarismus erscheint zunächst als Verbündeter des Handels, der Ruhe und Ordnung ersehnt, löst sich dann aber, auf die Unterschichten gestützt, vom Kapital und unterwirft dieses seiner Gewalt. Im Altertum spielte sich das zwischen Caesar und Diocletian ab (290 f.), bis – so könnte man ergänzen – das individualistische Patrocinium auch diesen Zwangsstaat auflöste und der Sprung „vom heidnisch-antiken zum christlich-germanischen Staat" gelang (276). Rodbertus sah wieder die übliche Parallele zur eigenen Zeit: „auch ist nicht zu verkennen, daß das Zeitalter der Gegenwart, in das die Auflösung des christlich-germanischen Staates fällt, ähnliche Züge an sich trägt, namentlich daß wieder alle Vorbedingungen eines Cäsarismus, freilich moderner Art vorhanden sind". Rodbertus glaubte nicht an eine exakte Wiederholung, insbesondere eine Völkerwanderung sei diesmal nicht zu erwarten. Wenn er zudem vermutete, der nächste Übergang vollziehe sich vielleicht bewußt, so erinnert er an Marxens Revolutionserwartung, nur daß bei Rodbertus nicht die Überwindung des Ancien Régime, sondern der Fall Roms das Muster liefert (276). Das Ziel ist die Bändigung des Freihandels durch ein diocletianisches System. Wenn Rodbertus in seiner eigenen Schule wenig Anklang gefunden hat, mag das daran liegen, daß die Überwindung des Konkurrenzkapitalismus durch den Cäsarismus keine sonderlich lockende Aussicht bot.

Nachdem wieder Julius Jung (*1879*, 66) die ›sociale Frage‹ zum Kernproblem des römischen Imperiums gemacht und dessen Auflösung als „sociale Revolution" (64) dargestellt hatte, entwarf Friedrich Engels den ersten Erklärungsversuch zum Untergang Roms im ausgesprochenen Anschluß an Marx. Engels publizierte ihn in seinem 1884 in Zürich erschienenen Buch ›Der Ursprung der Familie, des Privateigentums und des Staates‹ (MEW 21). Darin lehnt sich Engels zugleich an den amerikanischen Ethnologen Lewis Henry Morgan an, der in seinem Werk ›Ancient Society‹ (*1877*) nach dem Vorbild der Kulturentstehungslehre im 5. Buch des Lucrez eine evolutionär-progressive Geschichtsphilosophie auf technologischer und ökonomischer Basis vorgelegt hatte. Insbesondere ist die von Morgan bei den Irokesen studierte Gentilverfassung für Engels wichtig geworden. Sie galt ihm als das Muster der klassenlosen, kommunistischen Urgesellschaft, wie sie in Griechenland, Rom und Germanien bestanden habe.[1]

Der Zusammenbruch des Imperiums und die Machtübernahme der Germanen war für Engels wichtig als das letzte von ihm behandelte Beispiel eines Übergangs von der Urgesellschaft zur Klassengesellschaft. Die Gründe, die Engels zum Untergang Roms anführt, scheinen direkt weder von Morgan noch von Marx beeinflußt. „Der römische Staat war eine riesige komplizierte Maschine geworden, ausschließlich zur Aussaugung der Untertanen" (MEW 21, 143). Engels verwies auf die bei Salvian überlieferten Mißstände (II. 1. b!). „Dahin hatte es der römische Staat mit seiner Weltherrschaft gebracht: er gründete sein Existenzrecht auf die Erhaltung der Ordnung nach innen und den Schutz gegen die Barbaren nach außen. Aber seine Ordnung war schlimmer als die ärgste Unordnung, und die Barbaren, gegen die er die Bürger zu schützen vorgab, wurden von diesen

---

[1] Engels benutzte außerdem kommentierte Exzerpte Morgans von Marx und versuchte, mit seinem Werk ein Vermächtnis Marxens zu erfüllen (Lucas *1964*; Krader *1972*). Demgemäß formulierte Engels im Vorwort zur ersten Auflage noch einmal die Prinzipien des marxischen Geschichtsdenkens von 1859. Ungenannt bleibt eine weitere Quelle von Engels' Geschichtskenntnissen: Schlossers Weltgeschichte.

als Retter ersehnt. Allgemeine Verarmung, Rückgang des Verkehrs, des Handwerks, der Kunst, Abnahme der Bevölkerung, Verfall der Städte, Rückkehr des Ackerbaus auf eine niedrigere Stufe – das war das Endresultat der römischen Weltherrschaft" (a.O.).

Wie sind die Römer in diese Lage hineingeraten? Engels sah, wie noch innerhalb des Imperiums soziale Strukturen entstanden, die dem Feudalsystem des germanischen Mittelalters ähnlich waren. Fragen wir, weshalb im späteren Imperium der Kolonat zugenommen habe und die Sklaverei zurückgegangen sei, so antwortet Engels: „die antike Sklaverei hatte sich überlebt . . . der Markt für ihre Produkte war ausgegangen" (144). Die Sklaverei scheiterte seiner Meinung nach somit nicht, weil sie zu wenig, sondern weil sie zu viel produzierte und in wachsende Absatzschwierigkeiten geriet. Die Ursache für den Rückgang der Käuferschicht deutet folgende Bemerkung an: „Je mehr das Reich verfiel, desto höher stiegen Steuern und Leistungen, desto schamloser raubten und erpreßten die Beamten" (143). Engels führt den Rückgang der Sklaverei zugunsten des Kolonates über die Reduzierung des Marktes auf Steuerdruck und Beamtenwillkür zurück, d.h. auf administrative Fehler und moralisches Versagen der Staatsdiener. Hier werden Veränderungen in den Produktionsverhältnissen aus Überbauphänomenen hergeleitet. Der Anpassungsprozeß geht nicht von unten nach oben, sondern von oben nach unten; die Entwicklung der Produktivkräfte schreitet nicht vorwärts, sondern rückwärts.

Gewiß ist der Rekurs auf die innenpolitische und ethische Misere noch kein befriedigender Erklärungsgrund. Wenn wir dafür bei Engels noch nach Ursachen suchen, werden wir auf Sätze der folgenden Art verwiesen: „In der Tat sind nur Barbaren fähig, eine an verendender Zivilisation laborierende Welt zu verjüngen" (151). Engels sprach von „der Versumpfung einer untergehenden Zivilisation" (149) und vermißte bei den Römern der Spätzeit all jene moralischen Qualitäten, die er bei den gleichzeitigen Germanen feststellte, die aber auch die Römer einmal besessen hätten. Um den sittlichen Unterschied der degenerierten Spätrömer gegenüber ihren eigenen tugendhaften Vorfahren einerseits und gegenüber den „waldursprünglichen" Germanen andererseits zu erklären, bediente sich Engels des klassischen Dekadenzmodells. Dieses liefert die letzte bei Engels auffindbare Ursache für die Brutalisierung des Staatsapparates, woraus dann der Rückgang der Käuferschicht, die Schrumpfung des Marktes und damit der hochproduktiven Sklaverei folgte, so daß sich der ökonomisch tiefer stehende Kolonat durchsetzte. Im ›Anti-Dühring‹ bemerkte Engels indessen, daß jede auf Sklaverei gegründete Gesellschaft daran zugrundegehe, daß sie den auf der Arbeit Freier beruhenden Fortschritt hindere (MEW 20, 586), aber dies wäre nur in sehr langfristiger Perspektive relevant. Damit sich die große Industrie auf der Basis freier Arbeit entfalten konnte, mußten tausend Jahre zuvor die Sklaverei und der von ihr getragene Staat verschwinden (vgl. 167 f.).

Im Hinblick auf die spätere marxistische Historiographie ist bemerkenswert, daß Engels eine Schwächung Roms durch Klassenkämpfe nachdrücklich ausschloß. Er konstatierte, „daß die gesellschaftliche Gliederung und die Eigentumsverteilung im sinkenden Römerreich der damaligen Stufe der Produktion in Akkerbau und Industrie entsprochen" habe (MEW 21, 148). Wenn Dekadenz als die letzte Ursache für den Verfall der Sklavenwirtschaft stehen bleibt, so wäre damit zugleich erklärt, weshalb nach der Überwindung der Sklaverei durch den Kolonat im Reich keine Gesundung eingetreten ist. „Die sterbende Sklaverei ließ ihren giftigen Stachel zurück in der Ächtung der produktiven Arbeit der Freien. Hier war die ausweglose Sackgasse, in der die römische Welt stak: die Sklaverei war ökonomisch unmöglich, die Arbeit der Freien war moralisch geächtet".[2] Für Engels war es somit eine moralische Tradition, die Roms Niedergang besiegelt haben soll, ein überliefertes Verhaltensmuster, das sich sogar als stärker erwiesen hat als der ökonomische Zwang für die Römer, nun, da sie nicht mehr genügend Sklaven hatten, selbst die Schüppe in die Hand zu nehmen. Die von Engels programmatisch vertretene Ansicht, das in letzter Instanz die Geschichte bestimmende Moment sei die Produktion (MEW 37, 463), hat eine ethische Seite.[3] Die anpassungsfähigere freie Arbeit mußte wieder hergestellt werden: „Was allein helfen konnte, war nur eine vollständige Revolution."[4]

Die Revolution erschien in Gestalt der germanischen Heere. Sie waren es, die „die Römer von ihrem eignen Staat befreiten" (145) und „dem absterbenden Europa neue Lebenskraft einhauchten" (149), indem sie den Feudalismus durchsetzten (MEW 20, 586 f.). Dies entspricht der bei Engels auch sonst faßbaren Vorstellung, daß die den Fortschritt erzwingenden Mächte als Eroberer auftreten können, so auch die Römer in Gallien oder die Engländer in Indien. Engels ersetzte im Kampf zwischen Ausbeutern und Ausgebeuteten die Klassen zuweilen durch Völker (MEW 19, 446), so auch hier. Daß die „deutschen Barbaren" dazu in der Lage waren, ist für ihn das Resultat eines langen Prozesses. In seiner 1881/82 abgefaßten ›Urgeschichte der Deutschen‹ (MEW 19, 425 ff.) skizzierte er die innere Entwicklung der Germanen in der Zeit von Caesar bis zur Völkerwanderung unter dem Aspekt ihres zivilisatorischen Fortschrittes. Er zeigte, wie die Germanen aus ihrer ursprünglichen Primitivität herausgewachsen sind, wie ihre Waffentechnik, ihre Metallbearbeitung, wie Ackerbau und Viehzucht eine, wie er es wiederum nennt, „vollständige Revolution" durchmachen (460). All dies habe zugleich zu einer Bevölkerungszunahme geführt, die schließlich das Reich überflutet habe.

Im Gegensatz zu dem moralisch bedingten Niedergang der Römer erklärte

---

[2] MEW 21, 145. Diese Auffassung finden wir im 19. Jahrhundert auch sonst, so bei Schlosser (*1846*, 364 ff.) und de Broglie (I 2 *1857/67*, 231).

[3] Zudem ist die These einer Ächtung der freien Arbeit im späten Rom historisch unhaltbar. In der jüngeren marxistischen Literatur ist sie überwiegend aufgegeben, so von Schtajerman (*1957/64*, 155; 248) und Günther (*1965*, 21). Beibehalten hat sie indessen Anderson (*1974/78*, 158).

[4] MEW 21, 145. Diese Formulierung scheint wieder ein Rückgriff auf Schlosser (*1846*, 364 ff.).

Engels den Aufstieg der Germanen aus dem Wachstum der Produktivkräfte. Diese erreichten bei den Germanen noch im Ausgang der Urgesellschaft, auf der „Oberstufe der Barbarei" denselben Stand wie bei den Römern am Ende der ersten Etappe der Klassengesellschaft, am Schluß der Sklavenzeit. Er meinte, daß die „ökonomische Entwicklungsstufe der Eroberten und die der Eroberer fast dieselbe" war (MEW 21, 164). Diese Annahme brauchte Engels, um den Sieg der Germanen erklären zu können, sie paßt aber schlecht zu seinem Satz „ohne antike Sklaverei kein moderner Sozialismus" (MEW 20, 168), da die Antike nicht mehr erreichte, als was die Germanen noch innerhalb der Barbarei zuwege brachten. Die Stärke der Germanen beschrieb Engels mit spürbarem Teutonenstolz. „Die Deutschen waren, besonders damals, ein hochbegabter arischer Stamm und in voller lebendiger Entwicklung begriffen . . . Das neue Geschlecht, Herren wie Diener, war ein Geschlecht von Männern, verglichen mit seinen römischen Vorgängern . . . Ihre persönliche Tüchtigkeit und Tapferkeit, ihr Freiheitssinn und demokratischer Instinkt, der in allen öffentlichen Angelegenheiten die eigenen sah", waren allein imstande, „aus dem Schlamm der Römerwelt neue Staaten zu bilden" (149 f.). Daß eine barbarisch-gentilizische Lebensweise echte Männer erzeugt, schien ihm unmittelbar evident, aber die Parallele zur sittlichen Höhe der Römer im Frühstadium der Sklavereigesellschaft zeigt, daß verschiedenartige Sozialordnungen dieselben moralischen Qualitäten hervorrufen können, mithin bei den Germanen nicht ihre kommunistische Verfassung selbst, sondern erst die damit verbundene karge Lebensart ihre Stärke bewirkt. Hier trägt wieder das Dekadenzmodell die Argumentation. Mit der Sittenstrenge erklärte Engels die Überlegenheit der Germanen, sie findet ihr schließliches Ende mit dem Ausgang aus der Urgesellschaft. „Die Macht dieser naturwüchsigen Gemeinwesen mußte gebrochen werden – sie wurden gebrochen . . . durch Einflüsse, die uns von vornherein als eine Degradation erscheinen, als ein Sündenfall von der einfachen sittlichen Höhe der alten Gentilgesellschaft. Es sind die niedrigsten Interessen – gemeine Habgier, brutale Genußsucht, schmutziger Geiz, eigensüchtiger Raub am Gemeinbesitz –, die die neue, civilisierte, die Klassengesellschaft einweihen" (97).

Der Fall Roms verkörpert für Engels einen Rückschritt in doppeltem Sinne. Moralisch sinken die Germanen beim Übergang vom Urkommunismus zum Klassenstaat auf die Stufe der Römer, denn wie diese organisieren sie die Ausbeutung der fremden und der eigenen Untertanen durch staatlichen Zwang. Ökonomisch wird der spätrömische Tiefstand verfestigt. Im 9. Jahrhundert findet Engels in Frankreich noch, bzw. wieder dieselbe soziale Stufe wie im 5. Jahrhundert innerhalb des römischen Reiches. So kommt er wieder zum humanistischen Geschichtsbild, das im Mittelalter eine nächtliche Finsternis erblickte (MEW 20, 97; 456). In der ›Urgeschichte der Deutschen‹ nahm er sogar eine noch breitere Senke im Fortschrittsprozeß zwischen Altertum und Neuzeit an. Dort erklärt er den Mißerfolg des Quintilius Varus, den Germanen die römische Rechts- und Eigentumsordnung aufzuzwingen, folgendermaßen: „Leider waren Varus und seine zivilisatorische Mission der Geschichte um fast anderthalb Jahrtausende voraus; denn ungefähr so lange dauerte es, bis Deutschland reif wurde zur Rezeption des römischen Rechts" (MEW 19, 442).

Das Kriterium der Fortschrittlichkeit der Leibeigenschaft gegenüber der Sklaverei suchte Engels nicht in der Produktivität, sondern in der Providenz. Während in der Sklaverei nur der Einzelne die Chance besessen habe, die Freiheit zu erringen, habe die Leibeigenschaft die Emanzipation der arbeitenden Klasse ermöglicht. Realisiert wurde sie in der Französischen Revolution bzw. in den Stein-Hardenbergschen Reformen. Trotz seiner Berufung auf die Revolutionstheorie Marxens von 1859 hat Engels seine Erklärung des Übergangs von der antiken zur mittelalterlichen Gesellschaftsordnung nicht aus den dort gebotenen Kategorien hergeleitet, sondern diese nur als Vermittlungsprinzipien vorgegebener Faktoren benutzt. Als letzte erkennbare Gründe verweist Engels auf das Dekadenzschema als formale Ursache (Erfahrungsregel) und auf die Germanen als materiale Ursache (Ausgangslage).

Im erklärten Gegensatz zur Schule von Marx stand Peter KRAPOTKIN alias Kropotkin, der russische Fürst und Vorkämpfer des Anarchismus. Er vertrat die Ansicht vom Untergang Roms infolge eines Klassenkampfes und glaubte, wiederum am „Vorabend einer großen Revolution" zu stehen. In den ›Worten eines Rebellen‹ *(1882/1924)*, die jenes Bekenntnis enthalten (S. 24), wird die Parallele ausgeführt. Wir leben inmitten der „stinkenden Verrottung des Sumpfes. Die Geschichte hat uns die Erinnerung an solch ein Zeitalter bewahrt: es ist jenes des Niedergangs des römischen Weltreiches; heute erlebt die Menschheit eine zweite solche Epoche. Wie die Römer der Verfallszeit, so stehen wir einer tiefen Umwandlung gegenüber" (18 f.). Alle heutigen Staaten „zerfallen vor Altersschwäche" (13), ihr Ausdruck ist die vollständige moralische Perversion, wie sie damals und heute herrsche.

1889 publizierte Mommsens Schüler Ludo Moritz HARTMANN seine Bemerkungen ›Über die Ursachen des Unterganges des römischen Reiches‹. Hartmann fand in der wirtschaftlichen Entwicklung die (großgedruckt:) „Eine Ursache", in der „die übrigen enthalten zu sein scheinen". Er skizzierte die Entstehung des mit Kolonen arbeitenden Großgrundbesitzes, der in einer gleichsam natürlichen Akkumulation die bäuerliche Mittelschicht herabgedrückt habe. Dies habe das Steueraufkommen verringert, erhöhter Druck auf die verbliebenen Bauern und Handwerker habe deren Gegendruck erzeugt (491). Hartmann sprach von einem „allgemeinen Untertanenstreik" (492), der ein begreifliches Desinteresse der Massen am Staate anzeige und schließlich jede Widerstandskraft gegen die Barbaren untergraben habe. Die gesellschaftliche Schichtung und die Armut der Bevölkerung seien die Ursache für den Niedergang Roms, der somit aus der ungelösten sozialen Frage resultiere.

In größerem Zusammenhang wiederholte Hartmann seine Thesen in dem Beitrag zu Kromayers ›Römischer Geschichte‹ (*1903/21*, 201–379). Der „Standpunkt der herrschenden Klassen, daß der Staat nur für sie existiere", habe zu jener Bedrückung der Landarbeiter geführt, die sich gegen Steuerlast, Willkür und Korruption durch Aufstände von der Art der Bagauden gewehrt haben (280). Die repressive Staatsordnung Diocletians habe in dem Augenblick versagt, als die Bedrohung durch die Barbaren den inneren Widerstand unterstützte. „Das römische Reich hat seine soziale Frage, die im wesentlichen eine Agrarfrage war, nicht lösen können" (279). In einer ebenfalls 1903 gehaltenen Vortragsserie zum Thema ›Der Untergang der antiken Welt‹ (2. Aufl. 1910) wiederholte Hartmann die bekannten Schwächesymptome. Eine „Gesundung von unten herauf" sei durch das „orientalische Sultanat" Diocletians verhindert worden (36 f.); die „Zersetzung" von Staat und Gesellschaft sei so weit vorgeschritten gewesen, daß der erste Germanenstoß sie umwarf (116). Die Germanen hätten ihre „überquellende Volkskraft" gegen das menschenarme Imperium eingesetzt, der „Expansionsnotwendigkeit Germaniens" (24; 79; 90; 98; 106) seien die aufständischen Römer entgegengekommen (114 f.), und vereint wurde das korrupte System zerschlagen. Die in der späteren marxistischen Literatur vertretenen Gedanken sind eher bei Hartmann als bei Engels zu finden, ohne daß sie dort zitiert würden.

Für ihre Simplizität ist die von Karl Bücher inspirierte These des Nationalökonomen E. Heitz bemerkenswert. In seinen ›Neuen Grundsätzen der Volkswirtschaftslehre‹ *(1897)* wird die sogenannte „Oikos-Wirtschaft" sowohl für den Aufstieg wie für den Niedergang des Altertums verantwortlich gemacht. Diesem System habe es an sittlicher Kraft zu weiterem Fortschritt gefehlt. „Es ist längst das Urteil der Geschichte dahin festgestellt, daß die Sklaverei den frühzeitigen Untergang herbeigeführt habe" (8 ff.).

Starke sozialökonomische Akzente tragen die Bemerkungen bei Samuel Dill, ›Roman Society in the Last Century of the Western Empire‹ *(1898/1921)*. Nicht die Barbaren hätten Rom ruiniert, sondern die innere, namentlich wirtschaftliche Entwicklung habe die *social catastrophe* ausgelöst (227; 245 f.). Die Verarmung der Massen und die Eigensucht der Reichen waren für Dill die wichtigsten Elemente eines unaufhaltsamen Verfallsprozesses, einer tödlichen Krankheit des Systems, das weiterhin durch steigende Korruption und sinkende Wehrkraft gekennzeichnet sei (235; 242–246).

Der eindrucksvollste Versuch einer sozialgeschichtlichen Erklärung stammt von Max Weber. Nachdem dieser bereits 1891 in seinem Buch ›Die römische Agrargeschichte in ihrer Bedeutung für das Staats- und Privatrecht‹ den Aufstieg der Sklaven zu Kolonen eine der wichtigsten Tendenzen der Kaiserzeit genannt und als „Gesundung" der Gesellschaft betrachtet hatte, die mit dem Absinken der oberen Zehntausend in die Barbarei nicht zu teuer erkauft gewesen sei (275 f.), hat er seine Position zum Erklärungsproblem 1896 in dem Freiburger Vortrag ›Die sozialen Gründe des Untergangs der antiken Kultur‹ systematisch vorgeführt. Weber identifizierte, wie die Autoren vor ihm gewöhnlich, die Spätphase der antiken Kultur mit dem römischen Reich und erklärte, dieses sei weder durch die Überlegenheit seiner Gegner noch durch die Unfähigkeit seiner Diener zerstört worden (*1968,* 1). „Der Zerfall des Reiches war die notwendige politische

Folge des allmählichen Schwindens des Verkehrs und der Zunahme der Naturalwirtschaft. Er bedeutete im wesentlichen nur den Wegfall jenes Verwaltungsapparats und damit des geldwirtschaftlichen politischen Überbaus, der dem naturalwirtschaftlichen ökonomischen Unterbau nicht mehr angepaßt war" (23). Das Reich war zu fortschrittlich. Weber stellte eine enge Verbindung her zwischen dem antiken Städtewesen, dem Seehandel und der Sklaverei, deren zunehmend arbeitsteiligen Einsatz er als ökonomisch progressiv ansprach (5; 8). Wie Engels erkannte er den allmählichen Übergang von der Sklaven- zur Kolonenwirtschaft, begründete diesen jedoch nicht mit dem Schrumpfen des Absatzmarktes, sondern mit dem Rückgang der Sklavenimporte. Seit der Schlacht im Teutoburger Walde (12) seien die Angriffskriege Roms und die damit verbundenen „Sklavenjagden" ins Stocken geraten (6). Allmählich sei die Kultur ländlich geworden, habe sich von den Küsten ins Binnenland verlagert und dabei die Mittel verloren, Heer und Bürokratie zu finanzieren. Mit dem allein noch möglichen feudalen Ritterheer aber habe man kein Weltreich verteidigen können (23). Weber fand in der Spätantike einen politischen, kulturellen und ökonomischen Verfallsprozeß vor, den er aber als unmittelbare Vorstufe zu einem humanitären Fortschritt deutete. Die Arbeiterschaft sei aus der spätrepublikanisch-frühkaiserzeitlichen Sklavenkaserne befreit worden und habe in der Kate des karolingischen Hörigen wieder Häuslichkeit gefunden, „nur im Schoße der Familie gedeiht der Mensch" (11 f.). Die „Selbstauflösung" der antiken Kultur blieb für Weber ein „gewaltiger Gesundungsprozeß" (25).

Zu dieser Theorie bemerkte Alfred Heuß (*1965*, 555), sie sei „ein wenig outriert. Später hätte Max Weber bestimmt mehrere und darüber wahrscheinlich gewichtigere Gesichtspunkte angeführt". Wie treffend Heuß hier vermutet, lehrt Webers 1897 erschienener Artikel ›Agrarverhältnisse im Altertum‹, dessen Schluß von 1909 unter dem Titel ›Wirtschaft und Gesellschaft im Rom der Kaiserzeit‹ in den Krönerband von 1968 aufgenommen worden ist. Darin verschob Weber die Akzente. Er erkannte die „große Bedeutung feudaler Elemente während des ganzen Altertums" (40), sah die fortbestehende Sklaverei im Karolingerreich und im späteren süd- und osteuropäischen Mittelalter (29) und revidierte seine Vorstellung vom Sklavenmarkt in Rom (51). Mit der zunehmenden Bedarfsdeckung der Großgüter sei die Möglichkeit einer privatkapitalistischen, geldwirtschaftlichen Prosperität, wie Beamtenschaft und Berufsheer sie erfordern, geschwunden, die „ins Rasende steigenden Donative an das allmächtige Heer" (54) und die Kosten der Beamtenschaft hätten immer stärkere Eingriffe in die Privatwirtschaft erfordert und damit zuerst diese und dann den Staat ruiniert. So gewann für Weber die Bürokratie, die alle freien Regungen erstickt habe, den entscheidenden Anteil am Niedergangsprozeß (56). Dies ist insofern bemerkenswert, als Weber in der Bürokratisierung des modernen Europa eine Rationalisierung sah. Im späten Rom indessen glaubte er sie auf eine Lastenverteilung gestützt, welche die Naturalwirtschaft begünstigte und daher bewirkte, daß das Reich „von innen her zerfallen" ist, so in ›Wirtschaft und Gesellschaft‹

(5. Aufl. *1976*, 559). Die Bürokratisierung kann sich nach Weber von einem Werkzeug in eine Fessel entwickeln. Dies erinnert an Marx 1859.

Webers zweite Stellungnahme läßt dreierlei erkennen. Es ist zum ersten eine vertiefte historische Einsicht in die Vorgänge, unter anderem durch die Berücksichtigung der Forschungen Domaszewskis und Rostovtzeffs. Es ist zum zweiten eine Akzentverschiebung, indem weniger Gewicht auf die Unzuträglichkeit der Sklaverei gelegt wird als auf die Einengung der wirtschaftlichen Privatinitiative durch den Staat. Und es ist zum dritten eine andersartige Einordnung des Untergangs Roms in Webers politisches Denken. 1896 dominierte eine hegelianisch anmutende Prozeßkategorie, die in der Überwindung der Sklaverei einen sozialgeschichtlichen Fortschritt im Sinne der Freiheit zu sehen erlaubte, und dementsprechend griff Weber Hegels Warnung vor Versuchen, aus der Geschichte zu lernen auf: „für unsere heutigen sozialen Probleme haben wir aus der Geschichte des Altertums wenig oder nichts zu lernen" (*1968*, 3). 1909 hingegen erscheint der spätrömische Staat als Schreckbild der eigenen Zukunft. Gehen Dirigismus von oben und Konformismus von unten weiter, so wird „der Zustand der späteren Kaiserzeit, nur auf technisch vollkommenerer Grundlage" abermals erreicht (57 f.). „Die Bureaukratisierung der Gesellschaft wird bei uns des Kapitalismus aller Voraussicht nach *irgendwann* ebenso Herr werden wie im Altertum". Weber ging damit von der 1896 vertretenen Außenperspektive zur Innenperspektive über, indem er seine Gegenwart in Parallele setzte zur Entwicklung in der römischen Kaiserzeit, im neuen Reich in Ägypten und in der Ptolemäerherrschaft (58). Auch die Wiederkehr des Cäsarismus stand Weber vor Augen (Abramowski *1966*, 115). Damit ist die Hoffnung auf einen Fortschritt der Furcht vor einer Zyklik der Geschichte gewichen. Fatalist ist Max Weber freilich nie gewesen.

In seiner Selbstkritik hat Weber nur einen Teil des vorweggenommen, was seinem Ansatz entgegenzustellen ist. Webers historische Ausgangsannahmen sind großenteils schon zu seiner Zeit angefochten worden (Delbrück *1909*, 242–250), die Beweislogik verdient aber nicht minder Widerspruch. Indem Weber 1891 den Übergang zur Hörigkeit als soziale Gesundung verstand, setzt er sich dem Einwand aus, daß dies das Reich doch hätte stärken müssen. Weber wehrt sich durch die Behauptung, mit Reiterheeren könne man kein Weltreich verteidigen. Franken und Sassaniden haben das indessen sehr wohl gekonnt, so daß auch einer feudalistischen Kolonenwirtschaft die Bewahrung des Imperiums hätte möglich sein müssen. Da dies dem byzantinischen wie dem karolingischen Reich gelang, sind die von Weber betonten inneren Strukturwandlungen als Erklärungsgrund unzureichend, in gewisser Weise sogar ein Rückschritt hinter Engels, der 1881 die wachsende Germanengefahr mit der durch Rom geförderten innergermanischen Entwicklung in Verbindung gebracht hatte.

Zustimmung fand Weber bei Ludwig Mitteis. Dessen Vortrag ›Aus den griechischen Papyrusurkunden‹ von 1900 knüpft an die Bücher-Meyer-Kontroverse über den Charakter der antiken Wirtschaft an und tendiert dabei zur Position Eduard Meyers (III. 5. b!). Mitteis schreibt: „Das römische Reich ist zu Grunde gegangen an dem Widerspruch, daß ein Weltreich nicht bestehen kann ohne hoch entwickelte Geldwirtschaft und dementsprechend gesteigerten Handelsverkehr, beides aber im Altertum lange nicht genügend entwickelt war" (28). Dessen ungeachtet heißt es im weiteren, „daß in der ungelösten Agrarfrage der letzte und wichtigste Grund für den Verfall der Städte, Länder und damit des Reichs gelegen war" (35). Die Städte verdorrten an „mangelnder Säftezufuhr" vom Lande und übergroßem Steuerdruck; Güterbildung und Güterumsatz, d.h. ein pulsierender Kapitalismus wurde damit verhindert, weswegen die „Bildung eines Weltreichs durch die cäsarianische Politik verfrüht" war (27). Die Römer waren politisch ihrer Volkswirtschaft mithin zu weit voraus, ihr hätte mehr Sorge gebührt. So „läßt sich der gepriesenen Regierung der ersten Jahrhunderte schwerlich der Vorwurf ersparen, daß sie selbst den Grund zu jenen Übelständen gelegt hat, die dann seit dem 4. Jahrhundert so furchtbar hervortreten" (33). Drei Seiten später bezweifelt unser Autor indessen, daß eine Wirtschaft von oben her machbar sei, sie müsse vielmehr zuvor schon dasein. Hätte Mitteis diesen Gedanken ein wenig ernster genommen, so hätte er sich fragen müssen, weshalb das Imperium denn ein halbes Jahrtausend floriert hat. Er rettet sich mit der Metapher, die Wirtschaftsblüte der Antoninen habe „auf einem kranken Stamm" gesessen (35). Das Bild der Krankheit erübrigt eine Suche nach jenen Umständen, die das Reich bis ins 4. Jahrhundert haben bestehen und *danach* haben zerfallen lassen. Darüber war wohl in den Papyri nichts zu finden.

Auf eine Schuld der Wirtschaftslenker zielt J. BURY in seinem Artikel ›The Causes of the Survival of the Roman Empire in the East‹ *(1900/30)*, erläutert durch weiterführende Passagen in seiner ›History of the Later Roman Empire‹ *(1923/63)*. Bury bestritt eine Entvölkerung des Reiches (*1923/63*, 13) und verwies auf die zahlenschwächeren Germanenvölker (14). Dennoch hielt er die Germanisierung für nötig, allerdings hätte sie friedlich erfolgen können (16). Das Christentum habe die Kampfkraft nicht beeinträchtigt und innere Konflikte ernsten Ausmaßes erst im 7. Jahrhundert erzeugt (14 f.). Die Eroberung des Westens wird auf dessen ungünstige geographische Situation zurückgeführt (*1900/30*, 232 ff.), aber auch hier hätten die Germanen abgewehrt werden können, wäre nicht eine Kette von Unglücksjahren eingetreten: 376, 378, 382, 395 ... Mißstände wie die Korruption der Beamten, die Unfähigkeit der Kaiser, den Zwist von Ost und West erklärte Bury für vermeidbare Fehler (*1923/63*, 15 f.), unter denen ihm eine verfehlte Wirtschaftspolitik der entscheidende zu sein schien. Denn er schloß: *If an Adam Smith had arisen, the Empire might have been rescued from decline* (*1900/30*, 238). Vorausgesetzt, man wäre seinem Rat gefolgt (II. 4. a!).

Die Gegenposition zu Max Weber bezog Gustav RUHLAND, der Freiburger Ökonom. In seinem ›System der politischen Ökonomie‹ *(1903/41)* behauptete er, daß Rom nicht an zu wenig, sondern an zu viel Kapitalismus verendet sei. Dieser wird als die Geißel der Völker schlechthin entlarvt. Bereits mit der „sogenannten servianischen Verfassung" beginnt die seit der *lex Hortensia* 287 dann perfekte „Herrschaft des Kapitalismus, an dessen unersättlicher Habgier auch das Römervolk zu Grunde gehen sollte" (342; 351). Die Demokratisierung erscheint als Instrument der Geldherrschaft (363). Die kapitalistische „Raubwirtschaft" (407) plünderte erst die Nachbarn, dann die eigenen Bauern und schließlich die Konkurrenz. Die spätrepublikanische „Expropriation der Expropriateure" brachte den „Kapitalisten" Cäsar an die Macht (847). Die Kaiser als Monopolkapitalisten schalteten den Privatkapitalismus weitgehend aus (386 f.) und etablierten einen „Staatssozialismus". Dieser Begriff wird von Ruhland ausführlich gerechtfertigt, das ganze sei ein „höchst moderner Entwicklungsprozeß" (396). An der finanziellen Selbstüberlastung, gefolgt von Inflation, Steuererhöhung, Entvölkerung und Zwangsbürokratie (391), d.h. aus den Relikten des republikanischen Kapitalismus mußte das Imperium „langsam im Elend verbluten" (898). Das „soziale Entwicklungs-Gesetz der Völker", wie es die Geschichte Roms offenlege (333), lehre die Abfolge von einem patriarchalischen Bauernstaat über den Kapitalismus zum Sozialismus und weiter zum Untergang. „Das römische Volk ist unter der Herrschaft des Sozialismus fast ausgestorben". 476 war Schluß (409). Ruhland erachtete somit Kapitalismus, Sozialismus und Bürokratie für gleichermaßen ruinös, offenbar schwebte ihm eine archaisch-patriarchalische Gesellschaft bäuerlicher Kleinproduzenten vor Augen. Er warnte vor einer Wiederholung jener Geschichte (936 ff.). Die Neuauflage seines Werkes besorgte Walter Darré, Hitlers Bauernführer.

Einen marxlosen Marxismus finden wir in dem Buch ›The Nemesis of Nations‹ *(1907)* von W. R. Paterson über den Kreislauf der antiken Kulturen. Deren Auf- und Abstieg wird zum Lebenslauf des Individuums in Entsprechung gesetzt (19; 327), aber sozialökonomisch erklärt: *the history of humanity is mainly the history of labour, and at first all labour was slavery.* Ungerechtigkeit und Leiden sei das Resultat der sozialen Experimente des Altertums (18), *if slaves formed the Wealth of Nations they formed also the Nemesis* (326). Das Kapital stand gegen die Arbeit, der Besitz konzentrierte sich, die Wirtschaft stagnierte, *the provinces were milked to death* (330 f.). *History of antiquity appears to be the history of centuries of stagnation and waste* (332). In doppeltem Sinne schädigte die Besitzungleichheit das Imperium: einerseits seien die Reichen in ihrem Reichtum erschlafft und die Armen in ihrer Armut verkommen, und andererseits habe der Kampf zwischen Arm und Reich das Staatsgefüge erschüttert. Nur deswegen seien die Aufständischen erfolglos geblieben, weil sie nicht organisiert waren, und sie hatten Erfolg, sobald sie in den Germanen Verbündete und Befreier fanden (327; 333 f.). Paterson glaubte, auch in der Gegenwart seien solche Kräfte am Werk, doch gebe es heute *social co-operation,* die es erlaube, den Konflikt zu bändigen (19 f.).

Ebenfalls ohne Marx kam William Davis, Professor of Ancient History in Minnesota, aus. Sein Buch ›The Influence of Wealth in Imperial Rome‹ *(1910/33)* bescheinigte der Kaiserzeit die größte Wohlstandsperiode der Weltgeschichte bis ins 19. Jahrhundert (314). Mit Marc Aurel sei jedoch der unabwendbare Herbst des Altertums angebrochen (319 f.), und Rom hätte sich höchstens hundert Jahre später auch dann ruiniert, wenn die Germanen ausgeblieben wären (318). Die Schuld daran trüge das soziale System und der ihm seit Augustus (*the greatest opportunist in history*, 332) zugrundeliegende *prosaic commercialism* (335). Davis bringt seine Pointe durch Kursive zum Ausdruck: *the economic evil was at the bottom* (330). Die Verantwortung wird indessen nicht auf die Oberschichten beschränkt, verderblich war die Profitgier aller Schichten: *the Empire fell, because the ideals animating its builders and its continuers were low and unworthy* (330). Der Mammon regierte (335). Er steht dahinter, wenn die Römer bereits seit dem Hannibalkrieg an abnehmendem Nachwuchs litten: *foremost among the causes, why the Empire was weakening, was the constant decline in population* (324). Um ihrer Geschäfte willen hätten sich die Römer dem Kriegsdienst entzogen und Barbaren angeheuert. Den Kaisern sei das nur recht gewesen, sie mißtrauten der Volksbewaffnung: *a nation in arms is apt to be a democratic nation* (314 ff.). Der byzantinische Osten habe wegen seines in den Kirchenkämpfen bewiesenen höheren Idealismus überlebt. Die Römer dagegen scheiterten an ihrem wirtschaftlichen Opportunismus: *the lesson of their fall lies patent to the twentieth century* (334 f.).

Bewußt auf den Spuren von Marx und Engels wandelte dann der Althistoriker aus Messina Ettore Ciccotti. Er hat sich in der Zeit um die Jahrhundertwende als Journalist und Abgeordneter für den Sozialismus eingesetzt und sich erst in der faschistischen Zeit ganz der Wissenschaft zugewandt. Sein Buch ›Der Untergang der Sklaverei im Altertum‹ *(1899/1910)* schildert die Sklavenwirtschaft als eine ursprünglich notwendige und progressive Wirtschaftsform, die jedoch, wie jede andere Klassengesellschaft, den Keim der Zerstörung in sich getragen habe (32; 212). Der „Parasitismus" der Freien, zunächst ein kulturschöpferisches Erfordernis (211), habe gesamtgesellschaftlich destruktive Formen angenommen in Gestalt des privaten Grundbesitzes und des staatlichen Steuerbedarfs. Daraus entwickelte sich ein sozialer Antagonismus, der das System schwächte (213). Die Sklaven in der verarmten Landwirtschaft seien durch billigere Kolonen ersetzt worden (227 f.). Die Oberschicht lebte „wie der Wilde, der einen Baum fällt, um bequemer die Früchte zu pflücken", und so führte die „unerbittliche Nemesis" die gesamte „verfehlte wirtschaftlich-soziale Organisation" über „innere Zersetzung" dem Ende entgegen (212). Nachdem durch Eroberungen die Erschöpfung der Produktivkräfte nicht mehr auszugleichen war (214), konnten die Barbaren das Reich zerschlagen. Die Folge war das Mittelalter mit seiner ökonomisch rückschrittlichen Hörigkeit (33). Ohne diese spezifischen Störfaktoren hätte sich aus der Sklaverei über die schon weit fortgeschrittene Lohnarbeit direkt der Kapitalismus entwickeln können (216 ff.; 224). Freilich gehe auch dieser demnächst in einem „inneren Auflösungsprozeß zugrunde". Ciccotti glaubte sich vor einer der Spätantike analogen „Schwelle" zu einer neuen Zeit (231).

Die *causa fondamentale economica* hat Ciccotti 1930 wiederum, in seinem Aufsatz ›Motivi demografici e biologici nella rovina della civiltà antica‹, verfochten. Biologische Faktoren wie sie Seeck, Frank und Nilsson (III. 3. c!) vertraten, werden als Tatsachen wie als Ursachen abgewertet. Wahrer Grund des Niedergangs sei vielmehr neben der Größe des Reiches die aristokratische Gesellschaftsordnung gewesen, die der Gesellschaft keine Entwicklungsmöglichkeiten bot (62). Wie das im einzelnen zu denken sei, führte Ciccotti aus in dem 1935 unter dem Titel ›Il crollo dell' Impero e della civiltà antica‹ vorauspublizierten Schlußkapitel seines Werkes ›La civiltà del mondo antico‹ (*1935*, dort: II 359 ff.). Die Größe des Imperiums habe unlösbare Organisations- und Integrationsaufgaben gestellt. Der erforderliche Herrschaftsapparat entwickelte Eigeninteressen: *il parassitismo, sviluppandosi nello Stato, scalzava lo Stato* (328). Die Steuerspirale schonte die präfeudalen Grundherren, die der Dezentralisation vorarbeiteten. Diocletian habe *un vasto decentramento* versucht und damit den Auflösungsprozeß beschleunigt (314 ff.). Der Kern des Problems lag im Heer: dieses zum Zusammenhalt geschaffene Instrument habe durch die Kaisermacherei und die lokale Rekrutierung den Regionalismus gefördert (311 f.). Die äußeren Einwirkungen läßt Ciccotti außer acht und rügt stattdessen die unterlassenen Reformen. Geholfen hätte seiner Ansicht nach eine technische Entwicklung, ein *macchinismo* (322). Er hätte der Verarmung entgegenwirken können, die aus den sozialen und politischen Strukturproblemen hervorwuchs. Aus der permanenten Überforderung der Produzenten durch den Staat und den Adel habe sich eine Dekadenz auf allen Gebieten entwickelt, eine unheilbare Krise, die durch regionale Aufstände verschärft (322 f.), mit dem *colpo di grazia all' Impero* durch die Barbaren ihr Ende fand (307). Die veralteten, jede Entwicklungsmöglichkeit hemmenden Institutionen mußten fallen (319 ff.), die Völkerwanderung habe trotz vorübergehender Zerstörung heilsam gewirkt: Das moderne Europa sei aus dieser *rivoluzione* hervorgewachsen (329; 332).

Ciccottis ideologische Umwelt wird spürbar in dem wiederholten Postulat, ein dauerhafter Staat bedürfe einer „organischen" Ordnung, einer funktionalen Integration der unterschiedlichen Gruppen unter einen leitenden Staatsgedanken, wie es erst in „modernen" Gemeinwesen erreicht sei. Die sozialistische Tendenz ist damit erkennbar zurückgetreten. Daß dies nicht durch die politische Lage im faschistischen Italien erzwungen ist, ergibt sich daraus, daß Ciccottis ›Tramonto della schiavitù nel mondo antico‹ von 1899 im Jahre 1940 in zweiter Auflage durch C. Barbagallo herausgebracht werden konnte. Der marxistische Anhang zur deutschen Ausgabe von 1910 fehlte allerdings.

In Anlehnung an die Arbeiten von Ciccotti formulierte Joseph Salvioli seine Konzeption der Spätantike. Salvioli war Professor der Rechtswissenschaft in Neapel, bemühte sich mit geringerem Erfolg als Ciccotti um die Politik, setzte sich jedoch publizistisch für den Sozialismus ein. Salviolis Kampfbuch ›Der Kapitalismus im Altertum‹ *(1906/12)* diente dem paradoxen Nachweis, daß es im Altertum eigentlich keinen Kapitalismus gegeben habe, weil die Trennung der Produzenten von den Produktionsmitteln gefehlt habe. Wie Marx in den ›Grundrissen‹ faßte Salvioli die Wirtschaftsgeschichte der vorkapitalistischen Zeit in eine einzige Epoche zusammen. Das kaiserliche Rom entspreche Europa im 16./

17. Jahrhundert (269 ff.). Unter diesen Voraussetzungen werden Aufstieg und Niedergang Roms reine Überbauphänomene. Salvioli leitete die Bildung des römischen Weltreichs, ähnlich wie Pufendorf und Herder vor ihm, aus dem römischen Kriegsgeist ab (237). Eine Folge davon war für ihn die Sklaverei, die während der Expansionsphase und kurz danach einen Scheinkapitalismus mit Geld- und Marktwirtschaft ermöglichte (274). Der Staat und die Oberschicht entfalteten eine sinnlose Verschwendung, als deren Zeugnisse Salvioli die Bauten der hohen Kaiserzeit interpretiert. Nachdem die Welt leergeplündert war, lebte man vom Bestand, der karger und karger wurde. Als markantestes Symptom der Lage deutete Salvioli den Goldabfluß ins Ausland (238 ff.; 245 f.). Die Kaiser hätten, um ihren Steuerbedarf zu decken, eine Gruppe nach der anderen ruiniert und am Ende den ganzen Staat in ein „Phalansterium", ein Arbeitshaus à la Fourier, verwandelt. Im Unterschied zur herrschenden Ansicht glaubte Salvioli, daß gerade der Großbesitz durch die stockende Sklaveneinfuhr und die Steuerforderungen gelitten hätte, ja schließlich zusammengebrochen wäre, wohingegen sich die Subsistenzwirtschaft der Kleinbauern und freien Handwerker als widerstandsfähig erwiesen habe (244; 247; 261 ff.). Die Sklaverei erklärte Salvioli für eine grundsätzlich unpraktische und unwirtschaftliche Produktionsweise (214 f.); die auf ihr beruhende Zivilisation war ein „unbeständiges Wölkchen, das sich beim ersten feindlichen Windhauch in ein Nichts auflöst" (274). Die Germaneneinbrüche sind mithin nur zufälliger Anlaß, der die Normalform der vorkapitalistischen Haus- und Naturalwirtschaft wieder hergestellt hätte. Was der antiken Sklavereikultur ihre Entwicklungsmöglichkeit nahm, ist für Salvioli eine geistige Schwäche: „Der Unternehmungsgeist, das Charakteristikum des Kapitalismus, fehlt den Unterdrückerklassen" (212). 1929 erschien eine überarbeitete Fassung unter dem Titel ›Il Capitalisimo antico‹, darin zeigt der Autor eine deutliche Akzentverschiebung von der marxistischen zur bürgerlichen Position (Heichelheim HZ 143, *1931* S. 94 ff.).

Für Salvioli war die antike Sklaverei keine notwendige Stufe der Wirtschaftsgeschichte, wie es beispielshalber Engels annahm. Darum hat Karl KAUTSKY 1912 in der Einleitung zu seiner Übersetzung des Buches von Salvioli den Standpunkt des „orthodoxen" Marxismus, dem sich Kautsky selbst zurechnete (p. XVII) noch einmal formuliert. Jede „ursprüngliche Akkumulation von Kapital", wie sie in den römischen Eroberungskriegen und Sklavenjagden gegeben sei, ende „stets mit dem Untergang des Staatswesens, in dem sie sich vollzog. Die Trennung der Masse der Arbeiter von dem Besitz ihrer Produktionsmittel führte schließlich zur Lähmung des wirtschaftlichen wie des politischen Lebens, zum Untergang des Staates, der eine Beute benachbarter roherer Völker wurde, die noch in ursprünglicheren Verhältnissen lebten. Das ist das Ende jeder hohen Kultur im Altertum gewesen" (X). Kautsky liefert damit eine Kurzformel der Niedergangstheorie von Friedrich Engels, dessen Privatsekretär er ab 1881 gewesen war. Im Gegensatz zu Salvioli aktualisierte Kautsky die spätrömische Situation zur Nutzanwendung für die proletarischen Leser der „Internationalen Bibliothek" seines

Freundes J.H.W. Dietz. Kautsky meinte, „das Ende, das der altrömischen Gesellschaft von den germanischen Barbaren bereitet wurde, droht der kapitalistischen von ihren eigenen Arbeitern", aber die Folge sei diesmal keine neue Barbarei, sondern eine höhere Stufe der Menschheitskultur (p. XIs; XX).

1927 publizierte Kautsky sein Werk ›Die materialistische Geschichtsauffassung‹. Gemäß einem „Naturgesetz" hätten alle bisherigen Staaten und Zivilisationen wie biologische Organismen „aus inneren Gründen unfehlbar absterben" müssen (260 f.; 314; 323). Denn die Ausbeutung als letzter Grund jeden Zerfalles (364) vernichte die Unterschichten (und damit die Zivilisation) ökonomisch und die Herrenklasse (und damit den Staat) moralisch gemäß dem „unleugbaren" Berliner Sprüchlein „Die Liebe und der Suff, das reibt den Menschen uff" (319). Bereits mit Caesar sei der Tiefpunkt erreicht gewesen, der Wohlstand des Kaiserfriedens beweise für den Cäsarismus ebensowenig wie der momentane Aufschwung Rußlands für den Bolschewismus, beides seien reine Gewaltsysteme, aus Bürgerkriegen erwachsen (358; 445).

In enger Anlehnung an Max Weber behandelte dann W. L. WESTERMANN ›Die wirtschaftliche Grundlage des Niedergangs der antiken Kultur‹ *(1915/70)*. Er skizzierte zwei antike Wirtschaftsmethoden: eine stadtstaatliche, auf politischer und ökonomischer Freiheit beruhende Geldwirtschaft, die in Griechenland florierte; und eine flächenstaatliche, auf Untertänigkeit basierende Naturalwirtschaft, die im Orient beheimatet war (128). Die klassische Kultur beruhe auf der ersten dieser Formen, doch habe sie im Hellenismus zugunsten der zweiten an Bedeutung verloren. Mit dem Ausgreifen Roms habe sich auch im Imperium die östliche gegen die westliche Wirtschaftsform durchgesetzt, nach dem Scheitern der Gracchen „war das Unglück bereits geschehen" (131). Unter dem Principat griffen Großgrundbesitzer und Staatseigentum weiter um sich, parallel dazu verdrängte der Kolonat die Sklaverei (133). Die freien Kleinproduzenten verloren an Bedeutung, und „in diesem Unvermögen der Reichsverwaltung", eine „starke, freie Bauernschaft" zu erhalten oder zu erneuern, „liegt die Hauptursache zuerst des wirtschaftlichen, dann des geistigen Niedergangs der griechisch-römischen Zivilisation" (134). Jede Privatinitiative sei verschwunden, das Steueraufkommen gesunken, der fiskalische Druck erhöht und das Städtewesen ruiniert worden. Der Verlust der wirtschaftlichen Freiheit scheint Westermann der wichtigste Grund für den Niedergang Roms, so wie er offenbar in dem Vorhandensein dieser Freiheit die Ursache für den Aufstieg des modernen Europa erblickt.

Einen ähnlichen wirtschaftspolitischen Akzent setzte Johannes SUNDWALL in seinen ›Weströmischen Studien‹ *(1915)*. Er untersuchte die Vermögensverhältnisse der Senatoren und beleuchtete dabei den Gegensatz zwischen dem Reichtum der Grundherren und der Geldnot des Staates. Er folgerte: „Die wirtschaftlichen Verhältnisse waren es, die das weströmische Reich zu seiner Katastrophe geführt haben, der Staat war immer ärmer geworden und der Grundadel immer reicher" (161). Sundwall meinte, der Fiskus hätte die Senatoren stärker besteuern sollen, monierte somit ein institutionelles Versagen. Zugleich erkannte er, daß der Widerstand der Senatoren gegen den Staat eben dies verhinderte, weil der Staat gegenüber denen, die am meisten von ihm profitierten, zu schwach war (158 f.). Indem die Senatoren als Beamte über ihre Gehälter einen Teil ihres Steueraufkommens wieder einnahmen, war die Bereicherung der Senatoren ebenso systembedingt wie die Verarmung des Fiskus. Sundwall betrachtete die Spätantike wieder als „lehrreiches Beispiel für die Nachwelt, der Untergang alter Kultur und Tradition durch männermordende Kämpfe, durch langjährige Lahmlegung der Wirtschaft und endlich durch Ausrottung der kulturtragenden Schicht" (*1919/75* Vw.). Diese Bemerkungen und die Wendungen gegen die „Zwangsdemokratisierung" verraten die Position eines monarchistischen Schweden in der Zeit des Ersten Weltkrieges.

In uneingestandener Anlehnung an Sundwall und Delbrück formulierte Arthur ROSENBERG seine Gedanken zum ›Untergang des weströmischen Reiches‹ *(1915)*. Die traditionelle Verknüpfung zwischen dem Ende der antiken Kultur und dem des Imperiums löste er, indem er ersteres mit der Ausbreitung des Christentums verband und damit letzterem vorschaltete. Angesichts der kleinen Barbarenheere fragte er, weswegen die Römer diesen nichts entgegenzustellen hatten und fand dies darin begründet, daß der Staat keine Soldaten mehr bezahlen konnte. Dies sei indessen keine Folge der Armut gewesen. Vielmehr hätte sich der Reichtum in den Händen weniger Senatoren konzentriert, die zum einen kaum Steuern gezahlt, zum andern hohe Beamtengehälter kassiert hätten, und „aus diesem circulus vitiosus vermochte sich das westliche Imperium nicht mehr zu befreien" (2224). Hinzu komme die Regionalisierung der Verwaltung, ein Partikularismus, der das Imperium geschwächt habe. Gewiß spielen bei Rosenberg zeitgenössische Parallelen eine Rolle, sie dienen dazu, auf bestimmte spätrömische Phänomene aufmerksam zu machen, die Rosenberg allerdings in ihrem Erklärungswert überschätzt. Denn wenn die Senatoren wirklich so kurzsichtig gewesen wären, so hätten doch Kaiser und Militär sie enteignen können – daher müßte deren Verhalten in die Betrachtung einbezogen werden. Rosenbergs Antipathie gegenüber den reichen Römern weist auf seine spätere Hinwendung zum Kommunismus voraus, die ihn 1924 als kommunistischen Abgeordneten in den Reichstag gebracht hat (Demandt *1979*, 88).

III. 2.b. Westliche Autoren seit dem Ersten Weltkrieg

Der Erste Weltkrieg und die Russische Revolution haben in der sozialen Frage neue Aspekte eröffnet. Es genügte im Westen fortan nicht mehr, die Besitz- und Klassengegensätze im eigenen Lande zu bekämpfen, vielmehr mußte man auch dazu Stellung nehmen, was in Rußland geschah. Aufs ganze gesehen kühlte die Sympathie für den Marxismus unter den europäischen Intellektuellen ab.

Herbert George WELLS unterschied zwischen den berechtigten Forderungen und den bedenklichen Maßnahmen der russischen Marxisten. In seiner ›Geschichte unserer Welt‹ *(1922/27)* legte er zwar den Finger auf die sozialen Probleme, lehnte jedoch Revolutionen als Mittel zu deren Lösung ab (360; 406). Er erkannte in der Sklaverei den „Schlüssel" zum Verständnis für den Zusammenbruch des Imperiums (186 f.), das er als unproduktiv-primitive Zwangsorganisation betrachtete, und unterstellte zugleich, daß die römische Staatsführung durch den Aufbau einer „öffentlichen Meinung" den notwendigen „Geist der Staatsbürgerschaft", mit dem jedes Gemeinwesen stehe und falle, hätte erhalten können (215 f.)

In noch deutlicherer Frontstellung gen Osten steht Ulrich KAHRSTEDT mit seinem Artikel ›Der Zusammenbruch des antiken Staatensystems‹ *(1924)*. Der Autor zeichnete die Entwicklung der antiken Kultur von der Klassik zum Hellenismus als Modernisierungsprozeß, an dessen Ende die zivilisierte Großstadt steht. Deren Schatten sei jedoch eine Proletarisierung erheblicher Bevölkerungsteile gewesen, die sich in den „roten Republiken" bis hin zu Spartacus und Catilina zu organisieren versucht hätten. Kahrstedt sah darin eine Gefahr für die Kultur, er sprach von der „Giftpflanze" des römischen Kommunismus seit dem 2. Jahrhundert v. Chr., geweckt von dem kaum weniger bedenklichen Kapitalismus. Durch die Abwehr der Gracchen sei Rom noch einmal vor den mit ihnen verbündeten Kapitalisten gerettet worden, Pompeius habe in den Seeräubern und Sklaven den „Bolschewismus" niedergerungen, Lucullus im Osten den Angriff der Farbigen gestoppt. Die Cäsaren hätten dann wohl Frieden gebracht, den (griechischen) Geist aber nicht wiederbeleben können. Die zeitgenössischen Bezüge hat Kahrstedt offen präsentiert. Zweimal, meinte er (wie Ferguson *1766*), habe sich die weiße Menschheit zur Kultur emporgeschwungen. Um 200 v. Chr. sei sie etwa so weit gewesen wie wieder um 1800 n. Chr. Die zweitausendjährige Unterbrechung der Kulturentwicklung reduziert das Imperium Romanum auf einen bloßen Appendix der antiken Kultur, die aufgrund ihrer technischen und sozialen Entwicklung abgesunken sei, so wie dies mit Europa seit 1914 geschehe.

In seiner ›Geschichte des griechisch-römischen Altertums‹ *(1948/52)* erweiterte Kahrstedt seine Erklärung: Seit der „Revolution" der Severer hätten Proletarisierung und Orientalisierung den „Niederbruch des europäischen Bürgertums" bewirkt (493 ff.; 505; 511; 531; 542). Der Fortschritt der Erlösungsreligionen schien ihm ein Symptom, die allgemeine Gleichmacherei unter Diocletian und der Sieg des Christentums besiegelten das Ende der Antike (540; 560). Kahrstedt hielt an der zirkulären Struktur der antiken Kulturentwicklung fest, der auch die europäische unterliege: „nur daß das Altertum auch *die* Phasen umfaßt, die uns heute noch bevorstehen" (Vw.). Trotzdem glaubte der Autor, man könne und müsse aus jener Krise lernen.

Im Jahre 1929 erschienen drei ökonomische Untergangstheorien von Sozialwissenschaftlern, die nicht aus den Quellen, sondern aus der Sekundärliteratur gearbeitet haben. Sie belegen das Interesse an unserem Thema in der Soziologie ihrer Zeit. Es handelt sich zunächst um ›Das Wirtschaftsleben der antiken Welt‹ des Kathedersozialisten Lujo BRENTANO. Er konstatierte noch in der hohen Kaiserzeit eine Wirtschaftsblüte, jedoch habe sie aufgrund der gegebenen Gesellschaftsschichtung nicht halten können. Die städtischen Oberschichten hätten die Gewinne in unproduktiver Form angelegt: einerseits teure Prachtbauten erstellt, andererseits Luxuswaren aus dem Orient eingeführt. Der damit verbundene Goldabfluß habe dem Markt Geld entzogen, die Preise gedrückt und damit die Produzenten entmutigt, so daß die Berufs- und Standesbindung eingeführt werden mußte. Aus dem Mangel an Edelmetall sei einerseits die Einführung von Naturalsteuern mit all ihren Willkürlichkeiten, andererseits die Inflation zu erklären: Mit staatlichen Höchstpreisedikten von Tiberius, Commodus, Alexander Severus, Diocletian und Julian habe man sie vergebens bekämpft. Der Rückgang des Handels hätte die Verselbständigung der Regionen und die Bildung von Grundherrschaften herbeigeführt, wie sie dann für das Mittelalter kennzeichnend wurden. Der – nun negativ gewertete – „Staatssozialismus" der Cäsaren habe mit der wirtschaftlichen Initiative die Lebensbedingungen des Reiches erdrosselt, und eine verbreitete Gleichgültigkeit gegen den Staat sei die Folge gewesen. „So hat das Leben der Römer von Erpressung und militärischer Ausbeutung der Provinzen zum Untergang des Römerreiches geführt" (183–187).

An der Theorie Brentanos überrascht weniger die Betonung der ökonomischen Faktoren als deren Zusammenordnung. Der Goldabfluß hatte gewiß eine Wertsteigerung des Goldes zur Folge, aber für die Produktion ist dies doch kaum verderblich. Einer Minderung der Geldmenge konnte entgegengewirkt werden, und dies ist geschehen, wenn auch mit der Konsequenz eines schwindenden Vertrauens in den Wert des Bronzegeldes. Die Preisbindungen sollten die Anpassung des Marktes an die Erhöhung des Geldvolumens durch den Staat verhindern, der dadurch Heer und Beamte meinte besser bezahlen zu können. Indem Brentano die Gründe für den erhöhten Finanzbedarf der Kaiser außer acht läßt und sich mit der ausbeuterischen Haltung der Oberschicht begnügt, baut er seine scheinbar ökonomische Theorie auf ein moralisierendes Konzept, das ebenso an Engels erinnert wie Brentanos Ansicht, die Sklaverei habe eine Verachtung der Arbeit bewirkt (184).

Ähnlich im Tenor ist der Aufsatz von Walter WEDDIGEN ›Sozialpolitik als Schicksalsfrage in der Antike‹ von 1929. Im Zusammenhang mit der Sozialpolitik der Antike seit Hammurabi werden die gesellschaftlichen Probleme des späten Kaiserreiches und deren Lösungsmöglichkeiten erörtert. Wie Max Weber 1896 sah Weddigen im stockenden Sklavennachschub der Kaiserzeit ein Krisensymptom, das sachgerecht nur mit einer Förderung der Privatwirtschaft hätte behoben werden können. Stattdessen sei die freie Initiative durch eine zentrale staatliche Regulierung abgewürgt worden, der bereits begonnene Emanzipationsprozeß der Sklaven durch die Schollenbindung der Kolonen und den Korporationszwang der Handarbeiter um seine Früchte gebracht worden. Die Sklaverei habe „einem langsam wirkenden Gifte gleich" die Gesellschaft zersetzt und der Klassenegoismus der Oberschicht die Ausbeutung so verschärft, daß das römische Reich auseinanderfiel.

Gleichen Geistes ist die Theorie, die Franz OPPENHEIMER ebenfalls 1929 im einschlägigen Bande seines ›Systems der Soziologie‹ (IV 1) ausgebreitet hat. Dieselbe „immer tödliche Volkskrankheit" habe Palästina, Hellas, Etrurien, Karthago und Rom vernichtet, nämlich die „kapitalistische Sklavenwirtschaft" (324; 395). Das Debakel begann mit dem Landerwerb der Senatoren während der mittleren Republik und wurde seitdem immer nur notdürftig aufgehalten, am wirksamsten durch die Kolonisation unter Augustus (332). Dennoch behauptete sich die für den Mittelstand verderbliche Raffgier der Spekulanten und Kapitalisten (327), die um so brutaler vorgingen, je niederer ihre eigene Herkunft war. Um billige Arbeitskräfte zu gewinnen, betrieben sie eine „Verelendung und Erniedrigung" der kleinen Freien, so daß die Spannungen zwischen Arm und Reich immer krasser wurden (350; 405). Gestützt vom orientalischen Despotismus der Kaiser, die selbst aus immer breiteren, immer tieferen Schichten stammten, etablierten sich „üble Parvenüs" und „zweifelhafte Existenzen" zu einer „Gesellschaft von Schiebern und Kriegs- und Revolutionsgewinnlern" (392 ff.). Oppenheimer bedient sich der Sprache, mit der Joseph Goebbels die Weimarer Republik beschrieb. Der Autor zehrt von Lesefrüchten aus Weber, Seeck, Stein und Rostovtzeff, die kathedersozialistisch zubereitet die Lehre ergeben, daß der Kleinbesitz geschützt und die „Bodensperre" der Großeigentümer gesprengt werden müsse (334 u.a.), um den Markt und die freie Arbeit zu retten, den Kulturtod und den „Völkerschwund" zu vermeiden.

Bezeichnend für westliche Sozialhistoriker ist, daß sie weniger den schlechten Verhältnissen selbst als jenen, die sie hätten bessern können und sollen, die Schuld am Niedergang zumessen. Ein solches sozialpolitisches Versagen machte E. Albertini den Römern zum Vorwurf. Sein Buch ›L' Empire romain‹ *(1929/70)* monierte die Unfähigkeit, Entvölkerung und Produktionskrisen zu meistern und sah in der daraus folgenden Stagnation von Technik und Wirtschaft die entscheidende Schwäche des späten Imperiums (430).

Diese Ansicht fand Zustimmung bei E. F. Gautier. In seinem Buch ›Genséric roi des Vandales‹ *(1932/35)* lesen wir, daß die Mißstände in Wirtschaft und Gesellschaft auf dem Unvermögen beruhten, den Klassenkampf zu bändigen: *L'Empire romain . . . est mort d'une maladie très analogue à la nôtre:* an der Barbarisierung der Armee, die der Proletarisierung der gegenwärtigen Arbeiterschaft entspreche. Beide Systeme scheiterten am fehlenden Gleichgewicht zwischen Ökonomie und Politik (20; 32). „Wir" verstehen nichts von der Politik und sehen der Proletarisierung der Arbeiter wie der Intelligenz zu, die Römer verstanden nichts von der Ökonomie und gestatteten *la bolchevisation de l'armée* durch die allmähliche Germanisierung und das Heranwachsen einer internationalistischen, antimilitaristischen *intelligentsia* infolge der Christianisierung (18 ff.). Seit dem späten 3. Jahrhundert habe es eine eigentlich römische Armee nicht mehr gegeben (17), die Barbaren waren nicht Mörder, sondern Erben Roms, nach dem Aussterben dieses untauglichen Systems – Gautier verglich es (wie schon *1919*, s. u. S. 392 f.) mit dem der Ammoniten (32 ff.) – setzten die Germanen die phylogenetische Entwicklung fort. *Rome est morte de sa belle mort, par impuissance à con-*

si dire, dans son lit. Elle n'a pas été assassinée (38). Zum Echo auf diesen Satz bei Piganiol s. u. (III. 6. b!).

Ebenfalls 1932 erschien der Aufsatz von Louis C. West aus Cleveland, Ohio, ›The Economic Collapse of the Roman Empire‹. Im Unterschied zu den pessimistischen Deutungen des Kaiserfriedens erblickte West in ihm einen Wirtschaftsaufschwung, der durch die Entfaltung privater Initiativen im Schutze des Staates, durch die Einheitlichkeit von Sprache, Gesetz und Verkehrswesen ermöglicht worden sei (98). Unter den Stimulantien der im 2. Jahrhundert einsetzenden Stagnation werden zunehmende Heeresausgaben und abfließendes Münzmetall angeführt, ohne daß klar würde, wieso daraus ein ökonomischer Niedergang erfolgte. Etwas überraschend kommt West zu dem Schluß: *in a word: the poor and the army had eaten up the capital of the thrifty, and the western half of the Empire sank into the dark ages* (106). Diese Behauptung paßt auch nicht recht zu der zuvor gemachten Feststellung, die Entfremdung zwischen Staat und Bürger sei *the real cause of the downfall of the Roman Empire, as it has been the cause of many another collapse since then* (104). Als Interpretationshilfe für den Leser, der nicht weiß, wie der Autor die unvereinbaren Prioritäten gewichtet wissen will, mag es gedacht sein, daß letzteres Zitat kleingedruckt erscheint.

Die Betonung des finanziellen Aspekts im Niedergang Roms zu Beginn der dreißiger Jahre könnte zusammenhängen mit der Weltwirtschaftskrise. Denn 1933 stellte Corrado Barbagallo seinen Beitrag ›Il problema della rovina della civiltà antica‹ unter das Motto des Generals Duval, die Geschichte lehre, daß alle Imperien aus finanziellen Schwierigkeiten zusammengebrochen seien. Wie West erblickte auch Barbagallo im hohen Kaiserreich ein gedeihendes System, ja den perfektesten Staat, den der menschliche Geist je ersonnen habe. Das Imperium wird als friedliebender Wohlfahrtsstaat beschrieben, dem es um eine wirtschaftliche und kulturelle Hebung aller Schichten und aller Provinzen gegangen sei (509; 514). Dieses Konzept sei jedoch durch die Barbaren-Angriffe zerstört worden, sie hätten das Reich zu umfangreichen Kriegsausgaben genötigt und eine Geldkrise ausgelöst. Daraus wiederum sei eine soziale Krise erwachsen, die das Imperium schließlich in den Abgrund gestürzt habe. Barbagallo stellt die These auf: *questa crisi finanziaria dell' Impero sarebbe stata la causa delle cause, la causa unica, la causa necessaria e sufficiente dell'enorme rovina* (513). Die verderblichen Folgen waren Steuerdruck und Inflation, *socialismo di Stato* und Verlust der Freiheit insbesondere. Zunächst sei der soziale Frieden verloren gegangen, indem die Oberklassen gegen die Unterklassen gearbeitet hätten (516), dann hätten sich allmählich alle Schichten gegen den Staat verschworen, der hinfort Barbarensöldner mit Polizeifunktionen im Reichsinneren stationieren mußte und von diesen Leuten schließlich selbst aufgehoben wurde: Odoakar beendete die *storia della vecchia Roma* (518). Die Beweisführung Barbagallos ist bemerkenswert, weil er mit größtem Nachdruck die finanzielle Misere als Wurzel allen Übels unterstreicht, sie aber ihrerseits als Folge der Barbareneinfälle bestimmt.

In erklärtem Zusammenhang mit der Wirtschaftskrise steht die Niedergangsdeutung, die der rumänische Gelehrte G. I. BRATIANU 1935 vorgelegt hat. Seine Arbeit ›L'Or et l'Empire Romain‹ zeigt am Beispiel des Gold- und Finanzwesens die unterschiedliche Entwicklung in der östlichen und westlichen Hälfte des Imperiums. Sie werden aus den jeweiligen Traditionen hergeleitet: der Orient sei geprägt durch eine städtische Industrie unter zentralistischer Führung, der Westen hingegen sei stets ländlich geblieben und habe freiheitlichere Lebensformen ausgebildet (695). Die *régression de la vie économique,* die mit den Anforderungen des Fiskus verbunden werden, sei nicht aufzuhalten gewesen, ja durch die Politik sogar beschleunigt worden (696 f.). Als sich der orientalische Staatssozialismus wieder durchsetzte, habe der Osten seine ihm gemäße Wirtschaftsverfassung gefunden – Bratianu verweist auf das zeitgenössische Rußland –, für den Westen jedoch sei ein solches System ruinös geworden: *un régime de production étatiste ne peut pas réussir dans un milieu rural et un monde appauvri* (698). Der Okzident habe durch das Patrociniumswesen Widerstand geleistet. Germanen und Araber erscheinen als natürliche Erben der strukturell unterschiedenen Reichsteile (699). Für Bratianu ist die Geldwirtschaft weniger Ursache als Symptom dieser Wesensunterschiede. Immerhin löst er die ungleiche Verteilung des Goldes so weit aus dem Zeitbezug heraus, daß er folgert, das Schicksal des Imperiums sei eine Lektion für die gegenwärtige Finanzkrise (536 ff.; 695; 700).

Eine Akzentverschiebung bringt der Artikel desselben Autors von 1939 ›La fin du Monde antique et le triomphe de l'Orient‹. Wie schon 1935 von Pirenne ausgehend, erklärte Bratianu, der Orient hätte den laborierenden Westen überflügelt. Der Osten habe mit dem Christentum und der gottgewollten Monarchie die weiterführenden Kulturelemente geliefert und mit der Zivilisierung der Ostgermanen begonnen, bevor diese in den Einflußbereich Roms gerieten. Die Rolle des Orients wird nicht als verderblich, sondern als förderlich gewertet: *il est indéniable, que bien avant les Barbares, l'Orient a triomphé de l'empire et qu'il l'a transformé* (265).

West, Barbagallo und Bratianu zeigen eine unverhohlene Sympathie zur freien Marktwirtschaft, und diese Ansicht vertrat auch Friedrich OERTEL in seinen Beiträgen zur ›Cambridge Ancient History‹ X *(1934)* und XII *(1939).* Zwar wird das Problem des Untergangs nicht direkt angesprochen, doch erscheint es mehrfach zwischen den Zeilen. Als Voraussetzungen der wirtschaftlichen Blüte des Principats nannte Oertel neben dem Frieden eine liberale Einstellung des Staates, der das Eigentum schützte und das Unternehmertum begünstigte. Die modernen Anklänge werden deutlich: dies seien *the fundamental principles of the west* (*1934,* 382–387). Der liberalistisch-privatistischen westlichen Haltung wird eine etatistisch-sozialistische östliche gegenübergestellt. Seit dem späten 2. Jahrhundert zeigte sich die Tendenz zu einer Wirtschaftsform, die Oertel bald „Staatssozialismus", bald „Staatskapitalismus" nannte.[5] Sie wurde gefördert durch Ideengut

[5] *1939,* 256. 1964 erkannte Oertel in der Gefahr der Modernisierung „eine der größten, denen die Alte Geschichte ausgesetzt ist" (*1964/75,* 264).

aus dem Osten und durch die Bedrohung seitens der Germanen. Nachdem Rodbertus den Niedergang Roms aus dem Fehlen eines Staatssozialismus erklärt hatte, begründete Oertel den Verfall nun mit dem Vorhandensein eines solchen. Oertel hielt zwar den Staatssozialismus für nicht notwendig verderblich (wie der Hellenismus erweise *1939*, 278), doch habe seine Übersteigerung einen Individualismus provoziert, der sich in den früh-feudalen Elementen der Spätantike bemerkbar mache und erkläre, wie die Grundherren selbst sich schließlich vom imperialen System abwandten (280). So konkretisierte Oertel seine allgemeinere These: *every historical process from its earliest beginnings carries within itself the counterforces making for its own destruction* (255).

Programmatisch wurden die Analogien herausgestellt in dem Buch ›The New Deal in Old Rome. How Government in the Ancient World Tried to Deal with Modern Problems‹ *(1939)*. Es stammt aus der Feder des amerikanischen Zeitungsmannes J.H. Haskell. *Rome was demoralized by prosperity,* die reichen Oberschichten wurden durch den *boom* verdorben (229 f.). Als Lösung in der Not habe man zum *New Deal* gegriffen, die wirtschaftspolitischen Maßnahmen der Gegenwart werden in minutiöser Parallele zum kaiserzeitlichen Rom gesehen. *Extravagant public spending proved fatal,* namentlich die Aufblähung der unproduktiven Sektoren Verwaltung und Heer (VI; 231). Der letzte Ausweg sei der totalitäre Staat Diocletians gewesen, der nun in Europa wiedererstehe (214 ff.). *The history of the later Roman Empire carries a warning to present-day Caesars:* sie sollten bloß keinen Krieg anfangen (232). Die Lehre für Amerika lautet: die von den Römern versäumte Lösung der sozialen Frage, die Errichtung einer freien und gerechten Gesellschaftsordnung sei notwendig, denn daran sei Rom gescheitert (234).

Waren Oertel und Haskell vom Glauben an die Marktwirtschaft getragen, so demonstrierte F.W. Walbank, Althistoriker in Liverpool, Sympathie zur sozialistischen Planwirtschaft. Bereits in seiner Besprechung von Rostovtzeffs ›Social and Economic History of the Hellenistic World‹ im Jahre 1942 nahm er die antike Gesellschaftsordnung als ganze aufs Korn: *a system, which was to come to an end with the ruin of the bourgeoisie itself in the later Roman Empire* (84). Das Bürgertum habe aus kurzsichtiger Rentnergesinnung nichts gegen die Massenarmut, nichts für den Binnenmarkt getan, habe einen wachsenden Klassenkampf, auch in der Form ethnischer Differenzen, nur durch einen *oriental class-state* zu beantworten gewußt, und an diesem Gegensatz sei die antike Zivilisation gescheitert.

Ausführlich zum Thema äußerte sich Walbank in seinem 1944 abgefaßten Buch ›The Decline of the Roman Empire in the West‹ *(1946)*. Wie Max Weber wandte er sich dagegen, Germaneneinfälle und Kaiserwillkür verantwortlich zu machen, und suchte die Ursachen *in the whole structure of ancient society* (67). Die Sklaverei habe Überschüsse produziert, deren Absatzdruck eine expansive Außenpolitik erfordert hätte, und diese mußte naturgemäß irgendwo steckenbleiben. Walbank konstatierte einen permanenten Klassenkampf zwischen den

Sklaven und Arbeitern auf der einen Seite und der parasitären hochzivilisierten Oberschicht mit der Staatsgewalt auf der anderen. Er skizzierte zwei denkbare Lösungen: den freiwilligen Rücktritt der Bourgeoisie, den ihre Borniertheit verhindert habe, und die gewaltsame Machtübernahme des Proletariates, die aber entweder das Chaos oder eine bloße Umkehrung derselben Verhältnisse mit sich gebracht hätte (71 f.). Die unterentwickelte Technik habe die Sklaverei unentbehrlich gemacht, und diese wiederum habe den technischen Fortschritt blokkiert: *herein lie the real causes of the decline and fall of the Roman Empire* (68 f.). Der Zusammenbruch ist für Walbank das Resultat eines Niedergangs, dessen Anfänge er mit der *middle class democracy* des 5. Jahrhunderts v. Chr. einsetzen läßt: seitdem habe es nur noch Notlösungen gegeben. Ähnlich wie Engels stellte Walbank den morbiden Römern die gesunden Germanen gegenüber, die sich aus der Urzeit noch einen Sinn für Gleichheit bewahrt hätten (82) und daher Rom zu besiegen vermochten.

Walbank suchte im Fall Roms *lessons for to-day* (66) im Interesse eines antifaschistischen Sozialismus. Die von Mussolini proklamierte Parallelität mit dem alten Rom bestätigte Walbank unter der Perspektive des unabwendbaren Verfalls, er fand eine komplette Übereinstimmung in dem Versuch, ein niedergehendes System mit Hilfe von Gewalt und neuen Mythen (Mithras und Ariertum) aufrechtzuerhalten (76). Zugleich wehrte sich Walbank gegen eine Parallelisierung zwischen dem späten Rom und dem modernen Europa als ganzem. Im Gefolge von Gibbon behauptete er den Fortschritt der Zivilisation über das Ende des Altertums und über die momentanen Krisen hinweg; und wenn der Kapitalismus die Arbeiter nicht hinreichend versorge, dann würden diese, wie geschehen, die Sache selbst in die Hand nehmen (77 f.). Westliche Autoren wie Varagnac (*1951*, 350 f.) und Starr (*1958*, 19) haben Walbank als Marxisten bezeichnet, östliche wie Oliva (*1960*, 312) finden das „merkwürdig".

1969 publizierte Walbank ein Buch mit dem von Gibbon entlehnten Titel ›The Awful Revolution‹. Darin führte er die Kernthesen von 1944 breiter aus: Die Sklaverei schien ihm das Krebsübel der antiken Zivilisation, woran diese unausweichlich zugrunde gehen mußte (108 ff.). Die Germanen versetzten dem Imperium nur den Gnadenstoß (38), ihr Druck auf die Grenzen scheint Walbank kein wesentlicher Faktor und das Fortleben des Ostreiches kein Argument für die Lebensfähigkeit des Reiches, denn auch Byzanz erhielt nur eine Gnadenfrist des Dahinvegetierens. Gewisse Modifikationen zeigen die praktischen Lehren, die Walbank nun aus dem Fall Roms zog (114 ff.). Zwar rege sich in allen Teilen der Welt wieder eine Reglementierungssucht, doch sei mit der Industrialisierung eine neue Stufe erklommen, die ein Fortbestehen der Zivilisation möglich mache. Walbank betonte wie Gibbon, der Zusammenbruch des Imperiums habe die wesentlichen technischen Errungenschaften nicht zum Verschwinden gebracht, der Fortschritt mache gewöhnlich zwei Schritte voraus und einen zurück. Die darin liegende Anspielung auf Lenins Schrift von 1904 ›Ein Schritt vorwärts, zwei Schritte zurück‹ darf nicht darüber hinwegtäuschen, daß Walbanks Sympathien sich vom Marxismus stalinscher Prägung hin zu demokratischen Modernisierungstheorien verschoben haben. Wohlstand und Freiheit für alle sei die Lehre, die aus den Fehlern der Römer zu ziehen seien (125). Somit entwickelte sich die Theorie Walbanks ähnlich derjenigen von Max Weber. Derartiges wird uns noch mehrfach begegnen.

Ehe wir auf die Kritik der ›Annales‹ an Walbank eingehen, sei die Stellungnahme eines ihrer Herausgeber besprochen. Marc Bloch, der 1935 (S.642) die militärische Dekadenz Roms auf die wiederholten Schläge durch Perser und Barbaren zurückgeführt und darin *une des causes les plus agissantes de la décadence du système servile* erblickt hatte, leitete in seinem nachgelassenen Aufsatz ›Une mise au point. Les invasions. Deux structures économiques‹ *(1945)* die ökonomische Situation des spätrömischen Reiches aus dem Fiskalismus und diesen aus dem innenpolitischen Dilemma ab: im Kampf gegen innere und äußere Feinde habe die Staatsgewalt zur allgemeinen Reglementierung gegriffen: Rangordnung, Berufsbindung und Steuererfassung hätten die Schwäche der Zentrale beheben sollen, tatsächlich aber nur Mißstimmung und eine weitgehende Regionalisierung zur Folge gehabt. Bloch insistiert auf der Wirkungslosigkeit der spätrömischen Gesetzgebung: *la société se pliait mal au corset de fer où on avait voulu l'enserrer* (36). Die Expansion der Germanen wird aus deren Menschenreichtum und ihrer extensiven Wirtschaftsform begriffen; Bloch stellt sie unter das Niveau nicht nur der römischen, sondern auch der keltischen Zivilisation zu Caesars Zeit (40 f.). Aus dem Konflikt zwischen römischer und germanischer Welt sei das heutige Europa erwachsen, dessen Kontinuität Bloch, wie die französische Forschung zumeist, aus der spätrömischen Zeit unterstreicht.

Die Kritik der ›Annales‹ an Walbanks erstem Untergangsbuch leistete 1951 A. Varagnac. Er stellte es in den Zusammenhang mit dem orthodoxen Stalinismus des Herausgebers Gordon Childe und setzte eine anders akzentuierte ökonomische Erklärung dagegen. Roms Blütezeit unter den Kaisern erklärte Varagnac aus der militärischen Herrschaft. Sie habe der Meinung Vorschub geleistet, Rom könne auf eine Entfaltung seiner Produktivität verzichten. Imperalismus und Sklaverei hätten in die Stagnation geführt, eine *décadence sans remède* folgte (352), während in Mitteleuropa sich das seit der Bronzezeit aufstrebende freie Handwerk entfaltete. Dessen wachsendes Übergewicht habe den Sturz des Imperiums zur Folge gehabt. Wie Walbank 1944 zog Varagnac 1951 seine *conclusion actuelle:* der Fortschritt werde durch Freiheit gefördert (354). Der Aktualisierungsrahmen ist nicht mehr der Kampf gegen Mussolini, sondern der gegen Stalin und damit verschiebt sich das Analogon zum spätrömischen Zwangsstaat vom Faschismus wieder auf den Kommunismus. In der Zeit des Kalten Krieges wird das die Regel.

Eine Gegenposition bezog wiederum Charles Parain in der Zeitschrift *La Pensée* 1953 mit dem Artikel ›Sur la révolution des esclaves‹. Der geniale Denker Stalin habe das Wesentliche erfaßt, auch wenn der Westen ihn totschweige: *le monde antique ... s'est effondré sous les coups, que lui ont portés les opprimés et particulièrement les esclaves* (107). Diese Sklavenrevolution habe sich, wie Maschkin gezeigt habe, in drei Etappen abgespielt: die erste bezeichne Spartacus; die zweite werde getragen durch die Bagauden, die für Frankreichs revolutionäre Tradition besondere Aufmerksamkeit verdienten; die dritte eröffneten die Barbaren, die als inneres, nicht als äußeres Element zu werten seien. Die Schlacht bei Adrianopel 378 war *dans cette révolution des esclaves le tournant décisif* (108 f.). Mit ihrem Widerspruch gegen *l'histoire marxiste, c'est-à-dire scientifique* entpuppten sich die Gegner einer Theorie der Sklavenrevolution als Gegner einer Proletarierrevolution, die bereits im Gange sei (106). Die Bourgeoisie sei unfähig, das von der Flammenhand der Geschichte gezeichnete Menetekel ihres eigenen Untergangs zu entziffern (109).

Die gehaltvollste Deutung aus dem Geiste der ›Annales‹ lieferte W. C. BARK in seinem Buch ›Origins of the Medieval World‹ von 1958. Nach einer kritischen Abrechnung mit Pirenne (6 ff.), wandte sich Bark dem Niedergang Roms zu, der im 3. Jahrhundert seine entscheidenden Phasen erlebt habe. Die diocletianisch-constantinische Erneuerung habe nichts wirklich gebessert, sondern lediglich verhindert, daß sich das Imperium bereits damals in eine Mehrzahl von romanisierten Teilreichen auflöste (30 f.). Die Gründe für den Verfall seien nicht bei den Germanen zu suchen: sie seien allenfalls zum Leichenbegängnis rechtzeitig erschienen (46; 60). Weshalb es bergab ging, ließ Bark offen: *why this was so, we do not know* (44 f.). Die wichtigsten Symptome schienen ihm das Versagen der Wirtschaft, das in einer Verachtung der Arbeit in allen (!) sozialen Schichten zum Ausdruck komme (53; 102), das Versagen der Gesellschaft, das sich in inneren Gegensätzen niederschlage, und das Versagen der „Staatsreligion" der vorconstantinischen Zeit, da alle genannten Mißstände durch sie legalisiert worden seien (102 f.). Bark hielt diese Übel für prinzipiell vermeidbar und beschrieb sie daher bewußt als Schuld (30; 53; 104). Als Folge, nicht als Voraussetzung der Dekadenz im Westen deutete er die allmähliche Entwicklung zum Feudalismus (62). Die auf Kosten des Staates wachsende Macht der *potentiores* im Westen ist der am stärksten betonte Niedergangsfaktor. Er habe die Wehrlosigkeit gegen die Germanen bewirkt und sei nicht einmal von den Germanenkönigen aufzuhalten gewesen (45 f.; 55 f.; 64 f.). In dem wirtschaftlich ohnedies gesünderen Osten hätten es die Kaiser indessen verstanden, mit Hilfe ihrer Geldeinnahmen und der Rekruten aus der Unterschicht die Grundherren zu bändigen (32; 45; 64) und durch die Preisgabe des Westens zu überleben (43). Dieser scheinbare Vorzug habe sich langfristig indessen als Nachteil herausgestellt. Denn während im Osten überaltete Verhältnisse konserviert wurden (106), gelang im Westen ein neuer Durchbruch.

Bark setzt dem Klischee des finsteren Mittelalters das Klischee des historischen Fortschritts entgegen. Ernsthaft behauptet er, bereits im 10. Jahrhundert hätten die fränkischen Bauern einen Lebensstandard besessen, der über dem der Stadtbewohner der Antoninenzeit gelegen hätte (105). Im Anschluß an Lefebvre des Noettes und Marc Bloch (70) betonte Bark die progressiven Seiten des Mittelalters und begründete sie in einer neuen Mentalität. *The ancient world had lost its capacity to originate,* aber das Mittelalter brachte eine fortschrittliche *attitude toward life* (98 f.); jene war ein mißglücktes, dieses wurde ein gelungenes Experiment der Menschheit (108). Bark erhebt die frühchristlichen Missionare zu Entwicklungshelfern (92 f.), zu Vorkämpfern einer *Pioneer Society* mit einer *frontier quality* im wörtlichen und übertragenen Sinne, warnt aber davor, die Ähnlichkeit zwischen Augustinus und Lederstrumpf zu überschätzen (76; 81).

Bark ersetzte die typologisch begründete Sympathie zur antiken Kultur durch eine genetisch motivierte Sympathie zum Mittelalter: was wir sind, verdanken wir dem Ende Roms und den *Origins of the Medieval World* (77; 100; 105). Hätte sich Rom erhalten, so wären Privilegien und Ausbeutung verewigt worden (88; 103). Roms Sturz öffnete der Freiheit eine Gasse, das sah Bark gerade so wie Engels (99) und umgekehrt wie Ciccotti. Das antike Erbe sicherte den Byzantinern ebensowenig wie den Arabern eine Zukunft. (107). *A thousand years of Byzantium produced extinction; a thousand years of medieval effort produced the Renaissance, the modern state and ultimately the free world* (66). Ursache des Prozesses ist eine Eigendynamik: *change was itself the creator of change* (112).

Wie man aus dieser Position auch Marx noch verarbeitet, lehrt uns W. H. McNeill aus Chicago in seinem 1960 publizierten Vortrag ›Der Begriff des Kulturverfalls‹. In allgemeiner Hinsicht wird der Niedergang Roms aus einem von Rostovtzeff übernommenen „Klassenkampf" erklärt. Die spätrömische Oberschicht, Curialen wie Senatoren, habe um ihrer ökonomischen Vorteile willen sich sozial abgeschlossen, sich gegen jegliche Neuerung gesperrt und damit gezeigt, was „wohl jeder in sich gekehrten, sozial isolierten Kulturträgerschicht wartet" (59; 63). Die Germanen hätten im Dienste des Fortschritts das Ende einer erschöpften Zivilisation besiegelt, die unserem Autor wenig Mitgefühl erweckt (57). Dem „optimistischen und vielleicht etwas zu selbstsicheren Amerikaner", wie er sich selbst nannte (64), schien eine Kultur grundsätzlich nur dann zerstörbar, wenn sie nicht mehr entwicklungsfähig ist.

Fachlich fundierter argumentierte Aurelio Bernardi in seinem materialreichen Artikel ›The Economic Problems of the Roman Empire at the Time of its Decline‹ *(1965/70)*. Nach einer Abwehr der Barbarenschuld und einer Hervorhebung der inneren Auflösungsgründe bestritt er die Existenz einer *causa causarum* (17; 19; 24), lieferte sie dann aber doch: *financial anaemia had led to the gradual paralysis of the State* (77). Er betonte den Goldabfluß durch Luxusimporte und Stillhaltegelder an die Barbaren (21; 23), legte den größeren Wert jedoch auf die Bereicherung der Grundherren und Steuerbeamten, die dem Fiskus die Mittel entzogen, um das Heer zu bezahlen, und deshalb Steuererhöhungen veranlaßten, die den kleinen Mann überforderten und ihm die Lust nahmen, für ein solches System zu kämpfen. *The military problem of the Late Empire can be reduced to a financial problem* (73). Die Verlängerung der Dienstzeit erreichte bald ihre natürlichen Grenzen, eine Rekrutierung der Barbaren hatte die bekannten Resultate. Mit dem sinkenden Steueraufkommen brach die Versorgung der Städte zusammen (76), einzig die Landsitze der Senatoren hielten sich, diese arrangierten sich mit den Germanen und führten aus der antiken in die mittelalterliche Landordnung hinüber.

Die Argumentation Bernardis ist insofern eher sozialökonomisch als innenpolitisch, als keine Fehlentscheidungen, sondern die Auswirkung sozialer Interessen der Oberschicht die Erklärung tragen. Die neue Aristokratie arbeitete gegen den römischen Staat (57), um ihre Ausbeutungsformen zu bewahren (78 f.), die durch energische Kaiser wie Julian und Valentinian beschnitten worden waren (67). Am Ende stand der Bankrott eines Staatswesens, für dessen Kosten niemand aufkommen konnte oder wollte (80 ff.).

Stärker auf die ethnische als auf die soziale Komponente stützt sich Mario Mazza, ›Lotte sociali e restaurazione autoritaria nel III secolo d.C.‹ *(1970/73)*. Zwar spiele der Klassenkampf seit der um 150 n.Chr. beginnenden wirtschaftlichen Stagnation eine Rolle (156), doch deutete Mazza die Auflösung des Imperiums primär als eine an Mazzarino und Bianchi-Bandinelli erinnernde *democratizzazione della cultura* (465). Die Romanität schien ihm eine Zivilisation der Oberschicht, unter deren Decke die nationalen Kulturen sich in der Spätantike wieder zu rühren begännen. Muster ist für ihn die *rinascenza celtica* (468 ff.), die allenthalben in den Provinzen Parallelen fände. Die Spätantike erlebe so die *trasformazione verso un'altra cultura*, geprägt durch die Völkerschaften und ihre Eigenarten. Insofern läßt sich Mazzas Position als modernisierter Herder begreifen, anscheinend jedoch nicht bewußt in dessen Tradition. Die Aktualität seiner Deutung suchte Mazza in der *acculturazione* der Dritten Welt an die okzidentale Zivilisation und der anschließenden *decolonizzazione*, worin sich eine Analogie zu den Vorgängen der späten Kaiserzeit zeige (467).

Die Position von Sundwall und Rosenberg, die in den sozialen Veränderungen der Oberschicht die entscheidende Niedergangsursache sahen, wurde erneuert durch das Buch von M.T.W. Arnheim ›The Senatorial Aristocracy in the Later Roman Empire‹ (*1972*, 1–8; 51). Die entscheidende Ursache war aus seiner Sicht eine Strukturschwäche: anders als im Osten habe sich im Westen eine Senatsaristokratie herausgebildet, die durch Großgrundbesitz, Verwandtschaft und Zusammenhalt die Macht des Kaisers eingeengt und zentrifugale Tendenzen begünstigt habe. Die Entwicklung habe mit einem scharfen Bruch unter Constantin begonnen, der den Senatsadel förderte, um ihn vom Heidentum zum Christentum herüberzuziehen. Danach habe sich die Gesellschaftsstruktur (etwa durch den Germaneneinbruch) nicht mehr verändert.

Die jüngeren sozialökonomischen Erklärungsversuche aus dem Westen sind großenteils marxistisch getönt und stammen von Autoren, die nicht selbst Althistoriker sind und dies im Umgang mit der Chronologie, der Nomenklatur und den Ereignissen zu erkennen geben. Zu ihnen zählt der brasilianische Anthropologe Darcy Ribeiro mit seinem Buch ›Der zivilisatorische Prozeß‹ *(1968/71)*. Ribeiro, unter Kubitschek erster Rektor der Universität Brasilia und unter Goulart „Premierminister" (258), suchte nach dem Scheitern der Linken eine historische Orientierung und fand diese in einem neuen Modell der Weltgeschichte unter einer „globalen Determination technologischer Natur, die sich als kontinuierliche Entwicklungslinie im allgemeinen zivilisatorischen Prozeß manifestiert" (27). Die Geschichte erscheint als eine Abfolge kultureller Revolutionen, und eine solche steht am Anfang, nicht aber am Ende des Altertums. Die revolutionäre Herausbildung der unter dem Begriff „merkantil-sklavistische Reiche" zusammengefaßten antiken Staaten wird als Fortschritt gedeutet: Städtewesen, Schriftlichkeit und Geldwirtschaft auf einem Weltmarkt sind progressive Elemente. Das Ende der antiken Kultur wird indessen als Rückfall in ein „dunkles Zeitalter" (87) aufgefaßt. Die Sympathie des Romanen Ribeiro zu Rom läßt sich nicht verkennen. Der spätantike wie jeder Feudalismus ist für ihn ein Regressions-Produkt, gekennzeichnet durch Stagnation der Wirtschaft und Versäulung der Gesellschaft. Hier wie in dem folgenden Gedanken schweben dem Autor offenbar seine lateinamerikanischen Erfahrungen vor. Die ökonomische und politische Expansion der antiken Reiche, zuletzt des römischen, habe die Gegensätze zwischen Arm und Reich so weit verschärft, daß die Einrichtung von „diktatorialen Regimen" (105) erforderlich wurde. Die Militärdiktatur dient eben allzeit der Erhaltung eines Ausbeutersystems. Dies aber hat in Rom dennoch nicht bestehen können. Die sich gegenseitig steigernden Spannungen mußten die Lebensfähigkeit des Imperiums zerstören (106). Die imperialistische Expansion führte unvermeidlich zum Ruin. Allerdings seien die unteren Klassen nicht imstande gewesen, das System allein zu stürzen, ihre Aufstände seien unterstützt worden durch das „äußere Proletariat" der Barbaren, die, durch den Kontakt mit Rom militärisch entwikkelt, vom Reichtum des Imperiums angelockt wurden. Eine Handvoll Barbaren genügte für den „Gnadenstoß". Und damit liefert Ribeiro die Erklärung für den Mißerfolg der Linken in Brasilien: hier fehlte eben der (in Rom erfolgte) Einmarsch des „äußeren Proletariats".

Sozialökonomisches Denken zeigt sich zuweilen auch in theoriearmer Untergangsliteratur. Glanville Downey hat 1969 in seinem Büchlein ›The Late Roman Empire‹ auf eine eigene Erklärung verzichtet, schrieb aber: *It seems plain, that the economy of the empire was not adequate to the demands for defense purposes, that were made upon it* (96). Der Autor glaubt, daß die militärische Lage durch höhere Produktion hätte verbessert werden können.

Die nächstfolgende, wieder marxistische Untergangstheorie aus dem Westen liefert Perry Anderson, ›Von der Antike zum Feudalismus, Spuren der Übergangsgesellschaften‹ *(1974/78)*. Das Buch basiert nicht auf Quellenstudien, sondern auf ausgedehnter Verarbeitung von Sekundärliteratur und weist im Bereich von Nomenklatur, Chronologie und Faktenreferat bedenkliche Schwächen auf.[6] Anderson verband mit dem Rückgang der Sklavenbeute während des Kaiserfriedens wie Max Weber 1896 einen Arbeitskräftemangel (90 f.; 96), der durch die hemmende Wirkung der Sklaverei auf den Fortschritt der Technik (trotz Kiechle 89; 94; 114; 159) in eine soziale Krise geführt habe. In dieser Situation hätten die

[6] Elementare Fehler finden sich auf S. 95; 100; 103; 106; 108 ff.; 113; 118 f.; 121.

Barbarenangriffe des 3. Jahrhunderts verheerende Wirkungen ausgelöst (98). Die Wiederherstellung des Staates in der diocletianisch-constantinischen Ära sei belastet gewesen mit einem zusätzlichen sozialen Problem, der Differenz zwischen senatorischem und militärischem Adel (107 f.). Die Vergrößerung von Heer und Verwaltung sowie die Kosten der „parasitären" Kirche (109; 115; 158) erklären Anderson den „allgemeinen Abwärtstrend" (110), das „sich verdüsternde Universum sybaritischer Oligarchen" (127). Fatale Bedeutung suchte er in der „Macht der Großgrundbesitzer, den imperialen Staat zu unterminieren und zu entmilitarisieren" (326) und vor allem in den angeblichen „Massenaufstände von unten". Sie „verbanden die Rebellion gegen die Sklaverei mit der gegen das Kolonat" (eine geradezu groteske Behauptung). So sei das Reich zerrissen gewesen „ehe Truppen von außen ihm Ruhe brachten" (123 f.; 324).[7]

Der marxistische Ansatz begegnet im Westen einstweilen zuletzt bei G. E. M. de Ste. Croix aus Oxford. Sein Aufsatz ›Karl Marx and the History of Classical Antiquity‹ von 1975 will im Geiste des Meisters die von diesem nicht gelieferte Erklärung bieten. Die herrschenden Klassen, heißt es, hätten als Vampyr der Landwirtschaft das Blut ausgesaugt und damit die antike Zivilisation vernichtet. Aus diesem Grunde hätten die Bauern den Barbaren zugejubelt: wer mit Skorpionen gezüchtigt werde, für den sei die Peitsche eine Erleichterung (34 f.). Mit Vampyr und Skorpion beschließt Ste. Croix ebenfalls sein stoffreiches Buch ›The Class Struggle in the Ancient Greek World‹ (*1981*, 583), das sich eingehend mit *decline and fall* befaßt. Der Klassenkampf erscheint darin als Universalschlüssel der sozialen Wandlungen der Antike (vordere Klappe), ja der Weltgeschichte überhaupt: ohne die Begriffe Ausbeutung und Imperialismus verstände man weder die alten noch die neuen Zeiten (463). Die Kernformel des Autors lautet: *it was the combination of unlimited economic power und political power in the hands of the propertied class, their emperor and his administration, which ultimately brought about the disintegration of the Roman empire* (497). Der Kaiser und die „Maschinerie" als Werkzeug der Ausbeuterclique erwiesen sich als reformunfähig (501 f.), also mußten sie verschwinden, als die Germanen erschienen. Denn den Unterdrückten konnten die Herren angeblich keine Waffen in die Hand geben, ohne ihren eigenen Sturz zu beschleunigen (264 f. Vgl. u. S. 323).

Auf der Ostblock-Linie bleibt der *self-styled Marxist* (259) mit der These, daß der Klassenkampf sich durch die Kaiserzeit permanent verschärft habe (453), doch geht er eigene Wege mit der Behauptung, die Thronkämpfe und Bürgerkriege hätten nie etwas mit dem Klassenkampf zu tun gehabt (475; 489). Heer und Stadtbürgertum in seine Schablone einzuordnen, macht ihm begreifliche Schwierigkeiten, obwohl er sich der *oversimplification* bewußt ist (457). Daß die

[7] Andersons Urteile über das Ostreich (103; 116 ff; 123) zeigen, daß er dafür nicht einmal die grundlegende Sekundärliteratur angeblättert hat. Aufs ganze gesehen hat er wohl einzelne neue Einsichten aufgenommen, versucht aber, durch deren Bagatellisierung die stalinistische Position gegen abweichende Ansichten der westlichen wie der östlichen Forschung zu behaupten.

Kaiser überwiegend aus den Unterschichten stammten, wird als „Ironie" abgetan, im übrigen hätten die drähteziehenden Magnaten den sozialen Aufstieg als Vehikel benutzt, um die Lebensdauer ihres Ausbeuterstaates zu verlängern (493 f.). Systemfremde Gedanken benötigt Ste. Croix, um die Maßnahmen der Kaiser gegen die Grundherren zu erklären (ihre staatsschädigende Haltung habe der Zügelung bedurft, 263), und um die militärische Ohnmacht der ökonomisch progressiven Großgrundwirtschaft zu verstehen (nur Kleinbauern, die sich mit ihrem Gut und ihrem Staat identifizieren, seien wackere Streiter, 261 f.). Den Kollaps der Kultur betrachtet Ste. Croix als Schuld der Herrenschicht, bedauert ihn aber nicht weiter, denn deren Kunstgüter seien für eine werktätige Bevölkerung ohne Interesse. Die Technik dagegen hätte keine Einbußen erlitten. Nach diesem Rezept tröstete er sich über alle Kulturstürze der letzten fünftausend Jahre hinweg (465; 503).

Zum Schluß noch einige nichtmarxistische Stimmen des Westens: 1975 erschien die (1979 um Nachträge erweiterte) ›Römische Sozialgeschichte‹ von Géza Alföldy. Auch er verwarf die von den antiken Quellen gebotenen differenzierteren Gliederungsschemata für die spätantike Gesellschaft (171) zugunsten einer Zweiteilung in Ober- und Unterschichten, „im spätrömischen Reich waren die Qualen der Bevölkerung in mancherlei Hinsicht schlimmer denn je" (187). Die aus dieser Verelendung erwachsenen Revolten seien jedoch nicht im marxistischen Sinne als „Revolution" anzusprechen, da sie weder den politischen noch den sozialen Umschwung herbeigeführt hätten (188). Während die Sozialstruktur sich zwischen dem 4. und 6. Jahrhundert nicht grundlegend verändert habe, sei das Reich zerfallen, definitiv 476. Dies resultiere aus einer „Entfremdung zwischen Staat und Gesellschaft" (168; 188 ff.). Alföldy betonte die durch die äußere Lage verschlimmerten „Strukturschwächen" (165), die „Unterdrückung breitester Bevölkerungsgruppen" durch den despotischen Staat, den „größten Ausbeuter" (182), der damit „die soziale Entwicklung hemmte" (166 f.). Damit meint Alföldy – trotz der zugleich behaupteten Statik zwischen dem 4. und 6. Jahrhundert – offenbar das üblicherweise „Feudalisierung" genannte Phänomen: die Verselbständigung der Großgüter in der Patrociniumsbewegung. Er konstatierte S. 192 eine S. 187 bestrittene „eindeutige Interessengemeinschaft zwischen Großgrundbesitzern und den Unterschichten, die zugleich den Interessen des Staates gänzlich widersprach". Die staatstragende Schicht dünnte aus, und die „überholte politische Ordnungsform ging zugrunde" (175; 190; 196).

Dieses Modell wird vereinfacht repetiert in Alföldys Heidelberger Antrittsvorlesung über „Soziale Konflikte im römischen Kaiserreich" (*1976/81*). Anhand der afrikanischen Erhebung des „Siebenkaiserjahres" 238, einem „Knotenpunkt in der Geschichte der römischen Gesellschaft" (378), „erweist sich die Geschichte der römischen Kaiserzeit als eine Kette sozialer Konflikte, deren Bedeutung im Laufe der Jahrhunderte immer mehr zunahm". Eine derartige Schere zeichnet ebenso das folgende Zitat: „Die Geschichte des römischen Kaiserreiches ist eine Geschichte steigender sozialer Spannungen" (387 f.). In der spätrömischen Gesellschaft seien die Gegensätze zwischen Reich und Arm „extremer denn je" gewesen (385). Das Resultat: „Das Weströmische Reich ging nicht durch den Verrat von Sklaven und Kolonen, sondern durch die allgemeine Entfremdung zwischen Staat und Gesellschaft zugrunde" (393).

Wieso und wann die wachsenden Spannungen zwischen Oben und Unten in eine staatsfeindliche Klassenharmonie umschlagen, wieso die ehemals staatstragenden Schichten das Interesse an diesem System verlieren, wieso die Auflehnung der Unterdrückten mit dem Einsturz des Staates (wo gab es je so etwas?) enden kann, sofern dieser weder das Opfer germanischer Angreifer noch das Werkzeug römischer Ausbeuter ist, wieso sich schließlich in diesen „Widerstandsbewegungen" die ehemals so verhaßte Gesellschaftsordnung noch verfestigen konnte, das bleibt ein Rätsel. Alföldys beträchtliche Forschungs-Materialien werden in ein System eingeordnet, das zwar jede marxistische Terminologie meidet, trotzdem eine gewisse Liebe zur Geometrie in den Urteilen offenbart. Sie stehen nicht nur mit einem Teil der Befunde, sondern auch untereinander in Widerspruch. Soziale Ursachen und politische Folgen werden nicht einleuchtend verknüpft, weil die Germanen außer Betracht bleiben. Alföldys Rombild ist geprägt durch die frühe Kaiserzeit (*1975/79*, XI), in der die Vorgänge jenseits des Limes noch vergleichsweise unerheblich waren; aber bereits seit dem 3. Jahrhundert ist das Imperium ein offenes System, das aus der römischen Perspektive allein nicht mehr zu begreifen ist. Alföldy zeigt das Bild eines Ringkampfes, bei dem der Sieger wegretuschiert ist. Darum versteht man den Ausgang nicht.

Im Gegensatz zu Alföldys fachlich kompetentem Werk gehört das Buch des Darmstädter T. H.-Rektors Helmut BÖHME ›Morgenland und Abendland. Staatsbürokratie, Völkerwanderung und römisch-christliches Reich (300–750)‹ von 1977 in die Kategorie kompilatorischer Billigbücher, die nur nimbushalber auf die Quellen zurückgreifen. Wie der Titel erwarten läßt, bleibt der Zerfall des Imperiums im Schatten einer bis zu Karl d. Gr. angenommenen Kontinuität. Dennoch liefert der Autor für das Ende der Reichseinheit eine „modifizierte endogene Krisentheorie sozial-ökonomischer Faktoren" (12). Er legt eine Modernisierungslehre zugrunde, wie man sie aus der Nachfolge von Vierkandt und Ogburn kennt. Sie ist so weit gefaßt, daß auch die Christianisierung den Zug einer Modernisierung annimmt (42). Dominierendes Faktum ist die „wirtschaftliche Stagnation seit dem 2. Jahrhundert"; eine „Weltrezession" verkörpert den „Säkulartrend" (32 f.). Diese angebliche Tatsache erscheint als Subjekt höherer Ordnung vor der Folie versäumten Fortschritts und soll die bekannte Folge von Mißständen im Reich, erweitert um die Verweigerung „demokratischer Mitbestimmung" (38) erklären. Infolge einer eigendynamischen Dialektik verschärfen alle Stabilisierungsversuche die nächste Krise, die damit permanent wird (17; 38). Das Imperium zerbricht in dem Augenblick, als der Staatsapparat für die Ausbeutung durch die Aristokratie unnütz wird, die Barbaren liefern nur den Anstoß (38; 66; 141). Einführend kritisiert Böhme an den älteren Erklärungsversuchen, ihre Verfallsgründe aus der jeweiligen Gegenwart „antihistorisch" zurückgespiegelt zu haben (19; 23). Daß der Autor selbst nichts anderes tut, mögen seine Begriffe verdeutlichen: „unvermehrbares Sozialprodukt" (13), „fehlende Wachstumsimpulse" (32), „Grenzen des Wachstums" (34), „Rückständigkeit" (38; 64 f.), „Radikalenerlasse", „Verfassungsschutz" und „Notstandsverfassung" im 4. Jahrhundert n. Chr.! (82; 97). Böhme kommt so zu dem bekannten Resultat, unser Ereigniskomplex sei von „erregender Aktualität" (14; 42).

Die vorletzten Stellungnahmen sozialökonomischer Ausrichtung liefern Horst Callies und Helmuth Schneider. Callies findet in dem populären Aufsatz ›Warum ging Rom unter?‹ *(1980)* die zuständigen Gründe nicht in exakt benennbaren Sachverhalten, sondern in dem allgemeinen Gefühl, daß die gesellschaftlichen und wirtschaftlichen Verhältnisse in der Geschichte überhaupt das meiste zu sagen hätten. Schneider untersucht in seinem kenntnisreichen Artikel ›Die antike Sklavenwirtschaft: Das Imperium Romanum‹ *(1980)* die Arbeitsbedingungen der römischen Wirtschaft. Dies führt ihn so oft auf innere Gegensätze, daß er der „römischen Gesellschaft" den Vorwurf macht, sie habe sich „als unfähig erwiesen, diese Konflikte adäquat zu lösen. Die Folge dieses Versagens war ein langdauernder sozialer und wirtschaftlicher Zerfallsprozeß, der mit dem Zusammenbruch des Imperium Romanum und der Entstehung der feudalen Gesellschaftsordnung sein Ende fand" (154).

Die modernste Variante der sozialökonomischen Deutung ist deren grüne Spielform: Sie liegt vor in dem Buch von Werner Raith ›Das verlassene Imperium. Über den Ausstieg des römischen Volkes aus der Geschichte‹ (1982). Die Verachtung der Arbeit und die Ausbeutung der Bauern durch die römische Oberschicht während der Republik sei durch Eroberungen ausgeglichen worden. Sobald eine Provinz ausgeplündert war, mußte die Expansion weitergehen (35). Deren Stagnation führte notwendig in die Krise (46), die Folge waren die „Aussteiger". Das Kaisertum brachte eine gewisse Stabilisierung, doch verweigerte zunächst die Oberschicht (75), dann auch die Unterschicht die Mitarbeit (93; 112). Der vom Volk boykottierte Staat (97) reagierte mit zunehmenden Zwang (69; 170), die Kluft zwischen Herrschern und Beherrschten wurde unüberbrückbar (113 ff.). Die allgemeine Fluchtbewegung führte aufs Land oder zu den Barbaren. „Das Kaisertum war schlicht eine Fehlkonstruktion – und zwar von Anfang an" (125), bereits im 2. Jh. hatte es sich „überlebt" (114), wurde funktionslos und erlosch endlich. Raith hat für die „Staatsverdrossenheit" (100; 136) Verständnis: „das System produzierte nur noch Ausbeuter, und wer da nicht mitmachen wollte, der ging oder tauchte unter" (119). Das „sozialrevolutionäre" Christentum sammelte die Verweigerer (114 f.), auf dem Lande gesundete das „alternative" leben wieder, nachdem die Staatsmaschinerie abgestorben war (11; 28; 100; 161). Der Dekadenzprozeß war unvermeidlich (124 f.). Jede Reform brachte kurzfristig Erleichterung, langfristig desto sicherer das Ende. Raiths Gabe zur Aktualisierung hat ihm die ausführliche Besprechung im ›Spiegel‹ (4. X. 1982) beschert, sein Umgang mit Fakten und Quellen erweist ihn als unseriösen Dilettanten.

III. 2.c. Zusammenfassung der sozialökonomischen Erklärungen westlicher Autoren

Das Märchen vom Armen und vom Reichen zeigt den Armen als den Guten, den Reichen als den Bösen. Wo immer diese beiden Typen sonst auftreten, pflegt die Sympathie sich auf die gleiche ungleiche Weise zu verteilen: von Platon (leges 743 c) über Jesus (Ev. Matth. 19, 24) bis zu Marx sind reiche Leute böse Leute. Steht dahinter eine Erfahrung? Oder handelt es sich um eine Kompensation? Oder kommt es davon, daß die Meinungsbildung minder Bemittelten überlassen wird? Historiker, die in der Spannung zwischen Armut und Reichtum eine treibende Kraft erblicken, werten üblicherweise ebenso, jedenfalls schwimmen die sozialökonomischen Erklärungen zum Fall Roms in dieser Strömung.

Sie hat eine kataraktartige Beschleunigung erfahren durch die Industrialisierung seit dem frühen 19. Jahrhundert. Der beispiellose Aufschwung der Technik auf der einen Seite und das um sich greifende Elend der Arbeiterschaft auf der anderen haben dazu geführt, im Stande der Produktion und in der Lage der Produzenten *zu allen Zeiten* das entscheidende Kriterium für die Beurteilung eines Staates und seiner Gesellschaft zu suchen. Das Geld wurde zum Maß aller Dinge; seine Menge, sein Wert, seine Verteilung bestimmten die Stärke eines Systems. Politisch waren die Anhänger dieser Ansicht Demokraten;[8] ihre Ansicht, daß der Wandel in den politischen Machtverhältnissen eine Folge veränderter Geldverhältnisse sei, mithin sozialökonomische Gründe habe, bestätigt den Satz Spenglers (UA. II 603): „Demokratie ist die vollendete Gleichsetzung von Geld und politischer Macht."

In der Zeit zwischen Aufklärung und Oktoberrevolution lassen sich unter den Interpreten zwei nebeneinander herlaufende Stränge unterscheiden. Alle Autoren meinen, daß die für das Imperium tödlichen Mißstände in Gesellschaft und Wirtschaft auch in der Gegenwart bestünden, doch ziehen sie daraus unterschiedliche Lehren. Die liberale Richtung wendet sich an die Oberschicht, stellt ihr die möglichen Konsequenzen eines Klassenkonfliktes vor Augen und fordert sie auf, die herrschenden Übel abzustellen. Dahinter steht der Glaube an eine evolutionär erreichbare bessere Zukunft. Dieser Ansicht huldigten Männer wie Schlosser, Rodbertus, Max Weber und Ruhland. Die revolutionäre Richtung hingegen wendet sich idealiter an die Unterschicht, praktisch jedoch an jene Intellektuellen, die Volksführer sein wollen. Der Zusammenbruch des römischen Systems infolge der Ausbeutung und der Besitzanhäufung seitens der Senatoren wird zum Beweis dafür erhoben, daß Führungsklassen gewöhnlich in die eigene Tasche wirtschaften, zu Anpassungen an die Verhältnisse nicht imstande sind und nur auf dem Wege des gewaltsamen Umsturzes beseitigt werden können. Dieser Annahme

[8] Sozialökonomische Untergangstheorien werden vielfach von linksdemokratischen Autoren vertreten, während die politische Mitte innenpolitische und die Rechte außenpolitische Erklärungen zu bevorzugen scheint. Zu den Zwischenformen vgl. IV. 4!

von Marx sind Engels, der frühe Ciccotti, Karl Kautsky junior und der späte Arthur Rosenberg gefolgt. Auch Krapotkin verfocht sie, kämpfte freilich zugleich gegen Marx. Politisch gehören die Untergangsdeutungen mithilfe der Gegensätze in Gesellschaft und Wirtschaft in den Umkreis der ungeschiedenen Sozialdemokratie. Der Riß, der sie während des Ersten Weltkriegs gespalten hat, ist schon vorher zu erkennen.

Der Ausgang des Ersten Weltkrieges verschob im Westen die Stimmung zugunsten des gemäßigten, evolutionär denkenden Flügels in der Sozialdemokratie. Die Untergangstheorien wollen nicht mehr Revolutionäre beflügeln, sondern Sozialpolitiker belehren. Dies wurde in Deutschland dadurch begünstigt, daß die SPD damals aus der Opposition heraustrat und regieren mußte. Darüber hinaus erregten die Schrecken der Russischen Revolution Abscheu, gewiß nicht allein, weil die westlichen Historiker überwiegend aus bürgerlichem Hause stammten. In die Kritik am spätrömischen Dominat fließt immer wieder ausgesprochen oder unterschwellig Protest gegen den Bolschewismus ein. Der „Staatssozialismus", vor 1917 als Panazee gepriesen, wird seitdem als Virus gefürchtet. Der Dominat versagte nicht, weil er zu wenig, sondern weil er zu viel davon hatte. Es ist kaum ein Zufall, daß Sympathien zur sowjet-marxistischen Auffassung vom Fall Roms aus Ländern kommt, die Rußland geographisch fernliegen, aus Frankreich (Parain), England (Walbank, Anderson, Ste. Croix), Italien (Mazza) und Lateinamerika (Ribeiro). Sehen wir vom sowjetischen Machtbereich ab, so hat der deutsche Sprachraum nur einen einzigen marxistischen Althistoriker hervorgebracht, Arthur Rosenberg. Und selbst der ist 1927 aus der Kommunistischen Partei ausgetreten.

Die sozialökonomischen Niedergangstheorien im Westen argumentieren gewöhnlich im Interesse einer egalitären Wirtschaftsförderung. Öfter erscheint die Armut der Unterschichten, seltener der Luxus der Reichen als Grund der Staatsnot. Über die Misere der spätantiken Sozialwirtschaft ist man sich im Prinzip einig, über die Einzelheiten und namentlich über die versäumten Gegenmaßnahmen gehen die Meinungen auseinander. Autoren, die den Akzent auf die Förderung des Wohlstands setzen und deswegen einer kapitalistisch-liberalen Marktwirtschaft zuneigen, beklagen die Reglementierungen durch den „spätantiken Zwangsstaat". Gelehrte, denen es eher um die Egalität geht und die darum eine sozialistisch-zentralistische Planung befürworten, beschuldigen die senatorischen Magnaten. Diese Diskussion über die ökonomische Heilserwartung hält an bis in die jüngste Zeit.

Während der dreißiger und vierziger Jahre begegnen neue Ideen wohl im Zusammenhang mit der Weltwirtschaftskrise, nicht aber im Zweiten Weltkrieg. Er hat in den anderen Erklärungstypen tiefere Spuren hinterlassen. Ein neuer Wind erhob sich zu Beginn der Sechziger Jahre. Seitdem wird alles, was sich sozialökonomisch gibt, von jüngeren Forschern zumal, als progressiv empfunden. Gewerkschaftliche Sympathien und Respekt vor dem Gelde sind ein gemeinsamer Zug unserer Texte. Die Armut der Armen erscheint als Schuld des Reichtums der Reichen, als vermeidbar, beklagenswert und unverdient. Angesichts der Gleichheit aller Menschen vor Gott wird ihre Ungleichheit vor dem Mammon zum unbewegten Beweger der Geschichte. Die Entrüstung über die spätrömischen Zustände ist zuweilen größer als die Kenntnis derselben. Die Historie wird zum Pranger – zuweilen auch derer, die sie darstellen.

III. 2.d. Autoren des Ostblocks

Der Erste Weltkrieg hat an den äußeren Produktionsbedingungen der westlichen Geschichtswissenschaft wenig verändert. Karl Marx, Max Weber und Frank Walbank trennen zwar erhebliche innere Differenzen, doch verbindet sie die Situation, aus der heraus jene Sonderheiten möglich geworden sind: Es ist der vergleichsweise weiträumige Überbau der bürgerlichen Gesellschaft mit dem immer offenen Zugang zur Literatur und der niemals endgültig verschlossenen Möglichkeit, die gewonnene Einsicht zu veröffentlichen.

Demgegenüber befindet sich die Forschung im Machtbereich Stalins und seiner Nachfolger in einer anderen Situation. Die Meinungen von Marx, Engels und Lenin sind dort von staatswegen für unüberholbar erklärt worden und gelten nur eines vertieften Verständnisses fähig, dessen Grundlinien und Grenzen festzustellen zudem nicht einmal dem gutwilligen oder gutgläubigen Autor verstattet ist (Engelberg *1972*, 137; 146 f.). Aus mündlichen Geprächen mit mehreren Autoren weiß ich, daß das im Osten Gedruckte nicht ohne weiteres als Ansicht der verantwortlichen Verfasser aufgenommen werden darf. Wenn es im folgenden dennoch geschieht, so sei es mit dem pragmatischen Gebot der bibliographischen Zurechnung entschuldigt. Dabei bleibe stets bewußt, daß individueller Standpunkt und sozialistische Disziplin bzw. Disziplinierung der Muß-Marxisten nicht getrennt in Erscheinung treten können, seitdem eine vom 13. August 1961 bis heute (13. VIII. 1983) dauernd perfektionierte Stacheldrahtgrenze die Bürger des „sozialistischen Lagers" tatsächlich zu Lagerinsassen verurteilt hat. Mehreren der im folgenden behandelten Autoren ist es gelungen, in den Westen zu entkommen, und damit ist die Ernsthaftigkeit der gedruckten Bekenntnisse zum Marxismus-Leninismus grundsätzlich in Frage gestellt. Die Konsequenzen, die ein vergittertes Leben für das Denken der Eingeschlossenen hat, kann man allenfalls in jener Stadt nachempfinden, die zugleich außerhalb und innerhalb des Ostblocks liegt, hier in West-Berlin.

Gemäß dem Revolutionskonzept Marxens von 1859 (MEW 13, 8 f.) müßte sich das Ende der antiken Gesellschaftsformation in einem revolutionären Prozeß vollzogen haben, dessen Voraussetzung in der Rückständigkeit der Produktionsverhältnisse gegenüber den fortgeschrittenen Produktivkräften zu suchen wäre. Im Schoße der alten Gesellschaft hätte sich unter den Ausgebeuteten eine revolutionäre Klasse gebildet und den gesamten Überbau in die Luft gesprengt. Friedrich Engels kannte die Geschichte gut genug, um zu sehen, daß diese Theorie den spätantiken Vorgängen nicht entsprach, dennoch hat er der Autorität

Marxens das *sacrificium intellectus* gebracht, und dafür ist er zum meistzitierten Klassiker in Sachen Spätantike erhoben worden (III. 2.a!). Mit Engels beginnen die Versuche, den Fall Roms in die skizzierte Form zu bringen. Die meisten ostmarxistischen Deutungen lassen sich aus dieser Absicht begreifen.

Aus den ersten Jahren nach der Oktoberrevolution gibt es keine Stellungnahme zu unserem Problem. Man hatte anderes zu tun. Die neue Lehre faßte nur langsam Fuß, und so tragen die Äußerungen des Mediävisten Petruschevski in den zwanziger Jahren noch bürgerliche Züge. In Anlehnung an Rostovtzeff werden Despotismus und Bürokratie, mithin innenpolitische Mißstände für den Fall Roms verantwortlich gemacht. Die erklärt marxistische Haltung eines Sergeev zeigt Einflüsse der Zyklentheorie von Eduard Meyer, insofern als Spätantike und Spätkapitalismus nebeneinandergestellt werden (Heinen *1980,* 263 ff.). Ein Teil der sowjetischen Forschung befindet Sergeevs Marxismus als nicht „authentisch" (Raskolnikoff *1975,* 72).

Die gesamte weitere Literatur im Ostblock steht dann unter dem Eindruck zweier Äußerungen Stalins. Während der Kollektivierung der Landwirtschaft versuchte er am 19. II. 1933 den Unionskongreß der Stoßarbeiter über die katastrophalen Nebenwirkungen der angeordneten Maßnahmen zu beruhigen und deren weltgeschichtliche Notwendigkeit durch einen Rückblick auf die vergangenen Revolutionen zu erweisen (Raskolnikoff *1980,* 201 ff.). „Die Revolution der Sklaven beseitigte die Sklavenhalter und hob die Sklaverei als Form der Ausbeutung der Werktätigen auf. An die Stelle der Sklavenhalter setzte sie aber Feudalherren und die Leibeigenschaft als Form der Ausbeutung der Werktätigen" (Stalin *1947/51,* 498). Erst mit der Oktoberrevolution habe die Ausbeutung aufgehört. Auf dem 17. Parteitag am 26. I. 1934 ergänzte Stalin seine Äußerung um den außenpolitischen Aspekt. Angesichts der Kriegsdrohung aus Berlin erklärte er, so wie jetzt die angeblich höheren Rassen auf die Slawen heruntersähen, so hätten die alten Römer auf die Barbaren herabgeblickt. Damals sei die Folge gewesen, „daß sich die Nichtrömer, d. h. alle ‚Barbaren' gegen den gemeinsamen Feind zusammenschlossen und Rom über den Haufen rannten" (S. 524). Und ähnliches könne dem bürgerlichen Westen zustoßen, wenn er es wagte, die Sowjetunion anzugreifen. Wieder einmal finden wir den Untergang Roms als Menetekel.

Stalins Lehre von der Sklavenrevolution wurde von der sowjetischen Forschung umgehend aufgenommen und historisch unterbaut. S. I. Kovalev erklärte 1933 in seinem Artikel ›La lutte des classes et la chute de la société antique‹ (übersetzt 1975 von Raskolnikow) die *catastrophe finale* der antiken Gesellschaftsordnung aus einer zweiphasigen *révolution des esclaves* (302). Die erste vollzog sich in den Bürgerkriegen des 2. und 1. Jahrhunderts v. Chr., die zweite in denen des 3. bis 5. Jahrhunderts. Eingeleitet wurde der Niedergang durch den Ruin der freien Kleinproduzenten in der späten Republik (298). Die Diktatur der Kaiser habe den Zusammenbruch aufschieben können, doch hätte das weitere Anwachsen des Großgrundbesitzes den Klassenkampf verschärft, bis schließlich das Bündnis zwischen Sklaven, Bauern, Handwerkern und den Germanen die Staatsgewalt so weit erschütterten, daß die Germanen die Revolution zum Siege führen und den Übergang zur progressiven Feudalordnung vollenden konnten (302 f.).

Damit war das Normalschema der marxistisch-leninistischen Deutung gefunden, es wurde über Stalin von Marx hergeleitet, den Kovalev (*1947*, 95), den „größten Kenner der Alten Geschichte" nannte. Kovalevs Artikel ›Le tournant social du IIIe au Ve siècle dans l'Empire romain d'Occident‹ (*1954/57*) ersetzte dann die eigene frühere Annahme von einer generellen Dekadenz im Kaiserreich durch die These einer gespaltenen Entwicklung: trotz erheblicher Fortschritte der Produktivkräfte habe sich die Lage der Arbeiter verschlechtert und der Klassenkampf verschärft (164 ff.). In ihm seien Sklaven und Sklavenhalter gemeinsam untergegangen, so wie Marx und Engels dies im ›Kommunistischen Manifest‹ bereits festgestellt hätten. Freilich sei das kein „physischer", sondern ein „sozialer" Untergang, d. h. eine Umwandlung in andere, d. h. feudale Klassen gewesen (173 f.). Im Unterschied zur sozialistischen und zur bürgerlichen Revolution besitze die soziale Revolution am Ende des Altertums bloß destruktiven Charakter, es habe – anders als Schtajerman (s. u.) meine – keine progressive, führende Klasse gegeben, daher man nicht von einer *révolution féodale analogue à la révolution bourgeoise* (161), sondern von einer „archaischen" *révolution sociale antiesclavagiste* sprechen solle (178). Das Imperium sei dem Doppelschlag von Klassenkampf und Barbarenangriff erlegen (176). Ein Jahr später konstatierte Kovalev (*1955/59*, 150): „Es gibt zwei Erklärungen für die allgemeine Krise der römischen Sklavenhaltergesellschaft, die in der zweiten Hälfte des 2. Jahrhunderts eintrat und letzten Endes zum Zerfall der gesellschaftlich-ökonomischen Ordnung der Sklaverei in den Mittelmeerländern führte. Die erste Erklärung gibt als Hauptursache der Krise den *absoluten* Verfall der Produktivkräfte an, der das Ergebnis der Produktionsweise selbst war. Die zweite Erklärung steht auf dem Boden der marxistisch-leninistischen Auffassung der sozialen Revolution". Dies sei die seine.

Kovalevs These von einem Zerfall der antiken Gesellschaftsordnung infolge einer mehrstufigen Sklavenrevolution erfuhr 1936 eine Retusche durch A. V. MISCHULIN, der die erste Etappe nicht ins 2. Jahrhundert v. Chr. setzte, sondern mit der Spartacus-„Revolution" identifizierte (Raskolnikoff *1975*, 137). Auslösendes Moment dürfte der Brief von Marx an Engels gewesen sein, darinnen Spartacus, der „famoseste Kerl, den die ganze antike Geschichte aufzuweisen hat", tituliert wird (27. II. 1961).

Das Ende jener Kette von Sklavenrevolutionen entdeckte N. A. MASCHKIN 1935 und 1938 in den Aktionen der Donatisten (Heinen *1980*, 280), und diese Linie wurde nach dem Zweiten Weltkrieg fortgesetzt. In seiner ›Römischen Geschichte‹ (*1949/53*) bemühte sich Maschkin, die Thesen Stalins historisch zu untermauern. Maschkin konstatierte für das 3. Jahrhundert eine Krise, die er herleitete abstrakt aus den „Widersprüchen" der Sklavenhaltergesellschaft, konkret aus steigenden Transportkosten, die den Separatismus begünstigten, aus den Lasten für das Heer, für die Bürokratie und für das Leben der Reichen (585 f.). Daraus sei die „Revolution der Sklaven" erwachsen, „die zum Sturz des Römischen Reiches führte" (588). Die Aufstände hätten durch die „radikale Militärdiktatur" Diocletians und seiner Nachfolger (620) noch einmal bezwungen werden können (612). Maschkin fand wie Engels einen allgemeinen Niedergang trotz der Herausbildung der progressiven Kolonats (637). Nichtsdestoweniger erblickte er in den Sklaven die eigentliche Triebkraft der Revolution, die Kolonen hätten sie nur unterstützt. Ziel der Revolutionäre sei eine Rückkehr zur „patriarchalischen Gemeindeordnung" gewesen (632). Durch die Verbündung zwischen Bagauden, Circumcellionen und Germanen sei der von den Großgrundbesitzern mit ihren Leibgarden unterstützte Staat zusammengebrochen. Wörtlich dasselbe schrieb E. A. Kosminskij in seiner ›Geschichte des Mittelalters‹ (*1948*, 7), er läßt mit der Machtübernahme der Barbaren den vorangegangenen Verfall enden (13).

Stärker auf Engels als auf Stalin stützte sich der Ostberliner Wirtschaftshistoriker Jürgen Kuczynski in seiner Ansicht über das Ende Roms. In seiner ›Allgemeinen Wirtschaftsgeschichte‹ *(1949)* wird mit einem Stagnieren der Landwirtschaft seit der späten Republik gerechnet (95). In zunehmendem Maße habe die Ausbeutung durch Grundherren und Staatsorgane die Gesellschaft belastet, sie brach „unter der Last des herrschenden Systems allmählich zusammen". Das Ende sei keinesfalls allein oder unter anderem durch Aufstände von unten herbeigeführt worden. Eine Entwicklung der Produktivkräfte wird bestritten, die Lage wandelt sich infolge der Aktivitäten von oben und von außen: „Das Römische Reich wurde durch den nationalen Kampf der Germanen zerstört" (104). Diese „Revolution von außen" (111) führte zu einem „technischen Rückschritt", zu einem „Rückgang zu primitiveren Wirtschaftsformen", zum „Verfall der Zivilisation in die Vergangenheit der Barbarei" (107 ff.). Nach fünfhundertjähriger Verschränkung von „Agonie" und „Rekonvaleszenz" (100 f.) zeigten sich dann wieder Fortschritte. Bei den Germanen entwickelte sich der Feudalismus (110), der Nationalismus (112) und die Freiheit, die ein Eigeninteresse an der Produktion ermöglichte (114). Kuczynski zog die übliche Parallele zur Gegenwart, indem er meinte, wie im 4. Jahrhundert stünde die Menschheit abermals vor der Entscheidung, ob sie zu einer fortschrittlicheren (lies: sozialistischen) Wirtschaft übergehen oder in die Barbarei zurücksinken und den Tod der Menschheit herbeiführen wolle (98).[9]

Als Propagatoren der stalinistischen „Revolution der Sklaven" bewährten sich N. J. Golubzowa in ihrem Aufsatz ›Italien im Anfang des 5. Jahrhunderts und der Einfall Alarichs in Rom (*1949*, 41), A. D. Dmitriev durch seinen Beitrag ›Der

[9] Kuczynskis Sachkenntnisse reichen kaum über Engels und Rostovtzeff *(1910)* hinaus. Heichelheim *(1938)* wird genannt, aber nicht verarbeitet. Dopsch, dessen Kontinuitätsthese implizit bereits 1949 (122) abgelehnt wird, erhält seinen Kommentar später. „Nein, die Völkerwanderung war offenbar nichts anderes als ein gewaltiges, ach so friedliches Touristenunternehmen" (V *1977*, 203).

Aufstand der Westgoten an der Donau und die Revolution der Sklaven‹ (*1950*, 33–35), sowie M. ALPATOW mit seinem Artikel ›Eine neue Etappe in der Durcharbeitung des Problems: Der Übergang vom Altertum zum Mittelalter‹ (*1949/50*). Alpatow erklärte, Stalin habe mit seinen beiden Bemerkungen eine „erschöpfende Antwort“ auf die Frage nach dem Übergang vom Sklavenhalterprinzip zum Feudalismus gegeben (11). Stalin habe endgültig aufgeräumt mit der „Legende von der Unfähigkeit der Sklaven zur Revolution und zum Sturz der Sklavenhalter“ (14). Alpatow sah, daß Stalin sich von der Ansicht eines Engels ebenso unterschied wie von der eines Lenin, der (*1919/75*, 24) geschrieben hatte, die Sklaven blieben „selbst in den revolutionärsten Augenblicken der Geschichte ... stets Schachfiguren in den Händen der herrschenden Klassen“, und meinte daher, Stalin habe diese Erkenntnisse „weiterentwickelt“ (20 f.). Alpatow zitiert aus Engels das Wort von der „Sackgasse“ und der „vollständigen Revolution“ und ergänzt diese durch die Funktion der „Volksmassen“ (13 f.). Die Sklaven bildeten die eigentliche revolutionäre Klasse, den „vordersten Mauerbrecher“ (19 f.), und ihnen schlossen sich die Bagauden, Kolonen, Donatisten, ja sogar die christlichen Märtyrer der thebäischen Legion an (17). Ziel der Bewegung sei gewesen die „Vernichtung der gesellschaftlichen und politischen Verfassung der Sklavenhalter“, und dies sei erreicht worden durch die Mithilfe der Barbaren. Sie werden indessen nur als „Begleiterscheinung“ gewürdigt (18). Alpatow konstruiert eine Volksfront aus den eigentlichen Sklaven, den Kolonen (als „Sklaven von gestern“) und den Barbaren (als den „Sklaven von morgen“, S. 20). Den endgültigen Umsturz habe 476 Odoakar herbeigeführt (22 f.). Alpatow forderte die Historiker auf, diesen Weg weiter zu verfolgen (24).

Dies aber machte Schwierigkeiten. Denn die Lehre von der Sackgasse schien selbst in eine solche geraten. Um wieder herauszufinden, wurde nach Stalins Tod 1953 in der russischen althistorischen Zeitschrift ›Vestnik Drevnej Istorii‹ eine lebhafte Diskussion geführt (Roskolnikoff *1975*, 191 ff.). Das quellenkritische Niveau der Auseinandersetzung ließ zu wünschen übrig, wie die bei Seyfarth (*1963*, 34–77) richtiggestellten Gesetzesinterpretationen bezeugen, aber das wesentliche vollzog sich auf höherer, ideologischer Ebene. Der bekannteste Name in dieser Debatte gehört einer der wenigen Damen in unserer Liste von Deutern, Elena SCHTAJERMAN (auch Steuermann oder Štaerman geschrieben). Ihr Artikel ›La chute du régime esclavagiste‹ (*1953/57*) verfocht die These, daß die Sklaverei während der Krise des 3. Jahrhunderts im Kampf zwischen Sklavenhaltern und Sklaven auf der reaktionären Seite und den präfeudalen Grundherren und den freien Volksmassen auf der progressiven Seite untergegangen sei. Constantin eröffne die der Sklavereiformation folgende Übergangszeit, in der die Relikte der alten Ordnung, z. B. die Staatsorganisation, beseitigt, und die Elemente der neuen Produktionsverhältnisse vorbereitet worden seien.

1957 erschien die russische, 1964 die deutsche Ausgabe ihres Werkes ›Die Krise der Sklavenhalterordnung im Westen des römischen Reiches‹. Es ist das bislang wichtigste Buch zur Spätantike aus dem gesamten Ostblock. Schtajerman begründet darin ihre Thesen von 1953 im einzelnen. Die Relevanz der Thematik fand sie in der aus Marxens Revolutionstheorie von 1859 hergeleiteten grundsätzlichen Analogie zu den neuzeitlichen Revolutionen. Unter dieser Prämisse sei das Ende der Sklavenhaltergesellschaft für die „Gesetzmäßigkeiten des Übergangs von einer sozial-ökonomischen Form zur anderen" allgemein von Bedeutung (p. VII). Einleitend formuliert sie den Zusammenhang zwischen marxistischer Ausgangsposition und historischem Forschungsergebnis: „Für die marxistischen Historiker besteht kein Zweifel daran, daß ... der Untergang des römischen Reiches ... sich aus der Krise der Sklavenhalterordnung ergab" (7). Diese Krise wird in eine langfristige Entwicklung eingeordnet. Für die beiden Jahrhunderte um Christi Geburt betrachtete Schtajerman die Sklaverei als progressive Wirtschaftsform, die sich eben deswegen ausgebreitet habe (31 ff.). Seit dem Ende des 2. Jahrhunderts habe sich jedoch der Klassenkampf verschärft, das beweise einerseits die humanere Behandlung der Sklaven, die den Herren zunehmend Furcht einflößten (50 ff.), und andererseits die Verschönerung der Städte, womit die Herren sich die städtischen Unterschichten gefügig halten wollten (28; 77). Der Rückgang der Erhebungen beruhe auf der erhöhten Wachsamkeit der Ausbeuter, die wegen der zunehmenden Gefahr von unten erforderlich geworden sei (49). Humanität und Wohlstand werden als „soziale Demagogie" entlarvt (59; 72). Das erwachende Klassenbewußtsein der Sklaven habe die Wirtschaft allmählich unterminiert (69; 127) und zugleich den technischen Fortschritt gehemmt (33), komplizierte Geräte seien anfällig für Sabotage. Auch die Fachausbildung von Sklaven sei bedenklich geworden, weil dies deren Selbstbewußtsein gehoben hätte (52). Die Konkurrenz und das Geldwesen hätten dieselbe destruktive Wirkung ausgeübt wie im Kapitalismus (78): Zum einen sei der Markt zerstört worden (79; 85), und zum anderen hätte, um die Arbeitslosen der bankrotten Kleinbetriebe zu beschwichtigen, aus den funktionierenden Großbetrieben immer mehr herausgepreßt werden müssen, so daß auch deren Arbeiter zunehmend rebellisch geworden seien (48 f.). Dagegen habe der Staatsapparat verstärkt werden müssen, der langsam die Zwangsmittel der Familie und der Städte (30 f.) an sich gezogen habe (87).

Symmetrisch zum Niedergang der Sklavenwirtschaft sah Schtajerman den Aufstieg des Kolonates, die sich entfaltende neue Form des Produzierens (11; 107). Sie erscheint progressiv (90 f.), allerdings weniger wegen der humaneren Lebensform der Arbeiter als wegen der Lösung vom Markt. Die neuen Großgüter hätten vornehmlich auf Naturalbasis für den Eigenbedarf gearbeitet, seien daher krisenfester gewesen. Daß dies mit einem sichtbaren Rückgang der Produktion in Quantität wie in Qualität zusammenging, war für Schtajerman im Gegensatz zu Engels kein Einwand gegen den progressiven Charakter. „Da der Kolone an den Ergebnissen seiner Arbeit mehr interessiert war als der Sklave, konnten sich die Produktivkräfte entwickeln" (91; 96).

Die neue, auf Kolonenarbeit beruhende Großgüterwirtschaft, die bereits die wesentlichen Elemente des Feudalismus vorwegnimmt (15), habe die alte, auf

Sklaverei sich stützende Wirtschaft der Munizipalbourgeoisie jedoch nicht kampflos verdrängt. Schtajermans These, trotz aller Polemik gegen Rostovtzeff (1 f.) offenbar von diesem inspiriert, besagt, daß die Bürgerkriege der Soldatenkaiser den Kampf dieser beiden Wirtschaftsordnungen darstellen.[10] Nach einem letzten Aufbäumen der Sklavenhalter unter Gallienus (385 ff.; 405) sei mit den illyrischen Kaisern der progressive Grundbesitzerstand an die Macht gekommen. Der Ausgang der Krise des 3. Jahrhunderts werde „durch den endgültigen Untergang der munizipalen Grundbesitzer und Sklavenhalter gekennzeichnet"; die „Klassenschicht der abhängigen Bauern, die eine Hauptklassenschicht der Feudalzeit werden sollte", hatte sich gebildet. Seitdem Constantin mit einem gewandelten Christentum der neuen Gesellschaft die entsprechende Ideologie geliefert hatte, war die soziale Umwälzung vollendet (133; 379; 439; 453 ff.).

Der Klassenkampf spielt somit eine Rolle in der allmählichen Umwandlung von der Sklaven- zur Kolonenwirtschaft, während des Kaiserfriedens, tritt aber in der militanten Krisenphase des 3. Jahrhunderts zurück hinter den Konflikt zwischen der alten und der neuen Eigentumsform. Hier erscheinen die Unterschichten weder in ihrer alten noch in ihrer neuen Form als kämpfende Klassen. Stattdessen finden wir auf der progressiven Seite einen Teil der ehemaligen Sklavenhalter, die sich in ländliche Grundherren modernisiert haben, mit einem Teil der bisherigen Sklaven und armen Freien, die zu Kolonen geworden sind, und auf der reaktionären Seite die verbliebenen Sklavenhalter mit ihren Sklaven. So stehen nicht Herren gegen Knechte, sondern Herren und Knechte neuen Stils gegen Herren und Knechte alten Stils.

Indem Schtajerman den Übergang von der obsoleten Sklavenwirtschaft zum progressiven Kolonat mit dem Umbruch vom Principat zum Dominat verbindet, wird eine Zerschlagung des spätantiken Staates im Interesse des Fortschritts eigentlich überflüssig. Wenn die Revolution schon im 3. Jahrhundert stattgefunden hat, warum mußte sie dann im 5. Jahrhundert nochmals wiederholt werden? Auf diese Frage präsentiert die Autorin drei Antworten. Zum ersten wird die These Stalins aufgefrischt. Die Wesensmerkmale der Sklavenhalterei werden über die Zeit ihrer ökonomischen Relevanz hinaus in den Dominat verlängert. Schtajerman behauptet in Anlehnung an Lenin, „daß im Römischen Reich unabhängig von der Sklavenzahl die auf Sklaverei gegründeten Beziehungen führend waren; sie drückten allen Seiten des Lebens ihren Stempel auf ... bis zum völligen Sieg des Feudalismus" (9). Durch diese Trennung von verschwundenem Petschaft und ein für allemal abgestempeltem Imperium kann sie auch den Klassenkampf wieder in der alten Form heranziehen: „Beiden Gruppen der herrschenden Klasse standen die breiten Massen der ausgebeuteten Arbeiter verschiedenster

[10] S. 13; 280 f; 300 ff. Die damit behauptete Unterscheidbarkeit von konservativen munizipalen *villae* mit Sklavenarbeit und progressiven exterritorialen *latifundia* mit Colonenarbeit ist mit Recht von ostmarxistischer Seite, durch R. Günther (DLZ 88, *1967*, 622–624) zurückgewiesen worden. Weder die Terminologie der Quellen noch die Befunde erlauben eine solche Klassifizierung.

Art gegenüber. Sie erhoben sich zu einem Kampf, der schließlich sowohl die auf Sklaverei gegründete Produktionsweise als auch den Sklavenhalterstaat im Westen vernichtet hat" (106 vgl. 15). Der Unterschied zur These Stalins liegt nur in einer Akzentverschiebung innerhalb der Aufbegehrenden: nicht die Sklaven, sondern die Kolonen leisten das meiste (pr. VII; 140). Nachdem die präfeudalen Elemente im Jahre 312 den Erfolg des Dominats erklärt haben, führen die sklavistischen Relikte im Jahre 476 seinen Ruin herbei. Es geht im Kreuzschritt voran.

Zum andern wird ein Antagonismus zwischen den neuen Grundherren und dem alten Staat aufgedeckt. In der Zeit nach Diocletian „verschärfte sich der Kampf zwischen dem Grundbesitzeradel der Provinzen und der Zentralregierung von neuem und wurde so zu einem Faktor, der neben anderen zur Schwächung und später zum Untergang des Westreiches führte" (462). Der zur verstärkten Ausbeutung eingerichtete Zwangsstaat ist jetzt plötzlich überflüssig, aus der eisernen Faust der Expropriateure ist ein leerer Handschuh geworden. Zum dritten hat Schtajerman auch die Germanen nicht vergessen. Deren militärische Überlegenheit wird auf ihre fortschrittlichere, nämlich feudalere Gesellschaftsordnung gegründet (47). Wo Schtajerman den Umbruch vom Principat zum Dominat erklärt, verlegt sie gemäß Marx den Übergang zur progressiven Formation in den „Schoß der alten Gesellschaft" (90 f.; 103); wenn die Ablösung der Römer durch die Germanen zur Diskussion steht, war die Fortentwicklung zur höheren Stufe innerhalb des Imperiums laut Engels unmöglich (p. VIII; 15). Dialektik ist die Kunst, Widersprüche fruchtbar zu machen.

1962 erschien der II. Band der deutschen Ausgabe der von S. L. Uttschenko für die sowjetische Akademie herausgegebenen ›Weltgeschichte‹. Der Beitrag über die Spätantike stammt, wie man hört, wiederum von E. M. Schtajerman. Ihre Thesen von 1957 sind darin in einigen Punkten revidiert. Die Annahme eines Gegensatzes zwischen städtefreundlichen Soldatenkaisern als Vertretern der alten Sklavenordnung und barbarenfreundlichen Senatskaisern als Repräsentanten des neuen Großgrundbesitzes erscheint wieder (765 ff.), aber beide Richtungen rükken unter dem Druck von unten enger zusammen als 1957. Constantin sei von der westlichen Aristokratie vorgeschoben worden (782), er habe nun doch kein neues Prinzip vertreten, sondern die Sklavengesellschaft nur schwach modifiziert (834). Für die Barbarisierung der Armee gibt Schtajerman die schon von W. Davis (*1910/33*, 315) aufgestellte Begründung, die Kaiser hätten ihren revolutionären Untertanen keine Waffen anvertrauen können (837). Alle Formen innerer Unruhe werden als Symptome einer einzigen *levée en masse* begriffen (765; 839; 849), die Erfolg hatte, als die (inzwischen gleichfalls revolutionären?) Germanen auf Seiten der Aufständischen eingriffen (860) und selbst die Großgrundbesitzer das Interesse am Staat verloren (839). Schtajerman borgte von Engels die beliebte Metapher der „Sackgasse" der Sklaverei und die Annahme einer „vollständigen Revolution" (836 f), die nun vom Atlantik zum Gelben Meer die Sklaverei beseitigt hätte (836; 860). An deren Stelle trat der Feudalismus, der sich in den von der Sklaverei weniger erfaßten Westprovinzen schon vorbereitet hätte (839), aber wegen des angeblich fehlenden Eigentums der Kolonen an den Produktionswerkzeugen nicht evolutionär habe vollenden können. Dem Revolutionsprinzip zuliebe erklärte Schtajerman, das Imperium sei „selbst in den letzten Jahrhunderten seiner Existenz in seiner Grundlage ein Sklavenhalterstaat" geblieben (859), dessen „charakteristischer Produzent" freilich der Kolone gewesen sei (857). Diese Logik kennen wir bereits.

In der 1968 erschienenen Besprechung von Vogts ›Niedergang‹ gelangte Schtajerman vorübergehend zu der Einsicht: „Höchstwahrscheinlich darf man den Untergang des Imperiums nicht als Revolution ... betrachten" (Heinen *1980*, 311), doch ist sie im folgenden Jahr davon wieder abgerückt. Ihr Beitrag ›Progressive und reaktionäre Klassen im spätrömischen Kaiserreich‹ zählt zur ersten Gruppe weltliche und geistliche Provinzmagnaten, Kolonen und Barbaren, zur letzten den senatorischen Adel, soweit er in Rom verblieb. Die Voraussetzungen der „höchst eigenartigen" Revolution werden in den nichtantiken Eigentumsformen der Antike gefunden. Wenn die Grundherren den Systemwechsel ohne größeren Schaden überstanden haben, so deswegen, weil sie auch zuvor schon hinreichend progressiv waren (31).

In ihrem mit M. K. Trofimova verfaßten Buch ›Die sklavenhalterischen Beziehungen in der frühen römischen Kaiserzeit (Italien)‹ von 1971 (russ.) widersprach Frau Schtajerman der These Max Webers, das Ende der Eroberungskriege habe den Sklavenmangel erzeugt, und behauptete, die Spannung zwischen Herren und Sklaven habe die für die ökonomische Fortentwicklung erforderliche Zusammenarbeit ausgeschlossen. Im Unterschied zu 1957 betrachtete sie nun den Kolonat nicht mehr als fortschrittlich, da die Arbeitsteilung und die Qualifikation mit ihm zurückgegangen seien. Naturalwirtschaft und Feudalismus bedeuteten in gewisser Weise eine Rückkehr zu früheren Wirtschaftsformen, so daß eine revolutionäre Umgestaltung, wenn auch nicht durch die Sklaven, erforderlich geworden sei. Damit ist der von Marx und Engels gesetzte Rahmen abermals mit einer modernen Füllung versehen worden.

In ihrer bislang jüngsten Stellungnahme (von 1977, bei Heinen *1980*, 199 ff.) hat Schtajerman ihre These vom Kampf der Eigentumsformen im 3. Jahrhundert nochmals wiederholt. Trotz des bereits erfolgten Sieges der Landmagnaten war die Revolution noch erforderlich, weil das nachdiocletianische System wenn auch nicht faktisch, so doch eigentlich ein Sklavenhalterstaat geblieben sei. Soweit war die Autorin bereits zwanzig Jahre zuvor gekommen.

Die mit Quellenbelegen reich ausgestatteten, dialektisch subtilen Ausführungen Schtajermans konnten eine volksnähere, holzschnittähnlichere Behandlung unseres Themas im Ostblock nicht verdrängen. Das zeigt die Kritik Kovalevs (s. o.) an Schtajerman, sowie die Kritik von P. N. Tarkow (*1956/59*, 170) an Kovalev, worin die marxistische Dignität doch wieder der von letzterem abgelehnten Position zugesprochen ward.

Stalins Sklavenrevolution wurde stillschweigend verabschiedet. Was sich im übrigen geändert hat, zeigt sich darin, daß A. I. Sidorov 1955 auf dem internationalen Historikerkongreß in Rom in seinem Referat über die sowjetische Geschichtswissenschaft den Zusammenbruch des Imperiums als Ergebnis einer „Befreiungsbewegung der Massen" hinstellte, resultierend aus den „gegen die Sklaverei gerichteten Volksbewegungen und dem Ansturm germanischer und slawischer Stämme" (Relazioni VI 400). Dieselbe These, nur mit mehr Verbal-Tamtam, verfocht E. M. SHUKOV auf dem Stockholmer Historikertag 1960 in seinem Vortrag ›Über die Periodisierung der Weltgeschichte‹. Der Autor propagierte die universale Gültigkeit der Periodenfolge Urgesellschaft-Sklavenhaltersystem-Feudalformation-Kapitalismus-Sozialismus, jeweils durch progressive Revolutionen getrennt. Der Übergang zum Feudalismus wird als Ketten-Revolution dargestellt, ausgehend von China: „die breiten Volksmassen stürzten die Sklavenhaltergesellschaft durch einen spontanen Ausbruch des Hasses und der Wut der Unterdrückten gegen die Unterdrücker" (*1960/74*, 111). Dies löste die revolutionäre Verbrüderung von Sklaven, Kolonen und Barbaren zum Sturz des römischen Systems aus, mit dessen Ende im 5. Jahrhundert die Alte Geschichte ins Mittelalter münde (117). Die Sklavenhalterordnung hatte sich „überlebt".

Eine vergleichsweise geringe Rolle spielt der Rückgriff auf Lenin in der russischen Untergangsliteratur. Immerhin läßt sich dafür ein Aufsatz von V. J. KUZISCHTSCHIN über das Periodisierungsproblem nennen (VDI *1974*, 3). Hier werden die Gesellschaftsformen ihrerseits dem Zyklus von Entstehung, Blüte und Zerfall unterworfen. Trotz fehlender Entsprechung zu den neueren Revolutionen enthalte die Spätantike eine Revolution. Neu ist, innerhalb der sowjetmarxistischen Literatur, die Übertragung des Bonapartismus auf den Dominat (II. 5. a!), indem nach Lenin im Gleichgewicht des sozialen Antagonismus der bonapartistische Staat Schiedsgewalt erhält (Heinen *1980*, 305).

Im Unterschied zur lebhaften Diskussion in der russischen Literatur lassen sich während der Fünfziger Jahre aus der DDR nur wenige Stimmen zum Fall Roms vernehmen. Der Grund dafür liegt darin, daß zahlreiche Altertumswissenschaftler in den Westen abgewandert sind und die Umerziehung zunächst nur bei jüngeren Autoren anschlug. 1953 eröffnete Roland ZEISE die DDR-Literatur über die ›Ursachen des Unterganges des weströmischen Sklavenhalterstaates‹. Rom sei am Widerspruch zwischen Einnahmen und Ausgaben verendet. Die von Stalin richtig erfaßte „Revolution der Sklaven", Kolonen und Barbaren habe mit dem barbarischen Feudal-Adel neue Ausbeuter emporgehoben, einen Fortschritt brachte erst die Oktoberrevolution.

Welches Maß an Vorbereitung auf eine marxistisch-leninistische Produktion erforderlich war, lehrt das 1951 erschienene Buch ›Römische Kinderkaiser‹ des Rostocker Latinisten Werner HARTKE, seit 1958 Präsident der (damals noch „Deutschen") Akademie der Wissenschaften in Berlin. Hartke nennt oder zitiert Marx und Engels nirgends, obschon die Hochschulreform desselben Jahres den

Marxismus zur Staatsreligion erklärte (Christ *1982*, 311). Über die „sozialistische Umgestaltung" der Leipziger Althistorie durch die SED berichtet Gerhard Schrot (*1958/59*) aus der Innenperspektive. „Der Klassenkampf an den Universitätseinrichtungen verschärfte" sich, aber das „vorbehaltslose Bekenntnis zur Arbeiter- und Bauernmacht der DDR" und die „Anerkennung der führenden Rolle der SED" wurden endlich durchgesetzt (332 f.). Lehre, Forschung und Erziehung wurden auf den Marxismus-Leninismus umgestellt, und daraus ergab sich die Notwendigkeit, „den Forschungs- und Lehrgegenstand den Zielen der sozialistischen Ausbildung und Erziehung unterzuordnen" (336). Das ist gelungen.

Die beiden folgenden „Diskussionsbeiträge" zeigen den Stilwandel in vollem Gange. Sie bilden krasse Antithesen zu der Form, in der unser Thema zuvor behandelt wurde. 1957 firmierte Hartke als Gutachter für die Drucklegung des Werks von Elisabeth Charlotte Welskopf ›Die Produktionsverhältnisse im Alten Orient und in der griechisch-römischen Antike‹. Die Autorin behandelt nicht das angegebene Thema, ihre wenigen antiken Quellenzitate beschränken sich auf Aristoteles, Xenophon und die Vorsokratiker (472). Der gesamte übrige Text referiert, vielfältig durch Rückgriffe auf sowjetische Autoren abgesichert, die Meinungen der Klassiker: Marx, Engels, Lenin und insbesondere Stalin (29) haben nach Ansicht der Verfasserin alles wesentliche bereits erkannt (415). Die Aktualität der Klassiker-Exegese für die Erkenntnis des wahren Gesichtes von Antike und Kapitalismus zugleich wird daran vorgeführt, daß Frau Welskopf Lenins ›Kapitalismus in Rußland‹ durch Antikisierung modernisiert: sie setzt „jeweils statt des von ihm genannten *Kapitalismus* die *Gesellschaft der Sklaverei* ein, um die für alle antagonistischen Formationen geltende Wahrheit aus seinen Worten herauszuholen" (397). Für die Althistorie der DDR und deren Urteil über den Fall Roms ist damit der ideologische Grund gelegt.

Im gleichen Jahr 1957 publizierte Horst Dieter, der an der Pädagogischen Hochschule Potsdam wirkte, seinen Aufsatz ›Zur Frage des Untergangs des weströmischen Imperiums‹. Er meinte, die „soziale Demagogie" der Wohlfahrtspolitik im Principat (35) sei im Klassenkampf zwischen Herren und Sklaven (36) entlarvt worden, und das Regime der munizipalen Sklavenhalter hätte im doppelten Druck durch Sklaven und Kolonen von unten und durch senatorische Magnaten und Staatsorgane von oben versagt. Der Dominat als eine offene Diktatur der Klasse der Sklavenhalter habe die alten Ausbeutungsformen noch einmal zu stabilisieren versucht (37), natürlich vergebens, denn die Entfaltung der Produktivkräfte – gemeint ist die freie Arbeit – habe sich auf die Dauer nicht verhindern lassen. Zwar fehlte eine „wirklich revolutionäre Klasse", dennoch handelte es sich um eine „soziale Revolution", die den „gemeinsamen Untergang der kämpfenden Klassen" bewirkte. Dieser sei jedoch nicht „physisch" zu verstehen. „Das weströmische Reich brach also infolge eines doppelten Schlages zusammen: durch die Revolution der Sklaven und Kolonen im Innern und durch die Eroberung von außen". Odoakar eröffnete die neue Bahn (38).

Ergänzend hierzu erklärte Gerhard Schrot in seinem Artikel ›Unterkonsumtion und Überproduktion im Altertum‹ (*1958/59*), „daß die Dominatsepoche der römischen Geschichte keine Revolution der Sklaven und Kolonen war, keine Revolution, die sich über mehrere Jahrhunderte erstreckt hätte", sondern vielmehr der „Sieg einer revolutionären Bewegung", die im „zielbewußten Klassenkampf" die „qualitativ neuen Besitz- und Produktionsverhältnisse" schuf. Das hat Lehrwert, denn jene Krise „ähnelt in gewisser Hinsicht, besonders in ihrem ... Fäulnischarakter ... der allgemeinen Krise des Kapitalismus" (714; 724 s. u. Anm. 13).

Zeise, Dieter und Schrot sind aus zwei Gründen bedeutsam: zum ersten formulieren sie bereits alle wesentlichen seither in der DDR vertretenen Thesen, zum andern (re)zitieren sie außer Marx und Engels ausschließlich sowjetrussische Autoren, inclusive der betreffenden Lehrbücher der KPdSU. Zur Kritik fehlt nicht nur die Freiheit, sondern auch das Wissen: die europäische Forschung wird nirgends zur Kenntnis genommen, so als hätte es Seeck, Hartmann, Rostovtzeff und Piganiol nie gegeben. Die Grenze zur bürgerlichen Wissenschaft ist dicht.

Im Schatten der Frau Schtajerman bewegt sich auch Wolfgang Seyfarth, der sie 1964 übersetzt hat. Seyfarth, der noch bei Eduard Norden gehört hat, nahm neben der Aufarbeitung russischer Beiträge *(1960; 1963; 1964)* auch im eigenen Namen Stellung. Seine Bemerkungen ›Um die Problematik der Spätantike‹ *(1966)* gelten der Frage, wer in der Spätantike reaktionär, wer fortschrittlich und wer revolutionär gewesen sei. Dabei entdeckte der Autor Widersprüche zwischen Sein und Bewußtsein, die er dem Charakter der „Epoche sozialer Revolution" zuschrieb (178 f.). Diese Überlegungen werden in den beiden Aufsätzen von 1967 fortgeführt und finden ihren Abschluß in Seyfarths ›Römischer Geschichte‹ von 1974. Seyfarth schloß sich im wesentlichen Schtajerman an. Die spätantiken Unruhen erscheinen als Symptome einer einzigen Bewegung, doch rezipierte Seyfarth auch die in der westlichen Forschung notierten Schwächesymptome (488 f.). „Das Ende des weströmischen Reiches vollzog sich ohne Aufsehen und glich einem Verlöschen wie nach einer langen Krankheit", im Jahre 476 (S. 506).

Die längste Publikationenfolge zur marxistisch-leninistischen Deutung der Spätantike in der DDR hat der Leipziger Althistoriker Rigobert Günther vorgelegt. Gemeinsam mit G. Schrot äußerte er 1963 ›Bemerkungen zur Gesetzmäßigkeit in der auf Sklaverei beruhenden Gesellschaftsordnung‹. Der politische, soziale und ideologische Klassenkampf der Kaiserzeit sei durch ein Klassenbewußtsein getragen worden, dem nur Theorie und Organisation gefehlt hätten. Als die „Spätantike der patriarchalischen Sklavenhaltergesellschaft" in die bekannte Sackgasse geraten sei, da hätten Kolonen, Sklaven und Kleinproduzenten gemeinsam die Kraft gewonnen, die alte Ausbeuterordnung zu beseitigen. In Byzanz leisteten dies die Slawen (236 ff.), die Germanen sind noch nicht entdeckt. Der Kolonat könne nicht als Keim des Feudalismus gelten; zunächst mußte der Sklavenhalterstaat vernichtet werden, was 476 gelang. Günther beauftragte die Historie, den „konkreten Weg" in den Sozialismus zu weisen (238).

Mit seinem Aufsatz ›Revolution und Evolution im weströmischen Reich zur Zeit der Spätantike‹ von 1965 wandte sich Günther gegen die inzwischen unmodern gewordene stalinistische Interpretation. Mit sowjetischer Rückendeckung von Kovalev und Sjuzjumov stellte er fest, daß es keine revolutionäre Klasse gegeben habe (19 ff.). Weder die Sklaven noch die Kolonen (24 f.; 29) seien als Revolutionäre zu betrachten; die Bagauden werden in Anlehnung an Salvian als ethnische Einheit, als Kelten, begriffen (30), und die Annahme einer revolutionären Verbrüderung mit den Germanen wird abgelehnt (31 f.). Günther bestritt die Existenz einer allgemeinen Krise der Sklavenhalterordnung (33) und verwies auf das Fehlen eines revolutionären Programms, einer revolutionären Ideologie. Die unruhige Bauernschaft habe keine politischen Ziele verfolgt, und die aufsässige Stadtbevölkerung zeige sogar „objektiv reaktionären Charakter" (20). Günther konstatierte: „es gibt keinen Kampf einer unterdrückten Klasse um die politische Macht", erklärte nunmehr die Zerstörung des weströmischen Staates zum Werk der Barbareneinfälle (33) und stellte damit wieder, wie er meinte, den Stand von Marx und Engels her, die „in keiner Arbeit von einer Revolution der Sklaven und Kolonen sprechen" (20).

Andrerseits fand Günther die Begriffe „Epoche sozialer Revolution" bei Marx 1859 und „vollständige Revolution" bei Engels 1884. Und an diesen Termini hielt er fest, indem er mit Schtajerman annahm, der seit Spartacus vordringende progressive Großgrundbesitz mit Kolonen habe sich im Dominat durchgesetzt (22); seine Weiterentwicklung zum vollen Feudalismus sei jedoch durch die arbeitsfeindlichen Traditionen der Sklavereiordnung und den Fortbestand des Imperiums blockiert gewesen (23 ff.). Darin sah Günther die Rechtfertigung für die Metapher der „Sackgasse" bei Engels, deren ursprünglichen Sinn er bestritt, da von einer allgmeinen Mißachtung der freien Arbeit keine Rede sein könne (21). Der Kolonat habe deswegen nicht in die Feudalgesellschaft hinübergeführt, weil er keinen Ausweg aus der Sklavenhalterordnung dargestellt habe (25). Günther erweist die Tatsache der Revolution aus deren angeblicher Notwendigkeit und begründet die Notwendigkeit mit einer angeblichen Ausweglosigkeit. Das ist die Logik der „Sackgasse." Trotzdem ließ der Erfolg auf sich warten: Die Germanen hätten an den vorgefundenen Produktionsverhältnissen zunächst nichts geändert, erst im Verlaufe der folgenden 400 Jahre habe sich der Feudalismus aus der Sklavenhalterformation herausgebildet (34).

Günthers Aufsatz von 1969 ›Herausbildung und Systemcharakter der vorkapitalistischen Gesellschaftsformationen‹ wertet die ›Grundrisse‹ von Marx aus: „Die Abgrenzung der vorkapitalistischen Klassengesellschaften vom Kapitalismus ist tiefgehender und markanter als die Abgrenzung der vorkapitalistischen Formationen untereinander" (203), dennoch sei am Feudalismus als besonderer Gesellschaftsformation festzuhalten (206). Marxens Epochenschema von 1859 bleibt somit in Kraft. Ebenso wird der (auf Mommsen RG I 837 zurückgehende) Begriff der „Sklavenhaltergesellschaft" aufrechterhalten, obwohl „in der Alten Welt verschiedene unterschiedliche und zum Teil parallel bestehende ökonomische und soziale Systeme existiert haben." Fortschrittliche Klassen waren die Landherren und Bauern, sie machten die „Revolution", doch wird der weströmische Staat „durch äußere Kräfte zerbrochen" (205 f.). Daß der römische Staat während der „Revolution der feudal werdenden Großgrundbesitzer und Bauern ... letzten Endes durch äußere Kräfte vernichtet wurde", bekräftigte Günther im selben Jahre in Kossoks ›Studien über die Revolution‹ (*1967*, 4). So ist wieder alles offen.

1970 nahm Günther in seinem Bericht über ›Forschungen zur Geschichte des Altertums‹, Abschied vom Begriff der „Sklavenhalterformation", doch sei nur der Name, nicht die Einheit der mit ihm bezeichneten Periode aufzugeben (281). Gegen die Annahme eines Bündnisses zwischen Aufständischen und Barbaren und die einer Revolution von Sklaven und Kolonen tritt die vierhundertjährige „Revolution der Bauern und Großgrundbesitzer" (288; 291).

Der Aufsatz ›Zur Entstehung des Feudalismus bei den Franken‹ von 1972 verschob die revolutionäre Front abermals: die freien Germanen sind nun Vorkämpfer der neuen Ordnung, während neben den germanischen Heermeistern die römischen Grundherren wieder die Reaktion vertreten (432). Daß Klassenkämpfe zwischen Völkern möglich sind, betonte Günther auch 1975 (bei Grünert S. 41). Ebenfalls 1975 erklärte er in seinem Aufsatz ›Die Volksbewegungen in der Spätantike und ihre Bedeutung für den gesellschaftlichen Fortschritt‹, daß der Untergang Roms „nicht automatisch entsprechend den inneren ökonomischen Entwicklungsgesetzen" erfolgte, sondern das Verdienst der Volkserhebungen gegen den Staat sei (167), wobei alle Unruhefaktoren einschließlich der Germanen unter die Käseglocke „Klassenkämpfe" wandern.

Der Beitrag ›Zur Problematik der sozialen und politischen Revolution in der Übergangsepoche von der antiken Sklavenhaltergesellschaft zum Feudalismus‹ von 1976 ist Ernst Engelberg gewidmet. Dessen ideologischer Wendigkeit erweist sich Günther ebenbürtig, indem er drei Widersprüche dialektisch verheiratet. Die Alternative zwischen äußeren und inneren Kräften wird behoben, indem die Germanen zu einem inneren Faktor erklärt werden (30). Die Kontroverse zwischen Kontinuität und Diskontinuität findet ihre Lösung, sofern zwar vom römischen Kolonen zum germanischen Freibauern und vom römischen Grundherrn zum germanischen Feudaladel kein Weg führe (32), trotzdem aber die den Feudalismus prägenden Verhältnisse „im Schoße der alten Gesellschaft" entstanden seien (34; 36), wie das Gesetz es befahl (MEW 13, 9). Die Frage, ob der Fall Roms einen Fortschritt oder einen Rückschritt darstelle, wird paritätisch beantwortet: „Jeder soziale Fortschritt bedeutete zugleich eine schärfere Ausbeutung der unterdrückten Klassen".[11] Auf der folgenden Seite wird als Besonderheit der spätantiken Revolution vermerkt, daß es keine revolutionäre Klasse gegeben habe, doch

[11] S. 30. Sollte Günther mit dieser These seine Klassiker auslegen wollen, so dürfte er diese mißverstanden haben. Denn Marx meinte, daß die Ausbeutung im Zuge des sozialen Fortschritts nur *subjektiv* drückender empfunden werde (MEW 17, 336), während Engels eine objektive Verschlechterung der sozialen Lage mit dem *ökonomischen* Fortschritt verband (MEW 21, 171). In der Simultanlogik Günthers verlieren auch die Begriffspaare subjektiv-objektiv und ökonomisch-sozial ihre Unterscheidungsfunktion.

tritt sie auf S. 34 ans Licht: es sind die „freien Kleinproduzenten". Sie lösen die bis 1970 als revolutionär erachteten Großgrundbesitzer ab.

1977 folgte der Artikel ›Der Niedergang der Kultur der herrschenden Klassen Roms in der Spätantike. Neue geistige Strömungen in den Provinzen‹. Darin erhob Günther die imperiale Propagandaformel vom Goldenen Zeitalter zum krisenanzeigenden Ausdruck einer utopischen Sehnsucht bei den Massen (241). In der Abhandlung ›Die Epoche der sozialen und politischen Revolution beim Übergang von der antiken Sklavereigesellschaft zum Feudalismus‹ von 1978 erscheint das *saeculum aureum* als „Ideologie geknechteter Kleinproduzenten" (237 f.). Im übrigen dient dieser Aufsatz dazu, den inzwischen auch in der DDR umstrittenen Revolutionsbegriff für die Spätantike (s. u.) abzusichern. Die Sklaverei, meinte Günther, habe den technischen Fortschritt verhindert, und diese Stagnation hätte (ohne daß man sieht, warum) in die allgemeine Regression geführt (236). Der Klassenkampf, der für Günther 1965 aus spontanen Einzelaktionen bestand, verdichtet sich wie schon 1963 zu einer allgemeinen Volksbewegung; die zwischendurch (1965 und 1970) bestrittene Einheitsfront aller Aufständischen wird jetzt wiederhergestellt, führend sind die revolutionären Kleinproduzenten (237). Die ihnen 1976 (35) bescheinigte Würde einer „revolutionären Klasse" mußten sie 1978 (239–243) allerdings abtreten an den inzwischen in die Vorhut des Klassenkampfes vorgestoßenen germanischen Schwertadel. Diese neue Erkenntnis übernahm Günther von seinem Berliner Kollegen Kreißig (s. u.).

Stalins These von der Verbündung zwischen Aufständischen und Eindringlingen, 1965 und 1970 kategorisch abgelehnt, ersteht wieder in der Form eines „objektiven" Zusammenhangs, doch wehrt sich Günther gegen die naheliegende Vermutung, daß hier die „Neuauflage" der stalinischen Position geboten würde (237). Hatte er sich 1965 und 1972 für die dominante Rolle der Germaneneinbrüche im Zerfallsprozeß des Imperiums ausgesprochen, so heißt es 1978: „Den endogenen Kräften kam der Primat in den Klassenkämpfen zu, aber die entscheidende Durchschlagkraft besaßen die exogenen Kräfte, die den Kampf zu Ende führten" (237), die Priorität wird zweimal vergeben. 1965 hatte Günther die Existenz einer politischen Revolution geleugnet, seit 1976 (36) wird sie behauptet, denn inzwischen ist die einschlägige Marx-Stelle gefunden (*1978,* 235; 240). Nun heißt es, wie 1965, die Ostgoten hätten die alte Sozialordnung im wesentlichen beibehalten, und dennoch sind sie für Günther Träger einer sozialen Revolution, die freilich stagnierte und daher in der politischen Revolution, im Kampf mit Ostrom, unterlag (240 f.). Die 800jährige Dauer der Revolution, die erst im 10. Jahrhundert abgeschlossen worden sei (242), wird nicht als Argument für deren evolutionären Charakter anerkannt, doch seien immerhin evolutionäre Elemente hineingewoben (243). Günther spricht vom Untergang der Sklaven und Sklavenbesitzer (238), doch ist das wiedermal ein Untergang auf dem Papier, denn die Personen haben bloß ihren Status verändert. Günther hatte 1965 die Französische Revolution als ungeeignetes Denkmuster für unser Phänomen verworfen, jetzt ist es wieder da. Zwar wisse man nichts von einem Analogon zum

Sturm auf die Bastille, aber es sei sehr wohl denkbar, daß die „Söldner Odoakars den Kaiserpalast in Ravenna stürmten" (246). Das Jahr 476 wird als Zäsur behandelt, obwohl damals nichts wesentlich Neues eingetreten sei (235; 240).

1979 erschien die ›Römische Geschichte bis 476‹ von Horst Dieter und Rigobert Günther. Die Spätantike stammt offenbar aus Günthers Feder. Wir lesen nun, daß im Zuge der (1965 bestrittenen) allgemeinen, gesamtgesellschaftlichen Krise das für den Prinzipat grundlegende Bündnis zwischen den verschiedenen Gruppen der Oberschicht und der Staatsmacht zerbrochen sei.[12] Als Sieger und hinfort herrschende Klasse soll die Grundbesitzeraristokratie hervorgegangen sein (11; 308; 318) und in der Militärdiktatur des Dominats das geeignete Ausbeutungsinstrument geschaffen haben (308; 321). Dennoch hätten die „heroischen Aktionen der Volksmassen" in einem laufend verschärften Klassenkampf (320; 380) das Staatswesen zerbrochen und „den Sieg einer höheren Gesellschaftsordnung" ermöglicht (7 f.), die sich auf dem Boden des alten Systems nicht habe entwickeln können (12). Bagauden und Isaurier, Goten und Kleinproduzenten, Agonistiker und Usurpatoren werden zu einem Leipziger Allerlei revolutionärer Volksbewegung zusammengetopft. Bei den Donatisten geraten auch Grundherren in diese Kategorie (342); unter den aufständischen Offizieren avancieren Procopius und Gildo zu Anführern sozialer Bewegungen (320; 359). So wundert es schließlich nicht, wenn wir auch die Großgrundbesitzer auf Seiten des Widerstandes gegen die Zentralgewalt eingereiht finden und die Zerschlagung des Staates wie zuvor mal den Germanen, mal den Kleinproduzenten so nun den Grundherren zugerechnet wird (358; 372). Man fragt schließlich: Wer ist denn der Staat? Doch gewiß nicht das Heer, denn eben dieses hat ja den letzten Kaiser abgesetzt (370; 378). In einer Situation, wo jeder gegen jeden und alle gegen den Staat kämpfen, ist das Klassenkampfschema Hohlform für alles. Günther hat in seinen zahlreichen Beiträgen eine interpretatorische Gewandtheit entwickelt, die auch noch weitere Früchte verspricht. Leider wird dem Leser die Produktivkraft des Autors gewöhnlich nicht klar, denn in seinen jüngeren Arbeiten werden die älteren nicht zitiert.

Das auch in der DDR zunftübergreifende Interesse am Fall Roms zeigt sich in den im folgenden referierten Beiträgen. Unter die Geschichtstheoretiker gehört der Direktor des Instituts für Geschichte an der Berliner Akademie der Wissenschaften Ernst Engelberg. Er sprach 1965 in Wien auf dem 12. internationalen Historikerkongreß über ›Fragen der Evolution und Revolution in der Weltgeschichte‹. Die umstrittene Priorität zwischen innerem und äußerem Widerstand löste der Autor paritätisch: die freien Bauern unter Führung der Bagauden waren die „Hauptträger im Kampf gegen den Sklavenhalterstaat" (25), den Barbaren hingegen fiel die „Aufgabe zu, dem weströmischen Reich den Todesstoß zu versetzen" (26). Es handelt sich nicht um einen Mord, sondern um eine Hinrichtung, denn das Imperium „mußte beseitigt werden" (25). Die Frage nach der revolutio-

[12] S. 10; 317. Dies kennen wir von Ferrabino (*1934*, 462 f.)

nären Klasse wird dialektisch beantwortet: zwar stellten weder die Kolonen noch die Germanen eine solche vor, wohl aber besaßen ihre Handlungen, namentlich die germanische Landnahme, „revolutionäre Bedeutung" (26). Das revolutionäre Bewußtsein war noch unterentwickelt, denn die Protagonisten handelten „in wahrhaft dunklem Drange" (25). Die Revolution war keine politische Revolution in unserem Sinne, sondern eine solche im Sinne der Zeit (21). In dem Artikel ›Zu methodologischen Problemen der Periodisierung‹ von 1972 wird es zur Sollerfüllung für die marxistischen Historiker erhoben, im revolutionären Feudalisierungsprozeß die „Zeitwende" zu suchen, in der die „Zerschlagung der Sklavenhaltergesellschaft" stattgefunden habe. Ähnliche Postulate kennen wir von Alpatow und Günther (s. o.). Den „Volksmassen" sei, so Engelberg, der Fortschritt gutzuschreiben (125; 148–151). Wenn Engelberg (*1965*, 21) die historischen Kategorien als Widerspiegelung der geschichtlichen Entwicklung deutete, darf man vielleicht auch seine eigenen Thesen als Produkte der Verhältnisse verstehen, in denen er schrieb.

In gewissem Maße ist Engelberg wie Günther allerdings auch einer der Produzenten dieser Verhältnisse, und dies gilt erst recht für Joachim Herrmann, seit 1970 Präsident der Akademie der Wissenschaften der DDR (so der Name seit 1972). Obschon von Hause aus Urgeschichtler hat er sich 1974 zur ›Rolle der Volksmassen in vorkapitalistischer Zeit‹ ganz allgemein geäußert. Gegen die Vertreter einer einheitlichen vorkapitalistischen Klassengesellschaft (s. u.) betonte er, daß die Sklavenhaltergesellschaft „in ausgedehnten Kämpfen großer Volksmassen" im 5. Jahrhundert ihren „katastrophalen Untergang" erlebt habe (27; 30). Nicht die Revolution der Sklaven und Kolonen, sondern das Bündnis zwischen Aufständischen und Germanen habe der sozialen Revolution zum Siege verholfen (26; 37). Herrmann bescheinigt den Volksmassen „subjektive Zielsetzungen, die konkret existierende Gesellschaft zu verändern" (37), ohne irgendeine Quelle dafür zu nennen. Entsprechend dem Revolutionsschema behauptet er, daß die „weströmische Sklavenhalterklasse im 5. Jahrhundert komplett verschwand", mit Rücksicht auf die Befunde gesteht er in marxistischer Simultanlogik die Kontinuität in den herrschenden Klassen ins Mittelalter hinein (27; 30; 38).

1975 folgte Herrmanns Artikel ›Die Rolle der Volksmassen für den historischen Fortschritt usw.‹ Aus den „revolutionären Volkskämpfen" erwuchs der „weltgeschichtliche Fortschritt, der mit der Herausbildung der Feudalordnung verbunden war", unangesehen des industriellen Verfalls zwischen dem 3. und 9. Jahrhundert (24 ff.). Die Aktualität der Spätantike fand er in der damals wie heute bedeutsamen Aktivität der „Volksmassen" (17). In dem Buche ›Spuren des Prometheus‹ (*1977*) wird das Element des Titelhelden auch metaphorisch ausgewertet: „Das Feuer des revolutionären Umbruchs der Geschichte fraß ... die Fesseln der Sklaven und die mächtigen Mauern gegen den Fortschritt, die die Sklavenhalterklasse im antiken Staat aufgerichtet hatte" (205). Die Fortschrittsfeindlichkeit von Staats-Mauern ist treffend erkannt. Offen bleibt, ob die Germanen heute wie damals „Vorkämpfer der Geschichte" sind (204). Herrmanns Bedeutung liegt in seinem Einfluß auf die Sprachregelung auch in der Alten Geschichte, das läßt sich bei Günther (*1978*, 237; 241) nachweisen.[13]

Eine offizielle Note besitzt die Deutung der Spätantike in der ›Weltgeschichte bis zur Herausbildung des Feudalismus‹, die von I. Sellnow 1977 im Ostberliner Akademieverlag herausgebracht wurde. Der Bearbeiter der Spätantike, H. Schulz-Falkenthal deutet den Zusammenbruch des Westens 476 aus dem Widerspruch von Produktivkräften und Produktionsverhältnissen (408), aus dem Niedergang der Sklaverei (409) und einem Klassenkampf, in dem die Agonistiker, der „demokratische Flügel des Donatismus", kommunistische Ziele verfolgt habe (403). Der Autor feiert den „revolutionären Massenkampf" auf dem Balkan und macht, wie Dmitriev (s. o.), aus dem Goteneinbruch von 376 einen „Aufstand" (405). Schulz-Falkenthal sprach den Kleinbauern und Kolonen – im Gegensatz zu Günther – die Führungsrolle ab, weil sie keine revolutionäre Ideologie besessen hätten (409).

Die behandelten Autoren aus dem Ost-Marxismus waren darin einig, daß alle Aussagen der Klassiker zum Problem gleichermaßen zuträfen und der Historie im Sinne ihres Parteiauftrages die Pflicht obliege, dieses anhand der Quellen zu bestätigen. Daneben finden wir jedoch eine zweite Gruppe von Forschern, die eher jonglieren und differenzieren und die divergenten Erzväterworte dazu nutzen, den ermittelten Sachverhalt nachträglich ideologisch zu legitimieren. Bei ihnen dient weniger die Historie der Doktrin als umgekehrt. Diese Autoren vermitteln, im Vergleich zu der Linientreue der ersteren, den Eindruck einer liberalen Haltung.

Aus dem russischen Bereich ist hier A. R. Korsunskij zu nennen. Bereits 1957 hat er die Bagaudenaufstände aus ihrer üblichen Einordnung in die Sklavenrevolution herausgelöst (Heinen *1980*, 313). In dem Artikel ›Das Problem des revolutionären Übergangs von der Sklavenhaltergesellschaft zum Feudalismus in Westeuropa‹ *(1964/69)* schreibt er: „Die marxistische Historiographie geht davon aus,

---

[13] ›Wirtschaftliche und soziale Veränderungen in der Spätantike‹ behandelte Gerhard Schrot aus Greifswald 1965. Die „ökonomische Fäulnis" des Imperiums habe bereits Ende des 1. Jahrhunderts begonnen (126). Träger des Fortschritts waren Colonen und Kleinbauern (124), die mit Sklaven und Barbaren ein „Kampfbündnis" gegen den „reaktionären römischen Staat" eingingen und diesen 476 als Barriere des Fortschritts einrissen (127). So wurde die „Sackgasse" aufgebrochen (121). ›Der Beginn der allgemeinen Krise im Westen des Römischen Reiches‹ wurde 1965 von G. Härtel auf das späte 2. Jahrhundert n. Chr. gesetzt (263) und aus Spannungen zwischen der niedergehenden Sklaverei und dem aufstrebenden Kolonat abgeleitet (276). ›Die Vertiefung der allgemeinen Krise im Westen des Römischen Reiches‹ verband Wieland Held 1974 mit dem angeblichen Mangel an Kriegssklaven und der theoriegemäß unmöglichen Evolution vom Kolonat zum Feudalismus. Wiedermal wird die „vollständige Revolution" durch die Germanen nach Engels und die „Epoche sozialer Revolution" nach Marx hergebetet (179–185).

daß der Übergang von der Sklavenhaltergesellschaft zum Feudalismus eine soziale Revolution darstellt". Dieser Begriff wird schlicht vorausgesetzt, aber von den Charakteristika der raschen und gewaltsamen Veränderung gelöst, da Korsunkskij auch die Wandlungen innerhalb der germanischen Gesellschaft als „soziale Revolution" bezeichnet (231).

Korsunskijs Hauptbeweisziel war indes, daß die spätantiken Klassenkämpfe für den Zusammenbruch des Reiches unerheblich gewesen seien. Gewiß wurzelte die militärische Schwäche in den inneren Widersprüchen der Gesellschaft, insofern seien sie eine Bedingung der Niederlage (230). Aber in erklärtem Gegensatz zu Stalin bestritt er, daß den Sklaven revolutionäre Aktivität zukäme, er leugnete das Bündnis zwischen Römern und Barbaren, relativierte die Bedeutung der Bagauden, Donatisten und aufsässigen Städter und denunzierte die Räuber als deklassierte Elemente (227). Eine revolutionäre oder progressive Klasse habe es im römischen Reich nicht gegeben, „Haupttriebkraft" des politischen Umsturzes seien vielmehr die Barbaren gewesen, die auf der Suche nach Beute und Land ins Reich eingedrungen seien (229; 233). Mit deren Machtübernahme seien die Voraussetzungen geschaffen worden für eine Fortentwicklung der stagnierenden Produktivkräfte, die wohlgemerkt hier in Abhängigkeit von den Produktionsverhältnissen gesehen werden.

1975 äußerte sich Korsunskij ›Über einige charakteristische Züge des sozialen Kampfes etc.‹ im Frühmittelalter und fand auch dort „keinen eigentlichen Klassenkampf" (195). Die Aufständischen hätten konservative Ziele verfolgt und die Entwicklung des Feudalismus behindert (198; 210). Für die Antike müßte Entsprechendes gesagt werden. Als Rückkehr zu alten Positionen erscheint dann der Artikel ›Zur Entstehung von Elementen feudaler Beziehungen im Weströmischen Reich‹ von 1978. Den Aufweichungstendenzen der Kontinuitätsthese gegenüber heißt es wieder, daß im Dominat lediglich „Keime" neuer Arbeitsverhältnisse entstanden seien, daß der „Sklavenhalterstaat" bis ins 5. Jahrhundert bestimmend blieb und schließlich zerschlagen werden mußte, um der Produktivkraft „Eigeninteresse" die Entfaltung zu erlauben (253; 258).

Erheblich weiter als Korsunskij entfernte sich Branislav DJURDJEV aus Serajevo von der Position Stalins. Djurdjev berichtete auf dem 22. internationalen Historikertag in Wien 1965 über ›Stände, Klassen und die Revolution in der Geschichte‹ und erklärte, der Übergang vom Alterum zum Mittelalter sei „keine durch die Entwicklung der Produktivkräfte verursachte Krise, sondern eine Krise in der Organisation des Staates, der für die Bedürfnisse der Gesellschaft eine mit Gewalt errichtete Kooperation der Arbeit durchzuführen suchte" (381). Der so umschriebene spätantike Zwangsstaat erscheint als Folge einer finanziellen Krise der „hochentwickelten Geldwirtschaft", weil, wie man ergänzen darf, die Anforderungen des Staates die Leistung der Wirtschaft überstiegen; hier habe die „Gesellschaft versagt" und jede Weiterentwicklung blockiert (384). Der Autor bestimmt die Sklaverei als ursprünglich progressiv, ihr Rückgang sei kein Fortschritt gewesen und überhaupt bedeute das Ende des Imperiums einen Rückfall in Wirtschaft und Kultur. Die sozialen Unruhen der Spätantike seien nebensächlich, das entscheidende Merkmal der Zeit liege im Durchbruch neuer Völker (382). Indem Djurdjev einen Konflikt zwischen Produktivkräften und Produktionsverhältnissen in der Spätantike bestritt, ja sogar leugnete, daß es allgemeine soziologische Entwicklungsgesetze gibt (385), bezeichnet er eine Grenze dessen, was überhaupt noch „marxistisch" heißen kann. Nur sein erklärtes Selbstverständnis sichert ihm eine Position innerhalb des historischen Materialismus, der in Jugoslawien offenbar zuweilen bloß Fassaden-Charakter besitzt. In Rußland wurde Djurdjevs Antistalinismus fortgeführt durch M. ANDREEV. Seiner Meinung nach verkörperte der Sieg der Barbaren „die Revolution, die der Sklavenhaltergesellschaft ein Ende bereitete" (*1967*, 307).

Die gegenteilige Einschätzung der Germanen findet sich in dem Aufsatz ›Der Kampf der Volksmassen im Römischen Reich gegen die Barbaren‹ (*1966/68*) von V. T. SIROTENKO. Für ihn sind die Germanen nichts anderes als die Polizeimacht der reaktionären römischen Grundherren im Klassenkampf. Die einschlägigen Zeugnisse für ein Zusammengehen zwischen der römischen Oberschicht und den Germanen werden zur Regel, die Gegenbeispiele zur Ausnahme erklärt, und allein den römischen Volksmassen wird eine progressive Haltung zugebilligt. Die Kirche habe die Solidarität der Ausbeuterklassen gepredigt, das positive Barbarenbild eines Salvian habe die Provinzialen einschüchtern sollen (173). Die Meinung, die antike Zivilisation habe dem Fortschritt zuliebe fallen müssen, sei unmarxistisch (174). Unausgesprochen geht dies alles gegen Engels.

Noch weiter von der üblichen Linie entfernte sich A. L. KAC in seinem Artikel ›Das Problem des Untergangs des Römischen Reiches in der sowjetischen Historiographie‹ (*1967/69*). Er widersprach offen der Stalinschen „Sklavenrevolution". In der Reichskrise „entstanden die objektiven Voraussetzungen für eine soziale Revolution, doch der subjektive Faktor für ihre Durchführung fehlte", also eine revolutionäre Lage ohne revolutionäre Klasse. Es habe weder ein Sieg der progressiven Klasse, noch ein gemeinsamer Untergang der antagonistischen Klassen stattgefunden, sondern eine bloße Umwandlung, darum könne von einer „wie immer gearteten sozialen Revolution" nicht die Rede sein.

In Anlehnung an Korsunskij hat der Mediaevist der Humboldt-Universität Bernhard TÖPFER seine Position entwickelt. Bereits 1965 führte er in seinem Artikel ›Zu einigen Grundfragen des Feudalismus‹ das Ende der antiken Sklaverei nicht auf die positive Entwicklung neuer Produktivkräfte, sondern auf die negative Wirkung der Sklaverei selbst zurück, die auf das Eigeninteresse der Produzenten verzichte und die freien Mittelschichten ruiniere. Der Übergang zu einer feudalen Gesellschaft sei daher von hoher innerer Plausibilität und könne nur als ein „sozialrevolutionärer Vorgang im weitesten Sinne des Wortes" verstanden werden. Der Übergang zur Feudalgesellschaft hätte sich in Rom selbst dann vollzogen, wenn die Barbaren nicht eingedrungen wären, und auch die Barbaren hätten eine Feudalgesellschaft entwickelt, wenn sie mit Rom nicht in Berührung gekommen wären. Der Kontakt der beiden Gesellschaften habe den Prozeß lediglich beschleunigt (787 ff.). Töpfer betrachtete als Charakteristikum des Feudalstaates die Schicht der Feudalherren, die sich zwischen die Zentralgewalt und die Produzenten schiebt (793), und eine solche Schicht fand er ansatzweise sowohl bei den späten Römern als auch bei den frühen Germanen. Diese Theorie hat den Vorzug, daß sie die ganze Revolutions-Scholastik vermeidet. Die spätantiken Aufstände können als bloße Proteste gegen Überforderung gewertet werden, ohne daß in ihnen progressive Kräfte gesucht werden müssen, und die Barbarenkämpfe lassen sich als politische und ethnische Konflikte deuten, in denen es um den Besitz von Land und Macht ging und nicht um die Ablösung eines veralteten Produktionssystems durch ein modernes.

Mit seinem Aufsatz ›Zur Problematik der vorkapitalistischen Klassengesellschaften‹ von 1967 ging Töpfer einen Schritt weiter. Im Anschluß an Marxens ›Grundrisse‹ betrachtete er die vorkapitalistischen Klassengesellschaften als Varianten prinzipiell derselben Formation (283 ff.). Die Sklavenhaltergesellschaft erscheint nicht als unabdingbare Voraussetzung für den Feudalismus, sondern geradezu als Ausnahme und Umweg (275 ff.). Der sachliche Widerspruch gegen Engels darin begegnet abermals in Töpfers Annahme, daß die Sklaverei deswegen eine „Sackgasse" gewesen sei, weil sie „im Grunde sehr unproduktiv" war (274), und drittens darin, daß trotz momentaner wirtschaftlicher Rückschläge beim Zusammenbruch des Imperiums (274 f.; 278; 284) die Sklavenhaltergesellschaft primitiver gewesen sei als die Feudalgesellschaft (286). Damit wird die Evolution in der Geschichte unterstrichen und erneut die Verwendbarkeit des Revolutionsbegriffes für den Übergang zwischen beiden Gesellschaftstypen erschwert (262; 282 ff.).

Demselben Beweisziel diente Töpfers Artikel von 1971 ›Zur Frage der gemeinsamen Wesensmerkmale der vorkapitalistischen Klassengesellschaften und der Anwendungsmöglichkeit des Revolutionsbegriffs für die Zeit des Bestehens dieser Gesellschaften‹. Töpfer betonte, daß es im spätrömischen Reich keine revolutionäre Klasse gegeben habe und im Bereich der Oberschicht Kontinuität herrsche, wie sich am Übergang von der Sklaverei zum Kolonat im römischen Reich, in der Entwicklung zum Feudalismus in Byzanz und an der Fortdauer spätrömischer Produktionsverhältnisse in den frühen Germanenstaaten erweise. Bis zum Anbruch des Kapitalismus hätten sich jeweils die herrschenden Klassen den veränderten Produktionsbedingungen angepaßt. Mit dieser Haltung werden die üblichen Begriffskontroversen gegenstandslos, insbesondere die groteske Alternative, ob in China der Übergang zur Klassengesellschaft um 2000 v. Chr. oder um 1600 n. Chr. stattgefunden habe (222). Der Zusammenbruch des Imperiums ist dann mithilfe der Revolutionstheorie nicht erklärbar, zumal Töpfer beim Einbruch der Germanen ins Reich dort gar keine Sklavenhaltergesellschaft mehr annimmt (*1967*, 273).

Eine ähnliche Grundhaltung wie Töpfer zeigt der Ostberliner Akademieprofessor Heinz Kreissig. In seiner unter den Titel ›Frühchristliche Produktionsweise – revolutionäre Klasse‹ *(1967)* gestellten Auseinandersetzung mit dem Buch von Elena Schtajerman berief er sich auf Marxens ›Grundrisse‹, wo die antike Wirtschaft charakterisiert wird, ohne daß die Sklaverei überhaupt Erwähnung findet. Kreißig sah wie Schtajerman die Schwierigkeiten weiterer Produktionssteigerung mit Sklavenarbeit, *bestritt* jedoch das fehlende Eigeninteresse der Sklaven an ihrer Arbeit (404). Er fand den Grund für den Rückgang der Sklaverei auf dem Arbeitsmarkt, dessen Abhängigkeit von Importen er einschränkte, dessen Schrumpfen er aber andeutungsweise aus einer Emanzipationstendenz ableitete (404). Der Kolonat schien ihm die Lösung (401), denn er sei niemals „gestürzt oder zertrümmert" worden.[14] Kreißig hielt die Annahme einer Revolution für überflüssig. Er wandte sich gegen Günthers Festhalten am Begriff der „sozialen Revolution", der nun aber, aufschlußreich für die ideologische Situation, nicht mit dem Namen Marx, sondern mit dem Namen Rostovtzeff verbunden wird.[15]

1974 erwies Kreißig, daß auch das ›Kommunistische Manifest‹ die These gestatte, in der Spätantike sei die Struktur der Unterschichten zu disparat gewesen, um den Volksmassen eine gemeinsame Stoßrichtung zu verleihen (360 f.). Zielbewußt auf den Feudalismus, heißt es 1971, seien nur die römischen und germanischen Grundherren zugegangen, sie seien Vorkämpfer, Sieger und Nutznießer des sozialen Wandels gewesen und daher als die fortschrittliche Klasse anzusprechen (407). Den Klassenkampf löste Kreißig aus diesem Vorgang heraus. Der habe sich vorher wie nachher zwischen Ober- und Unterschicht abgespielt. Der Sieg der Germanen änderte nichts am Gesellschaftssystem und ist daher für Kreißig eine „überwiegend nur militärische Angelegenheit" (410).

In der Forschung zur Spätantike gebührt der erste Rang unter den DDR-Historikern Hans-Joachim DIESNER aus Halle (Hassel *1980*, 99 ff; Christ *1982*, 329). In seinem Sammelband ›Staat und Kirche im spätrömischen Reich‹ *(1964)*, erklärt er, „daß das Reich dem gemeinsamen Ansturm der Gegner von innen und außen erlegen sei" (10). Die Geschichte der Kirche nach Constantin erscheint als „unbewältigte Vergangenheit", wofür gerade die Gegenwart Verständnis habe (14). 1966 folgte unter dem Titel ›Spätantike und Völkerwanderung‹ eine gehaltvolle und abgewogene Zusammenfassung der Problematik. In Anlehnung an Töpfer wird die Rolle der Germanen realistisch gesehen, ein progressiver Einfluß oder gar eine Umwandlung der Sozialordnung durch sie im Bund mit Donatisten und Circumcellionen kategorisch abgelehnt. In der 1976/1981 vorgelegten Gesamtdarstellung ›Die Völkerwanderung‹[16] hat sich Diesner dem östlichen Stan-

[14] S. 408. Dies hat Günther 1978 (238; 241) jedoch wieder behauptet, um seine Revolutionstheorie zu retten.

[15] S. 408. Zur Verwendung des Revolutionsbegriffs bedürfe es einer revolutionären Klasse, und eine solche gab es nicht, wie Kreißig nochmals nachweist: weder die Sklaven, noch die freien Lohn- und Landarbeiter mit ihren konservativen Idealen, noch schließlich die Kleinproduzenten, denn diese waren ökonomisch nicht progressiv. Diese zutreffende Bemerkung hat die Kleinproduzenten nicht davor bewahrt, bei Günther 1978 zu den Protagonisten im revolutionären Klassenkampf erhoben zu werden.

[16] Der Verlag der westdeutschen Lizenzausgabe hatte mich 1975 hierzu um ein Geleitwort

dard angenähert. Diesner beginnt mit einer Verbeugung vor den Sowjets. Es folgt das Normalschema: „Die auf Sklaverei und Eigentum am Boden beruhende Produktionsweise mußte in die Krise geraten, ja dem Untergang entgegengehen, sobald die Sklaverei selbst nicht mehr die ihr zugedachte Funktion erfüllen konnte". Die alten Eigentums- und Produktionsverhältnisse waren der „weiteren sozialökonomischen Entwicklung" im Wege (10 ff.). Die gallischen Bagauden verfolgen „sozialrevolutionäre Bestrebungen", und stehen im „Klassenkampf" (34) an der Spitze einer Volksfront von Bauern, Sklaven und Barbaren. Als die Bagauden von ihren germanischen Mitrevolutionären 454 vernichtet wurden, da hatten sie ihre historische „Mission offenkundig erfüllt" (33 f.). Gentilgesellschaftlicher „Konsumkommunismus", „militärische Demokratie", „ethische Sauberkeit" heben die „jugendlichen Barbarenvölker" über die demoralisierten Sklavenhalter (94 ff., 131 ff.; 148; 152). Klimaverschlechterung (70) und Hunnensturm (die Hiung-Nu-These 72) setzen die Germanen in Bewegung, das Ostreich hält sich wegen seiner „sozialökonomischen Gegebenheiten" (68). Die Zerschlagung der Reichsgewalt habe die Ausbeutung gemildert, „vorübergehend eine gewisse Klassenharmonie" gebracht (34; 99; 225), also Fortschritt.

In diese Standard-Floskeln sind nun jedoch einige Ausführungen verpackt, die als persönliche Ansicht des Autors verstanden werden dürfen. Dies sind seine Bemerkungen über die Eigenständigkeit der geistigen gegenüber der materiellen Kultur (10), sowie die Äußerungen über den kulturellen Verfall der spät- und nachrömischen Zeit (14). Er wird in Anlehnung an Gibbon den Barbaren und den Christen angelastet. „Der Anschaulichkeit halber ließe sich durchaus behaupten, daß die Kultur der Spätantike eigentlich diesen beiden Gruppierungen den Todesstoß zu verdanken gehabt hat" (226). Dies ist kühn. „Der Gedanke an moderne Bücherverbrennungen und Bilderstürmerei liegt nur allzu nahe" (227), heißt es, und die Ausführungen über die „Zensur", die „Liquidierung des Alten", den „radikalen Vernichtungsfeldzug" spielen auf Diesners Lebensumstände an, die zu seiner vorzeitigen Emeritierung in Halle beigetragen haben.

Die jüngste umfassende Interpretation des Endes Roms auf der Basis des Marxschen Revolutionsgedankens ist das Buch von László Várady, ›Die Auflösung des Altertums‹ *(1978)*. Die Geschichte wird als Fortschrittsprozeß begriffen,

---

für die westdeutsche Leserschaft gebeten. Ich habe ein solches verfaßt und geschlossen: „Ich kann den Wunsch, daß dieses Buch viele und aufmerksame Leser finden möge, nicht aussprechen, ohne zugleich der Hoffnung Ausdruck zu verleihen, daß in nicht allzu ferner Zeit auch der Öffentlichkeit in der DDR gestattet werde, die geschichtswissenschaftliche Literatur aus der westlichen Welt zu beziehen. Vor hundert Jahren bekannte der Sachse Friedrich Nietzsche ‚daß es die deutsche Einheit in jenem höchsten Sinne ist, die wir erstreben, und heißer erstreben als die politische Wiedervereinigung, die Einheit des deutschen Geistes und Lebens nach der Vernichtung des Gegensatzes von Form und Inhalt, von Innerlichkeit und Convention'". Gegen diese Sätze erhob „Edition Leipzig" Einspruch. Ich weigerte mich jedoch, sie zu streichen, da Autor und Verlag sie gutgeheißen hatten. Leipzig aber blieb hart. Da bangte Bertelsmann ums Geschäft, zahlte mein Honorar und unterdrückte den Text. So beeinflußt die ostdeutsche Zensur zuweilen auch, was im Westen erscheint und nicht erscheint.

und darin erhält sowohl die Entstehung als auch das Ende der antiken Zivilisation seinen notwendigen Platz. Ähnlich wie Engels rechtfertigt Várady die Sklaverei mit dem Kulturgefälle: mit Hilfe barbarischer Sklaven habe die antike Welt Hochleistungen vollbracht, die dann auch den Barbaren zugute gekommen seien – spätestens seit dem Ende Roms.

Die Kaiserzeit versteht Várady als Prozeß einer ökonomischen Dezentralisierung und Regionalisierung. Indem die neue Technologie überall Fuß faßte, wo Rohstoffe bereitlagen (34 f.), seien örtliche Sonderinteressen erwacht, die aber den Erfordernissen der Verteidigung nicht gerecht werden konnten, wie das 3. Jahrhundert bewiesen habe. Der absolutistische Zentralstaat der Spätantike habe auf diese Schwierigkeiten mit dem Agrarsteuersystem Diocletians reagiert, und dem schreibt Várady ruinöse Wirkung zu (36; 70; 90; 128). Insbesondere die sogenannte Reichsteilung von 395 schien ihm ein verhängnisvoller Schritt (38; 96 ff.). Várady sah den Übergang von der Sklaverei zum Kolonat, maß ihm aber im Auflösungsprozeß des Imperiums ebensowenig Bedeutung zu wie irgendwelchen innerrömischen Klassenkämpfen. Ökonomische Partikularisierung und Barbarendruck sind ihm die Hauptfaktoren (38 f.). Sklaven und sonstigen Reichsangehörigen wird die revolutionäre Würde abgesprochen. Vielmehr seien die Barbaren die eigentliche revolutionäre Klasse gewesen (41), gerade wie Engels das gemeint hatte. Der vertikale Gegensatz wird durch einen horizontalen ersetzt, es kommt zur „revolutionären Invasion“ (44) und dem eigentlichen „Revolutionsakt“, der „recht revolutionären Machtübernahme Odoakers“ im Jahre 476 (14; 114). An die Stelle der „Sklavenrevolution“ tritt die „Barbarenrevolution“ (13; 40; 129). Dies ist die Terminologie des 18. Jahrhunderts, wie wir sie bei Mably (II. 4. b!) gefunden haben.

Mit seinem marxistischen Bekenntnis versöhnt Várady diese „Revolution“, indem er die Germanen zu Produktivkräften erklärt. Mit ihnen habe das Imperium eine „ungeheure Zufuhr von Produktivkräften“ erfahren (37), und darum sei auf lange Sicht die Fortführung des Reiches dem Osten zum Nachteil ausgeschlagen, wo sich das „zwangsläufig rückständige Staatswesen der Araber und Türken“ durchsetzte. In Byzanz überholte ein Rückschritt den andern, während der Westen dem Fortschritt folgte. Voraussetzung dafür sei die Niederlegung des Limes gewesen. Dieser habe der universal-historisch notwendigen Verbreitung der römischen Errungenschaften entgegengestanden und habe daher im höheren Interesse von den Germanen niedergebrochen werden müssen. Eine ähnliche Limestheorie hat zwar schon Gigli (*1947*, 254) vertreten, doch lassen sich bei der Lektüre von Várady schwer Erinnerungen an die Ereignisse von 1956 unterdrücken. Fortschritt verlangt freien Verkehr, und indem dieser erzwungen wurde, konnte sich das Mittelalter über das Altertum erheben (46). So erscheint die „Auflösung des Weströmischen Reiches als ein gesetzmäßiges Phänomen der Zivilisationsentwicklung“ (49).

III. 2.e. Zusammenfassung der Stimmen aus dem Ostblock

Im achten Kapitel des zweiten Buches von ›Wilhelm Meisters Lehrjahren‹ tanzt Mignon den Eiertanz. Die Eier werden nach einem bestimmten Muster auf einen Teppich gelegt, die Tänzerin bewegt sich mit verbundenen Augen nach den Klängen des Fandango so geschickt dazwischen, daß sie keines der Eier zerbricht. Eine ähnliche Kunst leistet die marxistische Geschichtsinterpretation in den Staaten des Warschauer Paktes. Mit möglichster Schonung der Grundbegriffe des historischen Materialismus tanzt man zur ideologischen Geige auf dem Teppich der Geschichte und entfaltet dabei so viel graziöse Wendigkeit, als die rote Binde vor den Augen zuläßt. Zu schonen sind im wesentlichen die folgenden sechs Begriffe: der unwiderstehliche „Fortschritt der Produktivkräfte", die „ausweglose Sackgasse" der antiken Produktionsverhältnisse, der ständig „sich verschärfende Klassenkampf", die Aktionen der brausenden „Volksmassen", die „Epoche sozialer Revolution" und der „Übergang von der Sklavenhalterformation (neuerdings „Sklavereigesellschaft") zum Feudalismus". Wird eines dieser Eier dann doch einmal zertreten, so nur, um die anderen zu bewahren.

Abgesehen von den „Volksmassen", deren Rolle im Fall Roms Friedrich Albert Lange (III. 1. a!) entdeckt hat, stammen die genannten Begriffe aus drei von Lenin und Stalin heiliggesprochenen Texten: aus dem ›Kommunistischen Manifest‹, aus Marxens Vorwort zur ›Kritik der politischen Ökonomie‹ und aus dem ›Ursprung der Familie‹ von Engels. Der Spielraum für die Interpretation ergibt sich daraus, daß die Klassiker selbst noch die von ihren Epigonen abgeschaffte bürgerliche Freiheit besaßen und daher in den genannten und einigen anderen Schriften (III. 2. a!) unterschiedlich nuancierte Positionen vertreten haben, die man gegeneinander ausspielen kann, ohne aus dem ideologischen Käfig ausbrechen zu müssen. Soweit eine freie Bewegung verstattet wird, lassen sich auch jene Klassikerstellen zitieren, die den Sklaven und dem „Lumpenproletariat" jede progressive Qualität absprechen (so noch Dieter *1957*, 29; 34; 36, nach Marx *1869/1927*, 18 und Lenin *1919/75*, 24), Produktivkräfte und Produktionsverhältnisse in Übereinstimmung finden, im Untergang Roms einen sozialökonomischen Rückschritt erblicken (Engels *1884*, III. 2. a!) oder gar die vorkapitalistischen Produktionsformen als Spielarten einer und derselben Gesellschaftsstufe betrachten und darum die Übergänge zwischen ihnen nicht als Revolutionen im engeren Sinne verstehen (Marx *1857/1970*).

Die unbefangene Auswertbarkeit dieser Stellen ist indessen an ideologische Tauwetterphasen gebunden. Die amtliche Auslegung lautet, daß dann, wenn die Klassiker sich in ihren Worten widersprechen, sie „der Sache nach" trotzdem dasselbe meinen, und zwar genau das, was die bestallten Interpreten für Sache halten (J. Herrmann *1976* I S. 6 Anm. 9). Im Falle eines (natürlich scheinbaren) Widerspruchs zwischen den historischen Fakten und der marxischen Theorie ist letztere nicht richtig verstanden und muß entsprechend uminterpretiert werden (Semenov *1970* bei Eifler *1973*, 322). Daß die Klassiker sich irgendwo geirrt haben, wird in der von mir gelesenen Ostblock-Literatur niemals offen ausgesprochen. Wo es angedeutet wird, da fängt man es damit ab, daß die Klassiker unbeschadet dessen das Wesen richtig erkannt hätten.[17]

Die marxistisch-leninistische Wissenschaft steht vor der schwierigen Aufgabe, die Klassiker-Aussagen in ein System zu bringen, das zum einen allumfassend und geschlossen ist, zum anderen die zuwachsenden Erkenntnisse aufnehmen kann. Dazu bedarf es einer besonderen Interpretationstechnik. Deren wichtigstes Intrument ist die dialektische Simultanlogik, d.h. die Annahme von der Einheit der Widersprüche. Diese Einheit wird dadurch erzielt, daß umgangssprachlich antithetisch verstandene Begriffe zusätzlich in ein hypotaktisches Verhältnis gesetzt werden, so daß der eine der beiden Begriffe im anderen zugleich sein Gegenteil umfaßt. Mit diesem System läßt sich sowohl den dogmatischen als auch den wissenschaftlichen Anforderungen genügen. In unserem Problemkreis funktioniert das folgendermaßen:

Das Revolutionsschema verlangt, daß die progressive Kraft „im Schoße der alten Gesellschaft" entsteht. Die Germanen kamen aber von außen. Also wird „außen" als ein Teil von „innen" definiert, die Germanen erscheinen als innerer Faktor und der Widerspruch zwischen Dogma und Befund ist gelöst. Oder: als letzte treibende Kraft der Geschichte gilt dem Dogma die Entfaltung der Produktivkräfte. In der Praxis ist Rom aber nicht an der Verbreitung der Wassermühle und an der Verbesserung des Zaumzeugs, sondern an den Germanen gescheitert. Das Problem erledigt sich, indem als die entscheidende neue Produktivkraft eben das Germanentum bestimmt wird. Oder: das Ende der Sklavenhalterformation soll dem Dogma gemäß eine Revolution, eine Katastrophe sein. Dennoch zeigen sich gerade im Bereich der materiellen Produktion allenthalben Kontinuitäten. Die Schwierigkeit verschwindet, wenn die Katastrophe als eine Form der Kontinuität, als Entwicklungsknoten gedeutet wird. Auf solche Weise kann man innere und äußere Faktoren, politische und ökonomische Kräfte, geistige und materielle Potenzen, evolutionäre und revolutionäre Elemente, Kontinuität und Katastrophe, Rückschritt und Fortschritt, Demokratie und Diktatur (II. 5. b; d!) im jeweils gleichen Sachverhalt feststellen. Empirische Befunde vermögen das Dogma nicht zu erschüttern. Die Wirklichkeit (wie sie dem Forscher vorliegt) besagt nichts über das Wesen (das die Klassiker erkannt haben). Fakten sind ohne eigene Autorität, sie erscheinen nur in dienender Stellung, als systemkonform interpretiertes „Beispiel", als „Symptom" oder „Ausdruck", d.h. als bloße Füllsel für das vorgefertigte Begriffsraster, als auswechselbare Träger festgeschriebener Rollen.

---

[17] Der von westlichen Autoren (zuletzt Hassel *1980*, 140) gern erhobene Einwand, die Thesen der „Klassiker" seien dadurch erledigt, daß sie auf einem längst überholten Forschungsstand beruhten, verkennt die spezifische Funktion dieser Autoritäten innerhalb des Machtsystems, das sich auf sie beruft. Schließlich stammt die ganze Kapitalismus-Theorie samt ihrer Annahme einer wachsenden Verelendung, einer unausweichlichen Krisen-Zyklik und einem ehernen Lohngesetz aus den Zuständen der englischen Industrie im mittleren 19. Jahrhundet, ohne daß sie deswegen von ihren Anhängern aufgegeben wurde.

Eine vergleichende Betrachtung der Leitbegriffe zeigt, daß wir es mit Hülsen zu tun haben, die deswegen so laut klappern, weil sie hohl sind. Da der Fortschritt das Werk der Produktivkräfte ist, wird alles, was die Entwicklung bestimmt hat, zur Produktivkraft erklärt: Sklaven und Kolonen, Christen und Germanen, Arbeitsethos und Eigeninteresse, technisches Können und moralische Haltung, und eigentlich müßte auch das Kriegswesen hierhergerechnet werden. Indem die Geschichte eine Folge von Klassenkämpfen ist, findet man solche allenthalben. Als „Klassenkämpfe" firmieren Auseinandersetzungen zwischen Sklaven und Sklavenhaltern, Bauern und Grundherren, zwischen römischen Volksmassen insgemein und mehr oder weniger unierten Oberschichten; weiterhin zwischen Ausgebeuteten und Ausbeutern alten Stils und Ausgebeuteten und Ausbeutern neuen Stils, zwischen Römern und Germanen, zwischen Sonderkirchen und der Staatskirche, zwischen beliebigen Aufrührern und der Reichsgewalt, gleichgültig ob versteckt oder offen, isoliert oder organisiert, spontan oder programmiert: allemal ist der sich vor jedem Formationswechsel verschärfende Klassenkampf am Werk. H. Ditten hat im ›Atlas zur Geschichte‹ (I 1973, Karte 18) die „Aufstandsbewegungen" als rote Punkte in eine Karte eingetragen, und sie vermittelt den Eindruck, das spätrömische Reich sei lebensgefährlich am Scharlach erkrankt.

In dieser Klassenkampfsituation sind die Heerführer nur als Repräsentanten sozialer Hintermächte tätig: Gallienus als Agent der munizipalen Sklavenhalter, Constantin als Handlanger der Großgrundbesitzer, Procopius und Gildo als Marionetten der Kleinbauern, Fritigern und Alarich als Vertreter eines äußeren Proletariats, das man natürlich nicht so bezeichnet, weil das eine Verbeugung vor Arnold Toynbee wäre, der im Osten der *damnatio memoriae* unterliegt. Sollten neue Dokumente Feindseligkeiten zwischen einzelnen Provinzen oder Angehörigen verschiedener Rassen aufdecken, so dürfen wir prophezeien, daß auch dies hurliburli als „Ausdruck des Klassenkampfes" interpretiert werden wird. Durch Quellen ist der Schematismus eben nicht zu erschüttern, ja nicht einmal durch Klassikerzitate. Die Äußerungen von Marx und Lenin, daß die Sklaven im antiken Klassenkampf keine Rolle gespielt haben, erledigt Frau Welskopf (*1957*, 397 f.) damit, daß die beiden Klassiker hier nur an den „legalen" Klassenkampf gedacht hätten, nicht an den illegalen, d. h. den eigentlichen. Sofern ein mutiger Autor wie Korsunskij während einer ideologischen Zwischeneiszeit (*1964*) einmal den „Klassenkampf" aufgibt, so nur, um das Klischee der „sozialen Revolution" desto besser begründen zu können.

Die Rede von „Revolution" in der Spätantike ist ebenfalls *communistica opinio* und wird auf beliebige Unruhen angewandt. Soziale, ethnische, religiöse Auseinandersetzungen, innere und äußere Konflikte werden zu einer roten Vielfrucht-Marmelade verarbeitet, auf der das Etikett „Revolution" prangt. Positivistische Stubenfliegen auf diesem Marxis-Mus werden sieben auf einen Streich abgewehrt: daß sich Revolution und Evolution nicht unterscheiden lassen, daß sich die Revolution über Jahrhunderte hinzieht, daß es kein revolutionäres Bewußtsein, kein revolutionäres Programm, keine revolutionäre Klasse, keine revolutionäre Bewegung und vor allem keinen Erfolg gibt, sowas wird damit abgetan, daß wir es eben nicht mit einer Revolution im „heutigen Sinne", sondern mit einer solchen „im Sinne der Zeit" zu tun haben (Engelberg *1965*, 21). Da man nun aber doch Revolutionäre benötigt, findet man sie da, wo egalwelche Aktionen abrollen: bei den Sklaven (Maschkin *1949*; Alpatow *1949*; Engelmann und Büttner *1956*) und Kolonen (Schrot *1965*), bei den Kleinproduzenten (Günther *1978*) und den Großgrundbesitzern (Günther *1970*), bei den Räubern und Deserteuren (Alpatow *1949*; Günther *1979*), bei den Häretikern (Schulz-Falkenthal *1977*), Märtyrern (Alpatow *1949*), bei Slawen (Sidorow *1955*) und Germanen (Kuczynski *1949*, Schtajerman *1957*, Günther *1972*; *1978*; Várady *1978*). Letztere sind durch Dmitriev (*1950*) und Parain (*1953*, 108) aus Feinden in Aufständische umdefiniert, von einem äußeren in einen inneren Faktor umgeformt worden. Auch die Grundbesitzer werden derart verschaukelt, indem sie abwechselnd der reaktionären (Günther *1972*) und der progressiven Seite zugeschlagen werden (Zeise *1953*; Schtajerman *1953*; Kreißig *1967*; Günther *1969*). Diese Handicaps haben Töpfer, Kac und Kreißig *(1967)* versuchsweise zum Verzicht auf den Revolutionsbegriff bewogen: dann zu Unrecht, wenn wir ihn wieder so unbefangen verwenden, wie das von Paruta bis Engels üblich war (II. 5. b!). Marx und Engels brauchten einen vormarxistischen Revolutionsbegriff.[18]

Mit welchem Ernst die marxistische Wesensscholastik sich um Sprachregelungen müht, lehren die Kontroversen, ob die Germanen die Volkserhebungen im Reich unterstützt (Maschkin *1949*; Schtajerman *1957*; Günther *1978*), oder unterdrückt hätten (Sirotenko *1966/68*; Günther *1979*), ob die Spätantike noch zur Sklavenhalterformation (Kashdan *1953* nach Raskolnikoff *1975*, 193; Schrot *1965*, 124 f.) oder schon zur folgenden Periode zu rechnen sei (Schtajerman *1953/57*, 158; Raskolnikoff *1975*, 192 f.), ob der Kolonat die Spätform der Sklaverei und damit rückschrittlich (Kovalev *1955/59*, 153; Günther *1963*, 236 ff.; Held *1974*, 105; 164) oder vielmehr Frühform der Hörigkeit und damit progressiv war;[19] ob die ökonomisch progressiven, aber ideologisch reaktionären (heidnischen) Grundherrn oder die ökonomisch reaktionäre, aber ideologisch progressive (christliche) *plebs urbana* den Fortschritt verkörpere (Seyfarth *1967*, 285; Hassel *1980*, 716 f.); ob der Klassenkampf in der Spätantike den Fortschritt gehemmt (Sjusjumow *1972*) oder beschleunigt habe (Herrmann *1974*), ob der Feudalismus bei den römischen Kleinproduzenten (Schrot *1965*, 128), bei den römischen Großproduzenten (Günther *1965*; Müller-Mertens *1966*; Töpfer *1971*) oder bei den Germanen entstanden sei (Kuczynski *1949*, 110; Kac *1967*; Sjusjumow bei Raskolnikoff *1975*, 276); ob seine klassische Form in Westeuropa (Töpfer *1965*) oder Byzanz liege (Müller-Mertens *1963*). All diese Positionen haben jeweils einen Teil

---

[18] Das lehrt schon eine flüchtige Durchsicht der von Erckenbrecht (*1973*, 325 f.) gesammelten Belege.

[19] Tarkow *1956/59*, 171; Schrot *1965*, 122 f.; Korsunskij *1978*, 253; vgl. Heinen *1980*, 318.

der Quellenbefunde für, einen Teil gegen sich und sind daher, wenn grobes Karo gewünscht wird, sämtlich vertretbar, wenn aber feiner gemustert werden soll, sämtlich angreifbar. Vittinghoff (*1958; 1961*), Kiechle (*1969*), Prachner (*1973*) und Brockmeyer (*1979*) haben das vorgeführt. Dennoch wäre vor der Kritik nach den Entstehungsbedingungen jener Texte zu fahnden.

Das historische Material und der ideologische Ismus sind den Kollegen im Osten vorgegeben. Welche Faktoren bestimmen den Wandel in der Anwendung? Dreierlei läßt sich erahnen. Das erste ist der beruflich begründete Zwang zur Publikation. *Publish or perish* gilt auch im Osten, wobei dort quantitative Sollvorstellungen dominieren. Sie kommen zum Ausdruck einerseits in der nach Plan produzierenden Wissenschaft, die in den Akademien fabrikmäßig organisiert ist, und andererseits in der Erfüllungstechnik: Sie motiviert das Verhältnis zwischen langen Titeln[20] und kurzen Aufsätzen. Das Interesse der proletarischen Diktatoren an der Altertumswissenschaft spitzt sich zu auf ideologisches Hinterfutter für die Tagespolitik und auf devisenbringenden Absatz im kapitalistischen Ausland. Demzuliebe wird Autoren wie Diesner, Kreißig, Seyfarth und Johne Forschung auf Fachniveau zur Spätantike verstattet, worüber Christ (*1982*, 311-330) kritisch berichtet.

Zum zweiten verlangt das wissenschaftliche Selbstverständnis die Progressivität der Forschung. Im Jahre der Verträge von Helsinki schrieb Mouza Raskolnikoff (*1975*, 195): *le dogmatisme des années 30 est dépassé*, man arbeite neuerdings *sans simplifications arbitraires*. Gewiß! nicht willkürliche, sondern verordnete Simplifikationen bestimmen die Begriffswahl, der Dogmatismus der Dreißiger Jahre mag überwunden sein, so daß „der Vorwurf des Dogmatismus in der alten Form nicht mehr pauschal aufrecht erhalten werden kann" (Hassel *1980*, 109 ff.; *1981*, 713), aber dies als Resultat eines „Entdogmatisierungsprozesses" (*1980*, 75) zu deuten, widerspricht der Klage Betroffener über eine ständige Verschärfung des ideologischen Drucks. Westliche Beobachter rühmen zu Recht die Vermehrung der Quellenzitate, doch bleibt deren Interpretation in den ausgefahrenen Geleisen, die sich bekanntlich mit frischen Kräften am besten vertiefen lassen. Der „schöpferische Marxismus" begnügt sich, solange er auf Namen schwört, damit, kanonisierte Platten kanonisierter Autoren in immer neuen Tönungen abzukupfern, d. h. fruchtbar weiterzuentwickeln.

Im Unterschied zur westlichen Praxis wird der Fortschritt drüben nicht durch blockinterne Polemik dokumentiert. Jenseits des „antifaschistischen Schutzwalles" gehört es zum Stil, Vorgänger aus dem eigenen Lager nicht offen anzugreifen; die Absetzung von Stalins Thesen (zuletzt Schtajerman *1977/80*, 204) und die

[20] Die Titel von Herrmann und Günther sind oben teilweise abgekürzt zitiert. Ihre Länge resultiert daraus, daß die kürzeren allmählich verbraucht sind. Sogar die Variationsmöglichkeiten dreizeiliger Überschriften nähern sich dem mathematisch bestimmten Ende. In absehbarer Zeit müßte weitere Literatur dieses Stils computermäßig zu erzeugen sein: man speichert die Quellen, die zitierfähige Literatur und die MEW-Zitate ein und läßt die Maschine den Text in der gewünschten Länge, unter dem gewünschten Aspekt ausspucken.

Wendung gegen Schtajerman (zuletzt Korsunskij *1978,* 250) geschah anonym, ohne Nennung der Autoren. Seit den siebziger Jahren findet sich allerdings vorsichtig Widerspruch der tendenziell dogmatischen gegen die tendenziell liberalen Autoren, doch kann dies durch Rangdifferenzen durchkreuzt werden. Herrmann (*1974,* 45) polemisiert nicht gegen Kuczynski, abgelehnte Meinungen werden höchstens „durch Gegenthesen ergänzt". Es gibt eben keinerlei Nestbeschmutzung, nicht einmal eigene ältere Ausführungen werden korrigiert. Wer Günthers jüngere Arbeiten liest, findet dort kaum Verweise auf seine früheren Schriften. Wer sie aufspürt, erhält weniger den Eindruck von Entwicklung als von jahreszeitlicher Anpassung an Frost- und Tauwetterphasen.

Drittens sind äußere Bedingungen einzurechnen. Ein Jugoslawe wie Djurdjev 1965 und ein Ungar wie Várady 1978 konnten Dinge schreiben, die andernorts nicht riskiert wurden. Vergleichsweise heterodoxe Stimmen von Autoren, die sich zu anderen Zeiten anders (oder gar nicht) vernehmen lassen, häufen sich in den Jahren 1964 bis 1969. Damals haben Korsunskij, Djurdjev, Andreev und Günther den Germanen den Hauptanteil am Fall Roms zugewiesen, Kreißig und Günther den Grundherren Progressivität bescheinigt, Kac und Schtajerman den Begriff der „sozialen Revolution" verworfen. Korsunskij bestritt die Rolle des Klassenkampfes, Sirotenko die Notwendigkeit einer Zerschlagung des Reiches, Günther die Existenz einer progressiven Kraft, und Diesner stellte gar die Annahme einer Fortschrittlichkeit der Germanen unter den Verdacht „rassistischer und faschistischer Ideologie" (*1966,* 6). Rechnen wir eine gewisse Verzögerung des Umschlags von außen nach innen ein, so handelt es sich in den betroffenen Jahren um die Phase, die den Prager Frühling ermöglicht hat. Mit dem Einmarsch der Sowjets kühlte sich das ideologische Klima wieder ab, teilweise wird eine Restalinisierung spürbar (Günther).

In der Zitierweise der Ostblockliteratur herrscht eine hierarchische Rangordnung. Die Respektbezeugung gegenüber wichtigen Persönlichkeiten im eigenen Lande (Günther *1975,* 167; *1978,* 237; 241) oder seitens der Autoren in den Satellitenstaaten gegenüber der grundsätzlich ranghöheren russischen Literatur insgesamt ist ein Disziplinierungsritual, das den Sinn einer politischen Proskynese erfüllt. Literatur aus dem Westen wird praktisch ignoriert. Ihre Verarbeitung ist nicht nur mit der Schwierigkeit verbunden, daß man drüben schwer an sie herankommt, sondern setzt sich auch dem Vorwurf „Wider die kriechende Fremdtümelei auf dem Gebiet der Alten Geschichte" aus.[21] Dieses Rangdenken dürfte aus der byzantinischen Tradition im Ostblock herzuleiten sein (Beck *1975*). Dasselbe gilt für die wohlfunktionierende *damnatio memoriae* für abtrünnige, ausgewan-

[21] Heinen *1980,* 281 (nach VDI. 1948, 1). „Westlich" in diesem Sinne, nämlich bürgerlich, sind auch die sozialistisch geprägten Historiker vor der Gründung der DDR wie Rodbertus, Poehlmann, Max Weber, Hartmann, Paterson, Walbank und wie sie alle heißen (III. 2. a und b!). Auch sie fehlen in den Fußnoten der Texte zum Fall Roms, selbst dann, wenn man die von ihnen aufgestellten Thesen übernimmt. Eine Ausnahme bildet Hartke mit seinen ›Kinderkaisern‹ *(1951).* Er zitiert nur, was aus wissenschaftlichen Gründen zitiert werden muß s. o.

derte oder verfemte Autoren, selbst wenn man von diesen zentrale Thesen übernimmt, wie von Rostovtzeff den Klassenkampf im 3. Jahrhundert, von Toynbee die Vorstellung vom äußeren Proletariat. Wichtiger als das, was ein Autor schreibt, ist: wo er steht. Einblick in das marxistisch-leninistische Unterwerfungs-Zeremoniell gewährt das Geburtstagstelegramm der Deutschen Akademie der Wissenschaften von 1950 an Stalin, den „Denker, der in die tiefsten Gründe des geschichtlichen und staatlichen Lebens mit seherischer Klarheit vorgedrungen" sei.[22] Dem Autor, dem Altphilologen Johannes Stroux, gelang ein Meisterwerk des byzantinischen Kriechstils.[23]

Die in der bürgerlichen Literatur verbreitete Befürchtung, der Fall Roms könne sich an der europäischen Kultur wiederholen, ist von marxistischen Autoren aufgegriffen und umgedreht worden: so wie einst die Sklavenhalterformation würde nun auch der Kapitalismus überwunden (II. 5. a!). Das besondere Interesse der Ostforschung gerade an der Spätantike (Christ *1982*, 328) dürfte auf dieser Analogie beruhen. Dagegen hat Marrou (*1954/66*, 195) den Kulturbruch auf den Ostblock angewandt, nicht aber um zu zeigen, was dort noch bevorstehe, sondern um klar zu machen, was bereits geschehen sei, worauf das bescheidene Niveau der östlichen Geschichtsliteratur beruhe: die russische *intelligentsia* sei durch die Revolution ausgerottet worden, und die Kultur müsse ganz neu anfangen *dans un climat presque carolingien; ce fut vraiment un nouveau moyen âge.* Damit wird die geistige Situation im Osten aus einer Analogie zur Völkerwanderungszeit gedeutet. Träfe sie zu, so wäre mit einer längerfristigen Finsternis zu rechnen.

---

[22] Text bei Meinecke *1962*, 304. Die Selbsterniedrigung der Historie vor Stalin übertrifft an Devotion alles, was ich zu diesem Thema irgendwo gefunden habe. Ein östliches Muster bietet Pigulewskaia *(1953)*, ein westliches Parain *(1953)*. Wenn ebendieselben Autoren (so Welskopf *1957*, 189) gegen bürgerliche „Schmeichler und Speichellecker" Stellung beziehen, dann fragt man, was hat hier Sprache noch für einen Sinn?

[23] Die jüngeren Ergebenheits-Adressen (so die an Erich Honecker, Sb. AdW. Berlin 1974 Nr. 17 S. 30 f.) betonen stärker die Loyalität zum Sozialismus und zu den Sowjets allgemein.

III. 3. Naturwissenschaftliche Erklärungen: Erschöpfte Lebensgrundlagen

Der Anspruch der sozialökonomischen Erklärungsversuche, den Zerfall des römischen Imperiums aus den Vorgängen in der Basis des staatlichen Lebens abzuleiten, wird durch jene Autoren unterboten, die den Grund des Grundes aller Geschichte in den natürlichen Bedingungen von Gesellschaft, Wirtschaft und Politik suchen und deren Wandlungen aus ihren biologischen Voraussetzungen interpretieren.

Die mit solchen Faktoren argumentierenden, sich gewöhnlich naturwissenschaftlich verstehenden Untergangstheorien zerfallen in drei Gruppen. Die erste These ist agronomisch und ökologisch ausgerichtet. Sie operiert mit einem Rückgang der Ernten, der auf eine Erschöpfung der Nährstoffe im Boden oder auf nachlassende Niederschläge zurückgeführt wird. Der zweite Erklärungsversuch ist demographisch geprägt und vertraut der Statistik. Er stützt sich auf die Bevölkerungsabnahme, die teils auf den Seuchen der Kaiserzeit, teils auf der Übersteuerung beruhe. In diesen Zusammenhang gehört auch der Glaube an die Schädlichkeit der Verstädterung und der schleichenden Bleivergiftung. Als dritter, anthropologischer Deutungsansatz schließt sich die Lehre der Rassenentartung an, sie wird zuweilen mit dem Hinweis auf die Bevölkerungsabnahme verquickt.

Jede dieser Theorien hat eine lange Vorgeschichte, sie alle wurzeln im Altertum selbst. Die Vorstellung, daß der kulturelle Niedergang mit einem Versiegen der natürlichen Lebensquellen einhergehe, ist vielleicht die älteste rationale Dekadenztheorie überhaupt. In dem Leidenskatalog des ägyptischen Weisen Ipuuer aus dem Mittleren Reich werden neben den sozialen die physischen Übel beklagt: „Die Frauen sind unfruchtbar und werden nicht mehr schwanger. Chnubis, der Gott, bildet keine Menschen mehr ... Pest zieht durch das Land ... die Rote Wüste breitet sich im Lande aus ... das Korn ist überall zugrunde gegangen" (Bissing *1955*, 129 f.). In der griechischen Literatur finden sich Beobachtungen über die durch Entwaldung verursachte Verkarstung und Verödung der Landschaft bereits bei Platon (Kritias 111 bc). Vielfach steht der Gedanke einer ermüdenden Natur im Zusammenhang mit der Idee einer organisch alternden Welt (Demandt *1978*, 37 ff.). Lucrez verglich die Natur mit einer alt und unfruchtbar gewordenen Frau (II 1150 ff.); die Bodenerschöpfung wurde von Columella eingeräumt, jedoch auf mangelnde Düngung zurückgeführt (II 1). Die Christen haben zur Bestätigung ihrer Endzeiterwartung den heidnischen Glauben an die *senectus mundi* übernommen und mit den üblichen Erschlaffungssymptomen ausstaffiert. Cyprian behauptete ein allmähliches Versiegen aller Naturkräfte einschließlich der Energien der Menschheit (Demetr. 3–8). Beinahe gleichlautend schrieb Commodian, der Regen lasse nach, der Boden werde steril, Seuchen breiteten sich aus (apol. 843 ff.). Orosius betrachtete das als göttliche Strafe (apol. 26,4). Daneben finden sich auch rationale, durch Mißwirtschaft begründete Erklärungen für eine Verödung des Landes (Paneg. V 6,1; XI 13,3; Lact. mort. pers. 7,3). Alle derartigen Zeugnisse sind im vergangenen Jahrhundert aufgegriffen und als Belege für einen biologisch bedingten Zivilisationsverfall angeführt worden.

III. 3.a. Bodenerschöpfung und Klimasturz

Reluctante natura irritus labor est.
Seneca, Tr. an. 6,4

Unter den möglichen Niedergangsfaktoren im römischen Reich sind Bodenerschöpfung und Bevölkerungsschwund in der neuzeitlichen Literatur bereits 1766 von Adam Ferguson (389) erwogen worden. Der ersten dieser Komponenten hat dann Justus von Liebig, der Begründer der Agrikulturchemie, zur Beachtung verholfen. In seinem Werk ›Die Chemie in ihrer Anwendung auf Agricultur und Physiologie‹ (*1840/65* I) hat er auf den Zusammenhang zwischen Land- und Geisteskultur eine ganze Geschichtsphilosophie gebaut: „Was die menschliche Gesellschaft zusammenhält oder auseinandertreibt und die Nationen und Staaten verschwinden oder mächtig macht, dies ist immer und zu allen Zeiten der Boden gewesen, auf dem der Mensch seine Hütten baut" (95). Weil der Mensch die Erde nicht fruchtbar zu halten verstehe, tränke er sie mit seinem Blute: alle Völkerwanderungen seien in ertragreichere Gegenden gegangen (93). Liebig führt die Beispiele seit der griechischen Kolonisation an. Während Bevölkerungsverluste in der Regel rasch wieder ausgeglichen würden, bedrohe die Auslaugung des Bodens unwiderruflich die Ernährung der Bauern. Dies wird an Italien vorgeführt, dessen Fruchtbarkeit seit der frühen Republik abgenommen habe. So sei eine Ausplünderung der Provinzen nötig geworden (102). Vom ersten vorchristlichen Jahrhundert an seien Getreideimporte erforderlich gewesen, deren Verteilung dann die Macht des Kaisers gestützt habe. Das Gefühl der Abhängigkeit von der staatlichen Versorgung habe den Opportunismus und die Charakterlosigkeit der kaiserzeitlichen Städter zur Folge gehabt (103). Auf dem Lande habe die Bodenverarmung die freien Bauern entwurzelt, die sich zunächst verschuldet und dann ihre Höfe aufgegeben hätten. So habe sich der Plantagenbau der Großgrundbesitzer mit ihren Sklavenherden ausgebreitet, der Bauernstand aber, auf dem der republikanische Staat basiert hatte, sei trotz aller Gegenmaßnahmen vernichtet worden (100 ff.). Steigende Kornpreise hätten sodann einen Bevölkerungsschwund bewirkt (104), der das Imperium in die Agonie stürzte. Mit Diocletian sei der freie Bauer verschwunden, es beginnt „das Absterben des riesigen Körpers und seine innere Fäulnis" (103), gegen die kein Mittel half, weil das Naturgesetz der Bodenerschöpfung nicht bekannt gewesen sei. „Wie die Ratte das untergehende Schiff, so verließ zuletzt Constantin das zerrüttete Land, um in einen andern Weltteil den nämlichen Zerstörungsprozeß zu verpflanzen" (103). Soldaten und Germanen (was dann schließlich das selbe bedeutet) hätten den kargen Rest verzehrt. Liebig verbirgt uns nicht, daß er die Diagnose der Vergangenheit im Blick auf die Therapie der Zukunft stellt. Denn die Bodenverarmung der Kaiserzeit parallelisierte er mit derjenigen seiner Gegenwart, so daß der Fall Roms wieder zum Menetekel wird. Während damals das Verhängnis unabwendbar war, könne es fortan vermieden werden. Zum ersten Mal in der Geschichte schien ihm die Kultur von der Notwendigkeit befreit, aus den unfruchtbaren Regionen auswandern und Neuland suchen zu müssen.

Einen anderen Akzent setzte der von Marx (MEW 32, 52) als Sozialist bezeichnete Agronom C. FRAAS in seinem Buch ›Klima und Pflanzenwelt in der Zeit‹ *(1847)*. Anhand seiner auf Griechenland gerichteten Untersuchungen kam er zu dem Schluß, daß die Kultur allemal eine Wüste produziere und sich damit selbst vernichte. Ob die wichtigsten Ursachen für den Kulturverfall „in ausgebrauchten Ländern, ausgesaugtem Boden, gestörtem Klima, zerstörter Natur oder zersetzter Race liegen“, ließ er offen (XIX). In Griechenland, das zu zwei Dritteln von Albanern, Slawen u. a. bewohnt sei, fand er alles beisammen. Insbesondere verderblich schien ihm die Entwaldung (68; 136). Auch Germaniens natürliche Vorräte seien begrenzt! Das gesunkene Altertum mahnt.

1902 hat Hans DELBRÜCK im Rahmen seiner innenpolitischen Erklärung für das Versagen des Imperiums (III. 4. a!) auf die Verminderung der Edelmetalle hingewiesen. Darauf baute dann Paul ROHRBACH seine Theorie. In dessen ›Geschichte der Menschheit‹ (*1914*, 136–159) lesen wir, durch den Abfluß des Goldes in den Orient und zu den Barbaren und durch die Erschöpfung der Silber- und Goldbergwerke sei die geldwirtschaftliche Grundlage der römischen Zivilisation unterhöhlt worden. Dies habe namentlich das Heerwesen ruiniert, und so sei das Reich, das bis zum Beginn der Völkerwanderung an Wohlstand und Bevölkerung zugenommen habe, in einer „Weltkatastrophe“ verendet. 235 n. Chr. habe der Niedergang eingesetzt. 476 war er perfekt.

Der Erschöpfungsgeschichte Liebigs hat E. LASPEYRES in Hildebrands Jahrbüchern für Nationalökonomie (2, *1864* S. 133 f.) widersprochen. Dennoch fand sie weiterhin Anhänger. Georg SIGWART versuchte in seinem Artikel ›Die Fruchtbarkeit des Bodens als historischer Faktor‹ 1915 Liebigs Theorie an der Alten Geschichte nochmals zu bestätigen. Die zahlreichen Agrarkrisen führte er auf stets denselben Grund zurück: der Niedergang Spartas, Athens und Griechenlands überhaupt, der Abstieg Etruriens, der römischen Republik und des römischen Kaiserreiches seien sämtlich durch die Auslaugung des Bodens hervorgerufen. In der Spätantike werden Bevölkerungsrückgang, Verarmung, Inflation und der darauf reagierende Despotismus aus jener Quelle hergeleitet, so daß keine Widerstandskraft gegen die Germanen mehr übrig war, als diese zum Einbruch ins Reich ansetzten. In seinem RE-Artikel ›Kapitalismus‹ (RE 20, *1919* S. 1908) unterstrich er nochmals die Einsicht Liebigs für die Erklärung des römischen Niedergangs.

Liebigs Untergangstheorie wurde, ohne Bezug auf ihren Urheber, 1916 durch

V. G. SIMKHOVITCH aufgegriffen. Sein Artikel ›Rome's Fall Reconsidered‹ zeigt an der agronomischen Literatur Roms, daß überall eine Steigerung der Erträge angestrebt wurde, was auf eine Bodenerschöpfung hindeute. Zentrales Krisensymptom war für ihn der Rückgang der Rentabilität im Getreideanbau. Während Rodbertus (III. 2. a!) dies aus dem veränderten Preisgefüge herleitete, erklärte Simkhovitch es aus der Erschöpfung der Krume. Dieses Phänomen sah er in der gesamten antiken Wirtschaftsgeschichte wirksam. Bereits der Beginn der Ständekämpfe sei der bodenbedingten Verarmung der Plebejer entsprungen (216), die Expansion Roms wäre eine Reaktion auf die Verödung Italiens: man brauchte neues Getreideland (228) und verwandelte dies dann durch den Anbau wiederum in eine Wüste (223). Naturgesetzliche Vorgänge stünden somit hinter der Ausbildung des Großgrundbesitzes, hinter dem Ruin des Bauernstandes und dem Sittenverfall seit der späten Republik (203; 217 ff.). Den antiken Agronomen seien die Niedergangsgründe wohl bewußt gewesen; bis ins frühe 19. Jahrhundert habe die Landbautheorie den antiken Stand nicht wieder erreicht, aber aus unerklärten Gründen hatte dies keine praktischen Folgen (220). Alle kaiserzeitlichen Mißstände wurzeln für Simkhovitch in der Auslaugung des Bodens, selbst der Aufstieg des Christentums erschien ihm eine Folge der darin gegründeten Verzweiflung (240). Allein Ägypten, das der Nil jährlich befruchte, habe seine Erträge und seine Bevölkerung halten können (223). Trotzdem ist auch Ägypten zum Christentum übergegangen, wie der Autor hinzuzufügen vergaß. Simkhovitch bestritt, die Entstehung der antiken Kultur aus den Bodengegebenheiten erklären zu wollen, aber den Niedergang sah er durch sie bestimmt.

Einen zusätzlichen Faktor brachte Ellsworth HUNTINGTON in den agronomischen Erlärungsansatz. In seinem Buch ›Civilisation and Climate‹ *(1915/48)* vertrat er die Ansicht, Aufstieg und Niedergang von Kulturen seien klimatisch bedingt: *many of the great nations of antiquity had risen or fallen in harmony with favorable or unfavorable conditions of climate* (11). Insbesondere dachte er dabei an Griechenland und Rom. Athen habe in der klassischen Zeit ein Klima ähnlich dem heutigen von New York oder Berlin besessen (401), mit beginnender Dürre sei die Auswanderung nach Alexandria nötig geworden (397). Den klimatischen Einfluß auf die Kultur sah Huntington mehrfach wirksam. Wandlungen der Wetterlage könnten zur Verarmung und damit zur Verrohung führen, sie könnten über die Malaria aber auch die Bevölkerung verringern, und schließlich bestimmten sowohl diese beiden Auswirkungen der Klimaschwankung so wie diese selbst die Mentalität der Menschen, die *virile energy* einer Zivilisation (13). Letzteres verband Huntington insbesondere mit der Häufigkeit der Stürme *(storminess)* und der Luftelektrizität (12 f.; 398), die ihm als stimulierende Faktoren erschienen.

Huntington suchte sich vor einer Überschätzung dieser Komponenten dadurch zu bewahren, daß er auch die rassischen Anlagen berücksichtigte. Insoweit habe die Malaria die Brutalität der Römer nur befördert, nicht allein verursacht

(394). Huntingtons Theorie ist eine Modernisierung der schon von Hippokrates in seiner Schrift ›Über die Umwelt‹ behaupteten und von Herodot und Aristoteles wiederholten Ansicht, wonach die Charaktere der Völker aus ihren klimatischen Lebensbedingungen zu erklären seien.

1917 hat Huntington ›Climatic Change und Agricultural Exhaustion as Elements in the Fall of Rome‹ zum Thema eines Aufsatzes gemacht, in der er eine Klimaverschlechterung in der Spätantike nachzuweisen suchte. Aus den Jahresringen der Mammutbäume Kaliforniens schloß er auf eine Trockenperiode im Mittelmeerraum des dritten und vierten Jahrhunderts bis zum Fall des Reiches. Es versteht sich, daß er mit diesen Folgerungen keine Zustimmung gefunden hat. Klimatische Veränderungen lassen sich bei günstiger Quellenlage nachweisen, so in der Moorkunde Nordwestdeutschlands. Die Forschungen von F. Overbeck *(1975)* haben gezeigt, daß gewisse Verlagerungen in den Siedlungsräumen mit der sich wandelnden Regenmenge in Verbindung gebracht werden können (516 ff.), doch hängt deren Wirkung von den Anbaumethoden ab. Overbeck hat bis 100 v. Chr. eine trockene Periode, und ab der Zeitenwende eine Zunahme der Niederschläge festgestellt. Die schon bei Strabo (II 102 c) mit einem Naturereignis, allerdings einer Flutkatastrophe, verbundene Auswanderung der Kimbern und Teutonen, wird man mit klimatischen Änderungen kaum erklären können, denn sie müßten über ein halbes Jahrtausend im gesamten Raum vom Niederrhein bis Mittelasien nachweisbar sein.

Die Theorie von Delbrück und Rohrbach begegnet wieder bei Oliver Davies. Er begründete in seinem Buch ›Roman Mines in Europe‹ *(1935)* seine Niedergangstheorie archäologisch: *the archaeological evidence suggests, that the western empire became bankrupt mainly owing to the failure of its mines* (2). Man könnte den Bankrott bloß ökonomisch verstehen, doch ist er tatsächlich zugleich staatlich gemeint (II. 5. a!): die Zahlungsunfähigkeit schließt nach der Ansicht des Autors die politische Auflösung ein, denn Davies fährt fort: *whereas the east survived, because it reopened old workings* (a. O.). Der Glaube, daß die Lebenskraft eines Staates primär ein Problem der finanziellen Liquidität sei, war nicht nur in den dreißiger Jahren populär.

Die nachlassende Fruchtbarkeit des Reichsbodens wird in der jüngeren Niedergangsliteratur kaum noch erwähnt. Eine Variante erscheint wieder bei dem Agrarhistoriker K. D. White in seinem Artikel von 1971 ›The Fall of the Roman Empire in the West: a Process of Elimination‹. White schrieb: *in essence the Roman problem was a fiscal problem.* Seine Lösung wird in einem imaginären Dialog zwischen einem modernen Entwicklungshelfer und einem spätrömischen Finanzminister erörtert (55 ff.). Alles läuft auf die Notwendigkeit der Steigerung der Landerträge hinaus. Weil dies unterblieben sei, war das Ende unvermeidlich. Roms Osten habe es abwenden können, weil er eine bessere Industrie besessen habe (62). So wie die älteren agronomischen Erklärungsversuche aus der Überzeugung der Autoren erwuchsen, man müsse mehr aus dem Boden herauswirtschaften, so dürfte das auch für White gelten. Sein Aufsatz erschien in der

Zeitschrift ›Nigeria and the Classics‹. Die Empfehlungen Liebigs aus dem vergangenen Jahrhundert für Europa sind in den Entwicklungsländern immer noch gültig.

Eine gegenläufige Tendenz vertritt die neuere Umweltbewegung. Sie fordert nicht, daß man aus der Natur noch mehr herausholen müsse, sondern beklagt, daß man schon zu viel aus ihr heraushole. Um dies auch für die Geschichte zu beweisen, schrieb J. Donald HUGHES sein Buch ›Ecology in Ancient Civilizations‹ *(1975)*. Wiedermal wird Rom zum Kronzeugen für folgenreiches Fehlverhalten: *The Romans' failure to adapt their society and economy to the natural environment in harmonious ways is one of the causes of the decline and fall of the Roman Empire, if not in fact the basis and underlying one* (128). Ihre religiöse Scheu vor der Natur hätten die Römer unter dem verderblichen Einfluß des griechischen Rationalismus abgeworfen (137), eine rein utilitaristische, naturfeindliche Gesinnung entwickelt und gedanken- und bedenkenlos ihre Wälder abgeholzt (131), den Boden der Erosion ausgesetzt (135), die Metallschätze ausgebeutet (132) und damit ihre natürlichen Lebensbedingungen untergraben. Als Folgen notiert Hughes: Verarmung und Minderung der Gesellschaft, Malaria, Bleivergiftung, Quecksilberschäden und schließlich Wehrlosigkeit, als die infolge klimatisch begründeten Grasmangels (?) nach Westen drängenden Steppenvölker heranstürmten (130). *An environmentalist movement did not exist in Rome* (137); niemand bedachte, daß die Natur geschont und gepflegt werden müsse. *If the Romans had decided to do this, they might well have succeeded* (140).

Andere Akzente setzt der Münsteraner Geograph L. HEMPEL. Die in den letzten Jahren mit beträchtlichem Aufwand betriebenen naturwissenschaftlichen Forschungen, zusammengefaßt in seinem Beitrag ›Mensch oder Klima?‹ *(1980/81)*, resultieren in der These, daß die Abschwemmung des Humus im Mittelmeerraum überwiegend vorantik sei, durch klimatische Veränderungen und natürliche Bewuchsverhältnisse begünstigt wurde. Der Mensch habe diesen Vorgang wohl beschleunigt, doch sei der Holzbedarf eben unabweisbar gewesen, so daß die schuldhafte Naturzerstörung minimal bleibt. Aus praktisch-didaktischen Gründen wird aber gerade dieser steuerbare Faktor interessant bleiben.

III. 3. b. Menschenmangel und Massenerkrankung

> *Illud, quo solo mortalium rerum durat diuturnitas, gignendi opus, quod natura semper appetit, interdum coercet voluntas.*
> Boethius CPh. 71

Im Jahre 131 v. Chr. forderte der Censor Q. Metellus Macedonicus, *ut omnes cogerentur ducere uxores liberorum creandorum causa* (Livius epit. 59). Seitdem wurde in Rom immer wieder die Besorgnis über den Schwund der eigenen und das Wachstum der fremden Bevölkerung laut. Augustus berief sich bei seiner Ehegesetzgebung auf jene Rede des Metellus. Gleichzeitig stellte Diodor (II 5,7) dem Menschenreichtum der Vergangenheit den gegenwärtigen Menschenmangel gegenüber. Tacitus bewunderte den Kinderreichtum der Germanen (Germ. 19) und Juden (Hist. V 5), und Juvenal beschrieb die Verhütungs- und Abtreibungspraktiken der reichen Römerinnen, deren Männern auf diese Weise erspart würde, Väter von farbigen Kindern zu werden (6,592 ff.). Derartige Äußerungen finden wir in der römischen Literatur häufig, sie reichen bis in die Spätantike (Amm. XIV 7, 20; XXVIII 5,9; Paneg. IV 17,2). Der Mangel an Nachwuchs wurde als Problem empfunden.

In der neuzeitlichen Literatur erscheint dieser Gesichtspunkt unter den Gründen für den Zerfall des Reiches bei Bodin (*1576,* 835 ff.), ausführlich bei Montesquieu (*1748* XXIII c. 18–23) und wieder bei Meiners (*1782,* 284) und Krause (*1790),* der die „Möncherey" als Ursache des Bevölkerungsschwundes auffaßte (4 ff.; 205). Zur eigentlichen Ursache des Untergangs erhob ihn Barthold Georg NIEBUHR. In seinen ›Vorträgen über alte Geschichte‹ *(1825/48)* behandelte er als Exkurs zur Pest des Thukydides die Bedeutung von Seuchen in der Vergangenheit allgemein. „Ganze Abschnitte in der Geschichte werden erklärt durch das Verschwinden und Eintreten von mörderischen Epidemieen". Neben dem griechischen Beispiel steht das römische: mit der Pest des Lucius Verus 166 n. Chr. sei die antike Kultur dem Niedergang verfallen gewesen. „Alles Edle geht unter", wie sich am Verfall der Kunst am deutlichsten zeige. Die Seuche unter Gallienus habe mehr als die Hälfte der Bevölkerung vernichtet und danach „ist das Altertum ganz verschwunden; es tritt ein Zustand gänzlicher Barbarei ein und sogar die Sprache kann sich nicht mehr halten und wird unkenntlich. Mit der großen Pest unter Justinian geht alles völlig unter, und es schwinden auch noch die geringen künstlichen Überreste des Altertums, es bleibt bloß noch der Schlamm" (64 f.).

Die ›Vorträge über römische Geschichte‹ (III *1829/48*) stellen diesen Gedanken in einen weiteren Zusammenhang. Die Republik schloß wie das „Ende eines durchgeführten Lebens", es folgt „bloß noch eine Entwicklung mechanischer Kräfte, die lebendigen waren alle gewichen, die Natur bringt keine Krisis mehr hervor, es ist ein allmähliches Absterben, eine indefinite zerstörende Krankheit wirkte, die das Ende unausbleiblich herbeiführen mußte". Diese der Geschichte des Tiberius vorangestellten Bemerkungen sollen erklären, weswegen die Kaiserzeit unter nationalen und politischen Aspekten unerfreulich sei und „nur" im Hinblick auf weltgeschichtliche Auswirkung und auf praktische Anwendung, namentlich für Theologie und Recht, Interesse verdiene (162 f.). Die Annahme der Verheerung durch Krankheiten wird festgehalten, die „Erholung Roms" seit Diocletian erscheint als Resultat der nachlassenden Pest, doch sei das nur eine Ruhepause gewesen. Die Welt verödete, der Geist starb aus, mit der Absetzung des Romulus Augustulus „endigte das römische Reich" (290 f; 346). Die übliche Analogie zwischen den Nöten der Gegenwart und jenen des späteren Rom fehlt auch bei Niebuhr nicht. Die unter dem Eindruck der Julirevolution am 5. X. 1830 abgezeichnete Vorrede zur 2. Auflage des 2. Teils der ›Römischen Geschichte‹

enthält den Satz: „Jetzt blicken wir vor uns in eine . . . bevorstehende Zerstörung, wie die römische Welt sie um die Mitte des dritten Jahrhunderts unserer Zeitrechnung erfuhr: auf Vernichtung des Wohlstands, der Freiheit, der Bildung, der Wissenschaft" (II *1873*, IX).

Die erste systematische Erörterung der ganzen Problematik verdanken wir dem Berliner Latinisten Karl Gottlob ZUMPT. Seine Akademie-Abhandlung ›Über den Stand der Bevölkerung und der Volksvermehrung im Alterthum‹ von 1841 ist für uns deswegen von Interesse, weil sie überwiegend die Volks*verminderung* behandelt. Im Anschluß an Polybios glaubte Zumpt, seit dem zweiten punischen Krieg einen Rückgang der freien römischen Bevölkerung annehmen zu müssen, der durch Sklavenzufuhr gebremst, aber niemals aufgehalten werden konnte (23; 31). Der Autor führt die beeindruckende Phalanx der Klagenden auf: von Metellus Macedonicus über Augustus bis weit in die Kaiserzeit (25; 34 f.). Mit Ausnahme einiger östlicher Provinzen sei die Bevölkerung mal langsamer, mal rascher geschrumpft (54; 70; 74). Das Minimum sei um 400 n. Chr. erreicht gewesen, dann hätten die Germanen neue Menschen gebracht (75). Der „eigentliche Fall des Alterthums in Hinsicht auf Staat und Natur" habe indessen bereits in jenem „traurigsten Jahrundert" zwischen 170 und 270 n. Chr. stattgefunden (85).

Als Gründe der Entvölkerung vermutete Zumpt in erster Linie im Anschluß an Polybios die Wirkungen der Zivilisation: die Ehescheu im Luxusleben, dem Kinder lästig waren, daneben die überzogene Freiheit des Familienvaters, die ihm die Aussetzung erlaubte. Weiterhin werden Kriegführung und Verarmung genannt (25; 45; 67 ff.; 78); Seuchen und Erdbeben wie nie zuvor hätten den Ruin vollendet (83–87), und das Christentum mit seiner asketischen Entartung hätte ihn nicht aufgehalten (88 ff.). Der Menschenmangel ist mithin nur das Bindeglied zwischen den ihn bewirkenden Gründen, in erster Linie dem Luxus, und dem Verfall, dem auch die Kaiser nicht wehren konnten: „Der raffinierte Lebensgenuß bei höchster individueller Freiheit hatte das Mark der Völker aufgezehrt" (81 f.), und aus ihm erwuchs die Volksverminderung als das „Grundübel . . ., woran die Griechische und Römische Welt krankte" (39). Die Folge dessen sei die Aufnahme der Barbaren gewesen, deren man sich schließlich nicht mehr erwehren konnte (80 f.). Das Ende des Westreiches erfolgte so zwanglos, daß eigentlich nur ein Namenswechsel stattfand (83). Freilich hätte die Germanen bald dasselbe Los getroffen: auch sie verkamen im Luxus (71; 82), bis die Regeneration aus einfacheren Lebensumständen erfolgen konnte (91). Zumpt fürchtete für die europäische Kultur ein gleichartiges Ende, hoffte aber, daß es noch eine Weile ausstehe, und dies sei durch eine Begrenzung von Luxus und Freiheit erreichbar (91).

1870 hat J. R. SEELEY in seinen ›Lectures and Essays‹ wiederum den Menschenmangel zum Hauptgrund des Niedergangs erhoben. Seeley ging aus von der Unterlegenheit der späten Römer gegenüber den Germanen und erklärte dies einesteils aus deren waffentechnischen und politischen Fortschritten (44), andernteils aus einer inneren Schwächung Roms, und ihr maß Seeley das größere Gewicht zu (43). Im Unterschied zu allen älteren Großreichen habe Rom nicht an ernsthaften politischen Widerständen im Innern, sondern vor allem an einem Bevölkerungsschwund gelitten: *the Empire perished for want of men* (48). Seeley führt die bekannten Zeugnisse über Ehelosigkeit und Kindesaussetzung von Provinzialen, über Ansiedlung und Anwerbung von Barbaren auf und meinte, alle Übel seien heilbar gewesen, außer diesem. Die Ursachen für den Rückgang sah er nicht in der Zivilisation als solcher, denn diese habe in der Neuzeit gerade zur Vermehrung geführt. Vielmehr machte er den römischen Nationalcharakter verantwortlich, eine *Turkish helplessness,* mangelnder Elan: *the human harvest was bad* (54).

Nach den deutschen und englischen Beiträgen wird die Entvölkerungsthese in der neueren französischen Forschung wieder vertreten seit Arsène Dumont, ›Dépopulisation et civilisation‹ *(1890).* Dem Autor ging es primär um die *oliganthropie française,* zu deren Verständnis das römische Beispiel ausgewertet wird. Die Parallele zur *démocratie césarienne* Diocletians wird einerseits typologisch begründet: *ressemblance capitale: la bureaucratie et la centralisation* (186), und andererseits genetisch hergeleitet durch die Bestrebungen des Klerus und der *legistes* zugunsten des Cäsarismus. Die Allianz zwischen Thron und Altar ist Dumont verständlich: *tous les despotismes sont frères* (264), aber er lehnt sie ab: *refaire l'empire romain! Voilà la chimère, le rêve tyrannique!* Das Mittelalter habe das gewollt, desgleichen die Napoleone, weil sie meinten: *l'empire romain est l'archétype de tout État non barbare* (188). Der Absolutismus sei ein Unding, denn *le pouvoir absolu implique le savoir absolu* (206), und seine Resultate sind in Rom zu studieren: Er sei *responsable de la ruine d'un monde et de l'avortement d'une civilisation* (187). So stark Dumont Kaiser und Kirche (s. o.) zur Rechenschaft zieht, so gewiß bezeichnen sie ihm, ebenso wie die am lautesten beklagte Menschenarmut, nur Symptome einer moralischen Krankheit (331). *Le luxe fut mortel à Rome pour la vertu comme pour l'art et la race* (498; 328). Die Genußsucht der Oberschichten wurde durch die Profite, die Arbeitsscheu der Massen durch die Getreidespenden ermöglicht (332; 398). Der daraus folgende Individualismus habe den Bevölkerungsrückgang bewirkt (334). Die Weltgeltung Roms wie Frankreichs hätte eine *capillarité sociale* zur Folge gehabt: die Menschen wollten, jeder für sich, nach oben kommen (321 ff.). Dumont sah, daß der Individualismus ein Hebel der antiken Kultur war, aber seine Übertreibung habe Sparta, Athen und Rom erschöpft (326; 363). Die Bildung der Person bei den Griechen und die Sorge um das Seelenheil des Einzelnen bei den Christen stimmten darin überein, daß es um das Individuum gehe, nicht um die Gemeinschaft, und eben dies müsse geändert werden (343). Gegen den kapitalistischen Individualismus und den sozialistischen Internationalismus, beide verkörpert in den nachwuchsfeindlichen Großstädten (*capitales vampires* 119; 517), predigte Dumont einen blutbewußten, bodennahen Patriotismus der Volksgemeinschaft (388 ff.). Die Franzosen mögen sich mehren und gemeinsam mit den anderen europäischen Völkern die Weltherrschaft übernehmen (52). Einer solchen Expansion verdanke die Welt schon ihre erste Zivilisationsphase im Hellenismus (54). Dumont war überzeugt, daß er im Sinne Comtes am Beginn des positiven, demokratischen

Zeitalters der europäischen Weltkultur stünde (119), einem tieferen Einschnitt, als das Ende Roms ihn gebracht hat (260). Die Macht des Geldes und des Despotismus müßten gebrochen werden, ihre Wirkung beweise die Alte Geschichte: *la ruine de la culture antique, l'affaissement du caractère aryen et pour une période de dix siècles le triomphe du sémitisme et de la barbarie* (437). Indem Dumont hier Juden und Germanen nebeneinander nennt, zeigt er, daß er kein Rassist war.

Dumont vertrat seine Entvölkerungstheorie ohne erkennbaren Bezug auf die vorangegangene Forschung, und dasselbe tat nach ihm der schwedische Politologe Pontus Fahlbeck. Sein 1906 erschienener Artikel ›La décadence et la chute des peuples‹ enthält das Bekenntnis: *le monde antique succomba victime de l'extinction rapide des hautes classes et de la dépopulation générale* (369). Durch die Abnahme in den Unterschichten hätten Wehrmacht und Landbau, durch den Rückgang der Oberschicht Kultur und Intelligenz gelitten. Die überstürzte und unzureichende Ergänzung von außen hätte die Rasse verschlechtert und den Bedarf nicht gestillt. Die Ursache des Bevölkerungsrückganges sei nicht in der Sterberate zu suchen, Kriege und Seuchen würden in gesunden Zeiten rasch ausgeglichen. Vielmehr sei die Abnahme der Ehen und der Kinderzahl entscheidend (370 ff.). Letztere wird mit der Frauen-Emanzipation, der vermehrten Scheidung, der Prostitution und der Knabenliebe verbunden, mithin als Auswirkung eines Sittenverfalls verstanden. Das Christentum habe diese Tendenz verstärkt, wie die mit Rücksicht auf die christliche Askese erfolgte Aufhebung der augusteischen Ehegesetze durch Constantin erweise (371). Fahlbeck meinte statistische Anzeichen dafür zu besitzen, daß die Gegenwart eine ähnliche Lage ansteuere. Auf die zivilisatorischen Fortschritte setzte er wenig Hoffnung; die in Frankreich bereits wirksame Schrumpfung war ihm ein Symptom für den Rückgang der arischen Rasse, die ebenso das Opfer ihrer selbstgeschaffenen Werke werde wie die antiken Hochkulturen zuvor (375; 388).

Der Einfluß von Krankheiten auf die römische Geschichte wurde im allgemeinen in einer quantitativen Schwächung gesehen. Ausnahmsweise begegnet jedoch auch die Annahme einer qualitativen Schädigung. 1907 erschien das Buch ›Malaria. A Neglected Factor in the History of Greece and Rome‹ von W. H. S. Jones. Der Autor ging aus von dem angeblichen Charakterwandel im Griechenland des 4. Jahrhunderts v. Chr. Er führte ihn zurück auf möglicherweise aus Sphakteria 425 eingeschleppte Malaria (15). Sie habe den Niedergang Athens besiegelt. Im Hannibalkrieg sei durch Sklaven aus dem Osten oder auch durch die Karthager selbst diese Krankheit nach Rom gekommen (41) und habe dort den Nationalcharakter verdorben. *The evolution of savage brutality* (61) und allgemein *the deterioration in the national character* hätte die gracchischen Reformen vereitelt (83 ff.). Das die Kaiserzeit hindurch einströmende Neublut wurde systematisch vergiftet: *the Roman Empire at last fell to pieces,* als nämlich die malariafreien Germanen einrückten. Jones hält die Malaria zwar für die wichtigste, aber keinesfalls einzige Ursache: *It is not pretended, that malaria was the sole cause, but it is certain, that the disease gave full scope to other disintegrating factors ...*

Malaria made the Greek weak and inefficient; it turned the sterner Roman into a bloodthirsty brute (85).

Unser Autor versäumt nicht, auf die Aktualität seiner Erkenntnis hinzuweisen. Die schädlichen Folgen der Malaria für die englischen Kolonialherren in Indien seien zwar durch das den Alten unbekannten Chinin gebändigt, aber der Weltfeind heute heißt: Influenza. Sie gefährde die Kulturrassen wie nichts anderes (86 f.). Dieser Ansicht war auch G. G. Ellett M. B., der das Nachwort schrieb (99 ff.), während der Major Sir Ronald Ross, Professor für Tropenmedizin in Liverpool, einleitend feststellte: *I see no reason to suppose that the Roman and the Megatherium were not struck down by similar causes* (2). Biologischer Rassetod durch endemische Krankheiten allenthalben! Die rassische Gesundheit der klassischen Griechen bewiese der Parthenonfries im Britischen Museum (12).

Eine originelle Variante innerhalb der Erklärungsversuche mit Hilfe des Menschenmangels liefert Friedrich Reiche 1908 in seinem Artikel ›Der Untergang der antiken Welt‹. Nach einer ausführlichen Kritik der älteren Theorien bekennt sich Reiche zur „Erschöpfung der Volkskraft". Diese wird nun aber weniger in einem Rückgang der absoluten Bevölkerungszahl durch Nachwuchsmangel, Krieg oder Krankheit gesehen – hier rechnet Reiche sogar mit einem Anstieg (57) – als in einer Verdünnung des Römertums infolge der Ausdehnung des Reiches, mithin in einer relativen Abnahme der kulturellen und politischen Führungsschicht im Zuge der Expansion. Durch die intensive Romanisierung des Westens habe sich die Kraft des *populus Romanus* erschöpft und verbraucht. „Abgesehen von der Absorbierung gewaltiger Kräfte durch die andern Gebiete des Weltreichs, versiegte schließlich die Quelle der Romanisierung selbst, und die Erschöpfung Roms bzw. Italiens teilte sich naturgemäß dem ganzen Reiche allmählich mit, so daß es die antike Kultur nicht mehr bewahren und behaupten konnte" (64 f.). Reiche geht von einer begrenzten Volkskraft aus, und stützt dies durch seine Lebenserfahrung. Sein Artikel war ein Beitrag für die Festschrift des Gymnasiums von Schrimm in der Provinz Posen, wo die Germanisierung und der Fortbestand der deutschen Herrschaft gerade diesen Aspekt lebendig vor Augen führten. Reiche meinte, daß im Gegensatz zu den „subgermanischen" Ländern Ungarn, Böhmen und Mähren seine Heimat dem Deutschtum dauerhaft gewonnen sei.

Die anhaltenden Bemühungen von Ärzten um das Niedergangsproblem bezeugt das Buch des Leipziger Psychiatrie-Professors Oswald Bumke ›Kultur und Entartung‹ *(1911/22)*. Leitfrage ist, „ob wir selbst entartet sind und durch Entartung zugrunde gehen" (2). Zu diesem Zweck wird die angeblich am besten überschaubare Partie der Geschichte herangezogen, das Altertum. Letzter Grund für den Fall Roms war „unzweifelhaft das Aussterben, die zahlenmäßige Abnahme der Bevölkerung. Die Nation verliert die physische Kraft, ihre Stellung äußeren Feinden gegenüber zu behaupten ... Entscheidend war für Rom und Hellas der gleiche Vorgang, der das heutige Europa wieder gefährdet: die gewollte Beschränkung der Kinderzahl". Die Degeneration habe in der Oberschicht begonnen (77). Bumke rechnet zwar mit einer Zunahme der Kulturneurosen in der Spätzeit (78), wandte sich aber gegen die Rassentheorie und die Vorstellung einer „Ausrottung der Besten", wie Seeck sie vertrat (66 f.). Stattdessen machte Bumke das Milieu verantwortlich; da dieses veränderbar sei, schöpfte er für Europa Hoffnung.

Auf derselben Linie argumentierte der Schweizer Henri-François SÉCRÉTAIN. In seinem Buch ›La population et les moeurs‹ (*1913*) wird die *dépopulation* zur *cause préponderante* für den Niedergang Roms erhoben (5; 69 f.; 94 f.), der zugleich das frappanteste Exempel für zivilisationsbedingten Sittenverfall sei (11; 74). Daraus müsse die Nachwelt lernen (307 ff.).

Dieselbe Ansicht im selben Jahr vertrat Hutton WEBSTER in seiner ›Ancient History‹ (*1913*, 506 ff.). Auch ohne äußere Einwirkung wäre Rom gefallen, die antike Zivilisation hätte sich wie ein überforderter Athlet erschöpft. *The most obvious element of weakness was the want of men to fill the armies and to cultivate the fields.* Die Entvölkerung sei durch die Sklaverei, den *race suicide* der kinderfeindlichen Oberschicht, durch Seuchen, Kriege und Steuern beschleunigt worden, so daß der ökonomische Ruin nicht aufzuhalten war. Auch das Christentum habe destruktiv gewirkt. Das germanische Frischblut brachte den neuen Aufstieg (560).

Die Kontrolle der *racial qualities of future generations* setzte sich die ›Eugenics Review‹ zur Aufgabe. 1915 publizierte hier J. L. MYRES, Althistoriker in Oxford, seinen Artikel ›The Causes of Rise and Fall in the Population of the Ancient World‹. Er macht der Eugenik das Kompliment einer jungen Wissenschaft und meinte, mit einiger Behutsamkeit ließe sich aus der Bevölkerungsentwicklung des Altertums eine Aussicht auf unsere eigene Zukunft gewinnen. Die Historie sei eine *comparative science* so gut wie die Geologie (15). Myres erörterte, wie das Problem der Frühzeit von Griechen und Römern ein Zuviel, das ihrer Spätzeit hingegen ein Zuwenig an Menschen gewesen sei. Den Tiefpunkt der römischen Entwicklung fand er am Ende des 1. Jahrhunderts v. Chr., die kaiserlichen Maßnahmen hätten gegen den *calculated hedonism* der Gesellschaft keinen Erfolg gehabt.

In den Zwanziger Jahren ist die demographische Argumentation um sozialökologische und kulturzyklische Gedanken bereichert worden. Antonio ABBRUZZESE verlieh in seinem Buch ›L'Impero romano nella storia della civiltà‹ (*1921*) der Entvölkerung das größte Gewicht unter den Verfallsfaktoren. Die Städte hätten das Land aufgesogen und seien dann ausgestorben (227). Die dekadente Oberschicht vermochte die militärischen und wirtschaftlichen Aufgaben nicht mehr zu lösen (222 ff.), erst die Germanen führten die notwendige *rivoluzione agraria* durch.

Der Breslauer Althistoriker Walter (nicht: F.) OTTO hatte sich bereits 1905 in der ›Zeitschrift für Socialwissenschaft‹ zum Thema gemeldet und aus dem Schwund von „Kraftgefühl" und „Lebenskraft" die orientalische Überfremdung, die Massenproletarisierung und den „entnervenden Luxus" der Oberschicht erklärt, die in den Untergang geführt hätten. Die Wirtschaft sei durch das Eindringen unterentwickelter Barbaren geschwächt worden, ähnlich wie die Befreiung der „bildungsunfähigen" Neger die USA ökonomisch blockiere. Die Frage eines wiederholten Kulturtodes der Gegenwart wird gestellt, aber nicht beantwortet (78 f.). In seiner ›Kulturgeschichte des Altertums‹ (1925) prägte Otto die Formel: „Das Weltreich ... mußte ... am Weltreich scheitern" (146). Ein Zusammenwirken psychologischer, politischer und sozialer Verhängnisse bewirkte den ökonomischen Zusammenbruch (156). „Das ganze Milieu" wird steril, das „Sinken der zeugenden Kraft" führt in die Erstarrung, in die Nivellierung, in den Volkstod (150; 154). „Auf jeden Fall hat der Völkertod auch an dem Ausgange der Antike und dem Heraufziehen einer neuen Geschichtsepoche den entscheidenden Anteil". Das unlösbare Nachwuchsproblem erscheint als der Verfallsgrund allenthalben: „Wie stets in der Geschichte ist auch hier der Volks- und Kulturzusammenbruch letzten Endes die Folge der brutalen Quantitätsfrage gewesen" (155). So kam es, daß die fruchtbaren Germanen „berufen waren, die neuen Herren der Welt zu werden" (145).

Ebenfalls 1925 publizierte der Münsteraner Strafrechtler Prof. Dr. Andreas THOMSEN sein Pamphlet ›Der Völker Vergehen und Werden. Grundlage einer allgemeinen Völkerpolitik‹, gewidmet den „Kinderreichen aller Kulturvölker". Roms Ende, eine „völkerpolitische Tragikomödie, war die Folge einer „Verpöbelung" durch Geburtenrückgang des Staatsvolks. Alle Kulturen starben den Volkstod, er droht uns auch, falls es nicht gelingt, die „Edelvölker" zu retten und die „Verbrechervölker" zu bezwingen. Ähnlich dachte der englische Philosoph F. C. S. SCHILLER. Sein Beitrag ›The Ruin of Rome and Its Lessons for Us‹ (1925) in der *Eugenics Review* folgerte die Notwendigkeit einer *new party of eugenical reform,* wir brauchen den Fortschritt, der auch Rom hätte retten können.

Aus verwandter Grundhaltung lieferte Corrado GINI in seinem Vortrag von 1929 über ›Cyclical Rise and Fall of Population‹ eine Kulturkreistheorie auf biologisch-darwinistischer Grundlage (26; 28). Nachdem ein Volk durch Einwanderung oder Mischung entstanden sei, mache es die Lebensalter eines Individuums durch (20 f.). Die kulturtragende Oberschicht ergänze sich normalerweise aus den Unterklassen. Diese aber erschöpften sich physiologisch. Die Geburtenzahl sänke, und es begänne der Niedergang: *decline is due to the natural exhaustion of reproductive powers* (11). In diesem Zustand regeneriere sich die bedrohte Gesellschaft durch Barbaren und Fremdarbeiter. Sie aber fänden ebenfalls den Weg nach oben, und das wiederum mindere die Aufnahmebereitschaft seitens der alternden Gesellschaft. Diese schließe die Grenzen und überlasse sich der Überalterung und dem Aussterben, bis der demographische Druck von außen das System zum Einsturz bringe (55 ff.). Ginis Modell ist aus den antiken Kulturen hergeleitet. Er nennt Ägypten, Mesopotamien, Griechenland und Rom, befaßt sich jedoch überwiegend mit letzterem (5 ff.; 51; 61 ff.). Roms Ende schien ihm ein natürlicher Volkstod im Kampf ums Dasein (51; 103). Einen solchen prophezeite er auch den Europäern. Das europäische Fortschrittsbewußtsein schien ihm so illusionär wie Ciceros Glaube an Rom (64): *decline is at our gates: it is due in 1946 in Germany, in 1942 in the United Kingdom, in 1937 in France.* So Gini 1929. Ebenfalls 1929 veröffentlichten P. GEDDES und V. BRANFORD ihren Beitrag ›Rural and Urban Thought: A Contribution to the Theory of Progress and Decay‹. In Anlehnung an Schriften des amerikanischen Gesandten in Rom George B. Marsh werden Entwaldung, Malaria und Verstädterung als Kernübel bestimmt. Die Verfallstufen heißen: Polis → Metropolis → Megalopolis → Parasitopolis → Patholopolis (*sic*) → Necropolis (15).

Neben der Kulturzyklik spielt die Rassenlehre in den demographischen Erklärungsansatz hinein. Das zeigt der Artikel des Biologen Erwin BAUR ›Der Untergang der Kulturvölker im Lichte der Biologie‹ *(1932)*. Baurs Sorge gilt der Gegenwart, sein Musterfall ist Rom. Jedes Kulturvolk, meinte der Autor, sei mischrassig, und darin liege seine Qualität. Auch Chromnickel-Stahl sei ja eine Legierung (66). Gefährlich sei jedoch eine Veränderung der bewährten Zusammensetzung durch Zuwanderer, in Rom durch die orientalischen Sklaven, in Deutschland durch die Ostjuden (74). Wesentlich bedrohlicher erschien ihm jedoch die negative Selektion der kulturtragenden Oberschicht in den Städten (69; 74). Die Verstädterung und der Privatkapitalismus zerstörten das Bauerntum, die unersetzbare Grundlage wie in Rom so in Europa, und wenn ein erneuter Kultursturz vermieden werden sollte, müßte die Vermehrung der minderwertigen Bevölkerungselemente verhindert werden (73; 76 f.). Eine positive Rassenzüchtung lehnte Baur jedoch ab, er forderte eine arbeiter- und bauernfreundliche Sozialpolitik, Eigenheime im Grünen (77 f.). Die Entvölkerung schien auch Gaetano MOSCA (*1933/51*, 74 ff.) der wichtigste Grund für die *grandissima decadenza* Roms.

Wie die Entvölkerungsproblematik in die Politik hineinwirkt, zeigt sich in der Person des französischen Radikalsozialisten Adolphe LANDRY. In seinem 1934 erschienenen Buch ›La révolution démographique‹ heißt es: *Une révolution démographique analogue à celle de l'époque contemporaine a commencé dans Rome* (130), und zwar in der Zeit der Begegnung mit der griechischen Welt. Als Ursprung des Niedergangs betrachtet Landry gemäß dem klassischen Dekadenzmodell die Auswirkung von Macht und Reichtum auf den Sittenverfall. Dieser tritt ins entscheidende Stadium mit dem Verlust des alten Glaubens: *La caractéristique fondamentale, dans la décadence, c'est l'absence d'une foi et même d'une âme collective* (122; 143). Die politischen Folgen werden dann bedrohlich durch die von Anfang an damit verbundene Entvölkerung (107; 158–162). Landry nimmt für Rom seit dem 3. Jahrhundert v. Chr. einen durchgehenden Abstieg auf allen Gebieten an (141), der sich mit Augustus beschleunigt habe (138 f.). Die Abnahme der Bevölkerung beginne mit der Oberschicht und dem Kerngebiet, bewege sich mithin von oben nach unten und von innen nach außen (131). Der parallele Schwund der alten Bevölkerung und des alten Glaubens habe dem Christentum und den Barbaren den Platz geräumt. Vom christlichen Glauben unterhöhlt, sei die numerisch geschrumpfte und moralisch gelähmte Reichsgesellschaft den Angriffen der Germanen erlegen (133–137; 142). Im Anschluß an Gautier schrieb

Landry: *Rome était morte de sa belle mort et non assassinée* (139). Landry wertete dieses Ereignis jedoch nicht negativ. Die Spiritualität des Christentums und die Vitalität der Germanen hätten die Moral wieder gehoben und eine neue Ordnung heraufgeführt (143). In seiner Gegenwart sah Landry bislang nur schwache Anzeichen einer erneuten Dekadenz, fürchtete jedoch die gelbe Gefahr (156; 110). Er empfahl auch ein Mittel dagegen: *c'est, en somme, d'une foi nouvelle, que l'on a besoin* (164). Den einschlägigen Vorschlag hat nach Galton bereits Schallmayer (*1903/18*, 508) formuliert: Eugenik, die „Religion der Zukunft".

Nachdem Landry den antiken Bevölkerungsschwund in dem Artikel von 1936 ›Quelques aperçus concernant la dépopulation dans l'antiquité gréco-romaine‹ nochmals behandelt und auf den Einfluß von Christentum (21) und Verstädterung (24) hingewiesen hatte, trug er seine Resultate auf dem Internationalen Historikertag 1938 in Zürich vor. Dabei zeigt sich eine deutliche Akzentverschiebung von der Primärursache, dem Dekadenzmodell, zum vermittelnden Faktor, der Bevölkerungsabnahme. Sie liege, meinte Landry, dem verhängnisvollen Zirkel zwischen Verarmung und Steuerdruck zugrunde, und könne selbst weder auf Seuchen, noch auf Kriege, noch auf die Sklaverei zurückgeführt werden. Was sich im römischen Reich vollzogen habe, sei eine psychologische Revolution, eine neuartige *manière de sentir, de penser et de vivre en ce qui concerne la famille.* Eine allgemeine Lösung aus religiösen und traditionellen Bindungen war aller Übel Anfang. Kronzeuge für diesen Mentalitätswandel ist der schon 1934 (117) behandelte Polybios (XXXVI 17). Landry zog wiederum die Parallele zum Bevölkerungsrückgang im Frankreich seiner Tage: nicht Armut sei der Grund, sondern eine bestimmte Einstellung. Die gegenwärtige *dépopulation* zeige uns die Ursachen der antiken und jene verkünde uns die Folgen der gegenwärtigen *dépopulation:* das Fiasko.

Auf demselben Kongreß wurde die These Landrys von amerikanischer Seite bestätigt. Josiah Cox Russell aus Chapel Hill stellte seinen Beitrag unter das Thema ›Decline of population 200–700 A.D. and its intellectual and social results‹. Auch er löste den angenommenen Bevölkerungsschwund von der Wirkung äußerer Faktoren und betrachtete Verarmung, Verzicht auf Familie und Hinwendung zur christlichen Askese als Folgen einer geistigen Verwirrung. Damit wandte er sich einerseits gegen H.M.D. Parker, der in seiner ›History of the Roman World‹ (*1935/58*) wieder die Pest unter Marc Aurel als wichtigsten Verfallsgrund betrachtet hatte (20; 24), und andrerseits gegen Pietro De Francisci, der in seiner ›Storia del diritto romano‹ (III 1, *1936*) das Christentum als kulturfördernden Faktor angesehen (10) und die *denatalità* als autonomen Verfallsfaktor angesprochen hatte. De Francisci sah in der *decadenza demografica* einen doppelten Schaden: zum einen minderte sie die Leistungsfähigkeit des Reiches allgemein (*quando le morti superano le nascite, una nazione si avvia verso la fine. Così fu di Roma,* 16), zum anderen traf sie vornehmlich die romanisierten, staatstragenden Schichten. Der Römergeist sei auf Fremde nicht übertragbar (21), die Barbarisierung habe die Eigeninteressen der Provinzialen und Söldner vor das

Staatsbewußtsein gerückt und damit jene *trasformazione* bewirkt, als welche der Autor das Ende des Imperiums gewertet wissen will (12–28).

Der bekannteste Vertreter der Annahme, Rom sei einem Bevölkerungsschwund erlegen, ist der Althistoriker der Michigan University A. E. R. Boak. Bereits 1921 hatte er diesen Niedergangsfaktor betont (506), und 1950 unterstrich er ihn in seinem Artikel ›The Role of Policy in the Fall of the Roman Empire‹. Das 2. Jahrhundert habe schon Verfall gezeigt (292), Stagnation und Bankrott führten zu Verarmung und Entvölkerung. Eine totalitäre Politik der Kaiser habe die Lage nur verschlimmert. *There was acutally a serious decline in the population of the Roman world by 285 A. D.*, und seitdem infolge der Gründung Konstantinopels die Erträge des Ostens nicht mehr dem Westen zur Verfügung standen, war dieser den Barbaren ausgeliefert (293 f.). 1955 verlieh Boak der Entvölkerungstheorie in seinem Buch ›Manpower Shortage and the Fall of the Roman Empire in the West‹[1] programmatisches Gewicht. Als entscheidende Wende betrachtete Boak wieder einmal die Pest unter Marcus Aurelius 166–180. Eine Regeneration sei durch die Seuche des mittleren 3. Jahrhunderts verhindert worden. Mit dem Absinken der Geburtenquote habe sich die Bevölkerung in der Potenz vermindert und über das Ende des Imperiums bis etwa zum Jahre 900 in ganz Westeuropa fortgedauert (349; 352). Steuerdruck, Bürokratie und christliche Askese hätten die Misere beschleunigt, die ihren sprechendsten Ausdruck in der Rekrutierung von Barbaren fand: sie wurde der „unmittelbare Grund für den Zusammenbruch des westlichen Reiches" (355), er mußte kommen, war „unausweichlich".

Boaks Argumentation wurde fortgeführt durch den genannten Russell. 1958 erschien dessen ›Late Ancient and Medieval Population‹, die Ansätze zu einer universalen Geschichtskonzeption enthält. Trotz der in vielen Fällen eingeräumten Abhängigkeit von äußeren Faktoren betrachtete Russell die Bevölkerungsbewegung als eine grundsätzlich autonome und primäre Größe, allenfalls bestimmt vom Geist der Zeit (138). Während der Beginn von Altertum, Mittelalter und Neuzeit durch steigende Menschenzahlen gekennzeichnet sei (99; 142), würde so wie das Ende des Mittelalters, auch das Ende des Altertums eingeleitet durch eine Abnahme der Bevölkerung. Sie habe vor 200 begonnen und 542 den Tiefstand erreicht, der dann bis 950 angehalten habe (88 ff.; 139). Dies sei der größte Bevölkerungsrückgang in historischen Zeiten überhaupt gewesen (138). Die Entvölkerung habe den Überlebenden stärkere Belastungen gebracht, die in beiden Fällen durch Religiosität kompensiert worden seien (141). So kam es im einen Fall zu Luther, im anderen zu Constantin. Trotz der Anerkennung der inneren Werte einer solchen Spiritualisierung beurteilte Russell die Religion als Dekadenzprodukt: im Falle Roms entfremdete sie die Bürger dem Staatsleben, bis

[1] Schlußkapitel deutsch bei Christ *1970*, 348–367, danach zitiert. Boak hat sich 1960 in seinem Vorwort zu C. B. Gordon behutsamer geäußert: *An inept military policy, ineffectual rulers, a lack of native military manpower, all in the face of unceasing barbarian attacks, made the collapse inevitable* (X).

das Reich zerbrach. Dessen Nachfolgestaaten scheiterten aus denselben Gründen (139), nur Byzanz überlebte wegen seines angeblichen Menschenreichtums (143). *Roman and medieval society thus determined its own destiny* (145). Ein Memento ersparte sich der Autor, da er inzwischen die unangenehmen Auswirkungen von *Übervölkerung* erlebt hatte.

Boaks Theorie hat 1958 einen ausführlichen Widerspruch durch Moses FINLEY erfahren (bei Christ *1970*, 368 ff.). Die zentralen Kritikpunkte lauten: daß wir keine verläßlichen Bevölkerungszahlen besitzen und bloße Plausibilitäten nicht hinreichen, das Ausmaß des Bevölkerungsschwundes abzuschätzen; daß ein Bevölkerungsrückgang durch die überlieferten Epidemien nicht begründet ist, sondern politische, soziale und psychologische Voraussetzungen hat; daß es keinen fixen Bedarf gibt, an dem Menschenmangel zu berechnen wäre, dieser vielmehr überall, selbst bei steigender Bevölkerung vorkommen kann, sofern die erwünschten Dienstleistungen steigen; daß die eingewanderten Germanen auch gegenüber einer reduzierten Einwohnerschaft in der verschwindenden Minderzahl waren und daß schließlich das Ostreich überdauert hat, obschon die Seuchen dort ihren Ursprung hatten. Gewiß kann eine demographische Erklärung beanspruchen, einen modernen Ansatz zu repräsentieren. Aber die Quellenarmut und die Beweisdefekte, die Finley aufgezeigt hat, dürften diesen Weg für die seriöse Wissenschaft auf absehbare Zeit verbaut haben.

Wo die Kritik indessen nicht zur Kenntnis genommen wird, pflanzt Irrtum sich wie eine ewge Krankheit fort. Dies zeigt die ›Histoire générale de la population mondiale‹ *(1968)* von Marcel REINHARD und anderen. Seit dem 3. Jahrhundert habe der Rückgang der Bevölkerung das Reich geschwächt: *l'empire n' a pas eu la population, qui eut assuré sa pérennité et sans doute, stimulé son économie* (46; 54). Diesem Facit schloß sich an Pierre SALMON in seinem Buch ›Population et dépopulation dans l'Empire romain‹ (*1974*, 178), allwo die Demographie zum Schlüssel der Geschichte befördert wird (5) und Landry für seine Ansicht Beifall findet, daß die spätantiken und die modernen Verhältnissen sich gegenseitig beleuchten (114).

Die einstweilen jüngste demographische Krisenlehre aus Frankreich verdanken wir Pierre CHAUNU, *démographe par nécessité, historien par inclination* (*1981*, 12) vom konservativen Flügel der *École des Annales*. Er fragt im Untertitel zu seinem – gemeinsam mit dem Journalisten Georges Suffert verfaßten – Buch ›Die weiße Pest‹ (*1976/80*): „Ist der Selbstmord des Westens noch zu verhindern?“ Chaunu fürchtet den Rassenselbstmord durch Kinderlosigkeit und demonstriert die möglichen Folgen am Fall Roms. Daß die Barbaren ihn herbeigeführt hätten, „glaubt heute kein Mensch mehr“. Stets lägen die geschichtlichen Urkräfte „am Schnittpunkt von Biologie und Kultur“ (102 f.). Das Urübel der Spätantike war der „Bevölkerungszusammenbruch“, für den unglaubliche Zahlen präsentiert werden (54). Die „Lebenskraft“ der Zivilisation verende nach Verstädterung und Verelendung im „kollektiven Selbstmordverhalten“. Nicht politisch: Kriegsverluste bleiben statistisch unerheblich, selbst im 20. Jh. Rom sei

Muster jeder, auch unsrer Dekadenz. Die Jahre 150 bis 300 n. Chr. entsprächen der Zeit von der Restauration bis heute (99–110).

Dieselbe These in großem Rahmen bietet Chaunus Buch ›Histoire et décadence‹. Die Barbarengefahr sei für Rom unerheblich gewesen (231), harmloser selbst als die parasitären Großstadtmassen (191). Roms Sturz war ein Akt von *autodestruction* (209), biologisch, ökonomisch und politisch. Die antike Gesellschaft wird durch nachwuchsfeindliches Stadtleben und fortschrittsfeindliche Sklaverei (211; 221) gekennzeichnet, die römische Politik durch Ausbeutung und Eroberung. Als diese an ihre geographisch bedingten Grenzen stieß, begann der Niedergang. Die Vorräte wurden aufgebraucht, der Staat lieferte nichts nach, die Gesellschaft verlor das Interesse an ihm und war zugleich, wegen der Entwaffnung des Binnenlandes, den kleinen Barbarenheeren gegenüber wehrlos (228 f.). Diese Argumentation erinnert den deutschen Leser an Max Weber, den Chaunu allerdings nicht zitiert. Die angeblich strukturelle Lebens- und Arbeitsfeindlichkeit des Imperiums führte in die Krise. Chaunus kritikloser Umgang mit überwiegend ungesicherten (angeblicher Verlust von drei Vierteln der Reichsbevölkerung, 272), teilweise manifest falschen Zahlen (Schlacht bei Straßburg 357 n. Chr., S. 232), belastet die Demographie als Wissenschaft. Spätantike und Moderne werden jeweils als *civilisation de Refus de la vie* begriffen (232). Rom ist das Urphänomen der Dekadenz (165) und des *collapsus* (153). Im Sinne Max Webers erscheint der Kulturbruch als Voraussetzung des nachfolgenden Fortschritts, der von einer Gesundung des Familienlebens im Mittelalter ausging (272 f.; 283). Hier setzt Chaunus Zeitkritik an. Er steht unter dem Schock der *révolution contraceptive*, die er als die größte Bedrohung der Menschheit ansieht (275 f., 324). Sein Interesse an der Spätantike motivierte der Pillenknick.

Gegenüber dem insgesamt hochkarätigen Werk von Chaunu fällt das Bändchen ab, das drei Dozenten der Bremer Universität G. Heinsohn, R. Knieper und O. Steiger 1979 unter dem Titel ›Menschenproduktion‹ auf den Markt gebracht haben. Sie belehren den Leser darüber „Wie die römische Sklavenwirtschaft durch Zerstörung der Familienwirtschaft groß wird und an der dadurch versiegenden Menschenproduktion zerbricht" (26 ff.). Die Produktivität der Sklavenbetriebe habe Rom groß gemacht, aber das Familienleben erdrückt (22). Die römische Oberschicht hatte immer weniger Kinder, nicht etwa aus bleibedingter Impotenz (26; s. u.), sondern weil „Fortpflanzung und Aufzucht stets von wirtschaftlichem Kalkül getragen sind" (11) und in jener Situation ökonomisch uninteressant waren. Mit Sklaverei und Adoption lebte man bequemer und genoß jene herrliche römische Freiheit, „die in vergleichbarem Ausmaß erst in hochentwickelten Gesellschaften des 20. Jahrhunderts wieder erreicht" worden sei (27). Da jedoch die Sklaven sich nicht vermehrten und die Proletarier, wie die drei Autoren meinen, ebenfalls keine Kinder *(proles a non proalescendo)* hatten (13), schrumpfte die Bevölkerung von der Zeitwende bis ins 3. Jahrhundert um 50%, von 200 bis 700 „u. Z." von 67 auf 27 Millionen (22; 40). Die Zahlen stammen offenbar aus dem ravennatischen Sacrum Officium Statisticum. Auch spätantike

Meinungsumfragen müssen ausgewertet worden sein, denn wir lesen: „Menschenmangel erscheint den Zeitgenossen als die zentrale Ursache der Reichskrise" (22). Gegen die „fortschreitende Krise des Kaufsklavenkapitalismus" im „latifundizierten Imperium" haben die Kaiser vergeblich mit Gesetzen angekämpft (26 f.; 34). Die neue Geheimwaffe lag jedoch in der Religion: „Der Bevölkerungsrückgang in der Spätantike hatte zur Herausbildung der christlichen Fortpflanzungsreligion geführt." Zunächst haben die Kaiser die Christen, die ja bekanntlich ein „ideales System" errichten wollten, verfolgt, dann jedoch wegen ihrer „gynäkologischen Moral" (31) aus „bevölkerungspolitischem Kalkül" gefördert (14; 38). Leider konnte das Christentum die „kaufsklaven-kapitalistisch verursachte Auflösung des Familienlebens" nicht mehr aufhalten, es kam zu spät (13; 29). Diocletian hatte bereits die letzten Landarbeiter in schollenpflichtige Kolonen verwandelt und damit „den Übergang zur Feudalstruktur juristisch im wesentlichen abgeschlossen" (36). Wie diese Vollendung der „antikapitalistischen Feudalstruktur" mit dem durch „freie Verkaufbarkeit von Land und Arbeitskräften" verursachten Zerfall des Reiches im 5. Jahrhundert (35; 39) harmoniert, machen uns die drei Stadtmusikanten leider nicht deutlich.

Die vom Heinsohn-Kollektiv und auch sonst (Ch. Meier *1973*, 67) ohne Quellenangabe zitierte Theorie der BLEIVERGIFTUNG ist eine Variante der Entvölkerungsthese mit einer ebenfalls längeren Vorgeschichte. Die ersten Hinweise auf den Faktor Blei finden sich 1824 bei Henderson (Gilfillan *1965*, 54). 1839 behandelte L. TANQUEREL DES PLANCHES in seinem ›Traité des maladies de plomb‹ auch die antiken Zeugnisse (I 28 ff.; II 3). Die Basis für eine regelrechte saturnische Niedergangstheorie legte jedoch erst K. B. HOFMANN durch seine systematische Untersuchung über Vorkommen, Verarbeitung und Bedeutung des Bleis im Altertum 1885, weitergeführt durch Meyer ROSENBLATTS ›Beiträge zur chronischen Bleivergiftung‹ von 1906. Ausgehend von den Gefahren des Bleis zu seiner Zeit untersuchte Rosenblatt zunächst Gewinnung und Verwendung dieses Metalls bei den alten Völkern, die in der Tat überraschend häufig mit Blei in Berührung kamen. Rosenblatt zeigte, wie auch die antike Medizin vor dem Blei gewarnt hat, so Vitruv vor bleiernen Wasserleitungen (VIII 6, 10 f.). Anschließend werden Vergiftungsexperimente an Tieren und Analysen antiker Knochenreste auf ihren Bleigehalt berichtet (86 ff.). Die untersuchten 22 Skelette sind für die antike Gesamtpopulation jedoch ein wenig zahlschwach. Zudem ist das Resultat auch qualitativ mager. Von den geprüften Gebeinen zeigten nur einige undatierte Knochen aus Karthago das gesuchte Metall, das einzige Skelett aus der späteren römischen Kaiserzeit (97 ff.) war *bleifrei.* Die Problematik wurde dann aufgegriffen durch Rosenblatts Lehrer R. KOBERT 1909. Er vertiefte die Überlegungen, brachte jedoch keine wesentlich neuen Befunde vor. Kobert behauptet eine chronische Bleivergiftung in der Antike, erklärte mit ihr die verbreitete Kinderlosigkeit in der Kaiserzeit, vollzog indessen nicht den Schritt zu einer so begründeten Untergangserklärung.

Nach neuerlichen Studien durch L.G. Stevenson 1949 griff der Medizinhistoriker aus Santa Monica in Kalifornien S. Colum GILFILLAN diesen Ansatz wieder auf. 1965 publizierte er im ›Journal of Occupational Medicine‹ einen Artikel zum Thema ›Lead Poisening and the Fall of Rome‹. Gegenüber der älteren Ansicht, die Bleirohre der Wasserleitung hätten volksweite Vergiftungen herbeigeführt, betonte er, daß alkalisches Wasser kein Blei aufnehme (55). Eine ruinöse Wirkung sei vielmehr von der Bleihaltigkeit des eingedickten Traubensirups, einem wichtigen Süßmittel, ausgegangen. Der Autor beschreibt die zahlreichen Berührungsmöglichkeiten des antiken Menschen mit Blei und glaubt wieder, daß darauf die Kinderlosigkeit der Oberschicht zurückzuführen sei. Während der einfache Mann dieser Gefahrenquelle kaum ausgesetzt war, habe die Elite dadurch ihre Fruchtbarkeit eingebüßt. Das Ausbleiben von Thronerben habe über die Bürgerkriege den politischen Niedergang, das Erlöschen der vornehmen Familien die kulturelle Dekadenz zur Folge gehabt. Bereits die griechische Zivilisation sei daran zugrundegegangen. Dies habe Jesus vorausgesehen als er sagte: Selig sind die Sanftmütigen, denn sie werden das Erdreich besitzen (Matth. 5,5). Die Folge war: *dysgenic and cultural disaster of the Dark Ages and Byzantine stagnation.*[2]

Die Theorie der Bleivergiftung ist den westdeutschen Intellektuellen geläufig, seitdem der ›Spiegel‹ am 29. IX. 1965 darüber berichtet hat (Nr. 40 S. 148–150). Auch in den Vereinigten Staaten ist sie populär geworden: „Der amerikanische Bundesausschuß für Umweltqualität ging sogar so weit, den Untergang Roms samt Unfruchtbarkeit und mählichem geistigen Verfall als Folge einer chronischen Bleivergiftung zu interpretieren“ (Koch u. Vahrenholt *1978,* 138; vgl. ›Spiegel‹ *1976,* 35 S. 120). Am 17. III. 1983 versprach der kanadische Mediziner J.O. NRIAGU im ›New England Journal of Medicine‹ neue Beweise für den Bleitod Roms. Zwei Drittel aller Kaiser und zahlreiche Senatoren hätten die Bleigicht gehabt, die übrigens (durch den Portwein) auch die englische Aristokratie des 18. Jahrhunderts dezimiert habe.

Für eine Diskussion in der breiteren Öffentlichkeit geeignet scheint ebenso die These, der Bevölkerungsschwund sei darauf zurückzuführen, daß die Römer zu heiß gebadet hätten. Als Faktor für *Decline and Fall* wurde dies 1974 von W.A. KRENKEL geltend gemacht. Sein Artikel ›Hyperthermia in Ancient Rome‹ begründete die Minderung der Zeugungskraft durch fleißigen Besuch der Thermen

---

2 S. 58. Eine abschließende Würdigung Gilfillans sollte man zurückstellen, bis der Autor das Buch vorgelegt hat, das er unter dem Titel ›Lead Poison Ruined Rome‹ in der Zeitschrift ›Technology and Culture‹ 20, *1979,* S. 355 ankündigt. Am 22. September 1979 hat er mir brieflich mitgeteilt: *but I am 90 years old and must surely finish and publish my 6th and best book. Rome's Ruin by Lead Poison.* Er wird darin den Fehler der meisten Niedergangstheoretiker vermeiden, den er 1965 (S. 53) treffend gekennzeichnet hat: *each tends to ascribe that downfall to whatever evil he most opposes to-day.*

mit der experimentell nachgewiesenen Wirkung von Temperaturerhöhung auf die insekretorische Funktion von Hundehoden. (385).

Blei- und Bodenschäden werden als Gründe für einen Bevölkerungsschwund angeführt. Daneben aber gibt es auch die These, daß nicht eine quantitative, sondern eine qualitative Schädigung der Römer deren Niedergang bewirkt habe. Hierfür werden Massenerkrankungen im psychischen Bereich behauptet. Nachdem Jacob Burckhardt (III. 5. a!) eine pathologische Verhäßlichung des spätantiken Menschen meinte festgestellt zu haben, baute der Herausgeber von Burckhardts Briefen, Fritz KAPHAHN, darauf eine eigene Untergangstheorie. In seinem Buch ›Zwischen Antike und Mittelalter‹ *(1935/47)* suchte Kaphahn die Mißstände in der Spätantike auf eine keineswegs metaphorisch verstandene geistige „Verkrankung" zurückzuführen (29 ff.; 51; 204 ff.), die mit dem 3. Jahrhundert n. Chr. einsetze (30; 204). Von dem „großartig gesunden Nervenvorrat" der Klassik sei nichts mehr übriggeblieben (29), „Lebenswille und Schaffenskraft verwandelten sich in Willenslähmung und Lebensangst" (31). Symptome dafür erschienen Kaphan der erlahmende Widerstand gegen die „Semitisierung" (32; 47), die Flucht in die Religion und eine „objektiv unberechtigte allgemeine Resignation" (40 ff.).

Für die Schwäche des Imperiums sah der Autor „keine andere Lösung, als die Verkrankung in der Spätantike als pathologische Begleiterscheinung einer jener unmittelbar in den Tiefen des Unbewußten verwurzelten inneren Katastrophen aufzufassen, die Einzelne wie ganze Völker überfallen können und durch furchtbare Zeiten der Schaffensohnmacht und Willenslähmung schrecklicher Einbildungen und abnormer Stimmungsstürze führen" (48). In dieser Lage erscheinen die Germanen nicht als Zerstörer, sondern als Retter. Sie waren „keine primitiven Völker, wie irgendwelche Südseeinsulaner, sondern jugendliche Nationen mit einem noch unverbrauchten und entwicklungsfähigen Wesenskern". Vom Schicksal geführt, haben sie die Orientalisierung verhindert, „ihre unverkennbare Bestimmung" war die Grundlegung des neuen Europa (207 ff.). Kaphahn baut seine Erklärung auf den Gedanken des „psychophysischen Prozesses" (33), der jedes Volk erfassen könne. Wie Burckhardt erblickte er im heiligen Severinus ein Symbol des Durchhaltens während des allgemeinen Zusammenbruchs.[3]

Wiewohl ungenannt, scheint Kaphahn die Theorie angeregt zu haben, die Gabriele PEPE aus Bari in der japanischen Zeitschrift Kodaigaku (Palaeologia) 1958/59 vertritt. Der Aufsatz ›The Moral Downfall of the West‹ beklagt einen Sittenverfall der römischen Oberschicht, begünstigt durch das Eindringen von Barbaren, Freigelassenen und Christen. In Augustin triumphierte der antirömische Ir-

[3] Dennoch hat sich der Autor 1943 aus Verzweiflung über Deutschlands Niederlage das Leben genommen (Meinecke, Briefe 571).

rationalismus (262 f.). Als Ursache vermutet der Autor eine psychische Massenkrankheit, die er griechisch ἀκηδία, italienisch *accidia* nennt. Gemeint ist Lustlosigkeit, Gleichgültigkeit, Pessimismus und Lebensekel, eine *leprosy of the soul* (264). Der *malicious demon of accidia* habe die Menschheit befallen (265), erst mit Petrarca und Dante sei das Übel überwunden worden. *The history of the Middle Ages is ruled by accidia;* leider trat aber auch dann keine Genesung ein, die neue Krankheit sei der Faustische Tatendrang (266).

III. 3.c. Rassenentartung

> *Indem wir die Einheit des Menschengeschlechtes behaupten, widerstreben wir auch jeder unerfreulichen Annahme von höheren und niederen Menschenracen. Es gibt bildsamere, höher gebildete durch geistige Cultur veredelte, aber keine edleren Volksstämme. Alle sind gleichmäßig zur Freiheit bestimmt.* A. v. Humboldt *1845*, 385

Die einflußreichste unter den naturwissenschaftlich ausgerichteten Erklärungen für den Fall Roms war die Rassenlehre. Sie verstand Geschichte als die Entfaltung biologisch definierbarer Menschengruppen, die sich durch körperliche und geistige Gemeinsamkeiten voneinander unterscheiden. Rassen verfügen nach dieser Lehre über gleichbleibende innere und äußere Merkmale, die im Erbgang weitergegeben, durch Züchtung gesteigert und durch Kreuzungen gemindert werden können. Das soziale und kulturelle Verhalten wird somit aus der animalischen Natur der Gruppen abgeleitet, wobei auch die geographischen Lebensbedingungen mehr oder weniger berücksichtigt werden.

Die Wurzeln dieser Lehre lassen sich weit zurückverfolgen. Theognis von Megara (6. Jh. v. Chr.) sang, ein Sklavenhirn bringe keine hohen Gedanken, ein Sklavenschoß keinen freiheitlichen Sproß hervor, so wenig als aus einer Meerzwiebel Rosen wüchsen (I 535 ff.). Hippokrates versuchte in seiner Schrift ›Über die Umwelt‹ (c. 12 ff.) das Naturell der Völker aus der Natur ihrer Heimat herzuleiten. Aristoteles übernahm beide Gedanken, sowohl die geographische und klimatische Prägung der Völker (Probl. 14; Pol. 1327 b) als auch die grundsätzliche Zweiteilung der Rassen, indem er die Griechen von Natur für frei, die Barbaren von Natur für sklavisch erklärte (Pol. 1252 b.). Die Forderung nach Rassenhygiene beginnt ebenfalls mit Theognis, der in einer Elegie darüber klagte, daß zwar bei der Zucht von Schafen und Eseln allein die besten Exemplare zur Paarung verwendet würden, bei den Menschen hingegen, wenn nur das Geld stimme, Ehen zwischen Edlen und Schlechten gestiftet und damit die Bürgerschaften verdorben würden (I 183 ff.). In Sparta scheinen derartige Anschauungen praktisch verwertet worden zu sein (Plutarch, Lykurg 15), wohl nach diesem Vorbild nahm Plato (rep. 459; Aristot. Pol. 1335 b) die Menschenzüchtung in den Idealstaat auf (Fortenbaugh *1974* f.). Er wollte damit der Degeneration und dem politischen Niedergang entgegenwirken, der aufgrund eines statistisch unvermeidlichen Fehlers in der Nachwuchszüchtung dann aber doch eintreten werde (rep. 546 f.).

Der Glaube an eine solche physische Degeneration der Menschheit war in der Antike verbreitet. Nachdem bereits Homer (Il. V 304) behauptet hatte, daß die Heroen größer gewachsen wären als die Lebenden, wurden später paläontologische Riesenknochen als Beweise dafür angeführt. Wir kennen das von Herodot (I 68; II 91), aus der Kaiserzeit von Pausanias (I 35, 5 ff.; VI 5, 1), von Solinus (coll. I 87–90) und Arnobius (adv. nat. II 75), der damit beweisen wollte, daß der Niedergang der Welt und der Menschheit naturbedingt und nicht Schuld der Christen sei. Der letzte Zeuge für den Glauben an die biologische Dekadenz aus dem Altertum lebte im 6. Jahrhundert n. Chr., Agathias Scholastikos (Anth. Gr. IX 204). Eine rationale Erklärung für das vermeintliche Schrumpfen lieferte der jüngere Philostrat (Gymn. 1 f.; 44) im 3. Jahrundert n. Chr., indem er die verweichlichende Lebensweise dafür verantwortlich machte.

Im Mittelalter trat die Vorstellung einer biologischen Degeneration der Menschheit zurück, doch blieb der Gedanke einer anthropologischen Eigenart der Völker lebendig. Er fand Ausdruck in der Schrift ›De proprietatibus gentium‹ der Isidor-Tradition (MG AA. XI 389 f.). Eine religiöse Wurzel dafür lieferte der Glaube an die den einzelnen Völkern zugeordneten Schutzgötter, an Völkerengel und Völkerdämonen der gnostisch-jüdischen Denkwelt (RAC VII 87; 107). Im 18. Jahrhundert sind diese Konzeptionen aufgegriffen und empirisch zu begründen versucht worden. Zwei sehr unterschiedliche Ansätze zeigen Voltaire in seinem ›Essai sur les moeurs et l'esprit des nations‹ von 1756 und Herder in seiner Theorie von den Volksgeistern, die auch Hegel benutzt hat.

In der neuzeitlichen Niedergangsdiskussion erscheint das anthropologische Argument – trotz reicher Rassenliteratur (Bieder II 45 ff.) – zunächst nur beiläufig. 1681 nannte Bossuet unter den Zusatzfaktoren des Verfalls die Blutmischung: *le sang romain se mêloit* (*1681/1805*, 171). Gibbon (ch. 2, I 56) argumentierte andersherum: *the narrow policy of preserving, without any foreign mixture, the pure blood,* dies habe Athens und Spartas Ruin beschleunigt, während die Römer durch Aufnahme jedes Tüchtigen ihren Staat gefestigt hätten. 1815/16 führte Ernst Moritz Arndt den Untergang Roms auf die „Verbastardung" zurück, die er als biologische Blutmischung mit minderwertigen Völkern verstand (II. 4. c!). Der Faktor Rasse wurde ebenfalls 1831 von Michelet herausgestellt (III. 6. a!). Natürlich war dies noch ein unsystematischer Rassenbegriff, wie ihn auch Jacob Burckhardt (*1853/1950*, 314 ff.) brauchte, wenn er über die spätantike Menschheit schrieb „Ausartung der Rasse, wenigstens in den höheren Ständen" sei nicht zu bezweifeln, er sprach von einer „Verschlechterung des damaligen Menschentypus". In den spätantiken Bildnissen herrsche „teils eine natürliche Häßlichkeit, teils etwas Krankhaftes, Skrophulöses, Aufgedunsenes oder Eingefallenes vor" (314–317). Zu einer regelrechten Kulturtheorie wurde der Gedanke jedoch erst durch die Selektionstheorie Darwins und durch die Rassenlehre Gobineaus erhoben.

Charles DARWIN hat seine Selektionstheorie nach zwei Vorstudien von 1842 und 1844 in dem 1859 erschienenen Werk ›On the Origin of Species by Means of Natural Selection‹ vorgelegt. Darin erklärte er den Artenreichtum der Tierwelt durch genetische Mutationen und natürliche Zuchtwahl im „Kampf ums Dasein". Die Idee dazu entnahm er Malthus, der ein solches Konkurrenzprinzip in der Bevölkerungsgeschichte behauptet hatte. Eine Rückübertragung von der Tier- auf die Menschenwelt lag daher nahe, und Darwin hat sie selbst in seinem Buch ›Die Abstammung des Menschen‹ *(1871/1908)* vorgenommen. Aufgrund der naturgemäßen Vermehrungstendenz hielt er den Völkerkampf für bedauerlich, aber unabwendbar. Im Aufstieg und Verfall von Gesellschaften wies er der Zu- oder Abnahme der intellektuell und moralisch Hochstehenden eine wichtige Bedeutung zu, er berücksichtigte daneben indessen auch andere Faktoren, etwa die Erziehung (100). Die Zivilisation erschien ihm eine Auswirkung der Erbgesetze zu sein, mit der Folge, daß man heute nicht mehr wie noch vor wenigen Jahrhunderten das Eindringen östlicher Barbaren nach Europa fürchten müsse (131). Also auch hier der Hunnenschreck. Auf der anderen Seite betrachtete Darwin die umgekehrte Wirkung der Zivilisation auf die Vererbung skeptisch. Er befürchtete eine Vermehrung von Kranken und Schwachen im Schutze einer humanitären Gesellschaft, die von solchen Menschen nicht getragen werden könne, und sah, wie nicht der Edle, sondern der Brutale sich durchsetzt. Daher war für ihn der Fortschritt in der Menschengeschichte kein unabänderliches Gesetz (99). Darwins weiterer Ausblick war eher pessimistisch (Loria *1896*, 440 ff.).

Die Rassenlehre von Joseph Arthur Graf von GOBINEAU zog eine andere Verbindung zwischen Biologie und Geschichte. Gobineaus Grundgedanke spricht aus seinem Titel: ›Die Ungleichheit der Menschenrassen‹ *(1855/1935)*. Darin geht es um den Nachweis, daß die Kulturen an die biologischen Rassen ihrer Träger gebunden seien. Die arische Rasse stehe über den sonstigen Weißen, die weiße Rasse über allen andersfarbigen (737). Kulturen entstünden durch Überschichtung; indem das eingewanderte Herrenvolk seine Zivilisation auf der Arbeit der Unterworfenen errichte (21), vermische es sich allmählich mit diesen, verliere seine Widerstandskraft und degeneriere (752). Eine solche rassische Degeneration sei der eigentliche Grund kultureller Dekadenz. Roms Aufgabe sei die „Vereinigung aller ethnischen Grundlagen des Abendlandes" gewesen (751), und dies habe die Blutmischung gefördert: in der Kaiserzeit spricht Gobineau vom „semitischen Rom". Die Mißstände der Spätantike werden einzeln gewürdigt (557–578). Das Christentum sei weder für den Aufstieg noch für den Niedergang bedeutsam (46). Den Zwang von oben erklärte Gobineau aus der Devotion von unten (557), er zitierte (561) De Maistre: „Jedes Volk hat die Regierung, die es verdient."[4] Trotzdem schienen Gobineau all diese Übel nur die Auswirkungen der zersetzten Volkskraft (7; 15; 18 f.). Schon in Roms Spätzeit sei alles Positive den Germanen zu danken (75; 571), diese seien von Gott gesandt zur Rettung der

---

[4] Joseph Marie Comte de Maistre, Lettres et opuscules inédites, Brüssel 1851 I S. 215.

Kirche und der Zivilisation. „Es gibt in den Annalen der Menschheit nichts Glorreicheres als diese Leistung der Völker des Nordens" (572). Dennoch habe sich an den Siegern das Schicksal der Besiegten wiederholt. Die Vermischung der Weißen habe bereits um Christi Geburt alle Länder erfaßt, sei allmählich vorangeschritten, bis die Bastardisierung alle Individualität eingeebnet habe und das Greisenalter der Menschheit, ja deren Ende bevorstehe. Ein instinktgetriebener Herdenmensch dominiere, die Natur fordere die Herrschaft zurück (753 ff.). Die europäische Zivilisation entgehe ihrem Untergang ebensowenig wie die antike (74 f.) oder irgendeine andere der bisher zehn Zivilisationen.

Gobineaus „Völkerchemie" hat früh Widerspruch erfahren, so durch August Friedrich Pott 1856. Ihn störte nicht nur, daß der „Herr Graf" der Menschheit nur noch 4 000 Jahre gewährte, bevor sie wieder auf die Stufe der wiederkäuenden Büffel in den pontinischen Sümpfe zurückfalle (XXXIII), sondern vor allem, daß die moralischen und kulturellen Qualitäten humoralhistorisch nach der Mischung der Säfte in den Adern bestimmt wurden (VII). Dennoch hatte Gobineau Erfolg, weil die von ihm selbst verworfene Selektionstheorie Darwins mit seinem Ansatz kombinierbar war.

Darwins Lehre wurde auf die Geschichte angewandt durch den Nationalökonomen Walter Bagehot. Sein Buch ›Physics and Politics, or Thoughts on the Application of the Principles of ›Natural Selection‹ and ›Interitance‹ to Political Society‹ *(1859/72)* präsentiert die Geschichte als Machtkampf, als Folge von Überlagerungen, wobei der jeweils militärisch Stärkere auch der sittlich Gesündere sei (49). Die ethischen Kräfte seien es, die materielle Mittel schüfen, nicht umgekehrt (12). Roms wachsende Wehrkraft sei den Germanen zugute gekommen, die zwar die militärischen Errungenschaften, nicht aber die moralische Dekadenz mitgemacht hätten und daher das Imperium überwinden konnten. Eine Wiederholung des Barbarensturms in der Gegenwart, wie ihn noch das 18. Jahrhundert gefürchtet habe, hielt Bagehot für unwahrscheinlich. Amerika, Preußen und England besäßen ihre volle militärische Schlagkraft und hätten die degenerierende Wirkung des Luxus gebändigt. Das Monopol der modernen Waffen sichere den zivilisierten Völkern die Vormacht über alle Barbaren (45 ff.).

Der Sozialdarwinismus Bagehots entspringt eher dem liberalistisch-evolutionären Denkstrom, in dem auch Darwin stand, als der Übertragung biologischer Erkenntnisse auf die Geschichte. Letzteres betrieb Darwins Prophet in Deutschland, Ernst Haeckel. In dessen Buch ›Natürliche Schöpfungs-Geschichte‹ *(1879/98)* steht das Postulat: „die Völkgergeschichte ... muß ... größtenteils durch ›natürliche Züchtung‹ erklärbar sein, muß ein physikalisch-chemischer Process sein, der auf der Wechsel-Wirkung der Anpassung und Vererbung in dem Kampf der Menschen um's Dasein beruht" (153). Haeckel unterschied jedoch natürliche und künstliche Züchtung, welch letztere positiv sein kann, wie bei den Spartanern, die Schwächlinge ausgesetzt haben, oder aber sich negativ auswirken kann, wie in der modernen Sozialfürsorge, deren übelste Form ihm die „clericale Züchtung" schien. Wo letztere herrsche, da sei der „Verfall der gesammten Bildung und Sitte" die Folge (154). Wir sahen oben (III. 1.a!), daß Haeckel diesen Faktor beim Übergang vom Altertum ins Mittelalter für entscheidend erachtete (278 f.).

„Ernst Haeckel zugeeignet" lesen wir auf dem Vorsatz der ›Kulturgeschichte in ihrer natürlichen Entwicklung‹ (I *1874/83*) von Friedrich von HELLWALD. Seine Niedergangstheorie zeigt enge Verbindung zum kulturzyklischen Denken: „Völker und Staaten sind Naturprodukte, entstehen, wachsen, altern und sterben wie Individuen" (465). Dieser Kreislauf wird jedoch in eine allgemeine Kontinuität eingebettet (561), das Ende des Imperiums ist bloß Teil eines „Umschmelzungsprozesses" (541), in dem das Christentum, das sich mit dem „Recht des Stärkeren" durchsetzte (548), als progressives Ferment wirkt (533). Zudem wird das als naturgesetzlich gekennzeichnete historische Geschehen auf die Wirkung der Blutmischung zurückgeführt, und zwar der Auf- wie der Niedergang: „Das nämliche Naturgesetz, dem das römische Volk sein Entstehen verdankte, verursachte auch dessen Untergang" (468). Volk und Staat der Römer hatten „endlich eines vollkommen natürlichen Todes, an ethnischer Auflösung – Blutzersetzung – zu sterben" (466). Kräfte des Blutes erklären den Aufstieg zum Weltreich, dieses förderte die Mischung, zumal der Unterschichten, die, wie die Schädelfunde bezeugten, durch den Sklavenimport entarteten (468; 521 ff.), und das wiederum führte in die „moralische Versumpfung" (467 ff.).

Zwei Bevölkerungsgruppen werden für die Misere verantwortlich gemacht. Die erste sind, wie zu erwarten, die Orientalen: die Syrerin ist das „köstlichste Lustwerkzeug", das den „tiefen Instinkt der Wollust mit praktischem Geschäftssinne" verband. An ihrem Busen ist manch wackerer Römer entschmachtet (524 f.). Das zweite sind, und dies erstaunt: die Germanen im Reich. Die „Aufnahme des germanischen Volkselementes zersetzte es" (562 f.). An sich seien die Germanen als Barbaren tugendreicher gewesen als die Römer (559), aber anscheinend ist diesen die Mixtur nicht bekommen, und ihr Untergang wurde unabänderlich. Alle übrigen Niedergangsgründe werden von Hellwald in den Wind geschlagen: die Monarchie, auch die „Reaktion" des „demokratischen Caesarenthums" auf die „Revolution" des 3. Jahrhunderts war unschuldig (541 f.; 562 f.); nicht ein Mangel, sondern das „Übermaß an Freiheit war es vielmehr, welches die Entartung der Regierung" begünstigte (541). „Der Untergang der antiken Welt, sehr irrtümlich mit dem krachenden Einsturz eines morschen Gebäudes verglichen, vollzog sich in der That in sehr geräuschloser, fast unmerklicher Weise" (520), nachdem die Hunnen an der chinesischen Mauer abgewiesen waren und die Goten ins Imperium drängten (562 f.). Wenn man so will, verdanken wir also den Chinesen das Mittelalter.

Grellere Farben in ähnlichen Konturen zeigt die ›Italische Landeskunde‹ von Heinrich NISSEN (I *1883*). „Langsam sind die Laster des Erdkreises in dieser Cloake zusammen geflossen", heißt es vom republikanischen Rom: „es hat nie ein Sodom und Gomorrha gegeben, das die Menschheit so entsittlicht hätte als Rom" (411). Schuld daran ist das „massenhafte Einströmen orientalischen Blutes seit dem Erwerb der Weltherrschaft". Dessen bevölkerungspolitische Konsequenzen werden hoch veranschlagt: „Die seitdem gesetzlich anerkannte und praktisch bethätigte Frühreife hat den Untergang der antiken Gesellschaft und die Verödung der schönsten Gaue Italiens zur Folge gehabt". Die Abschaffung der Wehrpflicht und der Bürgerfreiheit hätten den Ruin besiegelt, der durch die „fortdauernde Verschlechterung der Race" herbeigeführt wurde. Die Kaiserzeit ist dann „die lange Krankheitsgeschichte des Altertums", die Pest unter Marc Aurel der „Anfang vom Ende" (412 f.). Wenn Nissen nur den Einstrom orientalischen, nicht auch den germanischen Blutes benennt, mag das auf dem Einstrom gobineauscher auf die nissenschen Gedanken beruhen.

Die weitere Geschichte der rassenbiologischen Niedergangstheorie für das römische Reich ist bestimmt durch eine systematische Verknüpfung der Lehren von Gobineau und von Darwin. Dies war das Werk von Georges Vacher de LAPOUGE. Dessen 1887 zuerst erschienene, 1896 überarbeitete Schrift ›Les sélections sociales‹ formulierte *la thèse fondamentale de la sociologie darwinienne, la credo de l'école sélectionniste* in der These, Erb- und Ausleseprinzip seien wie in der Natur so auch in der Geschichte gültig, indem Völker geboren würden, aufblühten und abstürben wie Individuen (1; 61). Lapouge entwarf ein Normalschema der Völkerentwicklung: Zu Beginn überschichte ein begabtes Volk ein primitiveres oder herabgekommenes; die Mischung der positiven Elemente führte eine Kulturblüte herauf, dann aber setzten sich die rassisch Minderwertigen durch, das Blut werde schlecht: *le simple jeu des lois de l'hérédité suffit ainsi à produire la décadence des peuples mélangés.* Am Ende stehe die zweite Barbarei (64 ff.). Es ist klar, daß hier die Antike das Modell abgibt. Wie die Griechen (72) unterlagen auch die Römer diesem Naturgesetz. Nachdem die Aristokratie durch die Demokratie unterhöhlt worden und diese zwangsläufig in die Tyrannei des Augustus umgeschlagen war, dünnte das echt römische Blut immer mehr aus. Die Herrschaft ging von den Siegern auf die Besiegten über, die Bürgerrechtsverleihung an alle Untertanen durch Caracalla 212 habe den Mischmasch legalisiert: *voilà pour le plus célèbre exemple de dégenerescence, que l'histoire ait cru enregistrer* (89 f.). Die Germanen fanden bloß noch degenerierte Reichsbewohner vor, denen sie an Charakter, Kraft und sogar Intelligenz überlegen gewesen seien (73 f.).

Lapouge behauptete den Mischcharakter aller Völker (28) und die rassische Veränderung derselben Völker im Laufe der Zeit (62). Dennoch glaubte er an die biologisch determinierte Kulturfähigkeit der reinen Elemente, unter denen er den *Homo Europaeus dolichocephalus,* den arischen Langschädel, vom *Homo Alpinus brachycephalus,* dem turanischen Kurzschädel, unterschied.[5] Trotz der auch im gegenwärtigen Europa wirksamen *sélection régressive* (67) sah Lapouge nicht ganz so schwarz wie Gobineau: die Wissenschaft lehre hoffen durch die Kenntnis der Eugenik.

Lapouge hat seine Theorie später wiederholt und in einem folgenschweren

[5] Auch wenn es uns kein Frontispiz verrät, können wir unschwer erraten, welche Schädelform der Autor selbst einhertrug.

Punkte verändert. So erklärte er 1899 in seinem Buch ›L'Aryen. Son rôle social‹ nochmals die römische Dekadenz aus dem Übergang vom Frischblut zum Mischblut. Die rassische Überlegenheit der Germanen habe die römischen Angriffe abgewehrt (357), ein allmähliches Eindringen in die aussterbende Römerwelt ermöglicht (319) und schließlich den Sieg über diese herbeigeführt. Antirasse ist jetzt nicht mehr der turanische Kurzschädel, sondern der Jude! Die arische Weltkultur müsse erst noch das Judentum niederringen, das durch eine demokratisch verbrämte Geldherrschaft eine vorübergehende Vormacht errichten könne (397 ff.; 474). Rassenlehre und Judenhaß haben ursprünglich nichts miteinander zu tun. Das Verdienst, beides miteinander verknüpft zu haben, beanspruchte Dr. Eugen Dühring in seiner Schrift ›Die Judenfrage als Frage des Rassencharakters und seiner Schädlichkeiten für Existenz und Kultur der Völker‹ *(1880/1930)*.

Lapouges Kombination kulturzyklischer und rassenbiologischer Vorstellungen begegnet uns gleichzeitig bei seinem Landsmann Gustave Le Bon. Er war Arzt und befaßte sich überwiegend mit Fragen der Massenpsychologie. Seine Schrift ›Lois psychologiques de l'évolution des peuples‹ *(1894/1902)* verankert die Psyche in der Rasse. Sie wird jedoch vom Begriff „Volk" nicht unterschieden, auch findet keine Zweiteilung in gute und schlechte Rassen statt. Le Bon läßt eine Rasse durch Mischung entstehen, in langen Jahrhunderten zur Reife einer Volksseele kommen, als deren Ausdruck sämtliche Kulturtaten gewertet werden, bis dann eine erneute Kreuzung eine rasche Dekadenz bewirke. *Voilà Rome!* Die zivil und friedlich gewordene Reichsbevölkerung holte mehr und mehr barbarische Söldner ins Land, die allzeit nur Roms Bestes wollten, aber aufgrund ihrer rassischen Andersart niemals die ihnen fremde Kultur übernehmen konnten (117 f.). So ruinierte der Zustrom von Germanenblut die Römerrasse, die friedlich erlosch, während das Kulturerbe kontinuierlich weiterwirkte, – hier folgt Le Bon der Argumentation von Fustel de Coulanges (119 ff.) – dann aber doch abstarb. *La plus solide des lois de l'histoire* sei die rassenmäßige Durchdringung alter Kulturländer durch neue Völker. Sie sei zur Zeit auch ganz analog in den USA und in Frankreich am Werke (122 ff.). Sozialismus und Demokratie erscheinen als ideologische Waffe der Neubarbaren, alle Klassenkämpfe seien Rassenkämpfe (176).

Le Bons berühmtestes Werk ist sein 1895 französisch erschienenes, später vielfach übersetztes Buch ›Psychologie der Massen‹. Den Stoff zur Erkenntnis der Massenseele entnahm er der Französischen Revolution, die historische Gegenwartsdeutung jedoch basiert auf der Analogie zum untergehenden Rom: beidemale handelte es sich um eine „Periode des Übergangs und der Anarchie" *(1895/1938,* 1), eine „Zeit allgemeinen Zerfalls" (178), eine „Stufe des höchsten Greisenalters" (180). Sämtliche Kulturen unterlägen derselben unabwendbaren Entwicklung: Am Anfang stehe ein zusammengewürfelter Barbarenhaufe. Er wachse zu einem Organismus zusammen, deren Inbegriff die unbewußte Rassenseele oder der Volks-Charakter sei (64; 135 ff.; 162). Eine aristokratische Elite bilde sich heraus (5; 159), schaffe sodann aus dem „Ideal" einer bestimmten Grundanschauung heraus Kulturgüter (44; 122), entarte jedoch im Laufe der Zeit, um endlich der bio-psychologischen Vermassung zu erliegen. Es komme zu einer inneren Barbarisierung, gleichermaßen zu einer zweiten Barbarei, in der das „Ideal" durch Cäsarismus und Bürokratie verloren gehe (5 f.; 39; 137; 179 ff.). So erhielt sich auch das Imperium Romanum – wieder nach Fustel de Coulanges – durch die religiöse Bewunderung, die es einflößte (57). „Der fanatische Kultus Roms war für die Römer der Glaube, der sie zu Herren der Welt machte. Dieser Glaube starb, und Rom ging zugrunde" (123; 182).

Der von Lapouge vertretene Ansatz ist in Deutschland aufgegriffen worden durch den Anthropologen Otto Ammon. Sein Buch ›Die Gesellschaftsordnung und ihre natürlichen Grundlagen‹ *(1895/1900)* fällt auch ein Urteil über unser Problem: „Nicht durch Feindes Schwert, sondern durch das Aussterben der herrschenden Arier sind Hellas und Rom dem Untergange verfallen". Ammon meinte, der Krieg habe die Bürger dezimiert, während die Sklaven sich ungehemmt vermehren durften (126). Das gute Blut wurde dünner, und als in den Germanen wieder echte Arier an die Tür klopften, widerstand ihnen niemand. Ammons Lehre: die rückschrittliche Auslese verhindern, die überforderte Oberschicht zur besseren Mehrung sozial begünstigen, damit die langschädligen deutsch-nationalen Sozialaristokraten imstande sind, die Rassengrenzen gegen die rundköpfigen Russen und Franzosen zu verteidigen (133; 280 ff.).

Ammon konnte sich in der dritten Auflage seines Buches (*1900,* 129) bereits auf Otto Seeck berufen, der die darwinistische Untergangstheorie in die Fachliteratur eingeführt hatte. Seeck stellte 1895 im ersten Bande seiner monumentalen ›Geschichte des Untergangs der antiken Welt‹ seine Erklärung unter den Titel ›Die Ausrottung der Besten‹. Seit den Gracchen hätten die Besten unter den Römern sich gegenseitig ausgerottet (*1895/1966,* 285). Was übrig blieb, sei nicht mehr imstande gewesen, den alten Freistaat weiterzuführen, sondern habe nur noch unter der Monarchie des Kaisers fortbestehen können. Indem Seeck das römische Kaisertum als ein Gewaltregiment ansah, aber einräumte, daß das heruntergekommene Volk nichts Besseres verdiente, schloß er sich Herder an. „Die Kaiser wurden zu Wölfen, weil ihre Untertanen Schafe waren" (289). „So war im ganzen Reiche keine Bevölkerungsklasse vom vornehmen Senator bis zum armen Provinzialen herab, die nicht zum Ducken und Schweifwedeln erzogen worden wäre. Es ist klar, daß jeder Rest freien Mannesmutes, der etwa noch vorhanden war, dabei zugrunde gehn mußte" (292). „Bürgerkriege und Monarchenwillkür, Beamtenkorruption und Söldnerwesen, Askese und Glaubenseifer, sie alle wirkten zusammen, um jeden hochstrebenden Geist auszutilgen und ein Geschlecht von Feiglingen großzuziehen" (293).

Um nun aus diesem angeblichen Sachverhalt den Untergang Roms ableiten zu können, nahm Seeck die Selektionslehre Darwins zu Hilfe. Er verwendete diese Theorie, indem er als die natürliche Umwelt innerhalb des Reiches den Despotismus der Kaiser und die dadurch begünstigten Verhaltensweisen annahm. „Massenmorde" an führenden Geistern „müssen ein Volk zur Feigheit und Erbärmlichkeit züchten" (302). Die vom römischen System geforderte Duckmäuserei ließ überwiegend Feige und Laue zur Fortpflanzung kommen, „und die Rasse verschlechterte sich immer mehr" (289). „Angeerbte Feigheit ist ... die beherrschende Eigenschaft, aus der alle Erscheinungen, die für das sinkende Altertum charakteristisch sind, hervorgehen" (293). Der Mensch unterliege eben den Erbgesetzen genauso wie „Bulldoggen" und „gut melkende Kühe" (280 f.).

Ein Widerspruch zur Darwinschen Theorie scheint nur darin zu liegen, daß Seeck im römischen Reich eine „Ausrottung der Besten" annahm, obgleich nach Darwin die Besten doch gerade überleben. Seeck meinte, daß die Umweltbedingungen, die den Kampf ums Dasein zwischen den Völkern regeln, andere seien, als die, welche innerhalb des Imperiums gegolten hätten. Wie im Reich nur der Halbherzige überleben könnte, so behaupte sich auf internationaler Ebene nur der Streitbare. Seeck nahm die Gültigkeit der Erbgesetze auch für die Germanen an. Bei ihnen habe die „Zuchtwahl noch energischer gewirkt" (304). Zwar „ging auch für Deutschland sein edelstes Blut verloren", aber diese Aderlässe waren dort heilsam, der dort tobende Völkermord „übte von Generation zu Generation seine reinigende Kraft" (305). Seeck betonte, daß die Germanen ihre Edelsten nicht systematisch ausgerottet hätten; bei ihnen „rast der Würgeengel scheinbar wahllos über die ganze Menge dahin" (302), so daß sich nur die wirklich Besten, d.h. die Tapfersten und Verschlagensten retten konnten. Im alten Deutschland herrschte Übereinstimmung zwischen den internationalen und den nationalen Überlebensbedingungen. Dasselbe meinte Seeck auch von den Juden, denen er als Schüler Mommsens beinahe ebensolchen Respekt entgegenbrachte wie den Germanen (298 f.). Seeck folgerte: „Die Ausrottung der Besten, die jenen schwächeren Völkern die Vernichtung brachte, hat die starken Germanen erst befähigt, auf den Trümmern der antiken Welt neue, dauernde Gemeinschaften zu errichten" (307). Die „Unfreiheit, jener alles zerfressende Krebsschaden der antiken Welt" (358) hatte den „einen beherrschenden Hauptgrund, die geistige und körperliche Verkommenheit der Rasse" (352), zur Folge, und sie entwickelte sich zu einem „wunderbaren Trieb der Selbstvernichtung" und einem „allverbreiteten Lebensüberdruß" (386 f.), der Roms Ende besiegelte. 1898 hat Seeck das Ende Roms in einen Verfallsprozeß eingeordnet, der bereits mit dem Peloponnesischen Krieg beginne (103) und durch Sklaverei und Proskription beschleunigt worden sei (259 ff.). Das hat dann Toynbee übernommen (III. 5. b!).

Zur Breitenwirkung der Seeck'schen These hat beigetragen, daß Willy Strehl sie in sein Lehrbuch übernommen hat. Sein ›Grundriß‹ *(1901/14)* erklärte die Eroberung des Imperiums durch die Germanen aus dem „greisenhaften Verfall der römisch-hellenischen Volkskraft", der aus negativer Selektion hergeleitet wurde: „In der Tat trug die seit den Proskriptionen der Republik sich durch Jahrhunderte fortsetzende Ausrottung der Besten am Untergang des Römertums die Hauptschuld". Die Folge der Kaiserporträts zeige dies schon ästhetisch (551). Wenn es zuvor heißt, der Kosmopolitismus des Römertums habe „zugleich mit der wachsenden Entnationalisierung dessen Untergang nach sich" gezogen (499), läßt sich dies mit der Annahme einer Rassenverschlechterung ohne weiteres vereinbaren.

Während Seeck sich ganz auf Darwins Selektionsprinzip und die Erbgesetze beschränkte, fand die Lehre Gobineaus von der Ungleichheit der Rassen einen wirkungsvollen Vertreter in Houston Stewart CHAMBERLAIN, dem Schwiegersohn Richard Wagners. Chamberlain ging in seinem Werk ›Die Grundlagen des XIX. Jahrhunderts‹ *(1899)* aus von der Beobachtung, daß der Übergang von der nationalen zur internationalen Phase im Völkerleben zur Schwächung und Auflösung führte, etwa bei den Persern, bei den Griechen und bei den Römern. Als Hebel verstand er die Blutmischung in den Spätzeiten. Chamberlain dachte in einem polaren System zwischen Germanen, den auch die ursprünglichen Perser, Griechen, Kelten, Römer und Slawen zugerechnet werden, und Juden als Antigermanen, die mit Semiten und Orientalen überhaupt verwandt seien. Während der Republik sei der rassische Instinkt der Römer noch intakt gewesen, wie sich an ihrem Kampf gegen die semitischen Karthager zeige, mit der Errichtung des Weltreichs, das aus anderen Gründen ja schon Herder als Versündigung gegen das Naturprinzip gedeutet hatte, sei jedoch fremdes Blut „wie ein Katarakt" hereingeströmt (273) und habe das alte Römertum verdorben. Mit Cäsar beginnt das Rassen- und Völkerchaos, durch die *Constitutio Antoniniana* Caracallas wird es Reichsgesetz (296). Das Imperium als *cloaca gentium* (286) habe mit dem Schwund der rassischen Substanz jede moralische, militärische und kulturelle Kraft verloren. In diesem Prozeß wies Chamberlain auch dem Christentum, insbesondere der Askese eine Rolle zu, allerdings nur mittelbar, so wie Gibbon dies getan hatte: aufgrund der allgemeinen Depravation sei auch das Christentum depraviert worden und habe die vorhandene Resignation verstärkt. Beispiel ist die Lehre des „afrikanischen Mestizen" Augustinus (515).

In dieser Situation erschienen die Germanen als Retter der Kultur. Mit dem ganzen 19. Jahrhundert hat Chamberlain die Germanen idealisiert, ihre angeborene Freiheit und Treue, die schon Hegel an den Germanen gerühmt hatte, verherrlicht und ohne Ironie die Devise *ex septentrione lux* verkündet (313). Die Germanen hätten mit der „Seelenbarbarei der civilisierten Mestizen" aufgeräumt, allerdings zweifelte Chamberlain daran, daß es für die spätere germanische Kultur von Gewinn war, wenn der Germane in die Lehre ging „bei einer Civilisation, die in Wahrheit nicht mehr wert war, ihm die Schuhriemen aufzulösen" (512). Chamberlains Polemik gegen Gobineau (267) galt dessen pessimistischer Annahme einer unaufhaltsamen Rassenverschlechterung, wogegen Chamberlain die These vertrat, Rassen seien Züchtungsprodukte und insofern endloser Veredlung fähig.

Während Chamberlain als Dilettant von den zünftigen Schädelforschern wie Lapouge (*1909* p. VIII) abgetan wurde, haben diese ihrerseits große Mengen an historisch dilettierender Literatur produziert. Zeugnis sind unter anderem Sammelwerke wie ›Natur und Staat‹ und Zeitschriften wie die ›Politisch-anthropologische Revue‹ von L. Woltmann. Aufsehen erregte das Jenenser Preisausschreiben von 1900. Es war mit 50 000 Mark ausgestattet und galt der Frage: ›Was lernen wir aus den Prinzipien der Deszendenztheorie in Beziehung auf die innerpolitische Entwicklung und Gesetzgebung der Staaten?‹ Den Zuschlag erhielt das Buch von Wilhelm SCHALLMAYER, das 1903 zuerst und 1918 in dritter Auflage unter dem Titel erschien: ›Vererbung und Auslese. Grundriß der Gesellschaftsbiologie und der Lehre vom Rassedienst.‹ Im Hinblick auf den Geldgeber F. A. Krupp versteht sich, daß es um ein vornehmlich praktisches Anliegen ging. Wie nicht anders zu erwarten, wurde der Fall Roms zum Paradebeispiel der Beweisabsicht: „Es war hauptsächlich die zuerst nur qualitativ, dann aber auch quantitativ abwärts führende Richtung des Rasseprozesses, was den Verfall und Untergang der antiken Welt herbeigeführt hat". Die zugrundeliegenden Faktoren seien dieselben gewesen, die in der Gegenwart wirksam seien: Kriege, Wehrdienst, „Fruchtbarkeitsbeschränkung", Lebenshunger, Knabenliebe, Prostitution usw. (263 ff.). Schallmayer bringt die bekannten Zeugnisse für den Nachwuchsmangel seit Polybios (I 64; XXXVI 17) und stützt sich für die Spätantike vornehmlich auf Seeck (266). Auch die weiße Rasse Europas degenerierte, „Yankees und Franzosen gehen uns bei diesem Prozeß nur voran" (218). Das Gesetz einer Auslese unter den besser Angepaßten gelte auch in der Geschichte, mit ihrer Volkskraft erlöschen auch die Völker selbst (28; 258). In der Regel würden die Erbanlagen durch die Kulturblüte verbraucht, aber ein naturgesetzliches Altern sei nicht beweisbar. Die Ursache der Entartung sei letztlich im Verhalten begründet (259 ff.), und daher könne auch der gelben Gefahr noch Einhalt geboten werden (219). Schallmayer propagierte zu diesem Zweck die Vereinigten Staaten von Europa (496).

Das Jenenser Preisurteil hat einen Sturm der Entrüstung ausgelöst, angefacht nicht zuletzt von L. WOLTMANN, der für seine ›Politische Anthropologie‹ *(1903)* nur den dritten Preis erhalten sollte. Was Schallmayer insbesondere vorgeworfen wurde, war seine Distanz zur Rassenlehre Gobineaus. Schallmayer erklärte alle Völker für rassisch gemischt und hielt diese Mischung sogar für kulturfördernd (250 f.; 258 f.; 475). Die Höherschätzung der nordischen Rasse, in Deutschland „merkwürdig stark verbreitet", sei wissenschaftlich nicht ernst zu nehmen und entspringe demokratiefeindlicher und chauvinistischer Selbstliebe; die Deutschen bestünden aus „einem unentwirrbaren Rassegemisch". Die lesenswerte Polemik Schallmayers gegen die Ideologen des nordischen Rassenkultus, darunter Lapouge (375–387), erklärt vollends die Reaktion auf das Jenenser Urteil.

Woltmann wurde von Mussolini (Ludwig *1932,* 73) als Jude bezeichnet. Dies scheint ein Irrtum, wäre aber kein Einzelfall in der Rassenschule. Das lehrt Walther RATHENAU. Er hat sich stets zum Judentum bekannt, obwohl er unter ihm litt und mit ganzem Herzen Deutscher war. In geradezu schwärmerischer Verehrung für das blonde Germanentum vertrat er – spätestens seit 1904 – das Überlagerungsmodell, wonach die siegreiche Herrenschicht allmählich durch die „Maulwurfarbeit kluger Hörigkeit" unterhöhlt wird. „Das Regiment der Starken stürzt, sobald es den Unterdrückten gelungen ist, die Atmosphäre des Geistes mit ihrem Hauch zu erfüllen: so fiel Rom nach dem Aufstieg des Christentums". Analog dazu sei Europa mit der Wende zum „bürgerlichen" 19. Jahrhundert unter die Herrschaft „emanzipierter Höriger" geraten (Ges. Schr. IV, 32). In den ›Reflexionen‹ von 1908 deutete er wie Chamberlain die Gegenwart als Zeit der Rassenmischung und des Rassenwechsels und prophezeite den Germanen den tragischen Untergang an einer „fremd-orientalischen Ethik" (Ges. Schr. IV, 222; 225; 233; 238). Aus dieser Periode muß auch der von Harry Graf Keßler (*1928*, 43) zitierte Aphorismus Rathenaus stammen: „Der Inbegriff der Weltgeschichte, ja der Menschheitsgeschichte, ist die Tragödie des arischen Stammes. Ein blondes, wundervolles Volk erwächst im Norden. In überquellender Fruchtbarkeit sendet es Welle auf Welle in die südliche Welt. Jede Wanderung wird zur Eroberung, die Eroberung zur Befruchtung der Kultur und Gesinnung. Aber mit zunehmender Weltbevölkerung quellen die Fluten der dunklen Völker immer näher, der Menschenkreis wird enger. Endlich ein Triumph des Südens: eine orientalische Religion ergreift die Nordländer. Sie wehren sich, indem sie die alte Ethik des Mutes wahren. Zuletzt die höchste Gefahr: die technische Kultur erringt sich die Welt, mit ihr entsteht die Macht der Furcht, der Klugheit, der Verschlagenheit, verkörpert durch Demokratie und Kapital ..." Es ist nicht deutlich, ob Rathenau hier zunächst an die Gegenwart oder an die spätrömische Zeit denkt, aber diese Unbestimmtheit ist typisch: eines beleuchtet das andere.

Rathenau vertrat den Rassengedanken in sublimierter Form, indem ihm Rasse weniger Sache des Blutes als Sache des Geistes war (Ges. Schr. IV 205; 212). Dennoch hat er sich 1924 von dieser Lehre gelöst (Briefe I 131; 204), und 1919 wurde sie ganz ins Soziale gedreht: „Die Völkerwanderung von unten nach oben hat begonnen", eine unaufhaltsame Barbarisierung bringe nun einen „neuen Kultursturz", indem die beherrschten Massen aus der Tiefe aufstiegen und die Menschheit in eine neue Sphäre hinüberführten, die sich zur europäischen Kultur verhalte wie diese zur Antike (53–58).

Die Haltung von Seeck, Schallmayer und Rathenau zur Judenfrage hat sich innerhalb der anthropologischen Geschichtsdeutung nicht durchgesetzt. Dort dominierte das Monopol der Arier auf die „Vollkultur", und aus diesem Geiste leben die späteren einschlägigen Theorien zum Untergang Roms. Einen fachwissenschaftlichen Unterbau dafür lieferte die Epigraphik, deren Zeugnisse über einzelne Personen eine rassentheoretische Auswertbarkeit versprachen. Von italienischer Seite ist hier der Artikel von Vittorio Macchioro zu nennen ›Die anthropologischen Grundlagen des römischen Verfalls zur Kaiserzeit‹ von 1906/07. Trotz der grundsätzlichen Bedenklichkeit, die er im Schließen von fremden Namen auf die fremde Rasse sah (580), beschrieb der Autor die fortschreitende Vermischung im römischen Reiche unter Zuhilfenahme dieser Quellengattung. Insbesondere der Heeresdienst und die Sklaverei schienen ihm die Vermischung zu fördern. Zu einer Erklärung für den Niedergang Roms gelangte Macchioro über die Annahme, daß die einzelnen Bevölkerungsgruppen kulturell unterschiedlich begabt seien und jeweils die niederen Elemente das größere Durchsetzungsvermögen besäßen. „Keine Macht hätte dieser ungeheueren anthropologischen Umwälzung widerstehen können, durch welche das wunderbare Gebäude der griechisch-römischen Welt zertrümmert wurde". Moderne Analogien sollen das klarmachen: „Die Bevölkerung Roms war im ganzen genommen Brasiliens Bevölkerung ähnlich". Welchen Wert Mischlinge haben, wird am Mestizen vorgeführt: der sei bekanntlich „faul, stumpf, leichtsinnig, wankelmütig, habsüchtig, feige, tyrannisch" (576; 578). Alle Eigenschaften, wie sie den späten Römern zugeschrieben werden, finden sich hier zusammen.

Wie verbreitet anthropologisierende Geschichtstheoreme des vorliegenden Typs vor dem Ersten Weltkrieg waren, zeigt wieder das 1907 in zweiter Auflage erschienene Buch von Willibald HENTSCHEL ›Varuna. Das Gesetz des aufsteigenden und sinkenden Lebens in der Geschichte.‹ Eine heilshungrige Mystik auf darwinistischem Boden gegen Maschinen und Engländer, gegen Juden und Rationalität findet im Sturz des Imperiums ihr Kronzeugnis. Rom wird früh durch den Orient verdorben (338 f.), ein „Raubstaat" (364), der die Völker durch die von ihm verbreitete Zivilisation verdarb. Die Römer waren „routinierte Cigarren-Wickler, die sich den Teufel um die Giftwirkung ihrer industriellen Erzeugnisse scherten" (350). Die Verbindung von Kapitol und Kapital ruinierte die Völker, wobei Bankokratie und römisches Recht als die eigentlichen Kulturkrankheiten firmieren (409). Hinter beiden lauerte damals wie heute die „jüdische Bestie" (414), vor der die einwandernden Germanen die Römer nur vorübergehend schützen konnten (412). Mit den Rechtskodifikationen triumphierte der Semitismus über das Ariertum (353 f.). Gegen entsprechende Gefahren in der Gegenwart empfiehlt der Autor seine „Mittgart" genannte Rasse-Kolchosen, wo spartanisch und polygam, kommunistisch und teutonisch gelebt und der „neue Mensch" herangezüchtet werden müsse – in Ostelbien sei dafür noch sattsam Raum (597 ff.). Praktische Experimente dieser Art hat es gegeben (Linse *1983*).

In Amerika fand der Rassendarwinismus einen Vorkämpfer in dem Biologen und langjährigen Präsidenten der Stanford University David Starr JORDAN. Sein Buch ›The Human Harvest. A Study of the Decay of Races through the Survival of the Unfit‹ von 1907 schloß sich im Titel an Seeley 1870 (III. 3.b!), in der Argumentation an Seeck 1895 an. Im Zuge der Ausdehnung Roms während der Republik habe der Krieg die besten Männer hinweggemäht. Die Folge war *the rise of the mob and of the emperor, who is the mob's exponent* (25). Im Fall von Griechenland wie im Fall von Rom sei die primäre Ursache leicht zu finden: *the extinction of manly blood* führte zur *extinction of freedom of thought and action,* das Anwachsen geraubten Wohlstandes zum Verlust der nationalen Existenz. *So fell Greece and Rome, Carthago and Egypt* ... (77). Der Absolutismus war nicht die Ursache, sondern nur das „Barometer" des völkischen Verfalls, bis der letzte Romkaiser Romulus auf dem Misthaufen der Geschichte landete (26). Entscheidend sei die negative Auslese, *reversal of selection,* gewesen (24). Rom war für Jordan wieder ein Musterfall, denn *history repeats itself* (35). Oberstes Gesetz sei: *the blood of a nation determines its history* (39), und das gelte allenthalben: *a race of men or a herd of cattle are governed by the same laws of selection* (42). Der Unterschied liege allein darin, daß Menschen die Erbgesetze handhaben können und die Rassenverschlechterung durch Alkohol, Crêtinism, Verstädterung und vor allem Krieg vermeiden können (66 ff.). In seiner Zeit sah Jordan namentlich Frankreich bedroht (46 ff.), während er für Amerika bedingt optimistisch war: *the Republic of Rome lasted so long, as there were Romans, the Republic of America will last so long as its people, in blood and in spirit remain, what we have learned to call Americans* (116). Auf dem Wege einer Rassenzüchtung hielt Jordan einen Fortschritt für möglich (45). Die negativen Wirkungen, die er Kriegen, sogar Freiheitskriegen zuschrieb (70 ff.), hinderten ihn später nicht, den Eintritt der Staaten in den Weltkrieg zu befürworten.

Noch prononcierter im selben Sinne äußerte sich Madison GRANT in seinem Buch ›The Passing of the Great Race‹ *(1916/19)*, in dem die Lehren aus der Geschichte für die Zukunft der weißen Rasse gezogen werden. Nach dem Hannibalkrieg habe die Sklaveneinfuhr aus dem Orient die rassischen Qualitäten der Italiker zersetzt und damit die an hochwertiges Menschenmaterial gebundene republikanische Staatsform untergraben. Caesar errichtete die Diktatur mithilfe des Mob, *the last Republican patriots represent the final protest of the old patrician Nordic strain.* Blutverluste an den Grenzen und Kinderlosigkeit dezimierten die Träger des *Roman spirit*, die alte Rasse verschwand und *Nordic mercenaries kept the Western Empire alive for three centuries, after the ancient Roman stock had virtually ceased to exist* (216 ff.). Die orientalischen Religionen beschleunigten den Niedergang, insbesondere das Christentum mit seinen gleichmacherischen Maximen (221). Grant zeigte die Analogien zur Gegenwart: wie einst die Italiker verlöre nun auch Amerika sein bestes Blut im Kriege, während minderwertige Einwanderer sich unaufhaltsam vermehrten; wie einst Rom mit seiner liberalen Bürgerrechtspolitik habe Amerika mit der Neger-Emanzipation seine Rassequalität ruiniert (218). Der *melting pot* sei damals wie heute vom Übel (220; 263), der *maudlin sentimentalism* führe in den *racial abyss* (263). Grants naturgesetzlich verstandene Maxime hieß: *races must be kept apart* (222). In seiner Einleitung hat der Zoologe H.F. OSBORN diese Gefahren für den *true spirit of Americanism* unterstrichen. Grants Thesen sollen auf die Einwanderungsgesetze der Vereinigten Staaten Einfluß gehabt haben.

Von der Althistorie der USA wurde der rassenbiologische Erklärungsansatz fortgeführt durch Tenney FRANK mit seinem Aufsatz von 1916 ›Race Mixture in the Roman Empire‹. Wie Macchioro gelangte Frank über epigraphische und philologische Untersuchungen zu dem Resultat, daß die Bevölkerung der Hauptstadt Rom seit der frühen Kaiserzeit ihren Zuwachs überwiegend durch Sklavenimporte und Freilassungen erfuhr, wobei die Mehrzahl der Neubürger aus dem Osten stammte. Er schloß, daß vielleicht neunzig Prozent der Stadtrömer „orientalisches Blut" hatten (*1916/70*, 139), während die altrömischen Familien nachweislich ausstarben (160). Diesen Vorgang nannte Frank „Rassenselbstmord" (159) und fand ihn auch in seiner Gegenwart wirksam. Als Ursache dieses Bevölkerungsschwundes nennt Frank die Aufklärung, die sich den Instinkten entgegensetzte, durch welche die Rassen leben. Als Folge betrachtete er die Orientalisierung Roms, mit der er einen Mentalitätsumschwung verband. Energie und Urteilsvermögen, politische und moralische Widerstandskraft seien verloren gegangen, ekstatische Mysterienreligionen hätten den gesunden Sinn der Indo-Europäer verdorben (165).

Trotz der Kritik, die Mary Gordon (*1924*, 101 ff.) an Franks Methode, aus den Namen auf die Herkunft der Sklaven zu folgern, geübt hat, hielt dieser unter Verweis auf Seeck und Nilsson an seinen Prämissen und Resultaten zunächst fest. In der 2. Auflage seiner ›Economic History of Rome‹ von 1927 finden wir die „Orientalisierung" über die Sklavenimporte (213 ff.) ebenso wieder[6] wie die „Degeneration" des führenden Menschenschlages. Seit Marc Aurel befände sich die Kultur auf dem Abstieg: *mental vitality and creative faculty seem to have disappeared* (476 f.). Die Barbaren seien nicht gefährlicher gewesen als zur Zeit des Marius, aber Rom fehlten die rechten Männer (478; 487). Die im Reich entstandene Mischrasse hätte nach längerer Amalgamation vielleicht auch Energien entwickelt, aber dazu fehlte die Zeit (479). So endet das Imperium als *failure of the old native vigor in Italy* (511): alle Probleme hätten sich meistern lassen, wenn der *old-time vigor* (478) noch vorhanden gewesen wäre.

An Seeck und Frank knüpfte der schwedische Althistoriker Martin NILSSON an in seinem Artikel ›The Race Problem in the Roman Empire‹ von 1921 und in den einschlägigen Passagen seines Buches ›Imperial Rome‹ von 1926. Nilsson wandte sich gegen den Sozialdarwinismus: Nicht auf den Kampf ums Dasein und nicht auf die Bedingungen der Umwelt sei die Kulturentwicklung zurückzuführen, sondern auf die biologische Begabung der Völker. Die Neger seien dem Urwald hervorragend angepaßt und hätten dennoch keine Kultur aufgebaut (*1921*, 384). Griechenland habe erst durch die eingewanderten Hellenen, Amerika erst durch die eingewanderten Europäer seine spätere Kulturstufe erreicht (*1921*, 371). Nilsson rechnete wie Gobineau mit höherwertigen und minderwertigen Rassen, definiert nach ihrer „Kulturfähigkeit" (*1926*, 263). Zu Beginn der Kaiserzeit habe die Romanisierung die Provinzialen verbessert, gegen Ende hätte umgekehrt die Provinzialisierung die Römer verschlechtert. Wie Frank betonte er das Aussterben der römisch-italischen Familien und die Einwanderung von Fremden (*1926*, 329). Er glaubte, Rassenmischung schade beiden Rassen (*1921*, 385) und untergrabe den moralischen Halt, ohne welchen auch die Intelligenz politisch bedeutungslos bleibe (*1926*, 365). So fand er in der „Bastardisierung" eine hinreichende Erklärung für den Untergang Roms (*1921*, 387; *1926*, 365). Er sei vorbereitet worden durch den Kosmopolitismus, den Handel und das Heer und mache sich seit Augustus im Pazifismus der Römer bemerkbar. Am Ende war das Reich innerlich verrottet, und dies habe den Sieg der Germanen ermöglicht (*1926* p. V; 299; 315; 364 f.). Das Jahr 476 bedeute das Ende Westroms (149).

Bemerkenswert ist, daß Nilsson in den Rassen keine Monaden sah, sondern sie als Resultat einer Mischung mit nachfolgender Isolierung betrachtete. So wie

[6] Zur Sache vgl. Maier *1953/54*, 344 ff. (vorsichtig zustimmend).

am Anfang der Antike die Neubildung einer griechischen und einer italischen Rasse stehe, so hätten sich am Anfang des Mittelalters, nachdem die Völkerwanderung zuende war, die neuen Völker durch Endogamie gebildet. Rassenbildung brauche Ruhe, und daher habe die Gesundung begonnen mit dem Verfall der Straßen (*1921*, 388; *1926*, 366 f.). Nilsson stellte seinen Erklärungsansatz ausdrücklich ins Licht zeitgenössischer Erfahrungen seit dem Ersten Weltkrieg, rechtfertigte die Abneigung gegen Heiraten zwischen Weißen und Schwarzen in Amerika biologisch und lobte die europäischen Grenzen, die das Durcheinanderheiraten erschwerten (*1926*, p. VI; 364).

Bevor wir uns den deutschen Rassisten wieder zuwenden, noch eine Stimme aus Oxford! A. M. DUFF schloß sich in seinem Werk über ›Freedmen in the Early Roman Empire‹ *(1928)* den Forschungen und Folgerungen von Tenney Frank an (199). Orientalischer Luxus habe die altrömische Einfachheit zerstört (203); durch die Massenfreilassung minderwertiger levantinischer Sklaven sei die römische Rasse verdorben worden (197 ff.). *It was because the giants of the past had given place to a bastard brood, that the final catastrophe came* (207). Nur ein Cato Censorius hätte Rom retten könnnen: *the grant of liberty to a slave ... was in practice the ruin of an empire* (208). Die Anspielung auf die Gegenwart fehlt nicht: amerikanische Politiker seien zu Recht über die Einwanderung bestimmter Gruppen schockiert (206).

Die ideologischen Wegbereiter des Nationalsozialismus konnten sich auf eine international angesehene neue Geschichtslehre berufen, und sie taten dies. Der erste war Walter DARRÉ, der spätere Reichsbauernführer Hitlers. Sein Buch ›Das Bauerntum als Lebensquell der nordischen Rasse‹ *(1928/35)* behandelt als antiken Musterfall zwar Sparta (168 ff.), liefert jedoch auch eine Erklärung für den Fall Roms, die sich neben Ihering auf Ferrero beruft. Die Geschichte der indogermanischen Staaten, ich zitiere: „(einschl. China)", folge einer „geradezu stumpfsinnigen Regelmäßigkeit" (186 ff.). Gruppen nordischer Rasse erscheinen auf der Suche nach Land, vorzugsweise im Mittelmeerraum, erhalten das „Bewußtsein ihres Blutes" eine Weile aufrecht, erliegen den „lockenden Sinnen" und verschwinden aus der Geschichte (357). Darré meint, der „Schoß der Frau" hätte „am Auf und Ab des Staates mehr Anteil" als der Arm des Mannes (403). Dieses rassistische Normalschema wird nun um eine wesentliche Komponente ergänzt, indem Darré Spenglers (UA II 151) Antithese „Blut und Boden" versöhnte und dem Nationalsozialismus ins Programm schrieb. Die „Bodenfrage" sei der Schlüssel zur Weltgeschichte, genauer noch: das Bodenrecht (168 ff.). Das indogermanische Bauerntum beruhe auf der Unveräußerlichkeit des Familiengutes, und ziehe daraus seine wirtschaftliche, militärische und biologische Kraft. Mit fortschreitender Kulturentwicklung komme es dann zu einer „entscheidenden Wende" durch die Geldwirtschaft. Sie entstamme dem Orient, ebenso wie die wichtigsten, nämlich semitischen Händlervölker. In Rom findet Darré den Knackpunkt am Ende der Punischen Kriege: es folge die Zerstörung des Bauernstandes durch die „Zinsknechtschaft" und eine „durchaus unnordisch aufgezogene Plutokratie“ (185 ff.), die Abwanderung vom Land in die „Unfruchtbarkeitsmaschine, genannt Stadt“ (78), sowie der schrankenlose Individualismus mit der nachfolgenden Rassenmischung. Die scheinbar damit verbundene Kultur sei eine „phosphoreszierende Zersetzungserscheinung“. Das demokratisch-kapitalistische Cäsarentum habe die „verfaultesten Staatszustände“ Roms noch eine Weile vor dem Zusammenbruch bewahrt, ehe der „grausig schnelle Absturz“ erfolgte (183 ff.). Ins menschenarme Reich wandern die landarmen Germanen ein (88 f.; 200). Darrés Lehre lautete, daß die „Entnordung“ nicht militärisch durch Kriegsverluste, sondern ökonomisch durch bauern- und familienschädliche Bodenpolitik zu erklären sei (60; 64; 458 f.). Bereits 1926 hatte Darré die Ansicht verfochten, die antiken Kulturvölker seien infolge der Bauernentwurzelung untergegangen, „sowie das Nordische Blut die anderen Rassenbestandteile nicht mehr meistern konnte“ (*1926/40,* 20), und 1931 heißt es, „daß alle Staaten erst untergingen, nachdem sie dem Kapitalismus verfielen“. Caesar habe Rom dem Judentum überantwortet (*1931/40,* 167 f.). Darrés schließlich verwirklichte Konsequenz war das Reichserbhofgesetz vom 29. IX. 1933, das den bäuerlichen Kleinbesitz festschrieb. Seine Auffassung von der rassischen Unschädlichkeit des Krieges hat Darré 1942 geändert, daraufhin hat Hitler ihn seines Amtes enthoben.

Gobineaus Theorie, gespickt mit passenden Zitaten von Mommsen, Seeck, Frank und Nilsson erlebte ihren nächsten Aufguß in der ›Rassengeschichte des hellenischen und des römischen Volkes‹ *(1929)* von Hans Friedrich Karl GÜNTHER. Die nordische Wesensart der Römer wird an der Schädelbildung einer marmornen Dea Roma illustriert (69). Als Angehörige der „weltordnenden Rasse“ (82) hätten die Römer durch Familiensinn und Mannestum ihren Staat aufgebaut, bis – ganz wie bei Darré – der heimliche Sieg der Karthager in Gestalt der Sklavengüter um 200 v. Chr. die „Wendezeit im Rassenwandel Italiens“ brachte (88). Der Bauernstand, zuletzt durch die Gracchen vertreten, wurde ausgehöhlt, orientalische Händler und Sklaven strömten herein, zwischen 100 v. und 100 n. Chr. erlosch die nordische Herrenrasse (97) und mündete in den unaufhaltsamen Niedergang des „entnordeten und entarteten Weltreichs“ (101). Dessen letzte Form als „demokratisches Kaiserreich“ (102) und „Almosensozialismus“ (110) öffnete mit der *Constitutio Antoniniana* 212 die Rassenschleusen den Juden (109 ff.); die Vorliebe für blonde Haare und germanische Tracht konnte die Römer nicht mehr retten (117). 476 standen die Germanen vor der Aufgabe, „im Rassensumpf der Mittelmeerländer“ eine neue Kultur zu errichten (130).

Neben Darré und Günther gehört Alfred ROSENBERG zu den Bannerträgern des nordischen Gedankens. Sein ›Mythos des 20. Jahrhunderts‹ erschien 1930, hatte 1934 bereits eine Auflage von 213 000 Stück und überschritt später die Millionengrenze. Dem deutschen Bürgertum wurde darin Chamberlain wohlgepfeffert auf flachem Teller serviert. Rosenberg gliedert die Geschichte in drei Phasen: eine nordische Antike und ein nordisches Abendland, zwei Glanzperioden, zwischen welchen ein „Völkerchaos“ gähnt (82 f.). Der „erste Schritt dem Chaos entgegen“ war die Erlaubnis zur „Mischehe“ zwischen Patriziern und Plebejern (56), sprich die *lex Canuleia* von 445 v. Chr. Danach hätten „vierhundert Jahre rassezersetzende Demokratie“ die Lebenskräfte Roms erschöpft, die Orientalisierung sei durch Sulla und Augustus nicht aufzuhalten gewesen (57). Paulus „predigte die internationale Weltrevolution gegen das römische Kaiserreich“, am Ende steht das „Rassenchaos der alten Welt“ in den „aufgewühlten Schlammfluten der Mischlinge Asiens, Afrikas, des ganzen Mittelmeerbeckens“ (74; 83). So sank das Imperium durch „Rassenpest und Seelenmord“ (84). Erst mit der „Vernordung“ Italiens zeigte sich neue Hoffnung, die in der Renaissance schließlich zur „Neuverkündung germanischen Blutes“ (80), wenn auch ein wenig verspätet, emporblühte. Rosenberg aktivierte den Fall Roms einerseits gegen die von Schallmayer unterstützte Europa-Bewegung: ein Pan-Europa sei rasselos wie das römische Weltreich (639), und andererseits für den Kirchenkampf: die „römische siegende Universalkirche“ sei „die gradlinige Fortsetzung des spätrömischen rasselosen Weltimperialismus“ (87). Diocletian erkannte die Lage, er verfolgte die Christen, „ähnlich wie heute Deutschland, will es nicht ganz untergehen, die pazifistische Bewegung ausrotten muß“ (72).

Nach der Machtergreifung Hitlers publizierte der Berliner Medizinhistoriker Paul DIEPGEN in den ›Jahreskursen für ärztliche Fortbildung‹ seinen Aufsatz ›Der Untergang der antiken Welt und die Medizin‹ *(1934)*. Die spätantike Heilkunde, meinte er, könne uns „zur Lehrmeisterin werden“. Galen wie Soranus hätten bereits eugenische Gedanken vertreten, indem sie monierten, daß die Menschen der Frage von Gattenwahl und Nachwuchs weniger Sorgfalt widmeten als der Landmann der Saat und der Aufzucht (7 f.). Andererseits trage auch die Medizin den Stempel der allgemeinen Dekadenz, indem sie sich vornehmlich um die Reicheren gekümmert und das Elend der Menge übersehen habe. Ihr hätten nur Kurpfuscher zur Verfügung gestanden, die sich auf Rationalismus, Materialismus und Wunderglauben stützten (6; 12). Den Niedergang insgesamt verband Diepgen nach Tenney Frank mit der rassischen Entartung durch den orientalischen Einfluß (4 f.). Sein Exempel ist jene Marulla des Martial (VI 39) mit ihren sieben Kindern von sieben exotischen Sklaven. Daneben entrüstete er sich über das Bühnenwesen. Die zeitgenössischen Anspielungen werden deutlich: vergleichbare Symptome der Entartung habe auch Deutschland in den letzten fünfzig Jahren erlebt, doch habe sich eine Wiederholung des Schicksals Roms abwenden lassen, weil uns „ein Retter beschieden“ war (1).

Bei den Römern erschien ein solcher Retter zu spät. Als Augustus seine Ehegesetze erließ, so meinte der Berliner Studienrat Fritz GEYER 1935 in seinem Artikel ›Zur Bedeutung der Rassenmischung für die Entwicklung Roms‹, da war es nicht mehr möglich, Rom durch eine konsequente Rassenpolitik zu erhalten. Die Moral der römischen Republik war durch Fremdblut-Spülung dahingegangen: Zuerst durch die Etrusker, dann durch Orientalen und Juden (1–15). Das Schicksal des Kaiserreiches war dann nur noch ein Abgesang. Geyers These formuliert prägnant der Titel des Vortrags, den er gemäß einer mir vorliegenden Einladungskarte am 7. Mai 1937 vor der Historischen Gesellschaft zu Berlin gehalten hat: ›Die Entwicklung des römischen Kaiserreiches im Lichte rassischer Überfremdung‹.

Über die praktischen Folgen historischer Einsicht informiert uns Alfred Thoss in seiner Schrift ›Die rassische Geschichtsbetrachtung‹ *(1935/59)*. „Griechen, Römer, die ostgermanischen Stämme der Völkerwanderungszeit sind wirklich an ihrem rassischen Verfall zugrundegegangen, ein Schicksal, das nur durch die energischen Maßnahmen des Führers von uns abgewendet wurde". Ein Erlaß des Reichs- und Preußischen Ministers für Wissenschaft und Volksbildung vom 15.1.1935 bestimme, daß nordische Kulturvölker „im Kampf gegen andere Rassen sich durchgesetzt haben oder ihnen schließlich erlegen sind, weil sie unbewußt wider die rassischen Naturgesetze gesündigt haben" (383–385). Im Rückgriff auf Darré meinte dann F. F. Zimmermann in seinem Artikel ›Der Untergang Roms‹ *(1937)*, die Latifundien hätten Roms Bauerntum vernichtet. Gegen die „Amerikanisierung" durch (vielfach jüdische) Kapitalisten, d. h. gegen Ausbeutung, Klassenhaß, Imperialismus und rassische Überfremdung hätte nur ein nationaler „Kaisersozialismus" geholfen.

Die einschlägigen Stellungnahmen aus dem Kreise der deutschen Althistoriker eröffnet Helmut Berve 1934 mit seinem Aufsatz ›Antike und nationalsozialistischer Staat‹. Der Untergang der antiken Welt wird mit einem einzigen Satz erklärt: an ihm „wird die Bedeutung des Rasseinstinktes, die Möglichkeit und Wirkung einer Rassepolitik, das Ende einer Kultur durch Rassezersetzung beispielhaft sichtbar" (268). Daraus lasse sich für die Gegenwart Brauchbares lernen. 1942 publizierte Berve seinen Vortrag ›Imperium Romanum‹ (Christ *1982*, 244 f.), den er 1949 in einer sprachlich entnazifizierten Fassung abermals vorlegte. Roms Aufstieg resultierte aus dem „angeborenen Herrschaftsinstinkt" eines „urgesunden Volkstums". Gegen die „innere Zersetzung" und die „nachlassende Volkskraft" durch das „ungehemmte Einströmen fremden, nicht selten orientalischen Blutes" (*1949*, 166) gab es kein Mittel, ohne die „Kernsubstanz eines kraftvollen Italikertums" mußte das Reich der germanischen „Jugendkraft" erliegen.

Ausführlicher sind die Artikel Joseph Vogts: ›Bevölkerungsrückgang im römischen Reich‹ von 1935 und ›Rassenmischung im römischen Reich‹ von 1936. Vogt lehnte sich darin besonders an Nilsson an. Nachdem Imperialismus und Kapitalismus den italischen Bauernstand vernichtet hätten (*1935*, 658), habe mit Caesars Bürgerrechtspolitik die Überfremdung Roms eingesetzt. Infolge des Verlusts des „rassischen Instinktes" hätten sich Dirnenwesen und Abtreibung, Knabenliebe und Massenfreilassung orientalischer Sklaven breit gemacht, und mit dem „Versiegen des besten Blutes" (*1935*, 663) sei die römische Herrenschicht zugrundegegangen. Der Menschheitsgedanke habe die „naturgegebenen Wertstufen" eingeebnet und zumal dem Semitentum den Weg gebahnt. Der *Constitutio Antoniniana* wird wiedermal eine verhängnisvolle Wirkung zugeschrieben (*1936*, 9). Aufgrund der „fortdauernden Verschlechterung der Erbmasse", namentlich in den Städten, konnte dem elementaren Druck des raumsuchenden Germanentums kein Widerstand mehr geleistet werden (11), das Reich brach zusammen.

Vogt glaubte nicht an die Unausweichlichkeit eines solchen Vorgangs, sondern meinte, durch Rassenpolitik sei das vermeidbar (*1935*, 654).

Die Besorgnis vor einem römischen Schicksal ließ wieder der Schüler Wilhelm Webers Helmut WERNER durchblicken. Dessen Buch ›Der Untergang Roms‹ (*1939*) behandelt den antiken Dekadenzgedanken geistesgeschichtlich, äußerte jedoch eingangs eine eigene Ansicht: „Die Rassenlehre zeigte an der Geschichte der antiken Völker, daß der Schlüssel zur Lösung des Untergangsproblems allein in der Degeneration oder der natürlichen Auslese, auch der Vernichtung der rassisch wertvollen Elemente liegt" (2). Rom sei das Muster für die Völker (8). Originell ist Werners Versuch, die verschiedenen Dekadenztheorien auf die rassische Zugehörigkeit ihrer Vertreter zurückzuführen, Rasse ist eben nicht nur Schädel, sondern auch Hirn. Die nordische Dekadenzlehre sei heroisch, moralisch; die orientalische sei utopisch, emotional (5 ff.). Daß die Rassenlehre jedenfalls kein Rassemerkmal war, zeigte sich an jenen, die sie 1945 abtaten (s. u.).

Im Jahre 1940 erschienen Schriften zum Fall Roms von drei deutschen Historikern, die dem rassenbiologischen Ansatz unterschiedlich nahestanden. Es handelt sich um Hermann Aubin in Breslau, Fritz Taeger in Marburg und Fritz Schachermeyr in Jena. Am schwersten zuzuordnen ist AUBIN. Er hatte sich als Mediävist zuvor schon mehrfach zur Wirtschaftsgeschichte der Germanen geäußert (II. 5. d!) und behandelte nun in der ›Neuen Propyläen Weltgeschichte‹ (*1940*) die Ablösung der römischen durch die germanische Herrschaft. Nachdem das Imperium aufgrund „erdgebundener" Faktoren seine Widerstandskraft eingebüßt hatte, „fiel diese römische Welt des Westens unter der Einwirkung des germanischen Einbruchs auseinander". Bauerntum und „Führerbegabung" begründeten die auf der „Einheit des Blutes" beruhende neue Ordnung (76–80).

Durch Reserven gegenüber dem rassistischen Erklärungsmodell bemerkenswert ist Aubins Magdeburger Rede „Zur Frage der historischen Kontinuität im Allgemeinen" (*1943/68*). Auf die Niedergangsgründe ging er nicht ein; ob Kulturübernahme „aus einer als inhärent zu denkenden rassischen Disposition oder auf Grund der jeweiligen sozial-wirtschaftlichen Struktur erfolgt" (192), ließ er dahingestellt. Er betonte mehrfach die Schwierigkeiten, mit Rassemerkmalen zu arbeiten (191; 193 f.), und meinte, daß man sich mit dem Wege der Kultur von Vorderasien über Griechen und Römer nach Norden wohl abfinden müsse (199).

Aubins 1944 in Brüssel erschienene Abhandlung ›Der Anteil der Germanen am Wiederaufbau des Abendlandes nach der Völkerwanderung‹ zeigt indessen eine gegenläufige Tendenz. Hier wird dem romanischen Kulturstolz die germanische Leistung entgegengehalten: „so müssen wir den entscheidenden Anteil an der Neubegründung Europas dem Auftreten der Germanen zusprechen" (*1944/49*, 148). Letztere werden vom Vorwurf der Kulturzerstörung befreit: „Das römische Reich war auch ohne den Einfall der Germanen in unaufhaltsamem Niederbruche begriffen gewesen ... In einem innerrömischen Prozeß verkümmerten seit dem 3. Jahrhundert die Kräfte, auf denen Bestand und Entwicklungsfähigkeit des Staatswesens wie der von ihm umfangenen Kultur beruhten" (162). Aubin nennt die bekannten Mißstände: Steuerdruck, Berufsbindung, Entvölkerung: „die Hölle des römischen Zwangsstaates“ war unerträglich geworden, das Imperium stak in einer „Sackgasse“. Diese dreimal gebrauchte Metapher (144; 163; 164) erinnert, wie manch andere Formulierung (163!) an Engels (*1884*), während die Vorstellung von der „Gesundung“ durch die Germanen bei Aubin (162 f.; 167) auf Max Weber *(1896)* zurückweist. Im Unterschied zu Engels und Weber scheint Aubin die sozialen und politischen Schwächen weniger als Ursachen denn als Symptome zu verstehen. Wenn der „rettungslose Niedergang“ (171) aus „unverkennbaren Zügen einer greisenhaften Erstarrung (163) hergeleitet und der Neuaufstieg mit dem „Einfließen der frischen germanischen Blutskräfte“ begründet wird (164), wenn sich in der italienischen Renaissance ein „Aufbruch des germanischen Blutes“ geltend macht (170), dann wird hinter den Phänomenen eine Tiefenschicht von Kräften deutlich, die kulturmorphologisch oder rassenbiologisch interpretiert werden kann.

Daß letzteres eher gemeint ist, läßt die abermalige Tendenzverschiebung erahnen, die in Aubins Abhandlung ›Vom Absterben antiken Lebens im Frühmittelalter‹ *(1948/68)* zum Ausdruck kommt. Bei der Suche nach den „Gründen des Hinschwindens der Antike“ sei das historische Instrumentarium unzureichend. Aubin meinte, daß „der Historiker den Erbforscher und Biologen zu Hilfe rufen müßte, ob das Wort vom Erlahmen der Kräfte mehr als ein Bild ist“ (251). Organische Metaphern haben in diesem Text größeres Gewicht als die Denkbilder aus der Architektur. Es ist die Rede vom „Weitersterben“ antiker Daseinsformen (222; 249), vom „Erlahmen“, „Erschlaffen“ und vom „natürlichen Prozeß des Auslaufs antiker Lebenskräfte“ (215; 233 f.). Aubin verstand seine Artikel zur Niedergangsproblematik als Beiträge zur „Naturgeschichte des Kulturwandels“ (172; 207; 256).

Zum letzten Male hat sich Aubin 1951 zu Wort gemeldet. Im Zusammenhang mit der ›Frage nach der Scheide zwischen Altertum und Mittelalter‹ widersprach er abermals einer außenpolitischen Erklärung. „Nein, die Germanen haben nicht ein starkes Reich und eine aufstrebende Kultur barbarisch zertrümmert, sondern sie konnten nach jahrhundertelangem Pochen und Anstürmen endlich die Grenzverteidigung durchbrechen, weil diese von innen heraus versagte, da die Zustände im Reiche faul und allenthalben im Absinken waren“ (106). Zugleich nahm Aubin die Araber gegen Pirenne in Schutz, der „in die Katastrophentheorie zurückgefallen“ sei (105). Freilich hat Aubin dieser auch seinerseits zuvor nicht ferngestanden (*1948*, 207; 249).

Fritz Taeger publizierte 1940 seine Marburger Universitätsrede, die den schon im Ersten Weltkrieg beliebten Vergleich zwischen römischem und britischem Imperium aufgriff (II. 5.a!). Taeger sah die Germanen nur als begleitendes Moment der Krise: „kein Feind ist stark genug gewesen, das Imperium ernsthaft zu gefährden, solange es gesund war“. Erst als ein „völliger Wandel aller Lebensformen … seine innere Kraft gebrochen hatte“ sank das Reich zusammen (13). Dem britischen Weltreich prophezeite Taeger eine kürzere Lebensdauer: „In dieser Stunde rächt es sich, daß es nicht wie das römische Weltreich von den Gesetzen geopolitischer Notwendigkeit geschaffen und getragen ist, und daß es nicht wie dieses auf dem sicheren Untergrund artverwandten Blutes ruht" (24). Taeger deutete die Analogie zur Spätantike an, indem er erklärte, die Welt liege wieder „in den Wehen einer neuen Ordnung", die das Recht der verjüngten deutschen Nation und das aller anderen aufstrebenden Völker wirklich werden ließe (25).

Ähnlich im Tenor sind die Äußerungen Taegers in der 1942 erschienenen dritten Auflage seines zweibändigen Werkes ›Das Altertum‹. Dort wird ein schicksalhaftes Kreislaufgesetz im Völkerleben von der urtümlichen Gebundenheit über die Freiheit zur Auflösung und einer neuen, despotischen Bindung am späten Rom vorgeführt (I 7; II 464 ff.). Die wahre Kultur der Freiheit „erblühte aus dem heimlichen Urgrund des tragenden Blutes. Dieses Blut hatte sich geopfert", und die „müde Spätkultur der Griechen und Römer" versank vor der „drängenden Kraft der nordischen Völker" (II 459). Zur wahren Freiheit seien bisher nur nordische Völker vorgestoßen (I 5), und dieser Kreislauf der uns blutverwandten Griechen und Römer sei „eine Mahnung und eine Warnung für uns" (I 8). Gewiß läßt sich Taegers Geschichtsauffassung nicht auf Anthropologie reduzieren, der Geist-Begriff von Stefan George ist mindestens ebenso wirksam. Letzteres erklärt Taegers Abwehr gegen kausale Geschichtsdeutung überhaupt. Sie erschien ihm prinzipiell vordergründig und unfähig, das Geheimnis des Schicksals zu fassen (I 6).

Eindeutig von nationalsozialistischem Gedankengut getragen war das Buch von Fritz Schachermeyr ›Lebensgesetzlichkeit in der Geschichte‹ von 1940. „Die Weltherrschaft war den Römern durch ihre eigene Potentialüberlegenheit gleichsam angeboten worden. Diese Weltherrschaft wirkte nun auf den Bestand des römischen Volkes in der zerstörendsten Weise zurück". Seit dem frühen 2. Jahrhundert v. Chr. wurde der „rassische Instinkt" das Opfer einer unaufhaltsamen „Blutzersetzung". Die Regenerationsversuche von Augustus und Trajan kamen zu spät, das „römische Weltreich aber sank herab zum Nutzungsinstitut einer ... Menschenherde" (115 f.). Das Christentum versagte als Verjüngungskur, weil es Volk und Rasse ignorierte (174). Die „nordische Antike" sei denselben Weg gegangen, den dann auch die europäische Kultur eingeschlagen habe. Liberalismus, Demokratie und Bastardisierung seien allein durch die „wunderbare Retterkraft Adolf Hitlers" abgewehrt worden (194). Die geschichtsbiologische Forschung und die instinktive Abneigung der nordischen Rasse gegenüber der Weltreichsidee (nicht zu verwechseln mit „biologisch bedingter Expansion" 120; 197) machten eine Wiederholung des Falles Roms vermeidbar.

Wie derartige Lehren verbreitet wurden, zeigt die mit einem Vorwort Görings erschienene Schrift des Korvettenkapitäns Dr. Armin Roth »Wehrmacht und Weltanschauung‹. Im „Völkerbrei des alten römischen Weltreiches" habe die individuelle Selbsterhaltung die völkische Arterhaltung überwuchert. „Das gewaltige römische Weltreich ist seinerzeit zugrunde gegangen, weil in ihm und seinen einzelnen Staatsbürgern die Grundpfeiler jedes völkisch-staatlichen Lebens, nämlich Blut und Boden, d.h. Rasse und Heimatgefühl, längst nicht mehr lebendig sein konnten". Gegen dieses „Todesmuß" helfe die wissenschaftliche „Rassenpflege" (35–37).

Hitler selbst hatte bereits in den frühen Zwanziger Jahren die herrschenden Verhältnisse gerne mit jenen im untergehenden Rom verglichen, damals habe das christliche wie heute das bolschewistische Judentum die Kultur zerfressen (Fest *1973*, 204). In seinem ›Kampf‹ schien ihm die römische Geschichte die „beste Lehrmeisterin nicht nur für heute, sondern wohl für alle Zeiten" (*1925/33*, 470). Sie wurde eingeordnet in ein allgemeines Kulturkonzept, wonach die Hochkulturen entstanden seien durch die Überschichtung niederer Rassen von einwandernden Ariern, die dann aber selbst durch Blutmischung an Volkskraft verloren und mit dem „Herrenstandpunkt" auch ihre kulturbildende Funktion aufgegeben hätten. „Alle großen Kulturen der Vergangenheit gingen nur zugrunde, weil die ursprünglich schöpferische Rasse an Blutsvergiftung starb" (316). In dieser Auffassung scheint Hitler von H. St. Chamberlain beeinflußt.

Bei der Aktualisierung des römischen Exempels vertrat Hitler zunächst die Innenperspektive. Als junger Mann habe ihn Wagners ›Rienzi‹ inspiriert, so wie jener Sohn eines armen Gastwirts die vergangene Größe des Reiches wiederherzustellen (Speer *1975*, 136). Die übliche Parallelisierung der Spätantike mit der Gegenwart sah Hitler dann jedoch aus der germanischen Perspektive. So wie heute seien damals die Germanen ein Volk ohne Raum gewesen, „damals traten wir als junges Volk stürmend in eine Welt zerfallender großer Staatengebilde", unter denen als letztes Rom niedergeworfen worden sei. Heute, so impliziert Hitler, sei eine entsprechende Expansion vonnöten, eine neue germanische Völkerwanderung (731).

In seiner Rede vom 11. XII. 1941 hat sich Hitlers deutscher zum europäischen Horizont erweitert. Europa wurde von den Griechen gegen die Perser, von den Römern gegen Karthago verteidigt. Auf den Katalaunischen Feldern kämpften Römer und Germanen Schulter an Schulter gegen den Feind aus dem Osten für Roms Reich, das „auch heute noch in seiner Bedeutung und fortzeugenden Kraft nicht erreicht, geschweige denn übertroffen ist" (Reden S. 117 f.). Die Germanen hätten Rom retten können (Villard *1972*, 11). In Hitlers ›Tischgesprächen‹ von 1942 lesen wir: die echten Germanen, das waren nicht die „Maori" aus Holstein, sondern Griechen und Römer; und ihre Kultur bedeutete damals, was nun die deutsch-europäische Großmacht darstellt. „Oft denke ich darüber nach, woran die antike Welt zugrunde gegangen ist". Die Herrenschicht war reich geworden, mochte keine Kinder mehr haben und mußte bereits nach dem 3. Punischen Krieg Freigelassene in die Legionen aufnehmen (168; 171; 173). Griechenland und Rom verdankten ihre Größe ihrem Rassen- und Familiensinn, und in dieser „Abwehr gegen die Vermischung mit fremdländischem Blut" seien die alten Völker vorbildlich (443). Erst als das Judentum in Gestalt der christlichen Mission (III. 1. b.!) die rassischen Grundlagen unterhöhlte, sei die Kultur zusammengebrochen (168; 177) und „tausendjähriges Chaos" eingekehrt. Eine Wiederholung jenes Falles hätte ein „2000–3000jähriges Chaos" zur Folge; was aus Europa dann würde, wisse nur, wer den Osten gesehen habe (497).

Langfristig hielt Hitler einen dem Fall Roms entsprechenden Zusammensturz der europäischen Kultur für gewiß, das zeigt seine Ruinentheorie (IV 1!) und eine Äußerung der ›Tischgespräche‹: „Es gibt kein Wesen, keine Substanz, aber auch keine menschliche Institution, die nicht eines Tages altert. Jede Institution muß aber an ihre Unvergänglichkeit glauben, wenn sie sich nicht selbst aufgeben will" (147). Dieses Dilemma hat bereits 1765 Mably (CC XII 17) vermerkt. Zunächst aber, meinte der Führer, werde der Nationalsozialismus eine abermalige Vernichtung der Kultur durch die gegenwärtige Ausprägung des Judentums, nämlich durch den Bolschewismus, verhüten (169). Hitler machte jedoch eine Einschränkung: „Ich bin hier eiskalt: Wenn das Deutsche Volk nicht bereit ist, für seine Selbsterhaltung sich einzusetzen, gut, dann soll es verschwinden" (171). Kurz vor dem Zusammenbruch hat Hitler bekannt: die Zukunft gehöre der slawischen, nicht der germanischen Rasse (Speer *1969*, 446). Er änderte nur die Anwendung, nicht den Inhalt seiner Rassentheorie.

Das Jahr 1945 bildet innerhalb der rassenanthropologischen Deutungen des Falles Roms eine Zäsur von beispielloser Schärfe. Niemals zuvor ist eine wissenschaftliche Doktrin durch ein politisches Ereignis so gründlich diskreditiert worden. Die Verknüpfung der Geschichtsbiologie mit dem Nationalsozialismus setzte ein allgemeines Umdenken in Gang. Soweit sich die Autoren nochmals zum Thema geäußert haben, ist die modernisierte Fassung gewöhnlich stillschweigend an die Stelle der aufgegebenen gesetzt. Bereits 1940 hatte Tenney FRANK (Survey V 296–304) den Akzent zugunsten des Dekadenzmodells verschoben. Die Größe des Reiches habe das totalitäre Regime Diocletians erfordert, und dies habe eine totalitäre Wirtschaft mit sich gebracht, worin die Privatinitiative erstickt sei. Der Wohlstand und die Sklavenarbeit habe die *landed gentry* eingelullt, ihr Mangel an Einsicht sei der entscheidende Verfallsgrund. Deren rassische Verschlechterung durch die Freilassungen wird nur noch zwischen den Zeilen angedeutet. Frank blieb indessen dabei, daß die eigene Zukunft aus dem Spiegel Rom abzulesen sei.

TAEGER trug seine revidierte Ansicht in seiner 1949 erschienenen ›Kultur des Antike‹ vor. Die kulturschaffenden Völker sind nicht länger durch nordisches Blut, sondern durch „Rassengemenge und Gemisch" gekennzeichnet (147). Der Kreislauf wird durch allmählichen Verlust des Staatsbewußtseins herbeigeführt, bis die äußere und innere Reglementierung erforderlich ist (125). Die Analogie zwischen Früh- und Spätstufe macht den (frühen) germanischen Völkern die (späte) römische Kultur zugänglich (144). Der Gedanke einer der Spätantike entsprechenden „allgemeinen Zeitenwende" bleibt lebendig (149), verkehrt sich jedoch: aus der zuversichtlichen ist die besorgte Betrachtung geworden, die Selbstidentifikation mit den Germanen ist wie bei Hitler 1942 der mit den Römern gewichen (149). Taeger sah jetzt den Zweiten Weltkrieg als den „schnödesten Verrat am Abendland, von dem die Geschichte weiß“, aber glaubte dennoch an die „Lebenskraft des Abendlandes“ (150). Die späteren Auflagen des ›Altertums‹ berücksichtigen gleichfalls das veränderte Ideenklima.

Joseph Vogt publizierte eine verbesserte Version 1965 in seinem Buch ›Der Niedergang Roms‹. An die Stelle des Volkstodes trat die Kulturmetamorphose, die Politik der Kaiser erschien nicht mehr von Anbeginn verderbt, die *Constitutio Antoniniana* war nicht länger Werkzeug einer semitischen Dynastie im Rassenkampf gegen das Römertum, sondern bildete den „großartigen Abschluß“ der Romanisierung (37). Vogts neue Erklärung arbeitet einerseits mit dem Modell einer Erschöpfung der intellektuellen Kräfte eines debilen Römertums (69; 433; 466), worin er die entscheidenden Niedergangsgründe suchte (53), aber andererseits auch mit der Metaphorik der jungen, gesunden Volkskraft gegenüber der alten Kultur (10; 23; 125 ff.).

Der einzig Standhafte unter den Rassehistorikern war offenbar Hans F. K. Günther. Er publizierte 1957 eine ›Lebensgeschichte des römischen Volkes‹ in gotischen Lettern. Diese überarbeitete Fassung des zweiten Teils seiner oben besprochenen ›Rassengeschichte‹ geht auf die dazwischenliegende Hitlerzeit nur insoweit ein, als der Weltkrieg Günther daran gehindert habe, seine Erkenntnisfortschritte schon 1943 vorzulegen. Nun heißt es, der „eigentliche Menschenschlag der Antike“ sei „schon zu Beginn der Kaiserzeit nahezu ausgestorben“ gewesen (307). Hauptursache des Verfalls bleibt die „Fäulnis der Erbanlagen: Ausmerze der erbtüchtigen Familien, Mehrung minderwertiger Anlagen innerhalb der Bevölkerung durch Kinderarmut der besser Gearteten und Kinderreichtum der schlechtgearteten Familien“ (309). Günther wandte sich gegen die Kontinuitätsthese und vertrat eine von 300 bis 1400 reichende Ödzeit ohne „eine einzige Entdeckung oder Erfindung“ (307). Das bei Hellenen und Römern durch östlichen „Fremdgeist“ ausgehöhlte nordische Menschentum sah Günther abermals vom Aussterben bedroht (310).

Im Gegensatz zu derartigen lebenden Fossilien der Wissenschaftsgeschichte sucht die neuere Anthropologie bessere Wege. 1954 schrieb Ilse Schwidetzky, Professorin der Anthropologie in Mainz, ein Buch ›Das Problem des Völkertodes‹. Darin heißt es, Völker seien keine Organismen, könnten gleichwohl sterben, und zwar dann, „wenn sich kein Individuum mehr zu einem einst gemeinschaftsbildenden Volkstume bekennt“ (154). Der Tod findet mithin durch einen Bewußtseinsakt statt. Dessen anthropologische Basis sei „reichlich schwankender Boden“ (141). Die Parallele zur Spätantike wird verworfen (109; 157), Rassen- und Kulturmischung erscheint nun erfreulich (5 f.; 121; 125 ff.). Das hatten Gibbon (o. S. 369), Bauer (*1853*, 9), Burckhardt (*1868/1955*, 26), Sorley (*1908*, 324) und Schallmayer (o. S. 378) auch gemeint.

Anderer Ansicht ist Konrad Lorenz. Durch die Vereinheitlichung der Welt entfalle die Konkurrenz unter den Kulturen und damit der Selektionsdruck, dem wir die bisherige Entwicklung zu danken haben. In seinem Buch ›Die Rückseite des Spiegels‹ *(1973)* verband Lorenz darwinistische und kulturmorphologische Gedanken zu einer Geschichtsphilosophie, die in den einzelnen Kulturen phylogenetisch erforschbare Analogien zu biologischen Arten erblickte (235 ff.). Lorenz fand im Gleichtakt zwischen der Anpassungsfähigkeit der genetisch bedingten Verhaltensweisen und den Wandlungen der kulturellen Umwelt die Voraussetzung für den Fortbestand einer Kultur und erklärte es für „wahrscheinlich, daß das regelmäßige Absterben von Hochkulturen, das Oswald Spengler als erster klar gesehen hat, eine Folge der Diskrepanz der Geschwindigkeiten ist, mit denen sich phylogenetisch programmierte und traditionsmäßig determinierte Verhaltensnormen entwickeln. Die kulturelle Entwicklung des Menschen läuft seiner ›Natur‹ davon" (252). Lorenz stellt der pathologischen Gegenwart die Diagnose und verschreibt ihr eine konservative Therapie. Die Entsprechung zum Ende des Altertums wird nicht aufgedeckt.

Eine ethologische Deutung des Falles Roms stammt von dem Mediziner Eckart Knaul. Sein populäres Buch ›Rom. Weltmacht biologisch gesteuert‹ *(1977)* betrachtet die „Entwicklung im antiken Rom unter den Gesichtspunkten moderner naturwissenschaftlicher Erkenntnisse" (8), die vornehmlich der Verhaltensforschung um Lorenz entnommen werden. Der Mensch unterstehe, wie jedes andere Wesen, gnadenlosen Naturgesetzen (8; 397), „wesentliche Veränderungen im Leben eines Volkes oder Kulturkreises sind immer biologisch bedingt" (390). Im Unterschied zur üblichen Argumentation stellt Knaul an die Spitze seiner Faktorenspindel (416) nicht die Unter- sondern die Übervölkerung (15 ff.). Sie setzt den gesamten Verfallsmechanismus in Gang: Raumnot, Wohnungselend, Lärmbelästigung, Schlaflosigkeit, Streß, Vergnügungssucht, Ausschweifung, Nervosität, Fettleibigkeit, Aggression, Depression, Perversion, Impotenz (32 ff.; 246 f.; 398). Die Regierung habe das Elend nur vergrößert durch Import von Fremdarbeitern und Kinderprämien (56 ff.). Knauls Denkmodell ist der Mäusekäfig: ein Pärchen, das unter optimalen Lebensbedingungen gehalten wird, vermehrt sich immer weiter, bis die Art degeneriert und sich gegenseitig verspeist (69 f.; 113). Ähnlich wie bei Seeck (III. 3.e!) wird ein Umschlag von der positiven zur negativen Selektion angenommen, deren Opfer die staats- und kulturtragenden Eliten seien (392 ff.; 400 ff.). Das einzige, was Rom noch aufrecht gehalten habe, seien die Germanenangriffe gewesen – sie hätten wenigstens vorübergehend Belebung gebracht (184). In offener Analogie zu gegenwärtigen Erscheinungen brandmarkt der Autor die Emanzipation der Frauen und Jugendlichen (394 ff.), die Parolen von Freiheit und Gleichheit (402 ff.), Obszönitäten und Perversitäten, er preist die Armut, warnt vor dem Wohlstand (411 ff.), verurteilt den Ruf nach dem Staat, den er freilich auch selbst erhebt: die Kaiser hätten die fremden Elemente ausweisen, die müßigen Bürger zur Arbeit abkommandieren und Mäßigung verordnen sollen (267). Das hätte Rom vielleicht gerettet, war aber damals leider ebenso unpopulär wie heute. Die politischen Folgerungen aus diesem neobiologistischen Kulturmodell zog das ›Heidelberger Manifest‹ vom 17. Juni 1981 (IV. 1!).

III. 3.d. Zusammenfassung der naturwissenschaftlichen Erklärungen

Der Aufstieg der Naturwissenschaften im 19. Jahrhundert hat nicht nur den Blick in die Zukunft, sondern ebenfalls das Bild der Vergangenheit verändert. Die Erwartung, mit der wachsenden Herrschaft über die Elemente allmählich auch die Geschichte in den Griff zu bekommen, weckte die Vermutung, daß eigentlich schon immer der Stand des technischen Könnens die historische Lage bestimmt habe. Mit der Kontrolle der Naturgewalten schienen jene elementaren Mächte gebändigt, die das Elend früherer Zeiten verschuldet hätten. Der Blick dieser Deuter in die Zukunft ist darum überwiegend optimistisch.

Für die Sicht der Vergangenheit wurden neue Perspektiven gefordert. Um nach naturwissenschaftlichem Vorbild auch die Historie „in den Rang einer Wissenschaft zu erheben" verlangte der Positivismus die Übernahme exakter statistischer Verfahren. Man glaubte, daß die Geschichte aus demselben Stoff gemacht sei wie die Natur und denselben Kräften gehorche. Nach denselben Methoden erforscht, müßte sie mithin Aufschlüsse von derselben Gewißheit, derselben Genauigkeit liefern. Der Erfolg in der Geschichte erschien als Triumph der Evolution, die politische Gewalt als verlängerter Arm der Natur in der Geschichte (Demandt HZ 237, 1983).

Unter den naturwissenschaftlichen Erklärern des Falles Roms bilden die Vertreter eines *agronomisch-ökologischen* Ansatzes die kleinste Gruppe. Es mag überzogen scheinen, daß ich ihnen einen eigenen Abschnitt gewidmet habe. Wenn es dennoch geschah, so mögen dies zwei Gründe rechtfertigen. Zum ersten verteilen sich die Vertreter dieses Erklärungstypus über die gesamte Berichtszeit, es handelt sich nicht um eine kurzfristige Mode. Zum zweiten verdienen die geltend gemachten Argumente unser Interesse aus sachlichen Gründen. Der Begriff *cultura* bezeichnet zunächst die Pflege des Bodens und dann die Pflege des Geistes, dieser erscheint damit gewissermaßen als der Spiegel seiner Werke in der Natur, in der Umwelt. Durch Veredelung und Züchtung vermag der Mensch seine natürlichen Lebensbedingungen zu verbessern (dies forderte Justus v. Liebig), durch Raubbau und Verschmutzung kann er sie zerstören (davor warnte Donald Hughes). Erfahrungen aus der Gegenwart erklären Vorgänge in der Vergangenheit und begründen Befürchtungen für die Zukunft. Auch wenn der Anteil an der Erklärung für den Fall Roms gering bleiben mag, verdient er die Beachtung, die ihm der zu Unrecht vergessene Fraas 1847 geschenkt hat. Jede Kultur hinterläßt eine Wüste: der Alte Orient eine Sandwüste, die Klassische Antike eine Steinwüste, das moderne Europa eine Betonwüste. Kürzer Nietzsche (II 540): „Die Wüste wächst."

Zahlreichere Vertreter fand der *demographische* Ansatz. Er erweckte große Hoffnungen. Denn zum einen gewährte die quantifizierende Methode einen hohen Grad von Exaktheit, und zum andern berechnet sie jenen Faktor, der allem historischen Geschehen zugrundeliegt, den Menschen. So konnte man glauben, daß auch das Problem des Niedergangs von Staaten und Kulturen auf diesem

Wege zu lösen wäre. Entsprechend der Sorge um die Landwirtschaft wurde die Argumentation mit dem Bevölkerungsschwund durch Zeiterfahrungen begünstigt. Auch um die eigene Kultur bangte man, wenn man, wie in Frankreich, sinkende Geburtenraten feststellte, oder, wie in Deutschland, das raschere Bevölkerungswachstum östlicher Völker wahrnahm. Was die Bedrohung durch die Gelbe Gefahr bedeute, wollte man an der Völkerwanderung ablesen. In der Regel identifizierten die Autoren ihre eigene mit der spätrömischen Situation, und dies taten nicht nur Gelehrte, sondern auch Politiker wie Landry. Die demographische Analyse wurde von Deutschen und Schweden, Engländern und Amerikanern, Franzosen und Italienern als Sesam-öffne-dich im Fall Roms betrachtet. Man erhoffte doppelten Gewinn: historische Einsicht und praktische Belehrung.

Die großen Erwartungen des 19. Jahrhunderts haben zwar bis in die Zeit nach dem Zweiten Weltkrieg Vertreter gefunden. Dennoch ist ihre Zahl erkennbar zurückgegangen. Dies mag zum ersten an der ungünstigen Quellensituation liegen: zwar hören wir genug von Seuchen, Menschenarmut und Kinderlosigkeit, aber weder können wir dies in absolute Zahlen oder auch nur in Anteile an der Gesamtbevölkerung umsetzen, noch wissen wir etwas über Ausmaß und Tempo der Regeneration innerhalb des Reiches, denn die negativen Phänomene werden immer eher überliefert als die positiven. Zum zweiten beweist die einer schrumpfenden Zahl von Reichsbewohnern gegenüber immer noch verschwindende Minorität germanischer Einwanderer, daß nicht die bloße Masse, sondern die Leistungsfähigkeit den historischen Einfluß einer Gruppe ausmacht. Wichtiger als der quantitative erscheint der qualitative Gesichtspunkt.

Er steht bei den *anthropologischen* Erklärungsversuchen im Vordergrund. Die unter dem Einfluß von Gobineau und Darwin entstandene monistische Geschichtsbiologie wurde von ihren Verfechtern als naturwissenschaftlich, d. h. als exakt und progressiv eingestuft. Ein Teil der Autoren ist von der Biologie zur Geschichte gekommen. In der Zeit um den Ersten Weltkrieg genoß die Rassenlehre internationales Ansehen. Englische, amerikanische, französische, schwedische und italienische Gelehrte haben sich ihr verschrieben, selbst ein jüdischer Intellektueller wie Walther Rathenau zollte ihr Anerkennung. Rassenlehre und Judenfeindschaft kombinierte als erster (?) Eugen Dühring *(1880/1930)*. Er warf den Römern vor, die Juden nicht ausgerottet zu haben (126) und forderte das „Verschwindenlassen des ganzen fraglichen Typus" (114).

Hinter der Ansicht, daß Rom am Rassenproblem gescheitert sei, steht die Forderung, daß uns entsprechendes nicht widerfahren dürfe. Daneben gibt es zahlreiche Meinungsdifferenzen über Gründe und Folgen im einzelnen. Die Polemiken von Chamberlain gegen Gobineau und von Lapouge gegen Chamberlain sind keine Ausnahmefälle. Im allgemeinen wird Rassenreinheit für gut, Rassenmischung für schlecht befunden, doch ist auch mehrfach bestritten worden, daß es reine Rassen gebe (Schallmayer, Nilsson). Die für Rom verderbliche Zumischung wird überwiegend im Einstrom orientalisch-semitischen Blutes gesehen, selten erscheint die Germanisierung als rassisch verderblich (Le Bon), zuweilen werden sogar Germanen und Juden als gleichwertige Edelrassen den verderbten Römern gegenübergestellt (Seeck).

Normalerweise erscheinen als Kriterium der Rassenzugehörigkeit Schädelform, Hautfarbe und – wohl metaphorisch gemeint – das Blut, doch betrachten einzelne Autoren die Rasse als Sache des Geistes (Rathenau). Vielfach gehen die Begriffe Rasse und Volk durcheinander (Le Bon, Nilsson). Als Kriterium des „Wertes" einer Rasse gilt deren „Kulturfähigkeit", sie wird abhängig gemacht entweder von der relativen Rassenreinheit oder vom Anteil an weißem Blut.

Gegenüber der ursprünglichen, pessimistischen Auffassung von Gobineau und Darwin, daß sich die Degeneration der weißen Rasse nicht aufhalten ließe, setzte sich eine optimistische Position durch, die an eine Rettung durch einschlägige Maßnahmen glaubte. Empfohlen wurde mancherlei, meistens irgendeine Form von Eugenik oder *apartheid.* Politisch lassen sich die Rassenlehrer eher durch das, was sie ablehnen, als durch das, was sie gutheißen, kennzeichnen. Verdächtig waren Städtewesen und Industrie, sowie jede Form der Egalität, wie sie durch Aufklärung und Christentum, durch Demokratie und Liberalismus begünstigt wird. Sympathisch erschien eine nationale, aristokratische, bauernfreundliche Politik, die sich von den zersetzenden Tendenzen des Kapitalismus, des Amerikanismus und des Imperialismus freihält. In der Nutzanwendung dominiert die Verhinderung der Mischung und der Kampf gegen die Antirasse, als welche neben den Juden oder statt ihrer auch Russen, Franzosen, Chinesen und Neger genannt werden.

Mit den drei dargestellten Typen (III. 3. a, b, c) sind die naturwissenschaftlichen Erklärungsversuche nicht erschöpft. 1919 übertrug E. F. Gautier (vgl. o. S. 300) in seiner ›Interprétation biologique des grandes catastrophes‹ das Naturgesetz der Lebensalter auf die Stammes- und Kulturgeschichte. Jede Art sterbe aus, sobald sie den Höhepunkt ihrer Entwicklung erreicht habe. Nur primitive Typen seien dauerhaft. Gautiers Exempel in der Natur waren Ammoniten und Dinosaurier, in der Geschichte waren es Griechen und Römer. Spezialisierte, komplizierte Systeme verlören die Anpassungsfähigkeit an die sich wandelnde Umwelt. Ihr Spätstadium sei allemal *gigantisme et complexité.* Auf lange Sicht mag dies auch für uns bedrohlich scheinen. Einstweilen läßt die Vitalität unserer Kulturentwicklung allerdings ebensowenig zu wünschen übrig wie die unserer Naturforscher. Noch ist Hoffnung. Denn der Träger der Erbinformation in der Keimzelle ist entdeckt: das Geheimnis der Menschheit schlummert in der Desoxyribonukleinsäure.

III. 4. Innenpolitische Erklärungen: Versagen des Staates

Corruptions are more natural to mankind than perfections, so they are more likely to have a longer continuance.
J. Swift 1715 (V 476)

Im Unterschied zu den drei bisher behandelten Erklärungstypen gehen die Vertreter eines innenpolitisch bedingten Niedergangs davon aus, daß als zentrale Ursache ein Versagen des Staates im weitesten Sinne anzusprechen sei. Nicht religionsgeschichtliche oder sozialökonomische Faktoren, nicht naturbedingte oder außenpolitische Umstände, sondern Verhaltensfehler der auf römischer Seite Verantwortlichen seien der tiefste Grund des Niedergangs gewesen. *Quidquid delirant reges, plectuntur Achivi* (Hor. ep. I 2, 14): Was die Oberen versiebt haben, müssen die Unteren ausbaden. Bisweilen wird die Schuld bei Einzelnen, bisweilen im Wesen des Ganzen gesucht; grundsätzlich gilt, daß anderes politisches Verhalten andere Folgen gehabt hätte. Der Zusammenbruch des Systems erscheint überwiegend als vermeidbar.

Innerhalb der innenpolitischen Verfallstheorien verteilt sich das Gewicht teils stärker auf institutionelle Regelungen, auf Kaiser und Hof, Heer und Verwaltung, Finanzen und Wirtschaft, soweit sie in der Reichweite der Politik lagen, teils stärker auf die moralische Haltung und das persönliche Können, auf individuelle Lauterkeit der Führung, auf Staatsethos der Oberschicht oder auf Arbeits- und Wehrgesinnung der Staatsbürger insgesamt. Bereits Zeitgenossen haben innenpolitische Niedergangsgründe akzentuiert, insbesondere den Sittenverfall der Amtsträger. Ammian und Synesios, Salvian und Zosimos haben die Staatsdiener für die Misere verantwortlich gemacht (II. 1!). Justinian und Jordanes führten den Verlust der Provinzen auf die Unfähigkeit der früheren Kaiser zurück (II. 2. a!). Unter den Humanisten tauchen diese Aspekte wieder auf, bei Machiavelli und Sigonius (II. 3. a!), ebenso bei Aufklärern wie Montesquieu, Voltaire und Herder (II. 4!). Das praktische Interesse, Einflußmöglichkeiten auf das politische Schicksal zu gewinnen, fördert die Aufmerksamkeit gegenüber den systemimmanenten Faktoren, und so stehen diese Erklärungen jeweils im engsten Zusammenhang mit dem politischen Credo der Schreiber.

III. 4. a. Von der Aufklärung zum Ersten Weltkrieg

Die innenpolitischen Erklärungsversuche der Zeit nach der Französischen Revolution stehen im Zeichen der Spannung zwischen den unvermindert glänzenden Idealen der Aufklärung und den unübersehbar finsteren Auswüchsen in *Terreur* und *Empire*. Den Versuch eines Ausgleichs der beiden Stellungnahmen beobachten wir 1813 bei Benjamin CONSTANT. In seinem Buch ›Vom Geist der Eroberung und der Usurpation‹ bemühte er sich um den Nachweis, daß Eroberung, Usurpation und Absolutismus die Grundübel der Politik seien. Um deren Verderblichkeit zu illustrieren, nannte er den Fall Roms, wo sich alle drei Elemente unter Caesar und Augustus bündelten. Constant betrachtete die Kaiserzeit nur unter dem Aspekt von Entartung und Verfall; die Etappen sind Nero, Vitellius, Domitian, Heliogabal und endlich Vandalen und Goten (316; 376). Mit Condillac unterschied er eine Barbarei vor, und eine nach der Aufklärung. Die zweite Barbarei könne von außen kommen, wie in Rom, aber auch von innen, wie in der Französischen Revolution (320; 358). So parallelisierte er seine Gegenwart mit der Spätantike, zeigte aber ebenso an Ägypten, Byzanz und China, daß der Absolutismus die Kultur zur Erstarrung bringe (366). Trotz dem naheliegenden Schluß auf die Unausweichlichkeit einer solchen Entwicklung hielt Constant an dem Glauben fest, sie sei vermeidbar. Seine Hoffnungen klammerten sich an die konstitutionelle Monarchie.

Sie stand auch dem Berliner Historiker Friedrich RÜHS vor Augen. In seinem ›Handbuch der Geschichte des Mittelalters‹ (*1816*, 353 f.) lesen wir: „Das weströmische Reich war unter den Gräueln des Despotismus zu Grunde gegangen." Der Staat wurde durch seine eigenen Organe zerstört. Christentum und Germanentum beseitigten die Überzivilisation und eröffneten eine bessere Zukunft.

Dieselbe Verbindung von Politik und Historiographie wie bei Constant finden wir bei Guillaume GUIZOT, dem mehrfachen Minister unter Louis Philippe. Guizots Interesse am Zerfall des römischen Reiches beruht einerseits auf dessen Bedeutung für die Frühzeit Frankreichs und andererseits auf der Funktion als Lehrstück. Erstere macht die Betonung der kulturellen Kontinuität, letztere den innenpolitischen Erklärungsansatz verständlich. In seiner ›Histoire générale de la civilisation en Europe‹ *(1820/51)* wird – ähnlich wie bei Herder – der völkerübergreifende Reichsgedanke für naturwidrig befunden. Rom habe als Stadtstaat begonnen, im Zuge der Reichsbildung andere Städte unterjocht, diese hätten stets einen latenten Widerstand geleistet und das Reich schließlich überlebt (38 f.). Der Despotismus und die Sklaverei werden einerseits als Produkte der Großmacht, andererseits als Gründe für deren Dekadenz genannt (41). Das Reich sei dem munizipalen Denken fremd geblieben: *l'empire tomba, parce que personne ne voulait être de l'empire, parce que les citoyens ne voulaient plus être que de leur cité* (44). Der Absolutismus, an dem das System Ludwigs XIV. scheiterte, und der Imperialismus, an dem der Staat Napoleons zerbrach, zeigen ihre Auswirkungen bereits im alten Rom. Die Kontinuität zur späteren Geschichte Europas sei das Verdienst erstens der Kirche, der letzten moralischen Instanz im sinkenden Römerreich (45 ff.; 112); zweitens der Germanen, die „uns" die Idee der individuellen Freiheit und der menschlichen Individualität geschenkt hätten (54 f.; 73), und drittens der Stadtverfassung, des *régime municipal* (44).

Guizot äußerte sich auch später noch mehrfach zu unserem Problem. In seinen ›Essais sur l'histoire de France‹ *(1824/33)* heißt es: *la chute de l'Empire romain en*

Occident offre une phénomène singulier (1), weil die Provinzialen sich nicht gegen die Germanen gewehrt hätten. Allein bei den Bretonen, den am wenigsten zivilisierten Galliern, habe es *résistance* gegeben (3). Letzte Ursache für diese Passivität sei der *despotisme impérial*. Um die feindlichen Barbaren, die aufbegehrenden Untertanen und die geldgierigen Soldaten zu bändigen, sei eine *machine administrative* erforderlich gewesen, die allmählich die bürgerliche Mittelschicht der Städte ruiniert habe. Indem Guizot diese Gruppe für den wichtigsten Teil der Nation erklärte (24), verrät er seinen politischen Standort während der „goldenen Tage der Bourgeoisie".

In seiner ›Histoire de la Civilisation en France depuis la Chute de l'Empire Romain‹ (I *1828/40*) wird dieser Gedankengang weitergeführt. Die römische Kaiserherrschaft sei für Gallien zunächst segensreich gewesen, dann habe sie mehr gefordert als gebracht, und am Ende des 4. Jahrhunderts sei der Niedergang offenkundig: *la société tout entière se dissout et se meurt* (48; 51 ff.; 65). Als Grundübel erscheint die Sklaverei und die fehlende Erneuerung der Oberschicht über den sozialen Aufstieg. Indem dieser in der europäischen Gesellschaft inzwischen gesichert sei, könne ihr Unsterblichkeit verheißen werden (65). In den Urteilen über die Germanen erkannte Guizot die nationalen Standortbindungen (197 f.), hielt aber an seiner ausgewogenen Einschätzung fest (215 ff.; 228 ff.).

Unter den englischen Gelehrten der Zeit vertrat Thomas Babington MACAULAY eine verwandte Haltung. In seinem Aufsatz ›History‹ *(1828)* wird die Dekadenz Roms auf eine defekte Mentalität zurückgeführt. *Revolutions are almost always the consequence of moral changes* (432). Im kaiserzeitlichen Rom hätten Exklusivität und Borniertheit eine geistige Inzucht bewirkt, *the human intellect was stunted* (414 f.). Über die Grundlagen des Menschseins habe niemand mehr nachgedacht, Staats- und Geistesleben seien zu einer toten Maschinerie erstarrt, der kaiserliche Despotismus habe diese Lähmung beschleunigt. Größer als der Staatstod sei eine andere Gefahr gewesen: *a tottering, drivelling paralytic longevity* in der Art der chinesischen Zivilisation, zu welcher die Zeit Diocletians enge Parallelen aufweise (415 f.). Die Erstarrung sei durch zwei „Revolutionen" durchbrochen worden. Die aus dem Inneren stammende moralische Revolution des Christentums habe den 42 v. Chr. auf dem Schlachtfeld von Philippi erstorbenen Geist wieder belebt, doch sei dies, wie Byzanz beweise, für eine fruchtbare Fortentwicklung nicht hinreichend gewesen. Dazu hätte es der von außen kommenden germanischen „Revolution" bedurft, einer momentan fürchterlichen Gottesgeißel, die den römischen Unstaat zerschlug. Die Welt gesundete in einer Gewaltkur: *it cost Europe a thousand years of barbarism to escape the fate of China.* Nach dieser *purification* hätte eine zweite Zivilisation der Menschheit begonnen (417). Sie basiere auf dem fruchtbaren Wettbewerb selbständiger Nationen, der *federal community* Europas (417 f.). Ähnlich wie Herder verurteilte Macaulay Zentralismus und Universalismus zugunsten von Pluralismus und Konkurrenz. Der Historie wird die Aufgabe politischer Prognostik zugewiesen, hier bietet Rom wiedermal ein Menetekel.

Der Vision eines erneuten Kulturtodes ist jedoch auch Macaulay nicht entgangen. In seiner 1840 verfaßten Rezension von Rankes Werk über das Papsttum vermutete unser Autor, so wie die Kirche den Zusammenbruch des Imperiums überdauert habe, könne sie auch das Ende Europas überleben (wir kennen das von Peucer 1563, II. 3. b!): *And she may still exist in undiminished vigour, when some traveller from New Zealand shall, in the midst of a vast solitude, take his stand on a broken arch of London Bridge to sketch the ruins of St. Pauls's* (Essays IV *1860*, 301). Dieses Bild Macaulays verliert ein wenig an Glaubhaftigkeit dadurch, daß er als Analogon zu Gibbons „Jupiter"-Tempel auf dem Capitol die europäische Kultur ausgerechnet durch eine ebenfalls ruinierte *Kirche* versinnbildlicht. Seume war 1802 realistischer (II. 4. c!).

In praktisch-prognostischer Absicht hat sich Bismarck einmal zum Fall Roms geäußert. In der Debatte über die Struktur der Ersten Kammer im preußischen Landtag am 24. X. 1849 bewies Bismarck die schon von Boulainvilliers hervorgehobene Bedeutung der Aristokratie für die Stabilität von Staatswesen anhand eines historischen Exkurses, der mit der Antike anhob: „Schon die gebildeten Staaten des Altertums, abgesehen von ihrer speziellen Verfassung, hatten im wesentlichen durch die numerische Überlegenheit der Sklavenbevölkerung einen aristokratischen Charakter. Roms Verfall hat gleichen Schritt gehalten mit dem Verfall seiner Aristokratie" (Reden I *1892*, 146). Indem Bismarck hier den Begriff Aristokratie so weit faßt, daß er jedes antike Staatswesen umgreift, kann er den Niedergang der Republik, wie den des Kaiserreichs meinen.

Wenn Bismarcks Sicht vereinzelt blieb, so liegt das daran, daß die innenpolitischen Verfallserklärungen des späteren 19. Jahrhundert überwiegend liberalistisch gestimmt waren. Der Rektor der Landesschule Pforta Carl Peter führte in seiner ›Geschichte Roms‹ (*1853/67*, III 3 f.) den Verfall auf den Abschluß der Oberschicht zurück. Er meinte, „daß Rom im letzten Grunde der Dinge an derselben Einseitigkeit, welche die Ursache seiner Größe geworden, zu Grunde gegangen sei", an seiner Beschränkung auf „politische Virtuosität". Seit dem Hannibalkrieg gab es nur noch Scheinblüten (6). 1875 unterstrich Peter nochmals die permanente Dekadenz und den schwindenden Gemeinsinn (388; 536; 566). Dies sei einer der „lehrreichsten Teile der Weltgeschichte" (VI).

1856 erschien der von der Academie Française preisgekrönte ›Essai sur Tite Live‹ von Hippolyte Taine. Er überbot Herder in seinen Schmähungen der römischen Gewaltpolitik. Brutalität und Egoismus kennzeichneten den Charakter der Römer, die erst eine Welt, dann sich selbst zerstört hätten (172–179). Etwas ausgewogener urteilte Jean Jacques Ampere, der Sohn des Elektrizitätsforschers. Er nannte in seinem aus dem Nachlaß publizierten Werk ›L'empire romain à Rome‹ *(1864/81)* drei Verfallsmomente: das Christentum (313), die Verlagerung der Hauptstadt (366) und den Despotismus der Kaiser (412). Rom stieg auf infolge seiner freiheitlichen Staatsordnung, ermüdete dann aber und warf sich den Imperatoren an den Hals. Augustus eröffnet den Abstieg: *l'empire a successivement asservi, opprimé, enfin déserté Rome* (366). Korruption und Knechtschaft in jener *époque néfaste de l'empire* und allem voran die absolute Macht öffneten den Barbaren die Tore. *Les Barbares ont détruit l'empire romain* (411 f.). Dennoch vertrat Ampère, der lange in Deutschland gereist war, ein entschieden positives Barbarenbild.

Eine verwandte Einstellung zeigt in der deutschen Literatur Heinrich Richters Buch ›Das weströmische Reich, besonders unter den Kaisern Gratian, Valentinian II. und Maximus (375–388)‹ von 1865. Nachdem er sich dagegen ausgesprochen hatte, den reichsfremden Germanen die Hauptlast zuzuweisen (S. V), zählt er die Mißstände im Reich auf, unter denen er (in Anlehnung an Jacob Burckhardt?) eine allgemeine „Verhäßlichung", den „Ungeschmack" anführte (22 f.). Als Grund für den „unheilbaren Verfall auf jedem Gebiet" erscheint der Jahrhunderte alte Despotismus der Kaiser, der die Lethargie der Römer bewirkt habe (5 f.; 9; 14; 30). Richter stellte den Despotismus in einen ungelösten Gegensatz zur Ohnmacht der Kaiser, die der Korruption nicht Herr geworden seien (10; 14; 21). „Der letzte Grund jedes Verfalles, die Unsittlichkeit, war nicht mehr auszurotten" (22; 26). Die „allgemeine Verderbnis" erfaßte sogar das Christentum (25 f.), das doch zugleich eine Basis zur Kritik an den römischen Verhältnissen abgab, dazu freilich der Germanen bedurfte. Hätten nicht die Germanen, die alten Deutschen, die kranke Welt wieder gesund gemacht (2; 5), so wäre die Degeneration der Römer in die Primitivität abgesunken. Um der Neuentwicklung willen mußte das Imperium preisgegeben werden (23–26; 662), hier spüren wir den Einfluß Hegels. Wie er gebrauchte Richter die Metaphern vom absterbenden Römertum und von emporblühenden Germanentum (3; 5; 27 f.).

Richters Richtung begegnet in Frankreich wiederum bei Emil Littré, dem positivistischen Philosophen und Sprachforscher. In seinen ›Études sur les barbares et le moyen âge‹ *(1867)* wird das Kaiserregiment als reine Willkürherrschaft (45; 52), verschlimmert durch fehlende Erbfolge und anarchistische Zwischenphasen, verstanden und insgesamt als Übergangserscheinung gedeutet zwischen der stabileren Sozialordnung der römischen Republik und der des französischen Königtums. In beiden Fällen habe eine klare Ständegesellschaft mit gesicherten Eigentumsverhältnissen geherrscht, die der Autor im Kaiserreich vermißte (44 f.). Nach dem Ruin des Bauernstandes habe auch die Senatsaristokratie und die Stadtbürgerschaft ihre gesicherte Existenz eingebüßt, bis schließlich aus dem allgemeinen Schutzbedürfnis der Feudalismus entstand (38 ff.). Der langfristigen Dekadenz stellte Littré den Aufstieg des Christentums gegenüber, das zwar politisch belanglos geblieben sei (35), aber nach der „Germanenflut" (44) doch die Grundlage der mittelalterlichen und damit der modernen Kultur abgegeben habe. Aus französischer Sicht maß er der christlichen und lateinischen Tradition höhere Bedeutung zu als den Germanen, deren Einmarsch er sogar unter die schwersten Fälle der historischen Pathologie rechnete (XXIX; 209). Im Geiste von Auguste Comte sah Littré im Zusammenbruch der antiken Kultur keinen Einwand gegen das Gesetz der Evolution (V). Sein Fortschrittsglaube wurde durch den Cäsarismus der Napoleone nicht berührt, er meinte sogar im Gegenteil, daß der moderne Cäsarismus dem römischen in jeder Hinsicht überlegen sei und aufwärts führe (XIV), während jener bergab geführt habe.

Etwas anders verteilte Thomas Hodgkin die Akzente in seinem umfangreichen Werk ›Italy and Her Invaders‹ *(1879/92)*. Im zweiten Band findet sich eine sorgsame Abwägung von Niedergangsfaktoren, deren Ausbleiben jeweils die Fortdauer des Reiches hätte bewirken können. Hodgkin nannte die Gründung Konstantinopels (538 ff.), ohne welche die Konzentration der Kräfte auf Rom dem Reich die Existenz des Kernbereichs gesichert hätte. Auch das Christentum wird als Belastung anerkannt (542 ff.). Seine Grundideen seien mit den römischen Werten unvereinbar, ein heidnisches Rom unter Scipio hätte Alarich wohl widerstanden. Die Sklaverei habe Rom insofern geschwächt, als sie den wehrfähigen Bauernstand verringerte (556 ff.). Das an tüchtigen Soldaten so reiche Italien sei durch Großgrundbesitz und Sklaverei heruntergekommen (609). Beachtlich seien die unproduktiven Ausgaben für *panem et circenses* der verarmten Stadtbevölkerung gewesen, diese hätte ausgesiedelt werden sollen (565 ff.). Auch des Curialen-Problems (576 ff.) und des Steuerdrucks wird gedacht (597 ff.). Hodgkin glaubte, mit Staatsanleihen hätte die Finanzmisere des Staates und das Interesse an dessen Erhaltung zugleich gehoben werden können (605). Das Kaisertum selbst hielt Hodgkin nicht für einen Verfallsgrund, da es die einzige Lösung aus den spätrepublikanischen Fraktionskämpfen darstellte (606). Die Praxis des Hofes jedoch habe vieles verschuldet. Die Armee sei demoralisiert, die Bevölkerung durch Mißregiment geschrumpft (608; 610).

Das Nebeneinander dieser Faktoren wurde im ersten Band (I 2) bereits durch eine klare Stellungnahme akzentuiert. Hodgkin fand den wichtigsten Verfallsgrund in *the deep corruption of life and manners in the Roman world* (933). Salvian habe das richtig gesehen (920), und es wäre tatsächlich untragbar, wäre eine solche großartige Schöpfung ohne zureichenden moralischen Grund gestürzt (932). Hier wird ein vorgegebenes Trostbedürfnis des Betrachters als Erklärungsgrund eingebracht. Hodgkin erklärte die zunehmende Sittenlosigkeit nach dem Dekadenzmodell, bereichert um etwas Rassentheorie. Anfangs seien die arischen Einwanderer, ob Griechen, Römer oder Goten, von hoher Sittlichkeit getragen gewesen, durch mildes Klima, Wohlstand und Stadtleben jedoch verdorben worden (933). Mit dem Verfall der Moral hätten Profitgier, Machtmißbrauch und Klassenhaß dem Reich am Ende mehr geschadet als die Angriffe der Barbaren (934).

Den Sinn von Aufstieg und Niedergang bestimmte Hodgkin hegelianisch. Beides sei gut und notwendig für die Menschheit gewesen. Nachdem Rom seine Aufgabe erfüllt hatte, sei es abgelöst worden durch die jungen und vitalen Germanen; sie hätten die Welt verjüngt, und das sei Gottes Wille gewesen, obschon zunächst eine Nacht von sechshundert Jahren einbrach (II 532–537). Roms Fall sei ein Memento für das Britische Weltreich: Angesichts der Tendenz zur Demokratie bestehe die Gefahr des Wohlstandsdenkens, der Versorgungsmentalität wie bei der *plebs urbana* des alten Rom. Sollte sich diese Gesinnung durchsetzen, komme es zur Anarchie und zur Monokratie, die ähnlich enden werde wie das römische Reich (II 610–613).

Der aktuelle Bezug ist von Hodgkin später nochmals eigens herausgestellt worden in seinem Artikel ›The Fall of the Roman Empire and Its Lessons for Us‹ *(1898)*. Der Autor setzte sich zunächst von einem deterministischen Staatsbiologismus ab: Staaten müßten nicht sterben, sondern könnten, wenn sie gut regiert würden, dauern. Unter den Fehlern der römischen Politik nannte er die Ermordung Caesars; hätte dieser sein Konzept realisiert, stünde das Imperium vielleicht heute noch (58). Aus den Pronunciamentos im 3. Jahrhundert zog er die Lehre, man möge ja die englische Königsdynastie erhalten. Die römische Kornverteilung erschien ihm das Symptom eines *crowned socialism* (64). Eine allmächtige Staatsgewalt habe im Bunde mit den niederen Schichten die Freiheit und den Mittelstand erdrückt. Hodgkin plädierte für die Klasse, der er selbst angehörte. Eine Parallele zum späten Rom fand er in der britischen Indienpolitik. Überhöhte Steuern und fremdvölkische Söldner bildeten eine Gefahr auch für das British Empire. Dennoch blieb Hodgkin Optimist. Christliche Moral und englische Rechtschaffenheit böten eine Gewähr dafür, daß sich der Zusammenbruch nicht wiederhole.

An die Ideen Littrés schloß sich Victor DURUY an. Im VII. Band seiner monumentalen ›Histoire des Romains‹ *(1885/1970)* wird die Schlußphase des Imperiums dargestellt, die Duruy von 378 bis 395 reichen läßt. Der Anfang ist die symbolisch gewertete Begegnung der Goten und Sarazenen nach der Schlacht bei Adrianopel (Amm. XXXI 16, 5): *ce fut la première rencontre des deux barbaries, qui devaient se partager l'empire* (S. 436); das Ende ist der Tod des Theodosius 395, des letzten echtrömischen Kaisers. Duruy maß den traditionellen Auflösungsfaktoren ihr Gewicht zu: die innere Barbarisierung habe die äußere vorbereitet (544), das Christentum habe vor Constantin gegen den Staat gearbeitet und nach ihm nichts für ihn getan (540 f.). Diese Mißstände hätten durch eine bessere Politik vermieden werden können. Der fiskalische Druck auf die Städte (537 f.), die kurzsichtige Übernahme von Reichsfremden (543) und namentlich der fortschreitende Absolutismus seit Augustus bis hin zur orientalischen Universal-Despotie (534; 544) mit ihrer *centralisation excessive* (545) hätten die Staatsmoral untergraben.

Aus den deutschen Stimmen des Kaiserreichs sei ein 1886 verfaßter Brief des Mommsen-Schülers und späteren Erlanger Neukantianers Paul HENSEL zitiert. Zentralismus sei allenthalben schädlich, das Deutsche Reich möge ihn vermeiden, nachdem Frankreich ihm verfallen sei. „Ich glaube, daß Frankreich daran ebenso zugrunde gehen wird, wie einst das römische Reich an Rom und zwar noch schneller, denn das ganze weite römische Reich konnte sich den Luxus einer solchen Stadt eine bedeutend längere Zeit hindurch gestatten als die Provinz Gallien allein“ (S. 40).

Hensels größere Bedeutung für unser Thema liegt darin, daß sich die für ihn von seinem Vater Sebastian mitgeschriebene Vorlesung MOMMSENS über Geschichte und Verfassung Roms im 4. Jahrhundert aus demselben Jahre 1886 erhalten hat.[1] Eine Darstellung der Spätantike hat Mommsen ja nicht hinterlassen, und das Motiv dafür überliefert Nicholas Murray Butler, der spätere Präsident der Columbia University. Er war 1884/85 in Berlin und hörte Mommsen auf einer der Sonntagsabendgesellschaften bei Zeller sagen, *that the reason, why he had never continued his Römische Geschichte through the imperial period was, that he had never been able to make up his mind, as to what it was, that brought about the collapse of the Roman Empire and the downfall of Roman civilization* (Butler I *1939*, 125).

Trotzdem läßt sich Mommsens Ansicht rekonstruieren. Den stärksten Ton trägt der letzte Satz im ›Abriß des römischen Staatsrechts‹ (*1893/1974*, 289): der Römerstaat sei zugrundegegangen „nicht durch die Barbaren, sondern an innerer Fäulnis". Im gleichen Sinne hatte sich Mommsen bereits 1872/73 in seiner Vorlesung über die Kaisergeschichte geäußert (Wickert *1980*, 342). Er brachte dort das Bild vom Greisenalter des römischen Volkes, „ohne Streben, ohne Hoffnung, ohne eigentliche politische Ziele". Der Status quo verbleibt als das einzige Ideal und dokumentiert damit in Wahrheit den Ausverkauf an Idealen. Insofern hat sich im Zusammenbruch des Imperiums nur der Verfall der Republik vollendet. „Die Stadtgemeinde Rom hatte durch ihre widernatürliche Entwicklung sich selber zersprengt", heißt es in der ›Römischen Geschichte‹ (II 379). Mit den Eroberungen wuchs die Macht der Feldherren, die „Sonne der Freiheit" versank allmählich. Der Kriegsdienst ruinierte die Bauern und brachte Sklaven nach Italien. „Es waren uralte sociale Schäden, im letzten Kern der Ruin des Mittelstandes durch das Sklavenproletariat, an denen das römische Gemeinwesen zu Grunde ging" (350). Das Sklavensystem erschien Mommsen als „Grundübel der Staatenbildung im Altertum überhaupt" (RG III 511).

Indessen war der Ruin für Mommsen nicht die Folge einer blinden Entwicklung, sondern Resultat einer kurzsichtigen Politik. Sie führte unaufhaltsam zum Despotismus, dessen erträglichste Form an den Iden des März 44 v. Chr. endete. „Von Caesar an hielt ... das römische Wesen nur noch äußerlich zusammen und ward nur mechanisch erweitert, während es innerlich eben mit ihm völlig vertrocknete und abstarb" (RG III 477). Sah Mommsen in Caesar den demokratischen General, so erblickte er in den Kaisern Monarchen und Despoten. „Die Monarchie des Augustus ... ruht auf dem politisch, militärisch, ökonomisch und sittlich vollständigen Bankrott der damaligen Zivilisation" (*1881/1905*, 107). Mommsen zeigt gewisse kulturanthropologische Tendenzen, namentlich in seinen Bildern vom organischen Welken der antiken Kultur und dem jahreszeitlichen Herbsten der antiken Welt (Staatsrecht *1893*, 275; 278). Dennoch scheint der fatalistische Unterton nur Stilschmuck zu einer politischen Konstruktion. Als Liberaler empfand er die patriotische Identifizierung des Bürgers mit seinem Staat in einem despotischen Universalreich als unmöglich. Orientalische und bar-

[1] Ich habe sie 1980 in einem Nürnberger Antiquariat erworben und will sie publizieren.

barische Überfremdung, die Entwicklung des Christentums zum „Staat im Staate" (*1886*, 107; 130 ff.), sowie die bekannten Mißstände waren ihm sämtlich nur Symptome. Deren deutlichster, die Heeresminderung durch Augustus (*1872/73*, 342) und der Wehrunwille seitdem, erschienen ihm dann als unmittelbarer Anlaß zum Zusammenbruch eines absolutistischen Vielvölkerstaates, der einem national und liberal denkenden ***animal politicum*** zutiefst unsympathisch sein mußte (*1875/1905*, 23, trotz RG. V 5).

Mommsen hielt Imperien für volks- und völkerfeindlich, belastet mit äußeren und inneren Schwierigkeiten (Hartmann *1908*, 126); nur Nationalstaaten schienen ihm kulturell fruchtbar (RG V 141 f.). Die Ansätze zu einem gesamtrömischen Nationalismus außerhalb Italiens sah Mommsen nicht; daß zwischen Nationen und Imperien nur graduelle Unterschiede bestehen, daß Nationen keine „Naturpflanzen" sind und Imperien als großräumige Ordnungsgefüge auch Vorzüge besitzen, das spielt in Mommsens Argumentation keine Rolle. Er entdeckte wohl eine Analogie zwischen dem Europa seiner Zeit und dem spätrömischen Staate, als sich die Kultur vereinheitlichte und alle materiellen Interessen sich miteinander verknüpften, aber er täuschte sich, indem er den Friedenszustand von 1885 auf immanente Prinzipien gegründet sah (142), obschon er auf dem kunstvoll ausbalancierten System seines Gegners Bismarck beruhte. Die strukturbedingte Unvermeidlichkeit des Untergangs Roms hat Mommsen nicht den Blick für die welthistorische Bedeutung des Kaiserreiches verstellt. Er sah, daß trotz der „Auflösung des römischen Reiches durch die Deutschen" im „letzten Akt des großen Dramas" die zukunftweisende romanisch-germanische Kultursynthese begründet wurde (*1886*, 227; 241), daß Recht und Staat damals ihre für die Folgezeit gültige Prägung fanden, und vor allem, daß die Völker Europas aus dem zerfallenden Römerreich herauswuchsen (RG III 630; *1872/73*, 342). Sie selbst nebst ihren Eigenarten: für die Deutschen nannte Mommsen ihre bewährte Bereitschaft, sich im Dienste fremder Mächte gegenseitig die Köpfe einzuschlagen (*1886*, 155).

Mommsens liberale Position beeinflußte eine ganze Schule von Historikern. Zu ihr zählt Felix Stieve, der auf dem ersten Deutschen Historikertag Ostern 1893 in München unser Thema zur Sprache brachte. Die Lebenskraft des Römertums „war durch den ruchlosen Despotismus der Imperatoren, durch die Lasterhaftigkeit und Raffiniertheit der Sitten und durch die unheilvolle Gestaltung der socialen Verhältnisse welk gemacht worden" (XII).

Derselbe Geist spricht aus dem Aufsatz von Julius Beloch, ›Der Verfall der antiken Kultur‹ (*1900/70*). Beloch wandte sich zunächst gegen die darwinistische Niedergangstheorie. Er bestritt kategorisch die von Seeck behauptete negative Auslese durch die Bürgerkriege und meinte im Gegenteil, solche Aderlässe seien sozial gesehen heilsam, indem sie eine Verkrustung der Führungsschicht verhinderten und eine Regeneration bewirkten (78). Der Krieg war für Beloch so etwas wie ein Stahlbesen, während der Frieden einschläfernd wirke. Die *Pax Romana* war für Beloch der Ausdruck des kaiserlichen Despotismus, den er als Ursache eines moralischen und kulturellen Niedergangs ansprach und im Hinblick auf die Griechen kennzeichnete als „Fremdherrschaft, wie sie drückender kaum gedacht werden kann“ (90). Als letzte Ursache dafür griff Beloch auf den Nationalcharakter der Römer zurück. Ähnlich wie Herder zeichnete er die Römer als Barbarenvolk, das „vollständig jeder Humanität bar war“ (91). Die Wirkung ließ nicht auf sich warten: die Römer hätten jede geistige Regung erstickt und die griechische Kultur systematisch abgewürgt. Nachdem die Oberschicht degeneriert, die Massen proletarisiert und die Provinzialen demoralisiert waren, konnte der Zusammenbruch nicht ausbleiben. Die Germanen erscheinen auch hier nur als Testamentsvollstrecker; von einer Verjüngung durch das „Einströmen frischen Blutes“ wollte Beloch nichts wissen, „nicht die Römer wurden regeneriert, sondern die Germanen degenerierten“ (80). Immerhin vollzogen sie das Notwendige, denn Beloch meinte: „es war nötig, daß die ganze bestehende Gesellschaftsordnung in Trümmer geschlagen ... wurde, damit aus diesem Chaos eine neue Kultur hervorgehen konnte“ (107).

Anschließend an Mommsen arbeitete W. Liebenam in seiner ›Städteverwaltung im römischen Kaiserreiche‹ *(1900)* die Bedeutung des munizipalen Elends für den Niedergang heraus. Neben erschlaffender „Schöpferkraft“ (IV), verschärften „Klassengegensätzen“ (524) und dem schädlichen Wirken von Entvölkerung (529) und Christianisierung (533) heißt es: „der unverhüllte Egoismus des Staates ... verwüstete jede ernste Teilnahme an dessen Wohlergehen“ (530), ganz besonders aber im Rahmen des Städtewesens: „verhängnisvoll erscheint vor allem das staatsrechtliche Verhältnis von Staat und Stadt gestaltet, da der Gemeinde als dem einzigen größeren Verbande im Reichsorganismus politisch nicht die gebührende Stellung, wirtschaftlich hingegen ein schweres Maß von Lasten zugewiesen war“ (507). Den Germanen komme nur auslösende Funktion zu.

Mommsens Niedergangstheorie hat Alfred von Domaszewski (*1900,* 240) angeregt, den Untergang des Imperiums als Langzeitwirkung der Augusteischen Reformen zu sehen. Durch die Entwaffnung der Bürger sei die Wehrkraft entscheidend geschwächt worden, und das Söldnerheer habe eine wachsende Belastung für das Reich bedeutet. 1908 (p. V) wiederholte er diese These, und in seiner ›Geschichte der römischen Kaiser‹ (II *1909*) führte er sie aus. Der „Untergang der Römer“ beginnt dort mit Commodus (233), die entscheidenden Schritte taten die Severer. Das „Söldnerheer, der Fluch der Kaiserherrschaft“ (319), sei durch Septimius entscheidend gefördert worden: „sein ist die Schuld, das Reich einer zuchtlosen Soldateska ausgeliefert zu haben, die in selbstzerstörenden Kämpfen die Cultur der Mittelmeerländer vernichtete“ (362). Domaszewski charakterisierte Septimius durch den „Haß des Semiten“, der den orientalischen Despotismus in Rom eingeführt und schließlich jene „allgemeine Sklaverei des Geistes“ bewirkt habe, die im spätrömischen Christentum Ausdruck fand (320). Caracalla habe durch seine *Constitutio Antoniniana* die Knechte zu Herren erhoben (266) und die Orientalisierung vollendet (263). Auch das Zwangssystem Diocletians habe nichts wesentliches mehr geändert, der Militarismus sei eben kein praktikables Prinzip (319 f.), und der Imperialismus, der Söldner fremder Völker einspannt, sei verwerflich, wie Domaszewski am zeitgenössischen englischen Weltreich aufzeigte (*1900*, 240). Abgesehen von den rassistischen Untertönen ist Domaszewskis Rückführung der Dekadenz auf die Fehlentscheidung zweier Kaiser, Augustus und Septimius, kaum überzeugend, denn kein Kaiser hat den Versuch gemacht, die Wehrgesinnung einer Bürgerschaft zu erneuern, die sich unter den gegebenen Umständen eher bereit fand, Söldner zu bezahlen, als selbst zu dienen.

In ähnlicher Weise als persönliche Schuld wertete Theodor Lindner in seiner ›Weltgeschichte seit der Völkerwanderung‹ (I *1901*) den Zerfall des Imperiums. „Westrom erlag durch seine elende Regierung". Der Sünden-Fall Roms lag darin, die Germanen herbeizurufen, die man doch nicht vekraften konnte (104).

Mit Grund sind derartige Argumentationen durch Hans Delbrück, den Berliner Kriegs- und Universalhistoriker, zurückgewiesen worden. Delbrück entwikkelte seine Untergangstheorie in der ›Geschichte der Kriegskunst im Rahmen der politischen Geschichte‹ (II *1902/09*) namentlich in der Auseinandersetzung mit Max Weber (III. 2. a!). Delbrück bestritt einen wirtschaftlichen Rückgang in der Kaiserzeit, rechnete mit einer Bevölkerungszunahme und wollte von einer geistigen, moralischen und menschlichen Degeneration nichts wissen (212 f.; 228; 230). Indem er sich gegen die Annahme eines „fortschreitenden Fäulnisprozesses" aussprach, wandte er sich implizit gegen Mommsen. Wie dieser aber suchte Delbrück wiederum im politisch-militärischen Bereich die Krisenfaktoren. Ein wesentlicher „Fehler lag ... in der inneren Unmöglichkeit, das Imperium mit dem Begriff der Freiheit auszusöhnen", es fehlten die Institutionen, die „Männerwürde" verbürgen konnten (249). Das gravierendste Übel schien Delbrück das Fehlen einer geregelten Nachfolge im Kaiseramt. Dies habe die Usurpationen ausgelöst, an denen das Imperium vor allem im 3. Jahrhundert litt (214 f.). Als Zusatzfaktor komme der fortwährende Geldabfluß hinzu; indem durch Außenhandel und Tribute das Edelmetall zu den Barbaren gelangte, sei das Reich in Inflation, Naturalwirtschaft und Bankrott hineingetrieben (216 ff.). Delbrück gelangte somit zu dem Facit: Der ungeregelte Kaiserwechsel „ist der organische Fehler in der Natur des Imperiums, der die Überwindung der entstehenden wirtschaftlichen Schwierigkeiten (Währungskrise) wie der politischen (Aufkommen des Partikularismus) unmöglich machte, die Disziplin in den Legionen auflöste, die Dienste der Barbaren erzwang und damit schließlich den Untergang des Reiches herbeiführte" (250).

Die Grundgedanken dieser Argumentation hatte Delbrück schon in seiner ›Weltgeschichte‹ *(1896/1924)* ausgesprochen. Insbesondere betonte er dort die innere Logik der Dezentralisation: durch Romanisierung und Zivilisierung hätten die Provinzen sich gegenüber Italien zunehmend verselbständigt und so das Interesse am Zusammenhalt verloren (655). „Dieser römische Staat hatte kein Ziel, keine Aufgabe mehr, gerade weil er alles erreicht hatte", und das was landläufig als Verfall bezeichnet werde, könne man auch als die „Erfüllung einer historischen Mission" ansehen (654). Hier steht Delbrück unter dem Einfluß Hegels, der nicht nach den Interessen der Handelnden, sondern nach dem Sinn für die

Weltgeschichte fragte. Die übliche Parallele zwischen der Spätantike und der Gegenwart zog Delbrück Ende 1918 in der ›Politischen Korrespondenz‹ der Preußischen Jahrbücher. Eine dunkle Ahnung quälte ihn: „Wie, wenn das Zeitalter der hohen Geisteskultur jetzt zuende ginge? Wenn wir eine Epoche schließen, wie die Völkerwanderung einst die Antike beendete?" Die antike Aristokratie wurde von germanischen Bärenhäutern abgelöst, nun drohe die Halbbildung der bolschewistischen Demagogen (437–441). Delbrück empfahl, dem durch eine vernünftige Wahlrechtsreform zu begegnen.

Gleichfalls auf Max Weber, auch wenn er ungenannt bleibt, beruhen die Überlegungen, die Otto HINTZE in seinem Artikel ›Imperialismus und Weltpolitik‹ *(1907/62)* dem Fall Roms gewidmet hat. Webers sozialökonomische Niedergangsfaktoren werden darin als Folgen einer falschen Politik gewertet: der Imperialismus habe Rom ruiniert. Die teils aus politischer Notwendigkeit, teils aus finanziellen Interessen geborene Eroberung und Ausbeutung der Ökumene war es, die „in dem herrschenden Staate selbst eine Demoralisation erzeugte, die dem Bestand seiner Verfassung tödlich geworden ist". Bei der Expansion gingen Roms „nationaler Charakter" und seine „gesunde Eigenart" verloren. Das Bauerntum wurde ökonomisch, die Bürgerschaft moralisch vernichtet. Die Herrschaft geriet in die Hände orientalischer Despoten gleich Diocletian. Alle Arbeit lastete auf den Sklaven, und als diese rar wurden, da begann der Verfall der Wirtschaft und der Kultur. Schließlich übernahmen „frische, aber unkultivierte Stämme" das Ruder (457 ff.). Hintzes politische Lehre war die Warnung vor einem Imperialismus römischen Stils. Deutschland zwar strebe nicht nach der Weltherrschaft, aber in der anglo-amerikanischen Politik seien derartige bedenkliche Tendenzen erkennbar (468 f.).

Auf Mommsen und Hartmann beruht die Untergangstheorie in R. v. POEHLMANNS Beitrag ›Römische Kaiserzeit und Untergang der antiken Welt‹ in Ullsteins Weltgeschichte (I *1910,* 507–631). Scharf wandte er sich gegen den seiner Ansicht nach veralteten Versuch, den „Zusammenbruch einseitig als das Werk der Germanen" anzusehen, da es sich um eine innenbedingte Auflösung handle (628). Bereits Augustus habe versäumt, die Massen sozialökonomisch zu heben und das Bauernheer zu erneuern. Mit ihm beginne der Niedergang des Heerwesens, der schließlich die Germanisierung der Armee zur Folge hatte (515; 629 f.), und der Aufstieg des „Staatsabsolutismus", der das „Vaterlandsgefühl" erstickt habe, nachdem bereits unter den Severern die Orientalisierung begonnen und mit Diocletian in das „persisch-orientalische Staatsrecht" des „despotischen Kastenstaats" geführt habe (545; 548; 600–604; 627). Die konstitutionell-senatorischen Kräfte seien dagegen machtlos gewesen. Gegen die „zunehmende blutsaugerische Ausbeutung" der „rein kapitalistischen" Grundherren habe sich die „agrarische Revolution" der Bagauden und Donatisten erhoben, die sich mit den Barbaren verbündeten (601 f.; 627). Hier liegt der Ursprung des später in der marxistischen Literatur so beliebten Topos der prolet-arischen Volksfront. Poehlmann wies auch dem Christentum Schuld am Niedergang zu; insbesondere sein Absolutheitsanspruch wird gerügt und der toleranten Stoa gegenübergestellt (574; 606–616), am Ende sei die „antike Vollkultur“ zu einer „orientalischen Halbkultur“ herabgesunken (581).

In den Bereich der wirtschaftspolitischen Erklärungsansätze gehört weiterhin die Stellungnahme von J. KROMAYER (*1910/23*, 215–363), der den Zusammenbruch auf „Fehler des Architekten“ zurückführte. Der wirtschaftliche Unterbau habe den administrativen „Turm von Obergeschossen“ angesichts der äußeren Belastungen nicht zu tragen vermocht. Nur der Oberbau sei in der Völkerwanderung zertrümmert worden; angesichts der Tatsache, daß das Imperium „der erste Versuch der Menschheit“ gewesen sei, eine übernationale Ordnung zu schaffen, sei das verständlich (358 ff.).

Worin die Konstruktionsfehler lagen, beantwortete Mommsens Schüler Otto HIRSCHFELD 1913 in einem Akademie-Vortrag im Geiste des Meisters: eine „Vertretung der römischen Bürgerschaft“ hätte das politische, eine raschere Eingliederung der Nichtrömer das soziale System gefestigt (909 f.). Weil beides unterblieb, sei der „Auflösungsprozeß“ weitergegangen und um 250 vollendet gewesen. „Durch die Gründung von Konstantinopel und seine Erhebung zur kaiserlichen Residenz ist dann dem mehr als tausendjährigen Römerreich das Ende bereitet worden“ (917 f.).

In der englischen Literatur vor dem Ersten Weltkrieg blieb die Parallelisierung zwischen dem Imperium und dem Empire beliebt. 1910 zog der EARL OF CROMER einen Vergleich zwischen dem antiken und dem modernen Imperialismus, der insbesondere Rom und England galt. Cromer glaubte, daß keine ergiebige Analogie vorliege, trotz der verwandten Nationalcharaktere (17; 34). Zwar hätten die Römer eine größere Assimilationsfähigkeit bewiesen als die Engländer, aber die Sklaverei dort und das Christentum hier bewirkten doch einen erheblichen Vorzug des *beneficent Imperialism of modern times* (111). Cromer glaubte, es läge im Interesse der Herrschenden wie der Beherrschten, namentlich in Indien, noch lange die Segnungen des Imperialismus zu genießen.

Kritischer äußerte sich J. M. ROBERTSON in seinem Buch ›The Evolution of States‹ *(1912)*. Er setzte sich auseinander mit den von Lord Balfour 1908 und Lord Cromer 1910 gezogenen Parallelen zur Spätantike (171; 177) und warnte vor jeder selbstgefälligen Hoffnung, England sei vor dem Untergang gefeit. Robertson führte die Schwäche des späten Imperiums zurück auf die ungesicherte Herrscherfolge, die überhöhte Besteuerung, die politische Entmündigung und fand darin eine Analogie zum Türkenreich (176). Seine politische Lektion zielte indessen ab auf die üblen Folgen der Eroberungspolitik. So wie Honorius in den Provinzen *Home Rule* hätte einführen sollen (173), so möge Britannien der Versuchung weiterer Eroberungen widerstehen (177 ff.). Diese hätten Griechenland und Rom ruiniert und bedrohten ebenso England (179 f.).

Es versteht sich, daß aus deutscher Sicht während des Ersten Weltkrieges die Ähnlichkeiten zwischen dem Römischen und dem Britischen Weltreich stärker herausgestrichen wurden als die Verschiedenheiten. Das zeigt beispielshalber die

Kaisergeburtstagsrede von Ulrich WILCKEN aus dem Jahre 1915 ›Über Werden und Vergehen der Universalreiche‹. Nachdem Wilcken 1903 in der Festschrift für Hirschfeld den Wirtschafts- und Bevölkerungsrückgang Roms in den Vordergrund gestellt hatte (123), argumentierte er 1915 im Anschluß an Mommsen politisch. Vielvölkerstaaten betrachtete er als schlechthin lebensuntüchtig. Für das römische wie für alle anderen Imperien läge die Hauptgefahr darin, „daß sie ein buntes Völkergemisch umschlossen, das ohne eigenes Interesse an dem Bestehen des Weltreiches, nur durch Gewalt zusammengehalten war und die unter dem Druck des Universalreiches fortschreitende Nivellierung der Volkseigentümlichkeiten nur ungern über sich ergehen ließ. Die ständige Angst vor Aufständen der geknechteten Völker ist der Fluch aller Reiche, die auf den Trümmern nationalen Volkslebens gegründet sind – damals wie auch heute noch" (12). Zwar habe Augustus das Unmögliche versucht, Nationalidee und Weltreichsgedanken zu vereinen, aber Hadrian habe in einer kurzsichtigen Friedensromantik die Heeresordnung des Augustus aufgehoben und die Provinzialisierung und Barbarisierung eingeleitet. „Nichts ist vielleicht verhängnisvoller für den Bestand des Reiches gewesen, als daß hiernach das alte Herrenvolk das Schwert abgab an die Untertanen". Im Frieden sei Italien erschlafft, Geist und Wirtschaft seien gesunken und der Absolutismus habe allgemeines politisches Desinteresse erzeugt (37; 28). Wilcken zog die Parallele zur Gegenwart, indem er erklärte, wie die Römer ließen die Engländer die von ihnen unterworfenen Völker für sich kämpfen, während sie sich selbst an Zirkus bzw. Fußball ergötzten. Daher werde das britische Weltreich ebenso enden wie das Imperium Romanum (33–35).

Die von Wilcken angedeutete Parallele zwischen dem römischen und dem englischen Reich wurde ausgeführt in der 1916 von Eduard SCHWARTZ gehaltenen Rede ›Weltreich und Weltfriede‹. Mit Augustus setzte der „satte Glanz des Herbstes" ein, die von außen und von unten herangezogenen neuen staatstragenden Schichten seien ein „alles Nationale und Traditionelle auflösendes Element gewesen" (185 f.). Eine „entnationalisierte Oberschicht" beherrschte mit ihrem „entnationalisierten Schematismus" das „entnationalisierte Weltreich" ohne innere Kraft, ohne Freiheitsbewußtsein in „rein animalischem Lebensgenuß" (185–191). Schwartz malte die Zivilisation in abstoßenden Farben und schloß: „so etwa sah der einzige Weltfriede aus, der einmal Wirklichkeit geworden ist; die Pazifisten haben schwerlich Ursache, mit diesem Paradigma besonders zufrieden zu sein" (192). Schwartz war es auch seinerseits nicht, obschon selbst kein Pazifist. Imperiale Weltpolitik, wie er sie England zuschrieb, hielt er für einen verderblichen Fehler, den nur eine nationale Freiheitsidee, wie sie Deutschland den von England geknechteten Nationen bringe, vermeiden könne. Der politische Irrtum Roms liegt mithin bereits in der Expansion über die nationalen Grenzen hinweg. Die gewählte Parallele beglaubigte den erwarteten Zusammenbruch des Empire.

III. 4.b. Zwischenkriegspositionen

Die während des Ersten Weltkrieges in Deutschland von Wilcken und Schwartz gezogene Analogie wurde in systematischer Form aufgegriffen von J. HATSCHEK, ›Britisches und römisches Weltreich, eine sozialwissenschaftliche Parallele‹ *(1921)*. Den Niedergang Roms zeichnete der Autor zunächst ganz wie Pufendorf. Um die herrschende Nation zu knechten, hätten die Kaiser diese entwaffnet; wegen des zunehmenden Wohlstandes ging die Bereitschaft zum Wehrdienst zurück; mit dem Söldnerwesen wurde erst das Heer, dann das Reich den Barbaren in die Hände gegeben (330–336). Hatte Wilcken darin den Beweis für das gleichartige Ende erblickt, so meinte Hatschek zwar gleichfalls, England werde „den Weg der Weltmonarchien gehen" und zerfallen (374), begründete dies nun aber nicht militärisch, sondern ökonomisch. In Anlehnung an Max Weber hat er als Zusatzgrund für Roms Verfall die Verlagerung des Markts von der Küste ins Binnenland angenommen (372), und ein ähnlicher Vorgang werde einst auch das British Empire ruinieren. Im weiteren Sinne gehört Hatscheks Buch zur Nachkriegs-Literatur der prognostischen Kompensation (vgl. M. Gelzer HZ 127, *1922*, 86 ff.).

So wie Hatschek wollte auch der italienische Publizist Guglielmo FERRERO ein breiteres Publikum ansprechen. Bereits 1902–1905 hatte er ein fünfbändiges Werk unter dem Titel ›Grandezza e decadenza di Roma‹ herausgebracht, doch war darin nur die Zeit zwischen dem Tode Sullas 78 und den *Ludi saeculares* von 17 v. Chr. behandelt, der Niedergang wurde erst 1914 in dem Buch ›Ancient Rome and Modern America‹ traktiert. Ferrero stand auf dem *slope down, which our epoch slides at headlong speed towards the abbyss of nothingness* (13). Die Gegenwart gleiche in wesentlichen Zügen der Kaiserzeit: *we, in the flush of our brilliant successes, are seeing the repetition of that ancient and terrible history of the last centuries of the Roman Empire.* Der Grund für den Niedergang ist beidemale derselbe: *the disease, which killed the Roman Empire was, in fact, excessive urbanisation* (78; 81; 85). Begleitende Mißstände seien die Geldentwertung (84) und *mania for grandeur and display* (95). Amerika, wo die Analogien am klarsten lägen, müsse und könne aus dem Fall Roms lernen (77; 90 f.).

Der hier angedeutete Hoffnungschimmer erweiterte sich zu einer innenpolitischen Lektion in der Untergangstheorie, die Ferrero 1919 bis 1921 in der ›Revue des deux mondes‹ publizierte, woraus 1922 das Büchlein ›Der Untergang der Zivilisation des Altertums‹ erwuchs. Darin sah er die antike Kultur auf ein aristokratisches Fundament gebaut, das sich zunehmend aus den Provinzen ergänzte (*1922*, 20 ff.) und politisch repräsentierte durch den Senat. Ferrero bekannte sich zur „notwendigen und gottgewollten Ungleichheit des Völker- und Klassenunterschieds" (92). Als politische Grundlage betrachtete er eine seit Augustus herrschende Kombination aus zwei Prinzipien, dem orientalischen Gedanken der Monarchie und dem okzidentalen Gedanken der Republik (11; 169). Diese Verbindung sei zwar „von Hause aus fehlerhaft" gewesen, weil keine kontinuierliche

Instanz der höchsten Legitimität bestanden hätte (170). Das „Autoritätsprinzip bildet den Schlußstein im Gewölbe bei jeder Zivilisation" (196). Dieses rechtliche Manko sei jedoch faktisch durch den Senat behoben worden (22). Die durch den Senat gleichsam konstitutionell gemäßigte Monarchie hätte halten können, wären die Kaiser nur weiterhin den „durchaus republikanischen Formen" (21) treu geblieben. Stattdessen hätten sich jedoch in mehreren Etappen orientalisch-absolutistische Strömungen durchgesetzt. Deren philosophischer Ausdruck seien Stoa und Christentum mit ihren egalitären Tendenzen gewesen (23). Ferrero spricht abfällig von einem „gleichmachenden Humanismus", der die bodenständige, geschichtete Gesellschaft allmählich zersetzt habe (38 f.).

Für diese Misere schien Ferrero die „letzte Ursache" in der Ausschaltung des Senates zu liegen (34), der seine rechtsetzende Funktion beim Kaiserwechsel nicht mehr wahrnehmen und damit den allgemeinen Bürgerkrieg nicht verhindern konnte (12). Ähnlich wie später bei Rostovtzeff und in der marxistischen Literatur kämpften nach Ferrero im 3. Jahrhundert zwei Prinzipien, von denen das eine durch den Senat, das andere durch die Militärautokratie repräsentiert sei. Dabei gewannen die Soldaten und die Neureichen mit ihren „ungeschlachten Manieren". Weitere Etappen waren für Ferrero die Herrschaftsantritte von Valerian 253, Aurelian 270 und natürlich Diocletian 284 (51; 66; 69). Mit letzterem triumphierte der Orient über die abendländischen Traditionen (89 ff.). Damit sei die Voraussetzung geschaffen gewesen, daß Constantin das Christentum einführte: auf die Unterwerfung unter den Herrscher auf Erden folgte die Unterwerfung unter den Herrscher des Himmels im Namen der Gleichheit aller Unfreien (95; 107). Das Christentum habe namhaften Anteil an der kulturellen Auflösung und durch Glaubenskämpfe und Pazifismus auch am politischen Niedergang (9; 75; 146; 150). Der diocletianisch-constantinische Staat brachte keine Rettung. Er hat, so meinte Ferrero, nur den Todeskampf der antiken Kultur verlängert (165). Constantin konnte die „Schicksalsfrage der gesetzlichen Begründung der höchsten Gewalt" nicht lösen (149).

Ferrero fügte seine Deutung der Spätantike ausdrücklich in eine politische Konzeption seiner Gegenwart ein. Er glaubte, die eigene Zukunft im Spiegel der Vergangenheit zu erkennen und parallelisierte das frühe 20. Jahrhundert mit dem frühen 3. Jahrhundert (41 ff.; 175; 192). Auch in der Neuzeit kämpften zwei politische Prinzipien gegeneinander, Demokratie und Monarchie. Mit der letzteren sei es seit dem Ersten Weltkrieg vorbei (192 f.); was aber das demokratische Prinzip bringe, sei trotz gewisser westeuropäischer Hoffnungszeichen ungewiß. Denn so wie der Sturz überlieferter Autoritäten in Rußland in die Diktatur des Proletariats geführt habe (14 f.; 198), könne er (wie es nach dem Erscheinen von Ferreros Buch in Italien, Deutschland und Österreich tatsächlich geschehen ist) in die Militärdiktatur münden (193). Wohin der Verlust des Autoritätsprinzips führe, davon biete die Spätantike einen „Vorgeschmack".[2]

---

[2] S. 196. 1922 erschien der 3. Band des von Ferrero und Barbagallo gemeinsam gezeichne-

Mit Ferrero setzte sich A. ALBERT-PETIT auseinander. Sein in der *Revue de Paris* (29, *1922* S. 841–852) erschienener Artikel ›Comment meurt une civilisation‹ räumte ein, daß die fehlende Nachfolgeordnung im Kaisertum als wesentlicher Grund für Usurpationen, Bürgerkriege und dadurch für den politischen Verfall zu betrachten sei (843 f.). Dennoch sei zu erklären, weshalb mit dem Imperium Romanum zugleich die antike Kultur versunken sei. Dies sei *un phenomène presque unique* (841). Daß hieran die Barbaren nicht schuldig seien, beweise deren vielfältig bezeugte Hochachtung vor der Kultur Roms (849). Überhaupt sei das Reich nicht von außen, sondern von innen barbarisiert worden. Und dies wird zurückgeführt auf zwei Faktoren. Der erste ist eine Systemschwäche der antiken Kultur: der Lack der Bildung sei im Westen so dünn gewesen, daß diese Schicht in den Kämpfen des 3. Jahrhunderts bereits weggekratzt werden konnte. Die Folge sei eine Nivellierung nach unten gewesen (844; 850). Der andere Grund liege im moralischen Versagen: *Rome s'en va d'une maladie de la volonté.* Die Römer seien entweder einem krassen Materialismus oder einem weltfeindlichen Christentum verfallen (847; 851). Verderbliche Einflüsse des Orients hätten den alten Geist untergraben, Diocletians asiatischer Despotismus habe das seine zum moralischen Ruin beigetragen (846; 852). In der Frage der Parallele weicht Albert-Petit von der *communis opinio* ab. Unsere Zivilisation besitze eine günstigere Sozialstruktur, und die Demokratie, sie sei allen Kassandra-Rufen zum Trotz kein sinkendes Schiff (852).

1922 äußerte sich zum ersten Male Ernst KORNEMANN zum ›Problem des Untergangs der antiken Welt‹ *(1922/70)*. Der kaiserzeitliche Wohlstand habe allenthalben Dekadenz erzeugt, unter anderem die Wendung vom individualistischen Rationalismus der Hellenen zur kollektivistischen Religiosität der Orientalen. Hier spielt ein anthropologischer Aspekt herein. Einen innenpolitischen Niedergang fand Kornemann in der Ausbildung eines „staatsphilosophischen" Kastenwesens (217; 219; 227). Wir fühlen den Anschluß an Mommsens Liberalismus und die Abgrenzung gegen den sowjetischen Kommunismus. Immerhin war Kornemann Realist genug, um zu sehen, daß ein durchreglementierter Staat bei hinreichend servilen Untertanen dauern kann. Er suchte daher den entscheidenden Niedergangsgrund wie Mommsen im Heerwesen. Caesar und Trajan hätten den mannhaften Geist hochgehalten, aber ihre Nachfolger Augustus und Hadrian hätten sich mit ihrer „Wehrlosmachung" einer illusionären Friedenspolitik hingegeben. Kornemann glaubte, nur expansive Staaten könnten überleben.

In seiner Darstellung der römischen Kaiserzeit für Gercke-Norden (1933) ver-

ten Werkes ›Roma antica‹. Darin wird der nach dem Jahre 180 einsetzende Niedergang auf das Ungleichgewicht der herrschenden Mächte zurückgeführt: *il male era interno, e nasceva da uno squilibrio tra le forze che reggevano l'impero* (99). Kaiser, Verwaltung und Aristokratie hätten die Gewalt der zunehmend verwilderten Legionen bändigen können, solange sie im Einklang standen. Sobald er, wie unter Commodus geschehen, zerbrach, war das Reich dem Niedergang ausgeliefert (101). Als Endpunkt der *catastrofe* setzen die Autoren das Jahr 476 (266 ff.).

schob Kornemann die Perspektiven. Nun ist es Caracalla, der mit seiner Politik der „möglichsten Gleichmacherei" dem Reich sein bestes genommen habe: die Aristokratie (89). An ihrer Stelle machte sich die barbarische Soldateska breit, die Nationen emanzipierten sich (92), die Revolutionsperiode des 3. Jahrhunderts folgte. „Die Geschichte des Altertums schließt ... mit dem Untergang des Hellenismus, der, schon im 3. Jahrhundert zu Tode getroffen, noch einmal sich aufgerafft hat, um in einem Scheinleben noch über drei Jahrhunderte zu vegetieren" (56). Diese Epoche mit dem vor- und rückwärtsblickenden „Januskopf" reiche von etwa 300 bis 640 (55; 105).

Der 1933 spürbare Einfluß von Rostovtzeff hielt nicht an, wie Kornemanns spätere Ausführungen lehren. 1938/39 publizierte er seine zweibändige ›Römische Geschichte‹, und 1940 führte er die darin ausgesprochenen Gedanken weiter in dem Breslauer Vortrag ›Das Imperium Romanum. Sein Aufstieg und Niedergang‹. Die außenpolitischen Verzichtleistungen des „Kompromißpolitikers" Augustus und des „Philosophenkaisers" Hadrian werden wieder zu den entscheidenden Verfallsgründen, weil ein „müder Pazifismus ..., verquickt mit eigentümlichen Völker-Beglückungsideen" Stillstand und dieser Rückschritt bedeute (20 f.). Das „Schlimmste war, der Wehrgeist in der alten Reichsbevölkerung zerfiel" (24). Die Kernthese wird garniert, sozialgeschichtlich durch die „Entbauerung" und „Entvolkung" Italiens infolge der kapitalistisch und imperialistisch entarteten Senatorenschicht nach dem Hannibalkrieg (14 ff.), und anthropologisch durch „Rassenvermischung und Rassenverschlechterung" (26; 28) des ursprünglich „kraftstrotzenden Bauernblutes" (11). Rom unterlag den „jungen Völkern" des Nordens, die „kulturell nach Eigenleben schrieen" (26).

In seinem Sammelbuch ›Gestalten und Reiche‹ von 1943 wiederholte Kornemann diese Argumentation: Friedensromantik habe die Wehrkraft zersetzt, der „Großkapitalismus" der Republik (343) sei in den „Zwangsstaat" des Principats (379), ja den „Staatssozialismus" des Dominats umgeschlagen, und dies habe die Untertanen demoralisiert und den orientalischen Erlösungslehren in die Arme getrieben. Immerhin betonte Kornemann nun auch gewisse positive Seiten, er fand nicht nur einen „Abgrund", sondern auch eine „Brücke" (339): Die Neuansätze sah Kornemann weniger im Christentum und im Feudalwesen als im Nationalismus. Wie schon Mommsen erklärte er die aus dem zerfallenden Imperium sich herausbildenden Völker zu den Trägern des neuen Prinzips, damals „kamen die Germanen als Befreier der Reichsinsassen aus den Fesseln des unerträglich gewordenen spätantiken Zwangsstaats" (399).

Auf der Basis einer fundamentalen Imperialismuskritik erklärte Camille JULLIAN den Zerfall des Reiches. In seinem Buch ›De la Gaule à la France‹ *(1922/23)* heißt es, Großreiche benötigten Despoten und Sklaven, und aus dieser doppelten Unfreiheit erwüchsen dauernde Konflikte, die eine Entwicklung der Humanität ausschlössen. Rom habe allein die materiellen Interessen begünstigt und keine neuen Kulturwerte geschaffen. Der im Luxus lebende Senatsadel habe Germanen als Söldner und Siedler geholt, die schließlich die Macht übernahmen. Caesar habe Gallien jene Morbidezza beschert, die in die Katastrophe mündete (186–190).

Die englische Sicht der Nachkriegsjahre vertrat W. E. HEITLAND. Nachdem er bereits am Ende seines Werks ›The Roman Republic‹ (*1909/23* III) als wichtigsten Verfallsgrund des Kaiserreiches *the cessation of active personal interest in public affairs* (514) genannt hatte, trug er 1922 in seiner Schrift ›The Roman Fate‹ einen Erklärungsversuch vor, der aus einer, wie er meinte, für die ganze Menschheit gültigen Erfahrung resultiere. Als Agrarhistoriker betonte er die verderbliche Wirkung einer Bauernverdrängung: aus ihnen seien Soldaten oder Städter geworden. Diese *economic revolution* sei politisch nicht zu steuern gewesen (65). Heitland suchte nun aber nicht in solchen Übeln den Niedergangsgrund, vielmehr fand er ihn in der Unfähigkeit, sie zu beheben. Diese sei strukturell bedingt, es habe ein Organ gefehlt, das auf nicht revolutionärem Wege derartige Schäden hätte abstellen können (64; 69). Heute sei dies über eine öffentliche Meinung, eine Volksvertretung mit Ministerien und Opposition möglich, aber Rom sei zu groß für eine Verfassung nach dem Muster Athens gewesen, der Senat habe versagt, und so konnten die Schäden sich auswirken. Heitland verlegte die entscheidenden Etappen des Niedergangs in die Zeit vor der Spätantike: *real Rome was past, virtually dead, long before the monarchy became an oriental despotism* (69). Der Autor hat 1925 mit ›Iterum‹ seine Argumentation vertieft und das römische Schicksal in der Unfähigkeit gesehen, die Lage der Landarbeiter zu heben, die sich darum auch nicht für das Imperium schlugen: *the missing element was the cohesive force of national spirit* (51). 1928 nahm Heitland in seiner Schrift ›Last Words on the Roman Municipalities‹ den Faden ein letztes Mal auf. Als entscheidend betrachtete er nun *moral debility,* sie habe den Zusammenbruch unausweichlich gemacht, zumal eine allgemeine Erziehung gefehlt hätte, um den moralischen Niedergang aufzuhalten (7; 51; 55). So sei das Imperium schließlich ein Leichnam ohne Seele gewesen. Entgegen den üblichen Anwendungen auf die Gegenwart meinte Heitland, die ausweglose Lage Roms sei kein Grund zur Verzweiflung für uns heute: man könne daraus lernen (8).

Am Beispiel Ägyptens ist eine verwandte Niedergangstheorie 1924 durch H. I. BELL durchgespielt worden. Wie der Titel des Aufsatzes ›The Decay of a Civilisation‹ verrät, wird den ägyptischen Zuständen symptomatische Bedeutung zuerkannt. Die größte Schuld tragen die Kaiser und ihre egoistische, korrupte Verwaltung. Der Staat, der die Provinz nur als zu scherendes Schaf betrachtet habe, hätte auf allen Ebenen versagt. Als nahezu ebenso gewichtiger Faktor wird das Christentum eingeschätzt, das kostbare Energien gebunden hätte. Bell stellte diese Mißstände in den weitergehenden Zusammenhang einer *mental disintegration of the age,* einer *fatty degeneration of the intellect,* einem Manko an *public spirit* (210; 215). So sei Ägypten den Arabern wie eine verfaulte Birne in den Schoß gefallen (208).

Weniger moralisch als strukturell argumentierte Léon HOMO 1925 in seinem Werk ›L'Empire Romain‹. Die entscheidenden Niedergangsgründe hätten *dans les vices du système fiscal et dans des défectuosités de l'organisation militaire* gelegen (371). Die militärischen Schwächen werden dabei lediglich als Ausdruck des finanziellen Bankrotts gesehen (377). Immer schon sei der Staatshaushalt Roms prekär gewesen und die Turbulenzen des 3. Jahrhunderts hätten die Reserven des Reiches vollends erschöpft. Die diocletianisch-constantinischen Reformen hätten die Ressourcen weiter belastet, bis schließlich nicht einmal mehr die Truppen hätten bezahlt werden können. Der Fall des Imperiums war das Ende einer langen Krise: *acculé à la ruine, il va succomber moins par manque d'hommes que faute d'argent* (374 f.).

Ganz ähnlich im Tenor ist das Urteil von Victor CHAPOT. Nachdem er bereits 1926 in seinem Artikel ›Les causes de décadence du monde antique‹ die Aktualität der Spätphase Roms herausgestellt und die Hoffnung ausgesprochen hatte: *puisse l'avenir nous épargner le retour à des expériences déjà faites et certainement concluantes!* (89), analysierte er die Niedergangsfaktoren in seinem Buch ›Le Monde romain‹ *(1927/51)*. Die negativen Seiten des Reiches werden in den Vordergrund geschoben: Ausbeutung, Luxus, Entvölkerung, Verarmung, Steuerdruck und allgemeine Apathie erscheinen nur als Symptome eines grundsätzlich unheilvollen Systems. Alle inneren Übelstände werden als Beweis dafür betrachtet, daß der römische Imperialismus keinen Segen gebracht habe, Chapot stellt sich in die Tradition Herders (477). Das Imperium wird als mißlungenes Experiment betrachtet. Den Schlußstrich zogen die Betroffenen selbst: *L'empire s'est tué lui-même, lentement* (473).

Eine grundsätzliche Integrationsschwäche Roms rügte P. J. HUGHESDON in seinem Aufsatz ›Factors in the Fall of the Western Empire‹ (*1929*, 55). Alle Übel resultieren aus der fehlenden Assimilation der Völker, ein *general loss of civil and public sense* ließ sich durch administrativen Zwang nicht ausgleichen. Allenthalben *languor and stagnation,* nirgendwo *national spirit.* Die Römer litten unter unerträglicher Traurigkeit.

In der Substanz identisch ist die Argumentation von Gaetano DE SANCTIS in seinen ›Problemi di storia antica‹ von 1932. Er behauptete, nicht nur die Römer, sondern die antiken Völker allgemein seien unfähig gewesen, sich politisch zu organisieren: *il mondo antico non aveva saputo risolvere il suo problema politico* (59). Die griechische Poliswelt schwächte sich in dauerndem Kriegszustand (37), das römische Imperium unterjochte fremde Völker und litt an ethnischen wie sozialen Spannungen so, daß sich schließlich niemand mehr für dieses System schlagen wollte, das eine bloße Militärtyrannis war (45). *Tutti gli imperi macchiati del peccato originale della violenza avevano avuto in sè i germi della dissoluzione* (60) – wieder ganz Herder. An ihn erinnert auch das Urteil unseres Autors über das Christentum: Der höhere Sinn des Imperiums wird darin gefunden, daß es einerseits das unversöhnliche Gegenbild der christlichen Liebesreligion bildet (57), andererseits den zu ihrer Verbreitung erforderlichen Frieden stiftete. Im Untergang Roms wurden die wahren christlichen Werte bewußt und bewahrt, der Gedanke der spirituellen Einheit der Menschen überwand das Imperium und schuf den Humus für die Humanität (60 f.). Als Ende des Altertums bestimmte De Sanctis die Schließung der Akademie durch Justinian 529 (33).

Die Tradition Mommsens bestimmte wieder die ›Römische Geschichte‹ (II 1932) von Julius WOLF. Er machte die Heeresreform des Augustus zum Hauptgrund für die militärische Schwäche des Kaisertums. Augustus hätte die allgemeine Wehrpflicht durchführen sollen, dann wären die Grenzen gesichert gewesen. Hätte die Armee ihr national-italisches Gepräge bewahrt, so wären die Bürgerkriege vermieden worden. Fehler seien wie in der Militärpolitik so in den regionalen Dezentralisierungen und im Wirtschaftsleben begangen worden, hinzu komme der „Bankrott der nationalrömischen Religion", so daß der Niedergang die Folge einer schuldhaften Führung scheint (270 ff.).

Derselben Ansicht war William Chase GREENE, der Historiker aus Harvard, in seinem Buch von 1933 ›The Achivement of Rome‹. Er ging aus vom Übergewicht der inneren Niedergangsgründe. Klimaverschlechterung, Bodenerschöpfung und Rassenentartung seien wirksam gewesen (263–269), aber das entscheidende Manko wäre doch das Versäumnis eines *just and elastic social and political system.* Greene meint, es hätte im Ermessen der Kaiser gestanden, ein solches zu begründen (275 f.). Mit einer gesunden Mittelklasse und einem öffentlichen Erziehungswesen hätten sich die Probleme meistern lassen (277). Ähnlich dachte Alfred WEBER, der Bruder Max Webers. Mit dem Sieg über Antiochos III. 190 v. Chr., heißt es in ›Kulturgeschichte als Kultursoziologie‹ (*1935/63*, 176), begann der Kollaps in Stufen, nur durch Gnadenfristen unterbrochen. Der Mord an Caesar, der das Reich hätte halten können (167 f.), und die *Constitutio Antoniniana* beschleunigten die „Lebensschrumpfung" (172; 201). Die Normenlosigkeit der militärcäsaristischen Herrschaft wurde „schließlich zum Totengräber", das Heer riß Rom in den „Abgrund der Barbarei". Nur ein freiheitliches Repräsentativsystem hätte helfen können (170 ff.). Die „Nichtbewältigung einer wesensneuen Organisationsaufgabe war die Grundkonstellation, aus welcher der entscheidende Zusammenbruch der paganen Antike hervorging" (173). Ein analoger Umbruch wiederhole sich heute im Großen. Eine senkrechte Völkerwanderung (IV 1!) bringe die universale „Vermassung", die sozialreligiösen Varianten des nachkulturellen Zeitalters heißen Amerikanismus und Marxismus (443 ff.; 456).

Die militärpolitischen Erklärungen in der Zeit zwischen den Weltkriegen beschränken sich nicht auf Deutschland. Im Schlußkapitel seiner ›History of Rome‹ *(1935/63)* sichtete der Londoner Althistoriker Max CARY die älteren Theorien und entschied sich für innere Strukturschwäche (107). Zentralismus, Passivität, Korruption und finanzielle Überlastung bilden die Korollarien des zentralen Defekts: der Disziplinlosigkeit des Heeres. Die Meutereien und die Kaisermacherei des dritten Jahrhunderts schienen ihm der wichtigste Schwächefaktor (109). Eine geregelte Thronfolge, wie sie schon Delbrück vermißt hatte, oder wenigstens eine im Reichsinneren stehende loyale Bürgerwehr hätten dieses Übel beheben können. Die römische Armee habe das Reich geschaffen und zerstört (110). Originell ist Carys Erwägung, das Imperium hätte dauerhafteren Bestand haben können, wenn die Römer den griechischen Osten nicht unterworfen und ihre Kräfte ganz auf den Westen beschränkt hätten. Ebenso hätte man ihnen freilich empfehlen können, den Schritt Constantins schon eher zu tun und von Alexandria oder Troja aus die traditionsreiche Levante zum Kern einer Reichsbildung zu erheben. Dann hätte die germanische Expansion genügend Raum im Westen gefunden und der persisch-arabisch-türkische Angriff mit konzentrierten Kräften abgewehrt werden können. Ein solcher Gedanke ist unter Caesar diskutiert worden (Suet. Jul. 79, 3) und schiene bei einem anderen Ausgang der Schlacht bei Actium nicht undenkbar. Aber auch ein derart verbesserter Cary kommt für die Betroffenen zu spät.

Gleichfalls auf dem militärischen Sektor suchte der Amerikaner Reginald Francis ARRAGON den eigentlichen Verfallsgrund. Er liege in der erschlaffenden Wirkung des Friedens. In seinem Buch ›The Transition from the Ancient to the Medieval World‹ (*1936*, 74 ff.) diagnostizierte der Autor einen Sittenverfall: *materialistic individualism and cosmopolitan mixture of culture* habe die antiken Städte erfaßt und mit dem Lokalpatriotismus alles Verantwortungsbewußtsein zerstört (78; 84). Der Niedergang des Städtewesens sei identisch mit dem Kulturverfall (72): die Bürger hätten um des privaten Wohlstands willen dem kaiserlichen Absolutismus, seinem Heer und seiner Bürokratie die Politik überlassen, als Grundherren hätten sie den *public spirit* (34) und auch die soziale Solidität verloren. Arragon warnte vor der *astronomical metaphor of rise and decline* (79) und konzipierte einen gleitenden Übergang zum mittelalterlichen Feudalismus, der durch die Dezentralisation vorbereitet worden sei.

Im Jahre 1937 publizierte Ernest PERROT, Professor der Rechte zu Paris, seinen Vortrag ›La vraie cause de la ruine du monde antique: l'Étatisme‹. Es handelt sich um einen Vortrag vor dem Institut der *Action française,* der französischen Variante des Faschismus. Perrot begann mit dem Bekenntnis einer *secrète affinité du temps où nous vivons avec les siècles de la décadence romaine.* Die Affinität bestehe in der Gleichartigkeit der Krankheit, eben dem Etatismus (5 ff.). Während der goldenen Zeit Roms von 200 vor bis 200 nach Christus hätten sich Kapitalismus und Individualismus entwickelt, denen alle Staatsübel der Kaiserzeit zugerechnet werden. Um sie zu bekämpfen, sei in semitischem Ungeist seit den syrischen Severern der orientalisch-asiatische Superstaat eingeführt worden (13). Er wollte alles, durfte alles und galt als Werkzeug der göttlichen Providenz. Symptom war für Perrot das Preisedikt Diocletians. Im allgemeinen Schiffbruch kommandierte der Staat mit seiner *politique de fixation* jeden auf seinen Posten bis zum Untergang (21). *L'Empire apparaît comme une ergastule socialiste. Tout est réglementé* (28). Der Notstand, von einem Heer von Funktionären getragen, wird dauerhaft. Die Menschen fliehen den *socialisme d'Etat* (5), den *Etat-Moloch* (28), *tout le monde est devenu anarchiste* (31), und eben dieses drohe Frankreich auch. Facit: der Staat will alles und kann nichts und zerstört sich 476 selbst.

Von anderen Ausgangspunkten gelangte zum gleichen Schluß Tadeusz WA-

LEK-CZERNECKI aus Warschau in seinem Vortrag auf dem Zürcher Historikertag 1938 über das Thema ›Les causes profondes de la ruine du monde antique‹. Im Anschluß an Mommsen und Kornemann, die nicht genannt werden, gilt die Militärreform des Augustus als Beginn des Niedergangs. Augustus, *l'organisateur de la défaite romaine,* habe, um seine Herrschaft zu sichern, das Bürgerheer durch ein Berufsheer ersetzt, das einerseits kein Interesse daran hatte, seine Tyrannen gegen die Barbaren zu verteidigen, und andererseits sich auch der Zivilbevölkerung nicht verpflichtet fühlte. Zugleich habe Augustus den Frieden mit dem Adel und dem Kapital gemacht, die zweihundert Jahre die Arbeiter, dann die Städter ausgebeutet hätten. Nachdem der liberale Kapitalismus so sich selbst ruiniert hatte, habe der Staatssozialismus Diocletians den Rest gemacht. Die Stellungnahme gegen Liberalismus, Kapitalismus und Sozialismus zugleich erinnert an Ruhland (III. 2. a!), der im Dritten Reich neu aufgelegt wurde.

Aus dem faschistischen Italien lieferte Roberto PARIBENI seine Erklärung im VIII. Band der ›Storia di Roma‹ unter dem Titel ›Da Diocleziano alla caduta dell' impero d'occidente‹ *(1941).* Christentum und Monarchie, die Grundpfeiler des Systems Mussolinis, werden gegen den Vorwurf, das Reich ruiniert zu haben, in Schutz genommen. Die Verantwortung wird ziemlich gleichmäßig verteilt, das Hauptgewicht fällt auf den Defaitismus der Bevölkerung : *una narcotica insensibilità anche di fronte a grosse ferite, apatica astensione da ogni participazione alla vita pubblica, generale rilassatezza, incuria, letargo* und ähnlich lauten die Formeln mit denen Paribeni das Problem löst (294 ff.). Friedrich Georg JÜNGER (*1939/46*, 124 f.) machte dafür Verstädterung, Vermassung und Verflüchtigung des echten Römertums im Weltreich verantwortlich.

III. 4. c. Im Zeichen des Kalten Krieges

Die innenpolitischen Erklärungen für den Fall Roms aus der Zeit nach dem Zweiten Weltkrieg sind weniger durch facheigene Erkenntnisfortschritte als durch veränderte Lebenserfahrungen geprägt. Die Autoren gehören sämtlich dem „freien Westen" an und vertreten die hier herrschenden Ideale erst gegen den äußeren Gegner, dann auch gegen innere. Schwächer oder stärker schlägt die Situation des Kalten Krieges durch.

1947 publizierte Guido GIGLI sein Buch ›La crisi dell'impero romano‹. Darin wurde die These von Cary (1935) vertieft und unausgesprochen durch die Kriegserlebnisse bestätigt. Es sei der Fehler Roms gewesen, durch unbedachte Eroberungspolitik im Osten die Assimilationskraft des Römertums zu vergeuden. Anstatt Asien zu annektieren hätte Rom sich um eine Eingliederung der Germanen bemühen und mit der germanischen Elite gemeinsam einen geschlossenen, nach Osten abwehrstarken *stato occidentale* aufbauen sollen. Sinnbild der falsch geleiteten Politik Roms war für Gigli der Limes (253 ff.). Die Spannung zwischen den Reichsteilen nach 395 wird aus einem alten, seit dem Licinius-Krieg 314 wieder militärisch gefährlichen Ost-West-Gegensatz abgeleitet (215 ff.), der insofern auch strukturell verderblich gewirkt habe, als der östliche Gedanke einer *monarchia divina* den Bürgersinn beseitigt (181 ff.) und eine vom Volke geschiedene Funktionärsschicht geschaffen habe, wie sie heute das Sowjetsystem kennzeichne (206). Gigli suggeriert dem Leser, daß ein römisch-germanischer Stahlpakt, innenpolitisch auf der Volksgemeinschaft, außenpolitisch auf dem Status quo aufbauend, Zukunft gehabt hätte, falls er sich den verderblichen Einflüssen von Osten verschlossen hätte. Analogien zu zeitgenössischen Konstellationen liegen nahe.

Widerstand gegen den europäischen Faschismus atmet der Aufsatz von Kurt von Fritz ›Totalitarismus und Demokratie im Alten Griechenland und Rom‹ *(1948/76)*. Der Titel enthält bereits den Schlüsselbegriff. Der Autor erklärt den Niedergang aus dem *circulus vitiosus* zwischen gesellschaftlichen Mißständen und staatlichen Eingriffen, wodurch selbst unter den friedlichsten Kaisern der Totalitarismus befördert wurde und schließlich jene mit der späten Republik einsetzende Dekadenz in der „orientalischen Zwingherrschaft" Diocletians angekommen sei (546 f.). Dieser in Anlehnung an Rostovtzeff gewählte Ausdruck wird gerechtfertigt durch eine Beschreibung der „totalitären Kontrolle" der damals die Bürger unterworfen gewesen seien. Jede Regung sei erstickt worden, bis das Leben unerträglich wurde. Nur Armee und Bürokratie hätten gewisse Freiheiten behalten, die „hauptsächlich im Terrorisieren und Ausbeuten der übrigen Bevölkerung bestanden" (598 f.). Die schlimmste Geißel sei die „Geheimpolizei" gewesen. Fritz kommt zu dem Resultat, „daß unter den Faktoren, die den Zusammenbruch des Römischen Reiches und den Niedergang der antiken Zivilisation mit sich brachten, das Aufkommen des Totalitarismus einer wichtigsten, wenn nicht der wichtigste, gewesen ist" (600). Der Autor empfahl, die Schiedsgewalt des Staates möglichst wenig in Anspruch zu nehmen, um eine Wiederholung jenes Prozesses zu vermeiden (603). Früheren Erklärern warf er vor, sie hätten Dekadenzfaktoren, die „außerhalb des Bereiches der persönlichen Erfahrung des Historikers liegen" übersehen (600), er selbst ist als Emigrant mit seiner eigenen Theorie aber ebenfalls innerhalb seiner persönlichen Erlebnisse geblieben.

Wenn das größere Problem nach 1945 auch die Neudefinition der germanischen Rolle blieb (III. 6. b!), so machten sich die veränderten Umstände doch auch innerhalb der innenpolitischen Niedergangsthesen bemerkbar. Vor dem Hintergrund der deutsch-französischen Versöhnung sind die Ausführungen zu verstehen, die William Seston 1950 auf dem internationalen Historikertag in Speyer ›Sur la fin du Monde antique‹ machte. Er belastete den Konflikt zwischen Ravenna und Konstantinopel (Einigkeit macht stark), die Entfremdung zwischen Ober- und Unterschicht (sozialer Friede tut not) und den Verlust des „rechten Bürgersinnes" (moralische Aufrüstung). Die gewöhnlich als zerstörend verstandenen Faktoren Christentum, Orient und Germanen seien in Wirklichkeit die letzten Stützen des Systems gewesen. Sie werden im Hinblick auf die naheliegenden zeitgemäßen Assoziationen jetzt positiv gewertet. Wenn die Germanen schließlich das Imperium zerschlagen hätten, so sei das auf die fehlerhafte Integrationspolitik der Kaiser zurückzuführen. Dasselbe hatten schon Hirschfeld (1913) und Graf Stauffenberg (1935) gemeint. 1963 hat sich Seston in der Propyläen-Weltgeschichte (IV 489–603) nochmals zum ›Verfall des römischen Reiches im Westen‹ geäußert und abermals betont, politische Fehlentscheidungen der römischen Führung seien am Zusammenbruch schuld, nicht die Germanen, die vielmehr durch eine „Politik der Rassendiskriminierung" der „germanenfeindlichen Cliquen an den Höfen von Mailand und Ravenna" an einer friedlichen Einbürgerung gehindert und zur Ausbildung eigener Staaten auf Reichsboden gezwungen worden seien (574).

Eine unmittelbare Auswirkung des Kalten Krieges zeigt die folgende Schrift. 1953 stellte der amerikanische Publizist Elmer DAVIS ein Büchlein unter den Titel ›Are we worth saving? And if so, why?‹. Ausgangspunkt war die Zukunftsperspektive Toynbees, dessen Schwankungen Davis den pragmatischen Optimismus des atlantischen Politikers entgegensetzte. Am Beispiel Roms zeigte er, daß in der Geschichte nicht unbedingt das Überlebenswerte dauere: *The western Roman Empire was far more worth saving than the barbarian tribal dominions, that surrounded it and eventually overran it* (216). Ebenso könne auch der Westen durch die Sowjets überrannt werden. Den Untergang Roms erklärte Davis aus dessen innenpolitischen Fehlern: *its own faults brought it down* (216). Diese lagen in der ungleichen Prosperität, in den Bürgerkriegen und dem kaiserlichen Absolutismus (217–221). Im Unterschied zu dem, trotz Gibbon, brüchigen Wohlstand der Antoninenzeit könne sich der Westen heute auf ein blühendes Wirtschaftsleben und ein gesundes Freiheitsbewußtsein stützen. Dieses mache ihn *worth saving*. So wie die beiden vergangenen Weltkriege müsse und werde der Westen auch den künftigen gewinnen: *the first condition of the survival of any civilization is, that it should win its wars* (220). Freilich müsse die Freiheit wie nach außen gegen den Kommunismus, so nach innen gegen den Antikommunismus verteidigt werden, in dessen Namen McCarthy und seine bornierte Gefolgschaft den inneren Konflikt heraufbeschwöre (226). Fortschritt gebe es allein in der westlichen Zivilisation, *if we go down, it all goes down* (228). Davis widmete sein Buch Ernst Reuter, dem Vorkämpfer der Freiheit Berlins.

Nicht alle innenpolitischen Erklärungsversuche nach 1945 tragen die Zeichen ihrer Zeit auf der Stirn. Das zeigen die Ausführungen von Emilienne DEMOUGEOT ›De l'unité à la division de l'empire romain 395–410‹ *(1951)*. Die beiden im Titel genannten Jahre erscheinen der Autorin Wendepunkte: mit dem Tode des Theodosius ende die Reichseinheit, Alarichs Einnahme Roms bezeichnet den *cataclysme imprévu* der römischen Macht (XI f.). Zwischen diesen Jahren vollziehen sich die folgenschweren Fehlentscheidungen: Nationalismus und Antigermanismus führen in den Verlust der *unanimitas* im Reiche. Infolge der falschen Politik, im Sturze Stilichos kulminierend, wurde die Germanenflut *une sorte de coup d'epée du destin* (563 ff.). In ähnlichem Tenor hält sich P. VACCARI mit seinem an Demougeot angelehnten Titel ›Dall' unità romana al mondo barbarico‹ *(1956):* wichtigster Zerfallsgrund sei der zunehmende Partikularismus in den

Provinzen, der sich zugleich in ökonomischen und religiösen Erscheinungen niederschlage (20 ff.; 33).

Aktualisierende Tendenzen finden sich sodann wieder bei Edward T. SALMON. Verdeckt bleiben sie noch in seinem Artikel ›The Roman Army and the Disintegration of the Roman Empire‹ *(1958)*, wo der militärische Kollaps (57) aus einem Rekrutenmangel erklärt wird, der seinerseits auf allzu großzügige Bürgerrechtspolitik zurückzuführen sei. Solange der Heeresdienst noch Anreiz zum sozialen Aufstieg bot, war er attraktiv; aber nachdem Caracalla mit der *Constitutio Antoniniana* 212 allen freien Untertanen die Gleichberechtigung in die Wiege gelegt hatte, entfiel dies. Ähnlich hatte 1827 Guizot argumentiert. Offener wird der Zeitbezug in Salmons Buch ›The Nemesis of Empire‹ *(1974)*. Mit der Ausweitung der römischen Macht und der fortschreitenden Romanisierung sei das echte Römertum dünner und dünner geworden, schließlich hätte es zur Assimilation der Unterworfenen einfach nicht mehr ausgereicht. Die Hauptschuld bleibt bei Caracalla: 212 sei die innere Balance „umgekippt", der Römergeist absorbierte nicht mehr die Fremden, sondern umgekehrt. *The original Roman element was simply swamped* (76 f.). Salmon betrachtet das Römertum als begrenztes Potential, das schuldhaft verschleudert wurde. *The imprudent prodigality, with which the citizenship was bestowed, proved to be the nemesis of empire* (82). Die politische Lehre, die hinter dieser These steht, ist schwerlich unabhängig von den persönlichen Erfahrungen, die der Autor in den Einwanderungsländern Australien und Kanada gemacht hat. Jedenfalls zieht er die Parallele zum Schicksal des *British Empire,* dessen Auflösung er durch eine ähnlich großzügige Politik erklärt, durch die Gewährung von *Home Rule.* Auch England habe sein Reich nicht kulturell vereinheitlichen können (82 ff.). Überhaupt liege die Mission beider Systeme nur in einer Entwicklungshilfe für die zivilisatorischen und politischen Kräfte; beide Reiche mußten untergehen, aber ein neuer Morgen bringe eine neue Sonne (90). Grund für den Untergang ist beidemale eine Politik der Gleichberechtigung, die im römischen Falle als Fehler, im britischen Falle als Verdienst gewertet wird.

Nicht die Bürgerrechts-, sondern die Steuerpolitik wird von Heinrich DANNENBAUER zum „Krebsschaden" erhoben, der „nicht nur die Wirtschaft ruinierte, sondern alle Verhältnisse zerrüttete und den Staat selbst auflöste" (244). Alle Symptome der Krankheit Roms werden auf die „blutsaugerischen Steuern" jenes „Räuberstaates" zurückgeführt (269), der mit der Vernichtung der kulturtragenden bürgerlichen und bäuerlichen Mittelschichten eine allgemeine Apathie und schließlich die „Auflösung der alten Gesellschaftsordnung" bewirkte (249; 252; 257). Dannenbauer monierte dieselben Übel in Steuerwesen und Bürokratie seiner Zeit (244; 253). So in seinem Buch ›Die Entstehung Europas‹ (I *1959*).

Frei von plakatierter Aktualität ist die Erklärung, die Alfred HEUSS in seiner ›Römischen Geschichte‹ *(1960/76)* bereithält. Obschon er sich grundsätzlich gegen die Katastrophentheorie und für die Kontinuitätstheorie aussprach, erklärte er: „mit dem Ende Westroms ist die antike Welt abgebrochen oder zusammengebrochen", was weiterführte, waren nur „dünne Fäden" (503; 506). Dieser Zusammenbruch im 5. Jahrhundert sei vorbereitet worden durch die „politische und soziale Revolution" des 3. Jahrhunderts (407), den „Niedergang der städtischen Lebensformen" (501) und durch eine „Umwandlung des antiken Lebensgefüges, die seit dem 3. Jahrhundert in vollem Gang ist" (503). Eine dominante Rolle der Germanen lehnte Heuß in diesem Zusammenhang ab und verwies stattdessen auf ein „menschliches Versagen" der Politiker, die ost- und weströmischen Sonderinteressen den Vorzug gaben. Die Auseinanderentwicklung der Reichsteile besitzt bei Heuß eine „kardinale Stellung" (504). Die „geradezu fundamentale Symbiose von Römertum und Griechentum" habe sich „verflüchtigt", das Reich sei zur Zwangsanstalt für „Staatssklaven" geworden (443). Das entscheidende Kriterium für das Überleben des Ostens suchte Heuß darin, daß dieser in Konstantinopel einen „Punkt der Sammlung und der Willensbildung" besessen habe, während dem Westen ein „echtes Kraftzentrum" fehlte, da Rom „in seiner alten Position nicht zu retten" war (505 f.). Angesichts des Schicksals von Trier, Arles, Mailand und Ravenna war die Residenz des Westens auch an keinem anderen Orte zu retten, und Heuß muß sich fragen lassen, ob da nicht doch die Barbaren eine gewisse Rolle spielen. Die *sedis mutatio* war in der päpstlichen Tradition als Kriterium, in der humanistischen Literatur als Ursache für das Ende des Imperiums gewertet worden. Letzteres tat wieder Hirschfeld (*1913*, 918). Möglicherweise folgt Heuß selbst einer „Schulmeisterlaune" (497) von Christoph Cellarius (*1688*, 9 f.), Giacomo Casanova (II *1965*, 78 f.) oder Friedrich Engels (MEW 20, 463).

Persönliche Lebenserfahrungen spiegelt die Niedergangstheorie, die der Berner Althistoriker Gerold WALSER 1960 in seinem Aufsatz ›Zu den Ursachen der Reichskrise im 3. nachchristlichen Jahrhundert‹ vorgelegt hat. Walser nahm die militärische Situation zum Ausgangspunkt seiner Erklärung, glaubte aber, daß nicht die Schwäche, sondern die Stärke der Heere, nicht zu wenig, sondern zuviel Militarismus das Imperium ruiniert hätte. Damit griff er (unbewußt ?) auf Erasmus und Pufendorf zurück. Walser betonte, daß die Basis des Imperiums seit Augustus ein Berufsheer gewesen sei und meinte, daß Berufsheere am Krieg interessiert seien, Kriege aber stets von der heimischen Zivilbevölkerung bezahlt würden. Walser baute, wie zuvor Rostovtzeff und Walek-Czernecki, ins römische Staatswesen einen unabdingbaren Gegensatz ein zwischen den Interessen der Soldaten und der Bauern; kriegführende Kaiser hätten sich bei den Bauern, friedliebende beim Heer unbeliebt gemacht. Dieses systemimmanente Dilemma konnte durch geschicktes Taktieren der Kaiser nur zeitweilig überbrückt werden, habe schließlich aber in den Bürgerkrieg und den Untergang geführt.

Die negative Beurteilung des Militarismus zeigt das Erlebnis des Zweiten Weltkrieges, die Stellung zur Berufsarmee erweist Walser als Schweizer. Daß Berufsarmeen *notwendig* auf Krieg drängen, ist aber ebenso unrichtig wie die Behauptung, daß auch siegreiche Kriege von der Zivilbevölkerung bezahlt werden *müssen.*

Wie Walser, so setzte auch Jacques MOREAU seinen Erklärungsgrund in der

Zeit der Soldatenkaiser an. In seiner Heidelberger Antrittsvorlesung von 1961 über ›Krise und Verfall. Das dritte Jahrhundert als historisches Problem‹ brachte er in die Untergangsdiskussion eine neue Nuance. Der Ursprung einer Krise, so meinte der Autor, sei weniger bedeutsam als die Verhaltensweisen der Betroffenen während derselben. Wenn sich die leitenden Staatsmänner nur als „ängstliche Verwalter" oder „gute Familienväter" (35) gebärdeten, so führe das in einen „engstirnigen Konservatismus, der unfähig ist, die Krise zu überwinden, die in den Verfall führen muß" (37). Es liegt an den Politikern: „diese sind für den Verfall verantwortlich zu machen" (33). Gallienus, Aurelian, Diocletian und Constantin hingegen hätten durch kühne Maßnahmen gezeigt, wie man Probleme meistert. Über die Nachfolger Constantins äußerte sich Moreau im einzelnen nicht, behauptete aber grundsätzlich, daß eine aktive und anpassungsfähige Politik die Dekadenz aufhalten könne. „Die Unbeweglichkeit, vor allem die politische, ist die Ursache für den Niedergang der Gemeinschaften". Dies wird illustriert daran, wie Augustus durch seine „starke Politik" verhindert habe, daß sich der Abstieg Ägyptens im Hellenismus nahtlos in den der Spätantike fortgesetzt habe. Somit sollten wir auch den Untergang Roms aus dem „Primat der Politik" der starken Führerpersönlichkeiten begreifen (37). Zum Verständnis dieser Position ist wohl Moreaus französische Herkunft heranzuziehen. Unter den deutschbürtigen Forschern ist die Führerschuld unter den innenpolitischen Verfallstheorien nach 1945 nicht mehr vertreten worden.

Als eine Aufforderung zum Durchgreifen ist der Schluß des Buches ›Cäsar läßt grüßen. Die Geschichte der Römer‹ von Joachim Fernau (1971) zu verstehen. In dieser schnodderigen Persiflage wird die römische Geschichte einem breiten Publikum auf amüsante Weise serviert, die Belesenheit des Autors gibt sich in allerlei Anspielungen zu erkennen. Die Schlußphase Roms wird als eine Karikatur moderner Sittenlosigkeit präsentiert. Rom „verfaulte. Man hätte es retten können. Aber man gab ihm Opium, statt zu schneiden" (384). Dieselbe Ansicht vertrat ein anderer Buchmacher, Gustav Sichelschmidt, mit seinem Produkt ›Wie im alten Rom. Dekadenzerscheinungen damals und heute‹ *(1971/72)*. Roms Dekadenz ist exemplarisch: Eine saturierte, lethargische, senile Gesellschaft gräbt sich ihr eigenes Grab, ihr „primitiver Erwerbs- und Machtsinn" löst die alten religiöse Bindungen, die der Autor offenbar durch das frühe Christentum nicht ersetzt sieht.

Aktualisierende Zeitkritik aus der Feder eines Wissenschaftlers lieferte Franz Wieacker 1974 in einem von der niedersächsischen Landesregierung veranlaßten Vortrag zur ›Krise der antiken Welt‹ Nachdem er 1964 in seinem Büchlein ›Recht und Gesellschaft in der Spätantike‹ geschrieben hatte, das Westreich sei „der inneren Bedrohung durch die germanischen Militärführer und der äußeren durch die Wanderungen erlegen" (30), wird 1974 die Ursache von den Germanen auf die Römer selbst geschoben. Nun verstand Wieacker den Fall Roms als einen Vorgang, der hätte vermieden werden können und *mutatis mutandis* wiederholbar ist. Wieacker zeichnete eine Entwicklung von einem durch kommunale Autonomie, politische Teilhabe und ökonomischen Wohlstand gekennzeichneten Principat zu einem absolutistischen Zwangsstaat, dessen Bürokratie alle Eigeninitiative erstickt habe, dessen Kastenstruktur keinerlei soziale Mobilität geduldet und dessen Fiskalismus einen Rückgang des Wohlstandes bewirkt habe. Die Tendenz ging für Wieacker von der Integration zur Desintegration, und als Ersatz für die verlorengegangene politische und soziale Gemeinschaft bestimmte er das Christentum, das die Erlösung aufs Jenseits verschob und in der Hand der staatlichen und kirchlichen Machthaber zu einem verordneten Dogmatismus geworden sei, der die antike Geistesfreiheit erstickt habe. Wieacker steht in der Tradition des Liberalismus Mommsens und zieht die bekannten Parallelen zwischen Dominat und Sowjetsystem. Allerdings ging es ihm weniger um Abgrenzung nach außen als um Abwehr sozialistischer Tendenzen im Inneren, repräsentiert durch die Bürokratisierung, die freie Initiativen und lebendiges Staatsbewußtsein bedrohten, und durch den Dogmatismus einer „metaphysischen Indoktrination" (31), deren zeitgenössisches Gegenstück nicht benannt werden mußte. Wieacker sah in diesem aktualisierenden Interesse keine Gefahr für einen verfälschenden Einfluß auf die historische Erkenntnis, er glaubte beides sei vereinbar.

Einen ähnlich offiziösen Charakter wie Wieackers Ausführungen trägt der Vortrag, den Mario Attilio Levi, der Mailänder Althistoriker, 1976 auf dem Gedenktag zur 1500. Wiederkehr des Endes Westroms in Spello gehalten hat. Gegen Piganiol erklärte Levi: *L'impero romano non fu assassinato, ma mori della piu naturale delle morti degli organismi politici, l'inadeguatezza ai tempi nuovi* (354). Diese mangelnde Anpassungsfähigkeit habe zum Konflikt zwischen dem Staat und der Gesellschaft geführt. Der fehlende Sold während einer wirtschaftlichen Misere habe Zwangsmaßnahmen zur Folge gehabt, die den Staat erstickten: die Kleinbauern begaben sich in den Schutz der Mächtigen, die altrömische Klientel erstand wieder in der Form des Vasallentums, und mit diesem neuen Gefolge konnte sich der „Superkapitalismus" der Senatoren gegen den Staat stellen (341 ff.). So habe sich der Staat durch die *statizzazione* selbst zerstört (353).

Die bei Levi unüberhörbare Warnung an zeitgenössische Sympathisanten einer Verstaatlichungspolitik wird offen ausgesprochen von Michael Grant in seinem populären Buch ›Der Untergang des römischen Reiches‹ *(1976/77)*. Ausdrücklich wird die Parallele zwischen der spätrömischen und der atlantischen Zivilisation gezogen (189). Grant glaubte, wir befänden uns an einem Zeitpunkt, der den Jahren zwischen 395, dem Tode des Theodosius und 429, der Besetzung Africas durch die Vandalen entspräche (18). Die Barbarengefahr hätte Rom niemals gefährlich werden können, wäre das Imperium nicht durch innere Gegensätze zerrissen gewesen (19; 310). Derartige Spannungen bestünden auch heute in der westlichen Welt, und falls sie nicht beherrschbar würden, drohe uns dasselbe Schicksal wie den Römern, wobei als modernes Analogon zu den Barbaren wie bei Machiavelli und Gibbon die Gefahr aus dem Osten erscheint. Die Auseinandersetzungen zwischen dem West- und dem Ostreich werden in Parallele gestellt zum Verhältnis zwischen Westeuropa und Amerika, die heutigen Rassenprobleme zum römisch-germanischen Antagonismus innerhalb des Imperiums. Zur asketischen Verweigerung fand Grant ein modernes Gegenstück in den *Jesus People* und Gurus (232). Wie Elmer Davis fürchtete er ein Pendant zur spätrömischen Intoleranz in einer Maulkorb-Politik anstelle echter Auseinandersetzung mit dem Marxismus. Alle diese Übel wurzelten in einer traditionsstolzen Selbstgefälligkeit, die sich auch in den gegenwärtigen Energiekrisen äußere (290), und einer weltverneinenden Opposition, die Glauben statt Taten propagiere. Diese Argumentation hat im Vorwort von Golo MANN sowohl in puncto innerer Logik als auch in puncto Gegenwartsbezug Zustimmung gefunden, und das ist deswegen bemerkenswert, weil aus Golo Mann allemal eine ganze Gruppe spricht: es sind die alteuropäisch Gesinnten unter der geistigen Führung.

Derselben Richtung wird man auch Theodor SCHIEFFER, den Kölner Mediaevisten, zurechnen dürfen. Seine Beiträge zum ›Handbuch der Europäischen Geschichte‹ (I *1976*) sind so behutsam formuliert, daß eine Klassifizierung seiner Deutung schwerfällt. Langfristig rechnete er mit einer sozial-ökonomischen „Schrumpfung" Roms. Die „innere Strukturkrise" (27) zeige sich in einer seit dem 2. Jahrhundert beobachtbaren „Lähmung der physischen und moralischen Kräfte" (61). „Geringschätzung der Handarbeit" und „Rückgang der Bevölkerung" werden moniert (65), stärker noch der „würgende Zwangsstaat" mit seinen „Kasten" und seinem „Staatsozialismus" (72 ff.). Das Staunen über Roms Fall beruhe auf falschen Vorstellungen von der Stärke des Reiches, dem seit Hannibal kein ernsthafter Gegner erwachsen sei (64). Der Zusammenbruch sei dann aufgrund jener – schon von Krause 1789/90 (II. 4. c!) und Stauffenberg 1935 (III. 6. b!) herausgestellten – Ereignisverkettung nach 395 erfolgt: „dem Westreich ... schlug die ... antigermanische Welle zusammen mit dem Versagen der politisch-militärischen Führung zum Verhängnis aus". Die „makaber anmutende Selbstzerfleischung" (31) mündete in die „Katastrophe" (188), so zubenannt trotz der als „simplistische Scheinlösung" verworfenen „Katastrophentheorie" (26). Als ganzes bleibe das Ende des Reiches jenseits der Grenzen unserer „rationalen" Erkenntnismöglichkeiten, ein „irrationales Geheimnis der Geschichte" (27).

Zur 1500. Wiederkehr des Staatsstreiches Odoakars 1976 sprach neben Levi auch Bruno PARADISI über: ›La caduta dell' impero romano e la crisi della civiltà in occidente‹. Die bekannten Symptome erscheinen hier primär unter dem Aspekt einer Bewußtseinskrise, die sich in den national-sozialen Rebellionen, in der Hinwendung zum orientalischen Irrationalismus und einer Abkehr vom Staat dokumentiere. Schon Diocletian kam zu spät, um die *fatalità* aufzuhalten. Das Versagen des Staates und seiner Bürger trifft die Hauptschuld: *la separazione dell'uomo dallo Stato ... fu una catastrofe per la civiltà antica* (67).

Die Rolle der Germanen wird von Paradisi ebensowenig in Betracht gezogen wie von Michael STAHL, dessen Verfallstheorie in seinem Buch ›Imperiale Herrschaft und provinziale Stadt‹ *(1977)* vorliegt. Die Reichsorganisation des Prinzipats wird durch eine „strukturelle Krise", bzw. eine „krisenhafte Struktur" gekennzeichnet (180 ff.). Der systemimmanente Widerspruch ist der Klassenkampf in den Städten: indem die profitgierige Aristokratie die Ausbeutung verschärfte (168), beschwor sie einen Konflikt herauf, in den der Staat – grundsätzlich Verbündeter der Oberschicht – eingreifen mußte, dadurch aber die Lage nur verschlimmerte (175 ff.). Der Weg führt „von Konsensus zur Gewalt" (61 ff.). Gemäß dem „im Herrschaftssystem selbst von vornherein angelegten Widerspruch" untergrub der Staat seine munizipalen Grundlagen (36; 46). So wäre die Existenzkrise auch bei gleichbleibenden Rahmenbedingungen, d.h. ohne die Germanen, eingetreten (183). Stahls Theorie müßte den sozial-ökonomischen Deutungen zugerechnet werden, zöge der Autor als Krisenmedizin nicht eine „Gestaltung der Verwaltungsstruktur" in Betracht, „die das beherrschte Territorium einheitlich und tiefgreifend, d.h. den letzten Reichsbewohner erfassend, durchdrungen hätte" (183). Man könnte denken, daß Diocletian und Constantin, deren Namen nicht erwähnt werden, unserem Autor diesen Wunsch gründlich erfüllt hätten. Stahl träumt von einer sozialpolitischen Lösung in Gestalt einer neuzuschaffenden „nichtaristokratischen Klasse" als Herrschaftsträger, deren Unmöglichkeit freilich zutreffend eingestanden wird (31; 183). So verfiel denn auch die Spätantike in die Christian Meier abgeborgte „Krise ohne Alternative" (183). Methodisch bemerkenswert ist Stahls Ansicht, daß man historische Theorien nicht durch Gegenbeispiele widerlegen könne – solche gäbe es sowieso immer (183).

III. 4. d. Zusammenfassung der innenpolitischen Erklärungen

In Ciceros Schrift ›De oratore‹ (II 9, 36) steht der Satz: *historia magistra vitae.* Diesen Spruch kann man auch umkehren: *vita magistra historiae.* Denn unsere Lebenserfahrungen prägen das Bild, was wir von der Geschichte haben, und zwar nicht nur, indem unsere Kenntnisse zunehmen, sondern auch, indem unsere Urteilsmaßstäbe Gestalt gewinnen. Wie in ihnen sich der Herren eigner Geist spiegelt, lehren die Wandlungen der innenpolitischen Erklärungsversuche zur Auflösung des römischen Imperiums.

Die innenpolitischen Ideale der Historiker des 18. Jahrhunderts waren der Humanitätsvorstellung der Aufklärung verpflichtet. Darum rangierten Despotismus, Militarismus und Ausbeutung unter den wichtigsten Niedergangsfaktoren. Demgegenüber zeigen die Staatswerte der Geschichtsschreiber des 19. Jahrhunderts eine breitere Palette. Die Auswüchse der Französischen Revolution und des Bonapartismus hatten die Ideale der Aufklärung in Zwielicht gesetzt, und dies führte zu einer Spaltung im Staatsdenken. Ein Teil der Historiker verfiel in eine Gegenaufklärung und bezog, vom Freiheitstaumel der Straße schockiert, eine monarchistisch-konservative Haltung. In der Deutung zum Fall Roms neigten diese Autoren zu kulturzyklischen (III. 5!) und außenpolitischen Erklärungen (III. 6!). Ein anderer Teil der Literaten hielt an den Normen der Aufklärung fest, distanzierte sich bloß von den revolutionären Ausschreitungen und bekannte sich zu einer republikanisch-demokratisch-liberalen Politik. Diese Autoren verfochten entweder sozialökonomische (III. 2!) oder innenpolitische Erklärungen.

Sie hielten den spätrömischen Absolutismus für ein menschenunwürdiges und lebensuntüchtiges System. Das Ideal der bürgerlichen Freiheiten, wie es in den demokratischen Griechenstädten, in der römischen Republik wenigstens teilweise verwirklicht war, konnte sich unter dem Kaisertum nicht entfalten. Unsere liberalen Historiker fanden im späten Imperium keine Gruppe, mit der sie sich politisch identifizieren konnten, so wie unter nationalem Aspekt Germanen oder Romanen, in sozialer Perspektive Landvolk oder Geistesaristokratie, unter religiösem Gesichtspunkt Christen oder Heiden Identifikationsobjekte abgaben. Augustus und Marc Aurel weckten noch einmal Sympathien als Person, aber auch sie vertraten schließlich ein unannehmbares Herrschaftssystem. Nach ihnen hörte das mit dem politischen Gewissen Vereinbare auf, und der Untergang kam verdientermaßen. Den Niedergang, welchen Absolutismus, Imperialismus und Militarismus *prinzipiell* verschulden, beschleunigten dann *aktuelle* Fehler und Versäumnisse einzelner Kaiser. Dabei steht das teilweise sehr persönliche Programm der Autoren im Hintergrund, wenn etwa Hodgkin den Kaisern die Aufnahme von Staatsanleihen, Robertson die Einführung von *Home Rule* empfahl. Je weiter die damals getroffenen Maßnahmen sich von den Normen der Verfasser entfernen, desto verderblichere Wirkung wird ihnen nachgesagt. Was die Politiker in der Wirklichkeit versäumt haben, das wird von den Historikern auf dem Papier nachgeholt.

Der Erste Weltkrieg hat das Angebot an innenpolitischen Niedergangstheorien abermals erweitert. Neue Fehler in der Politik brachten neue Einsichten in die Geschichte. Das allgemeine Entsetzen über das Kriegsgeschehen führte auf der Suche nach Schuldigen und beim Bemühen um Vermeidung einer Wiederholung zu Theorien, die auf die Deutung des Falles Roms Einfluß hatten. Konservativ-alteuropäisches Ständebewußtsein, liberal-demokratischer Optimismus, sozialistische wie faschistische Erneuerungsbewegungen – sie alle haben ihr Scherflein in die Spardose „Fall Roms" geworfen. Autoren, die sich bereits vor dem Weltkrieg geäußert haben, sind gewöhnlich von ihrer Ansicht nicht prinzipiell abgerückt – derartiges gibt es erst im Gefolge von 1945 (II. 3.c!)

Neben der quantitativen Vermehrung der Urteile läßt sich auch eine qualitative Veränderung wahrnehmen. Die politische Kultur der Großmächte hat mit dem Ersten Weltkrieg einen Stilwandel erlebt. Erklärte sich das Gerangel im 19. Jahrhundert überwiegend aus bloßen Machtgegensätzen zwischen Staaten, die sich grundsätzlich gegenseitig respektierten, so fließen nun ideologische Vorstellungen in die Politik ein, mit denen sehr viel tiefergreifende Änderungswünsche verbunden wurden. Der quasireligiöse Charakter der politischen Überzeugungen entfaltete sich in Staatsideen, die teils vom Gedanken der demokratischen Freiheit, teils vom Prinzip der sozialistischen Solidarität, teils von der Idee des organischen Volkstums gezeichnet waren.

Dieser Denkstil hatte für die Geschichtsbetrachtung zur Folge, daß politische Differenzen als „Ausdruck" von metapolitischen Kräften gedeutet wurden. Für die Erklärungen zum Untergang Roms hieß dies, daß sie sich vorwiegend auf den weltanschaulich brauchbaren Kampfbahnen: der Religion, der Sozialökonomie, der Bevölkerungspolitik, der Rassenkunde und der Kulturmorphologie tummelten, während die Innenpolitik zum Nebenkriegsschauplatz absank. Die mit dem politischen Versagen der Römer operierenden Deutungen aus der Zwischenkriegszeit sind ein wenig blutarm. Immerhin fällt, nach Versailles verständlich, die hohe Wertschätzung und die kontroverse Behandlung des Militärsektors ins Auge. Die Abrüstung unter Augustus erscheint als langfristig fatal, sei es, daß sie als erforderlich (Hatschek), sei es, daß sie als fehlerhaft (Kornemann, Wolf) gedeutet wird. Soweit sie nötig erschien, wird sie aus der Angst des Despoten vor bewaffneten Bürgern (Hatschek) oder einfach aus Geldmangel erklärt (Homo). Nicht nur ein Zuwenig (Arragon), sondern auch ein Zuviel an Militarismus wird moniert (De Sanctis, Cary) und einer vernachlässigten Sorge um das Wohlergehen der Untertanen entgegengehalten (Bell, Walek-Czernecki). Den Mangel an Mitsprache und Freiheit rügen demokratisch denkende Gelehrte wie Heitland und Alfred Weber, während von faschistischer Warte De Francisci die Demokratie als Instrument des Kapitalismus entlarvt, der in Ost- und Mitteleuropa bereits abgewirtschaftet habe (III. 3. b!). Die innenpolitische Grundstimmung der jeweiligen Länder schlägt durch: Militär und Autorität gelten bei den späteren Achsenmächten, Wohlstand und Freiheit bei den künftigen Alliierten als Panacee.

Bemerkenswert erscheint, daß die politische Kritik am römischen Imperium nirgendwo vom Geiste des Völkerbundes belebt ist, so wie wir dies 1713 bei Saint-Pierre gesehen haben (II. 4. b!). Sowohl für die römische Binnenstruktur als auch für die Organisation der Oikumene wäre eine derartige Alternative wohl eines Gedankens wert gewesen, und Ansätze dazu zeigt ja Theoderichs Konzeption eines Staatenpluralismus. Ebensowenig begegnet die Idee der Vereinten Nationen nach 1945 im Hintergrund.[3] Zeugt dies für den Realsinn der Historiker oder für ihre politischen Vorurteile?

Der Zweite Weltkrieg brachte den Historikern neue Leiden, neue Lehren. Militarismus und Expansion sind nicht länger konstruktive, sondern destruktive Faktoren; Friede und Wohlstand werden nicht mehr als schwächend gewertet, sondern als begrüßenswert erachtet. Das römische Kaisertum erscheint nirgends mehr als plebiszitärer Cäsarismus, als Führerdemokratie; vielmehr setzt sich die Perspektive der Aufklärung und des Liberalismus wieder durch und verleiht dem spätrömischen System für seine vielfältigen Reglementierungen schlechte Zensuren. Dahinter steht natürlich die Erfahrung mit totalitären Systemen, mit Hitler, Mussolini und Stalin. Sorgen um Übelstände im jeweils eigenen Staat, Bedrohung des Westens von innen und außen lenken das Urteil; Europa-Idee, Atlantikpakt und freiheitliche Demokratie werden als urteilsteuernde Motive sichtbar. Den Rahmen liefert der Kalte Krieg.

Die innenpolitischen Untergangserklärungen seit dem Zweiten Weltkrieg stammen überwiegend von bejahrten Forschern. Es ist die Generation, die am

---

[3] Eine mögliche Ausnahme bildet Toynbee (III. 5. b!).

Kriegsgeschehen beteiligt war und den Wiederaufbau erlebt und getragen hat. Daraus erklärt sich das Gefühl der Verantwortung, wie es innenpolitisches Denken nicht entbehren kann. Wie dieser Aufgabe nachzukommen sei, ist weniger strittig als in den Jahrzehnten zuvor. Die Prinzipien des Zusammenlebens sind nach den politischen Divergenzen der Zwischenkriegsjahre erkennbar zusammengerückt, und darum zielen die Vorwürfe gegen die Maßnahmen der spätrömischen Verwaltung wie einst im 19. Jahrhundert wieder mehr oder weniger in dieselbe Richtung. Der Grund hierfür liegt im gemeinsamen Bekenntnis unserer Autoren zu den Werten des Westens, die nur unterschiedlich betont oder bei gleicher Betonung unterschiedlich auf die römischen Verhältnisse übertragen werden. Die Ideale zeigen liberales Gepräge: Freiheit und Bürgersinn, Integration und Solidarität stehen obenan. Die Parallele zum Imperium wird teils in der eigenen Gesellschaft (Davis, Wieacker, Grant), teils unter den totalitären Gegenmächten gefunden, im Dritten Reich oder in der Sowjetunion (v. Fritz, Walser). Ersteres beruht darauf, daß die Antike und damit Rom als Teil des Abendlandes gesehen und gegen die asiatischen Mächte abgegrenzt werden soll. Letzteres läßt ein neuhegelianisches Fortschrittsprogramm vermuten, das in der Manier Poppers die totalitären Systeme des zwanzigsten Jahrhunderts als Relikte auf dem Wege von der geschlossenen zur offenen Gesellschaft interpretiert.

Außerhalb beider Konzeptionen steht die Deutung, die Friedrich DÜRRENMATT in seiner köstlichen Komödie ›Romulus der Große‹ *(1964)* den Ereignissen von 476 gegeben hat. Hier ist es der letzte Kaiser selbst, der beschämt über Roms Vergangenheit das Ende des Imperiums besiegelt, während Odoakar es *verhindern* will aus Furcht vor der germanischen Zukunft. Die Alternative zwischen der neuen germanischen Parole „Für Freiheit und Leibeigenschaft!“ und der alten römischen „Für Sklaverei und Gott!“ (24) ist nicht verlockend. Selbst die Kammerdiener resignieren: „Wenn wir abtreten, kann man sagen: Jetzt ist die Antike zu Ende!“ (63).

III. 5. Kulturmorphologische Deutungen: Zyklische Dekadenz

„Entstehen, Blühen und Vergehen sind ganz allgemeine, ganz vage Vorstellungen, in die zwar Alles einrangiert werden kann, mit denen aber Nichts zu begreifen ist". Marx, MEGA I 1, *1975*, 22

Den vier behandelten Erklärungstypen gemeinsam war die Annahme, daß der Niedergang Roms auf Veränderungen in einem bestimmten Lebensbereich beruhe. Mit der Schuld am Verfall wurden entweder die religiöse und moralische Einstellung, die sozialen und gesellschaftlichen Verhältnisse, die natürlichen Daseinsbedingungen oder die innenpolitische Ordnung belastet. Jeweils suchte man den Niedergang des Ganzen aus Schwächen im einzelnen abzuleiten und setzte sich dabei dem Einwand aus, daß singuläre Mißstände in einem sonst gesunden System doch heilbar sind. Wenn aber allenthalben Übel dominieren, dann können die Schwächen auf den Teilgebieten als bloße Anzeichen für den Verfall des Ganzen betrachtet werden. Das ist der Grundgedanke der im folgenden zu behandelnden Autoren. Das Imperium Romanum oder die antike Kultur werden als Ganzheit gefaßt und ihre Schicksale aus einer periodischen Lebensgesetzlichkeit gedeutet, die in der Natur der Kultur wurzelt.

Die Vorstellung, daß die Geschichte der großen politischen Gebilde dem Rhythmus von Werden und Vergehen gehorchte, ist bereits im Altertum verbreitet gewesen. Beliebte Ausdrucksmittel dafür waren einerseits die Analogie zum organischen Leben mit der Entwicklung vom Keimen über das Blühen und Fruchten zum Welken, von der Geburt über Wachstum und Alter zum Tode, andererseits die Metaphorik des Kreislaufs (Demandt *1978*, 17 ff.; 236 ff.). Der wichtigste Anwendungsfall war die Abfolge der Weltreiche, wie wir sie aus dem Buch Daniel (2) oder von Velleius Paterculus (I 6, 6) kennen. Die rationale Begründung für diesen Turnus lieferte das klassische Dekadenzmodell (II. 1. a!), mit dem schon Theognis (el. I 1101 ff.) arbeitete, wenn er den Niedergang von Städten aus deren Hybris ableitete.

Dieser zyklische Prozeßtypus ist im Humanismus den antiken Autoren entlehnt worden, und er fand im Fall Roms seine manifeste Bestätigung. Seitdem ist die Antike das Paradebeispiel für die zirkuläre Form der Kulturgeschichte geblieben. Durch ihr Ende abgeschlossen und vollendet, hatte sie „Gestalt" gewonnen, deren Erforschung wurde zur „Morphologie".

Während die Kreislaufidee in der griechisch-römischen Literatur vorwiegend auf politische Systeme oder einzelne Disziplinen angewandt wurde, diente sie in der Neuzeit dazu, einen eigentümlichen Gegenstand von Geschichte zu begründen: Zivilisationen und Kulturen. Es handelt sich dabei um Kommunikations- und Interaktionssysteme von Gemeinschaften gleicher Geschichte, die infolge ihrer inneren Verkehrsdichte als Ganzheiten begriffen werden dürfen. Die einzelnen Lebensbereiche wie Politik, Wirtschaft, Kunst usw. gelten als Instrumente des Gesamtsystems in seiner jeweiligen Phase und lassen sich daher mit den Organen eines Körpers vergleichen, der erkranken kann und sterben muß.

Der Niedergang wird, wie alle anderen Lebensabschnitte einer Kultur, aus zwei Prinzipien begriffen: aus dem Entwicklungsstadium, wie es jede Kultur durchmacht, und aus dem individiuellen Gepräge, das die betroffene vor anderen Kulturen auszeichnet. Als Form der Entwicklung erscheint auch in der Neuzeit vielfach wieder das antike Dekadenzmodell. Der Niedergang gilt gewöhnlich jedoch nicht, wie bei den alten Autoren, als durch einsichtiges Handeln vermeidbar, sondern erfolgt schicksalhaft, unausweichlich. In diesem Punkt unterscheiden sich die jüngeren Kulturphilosophen zugleich von der Aufklärung, die dem antiken Glauben an die Macht der Vernunft verpflichtet war. Eine Verbindung zur Aufklärung liegt bei jenen Autoren vor, die der Geschichte grundsätzlich eine Linearstruktur zuschreiben und nur die angeblich zum Fortschritt unfähigen Kulturen, wie die antike, zum Tode verurteilt glauben.

Ebenfalls aus dem 18. Jahrhundert stammt die kulturmorphologische Vorstellung von den Trägern der Geschichte. Herder hatte in seinen Volksgeistern ideale Subjekte der historischen Entwicklung angenommen, und seitdem ist der geschichtsphilosophische Kulturbegriff durch die idealistische Denktradition geprägt. Das erschwert uns sein volles Verständnis, läßt sich ein Stück weit jedoch begreiflich machen. Niemals wird eine Kultur geschaffen, verändert oder aufgelöst, weil eine Gruppe von Menschen beschlossen hat, dies zu tun. Ein solcher Akt ließe sich selbst wieder als Ausdruck der kulturellen Situation jener Gruppe deuten. Es gibt mithin zum kulturellen Geschehen als ganzem kein rationales Subjekt. Dies hat der Kulturkreislehre den Vorwurf der Irrationalität eingetragen. Doch mit der Beschränktheit der Vernunft zu rechnen, ist gewiß kein Zeichen für eine beschränkte Vernunft.

III. 5. a. Kulturkreislehren des 19. Jahrhunderts

Die neuere Kulturkreislehre ist ein Kind der Romantik. Die von den Humanisten aus dem Altertum übernommenen Zyklustheorien waren während der Aufklärung hinter den Fortschrittsoptimismus zurückgetreten, im 18. Jahrhundert finden wir sie bei Vico, der noch zum Humanismus zu rechnen ist (II. 3. a!), und bei Richard HURD, dessen ›Letters on Chivalry and Romance‹ (*1762*) die Romantik ankündigen (Meinecke *1936*, 255 ff.). Hurd verglich in diesem Essay das germanische Rittertum mit der Welt Homers (35 ff.). Die Lebenszyklik bei Helvétius (†*1771*/*1773*) wird nur auf die Vergangenheit angewandt, sie schien ihm durch Gesetzgebung überwindbar (II. 4. b!).

Am Anfang der neueren Zyklustheorie stehen Goethe und Byron. GOETHES Geschichtsdenken benutzt Kreislaufmodelle in vielfältiger Weise (bei Roßmann

1959, 112 f.; 127; 131). In seinem Aphorismus ›Geistesepochen‹ von 1817 entwarf er ein Zyklus-Schema für die Welt, für die Völker und für den Einzelmenschen, das vom kraftgeladenen Urchaos über die Formwendung zum sterilen „Tohuwabohu“ der Spätzeit führt. Hier hat offenbar der Verlauf der antiken Kultur das Beispiel gegeben. Wie fern Goethe dem Fortschrittsdenken seiner Zeit stand, lehrt die Bemerkung, die er im Abschnitt ›Mengs‹ seiner Schrift über Winckelmann (*1804/05*) einfügte. Im Zusammenhang mit der kunstgeschichtlichen Wellentheorie des Velleius Paterculus schreibt Goethe: „Traurig ist immer die Betrachtung, wie erst durch die Römer, nachher durch das Eindringen nordischer Völker und durch die daraus entstandene Verwirrung das Menschengeschlecht in eine solche Lage gekommen, daß alle wahre, reine Bildung in ihren Fortschritten für lange Zeit gehindert, ja beinahe für alle Zukunft unmöglich gemacht worden“. Mit einer solchen klassizistischen Auffassung erregte Goethe Widerspruch im Kreise der Germanenromantik.

Im November 1813, nach der Völkerschlacht bei Leipzig, verteidigte er sich (Gespräche II, 866 ff.) vor Heinrich Luden gegen den Vorwurf, sich nicht an der nationalen Erhebung beteiligt zu haben, durch einen Hinweis auf jene erste Abwehr des römischen Weltherrschafts-Anspruches. Die Deutschen hätten eine höhere Aufgabe, „als das römische Reich zu zertrümmern“ und die mittelalterliche Welt aufzubauen. So etwa hatte es gerade Rotteck (*1812/24* III 33) formuliert. Diesmal kommen die Germanen etwas besser weg. Goethe meinte, so wie die Deutschen damals als Barbaren schon eine Kultur schaffen konnten, so würde es ihnen jetzt, nach der erneuten Befreiung als zivilisiertes Volk desto besser gelingen. Hier suchte Goethe seine Position, nicht in der Politik: die politischen Leistungen der Deutschen hielt er überhaupt für miserabel. Zugleich warnte er davor, den Feind allein im Westen zu suchen, und zeigte gegenüber den asiatischen Verbündeten Unbehagen. Am 6. IV. 1829 äußerte er gegenüber Eckermann Zustimmung zu der These von Guizot (II. 4. a!), die Germanen hätten die Idee der persönlichen Freiheit in die Welt gesetzt, schränkte das aber insofern ein, als daraus auch viel Absurdes hervorgegangen sei. Kurz vor seinem Tode, am 5. I. 1831 nahm Goethe gegenüber v. Müller die Prognose einer neuen Barbarei durch Niebuhr (III. 3. b!) wohlwollend auf; wie weit er sie sich zu eigen gemacht hat, ist unklar.

Reizte Goethe am Kreislauf das konstruktive Element, so lockte Lord BYRON dessen emotionale Seite. Im IV. *canto* von ›Childe Harold's Pilgrimage‹ *(1818)* wird ein großes Klagelied auf Roms vergangene Herrlichkeit gesungen. In seinem Widmungsbrief berichtet der Dichter, wie ihn beim Ritt um die aurelianische Mauer der Gesang der Arbeiter beeindruckt habe: *Roma! Roma! Roma! Roma non è piu come era prima!* Angesichts der Ruinen ruft Byron: *Tully was not so eloquent as thou / Thou nameless column with the buried base!* (110). Insbesondere das Kolosseum als Sinnbild der Ewigkeit Roms sprach ihn an (145). Hören wir hier Gibbon heraus, so ebenfalls in den Versen: *The Goth, the Christian, Time, War, Flood and Fire / Have dealt upon the seven-hill'd city's pride. /*

She saw her glories star by star expire / And up the steep barbarian monarchs ride (80). Von dem englischen Germanenstolz ist wenig mehr zu spüren. Die Ursache für den Fall Roms entnahm Byron dem Dekadenzmodell: *There is the moral of all human tales; / T'is but the same rehearsal of the past, / First Freedom and then Glory – when that failes / Wealth, vice, corruption–barbarism at last* (108). Dieser Weltschmerz bleibt als Grundstimmung hinter allen späteren Kreislauflehren spürbar.

Als Begründer der systematischen Kulturkreistheorie darf der Marburger Staatswissenschaftler Karl VOLLGRAFF gelten. Sein Werk „Die Systeme der praktischen Politik im Abendlande" (I–IV *1828/29*) erhebt programmatischen Protest gegen die Aufklärung. Es enthält eine kulturanthropologische Geschichtsphilosophie, die in erklärter Frontstellung gegen die Idee einer einheitlichen Weltgeschichte (I 134) und gegen den Fortschrittsgedanken (II 394) davon ausgeht, daß die Völker ihren jeweils individuellen Charakter nach dem Muster des organischen Lebens in drei Phasen entfalten. Auf Entwicklung, Blüte und Ableben folge eine vierte Periode des Verfaulens oder der Mumifizierung, die nicht eigentlich zur Geschichte mehr zähle. Damit hat sich Vollgraff im Sinne Herders und Hegels auf innere Verfallserklärung festgelegt: „Ein Volk stirbt nur den langsamen Tod der Auszehrung und Fäulnis bei lebendigem Leibe innerhalb mehrerer Jahrhunderte" (I 95).

Rom ist für Vollgraff ein Exempel: nach den jeweils etwa dreihundert Jahre füllenden Lebensperioden der Königszeit, der Republik und des Verfalls folge mit der Kaiserzeit die „Fäulnis des toten Leichnams" (a.O.). Byzanz erschien ihm ein „verfaulendes Zwitterreich" (I 153). Die politische Rolle der Germanen wird gesehen, kann aber keine eigenständige Bedeutung gewinnen (I 122). Vollgraff parallelisierte wie Hurd die Geschichte des „modernen Abendlandes" mit derjenigen der Griechen und Römer und meinte, daß Europa mit dem 16. Jahrhundert in der Verbindung von Expansion und Absolutismus in dieselbe Periode eingetreten sei, die Alexander den Griechen und Caesar den Römern brachte (I 98; II 394). In allen drei Völkern sei naturnotwendig eine „Entsittlichung" eingetreten, deren Endgültigkeit Montesquieu aus der römischen Geschichte hätte lernen sollen, anstatt sich der Illusion einer Vermeidbarkeit hinzugeben (I 97). Staatstheorie und Gesetzeskodifikation waren für Vollgraff Verfallssymptome, der Codex Theodosianus galt einem „verkalkten" Volk (I 101). Die Konsequenzen, die sich aus dieser Analogie für Vollgraff und sein Volk selbst ergaben, nahm er auf sich.[1]

Ohne den theoretischen Rahmen finden sich die Vorstellungen Vollgraffs über die spätrömischen Zustände im ›Lehrbuch der Universalgeschichte‹ (I *1835/49*) von Heinrich LEO. Den Gesamteindruck faßte er in der Metaphorik Nie-

[1] II 459. Vollgraffs Gedanken und Formulierungen kehren mit solch verblüffender Ähnlichkeit bei Spengler wieder, daß sich dessen Unabhängigkeit nicht überzeugend damit begründen läßt, Spengler habe Vollgraff nicht genannt.

buhrs vom „allmäligen Absterben" der Kultur. „Eine indefinite zerstörende Krankheit wirkte, die das Ende unausbleiblich herbeiführen mußte" (747). Im einzelnen kritisierte Leo die Launen der Imperatoren, die „Entsittlichung aller wohlhabenderen Kreise", eine ethische Dekadenz, die in der geistigen Leere endete (749 f.). Als „das Christentum und die Germanen" den spätrömischen Staat „in seinen Grundfesten brachen" (746), da war die Hinwendung der Gesellschaft zu den irdischen Gütern und damit das Ende des Geistes bereits besiegelt. Leo meinte, jede Gesellschaft sei am Ende, sobald die materiellen Interessen das Übergewicht erlangt hätten, und betrachtete das Christentum als Erlösung aus einem entarteten Leben (760 f.).

Die Grundgedanken Leos kehren wieder bei Alexander von HUMBOLDT, der 1847 im zweiten Band seines ›KOSMOS‹ auf den Niedergang Roms zu sprechen kam. Humboldt würdigte die zivilisatorischen Leistungen der Römer und die Ausweitung des Blickfeldes in der von ihnen beherrschten Welt. Dennoch habe die Wissenschaft nicht die Fortschritte gemacht, die man sich hätte denken können (216). Dahinter fand er das zyklische Dekadenzmodell: nachdem die Römer durch Sittenstrenge und Vaterlandsliebe die Weltherrschaft errungen hätten, seien sie dem „unvermeidlichen Einfluß der hervorgerufenen Verhältnisse" erlegen. Nationalgeist und Individualität seien erloschen, alle Energie galt der nur durch „militärischen Zwang" und Despotismus erreichbaren Ruhe (218). Ein Sinneswandel führt in die „traurige Zeit" ohne „schöpferische Kraft", bis die Barbaren dem Reich ein Ende machen (25 f.; 234). Das Christentum war Staatsreligion geworden, nachdem der Staat erschüttert und der Glaube gespalten war, vermochte aber anstelle der wankenden äußeren Einheit dem Menschengeschlecht die innere Einheit zu schenken (218; 234 ff.). Es erziehe die Menschheit zu Freiheit und Humanität, ein Prozeß, in den sich Humboldt selbst einordnete (25; 235).

Eine ähnliche Verbindung kultureller Zyklik mit zukunftweisendem Christentum finden wir bei Ernst von LASAULX. Seine Hoffnung galt dem Reich Gottes auf Erden, „darum wünsche ich von ganzem Herzen und bete täglich zu Gott, daß es bald, recht bald zu einem allgemeinen europäischen Völkerkrieg, der notwendig auch ein wahrer Religionskrieg sein wird, kommen möge", schrieb er 1831 (*1925*, VII). Als sich dieser Wunsch nicht erfüllte, wandte sich Lasaulx der kulturmorphologischen Prognostik zu. „Die Römer haben sonach alle Phasen der möglichen politischen Zustände in normaler Reihenfolge durchlaufen, und ihr Staatsleben erscheint wie ein Typus für den politischen Entwicklungsgang aller späteren Völker, deren Bildung auf antiker Grundlage ruht", namentlich unseres eigenen (*1847/1925*, 127 f.). Nach dem Intermezzo als ultramontaner, großdeutscher Abgeordneter in der Paulskirche kehrte er auf seine Münchner Professur zurück und verfaßte das Büchlein ›Der Untergang des Hellenismus‹ *(1854/1965)*. Darin behandelte er das Ende der von der antiken („hellenistischen") Religion getragenen Kultur. Deren Verfall wird an der religiösen Entwicklung festgemacht und dem Aufstieg des Christentums entgegengesetzt (23). Lasaulx unterschied die römisch-antike und die germanisch-christliche Weltperiode, welch letzterer ein ganz hegelianisch verstandenes „höheres weltgeschichtliches Recht" zuerkannt wird (8). Julian sei gescheitert, weil er sich „der fortschreitenden Bewegung der Geschichte" zu widersetzen suchte (36).

Neben diesen progressiven Motiven benutzte Lasaulx ein Kreislaufmodell. Die Zerstörung des „Hellenismus" verstand er als „eine notwendige Tat des strengen ernsten Geistes, der durch die Geschichte hindurchgeht, und vor dessen Majestät keine Form des irdischen Lebens ewig besteht" (78). So wie Herder und Vollgraff glaubte Lasaulx an das biologische Altern von Völkern (28; 66). Die Spätantike wird als „Übergangszeit" eingestuft und als solche der Gegenwart beigeordnet. Nach dem Wechsel von der römisch-antiken zur germanischen Weltepoche erwartete Lasaulx abermals einen neuen „Welttag", der, wie Hegel das schon 1821 gemeint hatte, von slawischer Erde seinen Ausgang nehmen werde (30 f.). „Und wenn das drohende Schicksal der Zukunft sich erfüllen und die verhängnisvolle Stunde eines letzten großen Völkerkampfes in Europa kommen wird, so kann es keinem verständigen Zweifel unterliegen, daß auch hierin der endliche Sieg nur da sein wird, wo die größere Kraft des Glaubens herrscht" (82). Das orthodoxe Christentum schien ihm noch ungebrochen.

Auch Friedrich Hebbel verglich die gegenwärtigen Russen mit den völkerwanderungszeitlichen Germanen, wertete aber anders. Am 3. I. 1844 notierte er in sein Tagebuch: „Warum sollen die Russen nicht nach Deutschland kommen? Sind doch die Deutschen nach Rom gezogen! Aber welch ein Unterschied! Die alten Germanen waren ein edles, großes, freies Volk, es fehlte ihnen an entwickelter Kultur, aber nicht an der schönsten Menschlichkeit, aus der die Kultur von selbst hervorgehen mußte. Dagegen die Russen: Hunde und Knechte!"

Die am Ende des Altertums erprobte Geschichtsdeutung hat Lasaulx dann in seinem ›Neuen Versuch einer alten auf die Wahrheit der Thatsachen gegründeten Philosophie der Geschichte‹ *(1856)* ins allgemeine gewendet. Als Leitmotiv erscheint die organische Periodik aller kulturellen Schöpfungen. Im Anschluß an die Lebensaltergleichnisse von Seneca (Lactanz), Florus und Ammian (II. 1 .a!) interpretierte er den Untergang Roms „nach biologischen Gesetzen" (19; 24). Alle Verfallszeichen, wie Ehe- und Kinderlosigkeit, Pauperismus, Sozialismus, Inflation und militärischer Niedergang sind ihm nur Symptome „des inneren Ermattens der nationalen Lebensenergie im Alter der Völker" (149), wogegen es kein Heilmittel gebe, „so wenig als gegen den Tod der Individuen" (152). Der *marasmus senilis* habe mit dem Ende der Freiheit unter dem „Meister der Verstellungskunst" Augustus eingesetzt (157). Die Kaiser und Soldaten mußten aus immer entfernteren Gegenden bezogen, Germanen in immer größerer Zahl eingestellt werden (93 ff.), bis die „größte europäische Weltmacht" ihren „Völkerberuf erfüllt" hatte und starb (140 ff.). Alle Völker stürben, sobald ihre „Lebensaufgabe erfüllt" sei. Lasaulx nannte „diese Wahrheit der gewissesten eine von allen, die es gibt" (139).

Wiederum wird die Zyklik durch eine hegelianische Kontinuität überwölbt.

Die Germanen werden als Pfropfreis auf den gealterten Ölbaum der römischen Welt gesetzt, die Barbarenflut habe neues Leben gebracht (92 f.), das Beste sei im „Schiffbruch der Zeiten" gerettet worden: die Religion (99). Überhaupt seien derartige Revolutionen bloß „Entwicklungskrankheiten des Völkerlebens" (106). Die Parallele zwischen römischem und europäischem „Greisenalter" wird festgehalten (30), doch glaubte Lasaulx noch an eine beträchtliche Vitalität Europas, das die „innere Einheit des Menschengeschlechts" vorbereite (159; 163). Die Zukunft suchte er weiterhin bei den Slawen (160 f.), anscheinend deswegen, weil er ihnen die tiefere Glaubensinbrunst zutraute. Nicht zuletzt darum wanderten die Schriften unsres Autors auf den päpstlichen Index (*1925*, XXXIV, Lauer).

Lebensgesetzliche Ereignisfolgen in der Kulturgeschichte suchte auch Wilhelm ROSCHER. Seine Schrift ›Über das Verhältnis der Nationalökonomie zum klassischen Alterthume‹ (*1849*, 121 ff.) strich heraus, daß die alten Völker, die „bereits ausgelebt" seien, den zyklischen Dreischritt in der Entwicklung der gebildeten Völker von der Natur zur Arbeit zum Kapitel exemplarisch vorführten. So bestehe nicht nur in der Wirtschaft „zwischen alter und neuer Geschichte die genaueste Analogie". In seinen ›Grundlagen der Nationalöknonomie‹ *(1854/71)* führt Roscher das späte Rom als Musterfall für das Greisenalter eines Volkes vor (501; 557). Wichtigstes Alterungssymptom war seiner Ansicht nach der Bevölkerungsrückgang, der aus Prostitution, Knabenliebe, „Convenienzheiraten" und leichtsinniger Eheschließung erwachsen (559; 563) und durch die Sklaverei und die familiengefährdende Frauenemanzipation befördert worden sei (572 f.; 564). „Die germanische Völkerwanderung, welche das römische Reich umstürzte, erklärt sich ganz einfach aus dem Familien- und Eheleben der Deutschen, welches notwendig fruchtbar sein mußte" (539). Entgegen der damals verbreiteten Auffassung meinte Roscher, Völker alterten zwar, müßten aber nicht sterben (613). Die „schreckliche Parallele" (616) zwischen dem „späten Alterthum" (557) und der Gegenwart akzeptierte er nur in Teilbereichen, etwa der Frauen-Emanzipation, nicht aber grundsätzlich: die allmähliche Abschaffung der Sklaverei, die Fortschritte in Naturwissenschaft und Industrie hätten nicht nur die Kulturwelt, sondern auch die Randbarbaren mittlerweile soweit zivilisiert, daß sie nicht mehr, wie im Altertum, als Totengräber der Kultur zu fürchten seien (616).

Ein letztes Mal wandte sich Roscher unserem Thema in seinem Buch ›Politik‹ *(1892/1908)* zu. Er suchte die Analogie zwischen Antike und Moderne in der Verfassungsfolge von der Monarchie über die Aristokratie und die Demokratie zum Cäsarismus. Dessen letzte Phase sei der Sultanismus Diocletians (606), Constantin habe durch seine verfehlte Militärreform die Widerstandtskraft Roms gebrochen, die freilich schon lange vorher erschlafft sei (666).

In Frankreich wurde die Kulturkreislehre von Auguste ROMIEU vertreten. In seinem Werk ›L'ère des Césars‹ (1850) wird ein Dreistadiengesetz für das Völkerleben benutzt, das von der patriarchalischen Monarchie zur liberalen Demokratie zur militärischen Diktatur führt, d.h. vom Glauben zum Geschwätz zur Gewalt. *Le progrès ... est une absurdité* (8), es gibt nur Kreisläufe, die unweigerlich in die *décadence,* in den *Césarisme* münden (29). Wie Psyche mit dem Licht ihren Amor vertrieb, so bringe die Aufklärung die wahre Finsternis (195). Die Gegenwart entspreche der Zeit Diocletians (45), ein Bagaudenkaiser sei zu erwarten (159), nachdem die „inneren Barbaren" von 1789 bis 1848 ihre Macht und ihre Begehrlichkeit bewiesen hätten (77). Seit Napoleon wiederhole sich die Kaiserzeit, wieder stehen wir vor dem Abgrund (5).

Etwas optimistischer war Bruno BAUER. Er hat in seinem Werk ›Rußland und das Germanenthum‹ (I *1853*) den abermaligen Kulturwechsel verkündet. So wie die römische Kaiserzeit stehe die Gegenwart im Zeichen von Privatinteresse, Nivellement und Judenherrschaft (72 f.; 77; 100). Nachdem die römische bzw. französische Revolution die alten Aristokratien gestürzt hätten, sei mit Caesar bzw. Napoléon das *Bas empire* angebrochen. „Die antike Gesellschaft hatte, als das Kaisertum aufstand, keine politische Aufgabe mehr außer der Erhaltung der äußeren Ordnung" (76 f.). Damals wie heute nur noch Epigonentum. Bauer nannte „unsere Zeit die einer vollständigen Auflösung und Zersetzung" (44; 98) und fragte, „ob die germanische Welt den Untergang der alten Civilisation (denn nichts ist gewisser als dieser Untergang) überleben oder ob die russische Nation allein die neue Civilisation bestimmen wird" (7 f., 27). Die Russen seien für Europa, was Rom für die Griechen, was das Germanentum für die Antike war: die künftige Ordnungsmacht, der nur noch eine neue Idee von übernationalem Rang fehle (27 f.; 120). Bauer selbst siedelt sich unter den antiken Christen an, die der „römischen und barbarischen Welt endlich ihr Gesetz auferlegten" (56 f.). Gemeint ist die „positive Bildung".

In seinem Buch ›Christus und die Cäsaren‹ (*1877/79*) warf Bauer den Christen, Orientalen und Barbaren die Unterhöhlung der antiken Kultur vor (259). Sanftmut und Weltentsagung hätten den Zusammenbruch vorbereitet (318 ff.). Die Kulturzyklik wird durch einen ewigen Kampf zwischen Ost und West überlagert (183). Die „Verwandtschaft mit der Zeit des aufsteigenden römischen Imperatorenthums" stellte Bauer ein drittes Mal in seiner Schrift ›Zur Orientierung über die Bismarck'sche Ära‹ (*1880*, 1) heraus. Die wesentlichen Gegenwartserscheinungen waren für ihn „Wiederholungen eines früheren Schauspiels", nämlich des römischen, und die Entwicklung werde „am Ende, gleich der der römischen Imperatorenzeit, zu einer unerwarteten geistigen Katastrophe führen" (2). Bauer stellte sich in seiner Zeitparallele in die Tradition von Machiavelli und Vico (5; 9; 310).

1857 erschien das zweibändige ›Lehrbuch der Weltgeschichte in organischer Darstellung‹ von Heinrich RÜCKERT, dem Sohne des Dichters. Er teilte die Geschichte ebenfalls in zwei „Culturkreise" ein, den antiken und den germanischen, verbunden durch das Christentum. Im Untergang Roms sah Rückert die diocletianischen Maßnahmen als den am stärksten beschleunigenden Faktor an; die wahren Ursachen lägen gleichwohl tiefer (I 494). Das Kaiserreich erschien ihm durch und durch verderbt, Staat und Gesellschaft seien einer „kindischen Greisenhaftigkeit" verfallen (501). Dies wird aus dem Gang der republikanischen Geschichte hergeleitet. Mit der Ausschaltung Karthagos sei die römische Oberschicht hellenisiert und brutalisiert (467 f.), Eroberungslust und Genußsucht liege den römischen „Weltkriegen" (436) zugrunde. Das römische „Raubsystem" (482) habe die Völker vergiftet und „grenzenlosen sittlichen Verderb" gebracht (498 f.). Dies erinnert an Herder. Von ihm dürfte auch die Rückführung all dieser Erscheinungen auf den römischen „Volksgeist" angeregt sein, er sei „eine Monade oder ein Atom" und weiterer Ableitung nicht fähig (413). Die Entwicklung dieses „Wesens" sei in Roms Anfängen bereits mikroskopisch angelegt und gehorche seitdem einem inneren „Verhängnis" (436; 446; 484). Roms Verderbnis wuchs über jenes Babylons hinaus (449) und erlöste die Welt, indem es „von innen heraus" verfiel, von der gefährlichsten aller Weltdespotien (446). Die größte Wende der Geschichte (II 3) nach dem „Bankerutt" der Antike (14 f.) habe die „grenzenlose Naturkraft der Germanen" gebracht (20). Mit ihrer „Bluterneuerung" (10; 14 f.) nahm die Geschichte einen neuen, besseren Anfang. Der „geschichtliche Beruf" der Germanen (16; 35) – hier hören wir Hegel – war die Erneuerung der Welt, die inzwischen gleichwohl abermals eine Krisis, einen katastrophischen Knotenpunkt erreicht habe.

Die vermutlich bedeutsamste Ausstrahlung hat Lasaulx mit seinem ›Neuen Versuch‹ auf Jacob Burckhardt ausgeübt. In dessen Äußerungen zum Fall Roms lassen sich zwei Ebenen von Gründen unterscheiden. Die erste umfaßt die bekannten Symptome für das politische Kräfteverhältnis: die Zerrüttung des Kaisertums seit Commodus, die drückende Ackersklaverei und die verderbliche Finanzroutine auf römischer, und der Menschenreichtum und die Beweglichkeit auf germanischer Seite. Dies nannte Burckhardt die „Hauptkausalitäten" (Fragmente 30). Die Gewichtung zwischen inneren und äußeren Verfallsfaktoren nahm er vor nach einem „universalen" Geschichtsgesetz: in der Geschichte werde jeder Untergang „vorbereitet durch innere Abnahme, durch Ausleben. Dann erst kann ein äußerer Anstoß allem ein Ende machen", so in den ›Weltgeschichtlichen Betrachtungen‹ (*1868/1955*, 26). Damit geht Burckhardt von der historischen zur geschichtsphilosophischen Interpretation über, und für diese letztere bediente er sich der organischen Metaphorik des Alterns, die dem Zusammenbruch des Reiches eine tiefere Notwendigkeit zusprach: „Die Krisis des römischen Imperiums war nicht abzuschneiden, da sie auf dem Drang jugendlicher Völker von großer Fruchtbarkeit nach dem Besitz südlicher, menschenarm gewordener Länder beruhte, es war eine Art physiologischer Ausgleichung, die sich zum Teil blind vollzog" (168). Als Rom fiel, hatte es seine Mission, die griechische Bildung an Christen und Germanen weiterzureichen, erfüllt (90 f.).

In seinem Frühwerk ›Die Zeit Constantins des Großen‹ von 1853 *(1880/1950)* heißt der siebente Abschnitt ›Alterung des antiken Lebens und seiner Kultur‹. Burckhardt trägt Zeugnisse für christliches und heidnisches Spätzeit-Bewußtsein zusammen und spricht von „Abenddämmerung" und „Greisenleben" der antiken Welt. Er meinte, die äußere Möglichkeit eines Weiterlebens hätte, etwa durch bessere Befestigung Roms, durchaus bestanden, aber die kulturelle Schaffenskraft sei erloschen gewesen. Das biologische Element fehlt nicht: die „Ausartung der Rasse, wenigstens in den höheren Ständen" sei unleugbar (314), die Menschen seien häßlich geworden (314; 317). Vor allem aber sei die Kultur gesunken; Prunksucht und Barbarei hätten den Formensinn erstickt. Das Christentum sei zwar nicht schuld an der Dekadenz, habe sie aber begünstigt: eine Verjüngung habe es nicht gebracht, allenfalls ein Abendrot (308; 320; 333). Sittenverfall wird von Burckhardt indessen abgelehnt, er meint sogar, eine Hebung der Moral feststellen zu können. Freilich sei die bei Christen wie Heiden geübte Askese auch als Ermüdungszeichen begreifbar (316 f.).

In Burckhardts Geschichtsauffassung spielen die Vorstellungen von Alterung und Renaissance eine größere Rolle als der zeitenübergreifende Traditionszusammenhang. Er hat auch seine eigene Zeit als Endzeit (5.III. 1846 an Schauenburg), ja als eine Wiederholung der Spätantike verstanden. In Berlin von 1847 begegneten ihm die gleichen Physiognomien wie im untergehenden Rom (Löwith *1966,* 161). „Das letzte Ende könnte doch wieder... ein Imperium Romanum sein", in dem eine Zentralverwaltung und eine Militärherrschaft für eine *beata tranquillitas* sorgen, während eine homogenisierte Gesellschaft zwar keine Literatur, dafür aber „durchgehende Nachtzüge" hat (20. VII. 1870 an v. Preen). Burckhardt parallelisierte die Gefährdung der Kultur durch die „heutigen Massen" mit der Zerstörung der antiken Kultur durch die Barbaren (Fragmente 194). „Tödlich für Europa ist immer nur Eins erschienen: erdrückende mechanische Macht – möge sie von einem erobernden Barbarenvolk oder von angesammelten heimischen Machtmitteln im Dienste Eines Staates oder im Dienst Einer Tendenz ausgehen." Daneben mit violetter Tinte „etwa der heutigen Massen" – so in der Vorlesung zum 17./18. Jahrhundert (Kaegi V *1973,* 157). Ein Spiegelbild seiner Existenz fand Burckhardt einerseits im heiligen Severinus, dem Einsiedler des 5. Jahrhunderts aus Noricum (Kaegi *1956,* 384 f.), andererseits in den letzten Heiden Spätroms (Löwith *1966,* 159 ff; 324 ff.). Burckhardts Devise hieß: Aushalten! (4. III. 1848 an Heusler-Ryhiner; 21. II. 1856 an Brenner), um der Nachwelt denselben Dienst zu leisten, den Rom uns geleistet hat: die „Kontinuität der Bildung" zu wahren (*1868/1955,* 90; Oettinger *1969,* 169 f.).

Die von Lasaulx dargestellte Parallelität der Entwicklung bei den alten und den modernen Völkern hat 1871 Karl Wilhelm Nitzsch (*1885,* 444) übernommen, doch teilte er die pessimistische Schlußfolgerung nicht. Lasaulx' Gedanke einer Ablösung der Europäer durch die Slawen fiel indessen in Rußland auf fruchtbaren Boden. 1871 erschien die erste russische Buchausgabe von ›Rußland und Europa‹, der „Bibel der Panslawisten" (so der Übersetzer Nötzel 9). Ihr Verfasser, Nikolai J. Danilewsky, Biologe, Fischerei-Sachverständiger und Entdekker der Krim-Reblaus, entwarf in Anlehnung an Herder eine Kulturkreislehre, unter deren zehn (mit Altamerika: zwölf) Kulturen neben Griechenland auch Rom auftritt (*1871/1920,* 57). Jedes dieser Gebilde wachse und welke nach organischen Gesetzen (39; 50; 96) und sinke dann ab zu „ethnographischem Material" (59). Ein wesentlicher Einfluß zwischen den Kulturen finde nicht statt, von

Fortschritt im linearen Sinne könne keine Rede sein (56; 61; 69; 82). Einem altersschwachen Volk, das seine Szene hinter sich habe, könne nichts mehr aufhelfen, stets folgten jugendfrische Erbvölker (39 f.). Roms Krankheit habe mit den Gracchen begonnen, die Kaiser waren bloß Palliative (97). Soweit von „Niedergangsgründen" gesprochen werden kann, waren dies die griechische Überfremdung, die Rom erlitt, und die römische Überfremdung, die es den eroberten Ländern zufügte (66 ff.). Die Nationalkulturen in den Provinzen wurden durch deren Unterwerfung erstickt, Roms Zerstörung lag daher im „Interesse der Menschheit" (77; 225 f.). Nur das Arteigene, Artgemäße sei wertvoll. Die Endphase jedes Naturvolkes sei entweder die „Apathie der Selbstzufriedenheit" (so Byzanz) oder die „Apathie der Verzweiflung" (so Rom: daher die Bekehrung zum Christentum, 79). Im 3. Jahrhundert ende Roms Schöpferkraft, 476 „fällt der Vorhang" (47; 80). Nach dem Kulturwechsel von Rom zu den Germanen stehe nun der von Europa zu den Slawen bevor. Sie gründeten demnächst die elfte Kultur (88 ff.). Angesichts der „angeborenen Humanität" der Slawen (119) sei dieser Übergang eine heilige, gerechte Sache (242). Daß hier Fortschrittselemente hereinblinken, hängt mit des Autors Christentum zusammen, das über dem ganzen System schwebt (58). Dies wie anderes nimmt Gedanken Toynbees vorweg (Sorokin *1951/53*, 62). Danilewsky rief auf zu einem allslawischen Bund (191 ff.) und zum unausweichlichen Endkampf gegen das faulende Europa. Als Verbündeten empfahl er Preußen, das Stiefkind Rußlands (235 ff., 262).

Ebenfalls Naturwissenschaftler war Emil Du Bois-Reymond. Er stellte den Fall Roms in eine stärker linearisierte Phasenfolge. In seinem Werk ›Culturgeschichte und Naturwissenschaft‹ (*1877/86*) unterschied der Autor im Hinblick auf die jeweilige Weise der Naturdeutung vier Perioden: das anthropomorphe Zeitalter der personifizierten Naturmächte, das spekulativ-ästhetische Zeitalter der Antike, das scholastisch-asketische Zeitalter des Mittelalters und das technisch-induktive Zeitalter der Moderne. Dem klassischen Altertum habe der Sinn für Naturwissenschaft und Technik gefehlt. Daß die Sklaven die Maschinen ersetzt hätten, schien dem Autor von vordergründiger Bedeutsamkeit (253). Die „Mängel" in der materiellen und theoretischen Kultur der Alten resultierten aus deren einseitiger Begabung, diese wiederum hat keine für den Autor erkennbaren Ursachen, aber die bekannten verhängnisvollen Folgen. In der naturwissenschaftlichen Rückständigkeit liege „einer der vornehmsten Gründe, aus denen die alte Cultur unterging". Eine Technik modernen Stils hätte „das größte Unglück, welches die Menschheit traf", verhindern können (255). Du Bois-Reymond wertete die älteren innenpolitischen Erklärungsansätze im Hinblick auf das unterentwickelte naturwissenschaftliche Bewußtsein ihrer Vertreter ab und verwies auf die bis zuletzt tüchtigen Kaisern mögliche Abwehr der Barbaren. Wenn dies scheiterte, so sei der spekulativ-ästhetische Charakter der Kultur schlechthin daran schuld. „Man stelle sich die Legionare, statt mit dem Pilum, mit Steinschloßmusketen bewaffnet vor," dann wäre das Imperium „trotz dessen zum Himmel stinkender Fäulnis" gegen die Germanen siegreich geblieben. So senkte sich „die Nacht des Mittelalters" über die antike Kultur. Ottokar Lorenz (*1886*, 156 ff.) und William Davis (*1910/33*, 321) fragten, wie lange es wohl gebraucht hätte, bis die Germanen die römischen Pulvergeschütze ebenfalls gehabt hätten.

Die neuzeitliche Technik bot Du Bois-Reymond die Gewähr dafür, daß uns das Schicksal der Antike erspart bleibe, daß Hunnen und Vandalen uns nichts mehr würden anhaben können (277 f.). Die eigentlichen Gefahren erblickte er in der „roten Internationalen" und – noch gefährlicher – in der Amerikanisierung, d. h. der Beschränkung auf materielle Interessen (278; 280 ff.). Hier spüren wir die Tradition von Vollgraff und Leo. Als Weg zur Rettung empfahl Du-Bois-Reymond den „Hellenismus", d. h. einen wahren Humanismus in der Jugendbildung (283). Die Geschichte als ganze wird nach Du Bois-Reymond vom Fortschritt regiert, die einzelnen Perioden jedoch verfallen der Zyklik, wenn sie sein Gebot nicht erfüllen. Die Zyklik erscheint nicht als Gesetz sondern als Strafe.

Grundsätzlich optimistisch zeigte sich auch Theodore ROOSEVELT in seiner Einführung zu Brooks Adams ›Das Gesetz der Zivilisation und des Verfalls‹ (*1895/1907*). Die von Adams breit ausgeführte Parallele zwischen Spätantike und Gegenwart wurde vom Präsidenten der Vereinigten Staaten in einem wesentlichen Punkte eingeschränkt: Trotz der zahlreichen analogen Verfallsmomente seien diese heute nicht bedrohlich. Denn nach der Abschaffung der Sklaverei und der Entwicklung der Technik drohe der westlichen Zivilisation kein dem Ende Roms vergleichbarer Zusammenbruch. Bereits 1889 hatte Roosevelt in seinem Buch ›The Winning of the West‹ (Works VIII *1926*) eine progressive Deutung zum Fall Roms geliefert: Nachdem die Gefahr einer Romanisierung der Germanen durch *Hermann's wild warriors* im Teutoburger Wald abgewehrt worden war, setzte sich die Ausbreitung der Germanen unaufhaltsam fort (4). Das *general wreck of the civilized world* wurde nach einem *long dull* überwunden, da die lateinischen Völker *by the infusion of northern blood* genasen und die Völkerwanderung über den Atlantik fortgesetzt wurde: *a new period of even vaster race expansion began* (5). Roosevelt vertraute auf Germanentum und Amerikanismus und hatte für neue Untergangsprophezeiungen keinen Sinn. Immerhin leitete er das Buch von Adams ein.

ADAMS' monistisches Grundbekenntnis unterstrich die Einheit von Natur- und Geschichtsvorgängen, die er aus dem ersten thermodynamischen Hauptsatz von der Erhaltung der Energie meinte ableiten zu können (XXVIII). Als primäre Gegebenheiten wertete er die unterschiedlich begabten Rassen, deren moralische Widerstandskraft und technische Erfindungsgabe der jeweiligen Veranlagung entspreche (50). Der regulative Mechanismus in der Geschichte sei Darwins Kampf ums Dasein, der sich überall abspiele: im Kriege der Völker, im Wettbewerb der Religionen und in der Konkurrenz der Wirtschaft. Der letzteren gilt die Vorliebe des Autors. Billige Arbeit durch Sklaverei und Konzentration von Kapitalien hätten bereits die römische Republik unterhöhlt, die Kaiser hätten allzeit an Geldmangel gelitten und die schwindenden Bauernsoldaten seit Caesar zunehmend durch Barbaren ersetzen müssen. Nutznießer und Drahtzieher sei die Klasse der Kapitalisten gewesen, die zuerst den Bauernstand vernichtet hätten und schließlich selbst verrottet seien. Adams gelangte zu der Annahme, in jeder Kultur werde der ursprünglich „imaginative", religiöse Mensch durch den ökonomischen Menschen verdrängt, mit dessen Vorherrschaft unwiderruflich der Verfall einsetze. Er zeigte sich auf allen Gebieten, im Rückgang von Familiensinn, Kriegstüchtigkeit und nicht zuletzt in der Kunst. Aufstieg und Niedergang beruhten demnach auf einem unvermeidlichen Wandel der Gesinnung, die von konstruktiv-idealen zu egoistisch-materiellen Interessen führe. Die erlahmte „römische Lebenskraft" sei im 5. Jahrhundert durch junge Barbarenvölker abgelöst worden. Und weil solche heute fehlten, sei nirgendwo ein Aufstieg erkennbar, allenfalls in Rußland (423; 440).

In Deutschland vertrat eine ähnliche Haltung der Philologe Ulrich von Wilamowitz-Moellendorff in seiner Kaiser-Geburtstagsrede über ›Weltperioden‹ von 1897. „Die Cultur kann sterben, denn sie ist mindestens einmal gestorben. Der Schakal heult in Ephesos, wo Heraklit und Paulus gepredigt hatten ... Wer einmal mit Nachdenken über das Forum Roms gewandert ist, muß inne geworden sein, daß der Glaube an den ewigen continuirlichen Fortschritt ein Wahn ist" (5). Nach der Wohlstandsperiode der Kaiserzeit, „um 300, kam der Tod, nicht gewaltsam, nicht plötzlich, nur mit den Krämpfen und Zuckungen des natürlichen Sterbens" (7). Der Verlust der Freiheit, das Aufkommen von Absolutismus und Söldnerheer, der Übergang von der Tonhöhe zur Tonstärke in der Prosodie sind sämtlich nur Symptome für die „Wandelung der Volksseele... die alle diese Veränderungen allein hervorrufen konnte" (8). Mit der Einheit des Reiches zerfiel die Einheit der Kultur, tausendjährige Barbarei folgte. Wilamowitz glaubte sich 1897 (14) *vor*, 1921 (128) *nach* einer Weltkatastrophe. In seiner Rede über den ›Untergang des Altertums‹ tadelte er an den Spätrömern schwindenden Patriotismus und sinkende Schulbildung, Papierverschlechterung und Rassenentartung, „entnervende Thermen" und „äußerste Schamlosigkeit des Sinnengenusses". Roms Lebenskraft war erschöpft (*1921/26*, 146). In seinen ›Erinnerungen‹ (*1928*, 73) glaubte er, daß die „Rhetorik der römischen Kaiserzeit ... an dem Untergange der Kultur eine Hauptschuld trägt". Hierin verrät sich der Schulmann.

Optimistisch äußerte sich Kurt Breysig in seiner ›Kulturgeschichte der Neuzeit‹ (II *1901*). Sein Ansatz war kulturmorphologisch: die Geschichte bilde keine einheitliche Entwicklung, sondern eine Folge von gleichartigen Zyklen (19 ff.). Altertum, Mittelalter und Neuzeit seien in Europa mindestens zweimal durchlaufen worden: von den Griechen und Römern in der Zeit zwischen 900 v. und 500 n. Chr. und wieder von den germanisch-romanischen Völkern in der Zeit zwischen 500 n. Chr. und 1900. So erhielt Breysig zwei Perioden von je 1400 Jahren (22–26). Daneben entdeckte er auch in der Geschichte der Griechen und Römer einen je eigenen Kreislauf. Die vier wichtigsten Anzeichen für den Verfall Roms, der „mächtigsten Monarchie der Weltgeschichte", erblickte Breysig in der fehlenden Thronfolgeordnung, der Willkür des Militärregiments, der Vielzahl der Nationen und im Pazifismus (446–453). Auch die sozialen Mißstände sah er

(455 ff.); unter den moralischen Verfallserscheinungen wird die sexuelle Hemmungslosigkeit herausgehoben (475). All dieses aber waren für Breysig nur Symptome der „Krankheit des innersten Kernes" im „Sterben einer großen Nation", wie es die Nemesis verhängt hatte (446 f.; 516 f.). Der „Grund solchen Völker-Todes" war für ihn „allein das Sinken der Volkskraft" (516), wie sie auch hinter dem Niedergang Athens gestanden habe (455; 466). Im Jahre „476 nach B. u. Z." (vermutlich: „Beginn unserer Zeitrechnung", S. XIX) endete das Imperium gleich „dem Erlöschen einer ausgebrannten Kerze" (453).

Zwischen dem Spätstadium des Altertums und der Gegenwart erkannte Breysig eine „schlagende Ähnlichkeit". Er setzte die römische Revolution (und Caesar) der französischen Revolution (und Napoleon) gleich, beidemale folge der Cäsarismus (438). Daß Europa kein entsprechendes Ende fürchten müsse, bewies Breysig anthropologisch: nachdem das milde Mittelmeerklima die Blüte der Kulturen zunächst begünstigt hätte, habe es „nach einer gewissen Folge von Generationen" die Nervenkraft ausgezehrt. Breysigs Schlüsselmetapher ist das (wohl Joh. v. Müller entlehnte) „Treibhausklima". In solcher Hitze könne keine Kultur dauerhaft gedeihen, der kalte Norden verheiße uns eine längere Zukunft (318 f.; 516 ff.). Breysig empfand Ägypten als Gegenbeispiel (319), aber da auch dort die Kultur zum Stillstand gekommen ist, läßt sich seine Theorie damit vereinen. Insofern Geographie und Klima die Bedingungen für die Entwicklung der „Volkskraft" darstellen, könnte man Breysigs Theorie auch unter die naturwissenschaftlichen subsumieren (III. 3!), doch unterscheidet sie sich von jenen dadurch, daß die Naturumstände sich nicht wandeln, sondern gleichbleiben und somit bloß die Folie einer zyklischen Kulturgesetzlichkeit abgeben.

Einen zyklischen Ansatz vertrat ebenfalls Josef Strzygowski in seinem Artikel ›Hellas in des Orients Umarmung‹ *(1902)*. Diese gegen Alois Riegl (II. 5. b!) gerichtete Polemik betrifft in erster Linie die Kunstgeschichte, in zweiter jedoch die Kulturgeschichte des griechisch-römischen Altertums überhaupt. Gemeinsam mit Wickhoff vertrat Strzygowski die Ansicht, die Antike habe „alle Stadien der Entwicklung durchlaufen", ehe sie zusammenbrach und „starb" (314). Ihren Tod verschuldete jedoch der in seiner zähen Natur unüberwindliche Orient, von ihm sei die „reife Schöne nachträglich erstickt worden", nachdem sie sich einem „alten Semiten verkauft" habe. So triumphierte der „ewige Jude", der „greise Ahasver über die Schönheit von Hellas" (315). Strzygowskis dualistische Geschichtslehre vom Kampf des guten Nordens gegen den bösen Süden kehrt wieder in seinem Werk ›Altai-Iran und die Völkerwanderung‹ *(1917)*. Die antike Kultur sei semitisch (304), die germanische hingegen römisch überfremdet worden (293). Der mit den Vorstößen des Ariertums mehrfach, u. a. in der Völkerwanderung, versuchte „Durchbruch des Nordens" zur „deutsch-arischen Eigenart" müsse nun durch den Weltkrieg zum Siege führen (305 f.).

Ein aus kulturzyklischen und anthropologischen Gedanken gemischter Ansatz liegt dann wieder dem zweibändigen Werk des Arztes Franz Krauss ›Der Völkertod‹ (I *1903*, II *1906*) zugrunde. Der Autor rechnet mit einem gesamtgeschichtlichen Fortschritt zu einer Friedenswelt, der aber wegen der zyklischen Binnenstruktur der Geschichte (I 19) nur langsam vorankomme (124). Ursache für die bisher periodischen Rückfälle sei die „naturwidrige Lebensführung" (162; 242), namentlich der Egoismus als „Urgrund des Übels" (125), zunächst Einzelner (127), dann Vieler. Denn über die Vererbung komme es zur „bösartigen Charakterentartung" (218) in einem Volk, das dadurch mit der „eisernen Notwendigkeit des Naturgesetzes" (207) in den Völkertod, d.h. die Auflösung seiner Kultureinheit (6; 126) gestürzt werde. Das ist die „Nemesis der Weltgeschichte" (5). Die „kolossalsten Beispiele" sind für Krauß die Griechen und Römer (3). Der Volks-Charakter der Griechen sei mit dem Peloponnesischen Krieg bereits entartet (203), die Römer zeigen in ihrer Kriegslust von Anfang an einen „schlechten, dekadenten Charakter" (175; 211). Im Verlaufe ihrer endlosen Raubkriege hätten die Römer den „ausgesprochensten Sklavenstaat" errichtet (176). So sei ihre „disharmonische Charakterveranlagung der Ausgangspunkt des nachherigen Niedergangs" ihrer „mißratenen Gesellschaftsordnung" (208), in der die gesunde Mittelschicht durch die „nackteste Selbstsucht" der Patrizier zerrieben worden sei (210). Der Cäsarismus, beherrscht durch „Typen des gemeinen Verbrechertums", habe mit seiner Soldateska das Reich noch eine Weile gehalten (215 f.), bis der durch die Germanen besiegelte Völkertod die „Sühnung" vollzogen habe (219).

Wie die kultur-anthropologische Deutung des Falles Roms im Weltbild eines Politikers Platz nahm, lehrt die 1908 in Cambridge gehaltene Rede des britischen Premierministers Arthur James BALFOUR über das Thema ›Decadence‹. Um die Zukunft Europas zu entschlüsseln, wird die Geschichte Roms aufgeblättert. Das Imperium nötigte dem Autor höchsten Respekt als Staatswesen ab; sein Ende, *the most momentous catastrophe of which we have historic record* (14), wird zu erklären versucht. Als wichtigsten Faktor stellte er die schwindende Assimilationsfähigkeit heraus: die anfangs gelingende Einbürgerung mißriet zunehmend. Aber auch dieser Grund schien Balfour nur ein Symptom der allgemeinen Dekadenz, die sich in einer erlahmenden Widerstandskraft, einer verbreiteten Entmutigung offenbare (34). Auf die Frage, weswegen die römische Entwicklung in die *thick darkness settling down over Western Europe* geführt und sich nicht fruchtbar fortgesetzt habe, antwortete der Autor, daß sich das Imperium für die Mentalität der Nordvölker zu sehr orientalisiert hätte (40 f.). Einen universalen Fortschritt bestritt Balfour. Er war von der unüberwindlichen Verschiedenheit der Völker durchdrungen, die jeweils ihren eigenen Geschichtsverlauf hätten. Die Asiaten (ohne Juden und Japaner) seien durch eine stationäre Kultur gezeichnet (35), andere Völkergruppen könnten zu einer bestimmten Zivilisationshöhe aufsteigen, aber nicht weiter (38), und hierzu zählen offenbar auch die Römer. Für sie war die soziale Degeneration ebenso normal wie für den Westen der Fortschritt: *Progress is with the West, with communities of the European style* (42). Alle drei Verlaufstypen stehen für Balfour nebeneinander (59). Er schloß nicht aus, daß irgendwann in ferner Zukunft auch die Kraft Europas erlösche, aber das sei noch nicht in Sicht (39; 59). Danach freilich sei mit einer Weiterentwicklung nicht zu rechnen (42). Einstweilen garantiere *the modern alliance between pure science and industry* den weiteren Aufstieg (48).

Trotz dieser Warnung Balfours ging die pessimistische Auswertung des Falles Roms im Sinne einer allgemeinen Kulturzyklik weiter. Das zeigt die Verfallstheorie, die Emil HAMMACHER 1914 in seinen ›Hauptfragen der modernen Kultur‹ aufstellte. Aus der Parallele zwischen der Gegenwart und der Spätantike (351) folgerte er das Ende der europäischen Kultur. Alle Völker verfielen naturnotwendig nach ihrem Höhepunkt wieder der Dekadenz, und zwar deswegen, weil die jeweils sich entwickelnde Rationalität einerseits in eine hochgradige Arbeitsteilung, andererseits in eine materielle Interessiertheit münde, und damit könne keine Gesellschaft auf die Dauer leben (290 ff.). Den Niedergang ließ Hammacher in der Antike mit Platon (351), in Europa mit der Aufklärung beginnen (10). Die Vergreisung sei unaufhaltsam (292): das Volk werde zur Masse und ersticke die kulturschaffenden Individuen, deren Minoritätenkultur nicht dauerhaft sei. Wie Adams vermißte Hammacher ein junges Volk, das eine neue Kultur im Anschluß an die unsere würde aufbauen können (296).

III. 5. b. Spengler und seine Verbesserer

Die in der bürgerlichen Intelligenz um die Jahrhundertwende verbreitete Niedergangsstimmung ist durch das Erlebnis des Ersten Weltkrieges verstärkt worden. Viele Zeitgenossen haben erkannt, daß die Auseinandersetzung unter den europäischen Staaten das Ende der politischen Weltstellung Europas bedeutete und haben dieses Erlebnis durch zyklische Geschichtsvorstellungen zu verarbeiten versucht, wofür der Fall Roms Pate stand.

Epochale Bedeutung gewann in dieser Situation Oswald SPENGLERS ›Untergang des Abendlandes‹.[2] Der Erfolg dieses Werkes beruht nur zum Teil auf dem Bedürfnis, Deutschlands Niederlage als Symptom einer gesamteuropäischen Dekadenz zu begreifen und damit dem Kriegsschuldproblem etwas von seinem Gewicht zu nehmen. Auch der damals geschätzte Kommando-Ton Spenglers erklärt nicht alles. Entscheidend ist, daß er es verstanden hat, die diffusen Vorarbeiten der Kulturzyklik in ein geschlossenes System zu verarbeiten, das zugleich wesentlichen Ereignissen der Weltgeschichte *nach* dem Erscheinen des Buches ihren systematischen Ort anwies. Der Fortschrittsgedanke hat dadurch einen Stoß erhalten, von dem er bisher nicht genesen ist.

Als Spenglers Leserschaft den Titel seines Werkes hörte, dachte sie an den Untergang der Antike.[3] Es ist unbestritten, daß Spengler die antike Geschichte zum

[2] Der erste Band erschien bereits 1917, der zweite 1922, im folgenden Jahre wurde der erste Band in die endgültige Form gebracht, 1981 war das 220. Tausend gedruckt.

[3] Demandt, Spengler *1980*, 25 ff. Die an Spenglers Titel geknüpfte Erwartung beruht auf der in diesem Zusammenhang von Seeck, Hartmann und anderen zuvor gebrauchten Titelmetapher, und Spengler selbst hat diesen Anklang vorausbedacht (*1921/38*, 63).

Paradigma für die Entwicklung der von und seit ihm so genannten „Hochkulturen" gewählt hat. Seine Theorie steht in einer Tradition, die stets dieses Modell benutzt. Wir sind ihr bei Vico, Hurd und Ferguson, bei Vollgraff und Lasaulx begegnet. Diesen Vorgängern ist Spengler verpflichtet, wenn er die Geschichte der antiken Kultur als Wachsen, Blühen und Verdorren einer Kollektivseele begriff, deren Entwicklung einer organischen Gesetzlichkeit zufolge auslief in ein alexandrinisches Zeitalter, gekennzeichnet durch kosmopolitisches Großstadtleben mit dominant zivilisatorisch-technischen Interessen, durch einen Vorrang der Wissenschaft vor der Kunst, des Rationalismus vor der Tradition. Spengler fand diesen Zustand im 19. Jahrhundert wieder erreicht und prophezeite, wie andere vor ihm, einen neuen Cäsarismus (*1921/38*, 79) und eine „zweite Religiosität" (UA I 544).

Im Unterschied zu seinen Vorläufern hat Spengler das Ende des Altertums jedoch bereits in die Zeit des Augustus verlegt. Mit der Schlacht bei Actium 31 v. Chr. sei die organische Entwicklung der antiken Kultur abgeschlossen, es folge das entwicklungslose Zivilisationsstadium, der Appendix der Kaiserzeit mit ihren „immer negerhafteren Kämpfen um die Cäsarentitel" (UA II 60 f.). Wie kam Spengler zu dieser eigenwilligen Periodisierung? Zwei Gründe mögen ihn dazu bestimmt haben. Der erste, innere Grund ruht in der Tatsache, daß mit der Begründung des Kaisertums sowohl die verfassungsrechtliche als auch die außenpolitische Entwicklung Roms im wesentlichen abgeschlossen war. Nicht zuletzt darum hat ja auch Mommsen die eigentliche römische Geschichte mit Caesar enden lassen. Die kaiserzeitliche Entwicklung beschränkt sich im wesentlichen auf die Ausbreitung römischer Zivilisation vornehmlich im Westen, auf die Orientalisierung zunächst des Ostens und auf das Hereinwachsen und Hereindrängen stets neuer Randgruppen in das Reich und in die Führungszone des kulturellen und politischen Lebens. Für derartige Vorgänge hatte Spengler keinen Blick.

Der zweite, äußere Grund für ein Ende mit Actium liegt in dem Tausendjahres-Rhythmus, den Spengler zu sehen meinte. Demzuliebe ließ er die „faustische", europäische Kultur erst um das Jahr 1000 beginnen und die „apollinische", antike Kultur bereits um Christi Geburt endigen. Die dadurch entstandene wiederum tausendjährige Lücke schloß er auf eine originelle Weise.[4] Die spätrömische Zeit wurde vom vorausgehenden Altertum, die frühmittelalterliche Phase vom nachfolgenden Europa abgekoppelt, beides zu einer neuen, das ganze erste Jahrtausend ausfüllenden Einheit zusammengefaßt und als eigene Kultur zwischen die antike und die europäische geschoben. Spengler nannte sie die „arabische" oder „magische" Kultur. Sie sei ihrem Formenbestand nach durch die antike Zivilisation getragen, ihrem Wesen nach jedoch durch den Orient geprägt. Diesen Doppelcharakter erläuterte Spengler durch den Begriff der „Pseudomorphose", eine

---

[4] Im Prinzip ist Spenglers System auf Kontinuität nicht angewiesen, er hätte das Loch auch ungefüllt lassen können. Daß er es nicht tat, beruht auf der Menge der Deutung heischenden Vorgänge in dieser Zeit und auf der Verfügbarkeit des Charakteristikums „arabisch", das nicht so einfach wie das „Byzantinische" in den Ritzen verschwinden konnte.

Metapher aus der Geologie für das Phänomen, daß eine kulturelle Kraft sich nicht in den ihr eigenen, sondern in vorgefundenen fremden Formen darstellt, gleichsam durch sie verfälscht wird. Der Gedanke einer Pseudomorphose ist zwar in der Forschung vielfach übernommen worden, enthält jedoch die Schwierigkeit, tieferes Wesen und äußere Gestalt zu unterscheiden. Wer wie Spengler meint, daß die Geschichte den Kern einer Kultur artwidrig verformen könne, muß deren Inhalt von der geschichtlichen Verwirklichung unabhängig erfassen können. Dazu bedarf es einer „Tiefenschau", und sie führte Spengler zu einigen paradoxen Resultaten. Er sah in Diocletian den Vollender des Kalifates (I 96; 274), in Augustin einen Denker der arabischen Frühscholastik (II 292) und deutete die christologischen Auseinandersetzungen des 5. Jahrhunderts als Analogon zur Reformation (v. Soden *1956*, 44).

Die Auflösung des Reichsverbandes und die Völkerwanderung waren für Spengler somit einerseits die Spätfolge der mit Augustus einsetzenden Erstarrung der ehemals lebendigen antiken Kultur, andererseits bloße Begleiterscheinungen einer *midlife crisis* innerhalb der arabischen Kultur. Die politischen, ethnischen und religiösen Traditionen, die das erste Jahrtausend teils mit der vorausgegangenen, teils mit der nachfolgenden Zeit verbinden, fallen Spenglers Periodenschere zum Opfer, die Brüche in der Jahrtausendmitte dagegen werden mit seinem magischen Kulturkleister verpappt. Damit verhöhnt Spengler nicht nur das Selbstverständnis der Betroffenen, die ein Recht hatten, sich als Römer zu fühlen, sondern enttäuscht zugleich die Erwartungen seiner Leser, die sich ans Ende, nicht an den Anfang der Kaiserzeit gesetzt sehen möchten. Spenglers nachgereichte Polemik gegen den ›Pessimismus‹ und die Assoziationen eines untergehenden Ozeandampfers (*1921/38*, 63) beschönigen den Etikettenschwindel kaum, der darin liegt, daß der „Untergang" des Abendlandes als organisches Ausleben der europäischen Kultur im 19. Jahrhundert und als Übergang in eine prinzipiell unbefristete geschichtslose Zivilisationsphase beschrieben wird. Kurz vor seinem Tode 1936 kehrte Spengler indessen zur traditionellen Analogie zwischen Gegenwart und Spätantike zurück. Seine Antwort auf eine amerikanische Umfrage ›Ist Weltfriede möglich?‹ erklärte den dahinterstehenden Wunsch aus einer pazifistischen Spätzeit-Resignation. Würde Europa abrüsten, „dann würde die Welt das Opfer der Farbigen sein, wie das römische Reich den Germanen zufiel" (*1938*, 293).

Wesentlich unabhängig von Spengler, aber bezeichnend für die ihn tragende Strömung sind die folgenden drei Autoren: Steiner, Keyserling und Valéry. Alle drei vertraten ebenfalls die These einer Strukturanalogie zwischen der Spätantike und der Gegenwart. Rudolf STEINER[5], der Stifter der anthropologischen Bewegung, entwarf ein universalhistorisches Schema (Gabert *1967*), das sich an Augu-

[5] Er hat sich zu unserem Komplex zwischen 1919 und 1923 in zahlreichen Vorträgen geäußert, deren Nachschriften von ihm für den esoterischen Gebrauch pauschal autorisiert wurden. Für exoterische Kritik sind sie trotzdem nicht völlig authentisch.

stins Hexaemeron anlehnt, doch setzt Steiner die Gegenwart nicht in den sechsten, sondern bereits in den fünften der Weltentage, die bei ihm „nachatlantische Zeiträume" heißen. Der sechste werde die irdische Zukunft umfassen, deren Träger, wie zuvor Hegel, Lasaulx, Danilewsky und danach Spengler gemeint hatten, die Slawen wären (GA 173, 55); den siebenten Zeitraum fülle dann die himmlische Zukunft. Die Antike fällt in den vierten nachatlantischen Zeitraum, er wird durch den „gewaltigen Umschwung" des 4. Jahrhunderts geteilt (GA *203*, 226 ff.; *204*, 79; *222*, 45). Gegen Gibbon betonte Steiner, daß diese Periode mitnichten nur als Verfall betrachtet werden könne, dagegen spreche schon die Ausbreitung des Christentums (GA *73*, 89). Die spätrömische Zeit setzte er in Anlehnung an Lasaulx (GA *73*, 90) mit der Gegenwart in Beziehung. So wie am Ende des Altertums der materialistische, universalistische, organisatorische Römergeist die Ökumene umspannt habe, so tue dies heute die englisch sprechende Menschheit. Römer und Engländer seien durch Egoismus und Dekadenz gezeichnet (GA *173*, 62). Der Niedergang Roms war „im wesentlichen dadurch bedingt", daß Geistes-, Staats- und Wirtschaftsleben chaotisch durcheinander gingen. Die Kaiserzeit war auch in Steiners Augen „eine Art Symbolum für den Verfall" (GA *200*, 49). Die Parallele zur Gegenwart stellte er durch zwei Drehungen um 90 Grad her. Einerseits habe damals der Norden den Süden überwunden, während heute der Osten den Westen ablöse (GA *173*, 62), andererseits vollziehe sich die Völkerwanderung heute nicht in horizontaler, sondern in vertikaler Richtung. Wenn Brooks Adams an der Zukunft verzweifle, weil keine jungen Völker mehr daseien, blicke er in die falsche Richtung (GA *175*, 24. IV. 1917). Steiner griff auf die alte Gleichung zwischen den Barbaren und den Proletariern zurück. Während das Bürgertum dekadent sei, berge das Proletariat analog zur einst „robusten Kraft der nordischen Barbarenvölker" (GA *204*, 84) noch Energien und sei darum noch spiritualisierbar. So wie im frühen Mittelalter der Fortgang der Kultur davon abhing, daß die Germanen das Christentum aufnahmen, das die dekadenten Römer nicht mehr richtig fassen konnten, so gelte es heute, Anthroposophie zu verbreiten, die allein den anderenfalls unrettbaren Niedergang aufhalten könne.[6]

Verwandte Gedanken äußerte Graf Hermann Keyserling in seinem 1918 erschienen Artikel ›Europas Zukunft‹. Das Gegenwartsgeschehen deutete er in Analogie zum Untergang der „herrlichen antiken Zivilisation", deren notwendige Verjüngung auch „mit geringeren Unkosten" erreichbar gewesen wäre (5). „Wir leben in der Tat seit lange schon in der Periode, die mit der Völkerwanderungszeit viel Ähnlichkeit hat." Dem Eindringen der Barbaren damals entspreche ein sozialer Aufstieg der Unterschichten heute, eine allgemeine Sozialisierung

---

[6] GA *188* S. 188 ff.; *193* S. 133; 181. Sollte ich mit dieser meiner Skizze Steiners Gedankengang mißverstanden haben, so bietet mir der Autor eine Entschuldigung: „Ob man als Geschichtsschreiber das Richtige darzustellen vermag oder nicht, das hängt davon ab, ob einen das Karma dazu führt" (GA *173*, 52). Gemäß Steiner wird Geschichte immer nur „geträumt" (GA *73*, 97).

und Demokratisierung. Positiv wirke letztere infolge einer „Verbreiterung der Kulturbasis", negativ durch ihre „Nivellierung nach unten" (12). Falls es den herrschenden Oberschichten gelänge, Frieden zu stiften, könnte es zu einer neuen Periode des Kaiserfriedens kommen, in dem die Europäer gegenüber Amerika und Japan die Rolle von *Graeculi* spielten (11 ff.); anderenfalls stünde eine Machtergreifung der Unterschichten bevor, die bereits Rußland in die Barbarei gestürzt hätten (14). Das Licht des Geistes könne auch erlöschen, wie das Ende des Altertums lehre (*1934*, 54).

Derartige Untergangsgefühle blieben nicht auf den deutschen Sprachraum beschränkt. 1919 eröffnete Paul VALÉRY seine unter dem Titel ›La Crise de l'Esprit‹ publizierten Artikel mit dem vielzitierten Satz: *Nous autres civilisations, nous savons maintenant, que nous sommes mortelles.* Valéry zog die Parallele zwischen der Kulturgeschichte und dem Einzelleben, das durch Alter wie durch Zufall enden kann. Er sah auf die Zivilisation des Altertums: so wie die Werke Menanders verschwunden sind, so könne es auch denen von Keats und Baudelaire widerfahren (*1919/57*, 988).

Die Wirkung Spenglers auf die Deutung des Falles Roms durch die deutschen Althistoriker blieb – an seinem sonstigen Echo gemessen – gering. Intensiv mit ihm auseinandergesetzt hat sich jedoch Eduard MEYER in Berlin, der damals bedeutendste Mann unseres Fachs. Ein Grund dafür liegt darin, daß Spengler seinerseits die Schriften Meyers eingehend studiert hatte und dort verwandte Gedanken fand. In Meyers Artikel ›Bevölkerung‹ für das ›Handbuch der Staatswissenschaften‹ (II^3 *1909*, 911) ist von „innerer Zersetzung des antiken Lebens und der antiken Kultur" die Rede. Den Fortschrittsgedanken erklärte er in seiner ›Geschichte des Altertums‹ (I 1, *1910*, 181 f.) für ein bloßes „Postulat des Gemütslebens". Meyer sah die Geschichte nach Auf- und Niedergängen gegliedert und erachtete die Kultur überhaupt für vorübergehend. Im Gegensatz zu Spengler verstand er als höchste Ausprägung des menschlichen Lebens nicht Kulturen, sondern Staaten und Nationen. Meyer wandte sich dagegen, die Germanen als entscheidenden Faktor zu betrachten, denn er meinte, Kulturen erzeugten die Mittel ihres Verfalls grundsätzlich und notwendig selbst (83 ff.). Das wiederholte er in seiner Schrift ›Spenglers Untergang des Abendlandes‹ (*1925*, 4). Meyer orientierte sich am klassischen Dekadenzmodell und argumentierte geschichtspsychologisch: die politische Weltmachtstellung und das luxuriöse Stadtleben hätten die römische Gesellschaft demoralisiert und zersetzt, die Führungsschicht habe ihr nationales Gepräge verloren, eine allgemeine Nivellierung sei eingetreten, über der sich die absolute Universalmonarchie erhoben habe (Kl. Schr. I, 145 ff.; 263 f.; 473). Entsprechend den inneren Erklärungsversuchen seit der Renaissance verlagerte Meyer die Anfänge des Niedergangs zurück in die Zeit Hannibals (Kl. Schr. II 537) und fand am Ende des Altertums dieselben Grundstrukturen wie am Anfang: Monarchie, Feudalität, Naturalwirtschaft und Religiosität. Im Untergang des Altertums schien ihm die Parallele zur Gegenwart offenkundig (Kl. Schr. II 565; DLZ *1924*, 1779). Aus diesem Grunde hatte Meyer bereits 1895 das Ende des römischen Reiches als das „vielleicht interessanteste und wichtigste Problem der Weltgeschichte" bezeichnet (Kl. Schr. I, 160).

Die Auseinandersetzung mit Spengler dürfte sodann den Artikel von Eduard SPRANGER ›Die Kulturzyklentheorie und das Problem des Kulturverfalls‹ *(1926/69)* angeregt haben. Ausgangserfahrung aller neuzeitlichen Kreislauftheorien sei der Untergang Roms (13; 16; 18). Dies berechtige dazu, von Kulturen im Plural zu sprechen (3). Die Rede vom Verfall setze ein Werturteil voraus (16), das jedoch nicht subjektiv bleiben müsse: so wie jede einzelne Disziplin trage auch die Kultur als Totalität einen eigenen Maßstab in sich, an dem sie gemessen werden könne: die „Kulturentelechie" (20). Spranger betonte, daß der Rückgang auf einem bestimmten Gebiet angesichts des ewigen Wandels noch keinen Kulturverfall insgesamt bedeute (18), so daß dieser aus jenem nicht zu erklären sei. Theorien, die einzelne Faktoren für den Rückgang des Ganzen verantwortlich machen, nannte er „einseitig" (20 f.). Insofern sei die „große Zentralfrage, worauf die politische Blüte und der Verfall des Römischen Reiches beruht habe", immer unbefriedigend beantwortet und auch mit organischen Metaphern des Erkrankens und Alterns eher verdunkelt als erhellt worden (15 f.; 18).

Spranger schrieb, der „Verfall einer Kultur beruhe zuerst darauf, daß sich ihre organische Totalität und ihr einheitliches ideales Wertsystem in der sie tragenden Gesellschaft auflöst" (20), und gab damit zu erkennen, daß er Dekadenz als ethisches Problem ansah (21 ff.). Wenn eine Kultur nicht mehr die Menschen findet, „die fähig sind, sie auszuhalten", wenn eine Generation antritt, die das nicht mehr kann oder nicht mehr will, dann ist die Kultur als lebendige Tradition am Ende und zieht sich in ihre Objektivierungen zurück, aus denen sie im Zuge von Renaissancen indessen wieder entbunden werden kann (22). Musterfall einer solchen Doppelherme von Untergang und Verwandlung war für Spranger das Ende des Altertums. Die für das Ende dieser Kulturtradition ausschlaggebende Entscheidung erschien ihm die Bekehrung zum Christentum, die eine „Metamorphose zu etwas Höherem" eingeleitet habe, die „produktivste Kulturkrisis, die wir in der Weltgeschichte kennen" (26 f.). Spranger verglich seine eigene Zeit mit der Spätantike, sah aber die moderne Kultur nur durch negative Moralität bedroht: „wo der Pflichtgedanke stirbt, stirbt die Kultur" (25).

1936 hat sich Spranger der Untergangsproblematik nochmals zugewandt. Sein Aufsatz ›Probleme der Kulturmorphologie (*1969*, 129 ff.) erweiterte die möglichen Niedergangsgründe um ethisch zersetzende Fremdeinflüsse, gegen die u.a. der römische Limes gedacht gewesen sei (147), und um eine belastende Ansammlung von Traditionen, die er als Erkrankung und Alterung von Kulturen umschrieb (163; 166). Eine Untersuchung dieser Faktoren stellte er bereits 1936 unter den Begriff „Kulturpathologie" (163). 1947 schrieb er dann den Aufsatz ›Kulturpathologie?‹ (*1969*, 173 ff.), in dem als schwerste Defekte der Verlust echter Religiosität und die Aufrichtung des Despotismus genannt werden. Man weiß nicht, ob damit Hitler oder Diocletian gemeint ist. „Nur rohe Macht vermag den Sozialkörper noch zusammenzuhalten" (188) – offenbar werden hier die Wesenszüge zweier Geschichtsepochen aus ihren Übereinstimmungen gewonnen. Kulturkrankheit sei Kulturschuld (187).

Den Gedanken einer „Pathologie der kulturellen Gemeinschaften" hat Spranger der Schrift von Siegmund FREUD ›Das Unbehagen in der Kultur‹ (*1930/63*, 414) entnommen. Freud geht dort in der Analogie zwischen Kulturentwicklung und Individualentwicklung sehr weit, so daß eine freudianische Deutung zum Fall Roms mit dem Begriff einer Kollektivneurose denkbar wäre. Typologisch wäre sie als Sonderform den kulturzyklischen Niedergangstheorien zuzuordnen. Noch scheint sie nicht geschrieben, man suche sie in den künftigen Jahrgängen des *Journal of Psychohistory,* herausgegeben von Lloyd de Mause.

Von ähnlichen kulturphilosophischen Grundannahmen wie Eduard Meyer ist Michael ROSTOVTZEFF ausgegangen. Er hat sich viermal mit unserem Problem auseinandergesetzt. Sein Vortrag von 1923 ›La crise sociale et politique de l'Empire Romain‹ enthält bereits die Grundgedanken: daß die Bürgerkriege unter den Soldatenkaisern Klassenkämpfe zwischen der städtischen Bourgeoisie und einem Heer aus minder bemittelten Bauern gewesen seien und daß die Politik der siegreichen Unterschichten ein soziales *nivellement* angestrebt habe. Die Gründe dafür nannte Rostovtzeff *un mystère* (233).

Im Schlußabschnitt seiner ›Geschichte der Alten Welt‹ (II *1924/42,* 449 ff.) begriff er den Verfall der antiken Kultur als ein gesetzmäßiges und wiederholbares Phänomen. Die von Minderheiten geschaffene Kultur sei in der griechischen Frühzeit die Sache aller gewesen, habe jedoch zu einer sozialen Differenzierung geführt, die erhebliche Energien in den Klassenkampf ableitete. Erlösungssehnsucht der Unterschicht und Habgier der Oberschicht bezeichneten das Resultat eines „psychologischen Wandels", der in eine allgemeine Lethargie geführt habe. Rostovtzeff sprach von „Altersschwäche" in einem „blutlosen und verbrauchten Organismus". Als letzte Ursache wird die „gewandelte Geisteshaltung" nominiert, die ein „Versagen der Schaffenskraft" bezeuge.

In seinem fundamentalen Werk ›Gesellschaft und Wirtschaft im römischen Kaiserreich‹ (II *1925/29*) hat sich Rostovtzeff dann ausführlich mit den sozialökonomischen Verfallslehren befaßt. Er kam aufgrund seiner wohl kaum wieder erreichten Sachkenntnis zu dem Schluß, daß keine wirtschaftliche Erklärung haltbar sei (242 f.). Er kennzeichnete den Principat als aufgeklärte Monarchie. Sozialer Aufstieg von Proletariern, Provinzialen und Sklaven sei möglich gewesen, habe aber nicht verhindert, daß Spannungen zwischen der Bourgeoisie und den Bauern entstanden, weil erstere die Beamtenposten besetzte, letztere aber die Handarbeit und den Heeresdienst leisten mußten. Zum Ausbruch seien diese Spannungen während der militärischen Bedrohung durch die Germanen (seit dem Ende des 2. Jahrhunderts) und durch die Perser (seit Beginn des 3. Jahrhunderts) gekommen. Dies habe zu einer unverhältnismäßigen Zusatzbelastung der ländlichen Unterschichten durch Steuern und Aushebungen und zum Klassenkampf des Landes gegen die Städte geführt (203; 209). Die Belege, die Rostovtzeff für diese These anführt, sind eindrucksvoll, und seine Annahme, daß mit dem Ende der Wirren die Schicht der Munzipalaristokratie ihre staatstragende Rolle an Männer vom Lande abgegeben hatte, ist *cum grano salis* überzeugend.

Der Reorganisation des Imperiums durch Diocletian und Constantin zollte Rostovtzeff Achtung. Er glaubte, daß dieses neue System der „orientalischen Zwingherrschaft" das einzig mögliche gewesen wäre, aber dennoch zu einer solchen Demoralisation der Untertanen geführt hätte, daß ihnen der Staat erst gleichgültig und dann verhaßt geworden sei (213). Rostovtzeff konstatierte einen Mentalitätswandel zugunsten einer weltfeindlichen Religiosität orientalischen Ursprungs (230 f.; 239; 247), verbunden mit einer zunächst gewaltlosen, später kriegerischen Barbarisierung, die nur das Facit aus der inneren Misere zog (240). Daß der Aufschwung der Reformzeit „nicht länger währte, hatte seinen Grund weder in äußeren Umständen noch in der Unfähigkeit der Nachfolger Diocletians und Konstantins; es war zum guten Teil die Folge des Systems, das der Verfall erzeugt hatte und das den Keim zu weiterem Verfall in sich trug" (230).

Den treibenden Faktor dieser Entwicklung sah Rostovtzeff letzten Endes in der allmählichen Absorbierung der gebildeten Schichten durch die Massen, einer regressiven Nivellierung, die 1831 schon Michelet verantwortlich gemacht hatte (III. 6. a!). Rostovtzeff konstatierte einen Triumph des Landes über die Stadt (214), des „Primitiven über das Höhere" (240; 244), wie Nietzsche das gelehrt hatte und auch Walter Otto (*1925*, 149; 154) im gleichen Jahre behauptete. Rostovtzeff hielt das Dilemma für unlösbar: nur solche Kulturen blieben, welche die Massen durchdrängen, aber jede Kultur, welche die Massen durchdrungen hätte, verliere ihr Niveau, sei dem Untergang verfallen. Rostovtzeff übertrug diese Gesetzmäßigkeit auf die europäische Kultur. Der Fall Roms solle für uns „eine Lehre und eine Warnung sein" (247). Damit griff er auf kulturphilosophische Grundannahmen zurück, wie sie namentlich Hammacher vertreten hatte (s. o.). In seiner Rezension des Werkes bemerkte Victor Chapot (*1926*, 89) in der Beschreibung des 4. Jahrhunderts *un terrible relent d'actualité.*

Rostovtzeff hat keinen Hehl daraus gemacht, daß in seine Deutung der Spätantike persönliche Erfahrungen aus der russischen Revolution eingeflossen sind (194). Sie brachten ihn auf den Gedanken eines spätrömischen „Klassenkampfes". Er wurde von bürgerlichen Autoren verworfen, weil es sich um marxistisches Gedankengut handele;[7] von Marxisten hingegen abgewiesen, weil Rostovtzeff selbst ein bürgerlicher Autor war.[8] Anfechtbar scheint Rostovtzeffs Kulturmodell. Denn die Regeneration der Führungsschicht vom Lande ist etwas Normales und gewöhnlich nicht der Grund für den Verfall, sondern für den Fortbestand einer Kultur. Noch schwerer wiegt, daß mit einer Nivellierung der Kultur keine militärisch-politische Schwächung verbunden sein muß und offenbar auch nicht verbunden war.

Ein letztes Mal wandte sich Rostovtzeff unserm Thema 1930 zu mit dem Auf-

---

[7] Frank *1927*, 484 f.; Barbagallo *1933*, 513; Christ *1970*, 22; Vittinghoff *1980*, 53.

[8] Walbank *1942*, 81 ff.; Reinhold (*1946/63*); Schtajerman *1964*, 1 ff.; Várady *1978*, 54 f.

satz ›The Decay of the Ancient World and Its Economic Explanations‹. Darin ersetzte er die Vorstellung eines kulturellen Niedergangs durch die eines Wandels der Wertbegriffe, der sich in der Auflösung des Imperiums niedergeschlagen habe. Dessen ökonomische Erklärbarkeit wird abermals bestritten, Karl Büchers progressive Wirtschaftsgeschichte wird zugunsten von Eduard Meyers Kreislaufmodell abgelehnt. Das römische Staatsdenken habe der Wirtschaft ihre Entwicklung vorgeschrieben, nicht umgekehrt, und so bleibt die kulturphilosophische Interpretation der antiken Zivilisation bei Rostovtzeff dominant.

Unter dem Einfluß von Rostovtzeff steht die Ansicht von Andreas ALFÖLDI. 1926 hatte er in seinem Werk ›Der Untergang der Römerherrschaft in Pannonien‹ im Anschluß an Bury das Ende Westroms noch mit dessen ungünstigen Grenzen begründet. Der „historisch-geographische Sachverhalt" genüge „vollkommen zur Erklärung von Kräften, die bei dem Ostreich geringere Einbußen, beim Westreich den völligen Untergang zur Folge hatten" (II 65). Diese Akzente sind in Alföldis Beiträgen zum XII. Band der ›Cambridge Ancient History‹ vertauscht. Die Gründe für den Germanensturm seien *simply and solely the loosing of the Roman power, that occasioned the storm on the limes* (157). Die inneren Verfallsgründe erkannte der ungarische Gelehrte in der angeblich unabwendbaren Erschöpfung der staatstragenden Schicht, was *inevitable the birth of the Germano-Roman states* zur Folge hatte (164).

Im gleichen Jahr 1938 erschien Alföldis Aufsatz ›La grande crise du monde romain au IIIe siècle‹, der nun den Rückgriff auf Rostovtzeff erkennen läßt. Die Zeit seit den Antoninen erscheint als *déclin général* (15; 18). Erste Verfallsspuren seien bei Caesar zu finden, dessen hellenistisches Konzept allerdings durch Augustus nochmals durchkreuzt wurde. Dieser habe die Probleme in wägender Improvisation gelöst, seine überwiegend unfähigen Nachfolger hätten schöpferischen Geist durch tote Maschinerie ersetzt (17). Die Militärreform des 3. Jahrhunderts, die Illyrier als Soldaten und Kaiser hätten den Niedergang nicht aufhalten können. Alföldi unterstrich in der Politik die Egalisierung, in der Kunst eine symbolisierende Verflachung, in der Wirtschaft die Inflation. Trotz unerhörter technischer Fortschritte, insbesondere im Bauwesen und Militärbereich, sei der Zug von der Idee zur Form, vom Individuum zum Typus als Niedergang zu verstehen. Den Konflikt zwischen den Massen und dem Einzelnen, zwischen dem mechanischen und dem organischen Prinzip sah der Autor in seiner eigenen Gegenwart wirksam, die somit die Wesenszüge der Spätantike auch selber trägt (15 ff.). Der Hinweis auf eine analoge „Katastrophe" (15) fehlt jedoch.

1956 nahm Alföldi das Thema in seinem Beitrag zur ›Historia Mundi‹ (IV 190 ff.) nochmals auf. Im Zusammenhang mit den Germanenangriffen des 3. Jahrhunderts schrieb er: „viel schlimmer aber als jener Durchbruch der Barbarei waren die Zeichen der Fäulnis im Innern. Die Schattenseiten einer rein technisch gewordenen Zivilisation traten zutage." Die Dekadenzphänomene des „unausweichlichen Verfalls" werden „aus klaren biologischen Ursachen" (190) begriffen: „Niedergang der Städtekultur" (249), „Tyrannei des Zwangsstaates"

(252), Degeneration des Römervolks in eine „träge, wertlose Drohnenmenge" (254), „esoterische Religiosität" einer pazifistischen Bürgerschaft (267), „verfrühte Umkehr zur Defensive" (273), „inhumane Ausbeutung" (293): „Überall zeigte sich die Tatsache, daß eine Kultur eine bestimmte Intensität hat, die anfangs bei sehr beschränkter Basisfläche in große Tiefen eindringen kann, aber bei jeder Flächenausbreitung an Tiefe verlieren muß" (249).

Eduard Meyers Wort über die weltgeschichtliche Bedeutung des Untergangs Roms nahm Ferdinand Lot (*1927*, 197) auf, der 1927 und 1928 zwei Darstellungen der Spätantike publizierte und in der Neuauflage der ersteren 1951 die dort bezogene Position bekräftigte (p. XXVII). Kaum ein Autor hat die Schattenseiten des spätrömischen Reiches so in den Vordergrund gerückt wie Lot. Auf allen Gebieten der Kultur fand er Verfall (*1927*, 154 ff.), die *décadence générale* (217) wird mit Vorliebe in Krankheitsmetaphern beschrieben (*1927*, 98; 115; 208; *1928*, 23; 77 ff.). Das Fazit lautet: *l'Empire est mort de maladie interne* (*1927*, 259; 275; *1928*, 15). Unter den Mißständen betonte Lot das Christentum als *maladie religieuse* (*1927*, 211), die *corruption de l'esprit public* (196 ff. 209; 261; *1928*, 179) und vor allem den Despotismus (*1927*, 212; *1928*, 15). Ihn deutete Lot nicht als vermeidbaren Fehler, sondern als systembedingtes Element: die organische Einheit der antiken Politik sei die Stadt gewesen (*1927*, 257); für den Zusammenhalt größerer Gebiete sei die Monarchie erforderlich geworden, und sie habe zwangsläufig alle Schichten korrumpiert. Die Voraussetzungen waren der äußere Frieden, der Lot wegen erschlaffender Wirkung ein zweifelhafter Segen schien (*1928*, 23), und die innere Reglementierung, die den Staat in eine Maschine verwandelt habe (*1927*, 213). Lot hielt es für denkbar, daß einige tüchtige Germanen auf dem Thron das Reich erhalten hätten (*1928*, 23), als die *avalanches de barbares* (12) die Grenzen überfluteten. Aber nur als Kümmerform hätte das Imperium fortbestehen können (*1927*, 217), der Verfall war so allgemein, daß selbst die siegreichen Barbaren verdorben wurden. Sie brachten nichts Besseres (469). *Par une fatalité inexorable, l'Empire ne peut subsister que par le despotisme et le despotisme étouffe toute spontanéité vitale, mine l'État et amènera fatalement sa perte* (262). Der bewundernswerte Kampf der Römer gegen *la Destinée* mußte wie eine Tragödie enden (275). Sie vollzog sich nach einem von den Beteiligten unabhängigen Gesetz.

Vom Gedanken einer kulturzyklischen Bewegung sind wiederum die Stellungnahmen getragen, die José Ortega y Gasset zum Endes des römischen Reiches abgegeben hat. Dem scheint zu widersprechen, wenn wir im ›Aufstand der Massen‹ (*1930/57*) lesen: „Das Imperium Romanum liquidierte mangels Technik. Als es zum Großstaat geworden war und ein so weitläufiger Verband die Lösung gewisser drängender materieller Probleme erheischte, die nur die Technik finden konnte, begann der Abstieg und Verfall der antiken Welt" (151 f.). Mit der Technik und der ihr untrennbar verbundenen liberalen Demokratie (144), Prinzipien der höchsten Lebensform (112), hätte nach Ortega das Reich erhalten werden können, und das erinnert an die zyklisch-lineare Geschichtskonzeption eines Du

Bois-Reymond (III. 5.a!). Ortega betrachtete die Geschichte als Laboratorium für die Herstellung einer optimalen Lebenswelt der Pflanze Mensch (112), die bisherigen Kulturen seien gescheiterte Experimente. „Alle Zivilisationen sind an der Unzulänglichkeit ihrer Prinzipien zugrunde gegangen" (151).

Die Vergleichbarkeit der Kulturabläufe hat Ortega später mehrfach behauptet und unter politischem Aspekt in der Schrift ›Über das römische Imperium‹ *(1942/52)* ausgeführt: In der Frühzeit sei der Staat ein Organ der Gesellschaft, gewinne sodann dieser gegenüber im gleichen Maße an Eigenständigkeit, in dem die Gesellschaft an solcher verliere, bis der Staat in der Spätzeit zur Prothese werde. So kommt es zum Konflikt zwischen Staat und Gesellschaft (158 f.). Allgemein heißt es 1955 in ›Vergangenheit und Zukunft im heutigen Menschen‹: „Wahrscheinlich durchläuft jede Zivilisation oder jedes *curriculum vitae* einer Gesamtheit von verwandten Völkern diese Form des Lebens, die die Freiheit ist". Wirkliche Freiheit blühe in einem Volk nur im „Mittag zwischen dem Morgen der Archaik und dem abendlichen Niedergang, der Versteinerung und Nekrose seines Alters" (73). Das Ende bringe den Zivilisationen „Versteinerung und Verkalkung ihrer Glaubensüberzeugungen" (43).

Obwohl wir Europäer in Technik und Demokratie die höchsten Prinzipien gefunden haben, unterliegen wir nach Ortega der Gefahr, den Weg der früheren Zivilisationen, namentlich den der römischen zu gehen. Im ›Aufstand‹ schrieb Ortega: der Staat entwickele sich heute wie damals zum lebensbedrohenden Selbstzweck, und „nachdem er der Gesellschaft das Mark ausgesogen hat", müsse er selbst „den rostigen Tod einer Maschine sterben ... Dies war das klägliche Schicksal der antiken Kultur" (184 f.). Die „ungeheure innere Aushöhlung des späten Roms" (293) führte zum Ruf nach den Germanen, die die Macht dann selbst übernahmen (186). Die Folge war „ein Abschnitt tiefster Dämmerung" (*1955*, 114). In seinem Buch ›Das Wesen geschichtlicher Krisen‹ *(1942/55)* nannte Ortega den Ausgang der Alten Welt die „größte geschichtliche Krise, die uns bekannt ist" (50) und parallelisierte sie mit seiner eigenen Zeit (13 ff.; 35): „auch die Geschichte des römischen Reichs ist die Geschichte der Erhebung und Herrschaft der Massen, welche die führenden Minderheiten absorbieren und auflösen, um selbst ihre Stelle einzunehmen" (78). Daß Ortega bereits hier auf Rostovtzeffs Deutung fußt, dürfen wir der Schrift ›Über das römische Imperium‹ entnehmen, wo dem Bilde, das Rostovtzeff entworfen hat, „erschreckende Aktualität" bescheinigt wird (94 ff.).

Eine Mixtur aus Hegel und Spengler bildet die Geschichtsphilosophie, die der Schweizer Historiker Gustav Schnürer seinem Buch ›Die Anfänge der abendländischen Völkergemeinschaft‹ *(1932)* zugrundelegte. Die Entwicklung Roms habe in eine „krankhafte Überkultur" geführt. Intellektualismus, Geldwirtschaft, Unsittlichkeit, Genußsucht und Stadtleben erscheinen als Kainszeichen jeder Spätzeit (50 f.), während „asiatischer Despotismus", „Byzantinismus" und „Imperialismus" römische Sonderformen sind (48 ff.). „Das römische Reich ging zu Grunde, weil es sozial und politisch erstarrt war" (5), es wurde „reif für den

Untergang" (50). Als die neuen Mächte betrachtete Schnürer, wie schon in seiner Rektoratsrede 1900, Christentum und Germanen. Das Imperium war „dem Untergang geweiht, weil in dem auf heidnischer Grundlage noch weiter vegetierenden politischen und sozialen Leben keine Kraft mehr war" (51). Ausgerüstet mit christlichem Glauben und völkischer Jugendkraft brachten die Germanen die „Rückkehr zu natürlicher Sittlichkeit" (51). Anstelle der „Degeneration der nicht wieder zu verjüngenden römischen Gesellschaft" (3) trat seit dem 5. Jahrhundert n. Chr. „die zur Führung berufene Weltkultur", der „neue Kulturkreis" des Abendlandes. Die Ablösung erschien Schnürer als Muster des geschichtlichen Werdens in der Folge von Abwelken und Aufkeimen (1). Freilich ergriff ihn die Sorge, das Abendland könne in die Nacht des selbstgeschaufelten Grabes stürzen (Vw.).

In den Rahmen der kulturzyklischen Deutungen passen die Äußerungen, die Jan Huizinga in seinem ›Homo Ludens‹ *(1938/56)* dem Zusammenbruch Roms gewidmet hat. Huizingas Absicht war es, die Bedeutung des Spielens für die Entstehung von Kultur zu zeigen, und daher beschäftigten ihn vornehmlich die kulturgeschichtlichen Frühphasen. Darüber hinaus zeigte er jedoch, wie das Spiel mehr oder weniger jede Kultur begleitet und bis in deren Spätformen wirksam bleibt. Als Musterfall für letzteres wählte Huizinga Rom. Die republikanische Periode schien ihm unspielerisch, das altrömische Wesen sei zu streng dafür gewesen (167 f.). Das änderte sich in der Kaiserzeit, die ambivalent beurteilt wird. Das römische Weltreich habe kulturell und politisch „eine Vollkommenheit erreicht, wie die Welt sie noch nicht gesehen hatte" (168). Ein wenig unvermittelt folgt dann jedoch die Behauptung: Roms „sozialer und wirtschaftlicher Aufbau war morsch und unfruchtbar". Das Städtewesen beruhte auf Ausbeutung und Entrechtung, alle Mühe diente „dem Lebensgenuß, der Lustbarkeit und dem eitlen Ruhm"; über dem Ganzen lag ein „falscher äußerlicher Glanz". Die „ganz verfahrene politisch-wirtschaftliche Struktur der Gesellschaft" konnte den Staat nicht tragen. „Das römische Reich war ein ausgehöhlter Körper", beim ersten Anstoß brach das System zusammen (169). Auch in dieser Spätphase entdeckte Huizinga den Spielfaktor: *Panem et circenses* (Juvenal X 81) hieß die Losung, das agonale Streben kennzeichnete die Feldzüge der Kaiser wie die Baupolitik der Städte. In allen Lebensäußerungen „steckt ein Maß von Nichternst ... in dem sich der Verfall einer Kultur verrät" (170 f.). Amphitheater und Hippodrom sind die Spätstufen des Kulturspiels, das vom kultischen Ernst einer archaischen Gemeinde zum Gaudi vergnügungshungriger Großstädter herabgesunken ist. „Sobald schließlich das Christentum die römische Kultur von ihrer sakralen Grundlage losreißt, verdorrt sie schnell" (172). Indem das Spiel beim Aufstieg wie beim Verfall von Kulturen mitspielt, kann es weder diesen noch jenen erklären.

Entschieden kulturbiologisch dachte wiederum Frank Thiess. Sein „Roman" eines Jahrtausends ›Das Reich der Dämonen‹ *(1941/46)* wird als „rein geschichtliches Werk" präsentiert (11). Alle Geschichtsvorgänge seinen letztlich biologisch gesteuert (21; 24); Völker, Staaten und Kulturen unterstünden als „Großorganismen" den Wachstumsgesetzen (16; 26; 30). „Der Untergang der römisch-antiken Welt, die wesensmäßig mit dem Heidentum verbunden war, vollzog sich als unabänderlicher Prozeß, wenn auch mit kurzen Unterbrechungen und neuerlicher Scheinblüte, unter der Wucht des Gesetzes ihres Alterns und Sterbens" (22). Als Vollstrecker dieses Gebotes erscheint nun aber nicht, wie man erwarten müßte, Constantin, sondern Diocletian. Er habe mit seiner Einführung persischer Autokratie das Römertum und dessen Lebenswurzel, das Recht, vernichtet (350). Die, wenn auch verzögerte Folge fand Thieß im Absterben des weströmischen Reiches, und dies lag „ausschließlich an der totalen Zerstörung des Rechts und damit jedes Sinnes für beglaubigte Autorität" (348). Seine Lehre: „kein Reich darf auf die Dauer die Idee mit Füßen treten, welche das eigentliche Fundament seiner Größe wurde" (349). Anscheinend kann man die Kulturbiologie also doch überlisten.

Der Zweite Weltkrieg und seine Folgen haben sich niedergeschlagen bei Franz BORKENAU ›End and Beginning‹ (*1947/81*). Deutlich unter dem Einfluß von Spengler demonstrierte er den Scheideweg unserer Zukunft am *collapse of the Roman empire* (402), einem Beispiel der *self-dissociation (decline and fall) of a high culture* (38). Borkenau ergänzt die Kulturzyklik um einen ewigen Ost-West-Gegensatz. Die Grenze zwischen östlicher Despotie und westlicher Freiheit sei in der Geschichte hin und her gegangen, in der Völkerwanderung teilte sie das Reich in den germanisch-freiheitlichen Westen und den byzantinisch-despotischen Osten. Das war eine *exact parallel to our present geographical situation* (445). Ein Rückfall in die (jedenfalls fortschrittsschwangere) Barbarei sei weniger schlimm als die Verknöcherung unter einer Autokratie (441) orientalisch-byzantinisch-osmanisch-sowjetischen Typs. Unsere Gefahr sei die innere Orientalisierung, vor der Borkenau warnte. Zugleich aber erklärte er in der allgemeinen Dekadenz den *amor fati* für die einzig aufrechte Haltung.

Entschieden schwärzer sah der in Frankreich lebende Rumäne Emil CIORAN. Seine von Paul Celan verdeutschte ›Lehre vom Zerfall‹ *(1949/79)* ist in der Radikalität ihrer Weltverneinung schwerlich zu übertreffen. Cioran teilt die kulturzyklische Grundanschauung, daß sich die Schaffenskraft der Völker mit der Zeit erschöpfe (139). „Jede Kultur entwickelt sich von der Landwirtschaft zum Paradoxon. Zwischen diesen beiden Extremen findet der Kampf zwischen Barbarei und Neurose statt." Paradigmatisch wird am Fall Roms die Dekadenz, d.h. die „Trübung der Instinkte unter Einwirkung des Bewußtseins" erläutert: Als Fußsoldat habe der Römer die Welt erobert, als Reiter verloren. „Der emanzipierte Soldat und der aufgeklärte Bürger erliegen dem Barbaren" (140). Unter den Verfallsfaktoren wird dem Gaumenkitzel Bedeutung zugemessen. „Kulinarischer Mißbrauch und Sattheit gingen bei der Zerstörung des Römischen Weltreichs schonungsloser ans Werk als die Sekten des Orients" (141). Cioran schwärmt für den „Zauber, der von der Agonie einer Kultur ausgeht" und bekennt sich zu den letzten Heiden des Altertums, zu Celsus, Porphyrius, Julian und Olympius, die sich dem Triumph des Epileptikers Paulus und dem Sieg der Häßlichkeit entgegenwarfen (144). Wir befänden uns auf einem „dem Todeskampf der Antike symmetrisch gegenüberliegenden Punkte", wo wir „den gleichen Übeln und unumgänglichen Zaubern preisgegeben sind" (47). Die Agonie jeder Kultur werde abgekürzt: „Barbarenstämme schweifen um sie her, wittern ihr wohlriechendes Aas" (98).

Die ›Syllogismen der Bitterkeit‹ *(1952/80)* nennen die Archegeten Ciorans: „Zum Thema der Hinfälligkeit der Zivilisationen könnte heute ein Analphabet mit Gibbon, Spengler oder Valéry im Schaudern rivalisieren" (81). Roms Ende steht uns gemäß einer „nicht umkehrbaren inneren Gesetzmäßigkeit" bevor: „Überall Eroberer im Ruhestand, Rentner des Heroismus gegenüber jungen Alarichen, die auf ein Rom oder ein Athen lauern." Das altersschwache Europa wird von beutesüchtigen Barbaren einer „jungen Gaunerwelt" umlagert. „Wenn man keine Eroberungen mehr macht, willigt man ein, erobert zu werden ... Das Imperium war vakant, wie das Europa von heute." Die Römer hätten, als sie ihre Legionen zurückzogen, die Lehre von den Völkerdämmerungen noch nicht gekannt, die sie uns nun erteilen und die bestätigt zu sehen, dem Autor eine kannibalische Delikatesse liefert (40 f.). Europas Mission erfüllte sich darin, auch die „ganze übrige Welt zu demoralisieren", bis einst der „Abschaum" der Menschheit die „Kretins" aus aller Welt, der „Bodensatz der Kontinente" den neuen Anfang zur „Karikatur einer Zivilisation" machen könnten (42).

Als der eigentliche Verbesserer Spenglers gilt Arnold Joseph TOYNBEE. Als fünfundzwanzigjähriger, so berichtet er in seinem Buch ›Civilization on Trial‹ (*1948*, 7), erlebte er den Ausbruch des Ersten Weltkrieges während der Lektüre des Thukydides. Dabei trat ihm eine Analogie zwischen den Ereignissen von 1914 und dem Beginn des Peloponnesischen Krieges 431 v. Chr. vor Augen. Das Prinzip der Erklärung dafür fand er bei Spengler (9). Das regte Toynbee dazu an, eine eigene Kulturzyklik zu entwerfen. Bereits 1921 legte er in ›The Tragedy of Greece‹ das antik-moderne Dekadenzmuster vor: *class wars* → *capitalism* → *bolshewism* → *Napoleonism* (16), und dies übernahm er in sein Hauptwerk ›A Study of History‹.[9]

Toynbees Normalschema einer Kultur, wie er es an der Antike meinte ablesen zu können, ist folgendes: Kulturen werden aufgebaut durch schöpferische Minderheiten, indem diese auf äußere Herausforderungen positiv reagieren. Das Verhältnis *challenge and response* verdeutlicht den Zusammenhang zwischen der jeweils vorliegenden Situation und dem geschichtlichen Handeln. Zu einem bestimmten Zeitpunkt versagt eine Gesellschaft. Es kommt zu einem „Sündenfall", der bald moralisch als schuldhaftes Versagen, bald biologisch als erlahmende Schöpferkraft, bald psychologisch als Seelenschisma interpretiert wird. Die Folge jenes Fehlverhaltens ist ein unwiderruflicher Abstieg. Nach der Hybris kommt die Nemesis. Der Rückschritt vollzieht sich als Klassenspaltung: *the regu-*

---

[9] 1934 ff. Davon haben Sommervell und Kempski einen zweibändigen Auszug in deutscher Sprache vorgelegt (*1946/50* und *1957/58*).

lar pattern of social disintegration is a schism of the disintegrating society into a recalcitrant proletariat and a less and less effectively dominant minority (*1948*, 13). Der weitere Abstieg erfolgt nicht gleichmäßig, sondern gehorcht dem Rhythmus: Fliehen – Sammeln – Fliehen – Sammeln (*Rout-and-Rally*). Derartige Sammlungsbewegungen sind die vorübergehenden Stabilisierungsversuche, im Altertum der Aufbau der hellenistischen Monarchien, des römischen Reiches und des spätantiken Dominats. Erfolglos bleiben derartige Restaurationen, wenn und weil die schöpferische Minderheit sich in eine herrschende Minderheit verwandelt, der zunächst ein inneres Proletariat, sodann auch ein äußeres Proletariat entgegentritt. Ersteres sind in unserem Falle die Sklaven und Unterschichten, letzteres die Barbaren, namentlich die Germanen.

Mit der Erklärung des Niedergangs liefert Toynbee zugleich das Rezept, wie man ihn hätte verhindern können. Das bezeugt die Wendung: *the destruction of the Graeco-Roman civilization through the failure to replace an international anarchy by some kind of international law and order* (*1948*, 60). Gedacht ist wohl an einen Völkerbund im Sinne von St. Pierre oder Kants ›Ewigem Frieden‹. Mit der Pax Augusta und dem Imperium Romanum ist Toynbee nicht einverstanden: dieser Universalstaat war ihm bloß das Ergebnis einer Erschöpfung und kam viel zu spät. Das Imperium Romanum war für Toynbee zum Tode verurteilt, noch ehe es geboren war. Das innere Proletariat hatte sich längst in eine „Universalkirche" zurückgezogen, die als Puppe zwischen Raupe und Schmetterling, d. h. zwischen antiker und moderner Zivilisation steht. Trotz seines Widerspruchs gegen Gibbon (*1948*, 226) wertete Toynbee das Christentum als entscheidende Kraft in der Auflösung des römischen Reiches (*1957/58*, 75 ff.).

Toynbee kam zu seiner Annahme einer strukturellen „Gleichzeitigkeit" *aller* Kulturen über die Parallelität zwischen der europäischen und der antiken Spätkultur, wie sie seit Machiavelli diskutiert wird. Das Ende der antiken Zivilisation *throws its light upon our own situation in our own world in our day* (*1948*, 61). Ausführlich setzte sich Toynbee mit Gibbons Anlage dieser Entsprechung auseinander in dem 1955 vorgelegten Band IX seines ›Study of History‹ (741 ff.; *1970*, 296 ff.). Darin erhob Toynbee die Frage, ob Europas Zivilisation abermals von einer Barbarengefahr bedroht sei. Er stellte dem die Behauptung entgegen, daß *alle* Kulturen aufgrund innerer Schwäche, nicht durch äußeren Anstoß untergegangen seien (298). Diese Schwäche war für Toynbee moralischer Natur. Im Unterschied zum aufklärerischen Fortschrittsglauben Gibbons wies er darauf hin, daß der zivilisatorische mitnichten den sittlichen Fortschritt garantiere (318; 324), da dieser von der Entscheidung jedes einzelnen abhänge. Dies unterscheidet Toynbees Geschichtsbild von dem Spenglers, für den Moralität nur Ausdruck, nicht Ursache sein konnte. Mit ihm verbindet ihn jedoch in einem spezifischen Sinne die Vorstellung vom Untergang des Abendlandes. Der Fortbestand des zivilisatorischen Gehäuses bis heute tröstete Toynbee nicht darüber, daß der moralische Zusammenbruch Europas bereits erfolgt sei (324). Als Indizien nennt er die totalitären und militaristischen Systeme im 20. Jahrhundert, Resultat eines Niedergangs, der in Deutschland mit dem Ersten Schlesischen Krieg 1740 eingesetzt habe (303). Eine derart langfristig angelegte Dekadenz fand Toynbee auch im Altertum, indem er den Wendepunkt wie vor ihm Seeck bereits mit dem Ausbruch des zweiten Peloponnesischen Krieges 431 v. Chr. gleichsetzte. Damals sei die Kultur „von innen heraus verraten" worden (299; 301).

Toynbee gilt als Kenner der antiken Geschichte, darum erstaunt es, wie er dem Verfallsschema zuliebe so tut, als ob es vor 431 keinen Bürgerkrieg in Griechenland, keine Sklaverei, keine bloß herrschenden Minderheiten, keinen Traditionalismus gegeben habe, und als ob nach 431 Platon und Aristoteles, Epikur und Zeno, Polybios und Tacitus nicht existiert hätten. Wäre dem großen Friedensplan des Perikles von 448/447 (?) dauerhafter Erfolg beschieden gewesen, so hätte *society's lethal self-laceration* (*1948*, 13) nicht stattgefunden, die hellenische Zivilisation wäre nicht untergegangen. Auch in seinem Buch ›Hellenism. The History of a Civilisation‹ *(1959)* bezeichnete Toynbee das Ende der griechischen Kultur, zu der für ihn die hellenistisch-römische Zeit nur ein Wurmfortsatz war, als a *case of suicide, not of murder* (225). Die Zerstückelung des Imperiums im 5. und 6. Jahrhundert vollstreckte ein Todesurteil, das bereits unter Augustus gesprochen war (*1948*, 13; 60). Ähnlich wie bei Spengler ist damit das erklärungsbedürftige Phänomen verschwunden, die Vorgänge des 5. Jahrhunderts n. Chr. sind bloße Nachwehen dessen, was im 5. Jahrhundert v. Chr. passiert ist. Anders als Spengler allerdings zog Toynbee die Moral aus der Geschicht. Meinte Spengler: heroisch voran! so fordert Toynbee reuige Umkehr. Die moderne Welt müsse den Geist des Nationalismus, das Idol des Staates austreiben, der die Hellenen ruiniert habe, wenn sie deren Schicksal entgehen wolle (*1959*, 234). Sein Vertrauen auf einen Erfolg dieses Ratschlags war allerdings nicht groß, darum erhob sich Toynbee in die Sphäre des Glaubens. Die Historie empfahl er (*1948*, 260 ff.) als ein Mittel zur Seelsorge, das *Kingdom of God* zu erkennen (15). Die spätantike Weltflucht hat damit auch Toynbee ereilt. Sein Spenglers Metaphysik stolz entgegengesetzter Empirismus versagt, wo Lebensprobleme angesprochen werden. Spenglers heidnisch-immanentes Naturprinzip wird ersetzt durch den christlich-transzendenten Gottesgedanken. So wie einst Tertullian um den Aufschub des Weltendes betete Toynbee um eine Gnadenfrist für die europäische Kultur: *we may and must pray, that a reprieve, which God has granted to our society once, will not be refused, if we ask for it again in a contrite spirit and with a broken heart* (Study VI, 321).

Noch stärker als bei Toynbee tönt die religiöse Saite bei seinem Landsmann Christopher DAWSON. Dieser äußerte in seinem Buch ›The Dynamics of World History‹ *(1957/59)* die altbekannte Überzeugung, in einer Übergangszeit zu leben, wie es die Spätantike war (78; 84; 124; 396), und betrachtete deren Ereignisse als Warnung für uns (80 f.). Vom 4. Jahrhundert v. Chr. an sei das Hellentum erschlafft, damals habe die Zivilisationsphase begonnen, die einen tausendjährigen Kulturkreislauf abschließe (83 f.). Dawson zog wie Spengler die Analogie zur Lebensgeschichte eines Individuums (84) und betonte das Verdorren der Lebenswurzeln, das Vertrocknen der Lebensquellen der Kultur (80; 84; 88; 183). Gemeint ist damit ein ländliches, patriarchalisches Leben in religiöser Tradition (146), das verloren gehe, sobald die Menschen sich dem Streben nach Macht und Reichtum zuwenden und in die Städte ziehen. In diesen Prozeß ordnete Dawson die Ausbreitung der Sklaverei und den Übergang zu Monarchie und Bürokratie ein (84 ff.; 182; 216 f.; 245). Den Verstädterungsprozeß betrachtete er als existenzielle Bedrohung jeder Kultur, auch der gegenwärtigen (250). Wieder verursachen innere Gründe den Niedergang (79); nicht politische oder wirtschaftliche (396), sondern in Dawsons eigener Terminologie „soziologische", die eigentlich anthropologischer Natur sind (vgl. *1957*, 350 ff.). Dawson konstatierte: „In der Tat wäre der Zusammenbruch des Reiches ... in derselben Weise erfolgt auch ohne die barbarischen Eindringlinge" (*1961*, 61).

Wie Spengler von Toynbee verbessert wurde, so dieser durch Carroll QUIGLEY, Geschichtsprofessor am State Department der USA. Dessen Buch ›The Evolution of Civilization‹ *(1961)* unterteilt die Kulturen in sieben Entwicklungsstufen: Vermischung, Schwangerschaft, Ausdehnung, Konflikt, Weltreich, Dekadenz und Invasion (93; 268) und will zudem die von Toynbee ausgesparte Frage beantworten, weshalb Zivilisationen versagen. Die Antwort: weil die „sozialen Instrumente", die zunächst das Wachstum ermöglichten, gewöhnlich ein Eigeninteresse entwickeln und ihre Aufgabe vernachlässigen (50; 73 ff.). Ähnlich klang das bei Ortega. Diese Anpassungsbereitschaft fehlte in Rom zuerst dem Landbau, als dieser sich ganz auf die unheilvolle Sklaverei umstellte (200 ff.), und dann im Heer, das nicht vom Fuß- zum Reiterkampf übergehen konnte und wollte und deswegen seit 378 den Germanen unterlegen war, als diese wegen heimatlichen Regenmangels angeritten kamen (207 f.). Mit dem Jahre 200 n. Chr. läßt Quigley den Abstieg beginnen (203 ff.), er mündet in die Auflösung der *Classical ideology*, Grundlage der *Classical culture* (206). Die Situation hätte neue Technik, neue Waffen, neue Ideen erfordert. *Classical society could not do it.* Den Römern fehlten eben die amerikanischen Heilswerkzeuge. Eine neue Gesellschaft wurde erforderlich, und hokuspokus, da war sie schon: *Western society appeared* (208 ff.). Sie erhob sich aus einem „Schiffbuch bei ruhiger See" (210). Quigley hat als Mathematiker begonnen und bescheinigte den *laws* der Sozialwissenschaften dieselbe Stringenz, welche die der Naturwissenschaften besäßen (2). Sie liefern *new lessons to apply in our own time* (vordere Klappe), in einer Krise unbekannten Ausgangs (265).

Innerhalb der Fachhistorie treten kulturzyklische Deutungen des Falles Roms nach dem Zweiten Weltkrieg zurück, doch seien noch drei Beispiele genannt. In sehr verdünnter Form begegnet die Theorie in dem archäologisch so reichhaltigen Werk ›La Civilisation mérovingienne‹ von Edouard SALIN (I–IV *1949–1959*). Im Ersten Band werden die Gründe für den Niedergang Roms über geistige Schwäche und unzureichende Bewaffnung aus dem Naturgesetz des biologischen Kreislaufs interpretiert (*loi naturelle, cause biologique* S. 19). Die Gesellschaft verkam in der Arteriosklerose gemäß der *loi génénerale de l'équilibre.* Die

Barbaren beschleunigten den Tod, sie brachten nichts Nützliches außer ein wenig junges Blut (53).

Gleichfalls zu den Archäologen gehört Armin von GERKAN. Er will seine Kulturzyklik unabhängig von, aber gleichzeitig mit Spengler entworfen haben. In seinem 78. Lebensjahr legte er sie der Öffentlichkeit vor. Gerkans ›Gedanken zum Ablauf des Weltgeschehens‹ von 1962 beschreiben das „notwendige Auf und Ab" in der Kulturgeschichte in Form Gaußscher Glockenkurven. „Was dabei entsteht, ist eine gleichmäßige Wellenlinie" von Kulturperioden zu je 1760 Jahren. Den geophysischen Hintergrund dafür lieferte Gerkan der Artikel über einen schwedischen Meeresforscher aus ›Reader's Digest‹ (160). Nach der ägyptischen und der antiken sei jetzt die abendländische Woge dran. „Die Nutzanwendung unserer Hypothese kann recht weitgehend sein", meint unser Seniorenphilosoph: „Der Gegenwart aber entspricht das Jahr 200 im Altertum: wir leben also in der Zeit des Septimius Severus und haben noch 310 Jahre vor uns bis zum Ablauf unserer Epoche, dem Ende des Abendlandes. Dabei sind die Aussichten unerfreulich: ein fortschreitender Verfall der Kultur ..." (161). Immerhin brachte sie noch Artikel wie den behandelten zur Reife. 1967/68 folgte ihm ein weiterer: ›Der Ablauf unserer historischen Großperioden‹. Die wiederholt gebotenen Kulturkurven werden als „symbolisch" und „unverbindlich" entschärft, aber der astrophysischen Gesetzmäßigkeit unterstellt (11 f.). Die Gnadenfrist der abendländischen Kultur ist verlängert: „In den 350 Jahren bis zum Ende haben wir noch Zeit genug zum Aufhören" (14).

In den weiteren Kreis der kulturphilosophischen Deuter des Niedergangs der Alten Welt gehört auch Chester G. STARR mit seiner ›History of the Ancient World‹ von 1965. Die äußeren Belastungen erschienen ihm weniger wichtig als *the deep-seated weakness of the Empire* (647). *The Later Roman Empire ... was not a system, which could last for ever* (669). Mit den wachsenden Mißständen seien *violence and terrorism* gestiegen, und diese hätten wiederum jene befördert. *The Empire was sinking into barbarism long before the Barbarians came* (676). Der Abstieg ins Chaos sei durch die Patrociniumsbewegung, das politische Desinteresse und die Hinwendung zum Christentum beschleunigt worden: *in many ways the western provinces were reverting toward the Neolithic level of simple food-production* (697). So gewiß dieser letzte Satz nicht ernst gemeint sein kann, so gewiß zeigt er Starrs Tendenz. Kein einzelner Faktor, sondern der generelle *decay* führte in den Zusammenbruch. Er wird implizit zurückgeführt auf das Wesen der römischen Ordnung, deren Entwicklung zum bürokratischen Despotismus weitergegangen wäre, hätten ihm die Germanen kein Ende bereitet. Ihr Einfluß auf die innere Entwicklung Roms wird ausgeblendet, letztere bleibt als unableitbares Faktum bestehen (700). Die älteren Untergangstheorien seien amüsante Projektionen (708 f.) angesichts der Tatsache, daß die klassische Kultur steril geworden und in die Sackgasse des Despotismus ausgelaufen sei. Starr vertritt wieder unausgesprochen die Position Hegels: *the decay of the West was a necessary ... step in its later surge;* die Fesseln der Alten Welt mußten gebrochen werden, bevor im 12. Jahrhundert der Fortschritt endlich weitergehen konnte (702 f.; 710 f.).

Ähnlich verheißungsvoll endigt Siegfried LAUFFER seine ›Kurze Geschichte der Antiken Welt‹ *(1971)*. Nicht die Germanen, sondern das Zusammenwirken zahlreicher innerer Faktoren werden für Roms Fall verantwortlich gemacht. Lauffer meinte, „daß jede historische Erscheinung, ein Staatsgefüge, eine Gesellschaftsordnung, eine Kultur offenbar einem gewissen Alterungsprozeß unterliegt, wie ein organischer Körper" (241 f.). Dennoch sei jeder Untergang zugleich ein Übergang.

Ohne einen derart tröstlichen Ausblick sah Richard NIXON, der amerikanische Präsident, das Ende der antiken Kultur im Jahre 1971: „Ich denke daran, wie es Griechenland und Rom ergangen ist; wir sehen, was überdauert hat – nur die Säulen. Als die großen Zivilisationen der Vergangenheit wohlhabend wurden, als sie den Willen weiterzuleben und Fortschritte zu machen, verloren, verfielen sie der Dekadenz, die letzten Endes die Kultur zerstört. Die Vereinigten Staaten treten jetzt in diese Phase ein" (Der Spiegel *1972* Nr. 33, S. 106). Die Zuversicht, die Nixons Vorgänger Roosevelt gegenüber der Vermeidbarkeit einer Wiederholung des Falles Roms auszeichnete (III. 5. a!) hat sich verloren.

Dies bestätigt Nixons Berater Henry KISSINGER, der gleichfalls einem kulturzyklischen Denken zuneigte und damit in eine Politik des Als Ob verfiel: „Als Historiker muß man sich der Tatsache bewußt sein, daß letztlich jede Kultur, die es einmal gegeben hat, untergegangen ist. Geschichte ist die Überlieferung von vergeblichen Mühen, von unerfüllten Hoffnungen, von befriedigten Wünschen, die plötzlich etwas ganz anderes waren als erwartet. Als Historiker muß man mit einem Gefühl für die Unausweichlichkeit des Tragischen leben. Als Staatsmann hingegen muß man unter der Voraussetzung handeln, daß Probleme gelöst werden müssen" (Der Spiegel *1974*, Nr. 43 S. 120).

III. 5. c. Zusammenfassung der kulturmorphologischen Deutungen

Der Prophet Hesekiel beschreibt im 10. Kapitel seine Vision des cherubinischen Räderwerks: „und waren alle vier eines wie das andere, als wäre ein Rad im andern. Wenn sie gehen sollten, so konnten sie nach allen ihren vier Seiten gehen und mußten nicht herumlenken" (10, 10 f.). Eine derartige Mehrdimensionalität kennzeichnet den Begriff des „Kulturkreises". Er begrenzt den geographischen Raum einer Kultur, umschließt deren sämtliche Erscheinungen und versinnlicht die zyklische Abfolge der Kreisbewegung kultureller Entwicklung. Hesekiels Gesicht gehört in seine Predigt vom nahen Untergang, und in einer ähnlichen Situation glauben sich die Kulturpropheten.

Der Kerngedanke der Kulturkreislehre ist der, daß „wir" uns wieder in einer der Spätantike analogen Situation befinden. Abermals sei ein Zyklus abgelaufen, abermals drohe ein Untergang. Diese typologische Parallele ist der wichtigste Grund für die Aktualität der Umbruchzeit zwischen Antike und Mittelalter und begegnet weit über den Kreis jener Deuter hinaus, die darauf ihre Systematik errichtet haben. Die Mehrzahl der Autoren, die sich um eine Erklärung des Kulturverfalls bemüht haben, ist der Ansicht, daß wir uns abermals in einer Spätkultur befinden, zu der allemal das Modell der Spätantike entnommen ist. Ob man in der Antike einen griechischen und einen römischen Kulturkreis unterscheidet oder beide zusammenfaßt, ob man sich in die hellenistische oder die spätrömische Zeit zurückspiegelt, bleibt demgegenüber ebenso zweitrangig wie die Frage nach dem Beginn der Dekadenz und der nach dem Endjahr der Kultur (II. 5.b und c!). Bisweilen wird die antike Entwicklung als ewige Uhr angesehen, auf der auch wir unsere Schicksalstunde ablesen können, sofern wir sie zu deuten verstehen. Wie weit die Idee einer derartigen Entsprechung reicht, möge Karl Marx illustrieren. Seine im Motto dieses Kapitels zitierte Ablehnung des Lebensaltergleichnisses hat nicht verhindert, daß auch er von einer „schlagenden Analogie" sprach (MEW 19, 111 f.; IV.1.!). Es ist kennzeichnend für die Kulturmorphologie, daß ihre tragenden Gedanken einzeln ausgebaut und in andere Systeme übernommen, oder auch, wie im Falle von Marx, beziehungsarm daneben gestellt werden. Die Kulturkreislehre eignet sich zu verdünnter Verwendung.

Stärker als in anderen Erklärungstypen sind unter den Kulturkreislehrern Außenseiter der Historie, namentlich Philosophen vertreten. Dies mag damit zusammenhängen, daß hier Wesens- und Ganzheitsfragen eine besondere Rolle spielen. Der systematische Gehalt der Niedergangskonzeption ist bei Denkern wie Spengler und Ortega hoch, er verflüchtigt sich bei Fachhistorikern und erreicht bei einzelnen Autoren, etwa bei Salin, Starr und Lauffer, eine Schwundstufe, die nur noch in Metaphern und Andeutungen die Denkform des Autors verrät. Mit verminderter Eigentlichkeit ausgestattet, dient die „Erschöpfung der Lebenskraft" als Hintergrund für beliebige andere Theorien. Die Hinwendung zum christlichen Jenseitsglauben, die Abnahme der Bevölkerung, das Erschlaffen der Wehrkraft, die Unfähigkeit, soziale und politische Mißstände zu beheben – all das kann als Symptom eines Ermüdungsvorgangs verstanden werden, der selbst nur angedeutet wird. Die Kulturmorphologie erscheint vielfach als Beimischung zu andersartigen Erklärungsversuchen, und das bringt Interpretationsprobleme für die Einordnung von Ansichten (IV.4!).

Streng genommen, fordert die Kulturmorphologie die Annahme, daß innerhalb der Tätigkeitsbereiche Politik, Wirtschaft, Kunst usw. keiner allen anderen übergeordnet sei, sondern jedem nur symptomatischer Rang für das Ganze zukomme. Dies mag von Fall zu Fall variieren, grundsätzlich aber sind alle diese Sektoren nur Ausdrucksformen einer unsichtbaren Potenz, die Aufstieg und Verfall steuert. In Anlehnung an die antike Geschichtsauffassung wird sie vielfach gefaßt als die Sittlichkeit, die im Spätstadium erschlaffe oder sich materiellen Werten zuwende. Zuweilen ist auch von Mentalität die Rede, wenn die Interessen sich in den religiösen Bereich verlagern. Wo spezifische Eigenarten von Gruppen angenommen werden, ein typisch römischer Militarismus, ein gleichbleibender orientalischer Mystizismus und derartiges, ist der Schritt nicht groß zu dem, was bei Spengler „Kulturseele“ heißt. Das „Wesen“ der Völker, das „Schicksal“, die „Natur“ wird zum eigentlichen Grunde des Niedergangs erhoben.

Geistesgeschichtlich betrachtet, greift die Kulturzyklik über die Aufklärung auf Geschichtsanschauungen der Humanisten zurück, ohne freilich deren Bildungsauftrag zu übernehmen. Stattdessen lebt eine Untergangsprophetie wieder auf, wie sie im 16. Jahrhundert die Vertreter der Heilsgeschichte kennzeichnet. Deren Denkformen haben ja die nachfolgende Geschichtsspekulation in verschiedener Weise geprägt: die Aufklärung erwartete ein säkularisiertes Paradies, die Kulturmorphologie eine säkulare Apokalypse.

Im erklärten Gegensatz zur Fortschrittslehre liefert die Kulturkreistheorie das Gehäuse für eine pessimistische Geschichtsbetrachtung. Entstanden aus dem Weltschmerz der Romantik, hat sie durch den Ersten Weltkrieg ihre wichtigste Bestätigung erfahren. Das erklärt den Erfolg Spenglers. Die Katastrophen seitdem haben dies nur vertieft. Die jeweils jüngste Enttäuschung bot die Gewähr dafür, daß der europäischen Kultur ein ähnliches Schicksal bevorstehe, wie es die antike erlebt hat. Eine solche Befürchtung hegten Vollgraff, Burckhardt, Adams, Hammacher, Spengler, Eduard Meyer, Rostovtzeff und Toynbee. Es gibt indessen auch die Auffassung, daß die wiedergekehrten Niedergangssymptome eben durch ihre Wiederkehr berechenbar und vermeidbar geworden seien, daß die Geschichte sich nicht zyklisch wiederhole, sondern in Schraubenform verlaufe. Das liefere Grund zur Zuversicht, wie wir sie in unterschiedlicher Stärke finden bei Du Bois-Reymond, Wilamowitz, Albert-Petit und Ortega. Trotz der überwiegend konservativen und resignierten Einstellung der Autoren dieser Gruppe, lassen einige von ihnen den Fortgang offen oder vertreten sogar einen bedingten Optimismus.

Der Grund, auf den die Erwartungen gesetzt wurde, hat gewisse Wandlungen erlebt. Zunächst vertraute man auf das Schießpulver, womit jeder neue Barbarenangriff abgewehrt werden könnte; sodann auf die Industrie, die einen dauernd blühenden Wohlstand verhieß; danach auf die Russen, die als junges, lebensvolles Volk eine neue Kulturhöhe erzielen würden. Diese Hoffnungsanker haben jedoch nicht gehalten. Bleibt das Christentum des Herrn Toynbee. Er muß sich allerdings sagen lassen, daß das Christentum auch die alte Welt nicht hat retten können, ja nicht hat retten wollen. Für einen Christen ist die alte Welt nicht zu retten. Er singt mit Luther: „Laß fahren dahin!“

III. 6. Außenpolitische Erklärung: Ausbreitung der Germanen

Maneat, quaeso, duretque gentibus, si non amor nostri, at certe odium sui, quando urgentibus imperii fatis nihil iam praestare fortuna maius potest, quam hostium discordiam. Tac. Germ. 33

Die bisher behandelten Erklärungsversuche können wir mit Johannes STRAUB (*1943/72*, 219) in der Formel zusammenfassen: „innere Ursache und äußerer Anlaß". Dieser Ansicht schloß Straub auch selbst sich an, sie darf als die herrschende gelten. Ihr gegenüber steht eine Mindermeinung, die in der äußeren Bedrohung Roms, insbesondere in der Ausbreitung der Germanen den entscheidenden Niedergangsfaktor erblickt. Gewiß haben auch die allermeisten der zuvor behandelten Autoren den Anteil der Feinde Roms berücksichtigt, doch war man stets der Ansicht, daß ohne innere Misere die Barbaren hätten abgewehrt werden können, daß aber wegen der grassierenden Dekadenz der Fall schließlich auch ohne den äußeren Druck eingetreten wäre. Die Rolle der Germanen im Zerfall des römischen Reiches besäße höchstens den Rang eines mehr oder minder zufälligen Anlasses, eines grundsätzlich auswechselbaren Anstoßes. Wir erinnern uns an die Metaphern vom morschen Gebäude, vom toten Baum, zu dessen Sturz ein Windstoß ausreiche, da der „Keim des Verfalls" im Innern liege (II. 5.a!). Umgekehrt räumen die meisten Vertreter einer dominant äußeren Ursache die innenbedingten Schwächesymptome ein, doch wird diesen allein nicht die Kraft zugetraut, das Reich zu zerstören. Als Verfechter einer äußeren Verfallsursache können somit jene Autoren gelten, die glauben, das Imperium hätte sich ohne die Völkerwanderung erhalten.

Wie alle endogenen Untergangstheorien, so hat auch die exogene ihre Wurzeln im Altertum. Die Bedrohung des Reiches durch die Germanen ist früh gesehen worden, wohl von niemandem schärfer als von Tacitus. Mit sämtlichen äußeren Feinden sei Rom fertig geworden, außer mit den Germanen. Seit dem Kimbernfeldzug seien sie oft besiegt, aber niemals niedergerungen worden: *tam diu Germania vincitur* (Germ. 37, 2). Wie ernst es ihm damit war, lehrt sein als Motto diesem Abschnitt vorangestelltes Stoßgebet: „Ach daß, bitte jenen Völkern, wenn schon nicht die Liebe zu uns, dann wenigstens der Haß auf ihresgleichen ewig erhalten bliebe! Denn in der Schicksalsstunde des Reiches kann uns die Glückgöttin nichts Größeres gewähren als die Zwietracht unter unseren Feinden." Trotz der anhaltenden Auseinandersetzungen scheint es dann doch, als ob man sich in Rom an jenen Unruheherd in der *Germania libera* gewöhnt hätte, bis die Invasionen des dritten Jahrhunderts abermals Befürchtungen auslösten: bei Herodian, Cyprian und in den Sibyllinischen Orakeln treten geradezu existenzielle Sorgen auf (Alföldy *1974*, 103).

Die (objektiv) destruktive Bedeutung der Germanen für das Imperium tritt in der Folgezeit zurück hinter deren (subjektiv) konstruktive Absicht. Seit der Auseinandersetzung zwischen Arminius und seinem romtreuen Bruder Flavus 16 n.Chr. über die Weser hinweg (Tac. ann. II 9) unterscheiden die Quellen mehrfach zwischen national und imperial gesonnenen, zwischen romfeindlichen und romfreundlichen Germanen. Dieser Gegensatz verschwindet zugleich mit dem Reich zugunsten eines allgemeinen Respekts gegenüber Rom und dem Kaisertum. Dies führt hinüber in die Romidee des Mittelalters. Auf der Basis der *Translatio Imperii* konnten die Germanen nur als Erben, nicht als Zerstörer des Reiches erscheinen. Erst der Widerspruch gegen die Herrschaft der römischen Kaiser deutscher Nation im humanistischen Italien änderte das Urteil über die spätrömischen Germanen. Villani, Bruni und Machiavelli zogen die Parallele zwischen den Germanen der Völkerwanderungszeit und denen ihrer Gegenwart, die Italien als Landsknechte der französischen und deutschen Könige heimsuchten. Bei Blondus fiel ihnen bereits die Hauptschuld an der Zerstörung des Reiches zu.

In der Folgezeit schuf sich eine positivere Bewertung der Germanen Raum, zunächst über den Nationalismus der deutschen Humanisten. Wimpfeling und Hutten meinten, die moralische und militärische Tüchtigkeit der alten Deutschen hätte das morbide Imperium überwunden.[1] Besonders verlockende Identifikations-Idole waren natürlich der von Hutten und Lohenstein, von Klopstock und Kleist immer wieder gefeierte Arminius (Kuehnemund *1953*) und Alarich (Edelmann *1946*, 203). Diese progermanische Haltung war keinesfalls ein deutsches Phänomen. Wir finden sie in Italien seit Aeneas Silvius Piccolomini *(1458)*, in Schweden seit Magnus *(1554)*, bei Franzosen seit Hotman *(1573)*, bei Engländern seit Verstegan *(1605)*. Bieder *(1921/24)* liefert hierzu reiches Material.

1558 brachte Panvinius das überzeugende Argument, das Ostreich hätte überdauert, weil es durch eine besser geschützte Lage und reichere Mittel die Germanen habe abwehren können (II. 3. a!). Dies übernahm Hugo Grotius (II. 3. b!), und Georg Horn (†1670) erfand die Schulbuchformel: *in Occidente Imperium mox deficit ob barbaricas irruptiones* (*1699*, 50). Montesquieu (*1734* c. 19) verband beides: Die Römer siegten, solange sie ihre Gegner einzeln nacheinander angriffen, als aber alle zugleich gegen das Reich antraten, unterlag dieses; nur das geschützte Kleinasien konnte sich halten. Montesquieu wie die Aufklärung überhaupt beförderte die Germanen zu jenem unverdorbenen Naturvolk, das mit der christlichen Religion und dem antiken Kulturerbe einen neue Stufe der Menschheitsgeschichte erklommen habe: in diesem Punkte war man im ganzen 19. Jahrhundert mit dem Humanismus wie mit der Romantik einig.

III. 6. a. Außenpolitische Erklärungen im 19. Jahrhundert

Die Liebe zu den Germanen bei deren neuzeitlichen Nachkommen zehrt von dem Neid gegenüber der Vorbildlichkeit der Griechen und Römer, die seit dem Hu-

---

[1] Kemiläinen *1956*; Messmer *1960*; Svennung *1967;* v. See *1970*.

manismus namentlich von den romanischen Völkern verfochten wurde. In der deutschen Präromantik wurde eine national-germanische Anti-Antike entworfen, die mehr oder weniger gegen Frankreich gerichtet war und darum mit den Freiheitskriegen Aufwind erhielt. Bereits der Göttinger Hainbund schwärmte für die alten Germanen, und Klopstock, der Stern des Bundes, wollte in seiner Hermann-Trilogie die Teutoburger Schlacht (1769), die Niederlage der entzweiten Fürsten gegen Caecina (1784) und die Beseitigung des Arminius durch seine Verwandten (1789) auf die vaterländischen Bühnen bringen. Er besang den *liberator Germaniae* mit der Zunge Thusneldas: „Ha, dort kömmt er mit Schweiß, mit Römerblute / Mit dem Staube der Schlacht bedeckt! so schön war / Hermann niemals! So hat's ihm / Nie von dem Auge geflammt! / Komm'! ich bebe vor Lust! reich mir den Adler / und das triefende Schwert!" Bardengebrüll als *antikisierende* Ode. Höhepunkt dieser Nordlust ist Kleists ›Hermannsschlacht‹ von 1808, der Kampf gegen Napoleon im Gewande germanischer Bärenhäute.

Romantik, Nationalismus und Befreiungskriege haben das Interesse an den Germanen gefördert. 1816 widmete Hans Christoph Ernst von GAGERN den ›Democratie‹ betitelten dritten Band seiner ›Resultate der Sittengeschichte‹ dem Freiherrn vom Stein. Gagern übernahm die aus der Aufklärungshistorie bekannte Theorie vom Untergang Roms wegen moralischer Entartung und politischer Entrechtung und betonte, daß die Germanen es waren, die „durch ihre Beharrlichkeit am Ende der gesunkenen Menschheit wieder empor halfen" (105).

Heinrich LUDEN hat die Ablösung der römischen durch die germanische Welt aus dem Geiste des Fortschrittsglaubens begrüßt. „Man freut sich, wie nirgends in der Geschichte, über den Untergang", so in seiner ›Allgemeinen Geschichte der Völker und Staaten des Altertums‹ (*1814/19*, 600 vgl. *1824*, 102). Er sei notwendig gewesen, weil das Imperium völlig verfault gewesen wäre und jede Fortentwicklung abgeschnitten hätte. Ähnlich wie Herder verurteilte Luden die Großmachtbildung von vornherein: „Die unnatürlichsten Verhältnisse waren durch Rom's sündhafte Unterjochungs-Wuth herbei geführt" (*1819*, 597). Der „Geist", in Gestalt der „Rache-Geister zerstörter Völker" habe lange kämpfen müssen, ehe ihm der entscheidende Fortschritt über das Altertum hinaus gelang (*1819*, 600; *1824*, 103). Ihn sah Luden erreicht in der Ausbildung freier und selbständiger Nationen, in denen Staat und Volk eine Einheit bilden konnten. Hier spüren wir wieder Herders Einfluß. Die Lösung der Kirche vom Staat habe die Ausbreitung des Christentums ermöglicht, es bildet den Rahmen der großen Völkerfamilie republikanisch-konstitutioneller Staaten, die Luden in der Nachantike realisiert sah (*1824*, 15). Sie sollten sich an Rom ein „ewig warnendes Beispiel" nehmen (*1819*, 599).

Die Stimmen im Umkreis des historischen Idealismus lauten immer ähnlich. Joseph GÖRRES parallelisierte in seiner Schrift ›Teutschland und die Revolution‹ (*1819/1921*) die Gegenwart mit der Völkerwanderung: damals habe die Vorsehung der verfaulten Welt durch die Germanen neue Kräfte zugeführt, heute seien solche aus der „Ideenwelt", aus dem „Geisterreich" zu holen (100 f.; 122). Entsprechend begrüßte G. F. Klemm 1827 in seinem ›Attila‹ die Ablösung des verkommenen Römertums durch die braven Teutschen, ein „ehrwürdiges Volk" (97 ff.). Die entsprechenden Urteile von Schlegel und Hegel über die Germanen sind uns oben begegnet (II. 4. c!).

Ein ebenso freundliches Bild der Germanen, *nos ancêtres,* vertraten in Frankreich Chateaubriand (s. o.) und Jules Michelet. Letzterer betonte in seiner ›Histoire de la république romaine‹ (*1831/94*) den inneren, durch die Aristokraten und ihre Sklavenwirtschaft verschuldeten Niedergang des republikanischen Italien, der in den finstren *Césarisme* geführt habe (2; 6; 19). In der letzten, der „orientalischen" Phase des Reiches, als die Rasse schon gänzlich nivelliert war (20), da erschienen aus Europas Norden blonde Barbaren, die Völker ewiger Jugend: *C'est leur sort de rajeuner le monde. Rome fut renouvelée par l'invasion des hommes du Nord* (16). Michelet betonte die historische Bedeutung der Rasse, die vor Thierry bereits Niebuhr entdeckt habe (17).

In England wurden die Germanen gleichfalls als Überwinder Roms gefeiert. Nach Pinkerton 1787 (II. 4. a!) hatte Samuel Taylor Coleridge bereits 1796 im ›Watchman‹ den Sieg der freiheitstolzen Germanen über den römischen Sklavensinn gewürdigt (*1970,* 89). 1818 sah er den Sturz Roms in langem Niedergang vorbereitet, unter anderem durch eine wachsende germanische Partei in Italien selbst, die den Triumph des *higher moral character* der Germanen einleitete (*1936,* 6 ff.). 1833 wandte sich Coleridge gegen den „unphilosophischen Anekdotensammler" Gibbon und schloß: *the true key to the declension of the Roman empire ... may be stated in two words: the imperial character overlaying and finally destroying the national character.* Damit ist auch ein innerer Faktor anerkannt, der aber deswegen kaum als hinreichend betrachtet wurde, weil bereits unter Traian Rom keine Nation mehr gewesen sei (*1936;* 425 f.).

Im gleichen Geiste beschrieb Henry Hallam in seinen ›Views of State of Europe during the Middle Ages‹ (*1820/57*) die Zerschlagung des seit Septimius Severus (S. 452) wankenden Imperiums durch die unwiderstehlichen Germanen, die der Volksfreiheit eine bessere Welt eröffneten (17; 64). Die etwa von 500 bis 1000 n. Chr. währende Finsternis, die nur durch das Christentum ein wenig aufgehellt werde (461), erscheint als Reifezeit der altenglischen Verfassung, welche die beste der Welt sei (318).

Wenig später entwarf ein ähnliches Germanenbild Sir Francis Palgrave in seiner ›History of the Anglo-Saxons‹ (*1831,* Works V *1921*). Das römische Imperium, geschwächt durch Militärrevolten und Prätendentenkämpfe (13) habe zu viel und zu bereitwillig Barbaren aufgenommen: *this was one of the principal causes of the decline of the empire,* denn die Germanen zogen ihresgleichen nach (11). Palgrave betrachtete sie als den Römern moralisch überlegen (34) und bestimmte als das neue Prinzip die Teilherrschaften, wie sie bereits in den spätrömischen Sonderreichen angelegt gewesen seien (14). 1851 (Works I *1919*) fügte er einige Verfallsgründe hinzu: alle erobernden oder kolonisierenden Staaten zerfielen, Rom sei wegen seiner Laster und seiner Christenverfolgung von Gott gezüchtigt worden (4; 8); die Germanen erscheinen als Vollstrecker des himmlischen Heilsplanes, indem sie die korrupte Römerherrschaft ablösen; deren politische Errungenschaften und das Christentum jedoch der Nachwelt erhalten. Palgrave verfocht den Gedanken der Kontinuität (II. 5. d!) und vertrat als letzter Autor die Theorie der vier Weltreiche.

Die Beurteilung der Germanen im Schlußakt der antiken Kultur geriet dann unter den Einfluß der Geschichtsphilosophie Hegels (II. 4. c!). Nachdem nicht nur der *deutsche* Nationalismus in ihnen eine höhere Sorte Mensch erblickt hatte, stiegen sie nun in die Würde auf, Träger des Weltgeistes zu heißen (*1831/1961*, 468 f.). Der Breslauer Jurist Ernst Theodor GAUPP behandelte 1844 in einem gelehrten Werk ›Die Germanischen Ansiedlungen und Landtheilungen in den Provinzen des Römischen Weltreiches‹ und erklärte darin als den „großen weltgeschichtlichen Beruf“ dieser nordischen Völker, der „siech gewordenen Römischen Welt“ neue Kraft und Freiheit zu bringen (p. VIII; 13). Gaupp warb für eine Besinnung der germanisch-romanischen Völker auf ihre Verwandtschaft (p. IV) und hoffte, daß im Zuge ihrer weltweiten Ausdehnung die weder in der Völkerwanderung noch in den Kreuzzügen gelungene Landnahme auch im östlichen Mittelmeer-Raum demnächst stattfinden könne (611 f.). Auch Fraas 1847 schreibt darüber (III. 3. a!), offenbar hat es solche Kolonisierungspläne gegeben.

Vor ihnen warnte, trotz ähnlicher Grundanschauung, Charles KINGSLEY, Kanonikus von Middleham und später Geschichtsprofessor in Cambridge. In der Einleitung zu seinem als historisches Zeitgemälde verstandenen Roman ›Hypatia‹ (*1853*) beschreibt er die organische Altersschwäche des sterbenden Imperiums, das auch durch die Kirche nicht verjüngt werden konnte. Dazu bedurfte es des frischeren, gesünderen Blutes der „gotischen Völker, von denen die Norweger und Deutschen den reinsten Typus zeigen, obgleich jede Nation Europas von Gibraltar bis Petersburg ihnen die kostbaren Elemente ihrer Kraft verdankt“ (IX). Die Germanen werden nach Salvian als Tugendbolde gefeiert, welche die verstümmelten Glieder der Alten Welt im Medeakessel der Völkerwanderung wieder jung kochten. Eine weise Vorsehung habe es den Germanen versagt, jenseits des Mittelmeeres Fuß zu fassen, wo Klima und Luxus die Sieger zu „Sklavenhaltern“ machen und verderben, wie zuletzt die Kreuzfahrer bewiesen.[2]

Ohne jeden patriotischen Unterton bemerkte Karl KNIES in seinem Werk ›Die politische Öknonomie vom geschichtlichen Standpunkte‹ (*1853/83*, 385 ff.) gegen Roschers Kulturzyklik (III. 5. a!): „die altclassischen Völker sind eines entschieden gewaltsamen Todes gestorben“, und das sei das Normale. „Wo ist ein einziges Volk in der Geschichte, dessen Lebenslicht in sich selbst ganz erloschen, nicht von außen her vernichtet worden ist?“ Die Parallele zwischen Gegenwart und Spätantike lehnte Knies ab; da liege zuviel Fortschritt dazwischen.

Gewöhnlich wurde in Deutschland die Völkerwanderung als providentielle

---

[2] Kingsleys Germanenbild begegnet ähnlich in anderen englischen Romanen der Zeit, so in W. Collins ›Antonina‹ von 1850 (Mielsch *1980*, 385).

Segnung gepriesen. Leopold von RANKE spannte sie in einen großen Rahmen. In seinem Vortragszyklus ›Über die Epochen der neueren Geschichte‹ *(1854/1917)* fand er den tieferen Sinn der römischen Geschichte im Dienst einer höheren Sache, indem er meinte: „der welthistorische Beruf Roms“ war es, „den Occident zu zivilisieren“. Dies sei geschehen durch vier „Produktionen“: durch die lateinische Weltliteratur, die Ausbildung des römischen Rechts zum allgemeinen Recht, die Schaffung einer bürokratischen Monarchie und die Durchsetzung des Christentums (26). Diese Aufträge waren mit Constantin erfüllt, der Antike und Christentum versöhnte und der Monarchie ihre fortan gültige Form verlieh. Darum konnte das Imperium nun von neuen Völkern abgelöst werden, von den Germanen (Freitag *1966,* 197 ff.; 258 ff.).

Ohne die Völkerwanderung, sagte Ranke, wäre es nicht zur Auflösung des Imperiums gekommen; und das, was die Germanen den Römern überlegen machte, sei „in ihrem eigentümlichen militärischen Wesen der alles durchdringende Kitt der Treue“ zu ihren Königen (Epochen 36). Vorbereitet wurde die Machtübernahme durch Mißstände im Reich, unter denen Ranke eine brutale Verwaltung und eine abnehmende Bevölkerung nannte (33 f.). So sei die Eroberung des Imperiums durch die Germanen nötig geworden, und darin fand Ranke einen höheren Sinn. Das Interesse der Menschheit habe die Bewahrung des Imperiums nicht verlangt (Freitag *1966,* 201), vielmehr schien Ranke die „Propagation der welthistorischen Ideen und Kultur, wie sie sich im römischen Reich entwickelt hatte“, notwendig, aber dies habe nicht durch eine Ausweitung des Imperiums erfolgen dürfen, weil damit die Bildung der europäischen Nationen verhindert worden wäre. Also mußten die Germanen einmarschieren (Epochen 34). Wie sich damit Rankes Wort verträgt, daß jede Epoche „unmittelbar zu Gott“ sei und ihren Wert nicht aus ihren Ergebnissen gewinne, sondern in sich selbst trage (17), ist schwer zu verstehen. Offenbar ist es doch nicht so einfach, die Opposition gegen Hegel durchzuhalten. An ihn erinnert es auch, wenn Ranke später in seiner ›Weltgeschichte‹ (*1881* ff.) neben die dominierende Rolle der Germanen (IV^5 117 ff.; 159 ff.) die des Christentums stellte, und diese beiden Faktoren die neue Zeit herauf führen läßt (316 ff.).

1857 hat sich Heinrich von SYBEL zum Streitfall Roms geäußert. In Sybels ›Kleinen historischen Schriften‹ werden die üblichen Mißstände moniert: erst seien die Römer selbst im Luxus verkommen, und schon strömte das „Gift der Entsittlichung“ aus Rom in die Provinzen (I^3*1880,* 4 f.). Das Sklavenproblem, die allgemeine Resignation, die Verarmung des Landes erschienen ihm Symptome eines selbstverschuldeten und unaufhaltsamen Absterbens (7; 12), das aber erst dadurch in ein neues Weltalter hinüberführte, daß „frische Kräfte“ der Germanen neues Leben brachten. Diese „lebenstrotzende Völkermasse“ habe eine „weltliche Verjüngung“ herbeigeführt (24 f.; 45), und dies sei das Werk unserer Vorfahren, der alten Deutschen gewesen (29 ff.; 46).

In gleichartigem Sinne meldete sich 1859 Eduard von WIETERSHEIM im ersten Band seiner ›Geschichte der Völkerwanderung‹ zu Wort. Die Zertrümmerung

Roms war für ihn „das größte universalhistorische Weltereignis seit der Schöpfung ... eine Transsubstantiation des Geistes der Menschheit" (4, gesperrt und fett). Die Germanen erscheinen aktiv, die Römer passiv, im Norden das Volk ohne Staat, im Süden der Staat ohne Volk (7). Im zweiten Band von 1860 folgt die hegelianische Sinngebung aus dem „Naturtrieb der germanischen Race, wie ihn die ewige Weisheit zu Erfüllung deren weltgeschichtlicher Bestimmung derselben uranfänglich eingehaucht hatte" (4). Dagegen wäre auch der besteingerichtete Römerstaat machtlos geblieben.

Ebenfalls 1859 erschien der erste Band der ›Geschichte der Stadt Rom im Mittelalter‹ von Ferdinand GREGOROVIUS. Seine Erklärung des inneren Niedergangs erschöpft sich in der biologischen Metapher, indem er Rom „vom Alter entnervt" ([5]*1910*, II) glaubte. „Das am Marasmus des Alters sterbende Reich" (243) wurde von den Germanen zertrümmert, die der Welt das „Prinzip der persönlichen Freiheit" schenkten. Obschon Gregorovius an Gibbon anknüpfte, ja sogar dessen Hauptfaktoren, Germanen und Christentum, für den Zusammenbruch heranzog (II), war er von Gibbons Melancholie weit entfernt. „Der Sturz des Römerreiches war in Wirklichkeit eine der größten Wohltaten, welche das Menschengeschlecht erfahren hat", damals seien die europäischen Nationen begründet worden (243). Diese mit der Usurpation Odoakars 476 vollzogene „Metamorphose der Welt" erschien Gregorovius der „glänzendste Triumph" des Menschengeistes (244). In seiner ›Geschichte der Stadt Athen im Mittelalter‹ *(1889/1980)* lesen wir: „Der Mangel des freien Bauernstandes, verbunden mit der Knechtung der städtischen Kurien, hatte das Weströmische Reich den Germanen preisgegeben, und dieselben Übel bewirkten, daß auch Ostrom erst gegen den Einbruch der Slaven, dann der Franken wehrlos wurde" (221). Hier ist der sozialgeschichtliche Faktor betont, doch bleiben die Germanen als materielle Ursache bedeutsam: „In Epochen des Verfalls von Staaten und Nationen reicht die bewaffnete Kraft Weniger aus, um Viele zu unterjochen." Dies wird an den Goten in Italien, den Franken in Hellas, den Türken in Kleinasien und den Engländern in Indien veranschaulicht (116; 226). Gregorovius hielt daran fest, daß es für das römische Abendland ein Glück war, von den kulturfähigen Germanen erobert und erneuert worden zu sein, während der byzantinische Osten von Hunnen und Slawen bedrängt wurde und seine Aufgabe in einem Schutzwall für Europa erschöpfte (79; 194).

Widerspruch gegen die allgemeine Germanenverklärung erhob 1863 Reinhold PALLMANN. Er definierte die germanischen Gemeinwesen als Räuberstaaten und parallelisierte die Quelle der Germanenromantik, die ›Germania‹ des Tacitus, mit der Indianerliteratur des 18. Jahrhunderts (15 f.). Dies hatte bereits Ferguson getan (*1766*, 133). Noch schärferer Protest kam nach dem Deutsch-französischen Krieg 1870/71 aus Frankreich. 1877 befaßte sich Numa Denis FUSTEL DE COULANGES in seinem Werk ›Histoire des institutions politiques de l'ancienne France. L'invasion Germanique et la fin de l'empire‹ mit den Verfallsursachen und gab zunächst den inneren Gründen ihr Gewicht. Ähnlich wie die kulturphilosophischen Interpreten betonte er das *énervement du caractère* und die *faiblesse de l'esprit politique* (43; 217 ff.; 561), die er mit dem Wohlstand und der Religiosität verknüpfte. Unter den sozialen Mißständen hob er den Schwund des freien Mittelstandes und die Kriegsmüdigkeit des Adels hervor (222 ff.). Ein stärkeres Gewicht verlieh er jedoch der Rolle der Barbaren, sie erschienen ihm der bedeutsamste Auflösungsfaktor (567). Dennoch bemühte er sich, *l'idée d'une Germanie triomphante* zu widerlegen (400). Zu diesem Behuf bestritt er die Vorstellung eines germanischen Einheitsbewußtseins, einer patriotischen Romfeindschaft und eines rassischen Gegensatzes. *Ces violentes et aveugles haines, qui remplissent aujourd'hui le coeur du Germain, étaient inconnues à ses ancêtres. Pour les Germains d'alors, »l'ennemi héréditaire« c'est le Germain* (322; 515). Die Invasionen führte er generell auf innere Spannungen der barbarischen Gesellschaft zurück, an Landmangel habe sie nicht gelitten (327 f.). Nur deklassierte und entwurzelte Splittergruppen hätten in Form von Räuberbanden das Reich bedrängt, der Begriff „Völkerwanderung" sei abzulehnen (324 f.; 340; 357). Dem Tenor seines Titelbegriffes „Invasion" zum Trotz kennzeichnete Fustel die Auflösung des Imperiums als Resultat einer Entwicklung. Die aristokratische Struktur des spätrömischen Reiches, die einen Großteil der Bevölkerung unter das Patronat senatorischer Grundherren gestellt sah, leitete er aus vorrömischen Verhältnissen ab. Und die Barbarisierung des Heeres schien ihm gleichfalls auf die Einstellung von Hilfstruppen seit der Republik zurückführbar (562 ff.). Der Autor legt Wert darauf, daß die Germanen die Macht als Reichsangehörige ergriffen, daß sie den Kaiser in Byzanz anerkannten und die römischen Traditionen fortführten. Somit reduziert sich der Zusammenbruch des Imperiums auf einen personalen Wechsel in der Spitze; eine innere Wandlung vollzog sich, ohne Zäsur (566 f.). Kein neues Blut, keine neue Sprache, keine neuen Einrichtungen seien aufgetaucht, lediglich die bestehenden Verhältnisse seien durcheinandergebracht worden, so daß sie erneuert werden mußten (420). Die Kontinuität dominiert.

Die Proteste aus Frankreich gegen die *Germanie triomphante* machten in Deutschland wenig Eindruck. Hier wurde das Germanenbild wohl von niemandem stärker geprägt als von Felix DAHN. ›Ein Kampf um Rom‹ erlebte 1877 bis 1916 über 110 Auflagen (Mielsch *1980*, 398). Dahns Romane sind aus historischen Studien erwachsen. Seine ›Urgeschichte der germanischen und romanischen Völker‹ (II *1881*) ist ein wissenschaftliches Werk. Der Fall Roms wird dort aus dem großen Völkerringen abgeleitet: „Der Untergang des Römerreiches – das war das Endergebnis des römischen, zumal cäsarischen Prinzips der ‚Verteidigung durch den Angriff' " (420). Die defensiv kaschierte Welteroberung Roms, ein „großartiges dämonisches Prinzip", habe dem „Ausbreitungsbedürfnis" der anderen Völker kein „Raumgenüge" geboten. Die Germanen hätten sich unter römischem Einfluß zivilisiert und formiert, bis „das naturnotwendige Überquellen der Volkskraft über die allzu eng von Rom gezogenen Schranken" erfolgte: so überschritten die Germanen schließlich den Tiber, zerstörten das Westreich und erbten dessen Kaiserherrschaft (420 f.). Dahn zeigt Anklänge an imperialistische und sozialdarwinistische Argumentationen. Den Gotenkrieg Justinians parallelisierte er mit Geschehnissen seiner Zeit: die Goten entsprächen den Österreichern, die Franzosen unter Napoleon III. den Byzantinern unter Justinian, aufsässige Italiener und ein machtgieriger Papst seien gleichfalls beidemale zu finden. Das Ergebnis entsprach indessen nicht ganz Dahns Vorstellungen. Er schrieb: „Wir hatten kein Glück bei der damaligen 'Liquidation' des in Concurs geratenen Römerreiches", was fehlte, war ein germanischer Bismarck.[3]

Wie sich nationale Empfindlichkeit in Frankreich und Teutonenstolz in Deutschland ergänzten, lehrt die Bemerkung von Arsène Dumont (*1890*, 85): es sei der germanische Patriotismus gewesen, der seit den Kriegen gegen Napoleon I. seine Vergangenheit nach Adelsbriefen durchsucht, aber nur Barbarei gefunden habe. Darum behaupteten die deutschen Gelehrten, ihre Vorfahren hätten den lateinischen Völkern zwar Freiheit und Eigentum abgenommen, ihnen aber eine große Zukunft, frische Kräfte und eine neue Jugend geschenkt. Die Rede von der Regeneration der lateinischen Welt durch die Barbaren wird abgetakelt. Germanentum und Christentum erscheinen als destruktive Mächte, wie wir sie von Gibbon kennen.

„Aus der aufrichtigen Liebe zum Deutschtume, aus mancher Besorgnis um dessen Zukunft" schrieb Maximilian Graf Yorck von Wartenburg seine ›Weltgeschichte in Umrissen‹ (*1897/1931*, 2). „Hatten die Römer von der Natur die erfolgreiche Gabe eines fest nationalen politischen Egoismus empfangen, so war den Deutschen ein für das praktische politische Leben höchst gefährlicher Idealismus zuteil geworden" (103). Dieser aber begründet ihre sittliche Superiorität. Unter den Antoninen „erscheint der weltgeschichtliche Beruf Roms als erfüllt" (109), moralisch und biologisch waren die Römer am Ende. Die Raumnot der gesunden jungen Nordvölker, gesteigert durch den Druck der Hunnen, führte zur Völkerwanderung und zum Fall Roms, „dieser Niedergang ist bis jetzt die größte Erscheinung sinkenden Volkstums in der Weltgeschichte" (125). Graf Yorck bedauert das nicht: „der Spruch der Geschichte war dahin gefallen, daß Europa unter antiker Kultur germanisch werden sollte". Gegen eine Wiederholung des Hunnensturms, nun aus „Rußland, drohend für Europa durch seine Massen" (119), empfahl der Autor die „Vereinigten Staaten von Europa" (261).

---

[3] Vgl. Helbling *1954*, 81 f. Der Tenor von Dahns Argumentation hat in der wilhelminischen Zeit die Schul- und Lesebücher beherrscht. Ein Beispiel aus J.C. Andrä's ›Erzählungen und Lebensbildern aus der Deutschen Geschichte‹ (vor 1910): „Die Deutschen hatten den langen Kampf mit ihm (dem Römerreich) siegreich ausgefochten. Gott hatte sie dazu berufen, eine alte, faule und verdorbene Welt zu zertrümmern und durch ihre frische Kraft neue Staaten auf diesen Trümmern zu gründen" (20). Hier wird der deutsch-französische Gegensatz latent in die germanisch-römische Welt übertragen und eine expansive Politik, wie sie in der Gegenwart betrieben wurde, historisch unterfangen.

III. 6.b. Positionen des 20. Jahrhunderts

Die Rolle der Germanen bei der Auflösung des Römischen Reiches ist in der Zeit nach dem Ersten Weltkrieg unter zwei Aspekten erörtert worden. Zum einen ging es um die Gewichtung zwischen den inneren und den äußeren Zerfallsfaktoren, um den Anteil der Germanen am politischen Geschehen. Zum andern wurde nach dem Einfluß der politischen Aktionen der Germanen auf die kulturelle Tradition von der Antike zum Mittelalter gefragt: sind die Germanen als Zerstörer oder als Fortsetzer der antiken Zivilisation zu verstehen?

Diese Fragen hängen mit dem Kontinuitätsproblem (II. 5. d!) zusammen, daher ist es begreiflich, daß die im folgenden zu behandelnden Lehrmeinungen alle irgendwo auf Dopsch fußen. Dessen Ansicht von den Germanen als Erben, ja Rettern der Kultur stieß in Belgien und Frankreich auf Widerspruch. Henri Pirenne hielt an den destruktiven Folgen der Germaneneinbrüche fest. Seine seit 1922 mehrfach vorgetragene Position mündet in sein 1935 abgeschlossenes Buch ›Mahomet et Charlemagne‹. Es wurde 1941 von Paul Egon Hübinger übersetzt und unter dem Titel ›Geburt des Abendlandes‹ vorgelegt. Wir haben die These Pirennes, daß nicht die Völkerwanderung, sondern erst der Islam die Einheit der Mittelmeerwelt zerrissen und damit den Übergang vom Altertum ins Mittelalter gebracht habe (*1935/41,* 285 ff.), im Zusammenhang mit dem Kontinuitäts- und dem Periodisierungsproblem angesprochen (II. 5.c und d!). Trotz dieser späten Epochensetzung konnte auch Pirenne nicht daran vorbei, daß der *politische* Auseinanderbruch des Imperiums bereits im 5. Jahrhundert stattgefunden hat, und ihn erklärte er mit Hilfe der außenpolitischen Lage: Während des – nicht weiter abgeleiteten – Wirtschaftsverfalls im Reich wuchs der Druck auf die Grenzen (17). Die Germanen kamen als Söldner und Siedler; anders als später die Moslems trennte sie kein religiöser und kultureller Gegensatz von den Römern. Überdies standen sie ihrerseits unter äußerem Druck: „der Hunnensturm trieb sie voran" (21). Den „entscheidenden Schlag für das Reich" führte Geiserich, als er die Seeherrschaft an sich riß. „Die Seele des Staates verschwindet." Daß die Kaiser nichts dagegen taten, erklärt Pirenne durch die Hunnengefahr (27). Von seinen eigenen Bundesgenossen „ständig verraten", verlor das Reich mit dem Sturz des Romulus 476 das gesamte Westbecken des Mittelmeeres. Diese Verluste verschmerzt Pirenne mit der Erkenntnis: „Rechtlich besteht das Reich in einer Art mystischer Gegenwärtigkeit fort" (31).

Pirennes Widerspruch zum deutschen Germanenbild seiner Zeit teilte Louis Halphen in seinem Werk ›Les Barbares‹ *(1926/48).* Im Endeffekt hätten die Germanen mehr zerschlagen als aufgebaut, an positiven Resultaten sei wenig zu verzeichnen, ihre politisch-soziale Ordnung sei jedenfalls durchaus anders als diejenige der Cäsaren (78). Daß ihnen die Hauptlast am Zusammenbruch zukommt, ergebe sich aus dem Überleben des Ostreiches, das durch die Landmauern von Konstantinopel sein kleinasiatisches Hinterland schützen konnte (88 ff.).

Einen anderen Akzent zeigt der in Frankfurt lehrende Schweizerische Althistoriker Matthias GELZER. Er hatte bereits in seiner Besprechung von Sundwall *(1915)* den sozialökonomischen Erklärungsversuch mit den Worten abgelehnt: „gerade dieses Zeitalter lehrt besonders eindrucksvoll, daß es geistige und sittliche Kräfte sind, welche die Geschichte der Menschen gestalten" (HZ 116, *1916* S. 295). Ausführlich behandelte Gelzer unser Problem in seinem Vortrag von 1926 über ›Altertumswissenschaft und Spätantike‹. Zwar sei der Germanenangriff „nicht ohne weiteres als Ursache des Zusammenbruchs anzunehmen" (394), doch liefert jener für Gelzer eine notwendige Bedingung. Die Entvölkerung des Reiches hätte eine Zuwanderung erfordert; infolge der „schlechten kaiserlichen Politik" sei die friedliche Ansiedlung mißlungen (395), und zu einer Abwehr der Barbaren sei Rom zu schwach gewesen. „Das Schwinden der Wehrhaftigkeit innerhalb der Reichsbevölkerung hat seinen tiefsten Grund im Wesen des römischen Kaisertums: Militärmonarchie und Volksbewaffnung schließen sich aus" (392). Der allgemeine Kulturverfall wird als Kriegsfolge begriffen (397). Gelzer spürte in der Spätantike Aktualität. Es „zeigt unsere Gegenwart unleugbar mancherlei wesensverwandte Züge, die uns die Spätantike heute näher bringen als jemals zuvor. Auch wir leben in einer Epoche des Übergangs, der Metamorphose, der Hinwendung zu neuen Wertungen". Gelzer verglich die Wahl des Kaisers durch das Heer mit der modernen Präsidialdemokratie, parallelisierte die Kirchenkonzilien mit den Parlamenten, fand den „eigentlichen Berührungspunkt" jedoch in der „Bewältigung der staatlichen Aufgaben durch bureaukratische Bevormundung und durch eine sozialistische Zwangsorganisation" (399). Der Unterschied zwischen imperialem und proletarischem Sozialismus erschien ihm unerheblich angesichts der Übereinstimmungen zwischen dem spätantiken Staat auf der einen Seite und dem bolschewistischen, faschistischen und parlamentarischen Sozialismus auf der anderen Seite. Überall liege die „bürgerliche Scheinfreiheit" im Schatten allgewaltiger Militärmacht.

Nach dem Zweiten Weltkrieg (1958) hat sich Gelzer abermals über ›Aufstieg und Untergang des alten Rom und des römischen Imperiums‹ geäußert. Der Wohlstand der hohen Kaiserzeit sei durch die außergewöhnliche Ruhe im Barbaricum ermöglicht worden, mit dem dritten Jahrhundert setze der bekannte *circulus vitiosus* ein: die Heereskosten ruinierten die Wirtschaft, dies erforderte seit Diocletian eine „totale Mobilisierung der Bevölkerung", wie sie im gegenwärtigen Kommunismus üblich sei. Somit sind nun Sassaniden und Germanen als letzte Ursache für den Zerfall des Reiches gedacht, der indessen keinen völligen Kulturbruch bedeute, denn der Funke glomm weiter und leuchtete im neueren Europa wieder auf (127 f.).

Während des Dritten Reiches standen die Germanen in der deutschen Literatur hoch im Kurs. Ihre Rolle bei der Zerstückelung des Imperiums wurde jedoch gewöhnlich im Rahmen der Rassenlehre diskutiert und ist daher oben behandelt (II. 3. c!). In der nationalsozialistischen Auseinandersetzung mit dem antiken Germanenproblem kehrt das Dilemma wieder, das die deutschen Humanisten bereits beschäftigt hat: einerseits war man stolz, sich als Nachkomme eines Volkes zu bekennen, dem die antiken Autoren Hochachtung entgegengebracht haben und das sich dem Imperium als überlegen erwiesen hat. Andererseits war hinzunehmen, daß die römische Kultur hoch über der germanischen stand, die Zerstörung dieser Kultur mithin kein Lorbeerblatt war. Hitler hat 1942 gegen die einseitige Germanenverklärung Stellung bezogen und die antike Kultur als Leistung der arischen Rasse ideologisch eingemeindet. Seine klassizistische Baupolitik ist vielleicht der deutlichste Ausdruck für den Anspruch auf das griechisch-römische Erbe. Aus diesen Gründen empfahl es sich, auch die romfreundliche Haltung der Germanen zu unterstreichen, jene Synthese zu erneuern, der Mussolini durch die Restauration des Theoderichgrabes in Ravenna seinen Tribut zollte.

Programmatisch wird eine solche Haltung in den drei Aufsätzen verfochten, die Alexander Schenk Graf von STAUFFENBERG 1935, 1936 und 1937 unter dem gleichbleibenden Titel ›Die Germanen im Römischen Reich‹ vorlegte. Die „Überwindung des weströmischen Reiches durch die Germanen" im 4. und 5. Jahrhundert (*1935*, 72) schien ihm der tragische Ausgang eines Konfliktes zweier Mächte, zu denen sich Stauffenberg als Georgeianer gleichermaßen bekannte: Germanentum und Reichsgedanke. Der Autor ging davon aus, daß der Römerstaat im Kern naturgesetzlich vergreist sei, von den Rändern her jedoch immer wieder erneuert wurde (*1936*, 168; *1937*, 356). Die beiden letzten Randmächte, die das Reich wieder beleben konnten, waren das Christentum und die Germanen. Stauffenberg wurde nicht müde zu betonen, mit welcher Hingabe jenes „beginnliche Urvolk" (*1935*, 81) sein „kostbares und unverbrauchtes Blut" (*1937*, 357) in den Dienst des Reiches gestellt habe. Die Vorstellung einer „Germanengefahr" sei eine bloße Phantasmagorie gewesen, die Germanen waren kein „Fremdkörper", sondern eine unersetzbare Stütze des Imperiums (*1935*, 72; 78; 353). Zunächst als Hilfstruppen, dann als Bauern hätten sie die Lücken geschlossen. Seit Gallienus sei die römische darum Teil der deutschen Geschichte (*1935*, 81). Constantins „grandiose Konzeption eines aus germanischem Blute erneuerten universalen christlichen Imperiums" sei zwar von Julian bekämpft worden, doch Theodosius habe das Vermächtnis weitergeführt (*1935*, 98 ff.; *1936*, 167; *1937*, 346; 357). Hätte 395 ein fähiger Nachfolger die Verschmelzungspolitik weitergeführt, so hätte das Imperium dauern können (*1935*, 98; *1936*, 118). Statt dessen machte sich im Westen vorübergehend, im Osten aber bald endgültig die „tatsachenferne Ideologie", der „romantische Atavismus" des „nationalrömischen Gedankens" breit, der sich einer allein zukunftweisenden Synthese entgegenstellte (*1936*, 117; *1937*, 358 f.). Die illusionäre Borniertheit der stock-römischen Reaktion zwang die Germanen zum Handeln – das Imperium zerbrach. Stauffenberg sah dies als moralische Schuld der Altrömer (*1936*, 168). Odoakar und Theoderich hätten das Erbe dann zu treuen Händen verwaltet, bis Karl der Große des Reiches Herrlichkeit wieder aufrichtete (*1937*, 359 f.) – aber für Stauffenberg schien dies nur die zweitbeste Lösung. Denn indem Byzanz sich dem Germanentum zum Schaden beider verschlossen habe (*1935*, 74; *1937*, 353), begann die „bedrohliche Wanderung der abendländischen Kulturgrenze gen Westen" (*1936*, 118). Stauffenberg suchte nationalistische Vorurteile im Sinne einer „werdenden europäischen Geistergemeinschaft" zu überwinden (*1937*, 346).

Eine populäre Zusammenfassung seiner Konzeption liefert der Autor 1938 unter dem Titel ›Rom und die Germanen im Lichte der Universalgeschichte‹. Die Erneuerung der Kultur von den Rändern her wird nun ausgeweitet auf die indogermanischen Südwanderungen seit dem 2. Jahrtausend: die „Dynamik der indogermanischen Rassenseele" schenkt in gleichbleibendem Rhythmus der überalterten und überfremdeten Kultur ihren „schöpferischen Samen". Die Germanen haben Rom gerettet: „Europa schmachtend unter dem Schrecken asiatisch-mongolischer Horden. Davor haben die Germanen der Völkerwanderung Europa bewahrt." Sie haben die römische Kultur weitergeführt: „Ehrfurcht scheint mir die oberste Tugend der begnadeten Völker unserer Sprachfamilie zu sein" (3 f.).

Weniger Reichsmystik, aber ebensoviel Germ-Ahnenstolz zeigt Franz Miltner in seinem Buch ›Germanische Köpfe der Antike‹ *(1938)*. „Mochten auch Tausende und Tausende auf blutiger Walstatt bleiben, immer neue Scharen drangen aus den dunklen Wäldern hervor und stürmten gegen die ihren Lebensraum einengenden Grenzen, überrannten sie, drangen in das fremde zermorschende Reich ein und wurden dort zu Herren, wo man sie einst zu Knechten hatte machen wollen" (8). Miltner wandte sich gegen das negative Barbarenbild (9) und erklärte die Germanen für „überlegen in ihrem naturhaften Wollen und gesünderen Ethos". Sein Held hieß nicht Theoderich, der die „absterbende Welt der Antike durch Zufuhr neuer Kräfte des Nordens zu erhalten" suchte, sondern Geiserich, der auf Herrschaft und Abgrenzung gegen Rom hinarbeitete (139). Die von Pirenne destruktiv gewertete Funktion des Vandalenkönigs ist bei Miltner ins Positive gedreht.

Stauffenbergs Konzeption wirkte nach. In seinem Aufsatz ›Die Bedeutung der römischen Angriffskriege für Westfalen‹ *(1938)* erhob Hans Erich Stier Arminius zum Begründer des „germanischen Europa". Stier erblickte im „Germanentum als dem Menschentum der Zukunft" (125) die universalhistorische Antithese der Freiheit gegenüber dem römischen Zwangssystem (131). Indem die „rassische Hochform des Germanentums" das „germanische Weltalter" eröffnete (129; 140), nahm Arminius die Entwicklung zum Mittelalter gleichsam vorweg (138). Der ganze Vorgang heißt bei Stier „germanische Revolution", ein Begriff, der vom Nationalsozialismus zuvor für Hitlers Machtergreifung, vom Marxismus hernach für die Völkerwanderung beansprucht wurde. 1942 versuchte Stier mit seinem Artikel ›Der Untergang der antiken Welt‹ in der Zeitschrift ›Nationalsozialistische Wirtschaftspolitik‹ die Germanen von der Kulturschuld einer Zertrümmerung des Imperiums zu befreien. Vielmehr hätten sie dessen wankenden Bau tatkräftig unterstützt.

Dieselbe These wurde im gleichen Jahre vertreten in Wilhelm Ensslins Aufsatz ›Das Römerreich unter germanischer Waltung von Stilicho bis Theoderich‹, sowie in Hermann Aubins Magdeburger Vortrag (III. 3. c!). Dort heißt es: „Immer noch wird die Welt weithin von dem, romanischem Denken entsprungenen Axiom beherrscht, daß es nur eine echte Kultur gäbe, die von den Römern hinterlassene, von den romanischen Nationen gehütete, und daß die Germanen diese meist nur als einbrechende Störenfriede beeinflußt hätten" (*1943/68*, 200). Demgegenüber sei der „germanische Anteil am Bestande der abendländischen Gesittung" nicht zu unterschätzen, freilich auch nicht zu übertreiben. Weiter ging Ernst KORNEMANN 1943, der die Germanen zu Vorkämpfern des Okzidents beförderte und als Befreier einer vom spätantiken Orient unterjochten Welt feierte (399; 401). In den Augen der Zeit rechtfertigte dies Hitlers Angriff auf Rußland.

Ideologiefrei ist die Wertung des außenpolitischen Faktors im Zerfall des Imperiums bei Norman H. BAYNES in dem Artikel ›The Decline of the Roman Power in Western Europe. Some Modern Explanations‹ *(1943/63)*. Alle inneren Niedergangssymptome ließen sich im Westen wie im Osten aufzeigen, erklärten darum nicht, weshalb dieser überlebte. Die Friedenspolitik habe bewirkt, daß die Provinzialen keine Soldaten mehr waren, die Soldzahlungen an Barbaren habe die Wirtschaft überfordert, und dies habe in den Bankrott geführt (101). Aufgrund der geographischen Gegebenheiten habe der Hauptstoß der Germanen den Westen getroffen. Der Osten sei weniger belastet worden und habe sich daher in dem gut geschützten Kleinasien ein wirtschaftliches und militärisches Reservoir erhalten, aus dem er seine Verteidigung speisen konnte. Wenn Baynes die *pitiful poverty of Western Rome* im letzten Satz (102) als entscheidende Ursache herausstellte, so war sie doch seiner eigenen Beweisführung nach eine Folge erhöhten Barbarendrucks.

Ebenfalls frei von Zeitbezügen urteilte R. LATOUCHE in seinem Buch ›Les grandes invasions et la crise de l'Occident au Ve siècle‹ (1946). Die Germanen erschienen ihm der wichtigste Faktor im Prozeß der Auflösung des Reiches (10), der gleichwohl als unaufhaltsam und eigendynamisch betrachtet wird (8 f.). *L'Empire d' Occident est mort de paralysie ou ... de sclérose* (9). Als Staatsleiden werden Menschenmangel, Pazifismus und Despotie betont (31 ff.). Unsere Zeit, so meint der Autor, sei besonders befähigt, die Spätantike zu verstehen (319), doch wehrte er sich dagegen, die Germanen als Eindringlinge mit der Armee Hitlers gleichzusetzen. Er betonte, daß die mittelalterliche Kultur neben dem christlichen und dem lateinischen Element auch ein nennenswertes germanisches aufzuweisen habe (298).

So wie alle Kriege zwischen Deutschland und Frankreich, so hat auch der Zweite Weltkrieg seine Spuren im Bilde der Germanen hinterlassen. Dies zeigt sich in den germanenfeindlichen Zügen der französischen Literatur der Zeit. André LOYEN nannte 1942 in seinen ›Recherches historiques sur les panégyriques de Sidoine Apollinaire‹ den Fall Roms das *bouleversement politique, social, ethnique le plus formidable peut-être de l'Histoire*, das für die Franzosen deswegen von besonderem Interesse sei, weil schon damals einmal Gallien von Barbaren überflutet worden sei. Die Goten in römischen Diensten werden als „Fremdenlegion", als *tirailleurs sénégalais* bezeichnet (11 f.). 1946 sprach Loyen offener.

Der Text seines in Rennes gehaltenen Vortrags über ›Résistants et collaborateurs en Gaule à l'époque des Grandes Invasions‹ (*1963*, 439) hält, was der Titel verspricht. So wie Fustel nach 1871 schrieb Loyen nach 1945 gegen die deutsche Germanenverklärung. Anders als Kirche und Romanentum bleiben die Germanen eine bloß zerstörende Macht, ihre Festsetzung ist eine *évolution perfide* (440; 450). Avitus wird für loyal befunden, aber Salvian ist *un véritable agent de propagande de la suprématie barbare* (441). Als ob die Germanen ihn beauftragt, oder auch nur gelesen hätten! Sidonius Apollinaris erscheint als Held der *résistance* (446 ff.). Loyen hat bei diesen Projektionen keine methodischen Skrupel: je länger man die Germaneneinfälle betrachte, *plus on est frappé des analogies, qui s'affirment entre cette époque lointaine et la nôtre.* Man dürfe für Avitus, Salvian und Sidonius getrost moderne Namen einsetzen, das sei kein Anachronismus, sondern bringe erst Licht in jene dunklen Jahrhunderte (437).

Im gleichen Tenor äußerte sich Pierre COURCELLE. 1948 erschien die erste Auflage seiner ›Histoire littéraire des grandes invasions germaniques‹ (3. Aufl. 1964, danach zitiert). Schon die Großgliederung des Buches: *l'invasion, l'occupation, la libération* verrät aktuelle Bezüge, aus denen der Autor gar keinen Hehl macht. Er wandte sich ebenfalls gegen die positive Sicht der Germanen (12 f.), indem er sich selbst mit den reichsgläubigen Christen identifizierte. Nach Adrianopel meinte er, die Geburt eines *sentiment de patriotisme* unter ihnen zu beobachten (23). Der Barbarenhaß eines Ambrosius wird mit Sympathie kommentiert, das Germanenbild eines Salvian erscheint Courcelle verdächtig, er fragt: *Salvien est–il un traître?* (143; 153 ff.). Commodian, der in den Germanen die Werkzeuge der verdienten göttlichen Strafe an den Römern sah, schrieb nach Courcelle *propagande favorable aux Barbares* (159), Sidonius entwickelte sich vom Kollaborateur wieder zum Heros der *résistance* (176; 194). Die eigentlichen Nazis des Altertums sind jedoch die Vandalen: Hunerichs *camp de concentration* für die widerspenstigen Katholiken sei von einem *réalisme frappant* (183; 191). Die *politique d'appaisement* von Hilderich blieb Episode, die Hofpoeten zeigen *conformisme le plus vil* (195). Unter Gelimer setzt sich *le parti germanique nationaliste* durch, *persécution* und *extermination* der Katholiken und Römer folgen (199), bis die *libération* durch Justinian gelingt (219). Courcelle mußte allerdings hinnehmen, daß die eigene französische Nationalkultur durch die systematische *collaboration* (254) der Romanen mit den Franken entstanden ist und den *naufrage d'une civilisation* voraussetzt (186).

Eine gleichartige Ausgangsposition zeigt das 1947 publizierte Werk ›L'Empire chrétien‹ von André PIGANIOL. Sein vielzitierter Schlußsatz: *La civilisation romaine n'est pas morte de sa belle mort. Elle a été assassinée* (422) ist die wörtliche Umkehrung der von Landry (*1934*, 139) übernommenen Quintessenz von Gautier (*1932/35*, 38). Piganiol weist damit den Germanen die Schuld am Ende Roms zu, denn ein Mord ist ein Verbrechen. Diese Kriminalisierung der Germanen war ein bewußter Widerspruch gegenüber der deutschen Germanenverklärung, aus dem Geiste der *résistance* gegen Hitler. Momigliano sprach von einem *cri de coeur of a valiant Frenchman against boches and collaborationists* (*1969,* 646; Christ *1970,* 23). Daß die Gleichsetzung der Germanen mit den Deutschen des Zweiten Weltkriegs verbreitet war, ergibt sich aus dem Widerspruch dagegen, den Latouche bereits 1946 (5 f.) erhob. Piganiol hat seine Bilanz indessen an Überlegungen angehängt, die mit ihr nicht harmonieren. Ähnlich wie die Mommsen-Schule beschuldigte er Augustus und seine Nachfolger, die Wehrkraft des Reiches gebrochen zu haben, indem sie aus Furcht vor dem innenpolitischen Widerstand die Bürger entwaffnet und die Kriegführung barbarischen Söldnern überlassen hätten. Rom sei vor allem aufgrund des Verzichts auf Kriegsdienstpflicht der Bürger untergegangen (283 f.).

Piganiol hat sich selbst auf dem internationalen Historikertreffen in Speyer (*1950/70,* 286–291) so interpretiert, daß doch die „Germaneneinfälle als Hauptursache für den Untergang des Imperiums" gemeint gewesen seien, und konstruierte eine phantastische Alternative, wonach sich das Mittelmeer-Reich in ein *Imperium Sarmaticum* mit dem Zentrum an der mittleren Donau um Sirmium hätte entwickeln können, eine antizipierte K. u. k. Monarchie, für welche die Marcomannenkriege Marc Aurels schon gute Vorarbeit geleistet hätten und die in den illyrischen Kaisern und Soldaten der Spätantike das erforderliche anthropologische Fundament hätte finden können (239). Damit bemühte sich Piganiol um eine Verbindung seines Erklärungsvorschlages von 1947 mit seinem älteren aus der ›Histoire de Rome‹ (*1939/62,* 512), wo er als Niedergangsgründe die Wehrdienstverweigerung, die Steuerlast, das Christentum und vor allem die Verlagerung der Handelswege vom Mittelmeer an die Rhein-Donaulinie angegeben hatte. Wäre nun das kontinentale Imperium um Sirmium zustandegekommen, so hätte es wirtschaftsgeographisch wieder richtig gelegen. Daß dies aber mißglückte, sei die Folge der Germaneneinbrüche (*1950/70,* 289). Trotzdem werden die Germanen jetzt entlastet. Denn ihre Einfälle werden ihrerseits abgeleitet aus mangelnder Seßhaftigkeit und aus dem Druck der Steppennomaden, die eine Abwanderung der Germanen ins Reich erzwungen hätten (290). Der Schuldige kommt aus dem Osten. Das waren die immer, selbst in der russischen Literatur (Sirotenko *1959/68*) ungeliebten Hunnen. Darin spiegelt sich eine gewandelte ideologische Situation. Die Atmosphäre von Speyer war bestimmt einerseits durch den Geist der deutsch-französischen Verständigung und andererseits durch den Kalten Krieg.

Dies zeigt sich ebenfalls in anderen dort behandelten Themen, unter denen für unsere Problematik der Vortrag von Wilhelm Ensslin über die ›Bedeutung der Germanen für die antike und mittelalterliche Welt‹ von Interesse ist. Enßlin erneuerte die schon 1942 vertretene Position Stauffenbergs: Der spätrömische Staat habe seine Existenz nur seinen germanischen Grenzwächtern zu danken, ohne diese hätte sich auch die Kirche nicht entfalten können (25). Wenn die friedliche Einbürgerung der Germanen trotzdem mißlang, sei die Unfähigkeit der römischen Politik schuld gewesen. Romulus sei schließlich nur abgesetzt worden, weil seine Berater den Germanen die Ansiedlung verweigerten (27 f.).

Somit sind für Enßlin die Germanen zwar die materiale Ursache, doch liegt die Schuld auf römischer Seite. Indem Enßlin das Ja der Germanen zur Romanitas heraushob, beugte sich dem Geist der Versöhnung zwischen Franzosen und Deutschen in der Adenauer-Ära unter der Prämisse, wieder wie damals einen großen „Umbruch" (22) zu erleben. 1958/59 führte Enßlin diese Gedanken nochmals aus.

Am nachhaltigsten unter den Nachkriegsautoren hat Franz ALTHEIM die Bedeutung der äußeren Bedrohung für den Fall der Reichsmacht verfochten. In seinem Werk ›Niedergang der Alten Welt. Eine Untersuchung der Ursachen‹ (II *1952*) setzte er sich mit Rostovtzeff auseinander (36 ff.) und kritisierte an dessen wie allen anderen innenbedingten Verfallstheorien, daß sie den Gegenstand isolierten und übersähen, daß jeder Staat in einem grenzübergreifenden Zusammenhang stünde, der die inneren Entwicklungen als Resultate internationaler Vorgänge erweise (34). Altheim betonte Rankes „Primat der Außenpolitik" in der Erklärung innerstaatlicher Wandlungen und demonstrierte das an einem breitangelegten Nachweis der Interaktion von *Expansion und Krise.* Deren Zusammengehörigkeit schien ihm so evident wie die von „Licht und Schatten" (26 f.). Diese These ist in unserem Zusammenhang nicht neu, wir kennen sie etwa von Toynbee (*1946/50*, 258), Georg Weber (*1863* I 480) und antiken Autoren. Orosius (hist. VI 14, 4) schrieb: *amplissimam dilatationem vastissima ruina consequitur.*

Die Wirren der Soldatenkaiser verstand Altheim als Folge der vorausgegangenen Kriege. Indem die Römer ihre unmittelbaren Nachbarn militärisch geschwächt hätten, seien diese ihren eigenen Hintermännern erlegen, die sich dann nicht mehr auf die Grenzvölker außerhalb des Limes, sondern direkt auf das Reich geworfen hätten (27 f.). Dieser Mechanismus ist in der Tat mehrfach zu beobachten: die von Rom niedergehaltenen Parther wurden Opfer der Sassaniden, die von Rom unterworfenen Daker verloren ihre Widerstandskraft gegen die Goten und übrigen Ostgermanen: jeweils ist die Vorfeldpolitik eine Voraussetzung für Roms Defensivlage. Altheim bestätigte diese Gesetzmäßigkeit an der Geschichte des Zweiten Weltkrieges: indem Deutschland den Schutzwall der Pufferstaaten gegen Rußland zerstörte, geriet es mit diesem in Konflikt, und dasselbe sei den Westmächten widerfahren, als sie in Deutschland die Macht vernichteten, die sie gegen den Osten hätte schützen können (*1952/69*, 143).

Der übliche Vergleich zwischen der Spätantike und der Gegenwart wurde auch von Altheim immer wieder gezogen, beides seien Zeiten des Umbruchs (*1948*, 1; *1954*, 324). Unter den Symptomen des Wandels war für ihn von ausschlaggebender Bedeutung die im südlichen Grenzbereich der asiatischen Reiternomaden entwickelte neue Waffengattung der schweren Kavallerie. Diese von den Ostgermanen übernommene Waffe sei den Römern gefährlich geworden (*1952*, 28). Ohne es im einzelnen auszuführen, hielt Altheim die „außen- und wehrpolitischen Notwendigkeiten" für schlechthin entscheidend: „Erst die äußere Krise rief die im Inneren hervor. Alle Erscheinungen lassen sich eindeutig aus den außenpolitischen Gegebenheiten herleiten" (29). Unter den inneren

Wandlungen betonte Altheim die gegenseitige Bedingtheit von Berufsheer und Zwangsstaat, und hier zog er eine zweite Parallele zur Gegenwart, indem er den Zwangsstaat auch für die europäische Kultur voraussagte (190 ff.). Den Sieg der Germanen verstand er in traditioneller Weise als die Überlegenheit von „jungen" über „alte" Völker (371 u.a.), er sprach im hegelianischen Jargon von der „geschichtlichen Bestimmung" der Germanen (28), die deren Triumph einen höheren Sinn verleihe.

1955 publizierte Altheim das Bändchen ›Reich gegen Mitternacht. Asiens Weg nach Europa‹. Darin versuchte er, die Ergebnisse des Zweiten Weltkrieges historisch zu verstehen aus jenen periodischen Expansionen Asiens, die sich von den Perserkriegen über den Mongolensturm und die Türkenkriege bis zum Einmarsch der Russen nach Berlin verfolgen lassen. Altheim erinnerte an die Abwehrkämpfe der chinesischen Han-Kaiser des 2. vorchristlichen Jahrhunderts gegen die mongolischen Steppen-Nomaden, die Hiung-nu. Damals sei die chinesische Mauer gebaut worden, die den Einfällen einen wirksamen Riegel vorgeschoben habe. Bis um 170 n.Chr. hätten sich die Grenzkämpfe hingezogen, dann seien die Hiung-nu aus dem Blickfeld der Chinesen verschwunden (26). Die Gleichsetzung der Hunnen mit den Hiung-nu, schon von Josef de Guignes (*1756*, 217) vorgeschlagen, wurde seitdem viel diskutiert.[4] Vermutlich im Anschluß an Halphen *(1921)* griff Altheim sie wieder auf und sah die ersten Vorboten der zentralasiatischen Invasion in persischen Söldnern mit türkischen Namen aus Dura-Europos (28). In der Zeit vor 375 hätten die Hunnen Osteuropa erreicht und damit die Westwanderung der Goten in Gang gesetzt, die zur Auflösung des Imperium Romanum geführt hat. Damit erneuerte er eine 1769 von Goldsmith aufgestellte These (II. 4.a!). In der Zweiteilung der Germanen auf den Katalaunischen Feldern 451 in eine pro- und eine antirömische Gruppe sah Altheim einen immer wieder durchschlagenden innergermanischen Gegensatz, der sich von der Zeit des Arminius über die Spätantike zum Investiturstreit und der Reformation, ja bis zum preußisch-österreichischen Konflikt und in die Gegenwart verlängern lasse: „alles sind Formen und Stufen des Gleichen".[5] Altheims letzte Stellungnahme ›Das Ende des römischen Kolonialreiches‹ *(1959/60)* zog die Parallele zur

---

[4] Beck (*1789*, 325), Eichhorn (*1799*, 539), Rotteck (*1812/24* III 33), Klaproth und Alexander v. Humboldt (*1847*, 220; *1859*, 90 f.) lehnten die These ab, vermutlich zu Recht. Ihre namhaften Vertreter im 19. Jahrhundert waren Hellwald 1874 (III. 3.c!), sowie die Geographen Carl Ritter und Ferdinand v. Richthofen (*1877/1971*, 444 f.). Maßgeblich: Otto Maenchen-Helfen, ›Huns and Hiung-Nu‹, 1944/45.

[5] S. 65. Symmetrisch zur politischen Ausdehnung Asiens nach Europa zeichnete Altheim die geistige Strahlkraft Europas nach Asien. Sein spätantikes Exempel ist die gnostisch-neuplatonische Religion des Sassanidenstaats, deren soziale Realisierung ihm der Stufenbau des Feudalwesens war (124). Indem somit westliches Gedankengut den asiatischen Staat der Neuperser geprägt habe, fand Altheim die Parallele zur Durchsetzung von Marx in Rußland. „Marx entstammte dem heiligen Trier, promovierte im burschenschaftlichen Jena und schrieb sein ›Kapital‹ inmitten des viktorianischen London ... Westlich war er ... in seiner Vorliebe für Horaz und höhere Mathematik, ... für Sekt und Hummer" (8 f.).

Auflösung des Britischen *Empire* und betonte, Rom habe den Völkern „Lebensraum“ und „Lebensrecht“ beschnitten. So sei der Untergang unvermeidbar gewesen.

Ohne erkennbaren Zusammenhang mit Altheims Forschungen hat der Tübinger Althistoriker Karl Friedrich STROHEKER seine ähnlich lautende Position formuliert. Sein 1954 erschienener Aufsatz ›Politische Kräfte in der Auflösung des weströmischen Reiches‹ verleiht das Hauptgewicht den Germanen. Der Niedergang des Kaisertums, der Machtzuwachs bei den Heermeistern und Senatoren werden vermerkt, „die stärkste Bewegung aber ging von dem Eindringen der Germanen in den römischen Westen aus. Sie trugen am meisten zum Wandel des politischen Bildes bei“ (75). Stroheker hat diese Stellungnahme 1959 in dem Artikel ›Der politische Zerfall des römischen Westens 455–476‹ etwas abgeschwächt, doch blieben ihm die Germanen im Auflösungsprozeß weiterhin von Bedeutung.

Dieselbe Akzentverschiebung wie bei Stroheker zeigen die Stellungnahmen von Henri-Irénée MARROU. Sein Beitrag ›Die Dekadenz des klassischen Altertums‹ *(1957/70)* galt dem angesichts des Titels verblüffenden Nachweis, daß von Dekadenz nicht die Rede sein könne. Marrou widerrief die frühere Annahme einer „geheimnisvollen Krankheit“ und bekannte sich zum Wert der Kunst und der Literatur der Spätantike (398 f.). „Der Westen des 4. und 5. Jahrhunderts macht auf uns nicht den Eindruck einer dekadenten, kranken und erschlafften Zeit“ (402 f.). Der Schlußsatz Piganiols von 1947 „drückt indessen ein sehr richtiges Empfinden aus“; Marrou betrachtete das Ende des Imperiums als Werk der Germanen, die im Westreich eine eigenständige Entwicklung, wie sie sich im Ostreich dann vollzog, unterbrochen hätten. Diese Position hat Marrou 1977 abgewandelt. Sein Büchlein ›Décadence romaine ou antiquité tardive? IIIe – IVe siècle‹ war zwar wiederum vornehmlich der Absicht gewidmet, die kulturellen Leistungen der Spätantike zu würdigen, behandelte daneben aber auch das Problem des Untergangs Westroms. 1957 hatte Marrou betont, die antike Kultur habe auf einem Schulsystem beruht, „das seinerseits wieder von einer aristokratischen Schicht getragen wird“ (400). 1977 heißt es: *la grande limite de la civilisation antique est son caractère aristocratique* (139). Nur die Städter und der Adel hätten von der Kultur profitiert, daher fühlte Marrou mit den Bagauden (138; 140). Im wesentlichen machte er sich, anders als Courcelle, das Bild Salvians zu eigen. Die Germanen sind indessen nicht ganz verdrängt: ihre überlegene Metallverarbeitung wird als Faktor ihrer Stärke gewertet (142).

Das deutsche Publikum stand lange unter dem Eindruck der Thesen Altheims. Das wird spürbar, auch ohne daß er zitiert wurde, bei Peter BAMM, ›Eines Menschen Zeit‹ (*1972*, 245). In der Wissenschaft sind Altheims Thesen, teilweise bis in die Formulierungen, übernommen worden durch Friedrich VITTINGHOFF in seinem Aufsatz ›Der Übergang von der Antike zum Mittelalter und die Problematik des modernen Revolutionsbegriffes‹ *(1958/69)*. „Die Zerstörung des römischen Ordnungsgefüges im Westen und die Zerschlagung der Reichseinheit lassen sich letztlich auf die Existenzbedrohung beider Reichsteile durch Nordvölkereinbrüche zurückführen" (302). Seit Jahrhunderten habe ein Bevölkerungsdruck auf den römischen Nordgrenzen gelastet. Er habe im 3. Jahrhundert durch die Bildung der germanischen Stammesverbände der Alamannen, Franken und Sachsen, sowie durch das Andrängen von Goten und Sassaniden bedrohliche Ausmaße angenommen, wobei die schwergepanzerte Kavallerie eine besondere Gefahr für Rom gebildet habe. Rom sei dadurch unter einen „Primat der Außenpolitik" geraten, der die Kaiser gezwungen habe, neue Truppen, neue Steuern zu schaffen und zu jener bürokratischen Reglementierung überzugehen, die auch Vittinghoff als Kennzeichen eines „Zwangsstaates" ansprach (303). Mit der Berufs- und Schollenbindung seien die Bürger zu Untertanen geworden, und all dies gehe vorrangig auf den „außenpolitischen Staatsnotstand" zurück. Die Erholungspause des frühen Dominats sei durch den Hunneneinbruch, wie bei Altheim aus einem „unheimlichen Drang nach Westen" verstanden, abgeschnitten worden. Darin liege die „weltgeschichtliche Wirkung des Hunnensturms" (302).

Die geopolitische Lage wurde 1961 von S. N. Eisenstadt als verständnisnotwendig für den Fall Roms erachtet (II. 5. a!), und sie unterstrich auch Paul Petit. Wenn er den Untergang des Westens als Schuld des Osten deutete, der nicht geholfen habe, so erklärt dies nur den Zeitpunkt. Der Fall selbst resultiere aus der langfristigen Barbarisierung des Westens und dem Rückzug des Ostens auf das geographisch geschützte, national geschlossene Anatolien. So in seinem ›Précis d'histoire ancienne‹ (*1962*, 342 ff.).

Ähnlich lautet der Erklärungsversuch von A. R. Hands, ›The Fall of the Roman Empire in the West: a case of suicide or force majeur?‹ (*1963*). Er sah die inneren Übel durchaus, führte deren bedrohliches Ausmaß jedoch auf die äußere Lage zurück. Die Kaisermacherei des dritten Jahrhunderts sei aus dem Mehrfrontenkrieg (161; 166), die Zwangspolitik seit Diocletian aus den erhöhten Militärausgaben einer verdoppelten Armee zu erklären (163), so daß die militärische Situation den Hauptgrund für die Schwäche darstellt (166). Die letzte und gefährlichste Erhöhung des äußeren Drucks komme von der Westwanderung der Hunnen (167). Hands kritisierte die Annahme eines selbstverschuldeten Zusammenbruchs in dem ihr zugrundeliegenden Glauben, man könne daraus lernen. Trotzdem räumte er ein, daß sich das Motiv παθεῖν – μαθεῖν auch für die äußeren Ursachen anführen lasse, angesichts der Atombombe und der Gelben Gefahr (168).

Ebenfalls 1963 erschien der gleichgerichtete Artikel von J. J. Saunders ›The Debate on the Fall of Rome‹. Der Verfasser unterstrich die traditionellen Strukturunterschiede zwischen der griechischen Osthälfte und dem angeblich stets unterentwickelten Westen, und dieser sei durch die Gründung Konstantinopels, *one of the most fateful events in history,* und die sog. Reichsteilung von 395 weiter geschwächt worden (13). Den Zusammenbruch der Verteidigung führte Saunders auf die militärische Überlegenheit der Germanen, insbesondere der Vandalen zurück. Ohne deren Aktionen, die durch die Verbindung zu Attila erst recht ruinös wirkten, sei eine Synthese zwischen Goten und Römern denkbar gewesen (16 ff.).

In Frankreich vertrat dieselbe Ansicht Roger Rémondon in seinem Lehrbuch ›La crise de l'Empire romain‹ *(1964)*. Augustus hätte die Elbgrenze gewinnen müssen, das Rhein-Donau-Dreieck sei nicht zu halten gewesen. Die geographisch bedingte Auseinanderwicklung der beiden Reichshälften verstärkte die Auswirkung der *invasions barbares, dont le rôle a été certes déterminant* (261).

Die gewichtigsten Beiträge zur Diskussion über den Untergang des Imperiums stammen von Arnold Hugh Martin Jones, dem Althistoriker aus Cambridge. Nachdem er sich bereits 1955 in ›The Decline and Fall of the Roman Empire‹ und 1959 mit ›Over-Taxation and the Decline of the Romane Empire‹ geäußert hatte, bezog er endgültig Stellung im Schlußkapitel seines meisterhaften Werkes ›The Later Roman Empire‹ *(1964)*. Die wichtigeren älteren Erklärungsansätze wägt er ab. Die Rolle des Christentums im Niedergang sei nicht zu übersehen: die pazifistische Ausrichtung aufs Jenseits habe trotz aller Verwässerung ihre Wirkung getan, indem sich Priester und Mönche dem Staatsdienst entzogen und der Zölibat den Nachwuchs drosselte. Jones stellt das Christentum in Zusammenhang mit den ähnlich ausgerichteten orientalischen Mysterienkulten, versteht es mithin nur als Symptom einer Stimmung, die sich von der Politik zur Meditation hinwandte (933 ff.; 1025 f.). Er sieht den Rückgang der Wirtschaft, insbesondere Steuerlast und Arbeitermangel. Beides führt Jones aber nicht auf eine moralische Dekadenz oder eine soziale Fehlentwicklung, sondern letztlich auf außenpolitische Belastungen zurück (*1955/70*, 335 ff.).

An der Spitze der Faktorenpyramide stehen die seit Augustus konstanten Germanenangriffe (*1964*, 1027–1068). Sie seien die Voraussetzung für die Usurpationsketten des 3. Jahrhunderts, da siegreiche Generäle zum Purpur griffen und damit zugleich eine innere Front aufrissen. Zugleich hätten die Barbareneinfälle Diocletian zur Vergrößerung des Heeres genötigt. Dies habe die Zahl der Bauern reduziert, die Steuern in die Höhe getrieben und den Beamtenapparat aufgebläht. Die Landbevölkerung sei geschrumpft, Söldner wurden nötig, die Barbarisierung schritt voran. Die daraus resultierende politisch-militärische Schwächung habe wiederum neue Barbarenangriffe herausgefordert, die den inneren Verfall weiter beschleunigten.

1966 publizierte Jones unter dem Titel ›The Decline of the Ancient World‹ eine *shortened and simplified version* (VII) seines großen Werks. Die älteren Erklärungen werden dafür kritisiert, das Überleben des Ostens nicht hinreichend berücksichtigt zu haben. Ihm bescheinigt Jones eine gesündere soziale und ökonomische Struktur. Trotz diesem Unterschied müsse das schwerste innere Übel, die durch *increasing number of idle mouths* (367), namentlich im Klerus, bedingte Übersteuerung in beiden Reichsteilen in Rechnung gestellt werden, so daß die verschiedenartige äußere Lage für den Fall verantwortlich zu machen wäre. Jones schließt mit dem Satz: *it was the increasing pressure of the barbarians, concentrated on the weaker western half of the empire, that caused the collapse* (370).

Die Ausführungen von Jones haben ein unterschiedliches Echo gefunden. Als einzigem Autor zu unserem Thema ist ihm eine methodische Analyse zuteil geworden. Raymond MARTIN hat 1982 die Argumentation von Jones unter logischen Aspekten untersucht und gezeigt, wie Jones zwar plausibel gemacht habe, daß die Germanen einen notwendigen Faktor im Zerfall des Westens darstellen, nicht aber, daß ihnen unter der Gesamtheit der Faktoren eine übergeordnete Bedeutung zukomme. Zu diesem Zweck hätte Jones den äußeren Druck mit den inneren Belastungen des Systems einzeln vergleichen müssen. Indem dies unterblieb, beruht die Glaubwürdigkeit der Germanenthese auf Überlegungen, die Jones fraglos angestellt, tatsächlich aber nicht mitgeteilt hat (IV.3!).

Historisch-soziologischen Widerspruch erhob Moses FINLEY in dem Artikel ›Manpower and the Fall of Rome‹ *(1966/70)* gegen die Annahme von Jones, der Bevölkerungsrückgang im Reich sei durch Übersteuerung bedingt gewesen. Finley verwies darauf, daß damals wie heute eine Bevölkerungszunahme durch Armut nicht verhindert, durch Reichtum nicht gewährleistet werde. Im Anschluß an Jones vertrat Finley eine gleichbleibende Belastung durch soziale und ökonomische Mißstände gegenüber dem Anwachsen der beiden „parasitären" Gruppen: des christlichen Klerus und der Armee. Die Mehrung der Soldaten wird zurückgeführt auf die seit Marc Aurel zunehmend gefährliche außenpolitische Lage. Das Heer Diocletians sei das Maximum dessen gewesen, was das Imperium dauerhaft unterhalten konnte. Die Ansiedlung von Germanen habe nur dazu geführt, daß immer weitere Stämme Land begehrt hätten. Gegen die *German pressures,* ihr *persistent hammering* wäre auch ein musterhaft verwaltetes Reich auf die Dauer wehrlos gewesen, während ohne jenen Druck von außen das Imperium samt seinen Mißständen ewig hätte bestehen können.

In seinem Buch ›The Ancient Economy‹ *(1973/79)* hat Finley diese Argumentation mit neuen Korollarien versehen. Leistung und Grenze der antiken Wirtschaft waren in der hohen Kaiserzeit erreicht. Der germanisch-persische Dauerangriff setzte dann einen Teufelskreis von Kriegskosten, Steuererhöhung, Verarmung und verstärktem Außendruck in Gang. Die Vorstellung Mommsens taucht wieder auf: *Had the Roman Empire encompassed the civilized world, as the panegyrists said, there is no obvious reason, why Europe, western Asia and northern Africa should not still, today, be ruled by Roman Emperors* (176). Trotz dieser außenpolitisch ausgerichteten Erklärung schließt Finley nicht aus, daß eine komplette strukturelle Reform das Reich hätte retten können (149). Daher heißt es, Roms Ende sei durch die sozialen, politischen, ethischen und ökonomischen Verhältnisse *beschleunigt* worden. Finleys Schlußsatz: *There, if one wishes, is an economic explanation of the end of the ancient world* überläßt in subtiler Ironie die Klassifizierung der Argumentation dem Leser: *if one wishes.* So wird es denn nicht an Leuten fehlen, die meinen, Sir Moses habe eine ökonomische Erklärung geliefert. Sie zählen zu jenen, über die er schrieb: *it has become unfashionable to stress the barbarian invasions* (*1980,* 146).

Einen engen Anschluß an Jones zeigt Franz Georg MAIER in seiner ›Verwandlung der Mittelmeerwelt‹ *(1968).* Unter den bekannten Schwächesymptomen bestritt er einen generellen Produktionsrückgang in der Landwirtschaft (144) und fortschreitenden Verfall im allgemeinen (146), räumte aber Korruption in der Verwaltung und eine verhängnisvolle soziale Entwicklung ein, die vor allem im Westen den Großgrundbesitz zu einer staatsgefährdenden Macht erhoben habe (145; 151 f.). Maier meinte indessen, daß unter normalen Umständen diese Bedrohung hätte abgefangen werden können; daß dies nicht gelang, habe an der außenpolitischen Situation gelegen. Die Germaneneinfälle hätten jenen „circulus vitiosus von Ertragsrückgang und steigenden Steuerforderungen" in Schwung gesetzt, der namentlich den Westen mit seinen ungünstigen Grenzen belastet hätte (147; 150 f.). Darin fand Maier wieder die Erklärung, weswegen der Westen erobert wurde, der Osten sich jedoch behaupten konnte. Byzanz bewies auch ihm die grundsätzliche Regenerationsfähigkeit des Imperiums (149).

Christian Meier hat sich 1970 in seinen ›Prolegomena‹ zum Ende Roms geäußert. Ähnlich wie Mommsen schien ihm die politische Potenz der Antike mit der „Krise ohne Alternative" am Ausgang der Republik erschöpft. „Als Caesar den Rubico überschritt, war man am Rande der Kapazität der antiken Bürgerschaften angelangt." Was folgte, war nur noch der Toynbee entlehnte „Altweibersommer" der Kaiserzeit (150). Grund des Versagens war die Erschöpfung in den tragenden Schichten, das habe sich nur vorübergehend kaschieren lassen (148). Meier fragt, „ob wir heute wieder auf eine solche Stufe zusteuern?" und wagt es nicht zu verneinen (69). Diese innenpolitische Akzentuierung verschob er nach außen in seinem sachlich wie sprachlich an Franz Maier angelehnten Beitrag ›Kontinuität – Diskontinuität im Übergang von der Antike zum Mittelalter‹ *(1973)*. Für den Aufbau des Imperiums fand er die originelle Begründung im „Glück einer weltpolitischen Konstellation"; ein Glück, das zerbrach, als Perser und Germanen im 3. Jahrhundert zugleich angriffen. Dies habe den bekannten „circulus vitiosus" freigesetzt (86). Byzanz habe eine „Reproduktionsfähigkeit" bewiesen, die eine Fortdauer des gesamten Imperiums erwarten ließe, wären nicht die Germanen dazwischen getreten, um die gealterte Kultur durch eine neue, lebenskräftige abzulösen (87; 93).

Mit einiger Vorsicht darf wohl auch Karl Christ jenen Autoren zugerechnet werden, die der außenpolitischen Situation einen wesentlichen Einfluß auf den Zerfall des Reichsganzen einräumen. Christ hat unsere Thematik mehrfach berührt *(1966; 1968; 1980)*, ohne ein prägnantes Urteil über die Rangfolge der Faktoren abzugeben. Dennoch ist in seinem Buch ›Die Römer‹ *(1979)* der „Untergang des Weströmischen Reiches" so dargestellt, daß die wachsende Gefahr seitens der Germanen einen erkennbaren Akzent trägt.

III. 6.c. Zusammenfassung der außenpolitischen Erklärungen

In seinem ›Politischen Gespräch‹ hat Ranke (*1836/1941*, 44) als „oberstes Gesetz" der Politik die Aufforderung formuliert, ein Staat müsse alle inneren Verhältnisse so einrichten, daß er sich nach außen behaupten könne. Diese Lehre ist unter der Formel vom „Primat der Außenpolitik" bekannt geworden. Die Erklärungsversuche für den Fall Roms, die den Germanenangriffen die entscheidende Bedeutung zumessen, stehen unter dem Verdacht, eben dieser Lehre zu huldigen. Warum Verdacht? Rankes Devise wäre verwerflich, wenn sie starke Staaten dazu ermuntern sollte, schwache Nachbarn zu unterwerfen. Sie will aber, im Gegenteil, genau dieses verhindern, indem sie schwache Staaten ermahnt, vor den starken auf der Hut zu sein. Ranke geht aus von der konservativen Position eines Existenzrechtes aller bestehenden Staaten, die er als „originale Schöpfungen des Menschengeistes – man darf sagen, Gedanken Gottes" bezeichnet (46). Einem Staat, der seine Prosperität über seine Kampfkraft stellt, kann man keinen Nachbarn wünschen, der die Prioritäten umgekehrt setzt. Seit den Marcomannen-Kriegen waren die Römer gegenüber den Germanen in dieser Situation, und nur eine Vogel Strauß-Historie kann das übersehen.

Man muß den Römern der Kaiserzeit vorwerfen, die Erfordernisse der Reichsverteidigung zugunsten von Wohlstand und Wohlleben vernachlässigt zu haben. Man kann ihnen aber kaum ankreiden, daß sie nicht das gesamte Barbaricum unterworfen und damit den Herd ihrer Feinde ausgeschaltet haben. Trotzdem ist ihnen das von mehreren Vertretern einer außenpolitischen Erklärung zugemutet worden. Die dahinter stehende expansionistisch-imperialistische Ideologie, die mit Erbfeinden rechnet und Endlösungen anstrebt, ist vielleicht die nächstliegende, aber gewiß nicht die einzige Einstellung, die wir hinter den außenpolitischen Erklärungen zum Fall Roms vermuten dürfen.

Die Voraussetzung für diesen Ansatz ist die Verlagerung der Identifikation von den Römern auf die Germanen. Denn in der Politik dominiert der Stärkere über den Schwächeren, und es ist verständlich, wenn jemand, der dies begrüßt, dem Starken ein moralisches Recht einräumt. Darum ist die außenpolitische Erklärung gewöhnlich mit Kritik an den römischen Verhältnissen oder mit Respekt vor den Germanen verknüpft. Letzteres findet sich seit den Freiheitskriegen vorwiegend unter den Gegnern Napoleons, in Deutschland und England. In Frankreich hat jedoch wenigstens im Adel und in konservativen Kreisen eine germanenfreundliche Stimmung bestanden. Einen Einschnitt bedeutet der Deutsch-Französische Krieg von 1870/71. Dem zuvor schon wachsenden Erbanspruch, den Deutschland auf die Germanen erhob, gaben England und Frankreich nach, die dortige Germanenliebe kühlte sich ab und ist im Zeitalter der Weltkriege dann noch weiter gesunken. Germanismus und Romanismus erscheinen als antithetische Prinzipien. Von deutscher Seite wurde in imperialistischer Manier der kaiserzeitliche Pazifismus, oder aus nationalem Stolz die Wehrkraft der Germanen zum entscheidenden Faktor erhoben. Französische und belgische Autoren betrachteten die Germanen samt ihrer Nachkommen rechts des Rheines als unverbesserliche Kulturfeinde. Die methodische Naivität derartiger Gleichsetzungen ist noch immer dieselbe, mit welcher umgekehrt Dante (Convivio IV 5) die Gallier des Brennus als *Franceschi* bezeichnete.

Die englische Kriegspropaganda hat die Deutschen mit den Hunnen identifiziert, weil Angeln und Sachsen schließlich auch Germanen waren. Die deutsche

Behandlung der Germanen bei Dopsch, Stauffenberg, Stier, Enßlin, Aubin und Altheim ist demgegenüber eher defensiv. Die Genannten bemühten sich vor und nach 1945, die romfreundliche Richtung unter den Germanen und deren Beitrag zur europäischen Kulturentwicklung ins Licht zu rücken. Nicht die destruktive, sondern die konstruktive Seite ihres Wirkens wird herausgestellt, gegen die Katastrophentheorie wird die Kontinuitätslehre aufgebaut (II. 5.d!).

Sowohl die französische als auch die deutsche Haltung leiden dabei an einem inneren Zwiespalt. Die Selbstidentifizierung der Romanen mit der römischen Kultur mußte irgendwie damit fertig werden, daß der spätrömische Staat beträchtliche Dekadenzsymptome zeigt, die am militärischen Versagen gegenüber den Barbaren mitschuldig waren. Umgekehrt hatte der deutsche Germanenstolz sich damit abzufinden, daß Goten und Vandalen mehr zerschlagen als geschaffen haben. Außerdem wurden die Franzosen die germanische, die Deutschen die römische Komponente in ihrer Tradition nicht los – hier muß man mühsam das jeweilige Auge zudrücken. Wer beide offenhält, der erkennt, wie der Fall Roms das ideologische Potential nicht nur zum Konflikt, sondern ebenso zur Versöhnung zwischen Romanen und Germanen bereitstellt. Das Interesse am Ausgleich ist im Sinne einer gesamteuropäischen Politik über die Weltkriegsfronten hinweggeschritten. Sowohl im Pakt zwischen Hitler und Mussolini als auch in der Verständigung zwischen Adenauer und De Gaulle fand sich eine Formel, die den germanisch-romanischen Gegensatz überbrückte: Diesen Dienst leistete dort das gemein-arische Blut, hier das gemein-katholische Bekenntnis, beidemale zusätzlich die abendländische Tradition.

In den drei historischen Nachfolgestaaten des Dritten Reiches hat sich das Verhältnis zum Germanentum unterschiedlich entwickelt. Die deutsch-demokratischen Republikaner, die sich äußerlich am stärksten von der Hitlerzeit absetzen, führen doch mancherlei Traditionen fort, so das Ja zu den Germanen, allerdings nur westlich der Oder-Neiße-Linie. Östlich davon verzeichnet die Fundkarte bei Bruno Krüger (*1976,* Karte 3) keinerlei germanischen Spuren. Eine Erinnerung an die Vandalen in Schlesien könnte das Verhältnis zu Polen belasten. Im Süden des bundesrepublikanischen Deutschland werden neuerdings die Kelten zu Ahnherren aufgewertet, Karl Bosl (*1971,* 22 ff.) spricht vom „keltisch bestimmten Mischvolk" der Bayern. Die Österreicher keltifizierte deren Bundeskanzler Dr. Bruno Kreisky in seinem Interview mit dem Magazin ›Playboy‹ (Nr. 8, August *1975,* 36). Das Kossinna-Syndrom ist in ein Kossinna-Trauma umgeschlagen.

Innerhalb der philogermanischen Tradition wird die Vorliebe zu den Altvorderen recht unterschiedlich begründet. Alle Geistesströmungen wissen sich zu bedienen. So wie Humanisten und Aufklärer die Germanen vor ihren Wagen gespannt hatten, so taten dies auch Idealismus und Romantik, Nationalismus und Imperialismus, Sozialismus und Darwinismus. Der Triumph der Franken und Goten über die römische Welt wird jeweils demjenigen Wesenszug an ihnen gutgeschrieben, den das eigene Programm empfahl. Bei Adam Ferguson (*1766,* 133) und John Adams (IV 296) war dies die naturverbundene, an die gleichzeitigen Indianer gemahnende Lebensweise der Germanen, bei Hegel ist es deren Freiheitsbewußtsein, bei Sismondi ihre Demokratie, bei Gobineau ihre hochwertige arische Rasse, bei Ranke ihre Königstreue, bei Engels ihre Gentilverfassung, bei Yorck von Wartenburg ihr solides Familienleben. Der Marxismus-Leninismus ist stolz auf den Urkommunismus der Germanen (III. 2.d und e!) und bekämpft das rassistische Germanenbild des Nationalsozialismus (Krüger *1976*, 9), so wie dieser das verkitschte Germanenklischee der wilhelminischen Ära abgelehnt hatte.

Unter den späteren westlichen Publikationen, die den Germanen eine entscheidende Rolle im Finale Roms zuweisen, tritt die politische Aktualisierung zurück. Ob hier die kürzere zeitliche Distanz zwischen Leser und Autor oder deren gleichgerichtetes Vorurteil der Erkenntnis einer vielleicht dennoch vorhandenen Trübung im Wege steht oder ob sich diese tatsächlich langsam aufhellt, das mögen die Historiker des kommenden Jahrtausends entscheiden.

Damit sei der referierende Teil dieses Buches abgeschlossen. Wem er zu breit ausgefallen ist, dem sei versichert, daß der Stoff einen dreifachen Raum hätte füllen können. Sollte jemand noch weiterer Information bedürfen, so folge er dem Rat des Lactanz (Div. Inst. VII 25): *Qui autem diligentius haec voluerit scire, ex ipso fonte hauriat, et plura, quam nos in his libris complexi sumus, admirabilia reperiet.*

IV. DER FALL ROMS ALS PROBLEM

„Daß die Geschichte der Wissenschaft die Wissenschaft selbst sei", wie Goethe im Vorwort zur ›Farbenlehre‹ bemerkt, ist einem Historiker angenehm zu hören, selbst wenn er wenig später liest: „und eine Geschichte zu schreiben, ist immer eine bedenkliche Sache." Um ein Urteil über den Fall Roms zu gewinnen, habe ich versucht, die Geschichte dieser Urteile zu schreiben. Gewiß läßt sich die Grundannahme Goethes, daß nämlich die bunten Farben nur Kompromisse zwischen Hell und Dunkel, nur „Halblichter" oder „Halbschatten" seien, nicht dergestalt auf unsere Untergangstheorien übertragen, daß sie alle auf einer Skala zwischen Falsch und Richtig angeordnet werden könnten. Die Wirklichkeit ist nie so schwarz-weiß, wie der Text, der sie beschreibt. Irgendwie hat jeder Recht. Irgend etwas kann man aus allen Texten lernen, aus vielen wenig, aus wenigen viel und am meisten aus den klassischen Werken. Sie sind, wissenschaftsgeschichtlich betrachtet, keine Stufen, sondern Maßstäbe.

Was bleibt zu tun? Wir haben den Fall Roms als Ereignis betrachtet und damit den Gegenstand der Deutung bestimmt (I!). Wir haben sodann die Epochen (II 1–4!), Aspekte (II. 5!) und Typen (III!) der Deutung nachgezeichnet und so ein Bild von der Entwicklung und der Vielfalt der Erklärungsversuche gewonnen. Vom Bericht über das Geschehen zur chronologischen und typologischen Beschreibung seiner kontroversen Interpretation wäre nun in einem letzten Akt die Stil- und Sachkritik der Deutung zu leisten.

Dazu bedarf es einer methodischen Erfassung der Problematik, die in sechs Schritten erfolgen soll. Zum ersten ist die Frage nach der Verbreitung und den Ursachen des Interesses am Fall Roms zu stellen. Damit forschen wir nach den Motiven der Deutung (IV. 1!). Zum zweiten ist zu fragen, was Deutungen und Erklärungen sind und bezwecken. Dabei wird ein Ausflug in die Theoriediskussion erforderlich (IV. 2!). Eine gesonderte Behandlung verdient sodann die Methode der Gewichtung von Niedergangsfaktoren, denn letztlich geht darum der Streit (IV. 3!). Überraschen mag der folgende Abschnitt über die Klassifizierung von Niedergangstheorien, er bringt die bisher niemals diskutierten Schwierigkeiten zur Sprache, die bei der Interpretation von Forschungsmeinungen entstehen (IV. 4!). Nach einer solchen systematischen Kritik muß schließlich die historische Kritik an den vorliegenden Erklärungen folgen und die Frage aufgenommen werden: Warum fiel Rom? Hier werde ich, um den Eindruck des vegetarischen Metzgers zu vermeiden, meine eigene Ansicht begründen (IV. 5!). Abschließend ist ein Blick auf die Struktur der Deutungsgeschichte zu werfen und die Frage zu beantworten, ob es dort so etwas wie einen Fortschritt gibt (IV. 6!).

IV. 1. Das Interesse am Fall Roms

Jeder hat noch in den Alten gefunden, was er brauchte oder wünschte, vorzüglich sich selbst. Fr. Schlegel 1798

Wenn sich der Rang eines historischen Problems in den Namen derer spiegelt, die zu ihm Stellung bezogen haben, dann sucht der Fall Roms seinesgleichen. Kaum ein anderes Ereignis der Weltgeschichte hat so viele, so erlauchte Geister beschäftigt und derartig unterschiedliche Beurteilungen gefunden. Mögen zu den Revolutionen, Weltkriegen und sonstigen Schoßthemen der jüngsten Vergangenheit zahlreichere Äußerungen erklungen sein, so versagt ihnen der kurze Abstand, was den Reiz unseres Themas ausmacht: daß sich hier Geschichtsdeutung im allgemeinen an der Deutungsgeschichte eines einzigen Falles auffädeln läßt. So wie die Antike selbst, erweist sich auch ihr Ende als „klassisch".

Das Echo auf den Fall Roms füllt die Zeit von damals bis heute, die Stimmen erschallen aus allen Ländern, in denen europäische Geschichte behandelt wird. Die Interpreten gehören den verschiedensten Disziplinen des geistigen Lebens an. Die *Geschichtswissenschaft* ist mit der gesamten Palette ihrer Abteilungen vertreten. Wir finden Althistoriker, Mediaevisten, Philologen,[1] Archäologen und Kunstwissenschaftler. Die Form der Stellungnahme wechselt zwischen streng wissenschaftlichen und eher volkstümlichen Publikationen; zwischen Büchern, Abhandlungen, Vorträgen und kernigen Aussprüchen. Der Fall Roms ist ein Ereignis, über das die meisten Fachgelehrten eine Ansicht besitzen, selbst dann, wenn sie sich nicht gründlich damit befaßt haben.

Neben den Zweigen der Geschichtswissenschaft sind zahlreiche andere Fächer vertreten. Urteile zum Ende Roms fanden wir bei *Sprachforschern* wie Ampère und Littré; bei *Religionswissenschaftlern* wie Bachofen und Frazer; bei *Theologen* wie Renan, Newman, Grisar, Lietzmann und Harnack; *Kunsthistorikern* wie Riegl, Strzygowski, Berenson und Sedlmayr; bei *Juristen* wie Vollgraff, Sybel, Ihering, Dahn, Mitteis, Salvioli, Perrot, Menger, Thomsen und Wieacker. Die bedeutenderen *Kulturphilosophen* haben ihr Votum abgegeben: so Lasaulx, Bruno Bauer, Jacob Burckhardt, Friedrich Albert Lange, Nietzsche, Solowjew, Spengler, Albert Schweitzer, Rudolf Steiner, Graf Keyserling, Eduard Spranger, Ludwig Klages, Ortega y Gasset, Toynbee, Canetti, Cioran, Horkheimer, Dawson und die Brüder Jünger. Unter den *Wirtschafts- und Sozialwissenschaftlern* sind Marx, Rodbertus, Engels, Heitz, Bagehot, Roscher, Alfred und Max Weber, Ruhland, Simkhovitch, Lujo Brentano, Oppenheimer und Talcott Parsons be-

---

[1] Wenn Hartke (*1951, 2*) schrieb: „kein Philologe hat bisher eingehend das Wort genommen zu den Erscheinungsformen und Ursachen des Niedergangs Roms," so hat er die Arbeiten von Littré, Zumpt, Wilamowitz, Geffcken, Walter F. Otto und Klingner übersehen.

teiligt. Das Interesse seitens der *Naturforscher* beginnt mit Newton 1690 und Walckenaer 1798, es ist schwerlich an irgendeinem anderen historischen Ereignis größer. Der Medizin gehören an Du Bois-Reymond, Le Bon, Ross, Krauß, Woltmann, Kobert, Diepgen, Bumke und Gilfillan, der Agrikulturchemie Justus von Liebig, der Biologie Nikolai Danilewsky, David Starr Jordan, Ernst Haeckel und Erwin Baur; der Physik Carl Friedrich v. Weizsäcker, der Geographie Alexander von Humboldt und Ellsworth Huntington, der Anthropologie Lapouge und Ammon, H. F. K. Günther, Arnold Gehlen und Darcy Ribeiro.

Neben der wissenschaftlichen befaßt sich die schöngeistige Literatur mit dem Fall Roms. Unter den mittelalterlichen Dichtern sind uns Alkuin, Hildebert von Lavardin, der Archipoeta und Dante begegnet. In der Neuzeit wird die Tradition der Rompoesie fortgesetzt durch Joachim du Bellay, ›Les antiquitez de Rome‹ (1558), Edmund Spenser, ›Ruins of Rome‹ (1591), James Ralph (?) ›The Loss of Liberty or Fall of Rome‹ (1729), James Thomson, ›Liberty‹ (1736) und George Keate, ›Ancient and Modern Rome‹ (1755). Das Leitmotiv ist jeweils die Klage über die Vergänglichkeit und die Sittenlosigkeit, die sie befördert. *O Luxury, Bane of elated Life, of affluent States, What dreary Change, what Ruin is not thine?* so John Dyer in seinem Poem ›The Ruins of Rome‹ von 1740 (FitzSimons *1974*, 111 f.).

Die mittelalterliche Romdichtung wird in Deutschland fortgesetzt durch den von Herder übersetzten Neulateiner Jakob Balde S. J. († 1668). Sein Gedicht ›Die Ruinen‹ fragt: „Was bekümmert mich dieses Rom? Mir fließet die Träne . . . Was will immer bestehn, wenn Rom zur Gruft ging?" (S. 331 ff.). Im 19. Jahrhundert läuft diese Linie weiter. Lord Byron widmete dem Fall Roms einige Strophen seines ›Childe Harold‹ (canto IV), und neben Platen und Börries v. Münchhausen bietet den Höhepunkt Paul Verlaines ›Langueur‹ (IV. 6!). Mehrfach haben sich auch Dichter als Denker zum Fall Roms geäußert, so Goethe, Schiller, Novalis, Coleridge, Jean Paul, Hölderlin, Heine und Thomas Mann. Aus der jüngeren Belletristik sind Kurt Pfister, Frank Thieß und Peter Bamm beteiligt.

An der spätrömischen Kulisse fand sodann der historische Roman des 19. Jahrhunderts besonderen Gefallen (Mielsch *1980;* Riikonen *1978,* 199; 203; D'Elia *1967,* 308 ff.). Im *fin de siècle* bot der „letzte" Römer, der „letzte" Heide, der „letzte" Gote ein dankbares Sujet für Leser, die ihrem Helden jenes Mitleid spenden wollten, das sie selbst zu verdienen meinten. Die Auseinandersetzungen zwischen Christen und Heiden, Römern und Germanen lieferten der Handlung den würdigen Rahmen einer welthistorischen Kulisse.

Die bildende Kunst schätzt das Ruinenthema seit dem 16. Jahrhundert, denken wir an die Zeichnungen, die Jan Gossaert, genannt Mabuse, 1508/09 auf seiner Romreise gemacht hat, an Montague und Piranesi, Claude Lorrain, Thomas Couture und Thomas Cole, dessen Bildfolge ›The Course of Empire‹ (1836) durch die Lektüre Gibbons angeregt wurde. Die Beweggründe der Ruinenkünstler sind grundsätzlich dieselben wie die der Literaten: Man bewundert die Antike und fürchtet ein ähnliches Ende. So hat Hubert Robert den Louvre, Joseph Gandy die

Bank von England prophetisch nach der Manier römischer Ruinen im verfallenen Zustand gemalt (Zucker *1968*, 153 ff.). Im 20. Jahrhundert zeigen dann die thematisch einschlägigen Filme und Asterix-Hefte neue Perspektiven: bombastisch oder humoristisch serviert, erreicht das Untergangsgeschehen neue Konsumenten.

Auffällig groß ist schließlich die Zahl der *Politiker,* die auf unser Problem eingegangen sind. Vermutlich hatten die meisten Staatsmänner Europas eine Meinung dazu, wenngleich die Gunst der Überlieferung und die Kunst des Historikers sie nur bisweilen faßbar machen. Unter den byzantinischen Kaisern hat uns Justinian seine Ansicht angedeutet, von den Völkerwanderungskönigen Athaulf, Odoakar und Theoderich; die fränkischen Könige sind mit Chlodwig, Theudebert und Pippin dem Kurzen vertreten, die deutschen Kaiser mit Karl d. Gr. und Barbarossa. Einschlägige Aussagen besitzen wir ebenfalls von Päpsten, unter ihnen Gregor d. Gr., Pius II. und jene Heiligen Väter, die hinter der constantinischen Schenkung stehen.

Zahlreiche *Humanisten* und Reformatoren haben sich zum Fall Roms geäußert, so Petrarca, Boccaccio, Machiavelli und Bodin; Celtes, Wimpfeling und Hutten; Luther, Melanchthon und Calvin. Staatsdenker und Staatslenker der Aufklärung folgen: Bacon, Adam Smith und Ferguson aus England; John Adams und Thomas Jefferson aus Amerika; Montesquieu, Voltaire, Rousseau und Condorcet aus Frankreich; Pufendorf, Friedrich d. Gr. Herder, Kant und Hegel aus Deutschland. In seinem kritischen Bemühn findet sich der Althistoriker selten in solch erlesener Gesellschaft.

Die Staatsmänner und politischen *Publizisten* seit dem 19. Jahrhundert kommen vielfach auf unser Thema zu sprechen. Im englischen Sprachraum Lord Macaulay, Lord Cromer, Arthur James Balfour, Theodore Roosevelt, H. J. Haskell und Richard Nixon; unter den französisch schreibenden Literaten Chateaubriand, Constant, Guizot, Sismondi, Napoleon III., Amédée Thierry, Proudhon, de Broglie und Sorel; in Italien Ciccotti, Salvioli und Mussolini, aus dem russischen Bereich Krapotkin und Stalin; in Deutschland Arndt, Görres, Gagern, Bismarck, Rathenau, Arthur und Alfred Rosenberg und Hitler. Nach 1945 erscheinen Verweise auf den Fall Roms in der politischen Publizistik nur noch selten (Weichmann *1982*). Der Rückgriff auf Geschichte in der politischen Rede nimmt insgesamt ab, die älteren Begebenheiten rücken dem Bewußtsein der Politiker fern[2].

Das Interesse am Fall Roms, worauf beruhte es? Wenn die Historie nicht flach bleiben soll, muß sie in drei Dimensionen fragen: *primo* nach dem Geschehen selbst, *secundo* nach dessen Verflechtung in Ursachen und Wirkungen, *tertio* nach seiner Bedeutung für uns. Das gilt gerade für unseren Fall. Vielzahl und

[2] Bach *1977*. Während ich dies schreibe, besucht mich ein ehemaliger Student. Er ist in Bonn als *Ghostwriter* tätig und bietet mir an, den erwünschten historischen Bezug seinem hohen Herrn bei der nächstpassenden Fernsehansprache in den Mund zu legen.

Vielfalt der Erklärungen fordern ihrerseits eine Erklärung. Es fällt auf, daß die Stellungnahmen mit großer Entschiedenheit vorgetragen werden. Dies bezeugt zwar nicht die Gründlichkeit der Auseinandersetzung mit dem Vorgang, wohl aber dessen Lebensnähe. Der Fall Roms wird als historisches Schlüsselproblem empfunden.

Ausgelöst wird die Aufmerksamkeit vermutlich durch den emotionalen Gehalt des Vorgangs. Indem wir die Geschichte als Zuschauer erleben, unterliegen wir den Wirkungen des Dramas, wie sie Aristoteles (poet. 1449b 25) herausgestellt hat. Die Schrecknis des Vorfalls setzt uns in Furcht, die Not der Opfer weckt unser Mitleid, die Einsicht in die Zusammenhänge bewirkt eine innere Reinigung. Die zeitliche Ferne des Ereignisses wird durch dessen Größe verkürzt. So prophezeite schon Lactanz (Inst. Div. VII 15) den Römern: *qui quanto ceteris omnibus regnis magnitudine antistant, tanto maiore decident lapsu, quia plus habent ponderis ad ruinam, quae sunt ceteris altiora.* Rom überragt die übrigen Reiche an Fallhöhe. Schon für eine mittlere Sichtweite treten die Ruinen Roms unübersehbar ins Blickfeld.

Das spontane Staunen setzt die systematische Denkarbeit in Gang. Platon (Theait. 155d) führte das Philosophieren auf die Verwunderung zurück; das Historisieren hat keinen anderen Ursprung: der doppelte Sinn von „merkwürdig" bezeugt es. Das Problembewußtsein entzündet sich am Mißerfolg; der Sturz weckt Bestürzung. Das Fiasko des Peloponnesischen Krieges hat Thukydides zum Historiker gemacht, das Versagen des achäischen Bundes gegenüber Rom brachte Polybios zur Geschichtsschreibung. Sallust, Livius und Tacitus wurden durch die Sorge um die sittliche Dekadenz der Römer zum Nachdenken über die Geschichte angeregt. Der Schmerz über das Geschehen erzeugt die Tiefe der historischen Reflexion und öffnet die Einsicht in die Richtkräfte. Was einmal geschehen ist, ist *ceteris paribus* wieder möglich. Die Vergangenheit Roms lehrt die Vergänglichkeit alles Irdischen, nicht nur *daß,* sondern auch *wie* es verdirbt, denn die Struktur des Gewebes zeigt sich in der Auflösung.

Das Ende der Antike wird als Problem empfunden, weil es zwei Erwartungen durchkreuzt. Es ist zum ersten die Vorstellung, ein wohlgegründeter Staat müsse ewig bestehen, und zum andern der Glaube, die Geschichte bewege sich in stetigem Fortschritt voran. Beide Annahmen werden durch den Zusammenbruch des Imperium Romanum in Frage gestellt. Alle Versuche, dieses Ereignis zu deuten, bemühen sich um die Antwort darauf, inwieweit jene beiden Erwartungen einzuschränken sind oder ob sie sogar aufgegeben werden müssen. Jeder, dem es um eine allgemeine Staats- und Geschichtstheorie geht, muß sich mit dem Fall Roms auseinandersetzen. In den Folgerungen, die sich daraus für die Haltbarkeit menschlicher Errungenschaften überhaupt ergeben, liegt die Bedeutung des Problems.

Gewiß bildet das Ende des Imperium Romanum nicht den einzigen Testfall für die genannten beiden Erwartungen. Immer wieder haben sich Großstaaten aufgelöst, mehr als einmal ist das zivilisatorische Niveau abgesunken. Betrachten wir die vergleichbaren Beispiele jedoch näher, so zeigt sich die Sonderstellung des Falles Roms. Die altorientalischen Reiche waren überwiegend staatliche Machtblöcke innerhalb der zivilisierten Welt, keiner von ihnen verkörperte die gesamte Zivilisation einer Ökumene, so wie Rom dies tat. Desgleichen umfaßten auch die in der Neuzeit zerbrochenen Reiche der Osmanen, der Habsburger und der Engländer jeweils nur eine Sektion der Kulturwelt. Mit Grund ist daher einzig dem Imperium Romanorum die Ehre widerfahren, daß sein Ende mit dem einer Kultur, ja mit einer Phase der Menschheitsentwicklung gleichgesetzt wurde.

Die beiden durch das Ende Roms erschütterten Postulate sind keine leichtfertigen Wunschträume. Es sind Ideale, die aller weiterblickenden Gemeinschaftsarbeit zugrundeliegen und als solche paradoxerweise ihrerseits aus der Antike stammen. Die Bemühung um den guten Staat, der dem Einzelnen Recht, dem Ganzen Halt gewährt, beginnt mit Homer (Il. II 204). Die spätere antike Verfassungsgeschichte vollzieht sich in der doppelten Abwägung gegenwärtiger Kräfteverhältnisse und vergangener Staatserfahrung und läßt sich insoweit unter dem Aspekt des Fortschritts begreifen. Die höchste Form der großräumigen Gemeinschaftsordnung im Altertum bildet das Imperium Romanum unter den guten Kaisern, darin waren sich Römer und Griechen, Heiden und Christen grundsätzlich einig. Und die Mächte, die es objektiv aufgelöst haben, wollten es doch subjektiv weiterführen: so Germanen, Christen und Griechen im Mittelalter. Der Humanismus hat dann die klassische gegen die christliche Antike ausgespielt und im Rückgriff auf römisches Recht und griechische Demokratie die Grundlagen der modernen Staatlichkeit geschaffen. Ein älteres Zeugnis: In der Einleitung zu den ›Notae Solemnes‹ des Cuiacius von 1598 schreibt Nicolaus Reusner: *quod ad legum et iuris disciplinam attinet, superat hac quoque in parte ius Romanum omnium aliarum gentium iura: quippe quo nullum ius aut aequitati et rationi naturali magis consentaneum aut sapientius aut splendidius ingenio humano excogitari potuit.* Ein jüngeres Zeugnis: Ernst Jünger (*1959*, 283) bemerkt über das römische Reich: „Alles, was Staat heißt, hat hier sein nie wieder erreichtes Vorbild gefunden und lebt noch heute von der römischen Einrichtung".

So wie der Zusammenbruch dieses beispielgebenden römischen Staates die Vergänglichkeit von Staaten überhaupt bezeugt, so diskreditiert der gleichzeitige Niedergang der antiken Zivilisation den Fortschrittsgedanken, der selbst in dieser Kultur (Xenophanes fr. 8) zuerst ausgesprochen worden ist und sie oft beflügelt hat. Denn die kulturellen Leistungen der Antike wetteifern gewöhnlich mit älteren Errungenschaften, suchen sie zu übertreffen oder rechnen damit, von späteren übertroffen zu werden. Seneca (NQ. VII 25; 30) beneidete die Zukunft um jene unermeßlichen Entdeckungen, die der Menschheit noch bevorstünden. Die mit Thukydides einsetzende Fortschrittskritik, die fortan gegen Kriegswesen und Überzivilisation geführt wurde, hat im Christentum Breitenwirkung erlangt. Das Mittelalter äußerte bei allen Neuerungen und Besserungen im einzelnen doch nur ausnahmsweise Hoffnung auf einen allgemeinen Progreß. Die Entwicklung seit der frühen Neuzeit hat auf technischem und künstlerischem, wirtschaftlichem und literarischem Gebiet an den jeweiligen antiken Stand angeknüpft und zog in dem Streit darüber, ob das Altertum zu übertreffen sei, Bekenntnisse griechischer und römischer Autoren zum Fortschritt heran. Die Antike wurde mit ihren eigenen Waffen überwunden, und ohne diese hätte man den europäischen Völkern ihren Aufstieg kaum zutrauen können. Wer dem Fortschrittsgedanken huldigt, wird einräumen, daß wir es ohne die Antike nie so weit gebracht hätten und ohne deren Ruin vielleicht schon weiter wären. Letzterer freilich provoziert die Frage, ob die Weiterführung oder die Wiederholung des Zivilisierungsprozesses nicht auch ein entsprechendes Ende eröffne. Übernahm man die Bauteile des antiken Kulturgebäudes, mußte man das Problem eines erneuten Zusammenbruchs ins Auge fassen.

Das Interesse am Altertum gewann zwei Aspekte: was können wir gebrauchen? und: was müssen wir befürchten? Und damit sind Motive bezeichnet, die vielfach den historischen Sinn beflügeln. Die Kenntnis der Geschichte bestimmt die Selbsteinschätzung des Betrachters, die geschichtlichen Objekte verändern so das historische Subjekt. Zwischen philosophischem Wissensdrang und antiquarischer Neugier ist kein grundstürzender Widerspruch. Wir finden an der Geschichte stets das interessant, was früher „ganz anders" oder „schon genauso" war wie heute. Die Beziehung zur Gegenwart wird durch Kontrast oder Analogie hergestellt, wenn auch nicht immer systematisch ausgewertet. Das zeigt, wie wenig eine historistische Historiologie damit sagt, wenn sie Geschehenes als einmalig, unwiederholbar und schlechthin vergangen abgestempelt. Darin liegt gerade der Witz aller Geschichte, daß sie objektiv Teil jenes Ganzen ist, dem auch der Betrachter angehört, und daß sie subjektiv dessen Bewußtsein so weit besetzen kann, daß sie zur steuernden Kraft seines Handelns aufsteigt. Im „Fall Roms" kann sich das bis zum Trauma steigern.

Die Devise der historischen Hermeneutik ist der Spruch des Terenz (Heaut. I 1, 25): *humani nil a me alienum puto*. Trotzdem unterliegt das Gefühl der inneren Nähe zu einem Historicum Schwankungen. Es gibt Vergangenheiten, die uns mehr, und solche die uns weniger zur Identifizierung einladen; es gibt Gegenwarten, die größere, und solche, die geringere Bereitschaft zur Identifizierung erkennen lassen. Die Spätantike kann sich da nicht beklagen: obschon sie gegenüber den besonders heroischen und den besonders skandalösen Abschnitten der Vergangenheit an Faszinationskraft zurücksteht, zeigt sie eine auffällige Beliebtheit als Spiegel von Zeiten, die sich um ihre Zukunft sorgen.[3] In dieser Funktion kon-

[3] Vergleichende Aussagen über das größere oder kleinere Interesse, das bestimmte Gegenwarten bestimmten Vergangenheiten entgegenbringen, beruhen selten auf statistischen Untersuchungen, sondern tragen eher impressionistischen Charakter, da die dem Urteil zugrundeliegende Lektüre ihrerseits durch die Interessen des Urteilenden gesiebt ist. Wenn Yavetz (*1976*, 295) meint, das Interesse des frühen 19. Jahrhunderts in Deutschland sei am „gesunden" Frührom größer gewesen als am „kranken" Spätrom, so hat er dabei die hier verarbeitete Literatur ebensowenig berücksichtigt wie Christ (Republik *1982*, 135), wenn er formulierte: „innere Pro-

kurrieren mit der Spätantike zwei andere antike Ereignisse: das Ende der griechischen Freistaaten und der Ausgang der römischen Republik. Der Vorzug dieser Epochen liegt darin, daß es leichter fällt, sich mit bestimmten Zügen oder Personen aus ihnen verwandt zu fühlen. Beide Male kann man einen Untergang der Freiheit beklagen: bei den Griechen geriet die Demokratie unter äußere Machthaber, bei den Römern versank die Republik in der inneren Despotie. So wird es verständlich, wenn etwa Jacobus Gothofredus (*1733*, 352 ff.), Friedrich d. Gr. (Brief 22. X. 1777; Werke IV 173 vgl. 80), W. v. Humboldt 1807 (Werke II 79), Friedrich Münzer (*1925*, 69), Friedrich Meinecke (*1919* s.u.; Briefe 7. XI. 1940; 27.X. 1946) oder Albert Speer (*1975*, 36; 152 vgl. 200; 231) den jeweils eigenen politischen Zustand mit der spätgriechischen Welt verglichen, während die spätrepublikanische Phase von Niebuhr (Ritter *1919*, 325), Schlosser (*1846*), Breysig (*1901*), Graf Keyserling (*1918*), Spengler (*1933*, 16) und Christ (Republik *1982*, 148) mit der jeweiligen Gegenwart parallelisiert wurde. Der Gebrauchswert dieser beiden anderen Analogiefälle wird jedoch dadurch eingeschränkt, daß sie nur als Vorstufen zum Ende der antiken Kultur gelten können und daher nicht dessen Pathos besitzen. Dennoch leben sie durch die Teilhabe an ihm, wie sich paradigmatisch an Meineckes Parallele zwischen dem Hellenismus und der Gegenwart 1919 zeigen läßt: Der Sieg Anglo-Amerikas über Deutschland „erinnert nun in fatalster Weise" an den Sieg Roms über die Griechen bei Pydna 168 v.Chr. „Von diesem Momente an hatte Rom die Welt in der Hand, und die Schatten der Unfreiheit senkten sich über das Völkerleben des Mittelmeeres. Damit zugleich war nun auch der innere Abstieg der antiken Kultur ... unaufhaltsam entschieden" (*1919*, 77 f.). Wie die *Pax Romana* auf den Legionen so ruhe die *Pax Anglosaxonica* auf der ökonomischen Macht und verheiße Deutschland entweder die Mumifizierung oder die Mischmaschkultur (98 f.). Dagegen helfe nur die „stolze Selbstbehauptung" mit Hilfe eines großen Führers (121 f.). Scipios Homerzitat wird in der Voß'schen Übersetzung auf Europa übertragen: „Einst wird kommen der Tag" (130).

Der Niedergang der griechischen Welt und der Zerfall der römischen Republik sind stärker auf Melancholie gestimmt als das Ende des Römerreiches, das mit Christentum und Germanentum zugleich zukunftoffene Potenzen anbietet. Mehrwertigkeit und Vieldeutigkeit gewähren dem spätantiken Exempel eine breitere Skala an aktualisierbaren Aspekten, und darauf gehen die anhaltenden Bemühungen und zugleich die unterschiedlichen Urteile zurück. Das als Motto zitierte 151. Athenäumsfragment Friedrich Schlegels bestätigt sich abermals. Die Deutung des Falles Roms ist zumeist eine indirekte Selbstdeutung. Das gilt für Autoren, die eine Verwandtschaft der Spätantike mit der Gegenwart ***behaupten*** ebenso, wie für jene, die sie ***bestreiten.*** An die Stelle der sonst üblichen Analogie tritt hier der Kontrast, der ja dieselbe Erkenntnisabsicht verfolgt: die Wesenszüge

---

blematik und Gegenwartsbezug des Untergangs der Republik sind erregender" als das Ende des Imperiums.

der Gegenwart mit Hilfe des spätantiken Beispiels herauszuschälen. Gerade bei der Betonung der Unähnlichkeiten zeigen die Autoren, welche Kennzeichen ihrer Gegenwart ihren Stolz hervorrufen und einen erneuten Zusammenbruch als vermeidbar erscheinen lassen.

Die Andersartigkeit der Gegenwart wird unterschiedlich begründet. Machiavelli *(1522)* betonte, daß die Deutschen inzwischen keine Barbaren mehr seien, vielmehr der beste Schutzwall gegen solche. Bodin *(1566)* verwies auf den technischen Vorsprung gegenüber dem Altertum, namentlich auf die Erfindungen des Schießpulvers und der Buchdruckerkunst. Ferguson *(1783)* hob die verbesserte Wehrverfassung heraus, die eine Anwerbung von Barbaren erübrige. Auf die modernen Waffen setzte Bagehot *(1859)*. Guizot *(1824)* unterstrich den inzwischen möglichen sozialen Aufstieg, Schlosser *(1846)* und Roscher *(1854)* akzentuierten die Ersetzung der Sklaverei durch die Industrie, und darin erblickten dann auch Du Bois-Reymond *(1877)*, Theodore Roosevelt *(1895)*, Lord Balfour *(1908)*, Lord Cromer *(1910)*, Elmer Davis *(1953)* und F. W. Walbank *(1969)* den entscheidenden Unterschied. Auch der Stolz auf den Nationalstaat (Lecky *1869/1921* I 265; Nitzsch †*1880/83* I 92) und die Demokratie vermag die Sorge vor einem neuen Kultursturz zu bannen (Albert-Petit *1922*). Derartige Überlegungen mögen de Broglie (I 1 *1856/67* p. V.), Haywood (*1958*, 173) und Hampl (*1963/75*, 260 f.) bewogen haben, die Unähnlichkeit der beiden Epochen zu behaupten.[4]

Wo nicht die Andersartigkeit der (Spät-) Antike, sondern – und das ist die Regel – unsere enge Verbindung zu ihr herausgestellt werden soll, wird die zeitliche Distanz auf zwei Wegen überbrückt. Die beiden wichtigsten Formen, wohl der Aktualisierung von Geschichte überhaupt, sind die genetische und die typologische Verknüpfung. Die genetische Aktualisierung stellt einen historisch-kausalen Traditionszusammenhang her, subsumiert den gegenwärtigen Betrachter unter dasselbe Kollektivsubjekt, dem bereits die historisch Handelnden angehörten, und folgert daraus Wesensannahmen für die Vergangenheit und Verhaltensvorschriften für die Zukunft. Diese Vergegenwärtigung von Geschichte zum Zwekke des normativen Gruppenbewußtseins ist der Sinn von Historie im historistischen Katechismus (Droysen, Historik § 87 ff.).

Eine solche genetische Aktualisierung gewann Bedeutung, nachdem die Kontinuitätsvorstellung des Mittelalters abgeklungen war. Sobald der Fall Roms mit dem Humanismus wieder ins Bewußtsein trat, wurde das Interesse durch ein doppeltes Gefühl der Zugehörigkeit genährt: die Italiener bedauerten, daß ihre Vorfahren damals ihre Kultur verloren hatten, die Deutschen waren stolz darauf, daß Ihre Ahnen damals die Macht übernehmen konnten. Die Identifizierung mit

---

[4] Bisweilen beschränkt sich die angenommene Andersartigkeit auf Modalitäten. Am 19. I. 1945 schrieb Friedrich Meinecke an Ludwig Dehio, Rostovtzeffs Erklärung für die Untergang Roms sei nicht übertragbar. „Der Untergang unserer Kultur vollzieht sich durch wesentlich andere Faktoren, – eher durch eine Übersäftigkeit des Organismus, als durch ein Erlahmen von Energie, wie in der Antike." Die innere Nähe des römischen Exempels ist hier wie sonst vorausgesetzt.

den Akteuren war auf beiden Seiten selbstverständlich, die germanische Komponente in der italienischen Kultur wurde ebenso verdrängt wie das römische Element in der deutschen. In der angelsächsischen Welt gab es in der frühen Neuzeit eine Germanenromantik, die hinter der deutschen nicht zurückbleibt.[5] Die aus den germanischen Wäldern mitgebrachte Freiheit gelte es nun gegen den normannisch-römischen Absolutismus der Stuarts zu verteidigen. So beförderte *the Gothic enlightenment* den Parlamentarismus. Der Heerzug der *Gothicists* ist eindrucksvoll (Kliger *1952*). Zeugnis für die Popularität dieser Richtung ist die schöngeistige Arminius-Literatur in England, etwa ›Arminius, a tragedy‹ von Arthur Murphy *(1798)*. Der sterbende Held verkündet darin die germanisch-britische Freiheit voraus, der Gegner ist das imperiale Rom und das revolutionäre Frankreich.

Nachdem auch Thomas Jefferson einen tiefen Schluck aus dem Borne der Norne getan hatte, konnte George Perkins Marsh 1843 schreiben: *It was the spirit of the Goth, that guided the Mayflower* – von allen römischen Tendenzen unverdorben entfaltete sich die *Gothic democracy* in Amerika. Erst als der deutsche Anspruch auf das Germanen-Erbe in der zweiten Hälfte des 19. Jahrhunderts unüberhörbar wurde und der machtpolitischen Konkurrenz zur angelsächsischen Welt diente, wurde es dort aufgegeben.[6]

Eine germanophile Strömung zeigt sich in Frankreich seit François Hotman *(1573)*, doch blieb das französische Selbstbewußtsein gespalten. Der Adel pochte auf seine fränkische Herkunft, sei es, daß er mit ihr seine aristokratischen Privilegien rechtfertigte, so Boulainvilliers, sei es, daß er sich auf die Egalität unter Freien in den germanischen Wäldern besann, so Montesquieu. Die letzte für uns bedeutsame Ausprägung fränkischen Germanenstolzes verkörpern Chateaubriand, Michelet und Gobineau. Später bleibt er vereinzelt. Sympathien den Germanen gegenüber zeigt etwa J. J. Ampère (*1864/81*, 399 ff.). Er berichtet aus mündlicher Überlieferung den Widerspruch, den Ludwig XVI. am 10. August 1792 gegen die Verunglimpfung der Vandalen erhob (402). Das hinderte Henri Grégoire, Bischof von Blois, nicht, in seinem Bericht an den Konvent am 31. August 1794 den Begriff *Vandalisme* für den Kunstfrevel der Jakobiner zu prägen. Die Französische Revolution begrünstigte eine germanenfeindliche Stimmung. Der Abbé Sieyès wollte den Adel in die Wälder zurückschicken, um die nunmehr „gallische" Freiheit zu erneuern. In der Frontstellung gegen die germanische Tradition – Aubin (*1944/49*, 145) sprach vom französischen „Limesbewußtsein" – sind die keltische und die römische Komponente im französischen Geschichtsbewußtsein zusammengerückt und haben den germanisch-fränkischen Anteil verdrängt. Dem *fin de siècle* in Frankreich erschien dann die morbide spätrömische Gesellschaft aus dem Gesicht geschnitten (Riikonen *1978*, 149; 203). Daraus er-

[5] Die Bekenntnisse englischer Autoren zu ihrer germanischen Herkunft (II. 4. a!) hat Samuel Kliger in seinem Buch ›The Goths in England‹ *(1952)* gesammelt.

[6] Kliger *1952*, 98; 102; 107 f., 110.

wuchs der Romanismus von Boissier, Fustel de Coulanges, Loyen und Piganiol, gefördert jeweils durch den Germanismus in Deutschland während der deutsch-französischen Kriege. Sie erschienen unter diesem Gesichtswinkel als Neuauflagen der Völkerwanderung.

Auf deutscher Seite blieb die Selbstidentifizierung mit den alten Germanen, wie sie bei Wimpfeling, Hutten und Luther zu finden ist, durchgehend lebendig. Den Aufklärern bot sie eine Handhabe, den Sturz des Imperiums als Fortschritt zu feiern: Ahnenstolz und Progressivität reichten einander die Hand, so bei Herder und Hegel. Mit dem Nationalismus des 19. Jahrhundert erhielt das Teutonentum neuerlich Auftrieb, die Rede von den „alten Deutschen" findet sich bei sozialistischen (Engels), liberalen (Mommsen), national und imperial denkenden Autoren bis weit in unser Jahrhundert (Geffcken *1921*). Wenn sie seitdem zurückgegangen ist, so hängt das weniger mit dem wissenschaftlichen Fortschritt zusammen als mit der politischen Verständigung in Westeuropa. Der Streit um die germanisch-romanische Sprachgrenze hat sich beruhigt, weil niemand mehr Forderungen daran zu knüpfen wagt. Franz Petri hat seine 1937 und 1939 eingenommene Position 1973 selbst bereinigt (Joachim Werner *1979*, 13). Nach dem bisher letzten Aufwallen des Germanenstolzes im Dritten Reich, der auch Männer wie Graf Stauffenberg, Enßlin und Aubin erfaßt hat, ist diese Selbstidentifikation zurückgegangen.

Im Osten herrscht die Nationalität als Aktualisierungskriterium jedoch ungebrochen. In der DDR werden die alten Germanen noch ganz so wie bei Engels gesehen; namentlich im Umkreis von Joachim Herrmann erscheinen die Römer als feindliche Westmacht. Das genetische Identitätskriterium wird um ein typologisches ergänzt, es ist der angebliche Urkommunismus unserer teutonischen Altvorderen. In Rußland und Polen dagegen werden im frühen Mittelalter nur Slawen zugelassen. Die Krimgoten sind ausradiert, das Reich Ermanarichs ist hinter der neubenannten Cernjachow-Kultur versteckt worden (Werner *1979*, 15), an die Stelle der Vandalen in Schlesien ist die Przeworsk-Kultur getreten (Diesner *1976/81*, 125). Die Vertreibung der Deutschen aus den Ostgebieten wiederholt sich in der Urgeschichte auf dem Papier. Umgekehrt werden die Slawen aus der Geschichte Griechenlands und Ungarns gestrichen, eben weil man weiß, daß mit dem ethnischen auch ein territorialer Nachfolgeanspruch propagandistisch untermauert werden kann. Die Geschichtsfälschung ist einfacher als die politische Einigung.

Neben den nationalen Nachfolgeanspruch treten zuweilen zwei weitere Selbstidentifizierungen, über das Christentum und über den Rassegedanken. Beide Motive sind indessen unterschiedlich verwendbar: Sofern das Christentum als antike Religion empfunden wird, wie es überwiegend im Katholizismus geschieht, verbindet es uns mit Rom; sofern es als nachantik betrachtet wird, wie es im Protestantismus überwiegt (Bultmann *1925*, 42), trennt es uns vom Altertum. Der Rassengedanke diente zumeist zur Identifizierung seiner Vertreter mit den Germanen, wurde jedoch von Hitler, in seiner späteren, „europäischen" Phase, als Beweis der Verwandtschaft mit den Griechen und Römern herangezogen. Die „wahren“ Germanen waren damals die kulturell und militärisch Aktiven unter den Ariern.

Unter den Reizmitteln der genetischen Identifizierung spielt der Freiheitsgedanke des neuzeitlichen Nationalismus eine besondere Rolle. Es gibt wohl keinen nennenswerten Rebellen gegen das Imperium, der nicht als Freiheitsheld und Vorläufer der territorialen Nachfolger in Anspruch genommen worden wäre. Viriathus ist von Ruy Sanchez de Arévalo (†1470) zum Heros des spanischen Nationalismus befördert worden (B. R. Reynolds *1955*, 21). Civilis, der Anführer des Bataveraufstandes, wurde von Rembrandt für das Rathaus von Amsterdam gemalt. Vercingetorix, der Gegner Caesars, stieg auf zum Vorkämpfer der gallisch-französischen Nation; sein Denkmal wurde von Napoleon III. auf dem Berge Alesia errichtet. Die Königin Boudicca, die gegen die Legionen Neros kämpfte, steht auf ihrem Streitwagen vor dem Londoner Parlament. Decebalus, der dakische Gegner Trajans erhielt von den Rumänen ein Denkmal in Deva. Ein Ölbild Jugurthas hängt im Staatspalast von Tunis. Das Monument des Sklavenführers Eunus steht vor der Burg in Enna, das des *liberator Germaniae* im Teutoburger Wald. Der neuzeitliche Nationalismus erwächst aus der Opposition zum Imperialismus Roms.

Arbeitet die genetische Aktualisierung der Spätantike mit dem Andauern bestimmter Traditionen, so beruht die typologische Vergegenwärtigung auf Parallelen zwischen den Zeiten. Zuweilen sind es punktuelle Analogien, bald einzeln, bald mehrfach; mal beiläufig, mal wesentlich; zuweilen werden aber auch strukturelle Entsprechungen angenommen. Ein solches Denkmodell verwendet anstelle der linearen Konstanz die zyklische Wiederholbarkeit. Sie wird teils pragmatisch gefaßt, indem die gleichartige Konstellation eine Wiederholung der Folgen dann als vermeidbar erscheinen läßt, wenn die Fehler der Römer vermieden würden. Teils wird die Analogie auch fatalistisch verstanden, wobei einer (häufigeren) pessimistischen eine (seltenere) optimistische Wertung gegenübersteht. Erstere fürchtet die abermalige Katastrophe, letztere erhofft eine entsprechende Metamorphose (vgl. o. S. 188 ff.).

Die typologische Vergegenwärtigung setzt die Annahme von Ereignis-Zyklen voraus. Sie ist seit der Renaissance wieder vertreten und hat dort eine doppelte Wurzel: zum ersten fand man ein solches Geschichtsgesetz in den Texten antiker Autoren, die man verehrte; zum zweiten benötigte man es auch selbst im Hinblick auf die Kultur, die man wiederherstellen wollte. Mit der Möglichkeit eines erneuten Aufstiegs zeigt sich am Horizont jedoch zugleich die Gefahr eines abermaligen Niedergangs, wie ihn die bewunderte Antike im Fall Roms erlebt hatte. Dieses Gesetz vom Auf und Nieder wurde in der von Poggio bis Bacon so beliebten Literatur ›über den Wechsel des Glücks‹ verarbeitet. Seit Machiavelli besteht der Lehrwert der Alten Geschichte nicht nur in der vorbildlichen Kulturhöhe, die in der Antike erreicht wurde, sondern zugleich in dem warnenden Kulturbruch, der ihr gefolgt ist. Man weist gern darauf hin, daß das Altertum durch sein Ende

„abgeschlossen" sei und im Unterschied zur Offenheit der gegenwärtigen Phase komplett überschaut werden könne.

Die im Ganzen angenommene Gleichartigkeit ist die Voraussetzung, im einzelnen aus der Geschichte zu lernen. *O discas casu cautior esse meo!* redet die ›Roma ruens‹ von Heinrich Ranzow den Leser an (bei Kytzler *1972*, 490). Die möglichen Lernziele pendeln zwischen den Burckhardtschen Polen „klug für ein andermal" und „weise für immer" (*1868/1955*, 10). Letzeres war die Absicht Melanchthons: *harum calamitatum consideratio ad quid prodest inquies?* (CR IX 1075). Die Antwort lautete: die Geschichte zeigt das Walten Gottes und erzieht dadurch zur Bescheidenheit. Anspruchsvoller waren die Lehren, die von den Humanisten aus Roms Fall gewonnen wurden. Die geschichtlichen Kreisläufe wurden nicht als Beweis für die menschliche Ohnmacht verstanden, sondern bezeugten vielmehr, daß es durch menschliche Mühe immer wieder möglich sei, aus der Tiefe aufzusteigen. Machiavelli und Sigonius haben aus den militärischen Zuständen der Spätantike Anweisungen für ihre eigene Zeit gefolgert. Bodin hat seine bevölkerungspolitischen Reformen, Vico seine Vorstellungen vom Rechtswesen mit dem Zusammenbruch Roms gerechtfertigt.

Soweit die Aufklärung ihrem Fortschrittsglauben zuliebe den Niedergang Roms nicht verharmlost hat, versuchte sie ebenfalls, ihn als Lehrstück zu verstehen und zu beherzigen. Über die Möglichkeiten, aus der Geschichte zu lernen, finden sich gewiß auch skeptische Äußerungen. Fontenelle, Friedrich d. Gr. (Oeuvres V 233) und John Adams (VI 232) bezeugen es: *c'est là le propre de l'esprit humain, que les exemples ne corrigent personne: les sottises des pères sont perdues pour leurs enfans; il faut que chaque génération fasse les siennes.*

Diese Einstellung ist jedoch nicht dominant, und schon gar nicht im Zusammenhang mit dem Fall Roms. Ein solches Exempel vor Augen meinte man vielmehr, ein entsprechendes Debakel vermeiden zu können. Bacon warnte seine Zeitgenossen davor, in eine ähnliche Erschlaffung zu versinken; St. Pierre unterstützte seine Empfehlung eines Völkerbundes mit dem römischen Lehrfall. Lebeau (*1757/1819* I p. II) erkärte: *l'histoire de la décadence de l'empire romain est la meilleur école des états, qui parvenus à un haut degré de puissance n'ont plus à combattre que les vices, qui peuvent altérer leur constitution.* Mably und Linguet äußerten sich ebenso. Bei Gibbon (VI 389) heißt es: *this awful revolution may be usefully applied to the instruction of the present age.*

Die typologische Analogie in pragmatischer Absicht setzt bestimmte Übereinstimmungen voraus, die als prinzipiell vermeidbar erachtet werden. Die römische Kaiserzeit liefert seit der Aufklärung den immer blanken Spiegel, darin die Kritiker ihrer Zeit die Flecken zeigen. Als solche bezeichnete Jonathan Swift (*1715* V 476) die Korruption, Catrou (*1725* Bd. XVII S. XVII) die Hofintrigen, Voltaire (*1756*) den Einfluß der Kirche, Mably (*1765* XII 125) den Ehrgeiz, d'Alembert die verschleierte Dekadenz (*1967*, 448), Rémond de Saint-Mard (Vyverberg *1958*, 89) den gesunkenen literarischen Geschmack. Die Technik, gegenwärtige Mißstände im Gewande der spätrömischen Verhältnisse anzuprangern, gipfelt in der Travestie Rousseaus im ›Discours sur les Sciences et les Arts‹ *(1750)*. Dort erscheint Fabricius, der tugendreiche Bezwinger des Pyrrhus, den späten Römern und hält ihnen in einer strengen Rede ihre Entartung vor Augen, mit der Rousseau die Zustände seiner eigenen Gegenwart geißeln will. Die genießerisch-ästhetische Variante der Analogie mit der Gegenwart liefert der Abbé Galiani (1. I. 1774): *il y a des empires, qui ne sont jolis que dans leur décadence.*

Die Aufforderung, aus dem römischen Beispiel die Lehren zu ziehen, hat auch im Historismus nicht nachgelassen. Dessen Lehre von der wesenhaften Einmaligkeit aller Geschichte hat sich ja niemals durchgesetzt. Und das wäre auch nicht zu wünschen, denn jedes historische Ereignis bildet nicht nur eine Individualität, sondern verkörpert zugleich einen Typus, und es ist ebenso berechtigt, das Spezifische wie das Generelle an ihm herauszustellen. Letzteres tun alle pragmatisch denkenden Historiker, insbesondere die Vertreter einer politischen oder naturwissenschaftlichen Erklärung, denn wie immer die Fehler des spätrömischen Systems bestimmt werden, grundsätzlich werden sie als wiederholbar und vermeidbar gedacht.

Die Bekenntnisse zum lehrhaften Gehalt der römischen Geschichte gehen also weiter. 1832 glaubte Friedrich Christoph Schlosser Europa in derselben Situation wie das Imperium während des späten 4. Jahrhunderts (S. 350), 1846 benutzte er die spätantike Kritik an der Oberschicht als Sittenspiegel der gegenwärtigen Mußeklasse. 1835 unterstrich Sismondi die innere Nähe seiner Zeit zum 4. Jahrhundert (I 17), das reich an Lehren sei, insbesondere hinsichtlich der sozialen Auswirkung absoluter Macht (I 175). Eine Wiederholung der Kulturkatastrophe schien ihm eine Gefahr (II 422). Ernst von Lasaulx (*1847/54*, 67) bemerkte über die Römer: „Ihr Staatsleben erscheint wie ein Typus für den politischen Entwicklungsgang aller späteren Völker, deren Bildung auf antiker Grundlage ruht." 1850 schrieb Johann Jakob Bachofen in seinen ›Politischen Betrachtungen über das Staatsleben des römischen Volkes‹, die „Gründe des Gedeihens und des Verfalls eines Staatslebens" seien nirgend klarer als in Rom, in „der römischen Geschichte liegt das alles wie in einem Spiegel offen vor" (I 28). Ihering (*1852*, 307) erhob den Fall Roms zu einem „lehrreichen Beispiel." Seit 1853 gehört die Analogie zur Spätantike zu den Leibgedanken von Bruno Bauer. Noch 1880 malte er unsere „Verwandtschaft mit der Zeit des aufsteigenden römischen Imperatorenthums" in allen Farben aus: Bürgerkrieg und Cäsarentum, Zentralismus und Kulturmischung heute seien bloß die „Wiederholung eines früheren Schauspiels", das „am Ende, gleich dem der römischen Imperatorenzeit, zu einer unerwarteten geistigen Katastrophe führen" werde (*1880*, 1 f.). Bauer selbst suchte seine Position in Entsprechung zu den spätrömischen Christen, die der Zukunft die Lehrbücher schrieben.

In der englischen und französischen Literatur der Zeit ist der Fall Roms gleichfalls ein Lehrstück für die Gegenwart. Sheppard (*1861*, 2), nannte ihn *the gravest lesson, which the history of humanity can teach,* und 1885 heißt es bei Duruy: *une grande leçon sort donc de cette histoire: là où le gouvernement veut tout faire, les citoyens ne font rien* (539). Boissier (*1891/1913,* 383) ging noch weiter: *l'histoire romaine est peut-être la plus logique de toutes,* weil die Ereigniskette klarer als anderswo sei, weswegen die römische Geschichte sich hervorragend für den Unterricht der Jugend eigne. ›The Fall of Rome and Its Lessons for Us‹ überschrieb Hodgkin seinen Artikel von 1898. William Davis (*1910/33,* 335) beschloß sein Buch über die geldgierigen späten Römer: *the lesson of their fall lies patent to the twentieth century.* Ferrero 1914 (Kap. IV 77 ff.), erteilte *the Lesson of the Fall of the Roman Empire;* ein „lehrreiches Beispiel für die Nachwelt" war dies für Sundwall 1919.

Wie sehr der Erste Weltkrieg eine solche Deutung begünstigte, lehrt Oswald Spengler (UA I 35): „Das Römertum ... wird uns, die wir auf Vergleiche angewiesen sind, immer den Schlüssel zum Verständnis der eigenen Zukunft bieten" (Koktanek *1968,* 141). Der Fall Roms blieb „eine Lehre und eine Warnung" für Rostovtzeff und F. C. S. Schiller 1925, für Heitland 1928. 1938 rief Heichelheim (859) sein *videant consules* angesichts der wiederum ernsten Gefahr einer Zerstörung der Wirtschaft durch den Staat, 1939 schrieb H. J. Haskell: *there might be lessons from the experiences of the past* (5), und 1940 erblickte Taeger im Ende Roms „eine Mahnung und eine Warnung für uns".

Adolf Hitler sah bereits 1925 in der römischen Geschichte die „beste Lehrmeisterin nicht nur für heute, sondern wohl für alle Zeiten". Der Untergang Roms war für ihn ein „Modellfall" (Schramm bei Picker *1963,* 73), den er aus der Außenperspektive wiederholen, aus der Innenperspektive jedoch verhindern wollte: indem er sich 1925 mit der germanischen Position identifizierte, wollte er dem Volk ohne Raum abermals Land schaffen, und indem er es 1942 mit der römischen Sache hielt, wollte er den Untergang der Kulturwelt abwenden, den damals die christlichen Juden herbeigeführt hätten und den jetzt die jüdischen Bolschewiken ins Werk zu setzen drohten (III. 3. c!). Hitler führte den Zweiten Weltkrieg in der Absicht, aus dem Fall Roms zu lernen, tat dies aber anders, als Stalin ihm das 1934 nahegelegt hatte. Dieser hatte Hitler vor einem Angriff gewarnt, indem er ihm vor Augen führte, was aus Rom geworden sei, als es die Barbaren unterjochen wollte: sie schlossen sich zusammen und zerstörten das Reich (III. 2. c!). Als die Russen 1945 in Berlin standen, ertönte der Ruf „Die Barbaren kommen!" nicht nur aus deutschem Munde (Der Spiegel *1980*, Nr. 52 S. 148). Beim Lernen aus der Geschichte kommt es auf die Rollenverteilung an.

Hitlers Lernwilligkeit wurde ihm 1940 von Simone Weil (*1960*, 18–60) bestätigt. Sie erkannte in Hitlers Staat eine exakte Abbreviatur des römischen Kaiserreiches, es fehlt nichts, auch nicht der erwartete Zusammenbruch. 1944 entnahm Walbank dem Fall Roms wieder *lessons for to-day.* Bei Toynbee (*1946/50,* 314) steht: „angesichts der hellenischen" (das bedeutet bei ihm: antiken) „Geschichte können wir erwarten, daß unser gegenwärtiges abendländisches Problem seine Lösung empfangen wird – sofern es überhaupt eine erhält", und dies wird wiederholt: die antike Geschichte „wirft ihr Licht auf unsere eigene Lage in der Welt von heute. Wer aber dieses ihres Lichtes teilhaftig wird, dem leuchtet es – *exper-*

to crede – erstaunlich hell“ (*1948/49*, 67). Friedrich Georg JÜNGER (*1946*, 122) bemerkte: „Wir sind daran gewöhnt, das alte Rom als ein Modell zu betrachten, das uns durch das Mittel des Vergleiches gewisse Anschauungen und Erkenntnisse liefert, mit deren Hilfe wir uns unsere eigene Lage deutlich zu machen versuchen“. Er zog die Parallele zum spätrepublikanisch-kaiserzeitlichen Rom, und eben dasselbe tat auch sein Bruder Ernst (*1959*, 265), als er schrieb: „Der Untergang des römischen Reiches hat ja von jeher als Schulbeispiel gedient. Es gibt allerdings eine Reihe von Merkmalen, die übereinstimmen: Cäsarismus, Bedrohung des Bauernstandes, Latifundienwirtschaft, Sittenverfall, wachsende Konzentration und Unwiderruflichkeit der großen Entscheidungen, hellenistische Kunstwerke und technische Großbauten“. Schon in seinen unter dem Titel ›Strahlungen‹ publizierten Tagebüchern aus dem Zweiten Weltkrieg hat Ernst Jünger derartige Vergleiche gezogen und Hitler alias Kniébolo als Volkstribun, Prokonsul und Imperator gekennzeichnet. Thomas MANN bediente sich des Endes Roms zur Charakteristik seiner Zeit im 34. Kapitel seines 1947 erschienenen ›Doktor Faustus‹. Dort ist vom „Gefühl, daß eine Epoche sich endigte“, von einer „heraufziehenden Barbarei“ die Rede, die „hinter die christliche Zivilisation des Mittelalters weit zurückführen und eher die dunkle Epoche vor deren Entstehung, nach dem Zusammenbruch der antiken Kultur, zurückbringen werde ...“ Derselbe Gedanke wird mehrfach in den 1950 bis 1969 verfaßten ›Notizen‹ von Max HORKHEIMER ausgesprochen. Er kritisierte die westlichen Linksintellektuellen für ihre Hoffnung auf eine bessere Zukunft „ohne daß die Barbarei eintrete, ohne neues Mittelalter oder ohne Übergang des Weltgeistes an andere, unterentwickeltere Völker (*1974*, 90). Die gegenwärtige Philosophie wird der Philosophie in der Spätantike gleichgesetzt (71), Amerika gegenüber Sowjetrußland mit Rom gegenüber den Barbaren verglichen (104), die sich in Marx einen Ideologen aus der versinkenden Zivilisation entlehnen, wie die Germanen in „jener anderen Völkerwanderung zu Beginn des Mittelalters“ Jesus aus der alten Kultur „herausgepickt“ haben (76). Immer wieder ist vom Untergang der europäischen Kultur die Rede (vgl. 95; 162).

Die Parallele zwischen dem Ende Roms und dem Ende Europas ist nicht an philosophische Schulen oder politische Richtungen geknüpft. Auch die Geschichtswissenschaft hielt nach dem Zweiten Weltkrieg an dieser Aktualisierung fest. Manni bekannte sich 1952 (17 f.) im Hinblick auf Rom zur Formel *historia magistra vitae*, Wieacker schrieb 1964 (9): „Bis heute ist das Ende der antiken Welt das große Exempel für die weltgeschichtlichen Krisen geblieben“, es sei das „Beispiel aller Beispiele für die Umformung einer Zivilisation, wie wir sie heute ... erfahren“ (12). Tom B. Jones entnahm dem Fall Roms 1978 (18) eine *message for us*, und Jean Starobinski schrieb 1980 (177): „Die römische Geschichte bietet sich als Prototyp und Paradebeispiel für jede geschichtliche Entwicklung an“.

Gleichlautende Stimmen kommen aus dem marxistisch-leninistischen Historismus auch nach Stalin noch. Mouza Raskolnikoff (*1975*, 165) kennzeichnete sie folgendermaßen: *l'étude de la chute de l'Empire romain ... permet à la fois d'appréhender les lois, qui président à l'évolution des formations économico-sociales et de mettre en lumière la dialectique des rapports de production et des forces productives.* Anwendungsfall des römischen Musters ist der Kapitalismus, dem aus denselben Gründen und mit derselben Unausweichlichkeit sein Ende verheißen wird, ich habe die Analogie oben behandelt (s. o. S. 193). Noch Várady (*1978*, 19) ging es bei seiner Untergangsdeutung „um die wirkliche soziale Nutzbarwerdung der Historiographie".

Die Aufforderungen, aus dem Fall Roms zu lernen, beschränken sich in historistischer Zeit ebensowenig wie zuvor auf die Beachtung bloßer Regeln. Vielmehr wird angenommen, daß der im Hinblick auf seine Folgen bedenkliche Mißstand so wie im späten Rom nun abermals eingetreten sei. Damit sind Vergleichspunkte der typologischen Aktualisierung gegeben, und deren Zahl wächst seit dem frühen 19. Jahrhundert beinahe von Jahr zu Jahr. Indem ich die Liste nun vorführe, ersuche ich den Leser um Geduld für die monotone Reihung. Sie aber macht doch erst recht begreiflich, weswegen die Autoren den Fall Roms so interessant finden.

Die augenfälligsten Punkte der Übereinstimmung zwischen der Spätantike und der Gegenwart des 19. Jahrhunderts waren der Schrei der Massen *panem et circenses*, der Imperialismus und der Cäsarismus (Romieu *1850*; Groh *1972*). Als Prototypen dienten die Napoleone, als Deuterotypen Männer wie Garibaldi, Bismarck und Wilhelm II., den L. Quidde 1894 als *Caligula redivivus* vorführte. Hinzu traten weitere Gleichklänge. Hegel nannte 1821 die Genußsucht, Niebuhr 1829 (296) den Widerspruch zwischen Verfassung und Entwicklung, Schlosser 1846 die Sittenlosigkeit der Oberschicht, Bruno Bauer 1853 das Epigonentum, Roscher 1854 die Frauenemanzipation, Lange 1866/73 die Halbbildung, Rodbertus 1865 und 1876 die in Klassengegensätze führende Privatwirtschaft. Mommsen betonte 1881 den Ministerabsolutismus (bei Hartmann *1908*, 122), Krapotkin 1882 die moralische Verrottung, Anton Menger (*1886/99*, 112 f.) die Konzentration des Grundeigentums, Hartmann selbst 1889 die ungelöste soziale Frage, Dumont 1890 die *capillarité sociale* und Le Bon 1894 die Durchdringung alter müder Rassen durch frische junge. Als das für die antike wie die moderne Welt gemeinsame Übel bezeichnete Max Weber 1909 die Bürokratie, Chamberlain 1899 die Judengefahr, Mitteis (*1900*, 30) das „ungeheure Landproletariat", Sorel (*1901/25*, 314 f.) den Idealismus, Ruhland (*1903/41*, 342) den Kapitalismus und Rudolf Steiner (Lauer *1965*, 102) die „Entgötterung". Bei Fahlbeck 1906 und Madison Grant 1916 liegt die Analogie in der Zersetzung der weißen Rasse, bei W. H. S. Jones 1907 in den endemischen Krankheiten, bei Otto Hintze (*1907/62*, 457 ff.) im Expansionsstreben, bei Walther Rathenau (22. VII. 1909 an Stefan Zweig) in der Kolonisierung, bei Bumke 1911 in der Kulturneurose, bei Kautsky 1912 in der Eigentumslosigkeit der Arbeiter, bei Ferrero 1914 in der Urbanisierung, der Inflation und der *mania for grandeur and display*. Wilhelm Windelband sah in seiner Kriegsvorlesung ›Geschichtsphilosophie‹ Deutschland entsprechend der Lehre

Vicos (II. 3. a!) eingeklemmt zwischen eine Erste Barbarei im Osten und die Zweite Barbarei im Westen (*1916*, 18).

Die Zeit nach dem Ersten Weltkrieg lieferte neue Leidensverwandtschaften zwischen der Gegenwart und der Spätantike. Rodenwaldt (*1921/22*, 79 f.) notierte beide Male einen „Kult des Häßlichen", Kornemann 1922 die „Wehrlosmachung", Kahrstedt 1924 den Niederbruch des Bürgertums, Rostovtzeff 1925 die Nivellierung der Gesellschaft, Gelzer 1926 den sozialistischen Zwang, Chapot im gleichen Jahre die Resignation, Oppenheimer 1929 die „Bodensperre". Für Ortega y Gasset 1930 war das gemeinsame Übel die Vermassung, für Gautier 1932 die „Bolschewisation", für Landry 1934 die Entvölkerung, für Graf Keyserling, gleichfalls 1934, die Kulturfeindschaft der Jugend (32), für Bratianu 1935 die Finanzkrise und für Perrot 1937 der Staatssozialismus. 1939 entdeckte Haskell die Probleme des *New Deal* im alten Rom. Schon 1933 verglich der Amerikaner William GRAY ›The Roman Depression and Our Own‹. Die Analogie ist perfekt, sie umfaßt Inflation und Subvention, *race suicide* und *crime wave*, Korruption und Skeptizismus, Dekadenz in der Kunst (außer der Architektur), Anwachsen des Großbesitzes, aber auch philanthropische Regungen.

Der Zweite Weltkrieg brachte weitere Varianten der Übereinstimmung gegenwärtiger und spätantiker Übel. Toynbee nannte 1946/50 (360) und 1948 (117) die politische Zwietracht, Borkenau 1947 (*1981*, 392) eine *paranoic sickness*, Cioran 1949/79 (141) die Gourmandise, Boak 1950 (292) den totalitären Charakter des Staates, Altheim 1952 die Koppelung von „Expansion und Krise", Alföldi 1956 die technisch werdende Zivilisation, Dawson 1957 die Verstädterung, Dannenbauer 1959 den Steuerdruck, Hands 1963 die „gelbe" Gefahr, Ribeiro 1968 die Militärdiktatur im Interesse einer Ausbeuterklasse, Mazza 1970 die Spannungen infolge des Kulturgefälles, Sichelschmidt 1971 den „krassen Materialismus", Salmon 1974 eine Politik der Gleichberechtigung, Joachim Herrmann 1975 die Unterdrückung der Volksmassen in der Klassengesellschaft, Donald Hughes im selben Jahre die Umweltzerstörung, René Martin 1976 und Grant 1976/77 die Kulturfeindschaft (der Christen damals und der *Gauchistes* bzw. Gurus heute), Knaul 1977 den Streß. Was uns mit der Spätantike verbindet, das ist für Chaunu 1981 die *décadence*, für Hagen 1982 das Problem der Aussteiger (Eremiten) und Terroristen (Bagauden) und für Weichmann ebenfalls 1982 das moralische Versagen.

Das Tertium comparationis ist in einigen wenigen Fällen eine neutrale Gegebenheit – so etwa wenn Riegl (1901), Rodenwaldt (*1921/22*, 78), Kaschnitz-Weinberg (1926) oder Arnold Gehlen (*1957*, 35) die Phasen der neuesten Kunstentwicklung (Impressionismus, Expressionismus, Futurismus, Primitivismus) in denen der Spätantike vorgebildet fanden, oder wenn Max Horkheimer (*1957/74*, 71) meinte: „wir treten im Untergang dieser Zivilisation in die Phase ein, in der dem zeitgemäßen Philosophieren nur die Privatsphäre bleibt: Lust und Unlust abschätzen, wie die römischen Stoiker, Kyniker, Kyrenaiker." Häufiger denkt man bei dem Zeitenvergleich an einen spezifischen Mißstand. Berenson (*1954*,

63) sah in der spätantiken Kunstentwicklung ein Muster für *Decline in the Figure Arts in all times.* Fridegar Mone (*1858*, VI) in der spätantiken Philosophie einen Rückfall in den Dogmatismus, wie es gerade wieder geschehe. Verdeckt oder offen geht es darum, das entsprechende jeweilige Übel in der Gegenwart zu beheben und darum samt seinen angeblich fatalen Folgen oder Begleiterscheinungen in der Spätantike aufzuzeigen.

Der Fall Roms verdankt seine paradigmatische Kompetenz seiner Eignung als Pandora-Büchse. Es gibt kaum ein Übel, das damals nicht schon geherrscht hat, und es wäre sehr zu verwundern, wenn nicht auch künftige Historiker die Misere ihrer Zeit in der Spätantike vorgeformt fänden. Den Keim zu einem künftigen Erklärungsansatz bietet die Überfremdung der Bundesrepublik aus den Entwicklungsländern. Das von einem Prof. Dr. rer. nat. Schröcke unterzeichnete, einen „Schutzbund für das deutsche Volk" empfehlende „Heidelberger Manifest" vom 17. Juni 1981 erklärt: „Völker sind (biologisch und kybernetisch) lebende Systeme höherer Ordnung mit voneinander verschiedenen Systemeigenschaften, die genetisch und durch Traditionen weitergegeben werden. Die Integration großer Massen nichtdeutscher Ausländer ist daher bei gleichzeitiger Erhaltung unseres Volkes nicht möglich und führt zu den bekannten ethnischen Katastrophen multikultureller Gesellschaften."[7] Sollte damit nicht das Imperium Romanum gemeint sein? Auch es erstickte an barbarischer Unterwanderung bzw. Überflutung. Unseren Gastarbeitern und Asylanten lassen sich die Läten des spätrömischen Reiches zur Seite stellen. Beide Male schrumpft die heimische Bevölkerung, sie nimmt die Zuwanderer für jene Tätigkeiten in Anspruch, die sie selbst nicht hinreichend abdeckt. In Rom war das die Landwirtschaft und das Kriegswesen.

Die jeweils angenommene Entsprechung betrifft zwar gewöhnlich nur einen bestimmten Punkt, doch ist es stets ein solcher, der innerhalb des Zeitbildes als wesentlich erachtet wird. Der Übergang von der punktuellen zur strukturellen Analogie ist nicht immer exakt bestimmbar, doch liegt letztere sicher dann vor, wenn in der Gegenwart eine senkrechte Völkerwanderung im Gang befindlich gedacht wird. Die neuerdings aufstrebenden Unterschichten werden mit den ehemals hereinbrechenden Barbaren gleichgesetzt. Deren Bewegung wird um neunzig Grad gedreht. Vergleichspunkt ist die kulturfeindliche Begehrlichkeit unwiderstehlich herandrängender Massen, Vergleichsabsicht ist die Diffamierung des Dritten Standes mit Hilfe des negativen Barbarenklischees. Die zugrundeliegende Interpretation der Völkerwanderung ist, wie zu erwarten, nicht die einer Erneuerungsbewegung, sondern die einer Katastrophe. Die prägende Erfahrung für diese Analogie lieferte die Französische Revolution in den Augen ihrer Gegner. 1793 begegnet der Gedanke, daß die neuen Barbaren nicht von außen, sondern von unten kämen, bei Gibbon (Momigliano *1978*, 13). Seit 1794 liefert der Begriff

[7] Das Zitat entstammt einem mir vorliegenden Flugblatt. Es wird von Leuten vertrieben, die Konrad Lorenz nahestehen. Salmon *(1974)* hat seine Untergangstheorie vermutlich aus Erfahrungen mit Einwanderern nach Great Britain gewonnen (III. 4. c!).

Vandalisme (s. o.) eine Analogie zwischen den völkerwanderungszeitlichen Germanen und den jeweils verteufelten Kulturfeinden, angefangen mit den Jakobinern. Der Gedanke wurde übernommen von Benjamin Constant (*1815*, 320; 358), der den Begriff der „zweiten Barbarei" auf das späte Rom und auf die Französische Revolution anwandte. Dort sei sie von außen, hier von innen gekommen. 1848 sah Romieu *(1850)* die „inneren Barbaren" am Werk. In einer ähnlichen Konstellation, im Hinblick auf die Pariser Commune, zog der spätere Kardinal John Henry Newman (*1973*, 337 f.) diese Parallele. In einem Brief vom 26. V. 1871 fragte er: wer sind die Goten und Vandalen, die die moderne Zivilisation zerstören werden, da wir die Welt doch kennen und wissen, daß es keine unbekannten Nordvölker mehr gibt? Seine Antwort: *the lowest class, which is the most numerous and is infidel, will rise from the depths of the modern cities and will be the new scourges of God.* Diese Prophezeiung habe sich in Paris zu erfüllen begonnen und werde sich, ein Jahrhundert später, auch in England verwirklichen. Den Gedanken einer Barbarisierung von unten nach oben finden wir sodann bei Jacob Burckhardt (Fragmente 194), Le Bon (*1894/1902*, 122), bei George Sorel (*1901/25*, 45), Karl Kautsky (1912) und Rudolf Steiner (24. IV. 1917); beim Grafen Keyserling (1918), bei Walther Rathenau (*1919*, 53 ff.), im ›Aufstand der Massen‹ von Ortega y Gasset (*1930/57*, 78) und ganz expreß bei Alfred Weber (*1935/63*, 444 ff.). Toynbee hat ihn spiegelbildlich verkehrt, indem er nicht das Proletariat als (neue) Barbaren, sondern die Barbaren als (äußeres) Proletariat bezeichnete. Diese Sicht ist in der marxistischen Literatur üblich, seitdem Engels die Germanen zu Revolutionären erhob.

Die Summierung all dieser Einzelparallelen zwischen der spätrömisch-frühgermanischen Zeit und der Gegenwart macht es begreiflich, wenn Marx (MEW 19, 111 f.) von einer „schlagenden Analogie", Roscher (*1849*, 121) von „genauester Analogie" sprach, wenn Jacob Burckhardt seine Zeit als abermalige Spätkultur begriff (III. 5. a!) und Renan eine neue Völkerwanderung voraussah (III. 1. a!). Mommsen (*1881/1905*, 107) meinte, daß des Principates „abgeschlossen vorliegende Geschichte den Zuständen der Gegenwart einigermaßen zum Spiegel dienen kann", und Breysig (*1901*, *22*) fand eine „schlagende Ähnlichkeit". Derartige Äußerungen wiederholen sich in der Folgezeit. Hirschfeld (*1913*, 903) bescheinigte der Kaiserzeit, daß sie „in vieler Hinsicht einen so modernen Charakter zeigt wie keine andere Epoche des Altertums", dem schloß sich Hartke (*1951*, 426) an. Sinngleich mit Gelzer (*1926*, 399) stellte Chapot (*1926*, 89) im 4. Jahrhundert n. Chr. *un terrible relent d'actualité* fest, wörtlich anklingend bemerkte Ortega y Gasset (*1942/52*, 94 ff.) eine „erschreckende Aktualität". F. G. Jünger (*1946*, 122) bemerkte Spätroms „Aktualität für uns", Kuczynski (*1949*, 98) glaubte die „Menschheit" heute wieder vor einer ebensolch grundsätzlichen „Alternative" wie im 4. Jahrhundert, Andreas Alföldi (*1956*, 190) entdeckte eine „vollgültige Parallele zu den Lebensäußerungen und Krankheiten des modernen Großstaates", Christian Meier (*1970*, 69) fürchtete, daß wir wieder auf eine spätrömische Kulturstufe zusteuern, Sichelschmidt (*1971/72*, 13) nannte Roms Dekadenz „geradezu exemplarisch", St. Otto (*1974*, 13) und H. Böhme (*1977*, 14) sprachen der Spätantike eine „erregende Aktualität" zu und bei Chaunu (*1981*, 153) lesen wir: *cet énorme collapsus du monde antique ... demeure l'exemple, le modèle de la décadence par excellence.* Rom vor dem Untergang ist ein hervorragender Sittenspiegel: einmal, weil sich ziemlich alles findet, und dann, weil die Strafe so prompt eintrat.[8]

Die typologische Aktualisierung der Spätantike in pragmatischer Absicht widerspricht dem historistischen Lehrsatz von der wesenhaften Einmaligkeit des Geschichtsgeschehens. Unter der Voraussetzung, daß jede Situation wieder ganz anders sei, kann man aus der Geschichte natürlich nichts lernen, und daß dies nicht geschehen sei, ist von Hegel (*1831/1961*, 45) als Erfahrungssatz formuliert worden: „Was die Erfahrung aber und die Geschichte lehren, ist dieses, daß Völker und Regierungen niemals etwas aus der Geschichte gelernt und nach Lehren, die aus derselben zu ziehen gewesen wären, gehandelt haben". Droysen (Historik S. 300) hat sich dem angeschlossen, und Koselleck (*1967*, 196 ff.), beifällig referiert von Lübbe (*1977*, 206), fand die Begründung für die angebliche Zertrümmerung „der Modellhaftigkeit vergangener Ereignisse" im gesteigerten Entwicklungstempo seit dem frühen 19. Jahrhundert. Ist sowieso schon jede Periode andersartig, so ist doch die heutige Gegenwart ganz besonders einmalig.

In einem solchen Gefühl wurzelt die Bemerkung von Max Weber aus dem Jahre 1896: „für unsere heutigen sozialen Probleme haben wir aus der Geschichte des Altertums wenig oder nichts zu lernen" (S. 3). Sie hat aber, von Alfred Weber (*1935/63*, 175 gegen die „platte Nutzanwendung") und Haywood (*1958*, 173) abgesehen, keine Nachfolge gefunden. Ja Max Weber selbst hat sie Lügen gestraft, wenn er am Fall Roms seine Lehre demonstrierte: „nur im Schoße der Familie gedeiht der Mensch" (*1896/1968*, 11 f.).

Nehmen wir die in beinahe allen Erklärungsversuchen unausgesprochen mitgemeinte Aufforderung, die Fehler der Römer seien zu vermeiden, hinzu, so zeigt sich, wie lebendig der Topos „Historia magistra vitae" war und ist. Der „Histo-

---

[8] Für die Verbreitung dieses Gedankens zeugt eine Behandlung in MASSENMEDIEN. Am 24. Mai 1925 diskutierten fünf britische Professoren – darunter E. Barker, Flinders Petrie und G. M. Trevelyan – in der ›New York Times‹ das Problem: ›Will our civilization survive?‹ Im Anschluß an Spengler ging es um die Möglichkeit eines *downfall similar to that, which overtook Greece and Rome.* Im November 1975 strahlte der Süddeutsche Rundfunk eine Schulfunk-Sendefolge aus über den „Zwangsstaat in der Spätantike", wo K. F. Stroheker mit einigen Schülern den „Aktualitätswert" jener Krise und die Frage ihrer Wiederholbarkeit erörterte. Am 26. IX. 1981 illustrierte W. Seuss in der ›Frankfurter Allgemeinen‹ die Aussichten eines Wohlfahrtsstaates am Beispiel des römischen Imperiums. Am 28. III. 1982 publizierte Louis Hagen in der ›Welt am Sonntag‹ (S. 3 f.) seinen Artikel ›Der Untergang Roms – ein Lehrstück der Geschichte.‹ Der Autor fragte: „Rom fiel, weil es verfault war. Und wir?" In seiner Rede zum 17. Juni 1982 vor dem Deutschen Bundestag in Bonn erklärte Herbert Weichmann: „Die gesellschaftlichen Verhältnisse sind geeignet, an das Ende der Blütezeit des Römischen Reiches zu erinnern, mit seinem Ende eben aus dem Mangel an weiterführender moralischer Kraft" (FAZ 18. VI. 1982 S. 6). Der ›Spiegel‹ (1965 Nr. 40; 1976 Nr. 35; 1982 Nr. 40) und die ›Süddeutsche Zeitung‹ (16./17. IV. 1983) meldeten das „Aktuellste" zum Fall Roms.

rismus" ist eine, ihrerseits nach historistischen Rezepten verfaßte Kunstlehre der Geschichtsschreibung, die abgeleitet ist aus jenen historiographischen Werken, die Meinecke und seinesgleichen der Lektüre für würdig befunden haben. Dies waren die Spitzenleistungen der großen Meister. Ob und inwieweit ihre Weise, die Geschichte zu betrachten, kennzeichnend ist für die Historie der letzten zweihundert Jahre überhaupt, wird man prüfen müssen. Die genannten Beispiele erfordern im Hinblick auf die verabschiedete Pragmatik Einschränkungen, zumal es sich gewiß nicht um absterbende Relikte der Aufklärungshistorie handelt. Bei allen Schwierigkeiten, die ein Lernen aus der Geschichte mit sich bringt, sollten wir nicht vergessen, daß der Versuch dazu ein apodiktisches Gebot der Vernunft ist. Wenn wir nicht aus der Geschichte lernen können, woraus dann? Die Bemühung darum ist deshalb nur zu diskreditieren, sofern wir uns vertrauensvoll in Hand des Weltgeists fallen lassen. Der dafür erforderliche Fatalismus, so begreiflich er im einzelnen ist, bleibt im ganzen eine zweifelhafte Alternative. Dies lehren nicht zuletzt diejenigen Stimmen, die im Fall Roms das Spiegelbild dessen erblicken, was uns selbst unweigerlich bevorstehe.

Die typologische Aktualisierung der Spätantike in fatalistischem Gewande zeigt überwiegend düstere Aussichten. Die ursprüngliche Voraussetzung dafür ist vermutlich die doppelte Enttäuschung durch die Französische Revolution und die Resultate der Freiheitskriege im Wiener Kongreß. Hatte erstere gezeigt, wie nahe Vernunftaltar und Fallbeil beieinander stehen, so lehrte letzterer, wie wenig der Einsatz für eine große Sache deren Erfolg verbürgt. Daraus entsprang ein resignierender Determinismus, der nun aber nicht im unerforschlichen Willen Gottes, sondern in der unvollkommenen Menschennatur wurzelte.

Angekündigt wurde ein romgleiches Ende Europas in den kulturmorphologischen Geschichtsentwürfen von Vollgraff (*1828* II 393), Zumpt (*1841*, 91) und Lasaulx (*1856*, 153 ff.). Die Dekadenzstimmung scheint im Verlaufe des 19. Jahrhunderts zugenommen zu haben. Das Schlagwort vom *fin de siècle* aus dem Jahre 1888 hätte niemals ein solches Echo gehabt, wenn es nicht eine zuvor schon verbreitete Ansicht ausgesprochen hätte. Der Kulturpessimismus erlebte um den Ersten Weltkrieg seinen Höhepunkt. Äußerungen von Morgenstern (12. II. 1897), Rathenau (1912), Ferrero (1914), Hammacher (1914), Delbrück (1918) und Albert Schweitzer (1923) zeigen, daß Spenglers Erfolg in einer vorgegebenen Gemütslage des lesenden Publikums gründet. Die Charaktermasken für die historische Selbstauffassung liefern spätantike Geistesgrößen. Jacob Burckhardt (Brief 4. III. 1848) tröstete sich mit dem „Leben des h. Severin. Der hat unter dem Umsturz der Dinge ausgehalten". Friedrich Meinecke (Brief 14. VI. 1936) wählte andere Patrone: „Wir Alten mit unserer humanistischen Kulturtradition fühlen uns einigermaßen, wie ein Kollege neulich sagte, wie Boethius und Symmachus am Ende der Antike ... *no surrender*".[9]

[9] Des Abendlandes Untergang sah Meinecke in seinen Briefen auch am 30. X. 1930, 20. XII. 1933, 19. I. 1945 und 17. VIII. 1947.

Fatalistische Analogien zum Untergang Roms kommen nicht nur aus dem Kreise der Gegner des Dritten Reiches, sondern ebenso aus dem seiner Träger. „Wie zu Zeiten des sinkenden Römerreiches und des Zusammenbruchs der um das Mittelmeer geordneten Welt ziehen apokalyptische Schauer über Orient und Okzident", so Hermann Stegemann, Künder der ›Weltwende‹ (*1934*, I; 349). Sogar Hitler hat früh ein *finis Germaniae* ins Auge gefaßt. „Würde das Schicksal Roms Berlin treffen", schrieb er in seinem ›Kampf‹ (*1925/33*, 291), „so könnten die Nachkommen als gewaltigste Werke unserer Zeit dereinst die Warenhäuser einiger Juden und die Hotels einiger Gesellschaften als charakteristischen Ausdruck der Kultur unserer Tage bewundern". Seine eigenen Bauten verstand Hitler als Botschaft an die Zukunft, die er von seiner Gegenwart durch eine Katastrophe ähnlich dem Untergang Roms getrennt sah. Albert Speer (*1969*, 69) hat 1934 darauf seine Theorie vom „Ruinenwert" der Bauten des Dritten Reiches gegründet. So wie die Trümmer Roms sollten die Ruinen der Hitlerzeit die Nachwelt zu heroischen Gefühlen begeistern. Neben Hitler hat sich auch Göring (*1939*, 193) diese Auffassung zu eigen gemacht. Der Untergang war einkalkuliert, wenn auch später als geschehen.

Das Ende des Zweiten Weltkrieges hat die intellektuelle Stimmung im Westen weniger getrübt als der Erste. Sei es, daß die Befreiung vom Faschismus stärker empfunden wurde als das Vorrücken der Sowjets, sei es daß man sich an Katastrophen zu gewöhnen begann. Es gibt jedoch Ausnahmen. 1946 zog Elias Canetti (*1978*, 82 f.) die Parallele zwischen der Gegenwart und dem kaiserzeitlichen Rom: „Rom war wie eine moderne Stadt". Unter den zahlreichen Analogien fesselte ihn vor allem der bevorstehende Untergang. Gleichzeitig erschrak er vor dem trügerischen Trost dieser Gleichsetzung: Rom hat seinen Untergang wenigstens als Stadt überstanden, also werde es wohl nicht so schlimm kommen: „So tröstet man sich über die viel ernsteren Gefahren des Unterganges, der uns heute droht, als könnte auch er ein vorübergehender sein, als ginge es auch bei uns bloß um barbarische Feinde, die ganze überschaubare Gegenstände plündern wollen, und nicht um den Zerfall jedes winzigsten Stückchens Materie, aus dem jeder einzelne von uns besteht". Die übliche Analogie wird übertrumpft durch den bevorstehenden eigenen Über-Untergang. Aber merkwürdig: Passiere was wolle, der Untergang wird in die Zukunft geschoben. Sollte es zu seinem Wesen gehören, daß er in der fernen Vergangenheit oder in der nahen Zukunft angesetzt wird, so bewiese das einen letzten rhetorisch-didaktischen Unernst gegenüber der Erfahrung, daß es bisher eben doch immer irgendwie weiterging und dauerhaft so leicht nichts verloren ist.

Ein zweiter, eher optimistischer Fall typologischer Vergegenwärtigung der Spätantike bettet das zyklische Moment in eine lineare Gesamtkonzeption ein und ersetzt als Vergleichspunkt den Untergang durch den Übergang (II. 5. a!). Gleichbedeutend sind Begriffe wie Krise und Metamorphose, Schwelle und Gärung, sowie Revolution im marxistischen Sinne. Jeweils wird eingeräumt, daß bestimmte Entwicklungslinien abgebrochen sind, zugleich aber darauf hingewiesen, daß andere weiterliefen, und diese letzteren erscheinen als die interessanteren. Anstelle der Furcht motiviert die Hoffnung die Parallele: so wie der Zusammenbruch der antiken Zivilisation die europäische Staatenwelt ermöglicht habe, werde auch die europäische Kultur nur weichen, um einer neuen, höheren Ordnung Platz zu machen. Einen derartigen beidmaligen Übergang behaupteten viele Autoren.[10]

Insbesondere in den auf Hegel fußenden sozialökonomischen Interpretationen westlichen wie östlichen Gepräges wird diese Aktualisierungsform geschätzt. Unabhängig von der Parallele zur Spätantike beherrscht die Vorstellung, in einem Übergangsalter zu leben, das moderne Geschichtsbewußtsein seit der Französischen Revolution.[11]

Am weitesten gehen jene zyklisch-typologischen Analogien, die zwischen der Gegenwart und einem bestimmten Zeitpunkt der spätrömischen Geschichte eine Entsprechung behaupten, indem letztere gleichsam als immerwährender Kalender auch für uns verstanden wird. Diese Methode hat Tradition. Ihre früheste Form ist gelehrte Lobhudelei. 1688 schrieb Perrault in seiner ›Parallele des Anciens et des Modernes‹: *et l'on peut comparer sans craindre d'estre injuste / le siècle de Louis au beau siècle d'Auguste* (I 252). Friedrich d. Gr. übernahm diese Entsprechung in seinem Brief an d'Alembert vom 1. VII. 1780 und lokalisierte seine eigene Zeit in die Periode von Plinius, Seneca und Quintilian, die unfruchtbare nachaugusteische Phase. Dem widersprach Friedrichs Hauptmann Archenholtz, dessen ›Geschichte des Siebenjährigen Krieges in Deutschland‹ (1789) schließt: „Nun fing die große Kulturepoche der Deutschen an ... So wie es auch der glänzendste Zeitpunkt des alten Rom war, da Künste und Wissenschaften zugleich mit den Legionen triumphierten und August den Janustempel schloß“. Dieses panegyrische Exemplum, das wohl eine Wiederkehr einzelner Ereignistypen, nicht aber die Wiederholung von Ereignisfolgen unterstellt, wich einer kritisch motivierten Zyklusparallele.

Vollgraff blieb noch vergleichsweise unbestimmt, als er 1828 (II 394) die Geschichte Europas seit dem 15. Jahrhundert mit der Alexandrinerzeit und der vorkonstantinischen Kaiserzeit parallelisierte. Ihm folgte Paul Valéry (*1919/57*, 992), der gleichfalls das ptolemäische Alexandria und das Rom Trajans zur Gegenwart in Entsprechung setzte. Spengler (*1933*, 16) plazierte sich zwischen 216 (Cannae) und 31 v. Chr. (Actium), und Ernst Jünger (*1959*, 85) schloß sich dem an. Einen späteren Zeitpunkt wählten Niebuhr 1830 und Ferrero 1922. Sie verglichen ihre jeweilige Gegenwart mit dem frühen 3. Jahrhundert n. Chr. Bianchi Bandinelli

---

[10] Rodbertus (*1865*, 276; 288), Dumont (*1890*, 119), Schnürer (*1900*, 11 ff.), Breysig (*1901*, 438), Ciccotti (*1910*, 231), Kautsky (*1912*, XI f. XX); Kahrstedt (*1924* pass.; *1948/52* Vorwort), Gelzer (*1926/65*, 399), Landry (*1934*, 130), Altheim (*1941*, 1; *1954*, 324; *1955*, 8) Kornemann (*1943/69*, 55), Latouche (*1946*, 319), Sedlmayr (*1948*, 234), Mazzarino (*1951*, 7), Dawson (*1956*, 396), Mazza (*1970* pass.), Otto (*1974*, 7 ff.) und Watson (*1975*, 357; 365).

[11] Ich habe die Bekenntnisse zum Krisenglauben einmal gesammelt und im Archiv für Begriffsgeschichte 23, 1979 vorgelegt. Das Material ließe sich vervielfachen.

(*1970/76*, 1) zog die Entsprechung zwischen August 1914 und Dezember 192 n. Chr., als *in modo analogo* die Krise ausbrach. Rudolf Steiner stellte eine Geistesverwandtschaft seiner Zeit mit dem 4. Jahrhundert n. Chr. fest (Lauer *1965*, 102). Gerkan identifizierte seine Gegenwart 1960 mit der Zeit des Septimius Severus um 200 n. Chr. (*1962*; 161; *1967/68*, 14). Grant fand sich 1977 irgendwo zwischen den Jahren 395 und 429. Damit ist die Grenze einer ernst zu nehmenden Analogie überschritten und die Vergegenwärtigung schlechthin in Mißkredit gezogen. Indessen *abusus non tollit usum.*

Die zwiefache Aktualität der Spätantike durch ihre genetischen und typologischen Beziehungen zur Gegenwart macht den Fall Roms zu einem Stück Pektoralhistorie. Ist so etwas statthaft? Die bloße Verbreitung kann das ebensowenig bejahen, wie die Vielfalt allein es verneinen kann. Der Historiker sucht dieses Problem zu fassen, indem er es in den Schraubstock zwischen reiner Wissenschaft und angewandter Politik, zwischen Denken und Leben spannt und darüber zuweilen vergißt, daß auch der Historiker „lebt“, auch der Politiker „denkt“ und daß zwischen beidem eine Verbindung besteht, indem das Leben des Historikers von der Politik, das Denken der Politiker von der Historie beeinflußt wird. Die Politiker verwenden keine Geschichte außer jener, die sie den Historikern entnehmen; *wie* sie das aber tun sollen, sagen ihnen die Historiker nicht. Darum ist es mit dem Naserümpfen nicht getan.

Wenn eine Bedingung für rationales Handeln in der Verwertung von Erfahrung liegt, dann ist es grundsätzlich berechtigt, ja unumgänglich, zu diesem Zwecke den Erfahrungsschatz der Geschichte auszumünzen. Unterschwellig erfolgt die Vergegenwärtigung des Vergangenen bereits in der Sprache. Eine genetische Aktualisierung steht hinter dem zeitenübergreifenden Gebrauch von Eigennamen, eine typologische hinter dem von Sachbegriffen. Beide Male denken wir Geschehenes assoziativ mit, soweit wir es erfahren haben; die Worte werden sozusagen historisch aufgeladen. Die dadurch zuweilen überwucherte Distanz zwischen den Zeiten läßt sich sprachkritisch in gewissen Grenzen wieder freijäten, indem etwa die Rede von den „alten Deutschen“ durch die von den „Germanen“ ersetzt wird oder indem wir den Revolutionsbegriff und alles, was allzu gegenwartsnahe Assoziationen weckt, vermeiden. Damit wird das Problem jedoch nicht grundsätzlich gelöst: Die Masse des Vokabulars, mit dem wir Vergangenheit und Gegenwart bezeichnen, ist identisch, und da wir unsere Sprache der Geschichte verdanken, hat es auch seine Ordnung, wenn wir sie darauf anwenden. Wäre das unberechtigt, dann zerfiele aller Traditionszusammenhang, ja alle Geschichte selbst. Die zuweilen methodisch verfemte „Modernisierung“ der Vergangenheit, ist im weiteren Sinne des Wortes die Voraussetzung historischen Verstehens überhaupt.

Die Berechtigung eines Verwandtschaftsgefühles zu Vergangenem ist niemals grundsätzlich, sondern immer nur fallweise zu klären. Denn beim Vergleich zwischen zwei Zeiten gibt es allemal Gleiches und allemal Ungleiches, und welches von beiden auffällt, hängt von unseren Erwartungen und Absichten ab. Die Gegebenheiten müssen wir respektieren, in deren Wertung sind wir frei. Die zahlreichen Ähnlichkeiten zwischen der spätgriechisch-spätrömischen Periode des Altertums und der europäischen Geschichte der Neuzeit sind ja nicht erfunden, niemandem ist verwehrt, sich über sie zu wundern und darauf eine Philosophie zu bauen. Entscheidend ist, daß wir historische Parallelität nur unter bestimmten Parametern behaupten, indem wir sagen, unter welchen Gesichtspunkten wir die Vergangenheit betrachten und unter welch anderen sie uns unterdessen oder überhaupt unerheblich erscheint. Das wäre eine nichteuklidische Historie, sie hält die Subjektivität der Perspektive bewußt. Vermutlich verwandelt sich die Geschichte in einen Spiegel der Gegenwart, ganz gleich, welchen Ausschnitt wir betrachten. Die Warze, die uns stört, ist unsere eigene. Der Spiegel ist ein Instrument der Kosmetik.

IV. 2. Deutung und Erklärung als Theorieprobleme

Das Warum ist die Mutter aller Wissenschaften
Schopenhauer III 20

Wer von Deutung und Erklärung redet, geht davon aus, daß sich etwas nicht von selbst versteht. Betrifft dies geschichtliche Ereignisse, so befinden wir uns im Bereich der historischen Praxis; wir erklären Geschichte. Weiten wir es aus auf die Tätigkeit des Historikers, so betreten wir den Boden der Theorie; wir erklären Historie. Wir fragen, wie das Wort „Deutung" zu erklären , der Begriff „Erklärung" zu deuten sei. Sonderlich ernst kann eine solche Frage allerdings nicht gemeint sein, denn die eine Halbfrage setzt jeweils den in der anderen Halbfrage problematisierten Ausdruck als bekannt voraus. Um zu verstehen, was „verstehen" heißt, genügt es, zu wissen, was wir darüber wissen *wollen,* und darüber muß sich jeder vor sich selbst Rechenschaft ablegen.

Das Verstehen ist zunächst ein psychologischer Vorgang. Wie er sich abspielt, erfahren wir, wenn wir ein Ereignis, das wir begreifen, mit einem solchen vergleichen, das wir nicht begreifen. Dann zeigt sich, daß wir es begriffen haben, sobald es in unser Weltbild, in unser Denksystem eingeordnet ist. Das System selbst bringen wir mit, müssen es aber jeweils so umgestalten, daß der betroffene Tatbestand darin unterkommt. Aus dem Vorverständnis wird ein Verständnis. Die Umgestaltung kann unterschiedliches Ausmaß annehmen, je nachdem ob wir den betroffenen Vorgang nur in unseren Wissensschatz, oder ob wir ihn auch in unseren Erfahrungsschatz aufnehmen. Im ersten Falle ist das Verständnis ein Gewöhnungsprozeß, der unsere Kenntnisse vermehrt, im zweiten ist er ein Lernprozeß, der unsere Denkkategorien erweitert.

Die Unterscheidung verschiedener Grade der intellektuellen Verarbeitung beim Bemühen um ein Erfassen von Tatsachen steht hinter der Redeweise vom „oberflächlichen" oder „tieferen" Verständnis, wobei es weniger darauf ankommt, wie weit wir uns selbst in den jeweiligen Gegenstand hineinarbeiten als vielmehr darauf, wie weit er seinerseits in unser Bewußtsein eindringt. Die Tiefe des Verstehens ist grundsätzlich grundlos. Sie zeigt sich in den größeren oder geringeren Folgen für unser Denken und Handeln: Sie können sich unabsehbar vermehren. Das Gefühl, ein Ereignis *wirklich* begriffen zu haben, ist ebenso eine intellektuelle Ermüdungserscheinung, wie das Gefühl, ein Ereignis nicht begreifen zu können. Solange wir geistig wachsen, läßt sich niemals behaupten, daß wir die Bedeutung eines Vorfalles ausgeschöpft hätten. Immer können neue Erlebnisse das Bild eines vermeintlich längst verstandenen Vorfalls ändern; jüngere und ältere Erfahrungen beleuchten sich gegenseitig. Unsere Fassungskraft lebt, solange sie wächst.

Die Bedeutung eines Historicums für uns ist eine Form seiner Wirkung und damit ein Aspekt historischer Kausalität. Gewiß unterscheidet sich dieser von anderen Aspekten, man könnte in der Geschichte unsichtbare und sichtbare, blinde und sehende Kausalitäten einander gegenüberstellen. Sie alle gehören in die große Familie der Zusammenhänge zwischen Früherem und Späterem, und insofern rechnen wir bereits mit Kausalitäten, sobald wir der Beschäftigung mit Vergangenem einen möglichen Sinn unterstellen. Der Wert einer Sache ist eine Weise ihrer Wirkung. Wir sind ihr ausgesetzt.

Der individualpsychologische Vorgang des Verstehens setzt die prinzipielle Unterscheidbarkeit zweier Aggregatszustände desselben Erlebnisses voraus. Wir nehmen einen historischen Vorfall zur Kenntnis und verarbeiten ihn sodann, verwandeln gewissermaßen den ungedeuteten Rohstoff in ein verstandenes Endprodukt. Gegen die Unterscheidbarkeit dieser beiden Stufen ließe sich einwenden, daß auch die elementare geschichtliche Tatsache nur in sprachlicher Form zu handhaben ist, mithin bereits Interpretation, bereits Deutung hinter sich hat. Dieser Einwand gegen die positivistisch-objektivistische Annahme vorgegebener Fakten enthält eine Dosis Einsicht, die abgemessen sein muß, damit sie uns nicht ins subjektivistisch-idealistische Gegenextrem treibt, für welches die Meinungen über Geschichte das einzig Reale an ihr sind.

Zunächst einmal verbürgt die bloße Sprachform als solche noch nicht das Verständnis. Dies lehrt die Geschichte des Wortes „deuten". Es hängt zusammen mit „deutsch" und hieß einmal so viel wie „in die Volkssprache übersetzen", „für jedermann verständlich machen". Deutung ist mithin ursprünglich ein innersprachlicher Vorgang. Luther verdeutschte 1. Korinther 10 f.: „Zwar es ist mancherley art der stimme in der Welt, und der selbigen ist doch keine undeutlich. So ich nu nicht weis der stimme deutunge, werde ich Undeudsch sein dem, der da redet, und der da redet, wird mir Undeudsch sein". Paulus wandte sich damit gegen das Zungenreden und empfahl stattdessen das Auslegen. Luthers Wort „undeudsch" übersetzt griechisch bzw. lateinisch *barbarus* im ursprünglichen Sinne von „unverständlich" oder „blabla"; Luthers „Deutung" steht für *virtus* bzw. δύναμις im Sinn von „Sinn". Gemeint ist die Kraft der Rede, die verpufft, wo sie nicht verstanden wird.

In Luthers Bibelübersetzung lesen wir: „eines jeglichen Traum hatte seine Bedeutung" (1. Mose 40, 5), und hier ist nicht der Sinn von Worten, sondern der von Bildern gemeint. Joseph entschlüsselt dem Pharao seine Träume, die nach gemeinantiker Auffassung eine göttliche Botschaft an den Träumenden enthielten. Ähnliche Funktionen wurden im Altertum auch den als Vorzeichen interpretierten realen Geschehnissen zugeschrieben. Wer meint, daß hier bloß Aberglaube walte, der achte auf die Zusammenhänge, in denen Vorzeichen berichtet werden. Es sind in der Regel Denkanstöße für Wissen und Gewissen, die hinterher klarmachen, was man zuvor hätte bedenken können. Das urgermanische Wort „deuten" ist ein Wort „ursprünglich des kultischen Sprechens" (Trier *1942*, 238), des Erklärens von Zeichen. Die Annahme von „Bedeutung" im Geschehen besagt, daß man über die bloße Kenntnisnahme hinaus aus ihm lernen könne, und eben darum geht es ja in unserem Problemfall.

Die gemeinsame sprachliche Gestalt des zu deutenden und des gedeuteten Vorgangs widersteht sodann auch nicht der Unterscheidbarkeit von Ereignissen und Aussagen, von Geschichte und Historie. Zugegeben: jedes Faktum ist in gewisser Weise eine Interpretation, jede Interpretation in gewisser Weise ein Faktum. Beide Gleichungen gelten jedoch nicht schlechthin, sondern eben nur „in gewisser Weise", was beidemale etwas anderes bedeutet: Ein Faktum ist insoweit eine Interpretation, als wir es in versprachlichter Form denken. Eine Interpretation ist insoweit ein Faktum, als sie uns gegeben vorliegt.

Indem der Gegenstand der Historie der Vergangenheit angehört, ist er der Wahrnehmung entzogen und nur über Erinnerung und Zeugnisse faßbar. Nur ein minimaler Teil der Geschichte ist uns aus unmittelbarer Erinnerung zugänglich. Darum liegt deren Bedeutung vorab darin, uns einen Begriff davon zu vermitteln, was vergangene Wirklichkeit überhaupt heißen kann. Jedem wirklichen Ereignis liegt ein mögliches Eräugnis zugrunde. Als Zeuge in die Zeit zurückversetzt, könnte man es, wenn es wirklich war, optisch wahrnehmen oder aus Wahrnehmungen zusammensetzen. Die Mehrzahl der historischen Fakten wird uns von der Überlieferung zugetragen, deren Zuverlässigkeit durch Indizien von Quellenbefunden überprüft wird. Diese müssen zu solchem Behufe historisch ausgewertet, d.h. interpretiert werden, und insofern ist Interpretation ein unabdingbarer Arbeitsgang bei der Gewinnung der elementaren Tatsachen.

Mittel der historischen Interpretation sind Bedeutungsanalyse (welcher Befund liegt vor?) und kausale Erklärung (wie kommt der Befund zustande?). Die Quelle bezeugt nur insoweit ein Ereignis, als sie dessen Folge ist; und ein Ereignis ist aus einer Quelle nur dann erschließbar, wenn es als deren Voraussetzung angenommen werden muß. Ein Quellenzeugnis wird dadurch zum Erkenntnisgrund für ein Ereignis, daß dieses seinerseits als Realgrund für das Quellenzeugnis aufgefaßt werden muß. Ohne kausale Erklärung lassen sich historische Fakten außerhalb der eigenen Erinnerung nicht begründen, und darum ist Kausalität nicht nur für den möglichen Sinn und Zusammenhang von geschichtlichen Ereignissen, sondern bereits für die begründete Behauptung derselben unabdingbar. Treffend bemerkt Gibbon (*1761/64*, 98): *History is the science of causes and effects.* Wollte jemand der Historie die Fähigkeit zu kausaler Erklärung überhaupt absprechen, so bestritte er zugleich die Historizität der Geschichte. Umgekehrt muß jeder, der die Geschichtlichkeit von irgendwelchen nicht selbst erlebten Ereignissen annimmt, deren historische Beweisbarkeit zugestehen und damit einer Methode vertrauen, die auf dem Prinzip der Kausalität beruht. *All reasonings concerning matter of fact seem to be founded on the relation of Cause and Effect. By means of that relation alone we can go beyond the evidence of our memory and senses* (Hume, Essays 322). Solange wir aus gegenwärtigen Quellenbefunden vergangene Tatsachen (z.B. den Fall Roms) erschließen, können wir auch im Hinblick auf den Zusammenhang geschichtlicher Ereignisse untereinander (wie sie in den Erklärungen zum Fall Roms hergestellt werden) nur die Modalitäten, nicht aber das Prinzip der historischen Kausalität in Zweifel ziehen. Das

Kausalitätsproblem begegnet dem Historiker auf allen Ebenen seiner Wissenschaft und würde sich auf der obersten (im Bereich der Erklärung komplexer Ereignisfolgen) nicht stellen, wäre es auf der untersten (im Bereich der Ermittlung von einfachen Ereignissen) nicht lösbar. Darum ist es unberechtigt, dem Kausalitätsproblem in der Geschichtswissenschaft mit grundsätzlichen Mißtrauen zu begegnen.

Die Deutung eines (gegenwärtig vorhandenen) Quellenbefundes begründet die Annahme eines (früher vorgefallenen) Faktums. Die Deutung eines Faktums sodann eröffnet uns dessen Verständnis. Dazu ist zweierlei vonnöten. Erstens muß der Vorfall unter seinen Allgemeinbegriff gebracht oder in einen gedanklichen Zusammenhang eingefügt werden; zweitens muß er aus vorausgegangenen Zuständen oder gleichzeitigen Umständen mit Hilfe von Erfahrungsregeln, die zuweilen als historische Gesetze (s. u.) bezeichnet werden, hergeleitet werden. Wer eine historische Erklärung sucht, will wissen, wie das Unerwartete möglich war.[1]

Verständnisschwierigkeiten tauchen auf, sobald ein Vorfall unseren Erwartungen widerspricht. Nur die Ausnahme erfordert Erklärung, und diese bindet jene wieder in das Regelsystem unserer Erfahrung ein, dem sie zunächst fremd schien. Das System bringen wir mit. Aus diesem Grunde kann man nicht alles zugleich erklären, nicht alles zugleich problematisieren, sondern lediglich das momentan Rätselhafte: Die Existenz des Mondes verursacht weniger spontanes Nachdenken als seine Verfinsterung, der Zusammenbruch eines Imperiums setzt mehr Überlegung in Gang als sein Fortbestehen. Daß Romulus Augustulus keinen Nachfolger gefunden hat, ist darum ein Problem, weil seine Vorgänger sämtlich Nachfolger gefunden haben; weshalb jene Vorgänger aber Nachfolger gefunden haben, ist in unserem Zusammenhang kein Problem, denn die Sukzession im Kaisertum ist die Regel. So gewiß es dem individuellen Erkenntnisdrang überlassen bleiben muß, was erklärungsbedürftig ist und was nicht, so gewiß regt im allgemeinen das Plötzliche mehr als das Allmähliche, das Seltene mehr als das Gewöhnliche zum Nachdenken an. Wenn Paruta (*1599/1827*, 167), Mably (*1751*, IV 391), Ferguson (*1783*, 414), Gibbon (VI 385) und Madison Grant (*1916/19*, 221) meinten, es sei viel erstaunlicher, daß das Imperium so lange gehalten habe, als daß es schließlich zusammengebrochen sei, so ergibt sich dieses Problem nur aus dem Vergleich mit der Dauer anderer Weltreiche. Seine Lösung erübrigt

[1] Droysen (Historik 397) meinte, daß die geschichtlichen Dinge „nicht erklärt, sondern verstanden werden wollen", und danach wurde in der neukantianischen Geschichtstheorie zuweilen behauptet, daß es der Naturwissenschaft um eine „Erklärung", der Geisteswissenschaft dagegen um ein „Verständnis" ihrer Phänomene gehe. „Die Natur erklären wir, das Seelenleben verstehen wir" schrieb Dilthey 1894 (Schriften V *1924*, 144). Die Unterscheidung widerspricht dem üblichen Sprachgebrauch. Sobald mir das Zustandekommen einer Mondfinsternis *erklärt* worden ist, habe ich diese *verstanden*; und damit ich den Fall Roms *verstehen* kann, muß ich ihn *erklären*. Der Begriff der Deutung ist umfassender als derjenige der Erklärung, auch wenn er zuweilen nur im engeren Sinne einer Wesensbestimmung benutzt wird. Aus diesem Grunde sind die ideologischen und kulturphilosophischen Theorien über den Fall Roms eher Deutungen, die übrigen dagegen Erklärungen.

aber nicht die Erklärung dafür, daß auch Rom, nachdem es so lange gehalten hat, schließlich fiel, und tatsächlich haben sich die genannten Autoren größere Mühe mit dem Fall als mit dem Bestand gemacht. Daß ein solches Reich fortbesteht, ist leicht zu begreifen; daß es zustandekommt, schon schwerer; daß es auseinanderfällt am schwersten. Denn von keiner an der Auflösung des Imperiums beteiligten Gruppe läßt sich behaupten, daß sie das Resultat beabsichtigt habe – wie konnte es also eintreten? Die Frage, worum es sich bei diesem Vorgang eigentlich handelt und wie und warum er eingetreten ist, das ist der Inhalt der Urteile über den Fall Roms.

Im Vergleich mit der üppigen Erklärungstheorie sind die Methodenprobleme historischer DEUTUNG im engeren Sinne bisher kaum zum Gegenstand von Reflexionen erhoben worden (Mc Cullagh *1971*). Dies mag damit zusammenhängen, daß der „Deutung" die „Wesensbestimmung" benachbart ist und ihr der Gedanke einer Tiefenschau innewohnt, die zu subjektiv ist, um theoriefähig zu sein. Es bleibt aber zu bedenken, daß dieser Akt dem der Erklärung vorausgeht: erst wenn klar ist, worum es sich bei dem in Rede stehenden Ereignis handelt, kann sinnvoll danach geforscht werden, wie es passieren konnte.

Ein historisches Phänomen gewinnt seine Bedeutung durch den Zusammenhang in dem es steht, in den es sich stellen läßt. Dabei kann es sich um genetische oder typologische Zusammenhänge handeln, deren Art und Zahl grundsätzlich unerschöpfbar ist. Solange die Geschichte weitergeht und die Phantasie der Historiker nicht ermüdet, eröffnen sich neue Aspekte an denselben altbekannten Tatsachen, und sie können deren Wesen völlig umkrempeln. Das Jahr 1933 hat durch das Jahr 1945 sein Gesicht verändert, Wiclif und Hus haben durch Luther an Bedeutung gewonnen, ohne Alexander und Philipp wäre die Frühgeschichte Makedoniens ohne besonderes Interesse. Wie man dereinst Hiroshima und Nagasaki beurteilt, hängt ab davon, welchen Gebrauch man von der Atomkraft machen wird. Der historische Pegasus wird vom Schwanze her aufgezäumt.

Die Mehrdeutigkeit alles historischen Geschehens ist so eindeutig, daß jede Wesensbestimmung damit beginnen muß, eben dieses festzustellen. Ein Gegenstand, der – wie die Geschichte – nicht zum Betrachten gemacht ist, kann uns nicht vorschreiben, von welcher Seite, aus welcher Distanz, in welcher Beleuchtung wir ihn anzusehen haben. Die Geschichte geschieht nicht um der Historie willen, darum steht es dieser frei, welchen Blickpunkt sie wählen will. Hier gibt es keine Regeln. Wohl aber herrscht ein gesetzmäßiges Verhältnis zwischen dem gewählten Standpunkt und dem dabei erzielten Geschichtsbild einerseits, und zwischen der individuellen Motivation und dem dann zu wählenden Standpunkt andererseits. Im Bereich dieses doppelten Bedingungsgefüges ist die Wesensbestimmung historischer Phänomene theoretisch faßbar.

Die Deutungsvielfalt des Falles Roms ist an den oben im einzelnen behandelten Charakteristiken abzulesen (II. 5. b!). Sie lassen sich auf drei Grundformen zurückführen. Eine minimalisierende Position begnügt sich mit der Metamorphose einer allmählichen Germanisierung des Westens und der Gräzisierung des Ostens auf der Grundlage einer breitströmenden kulturellen Kontinuität. Das war die katholische Theorie: das Christentum als entscheidende Verbindung läuft durch, das Reich wird im Osten von Byzanz, im Westen nach der Translatio Imperii von den Franken und Deutschen weitergeführt. Diese, das Mittelalter beherrschende Auffassung wurde im 19. Jahrhundert auf säkularisierter Basis erneuert: Träger der Kontinuität sind nun das romanische Volkstum, so bei Fustel de Coulanges, oder die wirtschaftliche Entwicklung, so bei Dopsch. Jede hegelianisch lineare Geschichtsdeutung wird dieser glättenden Auffassung zuneigen.

Die maximalisierende Interpretation spricht demgegenüber von einer allgemeinen Katastrophe, vom Sturz einer Hochkultur in die Barbarei. Diese Ansicht verfochten die Humanisten und Reformatoren. In der jüngeren Literatur begegnet sie bei Denkern, die zyklischen Verlaufsmodellen huldigen, etwa bei Eduard Meyer (III. 5. b!).

Eine vermittelnde These ist in der Aufklärung entwickelt worden. Die antike Kultur mit ihrem römischen Finale war danach eine Stufe auf einer Skala, eine Umdrehung auf einer Wendeltreppe – in sich abgeschlossen und dennoch weiterführend. Unter diesem Aspekt erscheint die Spätantike als Zeit des Übergangs, der Krise oder der Metamorphose (II. 5. a!). Diese letztere Wesensbestimmung erlaubt Differenzierungen; sie ist weder, wie die Kontinuitätsthese, genötigt, den politischen Zusammenbruch zu verharmlosen, noch gezwungen, wie die Katastrophentheorie, die zivilisatorische Verkettung zwischen Germanen und Römern abzuwerten. Die Position, wie sie etwa Montesquieu einnahm, vermeidet das blinde Vertrauen auf einen linearen Fortschritt so gut wie die Furcht vor einem unausweichlichen zyklischen Niedergang aller Kulturen. Der Fall Roms behält sein doppeltes Gesicht als Untergang und Übergang.

Der Zusammenhang, in den die Metamorphosen-Theorie den Fall Roms einordnet, ist nicht die apodiktische Prognose der Opti- oder Pessi-Mysten, sondern die hypothetische Prognose des Pragmatikers. Das römische Exempel zeigt, was möglich ist, unabhängig davon, was zu wünschen wäre. An die Stelle unbedingter Hoffnung oder bedingungsloser Verzweiflung tritt die Vorhersage unter Kautelen: Wenn sich die Umstände und das Verhalten wiederholen, dann wiederholen sich die Folgen. Hier stellt sich die Forderung, die für das Resultat verantwortlichen Umstände und Verhaltensweisen zu bestimmen. Und erst damit erhebt sich die Erklärung von der Konstruktion zur Argumentation.

Die Methode des historischen Erklärens ist in den letzten Jahren durch viel Druckerschwärze aufgehellt worden. Nach Max Webers wegweisenden Auseinandersetzungen mit Eduard Meyer von 1906 sind indessen die Historiker durch die Philosophen aus dieser Denkstatt verdrängt worden. Dies hatte zwei Folgen: einerseits lesen die Historiker immer weniger Philosophie und andererseits lesen die Philosophen immer weniger Historie. Max Weber urteilte noch über Leute wie Eduard Meyer, danach behandelte man Leute wie Max Weber, und inzwischen schreibt man über Leute, die über Max Weber schrieben, um demnächst selbst zum Thema zu werden. Wissenschaftstheoretiker wie Schwemmer (1976),

Riedel (1978) und Uhlig (1980) äußern sich praktisch nur noch über die Meinung ihrer Kollegen, bestenfalls noch über die Wissenschaftstheorie, beileibe aber nicht mehr über die Wissenschaft oder gar über deren Gegenstand selbst. Was kennen sie davon? Die neueren Philsophen, die der Historie die Diagnose stellen, erinnern mich immer an Hauffs Arzt Chakamankabudibaba, der die Krankheit Fatmes daran erkennen sollte, daß sie ihn durch ein Loch in der Mauer ihren Puls fühlen ließ.

Die dem Historiker am nächsten liegende Weise, Begebenheiten verständlich zu machen, besteht darin, ihre Geschichte zu erzählen. Die großen Historiker waren alle große Erzähler. In zeitlicher Folge werden dem Leser die Ereignisse geschildert, und der miterlebende Nachvollzug macht ein zunächst unbegreifliches Resultat aus seiner Genese verständlich. Wer die Vorgänge des Jahres 475 kennengelernt hat, wird die des Jahres 476 weniger rätselhaft finden; und wer weiß, was 474 passiert ist, versteht die Ereignisse von 475 usw. Durch Einfügung in die Zeitbezüge wird ein isoliert unverständliches Ereignis faßlich; in kleinen Schritten überwinden wir jene Verständnisschwierigkeiten, die sich auftun, wenn wir die Zustände unter Augustulus mit denen unter Augustus vergleichen. Es gibt eine Reihe von Darstellungen der Spätantike, die das politische Geschehen einfach in chronologischer Folge erzählen und dadurch den Vorgang der Auflösung begreiflich zu machen suchen.[2] Eine Erzählung ist zwar noch keine Erklärung, wohl aber eine Erläuterung.

Obschon erzählte Geschichte Theorieproblemen auszuweichen strebt, kommt sie um solche nicht herum. Das erste betrifft die Ausführlichkeit. Welche Breite ist erforderlich, um den Leser einerseits hinreichend zu belehren, andererseits nicht zu überlasten? Sofern nicht nur, was vorerzählt wurde, nacherzählt wird, ist eine Auswahl und eine Ausgestaltung vonnöten, die dem Historiker erhebliche Freiheiten einräumt. Zum zweiten stellt sich die Frage: wo anfangen? Die Vorgeschichte zum Fall Roms beginnt mit dem Paris-Urteil. Stets muß ein Anfang gesetzt werden, und dafür gibt es sehr divergierende Traditionen. Drittens muß die Vielfalt des Gleichzeitigen erfaßt werden. Zahllose Stränge von Handlungen laufen nebeneinander her, jede steht in einem diachronen und synchronen Beziehungsgeflecht, das erzählend schwer zu erfassen ist. Die Mehrsträngigkeit des Geschehens aus der Einsträngigkeit der Wortfolge zu erkennen, ist ähnlich schwierig, wie aus der aufgeribbelten Wolle den Pullover zu erahnen. Der Leser, der den Faden der Erzählung verfolgt, vergißt über dem Erlebnisgewinn leicht das Erkenntnisproblem: er hat den Eindruck, die Handlungsfolge verstanden zu

---

[2] Mangelsdorff (*1797* V 63), Dray (*1957*), Boak (*1960* X) und Lübbe (*1973*) haben in der Erzählung die der Historie angemessene Form des Erklärens erblickt, und Mazzarino (*1956*, 534) wehrte die Erwartung von Untergangsformeln ab: *la storia preferisce la narrazione alle teorie.* Zu den bloß erzählenden Darstellungen gehören die ›Geschichte der Römer‹ von D.G.J. Hübler (*1803/05*), die ›Geschichte des römischen Kaiserreiches‹ von Gustav Friedrich Hertzberg *(1880)*, die ›Weltgeschichte‹ Leopold v. Rankes *(1881)* sowie die Geschichtswerke von Niese *(1896/1906)*, Stroheker *(1958/59)*, Christ *(1966)*, Downey *(1969)* und Folz *(1972)*.

haben, ohne sagen zu können, warum. Das zeigt sich, sobald er das Aufgenommene wiedergeben will.

Ein Bemühen darum führt von der erzählten Geschichte zur systematischen Bestimmung der wirksamen Faktoren, von der Frage „wie fiel Rom" zur Frage „warum fiel Rom". Die damit geforderte Faktorenanalyse ist ebenfalls von der großen Historie stets geleistet worden, denken wir nur daran, welche Rolle die Verblendung in der Geschichtsschreibung des Jahwisten oder bei Herodot die Hybris spielt, wie sich Thukydides bemüht, das Kriegsgeschehen aus der Psyche der Handelnden abzuleiten und Polybios die Ursachen der Größe Roms aufspürt. Tacitus (hist. I 4) beschrieb die Voraussetzungen der Bürgerkriege nach Neros Tod, *ut non modo casus eventusque rerum, qui plerumque fortuiti sunt, sed ratio etiam causaeque noscantur.* Das Motiv für die Faktorenanalyse ist der Wunsch, aus dem Geschehen Lehren zu ziehen, Kenntnis in Erfahrung zu verwandeln und anwendbar zu machen.

Die logische Form dieses Verfahrens ist im philosophischen Schrifttum zur Kausalität entwickelt worden. Nach ihrer Behandlung durch Hume, Kant und Schopenhauer haben Wilhelm Windelband (*1894/1924,* 158) und hat Max Weber *(1906)* das Problem der „Kausalbetrachtung" in der Historie erörtert. Ihr Resultat: Aus Wesensmerkmalen einer gegebenen Ausgangslage werden mit Hilfe von Erfahrungsregeln die zu erwartenden (adäquaten) Folgen hergeleitet. Die Verknüpfung von Wesensmerkmalen einer bestimmten Situation und allgemeinen Erfahrungsregeln ergibt das, was wir als „Faktoren", „Kräfte" oder „Momente" benennen. „Alle Veränderung ist also nur durch eine kontinuierliche Handlung der Kausalität möglich, welche sofern sie gleichförmig ist, ein Moment heißt" (Kant KrV, B 254). Ihre Wirksamkeit wird durch ein Gedankenexperiment geprüft: müssen wir bei der fiktiven Herauslösung eines Faktors aus dem Geschehen mit einer andersartigen Ereignisfolge rechnen, so kommt dem Faktor ein Anteil am Geschehen zu. Er erfüllt eine *conditio sine qua non.* „Um die wirklichen Kausalzusammenhänge zu durchschauen, konstruieren wir unwirkliche" (Weber *1906/68,* 287). Die Gesamtheit der Faktoren führt zur „adäquaten Verursachung". Ein Beispiel: wäre die Korruption der entscheidende Niedergangsfaktor gewesen, hätte trotz der übrigen Schwächemomente *ohne die Korruption* das Imperium überdauern müssen.

In der jüngeren Wissenschaftstheorie ist dieses System seit 1942 von Hempel und Oppenheim weiter formalisiert worden (Weingartner *1967*), weswegen im seitherigen Schriftgut, etwa bei Nagel *(1952),* und vor allem in der bisher umfassendsten Untersuchung zum Thema, bei Wolfgang Stegmüller (*1969,* 75 ff.), vom H-O-Schema die Rede ist. Es beschreibt die *wissenschaftliche* Erklärung, wobei als nichtwissenschaftliche Scheinerklärung (346 ff.) solche Erklärungen ausgeschlossen werden, die mit metaphysischen Faktoren arbeiten. In der Literatur zu unserm Problem ist mir keine einzige echte Pseudoerklärung begegnet. Wo der Fall Roms als Auswirkung höherer Vergeltung, als Erziehungsmaßnahme Gottes oder als Werk des Fortschritts begriffen wird, läßt sich zumeist durch bloße Umformulierung aus dem transzendenten ein immanentes Prinzip machen. Bereits Bossuet hat seiner heilshistorischen eine profanhistorische Erklärung zur Seite gestellt, und auch jüngere religiös geprägte Deutungen wie die von Grisar (1901), Pfister (1941) oder Stier (1947) begnügen sich nicht mit Gottes unerforschlichem Ratschluß, selbst wenn man sich zuweilen auf ihn beruft. Eine echte Scheinerklärung, die der menschlichen Verantwortung keinen Raum läßt, wäre jener ähnlich, die der Verstockung Pharaos den Willen Jahwes unterlegt, seine Herrlichkeit zu beweisen (2. Mose 7 ff.). Ziehen wir derartiges in Betracht, müssen wir in der Tat zwischen „historischer Erklärung" und „Erklärung historischer Ereignisse" unterscheiden. In unserem Fall bliebe das bedeutungslos, der Einfluß metaphysischen Glaubens läßt sich nur in der Faktorengewichtung aufspüren (IV. 5!, sic).

Die logische Form der wissenschaftlichen Erklärungen gemäß dem H-O-Schema ist folgende. Angenommen es herrscht ein Zustand A der zur Klasse a gehört; und es gibt ein allgemeines Erfahrungsgesetz, wonach Zustände der Klasse a stets Ereignisse (E) auslösen, die Zustände der Klasse b zur Folge haben, dann wird auf den Zustand A über das Ereignis E der zur Klasse b zählende Zustand B folgen. Der Ausgangszustand wird als Antecedens-Bedingung, das benutzte Erfahrungsgesetz (G) als *covering law* (Dray) oder als „Ereignisfolgeregel" (Lübbe) bezeichnet. Beides (A und G) zusammen ergibt das Explanans (die Erklärung) für das Ereignis E und damit für den Zustand B, d. h. das Explanandum (das zu Erklärende). In der Sprache der Untergangsliteratur heißt das Explanans der „entscheidende Niedergangsfaktor", der „eigentliche Verfallsgrund", die „Hauptursache" oder ähnlich.

Das H-O-Schema läßt sich sowohl in Erklärungen für Vergangenes als auch in Voraussagen von Künftigem aufzeigen, es gilt im Bereich der Naturwissenschaften ebenso wie im Bereich der Handlungswissenschaften. Stegmüller (*1969*, 86) gibt ihm die Form:

Explanans	$A_1 \ldots A_n$	(Sätze, welche die Antecedensbedingungen beschreiben)
	$G_1 \ldots G_n$	(allgemeine Gesetzmäßigkeiten)
	Explanandum E	(Beschreibung des zu erklärenden Ereignisses)

Der waagrechte Strich, analog der Aufforderung zum Zusammenzählen bei einer Additionsaufgabe, bedeutet die argumentative Folgerung aus den Explanans-Prämissen: das Explanandum ist deren logisches Resultat. Da dieses mithin aus einer (ihrerseits induktiv aus Einzelfällen gewonnenen) Gesetzmäßigkeit abgeleitet wird, ist auch von deduktiv-nomologischer Erklärung die Rede.

Es ist nicht so, daß man „mit Hilfe des H-O-Schemas empirische Phänomene erklären könne"; wohl aber läßt sich zeigen, daß die angebotenen Erklärungen immer dieser Matrix genügen. Stets geht man von dem problematischen Ereignis (E) auf einen vorausliegenden Zustand (A) zurück und verknüpft beide durch ein historisches Gesetz (G). Ein solches ist in den behandelten Erklärungen zum Fall Roms immer verwendet, zuweilen sogar formuliert.

Die antike, bis zu Montesquieu dominierende Erklärung arbeitet mit dem klassischen Dekadenzmodell, das nach Stobaios (Flor. 43, 80) schon Pythagoras auf die einfache Formel gebracht haben soll: εἰσιέναι εἰς τὰς πόλεις πρῶτον τρυφήν, ἔπειτα κόρον, εἶτα ὕβριν, μετὰ δὲ ταῦτα ὄλεθρον „in den Städte dringt zuerst der Luxus ein, danach der Überdruß, darauf die Hybris, und dann folgt das Verderben". Es handelt sich um eine Folge von Dann-Sätzen, zu welcher der mitgedachte aber unausgesprochene Wenn-Satz einem Fragment Solons (eleg. fr. 5, 9) zu entnehmen ist: τίκτει γὰρ κόρος ὕβριν, ὅταν πολὺς ὄλβος ἕπηται/ἀνθρώποισιν ὅσοις μὴ νόος ἄρτιος ᾖ „es gebiert nämlich der Überdruß die Hybris, wenn großer Reichtum Menschen zuteil wird, die keinen rechten Sinn haben". Pythagoras, oder wer immer den oben zitierten Spruch verfaßt hat, war offenbar der Meinung, daß letzteres normalerweise der Fall sei, darum hat er mehr die Folgen als die Voraussetzungen betont.

Auch in unseren sechs modernen Grundtypen der Erklärung (III. 1–6!) läßt sich das H-O-Schema unschwer entdecken. Nach den erforderlichen Vereinfachungen zeigen die Explanantia folgende Struktur:

III. 1. *Antecendensbedingung* (A): Im späteren Kaiserreich wurde die staatsbürgerliche Gesinnung durch ein weltverneinendes Heilsbedürfnis verdrängt, das Christentum ersetzte den Patriotismus. *Gesetz* (G): Wenn sich die geistigen Grundlagen eines Gemeinwesens auflösen, dann kann auch das Gemeinwesen selbst nicht fortbestehen. *Ergebnis* (E): Das Reich zerfiel.

III. 2. *Antecedensbedingung:* In der römischen Gesellschaft wuchs die Spannung zwischen Reich und Arm, der soziale Frieden zerbrach, die allgemeine Wohlfahrt ging zurück. *Gesetz:* Wenn ein Staat die sozialökonomischen Erfordernisse seines Fortbestands vernachlässigt, dann wird er dies schließlich mit seinem Ende bezahlen. *Resultat:* Das Reich zerfiel.

III. 2. d. *Marxistische Variante:* Wenn ein Gesellschaftssystem die Entfaltung seiner Produktivkräfte blockiert, dann wird es von diesen gesprengt. *Resultat:* Die römischen Produktionsverhältnisse wurden durch progressivere abgelöst.

III. 3. *Antecedensbedingung:* Die Bodenerträge des späten Imperiums verringerten sich, das Klima wurde schlechter (so III. 3. a). Die Bevölkerungszahl Roms sank (so III. 3. b). Die Rasse des Staatsvolkes zersetzte sich (so III. 3. c). *Gesetz:* Wenn die natürlichen Lebensgrundlagen eines Staatswesens erschöpft sind, dann zerfällt dieses bei dem geringsten äußeren Druck. *Resultat:* Das Reich zerfiel.

III. 4. *Antecedensbedingung:* Die imperiale Verfassung zeigt erhebliche Strukturfehler (ungeregelte Kaiserfolge, drückender Despotismus, Verzicht auf Mitbestimmung und legale Opposition), und in der Innenpolitik wurden schwere Fehlentscheidungen getroffen (Rekrutierung von Reichsfremden, steuerliche Überlastung, Begünstigung von Beamten und Grundbesitzern, Zersplitterung der Verwaltung). *Gesetz:* Wenn die verantwortlichen Träger eines Staates innenpolitische Fehler begehen und die Behebung von Strukturschwächen versäumen, dann wird der Staat schließlich zerstört. *Resultat:* Das Reich zerfiel.

III. 5. *Antecedensbedingung:* Die antike Kultur hat nach Ablauf ihres organischen Entwicklungsprozesses in der römischen Kaiserzeit ihr Greisenalter erreicht. *Gesetz:* Wenn eine Kultur ihren Lebenszyklus durchlaufen hat, dann stirbt oder erstarrt mit ihr auch der Staat, der sie politisch manifestiert. *Resultat:* Das Reich zerfiel im Westen und erstarrte im byzantinischen Osten.

III. 6. *Antecedensbedingung:* Während die Römer zwar ihre zivilisatorische Überlegenheit, nicht aber ihre militärische Abwehrkraft bewahrten, glichen die Germanen ihre militärische Unterlegenheit durch Vermehrung ihrer Bevölkerung und durch Verbesserung ihrer Kriegstechnik aus. *Gesetz:* Wenn der äußere Druck durch kampftüchtige Barbaren auf eine militärisch nachlassende Hochkultur dauernd zunimmt, wird diese eines Tages erliegen („Gesetz des Kulturreizes", Dove *1916,* 228). *Resultat:* Die Germanen übernahmen die Herrschaft in den erreichbaren Teilen des Imperiums.

Mit den vorstehenden Formulierungen sollte gezeigt werden, daß die Denkstruktur der sechs Grundtypen für die Erklärung zum Fall Roms tatsächlich dem H-O-Schema entspricht. In jedem einzelnen Text lautet die Argumentation wohl ein wenig anders, aber sie alle ließen sich vermutlich durch Differenzierung und Multiplizierung diesem Muster einfügen.

Der Nutzen des H-O-Schemas liegt darin, daß es auf die unausgesprochen angenommenen Gesetzeshypothesen aufmerksam macht. Sie werden in der Regel nicht expliziert, darum auch nicht diskutiert, und trotzdem kommen wir ohne sie niemals vom *post hoc* zum *propter hoc.* Kausalität ist nicht beobachtbar. Daß Kausalität eine zum Verständnis *a priori* erforderliche Kategorie und nicht bloße Gewohnheit ist, mithin in den inneren Bedingungen, nicht in den äußeren Eindrücken der Erkenntnis wurzelt, hat Kant gegen die englischen Empiristen gezeigt. Daß er damit Recht hatte, läßt sich auch einem Positivisten klar machen, sofern er die übliche Selbstauffassung der Wissenschaft von ihrer eigenen Geschichte teilt: Angenommen, wir hätten durch hundertfache Beobachtung eines Ereignisses dessen Ursache nicht entdeckt, so würden wir doch niemals folgern (was der reine Empirist müßte), eine solche gäbe es nicht. Wir würden den Fehlbefund nicht der Sachlage, sondern dem Forschungsstand zurechnen und daran täten wir gut, denn durch den Glauben an die Kausalität ist die Wissenschaft zu dem geworden, was sie ist. Welche Gesetze im einzelnen wirken, das ist Sache empirischer Beobachtung von Ereignisfolgen.

Bisweilen wird die Regel, mit deren Hilfe man den Untergang Roms erklärt, ausdrücklich als „Gesetz" bezeichnet. So arbeitete Michelet (*1831/94,* 15) mit der *loi générale du mouvement de l'humanité*, Ruhland (*1903/41*, 33) mit einem „sozialen Entwicklungsgesetz der Völker", Pfister (*1941*, 289) mit dem Begriff des „nicht aufzuhaltenden Naturgesetzes", während Quigley (*1961*, 2) das Wort „*law*" in Gänsefüßchen rahmte, aber die Gleichwertigkeit sozialer und naturwissenschaftlicher Gesetze betonte. Zum Wesen des Gesetzes gehört seine Allgemeingültigkeit, genauer: seine Geltung für alle einschlägigen Fälle. Dies wird unausgesprochen immer, zuweilen auch explizit angenommen.[3] Was Rom ruinierte, meinte man, habe auch alle anderen entsprechenden Systeme zerstört und beweise dadurch seine ewige Bedrohlichkeit: der Fall Roms lehre für alle Zeiten die verderbliche Wirkung des Absolutismus, des Polytheismus, des Kapitalismus oder was immer man zum Hauptgrund befördert hat. Betroffen sind alle „entsprechenden", d.h. wesensgleichen Systeme (II. 5.a!), wie immer man sie zusammenfaßt. Als solche werden zuweilen die auf Sklavenarbeit aufgebauten, zuweilen die vorindustriellen, zuweilen die monarchischen Staaten betrachtet, öfter sind es einfach sämtliche Gemeinwesen, in denen das in Rom jeweils angeprangerte Staatsübel bestanden habe. In diesen letzteren Fällen wird die Argumentation zirkulär.

Die Gesetzeshypothesen der Historiker sind bisweilen verborgen und müssen erst ans Licht interpretiert werden. Eine besondere Gruppe bilden die sogenannten dispositionellen Behauptungen, d.h. Eigenschaften (Dispositionen) bestimmter Personen oder Gegenstände. Ihre Rückführbarkeit auf das *covering-law*-Modell hat Stegmüller (*1969*, 120ff.; 341ff.) gezeigt. In unserem Zusammenhang sind diesem Typus Erklärungen zuzurechnen, die den Zerfall des Reiches aus Besonderheiten ableiten, die in anderen historischen Zusammenhängen nicht vorkommen und darum scheinbar nicht Fälle von allgemeinen Gesetzmäßigkeiten sein können. Die Ableitung des Zusammenbruchs aus dem besonderen Volks-Charakter der Römer oder der Germanen, aus der spezifischen Sozialstruktur des Reiches, aus dessen unverwechselbarer geographischen Situation usw. – kann man derartig einmalige Ereignisfolgen unter allgemeine Gesetze subsumieren? Man kann. Dazu bedarf es einer Subsumtionstechnik, die ich bei der Beschreibung des H-O-Schemas durch eine kleine Korrektur angedeutet habe. Sie verändert nichts. Sie verdeutlicht nur, daß die historischen Antecedensbedingungen und die historischen Ergebnisse natürlich nicht als Individualität, sondern allein als Angehörige von Klassen der Regel unterworfen sind. Angenommen, der spezifisch römische Militarismus wird für den Untergang verantwortlich gemacht, so beruht das auf der unterstellten Erfahrungsregel, daß Militarismus „im allgemeinen" zur Selbstzerstörung führe. Und diese Regel bedürfte einer vom römischen Fall unabhängigen Bestätigung, wenn anders sie jenen soll erklären können. Wäre Militarismus in allen übrigen Beispielen als stabilisierend oder indiffe-

[3] So von Macaulay (*1828/60*, 432), Schlosser (*1846*, 3ff.), Gobineau (Pott *1856*, 42ff.), Marx (*1853* MEW 9, 221), Hellwald (*1874/83*, 468), Le Bon (*1894/1902*, 121), Krauß (*1903*, 207), W.Otto (*1925*, 155), Oppenheimer (*1929*, 324), Barbagallo (1933), Pfister (*1941*, 289), Thieß (*1941/46*, 21f.), Toynbee (*1946/50*, 260; 362), Salin (*1949* I 20).

rent erwiesen, verlöre er seine Erklärungskraft für unseren Zusammenhang. Die individuelle Ursache wird mit der individuellen Folge verknüpft durch Verallgemeinerungen, die in der Form erscheinen: politisches Versagen „in dem Ausmaß“, soziale Spannungen „in dem Grade“ oder administrative Fehler „in der Art“ der spätrömischen pflegen zu Konsequenzen „vom Typus“ der spätrömischen zu führen.

Voraussetzung für die Erklärbarkeit der Auflösung des Imperiums ist mithin, daß es sich um ein typisierbares Phänomen und nicht um einen unvergleichbaren Einzelfall handelt. Daß jeder historische Fall ein Unikum sei, ist richtig und falsch zugleich. Gesetze gelten immer und überall für Einzelfälle, die strenggenommen einmalig, und ganz genau so auch in der Natur unwiederholbar sind. Einmaligkeit und Wiederholbarkeit sind innerhalb der Objektwelt nicht disjunktive Ordnungsprinzipien, keine Schubfächer für Gegenstände, sondern für Aspekte an solchen. Jede Sache ist einmalig, wenn wir sie als Individualität betrachten und ihr einen Eigennamen geben; sie ist Fall einer Klasse, wenn wir sie unter ihren Sachbegriff subsumieren. Als bloßer Fall ist sie niemals erschöpfend beschrieben, aber auch als Individualität können wir sie nur beschreiben, indem wir sie als Fall von mehreren Klassen zugleich betrachten, d. h. sie mit Begriffen kennzeichnen, die nicht speziell für sie erfunden sind. Nicht einmal Eigennamen sind, historisch betrachtet, ursprünglich Individualbezeichnungen, sondern sind durch Gewöhnung, durch tradiertes Besitzrecht zu solchen geworden. Gäbe es auf der Welt kein Volk, kein Reich, keine Gesellschaft „in der Art“ des römischen, so könnten wir Roms Schicksal nicht begreiflich machen. Die Autoren betrachten Rom darum auch nicht als Sonderfall; die Fülle der herangezogenen Parallelen (II. 5. a!) haben wir vorgeführt. Kein Individuum ist durch Begriffe und Analogien erschöpfend zu beschreiben, aber es läßt sich nur insoweit verstehen, als es mit allgemeinen Hilfsmitteln erfaßt werden kann. *Individuum est ineffabile.*

Vergleichsweise einfach sind andere Erklärungen auf Gesetzesannahmen zurückzuführen. Wenn Max Weber *(1896)* meinte, man könne mit Naturalwirtschaft keine Legionen unterhalten und mit Reiterheeren keinen Flächenstaat verteidigen, so will er das als Erfahrungssätze gewertet wissen. Unmöglichkeits- oder Unverträglichkeitsbehauptungen dieser oder anderer Art (z. B.: *un régime de production étatiste ne peut pas réussir dans un milieu rural et un monde appauvri,* Bratianu *1935,* 698) können ihre Wenn-Dann-Struktur ebensowenig verbergen wie Kovarianz- und Koinzidenzbehauptungen. Wer behauptet, Rom habe nicht dauern „können“, habe zerfallen „müssen“, unterstellt eine historische Gesetzmäßigkeit, die er zur Begründung seiner Meinung offenlegen muß. Gesetze verbergen sich schließlich auch in solchen Aussagen, die das Wörtchen „allzu“ verwenden. Mit seiner Hilfe läßt sich jedes Merkmal des spätantiken Staates in dessen eigentlichen Zerfallsgrund verwandeln. War das Reich „zu groß“, „zu arm“, „zu heterogen“, so meint man: „Wenn ein beliebiger Staat den monierten Zustand erreicht, dann zerfällt er.“

Die im vorstehenden „Gesetze“ genannten allgemeingültigen Annahmen tragen diese Bezeichnung nicht unbestritten. Ob es so etwas wie historische Gesetze „gebe“ und was, wenn ja, darunter zu verstehen wäre, ist in der Theorieliteratur vielfach behandelt worden. Stegmüller (*1969*, 344) meinte, die Historiker verwendeten psychologische, soziologische, ökonomische, naturwissenschaftliche, aber nicht spezifisch „historische“ Gesetze. Dies trifft unter zwei Voraussetzungen zu: zum ersten, sofern wir von den „historischen“ die „politischen“ Gesetze unterscheiden, denn ihnen müßten wir die in unseren Erklärungstypen benutzten Erfahrungsregeln über die Existenzbedingung von Staaten (s. o.) doch wohl zurechnen; und zum anderen, falls „historisch“ im engeren Sinne den Zuständigkeitsbereich des professionellen Historikers bezeichnet, denn im weiteren Sinne sind alle Gesetze, die menschliches Verhalten bestimmen, „historisch“: sie müssen durch Fakten bezeugt sein, können durch Fakten widerlegt werden und gelten nur innerhalb jeweils historisch zu ermittelnder Rahmenbedingungen.

Schwerer wiegende Bedenken dagegen, die *covering laws* (Erfahrungssätze, Ereignisfolgeregeln) als „Gesetze“ anzuerkennen, gründen sich auf die mit dem Gesetzesbegriff gewöhnlich verbundene Vorstellung einer ausnahmslosen Geltung. Dagegen hat jedoch bereits Max Weber eingewandt, daß der Historiker niemals „zwingende Folgen“, sondern stets nur „voraussichtliche Folgen“ feststellen können. Weber gebrauchte dafür den Begriff der „adäquaten Verursachung“ (*1906/68*, 286 f.). Damit ist der Anspruch, den eine historische Erklärung erhebt, zweifellos getroffen. Die geforderte Stringenz orientiert sich an der Lebenserfahrung unter Ausschluß des zu erklärenden Falles. Sobald man zeigen kann, daß „entsprechende Antezedentien“ zu „entsprechenden Ergebnissen“ zu führen pflegen, hat man die Regel, die den betroffenen Fall erfaßt, und man kann ihn als erklärt betrachten. Wer den Sieg der Westgoten über Kaiser Valens 378 auf die überlegene Truppenzahl zurückführt, liefert eine zureichende Erklärung, denn *ceteris paribus* siegen größere Heere über kleinere.

Natürlich gibt es Fälle, in denen kleine Heere große in die Flucht schlagen. Die scheinbaren Ausnahmen, die der allgemeinen Geltung von Erfahrungsregeln entgegenstehen, sind indessen keine konstitutiven Bestandteile derselben, sondern bezeichnen lediglich einen zu überwindenden Forschungsstand in der Abgrenzung des Geltungsbereiches der jeweiligen Regel. Das zeigt sich daran, daß wir keinen Fall damit erklären können, daß er die vorgesehene Ausnahme zu einer verläßlichen Regel darstelle. Vielmehr suchen wir dann die Ausnahme ihrerseits zu erklären, indem wir sie als Normalfall einer höheren Regel deuten. Sobald eine kleine Armee eine große schlägt, unterstellen wir, daß die *ceteris paribus*-Klausel verletzt ist. Die historische Erklärung bleiben wir solange schuldig, bis wir den Grund für die Überlegenheit gefunden haben, sei es in der besseren Bewaffnung, im höheren Kampfgeist oder wo auch immer. Dies zeigt, daß es zur Erklärung eines Ereignisses unabdingbar ist, die Regel zu finden, die es regiert.

Der Schwierigkeit, die damit verbunden ist, wird gewöhnlich damit Rechnung getragen, daß die Regeln weich formuliert werden. Die oben genannten *covering laws* unserer Untergangstheorien zeigen das. „Im allgemeinen" zerfällt ein Staat, wenn seine Ideologie unglaubwürdig geworden ist; oder wenn seine Amtsträger ihren Eigennutz vor den Gemeinnutz stellen oder wenn die Gewalt in private Hände gerät. Ein Staat löst sich auf, wenn seine wirtschaftliche Situation „allzu schlecht" wird; oder wenn die Überfremdung seiner Streitkräfte „einen bestimmten Grad" überschreitet. Die soeben jeweils durch Gänsefüßchen „–" bezeichnete salvatorische Klausel erinnert daran, daß die gebrauchte Regel nicht die einzig zuständige ist, bzw. die erforderlichen Antezedentien nicht ohne weiteres zu ermitteln sind. Aus der unbestimmten Fassung der einzelnen Gesetze folgt nicht, daß dem Geschehen selbst keine präzise Gesetzlichkeit innewohne. Denn wenn eine solche auch kaum je nachzuweisen ist, muß sie doch als methodische Fiktion unterstellt werden, weil wir sonst vor jedem Erklärungsproblem mit der Ausrede kapitulieren dürften, daß eben hier die der Geschichte wesenseigene Unbestimmtheit anhebe. Wer die subjektive Unzulänglichkeit in der Erfassung der historischen Gesetzmäßigkeit dem objektiven Charakter des Gegenstandes zurechnet, betreibt methodologische Kosmetik.

Die Abwehr eines stringenten Gesetzesbegriffs in der Historie wurzelt nicht nur in den Schwierigkeiten seiner Handhabung, sondern zugleich in der Angst vor einer Selbstbindung: wird die Vergangenheit durch Gesetze regiert, so wird es auch die Gegenwart als künftige *materia historica.* Das Dilemma zwischen Freiheit und Notwendigkeit in der Geschichte hat die Eigentümlichkeit, daß je weiter wir uns in eine der beiden Positionen hineindenken, just *sie* desto gewisser die richtige zu sein scheint. Diese Ambivalenz läßt darauf schließen, daß der Geltungsanspruch der beiden Begriffe auf verschiedenen Ebenen liegt, mithin der Konflikt zwischen ihnen bloß scheinbar ist. Tatsächlich ist die Bestimmung von Freiheit und Notwendigkeit, wie nach Kant wieder Schopenhauer (III 605 ff.) gezeigt hat, eine Frage der Perspektive. Betrachten wir das Handeln aus der Außensicht des Anderen, des Späteren, so erkennen wir die regulierenden Faktoren, die es als abhängig und voraussagbar erscheinen lassen. Betrachten wir es hinwiederum aus der Innensicht des Handelnden selbst, so erkennen wir dessen Wahlmöglichkeiten, die Freiheit bedeuten. Die Entscheidung muß der Handelnde allemal selber treffen. Das innere Gesetz, dem er dabei folgt, wird erst durch den Vollzug zu einem solchen.

Der Einwand, Kausalität sei ein mechanisches Prinzip und darum schlechterdings untauglich für den Historiker (D'Elia *1967,* 348), wird dann hinfällig, wenn wir als erklärende Gesetze allein solche zulassen, die wir verstehend nachvollziehen können, indem wir uns in die Lage der Betroffenen versetzen. Wir unterwerfen uns damit gleichsam selbst den für andere aufgestellten Handlungsregeln und erweisen damit deren Gehorsam gegenüber ihren Motiven und Regulativen als Verwirklichung ihrer Freiheit.

Der Begriff der Notwendigkeit wird auf den Fall Roms in doppeltem Sinne angewandt. Es gibt ein teleologisches „notwendig, damit" und ein kausales „notwendig, weil". Ersteres stammt aus der Lebenswelt und hat dort seinen Sinn. Arbeit ist „notwendig“ für ein menschenwürdiges Dasein. Hegel, der die Geschichte als Werkstatt des Weltgeistes begriff, hat die Teleologie als Erklärungsmethode in die Historie eingeführt. „Die Geschichte erklären aber heißt“, schrieb er (*1831/1961*, 54), „die Leidenschaften des Menschen, ihr Genie, ihre wirkenden Kräfte enthüllen, und diese Bestimmtheit der Vorsehung nennt man gewöhnlich ihren Plan“. Hegel meinte, Rom habe fallen müssen, damit die christianisierten Germanen dem Weltgeist zur Freiheit verhelfen konnten. Herder und Luden haben sich zuvor wohl ähnlich geäußert, aber ihren Nimbus verdankt diese Ansicht Hegel. Marx und Engels hielten den Untergang Roms für erforderlich, um die Sklaverei zu beseitigen und der Arbeiterschaft die Befreiung als Klasse zu ermöglichen. Ciccotti *(1899)* meinte umgekehrt, daß ohne den störenden Germaneneinbruch der Kapitalismus sich direkt aus den schon weit vorgeschrittenen Arbeitsverhältnissen der Spätantike entwickelt hätte. Für Richter *(1865)*, Beloch *(1900)*, Cochrane (*1940/59*, 356), Altheim (*1959/60*, 166) und Starr *(1965)* war Roms Ende unabdingbar, damit sich das moderne Europa entwickeln konnte. Albert de Broglie (III 2 *1868*, 432) und Gaetano de Sanctis (*1932*, 57) meinten, sowohl die Aufrichtung als auch die Zertrümmerung des Imperiums fände ihren Sinn darin, dem Christentum zur Verbreitung zu verhelfen.

Die teleologischen Sinnstifter nehmen an, daß der Gott der Geschichte den zweiten Schritt vor dem ersten tue. Nachdem er das Ziel gesetzt habe, bestimme er den Weg dorthin. Die Berechtigung zur Annahme einer weisen Vorsehung muß gar nicht bestritten werden, um die Denkschwäche eines solchen Hysteron Proteron zu erkennen. Dazu genügt ein Vergleich der jeweils dem Weltgeist unterschobenen Ziele. Jeder dieser Teleologen betrachtet nämlich sein persönliches Herzensanliegen als den Endzweck der Weltgeschichte. Man identifiziert sich mit den siegreichen Potenzen, stellt sie in den Dienst einer philanthropischen Parole und rechtfertigt die Opfer mit dem Ziel.

Die Verfechter einer kausalen Notwendigkeit hingegen verstehen diese teils apodiktisch, teils hypothetisch. Im apodiktischen Sinn wird die Dekadenz, ähnlich wie in der teleologischen Argumentation, als unabdingbar und schicksalhaft hingestellt. Insbesondere die Kulturkreislehrer denken so. Rückert (*1857* I 436) beschwor das Verhängnis, Spengler (UA II 635) das Fatum, Lot (*1927*, 262) *la Destinée*, Alfred Weber (*1935/63*, 172) das Schicksal, Demougeot (*1951*, 563) *une sorte de fatalité*, Paradisi (*1976/78*, 67) die *fatalità*. Der Übergang von der ernstgemeinten zur bloß rhetorischen Verwendung ist nicht allweil klar. Rhetorik vermute ich in den Schicksalsappellen bei W. Otto (*1925*, 151) und in der Rede von der „Fügung“ bei Altheim (*1959/60*, 166).

Im hypothetischen Sinn bezieht sich die kausale Notwendigkeit nur auf die Folge zwischen dem jeweils angenommenen Hauptgrund und dem staatlichen Zusammenbruch Roms. Eine solche Haltung vertraten G. Bloch *(1921)*, Chapot *(1927)*, Aubin *(1944)*, Boak *(1955)*, Alföldi *(1956)* und Stahl *(1977)*. Sie erklären den Fall Roms als „unausweichliche“ Konsequenz der (jeweils anders gezeichneten, aber allemal willkürlich gesetzten) Antezedentien. Was damit gesagt sein soll, ist nicht recht klar, denn worin soll der Unterschied zwischen einer (faktischen) Folge und einer „notwendigen" Folge bestehen? Eliminieren wir die angenommen Untergangsgründe, entfällt der Untergang samt seiner vorgeblichen Notwendigkeit. Sollte die Notwendigkeit dennoch apodiktisch gemeint sein, so als ob bereits die Untergangsgründe unvermeidliches Verhängnis gewesen wären (Richter *1865*), so wird man dies zumindest für jene Gravamina bestreiten dürfen, deren Behebung die zeitgenössischen Reformer selbst schon gefordert haben. Nachträglich verhört, würden sie die Frage, ob Rom fallen „mußte", klar verneinen. Die Zwangsläufigkeit bleibt bedingt durch menschliche Handlungen und wird damit sinnleer. Denn ob wir sagen: „weil die destruktiven Kräfte die erhaltenden überwogen, *ist Rom gefallen*" oder *„. . . mußte Rom fallen"* ist sinngleich. Die Betonung der Notwendigkeit des Geschehenen fügt seiner Faktizität außer einer Dosis Pathos nichts hinzu.

Die Rede von der Notwendigkeit der Auflösung des römischen Reiches, gleichviel ob aus finaler oder aus kausaler Gesetzmäßigkeit, ob im apodiktischen oder im hypothetischen Sinne, spiegelt einen Mangel an historischer Phantasie, die sich, wenn sie den Namen verdient, sehr wohl vorstellen kann, daß alles ganz anders hätte kommen können. Wem sie fehlt, der bleibt an die Realität gefesselt; wer sich ihr indessen ausliefert, verliert den Boden. Man muß sie pflegen, aber zügeln, denn im Vergleich zum wirklich Geschehenen lassen sich so viele versäumte Möglichkeiten zum Besseren und so zahlreiche vermiedene Alternativen zum Schlechteren ausmalen, daß der Weg der Geschichte zu einem absurd schmalen Grat wird, auf dem man leicht die Balance verliert und in die Traumtiefen ungeschehener Geschichte abstürzt.

Das H-O-Schema unterscheidet Antecedens-Bedingungen und Gesetzeshypothesen. Das könnte den Eindruck erwecken, als ob beide unabhängig voneinander gewonnen würden. Tatsächlich aber besteht ein Zusammenhang zwischen ihnen. Man geht rückwärts vor. Ausgangspunkt ist das Explanandum, dann wendet man das zumeist aus der eigenen Lebenserfahrung genommene Gesetz an und sucht und findet die erforderlichen Antezedentien. Das Gesetz wird wie ein Schleppnetz durch die Empirie gezogen, es hat heuristische Funktion bei der Wesensbestimmung der Ausgangslage, die durch Abertausende von Einzelheiten geprägt ist und darum von sich aus kein Strukturbild liefert. Inhaltlich sind die *covering laws* in der Regel unbestritten: daß Menschenmangel, Korruption und Fahnenflucht die Abwehrkraft eines Staates schwächen, sind plausible Behauptungen, bei denen nur streitig sein kann, ob und in welchem Maße diese Elemente im Dominat aufweisbar sind.

Ein faktorenanalytischer Erklärungsansatz wird mithin alle Elemente im spätrömischen Reiche aufsuchen, die aufgrund allgemeiner Lebenserfahrung als schwächende Momente in Betracht kommen. Der komplexe Charakter eines historischen Explanandums verlangt eine Mehrzahl von Explanantia. Dabei stellt sich dasselbe Dilemma wie in der erzählenden Erklärung: wie ausführlich muß ich sein? Ist Vollständigkeit erreichbar? Die Quellen überliefern einerseits nur einen Bruchteil all jener Elemente, die zum Niederbruch des Reiches beigetragen haben, bieten andererseits jedoch ein Vielfaches an Nachrichten von dem, was selbst der geduldigste Leser zu verarbeiten bereit wäre, so daß kein Forscher daran denken kann, auch nur alle *nachweisbar* schwächenden Momente vorzulegen. Er muß sich damit begnügen, sie möglichst vollständig zusammenzutragen und möglichst erschöpfend auszuwerten. Das Endprodukt sind Wesensaussagen, die auf einer empirischen Grundlage von bestreitbarer Tragfähigkeit beruhen.

Angesichts der immer ergänzungsfähigen Information hat C.G. Hempel (*1962/66,* 107) bemerkt, daß die Historiker immer nur lückenhafte „Erklärungsskizzen" lieferten. Dieser Feststellung wird man zustimmen, auch wenn sie sich an einem Begriff von Vollständigkeit orientiert, der nicht erläutert wird und sich vermutlich auch nicht festlegen läßt. Was soll man sich unter einer „vollständigen" Erklärung vorstellen? Etwa die Aufzählung sämtlicher Antecedensbedingungen ($A_1 \ldots A_n$) und Gesetzeshypothesen ($G_1 \ldots G_n$), die erforderlich wären, das Explanandum exakt vorauszusagen? Selbst das genügte nicht. Sonst müßte sich, wer danach fragt, warum die Sonne untergehe, mit der Antwort zufriedengeben, daß sie dies immer tue und man auch genau angeben könne, wann sie es tun wird. Eine vollständige Erklärung wäre das schwerlich, eine solche verlangte vielmehr die Einbettung des Explanandums in ein System, ja ein System von Systemen, dessen äußere Grenzen mit denen von Welt und Zeit zusammenfielen.

Die Prognostische Eignung verbürgt noch nicht die Vollständigkeit einer Erklärung, deren Unvollständigkeit aber beeinträchtigt ihre prognostische Verwendbarkeit. Kant (KrV. B 578) meinte, daß bei allseitiger Information auch menschliches Handeln vorhersagbar wäre, doch bleibt das zweifelhaft angesichts der Verquickung des Voraussagenden in die Voraussage. Diese führt zum Phänomen der *self-fulfilling* bzw. der *self-destroying prophecy* (Merton *1957*), wie man sie aus dem antiken Orakelglauben kennt: um die Erfüllung des pythischen Spruches zu vermeiden, führt Ödipus ihn unwissend aus. Die menschlichen Handlungen sind schon deswegen nicht völlig berechenbar, weil wir nicht einmal unsere eigenen vorherwissen. In Wissenschaften, die es mit Evolution, d.h. mit einem unfertigen Gegenstand zu tun haben, sind Erklärungen und Vorhersagen allemal teilhaft. Hempels Begriff der „Erklärungsskizze" ist annehmbar, sofern wir zweierlei bedenken: daß Erklärungen stets skizzenhaft sind und daß es gute und schlechte Skizzen gibt.

Ein Vorzug des H-O-Schemas liegt darin, daß es den Weg der (wenn auch ewig unfertigen) Vervollständigung anzeigt. Zu diesem Zweck ist es im Quadrat zu vervielfältigen. Eine synchrone Ausweitung ist bei Stegmüller in den Pünktchen zwischen A_1 und A_n, zwischen G_1 und G_n vorgesehen; damit wird die in der Wirklichkeit gewöhnlich zu beobachtende Mehrzahl gleichzeitig wirkender Faktoren berücksichtigt. Das Ergebnis wird aus dem Zusammenwirken zahlreicher Momente erklärt, die man innerhalb derselben Faktorenkategorie (das Christentum $= A$ schädigte den Staat durch $A_1 =$ Askese, $A_2 =$ Wehrdienstverweigerung, A_3 = Geldbedarf, A_4 = Glaubenszwiste usw.), oder auch durch deren mehrere (der wankende Staat = A wurde belastet durch A_1 = Christentum, A_2 = soziale Spannungen, A_3 = Bodenerschöpfung usw.) feststellt.

Eine diachrone Multiplizierung des H-O-Schemas führt zum Hintereinanderschalten von Zuständen A, B, C ⟶ E usw., unter denen der zuvor genannte (A) dem danach genannten (B) zeitlich und ursächlich vorausgeht. Rom ist nicht an einem Tage erbaut und nicht an einem Tage zerstört worden. Will man den Zerfall begreifen, so muß man die Abfolge wenigstens seiner wichtigsten Stufen verfolgen: Wählen wir als Explanandum die Absetzung des Romulus 476 (D), so ist zu ihr das gewaltsame Ende der letzten Dynastie 455 (C), die sogenannte Reichsteilung 395 (B) und die Schlacht bei Adrianopel 378 (A) heranzuziehen. Im Idealfall müßte man der Laplacesche Dämon sein und von dem Augenblick an, in dem das Reich zuletzt unversehrt und uneingeschränkt bestand, Handeln und Denken sämtlicher an der Auflösung des Reiches aktiv oder passiv beteiligten Personen, einschließlich jener, die sie hätten verhindern können (die subjektiven Bedingungen), sowie sämtliche dabei wirksamen, von den Absichten der Handelnden unabhängigen Faktoren (die objektiven Bedingungen) kennen und miteinander in Beziehung setzen. Die dabei entstehende vielsträngige Zustandsfolge wäre durch Herausstellung der Wesensmerkmale und durch Einschaltung von Erfahrungsregeln begreiflich zu machen. Schematisch entstünde folgendes: von oben nach unten, von links nach rechts zu lesende Bild:

$$\begin{array}{ccccccc} A & & & & & & \\ \underline{G_1} & & & & & & \\ E_1 & = & B & & & & \\ & & \underline{G_2} & & & & \\ & & E_2 & = & C & & \\ & & & & \underline{G_3} & & \\ & & & & E_3 & = & D \end{array}$$

Die feinmaschigste Form dessen ergibt die chronologische Nacherzählung der Ereignisfolge, die den Strukturtypus des H-O-Schemas deswegen verbirgt, weil die Folgezustände dicht aneinander anschließen und die verbindenden Gesetze gewöhnlich nicht genannt werden. Daß die Römer Alarich am 24. August 410 ihre Stadt öffneten, weil sie nichts mehr zu essen hatten, verstehen wir, auch ohne das allgemeine Erfahrungsgesetz: „wenn der Hunger steigt, dann sinkt die Widerstandskraft" eigens aussprechen zu müssen. Aber es ist mitgedacht.

Eine vollständige Erklärung für den Fall Roms erfordert mithin zunächst einmal eine vollständige Beschreibung der Vorgänge, die zu diesem Resultat hingeführt haben. Lösen wir zu diesem Zweck den Niedergangsprozeß in seine Bestandteile auf, so gelangen wir von den herausragenden Haupt- und Staatsaktionen bald in die Niederungen des Tagesgeschehens, das wir nur sehr ausschnitthaft kennen, und geraten schließlich ins undurchdringliche Dickicht von Einzelaktionen im Umfang eines Wortwechsels, eines Waffengangs. Die Anzahl derartiger Elemente ist naturgemäß unübersehbar, und selbst die beste Überlieferungslage bewahrt von der Gesamtheit des Geschehens nur einen Bruchteil. Jede Beschreibung faßt zusammen, bleibt Skizze und ist schutzlos dem Einwand ausgeliefert, nicht vollständig zu sein. Beliebige Breite ist durch ein weitergehendes Informationsbedürfnis mühelos zu überflügeln, und die Klage über unzureichende Quellenlage gehört zur professionellen Melancholie jeglicher Historie.

Je genauer wir überlegen, was wir zum Verständnis eines Ereignisses alles wissen müßten, desto stärker wird der Eindruck, wie wenig wir tatsächlich wissen. Dennoch täuscht eine quantifizierende Betrachtungsweise, die alle Fakten gleichrangig erachtet. Besäßen wir über die Schlacht bei Adrianopel 378 noch zehn weitere Berichte, so erführen wir aus ihnen kaum erhebliche Neuigkeiten. Die Tatsachen sind von unterschiedlicher Relevanz, und im allgemeinen geraten wichtigere Ereignisse schwerer in Vergessenheit, schon darum, weil die Unterscheidung zwischen bedeutsamen und weniger bedeutsamen Vorgängen kein Privileg moderner Historiographen ist. Nur ein kleiner Teil dessen, was den Zeitgenossen wichtig erschien, ist in unseren Augen belanglos. Ein größerer, ja wachsender Teil dessen, was uns interessiert, wurde von den zeitgenössischen Berichterstattern freilich vernachlässigt. Der Grund für diese letztere Differenz liegt nicht im Bezugsrahmen: die Stabilität des Imperiums war damals wie heute eine Richtschnur für die Bedeutsamkeit von Ereignissen. Entscheidend ist vielmehr die zunehmende Einsicht in Zusammenhänge zwischen einzelnen Gegebenheiten und dem Gesamtzustand. Hätte Diocletian eine Vorstellung vom Funktionieren der Marktgesetze besessen, von der Beziehung zwischen Produktion und Nachfrage, zwischen Geldmenge, Umlauftempo und Preisniveau, so hätte er vermutlich keinen Maximaltarif erlassen. Dessen Auswirkungen sind uns heute klarer als ihm, und ähnliches gilt für zahlreiche Maßnahmen, deren langfristig schädlichen Folgen den Zeitgenossen nicht bewußt waren, so daß sie ihnen nicht die gebührende Aufmerksamkeit geschenkt haben.

Die Relevanzkriterien für historische Fakten sind mithin bei gegebenem Bezugspunkt – in unserem Falle die Auflösung des Reiches – die historischen Gesetze ($G_1 \ldots G_n$), die aus zunächst beliebigen Gegebenheiten Antezedentien ($A_1 \ldots A_n$) für das Explanandum machen. Die Gesetze resultieren aus Vergleichen und Analogien, zu denen der Fortgang der Geschichte ein wachsendes Material beisteuert. Jedes historische Phänomen läßt sich in eine zunehmende Zahl von typologischen und genetischen Zusammenhängen stellen, die Menge seiner latenten Bedeutungen wächst (s. o.), und dadurch wird es zu einem Fall mehrerer Gesetze. Keines von ihnen erklärt den Fall vollständig, jedes von ihnen erklärt etwas an ihm, nimmt ihm ein wenig von seiner Rätselhaftigkeit. Und letztlich leistet keine Erklärung mehr, als aus der unbekannten Gesamtzahl von Bedingungen einige zu benennen.

Man könnte den Prozeß der zunehmenden Ausdeutbarkeit als Exhaustion, als Erschöpfung verstehen. Damit wäre jedoch unterstellt, daß der Gehalt des Phänomens begrenzt wäre. Dies scheint eine methodisch notwendige Fiktion zu sein. Sie ist notwendig, weil ohne sie das Weitersuchen keinen Sinn hätte; sie ist fiktiv, weil die Suche wohl nie zu einem erfolgreichen Ende kommen wird. „Unser Fehler ist", schreibt Wittgenstein (PhU 654), dort nach einer Erklärung zu suchen, wo wir die Tatsachen als Urphänomene sehen sollten". Dies heißt nicht, daß wir uns bei den Tatsachen beruhigen sollen, sondern nur, daß wir in ihrer Ableitbarkeit an Grenzen stoßen. Jede Erklärung arbeitet mit Verallgemeinerungen: der fragwürdige Vorgang wird unter allgemeine Begriffe subsumiert, wird aus generellen Erfahrungssätzen hergeleitet, wird durch nähere oder fernere Parallelen erläutert und verliert dabei jeweils etwas von seiner Individualität. Das muß so sein, denn Einmaliges läßt sich nicht erklären. Wittgensteins Postulat besagt, daß Tatsachen nicht nur Fälle vorgegebener Kategorien sind, sondern solche zugleich modifizieren, ja konstituieren können, so wie Goethes Urpflanze das reale Denkmodell für Pflanzen überhaupt darstellen sollte. In diesem Sinne gibt es Urphänomene, die mehr zur Erhellung anderer Vorgänge beitragen als daß sie ihrerseits der Erhellung bedürfen. Vielleicht ist auch der Fall Roms Beispiel für ein historisches Urphänomen, denn öfter als Gegenstand historischer Erklärung dient er als Mittel zu einer solchen, wenn es um das Verständnis anderer Niedergangsphänomene geht. Damit jedoch öffnet sich jeweils eine neue Facette seines eigenen Wesens. Die Individualität ist mit Allgemeinbegriffen und Generalgesetzen nicht auszuloten, und je weiter unser Wissen vorstößt, desto weitere Bereiche sehen wir vor uns. Wer sich mit dem Einzelfall Roms abgibt, hat bald mehr Erklärungen als er benötigt; wer aber die Vielfalt seiner Deutungsgeschichte anschaut, wird immer weniger an eine vollständige Erklärbarkeit glauben. Er wird mit Friedrich Schlegel († *1829/1904*, 67) fühlen: „Wie aber die Gefahr des Kranken mit der Zahl der Ärzte, so pflegt auch die Unverständlichkeit eines Gegenstandes mit der Menge der Erklärer zu wachsen."

Die Skizzenhaftigkeit ist übrigens kein auf die Historie beschränktes Merkmal von Erklärungen. Dieses Manko trifft andere Erfahrungswissenschaft ebenso. Eine vollständige Erklärung ist für den Ausbruch des Krakatao, für die Maikäferplage von Anno Dickmilch, ja selbst für das Resultat eines Experiments unter Laborbedingungen unmöglich. Auch die Naturwissenschaft erklärt Vorgänge niemals vollständig, weil sie diese zunächst einmal vollständig beschreiben müßte, und das ist für den simpelsten Fall eines freien Falles ebenso undenkbar wie für den Roms (Stegmüller *1969*, 338). Denn jeweils müßte das Verhältnis sämtlicher am Vorgang beteiligten Massenpunkte zu einander und das zu sämtlichen Massenpunkten in der Welt bestimmt und im Kausalnexus bis auf den Urknall zurückgeführt sein. Im Unterschied zu den Historikern scheinen Physiker derartiges nicht zu erwägen. In der Physik ist es offenbar leichter, sich auf das jeweils Erklärungsbedürftige zu einigen als in der Historie.

Bei der Sammlung der folgewirksamen Faktoren geht der Historiker ohne größeres Kopfzerbrechen dazu über, sie nach Typen zu ordnen. Die einzelnen Nachrichten werden zu sozialen, politischen, ideologischen und ähnlichen Kategorien gebündelt, und dafür wird allerdings jene Vollständigkeit gefordert, die für die Einzelheiten unerreichbar ist. Der überlieferungsbedingte Informationsverlust tilgt überwiegend Details; daß uns ganze Kategorien von wirkungsmächtigen Niedergangsfaktoren verloren gegangen sind, ist unwahrscheinlich. Durch die Zusammenfassung der einzelnen Momente zu Typen wird die vom Leser geforderte Überschaubarkeit erreicht. Das Resultat derartiger Erklärungen ist eine Mehrfaktoren-Theorie, die nach der Anzahl der Momente unterschiedlich ausfallen kann. Selten liegt die Zahl angenommener Niedergangsfaktoren über einem Dutzend. Weitergehendes Differenzierungsbedürfnis wird durch Unterteilung befriedigt.

Eine solche Auflistung nebeneinander wirkender Faktorenbündel kann das Ende eines Erklärungsversuches darstellen. Mit einer bloßen Aneinanderreihung begnügen sich Bianchi-Giovini *(1844)*, Johannes Geffcken *(1921)*, Ernst Stein (*1928*, 1–27), Paton Isaac (*1971*, 473) und Thomas Pekáry (*1979*, 118 ff.). Dergleichen tat Salomon Katz in seinem Buch ›The Decline of Rome and the Rise of Medieval Europe‹ (*1955/63*); nach der Aufzählung der Verfallssymptome (74 ff.) heißt es: *in the final analysis, it was the interaction of many factors,* deren Gewichtung vielleicht später einmal möglich sei (83 f.). Namentlich Mediaevisten empfinden das Erklärungsproblem nicht immer als dringlich. Ludwig Schmidt, Alfons Dopsch und Marc Bloch haben nicht ausgeführt, woran ihrer Meinung nach das Imperium Romanum gescheitert ist. Unter den Althistorikern vermieden Enßlin, Straub, Downey und Isaac eine bündige Erklärung. Bei letzterem ist das deswegen überraschend, weil er aus der Behandlung der einzelnen Niedergangsfaktoren das Prinzip seiner Gliederung gemacht und trotz dieser durchgehenden Systematik keine Prioritäten gesetzt hat.

Die Erzählung des Niedergangs und die Sammlung der bestimmenden Faktoren lassen sich als Vorstufen zu den eigentlichen Erklärungen ansprechen. Von solchen können wir erst dann sprechen, wenn die Faktoren gesondert und geordnet sind, und damit sind Schwierigkeiten verbunden. Von ihnen soll im folgen-

IV. 3. Methoden der Faktorengewichtung

Keine Kausalitäten ohne Werte, keine Werte ohne Kausalitäten.
Meinecke IV 73

In seinem Bericht über den Ausbruch des Peloponnesischen Krieges unterschied Thukydides (I. 23, 4 ff.) zwischen Anfang, äußerem Anlaß und tieferen Gründen. Seitdem gilt in der Historie das methodische Gebot, Faktoren zu sondern und zu gewichten. Das Bündel zusammenwirkender Kräfte soll aufgeschnürt und jedem einzelnen Moment sein Anteil an der Wirkung zugemessen werden.

Der Ursprung dieser Forderung dürfte in der anthropologisch-moralischen Auffassung der Kausalität als „Schuld" zu suchen sein. Ionische Naturphilosophen haben den Kosmos nach dem Modell eines Staates verstanden; bei Heraklit (VS 12, B 94) halten die Erinyen, die Rachegöttinnen, die Naturordnung aufrecht, Anaximandros (VS 2, Fr. 9) deutete die Vergänglichkeit der Dinge als Buße für ihre Ruchlosigkeit nach dem Gesetz der Zeit. Griechisch αἰτία wie lateinisch *causa* heißt ursprünglich „Schuld", „Rechtsfall", daher *accusare* für „anklagen". Aus dem Spätlateinischen stammen italienisch *cosa*, französisch *chose* – „Sache", und ebenso bedeutet deutsch „Sache" zunächst „Streitfall", „Ursache", „Grund", wie es das englische *sake* bewahrt. Der ältere Sinn von „Ursache" wird bei Kluge-Mitzka s. v. mit „Grund zu Streit und Anklage, Anlaß zu feindlichem Vorgehen" wiedergegeben. Eine faktorenanalytische Kausalbetrachtung unterstellt sozusagen eine Gemeinschaftstat, personifiziert die einzelnen Momente, um ihnen ihren jeweiligen Kausalanteil zuzumessen, den man je nach der Wünschbarkeit des Resultats als Schuld oder als Verdienst verstehen kann.

Das dabei entstehende Methodenproblem liegt zunächst in der Feststellung der Faktoren. Wie es zu bewältigen ist, hat Max Weber (*1906/68*, 287) gezeigt: wir lösen gedanklich einen Teil des Geschehens aus dem geschichtlichen Zusammenhang heraus, denken ihn weg und fragen, ob nach allgemeinen Erfahrungsregeln ein anderer Ausgang zu erwarten gewesen wäre. Ist dies der Fall, so haben wir es mit einem „Faktor" zu tun.

Häufiger ist allerdings das spiegelbildliche Verfahren. Wir denken einen ungeschichtlichen Faktor ins Geschehen hinein und erklären dessen Ausgang mit dem Fehlen jenes Faktors. Nach diesem Schema arbeiten die moralisierenden „Erklärungen" und die Argumentation mit Heilmittelversäumnissen. Hätte Rom eine starke Armee besessen, eine gerechte Sozialordnung, einen glühenden Patriotismus oder was immer man will, dann wäre das Reich nicht zerfallen. Diese imputative Technik der Faktorenfindung ist indessen an das Zumutbare gebunden. Wie ist das zu bestimmen? Natürlich trifft es zu, daß Roms Abwehrkraft durch Feuerwaffen gehoben worden wäre, aber war deren Erfindung, wie Du Bois-Reymond meinte, den Römern zuzutrauen? Es wäre ein Gebot der Fairness, den

Germanen die jeweils gleichen Vorgaben einzuräumen, und damit gleicht sich das angebliche Manko auf römischer Seite wieder aus.

Wie kommen wir nun von der Bestimmung zur Gewichtung eines Faktors? Der größte wie der kleinste Faktor ist an der Herbeiführung des Erfolges beteiligt, der andernfalls so nicht eingetreten wäre. Dennoch lassen sich die Anteile wirksam gewordener Elemente gedanklich auf andere Kräfte übertragen, die in Reserve standen. Das sei exempli gratia an den Vorgängen von 476 gezeigt: Hätte Odoakar sich geweigert, den germanischen Kriegern das geforderte Land zu versprechen, dann hätten sie vermutlich einen anderen Mann, vielleicht den Tufa, zum König erhoben. Es ist denkbar, daß die Beseitigung des weströmischen Kaisertums in diesem Falle wenig später stattgefunden hätte, ebenso wie dies auch früher hätte eintreten können, wenn sich ein Mann für die Rolle eines italischen Königs und das damit verbundene Wagnis eher gefunden hätte. Für Rikimer oder Gundobad wäre dies vorstellbar gewesen. Als Individualität betrachtet, ist kein einziger von den gemeinsam zur Erklärung hinreichenden empirischen Faktoren notwendig, um die grundsätzliche Möglichkeit des eingetretenen Falles zu eröffnen. Der Fall Roms hätte ebenso eintreten können, wenn die Kaiser sämtlich tüchtige Männer gewesen wären, oder wenn der Wohlstand sich im vierten Jahrhundert verdoppelt hätte, oder wenn Rom wieder zur Zentrale des Reiches erhoben worden wäre, oder wenn Julian dem Christentum seine führende Rolle dauernd hätte nehmen können, oder wenn die Germanen von den Hunnen vernichtet worden wären usw. Jeder einzelne der Faktoren, die in ihrer Gesamtheit das Ende des Reichsverbandes bewirkt haben, läßt sich gedanklich aus dem Zusammenhang lösen, ohne daß damit das Resultat überhaupt unmöglich würde. Es müßte modifiziert werden, und die Form der Modifikation bestimmt die Relevanz des Faktors.

Die Auflösung des Reichsverbandes verfolgte durch das Zusammenwirken zahlreicher gleichgerichteter Kräfte. Im Effekt haben sie als Summe gewirkt, so daß der Beitrag jeder einzelnen auch von einer anderen, ein wenig verstärkt gedacht, übernommen werden konnte. Obschon somit kein singulärer Faktor für den Ausgang unabdingbar war, waren sie dennoch nicht alle gleichermaßen wichtig. Das zeigen die evident unerheblichen Momente: Der Rückgang der Silberproduktion hatte Geldmangel zur Folge, die Dezentralisierung der Kaisergewalt hat die Koordinierung der politischen Maßnahmen erschwert, die Bleivergiftung mag diesem oder jenem *potens* die Potenz genommen haben – aber derartige Faktoren waren harmlos im Vergleich etwa zur Bedrohung der Flußgrenzen, zur Barbarisierung des Heeres und zum Verfall der Städte.

Die Schwächemomente müssen also gewertet werden, und das tritt sprachlich darin in Erscheinung, daß ein bestimmter Faktor oder eine Gruppe von Faktoren vor allen anderen ausgezeichnet wird durch Adjektive im Komparativ wie „wichtiger", „bedeutsamer", die im Positiv auch den geringer eingestuften Faktoren zukommen, oder durch Ausdrücke wie „entscheidend", „ausschlaggebend", „vorrangig", die nur einmal vergeben werden können und im Komparativ sinnlos sind. Der unterschiedliche Erklärungswert wird auch durch mehrere äquivalente Metaphern ausgedrückt. Die Rede vom „höheren Rang" eines Verfallsmoments kommt aus der höfischen Gesellschaft. Die Rede vom „großen Einfluß" eines Niedergangfaktors weckt das Bild eines Stromes, der sein Wasser der unterschiedlichen Zufuhr von Nebenflüssen dankt. Die Rede vom „beträchtlichen Gewicht" eines Schwächesymptoms benutzt eine physikalische Vorstellung, so als ob es eine Waage und Gewichte für unsere Faktoren gäbe.

Ernest Nagel (1952) hat die Frage aufgeworfen, was die Kennzeichnung als *„chief" or „most important" in connection with causal factors* eigentlich heiße. Michael Hammond (1977) und Raymond Martin (1982) haben dies zu beantworten versucht. Wenden wir die Problemstellung auf unseren Fall an!

Alle Ausdrucksweisen für die Gewichtigkeit von Kausalfaktoren verlangen eine Bestimmung, was eigentlich mit ihnen gemeint sei. Was soll das bedeuten, wenn es heißt, die Germaneneinfälle hätten einen „größeren Anteil" am Zusammenbruch als Ausbeutung und Korruption? Streng genommen setzt eine solche Redeweise eine Umrechnung in Kausalprozente voraus. Die „überragende Bedeutung" eines Faktors könnte kaum unter dreißig, müßte schwerlich über siebzig Prozent an der Verantwortung für das Resultat betragen. Wenn kein Autor diese Präzision der Ausdrucksweise aufbringt, liegt dies am fehlenden Maßstab. Wir schieben es auf die Vorläufigkeit des Forschungsstandes, der einstweilen nur eine Schätzung, noch keine Messung der Kausalanteile gestatte. Es könnte aber sein, daß hier ein Wechsel auf die Zukunft dazu dient, den methodischen Offenbarungseid auf die Enkelschüler abzuwälzen. Wäre das Ideal bloß eine Fata Morgana, so hätte es keinen Sinn, ihm weiteren Denkschweiß zu opfern.

Die Gewichtung von Faktoren läßt sich jedoch erläutern. Sie hängt zusammen mit dem Interesse an der Erklärung. Die politisch motivierten Untergangstheoretiker halten jene Faktoren für besonders wichtig, die steuerbar sind, wo man noch etwas hätte machen können. Das sind Maßnahmen in Verwaltung, Finanzwesen, Reichsverteidigung und entsprechenden Bereichen. Unter pragmatischen Aspekten zeigen sie am besten, welche Nutzanwendung aus dem Fall Roms zu ziehen ist. Die kulturmorphologischen Deutungen hingegen betrachten jenen Ereignisgrund als ausschlaggebend, der sich einer Einflußnahme am weitesten entzieht. Das ist die kulturelle Gesamtsituation oder deren anthropologische Basis. Eine Erklärung im praktischen Interesse begreift die Wichtigkeit von Faktoren anders als eine Erklärung in theoretischem Interesse und kommt daher zwangsläufig zu andersartigen Einstufungen. In derartigen Urteilen liegt jene Wertung vor, auf die Meinecke in dem als Motto zitierten Diktum hinweist.

Sowohl die pragmatische als auch die fatalistische Richtung ist in ihrem Endpunkt angreifbar. Denn weder können wir annehmen, daß die Handelnden ihr Schicksal völlig im Griff hatten, noch dürfen wir davon ausgehen, daß sie überhaupt keinen Einfluß darauf besaßen. Allmacht und Ohnmacht sind gleichermaßen trügerische Prämissen, darum empfiehlt es sich, nach einer Methode auszuschauen, die das Gewicht der Determinanten zwischen diesen Extremen zu definieren erlaubt. Dazu müssen wir das Gedankenexperiment Max Webers (*1906/68*, 287) fortführen und die einzeln ausgeblendeten Faktoren unter dem Gesichtspunkt vergleichen, wie sehr gemäß allgemeinen Erfahrungsregeln das Ausbleiben des betroffenen Moments das zu erklärende Resultat modifiziert hätte.

Je nach dessen Charakter sind zwei Formen der Veränderung denkbar. Der erste Ereignistyp läßt unbeschadet seiner Eigenart ein inneres Mehr oder Weniger zu. In diesem Sinne wäre die Industrialisierung Englands, die Einwanderung nach den Vereinigten Staaten oder die Expansion Roms ein dehnbares Explanandum. Die zur Erklärung jeweils wichtigen Faktoren unterscheiden sich nach dem Grade, um wieviel die Größe des Resultats durch das Fehlen des einzelnen Faktors vermindert worden wäre, unbeschadet der Identität des auch im kleineren Maßstab vorstellbaren Ereignisses. Der zweite Ereignistypus läßt derartige quantifizierbare Unterschiede nicht zu. Ein Kriegsausbruch, ein Vertragsabschluß oder die Absetzung eines Kaisers ist nicht zu vergrößern oder zu verkleinern. Ein solcher Ereignistyp liegt vor oder liegt nicht vor. Quantifizierbar ist hier nur das Tempo der Entwicklung, die zu einem solchen Ereignis hingeführt hat. Wir können danach fragen, wie stark ein Faktor das Eintreten des Resultates beschleunigt hat – wobei wir freilich so tun, als ob es nicht hätte ausbleiben können – oder um wieviel Zeit das Ausbleiben eines eingetretenen Wirkfaktors das Resultat hinausgezögert hätte.

Die germanischen Hilfstruppen riefen Odoaker am 23. August 476 zum König aus, als sich der Heermeister Orestes, der Vater des Kaiserleins Romulus, weigerte, ihnen das geforderte Drittel des Bodens abzutreten. Hätte Orestes nachgegeben, so hätte das an der bestehenden Bedeutungslosigkeit des weströmischen Kaisertums wenig geändert. Der Streit um die *tertia* war mithin lediglich ein Anlaß, keine tiefere Ursache für die Abschaffung des weströmischen Kaisertums. Anlässe sind auswechselbar; wenn eine Spannung besteht, dann gibt es zahlreiche Ereignisse, die sie auslösen können, und je höher die Spannung steigt, desto beliebiger wird der auslösende Anlaß. Denken wir den wirklichen weg, so bieten sich mögliche andere an, dicht gefolgt in kürzesten Abständen nicht nur nach, sondern bereits vor dem Explanandum: eine Versorgungslücke, ein Disziplinverstoß oder ein militärischer Mißerfolg hätte den Konflikt zum Ausbruch bringen können. Die grundsätzliche Möglichkeit, das westliche Kaisertum zu beseitigen, bestand unabhängig von dem erst 476 eingetretenen auslösenden Element, das in seiner spezifischen Form (nicht jedoch in seinen durch die langfristig determinierten Randbedingungen bestimmten Auswirkungen) den Charakter eines Zufalls hat.

Diese Randbedingungen sind weniger leicht austauschbar. Eliminieren wir statt des zufälligen Anlasses eine der tieferen Ursachen, etwa die Barbarisierung des Heeres, indem wir annehmen, es hätte wie in früheren Zeiten überwiegend aus römischen Männern bestanden, die aus dem Reiche stammten und für das Reich eintraten, dann wären derartige Spannungen zwischen Hof und Heer schwerlich entstanden, man hätte im Streitfall, so wie im 3. Jahrhundert, die Person des Kaisers, nicht aber die Institution angegriffen. Durch die Vermeidung des Bodenkonfliktes von 476 hätte das weströmische Kaisertum allenfalls eine Verschnaufpause gewonnen, aber ohne die Überfremdung des Heeres wäre mit einer erheblich längeren Lebensdauer zu rechnen gewesen. Mithin entspricht das unterschiedliche Gewicht der beiden Faktoren der unterschiedlichen Effekt-Verzögerung, die ihrem Ausbleiben zugeschrieben werden müßte.

Daß die Tragweite eines Faktors in mutmaßliche Verzögerungsdauer übersetzbar ist, läßt sich erhärten an der vergleichenden Bedeutungsanalyse von „inneren" und „äußeren" Verfallstheorien. Beide stellen hypothetische Prognosen: sie operieren den favorisierten Faktor aus dem Geschehenszusammenhang heraus und folgern, daß ohne ihn ein andersartiger Erfolg eingetreten wäre. Anhänger der inneren Verursachung glauben, auch ohne den Einmarsch der Germanen wäre das Reich „wenig später" zerfallen. Verfechter der außenbedingten Auflösung hingegen meinen, ohne die Völkerwanderung hätte das Reich „noch lange" bestanden. Die Vertreter des inneren Niedergangs bestreiten gewöhnlich nicht, daß das Ende durch die Germanen beschleunigt wurde, während umgekehrt die Befürworter der äußeren Erklärung nicht ausschließen, daß irgendwann später das Reich vielleicht auch ohne den germanischen Angriff untergegangen wäre. Der Gegensatz der beiden Thesen läßt sich daher als Unterschied auf der Zeitskala begreifen. Er ist quantifizierbar in die jeweils angenommene Lebenserwartung des Reiches über dessen wirkliches Ende hinaus. Es wäre denkbar, daß jenes „wenig später" der Endogenik in derselben Jahresanzahl präzisiert würde wie das „noch lange" der Exogenik. Gesetzt den Fall, es erschiene beiden Richtungen plausibel, daß Rom ohne den Angriff der Germanen im vollen Umfang noch zweihundert Jahre bestanden hätte, könnten sich beide Positionen als bestätigt betrachten: die Außentheorie, weil Rom „noch so lange" ausgehalten hat; die Innentheorie, weil Rom „dann aber doch" zusammenbrach. Die Kontroverse würde gegenstandslos, wie so manche andere, die darin gründet, daß die Kontrahenten sich nicht im voraus klar machen, worüber sie streiten. Man schießt an einander vorbei, weil man die Position des Gegners falsch lokalisiert.

Grundsätzlich sollten Positionen, die man einnimmt, lokalisierbar sein, auch wenn sie eben dadurch angreifbar werden. Einstweilen empfiehlt es sich, all jene Autoren, die sich bei der Abwägung der belastenden Momente mit maßstablos quantifizierenden Prädikaten wie „wichtiger", „bedeutender", „gravierender" begnügen, so zu verstehen, daß sie einem Niedergangsfaktor um so größeres Gewicht zumessen, je länger das Imperium ohne seine Einwirkung über den faktischen Zusammenbruch hinaus noch bestanden hätte.

Nachdem wir nunmehr über eine Möglichkeit verfügen, die Rede von der unterschiedlichen „Bedeutung" der am Fall Roms beteiligten Faktoren zu verstehen, begreifen wir jenes Denkmodell, das den meisten Erklärungsversuchen zugrundeliegt. Es ist eine Staffelung der Verfallskomponenten nach dem Grade der ihnen zugeschriebenen Wirksamkeit. Das einschlägige System mit der höchsten Prägnanz ist die hierarchisch geordnete Faktorenpyramide. Nur selten steht an der Spitze der Skala mehr als ein einziger Hauptgrund. Die bekannteste Theorie dieses Typs macht das gleichberechtigte Zusammenwirken von Christentum und Barbarei verantwortlich, sie findet sich bei Voltaire und Gibbon, bei Ranke und dem jungen Marx. Sonst bleibt die Kollegialität der leitenden Potenzen die Ausnahme (so bei Thierry *1860;* Stein *1928*). Man setzt gewöhnlich eine Priorität. Irgendein Grund gilt als der oberste, sei es, daß er als der zeitlich früheste oder als der hinter allen Einzelübeln stehende betrachtet wird. Diese Zwischenursachen erscheinen wie die zahlreichen Nachkommen des Urfehlers, von ihm hängt alles weitere ab. Indem die Gesamtheit der Einzelfaktoren in den Zusammenbruch des Systems ausmündet, entsteht das Bild einer doppelten Dolde oder einer Spindel.[1]

Was in diesem Modell als die „Spitze der Faktorenpyramide" erscheint, das drücken zuweilen auch andere Bilder aus: das „Fundament", die „Quelle", der „Keim" oder die „Wurzel", wovon alle Wirkungen letzten Endes ausgehen. Das Motiv für dieses Modell ist einesteils ästhetisch: es enthält einen hohen Grad an Ordnung; andererseits moralistisch: es liefert einen Sündenbock.

Eine so strukturierte Theorie weckt den Verdacht der Monokausalität. Die Popularität dieses Begriffs in der Untergangsdebatte der Nachkriegszeit führt Hübinger (*1952/59,* 58 f.) zurück auf das Buch von Karl Siegfried Bader, ›Ursache und Schuld in der geschichtlichen Wirklichkeit‹ (*1946,* 35 ff.). Bader protestierte damit gegen die im Dritten Reich verkündete Lehre, an allem Unglück seien die Juden schuld, und betrachtete das als eine Variante des Hexenwahns. Wäre etwas derartiges mit Monokausalität gemeint, verstünde ich deren stereotype Ablehnung. Doch eine solch plumpe „Eingründigkeit" ist in der wissenschaftlichen Literatur kaum anzutreffen.

Bedeutet „Monokausalität" hingegen, daß unter den Faktoren einer der wichtigste sei, dann sind sämtliche klassifizierbaren Untergangstheorien monokausal. Gewiß wird der Abstand zwischen dem wichtigsten und den übrigen Momenten unterschiedlich bemessen; die favorisierte Ursache besitzt mal einen größeren, mal einen geringeren Vorsprung vor den anderen. Aber mit dem Grade der Bevorzugung des Hauptfaktors läßt sich eine Unterscheidung zwischen Ein- und Mehrfaktorentheorien nicht begründen. Auch wenn die Faktorenpyramide flach bleibt, verbindet sie Priorität und Pluralität. Angesichts dessen, daß zahlreiche Autoren, die selbst eine Kausalitäten-Hierarchie anbieten, Monokausalität verwerfen,[2] scheint das nicht gemeint zu sein. Talcott Parsons (*1966,* 113), hat es sogar ausdrücklich bestritten, als er mit der Ablehnung von *single-factor theories* die Forderung nach hierarchischer Abstufung der Kausalität verknüpfte. Die Frage spitzt sich zu auf das Verhältnis zwischen dem Faktor Maximus und dem niederern Faktorenklerus. Weder ein absolutistisches Regiment der Oberursache

---

[1] Wie ein solches aussieht, zeigt Knaul *1977,* 416.

[2] Sismondi (*1835* II 390), Liebenam (*1900,* 504), Paterson (*1907,* 326), Nilsson (*1921,* 370; 387), Rostovtzeff (*1930/70,* 232), Greene (*1933,* 263), de Francisci (*1936,* 4), Boak (*1950,* 292; *1955/70,* 348; vgl. Finley *1966/70,* 369), Bernardi (*1965/70,* 17), Maier (*1968,* 148), Kolb (*1977,* 292).

noch ein egalitäres Nebeneinander aller beteiligte Momente, sondern irgendeine Form der wohldosierten Mitbestimmung ist erwünscht, eben jene Stufenpyramide, die der pluralistischen Leistungsgesellschaft entspricht. Ihr entstammen alle Autoren, die sich gegen Monokausalität wenden, man ist ebenso gegen die autoritäre Position eines einzigen wie gegen die grundsätzliche Egalität aller Faktoren. Deren hierarchische Abtreppung steht immer schon fest, bevor man sich um Inhalte müht, daher kommt sie aus der Lebenswelt, nicht aus dem Forschungsbereich der Historiker.

Monokausalität ist ein polemischer Begriff, der nur dazu dient, gegnerische Theorien zum Zwecke einleuchtender Ablehnung zu simplifizieren. In der Theorieliteratur zur historischen Erklärung wird er übergangen, und tatsächlich können wir auf ihn verzichten. Die Attacke gegen ihn im strengen Sinne ist gegenstandslos, im weiten Sinne unberechtigt, zumal sich für die Auflösung des Imperiums mindestens drei „einzige" Ursachen ausmachen lassen: die Überlegenheit der zersetzenden über die erhaltenden Kräfte oder die Vergänglichkeit alles Irdischen oder die Unfähigkeit der Beteiligten. *A universal effect demonstrates a universal cause* (Harrington *1656/1771*, 484).

Nachdem wir nunmehr wissen, was die Abstufung der Kausalanteile bedeutet und weshalb sie gefordert wird, gelangen wir zu der Frage: auf welchem Weg ermitteln wir jenes Moment oder jene Klasse von Momenten, die den Auflösungsprozeß am stärksten vorangetrieben hat? Die Galerie der konkurrierenden Interpretationen legt die Vermutung nahe, daß es für dieses Problem überhaupt keine Methodik gebe außer dem individuellen Gusto. Diesen Eindruck haben einige der behandelten Autoren auch ihrerseits gehabt. Meinecke nahm eine solche Auslegung seines Motto-Wortes immerhin in Kauf, und Seeck (*1898*, 294) hat sich zuvor bereits in aller Unschuld zu einem derartigen Subjektivismus bekannt: „Die Wissenschaft hat keinen anderen Zweck, als Erklärungen zu geben, und von diesen können gerade die grundlegenden und wichtigsten gar keinen Anspruch auf objektive Sicherheit machen, sondern sie dienen nur dazu, denjenigen, welcher an sie glaubt, persönlich zu befriedigen".

Seecks Methodologie der Selbstbefriedigung ist nicht deswegen von Interesse, weil er selbst das bislang umfangreichste Werk über das Ende Roms geschrieben hat, sondern weil sich ihm Autoren recht verschiedenartiger Ausrichtung angeschlossen haben. So Max Weber. Er bestimmte die Auswahl unter den Determinanten für einen historischen Vorgang als ein notwendig subjektives Werturteil. Sie sei „durch die Art unseres historischen Interesses bedingt", so daß es „nur eine Frage der Grenzen unseres jeweiligen kausalen Interesses ist, an welchem Punkt wir haltmachen" (*1906/68*, 271 f.; 281). Angesichts der Zirkelstruktur funktionaler Erklärungen (s. u.) legitimiert dies die reine Willkür. Sie zu ertragen, erfordert Gottvertrauen, und mit ihm haben Georg von Below und Friedrich

Meinecke (*1928/65*, 69) das private Werturteil bei der Kausalverknüpfung gerechtfertigt. Dennoch täten wir der Zunft Unrecht, wenn wir übersähen, wie sie die individuelle Vorliebe bei der Faktorenlese auf eine heuristische Funktion zu beschränken und nachträglich argumentativ zu stützen sucht, so daß die angenommene Hauptkausalität als solche allgemein einsehbar und annehmbar wird.

Der Vorrang des jeweils favorisierten Kardinalfaktors wird mit unterschiedlichen Argumentationsstrategien untermauert. Acht Beweisformen begegnen uns. Schauen wir sie uns ein wenig näher an!

1. Die am nächsten liegende Weise der Gewichtung von reichsinneren Niedergangsfaktoren ist der Vergleich im Hinblick auf das Ausmaß des gestifteten Schadens. Die oben zum Beweis der Wägbarkeit genannten Bedeutungsunterschiede unter den beitragenden Momenten gründeten sich darauf. Bei besonnener Abwägung der verfügbaren Quellenbefunde wird niemand daran zweifeln, daß der Barbarendruck mehr zum Ruin beigetragen hat als die Bleivergiftung. Das ist mit ein wenig Augenmaß erkennbar. Eine solche „Methode" der Einstufung bleibt indessen ungenau. Wir können wohl ganz allgemein geringere und schwerere Belastungen unterscheiden, innerhalb der letzten aber kaum weiter differenzieren. Es gibt keinen gemeinsamen Maßstab. Wie sollen wir die politischen Auswirkungen der Unzufriedenheit unter den Kolonen gegen die Folgen der Glaubenskonflikte abwägen? Wie kann man den Schaden, den die *agri deserti* dem Staat zugefüht haben, gegen jenen aufrechnen, der aus der Zurückgezogenheit der Kaiser entsprang? Wie soll man die Belastung, die der Steuerdruck ausübte, mit der vergleichen, die von der Germanisierung des Heeres ausging? Was, aufs ganze gesehen, „schlimmer war", ist selbst dann schwer abzuschätzen, wenn wir Gleichartiges nebeneinanderstellen, sagen wir: die Lage der Landwirtschaft in Ägypten und Gallien. Hier urteilen wir gewöhnlich nach unserem jeweiligen „Eindruck".

2. Um über ein derart impressionistisches Verfahren hinauszukommen, bietet sich als zweiter Weg eine Unterscheidung nach Ursachen und Symptomen an. Sie traf beispielshalber Liebenam (*1900* p. I.). Die meisten Schwächefaktoren sind ja ihrerseits als Folgeerscheinungen deutbar, und darum ließe sich bei deren Ursachen eine später potenzierte Wirkung vermuten. Wo lag der Krankheitsherd, der die übrigen Organe und damit den ganzen Staatskörper verseuchte? Die Antwort darauf hängt gewöhnlich von der angenommenen Wichtigkeit des geschädigten Organs ab. Den einzelnen Lebensbereichen der spätantiken Gesellschaft wird unterschiedliche Bedeutung zugemessen. In bestimmten Fällen ist dies gerechtfertigt. Der Niedergang der Bildhauerkunst und die Verwilderung der lateinischen Sprache sind Dekadenzerscheinungen auf Sektoren, die als solche für das Staatsleben unerheblich bleiben. Unter den wichtigeren Lebensgebieten hingegen sind Prioritäten schwer begründbar. In der jüngeren Literatur (III. 2!) zeigt sich die Tendenz, die sozialökonomischen Verhältnisse in die höchste Rangklasse zu versetzen. Weil sie als generell grundlegend für ein Staatswesen erachtet werden, erscheinen die Unzuträglichkeiten in der Wirtschaft als Kernkraft des politischen

Zerfalls. Diese Anordnung ist indessen umkehrbar: Degradieren Sozialisten fehlende Staatstreue zum Symptom einer ungerechten Gesellschaftsordnung, so werten Moralisten diese Ungerechtigkeit als Symptom eines fehlenden Staatsbewußtseins. Die Prämierung einzelner Lebensbereiche als jeweils fruchtbarster Nährboden der Krise weckt den Verdacht subjektiver Interessenbindung. Anhänger einer Konsumgesellschaft halten den Magen für den wichtigsten Körperteil. Lösen wir uns aus dieser Perspektive, so erweisen sich mindestens acht Bereiche als gleichermaßen relevant für die Fortexistenz des römischen Staates: die Reichsverfassung, das Militärwesen, die Finanzlage, die Produktion, die Gesellschaftsordnung, die Bevölkerungszahl, die Einstellung der Reichsangehörigen zum Imperium Romanum und dessen außenpolitische Situation. All diese Sektoren, die sich natürlich beliebig verästeln ließen, stehen in einem Beziehungsgeflecht von Wechselwirkungen, deren Zusammenhänge nachfolgendes Schaubild verdeutlichen kann.[3]

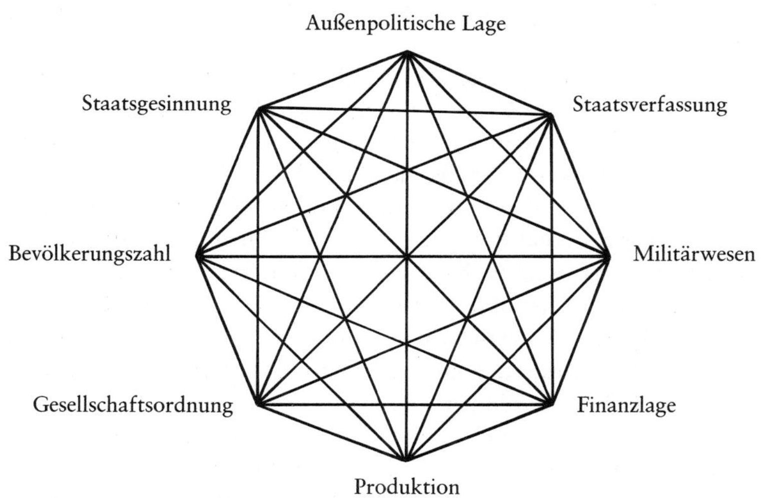

Beziehungsgeflecht verfallsrelevanter Sektoren im späten römischen Reich

Jeder der acht Eckwerte beeinflußt die übrigen; keiner der Sektoren kann leiden, ohne andere in Mitleidenschaft zu ziehen. Für die Produktion ist dies am leichtesten einzusehen: sinkt sie, so belastet dies den Finanzhaushalt, der Militär-

[3] Die Anregung dazu verdanke ich meinem Kollegen Hagen Schulze, der in dem von K. Erdmann und ihm herausgegebenen Buch ›Weimar. Selbstpreisgabe einer Demokratie‹ (*1980*, 41) ein ähnliches Schema für seine Thematik entworfen hat. Ohne Frage könnte man statt des Achtecks auch ein Zehn- oder Zwanzigeck zeichnen, die Stärke und die Wirkrichtung der Verbindungslinien (überhaupt, oder nach Zeiten und Orten getrennt) differenzieren. Das aber würde die Funktion des Schemas beeinträchtigen, die darin liegt, die Struktur der Argumentation zu spiegeln.

etat wird bedroht, neue Reglementierungen staatlicher wie gesellschaftlicher Art werden erforderlich, der Anreiz zur Kinderaufzucht geht zurück, die Resignation steigt, und die Abwehrkraft nach außen sinkt. Die ganze Folgekette läßt sich aber ebensogut an der Verschärfung der Grenzbedrohung aufhängen: sie begünstigt Usurpationen, eine Vermehrung der Kaiserzahl und eine Erhöhung der Verteidigungskosten; der dafür erforderliche Steuerdruck treibt die Bauern ins Patrocinium und dämpft den Patriotismus. Wer von einer sinkenden Bevölkerungszahl, einem Rückgang des *public spirit*, einem steigenden Geldbedarf oder irgendeinem anderen Mißstand ausgeht, kommt zwangsläufig zu demselben Resultat. Im Staatsleben ist eben kein Übel bloß äußerlicher Ausdruck einer von ihm unabhängigen, vorgegebenen inneren Schwäche. Vielmehr bildet es immer zugleich einen Teil derselben und kann darum andere Mißstände hervorrufen oder fördern. Jeder Niedergangsfaktor verstärkt mehrere andere, so daß ihr Zusammenhang eher einem Netz als einer Kette ähnelt. In der zeitlichen Dimension erscheint das wie ein eigengesetzlicher Rückkoppelungsprozeß, dessen Ergebnisse seine eigenen Voraussetzungen schaffen und dabei sein Tempo unaufhaltsam beschleunigen.

Das vernetzte Funktionsgefüge der dominanten Sektoren zeigt seine auf Wechselwirkung angelegten Zusammenhänge auch durch eine gedankliche Gegenprobe. Sobald sich die Lage auf irgendeinem Gebiete dauerhaft gebessert hätte, wäre mit einer Aufwärtsbewegung auch der übrigen Bereiche zu rechnen gewesen. Nehmen wir an, die Produktion wäre beträchtlich gestiegen, so hätte eine wachsende Bevölkerung ernährt werden können, die Finanzlage hätte sich gebessert, die Verteidigungsausgaben hätten erhöht, die Frontsituation stabilisiert werden können. Dasselbe Resultat zeigt sich, wenn wir an anderen Ecken heben: Eine zufriedenstellendere Gesellschaftsordnung hätte die Staatsgesinnung und die Wehrbereitschaft gefördert, damit die Fronten gesichert, in deren Schutz die Wirtschaft hätte aufblühen können. Durch eine wachsende Bevölkerung hätte die Produktion und alles, was an ihr hängt, gehoben werden können; durch ein verbessertes Militärwesen hätten sich die Barbaren abwehren und die direkt oder mittelbar dadurch bewirkten Schäden abstellen lassen und so fort. Sofern nicht schlummernde Energien geweckt werden, sinkt das gesamte Faktorengeflecht, sobald wir es an einem einzigen Punkt belasten; es hebt sich, sofern wir es an einem einzigen Punkte lüpfen. Gerät ein Eckwert in Bewegung, so zieht er die anderen nach, die belastenden wie die steigenden Faktoren kumulieren und verstärken die Tendenz des Ganzen. Solange wir keine Prioritäten ermittelt haben, entsteht das Erklärungsmodell eines eigendynamischen Selbstlaufs, ein Teufelskreis. Seine einfachste Form zeige das Schema auf S. 551.

Ein solches Kreislaufmodell verbirgt einen Konflikt zwischen Historie und Logik. Die Historie zeigt die soeben beschriebenen Zusammenhänge unbestreitbar auf, aber die Logik erklärt sie für nichtssagend, denn ein Perpetuum mobile ist auch in der Geschichte nicht zugelassen. Die Lösung wäre gefunden, wenn sich die eigenmächtigen Entwicklung eines der acht Faktoren, unabhängig vom

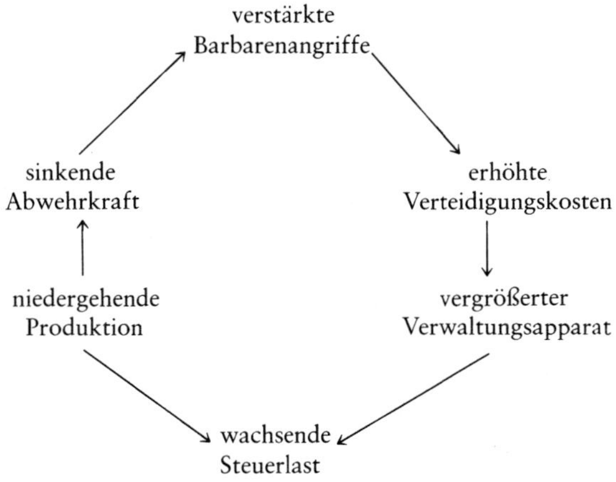

Ein „Teufelskreis" von Niedergangsfaktoren

Kräftefluß innerhalb des Oktogons aufweisen ließe. Wir werden später sehen, daß sich eine solche zusätzliche Dynamik für die Germanen aufzeigen läßt (IV. 5!). Die skizzierte Wechselwirkung ist umkehrbar, darum erklärt sie nichts. Ob wir die Schwäche Roms aus der Stärke der Barbaren ableiten oder andersherum, den Machtschwund der kaiserlichen Zentralgewalt aus dem Machtzuwachs der präfeudalen Grundherren oder umgekehrt, den Widerstand von unten aus dem Druck von oben oder diesen aus jenem, den Rückgang des Handels aus der zunehmenden Selbstversorgung oder *vice versa,* die Weltflucht aus der Misere oder die Misere aus der Weltflucht, stets erklären wir das Sinken der einen aus dem Steigen der anderen Waagschale. Die Erklärung eines Phänomens aus der Negation seiner Negation ist tautologisch (Demandt *1978,* 309).

3. Die Unmöglichkeit, innerhalb jener Faktoren, die sich aus der Wechselwirkung des Binnengefüges erklären, einen bestimmten zur *causa causarum* zu befördern, zwingt uns, die Suche nach einer brauchbaren Gewichtungsmethode fortzusetzen. Ein dritter Weg wäre die Rückführung der Krisensymptome im einzelnen auf die Krise des Ganzen. So etwas kennen wir aus der Medizin. Im schwachen Organismus kumulieren sich die Leiden, die im starken auskuriert werden. Für die Historie bieten sich zwei Möglichkeiten, je nachdem, wieviel das „Ganze" sein soll. Nehmen wir es als die Summe seiner Teile, so bleiben wir im Einklang mit der mathematischen Logik, gewinnen aber nichts für unser Erklärungsproblem. Denn die Schwäche des Ganzen beruht dann wiederum auf der Schwäche der Teile, und wir erklären schließlich den Fall aus der Labilität wie den Husten aus der Heiserkeit. Wie im Falle der Wechselwirkung handelt es sich um Scheinerklärungen, die über die Kenntnis des Geschehens hinaus keine Information vermitteln. Die Erklärung ist hier eine bloß kausal drapierte Umformu-

lierung des zu Erklärenden: das Imperium stürzte zusammen, „weil" es nicht mehr zu halten war. Zu deutsch: es fiel, weil es fiel.

Ist hingegen im ästhetischen Sinne das Ganze mehr als die Summe seiner Teile, so verlagert sich die Fallschuld auf den Überschuß. Damit verlassen wir die Geschichte und suchen den Dekadenzgrund außerhalb. Das was den Zustand des Ganzen und eben darum auch seiner Teile bestimmt, wird dann auf metahistorische Prinzipien zurückgeführt, die transzendent oder immanent gedacht sein mögen. Im ersten Fall werden Auf- und Untergang des römischen Reiches als das Werk der Vorsehung oder des Weltgeistes betrachtet. Dies ist bezeichnend für hegelhörige Fortschrittstheorien. Im zweiten Fall erscheint das Imperium als Ausdruck einer Kulturseele oder eines Paideuma und sein Zusammenbruch als ein Erlahmen eben dieser Potenz. Alle Einzelübel sind Symptome des Gesamtzustands. Das ist typisch für Zyklustheorien. Hierbei handelt es sich um Scheinerklärungen (Stegmüller *1969*, 349), weil die Gründe für die Annahme einer solchen höheren Gewalt nicht allgemeinverbindlich aufzuweisen sind.

4. Eine diskutable Weise, die letzte Verfallsursache im außerhistorischen Bereich zu suchen, betrifft die natürlichen Voraussetzungen des sozialen Handelns. Dieser vierte Gewichtungstyp macht die anthropologischen und geographischen Bedingungen des Staatslebens haftbar. Physische und geistige Begabung, Landschaft und Klima liefern Voraussetzungen aller Geschichte und dürfen darum für die Deutung des Falles Roms herangezogen werden. Wiederum allerdings wird der hohe Grad an Allgemeinheit durch Unbestimmtheit entwertet. Die biologischen Anlagen der Handelnden lassen sich von dem Gebrauch, den sie davon machen, nämlich den Handlungen selbst, nicht trennen und daher kann man über die Bedeutung der biologischen Mitgift nicht separat reden. Sie tritt uns nur in ihren Auswirkungen entgegen, und es bleibt dem Betrachter anheimgegeben, was er von dem Geschehen auf das Konto der natürlichen Begabung und was er auf das des bewußten Verhaltens verrechnen will.

Die natürliche Umwelt verliert an Natürlichkeit, soweit sie durch ihre Bewohner gestaltet ist, ja schon sofern diese eingewandert sind oder nicht auswandern – Eingemauerte abgerechnet. Unser Entschluß verwandelt Welt in Umwelt. Die Bereitschaft, sich in ihr einzurichten, heißt zunächst einmal: auf sie eingehen, ihre Möglichkeiten ausschöpfen, sich mit ihr auseinandersetzen; und die Weise, wie das geschieht – all das sind Kulturfaktoren, die der Annahme einer einseitig geographischen Determinierung von Geschichte entgegenstehen. Mithin läßt sich der Mensch trotz seiner inneren und äußeren Bedingtheit durch die Natur von der Verantwortung für das Geschehen nicht entbinden: es kommt drauf an, wie er mit den ihm anvertrauten Pfunden wuchert.

5. Angesichts der Schwierigkeit, den letalen Faktor der spätrömischen Staatsordnung in der Umzeit des Falles zu ermitteln, empfiehlt sich ein fünfter Weg: ein Rückgang in die Vergangenheit. Je weiter wir uns an der Kausalkette entlang in die Vorgeschichte zurücktasten, desto größer wird die Zahl der Folgen, die an jedem Gliede hängen. Unter diesem Aspekt gewinnt ein Mißstand durch sein Al-

ter an Bedeutung; sofern ein Übel das andere begünstigt, mehrt die Dauer die Größe des Schadens und legt die Vermutung nahe, daß alle späteren Übel bloße Folgen des ältesten seien. *Minimis momentis maximae inclinationes temporum fiunt* (Cic. Phil. V 26). Erinnern wir uns an die zahlreichen Berechnungen des Dekadenzbeginns (II. 5. a!), wobei zwar unterschiedliche Entwicklungslinien bevorzugt wurden, stets indessen mit der Absicht, über das Alter des Übels dessen Bedeutung zu beweisen. Dazu zählt das Vordringen staatsgelenkter Wirtschaft aus dem Orient bei Westermann, der Niedergang der italischen Bauern bei Kahrstedt, die Bastardisierung der arischen Italiker bei Nilsson, die lähmende Auswirkung von Militärdespotie und Friedensherrschaft bei Mommsen und Kornemann und dergleichen. Auf die Frage, warum das nicht viel eher zum Eklat geführt habe, wird mit dem Konzept eines sich erschöpfenden Potentials geantwortet. Umfang und Abnahme werden so berechnet, daß es am 4. September 476 erschöpft ist, oder wann sonst man den Schlußpunkt setzt.

Die bedeutungssteigernde Wirkung, die der Dauer eines Notstands zugeschrieben wird, spiegelt eine methodische Attitüde. Jeder, der den „Keim des Verfalls" noch ein wenig früher nachweisen kann, meint damit seinen Vorgänger zu übertrumpfen. Aussagen über das hohe Alter erwecken den Eindruck überlegenen Weitblicks. Die langfristige Dekadenz dieser Keimlehre erkauft ihre schöne Linie indessen mit der Ausblendung aller Gegenströmungen. Selbst wenn es unbestreitbare Mißstände sind, die sich so weit zurückverfolgen lassen, liefert doch die Dauer nicht nur den Raum für die Entfaltung der Folgeschäden, sondern zugleich vielfältige Gelegenheit, diese zu beheben. Die zeitliche Ferne zwischen Ursache und Wirkung lockert den kausalen Zusammenhang, weil ihn das zwischenzeitliche Geschehen durchkreuzt. Das hohe Alter eines Übels ist immer auch ein Indiz dafür, daß der Staat mit ihm leben konnte. Es gibt Krankheiten, mit denen man sehr alt werden kann.

Alle Gravamina, die es schon während des Aufstiegs und des Bestands des Imperiums gab, verlieren eben dadurch an Gewicht. Erst recht gilt das für Wesenszüge des Imperiums, deren *per se* verderbliche Wirkung dem Gebot der Logik widerstreitet. Eine Formel wie die von Walter Otto (*1925*, 146) „Das Weltreich mußte am Weltreich scheitern", kann sich zwar auf Voltaire, Gibbon und Herder berufen, steht aber quer zur Blüte des Reiches im 2. Jh. Ebensowenig kann die (angeblich wirtschaftlich ruinöse) Sklaverei, das (angeblich ethisch defekte) Heidentum, das (angeblich in den Flächenstaat nicht integrierbare) Städtewesen oder die (angeblich die Bürger entmündigende) Monarchie an und für sich zum Verfallsgrund erhoben werden. In diesem Sinne bilden die diocletianisch-constantinischen Reformen, die stabile Periode der Adoptivkaiser und die Begründung der Monarchie unter Augustus Schwellen, vor die sich der Niedergangsprozeß nicht glaubhaft zurückverfolgen läßt. Wenn es dennoch geschieht, so muß der jeweils dazwischenliegende Aufschwung *ex post* als „Scheinblüte" abgewertet werden. Der Glaube an historische Spätfolgen stammt aus dem theologischen Denken an Sündenfall und Erbsünde. Toynbee, der den Anfang vom Ende auf das Jahr 431 vor Christus zurückverlegt hat, hätte sich auf den Propheten Jeremias (31, 29) berufen können: Die Väter haben unreife Tauben gegessen und den Söhnen sind die Zähne stumpf geworden.

6. Indem wir weder über die funktionale noch über die genetische Filiation der Niedergangsfaktoren zu einer Skala gelangen, ist als sechster Weg die Verallgemeinerung mithilfe des Vergleichs zu versuchen. Die Auflösung eines Imperiums ist ja nicht ohne Beispiel in der Geschichte, und vielleicht wird durch Roms Einordnung in entsprechende Verfalls-Vorfälle derjenige Faktor ausgezeichnet, den man auch in allen anderen Niedergängen der zuständigen Kategorie als den entscheidenden erkannt hat. Was als Einzelfall rätselhaft wirkt, verliert als Regelfall sein Geheimnis. Ein „Das-ist-immer-so" beruhigt den Frager.

Der Fall Roms wird dabei allerdings unter sehr unterschiedliche Universalgesetze subsumiert. Soweit diese der Geschichte insgesamt gelten, können wir zwischen einem Kreislaufgesetz und einem Fortschrittsprinzip wählen. Den Fall Roms in einem Zyklusmodell (III. 5!) unterzubringen, ist nicht schwierig, liefert er doch das Paradebeispiel dafür und erklärt sich insoweit selbst. Die Erklärung der Falles Roms aus dem Gesetz des Fortschritts ist schwieriger aber keinesweg unmöglich. In der Marxnachfolge konstatiert man einen „Widerspruch" im Entwicklungsgrad zwischen Basis und Überbau und behauptet, der Fall Roms entspringe der Unmöglichkeit der Anpassung oder sei eben diese Anpassung. (Das ist dialektisch äquivalent). Je nach Belieben wird dabei entweder die Wirtschaft als allzu rückständig (Du Bois-Reymond; Max Weber) oder aber die Staatsform als allzu fortschrittlich ausgegeben (Mitteis; Parsons). In jedem Fall stellt die Auflösung des Imperiums den Gleichschritt des Fortschritts wieder her, sei es, daß die Römer zu langsam, sei es, daß sie zu schnell marschiert sind.

7. Neben diesen fatalistisch-totalistischen Geschichtsgesetzen werden auch weniger weitreichende Regeln zur Erklärung herangezogen. Ziemlich alle pragmatischen Maximen über die Bedingungen eines gesunden Staatswesens haben herhalten müssen. Indem der Niedergang Roms aus demselben Prinzip hergeleitet wird, aus dem Staaten überhaupt scheitern, fassen wir einen siebten Versuch, die Hauptkausalität zu isolieren. Die Vorschläge sind vielfältig: Friedrich d. Gr. bestimmte als Zerfallsgrund aller Staaten und damit auch Roms die mangelhafte Verfassung, Justus von Liebig die Auslaugung des Bodens, West die Entfremdung zwischen Staat und Bürgerschaft, Duval und Barbagallo den Geldmangel, Rostovtzeff die kulturelle Nivellierung und andere anderes. Das Denkmuster ist immer dasselbe: eine jeweils verschiedene Schablone von gesundem Gemeinwesen wird über die römische Wirklichkeit gelegt und deren Normabweichung liefert dann die gesuchte Erklärung: das Imperium war allzu groß, die Bevölkerung allzu heterogen, die Wirtschaft allzu schwach, die Eigentumsverteilung allzu ungleich und so weiter *ad libitum.*

Eine derartige deduktive Argumentation vom vorgeblichen Universalübel her ist durchsichtig motiviert. Man meint, das was Rom ruiniert habe, sei dasselbe, was der eigenen Kultur drohe, und je weiter ein Faktor vom eigenen Normenkodex abweicht, desto destruktivere Wirkung wird ihm zugeschrieben. Das Ende des Imperiums wird zum Fall einer allgemeinen Dekadenztheorie, die aus der je eigenen Situation heraus verallgemeinert wird. Dies diskreditiert die universalgesetzlichen Niedergangstheorien. Selbst wenn alle Imperien der Welt an Bodenerschöpfung verendet sein sollten, wäre das noch kein Grund für die Annahme, daß das auch im Falle Roms so gewesen sein muß! Das Problem liegt nicht in der Bestätigung der Regel, sondern in der Subsumtion des Falles.

Hierfür bieten sich verschiedenartige Möglichkeiten (II. 5. b!). Je nachdem, wie das Wesen des diskutierten Vorgangs bestimmt wird, und je nachdem, welche Parallelen ich heranziehe, ändert sich die anzuwendende Erfahrungsregel, d. h. der gesuchte Hauptgrund. Die Entscheidungen fallen im Vorfeld. Ist der Fall Roms die Auflösung eines Weltreiches? der Zusammenbruch einer Zivilisation? der Zerfall einer Gesellschaftsordnung? Endet mit ihm die Herrschaft einer Rasse, einer Klasse, ein Prinzip, ein System, eine Kultur? Wer das Imperium als Militärdespotie einstuft und den Vergleich zu faschistischen Systemen des 20. Jahrhunderts zieht wie Walser, kann den Militarismus als entscheidende Destruktivgewalt herausstellen. Wer den Fall Roms als Revolution begreift, wird entsprechenden Erfahrungen der Neuzeit gemäß die sozialen Gegensätze verantwortlich machen. Ein Vergleich mit dem osmanischen Reich akzentuiert die innere Stagnation, der mit dem britischen *Empire* die Ausbeutung oder die Überfremdung, der mit anderen antiken Staaten die Erschlaffung der politischen Tugenden (II. 5. a!). Die These, daß alle Zivilisationen aus inneren Gründen zerfallen seien, so Toynbee (IV. 5!), ist ebenso gut wie die, daß kein Staat ohne äußere Einwirkung zerbreche, so Krause (*1789*, 131). Unbestreitbar bemerkte Voltaire (*1764/1954*, 187): *Cet empire est tombé, parce qu'il existait. Il faut bien, que tout tombe.* Die am besten bestätigte Erfahrungsregel besagt am wenigsten.

Die Breitenwirkung eines Faktors ist ein schlechtes Argument für seine Erklärungskraft, weil einerseits das, was im allgemeinen entscheidend ist, deswegen nicht auch im besonderen entscheidend sein muß, und weil andererseits die Vieldeutigkeit des Vorgangs erlaubt, ihn unter mehrere sehr allgemeine Regeln zu fassen. Die Frage, welche Art von Ereignisfolge vorliegt, muß im gegebenen historischen Zusammenhang beantwortet werden. Was andere Staaten und Kulturen zersetzt hat, ist für unser Problem höchstens heuristisch interessant; auszumachen wäre, welcher Umstand das meiste zur Auflösung eben des *römischen* Imperiums beigetragen, welches Übel speziell *ihm* den größten Schaden zugefügt hat.

8. Ein solches, achtes Verfahren forscht nach den Bedingungen, unter denen das Imperium entstanden ist und bestanden hat und vermutet den Grund für den Fall im Erlöschen eben jener Bedingungen. Der Vergleichsrahmen wird abermals eingeengt, man stellt die Zustände des Imperiums zu verschiedenen Zeiten nebeneinander. Dabei entsteht ein symmetrischer Prozeß auf dreifache Weise. Zum ersten können die destruktiven Faktoren aus einer Umkehr der konstruktiven gewonnen werden. Dies findet sich bereits bei Sallust (Cat. 2,3): *imperium facile iis*

artibus retinetur, quibus initio partum est. Für Sallust war der staatsschaffende und staatstragende Faktor die Vätersitte, der *mos maiorum.* Dasselbe Modell vertrat Synesios 399 vor Arcadius: alles werde vernichtet durch das Gegenteil dessen, was es geschaffen hat (de regno 15, vgl. Mably XII 17). Unter den neueren Untergangstheoretikern begegnet diese Argumentationsfigur bei den naturwissenschaftlichen Erklärungsversuchen, nach denen sich allerdings nicht die moralische, sondern die anthropologische Potenz (III. 3. c!) oder die Ergiebigkeit des Bodens im Laufe der römischen Geschichte erschöpft habe (III. 3. a!).

Zum zweiten werden Wandlungen innerhalb des kulturtragenden Faktors angenommen. Vico *(1708)* rechnete den Aufstieg Roms der gesunden, den Niedergang der verderbten Jurisprudenz zu. Lange *(1866/73)* konnte dem Materialismus anfangs fördernde und später zerstörende Wirkung zuschreiben, indem er unterschied zwischen einem Materialismus, der sich als tatkräftiger Wirklichkeitssinn bewährt, und einem Materialismus, der sich in faulem Daseinsgenuß erschöpft. Nilsson *(1921; 1926)* führte beides auf Varianten der Rassenmischung zurück: konstruktiv habe sie gewirkt, indem sie die kulturtragende Rasse bildete, destruktiv wirkte sie durch deren Zersetzung.

Zum dritten werden umstandsbedingt unterschiedliche Wirkungen desselben Faktors angenommen: Engels erblickte in der Sklaverei die entscheidende Voraussetzung sowohl für die Entfaltung als auch für den Sturz der antiken Gesellschaftsordnung; Dumont erklärte 1890, die antike Kultur verdanke ihr Aufblühen dem Individualismus, der schließlich ihr Absterben verursacht habe; Heitz schrieb 1897, die Oikenwirtschaft habe die antike Kultur zuerst hochgebracht, dann zersetzt; Breysig meinte 1901, das milde Mittelmeerklima habe auf Ankömmlinge kulturfördernd, auf Eingesessene kulturschädigend gewirkt, Walser führte 1960 Aufstieg *und* Niedergang auf das Militärwesen zurück.

Zum vierten kann die gegenteilige Wirkung derselben Kraft durch Subjektwechsel erklärt werden, sei es, daß im metaphysischen Sinne den Römern die Gewalt vergolten worden wäre, die sie ihrerseits den Völkern angetan hatten, wie Herder meinte; sei es daß eben dieselben Bedingungen, die einstmals den Aufstieg der Römer ermöglichten, nun bei den Germanen ihre Wirkung übten, so die Vorstellung, von den nacheinander „jungen" Völkern. Alle drei Argumentationstypen setzen sich dem Einwand aus, daß unerklärt bleibt, weshalb denn die einstmals staatstragenden Kräfte Roms verloren gegangen, woher die nunmehr staatsstürzenden Mächte gekommen sind.

Die acht zur Faktorengewichtung benutzten Argumentationsmethoden sind ungenügend. Nach der Größe des gestifteten Schadens und der Relevanz des geschädigten Sektors sind die Faktoren nicht exakt differenzierbar, weil es keinen gemeinsamen Maßstab gibt und weil sich die Schäden wechselwirkend gegenseitig gesteigert haben. Der Einfluß transzendenter Mächte ist allemal Glaubenssache und entzieht sich der Wissenschaft; die Auswirkung von kulturbedeutsamen Naturvorgängen wäre auch dann unbestimmbar, wenn diese selbst nachzuweisen wären. Denn die Menschen reagieren unterschiedlich. Der Rückgang in die

Geschichte bringt keine Resultate, weil das Alter eines Mißstandes zugleich dessen Erträglichkeit bezeugt. Eine Ableitung aus Universalgesetzen ist schwierig, weil deren mehrere konkurrieren. Das zeigt sich an der Vielzahl einander widersprechender Regeln, die Rom fallend erfüllte. Der Fall Roms gehorcht unvereinbaren Verlaufsgesetzen (der Kreislauf verlangte ihn ebenso wie der Fortschritt) aber auch beliebigen Strukturgesetzen (nach dem variablen Prinzip: nur solche Staaten dauern, die ...). Erfolglos bleibt schließlich die Herleitung des Niedergangs aus dem denkbaren Wegfall der Bedingungen des Aufstiegs und Fortbestandes, sofern diese nicht zuverlässig isoliert und ihrerseits aus allgemeinen Regeln und speziellen Gegebenheiten hergeleitet sind.

Eine Abstufung der am Zerfall des römischen Reiches beteiligten Momente muß sich auf die Verschiebung der für das Staatsleben relevanten Kräfteverhältnisse stützen und diese aus den objektiven Lebensbedingungen und den subjektiven Lebensansichten der Beteiligten zu begreifen suchen. Kräfteverschiebungen ermitteln wir durch Vergleiche. Der Vergleichsrahmen muß durch das Explanandum festgestellt werden. In Betracht kommt alles, was für die politische Auflösung des Imperiums in der dafür entscheidenden Zeit zwischen dem Goteneinbruch 376 und der Machtübernahme Odoakars 476 Bedeutung besaß. Hierauf müßten sich die gesuchten Schwächegründe eingrenzen lassen, sei es daß sie überhaupt nur hier auftauchen, sei es daß sie sich hier so verstärkt haben, daß sie die Folgen zu tragen imstande sind. Damit sei nicht bestritten, daß uns die Entstehungsgeschichte eines Mißstandes sehr weit zurückführen kann, aber zunächst geht es ja nur um die Feststellung der Relevanz eines Faktors, und diese verringert sich, wenn wir ihn auch dort antreffen, wo ähnlich auflösende Wirkungen nicht eingetreten sind. Je länger ein mutmaßliches Schwächemoment vor und nach der Auflösung des Imperium Romanum im politischen Leben wirkt, und je weiter es bei Germanen und Byzantinern zugleich verbreitet ist, desto weniger trägt es zur Erklärung bei. Dagegen werden wir jenen unter den auflösenden Kräften einen höheren Kausalanteil zumessen, die sich unmittelbar vor dem Ende eigenständig verstärkt haben. Das Quantum an Veränderung innerhalb eines der relevanten Sektoren wird somit zum Argument der Gewichtung.

Das Gesamtgewicht der bewegenden Kräfte wird durch die Wirkung freigelegt: in dem Augenblick wo der Staatsbau zusammenbricht, sind die auflösenden Faktoren stärker geworden als die zusammenhaltenden Momente. Beide Kräfte zeigen sich in ihren Resultaten, und darum hat Theodor Lessing (*1927/62,* 211) der Historie eine *logificatio post festum* vorgeworfen. So gewiß diese stattfindet, so wenig ist sie unsinnig. Denn sonst wäre ein Lernen aus der Vergangenheit ebenso unmöglich wie eine Planung der Zukunft. Können wir im kleinen nicht darauf verzichten, sollten wir es im großen nicht für unmöglich erklären! Denn wo liegt die Grenze? Mag es so sein, daß die Faktorengewichtung privater Wertung entspringt, so lassen sich doch die vorgelegten Begründungen dafür nach ihrer Plausiblität abstufen (IV. 5!). Unterscheidbare Grade von Unvernunft beweisen bereits Vernunft.

IV. 4. Die Klassifizierung von Niedergangstheorien

Das Schema ist an sich selbst jederzeit nur ein Produkt der Einbildungskraft
Kant KrV. B 179

Der ältere Plinius hat in seiner Naturgeschichte die Tiere in drei Klassen eingeteilt, in *animalia terrestria* (VIII) mit dem Elefanten, *animalia aquatilia* (IX) mit dem Walfisch, und *animalia volucra* (X) mit dem Vogel Strauß an der Spitze. Dieses Klassifizierungssystem ist bis zu Konrad Geßner im 16. Jahrhundert führend gewesen, dann fand man ein besseres. Typologien anderer Wissensgebiete hatten ein ähnliches Schicksal, welche wäre ewig? Die Prinzipien der Klassifizierung sind vielfältig und wandelbar. Darum soll auch meine im III. Kapitel gewählte Einteilung der Deutungsvorschläge nicht behaupten: „so ist der Bereich strukturiert", sondern besagt nur: „so läßt er sich bis auf weiteres erfassen"!

Die Zahl der im III. Kapitel behandelten Autoren beträgt etwa 400. Da viele sich mehrfach geäußert haben, kommen wir auf knapp 500 Urteile. 210 Niedergangsfaktoren (s. u. S. 695) werden dabei unterschiedlich kombiniert. Eine solche Menge von Ansichten läßt sich nur in einer typologischen Gliederung darstellen. Die Bedingungen für die Möglichkiet einer typologischen Ordnung sind vierfacher Art. Die erste Bedingung liegt im Strukturideal der Erklärungsversuche. Wenn Faktoren nicht nur gezählt, sondern auch gewogen werden, ist gewöhnlich einer ihnen der gewichtigste. Die Verfallsursachen erscheinen in der Ordnung einer Faktorenpyramide, in einer festen hierarchischen Rangfolge mit einer bestimmten *regina causarum* an der Spitze (IV. 3!). Grund für diesen Systemcharakter ist die Annahme, daß alle Faktoren eine gemeinsame Wurzel haben. Dahinter steht ein Prägnanzbedürfnis der Autoren, die unter den Momenten ein Höchstmaß an Ordnung und Zusammenhang anstreben.

Die zweite Bedingung für die Typisierbarkeit liegt darin, daß die möglichen Spitzenfaktoren weniger zahlreich sind als die vorhandenen Deuter. Wenn wir anstelle der gewählten sechs Grundtypen deren mehrere, ja so viele angenommen hätten, als nur irgend sinnvoll wäre, blieben wir trotzdem weit unter der Zahl der einzelnen Stellungnahmen zum Thema. Der Grund dieser Bedingung ist im Stoff gegeben, genauer: in der begrenzten Zahl verfügbarer Begriffe für geschichtswirksame Kräfte.

Die dritte Bedingung ergibt sich aus der Tatsache, daß die möglichen Dekadenzgründe untereinander im Verhältnis einer engeren oder entfernteren Verwandtschaft stehen. Sie sind über das Feld der reinen Möglichkeit ungleichmäßig verteilt, sie zeigen Tendenzen zur Vergesellschaftung. Das Kriterium dafür liefert die Subsumierbarkeit unter Oberbegriffe. Die Deutungen von Gobineau und Chamberlain lassen sich unter den gemeinsamen Gattungsbegriff „anthropologisch" bringen, darum sind sie enger miteinander verwandt als eine von ihnen mit der Ansicht Max Webers oder Graf Stauffenbergs, die sich eben nicht als „anthropologisch" klassifizieren lassen.

Die vierte Bedingung ist anderer, wissenschaftsgeschichtlicher Art. Sie liegt in der Unterscheidbarkeit von Denkrichtungen und Schultraditionen historisch-politischen Inhalts. Die Mehrzahl der Autoren innerhalb der sechs Rubriken ist nicht nur in Sachen Rom einer ähnlichen Auffassung, sondern denkt auch über andere Fälle gleichartig. Autoren gleicher Schule lesen, zitieren und bekämpfen dieselben Bücher. Ob die Schulzugehörigkeit auf eine zufällige Prägung durch Kontakte im bildsamen Alter[1] oder aber auf angeborene Seelenharmonie zurückgeht, wäre reizvoll zu wissen, entzieht sich indessen einer verläßlichen Beobachtung. In unterschiedlichem Umfang ist gewiß beides beteiligt. Die Einwirkung äußerer Kräfte läßt sich bei solchen Autoren nachweisen, die unter dem Eindruck politischer Klimaschwankungen ihre Meinung geändert haben. Hier ist der Sinneswandel der deutschen Historiker in den jeweiligen Besatzungszonen nach 1945 lehrreich. Daß die verschiedenen Urteilsweisen nicht die Farbe des Gegenstandes, sondern die Farbe der Brille bezeugen, merkt der Leser spätestens dann, wenn der Autor die verschiedensten Dinge in immer derselben Tönung zeigt. Es ist sehr selten, daß jemand das Erlöschen des Kaisertums im Westen anderen Faktoren zuschreibt als das Ende des Reiches im Osten. Die regierende Kausalität wechselt nicht von Fall zu Fall, sondern von Person zu Person. Wer sozialökonomisch oder kulturzyklisch usw. denkt, tut das (Ausnahmen wie Mazzarino *1956*, 533 abgerechnet) gewöhnlich schlechthin. Die Kunst der historischen Deutung scheint geradezu darin zu gipfeln, jedwedes neue Phänomen als Bestätigung dessen zu erweisen, was man immer schon meinte.

Ihre Blickbindung ist den Autoren vielfach bewußt (IV. 6!). Diese Selbsterkenntnis ist indessen weder eine notwendige Voraussetzung für die Wirksamkeit noch eine hinreichende Bedingung für die Überwindung der jeweiligen Sichtweise. Die Folge ist die Monotonie innerhalb der jeweiligen Strömung. Ich habe das Stöhnen meiner Leser durchaus vernommen, wenn dieselbe Melodie kaum variiert wieder und wieder erklang. Vielfach befinden sich die Autoren in derselben spätantiken Situation wie Plotin (ed. Harder I. a 228 f.), als er schrieb: „Diese Lehren sind nicht neu. Sie sind nicht erst jetzt, sondern schon lange vor uns aufgestellt worden, nur nicht so klar und ausdrücklich, und darum sind unsere jetzigen Lehren nur die Auslegungen jener alten." Der Unterschied zwischen Plotin und unseren Romdeutern liegt nur darin, daß diese vielfach nicht wissen, wer vor ihnen schon dieselbe These vertreten hat. Die unbewußte oder auch hingenommene Abhängigkeit vom Urteil älterer Autoren oder ganzer Schulen wird uns noch beschäftigen (IV. 6!). All das erinnert den Deutungshistoriker an Fausts Fäustchen im 102. Paralipomenon: „Indessen wir ins Fäustchen lachen/So brü-

[1] Daß dies sehr früh beginne, wußte schon Jacob Burckhardt, wenn er monierte, daß die Geschichtsphilosophen, „keiner Voraussetzungslosigkeit fähig, von Ideen gefärbt sind, welche die Philosophen seit dem dritten oder vierten Lebensjahr eingesogen haben" (*1868/1955*, 5).

sten sie sich ohne Scheu,/Sie dencken, weil sie's anders machen/Es wäre neu!" In Einzelheiten unterscheidet sich natürlich auch innerhalb desselben Typs jede Meinung, nicht aber im Wesentlichen. Der Kern der Lawine wächst nicht, nur das Drumrum.

Obschon es theoretisch möglich und praktisch geboten ist, die Deutungen in Typen zusammenzufassen, erheben sich bei der Abgrenzung und Einordnung Schwierigkeiten, die so oder anders gelöst werden können. Gegenstand der Klassifizierung sollte jeweils die Untergangstheorie sein, nicht der Autor als historischer Denker schlechthin. Er mag – so unwahrscheinlich das ist – in anderen Zusammenhängen anders geurteilt haben. Wenn er bei der Klassifzierung etwas vom Geschmack des Topfes annimmt, in den er geworfen wird, so war das weder beabsichtigt noch vermeidbar. Grundsätzlich unerheblich für die Einteilung war die Stellung eines Autors zwischen Pragmatik und Fatalismus, sein politisches Kolorit, sein Beruf oder das wissenschaftliche Niveau seiner Argumentation. Auch Konfession und Nationalität blieben gewöhnlich unberücksichtigt. Sie spielen für den Inhalt der Ansichten kaum eine Rolle. Die Denkschulen greifen über derartige Grenzen hinweg. Eine Ausnahme macht nur die Grenze zwischen Ost und West.

Natürlich hätten die Gesichtspunkte der Klassifizierung und die Zahl der angenommenen Klassen auch anders gewählt werden können. Schemata sind allemal nur Hilfsmittel, niemals „richtig" oder „falsch", sondern höchstens geeignet oder ungeeignet für den Zweck, den der Benutzer sich gesetzt hat. Die getroffene Einteilung folgt dem Prinzip der Helmholtzschen Konnotationen: die Unterscheidungskriterien sollten symptomatischen Charakter haben, so daß sich möglichst viele Meinungen möglichst zwanglos fügen. Einzelne Individualisten waren nichtsdestoweniger schwer unterzubringen und mußten umgebettet werden, wenn wiederholte Lektüre klarstellte, welcher Denkfamilie sie wirklich angehören. Aus kompositorischen Gründen konnte nicht jeder Einzelgänger ein Sonderkapitel erhalten, und ein Tagesordnungspunkt „Verschiedenes" hätte bedeutende Urteile abgewertet. Darum habe ich die Autoren jeweils derjenigen Gruppe zugeschlagen, der sie am nächsten verwandt schienen.

Schwer zu rubrizieren waren manche Heilmittelversäumnisse, so der „Untergang mangels Technik" (technisch waren die Römer den Barbaren immer überlegen), die „Unfähigkeit zur Reorganisation" (die spätrömische Verwaltung ist Reorganisation in Permanenz!) oder die Hinnahme der „Orientalisierung" (war die schädlich?). Solche „Defekte" werden zuweilen zurückgeführt auf das „Wesen" der Römer, des Okzidents oder der Antike. Das „Wesen" ist eine beliebte Erklärungsinstanz, die ich dennoch nicht als solche gewürdigt habe. Denn die Wesensaussagen vertragen sich untereinander nicht (Müller *1905;* Weiler *1974*), wie es im Falle einer Zusammenordnung der Leser hätte erwarten dürfen. Außerdem benötigen sie eine Transmission, die sich dann allerdings klassifizieren läßt: Autoren, die das Wesensmerkmal „Sklaverei" beschworen haben, sind unter die sozialökonomischen, solche die das Wesensmerkmal „Militarismus" heranziehen, unter die innenpolitischen Deuter gerechnet worden usw. Wo der „Volksgeist" mehrere Übel zugleich produziert und als Movens hinter Auf- und Abstieg gesucht wird, da liegt ein kulturmorphologisches Denken vor. Mehrdeutig ist ebenso das klassische Dekadenzmodell. Es findet Verwendung im Rahmen sozialökonomischer und innenpolitischer Theorien, wenn es das (ökonomisch oder politisch) falsche Verhalten der Oberschicht erklären soll; es dient dem Verständnis für den Nachwuchsmangel in Rom und für die Überlegenheit der Germanen; auch als Form der Kulturzyklik wird es gebraucht. Darum ist es als Gliederungskriterium ungeeignet. Das mehrfach bemühte Versagen des Staatsbewußtseins und der verbreitete Glaube an den Sittenverfall sind schließlich gleichfalls unscharf, denn sie können als Hinter-Grund zu allen innenbedingten Erklärungsversuchen fungieren. Klassifizierungen haben allemal etwas Prokrusteshaftes an sich, allerdings mit dem Unterschied, daß darüber weniger die eingebetteten Opfer als die anderen Prokrustesse lamentieren.

Die Deutung der Deutungen bringt Interpretationsprobleme mit sich, die selbst die scheinbar klarsten Fälle verheddern. Gehen wir vom einfachsten aus! Eine Klassifzierung von Faktoren und darauf aufbauenden Theorien wird zunächst innere und äußere Verfallsgründe, und dementsprechend endogene und exogene Erklärungen auseinanderhalten. „Innen" heißt dabei alles, was im römischen Reich unter römischer Verantwortung geschah; „außen" betrifft das, was die Barbaren taten, und zwar nicht nur, wenn es, wie ursprünglich, außerhalb der Reichsgrenzen stattfand, sondern auch, wenn es sich, wie später, zunehmend im Reichsinneren abspielte. Die Verteilung der Begriffe „innen" und „außen" bedient sich ganz naiv der römischen Perspektive; aus germanischer Sicht wäre das natürlich umgekehrt: für sie war „innen", was sich bei ihnen tat, alles andere „außen". Bei der Unterscheidung zwischen inneren und äußeren Erklärungen ist zu bedenken, daß die Kontroverse sich um die Frage dreht, ob die inneren Dekadenzerscheinungen hinreichen, um den Zerfall zu begreifen, oder ob die Einwirkung der Germanen zu seinem Verständnis wesentlich ist. Der Anteil der Germanen wird von niemandem bestritten, doch wird er bald als zufälliger Anlaß, bald als eigentliche Ursache angesprochen. Darum geht die Kontroverse. Den Trick des Herrn Toynbee (*1946/50,* 259), die Germanen zu einem inneren Faktor zu erklären, da sie „wirkliche Kinder des hellenischen Hauses" (lies: Schüler Roms) waren, hat nur bei Marxisten-Leninisten offene Ohren gefunden, auch wenn sie es nicht zugeben (Dmitriev *1950*; Günther *1976,* 30).

Zur Unterscheidung zwischen inneren und äußeren Verfallsgründen werden häufig Metaphern verwendet, unter denen „Staatskörper" und „Staatsbau" am wichtigsten sind (II. 5 b.). Genesis und Geltung dieser Bilder ist anderswo behandelt (Demandt *1978,* 17 ff.; 277 ff.). Hier sei nur deren Untauglichkeit für die betroffene Unterscheidung aufgezeigt. Bereits Linguet (*1766* II 442) ließ das Reich in der Agonie einer unheilbaren Krankheit durch die Schwerter der Goten enden: soll das Bild eine innen- oder eine außenbedingte Erklärung verdeutlichen? Gini (*1929,* 53) hat die Gegenüberstellung von Altersschwäche und Krankheit angefochten, indem er daran erinnerte, daß auch ältere Menschen normalerweise am Versagen eines Organes, also an einer Krankheit, stürben und der rein altersbedingte Tod daher im statistischen Sinne höchst unnormal sei. So sei das auch bei den Völkern. Ob die Schwäche der Widerstandskraft oder die Stärke der Infektion entscheidend war, sei meist nicht auszumachen. Dasselbe gilt für die Gebäudemetaphorik: wie solide muß ein Bau sein, damit man seinen Einsturz auf äußere Faktoren zurückführen kann? Umgekehrt: wie groß müssen diese sein, damit der Staatsarchitekt schuldlos bleibt? Hier pflegt man von „normalen Belastungen" zu reden, d. h. über den Daumen zu peilen und die Grundlosigkeit des Urteils hinter der Fassade einer Metapher zu verstecken.

Abgrenzungsprobleme zwischen Niedergangsfaktoren gibt es wie im großen so im kleinen. Die religionsgeschichtliche Niedergangstheorie, die mit der Ausbreitung des Christentums operiert (III. 1!), wird in die sozialistische Verfallsthese eingepaßt, indem der neue Glaube als progressive Ideologie der revolutionären Volksmassen (Češka *1966*) oder als reaktionäre Propaganda der herrschenden Ausbeuterklassen eingeschätzt wird (Sirotenko *1966/68*). Obschon das Christentum hier immer nur „Ausdruck" ist, gewinnt es zuweilen, bei Proudhon etwa, beinahe das Gewicht des Hauptfaktors. Die religionssoziologische Argumentation steht auf der Schwelle zwischen unseren Typen 1 und 2. Die Christianisierung unterstützt aber auch die Theorie der Entvölkerung, sobald die „Möncherey" als deren Hauptgrund bestimmt wird (Krause *1790*, 205). Sie paßt in die Rassenlehre, für die das Christentum nur Vehikel der Semitisierung und Orientalisierung ist (Chamberlain *1899;* Rathenau *1904*), und öffnet sich gegen die innenpolitisch argumentierende Dekadenzthese, indem das Christentum die *idle mouths* vermehrte (Jones *1964*, 1045 f.) und den *public spirit* verminderte (1058 ff.). Die Kulturzyklik versteht die Christianisierung als Alters- und Ermüdungserscheinung (Strzygowski *1917*), als „zweite Religiosität" (Spengler UA II 380 ff.; W. F. Otto *1923*). Und die außenpolitische Verfallskonzeption verknüpft Christentum und Germanentum zu den siegreichen Mächten, denen die Zukunft gehörte. Wie soll man da das Christentum sauber ausgrenzen?

Auch die sozialökonomischen Untergangstheorien (III. 2!) überlappen sich mit mehreren anderen. Engels hat die Verachtung der Arbeit, Ciccotti den fehlenden Unternehmergeist, Walbank den Egoismus der Oberschicht und Schtajerman das Eigeninteresse der Produzenten unter die nicht weiter ableitbaren Momente gerechnet. Hier werden geistige Faktoren als Produktivkräfte behandelt. Die marxistische Antithese von Sein und Bewußtsein ist ins Binnengefüge der Basis verlagert: Überbauphänomene werden mal als Gegensatz zum Unterbau, mal als Bestandteil desselben aufgefaßt, wie es gerade paßt. Das macht das System elastisch, sozialökonomische und moralische Argumentation sind hier nicht mehr unterscheidbar. Soweit die Gesellschaftsordnung als gestaltbar erachtet wird, verwischt sich die Gegenüberstellung zu den innenpolitischen Erklärungen; wenn das gesamte System als unhaltbar angesehen wird (Engels *1884;* Chapot *1927/51;* Aubin *1944*), läßt sich zwischen sozialökonomischer und innenpolitischer Erklärung nur aufgrund der Priorität zwischen Entwicklung und Verhalten entscheiden, sofern eine solche gesetzt wird. Wo die Germanen als neue Produktivkraft oder als äußeres Proletariat erscheinen und in Aktionseinheiten mit den Bagauden gesehen werden, da läßt sich die Trennung zu außenbedingten Niedergangsmomenten nicht sauber durchführen. In der marxistischen Forschung gelten die Westgoten als Empörer gegen die römischen Sklavenhalter (Dmitriev *1950*). Die Rückführung des Falles Roms auf die schädliche Wirkung der Sklaverei ist ein sozialökonomischer Erklärungstypus – aber wie, wenn die Sklaverei ihrerseits nur als zentrales Symptom einer unmenschlichen Kultur, einer selbstmörderischen Gewaltpolitik verstanden wird? Oder wenn die Sklaverei bloß deswegen staatsverderbend scheint, weil sie das politische Verantwortungsbewußtsein der Bürger untergraben oder eine offene Schleuse für das Einströmen rassischer Zersetzungskräfte gebildet hat? Im Doppelsinne national-sozialistisch argumentieren Darré und Zimmermann, sie verbinden Typ III. 2. b. und III. 3. c.

Bodenerschöpfung und Menschenmangel (III. 3. a, b!) stehen in so engem Zusammenhang mit dem wirtschaftlichen Elend und dem innenpolitischen Versagen, daß die angenommene Priorität bisweilen unklar ist. Ökologische und ökonomische Argumente gehen in „grünem" Kontext in einander über. Der Bevölkerungsrückgang wird oft mit einer rassischen Degeneration verbunden, und dieser Rassenselbstmord Roms gewinnt nur in der Gegenüberstellung zu den Germanen Bedeutung, wodurch die Abgrenzung gegen die außenpolitische Argumentation unscharf wird. Sofern man mit Gini *(1929)* annimmt, daß die biologische Kraft einer geschlossenen Bevölkerung begrenzt ist und sich, so sie nicht von außen erneuert wird, erschöpfen muß, haben wir zusätzlich ein zyklisches Element vor uns, und der Übergang zur Kulturmorphologie wird fließend. Bei Kaphahn *(1935/47)* ist die spätantike „Verkrankung" zugleich Ursache und Ausdruck eines abgeschlossenen Kulturkreislaufs, bei Gautier (*1919*) und Konrad Lorenz *(1973)* resultiert die Zyklik aus dem biologischen Charakter von Kulturen. Hier mischen sich die Typen 3 und 5. Die anthropologische Erklärung von Darré *(1928)* und Günther *(1929)* betrachtet die Rassenmischung als Folge einer wirtschaftlichen Zerstörung des Bauerntums durch das Geldwesen und ließe sich insofern auch den sozialökonomischen Theorien zurechnen.

Das innenpolitische Versagen (III. 4!) läßt sich vom außenpolitischen Druck nicht trennen, soweit es darin besteht, die Germanen nicht abgewehrt, beziehungsweise nicht eingebürgert zu haben, und so die Ursache dafür ist, daß dem Reich Bauern und Soldaten fehlten. Die Hilflosigkeit gegenüber der Germanengefahr (IV. 5!) schließlich hängt zusammen mit dem ideologischen Pazifismus christlicher Weltentsagung, mit dem Patrocinienwesen und den feudalistischen Elementen der Sozialstruktur, die dem Kaiser den Zugriff auf die Untertanen erschwerten, sowie mit den innenpolitischen Notstandsmaßnahmen, die den Patriotismus untergruben. Die Faktoren sind generell vieldeutig: Wenn die spätrömischen Grundherren sich weigerten, ihre Bauern dem Kaiser als Rekruten zu stellen und der Kaiser den Kampf gegen die Germanen verlor, liegt dann ein moralisches, politisches, institutionelles, wirtschaftliches oder militärisches Versagen, ein innerer oder ein äußerer Verfallsgrund vor?

Die damit angedeuteten Schwierigkeiten bei der Typisierung der objektiven Verfallsmomente werden vermehrt durch die Interpretationsproblematik der subjektiven Forschungsmeinungen. In den meisten Fällen haben die Autoren durch satte Formulierungen zu erkennen gegeben, welchen Faktoren sie welches Gewicht zumessen und wo ihrer Ansicht nach die eigentliche Ursache liegt. Die Unterschiede in der jeweils gebotenen Prägnanz sind jedoch zuweilen erheblich. An der Spitze der Hierarchie kann ein *Factor generalissimus* oder nur ein *Primus inter pares* rangieren. Dazwischen gibt es mancherlei Abstufungen. Bald ist der Faktorenkegel steiler, bald ist er flacher, zuweilen ist er mehrgipflig, und die Höhenmessung wird schwierig. Wenn ein Autor wie Barbagallo *(1933)* unentwegt von der *causa causarum* redet, ist seine Ansicht klar. Benennt aber Sigwart *(1919)* oder Monks (*1957*) nur einen einzigen „wesentlichen" Verfallsgrund, so wäre es wünschenswert, in anderen Schriften desselben Mannes die Bestätigung für die Annahme zu finden, daß damit tatsächlich *der* wesentliche Grund gemeint ist. Artikel, die nur das Ende der römischen Herrschaft in einzelnen Regionen des (West-)Reiches behandeln oder sich darauf beschränken, einen (angeblich) übersehenen oder unterschätzten Niedergangsfaktor zu würdigen (Thompson *1952*), lassen zwar mit hoher Wahrscheinlichkeit erraten, in welche Schule ihr Verfasser gehört, sind von mir aber nicht berücksichtigt worden, sofern sie den rehabilitierten Faktor nicht gegen die übrigen abgewogen haben. Vorsichtige Autoren wie Schieffer *(1976)* heben das Hauptmoment nur wenig über die anderen heraus. Sobald sie dies aber überhaupt tun, lassen sie sich klassifizieren.

Zuweilen werden Zweifel des Lesers durch das Druckbild behoben. Die Hauptmeinung wird in Großbuchstaben (Hartmann *1889*), Kursive (Davis *1910/33*, 330) oder Fettdruck widergegeben (Darré *1928/35*, 200), die Nebenmeinung erscheint kleingedruckt (West *1932*) oder als Fußnote (Frazer *1096*). Dennoch sind Mißdeutungen nicht auszuschließen, und dem einen oder anderen Kenner der hier behandelten Autoren mögen zuweilen Bedenken gekommen sein, ob die oben (III. 1–6!) wiedergegebenen Untergangstheorien immer zutreffend interpretiert und klassifiziert worden sind. Einwände dieser Art können einer genaueren Kenntnis des betroffenen Autors entspringen, sie können aber ebensogut in einer methodischen Problematik wurzeln. Aussagen sind auf Erwartungen berechnet und ändern ihren Sinn mit diesen. Dadurch bewirkte Mißverständnisse sind nur schwer auszuschalten. Um meine Auslegung möglichst kontrollierbar zu machen, habe ich in vielleicht anstößigem Umfang wörtlich zitiert; öfter auch war es nicht zu umgehen, die mutmaßliche These eines Autors schärfer zu fassen, als dieser selbst es getan hat. Zuweilen muß man durch mäeutische Interpretation nachhelfen und den ungeborenen Sinn ans Licht ziehen. Kein Text sagt etwas über sich selber aus, darum ist dem Leser die Entscheidung darüber aufgebürdet, was gemeint ist.

Suchen wir nach den Gründen für die Interpretationsbedürftigkeit im einzelnen, so kann die Beiläufigkeit der verfügbaren Aussagen zum Niedergang des Imperiums daran schuld sein. Das ist zuweilen die Folge davon, daß diese Problematik nur am Rande der Interessen eines Autors liegt. Wenn James Viscount BRYCE in seinem Buch ›The Holy Roman Empire‹ (*1864/1961*, 24) über das Reich bemerkt: *Stilicho was the last statesman, who could have saved it*, so wird unterstellt, daß die Beseitigung Stilichos der entscheidende Fehler war, der die Zerstörung des Imperiums zur Folge hatte. Dies wäre eine innenpolitische Erklärung. Im gesamten, rein erzählerischen Kontext besitzt die zitierte Aussage jedoch so wenig Gewicht, daß ich sie und ähnliche Bemerkungen anderer Autoren nicht als eigene Urteile gewertet habe. Dennoch kann die Bedeutung eines Mannes dazu nötigen, auch seine beiläufigen Äußerungen aufzunehmen. So steht es mit Marx, von dem zuweilen gesagt wird, daß er gar keine „richtige Theorie" zum Untergang Roms geliefert habe und nicht einmal liefern wollte und seine Bemerkungen darüber nur deswegen widersprüchlich wirken, weil sie Marxens „wirkliche Ansicht" nicht ausdrücken.

Oft liegt die Situation vor, daß die Äußerungen eines Autors bei manchen Lesern den Eindruck erwecken, eine überlegte Konzeption verkürzt wiederzugeben, während ein anderer Leser eine solche darin nicht zu erkennen vermag. Wie weit hier vorgegebene Erwartungen den Aussagewert eines Textes bestimmen können, läßt sich daran ablesen, daß nicht einmal Edward Gibbon allen Forderungen genügt: *Gibbon does not give a comprehensive explanation or clear-cut reasons for the decline and fall of the Roman Empire* (Ladner *1966*, 62). Eine Frage an fortgeschrittene Hermeneuten: woran erkennt man, ob ein Sprecher meint, was er sagt? Man halte es meiner Ratlosigkeit in dieser Frage zugute, wenn ich neben ausführlichen wissenschaftlichen Erörterungen bisweilen auch kurze Bemerkungen als Ausdruck von Meinungen über den Fall Roms gewertet habe, sofern sie bündig sind. Die Länge oder Kürze einer Stellungnahme ist oft von äußeren Umständen bestimmt, die für den Ernst einer Deutung nicht notwendig entscheidend sind.

Eine verhältnismäßig große Gruppe von beiläufigen Urteilen über das Ende Roms, läßt kulturmorphologisches Denken ahnen. Die beliebte Rede vom „zum Untergang überreifen Staatskörper" (Schlegel *1805/1960*, 104) gegenüber „jungen, unverbrauchten Völkern" (Rodenwaldt *1944/69*, 91), von erschlaffter Vitalität im Süden gegenüber „ungebändigter Lebenskraft" im Norden (Gustav Freytag *1866/76*, 95) und dergleichen gestattet die Vermutung, der Autor rechne mit einem organologischen Welken und Wachsen in der Völkergeschichte. Ob er sich, darüber befragt, dazu bekannt hätte, ist indessen bei der Unverbindlichkeit und Unbekümmertheit des Metaphernschmuckes in historischen Texten ungewiß. Gerade die Kulturkreislehre eignet sich zur verdünnten Verwendung und erscheint als rhetorischer Firnis, dem nicht immer anzusehen ist, ob er strukturell oder dekorativ gemeint ist.

Die Unklarheit eines Urteils muß nicht auf Mangel an Text beruhen. Sie kann auch daraus erwachsen, daß ein Autor sich die Entscheidung offenhält. Hermann Aubin hat sich intensiv um die Kontinuität zwischen Altertum und Mittelalter gekümmert, seine Ansicht zum Niedergangsproblem pendelt jedoch zwischen mehreren Erklärungsansätzen hin und her. 1921 betonte er die „verderbliche Erstarrung" des spätantiken „Zwangsstaates" und die „Abwärtsbewegung der antiken Kultur" (*1921/68*, 45 f.); sozialökonomische, innenpolitische und kulturzyklische Momente verschränken sich. 1925 (429) sitzt der Akzent eindeutig auf der Staatsstruktur, die das Wirtschaftsstreben behindert habe. 1930 (19 ff.) werden die außenpolitischen Hintergründe der staatlichen Reglementierung erkennbar. 1940 stehen die überlegenen Germanen im Vordergrund, 1942 nannte Aubin „rassische Erbmasse" und „sozialökonomische Strukturstufe" als rivalisierende Deutungen, ohne sich zu entscheiden (*1942/68*, 194). 1944 spielen die „Blutskräfte" eine besondere Rolle, und 1948 setzte der Autor sein Vertrauen auf „Erbforscher und Biologen" (*1948/68*, 251). Liegt hier eine Entwicklung vor oder chronische Halbherzigkeit?

Andere Autoren, und das ist häufiger, schaffen Verständigungsprobleme trotz der Bestimmtheit ihrer Aussagen. Dies zeigt beispielshalber die Untergangstheorie von Max Weber. Sie hat bei Mitteis *(1900)*, Delbrück *(1902/09)*, Aubin *(1925)*, Rostovtzeff *(1925/29)*, Wollheim *(1933)*, Stecchini *(1950/51)*, Mazzarino *(1959/61)*, Moreau *(1961)*, Heuß *(1965)*, Abramowski *(1966)* und D'Elia *(1967)* so unterschiedliche Auslegungen erfahren, daß man bereits ihre Interpretationsgeschichte schreiben könnte. Für andere vielgelesene Autoren, etwa Marx und Rostovtzeff gilt dasselbe: ihre Wirkung ist stark, aber uneinheitlich. Die Quelle speist den Fluß, sie lenkt ihn nicht.

Unklarheiten werden weiterhin dadurch geschaffen, daß Autoren ihre Ansicht schlagwortartig zusammenfassen und dabei um der rhetorischen Wirkung willen Thesen formulieren, die mit ihren sonstigen Texten nicht zusammenstimmen. Die Folge ist das Neben- und Durcheinander von Aussagen, die einander widersprechen oder sich gegenseitig erübrigen. Noch vergleichsweise harmlos sind jene ebenso beliebten wie schwer ausdeutbaren Phrasen der Art, daß Rom „verdammt" (Paradisi *1976/78*, 66), „dem Untergang geweiht" (Toynbee *1946/50*, 263) oder „zum Tode verurteilt" gewesen wäre (G. Bloch *1921/24*, 310; R. Günther *1976*, 36), daß die Kraft des Staates „verbraucht" (Rückert *1857* I 501), „erlahmt" (Oppenheimer *1929*, 330) oder „erschöpft" gewesen sei (Grimal *1961*, 452; Bianchi-Bandinelli *1970/76*, 38), daß Rom die „Regenerationsfähigkeit" verloren habe (Heuß *1963*, 21), indem die Gesellschaft sich „überlebt" hätte (Tsunoda *1955/69*, 239; Shukov *1960/74*, 110), „müde" (Paribeni *1941*, 3), „überaltert" (W. F. Otto *1923*, 50; Marrou *1938*, 158), „anachronistisch" und „überholt" (Alföldy *1975/79*, 196), kurz: „reif (oder gar „überreif") für den Untergang" gewesen wäre (Biese *1907/16*, 19; Schnürer *1932*, 51; Hans Freyer *1965*, 66). In vielen Fällen werden derartige Formeln im Kontext erläutert, zuweilen stimmt aber die Ausführung nicht mit dem Slogan zusammen. In der Rezeption wird letzterer bevorzugt, während die umrahmende oder vorausgeschickte Detailanalyse außer Betracht bleibt. Sie memoriert sich schlecht.

Hierzu drei Beispiele: GIBBON hat den Fall Roms im Schlußkapitel seines ›Decline‹ (ch. 71) als *triumph of barbarism and religion* bezeichnet. In seinen Memoiren (*1796/1966,* 147) hat er das wiederholt. Beiden Faktoren hat er andernorts mit derselben Bestimmtheit widersprochen: Im Kapitel 35 heißt es, das Imperium hätte sich wegen seiner inneren Misere auch dann nicht retten lassen, wenn alle Barbaren vernichtet worden wären; und in den ›General Observations‹ maß Gibbon dem Christentum einerseits eine bloße verstärkende Wirkung zu, indem es auf eine bereits entnervte Gesellschaft gestoßen sei, und räumte ihm andrerseits sogar einen positiven Einfluß ein, weil es die Loyalität gegenüber dem christlichen Kaiser unterstützt habe. Bereits Herder hat, wenn auch vergebens, Gibbon gegen den Vorwurf einer Christenfeindschaft in Schutz genommen. Dennoch wird er immer wieder darauf festgenagelt (Christ *1970,* 11; Jones *1966,* 362). Und wenn Gibbon, ähnlich wie vor ihm Herder (II. 4. c!), über das Imperium sagt: *The story of its ruin is simple and obvious* (VI. 385), so entspricht das weder der Sachlage noch Gibbons eigener differenzierter Darstellung. Der Autor muß mithin nicht nur gegen seine Interpreten, sondern auch gegen sich selbst verteidigt werden.

Eine andere vielzitierte Kurzformel ist die von Friedrich ENGELS, das spätrömische Reich hätte in einer „ausweglosen Sackgasse" gesteckt. Er meinte damit, daß die Fortsetzung der Sklavenarbeit wegen des fehlenden Absatzmarktes, die Einführung der freien Arbeit jedoch wegen eines herrschenden Vorurteils unmöglich gewesen sei. Beide Annahmen sind bald aus der Forschung verschwunden, selbst in der marxistischen Literatur sind sie niemals akzeptiert worden. Dennoch hat man die Metapher von der Sackgasse hundertmal zitiert und als Hohlform für die marxistische Normaltheorie mißbraucht, daß nämlich der stagnierende Fortschritt Ursache des Untergangs Roms wäre. Engels selbst hat diese seine Fehlinterpretation provoziert, indem er sich im Vorwort pauschal zu Marxens Revolutionslehre von 1859 bekannte, die mit seinem Text unvereinbar ist, weil darin von entfaltungswilligen Produktivkräften nirgends Rede ist. Zu Recht übrigens.

Als drittes Beispiel sei der vielzitierte Schlußsatz von PIGANIOLS Buch ›L'empire chrétien‹ (*1947*) genannt: *La civilisation romaine n'est pas morte de sa belle mort. Elle a été assassinée.* Damit erweckt der Autor den Eindruck, als vertrete er eine außenbedingte Erklärung. Die gesamte Althistorikerschaft glaubt dies, ja er selbst hat es 1950 bestätigt. Dennoch steht ein wenig oberhalb unserer Zitats die Behauptung: *c'est d'abord pour avoir renoncé au service militaire obligatoire des citoyens, que Rome a péri.* Piganiol weist die politische Verantwortung den Römern, die moralische Schuld aber den Germanen zu. Was soll das? Darüberhinaus hat er in seiner 1939 bis 1962 fünfmal gedruckten ›Histoire de Rome‹ einen ganz anderen Faktor, die Verlagerung der Handelswege, obenangestellt. Was ist also seine eigentliche Meinung? Welch irreführende Magie von einer sinnentstellenden Schlußpointe ausgehen kann, haben wir schon bei Baynes (*1943/63*) und Finley (*1973/79*) gesehen (III. 6. b!), Schlagworte können die Ansicht eines

Autors nicht nur in fremdem, sondern sogar in seinem eigenen Verständnis fälschen.[2]

Neben der widersprüchlichen Simplifizierung durch Kurzformeln verwirrt die gedankenlose Doppelprämierung den Leser. Bei Andreas Alföldi (*1956*, 190) erfolgt der Rhythmus des „unausweichlichen Verfalls" aus „klaren biologischen Ursachen" in Gestalt einer Zoomorphose: das „weltbezwingende Römervolk" ist eine „träge, wertlose Drohnenmenge geworden" (254). Dies wäre unter die anthropologischen Deutungen (III. 3.c!) einzuordnen. S. 249 resultiert die „Fäulnis im Inneren", die viel schlimmer gewesen sei als die Barbarendrohung, aus der Eigengesetzlichkeit einer sich ausweitenden und damit verflachenden Kultur. Dies ist kulturmorphologisch gedacht (III. 5!), aber noch im biologistischen Konzept unterzubringen, ebenso wie der Satz S. 295, es „genügt ein Blick auf die Landkarte", wenn wir wissen wollen, „warum der Westen unterging, Ostrom aber noch tausend Jahre weiter bestehen konnte". S. 257 indes wird der „illusionistische Bau" (201) der Kaisermonarchie durch den „Geburtsfehler des auf die nackte Waffengewalt gegründeten Säbelregimentes" ins Grab geleitet. Ist das keine innenpolitische Erklärung (III. 4!)? Das letzte Wort (S. 295 ff.) erhält dann „Die Rolle der Persönlichkeit in der Kaisergeschichte". Der Leser hat die freie Auswahl.

In einer ähnlichen Verlegenheit befinden wir uns, wenn ein Autor keinen Zweifel daran läßt, welchem Deutungstypus er seine Meinung selbst zurechnet, obschon deren Inhalt einer solchen Klassifizierung widerspricht. Dies geschieht besonders häufig bei Autoren mit marxistischer Selbsteinschätzung. Streng genommen verbindet sie nicht das, was sie zum Fall Roms meinen, sondern nur das, was sie mit der Publikation ihrer Meinung erreichen wollen, oder, noch genauer, wie sie das, was sie erreichen wollen, bezeichnen. Obschon Marx unterschiedliche Urteile zu unserem Problemkomplex abgegeben hat, läßt sich die Position von Engels aus keiner von ihnen ableiten. Sie steht inhaltlich selbständig daneben und ist „marxistisch" nur kraft Definition, wie es Engels auch seinerseits gewünscht hat. Ein Wunschmarxist, dessen Untergangstheorie gewiß nicht sozialökonomisch genannt werden kann, ist Georges Sorel. Sein Insistieren auf der Schädlichkeit des Idealismus nötigt dazu, seine Ansicht anders zu rubrizieren (III. 1. a!). Karl Kautsky und Jürgen Kuczynski legitimieren sich durch den Anschluß an Engels als Marxisten (wenn auch verschiedener Couleur), obschon bei-

[2] Ungereimtheiten dieser Art sind gewöhnlich. Sundwall erklärte 1915 S. 19, das Imperium sei „ohne Erschütterung eingeschlafen", S. 161 nannte er dies eine „Katastrophe". Madison Grant schrieb 1916/19 S. 217: *voluntary childlessness was the most potent cause of the decline under the Empire,* argumentierte sonst aber überwiegend mit den Menschenverlusten im Kriege und der Einwanderung rassisch Minderwertiger. H. G. Wells bezeichnete 1922/27 S. 186 die Sklaverei, S. 217 das fehlende politische Wollen als Grund für den Niedergang. L. C. West erhob 1932 S. 104 die Entfremdung zwischen Staat und Bürger, S. 106 die Verarmung zur eigentlichen Verfallsursache. A. Landry schrieb 1934, daß die maßgebliche Schwäche Roms in der Entvölkerung gelegen hätte, doch hätte dagegen ein neuer Glaube geholfen. Wo liegt die Priorität?

de dem Fehlverhalten der Oberschicht den Zusammenbruch anlasten und somit eigentlich eine innenpolitische Verfallstheorie liefern.

Schwierigkeiten in der Klassifizierung von Ansichten treten weiterhin dann auf, wenn ein Autor auf vielen Seiten entwickelt, daß eine bestimmte Ursache des Übels Wurzel sei, und dann in einem einzigen Satz einräumt, daß die Wurzel der Wurzel freilich woanders liege. In solchen Fällen wird der Charakter eines Erklärungstyps dadurch vernebelt, daß der Autor die Zwischenursache für wesentlicher hält als die von ihm selbst angegebene Grundursache. Dazu einige Beispiele!

Ernst Haeckel hat 1879 die natürliche Züchtung zum entscheidenden Deutungsinstrument für die historische Erklärung des Völkerlebens erhoben, wußte aber gleichwohl, daß deren Auswirkung auf sozialen Verhaltensnormen beruht. Bloß interessierten ihn diese weniger als die biologische Mechanik der Folgen. Seeck glaubte 1895 ganz analog, eine darwinistische Erklärung mit Hilfe der Erbgesetze aufzustellen, doch waren diese bei ihm nur das Vehikel, das den primären Systemcharakter des römischen und germanischen Gemeinwesens zu dem bekannten Erfolg hinführte. Beloch *(1900)* legte den stärksten Akzent auf die Demoralisierung der Römer durch ihren Despotismus, doch leitete er diesen aus dem römischen Naturell ab. Ist das innenpolitisch oder biologisch zu verstehen? Darré *(1928)* lamentierte lang und breit über die Rassenzersetzung und die Bevölkerungsabnahme; als deren Urgrund nannte er jedoch den Kapitalismus, der mit dem Ruin des Bauernstandes den Weg nach unten eröffnet habe. Soll das rassenbiologisch oder sozialökonomisch genommen werden? Barbagallo *(1933)* und Baynes *(1943)* erhoben die Finanznot des Staates zum definitiven Verfallsgrund. Haben beide Autoren vergessen, daß sie in denselben Artikel für die leere Staatskasse letztlich die unausweichlichen Kriegsausgaben verantwortlich gemacht hatten?

Besonders heikel wird es, wenn anders, als bei den zuletzt genannten Autoren, zwischen den einzelnen Kausalfaktoren kein klarer Zusammenhang aufgezeigt wird. Rostovtzeff verlieh 1925 dem „Klassenkampf" zwischen dem armen Bauernheer und den reichen Städten den entscheidenden Anteil an der Umwandlung des Imperiums in das dirigistische System des Dominats, dem er eine dauerhafte Lebensfähigkeit grundsätzlich bestritt. Dies müßte man als sozialökonomische Erklärung werten, wenn der Autor einer solchen Einschätzung seiner Ansicht nicht selbst widersprochen hätte. Als auslösenden Faktor jener inneren Konflikte bestimmte er die Angriffe von Germanen und Persern. Indem ohne diese der soziale Friede, wenn auch in gespannter Form, endlos hätte dauern können, müßte man dem Verfasser eine außenpolitische Erklärung unterstellen. Aber auch dies wäre seiner Selbsteinschätzung unangemessen. Denn er insistiert auf der zersetzenden Folge einer Kulturnivellierung. Rostovtzeff möchte offenbar unter die kulturphilosophischen Deuter gerechnet werden, und wir haben ihm den Gefallen getan (III. 5 b!). Der bewundernswerte Gelehrtenfleiß steht in einem erschreckenden Kontrast zu der Unfähigkeit, die eigene Grundposition so zu formulieren, daß der geduldige Leser erfährt, was der Autor denn nun eigentlich meine (vorausgesetzt, er wußte es selbst). Und bevor das nicht klar ist, läßt sich über die Richtigkeit der Ansicht kaum handeln.

Die Neigung zu ungedeckten Bilanzformeln, das ungeklärte Nebeneinander unverträglicher Hauptgründe, die Weigerung, über die Zwischenursachen zu den Endursachen vorzudringen, und ungeklärte Widersprüche zwischen dem größten Übel und dem besten Heilmittel (Bury *1900*) erschweren das Verständnis und damit die Typisierung der Niedergangstheorien. In solchen Fällen muß überlegt werden, welche der unverträglichen Behauptungen der Autor, wenn man ihn früge, wegstreichen oder uminterpretieren würde, und dafür ist die ganze Denkrichtung wichtiger als eine singuläre Aussage. Als interpretatorische Devise muß also gelten, daß ein jeder Autor ein gewisses Recht hat, seine eigene Meinung mißzuverstehen. Das hat natürlich – wie im Falle Sorels – seine Grenzen.

Begreiflicher ist es, wenn einzelne Gelehrte im Verlaufe einer längeren Zeit ihre Ansicht geändert haben. Dies kann einer vertieften Beschäftigung entspringen, wie es für die Meinungsstationen von Rostovtzeff und Aubin anzunehmen ist. Es kann aber auch auf ideologischem Klimawechsel beruhen. Dieses Phänomen ist ebensowenig neu wie die Klage darüber. Johann Wilhelm Jan bemerkte in seiner Rede ›Über die historische Wahrheit‹ (*1714/15*, 23): *quid, quod unum eundemque scriptorem studio partium progressu temporis mutato de eadem re diversa tradere videas?!* Umfeldbedingte Einflüsse auf die *animi propensio* dürften der Anlaß dafür sein, daß die rassistischen Deutungen von Frank und Vogt nach 1945 verschwanden, daß bei Vogt und Stier sich eine Hinwendung zur Kirche zeigte und daß die marxistischen Interpretationen von Schtajerman und Rigobert Günther Änderungen erfahren haben. Ein gewöhnlicher Entwicklungstypus westlicher Autoren führt von marxistischen Jugendpositionen zu gemäßigteren Äußerungen im Alter. Derartiges läßt sich beobachten bei Max Weber, Ciccotti, Salvioli und Walbank; für einige jüngere Gelehrte ist es zu erwarten. Im allgemeinen habe ich divergierende Ansichten vom gleichen Autor zusammen behandelt.

Die in der Regel diskussionslose Klassifizierung der behandelten Autoren unter die gewählten sechs Rubriken (III. 1–6!) soll nicht den Eindruck erwecken, als trüge jeder Text das Zeichen seiner Zugehörigkeit auf der Stirn. Viele Texte, die Erklärungen dafür anbieten, weshalb Rom zerbrochen ist, fordern selbst Erklärungen dessen, was ihre Verfasser meinen. Die Deutungen des Falles bedürfen nicht weniger als Interpretation als der Fall seinerseits. Bei allen Unterschieden im Gegenstand und im Verfahren geht es doch beidemale um Verständnis und Aneignung, und diese sind bedingt durch die Umstände der Aufnahme. Stets gibt es mehrere Möglichkeiten. Das Problem eines „richtigen Urteils" stellt sich gegenüber den Urteilen zum Fall Roms ähnlich wie gegenüber dem Fall selbst.

IV. 5. Die Gründe für den Fall Roms

Die Probleme werden gelöst nicht durch Beibringen neuer Erfahrung, sondern durch Zusammenstellung des längst Bekannten. Wittgenstein Ph. U. 109

Um zu erkennen, daß ein Ei faul ist, muß man selbst nicht Eier legen können. Gewiß, Herr Lessing! Κρίσις und ποίησις sind dreierlei, wenn wir nämlich die ἱστορία hinzuzählen, die ja keines von beiden zur Gänze, zum Teile aber beides ist. Von der Wiedergabe der Meinungen und deren ideologischer Einordnung sollte sich ein Historiker zur Kritik emporranken, um zu ermitteln, wie es eigentlich gewesen.

Wenn Wittgenstein Recht hat, ist der wissenschaftliche Fortschritt nicht darauf angewiesen, daß neue Erfahrungen beigebracht werden, solange die alten unzureichend zusammengestellt, nur mangelhaft ausgewertet sind. Daß es gerade daran hapert, sei im folgenden dargetan. In der Reihenfolge von Kapitel III wollen wir die vorgebrachten Deutungen nochmals typenweise durchsehen und sie nun nicht nach ihrer geistesgeschichtlichen Einordnung, sondern nach ihrer historischen Haltbarkeit befragen.

Beginnen wir mit der Rolle des Christentums (III. 1!). *Ecce Christianis temporibus Roma perit* heißt es bei Augustin (serm. 81). Daß hier ein Zusammenhang besteht, ist schwer zu bestreiten. Problematisch ist die Priorität: hat das Christentum die Staatstreue untergraben oder hat das Erlöschen des Patriotismus die Ausbreitung des neuen Glaubens gefördert? Vermutlich trifft beides zu. Eine Enttäuschung durch den (römischen) Staat ließ auf eine bessere Welt im Jenseits hoffen. Jesus (Matth. 22, 21) und Paulus (Röm. 13) zeigen zwar nicht jene feindselige Haltung gegenüber Rom, wie sie in der ›Offenbarung Johannis‹ hervortritt, dennoch bleibt ihnen das Imperium eine fremde Angelegenheit. Erstaunlich genug, daß die Christen dem Reich seinen Pilatus verziehen haben.

Als die Parusieverzögerung dazu zwang, sich einstweilen auf Erden einzurichten, konnten auch die Christenverfolgungen das Aufkommen einer romfreundlichen Richtung unter den Christen nicht verhindern (Melito, Origenes). Sie erklärt, weshalb Constantin nach seiner Bekehrung nicht der Welt entsagte. Hatte er geglaubt, das Christentum als einheitliche Staatsreligion durchsetzen zu können, so bot ihm die Kirche bald Gelegenheit, diesen Irrtum einzusehen. Die religiösen Konflikte haben im spätantiken Staat erheblichen Schaden gestiftet, der geistliche Stand hat ihm viele Männer entzogen: im 6. Jahrhundert gab es mehr Kleriker als Staatsbeamte. Die Kosten der Kirche belasteten den Fiskus. Die Kirche hat sich immer als Institution eigenen, höheren Rechts begriffen; sie hat staatliche Unterstützung zwar gerne in Anspruch genommen, sich dem Kaiser aber nicht unterworfen. Bischöfe wie Lucifer von Calaris, Athanasius, Ambrosius und Johannes Chrysostomos sind gegen den Kaiser aufgetreten. Nachdem Origenes (Contra Celsum VIII 78) den Waffendienst für unvereinbar mit dem Christenglauben erklärt hatte, rief Paulinus von Nola (ep. VIII 5 Vers 11 f.; XXV 3) die Soldaten zum Desertieren auf, weil man nicht Gott und dem Kaiser zugleich dienen könne. Fahnenflüchtige fanden, wie Strafwürdige und Verfolgte überhaupt, in den Kirchen Asyl (carm. XIX 445 ff.). Das macht begreiflich, warum in der Christianisierung ein Schwächemoment gesehen wird.

Ex oriente crux, gewiß, aber das verliert an Gewicht, wenn wir die eusebianische Reichstheologie betrachten, die den Kaiser als Sachwalter Gottes auf Erden verherrlichte. Die Kirche profitierte wie vom Niedergang so vom Fortbestand des Reiches. Nirgendwo ist eine politische Alternative zum Imperium gepredigt worden. Dem Pazifismus der Märtyrerkirche steht die Militanz der okzidentalischen Schismatiker und der orientalischen Mönchshorden gegenüber. Selbst Bischöfe wie Hilarius von Arles, Synesios von Kyrene, Germanus von Auxerre und Sidonius Apollinaris haben Heere kommandiert, und in den Schlachten an der Milvischen Brücke 312, bei Adrianopel 313 *(sic),* am Frigidus 394 und bei Zülpich 496 hat sich nach kirchlicher Ansicht Christus als Kampfeshelfer erwiesen. Auch Heilige traten in diese Funktion: die Dioskuren wurden durch die Apostel Johannes und Philippus ersetzt; Wehrtürme und Wurfgeschütze erhielten Heilige als Namenspatrone (Theodoret HE V 24, 6 ff.; 37, 8 f.). Wenn es um die Verteidigung des Reiches ging, setzte Augustinus (ep. 138) das Prinzip „rechte Backe – linke Backe" außer Kraft (Hartigan *1966*). Die auf einzelne Reichsteile beschränkten Sekten haben niemals eine Reichsteilung aufs Panier geschrieben, sondern stets das Ganze beansprucht. Diese unterschiedlichen Auswirkungen des Christentums zeigen, daß es selbst zur Erklärung des Zerfalls des Reiches wenig beiträgt.

Wer den Polytheismus für eine politisch besser brauchbare Religion hält, muß sich fragen lassen, weshalb diese dann gegen das Christentum unterlegen ist, obschon Diocletian, Julian und die heidnischen Könige der Germanen als ihre Vorkämpfer zur Verfügung standen. In der Zeit zwischen Constantin und Theodosius hat sich das christliche Reich durchaus behauptet, außerdem waren Goten und Vandalen ebenfalls Christen, und schließlich hat das christliche Byzanz überdauert. Man müßte statt des Christentums den Katholizismus belasten, in dessen Machtbereich die römische Staatsgewalt zerfallen ist. Doch hat der Katholizismus seit Chlodwig wieder bewiesen, wie gut er mit dem Staat zusammengehen konnte. In der Forschung findet darum Gibbons Halbthese zu Recht immer weniger Anklang.

Die sozialökonomischen Untergangstheorien (III. 2!) finden den Keim des Verfalls im Wachsen der gesellschaftlichen Spannungen und im Sinken der wirtschaftlichen Produktion. Der Gegensatz zwischen Arm und Reich war in der Tat beträchtlich. Unruhen in den Unterschichten dokumentieren sich im Bagauden-

und Circumcellionentum und in den zahlreichen Stadtkrawallen. Eigenmächtigkeiten der Oberschicht zeigen sich im Patrozinienwesen; die Grundherren wollten Abgaben und Rekruten sparen, die Geistlichkeit dehnte ihre weltlichen Herrschaftsrechte aus, die Militärs operierten zunehmend auf eigene Faust. Die Steuern stiegen, die Produktion sank. Die sozialen Gruppen waren untereinander zerstritten und lagen sämtlich irgendwo mit dem Staat im Konflikt (I. 3!). Begreiflich, daß Ammian die Zeit eines Marc Aurel pries, als *unanimanti ardore summi el infimi inter se congruentes ad speciosam pro re publica mortem ... properabant* (XXXI 5, 14).

Eine Kritik an der sozialökonomischen Erklärung wird zunächst fragen, was sich denn in der späten gegenüber der hohen Kaiserzeit verändert hat. Die vielfach beklagte Kluft zwischen Arm und Reich, ist sie wirklich gewachsen? Die Akkumulation von Grundbesitz wird von antiken Gewährsleuten zuweilen behauptet, doch gründet sich dies immer nur auf einzelne Fälle und niemals auf erwiesene Tendenzen langfristiger und großräumiger Entwicklung. Alle modernen Gelehrten, die eine Besitzkonzentration annehmen, wissen, daß uns statistische Unterlagen fehlen, doch beirrt sie dies nicht weiter. Sie begnügen sich mit vereinzelten Hinweisen und vergessen, daß diese in der Regel als Verstöße gegen das soziale Empfinden moniert und *deswegen* überliefert wurden, während die Gegenbeispiele, nämlich Auflösung von Eigentumskomplexen durch Erbteilung, Mißwirtschaft oder Enteignung nicht unbedingt erwähnenswert waren. Wenn schon punktuell argumentiert werden muß, dann sollten wir die spätrömischen Eigentumsverhältnisse mit früheren und späteren vergleichen, und dann würde sich zeigen, daß die heilige Melanie oder Petronius Maximus im 5. Jahrhundert n. Chr. kaum reicher waren als Pompeius, Crassus und Domitius Ahenobarbus zuvor oder als die reichsten merowingischen oder byzantinischen Magnaten hernach. Das zeigen die überlieferten Besitzverhältnisse eines Bertram von Cenomani (Pardessus no. 230; Jones *1964*, 782 f.) oder die respektablen Güterlisten eines Philaretos von Amnia (Charanis *1944/45*, 44; Weiß *1977*, 560). Die Besitzungleichheit war aufs ganze gesehen eher eine Konstante.

Problematisch wie die *quaestio facti* ist die *quaestio iuris:* ist Vermögenskonzentration notwendig ein Schwächesymptom? Ökonomisch kann Großgrundbesitz unter Umständen mehr leisten als Kleinbauerntum, und durch Rekrutenstellung ist eine kleinbäuerliche Sozialwirtschaft leichter zu ruinieren als Großbesitz, weil innerhalb dessen die dabei nötige Umverteilung von Produktion und Konsum zumindest prinzipiell einfacher zu organisieren ist. Wer die Verfügbarkeit von Rekruten auf patriotische Motive gründet, kann mit Montesquieu (*1734* ch. IX) anführen, daß man eher für die eigene Scholle als für die seines gnädigen Herrn kämpft. Wer hingegen wirtschaftliche Interessen am Wehrdienst annimmt und meint, daß ins Heer überwiegend solche jungen Männer eintreten, die sonst kein Auskommen finden, müßte folgern, daß die Versorgung im Zivilbereich in der Spätantike attraktiver war. Hunnen- und Germanenjünglinge standen den kaiserlichen Werbern zur Verfügung, aber die römischen Bauernsöhne hatten es nicht mehr nötig, ihr Brot beim Heer zu suchen. Schon Hadrian fand im friedlichen Spanien nicht genügend Rekruten. Das war ein Zeichen von Zivilisation.

Marxisten erklären diesen Rekrutenmangel aus dem Klassenkampf. Die Bauern hätten sich nicht länger für diesen Sklavenhalterstaat geschlagen, sondern ihm Widerstand entgegengesetzt. Die These einer bagaudisch-barbarischen Internationale ist indessen schlecht bezeugt. Jedem Beispiel von antirömischer Konspiration zwischen Provinzialen und Germanen stehen zehn Fälle von reichstreuer Kooperation zwischen Germanen und Römern gegenüber. Was für eine Art von Klassenkampf betrieben wohl die Barbaren im römischen Solde? Die wichtigste soziale Gruppe in der Endphase des Imperiums, das Heer, paßt in kein Klassenkampfschema, darum mußten sich dessen Anhänger hier immer vor klaren Stellungnahmen drücken. Sofern der Begriff des Klassenkampfes eine innere Homogenität der kämpfenden Klassen vorspiegelt, ist er unwahr. Eine Oberschicht ist zu zahlschwach, um ohne ein Gefolge aus der Unterschicht auf den Plan treten zu können; und eine Unterschicht, die dieses tut, spaltet sich sofort in Befehlende und Gehorchende. Die Autoren, die meinen, die Römer hätten für ihren Staat nicht kämpfen wollen, weil er ihnen zu wenig geboten habe, sagen selbst nicht, wieviel ihr eigener Staat ihnen bieten müßte, damit sie für ihn kämpfen würden. Und daran tun sie gut, denn ein Kampf aus rein ökonomischen Gründen ist in jedem Falle töricht. Daß irgendeine spätrömische Gruppe gegen das Imperium als solches gekämpft hätte, ist nicht zu ersehen. Selbst die Bagauden gaben sich einen „Kaiser". Die revoltierenden Provinzialen und Städter wollten das Reich ebensowenig zersplittern, wie die französischen, russischen und chinesischen Revolutionäre in der Neuzeit an einer Aufteilung ihrer Heimatländer interessiert waren. Echte Revolutionen stabilisieren einen Staat.

Ein weiteres Argument gegen die Annahme eines sich verschärfenden „Klassenkampfes" ist der Fortschritt des Patrocinienwesens und der Feudalisierung im Heerwesen (Demandt, Militäradel 1980). Die Ausbildung selbständiger Zellen im Reichsgefüge ist strukturell gegen die Staatsgewalt gerichtet und beweist, daß sie den *patroni* nicht mehr nötig schien, um ihre Position gegen aufsässige Untergebene zu schützen. Insofern bewiese diese Entwicklung eher eine fortschreitende Klassenharmonie. Eine ernsthafte Erwägung verdient die Frage, ob nicht in dieser Feudalisierung ein Prozeß angelegt ist, der auch unter stabilen Grenzverhältnissen eine Partikularisierung des Reiches hätte bewirken können. In der Tat wäre es denkbar, daß bei einem Erlöschen jeder außenpolitischen Gefahr das Heer drastisch verkleinert und damit die kaiserliche Zentralgewalt einschließlich der Bürokratie erheblich geschwächt worden wäre. Dies hätte den Regionalmächten zugute kommen und eine Auflösung des Imperiums fördern können.

Eine solche Voraussetzung lag jedoch nicht vor. Angesichts der dauernden Barbareneinfälle wünschte niemand eine allgemeine Abrüstung oder eine Dezentralisierung des Oberbefehls. Die Grundherren strebten keine geschlossenen Territorien, sondern Streubesitz an, weil er, wie schon der ältere Cato bemerkte, weniger krisenanfällig war. Eine Dürre in Sizilien konnte man eher verkraften, wenn man außerdem Güter in Gallien besaß. Dazu war freilich die Reichseinheit erforderlich, und an ihr war naturgemäß auch die Kaufmannschaft und das Exportgewerbe interessiert. Eine Aufteilung des Imperiums lag somit weder im Interesse der Unterschichten noch im Interesse der Oberschichten. Zu den stärksten Argumenten für die Reichseinheit zählte stets der Wohlstand, den sie ermöglichte.

Wenn die Wohlfahrt des Reiches in der Spätantike nachgelassen hat, ist das überwiegend aus den außenpolitischen Belastungen herzuleiten (s. u.). Die selbstverschuldeten Mißstände im sozialökonomischen Bereich können und sollen nicht bestritten werden, lassen sich aber nicht zum entscheidenden Grund für die Auflösung des Imperiums befördern. Mit Recht haben führende Wirtschaftshistoriker wie Roscher, Knies, Rostovtzeff und Frank eine Dominanz ökonomischer Verfallsursachen abgelehnt. Soziale Spannungen führen zu Revolutionen, aber nicht zur Auflösung der territorialen Einheit von Staaten.

Der Anteil der Sklaverei am Verfallsprozeß ist gering einzustufen. Sie hat, wie schon Balfour (*1908*, 27) einwandte, mehr als ein Jahrtausend die Kultur getragen, weshalb sollte das fortan nicht mehr möglich sein? Zudem ist sie im Laufe der Kaiserzeit zurückgegangen; verschwunden ist sie indessen auch in den Germanenstaaten nicht. Der Übergang zum Kolonat wurde von Max Weber einleuchtend als soziale Gesundung betrachtet. Dennoch hat das den Bestand des Reiches nicht gesichert. Sofern Hörigkeit und Grundadel Kennzeichen der mittelalterlichen Gesellschaft sind, hat sich der entscheidende Wandel, ebenso wie die Christianisierung, bereits zu Lebzeiten des Gesamtreiches vollzogen. Daß die Sklaverei den technischen Fortschritt gehemmt hätte, hat K. D. White 1959 mit allgemeinen Überlegungen bestritten und Kiechle 1969 im einzelnen widerlegt, indem er zeigte, daß die meisten antiken Erfindungen gerade in die Blütezeit der Sklaverei fallen.

Die Stagnation in der Entfaltung der Produktivkräfte ist teils irrig, teils unerheblich. Irrig ist sie im Hinblick auf die von Heichelheim (*1956*, 470) zusammengestellten progressiven Neuerungen in der Spätantike, unerheblich angesichts der weiterwährenden Stagnation unter der anschließenden Germanenherrschaft. Der technische Fortschritt ist vom spätrömischen Reich nicht verhindert und vom frühgermanischen Staat nicht ermöglicht worden. Die Vorstellung, das Imperium habe fallen müssen, um die Höherentwicklung zum Kapitalismus zu eröffnen, ist säkularisierte Heilsprovidenz. Es ist unbegründet, zu meinen, daß irgendeine Gesellschaft der vorindustriellen Zeit unter benennbaren und zumutbaren Bedingungen zur Industrialisierung übergegangen wäre. Das Fortschrittstempo in der Kaiserzeit liegt eher über als unter dem, was in jener Periode als normal zu gelten hat.

Die Klagen unserer Quellen über die drückende wirtschaftliche Lage spiegeln eher eine Empfindung als einen Zustand. Die Unzufriedenheit ist ein soziales Faktum, aber war sie berechtigt? Die oft angeprangerten staatlichen Eingriffe in die gesellschaftlichen und wirtschaftlichen Verhältnisse haben der Abstellung von Mißständen gedient, dem angeblichen Finanzruin steht die These Heichelheims gegenüber, die Spätantike habe die „klassische Vollendung der römischen Finanzwirtschaft" gebracht (*1956*, 481). Von einem generellen Rückfall in die Naturalwirtschaft kann keine Rede sein, Leistungen in Naturalien von den Bauern ans Heer schalteten Spekulationen aus.

Die moderne Wohlstandsmentalität neigt dazu, Armut als politisch-militärische Schwäche zu interpretieren. Dafür gibt es antike Vorbilder, etwa die Bemerkung Plutarchs (Kleom. 27): wer zuerst gesagt habe, das Geld sei der *nervus rerum*, der habe an den Krieg gedacht. Überwiegend aber wurde im Altertum umgekehrt Reichtum als politisch und moralisch destruktiv aufgefaßt. *Populus Romanus paupertatem fundamentum et causam imperii sui requirat ac laudet*, heißt es bei Seneca (ep. 87, 41), und Florus (epit. IV. 2) bemerkt zum Bürgerkrieg: *causa tantae calamitatis eadem quae omnium: nimia felicitas.* Dieser Ansicht haben sich Adam Smith (*1763*) und Karl Marx (*1857*) angeschlossen und gewiß mit Recht (Sannwald *1957*, 200). So wenig der Reichtum die Reichen zur Verteidigung Roms bewog, so wenig hielt die Armen just ihre Armut davon ab. Über das Verhältnis zwischen finanzieller und militärischer Macht in der Zeit vor den modernen Massenvernichtungsmitteln bemerkt Machiavelli in den ›Discorsi‹ (II. c. 10): *l'oro non è suffiziente a trovare i buoni soldati, ma i buoni soldati son ben suffizienti a trovare l'oro.* Die Römer *fanden* trotz ihres Geldes nicht genügend tüchtige Soldaten, die Germanen *waren* tüchtige Soldaten und holten sich das Geld, das sie brauchten, und zwar im Reich.

Die nachlassende Fruchtbarkeit des Reichsbodens (III. 3. a!) wird in der jüngeren Literatur nicht mehr unter den Niedergangsfaktoren aufgeführt. Ohne Zweifel enthält die These von der Bodenerschöpfung ein Quäntlein Wahrheit, das Problem ist allein, dieses zu bestimmen. Eine klimatische Wandlung im Mittelmeer-Raum wird man schon aufgrund der Entwaldung annehmen dürfen, Ausmaß und Auswirkungen bleiben jedoch spekulativ. Schon Helvétius (*1758/1973*, 368) wandte sich mit Grund gegen die These eines klimatisch bedingten Niedergangs. Vom modernen agronomischen Standpunkt hat A. P. Usher (*1923*, 411) die Behauptung einer Bodenerschöpfung im alten Rom für grundlos befunden. Die von K. D. White (*1970*, 20 f.) referierte Literatur zeigt, daß die Ansichten zwar weiterhin einander gegenüberstehen, die Ablehnung der Thesen Huntingtons jedoch überwiegt. Die jüngeren naturwissenschaftlichen Forschungen zur Wandlung der Umwelt (Brice *1978*) vermeiden jede Stellungnahme zu unserem Problem. Auch die Bedeutung der *agri deserti* wird neuerdings ein wenig abgewiegelt (Whittaker *1976*). Die Fruchtbarkeit Ägyptens blieb konstant, und dennoch zeigt das Land dieselben Verfallssymptome wie das übrige Reich.

Der schwerste Einwand gegenüber den aus einer nachlassenden Fruchtbarkeit gezogenen Folgerungen ist jedoch der, daß das Reich bis zu seinem Ende immer noch mehr produzierte, als die umliegenden Barbarenländer. In Zeiten des Friedens haben die Germanen bis zuletzt Getreide aus dem Reich bezogen.[1] Und wenn Valentinian den Export von Wein und Öl verboten hat (Cod. Just. IV 41, 1), so zeigt dies, daß er in bedeutendem Umfang stattgefunden hat. In Zeiten des Krieges, der seit 376 nur noch auf Reichsboden stattfand, haben die Germanen sowieso von den Ernten der Provinzialen gelebt. Sofern die Landwirtschaft des Reiches die Germanenheere zusätzlich ernähren konnte, produzierte sie für ihre eigene „römische" Armee allemal genug.

Die Ansicht, daß nicht der Boden, sondern die Bevölkerung sich erschöpft habe, ist uns in zwei Varianten begegnet. Die erste argumentiert quantitativ und macht das Milieu verantwortlich, die Zahl der Römer sei geschrumpft (III. 3. b!). Die zweite Richtung denkt qualitativ und verweist auf die Substanz: die Kraft der Rasse sei erloschen (III. 3. c!). Beide Theorien arbeiten mit Fakten. Die antiken Zeugnisse über die Entvölkerung sind eindrucksvoll und die Folgerungen daraus entsprechend populär.[2] Bereits Polybios monierte den Bevölkerungsrückgang Italiens (I 64) und Griechenlands (XXXVI 17), und die Ehegesetze des Augustus sichern diesem Mißstand eine anhaltende Aufmerksamkeit. Der unterstellte Zusammenhang mit der Auflösung des Imperiums ist der Grund, weswegen in der neueren anthropologischen Literatur die antike Welt das klassische Muster für den „Völkertod" liefert (Schwidetzky *1954*, 4; 9; 118; 156).

Ob die Quellen indessen die ihnen entnommenen Zustände bezeugen, ist fraglich. Wenn wir erfahren, daß Griechenland zu Plutarchs Zeiten (mor. 414 a) insgesamt kaum noch so viele Hopliten aufbringen konnte wie in den Perserkriegen das Städtchen Megara allein, nämlich dreitausend, daß Italien gegen Alarich keine 30 000 Mann mehr zusammenbrachte, nachdem es Hannibal über 80 000 entgegengestellt hatte (vgl. Plin. NH. III 24), dann mag dies auf einen Bevölkerungsrückgang schließen lassen. Zugleich aber könnte es auf einen ebenfalls bezeugten Defätismus zurückgehen. Die ***disparition de l'esprit militaire*** (Bourdon *1948*, 112) läßt sich gegen die angenommene ***dépopulation*** schwer abwägen. Die antiken Quellen bezeugen vor allem eine Minderung der für die Zivilisation bedeutsamen Bevölkerungsteile, und das waren Militär (Veget. I 5), Oberschichten und Stadtbewohner (Amm. XXVII 7, 7). Die Fixierung auf diese Elemente entspricht ganz dem antiken Geschichtsinteresse, das den Vorgängen in den Unterschichten, auf dem Lande und in den Provinzen wenig Aufmerksamkeit entgegenbringt. In diesen Regionen läßt sich eine Entvölkerung nicht erweisen, hier könnte es während der Kaiserzeit zu einer Volksvermehrung gekommen sein. Die

---

[1] Amm. XXVII 5, 7; XXXI 3, 8; 4, 11; Eugippius, Vita Severini 3, 3; 22, 2.

[2] Ich habe am 6. September 1980 in San Pietro in Montorio zu Rom eine Hochzeitspredigt gehört, in welcher der Priester dem jungen Paar klar machte, daß Rom wuchs, solange die römische Familie in Ordnung war, und als die Eheleute bloß noch ihren individuellen Neigungen lebten und keine Kinder mehr haben wollten, da sei Rom untergegangen. Der geistliche Herr kannte die klassischen Autoren.

Bilanz ist möglicherweise ausgeglichen, einzelne Forscher bestreiten daher einen beweisbaren Rückgang der Gesamtpopulation (Bourdon *1948*, 113; Downey *1969*, 96) oder rechnen gar mit einem Bevölkerungswachstum (Delbrück *1902/09*, 230; Gautier *1932/35*, 17). Ein solcher freilich ist noch weniger beweisbar.

Die Irrelevanz der Entvölkerungsthese ergibt sich aber nicht aus der Relation zwischen früheren und späteren Ziffern, sondern einerseits aus dem Vergleich zwischen westlichen und östlichen Provinzen, die ebenso Seuchen und *agri deserti* aufweisen und dennoch gehalten haben, und andrerseits aus den Zahlenverhältnissen zwischen den ansässigen Römern und den eindringenden Germanen (Bourdon *1948*, 112). In den Westprovinzen schwankt der Anteil der Barbaren an der Gesamtbevölkerung zwischen 2% (Vandalen) und 10% (Westgoten). Berücksichtigen wir die Relationen zwischen Römern und Germanen innerhalb des gesamten Reiches, so wird es für die Eingedrungenen noch ungünstiger. Einer Million Germanen stehen 35 (Chaunu *1981*, 158) bis 100 Millionen Provinzialen gegenüber (Delbrück *1902/09*, 231; 238; 294 ff.). Was soll also das Insistieren auf dem angeblichen Bevölkerungsmangel Roms? Entscheidend sind nicht Quantitäten, sondern Qualitäten. Die römische Gesellschaft war ganz durch ökonomische und kulturelle Tätigkeiten geprägt, kaum mehr als ein Prozent der Gesamtbevölkerung diente im Heere. Die Germanenstämme hingegen waren Kriegergesellschaften, in denen jeder erwachsene Mann das Schwert zu führen verstand. Das verschob die Zahlenverhältnisse so weit, daß die Germanen den „Römern" im Felde auch quantitativ überlegen waren, zumal sie als Angreifer gewöhnlich das Schlachtfeld bestimmten. Für den römischen Volkssturm hatten die germanischen Berufskrieger nur Hohn übrig. Als Alarich hörte, daß die Einwohner Roms rüsteten, meinte er: „Je dichter das Gras, desto leichter das Mähen" (Zosimos V 40, 3).

Dieses Kräfteverhältnis ist nichts Ungewöhnliches. Die alte Streitfrage, ob die Geschichte von den großen Einzelnen oder von den Massen gemacht werde, ist für das Altertum falsch gestellt. Hier sind normalerweise die selbstbewußten Minderheiten die Handlungsträger. Das gilt im kulturellen Bereich, das gilt in der Religionsgeschichte und gilt auf politisch-militärischem Gebiet. Wenn Ferrero und Rostovtzeff das Aussterben der senatorischen Führungsfamilien beklagten, übersahen sie, daß Regeneration gewöhnlich über den sozialen Aufstieg erfolgt, der durch die Kinderarmut in den gehobenen Kreisen begünstigt wird. Klagen über Nachwuchsmangel kommen gewöhnlich aus der Oberschicht, die fürchtet, ihre Privilegien an Nachrücker abtreten zu müssen.

Folgenreich war, daß die Senatoren die Waffen niederlegten und damit ein Beispiel setzten. Der Heeresdienst wurde für Kulturmenschen verächtlich. Die Regeneration unter Aurelian, Diocletian und Constantin war vom Offizierskorps der Donauarmee getragen; als der Nachwuchs aus den Donauländern nach 376 versiegte, dünnte die illyrische Führungsschicht aus. Wer sollte das Ruder übernehmen? Die Bevölkerung des Westens war in einem schwer vorstellbaren Ausmaß entpolitisiert. *La valeur d'un pays ne se mesure pas au nombre de ses habi-*

tants, mais à celui de ses citoyens, schrieb Le Bon (*1894/1902,* 125), und ebenso ist Delbrück (*1902/09,* 305) zuzustimmen, wenn er schreibt: „Das römische Imperium war voller Menschen und voller kräftiger Arme, als es dennoch den ganz kleinen Barbarenheeren unterlag. Vorwärts und rückwärts erhält die Weltgeschichte von dieser Stelle aus Licht". Das römische Reich konnte eben seine Massen nicht mobilisieren. Darf man daraus auf die politische Unglaubwürdigkeit des Systems schließen? Unglaubwürdig war wohl eher die Gefahr, die dem System drohte. Es hatte seit Hannibal niemals einen Existenzkrieg führen müssen, und darum lag das, was folgte, außerhalb jedes Erwartungsrahmens. Ein politisches Ende des Imperiums war bis zum Jahre 410 undenkbar und ist auch danach kaum ernsthaft in Betracht gezogen worden. Salvian (GD. VI 80) hat das wohl richtig gesehen: Niemand wolle unterliegen, aber niemand wolle auch etwas dafür tun, nicht unterliegen zu müssen. Ein Staat, für den dessen Bürger nicht kämpfen, ist dem Zerfall geweiht. Das ist keine Frage; die Frage ist, ob es schade um ihn ist.

Eine unbefangene Kritik der rassenbiologischen Niedergangstheorie (III. 3 c!) ist deswegen schwierig, weil die politischen Auswirkungen jener Lehre im Dritten Reich bis auf weiteres jeden Deutschen verdächtigen, der sie auch nur ernst nimmt. Schon gegen die Nomenklatur sperrt sich die Zunge: „Verpöbelung", „Panmixie", „Entnordung" und wie die Leib- und Magenbegriffe alle heißen, sie verbreiten den Mundgeruch ihrer Benutzer. Nietzsches (II 253) Polemik gegen die „verlogene Rassen-Selbstbewunderung" trifft wohl die Achillesferse der Theorie, der auch Goethe nicht ganz ferne stand, wenn er im didaktischen Teil seiner ›Farbenlehre‹ (§ 672) beweisen zu können meinte „daß der weiße Mensch ... der schönste sei". Daß die Rassenlehre nur von Weißen vertreten wurde, ist nicht überraschend, wohl aber, daß sie Beifall bei Angehörigen einer benachteiligten Gruppe fand, so von Männern jüdischer Herkunft wie Benjamin Disraeli (Chamberlain *1819,* 274; Darrée *1940,* 16) und Rathenau. Die Entrüstung über die Auswirkungen der Rassenlehre kann eine Prüfung ihres historischen Gehaltes nicht erübrigen. Ein solcher ist schwer bestreitbar. Als Graf Gobineau 1854 auf dem Weg nach Persien das unterschiedliche Naturell der verschiedenen Völker studierte, schrieb er: „ich richte an alle Verfechter der Einheitlichkeit der Menschenrasse die Einladung, einen Augenblick ihre Studierstuben zu verlassen, um inmitten der Bevölkerung eines Indiendampfers ein paar Stunden zu philosophieren" (*1925,* 43). Was zur Diskussion steht, ist hier nur, ob die Indogermanen politisch und kulturell höher begabt sind als Semiten und Hamiten oder als die Mischlinge aus beiden Gruppen.

An der Urverwandtschaft von Griechen, Persern, Römern, Kelten und Germanen ist schwer zu rütteln: in einem weiteren Sinne bilden die Vorfahren dieser Völker eine sprachliche, regionale und biologische Gemeinschaft. Sie zeichnet sich aus durch Fruchtbarkeit, Beweglichkeit und Lernwillen. Innerhalb der eigentlichen Antike spielen Völker indogermanischer Herkunft die Hauptrolle. Dennoch liegt der Ursprung der Hochkultur im Nahen Osten. Die Stadt, die Schrift, die Metallverarbeitung und alle großen Religionen stammen von dort. Nach der Einwanderung haben die indogermanischen Stämme diese Errungenschaften übernommen und weiterentwickelt. Die Berührung mit den Vorbewohnern hatte zweifellos eine Vermischung zur Folge, doch bleibt es anheimgestellt, ob man ihr den Aufstieg oder den Abstieg zurechnen will. Semitische und hamitische Völker waren kulturell führend bis ins frühe erste Jahrtausend v. Chr., lieferten aber auch weiterhin wesentliche Anstöße, um dann seit dem Hellenismus wieder an Einfluß zu gewinnen. Die antike Geschichte nach Alexander ist durch den dauernden Austausch westlichen und östlichen Kulturguts gekennzeichnet. Der kulturelle Beitrag der Juden zur europäischen Geschichte gipfelt im Christentum.

Die politische Leistung der semitischen Völker zeigt sich in den Reichsbildungen der Akkader, Assyrer und Araber. Die Mißerfolge der jüdischen Staatsbildungen sind wohl auf eine geopolitische Lage Palästinas zurückzuführen. An Energie und Opfermut hat es den Juden nie gefehlt, darum wird man William Davis (*1910/33*, 327) zustimmen, wenn er meinte, daß es für die Römer von größerem Nutzen gewesen wäre, die Juden (sofern das generell überhaupt möglich war) für das Imperium zu gewinnen, als sie niederzukämpfen.

Einstweilen sieht es nicht so aus, als ob sich die Kulturgeschichte aus den Sekretionen der endokrinen Drüsen ihrer Träger herleiten ließe. Zu viele Fragen sind offen. Wieviele Rassen gibt es? Nach welchen Kriterien sind sie zu unterscheiden? Wie verhalten sie sich zu „Völkern“? Wie sind kulturelle und natürliche Faktoren gegeneinander abzugrenzen? Wandelt sich das Erbgut, und wenn: wie und weshalb? sind Mischungen „positiv“ oder „negativ“? Selbstkritische Biosophen mögen derartiges als „Kinderkrankheiten“ einer jungen Wissenschaft entschuldigen. Es gibt aber auch tödliche Kinderkrankheiten.

Die innenpolitischen Untergangserklärungen (III. 4!) stellen mit dem schuldhaften Versagen der Verantwortlichen offenkundige Mißstände heraus. Die Zeitgenossen klagen glaubhaft über die Unfähigkeit einzelner Kaiser, über den Eigennutz in der Verwaltung und über den Steuerhunger einer unersättlichen Regierung. Was Ammian, Synesios und Salvian anprangern, wird durch die erhaltenen Gesetzestexte weitgehend bestätigt (Isaac *1971;* Noethlichs *1980*). Ohne Zweifel hätte durch eine pflichtbewußte und sachkundige Verwaltung die Widerstandskraft des Imperiums erheblich gesteigert werden können.

Der von Aufklärern und Liberalen beklagte Despotismus ist von der Mehrzahl der Reichsbewohner schwerlich als Übel empfunden worden. Die Monarchie als solche wird man nach den spätrepublikanischen Bürgerkriegen für strukturell angemessen erachten dürfen. Die vorindustriellen Flächenstaaten waren überhaupt monarchisch verfaßt, republikanische Ordnung war dauerhaft nur in kleinen Gemeinwesen möglich. Noch Alexander Hamilton (I 392) empfahl am 18. VI. 1787 den Vereinigten Staaten eine lebenslange Wahlmonarchie, wohingegen Jefferson in seinem ›Commonplace Book‹ die Ansicht verfocht, daß unter den besonderen amerikanischen Bedingungen auch eine großräumige Republik lebensfähig sei (*1926,* 266 f.).

Nach der Selbstauflösung der römischen Republik war die Staatsreform des Augustus fraglos ein politisches Meisterstück. Die abermaligen Unruhen des 3. Jahrhunderts wurden von Diocletian und Constantin beendet. Sie haben mit ihrem Durchgreifen aufs ganze gesehen stabilisierend gewirkt. Der Kritik an Diocletians allzu pompösem Gehabe steht die Kritik an Julians allzu leutseligen Umgangsformen gegenüber (Amm. XV 5, 18; XXV 4, 18). Vom Übel waren jene Kammerkaiser nach 395, deren Persönlichkeit nicht zum Regieren, wohl aber dazu reichte, die Regenten zu stürzen. In einem absolutistischen Staat hängt viel an der Person des Herrschers. Das Regiment der Hofkamarilla ist gewiß ein wichtiger Niedergangsfaktor gewesen, und dasselbe gilt für die schweren Bürgerkriege gegen Usurpatoren wie Magnentius, Procopius, Maximus, Eugenius, Constantin III., Attalus, Johannes und wie sie alle heißen.

Weniger gravierend ist die Abwanderung des Hofes von Rom gewesen. Rom lag militärisch und ökonomisch inzwischen zu ungünstig. Die Schwerpunkte hatten sich verschoben, und ihnen mußte der Kaiser folgen. Die Teilung der Reichsgewalt war sinnvoll, die Vielzahl der Aufgaben ließen sich unter den gegebenen Verkehrsverhältnissen von einem einzigen Punkt aus nicht lösen. Der dirigistische Charakter der Innenpolitik muß aus dem Bestreben verstanden werden, die Funktionsfähigkeit des Systems zu erhalten. Die Höhe der Steuern war nur soweit ein vermeidbares Manko, als ihre Verwendung unsinnig war. Eine Einschränkung der Hofhaltung, der Kirchenkosten, der Großstadt-Subventionen und der Tribute an Barbarenfürsten hätten den steuerzahlenden Landmann erleichtert, vielleicht auch seinen Patriotismus gehoben, doch war's um ihn bei den Reichen ja nicht viel besser bestellt.

Die Politik gegenüber den Städten wird im allgemeinen zu negativ gesehen. Denn sie waren zwar kulturelle Zentren, bedeuteten volkswirtschaftlich jedoch eine Belastung, da sie mehr konsumierten als produzierten. In den Städten sammelte sich noch immer der Reichtum, und eben darum hielt sich der Fiskus an die Städter. Deren Übersteuerung, von Liebenam (*1900,* 510) bestritten, ist ein relativer Begriff. Wir hören von verfallenen, ja von verlassenen Städten, sollten aber nicht vergessen, daß solche seit dem Fall von Troja und Mykene bis heute zum Bilde der mediterranen Landschaft gehören. Bis in die Spätantike gibt es daneben auch Neugründungen.

Neben der institutionellen spielt die moralische Kritik an den späten Römern eine große Rolle in der Literatur. Den Kaisern wird Verhärtung oder Verweichlichung, je nachdem, vorgeworfen, dem Hof und der Verwaltung Korruption, den

Oberschichten Eigensucht und Üppigkeit, dem Heer Disziplinlosigkeit und mangelnde Loyalität, den städtischen Massen Vergnügungssucht und Faulheit, den Bauern Resignation und fehlende Vaterlandsliebe – im übrigen kommen sie in der Moralzensur noch am besten weg. Als Erklärung für diese „Sittenverderbnis" dient das klassische Dekadenzmodell: die Erschlaffung der moralischen Spannkraft im Wohlstand, im Frieden, in der Gewöhnung an eine Ordnung, deren Zusammenbruch außerhalb des Denkbaren lag. *Otium et reges prius et beatas perdidit urbes,* heißt es bei Catull (c. 51). Antike und moderne Kritiküsse denken hierin sehr ähnlich.

Die erforderlichen Abstriche ergeben sich zunächst aus dem Zweck jener Moralkritik. Sie dient allenfalls zur Hälfte der historischen Erklärung, im übrigen will sie den Leser auf den Pfad der Tugend weisen. Darum sind pädagogisch motivierte Übertreibungen abzurechnen. Sodann ist Moral nicht mit Staatstugend gleichzusetzen. Unsere Vorstellung, ein sittlich guter Mensch sei eben dadurch bereits ein staatsbeflissener Mitbürger, setzt eine demokratische Selbstverantwortung für das Gemeinwesen voraus, wie sie für den Untertan eines antiken Großreiches schwerlich und für einen spätrömischen Christen schon gar nicht unterstellt werden darf. Der „Fürst dieser Welt" ist der Satan (Ev. Joh. 16, 11), darum heißt es: „habt nicht lieb die Welt, noch was in der Welt ist!" (1. Joh. 2, 15). Wenn die Welt überwunden werden soll, dann ist die Vernachlässigung staatsbürgerlicher Pflichten kein Sittenverfall.

Was die Überlegenheit der Germanen begründete, war keinesfalls deren größere Sittenstrenge, sondern deren weltzugewandter Gemeingeist, ihre militärische Lebensform, deren sittliche Auswirkungen bei Salvian von Massilia glänzende, bei Gildas und Gregor von Tours dagegen finstere Züge zeigen. Germanen und Römer unterscheidet weniger die Moralität als die Mentalität, und in diesem begrenzteren Sinn leistet das klassische Dekadenzmodell Hilfe: das Leben über lange Zeiten im gleichen System begünstigt jene Verhaltensweisen, die in diesem System zum Erfolge führen. Im Reich waren das Arbeitsfleiß, handwerkliches und geistiges Können und Gehorsam gegen die Obrigkeit. Das ging durch alle Gesellschaftsschichten. Die Senatoren waren seit Gallienus als untauglich vom Offiziersdienst ausgeschlossen worden, sie zeigten auch später kein Interesse, wieder Heeresdienste zu übernehmen und mußten sich dieses von Aurelius Victor (LdC. 37, 5 ff.), Claudius Mamertinus (Paneg. Lat. III 20, 1), Ammian (XIV 6; XXVIII 4) und Vegetius (I 7) vorwerfen lassen. Die Grundherren sträubten sich, wenn sie Rekruten stellen sollten (Symm. ep. VI 64; Veget. I 28; Ambr. Hex. 5, 15), und zahlten lieber die Sondersteuer des *aurum tironicum* (CTh. VII 13, 7; 13 f.; 20), mit dem die Söldner finanziert wurden (Amm. XIX 11, 7; XXXI 4, 4). Wehrdienst war in allen Schichten unpopulär (Jones *1964*, 618). Aus den urbanisierten und romanisierten Teilen des Reiches war es schon immer schwierig, Truppen zu ziehen: die Zivilisation verringerte die Wehrtauglichkeit (Veget. I 3). Selbstverstümmelung, Desertion und Ersatzzahlung waren in der Spätantike verbreitet (CTh. VII 18; Amm. XV 12, 3), dergleichen kam in der stadtrömischen

Oberschicht indessen auch früher schon vor (Sueton, Augustus 24). Möglicherweise hat die im Verlaufe der gesamten römischen Geschichte zu beobachtende Ausweitung der Rekrutierungsräume die Loyalität der Rekruten verringert. Das vielfach als Symptom interpretierte Paktieren von römischen Provinzialen mit reichsfremden Barbaren ist deswegen wenig aussagekräftig, weil einerseits ja auch die Kaiser immer wieder Bündnisse mit Germanenfürsten geschlossen haben und andererseits gewiß zehnmal so viele Germanen auf römischer Seite standen als Römer auf germanischer.

Das entscheidende Motiv der Wehrunwilligkeit dürfte in der Umstellung auf eine zivile Lebensform in der Gewöhnung an die Sekurität liegen. Im niedergehenden Athen kritisierte Isokrates (de pace 44 ff.) die dem Wohlstand entspringende Unlust am Kämpfen, im kaiserzeitlichen Rom wunderte sich Tacitus (hist. II 17) über die Teilnahmslosigkeit der Italiker an den Machtkämpfen des Jahres 68/69 und verstand sie so: *longa pax ad omne servitium fregerat faciles occupantibus et melioribus incuriosos* – der lange Frieden hatte die Italiker zu jeder Knechtschaft gefügig gemacht, eine leichte Beute für Eindringende, desinteressiert an der Frage, welches die bessere Partei sei. Die Worte, die er den aufständischen Galliern in den Mund legte, dürften einen späteren, vermutlich den taciteischen Zustand spiegeln: man bedenke, *quam inops Italia, quam imbellis urbana plebes, nihil validum in exercitibus nisi quod exterum* (ann. III. 40, 3). In der Spätantike ließ es die Mehrheit unter den Provinzialen an der Bereitschaft fehlen, den erforderlichen Beitrag zu Erhaltung des Systems zu leisten. Eine solche Haltung muß nicht aus Feindschaft gegen das Reich resultieren. Adam Smith hat sie einleuchtend aus einer fortschreitenden Arbeitsteilung hergeleitet. Die Römer fühlten sich für den Kriegsdienst nicht mehr zuständig. Sie kämpften, von Ausnahmen abgesehen, weder für noch gegen das Reich, sie ließen sich im allgemeinen wie Fellachen einfach überrollen, von Geiserich ebenso wie von Belisar, und gingen nur auf die Barrikaden, wenn das auf dem Spiele stand, was sie als ihr Seelenheil betrachteten. Manch einer zog das Leben unter der Herrschaft von Germanen auch deshalb vor, weil unter ihnen die Römer vom Kriegsdienst befreit (so sahen sie es) oder ausgeschlossen waren (so sahen es jene). Welche gesellschaftliche Gruppe im Reich ihre patriotischen Pflichten am stärksten vernachlässigt hat, bzw. welche von ihnen das Vaterland am ehesten hätte retten können, dies läßt sich schwerlich entscheiden.

Die innenpolitischen wie die sozialökonomischen Erklärungsversuche arbeiten mit dem Denkmodell einer grundsätzlichen Strukturschwäche des (spät)römischen Reiches. Diese Annahme ist das Produkt einer unbewußten Gebäude-Metaphorik (II. 5. a!), die von einem Normalmaß an Stabilität ausgeht, wie es wohl im Baufach, nicht aber in der Politik unterstellt werden darf. Das Argument der „Strukturschwäche" vergißt die Relativität des Begriffs und versäumt daher, die Normalstärke einer Systemstruktur zu benennen. Das Imperium hat gewaltige Belastungen ertragen, aber bei jedem Staat kann der Druck so groß werden, daß er zusammenbricht.

Wenn ich nun dazu übergehe, die vier ersten Erklärungstypen gemeinsam zu kritisieren, mag mich mein Leser mit dem Ritter von der traurigen Gestalt vergleichen, der (II 1) davon träumte, zweimal hunderttausend Türken in Stücke zu hauen, als ob sie alle zusammen nur einen einzigen Hals hätten. Dennoch sei es gewagt! Zunächst fällt ja auf, daß die religiösen, sozialökonomischen, naturbedingten und innenpolitischen Wandlungen der Kaiserzeit, d.h. die in den genannten Theorien als destruktiv erachteten Faktoren, grundsätzlich ebenso als konstruktiv verstanden werden können und von den jeweiligen Gegnern der betroffenen Theorie auch so verstanden worden sind. Dem Christentum ist eine Kraft der Läuterung und eine Förderung der Nächstenliebe zugute gehalten worden. Es wirke erhaltend, nicht zerstörend auf eine Gesellschaft, nicht die christliche, sondern die heidnische Religion habe die antike Kultur zersetzt. Die Sklaverei und der Wohlstand der Oberschichten können als Voraussetzung der antiken Kultur schlechthin gelten. Die Verarmung ließe sich als Rückkehr zu einer naturnäheren Lebensweise verstehen, wie sie die Germanen pflegten. Die Auslaugung des Bodens könnte als Motiv der Expansion oder als Anreiz zum agronomischen Fortschritt verstanden werden. Die Abnahme der Bevölkerung mußte den Lebensraum der Verbleibenden erweitern, der Einstrom fremder Siedler hätte der Bevölkerungssubstanz zugutekommen müssen. Die monarchische Struktur ist als Stabilisierung zu verstehen, wenn wir die spätrepublikanischen Bürgerkriege dagegenhalten. Bürokratisierung und Militarisierung waren gezielte Maßnahmen zur Stärkung des Staates. Die hohen Steuern garantierten, daß über der privaten Bereicherung die Belange des Gemeinwohls nicht zu kurz kamen. Zum allergrößten Teil wurden sie im Reich wieder ausgegeben. Die viel beklagte Reglementierung sorgte dafür, daß der Seeverkehr, die Getreideversorgung und andere lebenswichtige Bereiche funktionsfähig blieben. Der sogenannte spätantike Zwangsstaat ist ein Wahngebilde von Forschern, die gesetzliche Bestimmungen mit historischen Tatsachen verwechseln. Orientalisierung und Barbarisierung haben das Imperium in vielfältiger Weise bereichert, nicht etwa gute alte durch schlechte neue Kräfte ersetzt, sondern eher geistige und materiale Systemlücken geschlossen. Es waren nicht die verschiedenen Mißstände als solche, sondern allein deren Ausmaß, was eine zerrüttende Wirkung hervorgerufen haben kann. Die Dosis macht das Gift.

Zusammengenommen haben die inneren Verfallsmomente das späte Imperium in jenen Zustand versetzt, in dem es gegenüber dem Druck der Germanen versagt hat. Die Summe der belastenden Faktoren hat die Grenze der Tragfähigkeit überschritten. Die Formel „unter solchen Bedingungen konnte das Imperium nicht fortbestehen“ läßt sich sehr unterschiedlich konkretisieren. Mathematisch gesprochen: die Überlastung, d.h. der Betrag, um den die Summe der Belastungsfaktoren die Belastbarkeit übersteigt, läßt sich *ad libitum* mit jedem Einzelfaktor identifizieren, dessen Gewicht für sich genommen größer ist als die Überlastung des ganzen. Dies beweist die gedankliche Gegenprobe. Alle anderen Mängel eingeräumt, hätte allein eine blühende Wirtschaft, allein eine Folge tüchtiger Kaiser, allein ein gesundes Städtewesen, allein eine starke Armee, allein ein starkes und verbreitetes Staatsbewußtsein oder was immer man vermißt, hingereicht, um das Imperium noch eine Weile zu erhalten und vielleicht sogar über die kritische Phase der Völkerwanderung hinüberzuretten. Die Entrüstung über einzelne Mißstände ist gewöhnlich berechtigt, aber sie erklärt wenig. Den seriösen unter den inneren Erklärungen ist somit nicht entgegenzuhalten, daß sie falsch sind, sondern daß sie beliebig sind und nicht berücksichtigen, was außerhalb des Reiches stattfand.

Die destruktive Wirkung jedes Faktors beruht darauf, daß alle anderen in dieselbe Richtung zielten. Daher können wir die Schuld am Zusammenbruch nicht einem einzigen Übel zusprechen. Liefern aber vielleicht alle zusammen eine hinreichende Erklärung für die Auflösung des Reiches? Ich glaube nicht. Was immer gegen den diocletianisch-constantinischen Staat vom politischen Standpunkt aus gesagt werden kann und vom humanitären Standpunkt aus gesagt werden muß, er war als Machtapparat ein imposantes Gebilde. Es ist schwer einzusehen, weswegen die führenden Schichten ein solches Instrument freiwillig aus der Hand gegeben haben sollten, es sei denn, es wurde ihnen aus der Hand geschlagen. Und es ist ebensowenig zu begreifen, welches Interesse die arbeitende Bevölkerung an einer Aufteilung in Einzelstaaten unter germanischer Herrschaft hätte haben sollen. Ein Interesse an der Erhaltung des Reiches hingegen wird man wenigstens im Ausmaß der *vis inertiae* annehmen dürfen, doch reichte die eben nicht mehr aus.

Hier wird eingeworfen, was Orosius (hist. VII 41, 7), Salvian (GD V 37) und Priscus (fr. 8) berichten: die Barbaren als Befreier ersehnt, die Regionen auf dem Wege zur Verselbständigung. Der Wunsch nach Befreiung durch andere ist gewöhnlich ein Zeichen der Apathie, und so haben sich in der Spätantike (wie vor- und nachher stets) Menschen gefunden, die den überlegenen Angreifer als Befreier begrüßten. Die Heere Justinians sind ebenfalls als Befreier aufgetreten, und nichts zeigt die Stimmung der Landbevölkerung besser, als daß sowohl die Goten als auch die Byzantiner Bauernheere dort aufbieten konnten, wo sie die Macht hatten (Proc. BG III 18, 20 ff.; 22, 1 ff. u. 20). Im „Kampf um Rom" spielen die Italiker keine Rolle mehr. Die partikularistischen Tendenzen in der Spätantike waren weniger Ursachen, als Folgen der Schwäche der Zentralgewalt. Sie entstanden, so in Britannien und Aremorica, im Zuge der Selbsthilfe gegenüber den Barbaren.

Trotz mancherlei grundsätzlicher Staatskritik ist eine Auflösung des Imperiums in Teilstaaten niemals, nicht einmal von Augustin (CD IV 15), für unbedingt wünschenswert erachtet worden. Die Vorzüge einer großflächigen Raumordnung waren so offensichtlich, daß auch zur Zeit der Sonderreiche des 3. Jahrhunderts kein Teilherrscher sich als solcher gefühlt hat. Postumus und Vaballath wollten römische Imperatoren sein; die diocletianische Tetrarchie und die constantinische Präfekturenverfassung sind Versuche, die Gesamtstaatlichkeit trotz der notwendigen Zugeständnisse an eine regionale Verwaltung zu bewahren.

Was an ethnischen Sonderbestrebungen auftauchte, ließ sich mit einer imperialen Dachorganisation ohne weiteres vereinbaren, kulturell war das Imperium immer liberal. Als Friedensordnung gab es zum Imperium als ganzem keine Alternative.

Die allgemeine Wünschbarkeit des Imperium Romanum weckt die Frage, weshalb die Zeitgenossen die reichsinternen Mißstände nicht abgestellt haben. Die innere Geschichte Roms ist die einer permanenten Reform, sollte die Elastizität in der Spätantike plötzlich verlorengegangen sein? Eine solche Annahme scheitert an den zeitgenössischen Denkschriften, an der Kulturkritik der Geschichtsschreiber und an der emsigen Gesetzgebung. Allein der Übergang zum Christentum straft jeden (z. B. Grimal *1961*, 452) Lügen, der dem späteren Imperium geistige Erstarrung vorwirft. Wenn der Erfolg ausgeblieben ist, so müssen wir die Rahmenbedingungen in Betracht ziehen, die der eine Teil der Forschung in einer kulturzyklischen Gesetzlichkeit, der andere in der außenpolitischen Situation sucht.

Für die kulturmorphologische Zyklustheorie (III. 5!) sind die Faktoren der vier behandelten inneren Erklärungstypen (III. 1–4!) bloße Symptome, Epiphänomene. Politische Intelligenz und soziale Energie werden als Produkt einer Kulturentwicklung gedeutet, die mit dieser steigen und fallen. Gerade im Bereich des Mentalitätswandels gibt es Anzeichen für eine solche Bewegung. Eine ältere Richtung erklärt diese Zyklik aus dem klassischen Dekadenzmodell, eine jüngere Schule begnügt sich mit dem Verweis auf das allgemeine Naturprinzip, modifiziert durch den römischen Volks-Charakter oder den antiken Kulturtypus. Die Handlungen in der Geschichte sind für den Kulturmorphologen Ausdruck unsichtbarer Potenzen, Erscheinungsformen natureigener Gesetzlichkeiten. Diese Deutung verwertet die Einsicht, daß der Grund der Geschichte kein Teil derselben ist, und vermeidet das Dilemma der unentscheidbaren Priorität unter den Niedergangsfaktoren. Hier wird nicht Geschichte aus Geschichte erklärt, so wie sich Münchhausen selbst am Zopf aus dem Sumpf zog.

Die dafür erforderliche Annahme höherer Regulative bringt jedoch andere Schwierigkeiten. Zum ersten ist die Herleitung der Schwächen im einzelnen von der Schwäche im ganzen nicht einsichtiger als das umgekehrte, denn zwischen dem Teil und dem Ganzen gibt es kein kausales Verhältnis. Zum zweiten läßt sich der Gegenstand dessen, was in der Kulturmorphologie „Gestalt“ hat, nicht bestimmen; der zur beobachtbaren „Form“ hinzuzudenkende Inhalt wird mit Begriffen wie „Wesen“, „Seele“ oder „Geist“ angedeutet, unter denen sich allzu Verschiedenartiges verbergen kann. Und ob die „Vitalität einer Kultur“ mehr ist, als ein Destillat aus den Aktivitäten, bleibt spekulativ. Autoren, die der römischen oder gar der antiken Mentalität grundsätzliche Strukturdefekte nachsagen und ihr das politische Reifezeugnis verweigern (Herder, Beloch, Cochrane), unterstellen einen Musterschüler, wie ihn der Weltgeist bisher jedenfalls noch nicht hervorgebracht hat.

Zum dritten ist auch die Form der Zyklik alles andere als eindeutig. Die Vergänglichkeit alles Gewordenen ist ein empirisch hervorragend bestätigtes Gesetz, aber die unterschiedlichen Lebensfristen zeigen, daß man damit zur Erklärung nicht auskommt. Die behaupteten Rhythmen der Kulturdeuter widersprechen sich (Sorokin *1951;* Cairns *1963*). Sympathisanten dieser Erklärungsform zeigen in der Regel eine Vorliebe zu einem bestimmten Autor, der dann gewöhnlich von den Vertretern eines ähnlichen Ansatzes eine so schlechte Meinung hat, daß mit einer Konvergenz nicht zu rechnen ist. Insgesamt ist dieser Erklärungstyp durch sein Ausweichen ins Unsichtbare schwer justiziabel: die angenommene Bedingtheit aus höheren oder tieferen Daseinsschichten ist ein Bekenntnis zu einer vertikalen Kausalität, die von Anhängern wie Gegnern übereinstimmend als mystisch bestimmt wird.

Wo immer man den Fehler sucht: durch reine Eingeweideschau läßt sich der nachfolgende Untergang des Reiches nicht nachträglich vorhersagen. Damit müssen wir die externen Rahmenbedingungen für das Scheitern der Bemühungen um die Erhaltung der Reichseinheit in Betracht ziehen. Es sind die Angriffe der Barbaren, insbesondere der Germanen. Der Zerfall des Imperiums resultiert aus einer Kräfterelation zwischen Angreifern und Verteidigern, die nicht zu verstehen ist, wenn allein die Schwäche der im Inneren wirksamen konservativen Bestrebungen und nicht zugleich die Stärke der von außen kommenden destruktiven Mächte betrachtet wird. Erst die Differenz zwischen beiden erklärt das Ergebnis, darum ist jede auf die reichsinneren Faktoren fixierte Interpretation defekt.

Daß auch die Gesamtheit der Miseren im Reich dessen Zerfall nicht zu erklären vermag, beweist die Reichstradition im Osten. Byzanz hat überdauert. Das ist ein altes, schon von Panvinius *(1558)*, Krause *(1789)*, Mommsen *(1893)*, Baynes *(1943)* und Jones *(1964)* verwendetes Argument dafür, daß der außenpolitische Druck ein unabdingbarer Faktor für das Verständnis der spätrömischen Situation ist. Und dieses Argument schlägt durch. Die Angriffe der Nordvölker auf die europäischen Provinzen konnten wegen der ungünstig langen Flußgrenzen nicht abgehalten werden, während Kleinasien geographisch verhältnismäßig geschützt lag. Die Perser waren keine Landsucher und hatten ihre inneren Probleme, die Isaurier konnten integriert werden, und die Germanen kamen nicht über den Bosporus.

Um demgegenüber die hinreichende Erklärungskraft der innenbedingten Dekadenz zu retten wird gelegentlich behauptet, die innere Struktur der Osthälfte wäre schon immer gesünder gewesen als die der Westhälfte.[3] Diese Behauptung trägt nicht. Die weitergehende Verstädterung des Ostens ist kein Kriterium für

---

[3] Jung *1879,* 76; Saunders *1963,* 13; Alföldy *1973/79,* 195; Rémondon *1964,* 260; Schieffer *1976,* 64; Diesner *1976/81,* 68.

Widerstandskraft, wenn wir an die Wehrlosigkeit des städtereichen Nordafrika gegenüber den Vandalen denken. Umgekehrt ist der senatorische Großgrundbesitz im Westen nicht unbedingt als Schwächezeichen zu werten. Wer den Feudalismus für progressiv erachtet, müßte aus ihm Überlegenheit folgern; wer ihn für rückschrittlich hält, hat zur Kenntnis zu nehmen, daß sowohl die Germanen als auch die Byzantiner, namentlich in Ägypten, eine solche Bodenstruktur aufgebaut haben. Montesquieu (1734 ch. 16) fand, daß die europäischen Truppen den asiatischen normalerweise überlegen waren und dasselbe meinte auch Mommsen (*1886*, 132). Der hellenistische Osten ist im 2. und 1. Jahrhundert vor den Legionen klanglos zusammengebrochen; bei Pharsalos, Philippi und Actium siegten Feldherren des Westens über Feldherren des Ostens. Der postulierte Vorsprung des Ostens müßte sich in der Kaiserzeit herausgebildet haben, verdankte ihn also demselben römischen System, das den Westen zurückwarf!? Von einer höheren militärischen Widerstandskraft der Osthälfte ist bis zu den Bürgerkriegen zwischen Constantin und Licinius nichts zu verspüren. Die innerrömischen Kriege der Folgezeit, Magnentius und später Julian gegen Constantius, Maximus und dann Arbogast gegen Theodosius, eignen sich als Testfälle für das Kräfteverhältnis deswegen nicht mehr, weil inzwischen die Stärke der Kaiser ganz von ihrer zufälligen Verfügung über barbarische Hilfstruppen abhing. Damals hatten die germanischen Verbände in beiden Reichshälften bereits das Übergewicht, ob sie nun für den Osten oder für den Westen, für oder gegen Rom kämpften. Derjenige Teil des angeblich gesünderen byzantinischen Reiches, der von den Germanen und Hunnen angegriffen wurde, und das waren die einst so soldatenreichen Donauprovinzen, war ebenso wehrlos wie der Westen.

Der Anteil der Germanen-Angriffe am Zusammenbruch wird in der Regel durch den Einwand abgewertet, daß die Römer seit den Kimbern und Teutonen mit den Germanen zu tun gehabt haben und sie stets abwehren konnten. Warum sollte dies nach 376 nicht mehr möglich gewesen sein? Beweist die nachfolgende Unterlegenheit Roms nicht seinen inneren Niedergang? Gewiß! Es wäre töricht, ihn zu bestreiten. Dennoch ist er seinerseits durch den germanischen Druck seit den Marcomannenkriegen beschleunigt, wenn nicht bewirkt worden. Der Druck hat sich verschärft.

Die Vorstellung, daß die Verhältnisse im germanischen Raum von Ariovist bis Alarich im wesentlichen dieselben geblieben seien, und die Unkenntnis der Entwicklungen, die sich dort abgespielt haben, sind fachspezifische Defekte althistorischer Erklärungsversuche. Selbst das Werk von A.H.M. Jones *(1964)* ist in diesem Punkt von einer kyklopischen Einäugigkeit. Ohne die Entwicklung im Barbaricum (dazu Schmidt *1941*; Thompson *1982*) läßt sich die Lage an den Grenzen aber nicht begreifen. Die sogenannte Völkerwanderung war kein unvermittelt, etwa erst durch den Hunnensturm ausgelöstes Ereignis. Vielmehr ist sie das turbulente Endstadium einer germanischen Ausdehnung, die sich seit dem frühen ersten Jahrtausend v.Chr. nachweisen läßt. Ausgehend vom südskandinavisch-norddeutschen Raum breiteten sich die Germanen nach allen Himmelsrichtungen aus. Bereits im dritten Jahrhundert v.Chr. erreichten die Bastarnen das Schwarze Meer. Der Südwanderung wurde durch die römischen Militärgrenzen ein Riegel vorgeschoben, an dem sich der germanische Bevölkerungsdruck staute (Demougeot *1969/79*; Uslar *1980*).

Voraussetzung für diese Entwicklung ist die den Germanen von den antiken Autoren immer wieder bescheinigte Lust am Kriegführen, sowohl gegen ihresgleichen als auch gegenüber Rom. Caesar (BG. I. 1, 4; VI 21,3) berichtet darüber: *vita omnis in venationibus atque in studiis rei militaris consistit;* Pomponius Mela (III 3, 26 ff.) und Seneca (de ira I 11, 3) bestätigen dies. Ein köstliches Zeugnis für das kriegerische Selbstbewußtsein der Germanen überliefert Tacitus (ann. XIII 54) in der Anekdote der beiden Friesenkönige, die als Gesandte nach Rom kamen und dort ungebeten die Ehrenplätze im Theater einnahmen, indem sie erklärten: *nullos mortalium armis aut fide ante Germanos esse.* Nicht der Wohlstand, sondern die Freiheit wird als Ideal der Germanen bezeichnet; und verständnislos bemerkt der ältere Plinius (NH XVI 4) im Anschluß an die Beschreibung der einfachen germanischen Lebensverhältnisse: *et hae gentes, si vincantur hodie a populo Romano, servire se dicunt! ita est profecto: multis fortuna parcit in poenam.* Daß Fortuna die Germanen vor den Segnungen der römischen Herrschaft verschone, um sie zu strafen, war schwerlich die Ansicht der Verschonten selbst. Wie diese ihre Lebensweise im Verhältnis zur antiken einschätzten, erfahren wir nur gelegentlich, etwa in dem Befehl des gotischen Königs aus dem Jahre 269, den Athenern nicht ihre Bücher zu verbrennen, weil das Studieren sie von der Kriegsübung fernhielte (FHG IV 196), oder aus der Tatsache, daß die Germanen das Leben in Städten verschmähten.

Das Kriegerideal hat die germanische Gesellschaft zu allen Zeiten bestimmt. Anders als die der Waffen entwöhnte munizipale und senatorische Oberschicht war und blieb die Elite der Germanen ein Schwertadel. Der erwachsene Mann war Krieger. Wenig bezeichnet den Unterschied in der Haltung der beiden Völker besser als die wechselseitige Verwendung der Kriegsgefangenen. Die Römer haben gefangene Barbaren überwiegend ins eigene Heer eingereiht, um Bauern zu sparen, während die Germanen viele Tausende von römischen Gefangenen in der Produktion verwendet haben, um eigene Leute für den Krieg zu gewinnen. Dieser Gegensatz in der Einstellung zum Kampf erklärt es, weshalb die immer ungeheure numerische Überlegenheit der Gesamtbevölkerung im Reich gegenüber den Barbaren sich nicht ausgewirkt hat. Es ist unser modernes demokratisch-egalitäres Menschenbild, das uns die Einsicht darein versperrt, wie unterschiedlich Interessen und die dafür eingesetzten Mittel sein können. Je weiter sich die Scheu vor der Waffe ausbreitet, desto weniger Waffen genügen, den gesamten Rest zu terrorisieren. Die politische Geschichte des Altertums ist immer von wohlbewaffneten und gutgeführten Minderheiten bestimmt worden.[4]

[4] Hier ist von der Antike die Rede. Beifall aus der „falschen Ecke" ist nie zu verhindern. Unsere Gegner können wir uns aussuchen – Sympathisanten müssen wir in Kauf nehmen.

Neben Kriegsgeist und Freiheitsdrang als konstanten Faktoren tritt als dynamisches Element die Bevölkerungszunahme der Germanen. Sie war für antike Beobachter stets ein bedrohlicher Vorgang. Schon Tacitus (Germ. 19, 5) bemerkt, daß die Germanen ihre Kinderzahl nicht künstlich begrenzten. In der Spätantike ist der Nachwuchsreichtum germanischer Stämme für Franken (Paneg. Lat. IV 17) und Burgunder (Amm. XXVIII 5) bezeugt. Jordanes (Get. IV 25) nennt Skandinavien *quasi officina gentium aut certe velut vagina nationum.* Die germanische Bevölkerungszunahme läßt sich archäologisch belegen durch eine Vermehrung der Grabfunde und eine Vergrößerung des Siedlungsraumes auf dem Wege der Binnenkolonisation.

Die Gründe für dieses deutliche Wachstum sind in sozialen Verhaltensweisen zu suchen, die, wer will, als Ausdruck einer gewissen biologischen Volkskraft verstehen kann. Jedenfalls haben die Germanen ihre Kinder, soweit die Heimat zu eng wurde, ausgerüstet und in die Fremde geschickt, ähnlich wie Griechen und Römer das in ihrer Frühzeit auch getan haben. In der spätgriechischen und spätrömischen Gesellschaft läßt sich dagegen eine Beschränkung des Nachwuchses durch Abtreibung, Aussetzung und Empfängnisverhütung nachweisen. Die Gründe dafür liegen bei den Reichen vermutlich in dem Bestreben, das Erbe zusammenzuhalten und die Schmeichelei der Erbschleicher zu genießen (Petron. Sat. 116; 124 f.), bei den Armen spielt die Not eine Rolle. Dennoch bleibt zu bedenken, daß der damalige Lebensstandard ärmerer Römer wohl immer noch über dem germanischen Durchschnitt lag; von einer physischen Unmöglichkeit, den Nachwuchs zu ernähren, kann in Rom kaum gesprochen werden. Land gab es im Reich genug. Welche Mühe haben die Kaiser aufgewendet, die *agri deserti* wieder fruchtbar zu machen! Seit Augustus wurden immer wieder große Gruppen von Germanen im Reich angesiedelt, um Soldaten und Bauern zu gewinnen: *impletae barbaris servis Scythicisque cultoribus Romanae provinciae, factus miles e barbaro, colonus e Gotho* (SHA Claudius 9). Wenn sich die altrömische Bevölkerung nicht vergrößern ließ, – was angesichts der absoluten Relationen jedenfalls unerheblich blieb – mag eine gewisse Hoffnungslosigkeit mitgesprochen haben. Es war zu befürchten, daß die Gewinne doch wieder vom Fiskus abgesahnt würden.

Für den Römer bedeutete der Kampf gegen die Germanen bestenfalls eine Wahrung des bestehenden Zustands, für den Germanen bot der Kampf gegen die Römer hingegen Aussicht auf Verbesserung der eigenen Lage. Das Verhalten der Menschen beruht gewöhnlich weniger auf den Verhältnissen als auf den Erwartungen.

Die innergermanische Entwicklung ist nicht nur durch eine Bevölkerungszunahme, sondern auch durch einen Zivilisationsprozeß gekennzeichnet. Er steht unter römischem Einfluß (Christ *1959*). Durch Söldnerwesen und Handel haben die Germanen seit Caesar von den Römern gelernt. Das beweisen die Nachrichten der antiken Autoren, die archäologischen Funde und die frühen Lehnwortschichten der germanischen Sprachen im zivilisatorischen Begriffsfeld. Die zirka sechshundert Lehnwörter für technische, rechtliche, wirtschaftliche und militärische Dinge, die vor der zweiten (althochdeutschen) Lautverschiebung übernommen worden sind, bezeugen, wie stark der römischen Kultureinfluß während der Kaiserzeit war (Schirmer-Mitzka *1969*, 53). In besonderem Maße haben sich die Germanen die römische Kriegstechnik zu eigen gemacht. Eine hervorragend bestätigte Erfahrungsregel der Zivilisationsentwicklung besagt, daß zuerst der Militärsektor modernisiert wird. Zuerst bringt man die Waffen auf den neuesten Stand. Im Heere des Arminius besaß nur die erste Kampflinie Eisenwaffen, die hinteren kämpften zumindesten teilweise mit feuergehärteten Holzspießen (Tac. ann. II 14, 3). Zur Zeit des Tacitus (Germ. 30) hatten die den Römern benachbarten Chatten die römische Kriegsweise übernommen. Im Verlaufe des 2. Jahrhunderts vermehren sich die Eisenwaffen, und zwar proportional zum römischen Import.

Kämpften die Germanen der frühen Kaiserzeit mit nacktem Oberkörper, so setzten sich später zwar nicht der römische Plattenpanzer, aber eine schützende Bekleidung und das Kettenhemd durch (Salin *1950* ff.; Raddatz *1967;* Ders., Hoops[2] II *1976*, 361–482). Um 200 n. Chr. begegnen Pfeil und Bogen, und mit der Einführung der Fernwaffen konnten die Germanen die offene Feldschlacht wagen. Gegen Kettenpanzer wurden Nadelpfeilspitzen, gegen Plattenpanzer breite Lanzenblätter und Rapiere, gegen Bronzehelme Streitäxte eingesetzt, so daß neben die bloße Nachahmung und Übernahme römischer Waffen die Herstellung eigener, weiterentwickelter Formen trat.

Seit dem dritten Jahrhundert ist die Offiziersausrüstung, seit dem 4. auch die der Mannschaften bei Römern und Germanen gleichwertig. Die sog. Laetenbewaffnung findet sich beiderseits des Limes. Im dritten Jahrhundert gewann die germanische Reiterei an Bedeutung, die Römer wurden ihrerseits genötigt, sich auf die Kampfesweise ihrer Gegner umzustellen. Gallienus schuf eine schwere Kavallerie. Die Gelehrigkeit der Germanen gerade in Fragen der Kriegstechnik war den Römern bewußt. Sie haben zu verhindern versucht, daß die Germanen sich die Errungenschaften des römischen Kriegswesens aneigneten. Dexippos (fr. 29) beweist das für das 3. Jahrhundert, der ›Anonymus de rebus bellicis‹ (Vw.) für das 4. Jahrhundert, der Codex Theodosianus (IX 40, 24 von 419) für das 5. Jahrhundert. Die Waffen, mit denen die Germanen gegen die Römer kämpften, hatten diese zu erheblichen Teilen selbst produziert, das kaiserliche Waffenembargo (Cod. Just IV 41, 2) hatte schwerlich Erfolg. Seit der Mitte des vierten Jahrhunderts boten auch die Stadtmauern den Römern keinen wirksamen Schutz mehr. 355 nahmen die Franken zum erstenmal Köln (Amm. XV 8, 19), 368 die Alamannen Mainz ein (XXVII 10, 1 f.). Die Germanen waren in der Belagerungstechnik so weit, daß ihnen später in Gallien (Julian ep. Ath. 279) und an der Donau (Amm. XVII 6, 1) zahlreiche Städte in die Hände fielen. Das war der Auftakt zur Eroberung Roms 410.

Ein dritter Faktor germanischer Entwicklung neben der wachsenden Bevölkerung und der fortschreitenden Kriegstechnik, war der politische Zusammenschluß zu größeren Kampfgemeinschaften gegen Rom. Was einzelne römisch geschulte Fürsten aus der Zeit der Kleinstämme bereits vermochten, lehren die Erfolge von Arminius und Marbod. Im 3. Jahrhundert veränderte sich die politische Landschaft, die westgermanischen Kleinstämme taten sich zusammen zu den sogenannten Stammesverbänden der Franken, Alamannen und Sachsen (Demandt, Staatenbildung *1980*). Es bildeten sich größere Aktionseinheiten mit der Stoßrichtung auf das Imperium. Die Erfolge dieser neuen Politik zeigt das Desaster des 3. Jahrhunderts, als die Franken durch Gallien und Spanien bis nach Nordafrika vorstießen, während die Alamannen den Limes überrannten und die Sachsen die Küsten plünderten. Die Angriffe der Sassaniden an der Euphratgrenze erleichterten diese Erfolge der Germanen.

Einzelne Beobachter auf römischer Seite haben die Entwicklung vorausgeahnt. Außer Tacitus sah sie Seneca (de ira I 11). Er schrieb: Bei ihrer körperlichen und geistigen Verfassung, der jede Art von zivilisatorischer Verwöhnung abgehe, brauche man den Germanen nur noch Überlegung *(ratio)* und Zucht *(disciplina)* beizubringen, und die Römer müßten ihrerseits zur Vätersitte zurückkehren, oder … Seneca hat die bedrohliche Alternative nicht ausgesprochen.

Das demographische, technische und politische Erstarken der Germanen hatte für Rom keineswegs nur negative Auswirkungen. Das Wort des Scipio Nasica, Rom brauche einen Wetzstein (Oros. hist. IV 23, 10), gilt wie für die karthagische, so auch für die germanische Drohung. Das ihrethalben notwendige Heer war stets ein wesentliches Instrument der Romanisierung, der Zivilisation und der Integration der Völker ins Reich. Im Lauf der Zeit zeigte sich aber, daß der germanische Wetzstein härter war als das Schwert des Legionärs. Seit dem ersten Jahrhundert haben die Kaiser versucht, den Germanen ihr Wohlverhalten durch Stillhaltegelder abzukaufen (Tac. Germ. 42). Tacitus hat ihre Besiegbarkeit bezweifelt und die innergermanische Zwietracht als das schönste Göttergeschenk erhofft, wenn es einst mit Rom zuende gehe (Germ. 33; 37). Marc Aurel mußte, um die Abwehr gegen die Marcomannen zu finanzieren, die Kronjuwelen versteigern (SHA Marcus 17, 4) und Sklaven bewaffnen (21, 6). Die Marcomannen konnten zurückgeworfen werden, und auch die Alamannen wurden zunächst abgewiesen. Als aber dann das neupersische Sassanidenreich als zusätzlicher Gegner auftrat, war das Imperium überfordert (Kolb *1977*). Weil an jedem größeren Kriegsschauplatz ein Kaiser anwesend sein mußte, kam es zu jener Kaisermacherei, die für die Epoche der Soldatenkaiser bezeichnend ist. Dies aber bedeutet zu den äußeren Kämpfen auch noch den ständigen Bürgerkrieg.

Die Ansätze zur Selbstauflösung der römischen Staatsgewalt stehen sämtlich unter dem Zwang des Mehrfrontenkrieges und waren niemals endgültig gedacht. Dies beginnt mit dem ersten echten Doppelkaisertum von Marc Aurel und Lucius Verus, als Donau- und Euphratgrenze zugleich bedroht waren. Die sogenannten Sonderreiche des 3. Jahrhunderts verstanden sich selbst als Schutzmaßnahmen für das Gesamtimperium gegen Germanen und Perser, und auch das spätantike Mehrkaisertum mit seiner Verlagerung der Hauptstädte an die Nähe der Fronten spiegelt keinerlei endogenen Partikularismus, sondern diente der Bewältigung exogener Probleme.

Die diocletianisch-constantinischen Reformen haben die Krise zunächst gemeistert. Um welchen Preis, lehrt ein Blick auf das Militärwesen. Im Heer des spätantiken Staates dienten mehr als doppelt so viele Soldaten wie im Heere des Augustus. Und sie mußten von vielfach heimgesuchten Provinzen ernährt werden. Ein Beamtenapparat, wie er zuvor unnötig war, trieb die Steuern ein. Die wirtschaftliche Misere des Dominats beruht in erster Linie auf den Kosten der Verteidigung. Und insofern sind die germanischen Angriffe auch die wesentliche Ursache für die inneren Nöte des spätrömischen Imperiums.[5]

Niemand wird bestreiten, daß eine fehlerlos funktionierende Verwaltung, ein zufriedenstellendes Sozialgefüge und tüchtige Kaiser an der Spitze die vorhandenen Ressourcen wirkungsvoller hätten einsetzen können, als es geschehen ist. Männer wie Julian und Valentinian zeigen, was möglich war. Aber mit menschlichen Unzulänglichkeiten läßt sich deswegen schwer argumentieren, weil solche gewöhnlich auf beiden Seiten vorkommen. Über die Gravamina der Reichsbevölkerung sind wir bestens im Bilde, aber auf germanischer Seite tappen wir völlig im Dunkeln und folgern daraus, die dortigen Verhältnisse seien gesund gewesen. Hat es dort etwa keine Not, keine Gewalt, keine Zwietracht gegeben? Die spärlichen Hinweise der Quellen lassen ahnen, daß im Unterschied zu den sporadischen Bürgerkriegen im Reich der Kriegszustand unter den germanischen Stämmen sogar das Normale war. Wenn wir immer sorgsam aufrechnen, was die römische Abwehrkraft geschwächt hat, so sollten wir auch bedenken, was die germanische Angriffskraft verringert haben könnte. Man stelle sich vor, die Kimbern und Teutonen hätten sich nicht geteilt, Arminius und Marbod hätten gemeinsam gegen Rom agiert, während der Markomannenkriege hätten auch die Rheingermanen angegriffen, so hätte Roms Ende schon Jahrhunderte zuvor eintreten können. Tacitus (Germ. 33) erwähnt einmal 60 000 Schlachtentote im Kampf von Germanen gegen Germanen, und derartige innergermanische Kriege gab es immer. Hat die Not im Reich die Abwehr geschwächt, die Not im Barbaricum den Angriff gestärkt, so zeigt sich die Irrelevanz des jeweils inneren Faktors für sich genommen.

Was die Germanen ins Reich gelockt hat, war die Suche nach Land und Beute. Durch Handel und Söldnerwesen wußte man, was dort zu holen war (Wheeler *1965*, 96 ff.). In irgendeiner Form mußte Rom dem äußeren Druck nachgeben. War die Auflösung der Staatseinheit die einzige Möglichkeit? Zwei Alternativen zu ihr sind denkbar. Die erste hat Ennodius gegenüber Theoderich ausgesprochen: Rom verjüngt sich, indem die alt und schlaff gewordenen Glieder, d. h, die entfernteren Provinzen, abgeschnitten werden (MG AA VII S. 210). Hätte sich

---

[5] Jäntere (*1936*, 90) referiert nach Sieveking die Verteilung der Staatsausgaben unter Justinian: 5 Mill. Solidi für die Armee, 1 Mill. für die Verwaltung, 0,75 Mill. für den Hof, 0,25 Mill. für Tribute an Barbaren.

das Reich hundert Jahre zuvor nicht auf diese Weise gesundschrumpfen können? Ja und nein. Ja insofern, als man die Behauptung Konstantinopels in gewisser Weise als ein solches Gesundschrumpfen bezeichnen kann. Der Osten hat zur Erhaltung des Westens nie mehr Mittel aufs Spiel gesetzt, als er entbehren konnte, und ihn sich selbst überlassen, sobald er militärisch nicht mehr zu halten war. Nein, insofern Italien in der Kaiserzeit seine Rolle als Kernland des Imperiums zunehmend eingebüßt hat. Das militärische Menschenreservoir war Illyricum, die ökonomischen Zentren lagen in der Levante, in Afrika und in Gallien. Die Romanitas zog sich als soziokultureller Firnis über das gesamte Reichsgebiet. Zwar läßt sich ein gewisser Rückstrom aus den bedrohten Grenzgebieten, aus Britannien, von der Rhein- und der Donaugrenze, nach Italien bobachten, aber das reichte nicht aus, um die nachdrängenden Germanenheere abzuwehren. Der römischen Reichsidee hätte es widersprochen, Italien auf Kosten der Provinzen zu einem militärischen und ökonomischen Bollwerk auszubauen, das man dann über ein breites Glacis hinweg hätte verteidigen können. Der römische Staatsgedanke überschritt die Völkergrenzen. Das war in Zeiten des Aufstiegs seine Stärke, in Zeiten des Niedergangs seine Schwäche.

Eine zweite Alternative wäre eine verstärkte Übernahme der Barbaren ins Reich gewesen. Sie waren ja keine Erbfeinde Roms, sondern haben den Kaisern immer wieder Achtung gezollt (Vell. II 107; Jord. Get. 143). Seit dem 4. Jahrhundert waren sie nicht nur Feinde, sondern zugleich Stützen des Reiches. Inwieweit ihre Eingliederung gelingen würde, blieb umstritten. Seit der Niederlage von Adrianopel 378 stand die römische Germanenpolitik unter einer verhängnisvollen Antinomie: je größer die Verluste waren, die man von den Barbaren hinnehmen mußte, desto größere Anstrengungen mußten unternommen werden, sie als Krieger und Siedler zu gewinnen, um so die durch Germanen geschlagenen Lükken mit Germanen aufzufüllen. Die Höflinge der Kaiser haben dieses homöopathische Verfahren empfohlen, aber kritischen Zeitgenossen wie Ammian und Synesios erschien es mit Grund bedenklich. Selbst christliche Autoren wie Ambrosius und Prudentius lassen sehr germanenfeindliche Töne vernehmen. Aber den Kaisern blieb keine Wahl. Der in senatorischen und kirchlichen Kreisen verbreitete Widerwille gegenüber den Barbaren bot keine Grundlage für eine erfolgreiche Politik. Als Sklaven wie als Söldner waren Reichsfremde längst unentbehrlich. Niemand hat das besser gesehen als Theodosius, der „Freund des Friedens und der Goten“ (Jord. Get. 146), und Stilicho, sein germanischer Nachlaßverwalter. Zum letzten Male erscheinen nationalrömische Truppen bei der Revolte von Ticinum 408, die zum Sturz Stilichos geführt hat. Die Folgen zeigten, daß die einzige Alternative zur germanischen Armee im Westen die hunnischen Söldner darstellten. Die Romanen kämpften nicht mehr; sie waren seit Jahrhunderten gewöhnt, daß für sie gekämpft wurde. Als Geiserich 429 mit 80 000 Menschen – nicht etwa Kriegern (Vict. Vit. I 1, 2) – in Afrika erschien und die städte- und volkreiche Provinz unterwarf, fühlten sich die Provinzialen trotz ihrer 20 bis 30fachen Überlegenheit für die Verteidigung nicht zuständig. Sie schlossen die

Stadttore und warteten darauf, daß der Kaiser ein Heer schickte oder aber Geiserich zum Heermeister ernannte und damit das Problem auf juristischem Wege löste. Bei Alarich war das möglich gewesen.

Die Anpassungsbereitschaft der Germanen ans römische System läßt vermuten, daß sie weiter, als geschehen, ins Reich hätten hineinwachsen können. Wäre es gelungen, in großem Maßstab die landsuchenden Gruppen auf den brach liegenden Äckern Griechenlands, Italiens und Afrikas anzusiedeln, hätte sich der für das Reich verderbliche Zusammenstoß zumindest für den Zeitpunkt, zu dem er erfolgt ist, vermeiden lassen. So wie die römischen Kaiser des 3. und 4. Jahrhunderts überwiegend Illyrier waren, hätten auch romanisierte Germanen Kaiser werden können. In Magnentius und Silvanus haben wir germanische Usurpatoren vor uns; Eucherius, Patricius und Thela waren als Söhne germanischer Heermeister für die Thronfolge in Betracht gezogen worden. Graf Stauffenbergs Vision einer nicht erst 800 erfolgten, sondern um drei bis vier Jahrhunderte vorgezogenen *Translatio imperii* (bzw. eines kontinuierten Imperium Romanum) ist nicht so abwegig. Den kleinasiatischen Isauriern ist die Integration ja gelungen. Sie haben sich im 4. und 5. Jahrhundert als barbarische Räuber einen bösen Namen gemacht, aber seit ihr Häuptling Tarasicodissa als Zenon byzantinischer Kaiser geworden war, kämpften sie nicht mehr gegen, sondern für das Imperium. Die Unversöhnlichen wurden umgesiedelt.

Somit läßt sich die Auflösung des Reiches nicht nur als gescheiterte Abwehr, sondern ebenso als mißglückte Einbürgerung der Germanen auffassen. Ob den Römern daraus ein Vorwurf gemacht werden kann, ist schwer zu entscheiden, denn die Integrationsfähigkeit eines zivilisatorisch noch so überlegenen, politisch noch so liberalen Systems findet irgendwo eine Grenze. In der unterschiedlichen Lebens- und Denkweise kulturell eigenständiger Gruppen ist immer Stoff zum Streit verborgen. Das Resultat war eine Folge der beiderseitigen Kapazitäten. Für sich betrachtet, ist das Verhalten beider Seiten verständlich: auf römischer Seite der Wunsch, was man hatte, zu behalten (das konservative Prinzip), und auf germanischer Seite der Wunsch, die eigene Lage zu verbessern (das progressive Prinzip). Das Ende des Imperiums ist unter diesem Blickwinkel das Resultat des mißlungenen Ausgleichs der beiden Prinzipien. Mißlungen deswegen, weil die Römer schließlich doch das verloren, was sie hatten, die Germanen aber nicht das gewannen, was sie suchten. Die ihnen so begehrenswert erscheinende römische Kultur vermochten sie nicht fortzuführen, das eroberte Land haben sie nicht zu halten verstanden. Mit Ausnahme des Frankenreiches sind die germanischen Staatsbildungen auf Reichsboden wieder verschwunden.

Die Annahme einer innenbürtigen Dekadenz, derenthalben ein beliebiger Anstoß zum Kollaps führen mußte, überzeugt nicht. Die germanische Bedrohung war kein auswechselbarer Zufall. Dies mag man für die übrigen Barbarenangriffe behaupten. Berber und Blemmyer, Sarazenen, Sarmaten und Picten konnten sich mit den Germanen schon mengenmäßig nicht messen. Nicht einmal die Perser bildeten eine gleichrangige Gefahr. Zwar waren sie den Germanen kulturell überlegen, aber sie besaßen nicht dieselben Menschenreserven und suchten keinen Siedlungsraum.

Als auslösender Faktor kommt jedoch den Hunnen eine gewisse Bedeutung zu. Ihr Erscheinen am Schwarzen Meer war der Anlaß dafür, daß die Westgoten 376 Aufnahme ins Reich suchten und fanden. Insofern haben die Hunnen den Zeitpunkt bestimmt, zu dem die Donaugrenze fiel. Im Rahmen des *persistent hammering* (Finley *1966*, 88 nach Aubin *1940*, 78) der Germanen, die das Reich in einen dauernden „Belagerungszustand" versetzten (Heichelheim *1938*, 847), wird man den Hunnen allerdings nur eine momentan verstärkende Wirkung zusprechen können. Sie wurde durch die Germanen sogar noch abgeschwächt, weil sie um 370 den ersten hunnischen Stoß auffingen, der sonst das Imperium getroffen hätte, und weil sie 451 die wichtigsten Truppen stellten, mit denen Aetius Attilas Einbruch nach Gallien abwehrte. Wenn wir das Auftreten der Hunnen aus dem Kräftespiel wegdenken, ist allenfalls mit einer Verzögerung der politischen Auflösung zu rechnen. Das lehren die Germanenangriffe des 3. Jahrhunderts. Eliminieren wir hingegen die Rolle der Germanen, so ist nicht ersichtlich, wer an ihrer Stelle die Auflösung der Reichseinheit hätte erzwingen können. Es gibt keine nennenswerte römische Gruppe, die ein Interesse daran besaß, die auflösende Kraft konnte nur von außen kommen. Einen Ersatzagenten finden wir allenfalls in den Arabern des 7. Jahrhunderts oder erst in den Türken des 11. Jahrhunderts, aber ob sie das ungeteilte, ungeschwächte Imperium hätten sprengen können, ist zweifelhaft. Wenn der Verzögerungseffekt ein Anzeichen für das Gewicht eines Faktors ist (IV. 3!), dann ist dem Druck der Nordvölker der erste Platz zuzuweisen.

Die Ablösung der römischen durch die germanische Herrschaft ist ein Vorgang, zu dem wir aus der vorindustriellen Zeit mehrere Parallelen kennen. Die Kulturzonen des Mittelmeerraumes waren stets aus den Barbarenregionen bedroht. So haben aus der arabischen Wüste semitische Nomaden die mesopotamischen und mediterranen Stadtkulturen überrannt: das beginnt mit den Akkadern und Amurritern im frühen 2. Jahrtausend und endet mit den Arabern. Seit dem frühen 1. Jahrtausend geriet Ägypten unter die Herrschaft libyischer und nubischer Söldnerführer. Aus den Wäldern des nördlichen Europa sind mehrfach landsuchende Indogermanen in die Mittelmeerländer eingebrochen: die Mykenäer in die minoische Welt, die Dorier in die mykenische Kultur, Makedonen und Epiroten ins klassische Griechenland. Kelten, Germanen und Slawen sind zu verschiedenen Zeiten in den reicheren und wärmenren Süden vorgedrungen. Schließlich fielen aus asiatischen Steppen immer wieder Reiternomaden über die südlichen Kulturlande her: die Hunnen über das sassanidische und das römische Reich, die Avaren, Bulgaren und Türken über das byzantinische Imperium. Der Machtübernahme ging gewöhnlich eine friedliche Einwanderung voraus, eine kulturelle Angleichung folgte. Das Erbe einer Kultur kommt an deren Stiefkinder.

Die für die Spätantike aufgeworfene Frage stellt sich in allen angeführten Fällen ähnlich. Stets zeigt sich bei den Kulturstaaten eine Tendenz zur Abkapselung gegen das barbarische Ausland, die jedoch nie verhindern konnte, daß die Barbaren sich in der Kriegstechnik auf die Höhe der Kulturvölker erhoben. Und indem bei den Barbaren der Wunsch nach dem Reichtum der Kulturländer um so größer wurde, je mehr sie von ihm erfuhren, und in den Kulturländern die Wehrkraft sank, je länger das Leben im friedlichen Wohlstand andauerte, erfolgte irgendwann der Einmarsch. Diese Erfahrung steht hinter dem klassischen Dekadenzmodell, das die Basis der politischen Philosophie des Altertums darstellt. Daniel (5, 20) hielt es dem Belsazar vor, und noch Ibn Chaldun erklärte mit ihm die Überlegenheit der Wüstenbewohner über die Stadtmenschen.

Bei jedem Fall erhebt sich die Frage, ob ohne den Angriff von außen die innere Dekadenz irgendwann zum Sturz des betreffenden Systems geführt hätte. Was wäre ohne den Einmarsch der Makedonen aus dem Achaimenidenreich, ohne den Einmarsch der Meder aus Babylonien geworden? Der Zugriff von außen erfolgte anscheinend stets, bevor die innere Entwicklung abgeschlossen war, aber was heißt schon „abgeschlossen"? Die Kulturgeschichte kennt nur abgebrochene Experimente.

Wem es nachgerade klar ist, daß zum Verständnis des Falles Roms im 5. Jahrhundert die Beteiligung der Germanen unerläßlich ist, der wird sich fragen, weshalb die herrschende Ansicht trotzdem die Gewichte nach der Formel verteilt „innere Ursache und äußerer Anlaß" (s. o. S244, 467.) Da ein Forschungsirrtum erst dann völlig aufgeklärt ist, wenn man begriffen hat, wie er zustande kommen konnte, müssen wir nun nach den Motiven für die Bevorzugung der inneren Ursachen fahnden. Dafür sind drei Gründe zu vermuten. Der erste, äußerliche, liegt in der Forschungspraxis. Aufgrund der Quellensituation sind wir über die Vorgänge innerhalb des Reiches erheblich besser unterrichtet als über alles, was außerhalb vorging. Die für das Barbaricum zuständigen Urgeschichtler interessieren sich nicht für den Fall Roms, während umgekehrt der Horizont des Althistorikers am Limes zu enden pflegt. Uns verführt die größere Menge an Nachrichten aus dem Reichsinneren zu einer höheren Einstufung ihrer Wichtigkeit. Entzieht sich ein Autor dieser Versuchung, wie es A. H. M. Jones gelang, so bleibt doch dessen Lesern die veränderte Machtsituation unverständlich, weil die innere Entwicklung der germanischen Welt nicht Inhalt eines Buches sein kann, das ›The Later Roman Empire‹ oder ähnlich heißt. Das Urteil über den römisch-germanischen Konflikt wird desto schiefer, je stärker es durch die Fachbindung geprägt ist.

Tiefer liegt ein zweiter Grund. Polybios (VI 57, 2) unterschied bereits im Zerfallsprozeß von Staaten innere und äußere Gründe, von denen die inneren einer erkennbaren Gesetzmäßigkeit gehorchten, während die äußeren außerhalb jeder Berechnung (θεωρία) lägen. Dies erklärt, weswegen die inneren Gründe ein höheres Interesse finden: sie liefern dem Staatsmann anwendbare Regeln und dem Moralisten Grund zur Warnung. *Suis et ipsa Roma viribus ruit* schrieb Horaz (epod. 16, 2), seine Selbstanklage will bessern. Auch die spätantiken Zeitkritiker haben die Ursachen für den Niedergang des Imperiums bei sich selbst gesucht. *Graviores domestici hostes quam extranei,* heißt es bei Ambrosius (CSEL 32, 4 S.459), er nannte: *avaritia, libido, metus, iracundia* und *ambitio.* Die Voraussetzung für diese Erklärung ist ihre Funktion. Den Römern ging es nicht um eine wertneutrale historische Einsicht, sondern um das praktische Problem: wie läßt sich der drohende Untergang abwenden? Zur Lösung dieser Frage trug nur die Aufdeckung der *eigenen* Schwäche und *ihrer* Ursachen etwas bei: Reflexionen über die Macht der Germanen erübrigten sich, denn zum einen zweifelte ohnedies niemand daran, und zum andern nutzte die Erkenntnis dieser Tatsache nichts, weil man sie nicht ändern konnte. Einfluß hatte man nur auf die inneren Zustände, und deshalb war deren Erkenntnis wichtiger. Die Herausarbeitung der inneren Ursachen beruht daher nicht auf einer Einsicht in die Gesamtsituation, sondern auf dem praktischen Interesse am Imperium. Insofern die neueren Historiker bei der Suche nach den Verfallsursachen wiederum von der Sorge um die eigene Zukunft getragen werden, setzen sie die europäische Kultur mit dem Imperium Romanum gleich und übernehmen damit die Innenperspektive. Sie fragen: was müssen wir tun, damit uns ein ähnliches Schicksal erspart bleibt? Und dafür kommen naturgemäß abermals allein unsere inneren Angelegenheiten in Betracht.

Das dritte Motiv für die Bevorzugung innerer Verfallsgründe ist der Glaube an eine höhere Macht hinter dem irdischen Geschehen. Um die Stärke dieses Moments zu ermessen, ist ein geistesgeschichtlicher Exkurs vonnöten. Lucan (I 80 f.) erklärte den Zerfall der römischen Republik durch die gottgewollte Schranke allen Wachstums: *in se magna ruunt: laetis hunc numina rebus/crescendi posuere modum.* In der neuzeitlichen Literatur vertraten diese Auffassung u.a. wieder Petrarca (Fam. III S.239 ff.) und Lessing (Schriften IV *1889,* 394). Vielfach wird sie gestützt durch die Annahme einer schicksalhaften Vergeltung in der Geschichte. Daß Aufstieg und Niedergang verdient seien, das glauben wir, weil *wir* an Gottes Stelle das so eingerichtet hätten. Und da wir die gebührenden Folgen nicht herstellen können, erfinden wir die gebührenden Ursachen. Das entspringt dem Wunsch nach Trost: sobald die Schuld des Unglücklichen gefunden ist, beweist sein Los nicht mehr die Sinnlosigkeit menschlichen Mühens, sondern das Walten einer gerechten Weltregierung. Hodgkin *(1879)* hat es für unerträglich erklärt, wenn Rom ohne moralischen Grund gestürzt wäre, und diese Ansicht dürfte viele Autoren bestimmt haben, denn sie ist in der jüdisch-christlichen Tradition fest verankert. Die Geschichte von der Sintflut (1. Mose 6–8), vom Turm zu Babel (1. Mose 11) und von Sodom und Gomorra (1. Mose 18 f.) lehren am Beispiel, was 5. Mose 28 ausgeführt ist. Die gegenteilige Ansicht im Buch Hiob und im Prediger Salomonis hat sich nicht durchgesetzt. Im Buche Baruch (3, 26 ff.) aus dem 1. Jahrhundert v. Chr. lesen wir: „Da waren vor Zeiten Riesen, große berühmte Leute und gute Krieger, die hat der Herr nicht erwählt noch ihnen den Weg der Erkenntnis offenbart. Und weil sie die Weisheit nicht hatten, sind sie untergegangen in ihrer Torheit." Ein rätselhaftes Ende wird als bestrafte Schuld gedeutet. Jesus hat mit dem Hinweis auf den Turm von Siloah dem Vergeltungsglauben nicht widersprochen, sondern nur den selbstgerechten Gebrauch bekämpft, der davon gemacht wurde (Lukas 13, 1–9). Auch unsere Klassiker bekannten sich dazu. „Die Weltgeschichte ist das Weltgericht", so Schiller. „Denn alle Schuld rächt sich auf Erden", so Goethe.

Der metaphyische Charakter des Vergeltungsglaubens zeigt sich in der Natur der rächenden Macht, in der Unbestimmtheit des zeitlichen Abstands und der Schwere der Strafe, sowie im Inhalt des gesühnten Gesetzes. Der Fall Roms erscheint als Sühne für einen Verstoß gegen das Gebot Gottes, das Evangelium zu beherzigen, gegen das Gebot der Natur, der nur Volksstaaten gemäß sind, gegen das Gesetz der Humanität, das durch Sklaverei und Militarismus verletzt worden ist, gegen das Gesetz des Fortschritts, dem die stagnierende Entwicklung widersprach, usw. Das Register der Sünden, die durch den Fall vergolten wurden, kann, wer will, verlängern. Wenn es aber in der Geschichte eine Vergeltung gibt, dann ist es die Rache der Realität an den Ideen, die versucht haben, die Realität zu ändern.

Der praktische Wunsch nach Lenkbarkeit und das metaphysische Bedürfnis nach Trost haben in jeweils unterschiedlicher Akzentsetzung Bekenntnisse zur Eigenschuld ausgelöst. In der antiken Staatstheorie standen beide Motive nebeneinander: die Furcht vor den Folgen der Hybris und der Glaube an die Steuerbarkeit des Geschehens. In diesem Geiste erklärte Platon (rep. 545d; leges 683e): Staaten verlören ihre Ordnung allein, wenn Zwietracht unter den Bürgern herrsche (de Romilly *1977*). Sallust griff dies in seinem ersten Brief an Caesar auf, und derselbe, durchaus säkular verstandene Zusammenhang begegnet in der christlichen Tradition, wenn Jesus im Markus-Evangelium sagt: „sofern ein Reich mit sich selbst uneinig wird, vermag es nicht zu bestehen" (3, 24; Matth. 12, 25; Luk. 11, 17). Luther machte sich das zu eigen: *seditiones et discordiae ... sunt initia ruituri imperii* (WA 25, 153), wobei erstere allerdings als Folge einreißenden Unglaubens verstanden wurden.

Die praktische Seite dominiert bei Machiavelli (Flor. V): „Den Völkern schadet weit mehr die Habsucht der eigenen Bürger als die Raubgier der Feinde", kehrt wieder in dem Bekenntnis Friedrichs d. Gr., daß alle Staaten an inneren, aus ihrer Verfassung resultierenden Fehlern zerbrächen (II. 4. c!), und dasselbe Motiv scheint Rousseau (Contrat III ch. 11) bewogen zu haben, als schrieb, der Körper eines Staates sterbe wie der Körper eines Menschen vom Augenblick seiner Geburt an und trage die Gründe dazu in sich selbst. Die gegenteilige Behauptung von Spinoza *nulla res nisi a causa externa potest destrui* wurde von Schopenhauer in seiner Schrift ›Über die vierfache Wurzel des Satzes vom zureichenden Grunde‹ (§ 8) kritisiert und fand in der Historie nur bei Knies (*1853/83*, 393 f.) Zustimmung. Sonst dominiert Hegel: „Gewaltsamen Todes kann ein Volk nur sterben, wenn es natürlich tot in sich geworden“ (*1831/1961*, 132). Nietzsche erklärte: „Alle großen Dinge gehen durch sich selbst zugrunde“ (II 898), und Jacob Burckhardt stimmte dem zu: In der Natur gebe es den Untergang durch äußere Ursachen, aber „in der Geschichte wird er stets vorbereitet durch innere Abnahme, durch Ausleben. Dann erst kann ein äußerer Anstoß allem ein Ende machen“ (*1868/1955*, 26). Gleichlautende Äußerungen gibt es ebenso aus unserem Jahrhundert. Mussolini bemerkte 1932 (61) zu Emil Ludwig, alle Staaten vergingen, denn *le cause del tramonto sistono già in lui.* Meinecke (Briefe 1. XI 1941) fragte, „warum der Bau der Kultur immer wieder dem Gesetz der Selbstzerstörung verfällt“. Liddell Hart (*1944/46*, 74) meinte, „daß der Zusammenbruch der zivilisierten Staaten nicht aus dem direkten Angriff von Feinden heraus zu erfolgen pflegt, sondern aus innerer Zersetzung.“ Dasselbe lesen wir bei Ortega (*1930/57*, 151) und Toynbee (*1946/50*, 242).

Die innenbedingten Niedergangserklärungen kommen dem Bedürfnis nach einer *consolatio historiae* entgegen, die eine Erklärung mit außenbedingten Faktoren nicht befriedigen kann. Jene können sich auf Geistesgrößen berufen, gegen die ein erfolgreicher Widerspruch durch bloße Argumente schwer denkbar ist. Darum wird mein Erklärungsvorschlag wenig Zustimmung finden. Für die gegenteilige Ansicht unter meinen Lesern bedanke ich mich, warne sie aber vor diesbezüglicher Hoffnung. Montesquieu (*1734* ch. XI) wußte es schon: *les hommes ne sont guère touchés que des noms*, und Gibbon (ch. 2, I 124) repetierte: *mankind is governed by names.*

IV. 6. Die Struktur der Deutungsgeschichte

Diejenige Meinung siegt, welche dem Verstande die höhere Befriedigung und dem Herzen die größere Glückseligkeit anzubieten hat. Schiller 1789

Die Nilquellen sind gefunden. Die Planetenbahnen sind berechnet. Geographen und Astronomen können sich neuen Aufgaben zuwenden. Die Historiker jedoch arbeiten am Fall Roms noch immer. Werden sie niemals fertig? So scheint es: Die historischen Welträtsel werden nicht gelöst, allenfalls *abgelöst* durch andere, durch größere Probleme. Noch bevor die alten Fragen beantwortet sind, treten neue auf den Plan, und jede von ihnen will nicht nur selber geklärt sein, sondern stellt zugleich die alten Antworten in Frage.

Die Wissenschaftsgeschichte der Historie unterscheidet sich von derjenigen der Naturforschung. Dort konkurrieren die Lösungsmöglichkeiten eines Problems, bis sich diejenige durchsetzt, die den Befunden am besten entspricht. Die Divergenz der Meinungen ist ein Stadium im Wachstum des Wissens. *Ce sont ces contradictions qui facilitent l'évolution,* heißt es bei Sorel (*1901/25,* 48), und eine derartige darwinistische Exegese der naturwissenschaftlichen Forschungsgeschichte bietet noch Thomas Kuhn (*1962/67,* 193; 223). Seine Einwände gegen die herrschende Auffassung vom wissenschaftlichen Fortschritt treffen nicht diesen als solchen, sondern nur dessen Linearität. Sie wird gestört durch Sprünge und tote Geleise: die Versuche, das Phlogiston zu finden, Gold zu machen oder das Perpetuum mobile zu bauen, sind aufgegeben worden. Auch in der Evolution des Wissens gibt es aussterbende Zweige, ohne daß deswegen an der Entwicklung der Wissenschaft gezweifelt werden müßte.

In der Historie sieht dies anders aus. Hier stehen zwei wissenschaftsgeschichtliche Auffassungen anscheinend unversöhnbar einander gegenüber. Auf der einen Seite das positivistische Fortschrittsmodell. Wie oft bin ich im Verlaufe meiner Arbeit danach gefragt worden, welches der „neueste Stand" in der Untergangsforschung sei! Stets wurde unterstellt, die letzte Meldung sei der Wahrheit am nächsten. Diese Frage kam keinesfalls nur von Liebhabern, sondern ebenso von Fachgenossen. Sie meinen, wer sich als letzter mit einem Thema befaßt habe, sehe mehr an urteilsrelevanten Tatsachen als seine Vorgänger und gelange deswegen auch zu besseren Resultaten als jene. Die Autoren teilen diese Ansicht in der Regel. Sie betrachten die älteren Thesen teils als Sackgassen, teils als Vorstufen. Die Deutungsgeschichte wird dabei auf das eigene Resultat hin kanalisiert und sieht dabei jedesmal anders aus, je nachdem, von welchem Ende aus sie betrachtet wird. Eine solche progressive Interpretation liegt auch meinem Abschnitt über die ›Gründe für den Fall Roms‹ zugrunde (IV. 5!).

Auf der Gegenseite steht die Auffassung, die der Überblick über die ›Typen der Deutung‹ (III. 1–6!) nahelegt: keine Entwicklung, sondern ein Quodlibet. Die Ansichten bewegen sich nicht in eine erkennbare Richtung, sondern wuchern – im Fall unseres Falles wie bei anderen *Evergreens* der Historie – nebeneinander und durcheinander. Hatte nicht Bianchi-Giovini (*1844* Vw.) Recht, als er noch zahllose Erklärungsversuche voraussagte, *senza que il grande argomento sia esaurito giammai?* Jeder Urteilende empfindet sich als Richter und wird vom später Urteilenden doch nur als Anwalt respektiert. Indem es diesem ebenso ergeht, schleppt sich der Prozeß hin, bis das Interesse am Fall erloschen ist. Solange diskutiert wird, werden vorliegende Interpretationen abgewandelt, umgestülpt und um neue Vorschläge erweitert. Eine heute überholte Ansicht kann morgen ihren verlorenen Vorsprung zurückgewinnen, und niemand weiß, welche zuerst durchs Ziel geht, ja wo ein solches vor dem Ende aller Historie überhaupt angenommen werden dürfte. Die Urteilsfindung im Fall Roms macht weniger den Eindruck eines Fortschrittsprozesses als den eines Machtkampfes, wie er seinerseits im spätrömischen Reich tobte. Was Goethe am 18. IV. 1808 allgemein bemerkte, gilt gerade in unserm Themenkreis: „Übrigens geht es in der deutschen Gelehrtenrepublik jetzt völlig so bunt zu wie beim Verfall des römischen Reiches, wo zuletzt jeder herrschen wollte".

Der Widerspruch zwischen dem Gebot des wissenschaftlichen Fortschritts und der permanenten Doxomachie ist ein altes Leiden. Es hat in unserem Themenbereich dazu geführt, daß von Otto Seeck bis in die jüngste Zeit immer wieder einzelne Autoren theoretisch die Beliebigkeit von Urteilen über den Fall Roms vertreten, praktisch hingegen ein ganz bestimmtes sich zu eigen machen[1]. Wenn über Prinzipien und Struktur der Problemgeschichte keine Klarheit besteht, hat es wenig Sinn, über Lösungen zu streiten. Darum empfahl es sich mir, das Romproblem nicht wieder unmittelbar anzusteuern, sondern zunächst die Geschichte seiner Lösungsversuche vorzunehmen. Der direkte Weg ist nicht immer der schnellste. Werner Heisenberg (*1933/49*, 22) bemerkte einmal: „Fast jeder Fortschritt der Naturwissenschaft ist mit einem Verzicht erkauft worden", und das gilt auch in der Geschichtswissenschaft. Darum sollte die Suche nach Resultaten einmal hintangestellt und nach den Wegen geforscht werden, auf denen die vorliegenden Urteile zustande gekommen sind.

Alle Historie geht davon aus, daß, was auch geschieht, nicht zufällig ist. Dies gilt für das Geschehen selbst und ebenso für die Urteile, die darüber gefällt werden. Welche These wer vertritt, ist keineswegs beliebig, sondern wiederum durch benennbare Faktoren bestimmt und von diesen her begreiflich. Die Deutung ei-

---

[1] So, wenn Ernst Hohl (*1931*, 472) vom „unerklärten und unerklärlichen Versagen des schöpferischen Geistes" sprach, wenn Franz Maier (*1968*, 12) unser Phänomen eine „Quelle der Verlegenheit für die Geschichtswissenschaft" nannte, oder wenn Theodor Schieffer (*1976*, 27) von einem „irrationalen Geheimnis der Geschichte" sprach, das die „Grenzen unserer rationalen Erkenntnismöglichkeiten" übersteige. Salvatore D'Elia (*1967*, 340) meinte gar, daß die Hoffnung auf eine rationale Problemlösung durch die *teoria della relatività* überholt und überwunden sei.

nes Historicums resultiert einerseits aus der Kenntnis vom Vorgefallenen und andererseits aus dem Urteilsvermögen des Deutenden. „Urteilskraft überhaupt ist das Vermögen, das Besondere als enthalten unter dem Allgemeinen zu denken" schreibt Kant (V 179). In der Geschichtswissenschaft ist es die Fähigkeit, den Einzelfall auf den Begriff zu bringen und ihn in seine Zusammenhänge einzuordnen. Sachkenntnis und Urteilsvermögen sind beide unabdingbar, das eine ohne das andere ist unnütz. Wer alle Einzelheiten im Kopf hätte, wäre deswegen allein noch nicht imstande, sie zu einem System zu verbinden, und wer über den dazu nötigen konstruktiven Blick verfügt, muß außerdem den Stoff kennen. Wissen und Urteil ergeben sich nicht ohne weiteres auseinander, und beides wird auf unterschiedlichen Wegen erworben.

Die Gewinnung historischer Kenntnisse ist individuell gesehen ein persönlicher Lernvorgang, im Hinblick auf die dazu dienenden Mittel jedoch ein kollektiver und langfristiger Prozeß. Insofern bildet er einen möglichen Gegenstand von Geschichte, und zwar in zweifacher Richtung. Einerseits geht durch erlöschende Erinnerung und Verlust von Zeugnissen historisches Wissen kontinuierlich verloren. Die Überlieferung arbeitet wie ein Rüttelsieb, dessen Maschen größer und größer werden. Diesen Vorgang hat Schiller 1789 in seiner Jenenser Antrittsvorlesung beschrieben (IX 224 ff.). Andererseits ist die objektive Informationsmenge ein bloß latentes Kapital. In der zeitlichen Nähe des Geschehens verteilt sich das Wissen auf tausend Gehirne und tausend Dokumente; und erst wenn es jemand gesammelt, gesichtet und geordnet hat, wenn die Beziehungen überschaut und Vergleiche gezogen werden können, besteht die Möglichkeit, ein historisches Bild zu entwerfen. Das braucht Zeit. Sehen wir ab von dem in den einzelnen Perioden der historischen Wissenschaftsgeschichte unterschiedlich akzentuierten Interesse, so ist insgesamt eine kumulative Tendenz erkennbar, die jenen objektiven Informationsschwund subjektiv ausgleicht. Aufs ganze gesehen war Ernst Stein über das 4. Jahrhundert nach Christus sicher ebenso gut unterrichtet wie Ammianus Marcellinus. Die seit Flavius Blondus anhaltenden Bemühungen um die Vermehrung und Absicherung des historischen Wissens über die Ereignisse der Spätantike lassen auf der Ebene der Fakten einen stetigen Zuwachs erkennen, so daß der Fall eintreten kann, daß ein moderner Forscher eine Phase der Geschichte genauer kennt als irgendein Zeitgenosse.

Die wachsende Materialmenge ist der gewöhnliche Grund dafür, mit einem Fortschritt auch in der Deutung zu rechnen. D'Elia (*1967*, 342) formuliert für die westliche, Hassel (*1981*, 713) für die östliche Literatur den Eindruck, es lasse sich eine Entwicklung von einer ideologischen zu einer wissenschaftlichen Interpretation feststellen. Dieser Ansicht sind die Interpreten in der Regel auch selbst. Je mehr Stoff ein Autor verarbeitet hat, desto größer ist, wie er meint, die Zuverlässigkeit seiner Resultate.

Unter den Bedingungen einer fortschreitenden Spezialisierung stehen dieser Annahme jedoch zwei Gründe entgegen. Zum ersten wird die Mehrung des Materiales damit erkauft, daß dieses im Durchschnitt immer weniger wert ist. *More and more about less and less.* Im fortgeschrittenen Stadium einer Disziplin beschränkt sich die Auskunft neuer Zeugnisse gewöhnlich auf die Bestätigung alter Einsichten. Nur in einer wissenschaftsgeschichtlichen Frühphase ist das Sammeln ergiebig. An positivem Wissen besaß bereits Adam Smith genug, um über den Fall Roms richtig zu urteilen.

Zum zweiten führt die Spezialisierung zu einer Aufsplitterung des überhaupt Gewußten auf mehrere Fachleute, und dies kann zu einer Wiederholung der zeitnahen Blickverengung führen. „Man ist Mann seines Fachs um den Preis, auch das Opfer seines Fachs zu sein" (Nietzsche II 240). Vermeidbar ist das nur, wenn man zwischen wichtigen und unwichtigen Informationen zu unterscheiden versteht, bevor man sie in ihrer ganzen Breite zur Kenntnis genommen und ihnen damit seine Zeit geopfert hat. Die Ökonomie der Denkzeit steht unter dem Leitsatz *ex ungue leonem – ex gutta unguen.*

Darüber hinaus hängt die Qualität des Produkts nicht nur vom Material, sondern ebenso von der Verarbeitung ab. Πολυμαθίη νόον οὐ διδάσκει schrieb Heraklit (VS. 12, B 40). Vielwisserei lehrt nicht Verstand. Steigen wir von der Faktenebene auf die Urteilsebene hinauf, so ist hier wenig von Entwicklung zu bemerken. Ein kumulativer oder selektiver Prozeß ist nicht erkennbar. Die Qualität der Urteilskraft beruht gewöhnlich weniger auf der Vorarbeit von Generationen, als auf individuellen Faktoren. Sie liegen zum einen in moralischen Eigenschaften: in der Besonnenheit, die vor übereilten Behauptungen bewahrt; in der Selbstkritik, die eigene Vorurteile ausmerzt; in der Gerechtigkeit, die allen Stimmen gleichermaßen Gehör schenkt. Wer solchen Ansprüchen genügte, erfüllte die Forderung Gibbons (*1761/64*, 107): *if philosophers are not always historians, it were at least to be wished, that all historians were philosophers.*

Zum andern ist Weltwissen vonnöten: Auseinandersetzung mit Andersdenkenden, vielseitige Erfahrung, weiter Horizont, offener Blick (Heuß *1979*). Montaigne (OC. III S. 204) schrieb in seinem Essai über die Bücher (Buch II c. 10): *les seules bonnes histoires sont celles, qui ont esté escrites par ceux mesmes, qui commandoient aux affaires, ou qui estoient participans à les conduire,* fügte dann aber hinzu: *ou, au moins, qui ont eu la fortune d'en conduire d'autres de mesme sorte.* Daß politische Praxis unabdingbar für den guten Historiker sei, widerlegen Namen wie Herodot, Ammian und Gibbon. Annehmbar scheint die vorsichtigere Formulierung Gundolfs (*1924*, 33): „Fast alle große Geschichtsschreibung stammt aus unerfülltem Tatendrang". Freilich wird man hinzusetzen müssen, daß für die Nachwelt auch eine historiographische Leistung als Erfüllung zu werten ist. Einsicht und Umsicht, nicht allein die literarische Form, begründen den Rang der Schriften von Machiavelli und Montesquieu, von Gibbon und Herder. Sie sind darum auch inhaltlich vielen neueren Fachtexten überlegen, die im Wissen so stark und im Urteil so schwach sind. Nietzsches Wort: „Ein großer Gelehrter und ein großer Flachkopf – das geht schon leichter mit einander unter einen Hut" (I 251) ist inzwischen zum methodischen Postulat erhoben worden. Chester Starr (*1960*, 159) verwahrte sich gegen die Unterstellung einer Frivolität, als er schrieb: *he who would be a great historian, must be driven by a great misconception.*[2] Ohne *spleen* wird man nichts.

Woher kommen *spleens*? Betrachten wir nun die wichtigsten urteilsteuernden Faktoren, so sind zuerst die Zeitströmungen zu nennen, in denen die Autoren standen. Bestimmte Seiten des Phänomens gerieten dadurch in den Schatten, andere traten ins Licht. Die Bedeutung der Geistesepochen für die Auffassung vom Fall Roms entspricht gewöhnlich dessen Bedeutung für das Geschichtsbild der Geistesepochen, und diese wechselt: Den spätantiken Römern war der Niedergang ein moralisches Exempel. Je schlimmer die Verhältnisse wurden, desto lauter sprach die Warnung aus ihnen, desto näher schien die Wende zum Besseren. Hatte Rom nicht zahlreiche Krisen überdauert? Insofern erlaubte die erzieherische Verwendbarkeit des Sittenverfalls eine Zukunftsaussicht, die der wirklichen Entwicklung entgegenlief. Der Glaube an den Fortbestand Roms nahm bei den Heiden nahezu religiöse Formen an, und einen religiösen Charakter zeigen auch die Stellungnahmen der Christen zur Misere der Zeit. Sie erwarteten mit der Auflösung des Imperiums den Anbruch des Gottesreiches, und da das Ende der Welt ausblieb, wollte man das Ende Roms nicht wahr haben.

Während des Mittelalters behaupteten dann römische Päpste, byzantinische Kaiser und deutsche Könige, die imperiale Tradition fortzuführen; deren Unterbrechung wurde durch allerlei Erbansprüche überbrückt, so daß sich die vorhandenen Ahnungen vom Ende Roms nicht durchsetzen konnten. Er wurde kaum als Phänomen, geschweige denn als Problem empfunden.

Erst die Humanisten erkannten, daß die Antike mehr als nur die Vorgeschichte der *tempora Christiana* sei, und diese Einsicht förderte die Bewegung, der sie entsprang. Um die Antike als vorbildlich zu verstehen, muß sie zunächst einmal als eigenständig und abgeschlossen gesehen werden. Den dafür erforderlichen Schlußpunkt setzte der Fall Roms. Die Voraussetzungen der Imitatio bildeten objektive Strukturparallelen: einerseits ein städtisches Bürgertum, andererseits ein fürstlicher Absolutismus mit seinem Verwaltungsapparat, wie beides im Altertum musterhaft vorgegeben war. Das Bild der Römerzeit verwandelte sich mehr und mehr in einen Spiegel der Gegenwart, der dieser zeigte, wie sie war, wie sie sein und nicht sein sollte. Mit dem Verhältnis zur Vergangenheit änderte sich das zur Zukunft. Zwar lebte die apokalyptische Enderwartung im Zuge der Reformation nochmals auf, doch geriet sie zunehmend in die Klemme zwischen einer Hoffnung auf weiteren, über die Antike hinausführenden Fortschritt, und der Befürchtung, daß sich Roms Ende an der europäischen Zivilisation wiederholen könnte, falls die Fehler der Römer nicht vermieden würden.

Die Aufklärung ging in dieser Denkrichtung weiter. Die humanistische Annahme, daß aus einer der antiken Entwicklung ähnlichen Zyklik durch pragma-

---

[2] Starr kommt zu dieser Devise über eine Betrachtung des Nutzens der modernen Ideologien für die Erforschung der römischen Geschichte. Dem Faschismus und dem Kapitalismus weist er einen höheren heuristischen Förderungswert zu als dem Nationalsozialismus und dem Marxismus.

tisches Lernen herauszukommen sei, gewann Zuversicht durch eine tiefgreifende Umkehr der christlichen Lebenswertung. Aus dem Nein wurde ein Ja zur Welt, aus einem transzendenten ein diesseitiges Endziel der Geschichte, der Mensch war nicht länger durch Adams Fall total verderbt, sondern endlos perfektibel. Roms Ende wurde in weltbürgerlicher Absicht mit moralischen Kategorien gedeutet. Über den Kulturbruch tröstete man sich durch eine minimalisierende Deutung des Verlorenen und eine maximalisierende Betonung des Gewonnenen. Germanentum, Christentum und Antike wurden unangesehen ihrer Unterschiede und Gegensätze als Zugkräfte vor die Kultur gespannt, die man auf dem Wege zur Humanität befindlich hoffte.

Mit dem 19. Jahrhundert gabelt sich die Karawane der Interpreten in die sechs behandelten großen Züge, deren jeder das Ziel der anderen als Fata Morgana abtut. Heinrich von Sybel (*1856/80,* 355) feierte als „höchst erheblichen Fortschritt" der Geschichtswissenschaft, daß es inzwischen „keine objectiven, unpartheiischen, blut- und nervenlosen Historiker" mehr gebe, und begrüßte die Einbindung der Historie in die vielfältigen nationalen, religiösen und philosophischen Programme. Ihnen wird auch der Fall Roms nutzbar gemacht, indem der Befund auf die erwünschte Erklärung und diese auf die vertretene Lehre hingemodelt, hingemogelt wird. So oder anders zubereitet, liefert die Geschichte Nahrung für jedes Steckenpferd: Der Sozialismus zehrt vom Gegensatz zwischen Herren und Sklaven, der Liberalismus von der Selbstüberschätzung der Staatsgewalt, der Positivismus von den naturwissenschaftlich feststellbaren Mängeln, der Atheismus vom Glaubenszwang christlicher Kaiser, der Nationalismus von den Problemen im Vielvölkerstaat und der Imperialismus von den ungesicherten Fronten. Konservative Autoren pflegen die Analogie zur spätrömischen Dekadenzstimmung. Der ästhetische Pessimismus des *fin de siècle* hat sich mit Vorliebe in spätantike Stoffe gekleidet (D'Elia *1967,* 308 f.), vielleicht nirgends schöner als im Sonett „Langueur" von Paul Verlaine aus dem Jahre 1883 (OC. I *1911,* 383):

Je suis l'Empire à la fin de la décadence,
Qui regarde passer les grands Barbares blancs
En composant des acrostiches indolents
D'un style d'or où la langueur du soleil danse,

L'âme seulette a mal au coeur d'un ennui dense.
Là-bas on dit qu'il est de longs combats sanglants
O n'y pouvoir, étant si faible aux voeux si lents,
O n'y vouloir fleurir un peu cette existence!

O n'y vouloir, ô n'y pouvoir mourir un peu!
Ah! tout est bu! Bathylle, as-tu fini de rire?
Ah! tout est bu, tout est mangé! Plus rien à dire!

Seul, un poème un peu niais qu'on jette au feu,
Seul, un esclave un peu coureur qui vous néglige,
Seul, un ennui d'on ne sait quoi qui vous afflige!

Die Weltkriege zeigen ihre Spuren in allen Lehrmeinungen. Das Christentum erscheint bald als Werkzeug, bald als Widersacher des spätrömischen „Totalitarismus". Die sozialökonomischen Erklärungen spalten sich in solche westlicher Autoren, die ebenso wie Marx und Engels in einer freien Welt arbeiten, und in Ostblockliteratur, die der parteiamtlichen Zensur unterliegt. Im Westen werden sozialökonomische Theorien von Gelehrten bevorzugt, die den Gewerkschaften nahestehen und auch sonst das Geld für eine wichtige Sache halten. Von den naturwissenschaftlichen Deutungen haben die mit nachlassender Fruchtbarkeit argumentierenden Theorien durch sachlich begründeten Einspruch an Echo verloren, während die aus England und Frankreich stammende Rassenlehre ihren Höhepunkt im Dritten Reich erlebte und mit diesem zusammengebrochen ist. Bis auf weiteres ist sie verpönt.[3] Die Kulturkreislehrer fühlten sich durch die Weltkriege bestätigt. Der heroischen Spengler-Welle nach 1918 folgte die christliche Toynbee-Welle nach 1945. Die vielfältigen politischen Erklärungen der Zwischenkriegszeit rückten in liberal-demokratischem Geist wieder zusammen. Die Urteile über den Fall Roms spiegeln die Entkolonialisierung (Mazza), die Weltwirtschaftskrise (Barbagallo, Bratianu), den *New Deal* (Haskell), den Kalten Krieg (Davis, Altheim), die westdeutsch-französische Zusammenarbeit (Seston, Piganiol), die atlantische Gemeinschaft (Grant), die Studentenrevolte (Lorenz, Wieacker), die Umweltbewegung (Hughes, Raith), den Pillenknick (Chaunu) – jeder Hauch des Zeitgeistes erzeugt eine neue Seifenblase.

Für alle Abschnitte der Deutungsgeschichte läßt sich behaupten, daß die Hohlformen, in welche der historische Stoff gegossen wird, aus anderem Material als dieser selbst sind, aus anderen Werkstätten, aus anderen Zeiten stammen. Schon die Interpretationsschemata, mit denen sich die Spätantike selbst begriff (Dekadenzmodell, Lebensaltergleichnis, Romidee, Apokalyptik) waren altüberkommen. Die mittelalterlichen Interpretamente waren den Kirchenvätern und der Bibel entlehnt (Vierreiche-Lehre, *mundus senescens*), die *Translatio Imperii* jedoch ist ein eigenständig weiterentwickeltes antikes Kontinuitätsmodell. Die humanistische Zyklusidee stammt aus der antiken Literatur, die Fortschrittshoffnung der Aufklärer aus der Heilsgeschichte. Mit dem Historismus kommt insofern etwas Neues, als nun stärker und stärker Gegenwartserfahrungen die Deutungskategorien bestimmen, die Interpretation wird zur Rückspiegelung. Muster hierfür ist die Übertragung der Französischen Revolution und des Klassenkampfes auf die Spätantike durch die marxistische Althistorie. Die Ironie daran ist, daß die aus den historistischen Maximen abgeleitete Polemik gegen die

[3] Das Erlebnis des Dritten Reiches blockierte bis 1945 den Blick seiner Anhänger, nach 1945 den seiner Gegner. Dem stigmatisierten Antifaschisten erschließt der Nationalsozialismus das Wesen der Geschichtsbiologie, des Preußentums, des Kapitalismus, des neuzeitlichen Totalitarismus unter Einschluß des Bolschewismus und natürlich auch das Wesen des „spätantiken Zwangsstaates". Entsprechend findet man einen Vorhitler in Bismarck, Napoleon, Hamlet, Luther, Caesar, Alexander d. Gr. usw. Es wäre eine dankbare Aufgabe, einmal zu untersuchen, bis in welche Winkel Hitlers Einfluß auf unser Denken reicht.

„Modernisierung“ der Vergangenheit noch niemals so viel Stoff zur Kritik fand, wie gerade in der historistischen Literatur jeglicher *couleur.*

Abgesehen von den allgemeinen Zeitströmungen lassen sich einige weitere für die Urteilsfindung bedeutsame Faktoren erkennen: die jeweilige Lektüre, die Nationalität, die Religion, die politische Meinung und der Beruf des Urteilenden. Sie seien nun nacheinander besprochen.

Den Einfluß der Denkschulen auf die Bildung von Denktypen haben wir schon behandelt (IV. 4!). Die Abhängigkeit von Gelesenem ist im einzelnen beträchtlich. Zwar betonte bereits Terenz (Eun. prol. 41 ff.): *nullumst iam dictum, quod non dictum sit prius,* aber er hat sich wenigstens dafür entschuldigt, was die Unsren nicht mehr tun, die eher der Devise huldigen: *pereant, qui ante nos nostra dixerunt.* Wer viele Jahre im historischen Proseminar die Studenten gelehrt hat, fremdes Gedankengut durch Quellenangabe kenntlich zu machen, und dann feststellt, wie unbekümmert die Kollegen die Schriften von ihresgleichen plündern, müßte sich für die Zunft schämen, wenn er seinerseits eine reine Weste hätte. Es ist natürlich niemals auszuschließen, daß die gleichartige Sachlage, der literarische Zufall oder unbewußte Aneignung die Übereinstimmung bewirkt haben, aber es fällt doch auf, mit welcher Beharrlichkeit sich Gedanken und Worte wiederholen, in welchem Umfang die *ars ruminationis* geübt wird. Die Argumentation von Gobineau erscheint wieder bei Lapouge, die von Chateaubriand bei Hübinger, die von Sismondi bei Pirenne, die von Mommsen bei Kornemann, die von Zumpt bei Roscher, die von Sundwall bei Rosenberg, die von Burckhardt bei Richter, die von Hartmann und Ferrabino bei R. Günther, die von Altheim bei Vittinghoff, die von Nilsson bei Vogt. Thesen Poehlmanns können wir bereits bei Hartmann und Du Bois-Reymond nachlesen; den Gedankengang Ferreros finden wir schon bei Delbrück und Domaszewski, die Denkbilder Aubins kennt man von Engels und Weber, der auch bei Otto Hintze zugrundeliegt; die Metaphern Böhners führen auf Gibbon, die Argumentation Christian Meiers über Franz Maier auf A. H. M. Jones zurück. Várady wiederholt den Ranke, Mazza den Herder, Walser den Pufendorf. Ein Autor hängt am anderen wie Münchhausens blindes Wildschwein, im Maul das Schwänzlein des Vorläufers.

Wo wir die Nennung des Vorgängers vermissen, müssen wir bedenken, daß die Autoren vielfach selbst ihre eigenen Arbeiten aus früherer Zeit nicht anführen, denken wir an Vogt, Altheim oder die beiden Günther. Der Hinweis auf die Wiederholung ist ebenso peinlich wie der Hinweis auf einen Wechsel der Meinung.

Die urteilbildenden Faktoren, die sich zu Traditionen verdichten, wurzeln vielfach in der jeweiligen Weltanschauung, die ihrerseits durch verschiedenartige Tendenzen geprägt ist. Im politischen Bereich machen sich seit dem Humanismus die Nationalitäten bemerkbar. Die Beurteilung der Germanen wird zur patriotischen Zeremonie: in der deutschen Literatur erscheinen sie als die mannhaften Überwinder einer dekadenten Zivilisation und Schöpfer des neuen Europa. Dieselbe Wertung begegnet in der englischen Geschichtsschreibung bis weit ins

19. Jahrhundert; in der französischen Literatur ist sie bis zur Revolution geläufig, dann tritt sie zurück: das Ende der römischen Kultur wird beklagt, die Rolle der Germanen am Neubau Europas herabgespielt. Die Germanendiskussion spiegelt die deutsch-französischen Beziehungen vom 16. Jahrhundert über die Freiheitskriege, den Siebziger Krieg und die Weltkriege bis zur westeuropäischen Einigung. Im Kalten Krieg rückte man sich näher. Solange die Abgrenzung nach Osten die Politik bestimmt, wird die gemeinsame Linie in der Germanenfrage fortgehen. Unterschiedliche nationale Determinanten zeigen sich in der Ostblock-Literatur. In der DDR sieht man die Germanen positiv, polnische und sowjetische Autoren unterwerfen sie hingegen einer *damnatio memoriae* (IV. 1!). Für die Rumänen sind die Römer die Kulturbringer, für die Bulgaren sind sie Fremdherrscher. Der Ungar Andreas Alföldi betont die Bedeutung der Illyrier für das spätrömische Reich; immerhin bewirkt hier das nationale Element nicht die Verdeckung, sondern die Erhellung eines für die Spätantike wichtigen historischen Tatbestandes.[4]

Die Religionszugehörigkeit spielt für die Deutung des Falles Roms nur dort eine Rolle, wo sie das Geschichtsdenken überhaupt prägt. Die antiken und modernen Heiden haben den Untergang auf das Christentum, Christen auf das Heidentum und Orthodoxe auf die Häresien zurückgeführt, ähnlich wie heutige Politiker die Verantwortung für beliebige Unfälle dem jeweiligen Gegner zuschieben. Von der altrussischen Deutung (II. 2. a!) abgesehen, treten in der Neuzeit konfessionelle Tendenzen zurück. Eine antiklerikale Haltung verbindet die katholischen und protestantischen Humanisten. Beide setzten sich von der Kontinuitätsideologie ab, weil deren Verfechter, Kaiser und Papst, universale Machtansprüche vertraten und dadurch mit dem Nationalismus in Konflikt gerieten. Umgekehrt ist die durch den Propheten Daniel autorisierte Vier-Reiche-Lehre sowohl auf evangelischer (Sleidan) als auch auf katholischer Seite (Bossuet) noch eine Weile aufrecht erhalten worden. Konfessionelle Zugehörigkeit spielt in der Aufklärung insoweit eine Rolle, als die Bedeutung des Christentums für die Auflösung des römischen Imperiums unterschiedlich akzentuiert wird. Voltaire sprach dem neuen Glauben *zersetzende,* Herder *überwindende* Kraft zu. Die Stimmung gegen das Christentum war im katholischen Frankreich vor der Revolution schärfer als im protestantischen Deutschland nach der Reformation, wo Iselin sauber zwischen dem (heilsamen) inneren und dem (verderbten) äußeren Christentum unterschied. In der neueren Literatur besitzt das religiöse Bekenntnis keinen erkennbaren Einfluß auf die jeweilige Untergangstheorie. Grisar S. J. und Harnack sind im wesentlichen einig. Die prononcierte Stellungnahme von Kurt Pfister *(1941)* habe ich, selbst evangelisch, der Bekennenden Kirche zugeordnet, bis ich feststellen mußte, daß Pfister katholisch war.

[4] Treffend bemerkt Schopenhauer in den ›Paralipomena‹ § 225, „daß der Patriotismus, wenn er im Reiche der Wissenschaften sich geltend machen will, ein schmutziger Geselle ist, den man hinauswerfen soll". Präziser noch Goethe (Biedermann III 282) 1817 zu Riemer über die Historiographie: „Der Patriotismus verdirbt die Geschichte".

Wichtiger als die konfessionelle ist die politische Ausrichtung eines Autors. Seit dem 16. Jahrhundert werden Staatslehren durch passende Deutungen des römischen Exempels bestätigt. Spezielle Projektionen setzten ein, als Saint-Pierre 1713 den europäischen Fürsten sein Völkerbundsprojekt damit empfahl, daß ein solcher Bund Rom hätte retten können. Fortan zeigen historische und politische Ansicht jeweils dieselbe Farbe. Sozialökonomische Untergangstheorien werden überwiegend von Gelehrten geäußert, deren Herz links schlägt. Die bürgerliche Mitte findet den Verfallsgrund gewöhnlich in der verfehlten Innenpolitik, die gemäßigte Rechte in der bedrohlichen Frontsituation, während die radikale Rechte wieder innere Fehler moniert: Faschisten vermissen im späten Rom ein organisch-korporatives Staatsethos, Nationalsozialisten eine bauernfreundliche Rassenpolitik; beide meinten, ein überragender Führer hätte Rom gerettet. Für konservative Autoren scheiterte Rom daran, daß der Staat zu schwach, die Freiheit (von Adel und Militär) zu groß war; für progessive Forscher ging Rom unter, weil der Staat zu mächtig, die Freiheit (von Arbeitern und Bauern) zu gering war. Monarchisten und Demokraten suchen das Übel in den Privilegien der Senatsaristokratie, Aristokraten in der Begehrlichkeit des Stadtpöbels und in der Allmacht eines demokratischen Cäsarismus. Kapitalisten beschuldigen die „sozialistische" Planwirtschaft der Kaiser, Sozialisten die Ausbeutung durch den Staatsapparat, während Sympathisanten einer patriarchalischen Gesellschaft das Imperium sinngleich als „kapitalistisch" und als „sozialistisch" brandmarken. Anhänger des Bauernstandes inkriminieren die *vorhandene,* Befürworter der Industrie die *fehlende* Geldwirtschaft. Fortschrittskämpfer glauben, daß die Römer zu wenig, Umweltschützer hingegen, daß sie zu viel aus der Natur herausgewirtschaftet hätten. Kulturbewußte Philhellenen erklären, Rom habe mit der Knechtung des griechischen Geistes die antike Kultur und damit sich selbst zerstört; Bewunderer des altrömischen Gemeinwesens entgegnen, die gesunde Römerart sei durch den griechischen Intellektualismus zersetzt worden. Okzidentalisten belasten die Orientalisierung in religiöser (Christentum!), politischer (Despotismus!) und rassischer (Juden!) Hinsicht mit der Verantwortung für Roms Fall; Orientfreunde erblicken darin vielmehr einen Sieg überlegener Prinzipien. Nationalisten monieren Roms charakterlosen Kosmopolitismus, Kosmopoliten die allzu zaghafte Eingliederung der Barbaren. Republikaner denunzieren den Absolutismus der Kaiser, Liberale die Bürokratie der Zivilverwaltung, Militaristen den Pazifismus der Gesellschaft und Pazifisten den Militarismus des Staates. Dieselben Elemente werden bald als die schlimmste Krankheit, bald als die beste Arznei betrachtet. Jeder findet die entscheidende Schwäche des Imperiums da, wo er seine eigene Umgebung geändert sehen möchte. So nährt die *historia lactans* uns alle: was kümmert die Kuh das Parteibuch des Melkers?[5]

[5] Da man die Tönung der eigenen Brille am schwersten erkennt, war ich ursprünglich der Ansicht, meine eigene Erklärung (IV. 5!) sei frei von politischen Wertungen. Indes überzeugte mich August Nitschke in der Diskussion über meinen Untergangs-Vortrag am 23. I. 1974 in Stuttgart vom Gegenteil. Ich erfuhr, daß ich mit der Linken sympathisiere, soweit sie sich hu-

Neben der nationalen und politischen Zugehörigkeit beeinflußt vielfach auch der Beruf eines Autors dessen Dekadenztheorie. Die Ergebnisse des eigenen Spezialgebietes werden auf alle anderen Bereiche übertragen, das wuchert bisweilen zu einem ausgesprochenen Fachimperialismus aus. Die Meinung, der Untergang der antiken wie aller anderen Völker beruhe auf der erstickten Originalität, vertrat der Dichter Hölderlin (Werke 950). Den vordringenden Erlösungsglauben machte der Religionsforscher James Frazer verantwortlich. Die wirtschaftlichen Mißstände akzentuierten Nationalökonomen wie Rodbertus, Max Weber, Ruhland und Lujo Brentano. Ein Moralhistoriker wie Lecky findet die Moralmisere, ein Sozialhistoriker wie Alföldy die Sozialmisere grundlegend. Die in den Papyri erkennbaren Mißstände stilisierte der Papyrologe Mitteis zum Urübel des Reiches. Auf der Auslaugung des Bodens baute der Agrikulturchemiker Liebig, auf das veränderte Klima der Geograph Huntington, auf die Rassenverschlechterung der Anthropologe Lapouge, auf die Entvölkerung der Demograph Chaunu. Ein Fachmann für antike Bergwerke wie Davies *(1935)* leitet den Bankrott des Westreiches aus den erschöpften Minen ab, während ein Spezialist für Freigelassene wie Duff *(1928)* des Pudels Kern in den Freilassungen erkennt. Die Pädagogen Krause und Schroeckh entdeckten das Hauptübel im Erziehungswesen, der Philosoph Albert Schweitzer in der Weltanschauung, der Philologe Wilamowitz in der Rhetorik und der Hygieniker Gilfillan in der Bleiverseuchung. Die Sachen wachsen, je länger wir sie betrachten, und fesseln uns desto stärker, je mehr wir an ihnen leiden. Ernst Jünger bemerkte am 23.X. 1941 „daß bestimmte Leiden Vergrößerungsgläsern gleichen, die uns befähigen, die ihnen entsprechenden Bestände mit schärferen Augen zu erfassen – man könnte die Literatur des Unterganges danach einteilen". Man kann es tatsächlich.

So mannigfach die Diagnosen, so vielfältig sind die Therapien. Allerdings besagen die Rom nachträglich verordneten Heilmittel weniger über den Körper des Kranken als über den Geist des Arztes. Die Apotheke ist reich ausgestattet. Wachler (*1806*, III) meinte: hätten die Römer die Germanen mit Branntwein traktieren können, „würden sie vielleicht noch jetzt die Welt tyrannisieren". Du Bois-Reymond (*1877/86*, 255) verordnete den Römern „Steinschloßmusketen"; Hodgkin *(1879)* Staatsanleihen. W.H.S. Jones (*1907*, 86) glaubte, die antike Welt wäre heil geblieben, wenn sie über das Chinin verfügt hätte, W. Otto (*1905*, 782) vermißte eine „alles regulierende Börse". Robertson (*1912*, 173) empfahl *home rule*, Heitland *(1928)* allgemeine Schulpflicht, Cary *(1935)* eine Bürgerwehr, Ciccotti (*1935*, 322) *macchinismo*. Zimmermann (*1937*, 195) Kaisersozialismus. Nach K.D. White *(1971)* ist die unterentwickelte Entwicklungshilfe schuld, nach Hughes *(1975)* der fehlende Umweltschutz, und bei Dürrenmatt (*1954*, 28) beweist

manitär begreife; daß ich es mit der Rechten hielte, sofern sie realistisch bleiben wolle. Ich glaubte an die Vernunft im Menschen, hielte Konflikte im Prinzip für gütlich lösbar, besäße jedoch auch Güter, die ich mit der Waffe verteidigen würde. Meine Devise laute: seid nett zu einander! Ich führe dies deswegen hier an, damit Leser, die meiner Erklärung zustimmen, vor einem ähnlichen Irrtum der Apolitie bewahrt bleiben.

der Hosenfabrikant Cäsar Rupf dem großen Romulus: „Nur Rom in Hosen wird dem Ansturm der Germanen gewachsen sein".

Die Geschichte wird von den Deutern ihren jeweiligen Göttern dargebracht, und man muß an sie glauben, will man sich des Mitleids mit dem Opfer erwehren. Diesem Glauben allerdings steht das Bild entgegen, das wir beim Betrachten der Deuter gewinnen. Es erinnert an Buddhas Elefantenparabel (Glasenapp II *1954*, 505): Der König von Shravasti gab zehn Blindgeborenen je einen Körperteil eines Elefanten in die Hand und fragte sie dann, wie das Tier beschaffen sei. Der erste meinte: wie eine Pflugstange, denn er fühlte den Stoßzahn. Der zweite: wie ein Faß, denn er fühlte den Bauch. Der dritte: wie ein Besen, denn er fühlte den Schwanz usw. Die entstehende Meinungsverschiedenheit hatte zum Ergötzen des Königs eine große Prügelei zur Folge.

Der König hätte den Zank sofort beendet, wenn er den Blinden den Grund ihres Irrtums eröffnet hätte; und indem Buddha die Parabel erzählt, will er das, was im *Bilde* geschieht, in der *Wirklichkeit* vermeiden. Der Sinn jeder Skepsis ist der Gewinn von Gewißheit, und diese Absicht dürfen wir auch jenem Autor unterstellen, auf dessen Spuren bewußt oder unbewußt die neueren Zweifler an der Geschichtswissenschaft wandeln: Agrippa von Nettesheim. Er hat in seiner ›Declamatio invectiva de incertitudine et vanitate scientiarum‹ *(1531/36)* hundert Künste, von der *ars meretricia* bis zur *theologia* in die Mangel genommen, darunter auch die Historie (cap. V). So ziemlich alle Gründe, die zur Fälschung der historischen Wahrheit führen können, werden aufgezählt und an erlauchten Namen erläutert. Die *maiestas historica* sei so angesehen, daß der Verführung, sie zu mißbrauchen, nicht einmal Thukydides widerstanden hätte. Erst wenn alle Handelnden als Egoisten entlarvt seien, lehre die Geschichte die Lektion, die sie enthalte. Die Lektion der Historie, so dürfen wir hinzufügen, lernen wir, indem wir die Historiker als Individuen erkennen: Wie sie die Weltgeschichte im Knopfloch tragen, wie sie aus der Erfahrung von Jahrzehnten das Geschehen von Jahrtausenden beurteilen, wie sie mit der Kenntnis einiger Dutzend Menschen das Verhalten von Millionen erklären, wie sie in wenigen Kubikzentimetern Hirn das Universum beherbergen.

Die nationalen, politischen und professionellen Traditionen, die hinter dem Urteil der Autoren stehen, sind diesen in der Regel durchaus klar. Darum genügt es nicht, dem einzelnen seine Zugehörigkeit nachzuweisen, um ihn aus ihr zu lösen. Die Einsicht in die Bedingtheit des historischen Urteils ist gerade im Hinblick auf die Deutungen zum Fall Roms mehrfach ausgesprochen worden, nach Otto Seeck (*1898*, 294) wiederum durch Kurt v. Fritz (*1948/76*, 600), Livio Stecchini *(1950/51)*, Elmer Davis (*1953*, 21), Colum Gilfillan (*1965*, 53), Chester Starr (*1965*, 708 f.), Rigobert Günther (*1979*, 16 f.) und Werner Raith (*1982*, 25). Die Erkenntnis der grundsätzlichen Blickbindung hat aber auch diese Autoren nicht davor bewahrt, im Speziellen deren Opfer zu werden. Weshalb? Dafür lassen sich mehrere Gründe vermuten.

Ein erster liegt darin, daß man den eigenen Standpunkt nicht für einen unter mehreren gleichguten, sondern für den bestmöglichen oder gar den einzig richtigen hält. Letzteres ist bis zur Aufklärung von rechtgläubigen Christen angenommen worden, neuerdings wird es von linksgläubigen Marxisten behauptet, die „bürgerliche“ Gelehrte wegen deren „Klasseninteresses“ für grundsätzlich dazu unfähig erklären, Geschichte wissenschaftlich zu analysieren (Eifler *1973*, 310). Der Grund für die Richtigkeit des eigenen Standpunktes wird aus der Geschichte hergeleitet, die eben von jenem Standpunkt aus so interpretiert wird, daß sie diesen als richtig erweist. Man leitet den Strom der Geschichte auf die eigene (Papier-)Mühle und horch! sie klappert.

Ist es ein Fortschritt, wenn jeder seine Schulmeinung mit wachsender Gelehrsamkeit verteidigt? Wenn man sich einmal auf eine kardinale Staatsgefahr festgelegt hat, macht es – absurde Vorstellungen abgerechnet – keine Schwierigkeit, immer neues Belegmaterial heranzuführen. Keine allgemeine Theorie aber läßt sich bloß durch Zuwachs an einschlägigen Fällen bestätigen, denn solche sind auch in steigendem Maße für den Glauben beizubringen, daß Käuzchenrufe Tod verkünden. „Theorien sind nicht verifizierbar; aber sie können sich bewähren“ (Popper *1934/71*, 198). Nämlich dann, wenn wir sie vergleichend prüfen. Wer nicht die konkurrierenden Theorien ausschaltet, dem geht es wie dem Läufer Bacons (NO. I 61): *currenti extra viam, quo habilior sit et velocior, eo maiorem contingere aberrationem.*

Wer seine Theorie dadurch bestätigen will, daß er die passenden Fälle vermehrt, erliegt leicht einer perspektivischen Illusion, denn die Fälle sind mehrdeutig: Ob ich ein neues Zeugnis aus der Donatistenbewegung für eine sozialökonomische oder innenpolitische Niedergangstheorie verwende, ob ich es als Ausdruck regionaler oder religiöser Sonderinteressen werte, ob es mir die Schwäche des Staates oder die Stärke des Glaubens beweist, all das hängt von dem System ab, das ich mitbringe. Das wachsende Tatsachenmaterial wird in unterschiedlicher bengalischer Beleuchtung vorgeführt, die Vermehrung des Stoffes bessert das Bild nicht. Es wird geprägt durch Licht und Perspektive, und diejenige Meinung siegt, der Schiller 1789 (IX 240) es im Motto unseres Abschnitts prophezeit hat. Das wäre nicht bedenklich, sofern Verstand und Herz, von Schiller als Organe der Menschheit gemeint, nicht von Einzelnen usurpiert würden.

Ein zweiter Grund für den Glauben an den Nutzen der eigenen Standortbindung wurzelt in der Ansicht, die Gegenwart öffne uns erst richtig die Augen für die zeitenverwandte Spätantike: *The Fourth Century gives more than a superficial impression of having been much like our present,* heißt es bei Tom B. Jones (*1978*, 17). *Il nostro tempo è particolarmente adatto a seguire e intendere l'affievolirsi di una cultura* schrieb Bianchi-Bandinelli (*1970/76*, IX). Loyen (*1942*, 14), H. Werner (*1939*, 2), M. Gelzer (*1926*, 399), Rodenwaldt (*1921/22*, 78) und W. Otto (*1905*, 794) dachten das auch. Zum ersten Male hat es wohl 1799 Schlözer ausgesprochen: „Die Begebenheiten unserer Tage haben der Geschichte des Alterthums zugleich ein Licht und ein Interesse gegeben, das sie vorher nicht hatte und nicht haben konnte“ (Christ *1982*, 33).

Bis zur Aufklärung wurzelte das historische Verstehen überwiegend in der Annahme, daß Geschichte und Gegenwart Teile eines gemeinsamen Ganzen seien. Mit Niebuhr jedoch verbreitete sich die Vorstellung, daß partikulare Parallelen den Schlüssel zur Vergangenheit lieferten (Christ *1980, 222*). Schopenhauer (I 329) sprach davon, daß wir die eigene Erfahrung als „Wörterbuch" für die Geschichte benutzen. Gewiß ist dies grundsätzlich zu begrüßen. Die erweiterte Gegenwartserfahrung kann als heuristisches Mittel dienen und am historischen Gegenstand bisher übersehene Aspekte auftun. Aber der erkenntnisfördernde Dienst derartiger Verwandtschaften wird leicht überschätzt. Sie wecken das Interesse, aber erschweren das Verständnis. Wird der Gegenstand zum Spiegel, so sehen wir nicht ihn, sondern uns.

Mit denselben Augen, mit denen der Historiker seine eigene Zeit sieht, betrachtet er auch die Geschichte. Sie öffnet sich jedem von der Seite, von der aus er an sie herantritt; und wie immer die Geschichte begriffen wird, allemal zeigt sie die Fingerabdrücke des Forschers. Aus der Kenntnis vom Leben und Denken eines Autors läßt sich mit einiger Wahrscheinlichkeit vorhersagen, welcher Untergangstheorie er zuneigt. Trotz zunehmendem Sachwissen hängen die Urteilsmaßstäbe an Zeitgeist, Weltanschauung und Lebenserfahrung, und mit der Farbe des wechselnden Hintergrundes ändert sich die Farbe des Gegenstandes. Persönliche Momente beeinflussen die Ansicht vom Fall Roms, aber nicht diese Ansicht allein. Vielmehr liefert sie nur ein Beispiel dafür, wie der private Standpunkt die Vorstellung vom Wesen der Geschichte überhaupt bedingt.[6] Die Frage lautet, warum das so ist und ob das so sein muß.

Die Historie ist eine Wissenschaft, in der zwischen dem Objektbereich (der Geschichte) und dem Subjektbereich (dem Historiker) eine offene Grenze liegt. Unverzollt wandern die Gedanken in beide Richtungen, und niemals wissen wir, woher sie stammen. Persönliche Erfahrungen prägen unser Bild von der Vergangenheit, Vorstellungen über Geschichte lenken unser persönliches Denken und Handeln. Die politische Zukunft liegt nicht offen vor uns, denn sie wird durch bereits vorhandene – gleichwohl widersprüchliche – Kräfte bestimmt. Die geschichtliche Vergangenheit liegt nicht abgeschlossen hinter uns, denn sie empfängt ihr Licht durch – ständig wechselnde – Gegenwartserfahrungen. Gewiß ändert sich am Geschehenen nichts mehr, aber dessen Bedeutung, das Verhältnis der Phänomene untereinander und ihr Wert oder Unwert für uns, all das ist im Fluß. Der Stoff dauert, die Formen wechseln. Jedes neue Ereignis macht durch seinen genetischen und typologischen Zusammenhang mit älteren Ereignissen neue Seiten an diesen sichtbar. Große Erscheinungen produzieren ihre eigene Vorgeschichte. Im Ersten Weltkrieg hat das Wort „Krieg" seinen Sinn verändert, mit Hitlers Machtergreifung das Wort „Volk", durch Stalins Große Säuberung das Wort „Sozialismus". Sobald wir diese Begriffe für ältere Phänomene gebrau-

[6] Ich habe dieselbe Fragestellung 1972 (AKG 54, 325 ff.) auf die modernen Bilder Alexanders d. Gr. angewandt, das Resultat ist in den Grundzügen ähnlich.

chen, denken wir die neueren mit. Neue Schläuche für alten Wein – das hat Folgen für beide.

Geschichte und Gegenwart dienen *vice versa* als Schlüssel zum Verständnis des jeweils anderen. Der Schlüssel kann das Verständnis öffnen oder verschließen, je nachdem, wie wir ihn gebrauchen. Er versperrt es, wenn wir ihn einseitig benutzen. Weder dürfen wir die Vergangenheit allein aus dem als gegeben hingenommenen Blickwinkel momentaner Erfahrung beurteilen, noch die Gegenwart nur unter dem Aspekt irgendwelcher historischer Vorfälle deuten, die sich uns als Urerlebnisse eingeprägt haben. Es gibt Geschichtsbilder, die ihre Würze durch den beherrschenden Eindruck des Dritten Reiches, der Freiheitskriege, der Französischen Revolution erhalten. Man schmeckt das dann überall durch. Erst wenn wir unsere Sicht von allen Wunsch- und Furchtbildern gereinigt und uns über die verbleibenden Kriterien unserer Urteilsbildung Rechenschaft abgelegt haben, so daß wir sie im Angesicht der Gesamtheit der aus Geschichte und Gegenwart erreichbaren Erfahrungen verantworten können, gewinnen wir jene innere Distanz, die ein sicheres Urteil ermöglicht.

Die äußere Distanz ist uns vorgegeben, wir können uns die geeignete nicht aussuchen. Die optimale Blickwarte des Historikers stünde am Ende der Zeiten, wenn alle Auswirkungen eines Vorgangs erschöpft und überschaubar sind und keine Zukunftswünsche mehr stattfinden. Bis dahin begrenzt die Unkenntnis der Zukunft die Kenntnis der Vergangenheit. Der höchste Grad an Zuverlässigkeit einer historischen Einsicht wäre dann erreicht, wenn sie keinen Schaden mehr abwehren müßte, keinen Nutzen mehr stiften könnte. Wäre sie damit aber nicht sinnlos geworden?

Wer auf Wirkung hofft, wird sich aus der Vorläufigkeit nicht herauswünschen und sich über seine eigene Überholbarkeit damit trösten, daß er selbst andere überholt. Er wird die Geschichtlichkeit als Chance zur Überwindung von Vorurteilen begreifen. Mag die Wahrheit, der wir uns zu nähern suchen, noch so schemenhaft vor uns stehen, vielleicht gar nur eine methodische Fiktion sein, so sind doch die Irrtümer, die hinter uns liegen, desto deutlicher. Indem wir solche erkennen, erzielen wir Fortschritte auch auf der Ebene des Urteils. Dies wird nur von dem bestritten, der sich nicht ernsthaft darum bemüht hat, eine Überzeugung zu gewinnen und sie auch Andersmeinenden zu vermitteln. Dies ist möglich, *crede experto.* Gescheiterte Überzeugungsversuche beweisen allenfalls, daß die Diskussion abgebrochen wurde, nicht aber, daß jede Ansicht nur für den gilt, der sie vertritt. Was man selbst sehen kann, das kann man auch andern zeigen, andernfalls ist es geträumt.

Die Ablehnung der Möglichkeit zu fortschreitender Einsicht ist keine verallgemeinerungsfähige, damit keine rationale Haltung. Denn wäre die Unmöglichkeit dazu beweisbar, wäre eben dies ein Fortschritt über den irrigen Glauben an ihn hinaus und damit ein Argument für ihn. Wir müssen also an ihm festhalten. Das Bekenntnis zum Fortschritt ist außerdem ein Gebot der Höflichkeit des Autors gegen seinen Leser, freilich nicht ganz uneigennützig: indem ich ihm zugestehe, über meinen Stand hinauszugelangen, hoffe ich auf sein Zugeständnis, daß ich meinerseits über ältere Meinungen hinausgekommen bin.

Es ist auch nicht so, daß alle älteren Interpreten lediglich Opfer ihrer zeitbedingten Vorurteile gewesen wären. Dies sei ferne. Die Ansicht, daß jede historische Deutung in ihren systemeigenen Denkfesseln verhaftet bliebe, aus ihrer Zeit nicht heraus könne, ist kleingläubig. Denn die „Zeit" ist das, was wir aus ihr machen, ist Mutter und Tochter unsrer Handlungen zugleich. Zeitbedingte Sichthindernisse lassen sich beheben. In diesem Sinne bilden die Schriften von Machiavelli und Erasmus, von Adam Smith und Montesquieu Muster in der gedanklichen Verarbeitung, die Werke von Gibbon und Rostovtzeff, Seeck und Ernst Stein Vorbilder in der Beherrschung des Stoffes.

Mag die Fülle der ihrer Zeit liebedienernden Autoren die Historie als *meretrix temporum* verunglimpfen, so gab es doch immer wieder Beispiele von Gelehrten, die sich naheliegenden Vorurteilen haben entziehen können.[7] Die Einsicht, daß es keine brillenfreie Erkenntnis gebe, besagt ja noch längst nicht, daß jede Optik gleichermaßen gut ist. Eine Meisterleistung im Sammeln und Urteilen (wenn auch vielleicht nicht in der Darstellung) ist das Werk von A.H.M. Jones. In seinen Schriften zum Untergangsproblem vermag ich keine außerwissenschaftlichen Einflüsse auf die Urteilsbildung zu benennen, obwohl ich sie zu finden bemüht war. Seine Ausführungen zum Thema bilden einen Fortschritt in der Deutungsgeschichte, der dem Autor vielleicht selbst nicht klar war, denn er hat auf die historische Selbsteinordnung verzichtet. Daß man auch noch über Jones hinauskommen kann, indem man die innergermanischen Entwicklungen berücksichtigt, die nicht Thema seines Buches waren, habe ich oben zu zeigen versucht (IV. 5!). Die das Urteil bestimmenden Faktoren sind somit keine unentrinnbaren Determinanten, und soweit nicht polizeiliche Gewalt oder private Borniertheit die Haltung festlegt, läßt sie sich auf Sachgründe abstellen.

Ein Fortschritt in der Deutung historischer Grundprobleme erfordert Beweglichkeit. Wir müssen die jeweils nicht hinterfragten Ausgangspositionen problematisieren, jene Punkte suchen, an denen mit dem Denken angefangen, beziehungsweise aufgehört wird. Die Feststellung eines „Standpunktes" müßte seinen Inhaber disqualifizieren. Zur Ermittlung unserer Axiome brauchen wir eine nichteuklidische Historie: indem wir das, was wir von der Geschichte wissen, mit

[7] Aventinus hat die Germanen-Romantik seiner Mithumanisten nicht geteilt, sondern sich distanziert über die „unsinnigen, ungläubigen Teutschen" geäußert. Renan hielt die politische Rolle der Kirche für eine bedenkliche Sache, obschon er Geistlicher war. Rostovtzeff hat, wiewohl Historiker von Wirtschaft und Gesellschaft, eine sozialökonomische Erklärbarkeit des Falles Roms bestritten. Mickwitz hat aus seinen Einsichten in Geld- und Steuerwesen keinen allgemeinen Erklärungsschlüssel gemacht. Chapot stand 1927, anders als seine meisten französischen Kollegen, den Segnungen des Imperium Romanum skeptisch gegenüber, und Pfister hat 1941 eine Untergangstheorie vorgelegt, die nicht in den Spuren des herrschenden Nationalsozialismus läuft. Daß jeder Gedanke und jede Tat ein Produkt ihrer Zeit sei, ist deswegen nichtssagend, weil die „Zeit" selbst ein Produkt jener Taten und Gedanken ist.

dem vergleichen, was wir über die Historiker wissen, gelangen wir zu den perspektivischen Bedingungen des historischen Sehens. Der Fortschritt marschiert auf zwei Beinen: Eine Methodik, wie sie auf der Ebene der Tatsachen längst selbstverständlich ist, sollte auch auf der Ebene der Urteile verpflichten. Wie im Bereich der Faktographie müßte auf der Ebene der Urteilsbildung ein kollektives und kontinuierliches Bemühen anheben. Die Erfahrungen, die dem einzelnen die Maßstäbe setzen, müßten von allen übrigen zur Kenntnis genommen werden. Erst im umfassenden Überblick über die Urteilsformen werden auch diese einem kritischen Vergleich und damit einer Wertung zugänglich. Die Mehrzahl der Dinge macht diese wertbar, die Mehrzahl der Werte diese desgleichen. Reflexion ist potenzierbar.

Die vorliegende Deutungsgeschichte sucht eine Voraussetzung für künftige Fortschritte in der Urteilsbegründung zu erfüllen. Die Kritik an der Historie ist ebenso nötig wie die Kritik an der Geschichte, denn die Gedankenführung der Historiker ist kaum weniger besserungsbedürftig als die Staatsführung der Politiker. Beweist dieses der Fall Roms, beweist jenes die Geschichte seiner Deutung.

NACHWORT

Der Rabe Ralf ruft schaurig: „Kra!
Das End ist da! Das End ist da!“
Morgenstern 12/11

Die Geschichte der Deutungen zum Fall Roms kommt nicht dadurch zum Abschluß, daß sie geschrieben wird. Das griechisch-römische Altertum ist in die europäische Kultur zu fest verwoben, als daß nicht jeder, der diese ernsthaft zu begreifen sucht, sich mit der Antike befassen müßte, um zu erkennen, was wir ihr verdanken, worin wir über sie hinausgelangt oder hinter ihr zurückgeblieben sind. Unter genetischem Aspekt lehrt sie uns, wie wir werden konnten, was wir geworden sind. Unter typologischem Blickwinkel zeigt sie uns, was wir sind, was wir nicht sind und was aus uns werden könnte, sofern sich ihr Schicksal an uns wiederholte. Die Beschäftigung mit dem Altertum ist gleichermaßen vonnöten, ob wir uns ein Bild von unserer Vergangenheit machen oder eine Idee von unserer Zukunft gewinnen wollen. Wenn wir das historische Bewußtsein als Wesensmerkmal der europäischen Kultur ansprechen, wird das Ende der Antike so lange überdacht werden, als das Ende Europas noch aussteht.

Ist damit zu rechnen?

Eschatologische Reflexion, wie sie damit gefordert wird, ist zumeist ein Ausdruck des Unbehagens an der Gegenwart und darum älter als der Fall Roms. „Daß die Welt im Argen liege, ist eine Klage, die so alt ist als die Geschichte“, ja älter als die hier von Kant (Werke VI 19) gemeinte Historiographie. Denn sie findet sich bereits bei Homer und Hesiod. Seitdem begleitet sie, bald stärker, bald schwächer, das historische Denken Europas. Griechische Philosophen und römische Moralisten, jüdische Propheten und christliche Prediger haben ihrer jeweiligen Gegenwart die Schatten gewiesen und den Optimismus an die Leine genommen. Er hatte es allweil nötig. Wenn die *laudatores temporis acti* zuweilen dabei die Verluste an Gütern und Göttern überschätzt und die Gewinne an ebensolchen unterschlagen haben, sollte das noch kein Grund sein, das Motiv ihrer Zeitkritik der Nostalgie zu bezichtigen. Trauer über das Sterbende und Freude über das Wachsende lassen sich nicht gegeneinander aufrechnen. Beide haben ein Daseinsrecht und bieten Grund zur Hoffnung: Selbst die zahnlose Weisheit des Alters darf daran glauben, daß Zustimmende nachwachsen. Dem lemurischen Credo steht die Gewißheit gegenüber, daß nicht alle Kultur erlischt. Denn solange es eine Jugend gibt, solange gibt es Totengräber.

Heidnische Romideologen und christliche Romtheologen waren sich darin einig, im letzten Weltalter zu leben, nur daß dieses von ersteren gewöhnlich für lang, von letzteren überwiegend (Augustin einmal abgerechnet) für kurz gehalten wurde. Beide setzten das Ende der Welt mit dem Fall Roms gleich, der allerdings jeweils anders aussah. Indem die Renaissance sodann Roms Ende aus der Zukunft in die Vergangenheit zurückverlegte, verwandelte es sich aus einem apokalyptischen Symbol in ein historisches Paradigma. Der eschatologische Mahnwert blieb jedoch erhalten. „Was ist Rom? Es zerfällt. Was ist die Welt? Sie wird zerschlagen." Neben diese bis ins ›Stundenbuch‹ von Rilke reichende Lehre tritt eine analogisierende Betrachtung, die aus dem Fall Roms nicht „weise für immer", sondern „klug für ein andermal" werden möchte.

Seit Machiavelli wird aus den Parallelen zwischen der antiken und der europäischen Geschichte die Gefahr eines entsprechenden Endes gefolgert. *Historia magistra mortis.* Allerdings ging es fortan nicht mehr um den Untergang der Welt, sondern „nur" um den Untergang der (eigenen) Kultur. Die heilsgeschichtliche Universalschau wich einer profanen Partialhistorie, wie sie dem kulturellen und nationalen Interesse der Humanisten entsprach.

Das Verhältnis zur Antike hat sich damit in paradoxem Sinne verändert. Der Traditionszusammenhang, der über das Mittelalter lief, wurde durch die Opposition gegen dieses gelockert, aber durch den direkten Rückgriff auf die Antike verstärkt; die Strukturanalogie zu ihr, die subjektiv erkennbar wurde, schwächte sich objektiv ab, denn eine humanistische Bewegung im europäischen Sinn hat es im Altertum nicht gegeben. „Einen großen Vorsprung hat die moderne Zeit vor der alten dadurch, daß sie eine alte Geschichte hat" (Bernays *1871/85*, 235). Die periodischen Rückwendungen zu archaischen oder klassischen Formen während des Altertums hatten niemals Kontinuitätsbrüche in der Art der Völkerwanderung zu überspringen. Euripides und Thukydides mußten von den Römern nicht neu entdeckt werden, sie wurden gelesen wie eh und je; die platonische Akademie, die olympischen Spiele, das Orakel von Delphi gab es nach wie vor. Babylonien und Ägypten hingegen waren schon von Herodot als fremd und exotisch empfunden worden. Deshalb wurden die spätantiken Autoren von der Problematik und der Symbolik, die im Ende der griechischen und orientalischen Staaten liegt, weniger stark berührt als uns das Ende der Antike bewegt.

Ich sage „uns" und schließe dabei alle (r)evolutionären Schwarmgeister aus, die der Untergang der antiken Kultur (und einiges andere) nicht anficht, die (nach Bernhard von Chartres) als kluge Zwerge auf Hegels Schultern sitzend bereits die Reisbreimauer der nahen Schlaraffenzeit erblicken und nicht weiter danach fragen, was die gegenwärtigen Versprechungen höchst unvollkommen säkularisierter Heilslehren angesichts der vergangenen Enttäuschungen noch wert sind.

Wer historisch denken gelernt hat, dem beweist die Vergangenheit die Vergänglichkeit. Er versucht, mit ihr ins Reine zu kommen und zieht das Ende der eigenen Kultur in Betracht. Je nach Temperament kann man es, wie Friedrich Engels (MEW *20*, 324; *21*, 268), in fernster Zukunft erwarten und darum bagatellisieren, oder wie Oswald Spengler (UA. I 20) in wenigen Generationen vorhersagen und mit heroischer Geste dramatisieren. Bestreiten kann man es schwerlich. Irgendwann kommt es selbst dann, wenn wir alle Lehren beherzigen, die uns der Fall von Rom und der *Club of Rome* erteilen. Denn die natürlichen Lebensbedingungen der Menschheit auf unserem Planeten sind befristet. Wir müssen den Wärmetod des Kosmos, das Erkalten der Sonne oder das Verschmoren während der spiralförmigen Annäherung der Erde an sie nicht abwarten. Der Verlust der Luft, die Abnahme des Kohlendioxyds und des Sauerstoffs, der Rückgang der für den Pflanzenwuchs erforderlichen Phosphate und die Austrocknung des Festlandes wirken rascher (Römpp *1948*, 15 ff.). Die Diskussion über den naturbedingten Untergang der Menschheit könnte nur der Art und Zeit ihres Todes gelten. Irgendwann wird die Erde ein rotierendes Massengrab sein. Propheten im Westen wie Toynbee und Propheten im Osten wie Kuczynski trösten uns darüber durch eine Gnadenfrist mit vielen Nullen, die ihresgleichen imponieren mögen.

Der Blick auf das Ende wirft Sinnfragen auf. Sie stellen sich mit steigender Bestimmtheit, ob ich das Ende meines Lebens, das Ende unserer Kultur oder das Ende der Menschengattung betrachte. Jeden dieser drei Tode sterben wir nur einmal, erleben ihn darum nur in der Vorschau, im vorfaktischen Zustand. Wahre und irrige Annahmen darüber sind nicht endgültig zu unterscheiden, sie haben nicht die angenehmen oder unangenehmen Konsequenzen wie richtige oder falsche Meinungen sonst und stützen sich darum eher auf Gefühle als auf Gründe.

Trotzdem ist dieser Gegensatz zu überbrücken. Daß auch Gefühle Gründen zugänglich sind, weiß jeder, der einmal Trost erfahren hat. Über das Vergehende tröstet uns das Dauernde. Sterben wir, leben andere weiter; endet unsere Kultur, folgt eine andere. Wo es trauernde Hinterbliebene gibt, da gibt es auch lachende Erben. Was aber, wenn alles aus ist? Hier hilft eine Kritik des Sinnbegriffs. Sinn setzt eine Bezugsinstanz voraus. Die Frage nach der posthumanen Zukunft hat nur Sinn, solange diese aussteht. Sobald sie Gegenwart geworden ist, gehört die Sorge um sie der Vergangenheit an. Die Partikel dieses Buches schwirren dann wieder ebenso durch den Raum, wie sie es einmal getan haben.

Die in ihm ausgesprochenen Gedanken werden, sollten sie richtig sein, dadurch nicht falsch, nur überflüssig. Denken wir die Menschheit aus der Welt fort, so ist eine Unterscheidung zwischen Sinnobjekt und Sinnsubjekt lediglich Restbestand einer dann veralteten anthropomorphen Spaltung der Natur in eine *natura naturans* und eine *natura naturata.* Entsprechendes gilt für den Zweckbegriff. Für den Menschen, der in seiner begrenzten Lebenszeit etwas erreichen möchte, ist die Frage nach dem Zweck einer Sache nahezu bedeutungsgleich mit der nach ihrem Sinn; aber der nach Objekt und Subjekt ungeschiedenen Natur, von welcher all unsere Weisheit bloß Krümel sieht, stehen unbegrenzte Zeiten zur Verfügung. Sie hat keinen Sinn für Zwecke und trauert drum nicht über die Vergänglichkeit von Menschen und Kulturen. Ist die Menschheit eines Tages ausgestorben, für wen wäre das ein Verlust?

Haben wir gelernt, den Gedanken an das Ende unserer Gattung zu ertragen, so können wir auch ein Erlöschen unsrer Kultur ins Auge fassen. Unter welchen

Umständen, zu welcher Zeit und in welcher Form ist mit einem Ende Europas zu rechnen? Machen wir uns das nicht vorher klar, so könnte sich wiederholen, was dem Ende Roms im Mittelalter widerfahren ist. Vor lauter Dunkelheit hat man das Erlöschen des Lichtes nicht bemerkt. Den umgekehrten Fall beschreibt der Evangelist Johannes (1,5): „Und das Licht scheint in der Finsternis, und die Finsternis hat's nicht begriffen".

Wie sollen wir uns ein Ende Europas ausdenken? Einesteils böte der Fall Roms ein Denkmuster, andernteils wird dieses durch dessen bisherige Deutungsgeschichte abgewertet. Im Spiegel der Vergangenheit erkennen wir die Zukunft nur, sofern wir uns selbst durchschauen. Wir müssen uns über unsere Wünsche und Ängste klar werden und Rechenschaft über unsere Begriffe ablegen. Was heißt denn „Ende"? Und was „Europa"? Christen und Barbaren haben mehr als neun Zehntel der antiken Kulturgüter vernichtet oder verkommen lassen. Das gerettete Zehntel aber hat für die nachfolgende romanisch-germanische Welt eine solche Bedeutung erlangt, daß ein analoges Schicksal dieser letzteren schwerlich den Namen eines Endes verdiente. Sofern der überdauernde Rest unserer Geisteswerke dieselbe befruchtende Wirkung auf die nacheuropäische Kultur ausübte wie die griechisch-römische Tradition auf die unsere ausgeübt hat, stünden auch Europa noch Renaissancen bevor. Die Kontinuität des Geistes bliebe gewahrt, und von einem Ende könnte die Rede nicht sein. Wird der Fall Europas einst in ebensolcher Weise als Deutungsproblem empfunden, wie der Fall Roms jetzt von uns, dann ist ein politisches Machtgebilde, nicht aber die Strahlkraft der kulturellen Schöpfungen erloschen. Und über diese Schwelle, sind wir über sie nicht längst hinaus?

Politisch hat Europa im Ersten Weltkrieg, moralisch hat es im Zweiten Weltkrieg abgedankt. Nach Auschwitz und Hiroshima kann uns künftige Barbarei kaum noch das Gruseln lehren. Was uns an Gefahren droht, liegt nicht außerhalb, sondern innerhalb der zivilisierten Welt. Sollte indessen der Atomschlag und die schleichende Katastrophe der Umweltzerstörung abgewendet werden können und keine bewaffnete Heilslehre die Zukunft entmündigen, wäre für die europäische Zivilisation im allgemeineren Sinne kein Ausgang abzusehen. Ihre anhaltende Ausbreitung bedroht vielmehr die nichteuropäischen Kulturen, die sich einer Symbiose entgegenstellen, mit der Vernichtung. Sie werden auf dem Wege der „Entwicklungshilfe" hinwegmodernisiert. Inzwischen ist die Zivilisation des Globus schon so verfilzt, daß separate Prognosen schwierig werden. Was heißt denn heute noch „europäisch?"

Im Unterschied zu den raschen Brüchen der politischen Macht vollziehen sich die kulturellen Wandlungen langsam. Ob jemals eine Zeit kommen wird, die sich nicht mehr als Fortsetzung unserer eigenen, sondern als neue Periode begreifen wird, ist vielleicht bloß ein terminologisches Problem unter den Historikern des nächsten Jahrtausends. Sollten sie auf die Verkündung einer neuen Weltzeit verzichten, wäre das peinlich für uns. Unser historisches Selbstverständnis wird von Übergangsgefühlen und Bekenntnissen zum Krisenglauben beherrscht, der ja voraussetzt, daß irgendwann wieder einmal Normalzeit einkehre. Entscheidend wäre dabei weniger, daß sie normal ist (was heißt schon in der Geschichte „normal"?), als daß sie sich für normal hält. Bliebe dies aus, so wiederholte sich in der Gewöhnung an das Ungewöhnliche die Paradoxie der christlichen Gegenwartsdeutung, die sich beinahe zwei Jahrtausende lang kurz vor dem Weltende wähnte.

Nehmen wir einmal an, daß sich der Eindruck einer Zeitenwende bestätigt, so läßt sich diese nur zur Hälfte nach dem Muster eines Wechsels von Hochkulturen begreifen. Die Symptome einer hellenistisch-spätrömischen Großstadtzivilisation sind zweifellos wieder in reicher Zahl beisammen, scheinen sogar noch in der Vermehrung begriffen (IV. 1!). Dennoch sieht es nicht so aus, als ob ein neuer Kulturzyklus der bekannten Art bevorstehe. Auf der südlichen Halbkugel gibt es dafür keine Anzeichen, auf der nördlichen ist an die Russen gedacht worden, doch sind sie eher Teil unserer Zivilisation als deren Nachfolger. Man kann die Russen im Verhältnis zu Europa eher mit den Römern im Verhältnis zur hellenistischen Welt, als mit den Germanen im Verhältnis zu Rom parallelisieren. Und auch dies nur, wenn man bedenkt, daß auch die engste historische Parallele nur ein Stück weit stimmt.

Die Zeit einander ablösender Hochkulturen liegt hinter uns. Geschlossene Kommunikationsräume, in denen sich große neue Stile bilden könnten, gibt es nicht mehr. Im Umfeld der Städte aller Erdteile ist eine technisch-zivilisatorische Stufe erstiegen, die überall die gleichen Formen zeigt und sich zum Niveau der Antike oder anderer vorindustrieller Hochkulturen verhält wie diese zur Steinzeit davor. Die von Leo Frobenius (*1921/53*) vorgeschlagene Dreiteilung der Geschichte in eine barbarische, eine kulturelle und eine zivilisatorische Phase gilt, wie für einzelne Hochkulturen, so auch für die Menschheit insgesamt.

So wie der Fall Roms sowohl das Ende eines Staates als auch das Ende einer Kultur besiegelt, beendet unsere Epoche die *europäische* Hochkultur und die *gesamte* Großperiode der Hochkulturen zugleich. Wir treten aus der Abfolge der Hochkulturen in einen neuen Weltstand. Innerhalb dieses doppelten Gegenwarts-Geschehens wird der vergangenheitsbezogene Eindruck vom Ende Alteuropas allmählich durch das zukunftsbestimmte Bewußtsein vom Einstieg in eine neue Weltperiode verdrängt. Damit wird der Fall Roms zum Muster ohne Wert.

Noch ist es nicht so weit. Der Übergang vollzieht sich geräuschvoll, aber langsam. Einstweilen sichert ein anhaltendes Krisengefühl dem Fall Roms seine innere Nähe zu unserer Zeit. Das historische Paradigma „Spätantike" dient weiterhin als Hohlform für die wechselnden Inhalte der Übergangs-Stimmung. Dennoch gibt es Anzeichen für eine Beruhigung, genauer: für eine Stabilisierung der Turbulenzen, die Bewegung, nicht aber Entwicklung und noch weniger Fortschritt bedeuten. So wie die Gegenwart wird auch die Geschichte nur noch als Folge von Krisen gewertet. Dabei nutzt sich die Krisen-Matrix ab. Sie verflacht im Dauergebrauch zur posthistorischen Tapete.

Das anhaltende Unbehagen an der Gegenwart schlägt durch auf den Umgang mit Geschichte. Sie dient nun zwei Zwecken: einerseits bietet sie die Zielscheibe moralischer Entrüstung (man sucht nach Schuldigen), andererseits liefert sie Stoff zur Unterhaltung (man braucht Ablenkung). Das lehrt auch die Restpräsenz der Antike. In den vergangenen Jahrhunderten war sie eine Bildungsmacht. Nun wird sie zum Konsumartikel vermarktet. Das Ende der antiken Kultur findet zum zweiten Male statt. Das erste Mal wurde sie durch die germanische Barbarei aus der Wirklichkeit, das zweite Mal wird sie durch die europäische Zivilisation aus dem Bewußtsein verdrängt. Müssen wir das bedauern, oder sollten wir nicht jeder Zeit ein Recht auf sich selbst einräumen? Jede Epoche ist unmittelbar zu Gott, aber auch unmittelbar zum Teufel. Mittelbar ist sie zur Druckerschwärze, weil sie auf dem Wege dorthin durch das Hirn der Historiker muß. Das merkt man ihr an.

Das Urteil der Nachwelt über die Spätantike ist widersprüchlich, doch ist es getragen von dem Bemühen, den Beteiligten gerecht zu werden. Darf auch unsere späteuropäische Zeit im Bewußtsein Nacheuropas auf das Urteil hoffen, das sie verdient? Vorausgesetzt, wir finden in der Zukunft ein ähnliches kritisches Interesse, wie wir es unsererseits der Vergangenheit entgegenbringen. Sollte es erlöschen, sollte man einst den Begriff Okzident für den Namen einer Zahnpasta halten, so können umgekehrt wir der Zukunft das Urteil sprechen und sie als dritte Barbarei bestimmen. Barbaren leben, wie Cicero (De oratore II 169) bemerkte, ohne Sinn für historische Zeit: *si barbarorum est in diem vivere, nostra consilia sempiternum tempus spectare debent.* Unsere Nachfahren würden zu vielleicht hochzivilisierten Fellachen. Ein solches Urteil will und kann sie nicht beleidigen. Denn zum einen träfe es dann nicht zu, wenn sie es zur Kenntnis nähmen. Und zum anderen glauben ja die an der Kultur Leidenden gewöhnlich, Barbaren seien bessere und glücklichere Menschen. Mögen sie recht haben!

Sollte das kritische Geschichtsbewußtsein verdunsten, bleibt doch ein *caput mortuum.* Die Historie wird weiterhin von der Politik für die Propaganda, vom Publikum für die Freizeit, von der Fachwelt für den Lebensunterhalt benötigt. So leicht verzichtet man nicht auf sie. Tröstlich bemerkt Lord Bolingbroke (*1752/88*, 7): *The love of history seems inseparable from human nature, because it seems inseparable from self-love.*

ANHANG

ABKÜRZUNGEN

Abkürzungen vom Typus „Fuchs *1938*, 50" bezeichnen das im betreffenden Jahr des genannten Autors erschienene Buch (ersichtlich aus dem Literaturverzeichnis, s. u.) und die Seite oder Spalte. Bei Doppelzahlen, z. B. 1752/88, bedeutet die erste Zahl (1752) die Abfassung, die zweite (1788) das Erscheinen des zitierten Textes. Nicht im folgenden aufgenommen sind umgangsprachliche Abkürzungen (zum Beispiel: „z. B.") und fachüblich gekürzte Werke antiker Autoren, zum Beispiel: Tac. hist. = Tacitus, historiae. Autorenkürzeln lassen sich über das Register entschlüsseln (s. u.). Abkürzungen vom Typus „III 1,5" hinter dem Namen eines antiken Autors bezeichnen Buch (III), Kapitel (1) und Paragraph (5). Abkürzungen vom Typus „IV. 6. c!" verweisen auf Kapitel *dieses* Buches. Darüber hinaus werden die im folgenden aufgelösten Kürzeln gebraucht:

AA	Auctores Antiquissimi (Abteilung der MG)
A + A	Antike und Abendland (Zeitschrift)
AC	L'Antiquité Classique (Zeitschrift)
ADB	Allgemeine deutsche Biographie, 1875 ff.
AdW	Akademie der Wissenschaften
AG	Alte Geschichte
AJPh	American Journal of Philology
AKG	Archiv für Kulturgeschichte (Zeitschrift)
a. m.	*anno mundi*
ANRW	Aufstieg und Niedergang der römischen Welt. 1972 ff. (Sammelwerk)
App.	Appendix oder Appian
BAGB	Bulletin de l'Association Guillaume Budé
BC	Bellum Civile (Werke Caesars und Appians)
BCO	Bibliotheca Classica et Orientalis (Zeitschrift)
BG	Bellum Gothicum (Werke Prokops) oder Bellum Gallicum (Werk Caesars)
BV	Bellum Vandalicum (Werk Prokops)
c.	*capitulum* oder *contra*
CAH	Cambridge Ancient History. 1923 ff. (Sammelwerk)
CC	Collection complète (der Werke von Mably)
CCL	Corpus Christianorum, Series Latinorum. 1953 ff.
CD	De Civitate Dei (Werk Augustins)
ch.	chapter, chapitre
CIC	Corpus Iuris Civilis, ed. Th. Mommsen und P. Krüger. 1877–95/1954
CJ	Classical Journal
CP	Classical Philology (Zeitschrift)
CPh	De Consolatione Philosophiae (Werk des Boethius)
CR	Corpus Reformatorum. 1834 ff.
CSEL	Corpus Scriptorum Ecclesiasticorum Latinorum. 1866 ff.
CSHB	Corpus Scriptorum Historiae Byzantinae. 1828–97

CTh	Codex Theodosianus, ed. Th. Mommsen und P. M. Meyer I–III 1904/62
DA	Deutsches Archiv zur Erforschung des Mittelalters (Zeitschrift)
DG	Deutsche Gesamtausgabe (von Solowjew)
DLZ	Deutsche Literatur-Zeitung
Ds.	Derselbe (Autor)
EAZ	Ethnologisch-archäologische Zeitschrift
ed.	edidit
ep.	epistola
epp.	epistolae
E. S. C.	Économies, Sociétés, Civilisations (Untertitel einer der Zeitschriften, die den Titel ›Annales‹ tragen)
Ev.	Evangelium
ff.	und folgende Jahre oder Seiten, nicht nur zweite und dritte
FHG	Fragmenta Historicorum Graecorum, ed. C. Müller. 1841 ff.
fr.	fragmentum
GA	Gesamt-Ausgabe (der Schriften von R. Steiner)
GCS	Die griechisch-christlichen Schriftsteller der ersten Jahrhunderte. 1897 ff.
GD	De Gubernatione Dei (Werk Salvians)
GWU	Geschichte in Wissenschaft und Unterricht (Zeitschrift)
HE	Historia ecclesiastica (Titel Eusebs und anderer)
HF	Historа Francorum (Werk des Gregor v. Tours)
Hg.	Herausgeber
HI	Historiae ab inclinatione Romanorum Imperii (Werk des Blondus)
HR	Historia Romana (Werke von Jordanes, Paulus Diaconus und anderen)
HRR	Historicorum Romanorum Reliquiae, ed. H. W. Peter (1833 Teubner)
HZ	Historische Zeitschrift
Jb.	Jahrbuch
Jb. f. Wg.	Jahrbuch für Wirtschaftsgeschichte
JRS	Journal of Roman Studies
Kg.	König
KrV B	Kritik der reinen Vernunft (Titel Kants) 2. Aufl.
Ks.	Kaiser
MDAI(R)	Mitteilungen des Deutschen Archäologischen Instituts, römische Abteilung
MEW	Marx-Engels-Werke, Berlin 1956 ff.
MG	Monumenta Germaniae historica, 1835 ff.
MR	Maximen und Reflexionen (von Goethe, nach Nummern zitiert)
ND	Notitia Dignitatum, ed. Seeck. 1876/1962
NF	Neue Folge
NG	Neue Geschichte
NH	Naturalis Historia (Werk des älteren Plinius)
NO	Novum Organon (Titel Bacons)
OC	Oeuvres complets (von Montaigne oder anderen)
op.	opus, opera
p.	pagina

PG	Patrologia Graeca, ed. Migne. 1857 ff.
PhU	Philosophische Untersuchungen (Werk Wittgensteins)
PL	Patrologia Latina, ed. Migne. 1844 ff.
pr.	praefatio
Ps.	Psalm
r.	recto (Vorderseite bei Blattzählungen)
RA	Reden und Aufsätze (Titel Mommsens)
RAC	Reallexikon für Antike und Christentum. 1950 ff.
RBPh	Revue Belge de Philologie et d'Histoire
RE	Pauly-Wissowas Real-Encyclopädie der klassischen Altertumswissenschaft, 1893 ff.
rez.	rezensiert
RG	Römische Geschichte (Werk Mommsens)
RI	Roma Instaurata (Werk des Blondus)
RT	Rome Triumphans (Werk des Blondus)
s.	siehe!
Sb	Sitzungsberichte
SHA	Scriptores Historiae Augstae (spätantike Folge von Kaiserbiographien)
SI	Scritti inediti (des Blondus)
SS	Scriptores (Abteilung der MG)
s. v.	sub verbo = unter dem Stichwort
UA	Untergang des Abendlandes (Werk Spenglers)
üs.	übersetzt von
v.	versus (bei Gedichten) oder vita (bei Eigennamen) oder verso (Rückseite bei Blattzählung)
VDI	Vestnik Drevnej Istorii
VM	Vita Sancti Martini (Werk des Sulpicius Severus)
VS	Die Fragmente der Vorsokratiker, ed. H. Diels und W. Kranz, 1903
Vw.	Vorwort
WA	Weimarer Ausgabe (der Werke von Luther oder Goethe)
WaG	Welt als Geschichte (Zeitschrift)
WdF	Wege der Forschung (Reihe)
WS	Wiener Studien (Zeitschrift)
WT	Werke und Tage (Werk Hesiods)
ZfG	Zeitschrift für Geschichtswissenschaft
ZPE	Zeitschrift für Papyrusforschung und Epigraphik

LITERATURVERZEICHNIS

Nachstehend sind nicht alle im Text dieses Buches ausgewerteten Schriften verzeichnet, sondern allein die oben mit Autorennamen, Datum und Seitenzahl abgekürzten Titel. Ausgespart blieben solche Autoren und Werke, die üblicherweise nach Kapiteln, Paragraphen oder ähnlich, nicht nach der Seitenzahl einer bestimmten Ausgabe zitiert werden. Darum fehlen die antiken Autoren, manche Philosophen, Dichter, Mitarbeiter von Sammelwerken (wie CAH), Lexika (wie RE) usw. Auch Briefe, Gespräche und Tagebücher, die nach Daten zitiert sind, werden hier nicht genannt. Diese Werke bzw. Autoren sind über das Register zu finden. Ferner fehlen (in der Regel) die in Zeitschriften oder Sammelwerke aufgenommenen Schluß- oder Einzelkapitel aus größeren Werken, die zu Unrecht den Anschein selbständiger Aufsätze erwecken.

Manche der hier abgekürzten Vornamen sind im Text oben ausgeschrieben, hier geschieht das nur gelegentlich, um mögliche Verwechslungen innerhalb dieses Buches zu vermeiden. Jahreszahlen in Klammern hinter dem Titel geben das Datum der Erstpublikation an. Bei postumen Erstausgaben ist das Todesjahr des Verfassers angegeben († 1850). Werden mehrere Schriften desselben Autors genannt, so erscheinen sie in chronologischer Folge.

A. Abbruzzese, L'Imperio romano nella storia della civiltà. 1921

G. Abramowski, Das Geschichtsbild Max Webers. 1966

B. Adams, Das Gesetz der Zivilisation und des Verfalls. 1895/1907

(J. Adams), Correspondence of John Adams and Thomas Jefferson (1812–1826), ed. Paul Wilslach. 1925

–, The Works of John Adams, Second President of the United States, ed. Ch. F. Adams, I 1856, III 1851, VI 1851

W. P. Adams, Republikanische Verfassung und bürgerliche Freiheit. Die Verfassungen und Ideen der amerikanischen Revolution. 1973

Admont s. Engelbert

H. C. Agrippa von Nettesheim, De incertitudine et vanitate scientiarum declamatio invectiva. 1531/36

E. Albertini, L'Empire romain. 1929/70

A. Albert-Petit, Comment meurt une civilisation. Revue de Paris 29, 1922 S. 841–852

J. L. d'Alembert († 1783), Oeuvres philosophiques, historiques et littéraires. III 1805/1967

A. Alföldi, Der Untergang der Römerherrschaft in Pannonien. I 1924, II 1926

–, La grande crise du monde romain au IIIe siècle. AC 7, 1938, S. 5–18

–, Römische Kaiserzeit. In: Historia Mundi IV 1956, S. 190–297

G. Alföldy, Zeitgeschichte und Krisenempfindung bei Herodian. Hermes 99, 1971, S. 429–449

–, The Crisis of the Third Century as Seen by Contemporaries. Greek, Roman and Byzantine Studies 15, 1974, S. 89–111

–, Römische Sozialgeschichte. 1975/79

P. S. Allen, s. Erasmus

M. Alpatow, Eine neue Etappe in der Durcharbeitung des Problems: Der Übergang vom Altertum zum Mittelalter (russ. 1949). Geschichte in der Schule 3, 7 1950, S. 11–24

F. Altheim, Weltgeschichte Asiens. II 1948
–, Niedergang der Alten Welt. Eine Untersuchung der Ursachen. II, 1952
–, Spätantike als Problem. In: C. Brinkmann (Hg.), Soziologie und Leben. 1952 S. 166–194 (und: Hübinger, Hg. 1969, S. 114–144).
–, Spätantike als Abschluß und Neubeginn. Neue Rundschau 65, 1954, S. 322–340
–, Das Ende des römischen Kolonialreiches. Wiss. Zeitschr. Univ. Berlin 9, 1959/60, S. 161–167
O. Ammon, Die Gesellschaftsordnung und ihre natürlichen Grundlagen. 1895/1900
J. J. Ampère, L'Empire romain à Rome. 1864/81
G. K. van Andel, The Christian Concept of History in the Chronicle of Sulpicius Severus. Amsterdam 1976
P. Anderson, Von der Antike zum Feudalismus. Spuren der Übergangsgesellschaften. 1974/78
J. C. Andrä, Erzählungen und Lebensbilder aus der deutschen Geschichte. Ausgabe A (vor 1910)
M. Andreev, Zur Frage des Übergangs von der Sklaverei zum Feudalismus und zur Entstehung frühester feudaler Verhältnisse. Klio 49, 1967, S. 305–312
J. W. v. Archenholtz, Geschichte des Siebenjährigen Krieges in Deutschland. 1789/1904
Aretinus s. Bruni
E. M. Arndt, Geist der Zeit I. 1807/77
–, Volk und Staat. Seine Schriften in Auswahl herausgegeben von Paul Requadt, 1934
–, Arndts Werke, hg. v. W. Steffens o. J.
M. T. W. Arnheim, The Senatorial Aristocracy in the Later Roman Empire. 1972
K. Arnold, Das „finstere" Mittelalter. Saeculum 32, 1981, S. 287–300
R. F. Arragon, The Transition from the Ancient to the Medieval World. 1936
M. Asendorf (Hg.), Aus der Aufklärung in die permanente Restauration. 1974
H. Aubin, Maß und Bedeutung der römisch-germanischen Kulturzusammenhänge im Rheinland (1921). In: Hübinger, Kulturbruch 1968 (s. u.), S. 34–77
–, Küstenkultur und Binnenkultur im Altertum. Schmollers Jb. 49, 1925, S. 407–430
–, Die wirtschaftliche Entwicklung des römischen Deutschlands. HZ 141, 1930, S. 1–22
–, Die Umwandlung des Abendlandes durch die Germanen bis zum Ausgang der Karlingerzeit. In: W. Andreas (Hg.), Die Neue Popyläen-Weltgeschichte II 1940, S. 45–172
–, Zur Frage der historischen Kontinuität im allgemeinen (1942). In: Hübinger, Kulturbruch 1968 (s. u.), S. 164–202
–, Der Anteil der Germanen am Wiederaufbau des Abendlandes nach der Völkerwanderung (1944). In: Ders., Vom Altertum zum Mittelalter 1949, S. 140–172
–, Vom Absterben antiken Lebens im Frühmittelalter (1948). In: Hübinger (Hg.), Kulturbruch 1968 (s. u.), S. 203–258
Joh. Aventinus († 1534), Chronica. 1566

W. Bach, Geschichte als politisches Argument. Eine Untersuchung an ausgewählten Debatten des Deutschen Bundestages. 1977
J. J. Bachofen, Gesammelte Werke, 1943 ff.
F. Bacon († 1626), Opera omnia, 1665
K. S. Bader, Ursache und Schuld in der geschichtlichen Wirklichkeit. 1946
W. Bagehot, Physics and Politics, or Thoughts on the Application of the Principles of 'Natural Selection' and 'Inheritance' to Political Society. 1859/72
(J. Balde), Nachlese aus Jakob Baldes Gedichten. In: J. G. v. Herders sämtliche Werke. Zur schönen Literatur und Kunst XIV, 1821, S. 258 ff.
A. J. Balfour, Decadence. 1908
Bamm s. Peter Bamm
C. Barbagallo, Il problema della rovina della civilità antica. Civiltà Moderna 5, 1933, S. 508–521

W. C. Bark, Origins of the Medieval World. 1958
(C. Baronius), Historiae ecclesiasticae ex illustrissimi Caesaris Baronii sacrae Romanae ecclesiae cardinalis bibliothecarii annalibus libri, auctore A. Bzovio, 1617 (Baronius-Text von 1588)
J. Barzun, The French Race. Theories of its Origins and their Social and Political Implications Prior to the French Revolution. 1966
B. Bauer, Rußland und das Germanenthum. I/II 1853
–, Christus und die Cäsaren. 1877/79
–, Zur Orientierung über die Bismarck'sche Ära. 1880
(J. Baumgarten), Übersetzung der Allgemeinen Welthistorie, die in Engeland durch eine Gesellschaft von Gelehrten ausgefertigt worden XIV (305–802). Hg. v. Siegmund Jacob Baumgarten, Halle 1754 (Hallische Allgemeine Weltgeschichte)
E. Baur, Der Untergang der Kulturvölker im Lichte der Biologie. Volk und Rasse 7, 1932, S. 65–79
N. H. Baynes, The Decline of Roman Power in Western Europe Some Modern Explanations. JRS 33, 1943 S. 29–35. Deutsch bei Christ 1970 (s. u.), S. 254–269
Ch. D. Beck, Kurzgefaßte Anleitung zur Kenntniß der allgemeinen Welt- und Völkergeschichte. Ein Auszug aus dem größern Werke zum Gebrauch der Vorlesungen. I 1789
H. G. Beck, An den Rändern der europäischen Geschichte. Das Modell Byzanz. Bay. Akad. der Wiss. 1975
C. H. Becker, Grundlinien der wirtschaftlichen Entwicklung Ägyptens in den ersten Jahrhunderten des Islam (1909). In: Ders., Islamstudien I, 1924, S. 201–217
K. F. Becker, Weltgeschichte (1801–1805) 7. Aufl. hg. v. J. W. Loebell. III 1836
H. I. Bell, The Decay of a Civilisation. Journal of Egyptian Archaeology 10, 1924, S. 207–216
J. du Bellay, Les antiquitez de Rome contenant une générale description de sa grandeur et comme une deploration de sa ruine plus un songe ou vision sur le mesme subject (1558) In: Ders., Les regrets etc., 1966, S. 269 ff.
J. Beloch, Der Verfall der antiken Kultur. In: Christ 1970 (s. u.), S. 73–108, zuerst: HZ 84, 1900, S. 1–38
H. Bengtson, Grundriß der römischen Geschichte und Quellenkunde. I, 1967
St. Benko, Virgil's Fourth Eclogue in Christian Interpretation. ANRW II 31, 1. 1980, S. 646–705
B. Berenson, The Arch of Constantine or The Decline of Form. 1954
A. Bernardi, The Economic Problems of the Roman Empire at the Time of its Decline. (1965). In: Cipolla 1970 (s. u.), S. 16–83
J. Bernays, Edward Gibbon's Geschichtswerk. Ein Versuch zu seiner Würdigung (1871). In: Ders., Gesammelte Abhandlungen II, 1885, S. 206 ff.
J. Bernhart, Die Kirche in der Auflösung der antiken Kultur. 1938/64
E. Bernheim, Lehrbuch der historischen Methode und der Geschichtsphilosophie. 3. u. 4. Aufl. 1903
O. Bertolini, Il passaggio dal mondo antico al mondo medioevale. VIIIe Congrès international des sciénces historiques, Zürich 1938, Communications présentées I, S. 42 ff.
H. Berve, Antike und nationalsozialistischer Staat. Vergangenheit und Gegenwart 24, 1934, S. 257–272
–, Imperium Romanum (1942) In: Ders., Gestaltende Kräfte der Antike, 1949, S. 151–169
F. v. Bezold, Astrologische Geschichtsconstruktionen im Mittelalter. Deutsche Zeitschrift für Geschichtswissenschaft 8, 2, 1892, S. 29–72
R. Bianchi-Bandinelli, Rom. Das Ende der Antike. Die römische Kunst in der Zeit von Septimius Severus bis Theodosius. 1970/71
–, Roma. La fine dell'arte antica. 1970/76

A. Bianchi-Giovini, Idee sulle cause della decadenza dell'impero romano in occidente. 1844
Th. Bieder, Geschichte der Germanenforschung. I/III 1921/24
A. Biese, Deutsche Literaturgeschichte. I 1907/16
G. Billeter, Die Anschauungen vom Wesen des Griechentums. 1911
Biondo s. Blondus
(O. v. Bismarck), Die politischen Reden des Fürsten Bismarck, hg. v. H. Kohl, I 1892
F. W. Freiherr von Bissing, Altägyptische Lebensweisheit. 1955
J. Bleicken, Prinzipat und Dominat. Gedanken zur Periodisierung der röm. Kaiserzeit. 1978
Abbé de la Bletterie, Vie de l'empereur Julien. Amsterdam 1735
G. Bloch, L'Empire romain. Evolution et décadence. 1921/24
M. Bloch († 1944), Sur les grandes invasions (1945). In: Ders., Mélanges historiques I, 1963, S. 90–109
–, Une mise au point. Les invasions (1945). In: Ders., Mélanges historiques I, 1963, S. 110–141
–, La société du haut Moyen Age et ses origines (1926). In: Ders., Mélanges historiques I, 1963, 61–89
–, L'Empire et l'idee d'Empire sous les Hohenstaufen (1929). In: Ders., Mélanges historiques I, 1963, S. 531–559
–, Les 'Inventions' médiévales. Annales d'Histoire Economique et Sociale 7, 1935, S. 634–643
A. Block, Die Zwölf. 1917/21
F. Blondus († 1463), Blondi Flavii Forliviensis de Roma triumphante libri X etc.; Romae instauratae libri III etc.; Historiarum ab inclinato Romanorum imperio decades. Basel 1559
–, Roma instaurata (1481). In: Ders., 1559 (s. o.), S. 218–272
–, Roma triumphans (1482). In: Ders., 1559 (s. o.), S. 1–217
–, Historiarum ab inclinatione Romanorum Imperii decades tres. (1483). In: Ders., 1559 (s. o. gesondert paginiert)
–, Scritti inediti e rari di Biondo Flavio con introduzione di Bartolomeo Nogara. Rom 1927
A. E. R. Boak, A History of Rome to 565 A. D. 1921/1943 (3. Aufl. 1952)
–, The Role of Policy in the Fall of the Roman Empire. Michigan University Alumnus Quarterly Review 56, 1950, S. 291–294
–, Manpower Shortage and the Fall of the Roman Empire in the West. 1955/74 (1955, 109–129 auch bei Christ, 1970, (s. u.), S. 348–367)
–, Vorwort zu: C. B. Gordon, The Age of Attila. 1960
G. Boccaccio, De casibus illustrium virorum (1358), ed. L. B. Hall 1962
J. Bodin, Methodus ad facilem historiarum cognitionem. 1566/1967
–, Les six livres de la republique. 1576/1629
H. Böhme, Morgenland und Abendland. Staatsbürokratie, Völkerwanderung und römisch-christliches Reich (300–750). 1977
K. Böhner, Die Frage der Kontinuität zwischen Altertum und Mittelalter im Spiegel der fränkischen Funde des Rheinlandes. In: Aus der Schatzkammer des antiken Trier, 1951, S. 82–106
U. Boillin, Die Lehre Montesquieus von den Urs. der Größe und des Verfalls der Staaten. 1976
G. Boissier, La fin du paganisme. I/II 1891/1913
H. St. J. Bolingbroke († 1751), Letters on the Study and Use of History. 1752/88
–, Fragments or Minutes of Essays. In: Ders., Works V, 1754
F. Borkenau, End and Beginning. 1981
A. Borst, Das Bild der Geschichte in der Enzyklopädie Isidors von Sevilla. DA 22, 1966, S. 1–62
K. Bosl, Bayerische Geschichte. 1971
J. B. Bossuet, Discours sur l'histoire universelle (1680), IV 1805
H. de Boulainvilliers († 1722), Essais sur la Noblesse de France contenants une dissertation sur son origine et abaissement. Amsterdam 1732

J. Bourdon, Le monde antique s'est-il dépeuplé? Journal de la Société de Statistique de Paris 89, 1948, S. 102–118
F. E. Boysen (Hg.), Die Allgemeine Welthistorie die in England durch eine Gesellschaft von Gelehrten ausgefertigt worden. In einem vollständigen und pragmatischen Auszuge. Alte Historie, VII. Bd., 1770 (röm. Gesch.)
H. Brandenburg, Ars humilis. Zur Frage eines christlichen Stils in der Kunst des 4. Jahrhunderts n. Chr. Jahrbuch für Antike und Christentum 24, 1981, S. 71–84
G. I. Bratianu, L'or et L'Empire romain. Le Flambeau 18, 1935, S. 533–553; 685–700
–, Une nouvelle histoire de l'Europe au Moyen Age: La fin du monde antique et le triomphe de l'Orient. RBPh 18, 1939 S. 252–266
G. G. Bredow, Handbuch der Alten Geschichte. 1799/1816
L. Brentano, Das Wirtschaftsleben der antiken Welt. 1929/61
D. Brewster, Sir Isaak Newton's Leben nebst einer Darstellung seiner Entdeckungen. 1831/33
K. Breysig, Kulturgeschichte der Neuzeit. II Altertum und Mittelalter, 1901
W. C. Brice (ed.), The Environmental History of the Near and Middle East Since the Last Ice Age. 1978
N. Brockmeyer, Antike Sklaverei. 1979
A. de Broglie, L'Église et l'Empire Romain au IVe siècle (1857), 5. éd. I 2, 1867
P. Brown, The World of Late Antiquity. 1971
–, Religion und Society in the Age of Saint Augustine. 1972
L. Bruni Aretino († 1444), Historiarum Florentini populi libri XII (ed. Santini und di Pierro). Rerum Italicarum Scriptores 19, 3 (1926). Zuerst erschienen 1473 in italienischer Übersetzung, verfaßt 1429
–, De bello Italico adversus Gothos gesto libri IV (1441), Prooemium in: H. Baron (Hg.), Leonardo Bruni Aretino, Humanistisch-philosophische Schriften, 1928
–, Istoria Fiorentina, trad. in volgare da Acciajuoli 1861 (ital. zuerst 1476, lat. 1610 erschienen)
J. V. Bryce, The Holy Roman Empire. 1864/1961
R. Bultmann, rez. W. Otto 1923 in: Christl. Welt 39, 1925 S. 41 ff.
O. Bumke, Kultur und Entartung. 1911/22
J. Burckhardt, Weltgeschichtliche Betrachtungen. 1868/1955
–, Briefe. Hg. von Max Burckhardt III 1955
–, Der Zustand Roms unter Gregor dem Großen (1857). In: Ders., Kulturgeschichtliche Vorträge 1929 S. 20–34
–, Historische Fragmente. 1957
K. Burdach, Vom Mittellalter zur Reformation. II 1, 1, 1913
P. Burke, Tradition and Experience. The Idea of Decline from Bruni to Gibbon. Daedalus 105, 3, 1976, S. 137–152
J. Bury, History of the Later Roman Empire from the Death of Theodosius I to the Death of Justinian. I/II London 1923/58; die erklärenden Passagen daraus unter dem Titel: ›Modern Views on the Collapse of the Empire‹ bei Chambers *1963* (s. u.) S. 13–20
–, The Causes of the Survival of the Roman Empire in the East (1900). In: Ders., Selected Essays 1930, S. 231–242
E. M. Butler, The Tyranny of Greece over Germany. 1935
N. M. Butler, Across the Busy Years. Recollections and Reflections. I 1939
G. N. G. Byron, Childe Harold's Pilgrimage. 1818

G. Cairns, Philosophies of History. 1963/71
S. Calderone, Alle origini della fine dell'impero romano d'occidente. In: La fine dell'impero romano d'occidente. 1978 S. 29–48

H. Callies, Warum ging Rom unter? Viele Theorien zum Ende des Römischen Reiches. Journal für Geschichte 2, 1980, S. 13–16
T. Campanella († 1639), Aforismi politici, ed. L. Firpo. 1941
J. A. Campanus, Oratio in conventu Ratisponense ad exhortandos principes Germanorum contra Turcos (1471 gehalten, gedruckt um 1487)
E. Canetti, Aufzeichnungen 1942–1972. 1978
H. Cardanus, Opera omnia. 1663/1966
G. Cardascia, L'apparition dans le droit des classes d' ›honestiores‹ et d' ›humiliores‹. Revue Historique de Droit Français et Étranger 4 Ser. 28, 1950, S. 305–337, 461–485
J. Carion, Chronica. 1532/46
A. Cartellieri, Weltgeschichte als Machtgeschichte 382–911. Die Zeit der Reichsgründungen. 1927
M. Cary, The Roman Empire: Retrospect and Prospect, aus: Ders., History of Rome 1935 (Schlußkapitel). In: Chambers 1963 (s. u.) S. 103–121
G. Casanova († 1798), Geschichte meines Lebens. II 1965
H. Castritius, Das Problem des Epochenbewußtseins am Beispiel der Reaktion auf die Vorgänge des Jahres 476 n. Chr. Mitteilungen der Techn. Universität Carolo-Wilhelmina zu Braunschweig, 10, 1975, S. 13–18
F. Catrou und J. Roüillé S. J., Histoire romaine. I–XVII 1725–1732
Ch. Cellarius, Historia Antiqua. 1685
K. Celtes, Fünf Bücher Epigramme, ed. K. Hartfelder, 1881
–, R. Obermeier, Conradus Celtis Protucius, Oratio in Gymnasio in Ingolstadio publice recitata (1492). Sammelblatt des Historischen Vereins Ingolstadt 62, 1933, S. 3–16
J. Češka, Das Christentum und die Sklavenhalterordnung im IV. Jahrhundert u. Z. Sbornik Prací filosofické fakulty Brněnské university E 11 (1966), S. 103–114
–, Die Rolle des Christentums am Ausgang der Antike. Alterum 13, 1967, S. 176–181
H. St. Chamberlain, Die Grundlagen des neunzehnten Jahrhunderts. 1899, 8. Aufl. 1907 (zitiert nach den Seiten der Erstauflage, die in den späteren Editionen am Rande vermerkt sind).
M. Chambers (ed.), The Fall of Rome: Can It Be Explained? 1963
V. Chapot, Les causes de décadence du monde antique. Revue de Synthèse historique 42, 1926, S. 83–91
–, Le Monde romain. 1927/51
P. Charanis, On the Social Structure of the Later Roman Empire. Byzantion 17, 1944/45 S. 39–57
F. R. Chateaubriand, Études ou discours historiques sur la chute de l'Empire romain, la naissance et les progrès du Christianisme et de l'invasion des Barbares, I–IV 1831
P. Chaunu und G. Suffert, Die weiße Pest. Ist der Selbstmord des Westens noch zu verhindern? 1976/80
P. Chaunu, Histoire et décadence. 1981
K. Christ, Römer und Barbaren in der hohen Kaiserzeit. Saeculum 10, 1959, S. 273–288
–, Das Imperium Romanum. In: Saeculum-Weltgeschichte, II 1966 S. 381–602
–, (Hg.) Der Untergang des Römischen Reiches. WdF. 269, 1970
–, Der Niedergang des Römischen Reiches aus der Sicht der neueren Geschichtsschreibung (1971). In: Ders., Römische Geschichte und Wissenschaftsgeschichte II, 1983, S. 199–233
–, Von Gibbon zu Rostovtzeff. Leben und Werk führender Althistoriker der Neuzeit. 1972
–, Die Römer. 1979
–, Grundfragen der römischen Sozialstruktur. In: Studien zur antiken Sozialgeschichte, hg. v. W. Eck, 1980, S. 197–228
–, Römische Geschichte und deutsche Geschichtswissenschaft. 1982 (zitiert: *1982*)

–, Der Untergang der römischen Republik in moderner Sicht. In: Ders., Römische Geschichte und Wissenschaftsgeschichte, I 1982, S. 134–167 (zitiert: Republik *1982*)
E. Ciccotti, Il Tramonto della schiavitù nel mondo antico. 1899/1940
–, Der Untergang der Sklaverei im Altertum. 1910
–, Il crollo dell'Impero e della civiltà antica. Nuova Riv. Stor. 19, 1935, S. 305–332
–, La civiltà del mondo antico. I/II 1935
–, Motivi demografici e biologici nella rovina della civiltà antica. Nuova Riv. Storica, 14, 1950, S. 29–62
E. M. Cioran, Lehre vom Zerfall. 1949/79
–, Syllogismen der Bitterkeit. 1952/80
Cipelli s. Egnatius
C. M. Cipolla, Encore Mahomet et Charlemagne. Annales E. S. C. 4, 1949, S. 4–9
– (Hg.), The Economic Decline of Empires. 1970
P. Classen, Kaiserreskript und Königsurkunde. 1977
Ch. N. Cochrane, Christianity and Classical Culture. 1940/59
D. Cogny, Un aspect du problème du temps à Rome: Grandeur et décadence. Caesarodunum 10 bis (Aion, Le temps chez les Romains) 1976, S. 151–155
E. Coleiro, The Decay of the Empire and Fall of Rome in Saint Jeromes Letters and Lives of the Heremits. Journal of the Faculty of Arts 1, Malta, 1957, S. 48–57
(S. T. Coleridge), Coleridge's Miscellaneous Criticism, ed. Th. M. Raysor, 1936
–, The Collected Works of Samuel Taylor Coleridge. The Watchman, ed. L. Patton, 1970
J. A. N. de Condorcet, Esquisse d'un tableau hist. des progrès de l'esprit humain. 1743/1971
H. Conring, De imperii Germanici republica Acroamata sex historico-politica. 1654
B. Constant, Vom Geist der Eroberung und der Usurpation in ihrem Verhältnis zur europäischen Zivilisation (1813). In: Ders., Werke in vier Bänden, III 1972
J. Coudy, La chute de l'Empire romain. 1967
P. Courcelle, Histoire littéraire des grandes invasions germaniques. 1948/64
L. Cracco-Ruggini, Come Bisanzo vide la fine dell'impero d'occidente. In: La fine dell'impero romano d'occidente, 1978, S. 71–82
J. B. L. Crévier, Histoire des empereurs romains depuis Auguste jusqu'à Constantin. I–XII 1749/63–1756
E. B. Earl of Cromer, Ancient and Modern Imperialism. 1910
La Croze s. Formey
J. Cuiacius, Notae Solemnes in Digestorum seu Pandectarum Libros. 1598
H. Curas, Einleitung zur Universalhistorie zum Gebrauche bei dem ersten Unterrichte der Jugend, ganz neu umgearbeitet, berichtigt und zum Gebrauch der Schulen bequemer gemacht von Johann Matthias Schröckh. 1774/77
C. Curcio, Europa: Storia di un' idea. I 1958
M. C. Curtius, Grundriß der Universal Historie. 1790
J. Cuspinianus, De Caesaribus atque imperatoribus etc. 1561

F. Dahn, Urgeschichte der germanischen und romanischen Völker. 1881
N. J. Danilewsky, Rußland und Europa (1871). Üs. K. Nötzel 1920
H. Dannenbauer, Die Entstehung Europas. Von der Spätantike zum Mittelalter. I 1959, II 1961
R. W. Darré, Das Bauerntum als Lebensquell der Nordischen Rasse. 1928/35
–, Erkenntnisse und Werden. Aufsätze aus der Zeit vor der Machtergreifung. 1940
Ch. Darwin, Die Abstammung des Menschen (1871). Deutsch von Dr. Heinrich Schmidt (Jena). Kröners Volksausgabe, Leipzig 1908
O. Davies, Roman Mines in Europe. 1935

E. Davis, Are we worth saving? And if so, why? In: Ders., But We Were Born Free, 1953, S. 204–229

W. St. Davis, The Influence of Wealth in Imperial Rome. 1910/33

Ch. Dawson, The Dynamics of World History. 1957

–, Gestaltungskräfte der Weltgeschichte. 1959

–, Die Gestaltung des Abendlandes. 1961

H. Delbrück, Weltgeschichte. 1896/1924

–, Geschichte der Kriegskunst im Rahmen der politischen Geschichte. II Die Germanen, 1902/09

–, (Politische Korrespondenz). Preuß. Jahrbücher 174, 1918

J. C. Izouard, dit Delisle de Sales, Neue Welt- und Menschengeschichte. Aus dem Französischen hg. v. Michael Hißmann, 1779 ff./1781 ff.

A. Demandt, Zeitkritik und Geschichtsbild im Werk Ammians. 1965

–, Politische Aspekte im Alexanderbild der Neuzeit. Ein Beitrag zur historischen Methodenkritik. AKG 54, 1972, S. 325–363

–, Metaphern für Geschichte. Sprachbilder und Gleichnisse im historisch-politischen Denken. 1978

–, Der Untergang Roms als Menetekel. AKG 61, 1979, S. 272–291

–, Denkbilder des europäischen Epochenbewußtseins. Archiv für Begriffsgeschichte 23, 1979, S. 129–147

–, Alte Geschichte an der Berliner Universität 1810–1960. In: Berlin und die Antike, Aufsätze, 1979, S. 69–97

–, Spengler und die Spätantike. In: Ch. Ludz (Hg.), Spengler heute, 1980, S. 25–48

–, Der spätrömische Militäradel. Chiron 10, 1980, S. 609–637

–, Das Ende des Altertums in metaphorischer Deutung. Gymnasium 87, 1980, S. 178–204

–, Symbolfunktionen antiker Baukunst. In: D. Papenfuß und V. M. Strocka (Hgg.), Palast und Hütte, 1982 S. 49-62

–, Geschichte in der spätantiken Gesellschaft. Gymnasium 89, 1982, S. 255–272

–, Erklärungsversuche zur Auflösung des römischen Reiches. Röm. Mitt. 1983 S. 211-222

–, Natur- und Geschichtswissenschaft im 19. Jahrhundert. HZ 237, 1983 S. 37-66

E. Demougeot, De l'unité à la division de l'Empire romain 395–410. Essai sur le gouvernement impérial. 1951

–, La formation de l'Europe et les invasions barbares. I 1969, II 1979

–, Bedeutet das Jahr 476 das Ende des Römischen Reiches im Okzident? Klio 60, 1978, S. 371–381

P. Diepgen, Der Untergang der antiken Welt und die Medizin. Jahreskurse für ärztliche Fortbildung 25, 1934, S. 1–13

H. J. Diesner, Staat und Kirche im spätrömischen Reich. Aufsätze zur Spätantike und zur Geschichte der Alten Kirche. 1964

–, Spätantike und Völkerwanderung. 1966

–, „Epochenjahr" 530 u. Z. Klio 51, 1969, S. 497–498

–, Die Völkerwanderung. 1976/81

H. Dieter, Zur Frage des Untergangs des weströmischen Imperiums. Wiss. Zs. d. Päd. Hochschule Potsdam 3, 1957, . S. 29–39

S. Dill, Roman Society in the Last Century of the Western Empire. 1898/1921

W. Dilthey († 1911), Gesammelte Schriften. V 1924

H. Ditten u. a., Atlas zur Geschichte. I 1973

B. Djurdjev, Stände, Klassen und die Revolution in der Geschichte. XII Congrès International des Sciences Historiques. Wien 1965, Rapports I, S. 375–387

A. D. Dmitriev, Der Aufstand der Westgoten an der Donau und die Revolution der Sklaven (1950). Geschichte in der Schule. Sonderheft: Beiträge zur Geschichte der Sklavenhaltergesellschaft, 1952, S. 32–41
–, Der Westgotenaufstand an der Donau und die Revolution der Sklaven (russ.). Vestnik Drevnej Istorii 1, 1950, S. 66–80
A. v. Domaszewski, Der Truppensold der Kaiserzeit. Neue Heidelberger Jahrbücher 10, 1900, S. 218–241
–, Die Rangordnung des römischen Heeres. 1908/67
–, Geschichte der römischen Kaiser. II 1909
A. Dopsch, Wirtschaftliche und soziale Grundlagen der europäischen Kulturentwicklung aus der Zeit von Cäsar bis auf Karl den Großen. I 1918/19; I², II 1923/4
–, Der Wiederaufbau Europas nach dem Untergange der alten Welt. Inaug.rede Wien 1920
–, Vom Altertum zum Mittelalter. Das Kontinuitätsproblem (1926). In: Hübinger, Kulturbruch 1968 (s. u.), S. 78–103
–, Frühmittelalterliche und spätantike Wirtschaft (1928). In: Hübinger, Kulturbruch 1968 (s. u.), S. 104–120
A. Dove, Der Streit um das Mittelalter (1893). HZ 116, 1916, S. 209–230
G. Downey, The Late Roman Empire. 1969
W. Dray, Laws and Explanation in History. 1957/1970
J. G. Droysen († 1884), Historik. 1937
E. Du Bois-Reymond, Culturgeschichte und Naturwissenschaft. (1877). In: Ders., Reden I, 1886, S. 240–306
J. B. Dubos, Histoire critique de l'établissement de la monarchie françoise dans les Gaules. Amsterdam, 1735
E. Dühring, Die Judenfrage als Frage des Rassencharakters und seiner Schädlichkeiten für Existenz und Kultur der Völker. 1880/1930
F. Dürrenmatt, Romulus der Große. Ungeschichtliche historische Komödie. 1964
A. M. Duff, Freedmen in the Early Roman Empire. 1928
A. Dumont, Dépopulisation et civilisation. 1890
A. J. C. A. Dureau de la Malle, Économie politique des Romains. I/II 1840
C. Duret, Discours de la verité des causes et effects des décadences, mutations, changements, conversions et ruines des Monarchies, Empires, Royaumes et Republiques etc. 1595
V. Duruy, Histoire des Romains. VII 1885/1970
(J. Dyer), The Ruins of Rome by John Dyer. An Edition with Critical Introduction and Commentary by James M. FitzSimons. 1974

L. Echard, Histoire romaine depuis la fondation de Rome jusqu' à la translation de l'Empire par Constantin (aus d. Engl.). I/VI 1730
N. Edelmann, Attitudes of Seventeenth Century France towards the Middle Ages. 1946
J. B. Cipelli, genannt Egnatius, Romanorum Principum Libri III. In: Erasmus v. Rotterdam (ed.), Scriptores Historiae Romanae. 1518, S. 821 ff.
J. G. Eichhorn, Geschichte der alten Welt. 1799
R. Eifler, Fragen der Formationsfolge in der vorsozialistischen Geschichte. Deutsche Zeitschrift für Philosophie 21, 1, 1973, S. 309–325
S. N. Eisenstadt, Les causes de la désintegration et de la chute des empires. Analyses sociologiques et analyses historiques. Diogène 34, 1961, S. 87–112
S. d'Elia, Il Basso Impero nella cultura moderna dal Quattrocento ad oggi. 1967
E. Engelberg, Fragen der Evolution und Revolution in der Weltgeschichte, XIIe Congrès International des Sciences Historiques, Wien 1965. Rapports IV, S. 21–32

–, Zu methodologischen Problemen der Periodisierung. In: Ders. (Hg.) Probleme der Geschichtsmethodologie, 1972, S. 121–154
(Festschrift E. Engelberg), Evolution in der Weltgeschichte. I/II 1976
(Engelbert von Admont), Engelberti Abbatis Admontensis qui sub Rudolpho Habsburgio floruit de ortu et fine Romani Imperii Liber cum Gasparis Bruschii Poetae laureati Praefatione. Basel 1553
E. Engelmann und Th. Büttner, Soziale Erhebungen im spätrömischen Reich. In: Vom Mittelalter zur Neuzeit. (Festschrift H. Sproemberg), 1956, S. 371–372
F. Engels, Zur Urgeschichte der Deutschen (1881–2), MEW 19, S. 425–473
H. Engert, Das historische Denken Max Stirners. 1911
A. Enmann, Eine verlorene Geschichte der römischen Kaiser. Philologus Suppl. IV, 1884, S. 337–501
W. Enßlin, Bericht über die Literatur zur Geschichte des Übergangs vom Altertum zum Mittelalter (V/VI. Jahrhundert) aus den Jahren 1914–1923. (Bursians) Jahresbericht über die Fortschritte der klassischen Altertumswissenschaft 213, 1927, S. 41–168
–, Literatur zur späteren Kaiserzeit aus dem Jahr 1939. Klio 15, 1940, S. 349–368
–, Literatur zur späteren Kaiserzeit aus dem Jahr 1940. Klio 17, 1942, S. 164–177
–, Das Römerreich unter germanischer Waltung, von Stilicho bis Theoderich. In: H. Berve (Hg.), Das neue Bild der Antike II, 1942, S. 412–433
–, Die Bedeutung der Germanen für die antike und mittelalterliche Welt (1950). In: Grundlagen 1951 (s. u.), S. 22–40
–, Der Kaiser in der Spätantike. HZ 177, 1954, S. 449–468
–, Germanen als Helfer der Römer in den Zeiten des Niedergangs ihres Reiches. Palaeologia 7, 1958/59, S. 237–243
Erasmus von Rotterdam, Praefatio zu Sueton. In: Ex recognitione Des. Erasmi Roterodami C. Suetonius Tranquillus etc. 1518
–, Opus epistolarum Desiderii Erasmi Roterodami, ed. P. S. Allen, II 1910
U. Erckenbrecht, Marx' materialistische Sprachtheorie. 1973
J. G. Essich, Kurtze Einleitung zur allgemeinen weltlichen Historie etc. 1707/28
E. Ewig, Das Bild Constantins des Großen in den ersten Jahrhunderten des abendländischen Mittelalters (1956). In: Ders., Spätantikes und fränkisches Gallien, I 1976, S. 72–113

P. Fahlbeck, La décadence et la chute des peuples. Bulletin de l'Institut international de statistique XV 2, 1906, S. 367–389
R. Farina, L'impero e l'imperatore cristiano in Eusebio di Cesarea, 1966
A. Ferguson, An essay on the history of civil society. 1766/1969
–, The History of the Progress and Termination of the Roman Republic (1783). V 1805
W. K. Ferguson, Humanist Views of the Renaissance. American Hist. Rev. 45, 1939, S. 1–28
J. Fernau, Cäsar läßt grüßen. Die Geschichte der Römer. 1971
A. Ferrabino, L'Italia romana. 1934
G. Ferrero, Ancient Rome and Modern America. A Comparative Study of Morals and Manners. 1914
–, La ruine de la civilisation antique. Revue des deux mondes, 15. IX. 1919, 15. II. 1920. 1. VI. 1920, 15. II. 1921
–, Der Untergang der Zivilisation des Altertums. 1919/22
G. Ferrero und C. Barbagallo, Roma antica III. Ultimi splendori, decadenza e rovina. 1922
J. C. Fest, Hitler. Eine Biographie. 1973
J. G. Fichte, Die Grundzüge des gegenwärtigen Zeitalters (1804/05). In: Ders., Sämtliche Werke VII, 1846

M. I. Finley, rez. Boak 1955 (s. o.) JRS 48, 1958, S. 156–164
–, Manpower and the Fall of Rome. (1966). In: C. M. Cipolla (ed.), The Economic Decline of Empires, 1970, S. 84–91
– (ed.) Studies in Ancient Society. 1974
–, The Decline of Ancient Slavery. In: Ders., Ancient Slavery and Modern Ideology. 1980, S. 123–149
J. Fischart, Bienenkorb des heiligen römischen Immenschwarms etc. 1579/88
M. FitzSimons, s. J. Dyer
(M. Flacius Illyricus u. a. Magdeburger Centuriatoren), Ecclesiastica historia etc. 1559 ff.
R. Folz, De l'antiquité au monde médieval. 1972
J. H. S. Formey, Abrégé de l'histoire universelle par feu M. La Croze, revue, continué et enrichi de quelques notes par M. Formey. 1754/63
W. W. Fortenbaugh, Plato: Temperament and Eugenic Policy. Arethusa 7 f., 1974 f., S. 283–305
C. Fraas, Klima und Pflanzenwelt in der Zeit, ein Beitrag zur Geschichte beider. 1847
P. de Francisci, Storia del diritto romano. III 1 1936
S. Franck, Chronica, Zeytbuch und Geschychtbibel. 1531
T. Frank, Rassenmischung im römischen Reich. In: Christ 1970 (s. o.), S. 138–165, zuerst in American Hist. Rev. 21, 1916, S. 689–708
–, An Economic History of Rome. 2. Aufl. New York 1927/62
–, The Economic Decay of the Roman World. In: Ders., An Economic Survey of Ancient Rome, V, 1940, S. 296–304
J. G. Frazer, The Golden Bough. IV Adonis Attis Osiris. I 1906/55
G. Freitag, Leopold von Ranke und die Römische Geschichte. 1966
S. Freud, Das Unbehagen in der Kultur (1930). In: Ders., Das Unbewußte. Schriften zur Psychoanalyse. 1963, S. 341–415
H. Freyer, Schwelle der Zeiten. Beiträge zur Soziologie der Hochkultur. 1965
G. Freytag, Bilder aus der deutschen Vergangenheit. 1866/76
C. Frick (ed.), Chronica minora. I 1892
Friedrich d. Gr., Considérations sur l'état présent du corps politique de l'Europe (1738). In: Oeuvres de Frédéric le Grand. VIII 1848
–, Ausgewählte Werke Friedrichs des Großen in deutscher Übersetzung. I–IV, 1918
K. v. Fritz, Totalitarismus und Demokratie im Alten Griechenland und Rom (1948). In: Ders., Schriften zur griechischen und römischen Verfassungsgeschichte und Verfassungstheorie, 1976, S. 567–603
L. Frobenius, Paideuma. Umrisse einer Kultur- und Seelenlehre. 1921/53
H. Fuchs, Augustin und der antike Friedensgedanke. 1926
–, Der geistige Widerstand gegen Rom in der antiken Welt. 1938
Ed. Fueter, Geschichte der neueren Historiographie. 1911/25
M. Fuhrmann, Die Romidee in der Spätantike. HZ 207, 1968, S. 529–561
N. D. Fustel de Coulanges, Histoire des institutions politiques de l'ancienne France. II. L'invasion germanique et la fin de l'empire. 1877/91

E. Gabert, Die Weltgeschichte und das Menschen-Ich. Eine Einführung in die Geschichtsauffassung Rudolf Steiners. 1967
H. Ch. E. v. Gagern, Die Resultate der Sittengeschichte, III Democratie. 1816
F. Galiani († 1787), Correspondence. II 1881
D. R. Gandy, Marx and History. 1979
J. Ch. Gatterer, Handbuch der Universalgeschichte. 1761/65
–, Abriß der Universalhistorie. 1765

–, Versuch einer allgemeinen Weltgeschichte bis zur Entdeckung Amerikas. 1792
E. Theodor Gaupp, Die Germanischen Ansiedlungen und Landtheilungen in den Provinzen des Römischen Westreiches in ihrer völkerrechtlichen Eigenthümlichkeit und mit Rücksicht auf verwandte Erscheinungen der alten Welt und des späteren Mittelalters dargestellt. 1844
E. F. Gautier, Interprétation biologique des grandes catastrophes. Esquisse de philosophie de l'histoire. I. La chute de l'Empire romain. Mercur de France (série moderne) 135, 1919, S. 601–617
–, Genséric, roi des Vandales. 1932/35
P. Geddes u. V. Branford, Rural and Urban Thought: A Contribution to the Theory of Progress and Decay. Sociological Review 21, 1929, S. 1–19
J. Geffcken, Studien zur älteren Nerosage. Nachrichten der Kgl. Ges. d. Wiss. Göttingen, 1899, S. 441–462
–, Römische Kaiser im Volksmunde der Provinz. Nachrichten der Kgl. Ges. d. Wiss. Göttingen, 1901, S. 183–195
–, Stimmungen im untergehenden Weströmerreich. Neue Jahrbücher für das klassische Altertum 23, 1920, S. 256–269
–, Der Ausgang der Antike. Schule und Leben 3, 1921, S. 1–40
–, Der Ausgang des griechisch-römischen Heidentums. 1929/72
A. Gehlen, Die Seele im technischen Zeitalter. 1957
H. J. Gehrke, Le angolazioni piu recenti. (Zum Begriff der „römischen Revolution"). Labeo 26, 1980, S. 191–198
M. Gelzer, rez. Sundwall *1915* (s. u.) HZ 116, 1916, 293 ff.
–, Altertumswissenschaft und Spätantike (1926). In: Ders., Kl. Schr. 2, 1963, S. 387–400
–, Aufstieg und Untergang des alten Rom und des römischen Imperiums. In: W. F. Mueller (Hg.), Aufstieg und Untergang der Großreiche des Altertums, 1958
D. Gerhard, Zum Problem der Periodisierung der europäischen Geschichte. In: Europa und Übersee, Festschrift E. Zechlin, 1961, S. 21–41
A. v. Gerkan, Gedanken zum Ablauf des Weltgeschehens. In: Festschrift Max Wegner zum sechzigsten Geburtstag 1962, S. 155–166
–, Der Ablauf unserer historischen Großperioden. Kölner Jahrbuch für Vor- und Frühgeschichte 9, 1967/68, S. 11–15
W. Gernentz, Laudes Romae. 1918
F. Geyer, Zur Bedeutung der Rassenmischung für die Entwicklung Roms. Vergangenheit und Gegenwart 25, 1935, S. 1–15
E. Gibbon, An Essay on the Study of Literature. 1761/64
–, The History of the Decline and Fall of the Roman Empire (ch. 1–16: 1776; ch. 17–38: 1781; ch. 39–71: 1788), I–XII 1838/39
–, Memoirs of my Life and Writings (1796). Ed. Bury, 4. Ausgabe 1935
–, Memoirs of My Life (1796). Ed. G. A. Bonard, London 1966
G. Gigli, La crisi dell'impero romano. 1947
S. C. Gilfillan, Lead Poisening and the Fall of Rome. Journal of Occupational Medicine 7, 1965, S. 53–60
C. Gini, The Cyclical Rise and Fall of Population. In: Population. Lectures on the Harris Foundation 1929, S. 3–140. Chicago 1930
H. v. Glasenapp, Die fünf großen Religionen. I/II 1952/54
A. Gobineau, Die Ungleichheit der Menschenrassen (1855). Üs. R. Kempf, 1935
–, Drei Jahre in Asien. 1858/1925
H. Göring, Reden und Aufsätze. Hg. v. E. Gritzbach, 3. Aufl. 1939

J. Görres, Wachstum der Historie (1808). In: Ders., Ges. Schr. III, hg. v. G. Müller 1926
–, Teutschland und die Revolution. 1819/1921
W. Goez, Translatio Imperii. Ein Beitrag zur Geschichte des Geschichtsdenkens und der politischen Theorien im Mittelalter und in der frühen Neuzeit. 1958
O. Goldsmith, The Roman History. From the Foundation of the City of Rome to the Destruction of the Western Empire. I/II 1769/1793
N. J. Golubzowa, Italien im Anfang des 5. Jahrhunderts und der Einfall Alarichs in Rom (1949). Geschichte in der Schule, Sonderheft: Beiträge zur Geschichte der Sklavenhaltergesellschaft, 1952, S. 41 ff.
M. L. Gordon, The Nationality of Slaves Under the Early Roman Empire. JRS 14, 1924, S. 93–111
J. Gothofredus, Opera iuridica minora. 1733
Madison Grant, The Passing of the Great Race, or the Racial Basis of European History. 1916/19
Michael Grant, Der Untergang des römischen Reiches. 1977
W. D. Gray, The Roman Depression and Our Own. Classical Journal 29, 1933/34, S. 243–256
W. Ch. Greene, The Achievement of Rome. 1933
F. Gregorovius, Der Kaiser Hadrian. 1851/84
–, Geschichte der Stadt Rom im Mittelalter. I–VIII (1859), 5. Aufl. 1910
–, Geschichte der Stadt Athen im Mittelalter. Von der Zeit Justinians bis zur türkischen Eroberung. 1889/1980
P. Grimal, Römische Kulturgeschichte. 1961
H. Grimm, Goethe. II, 1877
H. Grisar S. J., Rom beim Ausgang der antiken Welt. 1901
D. Groh, Caesarismus. In: Geschichtliche Grundbegriffe I, 1972 S. 726–771
H. Grotefend, Taschenbuch der Zeitrechnung des deutschen Mittelalters und der Neuzeit, 11. Aufl. 1971
H. Grotius († 1645), Liber de antiquitate rei publicae Batavicae. 1610
–, Observata in Aphorismos Campanellae politicos. In: Campanella 1941 (s. o.), S. 229 ff.
H. Grünert (Hg.), Römer und Germanen in Mitteleuropa. 1975
Grundlagen und Grundfragen europäischer Geschichte. Bericht über das IV. internationale Historikertreffen in Speyer (1950), 1951
H. F. K. Günther, Lebensgeschichte des römischen Volkes. 1957
R. Günther, Revolution und Evolution im weströmischen Reich zur Zeit der Spätantike. ZfG Sonderheft: Evolution und Revolution in der Weltgeschichte 1965, 13, S. 19–34
–, rez. Schtajerman *1964* (s. u.), Deutsche Literaturzeitung, 88, 1967, S. 622–24
–, Herausbildung und Systemcharakter der vorkapitalistischen Gesellschaftsformationen. ZfG 17, 1969, S. 194–208
–, Einleitendes über Möglichkeiten und Grenzen der Revolution in der Spätantike. In: M. Kossok (Hg.), Studien über die Revolution, 1969, S. 3 f.
–, Forschungen zur Geschichte des Altertums. ZfG 18, 1970 (Sonderband) Historische Forschungen in der DDR, 1960–1970. Analysen und Berichte zum 13. Internationalen Historikerkongreß in Moskau 1970, S. 281–292
–, Zur Entstehung des Feudalismus bei den Franken. ZfG 20, 1972, S. 427–443
–, Die Volksbewegungen in der Spätantike und ihre Bedeutung für den gesellschaftlichen Fortschritt. In: Hermann und Sellnow *1975* (s. u.), S. 167–173
–, Zur Problematik der sozialen und politischen Revolution in der Übergangsperiode von der antiken Sklavenhaltergesellschaft zum Feudalismus. In: Festschrift Engelberg, 1976 I, S. 29–37

–, Der Niedergang der Kultur der herrschenden Klasse Roms in der Spätantike. Neue geistige Strömungen in den Provinzen. Das Altertum 23, 1977, S. 239–244

–, Die Epoche der sozialen und politischen Revolution beim Übergang von der antiken Sklavereigesellschaft zum Feudalismus. Klio 60, 1978, S. 235–246

R. Günther und H. Dieter, Römische Geschichte bis 476. 1979

R. Günther und G. Schrot, Bemerkungen zur Gesetzmäßigkeit in der auf Sklaverei beruhenden Gesellschaftsordnung. Wiss. Zs. d. Karl-Marx-Univ. Leipzig, Ges. u. sprachwiss. Reihe 12, 1963, S. 229–240

F. Guicciardini († 1540), Storia d'Italia (1561) a cura di Costantino Panigada. 1929

J. de Guignes, Histoire générale des Huns. I 1756

F. P. G. Guizot, Histoire générale de la civilisation en Europe. 1820/51

–, Essais sur l'histoire de France. 1824/33

–, Histoire de la civilisation en France depuis la chute de l'Empire romain. I 1828/40

F. Gundolf, Caesar. Geschichte seines Ruhms. 1924

W. Guthrie, J. Gray u. a. Allgemeine Weltgeschichte. V 1, bearbeitet von J. D. Ritter, 1768

A. v. Gutschmid, Die Grenze zwischen Altertum und Mittelalter (1863). In: Hübinger *1969* (s. u.), S. 1–23

S. Guyer, Untergang der Antike? Museum Helveticum 8, 1951, S. 271–278

E. Haeckel, Natürliche Schöpfungsgeschichte. 1879/98

–, Die Welträtsel (1899). Volksausg. o. J.

G. Härtel, Der Beginn der allgemeinen Krise im Westen des Römischen Reiches. Wirtschaftliche und soziale Veränderungen in der Zeit von Marc Aurel bis Septimius Severus (161–211 u. Z.). ZfG 13, 1965, S. 262–276

L. Hagen, Der Untergang Roms – ein Lehrstück der Geschichte. Welt am Sonntag, 28. III. 1982, S. 3 f.

H. Hallam, View of the State of Europe during the Middle Ages. 1820/57

Hallische allgemeine Weltgeschichte s. Baumgarten

L. Halphen, Les origines asiatiques des ›Grandes invasions‹. RBPh 2, 1923 S. 453–460

–, Les Barbares des grandes invasions aux conquètes turques du XIe siècle. 1926/48

(A. Hamilton), The Works of Alexander Hamilton, ed. H. C. Lodge, 2. Aufl. I 1904

E. Hammacher, Hauptfragen der modernen Kultur. 1914

M. Hammond, Weighting causes in historical explanation. Theoria 43, 1977, S. 103–128

F. Hampl, Das Problem des Kulturverfalls in universalhistorischer Sicht (1963). In: Ders., Geschichte als kritische Wissenschaft I, 1975, S. 252–298

–, Gedanken zur Diskussion über die Grenzscheide zwischen Altertum und Mittelalter (1967). In: Ders., Geschichte als kritische Wissenschaft II 1975, S. 305–316

A. R. Hands, The Fall of the Roman Empire in the West: a Case of Suicide or force majeure? Greece and Rome 10, 1963, S. 153–168

R. P. C. Hanson, The Reaction of the Church to the Collapse of the Western Roman Empire in the Fifth Century. Vigiliae Christianae 26, 1972, S. 272–287

A. Harnack, Die Mission und Ausbreitung des Christentums in den ersten drei Jahrhunderten. 1902/24

–, Kirche und Staat bis zur Gründung der Staatskirche. In: Kultur der Gegenw. I 4,1, 1906/09

J. Harrington, The Commonwealth of Oceana (1656). In: Ders., The Oceana and other Works. 1771, S. 31 ff.

R. S. Hartigan, Saint Augustine on War and Killing. Journal of the History of Ideas 27, 1966, S. 195–204

W. Hartke, Römische Kinderkaiser. Eine Strukturanalyse römischen Denkens und Daseins. 1951

F. Hartmann, Herrscherwechsel und Reichskrise. Untersuchungen zu den Ursachen und Konsequenzen der Herrscherwechsel im Imperium Romanum der Soldatenkaiserzeit (3. Jh. n. Chr.). 1982
L. M. Hartmann, Über die Ursachen des Untergangs des römischen Reiches. Archiv für Sozialwissenschaft und Sozialpolitik 2, 1889, S. 483–496
–, Theodor Mommsen. Eine biographische Skizze. 1908
–, Der Untergang der antiken Welt (1903). Sechs volkstümliche Vorträge, 2. Aufl. 1910
–, Der Untergang der antiken Welt (1903). In: L. M. Hartmann und J. Kromayer, Römische Geschichte, 2. Aufl. 1921, S. 201–379
J. H. Haskell, The New Deal in Old Rome. How Government in the Ancient World tried to deal with Modern Problems. 1939
P. Hassel, Der Untergang Westroms aus der Sicht neuerer marxistischer Forschungen im deutschen Sprachraum. 1980
–, Marxistische Formationstheorie und der Untergang Westroms. GWU 32, 1981, S. 713–725
J. Hatschek, Britisches und römisches Weltreich, eine sozialwissenschaftliche Parallele. 1921
K. Hauck, Gemeinschaftsstiftende Kulte der Seegermanen. Frühmittelalterliche Studien 14, 1980 S. 463–617
A. F. Havighurst (ed.), The Pirenne-Thesis. 1958
R. M. Haywood, The Myth of Rome's Fall. 1958
W. S. Heckscher, Die Romruinen. Die geistigen Voraussetzungen ihrer Wertungen im Mittelalter und in der Renaissance. 1936
C. Hedio, Eine außerleßne Chronick von anfang der welt bis auff das iar nach Christi unsers eynigen Heylands gepurt MDXXXIX. 1539
A. H. L. Heeren, Handbuch der Geschichte der Staaten des Alterthums. 1799/1810
(G. W. F. Hegel), Briefe von und an Hegel. II hg. v. J. Hoffmeister 1953
G. W. F. Hegel, Vorlesungen über die Philosophie der Religion. II (Jubiläums-Ausg. XVI 1959)
–, Vorlesungen über die Philosophie der Geschichte. (1831 zuletzt gehalten) Reclam 1961
H. Hegewisch, Über die für die Menschheit glücklichste Epoche der römischen Geschichte. 1800
F. M. Heichelheim, Wirtschaftsgeschichte des Altertums. I–III, 1938
–, Römische Sozial- und Wirtschaftsgeschichte. In: Historia Mundi IV 1956, S. 397–488
H. Heinen, Das Ende der Alten Welt im Rahmen der Gesamtentwicklung der sowjetischen Althistorie. In: Ders. (Hg.), Die Geschichte des Altertums im Spiegel der sowjetischen Forschung, 1980, S. 256–340
D. Heinsius, De praestantia ac dignitate historiae oratio habita cum historicam professionem auspicatus esset. Leiden 1614
G. Heinsohn, R. Knieper, O. Steiger, Menschenproduktion. Allgemeine Bevölkerungstheorie der Neuzeit. 1979
F. Heinzberger, Heidnische und christliche Reaktion auf die Krisen des weströmischen Reiches in den Jahren 395–410 n. Chr. 1976
R. Heinze, Von den Ursachen der Größe Roms. 1921/25
W. Heisenberg, Wandlungen in den Grundlagen der Naturwissenschaft. 1949
W. E. Heitland, The Roman Republic. 1909/23, I–III
–, The Roman Fate (1922). In: Kagan *1965* (s. u.), S. 57–70
–, Iterum. Or a further discussion of the Roman fate. 1925
–, Last Words on the Roman Municipalities. 1928
E. Heitz, Neue Grundsätze der Volkswirtschaftslehre. 1897
H. Helbling, Goten und Wandalen. Wandlung der historischen Realität. 1954
W. Held, Die Vertiefung der allgemeinen Krise im Westen des römischen Reiches. Studien über

die sozialökonomischen Verhältnisse am Ende des 3. und in der ersten Hälfte des 4. Jhs. 1974
F. von Hellwald, Kulturgeschichte in ihrer natürlichen Entwicklung. I, 1874/83
C. Helvétius, Vom Geist. 1758/1973
–, Vom Menschen, von seinen geistigen Fähigkeiten und von seiner Erziehung. 1773/1976
C. G. Hempel, Explanation in Science and in History (1962). In: W. H. Dray, Philosophical Analysis and History, 1966, S. 95–126
L. Hempel, Mensch oder Klima? „Reparaturen" am Lebensbild vom mediterranen Menschen mit Hilfe geowissenschaftlicher Meßmethoden. (Zeitschrift der) Gesellschaft zur Förderung der Westfälischen Wilhelmsuniversität (Münster), 1980/81, S. 30–36
P. Hensel, Sein Leben in Briefen. 1947
W. Hentschel, Varuna. Das Gesetz des aufsteigenden und sinkenden Lebens in der Geschichte. 1907
J. G. Herder, Ideen zur Kulturphilosophie. 1911. (Darin: Journal meiner Reise im Jahre 1769, S. 25–117)
–, Auch eine Philosophie der Geschichte zur Bildung der Menschheit. 1774/1967
–, Ursachen des gesunkenen Geschmacks bei den verschiedenen Völkern, da er geblühet (1775). In: Ders., Sämtliche Werke, hg. v. B. Suphan. V 1891, S. 595 ff.
–, Ideen zur Philosophie der Geschichte der Menschheit. 1784/1828
–, Briefe. VI (August 1788–Dezember 1792), 1981
Hans J. Herrmann, Der Untergang des Weströmischen Reiches in der historischen Literatur des 18. Jhs. in Deutschland. Klio 60, 1978, S. 409–422
Joachim Herrmann, Die Rolle der Volksmassen in vorkapitalistischer Zeit. Das Problem der revolutionären Veränderungen in den vorkapitalistischen Gesellschaftsformationen und die Rolle der Volksmassen. Sitzungsberichte der Akademie der Wissenschaften der DDR, 1974, Nr. 16
–, Die Rolle der Volksmassen für den historischen Fortschritt in den vorkapitalistischen Gesellschaftsformationen. Probleme der Forschung. In: J. Herrmann u. I. Sellnow (Hgg.), Die Rolle der Volksmassen in der Geschichte der vorkapitalistischen Gesellschaftsformationen. 1975, S. 17–28
–, Knotenpunkte der Geschichte und revolutionäre Volksbewegungen vor der Herausbildung des Kapitalismus. In: Festschrift Engelberg 1976, I, S. 5–28
–, Spuren des Prometheus. Der Aufstieg der Menschheit zwischen Naturgeschichte und Weltgeschichte. 1977
G. F. Hertzberg, Geschichte des römischen Kaiserreiches. 1880
E. Herzfeld, Am Tor von Asien. 1920
R. Herzog, Antike-Usurpation in der deutschen Belletristik seit 1866. A + A 23, 1977, S. 10 ff.
–, Orosius oder Die Formulierung eines Fortschrittskonzepts aus der Erfahrung des Niedergangs. In: Koselleck *1980* (s. u.), S. 79–102
J. Heurgon, Rome et la méditerranée occidentale. 1969
A. Heuß, Römische Geschichte. 1960
–, Einleitung zur Propyläen-Weltgeschichte, IV, 1963
–, Max Webers Bedeutung für die Geschichte des griechisch-römischen Altertums. HZ 201, 1965, S. 529–536
–, Das Problem des „Fortschritts" in den historischen Wissenschaften. Zeitschrift für Religions- und Geistesgeschichte 31, 1979, S. 132–146
K. Heussi, Altertum, Mittelalter und Neuzeit in der Kirchengeschichte. 1921
O. Hintze, Imperialismus und Weltpolitik (1907). In: Ders., Gesammelte Abhandlungen, 2. Aufl. 1962, S. 457–469

O. Hirschfeld, Die kaiserlichen Verwaltungsbeamten bis auf Diocletian. 1876/1905
–, Zur Geschichte der Kaiserzeit in den ersten drei Jahrhunderten (Akademievortrag 1913). In: Ders., Kleine Schriften, 1913, S. 901–918
A. Hitler, Mein Kampf. 1925/33
–, Der großdeutsche Freiheitskampf, III. Reden Adolf Hitlers vom 16. III. 1941 bis 15. III. 1942
–, H. Picker, Hitlers Tischgespräche im Führerhauptquartier 1941–1942. 1963
Th. Hodgkin, Italy and Her Invaders. I–IV, 1879/92
–, The Fall of the Roman Empire and Its Lessons for us. The Contemporary Review 73, 1898, S. 51–70
F. Hölderlin, Sämtliche Werke, hg. v. F. Beißner, 1961
E. Hölzle, Die Idee einer altgermanischen Freiheit vor Montesquieu. 1925
K. B. Hofmann, Das Blei bei den Völkern des Altertums. 1885
E. Hohl, Die römische Kaiserzeit. In: Propyläen-Weltgeschichte II, 1931, S. 343–472
D. W. Hollister, Twilight in the West. In: L. White, *1966* (s. u.), S. 179–205
L. Homo, L'Empire romain. Le gouvernement du monde. La défense du monde. L'Exploitation du monde. 1925
–, Rome impériale et l'urbanisme dans l'antiquité, 1951/71
M. Horkheimer, Notizen 1950 bis 1969 und Dämmerung. 1974
G. Hornius, Historia ecclesiastica et politica. 1665
–, Introductio in historiam universalem. 1699
F. Hotman, Francogallia (1573), ed. Giesey and Salmon. 1972
P. E. Hübinger, Spätantike und frühes Mittelalter. Ein Problem histor. Periodenbildung. 1952/59
– (Hg.), Kulturbruch oder Kulturkontinuität im Übergang von der Antike zum Mittelalter. WdF 201, 1968
– (Hg.), Bedeutung und Rolle des Islam beim Übergang vom Altertum zum Mittelalter. WdF 202, 1968
– (Hg.), Zur Frage der Periodengrenze zwischen Altertum und Mittelalter. WdF 51, 1969
D. G. J. Hübler, Geschichte der Römer unter den Imperatoren wie auch der gleichzeitigen Völker bis zur großen Völkerwanderung. I 1803, II 1804, III 1805
J. Hübner, Kurtze Fragen aus der Politischen Historia biß auff den Friedens-Schluß zu Ryswyck continuieret und mit einer nützlichen Einleitung vor Anfänger (1697), I, 3. Aufl. 1699
J. D. Hughes, Ecology in Ancient Civilizations. 1975
P. J. Hughesdon, Factors in the Fall of the Western Empire. Sociological Review 21, 1929, S. 50–55
J. Huizinga, Homo Ludens. 1938/56
A. v. Humboldt, Kosmos, II, 1847
–, Ansichten der Natur. I, 1859
W. v. Humboldt, Werke in fünf Bänden. 1960 ff.
D. Hume, The History of England (1761). I, 1818
–, Essays, literary, moral and political. Ward, Lock u. Co. o. J. (um 1900)
E. Huntington, Civilisation and Climate (1915). 3. Aufl. 1924/1948
–, Klimaänderung und Bodenerschöpfung als Elemente im Niedergang Roms. In: Christ *1970* (s. o.) S. 166–200, zuerst in: Quarterly Journal of Economics 31, 1917, S. 173–208
R. Hurd, Letters on Chivalry and Romance, 1762
U. v. Hutten, Schriften, hg. von Ed. Böcking, 1859 ff.

H. U. Instinsky, Die alte Kirche und das Heil des Staates. 1963
J. Irmscher, Das Ende des weströmischen Kaisertums in der byzantinischen Literatur. Klio 60, 1978, S. 397–401

J. P. Isaac, Factors in the Ruin of Antiquity. 1971
I. Iselin, Über die Geschichte der Menschheit. II, 1764
E. v. Ivánka, Der Zerfall der antiken Kulturwelt als geistesgeschichtlicher Vorgang. Saeculum 3, 1952, S. 237–254
Izouard s. Delisle

K. Jäntere, Die römische Weltreichsidee und die Entstehung der weltlichen Macht des Papstes. Turku 1936
J. W. Jan, De veritate historica (1714). In: Ders., Historia Aerae Christianae, 1715
(Jean Paul), Blumen – Frucht – und Dornenstücke aus Jean Pauls Werk, gesammelt von Richard Benz, III, 1924
(Th. Jefferson), The Commonplace Book of Themas Jefferson: A Repertory of his Ideas on Government (vor 1776), ed. G. Chinard. 1926
R. v. Jhering, Geist des römischen Rechts. II (1865–1869), 4. Aufl. 1880
A. H. M. Jones, The Decline and Fall of the Roman Empire. History 40, 1955, S. 209–226
–, Were Ancient Heresies National or Social Movements in Disguise? The Journal of Theological Studies N. S. 10: 2, 1959, S. 280–298
–, Over-Taxation and the Decline of the Roman Empire. Antiquity 33, 1959, S. 39–43
–, The Later Roman Empire. 1964
–, The Decline of the Ancient World. 1966
Tom B. Jones, In the Twilight of Antiquity. 1978
W. H. S. Jones, Malaria: A Neglected Factor in the History of Greece and Rome. 1907
D. S. Jordan, The Human Harvest. A Study of the Decay of Races through the Survival of the Unfit. 1907
E. Jünger, Strahlungen. 1955
–, An der Zeitmauer. 1959
F. G. Jünger, Die Perfektion der Technik. 1939/46
C. Jullian, De la Gaule à la France. 1922/23
J. Jung, Zur Würdigung der agrarischen Verhältnisse in der römischen Kaiserzeit. HZ 42, 1879, S. 43–76
–, Über die Bevölkerungsverhältnisse des Römischen Reiches. Wiener Studien 1, 1879, S. 183–217

A. L. Kac, Das Problem des Untergangs des Römischen Reiches in der sowjetischen Historiographie (1967). BCO 14, 1969, S. 345 f.
W. Kaegi, Jacob Burckhardt. Eine Biographie. III, 1956, V, 1973
W. E. Kaegi, The Emperor Julian's Assessment of the Significance and Function of History. Proceedings of the American Philosophical Society 108, 1964, S. 29–38
–, Byzantium and the Decline of Rome. 1968
U. Kahrstedt, Der Zusammenbruch des antiken Staatensystems. Vergangenheit und Gegenwart, 4. Ergänzungsheft 1924, S. 26–37
–, Geschichte des griechisch-römischen Altertums. 1948/52
F. Kaphahn, Zwischen Antike und Mittelalter. Das Donau-Alpenland im Zeitalter St. Severins. 1935/47
G. Kaschnitz-Weinberg, Spätrömische Porträts. Die Antike 2, 1926, S. 36–60
A. P. Kashdan u. a., Byzanz und der Westen in der zeitgenössischen bürgerlichen Historiographie (1959). BCO 7, 1962, S. 138–159
–, Um die Grenze zwischen Altertum und Mittelalter in Europa. Das Altertum 13, 1967, S. 108–113

S. Katz, The Decline of Rome and the Rise of Mediaeval Europe. 1955/63
K. Kautsky, Die materialistische Geschichtsauffassung. II, 1927
–, s. Salvioli
A. Kemiläinen, Auffassungen über die Sendung des deutschen Volkes um die Wende des 18. und 19. Jahrhunderts. Helsinki 1956
J. P. C. Kent, Julius Nepos and the Fall of the Western Empire. In: Corolla Memoriae Erich Swoboda dedicata, 1966, S. 146–150
H. Graf Keßler, Walther Rathenau. 1928
H. Graf Keyserling, Europas Zukunft. Das Neue Europa, (Zürich) 1918, S. 3–13
–, La révolution mondiale et la responsabilité de l'esprit. 1934
Ibn Khaldun, The Muqadimmah (1377), üs. F. Rosenthal I/III, 1958
F. Kiechle, Sklavenarbeit und technischer Fortschritt im römischen Reich. 1969
Ch. Kingsley, Hypatia oder Neue Feinde mit altem Gesicht (1853), üs. S. v. Gilsa o. J.
L. Klages, Der Geist als Widersacher der Seele (1929). In: Ders., Sämtliche Werke 2, II 1966
Th. Klauser, Der Ursprung der bischöflichen Insignien und Ehrenrechte. Bonner akademische Reden 1, 1948
G. F. Klemm, Attila nach der Geschichte, Sage und Legende. 1827
S. Kliger, The Goths in England. A Study in 17. and 18. Century Thought. 1952
J. C. Klüber (Hg.), Acten des Wiener Congresses in den Jahren 1814 und 1815. VI 1816
B. E. Klüpfelius, De vita et scriptis Celtis Protucii. II 1827
E. Knaul, Rom. Weltmacht biologisch gesteuert. 1977
A. Kneppe, Untersuchungen zur städtischen Plebs des 4. Jahrhunderts n. Chr. 1979
K. Knies, Die politische Ökonomie vom geschichtlichen Standpunkte. 1853/83
R. Kobert, Chronische Bleivergiftung im klassischen Altertume. In: P. Diergart (Hg.), Beiträge aus der Geschichte der Chemie, dem Gedächtnis von G. W. A. Kahlbaum ... gewidmet, 1909, S. 103–119
H. Koch, Die Deutung des Untergangs des römischen Reiches im historischen Materialismus (1968). In: Christ *1970* (s. o.), S. 425–455
E. R. Koch und F. Vahrenholt, Seveso ist überall. 1978
B. Kötting, Endzeitprognosen zwischen Lactantius und Augustin. Historisches Jahrbuch 77, 1958, S. 125–139
H. P. Kohns, Versorgungskrisen und Hungerrevolten im spätantiken Rom. 1961
A. M. Koktanek, Oswald Spengler in seiner Zeit. 1968
F. Kolb, Wirtschaftliche und soziale Konflikte im Römischen Reich des 3. Jahrhunderts n. Chr. In: Bonner Festgabe Johannes Straub, 1977, S. 277–295
E. Kornemann, Das Problem des Untergangs der Antiken Welt (1922). In: Christ *1970* (s. o.), S. 201–228
–, Doppelprinzipat und Reichsteilung im Imperium Romanum. 1930
–, Die Römische Kaiserzeit. In: Gercke u. Norden, Einleitung in die Altertumswissenschaft III 2, 1933, S. 55–186
–, Römische Geschichte. II Kaiserzeit. 1939/53
–, Das Imperium Romanum. Sein Aufstieg und Niedergang. Vorträge der Friedrich-Wilhelm-Universität zu Breslau im Kriegswinter 1940/41
–, Gestalten und Reiche. 1943
–, Weltgeschichte des Mittelmeerraumes von Philipp II. von Makedonien bis Muhammed (1946), hg. v. H. Bengtson, II München 1948
A. R. Korsunskij, Das Problem des revolutionären Übergangs von der Sklavenhaltergesellschaft zum Feudalismus in Westeuropa (russ.). 1964. Vgl. BCO 14, 1969, S. 223–233
–, Über einige charakteristische Züge des sozialen Kampfes der Volksmassen in der Periode

des Übergangs von der Urgesellschaft zur Feudalgesellschaft in Europa. Zur Entstehung des Klassenkampfes der Bauernschaft. In: Herrmann und Sellnow *1975* (s.o.), S.195–210
–, Zur Entstehung von Elementen feudaler Beziehungen im Weströmischen Reich. Klio 60, 1978, S.247–258
F.Kortüm, Römische Geschichte von der Urzeit Italiens bis zum Untergang des abendländischen Reiches. 1843
R.Koselleck, Historia Magistra Vitae. Über die Auflösung eines Topos im Horizont neuzeitlich bewegter Geschichte. In: Natur und Geschichte (Festschrift für Karl Löwith) 1967, S.196–219
R.Koselleck und P.Widmer (Hgg.), Niedergang. Studien zu einem geschichtlichen Thema. 1980
E.A.Kosminskij, Geschichte des Mittealters. 1948
M.Kossok (Hg.), Studien über die Revolution. 1969
S.I.Kovalev, La lutte des classes et la chute de la société antique (1933). In: Raskolnikow *1975* (s.u.), S.297–303
–, Due Problemy Rimskoi Istorii. Vestnik Leningradskogo Universiteta 4, 1947
–, Versuch einer Periodisierung der römischen Geschichte (1955). BCO 4, 1959, S.143–154
L.Krader (Hg.), The Ethnological Notebooks of Karl Marx. 1972
A.Krantz (†1517), Wandalia. 1575
P.Krapotkin, Worte eines Rebellen (1882), üs. Pierre Ramus, 2.Aufl. 1924
F.F.Kraus, Die Münzen Odovacars und des Ostgotenreiches in Italien. 1928
J.Ch.Krause, Geschichte der wichtigsten Begebenheiten des heutigen Europa. Ein Handbuch für Schulmänner, Erzieher, Studierende und andre Liebhaber der Geschichte aus allen Ständen. II 1790
F.Krauß, Der Völkertod. Eine Theorie der Dekadenz. I 1903
H.Kreißig, Fortschrittliche Produktionsweise – revolutionäre Klasse. Jb. f. Wirtschaftsgesch. 1967 Teil 2, S.397–410
–, Die Rolle der Volksmassen in der Geschichte bis zur Herausbildung des Feudalismus. Jb. f. Wirtschaftsgesch. 1974, Teil 4, S.361–363
W.A.Krenkel, Hyperthermia in Ancient Rome. Arethusa 7f., 1974f., S.381–386
J.Kroll, Die Lehren des Hermes Trismegistos. 1928
J.Kromayer, Staat und Gesellschaft der Römer (1910). In: U.v.Wilamowitz-Moellendorff, J.Kromayer und A.Heisenberg, Staat und Gesellschaft der Griechen und Römer, 2.Aufl. 1923, S.215–363
Kropotkin s. Krapotkin
B.Krüger (Hg.), Die Germanen. Geschichte und Kultur der germanischen Stämme in Mitteleuropa. 1976
J.Kuczynski, Allgemeine Wirtschaftsgeschichte. 1949
–, Probleme der Periodisierung der Menschheitsgeschichte. Jb. f. Wirtschaftsgesch. 1973 II, S.11–18
–, Studien zu einer Geschichte der Gesellschaftswissenschaften. V 1977
R.Kuehnemund, Arminius or the Rise of a National Symbol in Literature. 1953/66
Th.S.Kuhn, Die Struktur wissenschaftlicher Revolutionen. 1962/67
B.Kytzler (Hg.), Roma aeterna. Lateinische und griechische Romdichtung von der Antike bis in die Gegenwart. 1972

G.P.Ladner, The Impact of Christianity. In: L.White, *1966* (s.u.), S.59–91
Pomponius Laetus (†1497), Romanae Historiae Compendium ab interitu Gordiani iunioris usque ad Iustinum III. In: Erasmus v. Rotterdam (Hg.), Scriptores Historiae Romanae, 1518, S.769ff.

E. Lambrechts, Les thèses de Henri Pirenne sur la fin du monde antique et les dèbuts du Moyen-âge. Byzantion 14, 1939, S. 513–536
R. Landfester, Historia magistra vitae. Untersuchungen zur humanistischen Geschichtstheorie des 14.–16. Jahrhunderts. 1972
A. Landry, La Révolution démographique. 1934
–, Quelques aperçus concernant la dépopulation dans l'antiquité gréco-romaine. Revue Historique 177, 1936, S. 1–33
–, La dépopulation dans l'antiquité et dans l'époque contemporaine. VIIIe congrès international des sciences historiques. Zürich 1938. Communications présentées, II, S. 422–424
F. Landsberg, Das Bild der alten Geschichte in den mittelalterlichen Weltchroniken. Basel 1934
F. A. Lange, Geschichte des Materialismus und Kritik seiner Bedeutung in der Gegenwart. I 1866/73, II 1866/75
W. Langhammer, Die rechtliche und soziale Stellung der Magistratus Municipales und der Decuriones. 1973
E. Langlotz, Der architekturgeschichtliche Ursprung der christlichen Basilika. 1972
G. Vacher de Lapouge, Les sélections sociales. 1896 (ausgearbeitete Fassung einer gleichnamigen Schrift von 1887)
–, L'Aryen, son rôle social. 1899
–, Race et milieu social. Essais d' Anthroposociologie. 1909
E. v. Lasaulx, Der Untergang des Hellenismus und die Einziehung seiner Tempelgüter durch die christlichen Kaiser. 1854/1962
–, Studien des classischen Alterthums. 1854
–, Neuer Versuch einer alten, auf die Wahrheit der Thatsachen gegründeten Philosophie der Geschichte. 1856
–, Verschüttetes deutsches Schrifttum. Hg. v. H. E. Lauer 1925
E. Laspeyres, rez. J. v. Liebig, Einleitung in die Naturgeschichte des Feldbaus 1862. (Hildebrands) Jahrbücher für Nationalökonomie und Statistik 2, 1864, S. 123–136
R. Latouche, Les grandes invasions et la crise de l'Occident au Ve siècle. 1946
Lauer, s. Lasaulx
S. Lauffer, Abriß der antiken Geschichte. 1956/64
–, Kurze Geschichte der antiken Welt. 1971
Ch. Lebeau, Histoire du Bas-Empire. 1757 ff./1819
G. Le Bon, Lois psychologiques de l'évolution des peuples. 1894/1902
W. E. H. Lecky, History of European Morals from Augustus to Charlemagne. 1869/1921
W. I. Lenin, Über den Staat. 1919/75
Cyriacus Lentulus, Arcana Regnorum. 1655
–, Apex gloriae Romanae sive de statu rei Romanae etc. 1668
H. Leo, Lehrbuch der Universalgeschichte. I 1835/49
L. Le Roy, De la vicissistude ou varieté des choses en l'univers. 1575/84
G. E. Lessing, Sämtliche Schriften. Hg. v. K. Lachmann u. F. Muncker. 1886 ff.
W. Lettenbauer, Moskau das Dritte Rom. 1961
M. A. Levi, A quindici secoli dalla fine dell'impero romano d'occidente (476–1976). II° Convegno Internazionale, Accademia Romanistica Constantiniana, Spello 1975/76, S. 337–354
H. Lewy, Chaldean Oracles and Theurgy. Mysticism, Magic and Platonism in the Later Roman Empire. Nouv. éd. par M. Tardieu. 1978
B. H. Liddell Hart, Warum lernen wir denn nicht aus der Geschichte? 1944/46
W. Liebenam, Städteverwaltung im römischen Kaiserreiche. 1900
J. v. Liebig, Die Chemie in ihrer Anwendung auf Agricultur und Physiologie (1840) I. Bd. 8. Aufl. 1865

H. Lietzmann, Das Problem der Spätantike (1927). In: Ders., Kleine Schriften I, 1958, S. 3–24
Th. Lindner, Weltgeschichte seit der Völkerwanderung. I 1901
S. N. H. Linguet, Histoire des révolutions de l'Empire romain pour servir de suite à celle des révolutions de la République. I/II 1766
U. Linse, Zurück, o Mensch, zur Mutter Erde. Landkommunen in Deutschland 1890-1933. 1983
A. Lippold, Rom und die Barbaren in der Beurteilung des Orosius. 1952
–, Orosius, christlicher Apologet und römischer Bürger. Philologus 113, 1969, S. 92–105
E. Littré, Etudes sur les barbares et le Moyen âge. 1867
H. Löwe, Von Theoderich dem Großen zu Karl dem Großen. Das Werden des Abendlandes im Geschichtsbild des frühen Mittelalters. DA 9, 1952, S. 353–401
J. Löwenklau, Apologia pro Zosimo. In: Ders. (ed.), Zosimi comitis et exadvocati fisci Historiae novae libri VI. 1576
K. Löwith, Jacob Burckhardt. Der Mensch inmitten der Geschichte. 1966
M. Lombard, Mahomet et Charlemagne. Annales E. S. C., 1948, S. 188–199
K. Lorenz, Die Rückseite des Spiegels. Versuch einer Naturgeschichte menschlichen Erkennens. 1973
O. Lorenz, Die Geschichtswissenschaft in ihren Hauptrichtungen und Aufgaben kritisch erörtert. I/II 1886/91
A. Loria, Darwinisme social. Revue Internationale de Sociologie 4, 1896, S. 440–451
F. Lot, La fin du monde antique et le début du Moyen âge. 1927/51
F. Lot (mit Ch. Pfister u. F. L. Ganshof), Les destinées de l'Empire en Occident de 395 à 888. 1928, In: G. Glotz (éd.), Histoire du Moyen Age I
F. Lotter, Severinus und die Endzeit römischer Herrschaft an der oberen Donau. DA 24, 1968, S. 309–338
–, Antonius von Lérins und der Untergang Ufernorikums. HZ 212, 1971, S. 265–315
A. Loyen, Recherches historiques sur les panégyriques de Sidoine Apollinaire. 1942
–, Résistants et collaborateurs en Gaule à l'époque des grandes invasions (1946). Bulletin de l'association Guillaume Budé IV 1, 1963, S. 437–450
E. Lucas, Die Rezeption Lewis H. Morgans durch Marx und Engels. Saeculum 15, 1964, S. 153–176
H. Luden, Allgemeine Geschichte der Völker und Staaten des Alterthumes. 1814/19
–, Allgemeine Geschichte der Völker und Staaten des Mittel-Alters. I 1821/24
H. Lübbe, Was heißt: „Das kann man nur historisch erklären?" In: R. Koselleck und W. D. Stempel (Hgg.), Geschichte, Ereignis und Erzählung. Poetik und Hermeneutik V, 1973, S. 542–553
–, Wissenschaft und Weltanschauung. Ideenpolitische Fronten im Streit um Emil Du Bois-Reymond. In: G. Mann (Hg.), Naturwissen und Erkenntnis im 19. Jahrhundert, 1981, S. 129–148
(M. Luther), Luthers Werke in Auswahl. Hg. v. O. Clemen 1950 ff.
Martin Luther, Die gantze Heilige Schrift deudsch. I/II 1544/1972

G. B. de Mably, Collection complète des oeuvres, publiée par G. Arnoux I–XV, 1794/1977
Th. B. Macaulay, History (1828). In: Ders., Critical, Historical and Miscellaneous Essays. I 1860, S. 376–432
V. Macchioro, Die anthropologischen Grundlagen des römischen Verfalls zur Kaiserzeit. Politisch-anthropologische Revue 5, 1906/07, S. 557–581
O. Maenchen-Helfen, Huns and Hiung-Nu. Byzantion 17, 1944/45, S. 222–243
Magdeburger Centuriatoren s. Flacius
J. Magnus, Gothorum Sueonumque historia. 1554/1617
F. G. Maier, Römische Bevölkerung und Inschriftenstatistik. Historia 2, 1953/54, S. 319–351

–, Altertum und Periodisierung. In: Das Fischer Lexikon Geschichte, hg. v. W. Besson 1961, S. 12 ff.; 245 ff.
–, Die Verwandlung der Mittelmeerwelt. Fischer-Weltgeschichte 1968
–, Niedergang als Erfahrung und Begriff: Die Zeitgenossen und die Krise Westroms 370–470. In: Koselleck, *1980* (s. o.), S. 59–78
B. Malcus, Le Sénat et l'ordre sénatorial au Bas-Empire. Études I, Lund 1970
A. Mandouze, The Church and the Collapse of Roman Civilization. In: History's Lessons for To-morrow's Mission, Genf 1960
K. E. Mangelsdorff, Hausbedarf aus der allgemeinen Geschichte der alten Welt für seine Kinder und für Andere von zwölf bis fünfzehn Jahren, allenfalls auch etwas darüber. IV/V 1797
M. Manitius, Geschichte der lateinischen Literatur des Mittelalters. I 1911
Th. Mann, Doktor Faustus. 1947
E. Manni, Introduzione allo studio della storia greca e romana. 1952
A. Manzoni, Opere, ed. M. Barbi u. a. III 1950
(A. Manzoni) s. Pavan
H. I. Marrou, Culture, Civilisation, Décadence. Revue de synthèse 58, 1938, S. 133–160
–, De la connaissance historique. 1954/66
–, Die Dekadenz des klassischen Altertums (1957). In: Christ *1970* (s. o.), S. 396–403
–, Décadence romaine ou antiquité tardive? IIIe-VIe siècle. 1977
Marsilius von Padua, Oeuvres mineures, ed. Jeudy & Quillet, 1979
Raymond Martin, Causes, Conditions and Causal Importance. History and Theory 21, 1982, S. 53–74
René Martin, Qu'est-ce que l'antiquité ›tardive‹? Réflexions sur un problème de périodisation. Caesarodunum 10 bis, 1976, S. 261–304
F. Martroye, Une tentative de révolution sociale en Afrique. Donatistes et Circoncellions. Revue des Questions Historiques 32, 1904, S. 353–416 und 33, 1905, S. 5–53
–, Genséric. La conquête Vandale en Afrique et la destruction de l'Empire d'occident. 1907
K. Marx, Grundrisse der Kritik der politischen Ökonomie. 1857/1953
–, Der achtzehnte Brumaire des Louis Bonaparte 1869/1927
–, Die Frühschriften. 1968
N. A. Maschkin, Römische Geschichte. 1949/53
J. J. Maskov, Geschichte der Teutschen bis zum Anfang der fränckischen Monarchie. I 1726, II 1737
Max Stirner, Der Einzige und sein Eigentum, 1854/92 (Reclam)
M. Mazza, Lotte sociali e restaurazione autoritaria nel III secolo d. C. 1970/73
S. Mazzarino, Aspetti sociali del quarto secolo, 1951
–, L'impero romano. In: G. Gianelli und S. Mazzarino, Trattato di Storia Romana. II 1956
–, Das Ende der antiken Welt. 1959/61
–, La democratizzazione della cultura nel „basso impero". XIe Congrès International des Sciences Historiques. Stockholm 1960, Rapports II Antiquité, S. 35 ff.
–, Si puo parlare di rivoluzione sociale alla fine del mondo antico? Settimane di studio del centro italiano di studi sull'alto medioevo 9, 1962, S. 410–425
B. McCullagh, Interpretation in History. Australian Journal of Politics and History 17, 1971, S. 215–229
R. McMullen, Roman Government's Response to Crisis A. D. 235–337. 1976
W. H. McNeill, Der Begriff des Kulturverfalls. In: G. E. v. Grunebaum. und W. Hartner (Hgg.), Klassizismus und Kulturverfall. 1960, S. 44–64
Ch. Meier, Entstehung des Begriffs ›Demokratie‹ Vier Prolegomena zu einer historischen Theorie. 1970

–, Kontinuität – Diskontinuität im Übergang von der Antike zum Mittelalter. In: H. Trümpy (Hg.), Kontinuität-Diskontinuität in den Geisteswissenschaften. 1973, S. 53–94
F. Meinecke, Nach der Revolution. Geschichtliche Betrachtungen über unsere Lage. 1919
–, Kausalitäten und Werte in der Geschichte (1928). In: Ders., Werke IV 1960/65, S. 61–89
–, Die Entstehung des Historismus (1936). In: Ders., Werke III, 1965
–, Ausgewählter Briefwechsel. In: Ders., Werke VI 1962
Ch. Meiners, Geschichte des Verfalls der Sitten und der Staatsverfassung der Römer. 1782
Ph. Melanchthon, Chronica Carionis (1560). Corpus Reformatorum XII 1844, S. 711 ff.
A. Menger, Das Recht auf den vollen Arbeitstag in geschichtlicher Darstellung. 1886, engl. Ausg. 1899
Ch. Merivale, A History of the Romans under the Empire. VII 1862
R. K. Merton, Die Eigendynamik gesellschaftlicher Voraussagen (1957). In: E. Topitsch (Hg.), Logik der Sozialwissenschaften, 1968, S. 144–161
H. Messmer, Hispania-Idee und Gotenmythos. 1960
Eduard Meyer, Geschichte des Altertums. I 1, 1884/1965
–, Der Gang der alten Geschichte: Hellas und Rom (1902). In: Ders., Kleine Schriften I, 2. Aufl. 1924, S. 213–264
–, Bevölkerung. In: Handwörterbuch der Staatswissenschaften. 3. Auflage II 1909, S. 808 bis 913
–, Die wirtschaftliche Entwicklung des Altertums (1895). In: Ders., Kleine Schriften I, 2. Aufl., S. 79–159
–, Spenglers Untergang des Abendlandes. 1925
Ernst Meyer, Römischer Staat und Staatsgedanke. 1948/61
R. M. Meyer, Principien der wissenschaftlichen Periodenbildung. Euphorion 8, 1901, S. 1–42
J. Michelet, Histoire de la République romaine. 1831/94
G. Mickwitz, Geld und Wirtschaft im römischen Reich des vierten Jahrhunderts n. Chr. 1932/65
H. Mielsch, Das Bild der Antike im historischen Roman des 19. Jahrhunderts. Gymnasium 87, 1980, S. 377–400
O. Miller, Dantes Geschichtsphilosophie. 1912
H. H. Milman, The History of Christianity. I–III 1840
F. Miltner, Germanische Köpfe aus der Antike. 1938
–, Die Grenzmarke zwischen Antike und Mittelalter (1955). In: Hübinger 1969 (s. o.), S. 283–297
J. Milton, Pro Populo Anglicano Defensio (1651). In: The Works of John Milton. VII, 1932
–, Pro Populo Anglicano Defensio Secunda (1654). In: The Works of John Milton. VIII 1933
–, History of Britain (1671). In: Complete Prose Works of John Milton. V 1971
C. Mirbt, Quellen zur Geschichte des Papsttums. 1901
L. Mitteis, Aus den griechischen Papyrusurkunden. 1900
M. H. Mollerus, Oratio de origine, mutationibus et migrationibus gentium, quae Germaniam tenuerunt. 1563
A. Momigliano, Roma. Età imperiale. Enciclopedia Italiana 29, 1936, S. 628–654
–, La formazione della moderna storiografia sull'imperio romano (1936). In: Ders., Contributo alla storia degli studi classici e del mondo antico, 1955, S. 107–164
–, Christianity and the Decline of the Roman Empire. In: Ders. (Hg.), The Conflict etc. 1960/63, S. 1–16, deutsch bei Christ *1970* (s. o.), S. 404–424
– (Hg.), The Conflict between Paganism and Christianity in the 4th Century A. D. 1960/63
–, rez. Jones *1964* (s. o.). In: Ders., Quarto Contributo alla storia degli studi classici e del mondo antico 1969, S. 645–647

–, La caduta senza rumore di un impero nel 476 D.C. Annali della Scuola Normale Superiore di Pisa III 3, 1973, S. 397–418
–, Edward Gibbon fuori e dentro la cultura italiana. In: La fine dell'impero romano d'occidente. 1978, S. 11–25
–, After Gibbon's Decline and Fall. Annali della Scuola Normale Superiore di Pisa III 8, 1978, S. 435–454; und Ders., Sesto Contributo alla storia degli studi classici e del mondo antico. I 1980, S. 265–284
Th. Mommsen, Römische Geschichte. I–III 1854–1856, V 1885
–, Römisches Staatsrecht. I (1871) 3. Aufl. 1887; II (1874/75) 3. Aufl. 1887; III 1887/88
–, Römische Kaisergeschichte, Vorlesung 1872/73, Nachschrift im Auszug bei L. Wickert, Theodor Mommsen. IV 1980, S. 341–348
–, Rede zur Feier des Geburtstages des Kaisers 24. März 1881. In: Ders., Reden und Aufsätze 1905, S. 104–115
–, Rede zur Feier des Geburtstages des Kaisers, 19. März 1885. In: Ders., Reden und Aufsätze, 1905, S. 132–143
–, Geschichte und Verfassung Roms im 4. Jahrhundert n. Chr. (Die Nachschrift dieser 1886 gehaltenen Vorlesung durch Sebastian Hensel wird hier nach einem unpublizierten Manuskript zitiert).
–, Abriß des römischen Staatsrechts. 1893/1974
–, Reden und Aufsätze. 1905
–, Ges. Schriften. 1905 ff.
Th. E. Mommsen, Petrarch's Conception of the Dark Ages. Speculum 17, 1942, S. 226–242
F. Mone, System der Entwicklungsgesetze der Gesellschaft, der Volkswirtschaft, des Staates und der Cultur des Griechischen Volkes. 1858
G. R. Monks, The Administration of the Privy Purse. An Inquiry into Official Corruption and the Fall of the Roman Empire. Speculum 32, 1957, S. 748–779
E. W. Montagu, Reflections on the Rise and Fall of the Ancient Republics adapted to the Present State of Great Britain. 1759/78
M. de Montaigne, Oeuvres complètes, Ed. A. Armaingaud 1924 ff.
(Ch. de Montesquieu), Oeuvres de Montesquieu. Nouvelle édition, I–V 1788
R. W. Moore, Decline and Fall. Greece and Rome 5, 1936, S. 65 ff.
J. Moreau, Krise und Verfall. Das dritte Jahrhundert als historisches Problem (1961). In: Ders., Scripta Minora, 1964, S. 26–41
Ch. Morgenstern, Briefe, 1957
G. Morin, Sancti Aureli Augustini tractatus sive sermones inediti. 1917
G. Morin (ed.), Sancti Augustini sermones post Maurinos reperti. 1930
G. Mosca, Storia delle dottrine politiche. 1933/51
H. St. L. B. Moss, The Economic Consequences of the Barbarian Invasions. Economic Hist. Rev. 7, 1936/37, S. 209–216
W. Moyle, Upon the Constitution of the Roman Government (um 1699). In: C. Robbins (ed.), Two English Republican Tracts 1969, S. 201 ff.
K. Müllenhoff, Germania antiqua. 1873
Ernst Müller, Über Nationalcharakter und nationale Anlagen. Preuß. Jb. 120, 1905, S. 215–255
Johannes v. Müller, Sämmtliche Werke. I, 1810
E. Müller-Mertens, Vom Regnum Teutonicum zum Heiligen Römischen Reich deutscher Nation. ZfG 1963, S. 319–346
–, Zur Feudalentwicklung im Okzident und zur Definition des Feudalverhältnisses. ZfG 14, 1966, S. 52–73
F. Münzer, Die politische Vernichtung des Griechentums. 1925

Petrus Erasmus Muller, Commentatio historica de genio, moribus et luxu aevi Theodosiani. Den Haag I/II, 1797/98
(A. Murphy), The Plays of Arthur Murphy, ed. R. B. Schwartz, 1979
(B. Mussolini), Emil Ludwig, Colloqui con Mussolini (1932). trad. di Tomaso Gnoli
J. L. Myres, The Causes of Rise and Fall in the Population of the Ancient World. Eugenics Review 7, 1915, S. 15–45

E. Nagel, Some Issues in the Logic of Historical Analysis (1952). In: P. Gardiner (ed.), Theories of History. 1959, S. 373–385
(Napoléon I.), Correspondance de Napoléon I. Bd. XX 1866
Napoléon III., Histoire de Jules César. I 1865
C. J. Neumann, Entwicklung und Aufgaben der alten Geschichte. 1910
–, Römische Staatsaltertümer. In: A. Gercke und E. Norden, Einleitung in die Altertumswissenschaft, III 1912/14
–, Perioden römischer Kaisergeschichte, HZ 117, 1917, S. 377–388
J. Ritter von Neupauer, Der Kulturwert der Mischrassen und reinen Rassen. Politisch-Anthropologische Revue 3, 1904/05, S. 370–387
(J. H. Newman), The Letters and Diaries of John Henry Newman. Bd. XXV 1973
Isaac Newton, Observations upon Prophecies of the Holy Writ. In: Ders., Opera quae exstant omnia, V 1785, S. 293 ff.
B. G. Niebuhr, Römische Geschichte. I 1811; II 1812; III 1832. Neue Ausg. von M. Isler, II 1873
–, Vorträge über alte Geschichte, an der Universität zu Bonn gehalten. I 1825/48, III 1829/48
B. Niese, Grundriß der römischen Geschichte. 1896/1906
–, Staat und Gesellschaft der Römer. In: U. v. Wilamowitz-Moellendorff und B. Niese, Staat und Gesellschaft der Griechen und Römer, 1910, S. 208–259
F. Nietzsche, Werke in drei Bänden, hg. v. Karl Schlechta, 2. Aufl. 1960
M. P. Nilsson, The Race Problem in the Roman Empire. Hereditas 2, 1921, S. 370–390
–, Imperial Rome. 1926
H. Nissen, Italische Landeskunde. I 1883
K. W. Nitzsch, Geschichte des Deutschen Volkes. I 1883, III 1885
K. L. Noethlichs, Beamtentum und Dienstvergehen. Zur Staatsverwaltung in der Spätantike. 1980
(Notker Teutonicus), Notkers des Deutschen Werke, ed. E. H. Sehrt und T. Starck, I 1933
Novalis, Schriften, hg. v. J. Minor. III 1907
J. O. Nriagu, Saturnine Gout Among Roman Aristocrats. Did Lead Poisoning Contribute to the Fall of the Empire? The New England Journal of Medicine, 17. III. 1983, S. 660–663

F. Oertel, Kleine Schriften zur Wirtschafts- und Sozialgeschichte des Altertums. 1975
K. Oettinger, Poesie und Geschichte. Bemerkungen zur Geschichtsschreibung Jacob Burckhardts. AKG 51, 1969, S. 160–174
P. Oliva, Die Bedeutung der antiken Sklaverei. Acta Antiqua 8, 1960, S. 309–319
F. Oppenheimer, System der Soziologie. IV 1, 1929
J. Ortega y Gasset, Der Aufstand der Massen. 1930/57
–, Geschichte als System und Über das römische Imperium. 1942/52
–, Das Wesen geschichtlicher Krisen. 1942/55
–, Eine Interpretation der Weltgeschichte. Rund um Toynbee. 1948/64
–, Vergangenheit und Zukunft im heutigen Menschen. 1955
N. Orui, Roma teikoku botsuraku shikan. 1944
G. Ostrogorsky, Die Perioden der byzantinischen Geschichte. HZ 163, 1941, S. 229-254

Stephan Otto (Hg.), Die Antike im Umbruch, 1974
Walter Otto, Aus der Gesellschaftsgeschichte des Altertums. Zs. für Sozialwissenschaft 8, 1905, S. 781–794
–, Kulturgeschichte des Altertums. 1925
Walter F. Otto, Der Geist der Antike und die christliche Welt. 1923
F. Overbeck, Botanisch-geologische Moorkunde. 1975

J. R. Palanque, Saint Ambroise et l'Empire romain. 1933
–, Collégialité et partage dans l'Empire romain aux IVe et Ve siècles. Revue des Études Anciennes 46, 1944, S. 47–64, S. 283–298
F. Palgrave († 1861), The Collected Historical Works. I 1919
R. Pallmann, Die Geschichte der Völkerwanderung von der Gothenbekehrung bis zum Tode Alarichs. 1863
Onuphrius Panvinius, Romanorum principum et eorum quorum maxima in Italia imperia
–, Rei publicae Romanae commentariorum libri tres. 1558
B. Paradisi, La caduta dell' impero romano e la crisi della civiltà in occidente (1976). In: La fine dell impero romano d'occidente, 1978, S. 51–67
Ch. Parain, Chronique d'histore de l'antiquité I: Sur la révolution des esclaves. La Pensée 46, 1953, S. 103–110
J. M. Pardessus, Diplomata, Chartae, Epistolae, Leges aliaque instrumenta ad res Gallo-Francicas spectantia. I 417–627 (n. Chr.), 1843/1969
R. Paribeni, Da Diocleziano alla caduta dell'impero d'occidente (= Storia di Roma VIII) 1941
A. T. Parker, The Cult of Antiquity and the French Revolutionaries. 1937
H. M. D. Parker, A History of the Roman World from AD 138 to 337. 1935/58
T. Parsons, Societies. Evolutionary and comparative perspectives. 1966
P. Paruta († 1598), Discorsi politici (1599) I 1827
F. Paschoud, Roma Aeterna, Études sur le patriotisme romain dans l'occident latin à l'époque des grandes invasions. 1967
–, Cinq études sur Zosime. 1975
W. R. Paterson, The Nemesis of Nations, 1907
E. Patlagean, Dans la miroir, a travers le miroir. Un siècle de déclin du monde antique. Entretiens sur l'antiquité classique 26, 1979, S. 209–235
E. Patzelt, Die fränkische Kultur und der Islam, 1932
Paul s. Jean Paul
M. Pavan, La fine dell' impero Romano nel giudizio di Alessandro Manzoni. Rivista Storica Italiana 70, 1958, S. 169–187
Th. Pekary, Die Wirtschaft der griechisch-römischen Antike. 1979
O. Pelikan, Von der Spätantike zum frühen Mittelalter. Sborník Prací Filosofické Fak. Brnenské E 22–23, 1977/78, S. 251–267
G. Pepe, The Moral Downfall of the West. Palaeologia 7, 1958/59, S. 262–266
St. Perowne, The End of the Roman World. 1966
Ch. Perrault, Parallèle des anciens et des modernes. I 1688
E. Perrot, La vraie cause de la ruine du monde antique: L'Étatisme. Conférence prononcée à l'Institut d'Action Française, 1937
Peter Bamm, Eines Menschen Zeit. 1972
C. Peter, Geschichte Roms in drei Bänden. 1853/67
–, Römische Geschichte in kürzerer Fassung. 1875
E. Peterson, Kaiser Augustus im Urteil des antiken Christentums. Hochland 30, 1932/33, S. 289–299

P. Petit, Précis d'histoire ancienne. 1962
F. Petrarca, Le Familiari, ed. V. Rossi 1933 ff. (zitiert nach Band u. Seite)
(C. Peucer), Tertia pars Chronici Carionis . . . exposita et aucta a Casparo Peucero. 1563 (Seitentitel ab S. 1: liber quartus)
C. Peucer, Commonefactio de periculis horum temporum. Wittenberg 1565
K. Pfister, Der Untergang der antiken Welt. 1941
Enea Silvio Piccolomini († 1464), Germania. 1458/1515
–, Opera quae exstant omnia. 1551
–, Historia Gothorum. ?/1730
–, Deutschland (1458), üs. Adolf Schmidt 1962
A. Piganiol, Histoire de Rome. 1939, 5. Aufl. 1962
–, L'empire chrétien (325–395). Histoire générale ed. G. Glotz (Hist. Rom. IV) 1947
–, Aspekte der Germaneneinfälle (1950). In: Christ *1970* (s. o.), S. 286–291, zuerst französisch in: Grundlagen *1951* (s. o.), S. 14–18
–, Le sac de Rome. 1964
N. W. Pigulewskaja, Die Problematik des Verfalls der Sklavenhaltergesellschaft und die Entstehung der Feudalordnung im Nahen Osten. In: Sowjetwissenschaft, gesellschaftswiss. Abt. 5/6, 1953, S. 883–899
C. A. Pilati de Tassulo, Histoire des révolutions, arrivées dans le gouvernement, les loix et l'esprit humain, après la conversion de Constantin jusque' à la chute de l'empire d' occident. 1783
J. Pinkerton, A Dissertation on the Origin and Progress of the Scythians or Goths, being an Introduction to the Ancient and Modern History of Europe. 1787
H. Pirenne, Mahomet et Charlemagne. RBPh 1, 1922, S. 77–86
–, Un contrast économique. Mérovingiens et Carolingiens. RBPh. 2, 1923, S. 223–235
–, Geburt des Abendlandes (1935), üs. P. E. Hübinger ²1941
P. Piur, Cola di Rienzo, Darstellung seines Lebens und seines Geistes. 1931
K. Ploetz, Der Große Ploetz. Auszug aus der Geschichte. 29. Aufl. 1980
G. Podskalsky, Byzantinische Reichseschatologie. Die Periodisierung der Weltgeschichte in den vier Großreichen (Daniel 2 und 7) und dem tausendjährigen Friedensreiche (Apok. 20). Eine motivgeschichtliche Untersuchung. 1972
R. v. Poehlmann, Römische Kaiserzeit und Untergang der antiken Welt. In: Ullsteins Weltgeschichte I, 1910, S. 507–631
(Gian Francesco Poggio Bracciolini), Poggi Bracciolini Florentini Historiae de varietate fortunae libri IV, nach dem Manuskript zuerst gedruckt 1723 in Paris, geschrieben 1450
Pomponius s. Laetus
V. Popović, Desintegration und Ruralisation der Stadt im Ost-Illyricum vom 5. bis 7. Jahrhundert n. Chr. (1979). In: D. Papenfuß und V. M. Strocka (Hgg.), Palast und Hütte, 1982, S. 545–566
K. R. Popper, Logik der Forschung. 1934/71
(Porphyrios), Ad. v. Harnack, Porphyrius, ›Gegen die Christen‹, 15 Bücher, Zeugnisse, Fragmente und Referate. Abh. d. kgl. preuss. Ak. d. Wiss. 1916, philos.-hist. Kl. Berlin
M. Posner, Die Montesquieu-Noten Friedrichs II. HZ. 47, 1882, S. 193–288
J. H. J. van der Pot, De periodisering der geschiedenis. Een overzicht der theorieen. 1951
A. F. Pott, Die Ungleichheit menschlicher Rassen, hauptsächlich vom sprachwissenschaftlichen Standpunkte unter besonderer Berücksichtigung von des Grafen von Gobineau gleichnamigem Werke. 1856
G. Prachner, Zur Bedeutung der antiken Sklaven- und Kolonenwirtschaft für den Niedergang des römischen Reiches. Historia 22, 1973, S. 732 ff.

P. J. Proudhon, Césarisme et Christianisme (de l'an 45 avant J.-C. à l'an 476 après). 1854, I/II 1883
S. Pufendorf, Einleitung zu der Historie der vornehmsten Reiche und Staaten, so ietziger Zeit in Europa sich befinden. 1682

H. Quaritsch, Das Schiff als Gleichnis. In: Recht über See, 1979, S. 251–286
L. Quidde, Caligula. Eine Studie über römischen Cäsarenwahnsinn. 1894, 34. Aufl. 1928
C. Quigley, The Evolution of Civilizations. 1961
Quodvultdeus s. Morin

K. Raddatz, Die Bewaffnung der Germanen in der jüngeren römischen Kaiserzeit. Nachrichten der A. d. W. Göttingen, phil. hist. 1967, S. 1–18
B. Raffel, Poems from the Old English. 1964
W. Raith, Das verlassene Imperium. Über den Ausstieg des römischen Volkes aus der Geschichte. 1982
L. v. Ranke, Geschichte der romanischen und germanischen Völker von 1494 bis 1514. 1824
–, Politisches Gespräch. 1836/1941
–, Weltgeschichte. 1881 ff. IV [5]1922
–, Über die Epochen der neueren Geschichte. 1854/1917
M. Raskolnikoff, La recherche en Union sovietique et l'histoire économique et sociale du monde hellenistique et romain. Straßburg 1975
–, La ›Rivoluzione Romana‹ e gli storici sovietici. Labeo 26, 1980, S. 198–212
W. Rathenau, Reflexionen. 1908
–, Der Kaiser. 1919
–, Gesammelte Schriften. IV 1925
–, Briefe. I 1926
Regius s. Le Roy
W. Rehm, Der Untergang Roms im abendländischen Denken. Ein Beitrag zur Geschichte der Geschichtswissenschaft und des Dekadenzproblems. 1930
–, Europäische Romdichtung. 1939/60
F. Reiche, Der Untergang der antiken Welt. Zusammenfassende kritische Betrachtung. Festschrift zur Feier des fünfzigjährigen Bestehens des kgl. Gymnasiums zu Schrimm. 1908, S. 45–65
M. Reinhard u. a., Histoire générale de la population mondiale. 1968
M. Reinhold, Historian of the Classic World: A Critique of Rostovtzeff. Science and Society 10, 1946, S. 361–391, und bei Chambers *1963* (s. o.), S. 76–84
N. Reitter, Der Glaube an die Fortdauer des römischen Reiches im Abendlande während des 5. und 6. Jahrhunderts, dargestellt nach den Stimmen der Zeit. 1900
J. A. Remer, Handbuch der älteren Geschichte von Schöpfung der Welt bis auf die große Völkerwanderung. 1775/94
R. Rémondon, La crise de l'Empire romain de Marc-Aurèle à Anastase. 1964
E. Renan, La réforme intellectuelle et morale de la France. 1871/1968
–, Marc Aurèle et la fin du monde antique. 1882
J. F. P. de Gondi de Retz, Die Denkwürdigkeiten des Kardinals Retz († 1679). Deutsche Ausg. besorgt von B. Rüttenauer, 1913 I
B. R. Reynolds, Latin Historiography. A Survey 1400–1600. In: Studies in the Renaissance 2, 1955, S. 7–66
Beatus Rhenanus, Rerum Germanicarum libri tres. 1531
–, A. Horawitz und K. Hartfelder (Hgg.), Briefwechsel des Beatus Rhenanus. 1886/1966

D. Ribeiro, Der zivilisatorische Prozeß. 1971
H. Richter, Das weströmische Reich, besonders unter den Kaisern Gratian, Valentinian II. und Maximus (375–388). 1865
F. Freiherr v. Richthofen, China. I 1877/1971
M. Riedel, Verstehen oder Erklären? Zur Theorie und Geschichte der hermeneutischen Wissenschaften. 1978
A. Riegl, Die ägyptischen Textilfunde im k. k. österreichischen Museum Wien. 1889
–, Spätantike Stickereien. Kunstgewerbeblatt NF 2, 1891, S. 127–134
–, Stilfragen. Grundlegungen zu einer Geschichte der Ornamentik. 1893
–, Spätrömische Kunstindustrie. 1901/64
–, Historische Grammatik der bildenden Künste. 1966
H. Riikonen, Die Antike im historischen Roman des 19. Jahrhunderts. 1978
A. Riising, The Fate of Henri Pirenne's Thesis on the Consequences of the Islamic Expansion (1951). In: Hübinger, Islam, *1968* (s. o.), S. 178–222
M. Ritter, Die Entwicklung der Geschichtswissenschaft. 1919
Robbins s. Moyle
J. M. Robertson, The Evolution of States. 1912
K. Rodbertus, Zur Geschichte der agrarischen Entwicklung unter den Kaisern oder die Adscriptitier, Inquilinen und Colonen. Jb. für Nationalökonomie und Statistik 2, 1864, S. 206–268
–, Untersuchungen auf dem Gebiete der Nationalökonomie des klassischen Altertums. II. Zur Geschichte der römischen Tributsteuern seit Augustus (Teil) 1. Einleitung. Jb. für Nationalökonomie und Statistik 4, 1865, S. 341–356, (Teil) 2. Lage der Tributsteuern bei Augustus' Regierungsantritt, a. O., S. 356–427; (Teil) 3. Von Augustus bis Caracalla, a. O. 5, 1865, S. 135–171; 241–315; (Teil) 4. Von Caracalla bis Diocletian, a. O. 8, 1867, S. 81–126; 385–475
G. Rodenwaldt, Eine spätantike Kunstströmung in Rom. MDAI (R) 36/37, 1921/22, S. 58–110
–, Römische Reliefs. Vorstufen zur Spätantike. Jb. Archäol. Inst. 55, 1940, S. 12–43
–, Zur Begrenzung und Gliederung der Spätantike (1944/5). In: Hübinger *1969* (s. o.), S. 83–92
H. Römpp, Die Zukunft der Erde und des Menschen. 1948
P. Rohrbach, Die Geschichte der Menschheit. 1914
Werner Rolevinck de Laer, Fasciculus Temporum. 1474
A. Romieu, L'ère des Césars. 1850/59
J. de Romilly, The Rise and Fall of States According to Greek Authors. 1977
Th. Roosevelt, The Winning of the West (1889). In: Ders., Works, National Edition. VIII 1926
W. Roscher, Über das Verhältnis der Nationalökonomie zum klassischen Alterthume. Berichte über die Verhandlungen der kgl.-sächs. Gesellschaft d. Wissenschaften, phil.-hist. Kl. I, 1849, S. 115–133
–, Die Grundlagen der Nationalökonomie. 1854/71
–, Politik. Geschichtliche Naturlehre der Monarchie, Aristokratie und Demokratie. 1892/1908
K. Rosen, Über heidnisches und christliches Geschichtsdenken in der Spätantike. 1982
Alfred Rosenberg, Der Mythus des 20. Jahrhunderts. 1930/34
Arthur Rosenberg, Der Untergang des weströmischen Reiches. Deutsche Literaturzeitung 36, 1915, S. 2221–2225
M. Rosenblatt, Beiträge zur chronischen Bleivergiftung. 1906
M. Rostovtzeff, La crise sociale et politique de l'Empire romain au IIIe siécle après J.-C. Musée Belge 27, 1923, S. 233–242
–, Gesellschaft und Wirtschaft im römischen Kaiserreich. 1925/29
–, The Decay of the Ancient World and its Economic Explanations. The Economic History Review 2, 1930, S. 197 ff.

–, Geschichte der Alten Welt (1924). II (Rom) 1942
K. Roßmann (Hg.), Deutsche Geschichtsphilosophie von Lessing bis Jaspers. 1959
A. Roth, Wehrmacht und Weltanschauung. Grundfragen für die Erziehungsarbeit in der Wehrmacht. Berlin 1940
C. v. Rotteck, Allgemeine Geschichte vom Anfang der historischen Kenntnis bis auf unsere Zeiten für denkende Geschichtsfreunde (1812 ff.). 5. Aufl. II Bd. 1824
Rowlands s. Verstegan
J.-C. Royou, Histoire du Bas-Empire depuis Constantin jusqu'à la prise de Constantinople en 1453. 1803/14
H. Rückert, Lehrbuch der Weltgeschichte in organischer Darstellung. I/II 1857
F. Rühs, Handbuch der Geschichte des Mittelalters. 1816
G. Ruhland, Das System der politischen Ökonomie. 1903/41
J. C. Russell, Decline of Population 200–700 A. D. and Its Intellectual and Social Results. VIIIe Congrès International des Sciences Historiques. Zürich 1938, Communications présentées II, S. 352–354
–, Late Ancient and Medieval Population. Transactions of the American Philos. Soc. 48, 3, 1958

J. B. Sägmüller, Die Idee von der Kirche als Imperium Romanum im kanonischen Recht. Theol. Quartalsschrift 80, 1898, S. 50–80
G. E. M. de Sainte Croix, Karl Marx and the History of Classical Antiquity. Arethusa 8, 1975, S. 7–42
–, The Class Struggle in the Ancient Greek World. From the Archaic Age to the Arab Conquests. 1981
Ch. de Saint-Evremond, Reflexions sur les divers génies du peuple romain (1663). In: Ders., Oeuvres melées, Nouvelle Edition I 1706
Ch. I. Castel de Saint Pierre, Projet pour rendre la paix perpetuelle en Europe. II 1713
–, Der Traktat vom ewigen Frieden (1713), hg. v. M. Michael 1922
E. Salin, La civilisation mérovingienne. I–IV 1949–1959
E. T. Salmon, The Nemesis of Empire. 1974
–, The Roman Army and the Disintegration of the Roman Empire. Transactions of the Royal Society of Canada 52 3, 2, 1958, S. 43–57
P. Salmon, Population et dépopulation dans l'Empire romain. 1974
J. Salvioli, Der Kapitalismus im Altertum. Studien über die römische Wirtschaftsgeschichte. (Zuerst franz. 1906) üs. Karl Kautsky jr. 1912
G. de Sanctis, Problemi di storia antica. 1932
E. M. Sanford, Contrasting Views of the Roman Empire. American Journal of Philology 58, 1937, S. 437–456
R. Sannwald, Marx und die Antike. 1957
G. Sartorius von Waltershausen, Fragment aus der von dem Institut Frankreichs im Jahre 1810 gekrönten Schrift: Über die Herrschaft der Gothen in Italien. Vaterländisches Museum I. Fünftes Stück 1810, S. 545–570
J. J. Saunders, The Debate on the Fall of Rome. History 48, 1963, S. 1–17
F. Schachermeyr, Lebensgesetzlichkeit in der Geschichte. 1940
H. Schaeder, Moskau, das Dritte Rom. 1929
F. Schalk, Über Epoche und Historie. Abhandl. d. geistes- u. sozialwiss. Kl. der Akademie Mainz Nr. 4, 1972, S. 12–38
W. Schallmayer, Vererbung und Auslese. Grundriß der Gesellschaftsbiologie und der Lehre vom Rassedienst. Für Rassehygieniker, Bevölkerungspolitiker, Ärzte, Anthropologen, Sozio-

logen, Erzieher, Kriminalisten, höhere Verwaltungsbeamte und politisch interessierte Gebildete aller Stände. Natur und Staat 3 (1903), 3. Aufl. 1918
(Hartmann Schedel), Schedelsche Weltchronik. 1493/1975
F. W. J. v. Schelling, System des transcendentalen Idealismus. 1800, S. 439
A. Schenk Graf von Stauffenberg, Die Germanen im Römischen Reich. WaG 1, 1935, S. 72–100
–, Die Germanen im römischen Reich (Forts.). WaG 2, 1936, S. 117–168
–, Die Germanen im römischen Reich (Schluß). WaG 3, 1937, S. 345–361
–, Rom und die Germanen im Lichte der Universalgeschichte. Geistige Arbeit 5, 18, 1938, S. 3 f.
–, Der Reichsgedanke Konstantins (1940). In: Ders., Das Imperium und die Völkerwanderung, 1948, S. 107–127
Th. Schieder, Geschichte als Wissenschaft. 1965/68
Th. Schieffer, Europa im Wandel von der Antike zum Mittelalter. In: Th. Schieder (Hg.), Handbuch der europäischen Geschichte. I 1976
F. v. Schiller, Über Völkerwanderung, Kreuzzüge und Mittelalter (1790). In: Ders., Sämmtl. Werke, Cotta IX, 1844, S. 319 ff.
F. C. S. Schiller, The Ruin of Rome and Its Lessons for Us. Eugenics Review 17, 1925, S. 1–11
A. Schirmer und W. Mitzka, Deutsche Wortkunde. 6. Aufl. 1969
F. Schlegel, Philosophie der Geschichte (1828). II 1829
–, Fragmente. 1904
–, Vorlesungen über Universalgeschichte (1805–1806). 1960
Th. Schleich, Der zweitbeste Staat. Zur Sicht der Antike bei Gabriel Bonnot de Mably. Der Staat 19, 1980, S. 557–582
A. L. Schlözer, Weltgeschichte nach ihren Haupt Theilen im Auszuge und Zusammenhange. I 2. Aufl. 1792, II 1789
F. Ch. Schlosser, Universalhistorische Übersicht der Geschichte der alten Welt und ihrer Cultur. III 3, 1832
–, Weltgeschichte für das deutsche Volk. Unter Mitwirkung des Verfassers bearbeitet von G. L. Kriegk. IV 1846
L. Schmidt, Geschichte der deutschen Stämme bis zum Ausgang der Völkerwanderung. Die Ostgermanen. 2. Aufl. München 1941
F. Schneider, Rom und Romgedanke im Mittelalter. 1926
H. Schneider, Die Entstehung der römischen Militärdiktatur. 1977
G. Schnürer, Über Periodisierung der Weltgeschichte. Rektoratsrede Freiburg (Schweiz) 1900
–, Die Anfänge der abendländischen Völkergemeinschaft. 1932
K. A. Schöndorf, Die Geschichtstheologie des Orosius. 1952 (masch. Diss. München)
A. Schopenhauer, Sämtliche Werke in fünf Bänden. Großherzog Wilhelm Ernst-Ausgabe, 1905 ff.
P. E. Schramm, Kaiser, Rom und Renovatio. 2. Aufl. 1957
J. M. Schroeckh, Lehrbuch der allgemeinen Weltgeschichte. 1774/77 (umgearbeitete Fassung von: H. Curas, Einleitung zur Universalhistorie, s. o.)
–, Allgemeine Weltgeschichte für Kinder (1780). II 2. Aufl. 1788
G. Schrot, Forschung und Lehre zur Alten Geschichte an der Universität Leipzig. Wiss. Zeitschr. d. Karl Marx-Univ. 8, 1958/59. Gesellsch. und sprachwiss. Reihe 2, S. 323–337
–, Unterkonsumtion und Überproduktion im Altertum, a. O. S. 709–725
–, Wirtschaftliche und soziale Veränderungen in der Spätantike. In: Ch. Welskopf (Hg.), Neue Beiträge zur Geschichte der alten Welt II, Römisches Reich 1965, S. 119–131
E. M. Schtajerman, La chute du régime esclavagiste (1953). In: Recherches internationales à la lumière du marxisme, I 1957, 2, S. 113–158
–, Die Krise der Sklavenhalterordnung im Westen des römischen Reiches, üs. W. Seyfarth 1964

–, Progressive und reaktionäre Klassen im spätrömischen Kaiserreich. In: M. Kossok (Hg.), Studien über die Revolution, 1969, S. 19–32
–, Die Bedeutung der Werke W. I. Lenins für die Erforschung der Antike. Klio 53, 1971, S. 5–47
–, Die späte römische Republik und die frühe Kaiserzeit (1977). In: H. Heinen (Hg.), Die Geschichte des Altertums im Spiegel der sowjetischen Forschung, 1980, S. 199–255
U. Schubert, Frühchristliche Bildkunst – ein Instrument der kirchlichen Politik. Kairos 21, 1979, S. 181–195
W. Schuller, Grenzen des spätrömischen Staates: Staatspolizei und Korruption. ZPE 16, 1975, S. 1–21
Schulz-Falkenthal s. Sellnow
K. H. Schwarte, Apokalyptik/Apokalysen. V. Theologische Realenzyklopädie III, 1978, S. 257–275
Ed. Schwartz, Weltreich und Weltfriede (1916). In: Ders., Ges. Schr. I 1938/63, S. 173 ff.
A. Schweitzer, Verfall und Wiederaufbau der Kultur. 1923/48
O. Schwemmer, Theorie der rationalen Erklärung. Zu den methodischen Grundlagen der Geisteswissenschaften. 1976
J. Schwidetzky, Das Problem des Völkertodes. 1954
H.-F. Sécrétain, La population et les moeurs. 1913
H. Sedlmayr, Verlust der Mitte. 1948/65
K. von See, Deutsche Germanen-Ideologie vom Humanismus bis zur Gegenwart. 1970
O. Seeck, Geschichte des Untergangs der antiken Welt. 1895 ff.
–, Die Entwicklung der antiken Geschichtsschreibung und andere populäre Schriften. 1898
J. R. Seeley, Lectures and Essays. 1870
I. Sellnow (Hg.), Weltgeschichte bis zur Herausbildung des Feudalismus. 1977
E. Sestan, Spätantike und Frühmittelalter. Das Problem einer Periodisierung (1962). In: Hübinger *1969* (s. o.), S. 336–357
W. Seston, Sur la fin du monde antique (1950). In: Grundlagen *1951* (s. o.), S. 19–21, deutsch bei Christ *1970* (s. o.), S. 292–295
–, Verfall des römischen Reiches im Westen. Die Völkerwanderung. Propyläen Weltgeschichte IV 1963, S. 489–603
J. G. Seume, Spaziergang nach Syrakus. II 1802. In: Ders., Prosaische und politische Werke o. J. III
W. Seyfarth, Neue sowjetische Beiträge zu einigen Problemen der Alten Geschichte. Lebendiges Altertum III, 1960
–, Soziale Fragen der spätrömischen Kaiserzeit im Spiegel des Theodosianus. 1963
–, Um die Problematik der Spätantike. Forschungen und Fortschritte 40, 1966, S. 177–180
–, Die Spätantike als Übergangszeit zwischen zwei Gesellschaftssystemen. ZfG 15, 1967, S. 281–290
–, Der Begriff „Epoche sozialer Revolution" und die Spätantike. Klio 49, 1967, S. 271–283
–, Römische Geschichte. II 1974
J. G. Sheppard, The Fall of Rome and the Rise of the New Nationalities. 1861
E. M. Shukov, Über die Periodisierung der Weltgeschichte (1960). In: E. Schulin (Hg.), Universalgeschichte, 1974, S. 107–121
G. Sichelschmidt, Wie im alten Rom. Dekadenzerscheinungen damals und heute. 1971/72
A. L. Sidorov, Hauptprobleme und einige Entwicklungsergebnisse der sowjetischen Geschichtswissenschaft. Relazioni del X Congresso Internazionale di Scienze Storiche VI, 1955, S. 389–456
E. Sieyès, Qu'est-ce que le Tiers état? 1789/1970
C. Sigonius, Historiae de occidentali imperio (a Diocletiano ad Iustiniani mortem). 1579

G. Sigwart, Die Fruchtbarkeit des Bodens als historischer Faktor. Schmollers Jb. für Gesetzgebung 39, 1915, S. 113–142
V. G. Simkhovitch, Rome's Fall Reconsidered. Political Science Quarterly 31, 1916, S. 201–243
V. T. Sirotenko, Der Kampf der Volksmassen im Römischen Reich gegen die Barbaren (1966). BCO 13, 1968, S. 172–177
J. Ch. L. Simonde de Sismondi, Examen du cours d'histoire moderne professé par M. Guizot (= rez. Guizot *1828* und *1829*). Extrait de la Revue Encyclopédique, August 1829
–, Histoire de la chute de l'Empire romain et du déclin de la civilisation de l'an 250 à l'an 1000. I/II 1885
J. Sleidan, De quatuor summis Imperiis libri tres in gratiam iuventutis confecti. 1556/95
–, De quatuor summis Imperiis (1556). In: Melchior Goldastus, Politica imperialia. 1614, S. 396–437
A. Smith, An Inquiry into the Nature and Causes of the Wealth of Nations (1776), ed. Todd, I/II 1976
–, Lectures on Jurisprudence (1763 und 1766), ed. Meek u. a. 1978
H. v. Soden, Urchristentum und Geschichte. II 1956
A. Solari, Il Rinnovamento dell'Impero Romano. I/II 1938/43
W. Solowjew, Deutsche Gesamtausgabe, VIII 1979
G. Sorel, La ruine du monde antique. Conception matérialiste de l'histoire. 1901/25
–, Rèflecions sur la violence. 1906/19
W. R. Sorley, The Problem of Decadence. Sociological Review 1, 1908, S. 321–329
P. A. Sorokin, Kulturkrise und Gesellschaftsphilosophie. 1951/53
H. Spangenberg, Die Perioden der Weltgeschichte. HZ 127, 1922, S. 1–49
A. Speer, Erinnerungen. 1969
–, Spandauer Tagebücher. 1975
O. Spengler, Der Untergang des Abendlandes. I 1917/23, II 1922. Benutzte Ausgabe: I/II 1924/50
–, Jahre der Entscheidung. 1933
C. di Spigno, Un quindicennio di studi (1946–1960) sul basso impero sino al 476 d. Cr. Helikon 1, 1961, S. 689–712
L. Sponagel, Konrad Celtis und das deutsche Nationalbewußtsein. 1939
E. Spranger, Die Kulturzyklentheorie und das Problem des Kulturverfalls (1926). In: Ders., Ges. Schr. V 1969, S. 1–29
J. v. Stackelberg, Tacitus in der Romania. 1960
Štaerman s. Schtajerman
M. Stahl, Imperiale Herrschaft und provinziale Stadt. Strukturprobleme der römischen Reichsorganisation im 1.–3. Jahrhundert der Kaiserzeit. 1977
J. W. Stalin, Fragen des Leninismus. 1947/51
R. Starn, Historians and Crisis. Past and Present 52, 1971, S. 3–22
–, Meaning-Levels in the Theme of Historical Decline. History and Theory 14, 1975, S. 1–31
J. Starobinski, Rousseau und die Niedergangsthematik. In: Koselleck, *1980* (s. o.), S. 172–190
Ch. Starr, An Overdose of Slavery. Journal of Econ. History 18, 1958, S. 17 ff.
–, The History of the Roman Empire 1911–1960 (Forschungsbericht). JRS 50, 1960, S. 149–160
–, A History of the Ancient World. 1965
Stauffenberg s. Schenk von Stauffenberg
L. C. Stecchini, The Historical Problem of the Fall of Rome. Journal of General Education 5, 1950/51, S. 57–61
H. Stegemann, Weltwende. Der Kampf um die Zukunft und Deutschlands Gestaltwandel. 1934
W. Stegmüller, Wissenschaftliche Erklärung und Begründung. 1969

E. Stein, Geschichte des spätrömischen Reiches. I 1928
–, Histoire du Bas-Empire. II 1949
F. Steinbach und F. Petri, Zur Grundlegung der europäischen Einheit durch die Franken. 1939
E. Steinbeiß, Das Geschichtsbild Claudians, 1936
R. Steiner, Gesamtausgabe. Bd. 1–354, Dornach, 1954 ff.
H. E. Stier, Die geistigen Grundlagen der abendländischen Kultur, o. J. (1947)
–, Untergang und Wiedergeburt Europas in der Spätantike (1962). In: Ders., Kleine Schriften, 1979, S. 280–310
–, Die Bedeutung der römischen Angriffskriege für Westfalen. Ein Beitrag zum Verständnis der „germanischen Revolution" (1938). In: Ders., Kleine Schriften, 1979, S. 111–143
F. Stieve, Die Perioden der Weltgeschichte. In: Dtsch. Zeitschr. f. Geschichtswissenschaft (Sonderheft). Festgabe zur Versammlung Deutscher Historiker in München. Ostern 1893. S. V–XX
M. Stirner, s. Max Stirner
J. Straub, Regeneratio Imperii. Aufsätze über Roms Kaisertum und Reich im Spiegel der heidnischen und christlichen Publizistik. 1972
–, Die Wirkung der Niederlage bei Adrianopel auf die Diskussion über das Germanenproblem in der spätrömischen Literatur (1943). In: Ders. *1972* (s. o.), S. 195–219
D. F. Strauß, Ulrich von Hutten. 1871/1927
W. Strehl, Römische Geschichte. In: W. Strehl und W. Soltau, Grundriß der alten Geschichte und Quellenkunde. II 1901/14
K. F. Stroheker, Das konstantinische Jahrhundert im Lichte der Neuerscheinungen 1940–1951. Saeculum 3, 1952, S. 654–680
–, Politische Kräfte in der Auflösung des weströmischen Reiches. Orpheus 1954, S. 68–75
–, Der Zerfall des weströmischen Reiches 455–476. Palaeologia 7, 1958/59, S. 244–251
–, Der politische Zerfall des römischen Westens 455–476. (1959). In: Ders., *1965* (s. u.), S. 88–100
–, Germanentum und Spätantike. 1965
–, Um die Grenze zwischen Antike und abendländischem Mittelalter. In: Hübinger, *1969* (s. o.), S. 206–238
J. Strzygowski, Hellas in des Orients Umarmung. Beilage zur (Münchener) Allgemeinen Zeitung 1902, S. 40 f.
–, Altai-Iran und Völkerwanderung. Ziergeschichtliche Untersuchungen über den Eintritt der Wander- und Nordvölker in die Treibhäuser des geistigen Lebens. 1917
O. Suerbaum, Vom antiken zum frühmittelalterlichen Staatsbegriff. 3. Aufl. 1977
J. Sundwall, Weströmische Studien. 1915
–, Abhandlungen zur Geschichte des ausgehenden Römertums. 1919/75
J. Svennung, Zur Geschichte des Goticismus. Stockholm 1967
(J. Swift), The Prose Works of Jonathan Swift, D. D., ed. Temple Scott, V 1901
H. v. Sybel, Kleine Historische Schriften. I 1863/80
–, Über den Stand der neueren deutschen Geschichtsschreibung (1856). In: Asendorf *1974* (s. o.), S. 147–156

F. Taeger, Das Römische und das Britische Weltreich. 1940
–, Das Altertum. II, 1. Aufl. 1939, 3. Aufl. 1942, 6. Aufl. 1950
–, Die Kultur der Antike. 1949
H. Taine, Essai sur Tite Live, ouvrage couronné par l'Académie française. 1856
L. Tanquerel des Planches, Traité des maladies de plomb ou saturnines. I/II 1839
P. N. Tarkow, Zum Versuch einer Periodisierung der römischen Geschichte (1956). BCO 4, 1959, S. 164–172

G. Tellenbach, Römischer und christlicher Reichsgedanke in der Liturgie des frühen Mittelalters. 1934
A. Thierry, Récits de l'histoire romaine au Ve siècle. Derniers temps de l'Empire d'Occident. 1860
F. Thieß, Das Reich der Dämonen. Der Roman eines Jahrtausends. 1941/46
E. A. Thompson, Peasant Revolts in Late Roman Gaul and Spain. Past and Present 2, 1952, S. 11–23
–, Romans and Barbarians. The Decline of the Western Empire. 1982
A. Thomsen, Der Völker Vergehen und Werden. Grundlage einer allgemeinen Völkerpolitik. 1925
J. Thomson, The Works. II 1778
A. Thoss, Die rassische Geschichtsbetrachtung (1955). In: L. Poliakov und J. Wulf (Hgg.), Das Dritte Reich und seine Denker. Dokumente. 1959, S. 383–385
L. S. de Tillemont, Histoire des empereurs. (1690, V und VI postum) 1732 ff.
F. Tinnefeld, Die frühbyzantinische Gesellschaft, 1977
J. O. Tjäder, Die nichtliterarischen lateinischen Papyri Italiens aus der Zeit 445–700. 1955
G. Todeschini, Per una semantica storiografica dell'anno 476. Felix Ravenna 111/112, 1976, S. 269–292
B. Töpfer, Zu einigen Grundfragen des Feudalismus. ZfG 13, 1965, S. 785–809
–, Zur Problematik der vorkapitalistischen Klassengesellschaften. Jb. für Wirtschaftsgesch. 1967, 4, S. 259–286
–, Zur Frage der gemeinsamen Wesensmerkmale der vorkapitalistischen Klassengesellschaften und der Anwendungsmöglichkeit des Revolutionsbegriffs für die Zeit des Bestehens dieser Gesellschaften. EAZ 12, 1971, S. 221–230
A. J. Toynbee, The Tragedy of Greece. 1921
–, A Study of History. 1934 ff.
–, Civilization on Trial. 1948
–, Kultur am Scheidewege (dt. Ausg. von: Civilization on Trial). 1948/49
–, Der Gang der Weltgeschichte. II Kulturen im Übergang. 1957/58
–, Hellenism. 1959/60
O. Treitinger, Die oströmische Kaiser- und Reichsidee nach ihrer Gestaltung im höfischen Zeremoniell. 1938
J. Trier, Zaun und Mannring. Beiträge zur Geschichte der deutschen Sprache und Literatur 66, 1942, S. 232–264
G. Trissino, L'Italia liberata dai Goti. 1547/1729
J. Trithemius, Opera historica. 1601/1966
Bun-ei Tsunoda, Das Problem des Endes der antiken Welt (1955). In: Hübinger *1969* (s. o.), S. 238–282

R. Uhlig, Historische Grundlagenforschung als Problem der Geschichtswissenschaft. 1980
J. Urzidil, Amerika und die Antike. 1964
A. P. Usher, Soil Fertility, Soil Exhaustion and Their Historical Significance. Quarterly Journal of Economics 37, 1923, S. 385–411
R. von Uslar, Die Germanen vom 1. bis 4. Jahrhundert n. Chr. Aus: Handbuch der Europäischen Wirtschafts- und Sozialgeschichte, hg. v. H. Kellenbenz, Teilveröffentlichung 1980

P. Vaccari, Dall' unità romana al mondo barbarico. In: Ders., Studi sull' Europa précarolingia e carolingia, 1956, S. 15–54
P. Valéry, La crise de l'esprit (1919). In: Ders., Oeuvres, ed. J. Hytier, I 1957

L. Valla, De falso credita et ementita Constantini donatione Declamatio (1440). In: Ders., Opera I, 1540, S. 761–795
–, De falso credita et ementita Constantini donatione, ed. W. Setz, 1976
L. Várady, Jordanes-Studien. Jordanes und das ›Chronicon‹ des Marcellinus Comes – Die Selbständigkeit des Jordanes. Chiron 6, 1976, S. 441–487
–, Die Auflösung des Altertums. Beiträge zu einer Umdeutung der Alten Geschichte. 1978
A. Varagnac, Technique et échanges en protohistoire et dans l'antiquité. Annales E. S. C. 6, 1951, S. 350–354
L. Varga, Das Schlagwort vom „finsteren Mittelalter". 1932
(Vauvenargues), Oeuvres de Vauvenargues, ed. P. Varillon, II 1929
O. Veh, 476 n. Chr. ein Epochenjahr? Mitt. d. Ges. d. Freunde Carnuntums, 1977, Heft 1, S. 1–8
F. Vercauteren, Rapport général sur les travaux d'histoire du moyen âge de 1945 à 1954. Relazioni del X congresso internazionale di scienze storiche. VI 1955, S. 43–165
P. Verlaine, Oeuvres complètes. I 1911
R. Verstegan (eigentlich Rowlands), A Restitution of Decayed Intelligence in Antiquities Concerning the Most Noble and Renowmed English Nation. 1605
H. Vetters, Das Problem der Kontinuität von der Antike zum Mittelalter in Österreich. Gymnasium 76, 1969, S. 481–515
G. B. Vico, De nostri temporis studiorum ratione. 1708/1974
–, Die neue Wissenschaft über die gemeinschaftliche Natur der Völker. Nach der Ausgabe von 1744 übersetzt und eingeleitet von Erich Auerbach. 1924/65
–, La scienza nuova. Introduzione, scelta e commento a cura di B. Bicci. 1961
G. Villani († 1348), Chronica. 1539/1845
P. Villard, Antiquité et Weltanschauung hitlérienne. Revue d'Histoire de la Deuxième Guerre Mondiale 22 (88), 1972, S. 1–18
F. Vittinghoff, Der Übergang von der „Antike" zum „Mittelalter" u. die Problematik d. modernen Revolutionsbegriffs. GWU 9, 1958, S. 457–474 und in: Hübinger *1969* (s. o.), S. 298–321
–, Die Bedeutung der Sklaven für den Übergang von der Antike ins abendländische Mittelalter. HZ 192, 1961, S. 265–272 und: Christ *1970* (s. o.), S. 258–366
–, Zum geschichtlichen Selbstverständnis der Spätantike. HZ 198, 1964, S. 529 ff.
–, Soziale Struktur und politisches System der hohen römischen Kaiserzeit. HZ 230, 1980, S. 31–55
J. Vogt, Bevölkerungsrückgang im römischen Reich. Vergangenheit und Gegenwart 26, 1935, S. 653–664
–, Rassenmischung im römischen Reich. Vergangenheit und Gegenwart 26, 1936, S. 1–11
–, Der Niedergang Roms. Metamorphose der antiken Kultur. 1965
–, Kulturwelt und Barbaren. Zum Menschheitsbild der spätantiken Gesellschaft. Abh. d. Akad. d. Wiss. Mainz 1967, 1
K. Vollgraff, Die Systeme der praktischen Politik im Abendlande. I/IV 1828/29
C.-F. de Volney, Les ruines, ou méditation sur les révolutions des empires. 1791/1824
–, Leçons d'histoire. 1794/99
(Voltaire), Dictionnaire philosophique (1764). ed. R. Naves u. J. Benda, 1954
–, Oeuvres complètes de Voltaire. III 1835
H. Vyverberg, Historical Pessimism in the French Enlightement. 1958

L. Wachler, Grundriß der Geschichte der älteren, mittleren und neueren Zeit. 1806
C. Wachsmuth, Einleitung in das Studium der Alten Geschichte. 1895
F. W. Walbank, rez.: M. Rostovtzeff, The Social and Economic History of the Hellenistic World. 1941. Classical Review 56, 1942, S. 81–84

–, The Decline of the Roman Empire in the West. 1946
–, The Awful Revolution. 1969
C. A. Walckenaer, Essai sur l'histoire de l'espèce humaine. 1798
T. Walek-Czernecki, Les causes profondes de la ruine du monde antique. VIIIe Congrès International des Sciences Historiques. Zürich 1938. Communications présentées I, S. 38–41
G. Walser, Zu den Ursachen der Reichskrise im 3. nachchr. Jahrhundert. Schweizer Beiträge zur allgemeinen Geschichte 18/19, 1960/61, S. 142–161
G. Watson, The Myth of Catastrophe. The Yale Review 65, 1975/76, S. 357–369
A. Weber, Kulturgeschichte als Kultursoziologie. 1935/63
G. Weber, Lehrbuch der Weltgeschichte. I 2. Aufl. 1863
M. Weber († 1920), Die römische Agrargeschichte in ihrer Bedeutung für das Staats- und Privatrecht. 1891/1966
–, Die sozialen Gründe des Untergangs der antiken Kultur. In: Die Wahrheit 63, 1896, S. 55–77 und Ders., Ges. Aufs. z. Sozial- und Wirtschaftsgesch. 1924, S. 289–311 und Ders., Soziologie weltgeschichtliche Analysen, Politik (Kröner) 4. Aufl. 1968, S. 1–26
–, Kritische Studien auf dem Gebiet der kulturwissenschaftlichen Logik (1906). In: Ders., Gesammelte Aufsätze zur Wissenschaftslehre, 1968, S. 215–290
–, Agrarverhältnisse im Altertum. In: Handwörterbuch der Staatswissenschaften I 3. Aufl. 1909, S. 52–188, und Ders., Ges. Aufs. z. Sozial- und Wirtschaftsgesch. 1924, S. 253–278, und Ders., Soziologie, Weltgeschichtliche Analysen, Politik. 1968^4, S. 27–58
–, Wirtschaft und Gesellschaft. II 5. Aufl. 1976
W. Weber, Römische Kaisergeschichte und Kirchengeschichte. 1929
H. Webster, Ancient History. 1913
W. Weddigen, Sozialpolitik als Schicksalsfrage der Antike. Jb. für Nationalökonomie und Statistik 131, 1929, S. 371–387
H. Weichmann, Autorität gehört zum demokratischen Staat. Rede im Deutschen Bundestag am 17. VI. 1982. Frankfurter Allgemeine Zeitung 18. VI. 1982, S. 6
S. Weil, Écrits historiques et politiques. 1960
I. Weiler, Von „Wesen", „Geist" und „Eigenart" der Völker der Alten Welt. Innsbrucker Beiträge zur Kulturwissenschaft 18, 1974, S. 243–291
R. H. Weingartner, Historical Explanation. The Encyclopedia of Philosophy. IV 1967, S. 7–12
G. Weiß, Antike und Byzanz. Die Kontinuität der Gesellschaftsstruktur. HZ 224, 1977, S. 529–560
C. F. v. Weizsäcker, Der Garten des Menschlichen. 1977
–, Die Einheit der Natur. 2. Aufl. 1981
H. G. Wells, Die Geschichte unserer Welt. 1922/27
E. Ch. Welskopf, Die Produktionsverhältnisse im Alten Orient und in der griechisch-römischen Antike. 1957
L. Wenger, Volk und Staat in Ägypten am Ausgang der Römerherrschaft. 1922
E. Werner, De l'esclavage à la féodalité: La périodisation de l'histoire mondiale. Annales E. S. C. 17, 1962, S. 930–939
H. Werner, Der Untergang Roms. Studien zum Dekadenzproblem in der antiken Geistesgeschichte. Forschungen zur Kirchen- und Geistesgeschichte 17, 1939
J. Werner und E. Ewig (Hg.), Von der Spätantike zum frühen Mittelalter. 1979
M. A. Wes, Das Ende des Kaisertums im Westen des römischen Reiches. 1967
–, Een ongedenkwaardige herdenking 476–1976. Hermeneus 48, 1976, S. 224–233
L. C. West, The economic collapse of the Roman empire. CJ 28, 1932/33 S. 96–106
W. L. Westermann, Die wirtschaftliche Grundlage des Niedergangs der antiken Kultur. In: Christ *1970* (s. o.), S. 109–127, aus: Amer. Hist. Rev. 20, 1915, S. 723–743

M. Wheeler, Der Fernhandel des römischen Reiches in Europa, Afrika und Asien. 1965
E. L. White, Why Rome fell. 1927
K. D. White, Technology and Industry in the Roman Empire. Acta Classica 2, 1959, S. 78–89
–, A Bibliography of Roman Agriculture. 1970
–, The Fall of the Roman Empire in the West: a Process of Elimination. Nigeria and the Classics 13, 1971, S. 45–62
L. White (ed.), The Transformation of the Roman World. 1966
C. R. Whittaker, Agri deserti. In: M. I. Finley (ed.), Studies in Roman Property, 1976, S. 137–165
L. Wickert, Theodor Mommsen. Eine Biographie. IV 1980
F. Wieacker, Allgemeine Zustände und Rechtszustände gegen Ende des weströmischen Reichs. Ius Romanum Medii Aevi I 2 a, 1963
–, Recht und Gesellschaft in der Spätantike. 1964
–, Die Krise der antiken Welt. 1974
E. v. Wietersheim, Zur Vorgeschichte deutscher Nation. 1852
U. v. Wilamowitz-Moellendorff, Weltperioden. Rede zur Feier des Geburtstages Seiner Majestät des Kaisers und Königs am 27. Jan. 1897
–, Der Untergang des Altertums (1921). In: Ders., Reden und Vorträge II, 4. Aufl. 1926, S. 127–147
–, Erinnerungen 1848–1914. 1928
U. Wilcken, Ein dunkles Blatt aus der inneren Geschichte Aegyptens. In: Festschrift zu Otto Hirschfelds 60. Geburtstag 1903, S. 123–130
–, Über Werden und Vergehen der Universalreiche. Rede zum Geburtstag des Kaisers. 1915
(J. Wimpfeling), Jacobus Wympfelingius, Epithoma Germanorum. 1505
R. Winau, Ernst Haeckels Vorstellungen von Wert und Werden menschlicher Rassen und Kulturen. Medizinhistorisches Journal 16, 1981, S. 270–279
(J. J. Winckelmann), Winckelmann's Geschichte der Kunst des Alterthums (1763), hg. von H. Meyer und J. Schulze. 1815
W. Windelband, Geschichte und Naturwissenschaft (1894). In: Ders. Präludien II 1924, S. 136–160
–, Geschichtsphilosophie. Eine Kriegsvorlesung. 1916
Ch. Wirszubski, Libertas as a Political Idea at Rome During the Late Republic and Early Principate. 1950
Gerhard Wirth, Vom Anonymus de rebus bellicis zu Ammian. Perspektiven eines Rombildes im 4. Jh. Atti dei convegni Lincei 45, 1980, S. 87–122
–, St. Severin und die Germanen. Eine Begegnung an den Grenzen des Imperiums. In: A. Wendehorst (Hg.), Begegnungsräume von Kulturen. 1982, S. 15-48
Gisela Wirth, Die Entwicklung der Alten Geschichte an der Philipps-Universität Marburg. 1977
L. Wittgenstein, Philosophische Untersuchungen. 1945/71
J. Wolf, Römische Geschichte II: Die römische Kaiserzeit. Geschichte der führenden Völker 7, Herder 1932
H. Wolfram, Die Schlacht von Adrianopel. Anzeiger d. Österr. AdW., Philosoph.-Hist. Klasse, 114, 1977, S. 227–250
G. Wollheim, Aufstieg und Niedergang des Kapitalismus im Römerreich nach Max Weber und Michael Rostovtzeff. Jb. für Nationalökonomie und Statistik 138, 1933, S. 390–412
E. L. Woodward, Christianity and Nationalism in the Later Roman Empire. 1916

Z. Yavetz, Why Rome? Zeitgeist and Ancient Historians in Early 19th Century Germany. A. J. Ph. 97, 1976, S. 276–296

M. Graf York von Wartenburg, Weltgeschichte in Umrissen. 1897/1931

K. Zakrzewski, Le rôle du christianisme dans la ruine du monde ancien. VIIIe Congrès International des Sciences Historiques. Zürich 1938. Communications présentées I, S. 35

R. Zeise, Die Ursachen des Unterganges des weströmischen Sklavenhalterstaates. Entwurf einer Unterrichtsstunde für das 9. Schuljahr. Geschichte in der Schule 6, 1953, S. 325-329

F. F. Zimmermann, Der Untergang Roms. Odal 6, 1937, S. 185-200

P. Zucker, Fascination of Decay. Ruins: Relic-Symbol-Ornament. 1968

C. G. Zumpt, Über den Stand der Bevölkerung und die Volksvermehrung im Alterthum. 1841

O. Zwierlein, Der Fall Roms im Spiegel der Kirchenväter. ZPE 32, 1978, S. 45–80

REGISTER

Das Register enthält nur die wichtigeren Belegstellen. Durchgängig vorkommende Begriffe wie Rom, Kaiser, Reich usw. sind nicht aufgenommen. Unbezeichnete Jahreszahlen sind solche *nach* Christus.

Abbruzzese, A. 263, 358
Abendland-Idee 235, 262
Aberglaube 145
Abraham 50
Abramowski, G. 290, 566
Absolutismus 23, 121, 133, 135, 137 f., 143, 145, 180, 380, 398, 408, 410, 428, 443, 605
Ackersklaverei 439
Action Française 418
Actium (Schlacht 31 v.Chr.) 142, 418, 447, 516, 588
Adam 59
Adams, B. 442, 449
Adams, J. 131 f., 190, 491, 496, 505
Adams, W.P. 191
Adelreich 109
Adenauer, K. 483, 491
Adrianopel (Schlacht 378) 26, 40, 51, 57, 68 f., 88, 100, 102, 134, 199, 217, 306, 403, 481, 537, 594
Aegidius (Heermeister um 460) 28, 85
Ägypten 49, 57, 61, 106, 141, 151, 194, 200, 228, 254, 290, 347, 350, 359, 380, 398, 415, 424, 444, 463, 576, 588, 596
Aeneas 64, 73, 81
Aeneas Silvius Piccolomini (Pius II.) 96, 104 ff.
Aera Martyrum 200
Aethiopier 75, 189
Aetius (Heermeister † 454) 27 f., 37 f., 40, 68, 72 f., 109 f., 137, 199, 219, 276, 596
Agamemnon 233
Agathias (6. Jahrhundert) 369
agentes in rebus 420
Agonistiker (vgl. Donatisten) 333
Agrarfrage, ungelöste 288, 291, 383
Agrarkrise 349
Agrippa von Nettesheim 612
Agrippinus, (Heermeister um 460) 40
agronomische Erklärung s. Bodenerschöpfung
Akademie von Athen († 529) 222, 417
Akedia 368
Akkader 580, 596
Aktualität der Spätantike 188 ff.; 499 ff.
Alamannen 20, 542
Alanen 276
Alarich (Kg. der Goten 390–410) 27, 32, 49, 54, 58, 62, 67, 74, 88, 96 ff., 100, 108 f., 111, 125, 137, 143, 175, 199, 218 f., 319, 459, 468, 537, 577 f., 588, 595
Albertini, E. 300
Albert-Petit, A. 413, 501
Alboin (Langobardenkg. † 572) 29
D'Alembert, J.H. 140, 505, 516
Alexander d.Gr. (Kg. 336–323) 102, 104, 106, 108, 162, 434, 523, 614
Alexander Severus (Ks. 217–235) 107, 144, 299
Alexandria 350, 516
Alföldi, A. 63, 200, 203, 273, 454 f.!, 512, 534, 568, 609
Alföldy, G. 30, 47, 201, 221, 231, 467, 566, 587
Alkuin 86, 132
Alpatow, M. 320, 343
Altes Testament 14, 23, 43, 50, 56, 59, 63 ff., 76, 88 f., 92 f., 113, 116, 153, 198, 464, 520, 526 f., 554, 598
Altheim, F. 191, 202, 483-486, 510, 516, 534
Altweibersommer 489
Amandus (Ks. 286) 32
Ambrosius († 397) 36, 56 ff.!, 65 f.!, 245 f., 256, 481, 582, 594, 598
Amerika (vgl. Vereinigte Staaten) 134, 190, 194, 228, 382, 411, 425, 450, 502, 508
Amerikanismus 265, 386, 317, 442
Ammianus Marcellinus († um 400) 30, 32 f., 34, 37 f., 39 f., 48 f., 53 f.!, 79, 116, 130, 200, 217, 274, 353, 436, 573, 577, 581 f., 590 f., 594, 603 f.
Ammon, O. 375
Ammoniten 300, 396
Ampelius (3. Jahrhundert?) 209
Ampère, J. J. 201, 400, 502
Amurriter 596
Analogien zum Fall Roms 188 ff., 596 f.

Anarchie 287, 374, 403, 418, 460
Anastasios (Ks. 491–518) 77, 79, 137
Anaximandros (6. Jahrhundert v. Chr.) 541
Anchises 82
Ancien Régime 283
Andel, G. K. van 61
Anderson, P. 273, 285, 309
Andrä, J. C. 475
Andreev, M. 335
Andres, St. 271
Angelsachsen 79
Anna (engl. Königin 1702–1714) 126
›Annales‹ 229, 234, 237, 304 ff., 363
Annolied 90
Anonymus de rebus bellicis (4. Jahrhundert) 48, 274, 279, 591
Anonymus Valesianus posterior (6. Jahrhundert) 79
Antecedens-Bedingung 527
Anthemius (Ks. 467–472) 55, 174
Anthologia Graeca 86
Anthropologie s. Rassenentartung
Antichrist 56 ff., 80 ff., 111 f., 118, 221 f.
Antigermanismus 420 f., 426, 478 f., 594 f.
Antiochos III. (Kg. v. Syrien 223–187 v. Chr.) 138, 202, 417
Antiochos IV. (Kg. v. Syrien 175–164 v. Chr.) 56
antiqui und moderni 92, 106, 123, 146, 155, 166, 214 f.
Antisemitismus s. Juden
Antoninus Pius (Ks. 138–161) 90, 107, 201
apartheid 396
Apathie (vgl. Lethargie) 441
Apokalyptik s. Weltende
Apollyon 62
Apostelfürsten 76, 78
Appian (2. Jahrhundert) 17, 45
Apuleius, (Pseudo-) 47
Araber 75, 78, 93, 114, 116, 194, 237, 259, 302, 307, 339, 388, 403, 447, 580, 596
Arae Philaenorum 232
Arbeitskräftemangel 309
Arbeitsteilung 130, 583
Arbogast (Heermeister † 394) 26, 40, 588
Arcadius (Ks. 395–408) 26, 98 f., 103, 109, 150, 556
Archäologie (vgl. Architektur, Kunst) 462 f.
Archenholtz, J. W. v. 516
Archipoeta 80
Architektur (vgl. Kunst, Ruine) 207, 455, 457, 478, 510, 515
Ardabur maior (Heermeister 425) 27
Aremorica 138, 585
Arier 370 ff., 444
Ariovist (Kg. der Sweben 58 v. Chr.) 588
Aristokratie 294, 306, 308, 323, 400, 411, 414, 427, 437, 485
Aristoteles († 322 v. Chr.) 46, 230, 239 ff., 274, 351, 368, 497
Arles (Synode 306) 64
Armaingaud, A. 115
Armenier 75, 189
Arminius (vgl. Quinctilius Varus) 108, 111, 161, 195, 201, 230, 265, 289, 442, 468 f., 479, 484, 502, 504, 591 ff.
Arndt, E. M. 160, 214, 369
Arnheim, M. T. W. 34, 308!
Arnobius (um 300) 63, 369
Arnold von Brescia († 1155) 91
Arnold, K. 92
Arragon, R. F. 418
Arsakiden-Dynastie (247 v. Chr.–224 n. Chr.) 20
ars humilis 208
›Asclepius‹ (Dialog) 47, 61
Asendorf, M. 171
Askese 440
Aspar (Heermeister † 472) 28, 37, 40
Assyrer 188, 580
Asterix 496
Astrologie 47, 67, 93, 101, 107 f., 114–116
Athanasios († 373) 36
Athaulf (Gotenkg. 410–415) 38, 78
Athen 74, 95, 145, 161, 248, 349 f., 355, 369, 415, 583
Athena 51
Atombombe 486
Attalus (Ks. 409–415) 34
Attila (Kg. † 453) 28, 72, 470, 486
Aubin, H. 194, 210, 214, 221, 231, 236 ff., 387 f., 479 f., 502, 534, 562, 566, 596
Aufklärung 122 ff., 381, 438, 446, 458, 605
„Auflösung“ des Reiches 175
Augustinus († 430) 30, 35, 46, 50 f., 58 f.!, 68, 71, 87, 135, 137, 147, 246, 377, 448, 571 f., 585, 620
Augustus (Ks. 31 v. Chr.–14) 15, 18 f., 21, 34, 50 f., 52, 55, 63 f., 66, 73, 75, 78, 81, 84, 86, 88, 100, 103, 107 ff., 129, 135, 137, 144, 148, 151, 159 f., 201, 292, 300, 352, 373, 385, 398, 400, 404, 410, 413 f., 417, 419, 424, 436, 447, 454, 482, 577
Augustus-Theologie 63, 65 f., 81 f., 84, 88, 137
Aurelian (Ks. 270–275) 23, 201, 412
Aurelius Victor (um 360) 47 f., 200, 582
Ausbeutung 296, 299, 319, 364, 408
Auslese, negative 370 ff.
Ausrottung der Besten 375
außenpolitische Niedergangstheorien 467 ff., 587 ff.
Australien 422
Autoritätsverlust 412, 458

Avaren 596
Aventinus, J. 109!, 115, 616
Avitus (Ks. 455–456) 34, 55, 481
Avitus von Vienne († 518) 76, 78

Babylon 57, 125, 185, 194, 359, 439
Bach, W. 497
Bachofen, J. J. 250, 494, 506
Bacon, F. 122 ff., 613
Bader, K. F. 546
Badewesen 366
Bagauden 31 f., 195, 288, 306, 319, 328, 331, 338, 408, 438, 485, 563, 572, 574
Bagehot, W. 371, 494, 501
Balde, J. 495
Balfour, A. J. 8, 193, 409, 445 f., 501, 575
Bamm s. Peter Bamm
Bankrott (vgl. Geldknappheit) 188, 416
Barbagallo, C. 221, 294, 301, 412 f., 530, 564, 569
Barbarei, 103 f., 214, 236, 261, 353, 373, 398, 433, 450, 510, 512
Barbaren 368
Barbaren, innere s. Völkerwanderung, senkrechte
Barbarisierung 300, 361, 379
Barhebraeus, Gregor (13. Jahrhundert) 222
Bark, W. C. 306 f.
Barker, E. 513
Baronius, C. 102, 220
Bartholomäusnacht (1572) 115
Baruch, Buch 598
Barzun, J. 138 f., 145
Bas-Empire 143, 179, 255, 438
Basiliskos (Ks. 475–476) 28, 73
Bastardisierung s. Verbastardung
Bastarnen 589
Bastille 196
Bataveraufstand (69/70) 504
Baudelaire, Ch. 450
Bauer, Bruno 392, 438!, 506, 509
Bauernkrieg 195 f.
Bauerntum 296, 360, 383 f., 386, 401, 408, 415, 443, 473, 563, 569
Baukunst s. Architektur
Baumgarten, J. 127
Baur, E. 360
Bayle, P. 90, 172
Baynes, N. H. 480, 567, 569, 587
Bazas 276
Beamtenschaft s. Bürokratie
Beaufort 172
Beck, Ch. D. 156, 221, 484
Beck, H. G. 345
Becker, C. H. 223
Becker, K. F. 159
Beda Venerabilis († 735) 84, 219 f.
Belisar (Heermeister † 565) 100
Bell, H. I. 415
Bellay, J. du 495
belle mort 300
Belletristik (vgl. Literatur, schöngeistige) 271, 495, 502
Beloch, K. J. 8, 202 f., 208, 211, 405 f.!, 534, 569
Below, G. v. 547
Bengtson, H. 8, 201
Benko, St. 64
Benzio, T. († 1544) 234
Berengaudus (um 800) 85, 87 f.
Berenson, B. 207, 510
Bergwerke 32, 351
Berlin 316 f., 350, 404, 421, 440, 450, 484, 507, 515
Bernardi, A. 221, 307 f.!, 546
Bernays, J. 132, 264, 620
Bernhard v. Chartres 620
Bernhart, J. 266
Bernheim, E. 171, 221, 225
Bertram von Cenomani (Testament 615) 573
Berufsarmee 423
Berufsbindung 24, 388, 486
Berve, H. 386
Besenprodigium 34
Besitzunterschiede 274 ff., 421
Bethlehem 248
Bevölkerungsdruck 486
Bevölkerungszahl (vgl. Entvölkerung) 98, 126, 142, 285, 578
Bewußtseinskrise 426
Bezold, F. v. 93, 108
Bianchi-Bandinelli, R. 201, 204, 206, 226, 238, 308, 516, 566, 613
Bianchi-Giovini, A. 255, 540, 602
Bibel (vgl. Altes, Neues Testament) 89 f., 147, 271, 607
Bieder, Th. 121, 369, 468
Biese, A. 566
Bildung 438
Bileam 93
Billeter, G. 8
Biologie 368 ff., 454, 457, 462, 563, 568 f., 590
Bismarck, O. v. 400, 405, 438, 475, 509
Bissing, F. W. v. 347
Bleicken, J. 223, 231
Bleivergiftung 365 ff.
Bletterie, Abbé de la 209
Bloch, G. 262 f., 534, 566
Bloch, M. 81, 237, 260, 305 f.!, 540
Block (Blok), A. 75
Blondus, F. 96 f., 110, 120, 174, 199, 219, 226, 603
Blut und Boden 383

Blutvergiftung 390
Blutzersetzung 372, 389
Boak, A.E.R. 362, 510, 525, 534, 546
Boccaccio, G. 93
Bodenerosion 352
Bodenerschöpfung 129, 348 ff., 417, 563, 576
Bodenschätze s. Bergwerke
Bodensperre 300
Bodin, J. 106, 114, 137, 140, 214, 220, 353, 501
Böhme, H. 223, 312, 513
Böhner, K. 235, 238
Börse 611
Boethius († 525) 86, 207, 352, 514
Boillin, U. 139
Boissier, G. 214, 235, 507
Bolingbroke, H.St.J. 123, 126, 624
Bollwerk 99, 161, 473
Bolschewisation 300, 510
Bolschewismus (vgl. Lenin, Stalin, Sowjetunion) 296, 298, 300, 315, 391, 408, 459, 477, 507, 607
Bonapartismus (vgl. Cäsarismus) 41, 192, 210, 459
Borkenau, F. 458, 510
Borst, A. 84
Bosl, K. 491
Bossuet, J.-B. 135 f., 170, 369, 527
Boudicca (um 61) 504
Boulainvilliers, H. de 137 ff., 400, 502
Bourdon, J. 577 f.
Boysen, F.E. 201, 221
Brandenburg, H. 208
Branford, V. 360
Branntwein 611
Brasilien 308 f., 380
Bratianu, G.I. 302, 530
Bredow, G.G. 159, 221
Brennus (Keltenfürst 387 v.Chr.) 58, 95, 490
Brentano, L. 298 f.
Brewster, D. 125
Breysig, K. 443, 500, 512, 516, 556
Brice, W.C. 576
Briefmarken 265
British Empire s. England
Brockhaus-Enzyklopädie 221
Brockmeyer, N. 344
Broglie, A. de 201, 234, 255, 281, 285, 501, 534
Bronzezeit 304
Brown, P. 220, 271
„Brücke" vom Altertum zur Neuzeit 152 f., 186, 237, 414
Bruni, L. 94, 98, 136, 199, 201
Bruschius, G. 82
Brutus maior (Konsul 509) 209
Brutus minor († 42 v.Chr.) 18, 82, 131
Bryce, J. v. 565
Buddha 612
Bücher, K. 288, 290, 454
Bücherverbrennungen 338
Bürgerkrieg (vgl. Usurpationen) 136, 412, 421, 423
Bürgerrechtsverleihung (vgl. Constitutio Ant.) 422
Bürokratie 24, 39, 194, 289 f., 355, 375, 422, 425, 477
Büttner, Th. 343
Bulgaren 596
Bultmann, R. 503
Bumke, O. 357 f., 509
Bundschuh (vgl. Bauernkrieg) 195
Burckhardt, J. 7, 50, 140, 176, 206, 215, 221, 251, 269, 367, 369, 392, 439 f.!, 505, 512, 514, 559, 600
Burdach, K. 92
Burgunder (vgl. Chilperich) 79, 86, 90, 582
Burke, P. 190
Bury, J.B. 176, 291, 454, 570
Busch, Wilhelm 202
Butler, E.M. 169
Butler, N.M. 404
Byron, G.N.G. Lord 433 f., 495
Byzantinismus 456
Byzanz 24, 27, 34, 36 f., 50 f., 71 ff.!, 74, 76, 78, 80, 82, 84, 87 f., 95, 99, 101, 108 f., 111, 114, 116, 127 f., 133, 140, 143 ff., 147 f., 158, 159, 200, 216 f., 257, 304, 398 f., 402, 420, 423, 434, 478, 486, 587

Caesar († 44 v.Chr.) 18 f., 73, 78, 92, 95 f., 98, 107 ff., 114, 131, 135, 147, 142, 144, 201, 209 f., 296, 381, 384, 398, 403 f., 418, 434, 489, 589
Cäsarismus (vgl. Bonapartismus) 192, 210, 260, 265, 280 ff., 290, 296, 355, 375, 401 f., 437 f., 444, 447, 509
Cairns, G. 587
Calderone, S. 220
Caligula (Ks. 37–41) 114, 129, 509
Callies, H. 313
Calvin, J. 114
Cambridge Ancient History 302, 454
Campanella, T. 102 f., 117
Campanus, A. 104
Canetti, E. 515
Cannae (Schlacht 216 v.Chr.) 15, 516
Canossa 36
Capillarité sociale 509
Caracalla (Ks. 211–217) 21, 139, 201, 256, 373, 414
Cardanus, H. 91, 100 f.!, 103, 108, 114 f., 122
Cardascia, G. 30
Carion, J. 112

Cartellieri, A. 218
Carus (Ks. 282–283) 48, 247
Cary, M. 417 f., 611
Casanova, G. 423
Cassiodor († um 580) 79, 83
Cassius, (Censor 154 v. Chr.) 46
Cassius (Caesarmörder † 42 v. Chr.) 82, 131
Castritius, H. 219
Catilina († 62 v. Chr.) 18, 298
Cato maior (Censor 184 v. Chr.) 15, 17, 46, 383, 574
Cato minor († 46 v. Chr.) 81
Catrou, F. 137, 505
Catull († 54 v. Chr.) 582
Celan, P. 458
Cellarius, Ch. 216, 219 f., 423
Celtes, C. 12, 105 f., 108, 110, 234
Censorinus (3. Jahrhundert) 47
Cernjachow-Kultur 503
Cervantes, M. de 584
Češka, J. 270, 562
Chakamankabudibaba 525
Chalkedon, (Konzil 451) 28
Chalkokondylas, L. 94
challenge and response 459
Chamberlain, H. St. 377, 379, 384, 390, 509, 562, 579
Chambers, M. 221
Chapot, V. 416, 453, 512, 534, 562, 616
Charakterlosigkeit 259
Charanis, P. 573
Chateaubriand, F. R. 186, 216, 221, 254 f., 470
Chatten 591
Chaunu, P. 181, 199, 201, 203, 363 f., 513, 578
Childe, G. 305
Chilperich (Burgunderkg. 474) 78 f.
China 159, 189, 194, 230, 255, 264, 325, 336, 361, 383, 398 f., 484
Chinesische Mauer 159, 372, 484
Chinin 357, 611
Chlodwig (Frankenkg. 482–511) 28, 65, 79!, 85, 88, 112, 137, 221 ff., 268
Christ, K. 8, 9, 133 f., 171, 337, 344, 346, 489, 499 f., 525, 567, 590, 613 f.
Christentum 21, 25 f., 35 f.!, 49, 56 ff.!, 116, 133, 136, 140 f., 144 ff., 150, 162, 165, 181, 186, 246–273, 338, 350, 372, 378, 380, 403, 412, 415 f., 438, 451, 455, 460, 463, 528, 562, 571 f.
Christliche Zeitrechnung 84
Chronicon Paschale (7. Jahrhundert) 50, 217
Ciccotti, E. 178, 293 f., 516, 534, 611
Cicero († 43 v. Chr.) 16, 17, 30, 42, 46, 117, 121, 155, 183, 360, 427, 433, 553, 624
Cincinnati 191
Cioran, E. M. 203, 458 f., 510
Cipelli, J. B. 97
Cipolla, C. M. 223
Circumcellionen (vgl. Donatisten) 195, 319, 337, 573
Civilis, Julius (um 70) 504
Classen, P. 77
Claudianus (um 400) 37, 54!, 185 f.
Claudius (Ks. 41–54) 106
Claudius Mamertinus (362) 582
Clemens VI. (Papst 1342–1352) 92
Clemens VII. (Papst 1523–1534) 94
Clericus, J. 223
Club of Rome 621
Cochrane, Ch. N. 266, 534
Codex Justinianeus 32, 73, 577, 591
Codex Theodosianus 30, 32 f., 34 f., 38 f., 69, 217, 320, 434, 582, 591
Cogny, D. 46
Cohn s. Emil Ludwig (Cohn)
Cole, Th. 495
Coleiro, E. 58
Coleridge S. T. 470
Collins, W. 471
Colonat 21, 31, 284 f., 289, 293, 319, 321, 575
Columella (1. Jahrhundert) 347
Commodian (5. Jahrhundert?) 62, 347, 481
Commodus (Ks. 180–192) 20, 56, 133, 201, 210, 299, 406, 413
Comte, A. 355
Condillac 398
Condorcet, J. A. N. de 146
Congreve 190
Conring, H. 147 f., 220
Consalvi, E. 170
Constans (Ks. 337–350) 103
Constant, B. 398, 512
Constantin (Ks. 306–337) 19, 23 f., 25, 35, 37, 40, 48, 50 f., 57, 61, 64 ff.!, 73 f., 76, 78 f., 82, 88, 90, 95, 100 f., 109, 113 f., 116 f., 126 f., 128, 131, 133, 140, 142 f., 148, 153 f., 156 f., 200, 216 f., 254, 320, 348, 362, 478, 588
Constantin II. (Ks. 337–340) 103
Constantin III. (Ks. 407–411) 27
Constantin VI. (Ks. 780–797) 80
Constantinische Schenkung 77, 94, 108, 110, 120, 217
Constantius II. (Ks. 337–361) 25, 57, 64, 103, 588
Constantius von Lyon s. Germanus Aut.
Constitutio Antoniniana (212) 21, 139, 201, 256, 373, 377, 384, 386, 392, 406, 414, 417, 422
Constitutum Contantini s. constantinische Schenkung
Convenienzheiraten 437
Corso und ricorso (vgl. Vico) 103, 252 f.
Coudy, J. 244

Courcelle, P. 60, 78, 481, 585
Couture, Th. 495
Covering law 527, 532
Cracco-Ruggini, L. 71, 219
Crassus († 53 v.Chr.) 573
Crévier, J.B.L. 143, 216
Cromer, E.B. Earl of 191, 409, 501
Croze, La 199
Cruciger, C. 120
Cuiacius, J. 498
Curas, H. 154, 218
Curcio, C. 113
Curtius, M.C. 157, 221
Cuspinianus, J. 108
Cyprian († 258) 57, 185 f., 267, 347, 467

Dahn, F. 474 f.
Damaskios (um 529) 174
Daniel-Buch 56, 58 f., 61, 74, 81, 83, 85 ff., 88, 93, 101, 108 f., 111 f., 114, 116, 125 f., 135, 148, 188, 234, 431, 471, 597, 609
Danilewsky, N.J. 75, 202, 440 f.
Dannenbauer, H. 178, 203, 231, 422
Dante (1265–1321) 82!, 92, 118, 490
Darius (Perserkg. 522–486) 104, 106
Dark Ages 184, 214, 259, 366
Darré, R.W. 191, 292, 383 f., 563 f., 569, 579
Darwin, Ch. 369 ff., 442, 569
Daumer, G.F. 249
Davies, O. 351
Davis, E. 421, 501, 612
Davis, W.St. 189, 211, 292 f., 323, 442, 507, 564, 580
Dawson, Ch. 202, 461 f., 516
DDR-Autoren 325 ff., 491, 503
„Debakel" 179
Decebalus († 106) 504
Decius (Ks. 249–251) 20 f., 57, 106
De Gaulle, Ch. 260, 491
Degeneration des Intellekts (vgl. Entartung) 415
„Dekadenz" 46 f., 181, 186, 198–215, 363 f., 387, 413, 438, 445, 449, 451, 454 f., 458, 463 f., 477, 485, 505
Dekadenzmodell, klassisches 46, 50, 61, 68, 98 f., 123, 130, 133 f., 136, 139, 143, 284, 360, 391, 431 f., 450, 528, 561, 597
Dekalog 113
Delbrück, H. 193, 290, 349, 407 f.!, 417, 566, 578 f.
D'Elia s. unter E
Delisle de Sales 144, 218, 221
Demagogie, soziale 321, 326
Demandt, A. 35, 37, 39, 45 f., 53, 66, (72), 76, 86, 176, 181, 220, 238, 297, 347, 394, 431, 446, 516, 551, 561, 574, 592, 614
Demokratie 108, 114, 124 f., 131 f., 142, 210 f., 254, 272, 276, 293, 314, 338, 355, 372–374, 378 f., 384 f., 389, 402, 412 f., 437, 455, 500 f.
Demokratisierung 207, 210 f., 292, 308, 450, 477
Demoralisation (vgl. Sittenverfall) 408, 415, 453
Demougeot, E. 222, 421 f., 534, 589
Desinvoltüre 59
Desoxyribonukleinsäure 396
Despotie 137, 139 f., 142 f., 151 f., 159, 161, 163, 251, 300, 375, 401, 405, 416, 451, 455
deutsch (Bedeutung) 520
Deutsch-Französischer Krieg (1870/71) 473, 490, 609
Deutung 523 f.
Dexippos (3. Jahrhundert) 591
Dezentralisation 407, 417
Diderot, D. 122, 143, 191
Diepgen, P. 385
Diesner, H.J. 201, 223, 337 f., 344, 503, 587
Dieter, H. 221, 326, 340
Dietz, J.H.W. 296
Dill, S. 288
Dilthey, W. 522
Dinosaurier (vgl. Paläontologie) 396
Diocletian (Ks. 284–305) 19, 21, 23, 34, 37, 40, 48, 57, 68, 101, 109, 144, 158, 200, 206, 231, 267, 299, 303, 385, 391, 399, 412, 419, 437 f., 448
Diodor († um 20 v.Chr.) 46, 352
Dionysius Exiguus (um 540) 84, 200
Disraeli, B. 579
Disziplinlosigkeit des Heeres 407, 414, 417
Ditten, H. 342
Djurdjev, B. 334 f.
Dmitriev, A.D. 319 f., 343, 561, 563
Döblin, A. 271
Dölger, F. 72
Domaszewski, A. v. 190, 201, 406 f.!
Dominat 34, 180, 231, 322, 326
Domitian (Ks. 81–96) 95, 114, 133, 144
Domitius Ahenobarbus (Konsul 54 v.Chr.) 573
Donatisten 36, 177, 195, 318, 331, 334, 337, 408
Doppelprinzipat 109
Dopsch, A. 179, 186, 193, 235 f., 476, 524, 540
Dorier 596
Dove, A. 221, 529
Downey, G. 309, 525, 578
Drachensaat 191
Dracontius (um 480) 55
Dray, W. 525, 527
Dreiperiodenschema 83, 92 f., 104, 162, 170, 194 ff., 216, 229 f., 623
Dritter Stand 145
Drittes Reich s. Nationalsozialismus
Droysen, J.G. 171, 501, 513, 522

Druckbild 564
Du Bois-Reymond, E. 7, 441 f.!, 455 f., 501, 541, 611
Dubos, J.B. 114, 137 f., 234
Du Cange, Ch. 132
Duckmäuserei 375 f.
Dühring, E. 374, 395
Dürrenmatt, F. 79, 188, 233, 236, 430, 611
Duff, A.M. 383
Dumont, A. 210, 261, 355, 475, 509, 516, 556
Dureau de la Malle, A.J.C.A. 202, 277!
Duret, C. 116
Duruy, V. 218, 261, 403, 506
Duval 301
Dyarchie 180
Dyer, J. 495

Echard, L. 127, 216
Egalisierung (vgl. Nivellierung) 454
Egnatius 97
Egoismus 146, 445, 449
Eichhorn, J.G. 159, 200, 221, 484
Eifler, R. 228, 340, 613
Einhard 80
Eisenstadt, S.N. 194, 486
Elbgrenze 487
Elefantenparabel 612
D'Elia, S. 9, 94 f., 117, 122, 203, 232, 495, 533, 566, 602 f.
Ellett, G.G. 357
Emil Ludwig (Cohn) 265, 378
Enciclopedia Italiana 221
Encyclopaedia Brittannica 184, 221
›Encyolopédie‹ (vgl. Diderot) 122, 143
„Ende" Roms 175 f.
Energieschwund 501
Engelberg, E. 171, 225, 227, 316, 331 f.!, 343
Engelbert von Admont 81, 87
Engelmann, E. 343
Engels, F. 99, 177 f., 185, 195 f., 214, 217, 247, 249 f., 270, 272, 283 ff.! 295, 329, 340, 388, 423, 534, 556, 562, 567 f., 620
Engert, H. 249
England 122 ff., 131, 140, 157, 190 f., 194, 371, 380, 388, 402 f., 407–411, 422, 449, 473, 485, 490, 502
Enmann, A. 200
Ennius († 169 v.Chr.) 16, 136, 141
Ennodius († 521) 79, 593
Enßlin, W. 8, 79, 176, 210, 479, 482 f.
Entartung 159, 357, 368 ff., 455, 457
Entbauerung (vgl. Bauernstand) 414
Entgötterung 509
Entkolonialisierung 308, 484
Entnationalisierung s. Entromanisierung
Entnervung 474
Entnordung 384, 579
Entpolitisierung 409, 415, 418
Entrechtung 469
Entromanisierung 257, 357, 376, 382, 408, 410, 419, 422, 470
Entsittlichung (vgl. Sittenverfall) 434 f., 472
Entvölkerung 115, 123, 128, 140, 155, 157, 160, 261, 291, 293, 352 ff., 388, 437, 563, 577
Entvolkung 414
Entwaldung 349, 452, 360, 576
Entwicklungshilfe 351 f., 422, 611, 622
Epigraphik 379 f.
›Epitome de Caesaribus‹ (um 400) 218
Epochenjahre s. Wendejahre
„Epoche sozialer Revolution" 279, 327 f., 333
Erasmus von Rotterdam 39, 97, 107!, 110, 116, 121, 136, 147
Erckenbrecht, U. 177, 343
Erdbeben 354
Erich XIV. (Kg. v. Schweden 1560–1568) 111
Erklärungsskizzen 536
Ermanarich (König der Ostgoten 4. Jahrhundert) 503
Erstarrung 456
Erzählung 525 f.
Erziehungswesen unzureichend 417
4. Esra-Buch 56
Essich, J.G. 149, 218
Etatismus 418
Etrurien 300, 349, 385
Euagrios Scholastikos (6. Jahrhundert) 73 f., 220
Eucherius († 408) 595
Eugen IV. (Papst 1431–1447) 94
Eugenics Review 358 f.
Eugenik 358, 361, 373, 377, 385
Eugenius (Ks. 392–394) 26, 34, 141, 581
Eugenius Vulgarius (um 900) 86, 90
Eugippius (um 500) 62, 219, 577
Eunapios († um 420) 50
Eunus († um 130 v.Chr.) 504
Europa 280, 419, 441, 445, 447, 456, 459 f., 466, 475, 479, 484, 500, 506, 508, 514, 516, 534, 619 ff.
Europa-Bewegung 385, 475
Eusebios von Caesarea († 339) 25, 56, 63 ff.!, 82, 117, 217, 246
Eustathios von Epiphaneia (um 510) 72 f., 220
Eutropius (um 370) 200
Ewig, E. 65
Expansion Roms 14 ff., 98, 140, 142, 259, 309, 413, 350, 357, 364, 410, 439, 474, 483
Explanandum 527
Explanans 527
Ezechiel s. Hesekiel

Fabius Pictor († um 200 v.Chr.) 46
Fabricius Luscinus (cos. 282 v.) 141, 506
Fahlbeck, P. 356, 509
Faktoren 526, 541 ff.
Faktorenanalyse 535 ff., 541
„Fall“ Roms 174 f.
Farbige (vgl. Indianer, Neger) 298
Farina, R. 65
Faschismus (vgl. Mussolini) 268, 418 ff., 477
Faulheit 154
Feinschmeckerei 458, 510
Ferdinand I. (Ks. 1556–1564) 100, 110
Ferguson, A. 129, 184, 186, 201, 298, 348, 473, 491, 501
Ferguson, W.K. 92, 201
Fernau, J. 424
Ferrabino, A. 273
Ferrero, G. 192, 209 f., 221, 263, 383, 411 f.!, 507, 509, 516
Fest, J.C. 390
Feudalsystem 180, 196, 228 f., 270, 278, 285, 306, 309, 319, 321 ff., 328 f., 333, 335, 365, 401, 425, 588
Fichte, J.G. 162, 195
Finanzkrise s. Geldknappheit
Finley, M.I. 363, 488, 546, 567, 596
Firmicus Maternus (4. Jahrhundert) 47, 101
Fischart, J. 271
Fischer, J. 58
Fiskalismus 305, 416, 425
FitzSimons, M. 495
Flacius Illyricus, M. 111 f., 117, 185
Flaminius (Volkstribun 232 v.Chr.) 46
Flavius Constantius (Ks. 421) 27
Florus (um 130) 14, 47, 436, 576
Folz, R. 238, 525
Fonteius (um 40 v.Chr.) 73
Fontenelle, B. de 505
Formey, J.H.S. 177, 199
Fortenbaugh, W.W. 368
Fortschritt 9, 19, 53, 65 f., 87, 121, 128, 134, 140, 143, 147, 153, 155, 158, 163, 166 ff., 206, 215, 254 f., 265, 269, 272, 274 ff., 306 f. 319, 332, 335, 432, 437, 443, 446, 450, 454, 469, 497 f., 526, 575, 601, 615 f.
„Fortschrittskunst“ 206
Fourier, F. 295
Fraas, C. 349, 394, 471
Francisci, P. de 361, 546
Franck, S. 109, 174, 219
Frank, T. 273, 381 ff.!, 391, 575
Franken (vgl. Chlodwig, Gregor v. Tours, Karl d.Gr., Karl Martell, Pippin, Theudebert) 20, 74, 76, 81, 85 f.!, 88, 90, 97, 110, 115, 138 f., 145, 237, 290, 306, 329, 582, 592
›Frankfurter Allgemeine‹ 513
Frankreich 161, 235, 260, 355 f., 361, 374, 380, 398, 403, 473 f., 502
Franz II. (Ks. 1792–1835) 83, 170
Frauen-Emanzipation 356, 393, 437, 509
Fravitta (Heermeister um 400) 40
Frazer, J.G. 214, 262, 564, 611
Frechulf († 852) 86, 220
„Fredegar“ (7. Jahrhundert) 76, 85
Freiheit 49, 51, 55, 94 ff., 98, 101, 105 f., 110 f., 115 f., 124, 126 ff., 131, 134, 136 f., 139 f., 142, 144, 146, 151, 155, 158, 164 f., 174, 192, 209 ff., 251, 305, 319, 354, 364, 368, 372, 398, 433, 500, 502, 504, 533
Freiheit, zuviel 372
Freiheitskriege (1813–1815) 469, 514, 609
Freilassungen 383
Freitag, G. 472
Fréret, N. 138
Freud, S. 452
Freyer, H. 566
Freytag, G. 565
Friedensgedanke (vgl. Augustus-Theologie) 208 f.
Friedensromantik 410, 413 f., 455, 480
Friedrich I. Barbarossa (Ks. 1152–1190) 80 f.
Friedrich II. (Ks. 1208–1250) 81, 224
Friedrich d.Gr. (Kg. 1740–1786) 133, 150!, 461, 500, 505, 516, 599
Friedrich von Sachsen 107
Friesen 589
Fritigern (Gotenführer 378) 342
Fritz, K. v. 193, 420, 612
Frobenius, L. 623
Frühreife 373
Fuchs, H. 45, 56, 208
Führungsschwäche 143, 424, 426
Fünfperioden-Schema 325
Fueter, Ed. 223, 236
Fuhrmann, M. 52
Fußball 410
Fustel de Coulanges, N.D. 235, 374 f., 473 f., 524

Gabert, E. 448
Gagern, H.Ch.E. v. 469
Gainas (Heermeister um 400) 40
Gaius (2. Jahrhundert) 209
Galenos († 199) 385
Galerius (Ks. 305–311) 21
Galiani, F. 175, 506
Galla Placidia (Kaiserin† 450) 27
Gallienus (Ks. 260–268) 20, 25, 34, 48, 102, 110, 139, 151, 201, 322, 353, 478, 582, 591
Gallier s. Kelten
Gallus (Caesar 351–354) 26

Galton 361
Gandy, J. 496
Garibaldi, G. 509
Gatterer, J.Ch. 221, 231
Gauchistes 510
Gaulle, Charles de 260
Gaupp, E.Th. 471
Gautier, E.F. 300, 360, 396, 481, 563, 578
Geddes, P. 360
Geffcken, J. 45, 63, 176, 191, 263, 503, 540
Gehlen, A. 510
Gehrke, H.J. 178
Geierprodigium (vgl. Romulus) 100, 105 f., 112, 116
Geiserich (Kg. der Vandalen 428–477) 27 f., 60, 74, 88, 101, 476, 479, 594
Gelasius I. (Papst 492–496) 77
Gelbe Gefahr 361, 378, 395, 486, 510
Gelbes Meer 323
Geldgier 279, 293
Geldknappheit 301, 307, 351, 416, 442
Geldwirtschaft 279, 291, 296, 301 f., 314, 321, 334, 383, 456, 563, 576
Gelimer (Vandalenkg. 530–533) 481
Gelzer, M. 201, 225, 411, 512, 516, 613
Generalstaaten 138
Generalstände 139
›Generatio Regum‹ (um 700) 85
Gentilverfassung s. Urgesellschaft
Genußsucht 456 f.
Geopolitik 291, 468, 480, 486, 568, 580, 587
Georg von Sachsen 107
George, Stefan 389, 478
Georgios Kedrenos (um 1100) 74
Gepiden 187
Gerhard, D. 195, 225
Gerkan, A. v. 463, 516
Germanen 20 f., 26 ff., 37 f., 78 ff., 100, 104 ff., 131 f., 139, 158 ff., 319, 323, 335, 338, 343, 345, 353, 367, 370, 419, 436, 455, 457, 467–492, 512, 556, 563, 587 ff., 596
Germanen retten die Kultur 235 f., 370 f., 376 f., 387 f., 390, 401, 437 ff., 476, 478
Germanen zerstören das Reich 183, 372, 374, 424, 433, 468, 476, 563
Germanenstolz (vgl. Gothicism) 85, 104 ff., 158 ff., 236, 284 ff., 377 f., 468, 490 f.
Germanus Autissiodorensis, Vita (um 475) 31 f.
Gernentz, W. 52
Geschichtsbiologie 368–396
Gesetze 527 ff., 554
Geßner, K. 558
Gewaltenteilung 131
Gewerkschaften 607
Geyer, F. 385 f.
Giannone, P. 122
Gibbon, E. 7, 92, 95, 99, 132 ff.!, 146, 152, 167, 174, 177, 183, 190, 199, 201, 221, 264, 369, 377, 392, 400, 433 f., 449, 459, 460, 470, 505, 511, 521, 546, 565, 567, 600, 604
Gicht 366
Gigli, G. 339, 419 f.
Gildas († um 500) 37, 188, 582
Gildo (Heermeister † 398) 98, 331
Gilfillan, S.C. 365 f., 612
Gini, C. 359, 561, 563
Giustinian, B. 220
Gladiatorenkämpfe 259
Glasenapp. H. v. 612
Glaubenskämpfe 141, 412
Gleichberechtigung 422, 510
Gleichgewicht 125, 131
Gleichheit 124, 139
Gleichmacherei (vgl. Nivellierung) 298, 412, 414
Glycerius (Ks. 473–474) 34
Gnosis 270
Gobi-Kultur 194
Gobineau, A. 210, 369 f.!, 377 f., 382, 530, 579
Goebbels, J. 178, 300
Göring, Hermann 389, 515
Görres, J. 163, 176, 469 f.
Goethe, J.W. v. 11, 44, 152, 177, 216, 340, 432 f.!, 493, 539, 559, 579, 599, 602, 609
Goez, W. 79 f., 95, 111 f.
Gog und Magog 58, 60, 116
Goldabfluß 295, 299, 307, 349, 407
Goldsmith, O. 130 f., 221, 484
Golubzowa, N.J. 219, 319
Gordon, C.B. 362
Gordon, M.L. 382
Gossaert, J. 495
Goten (vgl. Alarich, Athaulf, Theoderich) 20, 58, 78, 85 f., 93 ff., 97, 100, 102, 104, 108–111, 114, 117, 140 f., 372, 398, 473, 475, 484, 486, 512
Gothicism 124 f., 131 f., 140, 190, 470 ff., 502
Gothofredus, J. 117, 500
Gourmandise s. Feinschmeckerei
Gracchen (133 u. 123 v.Chr.) 17, 18, 136, 142, 202, 296, 356, 375, 441
Graeculi 450
Gräzisierung 441
Grant, Madison 265, 381, 509, 522, 568
Grant, Michael 244, 425 f., 510, 517
Gratian (Ks. 375–383) 26, 37, 51, 117
Gray, J. 128
Gray, W.D. 510
Greene, W.Ch. 187, 192, 202, 213, 417, 546
Grégoire, H. 502
Gregor d.Gr. (Papst 590–604) 76, 94, 222
Gregor III. (Papst 731–741) 79

Gregor von Nazianz (um 380) 65
Gregor von Tours († 594) 76, 79, 582
Gregorovius, F. 8, 74, 91 f., 94, 174, 177, 221, 473!
Griechen (vgl. Byzanz) 15, 71 ff., 102, 106, 108 f., 110, 114, 125 f., 141, 151 f., 160, 222
Griechenland 300, 349, 356, 359, 366, 373, 377, 380, 382, 390, 406, 409, 464, 500, 577
Grimal, P. 217, 566, 586
Grimm, H. 224
Grisar, H. 256 f., 527, 609
Groh, D. 509
Großgrundbesitz (vgl. Agrarfrage, Latifundien) 125, 296, 300, 310 f., 321, 337, 332, 343, 348, 489
Grotius, H. 117, 139, 174, 468
Grüne Bewegung 313, 352, 563, 607
Grünert, H. 329
Günther, H.F.K. 210, 214, 265, 384, 392, 563
Günther, R. 34, 196, 221, 270, 285, 322, 327–333, 337, 343 ff., 561, 566, 612
Guicciardini, F. 100
Guignes, J. de 484
Guinea 190
Guizot, F.P.G. 197, 235, 258, 398 f.!, 422, 433, 501
Gundobad (Heermeister 473) 542
Gundolf, F. 53, 92, 224, 604
Gunther von Pairis († um 1220) 81
Guru 426, 510
Guthrie, W. 128
Gutschmid, A. v. 222 ff.
Guyer, S. 176
Gymnosophisten 102

Habsburger-Reich 128
Hadrian (Ks. 117–138) 81, 107, 151, 201, 275, 410, 413 f., 574
Haeckel, E. 250, 371 f., 569
Härtel, G. 201, 333
Hagen, L. 510, 513
Hainbund 195, 469
Halbbildung 259 f., 443, 509
Hallam, H. 201, 214, 470
Hallische Allgemeine Weltgeschichte (vgl. Baumgarten) 127 f., 221
Halphen, L. 476, 484
Hamilton, A. 581
Hammacher, E. 202, 446, 453
Hammond, M. 543
Hampl, F. 225, 501
Handelswege, Verlagerung der 482, 567
Hands, A.R. 486
Hannibal (247–182 v.Chr.) 15, 46, 49, 54, 58, 92, 202, 356, 426, 450, 577, 579
Hanson, R.P.C. 69
Harnack, A. (v.) 63, 257, 609
Harrington, J. 124, 189 f., 542
Hartigan, R.S. 572
Hartke, W. 325 f., 345, 494, 512
Hartmann, F. 20
Hartmann, L.M. 34, 132, 210, 221, 287 f.!, 405, 509, 564
Haskell, J.H. 192, 303, 507
Hassel, P. 337, 341, 343 f., 603
Hatschek, J. 191, 411
Hauck, K. 78
Hauff, Wilhelm 525
Hauptstadtwechsel (vgl. Byzanz) 259, 581
Havighurst, A.F. 223
Haywood, R.M. 501, 513
Hebbel, F. 436
Heckscher, W.S. 119
Hedio, C. 110, 128, 146, 220
Hedonismus 358
Heeren, A.H.L. 159, 221
Heermeister (magister militum) 25 f., 37, 40, 78, 329, 485, 594 f.
Hegel, G.W.F. 88, 110, 121, 136, 146, 152, 163 f.!, 204, 229, 234, 251, 369, 463, 471, 509, 513, 534, 599
Hegewisch, H. 211
Heichelheim, F. 7, 234, 295, 507, 575 f., 596
Heidelberger Manifest 393, 511
Heidentum 34 f., 45 ff., 50, 117, 251, 259, 263 f., 268
Heine, H. 248 f., 265
Heinen, H. 219, 317, 324, 333, 343
Heinsohn, G. 364 f.
Heinrich IV. (Ks. 1056–1106) 113
Heinrich VII. (Deutscher Kg. 1308–1313) 81
Heinrich IV. (Kg. von Frankreich 1589–1610) 116
Heinsius, D. 117, 247
Heinzberger, F. 45
Heinze, R. 16
Heisenberg, W. 602
Heitland, W.E. 415, 507, 611
Heitz, E. 288, 556
Hektor 188
Helbling, H. 475
Held, W. 333, 343
Hellenismus 296, 298, 302 f., 355, 414, 424, 442
Hellwald, F. v. 175, 210, 372, 484, 530
Helmholtzsche Konnotationen 560
Helvétius, C.-A. 143, 432, 576
Hempel, C.G. 526, 536
Hempel, L. 352
Henderson 365
Henoch von Ascoli 104
Hensel, P. 403
Hentschel, W. 380
Heraclius (Ks. 610–641) 223

Herakleisches Zeitalter 265
Heraklit von Ephesos (um 500 v.Chr.) 541, 604
Herder, J.G. 133, 146, 151 f.!, 183, 369, 377, 416, 432, 495, 534, 567
Hermann s. Arminius
Hermenner 113
Hermes Trismegistos 60
Herodian († um 250) 47, 467
Herodot (5. Jahrhundert v.Chr.) 145, 197, 351, 369, 525, 604
Herrmann, Hans J. 169
Herrmann, J. 196, 235, 332 f.!, 340, 343 ff., 503
Hertzberg, G.F. 221, 525
Herzfeld, E. 223
Herzog, R. 67, 271
Hesekiel (um 587 v.Chr.) 76, 116, 464
Hesiod (um 700) 45, 198
Heurgon, J. 211
Heuß, A. 8, 171, 195, 210, 221 f., 231, 289, 422, 566, 604
Heussi, K. 232
Hexenwahn 546
Hieronymus († 419) 58, 81, 125, 185, 200, 217
Hilarianus (um 400) 58
Hilarius v. Poitiers († 367) 57, 61
Hildebert von Lavardin († 1133) 87, 132
Hilderich (Vandalenkg. 523–530) 481
Hintze, O. 408, 509
Hiob, Buch 598
Hiob (Metropolit) 75
Hippokrates († um 400 v.Chr.) 351, 368
Hippolytos von Rom († 235) 56, 109
Hiroshima 523
Hirschfeld, O. 176, 201, 209, 273, 409, 421, 423, 512
Hißmann, M. 144, 221
Historia Augusta (um 400) 30, 48 f., 51, 185, 590, 592
Historismus 171 ff., 501
Hitler, A. 99, 142, 193, 214, 267 f., 383 f., 390 f.!, 478, 480 f., 491, 496, 503, 507 f., 515, 607, 614
Hiung-nu s. Hunnen
Hodgkin, Th. 190, 210, 214, 221, 402!, 507, 598, 611
Höfler, O. 237
Hölderlin, F. 611
Hölzle, E. 115, 124
Hörigkeit (vgl. Colonat) 293
Hofmann, K.B. 365
Hohl, E. 244, 602
Holland 130
Holmes, O.W. 191
Homer (um 750 v.Chr.) 106, 113, 198, 202, 263, 369, 432, 498, 500
Home Rule 409, 422, 611
Homo, L. 221, 264, 415
Homosexualität 356, 378, 386, 437
Honecker, E. 346
Honorius (Ks. 395–423) 26, 98, 103, 109, 147, 252, 409
Horaz (65–8 v.Chr.) 46, 166, 183, 397, 598, 619
Horkheimer, M. 508, 510
Hornius, G. 220, 222, 468
H-O-Schema 526
Hosenverbot 77, 611
Hotman, F. 115, 138, 468, 502
Hübinger, P.E. 9, 170, 216, 224, 476, 546
Hübler, D.G.J. 525
Hübner, J. 149, 218
Hughes, J.D. 352, 394, 611
Hughesdon, P.J. 416
Huizinga, J. 457
Humanisten 91–121, 226
Humanität 151 ff.
Humboldt, A. v. 368, 435, 484
Humboldt, W. v. 500
Hume, D. 128, 133, 146, 174, 521, 526
Hunerich (Vandalenkg. 477–484) 481
Hunnen 26 f., 32, 37, 66, 86, 93, 127, 131 f., 142, 159, 161, 199, 217, 268, 338, 372, 473, 476, 482, 484, 486, 490, 594, 596
Hunnensturm 484 ff., 596
Huntington, E. 350 f., 576
Hurd, R. 432, 434
Hutten, U. v. 91, 108
Hybris 431, 459, 525, 528, 599
Hyperthermia 366, 443

Idealismus, deutscher 162–165, 432, 469
Idealismus als Weltfeind 252, 509, 568
Identifikationsobjekte 428, 468
Ihering, R. v. 280, 383, 506
Imperialismus 305, 309, 386, 408 ff., 416, 470
Imperium Sarmaticum 482
Impotenz 365 ff.
inclinatio Imperii 96
Index librorum prohibitorum 99, 260, 437
Indianer 137, 283, 473, 491 f.
Indien 141, 157, 190 f., 230, 255, 263, 285, 356, 403, 409, 473
Individualismus 303, 355, 384, 418
Indogermanen 132
Indoktrination 271, 425
Inflation 21, 292, 407, 454
Influenza 357
Inkas 194
innenbedingte Niedergangstheorien 246–466, 584 ff., 597 ff.
innenpolitische Niedergangstheorien 397 ff., 580 ff.

Innocenz IV. (Papst 1243–54) 77
Innsbrucker Hofkirche 110
Inschriften 52, 67
Inselkomplex 123
Instinktverlust 458
Instinsky, H. U. 63
Integrationsschwäche 416, 419, 421, 445, 477, 511, 563, 594 f.
Intellektualismus 456
Interpretation 520
Investiturstreit 484
Irenaeus v. Lyon (um 177) 56
Irene (Kaiserin 769–803) 80
Irmscher, J. 73 f.
Irokesen 283
Irrationalismus 367, 426, 432
Irreligiosität 451, 457
Isaac, J. P. 174, 202, 214, 244, 540, 580
Isaurier (vgl. Zenon) 38, 587, 595
Iselin, I. 150, 154
Isidor von Sevilla († 636) 84, 93, 101, 148, 369
Islam s. Araber, Mohammed
Isokrates († 338 v. Chr.) 583
Italien 228 f., 348, 372, 402, 410, 414, 468, 577, 583, 594
Ivan III. (Zar 1462–1505) 75
Ivan IV. (Zar 1533–1584) 75
Ivánka, E. v. 39, 273

Jäntere, K. 77, 192, 593
Jan, J. W. 570
Janitscharen 125, 160
Jansenisten 137
Januskopf 414
Janus-Tempel 15, 516
Japan 445, 450
Jaucourt, L. de 143
Jean Paul 248
Jefferson, Th. 132, 191, 496, 502, 581
Jenenser Preisausschreiben 377 f.
Jerusalem 185, 265, 572
Jesus 56, 63, 75, 77, 81, 116, 208, 249, 265, 314, 366, 508, 571, 599
Jesus People 426
Jesus Sirach (um 175 v. Chr.) 116
Jhering s. Ihering
Johannes-Apokalypse 125 f., 136, 188, 250, 571
Johannes Chrysostomos († 407) 41
Johannes Lydos (6. Jahrhundert) 73, 174, 185
Johannes Philoponos (6. Jahrhundert) 72
Johannes Primicerius (Ks. 423–425) 27, 34, 581
Johne, H. P. 344
Jones, A. H. M. 10, 35 f., 100, 231, 487 f.!, 562, 566, 573, 582, 587 f., 597, 616
Jones, Tom B. 508, 613
Jones, W. H. S. 356 f., 509, 611
Jordan, D. S. 41, 210, 380 f.
Jordanes (um 550) 38, 73, 83, 85 f., 137, 188, 220, 590, 594
Journalismus 303, 363, 413, 421, 444, 463, 491, 510, 513
Jovianus (Ks. 363–364) 26, 51, 81, 106
Jubiläen 47 f., 51
Judas Makkabaeus († 160 v. Chr.) 14
Judas (Jesusjünger) 82
Judas (Apokalyptiker um 200) 56
Juden 36 f., 38, 41, 54, 65, 127, 153, 157, 181, 261, 264 ff., 268, 353, 360, 374, 376, 377 f., 380, 384 f., 390, 395 f., 438, 444, 507, 580
Jünger, E. 498, 508, 516, 611
Jünger, F. G. 419, 508, 512
Jugurtha († 104 v. Chr.) 17, 504
Julian (Ks. 355/61–363) 26, 49, 51 f., 65, 67, 87, 117, 141, 146, 181, 209, 254, 263, 299, 308, 436, 458, 478, 581, 588, 591, 593
Julianus von Toledo († um 700) 84
Julirevolution (1830) 353
Jullian, C. 414 f.
Jung, J. 177, 195, 283, 587
Justin II. (Ks. 565–578) 222
Justina (Kaiserin † 388) 36
Justinian (Ks. 527–565) 29, 34, 73, 76, 79, 84, 95, 175, 353, 417, 475, 481, 585, 593
Juvenal († um 150) 353, 457

Kac, A. L. 235, 335, 343
Kaegi, W. 440
Kaegi, W. E. 50, 53
Kahrstedt, U. 193, 214, 298, 510, 516
Kaiser-Sozialismus 386, 611
„Kalamität" 179
Kalender, immerwährender 516
Kalifornien 351
Kalmücken und Usbeken 134
Kalter Krieg 305, 419 ff., 609
Kambodscha-Kultur 194
Kampf ums Dasein 370
Kant, I. 155!, 162, 183, 233, 460, 526, 529, 536, 558, 603, 619
Kaphahn, F. 367, 563
Kapitalismus 191, 193, 196, 279, 290 ff., 294 f., 298, 321, 327, 349, 384, 408, 414, 418 f., 425, 443, 459, 509, 534, 569, 575
Karl d. Gr. (Ks. 768–814) 65, 74, 78 ff.!, 81 f., 85 ff., 88, 92, 95, 97, 100, 102, 106, 108 f., 110 ff., 114, 116, 126, 137, 147, 163, 170, 478
Karl IV. (dt. Kg. 1346–1378) 92
Karl I. (engl. Kg. 1625–1649) 124
Karl Martell (Hausmeier 714–741) 79
Karma 449

Karolinger 289 f., 346
Karthago 45 f., 126, 131, 140, 143, 148, 165, 181, 185, 188, 202, 300, 356, 365, 377, 380, 384, 390
Kaschnitz-Weinberg, G. 178, 510
Kashdan, A.P. 223, 229, 231, 235, 343
Kastenwesen 408, 413, 425 f.
„Kataklysmos" 179
Katalaunische Felder (Schlacht 451) 27, 38, 390, 484, 596
Katastrophentheorie 154, 179, 235 ff., 388, 426, 491, 524
Kathedersozialismus (vgl. Brentano, Knies, Rodbertus, Ruhland, Schmoller) 281
Katholizismus 75 ff., 115, 117, 126, 137, 145, 156, 246 ff., 260, 503
Katz, S. 540
Kausalität 389, 520 ff., 541
Kautsky, K. 193, 295 f., 509, 512, 516, 568
Keate, J. 495
Keats, J. 450
Kelsos (um 180) 246, 458
Kelten 114 f., 121, 124, 137 f., 145, 260, 308, 328, 377, 490 f., 596
Kemiläinen, A. 468
Kent, J.P.C. 222
Keßler, H. Graf 379
Ketzerei 189
Keyserling, H. Graf 449 f., 500, 510, 512
Khaldun Ibn (14. Jahrhundert) 75, 597
Kiechle, F. 344, 575
Kimbern 98, 191, 351, 467, 588, 593
Kinderlosigkeit 352 ff.
Kingsley, Ch. 471
Kirchenstaat 77, 82, 113, 224
Kissinger, H. 142, 192, 464
Klages, L. 265
Klassenkampf 32, 36, 48, 128, 152, 193, 195, 274–346, 334, 342!, 426, 452 f., 569, 574
Klassizismus 205, 208, 215, 266
Klauser, Th. 77
Kleinproduzenten 295 f., 317, 321, 327 f., 330 f., 333
Kleist, H. v. 469
Klemm, G.F. 248, 470
Kleopatra VII. († 30 v.Chr.) 52, 55, 77
Kliger, S. 124, 502
Klimaverschlechterung 338, 350 ff., 417, 576
Klingner, F. 52
Klopstock, F.-G. 468 f.
Klüber, J.C. 170
Klüpfelius, B.E. 106
Knaul, E. 393, 510, 546
Kneppe, A. 33
Kniébolo 508
Knieper, R. 364
Knies, K. 471, 575, 599
Kobert, R. 365 f.
Koch, E.R. 366
Koch, H. 279
Kötting, B. 63
Kohns, H.P. 33
Koktanek, A.M. 507
Kolb, F. 41, 546, 592
Kolonat s. Colonat
Kolosseum 433
Kommunismus (vgl. Marxismus) 268, 282, 297 f., 333, 421, 477
Konrad III. (Ks. 1138–1152) 88
Konservatismus 424
Konstantin s. Constantin
Konstantinopel s. Byzanz
Konstantinos Manasses (12. Jahrhundert) 74
Konsumkommunismus 338
Kontinuität 71 ff., 119, 137 f., 179, 233–241, 329, 334, 372, 387, 392, 398, 422, 474, 476, 489, 491
Kontorniaten 62
Kopernikus, N. 116
Korinth 86
Kornemann, E. 8, 109, 193, 201 f., 211, 216, 218, 222 ff., 226, 263, 413 f.!, 480, 510, 516
Korruption 24, 39, 51, 53, 75, 99, 117, 126, 129, 147, 375, 397, 401 f., 417, 455
Korsunskij, A.R. 333 f., 342 f., 345
Kortüm, F. 221, 255
Koselleck, R. 513
Kosminskij, E.A. 213, 221, 318
Kosmopolitismus 256, 259, 376, 382, 418
Kossinna, G. 237, 491
Kossok, M. 329
Kovalev, S.I. 201, 228, 317 f.!, 324, 328, 343
Krader, L. 283
„Krankheiten" Roms 181 f., 455
Krantz, A. 106, 115
Krapotkin, P. 287, 509
Kraus, F.F. 79
Krause, J.Ch. 157, 190, 214, 353, 555, 562, 587
Krauß, F. 202, 444, 530
Kreisky, B. 491
Kreißig, H. 336 f., 343 f.
Krenkel, W.A. 366 f.
Kreuzzüge 471
Kriegsgewinnler 300
Krimgoten 503
Krinagoras (1. Jahrhundert v.Chr.) 183
Krise 176, 328, 331, 334, 338, 451, 489, 623
Kroll, J. 61
Kromayer, J. 236, 409
Kropotkin s. Krapotkin
Krüger, B. 491 f.

Krupp, F.A. 378
Kubitschek 308
Kuczynski, J. 193, 214, 228, 232, 235, 319, 343, 345, 512, 568, 621
Kuehnemund, R. 468
Küstenkultur 289
Kuhn, Th.S. 601
Kulturkreislehre (vgl. Lebensaltergleichnis) 203, 298, 317, 359, 372, 374, 389, 431 ff., 552, 562, 586
Kulturneurose 358, 452, 458, 509
Kunst 69, 78, 94, 106, 110, 118 f., 151 f., 157, 180, 185, 203 ff., 210, 353, 355, 369, 376, 440, 443 f., 454, 485, 495 f., 502, 504, 510 f., 516
„Kunstwollen" 205
Kurbatow, G.L. 270
Kuzischtschin, 192, 325
Kybele 263
Kyrill von Alexandria († 444) 200
Kyros (Perserkg. 550–529) 104
Kyros (Praefectus um 440) 73

La Croze 199
Lactanz († um 320) 46 f., 56 f.!, 64!, 106, 348, 436, 492, 497
Ladner, G.P. 565
Laeten 38, 511, 591
Laetus, P. 97, 201
Lambrechts, E. 223
Landbevölkerung 20 f., 32 f.
Landfester, R. 117
Landino, C. († 1498) 234
Landry, A. 360, 481, 516, 568
Landsberg, F. 87
Lange, F.A. 259 f., 340, 509, 556
Langhammer, W. 33
Langlotz, E. 77
Langobarden (vgl. Alboin, Paulus Diaconus) 29, 86, 95, 109, 223
Laplacescher Dämon 537
Lapouge, G. Vacher de 373 f., 377 f.
Lasaulx, E. v. 63, 176, 188, 221, 435 f.!, 449, 506, 514
Laspeyres, E. 349
›Laterculus Imperatorum‹ 220
Latifundien 274, 322, 386
Latouche, R. 221, 480, 482, 516
Lauer, H.E. 517
Lauffer, S. 218, 461
Laurentius 66
Lebeau, Ch. 142, 175, 505
Lebensaltergleichnis 45, 49, 57, 59, 66, 76, 88, 96 f., 102, 113, 116, 123, 129, 140, 143, 148, 161, 164, 181 f.!, 282, 292, 353, 359, 372 f., 392 f., 431 ff.
Lebensangst 367
Lebensschrumpfung 417
Lebensüberdruß 376
Le Bon, G. 191, 235, 374 f.!, 509, 512, 530, 579
Lecky, W.E.H. 214, 259, 501
Lederstrumpf 307
Lefebvre des Noettes 306
Legitimitätskrise 412, 415
Lehnwörter 590 f.
Lenin, W.I. 41, 192 f., 196, 211, 234, 304, 320, 326, 340
Lentulus, C. 147 f., 224
Leo I. d.Gr. (Papst 440–461) 67, 76 f.
Leo III. (Papst 795–816) 78
Leo X. (Papst 1513–1521) 108
Leo, H. 435
Leon (Ks. 457–474) 28, 73
„Leon Grammaticus" (um 1000) 74
Le Roy, L. 100, 115, 117, 126, 144, 220
Lessing, G.E. 87, 150, 571, 598
Lessing, Theodor 215, 557
Lethargie 401, 419, 422, 452
Lettenbauer, W. 75, 189
Levi, M.A. 425
Lex Canuleia (445 v.Chr.) 385
Lex Hortensia (287 v.Chr.) 16, 291
Lex Salica (um 510) 85, 88
Libanius († 393?) 37, 49
Liberalismus 314, 371, 389, 400, 404, 419
Licinius (Ks. 308–324) 23, 64, 217, 419, 588
Liddell Hart, B.H. 600
Liebenam, W. 34, 235, 406!, 546, 548, 581
Liebig, J. v. 348 f. 394
Lietzmann, H. 264 f.
Limes 339, 419, 451, 454, 502, 590 ff., 597
Limesbewußtsein 502
Lindner, Th. 407
Linguet, S.N.H. 561
Lippold, A. 36, 66
„Liquidation" 179
Literatur, schöngeistige 495
Littré, E. 192, 221, 401 f.!
Liutprand von Cremona († um 970) 74
Livius († 17) 15, 16, 46, 94 f., 183, 352, 497
Livius („Libius") Severus (Ks. 461–465) 34
Löwe, H. 77, 84
Löwenklau, J. 100, 117
Löwith, K. 440
Lombard, M. 223
Longinus (Pseudo-) 51, 142, 203, 205, 209
Lorenz, K. 392 f., 511, 563
Lorenz, O. 171, 216, 222, 442
Loria, A. 370
Lorrain, C. 495
Lot, F. 218, 455, 534

Lotter, F. 62, 219
Louis Philippe (Kg. von Frankreich 1830–1848) 398
Loyen, A. 480, 613
Lucan († 65) 598
Lucas, E. 283
Lucifer s. Teufel
Lucius Verus (Ks. 161–169) 353, 592
Lucrez († 55 v. Chr.) 45, 283, 347
Lucullus († 56 v. Chr.) 298
Luden, H. 8, 221, 433, 469, 534
Ludwig XI. (Kg. v. Frankreich 1461–1483) 115
Ludwig XIV. (Kg. von Frankreich 1661–1715) 135, 398, 516
Ludwig XV. (Kg. v. Frankreich 1715–1774) 137
Ludwig XVI. (Kg. von Frankreich 1774–1792) 252, 502
Ludwig, E. s. Emil Ludwig
Lübbe, H. 513, 525, 527
Luftelektrizität 350
Lukian (2. Jahrhundert) 254
Lumpenproletariat, römisches 278, 340
Lupicinus, vita 78
Lupold von Bebenburg († 1363) 82
Luther, M. 57, 108 f.!, 111, 113, 125, 148, 161, 174, 195, 362, 466, 520, 599
Luxus 354, 358, 450, 528

Mably, G. B. de 142, 221, 391, 505, 522, 556
Macaulay, Th. B. 113, 189, 214, 254, 272, 399 f.!, 530
macchinismo 294, 611
Macchioro, V. 379 ff.
Machiavelli, N. 16, 97 f.!, 103, 135, 140 f., 152, 221, 501, 576, 599, 620
Machtgefühl 450
Mac Mullen, R. 189
Macrinus (Ks. 217) 21
Macrobius (um 400) 96
Maenchen-Helfen, O. 484
Männerwürde fehlt 407
Magdeburger Centurien 102, 111 f.!
Magnentius (Ks. 350–353) 37, 64, 581, 588, 595
Magnus, J. 110, 128, 146, 468
Maier, F. G. 58, 171, 223, 225, 231, 382, 488 f.!, 546, 602
Maiorian (Ks. 457–461) 55
Maistre, I. M. de 370
Makedonen 188, 596
Malaria 350, 356 f., 360
Malcus, B. 178
Malthus, Th. R. 123, 370
Mammon 246, 279, 293
Mandouze, A. 269
Mangelsdorff, K. E. 158, 525
Manitius, M. 243
Mann, Golo 426
Mann, Thomas 508
Manni, E. 221, 508
Manuel I. Komnenos (Ks. 1143–1180) 74
Manzoni, A. 257 f.
Maori 390, 400
Marbod († 37) 592 f.
Marc Anton († 30 v. Chr.) 109
Marc Aurel (Ks. 161–180) 20, 56, 63, 107, 129, 136, 201, 209, 292, 361 f., 382, 482, 573, 592
Marcellinus Comes (6. Jahrhundert) 72, 84, 137, 219
Marcianus (Ks. 450–457) 28, 65
Marcomannen 20, 588, 592
Marius († 86 v. Chr.) 17, 18, 92, 98, 163, 191
Marrou, H. I. 205, 272, 346, 485!, 566
Marsh, G. B. 360
Marsh, G. P. 502
Marsilius von Padua († 1343) 78
Martial († 104) 166, 385
Martin, Max 238
Martin, Raymond 488, 543
Martin, René 201, 223 f., 226, 231 f., 238, 510
Martin v. Tours († 397) 61, 106
Martroye, F. 177
Marulla 385
Marx, K. 177, 192, 196, 228 f., 249 f., 277 ff.!, 294, 310, 314, 316, 318, 329, 340, 349, 431, 465, 508, 512, 530, 534, 546, 565 f., 568, 576
Marxismus 32, 35 f., 41, 75, 125, 134, 171, 177 ff., 193, 195 ff., 211, 225 f., 228 f., 234, 249 f., 270, 279, 295, 297, 309 f., 316–346, 335, 417, 442, 453, 479, 492, 508, 568, 574, 607
Maschkin, N. A. 307, 318 f., 343
Maskov, J. J. 221
Massenmedien 513
Materialismus, historischer, s. Marxismus
Materialismus, moralischer 413, 418, 435, 446, 510, 556
Maulwurfarbeit 378
Mause, Lloyd de 452
Max Stirner, 249, 278
Maxentius (Ks. 306–312) 23
Maximianus Herculius (Ks. 286–305) 109
Maximilian (Ks. 1493–1519) 97, 107, 233
Maximus (Ks. 383–388) 26, 33, 588
Mayas 194
Mayflower 191, 502
Mazza, M. 205, 207, 308!, 516
Mazzarino, S. 9, 92, 201, 207, 210, 281, 308, 516, 525, 559, 566
McCullagh, B. 523
McNeill, W. H. 307
Megara 577

Megatherium 357
Meier, Ch. 201, 365, 427, 489, 512
Meinecke, F. 171, 191, 346, 432, 500 f., 514, 541, 543, 547 f., 600
Meiners, Ch. 155, 201, 353
Melanchthon, Ph. 112 f., 120, 179, 214, 220, 223, 505
Melania die Jüngere (um 400) 573
Melito von Sardeis (2. Jahrhundert) 63
Menander († 290 v. Chr.) 450
Menger, A. 195, 250, 509
Menschenmangel (vgl. Entvölkerung) 352 ff.
Menschenproduktion 364
Merivale, Ch. 202, 281!
Merowinger s. Chlodwig, Franken, Theudebert
Merton, R.K. 536
Messingstadt 75
Messmer, H. 468
Mestizen 377, 380
„Metamorphose" 177, 392, 451, 473, 477, 524
Metaphern 45, 48, 53, 57, 62, 69, 73, 76, 92, 113, 117, 143, 151 f., 176 f., 181 ff.!, 368, 436, 451, 465, 561
Metellus Macedonicus, Quintus (Censor 131 v. Chr.) 352
Meyer, Eduard 8, 201, 223, 228, 231, 290, 317, 450 f.!, 454, 524
Meyer, Ernst 216, 231
Meyer, R.M. 224
Michael I. (Ks. 811–813) 74
Michael Psellos (11. Jahrhundert) 74, 90
Michelet, J. 369, 453, 470, 529
Mickwitz, G. 616
Mielsch, H. 471, 474, 495
Mignon 340
Militär 25, 31, 34, 37, 39, 48 f., 101, 107, 111, 116, 123, 125, 129 f., 134, 135, 147 f., 152, 154, 477
Militarismus 147, 154, 160, 423, 440, 443, 445
Miller, O. 82
Milman, H.H. 178
Milojcic, V. 238
Miltner, F. 222, 231 f., 238, 479
Milton, J. 124
Milvische Brücke (Schlacht 312) 217
Mischulin, A.V. 202, 318
Mischverfassung 140
Mission der Germanen 471, 473, 484
Mission Roms 338, 407, 419, 422, 436, 438 f., 472, 475
Mithras 35, 273, 304
Mithridates VI. (Kg. † 66 v. Chr.) 18
Mitteis, L. 211, 290 f., 509, 566
Mittelalter 71 ff., 92 f., 119, 184, 214 ff., 220 f., 230, 237, 246, 248, 250, 252 f., 286, 293, 306, 364, 368, 382, 479, 495, 498, 508, 605
Mittelstand ruiniert 399, 403 f., 417, 422, 445, 474
mob 210, 268, 280, 380 f.
Modernisierung der Vergangenheit 517
Mohammed († 632) 113, 163, 222 f., 276, 476
Mollerus, H. 113
Momente 526
Momigliano, A. 8, 9, 133, 151, 175, 190 f., 219 f., 221, 269, 481, 511
Mommsen, Th. 18, 34, 132, 171, 180, 183, 186, 188, 191 f., 201, 203, 209 ff., 217, 219, 226, 231, 261, 376, 403 ff!, 407, 417, 425, 447, 488 f., 509, 512, 587 f.
Mommsen, Th.E. 92, 201
Monarchie 18 f., 96, 102 f., 107 f., 113 f., 116, 121, 124, 126 128, 133, 136, 140 f., 257, 260, 297, 302, 313, 412, 437, 455, 472, 580
Mone, F. 511
Mongolen (vgl. Tataren) 114, 190, 264, 479, 484
Monks, G.R. 244, 564
Monokausalität 546
Monopolkapitalismus (vgl. Staatsmonopolkapitalismus) 292
Montagu, E.W. 128, 190
Montaigne, M. 115
Montesquieu, Ch. de 16, 129, 132 f., 137, 139 f.!, 143, 146, 150, 168, 174, 199, 202, 209, 221, 353, 468, 524, 528, 573, 588, 600
Moore, R.W. 266
Moreau, J. 423 f., 566
Morgan, L.H. 283
Morgenstern, Ch. 514, 619
Morin, G. 59 f., 67
Morphologie 431 ff.
mos maiorum 16
Mosca, G. 360
Moses 65
Moskau als drittes Rom 75
Moslems s. Araber
Moss, H.St.L.B. 238
Moyle, W. 126
Müllenhoff, K. 85
Müller, E. 560
Müller, I. v. 159
Müller-Mertens, E. 343
Münchhausen, Lügenbaron 586, 608
Münzen 68, 79 ff., 94, 209, 222
Münzer, F. 500
Muller, Petrus Erasmus 247
Murphy, A. 502
Mussolini, B. 192 f., 265, 304, 378, 419, 478, 491, 496, 600
Mykene 86, 581, 596
Myres, J.L. 358
Mysterien-Religionen 382

Nachantike 195
Nagel, E. 526, 543
Napoleon I. 146, 160 f., 170, 192 f., 195, 252, 355, 398, 438, 469, 475, 490
Napoleon III. (Ks. 1852–1871) 192, 281, 475, 504
Nationalcharakter 355 f., 369, 406, 409, 439, 445, 530, 560 f., 569
Nationalismus 84 f., 104 ff., 121, 262, 319, 414, 469, 504
Nationalsozialismus 10, 268, 383 ff., 390 f., 477, 479, 492, 514, 546, 579, 607
Nationen im röm. Reich 36, 308
Naturalwirtschaft 289, 296, 299, 324, 407, 576
Naturgesetz (vgl. Biologie, Gautier) 267, 296, 372, 386, 393, 445, 462
Naturwissenschaft 347 ff., 522, 527, 539, 556, 601
Nebukadnezar s. Daniel-Vision
Neger 137, 253, 264, 359, 381 ff., 447 f., 480
Nepos, Cornelius († 25 v. Chr.) 46
Nepos, Julius (Ks. 474–480) 222
Nero (Ks. 54–68) 60 ff., 86, 100, 114, 504, 526
Nettesheim, Agrippa v. 612
Neues Testament (vgl. Jesus, Paulus, Petrus) 30, 56–65, 88 f., 119, 125 f., 136, 188, 246, 250, 261, 314, 520, 571, 582, 599, 622
Neu-Europa 195
Neumann, K. J. 8, 223, 231
Neuseeland 400
New Deal 192, 303, 510
Newman, J. H. 193, 512
Newton, I. 57, 125, 135
›New York Times‹ 513
Nicaea (Konzil 325) 217
Nichternst 457
Niebuhr, B. G. 132, 171, 200, 203, 221, 353, 433, 470, 500, 509, 516, 614
Niedergangsfaktoren s. am Ende des Registers
Niese, B. 221, 525
Nietzsche, F. 172, 198, 247, 251 f., 338, 394, 453, 579, 599, 604
Nikephoros Gregoras (14. Jahrhundert) 74
Nikephoros Kallistos (14. Jahrhundert) 74
Nilsson, M. P. 201, 221, 382 f.!, 386, 546, 556
Nilus von Ancyra (um 430) 67
Nimrod 216
Nisibis 33
Nissen, H. 201, 372 f.
Nitschke, A. 610
Nitzsch, K. W. 8, 171, 214, 440, 501
Nivellierung 359, 381, 410, 412 f., 438, 450, 452 f.
Nixon, R. 192, 464, 496
Noethlichs, K. L. 39, 580
Nonius Marcellus (4. Jahrhundert) 46
Nonnos (5. Jahrhundert) 55
Norden, Ed. 52, 327
Nord-Süd-Gegensatz 444, 449
Nossack, H. E. 271
Notker der Deutsche († 1022) 86, 220
Notker der Stammler († 912) 86
Notwendigkeit 533 f.
Novalis 247 f.
Nriagu, J. O. 366
Nürnberg 99
Numa (röm. Kg.) 73
Numantia 17

›Octavia‹, Tragödie (um 70) 46
Octavian s. Augustus
Oder-Neiße-Linie 491
Odoakar (Kg. 476–493) 28, 62, 72 f., 79, 86, 93, 95 ff., 98, 108 f., 110–113, 127, 133, 142 ff., 147, 154, 157, 159, 163, 219–222, 228, 320, 331, 339, 430, 473, 478, 544
Ödipus 536
Ökologie 352
Oertel, F. 194, 226, 302 f.
Österreich 491
Oettinger, K. 440
Oikos-Wirtschaft 288, 556
Oliva, P. 193, 304
Olybrius (Ks. 472) 34
Olympiodoros († um 600) 50
Olympios von Seleukeia (um 400) 458
Oppenheim, P. 526
Oppenheimer, F. 299 f., 530, 566
Orestes (Heermeister 476) 544
Orientalisierung 158, 189, 200, 223, 257, 259 f., 262 ff., 268 f., 298, 302, 358, 367, 372, 380 ff., 408, 413, 444 f., 447, 458, 560, 562, 610
Orientius (um 420) 61
Origenes († 254) 57, 63 f., 116, 137, 162, 572
Orosius (um 420) 32, 50, 66 f.!, 78, 81 f., 84, 97 f., 137, 217 f., 246, 348, 483, 585, 592
Ortega y Gasset, J. 7, 30, 184, 201, 258, 455 f.!, 512, 600
Orui, N. 9
Osborn, H. F. 381
Osmanen s. Türken
Ostgoten, vgl. Theoderich d. Gr. 32, 330
Ostreich (vgl. Byzanz) 291, 293, 302, 306, 310, 330, 339, 351
Ostrogorsky, G. 231
Ost-West-Gegensatz 273, 419, 425, 438, 449, 458, 478, 480
Otto I. d. Gr. (Ks. 936–973) 80
Otto II. (Ks. 973–983) 74
Otto von Freising († 1158) 81, 87 f.!, 99, 200, 216, 220
Otto, St. 513, 516

Otto, Walter 263, 358 f., 453, 530, 534, 553, 611, 613
Otto, Walter F. 202, 215, 263 f., 273, 562, 566
Overbeck, F. 351
Ovid († 17?) 177

Paideuma 552
Paläontologie (vgl. Ammoniten, Dinosaurier, Megatherium) 300, 357, 369, 393
Palanque, J.R. 65, 221
Palgrave, F. 79, 83, 189, 234, 470
Pallmann, R. 259, 473
Palmyra 22 f., 146, 165
Panegyrici Latini 348, 353, 582, 590
panem ef circenses 402, 457
Panvinius, O. 100, 117, 140, 144, 158, 220, 468, 587
Papierverschlechterung 443
Papirius Cursor (Dictator 325 v. Chr.) 115
Papsttum 76 f., 82, 88, 99, 105, 108, 113 f., 118, 126, 203, 222, 265, 271, 281, 385, 605
Paradisi, B. 426, 534, 566
Parain, Ch. 193, 218, 305, 343, 346
Parasitismus 293 f.
Parasitopolis 360
Paribeni, R. 221, 419, 566
Pariser Commune 512
Parker, A.T. 145
Parker, H.M.D. 361
Parlamentarismus (vgl. Demokratie) 502
Parsons, T. 269, 546
Parther 20
Partikularismus 297, 407, 414
Paruta, P. 102, 133, 139, 189, 201, 343, 522
Paschoud, F. 50, 52
Paterson, W.R. 211, 257, 292, 546
Patlagean, E. 9
patres Jurenses, vitae (vgl. Lupicinus) 32
Patricius († 471) 595
Patricius (Judenkönig 352) 38
Patriotismus (vgl. public spirit) 609
Patrocinium 32, 34, 36, 302, 425, 463, 563, 573 f.
Patzelt, E. 223, 237
Paul s. Jean Paul
Paulinus von Beziers (?, um 410) 61
Paulinus von Nola († 431) 246, 261, 572
Paulinus von Pella (460) 33, 41, 276
Paulskirche 435
Paulus (Apostel) 63, 119, 164, 458, 571
Paulus Diaconus († um 800) 84, 220
Pauperismus 281
Pausanias (2. Jahrhundert) 369
Pavan, M. 258
Pax Anglosaxonica 500
Pax Romana 208 ff., 405, 500
Pazifismus 152, 271, 382, 385, 405, 410, 412, 414, 443, 563
Peitsche 60, 129, 310
Pekáry, Th. 202, 540
Pelikan, O. 201, 226, 231
Peloponnesischer Krieg (431–404 v. Chr.) 202, 376, 445, 459, 461, 497, 541
Penni, F. 94
Pepe, G. 367 f.
Perikles († 429 v. Chr.) 46, 145, 461
Periodisierung (vgl. Wendejahre) 216–233
Perizonius 172
Perowne, St. 221, 244
Perrault, Ch. 166, 516
Perrot, E. 418
Perseus (Makedonenkg., besiegt 168 v. Chr.) 46
Persien 20, 98, 125, 151, 188, 194, 377, 390, 483 f., 587, 595
Pest s. Seuchen
Peter, C. 202, 221, 400!
Peter Bamm 485
Petersdom 160
Peterson, E. 63, 65, 77, 208
Petit, P. 33, 486
Petrarca (1304–1374) 86, 92 f.!, 118, 184, 201, 598
Petri, Flinders 513
Petri, Franz 237, 503
Petronius Arbiter († 66) 590
Petronius Maximus (Ks. 455) 573
Petrus 60, 188
Petruschevski 317
Peucer, C. 113, 186, 400
Pfister, K. 201, 267, 527, 530, 609, 616
Phaëton 123
Phalansterium 295
Pharsalos (Schlacht 48 v. Chr.) 142, 588
Philaretos von Amnia (8. Jahrhundert) 573
Philhellenismus 161 f.
Philipp II. (Kg. 1555–1598) 100
Philipp V. (Kg. 221–179) 46
Philippi (Schlacht 42 v. Chr.) 142, 399, 588
Philippus Arabs (Ks. 244–249) 47
Philosophie 510 f., 524 ff.
Philostratos minor (3. Jahrhundert) 369
Philotheos (Filofei 1510) 75
Photios (9. Jahrhundert) 174
Piccolomini, Enea Silvio (Pius II.) 96, 104 ff., 468
Piganiol, A. 218 f., 221, 301, 425, 481 f., 485, 567
Pigulewskaja, N.W. 223, 229, 346
Pilati de Tassulo, C. 145
Pillenknick 364
Pinkerton, I. 132, 470
Pippin der Kurze (Kg. 751–768) 79, 85
Piranesi, G. 495
Pirenne, H. 170, 223, 225 f., 237, 302, 306, 388, 476

Piso Frugi (Annalist, Konsul 133 v. Chr.) 46
Piur, P. 92, 185
Pius II. (Papst 1458–1464) 96, 104 f.
Pius VII. (Papst 1800–1823) 170
Platen, A. v. 247
Platon († 347 v. Chr.) 46, 101, 123, 202, 239 ff., 266, 314, 347, 368, 446, 497, 599
›Playboy‹ 491
Plinius maior († 79) 46, 203, 274, 558, 577, 589
Plinius minor (Konsul 100) 20, 138
Ploetz, K. 217
Plotin († 270) 559
Plusquamdiluvium 113
Plutarch († nach 120) 368, 576 f.
Plutokratie 384
Podskalsky, G. 71
„Pöbeldenken" der Presse 253
Poehlmann, R. v. 221, 408 f.
Poggio-Bracciolini, G. F. 92, 95 f., 132
Polen 491, 503
Polybios (2. Jahrundert v. Chr.) 15, 45 f., 50, 60, 98, 114, 155, 181, 354, 361, 378, 497, 526, 577, 597
Polytheismus 251 f., 572
Pompeius († 48 v. Chr.) 18, 109, 298, 573
Pomponius Mela (um 40) 589
Pomponius s. Laetus
Popoviĉ, V. 187
Popper, K. R. 430, 613
Porcaro, St. 92
Pornokratie 86
Porphyrios (3. Jahrhundert) 49, 56, 69, 458
Poseidonios († 50 v. Chr.) 46
Posner, M. 150
Posthistorie 74, 83 f., 88, 93, 101, 114
Postumus (Ks. 259–268) 585
Pot, J. H. J. van der 216
Pott, A. F. 371, 530
Prachner, G. 344
Praefrühmittelalter 232
Prähumanismus 83–90
Prager Frühling 270
Preußen 371, 441, 484
Primasius von Hadrumetum († 553?) 83, 101
Principat 180, 231
Priscus (5. Jahrhundert) 585
Privatwirtschaft 295, 299
Probus (Ks. 276–282) 48, 106
Procopius (Usurpator 365–366) 331
Produktion 130
Prokopios († um 560) 32, 34, 67, 73, 95, 219 f., 581, 585
Prokrustes 561
Proletariat, 309, 342, 449, 460, 512
Proletarisierung 257, 298, 358
Properz († 2 v. Chr.?) 46
Proskynese 77
Prosper von Aquitanien (5. Jahrhundert) 60 ff., 78, 125, 185, 220
Prostitution 356, 378, 386, 437
Protestantismus 108 f., 117 f., 150, 503
Proudhon, P. J. 221, 223, 250, 280 f.!, 562
Prudentius (um 400) 38, 50, 66!, 183, 594
Prus von Preußen 75
Przeworsk – Kultur 503
Pseudomorphose 447 f.
Psychosen 367 f.
public spirit 129, 415 f., 418, 455, 474, 562
Pufendorf, S. 139, 148, 152, 154, 411, 423
Pydna (Schlacht 168 v. Chr.) 202, 500
Pyrrhus (Kg.† 272 v. Chr.) 58, 138, 506
Pythagoras († 496 v. Chr.?) 528

Quaritsch, H. 185
Quecksilberschäden 352
Querèle des anciens et des modernes, s. antiqui
Quidde, L. 509
Quigley, C. 201, 462, 530
Quintilian (1. Jahrhundert) 516
Quintilius Varus († 9) 286
Quodvultdeus († um 450) 60

Raddatz, K. 591
Raffel, B. 86
Raith, W. 313, 607, 612
Ralph, J. 174, 495
Ranke, L. v. 13, 171, 185, 221, 400, 472!, 483, 486, 489, 525, 546
Ranzow, H. 505
Raskolnikoff, M. 201 f., 270, 317, 320, 343 f., 508 f.
Rasse-Kolchosen 380
Rassendiskriminierung 421
Rassenentartung 10, 136, 161, 182 f., 265 f., 349, 356, 360, 368–396, 414, 417, 440, 443, 470, 556, 579
Rassenselbstbewunderung 579
Rassenselbstmord 358, 381, 510, 563
Rathenau, W. 191, 378 f.!, 395 f., 509, 512, 562, 579
Rationalismus 352, 380 f., 385, 446
Ravenna 27, 196, 229, 331, 420, 478
Recht, römisches 19, 54, 103, 165, 208, 231, 268, 280, 287, 353, 380, 458, 472, 556
Recticus, J. 116
Reformation 108 f., 117 f., 168, 194 f., 247 f., 264, 448, 484, 605
Regenmangel 462
Regensburger Türkentag 104
Regius s. Le Roy

Rehm, W. 9, 97, 108, 111, 181
Reiche, F. 357
Reichsdeputationshauptschluß (1806) 83, 170, 224
Reichserbhofgesetz 384
Reichskrise s. Soldatenkaiser
Reichstag 297
„Reichsteilung“ (395) 26, 98, 112, 136, 157 f., 162, 199, 218, 339, 423, 486, 537
Reinhard, M. 363
Reinhold, M. 453
Reiternomaden 483
Rekrutenmangel 422
Religion 24, 136, 261, 268, 361 f., 365, 436 f., 447, 453, 455, 474, 562
Rembrandt 504
Remer, J.A. 154 f., 201
Rémondon, R. 201, 487, 587
Renaissance (vgl. Humanisten) 74, 91 ff., 183, 224, 226, 307
Renan, E. 214, 247, 260 f.!, 512, 616
Rentnergesinnung 303
Republik, römische 14 ff., 113 f., 121, 129, 131, 135, 138 f., 145, 155, 160, 199, 201 f., 349, 500, 598
Resignation 367, 472
Resistance 480
Retz, Kardinal v. 135
Reusner, N. 498
Reuter, Ernst 421
Revolution 177 f., 195 ff., 278 f., 321, 324, 330, 342 f., 515, 575
Revolution, agrarische 358, 408
Revolution von außen 319, 339
Revolution, chinesische 179
Revolution, christliche 178, 254, 399
Revolution Constantins 140, 156, 177, 266
Revolution, demographische 360
Revolution, feudale 318
Revolution, französische 145 ff., 158, 161, 168, 170, 177, 179, 195 f., 252, 260, 279, 287, 330, 374, 397 f., 427, 444, 502, 511 f., 514, 516
Revolution zur Freiheit 177
Revolution, germanische 162, 178, 399, 479
Revolution der Großgrundbesitzer 329
Revolution, kontrazeptive 364
Revolution, mohammedanische 223
Revolution Odoakars 142 f.
Revolution, ökonomische 415
Revolution, permanente 196
Revolution, psychologische 361
Revolution, römische 18, 157, 195, 444
Revolution, russische 179, 193, 297, 314 f., 317, 325, 453
Revolution, severische 298
Revolution der Sklaven 305 f., 317 ff., 328 f.
Revolution der Soldatenkaiser 372, 414, 423
Revolution, soziale 279, 318, 326, 330, 334 f., 337
Revolution, spätantike 130, 134, 146, 177 ff., 275, 283, 285, 294, 311, 329, 399
Revolution, vollständige 285, 320, 328, 333
Reynolds, B.R. 504
Rhenanus, B. 110, 114
Rhetorik 443
Rhodes, C. 190
Ribeiro, D. 308 f.
Richter, H. 401, 534 f.
Richthofen, F. v. 484
Riedel, M. 525
Riegl, A. 8, 179 f., 204 ff., 325, 235, 444
Rienzo, Cola di 91, 119, 170, 185, 193
Riikonen, H. 495, 502
Riising, A. 223
Rikimer (Heermeister † 472) 28, 40, 542
Rilke, R.M. 620
Rindshaut-Parabel 102
Ritter, C. 484
Ritter, J.D. 128
Ritter, M. 99, 135, 171, 500
Robbins s. Moyle
Robert, H. 496
Robertson, J.M. 190, 409, 611
Rodbertus, K. 30, 40, 221, 281, 350, 509, 516
Rodenwaldt, G. 207, 223, 510, 565, 613
Römpp, H. 621
Rohrbach, P. 201, 221, 349
Rolevinck, W. 83
Rom, zweites 72, 75, 148
Rom, drittes 75, 224
Romantik 163 f., 171, 184, 432
Romidee 52 ff., 63 ff., 68, 80 f.
Romieu, A. 437 f., 509, 512
Romilly, A. de 599
Romtheologie (vgl. Augustus-Theologie) 64 f., 69, 113, 153, 208, 265
Romulus (Kg. v. Rom) 47, 55, 73 f., 76, 87, 106, 112, 114, 525
Romulus Augustulus (Ks. 475–476) 28, 62, 72 ff., 79 f., 88, 95–98, 100, 102, 110, 113 f., 116, 137, 142, 219–222, 228, 254, 353, 380, 482
Roosevelt, Th. 442, 464, 501
Roscher, W. 180, 437, 471, 501, 509, 512, 575
Rosen, K. 45
Rosenberg, Alfred 202, 384 f.
Rosenberg, Arthur 170, 297, 315
Rosenblatt, M. 365
Ross, R. 357
Rostovtzeff, M. 20, 31 f., 184, 193, 200 f., 209 ff., 231, 302, 322, 337, 420, 452 ff.!, 483, 501, 507, 546, 566, 569, 575, 616

Roth, A. 389 f.
Rotteck, K. W. v. 161 f., 218, 433, 484
Rouillé, J. 137
Rousseau, J. J. 141 f., 506, 599
Rowlands s. Verstegan
Royou, J.-C. 147, 221
Rückert, H. 210, 438 f., 534, 566
Rückschritt 319, 324, 329, 334 f., 338, 340, 343, 414
Rückständigkeit, naturwissenschaftliche 441
Rühs, F. 398
Rufinus († 410) 57, 217
Ruhland, G. 193, 202, 291 f., 509, 530
Ruhmsucht 457
Ruinen 46, 74, 83, 86 f., 92 f., 95 ff., 118 f., 132, 146, 160, 165, 186 f., 234, 391, 400, 433, 495, 515
Russell, J. C. 361 ff.
Russen 75, 112 f., 134, 164, 189, 252, 280, 297, 375, 412, 436, 438, 440, 443, 450, 466, 475, 483 f., 503, 507 f.
Rutilius Namatianus (Stadtpräfekt 414) 54, 181, 183
Rutschbahnschema 203

Sachsen 20, 87, 90, 107, 124, 132, 490, 592
Sachsenspiegel 80
„Sackgasse" 186, 285, 320, 323, 327 f., 333, 336, 388, 567
Sägmüller, J. B. 76, 77 f.
Säkularisierte Heilsgeschichte 168
Sainte Croix, G. E. M. de 201
Saint-Évremond, Ch. 134, 201
Saint-Mard, R. de 505
Saint-Pierre, Ch. 138, 144, 460, 610
Salin, E. 462, 530, 591
Sallust († 34 v. Chr.) 46, 59, 81, 94, 96, 98, 101, 174, 202, 497, 555 f., 599
Salmasius, Claudius 124
Salmon, E. T. 201, 422
Salmon, P. 363, 511
Salomon 23, 43, 116
Salvian von Marseille (um 450) 61 f.!, 68, 115, 158, 274, 283, 328, 335, 402, 471, 481, 485, 579, 582, 585
Salvioli, J. 193, 294
Samaria 76
Sanchez de Arévalo 504
Sanctis, G. de 222, 416, 534
Sanin, I. 75, 189
Sannwald, R. 576
Sarazenen s. Araber
Sartorius von Waltershausen 7
Sassaniden (226–642, vgl. Persien) 20, 290, 477, 592
Satan s. Teufel
Saunders, J. J. 9, 486, 587
Savigny, F. K. v. 235
Schachermeyr, F. 389
Schachfiguren 320
Schaeder, H. 75
Schalk, F. 90, 119, 226
Schallmayer, W. 361, 378
Schamlosigkeit 443
Schedel, H. 83
Scheinerklärung 526
Schelling, F. W. J. v. 162
Schenk von Stauffenberg, Alexander 216, 421, 478 f.!, 595
Schicksal 534
Schieder, Th. 171, 225
Schieffer, Theodor 201, 238, 272, 426, 564, 587, 602
Schießpulver 442, 500
„Schiffbruch" Roms 185 f., 220, 255
Schiller, F. v. 155 f., 214, 599, 601, 603, 613
Schiller, F. C. S. 359, 507
Schirmer, A. und Mitzka, W. 591
Schlachtbank 165
Schlegel, F. 163, 201, 223, 494, 500, 539, 565
Schleich, Th. 142
Schlemmerei 128, 256
Schlözer, A. L. 156 f., 190, 210, 613
Schlosser, F. Ch. 201 f., 222, 258, 276 f., 283, 285, 500 f., 506, 509, 530
Schmidt, Arno 271
Schmidt, Ludwig 79, 540, 588
Schmitt, Carl 63
Schneider, F. 79, 86
Schneider, H. 11, 210, 313
Schnürer, G. 456 f., 516, 566
Schöndorf, K. A. 66
Schollenbindung 486
Schopenhauer, A. 197, 239, 519, 526, 533, 599, 609, 614
Schramm, P. E. 87, 507
Schröcke, Prof. 511
Schroeckh, I. M 154, 218
Schrot, G. 193, 201, 326 f., 333, 343
Schtajerman, E. M. 35, 181, 193, 195, 201, 211, 217, 229, 235, 285, 320 ff.!, 343 ff.
Schubert, U. 77
Schuller, W. 39, 203, 210
Schulze, Hagen 549
Schulz-Falkenthal 218, 221, 333, 343
Schwarte, K. H. 56
Schwartz, Ed. 191, 410
Schweden 110 f.
Schweitzer, A. 253
Schwemmer, O. 524

Schwidetzky, I. 392, 577
Scipio Africanus maior († 184 v. Chr.) 92, 281
Scipio Africanus minor († 129 v. Chr.) 17, 18, 45, 86, 181, 188, 500
Scipio Nasica (Konsul 162 v. Chr.) 592
Scriptores Historiae Augustae (um 400) s. Historia Augusta
Sechs-Perioden-Schema 449
Sécrétain, H.-F. 358
Sedlmayr, H. 516
See, K. v. 468
Seeck, O. 10, 202, 221, 231, 375 f.!, 380, 382, 393, 547, 569, 602, 612
Seelenbarbarei 377
Seeley, J. R. 180, 354, 380
Selbstgefälligkeit 426
Selbstmord 461
Sellnow, I. 333
Semenov 340
Semitisierung (vgl. Juden) 367, 380, 406
Senat 16, 19, 24 f., 30 f., 34 f., 48, 51, 53, 62, 81, 86 f., 91, 136, 139, 148, 209, 223, 271, 296, 307 f., 366, 411 f., 485, 578, 582
Seneca († 65) 46, 121, 348, 436, 498, 516, 575, 589, 592
Senectus Romae s. Lebensaltergleichnis
Septimius Severus (Ks. 192–211) 47, 56, 133, 201, 406, 463, 470, 517
Sergeev 317
Sergius III. (Papst 904–911) 86
Sestan, E. 225, 232
Seston, W. 420 f.
Seuchen 353 f., 358, 361 f., 578
Seume, J. G. 160, 400
Seuss, W. 513
Severerdynastie (192–235) 20, 47
Severinus († 482) 367, 440, 514
Sexualität 444
Seyfarth, W. 231, 320, 327, 343 f.
Sheppard, J. G. 8, 190, 202, 223, 234, 506
Shukov, E. M. 181, 196, 225, 228 ff., 325, 566
Sibylle 45, 54, 56!, 60, 62, 64, 251, 467
Sichelschmidt, G. 424, 512
Sidonius Apollinaris († um 486) 32, 54 f.!, 185 f., 480 f.
Sidorov, A. I. 324 f.
Siebenkaiserjahr (238) 201, 311
Sieveking 593
Sieyès, E. J. 145, 502
Sigebert von Gembloux († 1112) 87 f.
Sigonius, C. 101 f., 133, 141, 200, 220
Sigwart, G. 349, 564
Silvanus (Ks. 355) 37, 595
Silvester (Papst 314–335) 77 f., 94, 217
Simkhovitch, V. G. 350
Simultanlogik 329, 332, 341
Sinnlichkeit 160, 372, 443 f.
Sintflut 598
Sirmium 187, 482
Sirotenko, V. T. 335, 343, 482, 562
Sismondi, J. Ch. L. de 7, 185 f., 201, 221, 223, 275 f.!, 506, 546
Sittenverfall 356, 358, 367, 372, 401, 418, 582
Sjuzjumor, M. J. 328, 343
Sklaven 18, 21, 31 f., 36, 55, 103, 128, 136, 146, 152, 157, 161, 180 f., 190 f., 202, 210, 217, 249, 254, 270, 290, 292 f., 360, 363, 379, 381, 383, 399 f., 404, 501, 556, 575
„Sklavenhaltergesellschaft“ 180, 217, 228 f., 317 ff., 328 f., 336, 574
Skorpion 50
Skythen 104, 106, 115, 130, 145
Slawen 29, 76, 106, 317, 327, 343, 377, 436 f., 440 f., 449, 473, 503, 596
Sleidan, J. 111, 114
Smith, A. 129 f., 166, 174, 291, 576, 583, 604
Social cooperation 292
Socrates Scholasticus († 440?) 32, 67
Soden, H. v. 448
Sodom und Gomorra 598
Söldnerwesen 375, 403, 406, 411
Sokrates, (Philosoph † 399 v. Chr.) 46, 50
Solari, A. 175, 221
Soldatenkaiser (235–284) 20 f., 31, 47, 160, 201, 231, 322, 483, 592
Solinus (um 200) 369
Solon (um 600) 528
Solowjew, W. 251 f.
Sonderreiche 22 f., 470, 592
Sonnengott 23, 25, 35
Sopatros, (Philosoph um 320) 50
Soranos (um 100) 385
Sorel, G. 190, 195, 214, 252, 272 f., 509, 512, 568, 601
Sorley, W. R. 392
Sorokin, P. A. 441, 587
Sowjetsystem 75, 193, 268, 302, 317, 346, 420 f., 425, 458
Sozialdarwinismus 382, 475
Sozialismus (vgl. Marxismus) 292 f., 303 f., 327, 374, 403, 477, 614
Sozomenos († um 450) 67
„Spätantike“ 180
Spätkultur 389, 460, 465
Spangenberg, H. 195, 225
Spanier 114, 190, 194, 504
Sparta 140, 142, 145, 349, 355, 368 f., 371, 383
Spartacus († 71 v. Chr.) 18, 202, 298, 306, 318, 328
Speer, A. 193, 390 f., 500, 515

Spengler, O. 186, 227, 383, 393, 434, 446 ff.!, 459, 461, 463, 500, 507, 513 f., 516, 534, 562, 620
Spenser, E. 495
›Der Spiegel‹ 142, 313, 366, 464, 507, 513
Spigno, C. di 9
Spinoza, B. de 599
Sponagel, L. 106
Spranger, Ed. 8, 451
Staatsegoismus 406
Staatskapitalismus 194, 302
Staatsmonopolkapitalismus 193
Staatssozialismus 193 f., 267, 282, 292, 299, 301 ff., 315, 414, 418 f., 426
Staatsverdrossenheit 313
Stackelberg, J. v. 104
Städte 33, 192, 235, 270, 355, 398, 406, 581
Ständekämpfe 16
Štaerman s. Schtajerman
Stagnation 159, 300, 308, 312 f., 319, 330, 362, 366, 416, 575
Stahl, M. 201, 212, 426 f., 534
Stalin, J. W. 193, 229, 305, 317 f., 334, 346, 496, 507, 614
Starr, Ch. 221, 304, 463 f., 534, 604 f., 612
Starobinski, J. 508
Stauffenberg s. Schenk von Stauffenberg
Stecchini, L. C. 566, 612
Stegemann, H. 515
Stegmüller, W. 526 f., 530, 532, 539, 552
Steiger, O. 364
Stein, E. 10, 221, 223, 231, 540, 546, 603
Steinbach, F. 237
Steinbeiß, H. 54
Steiner, Rudolf 448 f., 509, 512, 517
Stein-Hardenbergsche Reformen 287
Steinzeit 463
Stephan II. (Papst 752–757) 79
Steuerdruck 159, 282, 422, 452, 487 f., 510
Stevenson, L. G. 366
Stier, H. E. 268, 479, 527
Stieve, F. 221, 405
Stilicho (Heermeister † 408) 27, 34, 37, 40, 54, 58, 97 f., 138, 141, 199, 421, 565, 594
Stirner s. Max 249
Stoa 253, 409, 412, 510
Stobaios (5. Jahrhundert) 528
Stobbe 147
Strabon († 21?) 351
Straßburger Münster 106
Straßen 383, 482, 567
Straub, J. 65, 217, 244, 467, 597
Strauß, D. 108
Strehl, W. 376 f.
Streß 393, 510
Stroheker, K. F. 8, 221, 231 f., 485!, 513, 525
Stroux, J. 346
Strukturschwäche 308
Strzygowski, J. 206, 444, 562
Subspätantike 232
Suda (10. Jahrhundert) 46
Sündenfall 286, 459
Suerbaum, O. 52
Sueton († um 150) 107, 418, 583
Suffert, G. 363
Sulla († 78 v. Chr.) 18, 163, 202, 276
Sulpicius Severus († um 420) 61, 99
Sultanismus 437
Sundwall, J. 236, 296 f., 507, 568
Superkapitalismus 425
Sura, Aemilius (2. Jahrhundert v. Chr.) 188
Svennung, J. 468
Swift, J. 189, 397, 505
Syagrius (Heermeister † 486) 28, 85
Sybaris 46
Sybel, H. v. 171, 472, 606
Symmachus (Konsul 391) 37, 49, 53!, 65 f., 87, 514, 582
Symmachus iunior (Konsul 485) 219
Symptome 552, 586
Synesios von Kyrene († um 412) 32, 99, 150, 152, 556, 594

Tacitus († um 120) 7, 35, 47, 51, 104 f., 107, 121, 124, 131, 135 f., 147, 149, 203, 209, 353, 467 f., 473, 497, 526, 583, 589–593
Tacitus (Ks. 275–276) 48
Taeger, F. 191, 201, 226, 388 f.!, 391 f., 507
Taine, H. 211, 400 f.!
Tanquerel des Planches, L. 365
Tarkow, P. N. 228, 324, 343
Tataren (vgl. Mongolen) 99, 123, 134, 264
Tausendjahrfeier Roms (248) 47
Tausend und eine Nacht 75
Technik 441 f., 455 f., 462, 560
Tellenbach, G. 79 f., 85
Terenz († 159 v. Chr.) 141, 499, 608
Terrorismus 160, 463
Tertullian († 230) 56, 63, 461
Tetrarchie 23
Teufel 82, 117, 246, 582, 624
Teutoburger Schlacht (9 n. Chr.) s. Arminius
Teutonen s. Kimbern
Teutonenstolz s. Germanenstolz
Thebäische Legion 320
Thela († 493) 595
Themistios († 388) 37, 72
Theoderich d. Gr. († 526) 29, 38, 79 f., 86, 97, 99, 106, 110 f., 222, 478, 593
Theodizee 163, 204
Theodoret v. Kyrrhos († um 450) 50, 572

Theodoros Skutarios († um 1300) 74
Theodosius I. (Ks. 379–395) 26, 36 f., 51, 64, 66, 72, 96, 110, 112, 140 f., 185, 213, 218, 403, 594
Theodosius II. (Ks. 408–450) 27, 69, 217
Theognis von Megara (6. Jahrhundert v. Chr.) 368, 431
Theophanes Confessor (9. Jahrhundert) 74, 200, 220
Therapien für Rom 611
Thermodynamik 442
Theudebert (Frankenkg. 534–548) 79
Thierry, A. 221, 255, 470, 546
Thieß, F. 267 f., 457 f., 530
Thompson, E. A. 48, 244, 279, 564, 588
Thomsen, A. 359
Thomson, J. 127, 188, 495
Thoss, A. 386
Thronfolgereglung fehlt 407, 409, 413, 417, 443
Thukydides (Ende 5. Jahrhundert v. Chr.) 46, 353, 459, 497 f., 525, 541, 612
Tiberius (Ks. 14–37) 135, 163, 201, 299, 353
Tiberius II. (Ks. 578–582) 222
Ticinum (Revolte 408) 40
Tillemont, L. S. 132, 137
Tinnefeld, F. 32
Tjäder, J. O. 60
„Todesarten" Roms 182
Todeschini, G. 219
Töpfer, B. 228, 335 ff., 343
Tohuwabohu 433
Tonstärke 443
Tory 126, 281
Totalitarismus 192 f., 266, 271, 303, 391, 420, 429
„Totalweltanschauung" 253
Totila (Gotenkg. 541–552) 112
Touristenunternehmen 319
Toynbee, A. J. 113, 134, 183 f., 202, 342, 376, 421, 429, 441, 459 f.!, 483, 489, 507, 510, 512, 530, 553, 555, 561, 566, 600, 621
Tragikomödie Roms 359
„Tragödie" Roms 188
Trajan (Ks. 98–117) 14, 20, 55, 90, 107, 114 f., 129, 163, 201, 209, 470, 516
Translatio Imperii (vgl. Karl d. Gr.) 80 f., 85, 88 ff., 147 f., 468, 524, 595
Trapezunt 176
Traurigkeit 416
Treibhaus-Kultur 159, 444
Treitinger, O. 74
Trevelyan, G. M. 513
Tridentinum 99
Trier, J. 520
Trissino, G. 100
Trithemius, I. 107
Trofimova, M. K. 324
Troja 58, 73, 86, 185, 188, 581
Trotzki, L. 196
Tsunoda, B. 72, 176, 213, 229 f., 566
Türken 94, 97, 104, 108, 112 ff., 121, 125, 145, 158, 160, 189, 194, 230, 339, 355, 409, 458, 473, 484, 595
Tufa (Heermeister um 490) 542
„Tunnelbau" 186
Tychonius (um 380) 74, 83, 101, 114
Tyrannei s. Despotie
Tzschimmer, G. 181

Überalterung 359
Überfeinerung 255
Überfremdung 358, 386, 392, 405, 441, 510
Übergangszone zwischen Antike und Mittelalter 231 f.
Übergröße 133, 138, 161, 359, 396
Überkultur 262, 456
Überschichtung 370 f., 373, 378 f., 390
Übervölkerung 363, 393
Überzivilisation 398
Uhlig, R. 525
Umweltzerstörung 352, 510
Ungarn 99, 503, 609
Ungleichheit 370, 411
Unglückskette 291
Unnütze Esser 487 f., 562
Unterentwicklung des Westreichs 486
„Untergang" Roms 176, 185 f.
Untergangsfaktoren s. am Ende des Registers
Untertanenstreik 287
Upsala 110
Urgesellschaft 196, 232, 283–286, 492, 503
Urzidil, J. 191
USA s. Vereinigte Staaten
Usher, A. P. 576
Uslar, R. v. 589
Usurpationen 20 f., 25, 27, 37, 39 f., 48, 57, 125, 403, 407, 470, 487, 581
Utrechter Frieden (1713) 126
Uttschenko, S. L. 323

Vaballath (Ks. 266–272) 585
Vaccari, P. 421 f.
Valens (Ks. 364–378) 26, 34, 48, 50, 57, 88
Valentinian I. (Ks. 364–375) 26, 34, 36, 48, 106, 577, 593
Valentinian II. (Ks. 375–392) 26
Valentinian III. (Ks. 425–455) 27, 55, 72, 74, 109, 116 (sic), 147, 199
Valerian (Ks. 253–260) 20 f., 412
Valerius Maximus († um 50) 17, 46, 232
Válery, P. 450, 459, 516

Valla, L. 93!, 108, 120, 172
Vandalen (vgl. Geiserich) 85, 93, 106, 109 ff., 398, 425, 486, 502 f., 588
Vandalisme 502, 510
Várady, L. 72, 218 f., 221, 338 f.!, 343
Varagnac, A. 304 f.
Varga, L. 92
Varro († 27 v. Chr.) 46
Varus s. Quintilius
Vasari, G. 203
Vauvenargues, L. 167
Vegetius (um 400) 49, 577, 582
Veh, O. 222
Velleius Paterculus († nach 31) 188, 431, 433, 594
Venedig 102, 104
Verarmung 294, 297
Verbastardung 161, 369, 382, 389
Vercauteren, F. 223
Vercingetorix († 46 v. Chr.) 504
Vereinigte Staaten von Amerika 131 f., 191 f., 359, 366, 371, 374, 378, 380 f., 442, 462, 464, 581
Vereinigte Staaten von Europa 378, 475
Verfallsmomente s. am Ende des Registers
Verfassung 150, 155, 191
Vergeltung 152 f., 156, 526, 598
Vergil 46, 52, 55, 58 f., 60, 64, 66, 82, 95 f., 106 f.
Verhäßlichung 440, 510
Verkrankung 367
Verlaine, P. 606
Vermassung 374 f., 417, 419, 456, 510
Verödung 373
Verpöbelung 359
Verrat 461, 476
Verstädterung 355, 358, 360, 363, 384, 411, 419, 462, 510
Verstegan, R. 124, 468
Vertot, R. A. de 138
Verzichtpolitik 414
Vespasian (Ks. 69–79) 156
Vesta 53
Vetranio (Ks. 350) 64
Vetters, H. 238
Vico, G. B. 103 f., 122, 252 f., 432, 556
Victor Vitensis (6. Jahrhundert) 594
Victoria-Altar 36, 53
Victorinus v. Pettau († 304) 57
Vierperioden-Schema (vgl. Daniel-Vision) 441, 470, 607
Villani, G. 93!, 108
Villard, P. 390
Vincentius von Lerinum (434) 61
Viriathus († 139 v. Chr.) 504
Vischer, P. 110
Vitruv († um Chr. Geb.) 365
Vittinghoff, F. 45, 176, 221, 344, 485
Völkerbund 138, 144, 162, 429, 460, 610
Völkerengel 369
Völkerschlacht bei Leipzig (1813) 433
Völkerwanderung 337, 348, 382, 387, 390, 395, 408, 442, 448, 458, 467–492, 474, 512, 588
Völkerwanderung, senkrechte 252, 300, 379!, 398, 417, 348, 440, 449, 511 f.
Vogt, J. 324, 386!, 392
Volksgeist s. Nationalcharakter
Volkssouveränität 94, 115
Volksvertretung 415, 417
Vollgraff, K. 221, 434, 514, 516
Volney, Graf 146 f.
Voltaire 127, 132 f., 140 ff.!, 146, 184, 369, 505, 546, 555
Vorfeldpolitik 483
Vorhitler 607
Vulgarisierung 208
Vyverberg, H. 505

Wachler, L. 160, 201, 221, 273, 611
Wachsmuth, C. 217 f.
Wagner, R. 377, 390
Walbank, F. W. 193, 202, 303 ff.!, 501, 507
Walckenaer, Baron 147
Walek-Czernecki, T. 418 f.
Walser, G. 193, 208, 423, 556
Waltershausen s. Sartorius
Washington, G. 191
Waterloo (Schlacht 1815) 170
Watson, G. 516
Weber, A. 178 f., 201 f., 417!, 512 f., 534
Weber, G. 259, 483
Weber, M. 177, 184, 188, 201, 209, 226, 235, 288 ff.!, 388, 407, 411, 509, 513, 524, 526, 531 f., 541, 544, 547, 566, 575
Weber, W. 213, 231, 387
Webster, H. 358
Wechselwirkung 549 ff.
Weddigen, W. 299
Wehrdienstverweigerung 36, 39, 130, 273
Wehrlosmachung 413, 482, 510
Weichmann, H. 496, 513
Weihnachtsgeschichte 63, 81
Weil, S. 507
Weiler, I. 560
Weingartner, R. H. 526
Weiß, G. 573
Weizsäcker, C. F. v. 8, 184
Wells, H. G. 297 f., 568
Welskopf, E. Ch. 225, 230, 326, 342, 346
›Welt am Sonntag‹ 510, 513
Weltanschauung 253
Weltende 56 ff., 76, 82, 112 f., 118, 126, 147, 170, 246, 347

Weltflucht 438
Weltgeist 163, 165, 183, 471, 514, 534
Weltgericht 163
Weltherrschaft 389
Weltkatastrophe 349
Weltkrieg, Erster 297, 315 f., 381, 383, 409, 411 f., 428, 444, 446, 459, 476, 507, 510, 514, 607, 609, 614, 622
Weltkrieg, Zweiter 268, 303, 315, 318, 391 f., 419 ff., 429, 458, 462, 477, 480, 482 ff., 507 f., 510, 515, 559, 607, 609, 622
Weltreichs-Schema (vgl. Daniel) 98, 188, 431
Weltrevolution 196, 385
Weltrezession 312
Weltschmerz 434
Weltstaat 147
Welttragödie 188
Weltuntergang 181
Weltwirtschaftskrise 301
Weltwunder 106
Wendejahre 46 f., 88, 95 ff., 98, 100 f., 110, 112, 125 f., 129, 151, 154 f., 200 ff., 267, 308, 384, 388, 421
Wenger, L. 30, 211
Werner, E. 229
Werner, H. 46, 387, 613
Werner, J. 237, 503
Wes, M. A. 72, 219 f., 223
Wesensproblem 172 ff., 523 ff.
West, L. C. 30, 211, 214, 301, 564, 568
Westermann, W. L. 201 f., 296
Westeuropa 280, 419
Westgoten (vgl. Alarich, Althaulf, Isidor) 26, 32, 38, 79, 84, 199, 217 f., 320, 596
Westreich 72, 79, 86, 94, 96, 101, 109, 111 f., 120, 130 147, 158, 170, 176, 219, 323, 354, 422, 454, 474
Wetzstein 592
Wheeler, M. 593
Whigs 123, 272
White, E. L. 264
White, K. D. 351 f., 575 f., 611
Whittaker, C. R. 576
Wickert, L. 180, 209, 404
Wickhoff, F. 207, 444
Wieacker, F. 203, 208, 231, 238, 271, 424 f.!, 508
Wiener Kongreß 170, 514
Wietersheim, E. v. 472 f.
Wilamowitz-Moellendorff, U. v. 200, 227, 443!
Wilcken, U. 191, 410
Wilhelm II. (Ks. 1888–1918) 224, 509
Willenslähmung 367
Wimpfeling, I. 106, 111, 166
Winau, R. 251
Winckelmann, J. J. 151, 203
Windelband, W. 509, 526
Windstärke 350
Wirszubski, Ch. 209
Wirth, Gerhard 48
Wirth, Gisela 148, 157, 169, 171, 223
Wirtschaft 274 ff., 290
Wittgenstein, L. 539, 571
Wohlstand 211 f., 464, 474
Wolf, J. 417
Wolff, G. 235
Wollheim, G. 566
Woltmann, L. 377 f.
Woodward, E. L. 262
Wormser Religionsgespräch (1557) 271
Würge-Engel 376
Wüste 394

Xenophanes von Kolophon (um 500 v. Chr.) 498
Xenophon († 355 v. Chr.) 95

Yankees 378
Yavetz, Z. 499
Yorck von Wartenburg, M. 201, 475

Zakrzewski, K. 266
Zarenreich (vgl. Russen) 189
Zeise, R. 325
Zeitung, Süddeutsche 366
Zeller, Ed. 404
Zenobia (Kaiserin 271–274) 23
Zenon (Ks. 474–491) 28 f., 37 f., 222, 595
Zentralismus 355, 403, 417
Zimmermann, F. F. 386, 563, 611
Zinsknechtschaft 383
Zölibat 487
Zöllner, E. 79
Zonaras († um 1150) 74, 132
Zoomorphose 568
Zosima 75
Zosimos (um 500) 15, 31 f., 34, 38, 50 f., 87, 100, 117, 578
Zucker, P. 496
Zumpt, C. G. 201, 211, 258, 354, 514
„Zusammenbruch des Staatsgebäudes" 186 f.
Zwangsdemokratisierung 297
„Zwangsstaat" 209 f., 388, 414, 420, 425 f., 454, 477, 484, 486, 513, 583
Zweifrontenkrieg 489
Zweig, St. 191
Zweiteilung der Geschichte (vgl. antiqui...) 144 f., 159, 167 f., 173, 186, 221, 249, 256, 294, 298, 436 ff.
Zwierlein, O. 58, 219
Zwingherrschaft (vgl. Zwangsstaat) 453

Für den Niedergang des Römerreiches sind bisher die folgenden 210 im Register nachgewiesenen Faktoren herangezogen worden:

Aberglaube, Absolutismus, Ackersklaverei, Agrarfrage, Akedia, Anarchie, Antigermanismus, Apathie, Arbeitskräftemangel, Arbeitsteilung, Aristokratie, Askese, Ausbeutung, negative Auslese, Ausrottung der Besten, Autoritätsverlust, Badewesen, Bankrott, Barbarisierung, Vernichtung des Bauernstandes, Berufsarmee, Berufsbindung, Besitzunterschiede, Bevölkerungsdruck, Bleivergiftung, Blutvergiftung, Blutzersetzung, Bodenerosion, Bodenerschöpfung, Versiegen der Bodenschätze, Bodensperre, Bolschewisation, Bürgerkrieg, Bürgerrechtsverleihung, Bürokratie, Byzantinismus, capillarité sociale, Charakterlosigkeit, Christentum, Convenienzheiraten, Degeneration des Intellekts, Demoralisierung, Despotismus, Dezentralisation, Disziplinlosigkeit des Heeres, Duckmäuserei, soziale Egalisierung, Egoismus, Energieschwund, Entartung, Entgötterung, Entnervung, Entnordung, Entpolitisierung, Entrechtung, Entromanisierung, Entvölkerung, Entvolkung, Entwaldung, Erdbeben, Erstarrung, unzureichendes Erziehungswesen, Etatismus, Expansion, Faulheit, Feinschmeckerei, Feudalisierung, Fiskalismus, Frauenemanzipation, Freiheit im Übermaß, Freilassungen von Sklaven, Friedensromantik, Frühreife, Führungsschwäche, Geldgier, Geldknappheit, Geldwirtschaft, Genußsucht, Germanenangriffe, Gicht, Gladiatorenwesen, Glaubenskämpfe, Gleichberechtigung, Goldabfluß, Gräzisierung, Großgrundbesitz, Halbbildung, Verlagerung der Handelswege, Hauptstadtwechsel, Hedonismus, Homosexualität, Hunnensturm, Hybris, Hyperthermia, moralischer Idealismus, Imperialismus, Impotenz, Individualismus, Indoktrination, Inflation, Instinktverlust, Integrationsschwäche, Intellektualismus, Irrationalismus, Irreligiosität, Kapitalismus, Kastenwesen, Ketzerei, Kinderlosigkeit, Klimaverschlechterung, Kommunismus, Konservatismus, Korruption, Kosmopolitismus, Kulturneurose, Lebensangst, Lebensüberdruß, Legitimitätskrise, Lethargie, Luxus, fehlende Männerwürde, Malaria, moralischer Materialismus, Militarismus, Ruin des Mittelstandes, Mysterienreligionen, Nationalismus der Unterworfenen, Nichternst, kulturelle Nivellierung, Orientalisierung, panem et circenses, Parasitismus, Partikularismus, Patrozinienbewegung, Pauperismus, Pazifismus, Plutokratie, Polytheismus, Proletarisierung, Prostitution, Psychosen, Quecksilberschäden, Rassendiskriminierung, Rassenentartung, Rassenselbstmord, Rationalismus, Regenmangel, Reichsteilung, Angriffe der Reiternomaden, Rekrutenmangel, Rentnergesinnung, Resignation, Rhetorik, naturwissenschaftliche Rückständigkeit, Ruhmsucht, Seelenbarbarei, Selbstgefälligkeit, Semitisierung, Seuchen, Sexualität, Sinnlichkeit, Sittenverfall, Sklaverei, Slawenangriffe, Söldnerwesen, Schamlosigkeit, Schlemmerei, Schollenbindung, Staatsegoismus, Staatssozialismus, Staatsverdrossenheit, Niedergang der Städte, Stagnation, Steuerdruck, Stoizismus, Streß, Strukturschwäche, Terrorismus, fehlende Thronfolgeordnung, Totalitarismus, Traurigkeit, Treibhauskultur, Überalterung, Überfeinerung, Überfremdung, Übergröße, Überkultur, Überzivilisation, Umweltzerstörung, Unglückskette, unnütze Esser, Unterentwicklung, Verarmung, Verbastardung, Verkrankung, Vermassung, Verödung, Verpöbelung, Verrat, Verstädterung, unkluge Vorfeldpolitik, Wehrdienstverweigerung, Wehrlosmachung, Weltflucht, Weltherrschaft, Willenslähmung, Wohlstand, Zentralismus, Zölibat, Zweifrontenkrieg.